美国空军生存手册

U.S. AIR FORCE SURVIVAL HANDBOOK

美国空军司令部◎著

任 易◎译

北京科学技术出版社

声明：所有的求生情况都有危及生命的风险。本书中的部分内容如果使用不当的话，可能适得其反。任何提供培训保证你在户外求生时一定可以逃生的人不是骗子就是傻瓜。作者、出版社及任何协助出版本书的人，对使用书中所介绍的技巧的最终效果不负有任何责任。

U.S. Air Force Survival Handbook

Published by special arrangement with Skyhorse Publishing Inc.

Simplified Chinese translation copyright © 2013 Beijing Science and Technology Publishing Co., Ltd.

All rights reserved.

著作权合同登记号 图字：01–2011–7002

图书在版编目（CIP）数据

美国空军生存手册／（美）美国空军司令部著；
任易译. —北京：北京科学技术出版社，2013.12
ISBN 978-7-5304-6345-1
Ⅰ.①美… Ⅱ.①美… ②任… Ⅲ.①空军－野外－生存－美国－手册 Ⅳ.①E712.54-62
中国版本图书馆CIP数据核字(2012)第269099号

美国空军生存手册

作　　者：〔美〕美国空军司令部	译　　者：任　易
策划编辑：田　恬	责任编辑：邵　勇
出 版 人：张敬德	责任印制：张　良
出版发行：北京科学技术出版社	图文制作：北京地大天成印务有限公司
社　　址：北京西直门南大街16号	邮政编码：100035
电话传真：0086-10-66161951（总编室）	
0086-10-66113227（发行部）	0086-10-66161952（发行部传真）
电子信箱：bjkjpress@163.com	网　　址：www.bkydw.cn
经　　销：新华书店	印　　刷：三河国新印装有限公司
开　　本：720mm×980mm　1/16	印　　张：35.25
版　　次：2013年12月第1版	印　　次：2013年12月第1次印刷
ISBN 978-7-5304-6345-1 / E · 002	

定　价：69.00元

目　　录

第一部分
求生的要素

第 1 章　任务

1.1 引言

依次从机舱中弹出跳伞或飞机迫降后，机组人员就结束了飞行任务，开始一项新的任务——从求生环境中成功返回。他们的准备充分吗？他们能在不知此任务涉及的内容的情况下成功应对吗？遗憾的是，许多机组人员都没有意识到他们的新任务，或没有为完成此项任务做好充分准备。所有负责训练机组人员的求生教练都必须帮助他们为面对和成功完成求生任务做好准备。（图 1-1 展示了机组人员可能遇到的情况。）

1.2 机组人员的任务

从离开飞机开始面对求生环境的那一刻起，机组人员要完成的任务就是：回到友方控制区，不给敌方援助，尽早返回并保持良好的身体和心理状态。

1. 看到"友方控制区"，第一感觉是好像和战斗情况有关。其实，就算是在和平时期，求生环境也可能是充满敌意的。想象一下，如果一个机组人员跳伞降落在 -40℉（-40℃）的北极地区，他还会觉得这种环境"友好"吗？肯定不会。如果一架飞机迫降在 120℉（48.9℃）

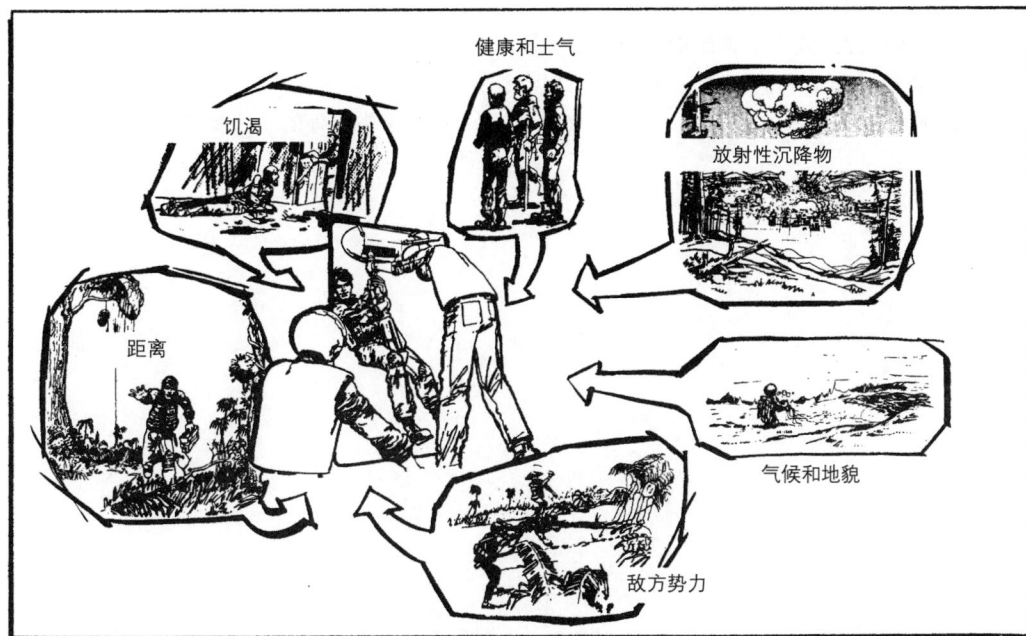

图 1-1　求生要素

高温的沙漠中，这还会是令人愉快的经历吗？恐怕很难。像这样影响人类生存的恶劣环境不胜枚举，离开飞机的机组人员可能会面临自身难以忍受的环境。

2. 任务的第二部分"不给敌方援助"直接与战斗情况有关。遵循美军的道德指导——《美国军人行为守则》，机组人员可以有效完成这部分任务。但是请记住，对求生者来说，行为守则在任何情况下、在任何地点都有用，道德义务在和平时期和战争时期同样适用。

3. 任务的最后一部分是"尽早返回并保持良好的身体和心理状态"。成功完成这一任务的关键在于*求生意志*。任何人都有求生意志，只是程度不同。虽然成功求生建立在许多因素的基础上，但是保持强大的求生意志能大大增加生还的机会。

1.3 目标

若将机组人员的任务分为几个组成部分，那么求生者的三个目标，或者说三个任务是：维持生命、维护尊严、成功返回（即求生三角）。求生教练和正规求生训练课程会为机组人员提供技能、知识和态度方面的训练，以帮助他们顺利实现这三个基本的求生目标（图1-2）。

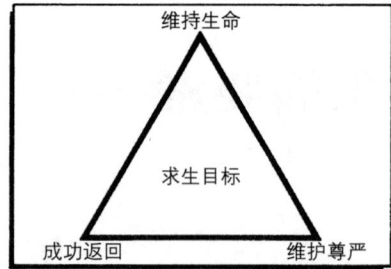

图1-2　求生三角

1.4 求生

求生过程充满压力，而且非常艰难，求生者经常要面对各种危险和困难。求生过程中典型的压力、困难和危险主要来源于现实条件累积起来的影响（第2章中将介绍影响求生的几个条件）。不管现实条件如何，要想维持生命、维护尊严、成功返回，求生过程必将会困难重重、令人不快（第3章中将介绍求生者的需求）。

1.5 决策

求生者所做的决策和为了生存所采取的行动，决定了他们能否成功生还。

1.6 要素

影响求生目标的三大要素是：影响求生的条件、求生者的需求、求生手段。

第 2 章　影响求生的条件

2.1 引言

　　五个基本条件（图 2-1）会影响求生。这些条件在不同的情况下，对不同的人，其重要性和影响程度可能会有所不同。在求生活动刚开始时，这些条件可以被视为中立的——对求生者既无利也无害，所以这些条件既不是有利条件，也不是不利条件。机组人员可能会因这些条件的影响而丧生，也可能能够充分利用它们。这些条件会出现在任何求生活动中，并对求生者的每一个需求、决定和行动都产生重大影响。

2.2 环境条件

　　气候、地貌和生物是所有求生环境的基本组成部分，每个部分都可能给求生者带来特殊的麻烦，或为求生者所利用。掌握这方面的知识会对成功完成求生任务有所帮助。

　　1. 气候。气温、湿度和风力是气候的基本要素。极高或极低的气温，与湿润（降雨、结露、降雪等）或干旱的天气共同作用，再加上刮风，有可能对求生者的需求、决定和行动产生很大的影响。气候条件产生的最主要影响是在个人防护方面，同时它也对求生活动的其他方面（如水和食物的获取、行进的欲望和能力、恢复能力、身体和心理等）造成重大影响。（图 2-2）

　　2. 地貌。山地、草原、丘陵、低地，这些只是众多地貌类型中的一小部分。每种地貌都会对求生者的需求、决定和行动产生不同的影响，求生者有时还会遇到多种地貌结合的情况。地貌对求生者需求和行动的影响主要体现在行进、救援、食物和个人防护方面。根据不同的类型，地貌可以为求生者提供保护，为行进提供便利或制造障碍，可以在寒冷、高温、降雨、刮风，或核、生物、化学环境下为求生者提供保护，也可能会使求生变成*看似*不可能完成的任务。（图 2-3）

　　3. 生物。针对求生或求生训练的目的，可以把生物分为两类——植物和动物（不包括人类）。注意：人类与求生活动的特殊关系及产生的特殊影响将在其他部分另行叙述。我们辨认某一地理区域经常是根据其中丰富或稀少的生物种类，例如北极苔原、沙漠、原始森林、次生林、热带雨林、极地冰盖等。对求生者来说，这些地区的特殊意义不仅在于它们带来的危险或需求，还在于求生者能够怎样利用其中的生物资源（图 2-4）。

　　1) 植物。地球上有数十万种不同的植物。某些情况下，我们可以通过当地主要的植物物种确认其地理区域，例如

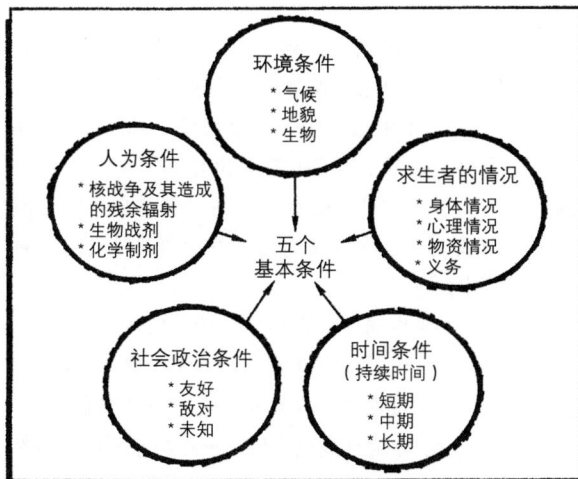

图 2-1　影响求生的五个基本条件

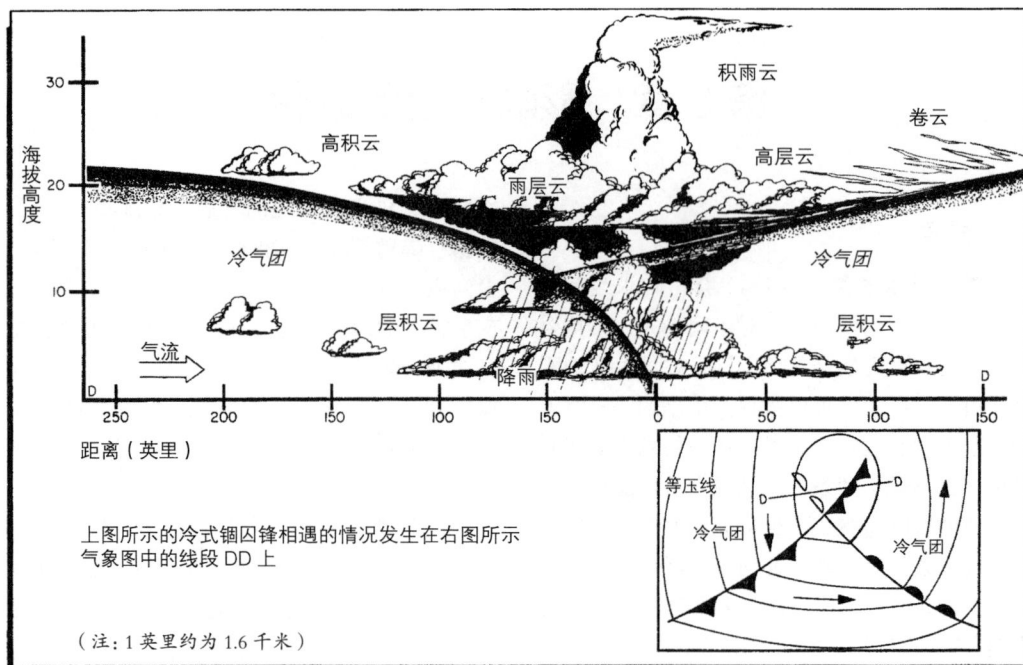

上图所示的冷式锢囚锋相遇的情况发生在右图所示气象图中的线段 DD 上

（注：1 英里约为 1.6 千米）

图 2-2　冷式锢囚锋

热带稀树草原、苔原、阔叶林等。有些植物物种可以为求生者所利用——获取食物和水，进行临时的伪装，搭建庇身所或满足其他需求。

2) 动物。直接影响求生者的动物有爬行动物、两栖动物、鸟类、鱼类、昆虫和哺乳动物。这些动物或者会给求生者带来危险（求生者必须考虑这一点），或者能够满足他们的需求。

2.3　求生者的情况

求生者的情况及其对求生活动的影响常常被忽视。求生者的情况主要由四个部分组成，如图 2-5 所示。在开始任务之前，机组人员就必须在这些方面做好准备，处于一种为完成求生任务而"时刻准备着"的状态。机组人员必须认识到求生者在求生活动前和活动中的职责。

1. 身体情况。求生者的身体情况和健康程度是影响其生还可能性的重要因素。身体状态好的求生者能够比其他人更好地应对求生过程。另外，求生者在求生过程初期的身体情况

（受伤或未受伤）取决于其弹出机舱、跳伞、着陆或飞机迫降的情况。简而言之，求生者的身体素质和离开飞机时的情况将影响其应对以下因素的能力：①极端的气温；②休息或缺少休息；③可用的水；④可用的食物；⑤长时间的求生活动。在最后一种情况下，人体可能会因营养不良、疾病等问题而变得越来越虚弱。

2. 心理情况。求生者的心理状态在很大程度上会影响他们成功求生并返回的可能性。

1) 求生过程中（包括被俘后）的心理效用取决于对以下因素的有效应对：

(1) 最初的震惊——在承受弹出机舱、跳伞或飞机迫降的压力后，发现自己处于求生环境中；

(2) 疼痛——在高压环境下自然产生；

(3) 饥饿——在高压环境下自然产生；

(4) 口渴——在高压环境下自然产生；

(5) 体温升高或降低——在高压环境下自然产生；

图 2-3 地貌

图 2-4 生物资源

求生者的情况
○ 身体情况
○ 心理情况
○ 物资情况
○ 义务

图 2-5 求生者的情况

（6）受挫感——在高压环境下自然产生；

（7）疲劳（包括缺少睡眠）——在高压环境下自然产生；

（8）孤独感——包括被迫的（被俘）和由过长的求生过程带来的；

（9）缺乏安全感——由焦虑或者自我怀疑导致；

（10）失去自尊——通常产生于高压环境下；

（11）失去自我决断力——通常产生于高压环境下；

（12）沮丧——精神"低谷"。

2）由于上述因素、求生者以前的生活经验（包括训练）和心理倾向，求生者在求生过程中可能会产生一些情绪反应。求生过程中（包括被俘后）常出现的情绪反应包括：

① 厌倦——有时与孤独同时出现；

② 孤独；

③ 不耐烦；

④ 依赖；

⑤ 绝望；

⑥ 怨怼；

⑦ 愤怒——有时包括憎恨的成分；

⑧ 憎恨；

⑨ 焦虑；

⑩ 恐惧——经常包括恐慌和焦虑的成分；

⑪ 恐慌。

3）求生者的心理过程可以分为"危险期"和"处理期"两个阶段。危险期出现在求生活动初期。在此期间，求生者的"思考"和"情绪控制"会发生紊乱，失去判断力，行为变得不理智（甚至达到恐慌的程度）。危险期得到控制后会进入处理期，求生者能够积极应对周围的情况。危险期也有可能再次出现，尤其是在时间持续延长的求生（或被俘）过程中。如果无法避免这种情况，求生者就必须尽力控制。

4）影响求生结果的最重要的心理调节手段是*求生意志*。如果失去求生意志，求生者必将失败——强烈的求生意志是求生成功最重要的保证。

3. 物资情况。在求生活动初期，机组人员的全部物资包括：机组人员的衣服和装备、可用的救生包里的工具，以及降落伞和飞机上的可用资源。求生活动开始后，求生者必须特别留意对所有物资的保护、使用和贮存，以确保它们可以继续使用。衣服和装备可以通过临时制作进行补充和改善。

1）如果机舱的空间和任务条件允许，机组人员应穿着或携带适宜在可能遇到的求生环境（陆地上）中穿着的服装。

2）求生者可用的装备将影响其所有的决定、需求和行动。求生者临时制作装备的能力会使他的部分需求得到一定满足。

4. 义务。求生者有法律和道德上的义务及责任。不管是在和平时期还是战争时期，求生者都应承担其身为部队服役人员的义务。法律义务在《日内瓦公约》《统一军事司法法典》及美国空军指令和政策中有明确的说明，道德义务则在《美国军人行为守则》（图2-6）中进行了阐述。

1）其他一些义务也会影响求生者在求生活动中的行为和求生意志，例如对家庭、自我及精神信仰的责任和义务。

2）求生者个人对责任的看法会影响其求生需求，以及其在求生过程之中和之后的心理状态。这些看法可以通过有意识的理性思考或潜意识的态度转变得到调节。为形成和维持积极的态度而设计的特殊训练对求生活动非常有利。

2.4 时间条件（持续时间）

求生活动的持续时间会对机组人员的需求产生极大影响。对可能的获救和返回时间的评估在某种程度上决定了求生者在求生过程中所做的每一个决定、每一个行动。制空权、救援能力、距离远近、气候条件、确定求生者或被俘者位置的能力是直接影响求生活动持续时间（时间条件）的主要因素。求生者永远无法确知救援会什么时候到来。

2.5 社会政治条件

求生者接触的人的社会习俗、文化背景和政治态度将会影响求生者的状态。社会政治条件涉及战争状况和来自不同文化背景的人。由于社会政治条件不同，求生者与其接触的任何人之间的交流对求生活动都至关重要。对求生者来说，他们接触的人可能抱有友好、敌对或未知的态度。

1. 友好。当求生者遇到友好或至少（在某种程度上）愿意提供帮助的人时，求生者实在是很幸运。但是，立刻回到家里或部队营地的进程也可能被延误。就算是与最友好的人直接接触，也要注重维持与他们之间的友谊，因为这些人可能拥有不同的文化背景，在自己国家最正常的习惯在他们眼中可能是粗鲁而严重的侮辱。另外，有些友好的人可能是该国的反叛者，时刻害怕会被发现。在这种情况下，每一个求生行动都必须是合适且可被他们接受的，以确保求生者能继续得到他们的帮助。

2. 敌对。哪怕不是在战争中，求生者也会遇到敌对的人。除个别情况外，求生者应避免与任何敌对人员接触。如果求生者被抓获，必须不顾任何政治或社会原因，尽全力遵守《美国军人行为守则》《统一军事司法法典》《日内瓦公约》及美国空军政策中规定的法律义务。

3. 未知。求生者应在接触态度不明的人前进行全面的考虑。现在依然存在一些将外来者视为威胁的原始文明或封闭社会。在美国以外的一些地区，不同的政治和社会态度可能会使求生者在接触态度不明的人时陷入"危险的处境"。

美国军人行为守则

I

我是一名美国军人，我效力于保卫美国和美国生活方式的部队。我随时准备为保卫国家而献出生命。

II

我永远不会出于自愿而投降。作为领导，我永远不会让我的队员在还有可能抵抗的情况下投降。

III

如果我不幸被俘，我将用任何可能的手段继续抵抗。我将尽一切努力逃脱并帮助其他战友逃脱。我不会接受敌军所提出的释放后不再参战的誓言，也不会接受敌军的特别关照。

IV

如果我成为战俘，我将和战友一起忠于信仰和原则。我不会向敌军提供情报或是参与任何有可能给战友带来伤害的活动。如果我是一名高级军官，我将承担领导的责任。如果我是一名普通士兵，我将服从领导正当合法的命令，并在各方面支援他们的行动。

V

如果我成为战俘后遭到盘问，我可以给出姓名、军阶、服役编号和出生日期等信息，但会尽量避开其他更深入的问题。我不会在口头或笔头上做出任何不忠于国家和盟军或危害他们的供述。

VI

我永远不会忘记自己是一名美国军人。我会一直对自己的行为负责，并愿意为维护国家自由的原则而献身。我信仰上帝和美利坚合众国。

图 2-6　美国军人行为守则

2.6 人为条件

任何形式的战争活动都有"人为条件"。在军事行动中有可能出现三种新型的人为条件：核战争及其造成的残余辐射、生物战剂、化学制剂（NBC），它们会制造出威胁生命的环境，求生者必须立刻采取保护措施。受到这三种人为条件的长期影响，求生者的需求、决定和行动还会进一步复杂化。（图 2-7）

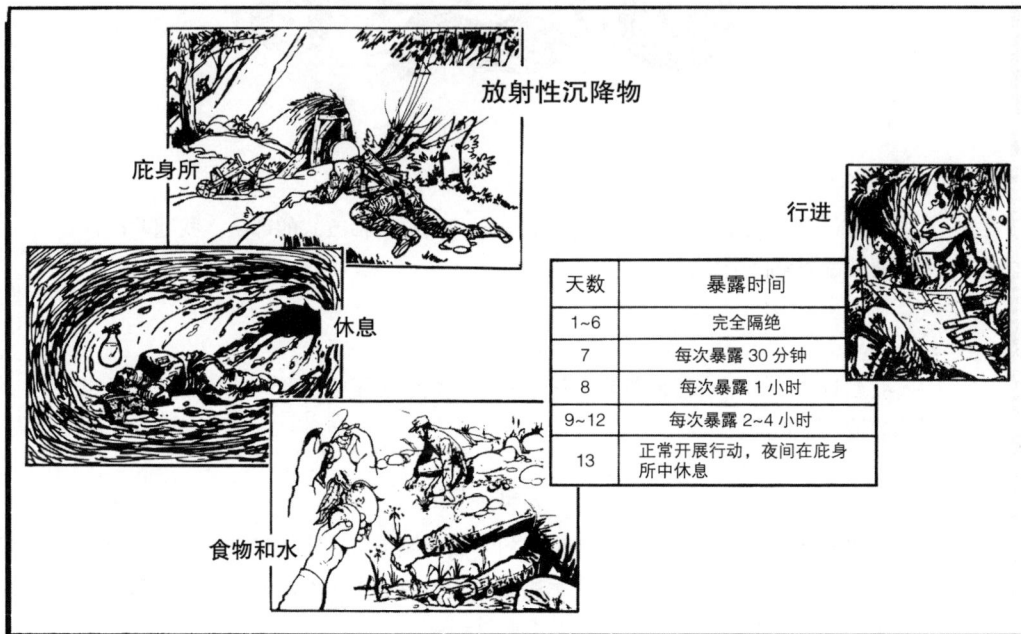

天数	暴露时间
1~6	完全隔绝
7	每次暴露 30 分钟
8	每次暴露 1 小时
9~12	每次暴露 2~4 小时
13	正常开展行动，夜间在庇身所中休息

图 2-7　人为条件

第 3 章　求生者的需求

3.1 引言

　　求生者的三个基本目标——维持生命、维护尊严、成功返回——可以被细分为八个基本需求。非战斗状态中的基本需求包括：自我保护、补充给养、保持健康、行进和联络（发信号求救）。战斗状态中，还必须加上几个基本需求：躲藏、被俘后抵抗及逃脱。在求生过程中满足这些需求对求生者实现基本目标至关重要。（图 3-1）

3.2 维持生命

　　求生者在任何情况下维持生命的三个必不可少的要素是：自我保护、补充给养和保持健康。

　　1. 自我保护。人体是较为脆弱的，环境条件（气候、地貌、生物）和人为条件（核战争及其造成的放射性物质、生物战剂、化学制剂）对人体的影响可能是致命的。求生者应对环境影响的基本防护措施是利用衣服、装备、庇身所和火。同时，衣服、装备和庇身所也是求生者应对人为条件影响的基本防护设施。（图 3-2）

　　1）求生者需要足够的衣服，并要正确地保护和使用衣服，这一点怎么强调都不为过。人体对极端温度的适应能力非常有限，但应对升

图 3-2　自我保护

温或降温的调节能力却很强。求生者在利用人体的这一特性时，其可以使用的衣服及恰当的使用方法非常重要。此外，衣物还是隔离外界的 α 和 β 射线、减弱外界化学制剂和生物战剂影响的极佳防护罩。

　　2）求生装备可以在整个求生过程中为求生者提供帮助。求生者需要保管好自己的装备，

图 3-1　求生者的需求

以维持其功用。救生包或飞机上的工具可以用来满足求生者的八个基本需求，但是通常情况下，求生者还需要临时制作一些工具以弥补装备的短缺。

3) 庇身所对求生者的意义有两个，一是提供休息的地方，二是保护其不受环境条件和人为条件的危害。求生活动的持续时间对庇身所地点的选择有一定影响。在温暖、干燥的地区，天然的休息场所就能满足求生者的需要；而在寒冷地区，求生者主要考虑的不应是获得休息，而应是庇身所周围的危险性，在有放射性物质的地区也是如此。（图3-3）

图3-3 庇身所

4) 火能够满足求生者的许多基本需求：净化水、烹饪和保存食物、发信号、为身体提供热源、烤干衣服。（图3-4）

2. 补充给养。求生者需要食物和水来维持身体机能的正常运转，并且为其克服体力上的压力提供力量、能量和耐力。

1) 水。求生者必须时刻注意身体的饮水需求。（图3-5）

2) 食物。在求生活动的最初几个小时，求生者几乎注意不到自己对食物的需求。在最初的2~3天中，饥饿的困扰不断加重，但是求生者可以克服。当能量、耐力和力量的流失开始影响体能的时候，求生者就进入了第一个食物危机期。第二个食物危机期的危害要隐蔽得多，随着饥饿的持续，求生者会明显变得易怒。所以，求生者必须尽早并且持续关注食物的获取。许多人对食物都有自己的偏好，但是必须在求生活动初期就克服挑食行为。饥饿最终会帮人战胜所有对食物的厌恶感，但是成功的求生者会在其生理和心理状态恶化之前就克服这

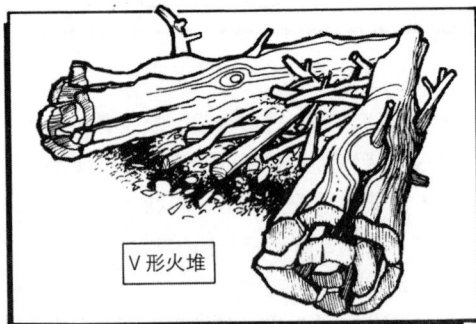

V形火堆

图3-4 生火

图 3-5　水

些厌恶感。（图 3-6）

3. 保持健康（生理和心理健康）。求生者必须做自己的医生、护士、医护兵、心理咨询师和啦啦队员。自救是求生者唯一的获救途径。

1）预防。预防疾病和安全保障的重要性不容忽视。对卫生设施和个人卫生的关注是预防生理、精神和态度问题的重要因素。

（1）清洁伤口和治疗疾病的重要性不言自明。让人印象最深的例子是，曾有战俘让蛆吃掉自己身上因感染而腐坏的肉。但是，相对于这种极端的处理方法，最好的对策还是进行有

图 3-6　食物

效的预防。

（2）安全在求生者心中必须是第一位的。无知、判断失误和运气不好都会导致求生者疏忽大意，运用刀、斧等工具时的失误会使求生者受伤甚至死亡。

2）自救。

（1）机组人员常常会在弹出机舱、跳伞、着陆或飞机迫降时受伤。此外，离开飞机后也会有种种原因导致机组人员受伤。求生者受伤后，其生存必须依靠自救的能力。在很多情况下，一般的急救措施就能处理伤处，而有些情况则需要更加原始的方法。（图 3-7）

图 3-7　自救

（2）疾病的发生和治疗常见于长期的求生活动中，例如长时间的躲避或被俘。当预防疾病的措施不奏效时，求生者必须在没有专业医疗手段的情况下应对疾病。

3）心理健康。求生者最需要的可能就是稳定的情绪和积极乐观的心态。求生者拥有处理心理压力的能力将大大提高其生还的可能性。乐观、坚定、专注、幽默及许多其他心理特性对求生者克服心理压力有很大帮助。（图 3-8）

3.3　维护尊严

求生者在战斗求生活动中的三个基本需求是其维护尊严必不可少的要素。这三个基本需求分别是：躲避，避免被俘；如果被俘，进行

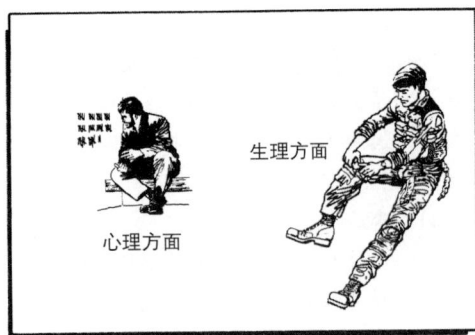

生理方面

心理方面

图 3-8　健康和士气

抵抗；如果被俘，逃脱。

1. 避免被俘。躲避敌人是求生者所面临的最困难、最危险的情况；但是不管躲避过程怎样艰险，都比被俘好。在躲避过程中，求生者有两项根本任务，其一是使用躲藏技巧，其二是使用移动技巧。有效的伪装在这两项任务中都很常见。

1）隐藏自己及自己活动的痕迹是躲避者最需要做的。经验表明，使用有效的躲藏技巧的求生者被俘的可能性更小。大部分人常常是在移动过程中被俘的。

2）躲避者会因为多种需求而移动，如对救援、食物、水、更好的庇身所的需求等。躲避者使用经过验证的移动技巧会更成功。

2. 抵抗。很明显，战俘需要抵抗，这既是士兵的道德责任，也是法定义务。抵抗不仅仅是拒绝向敌方泄露机密，从根本上说，抵抗要求战俘执行两项明显不同的任务：

1）只遵从法律或获得批准的要求。

2）抵抗、轻微扰乱、拖住敌方本可以上前线的守卫，以破坏敌方的活动。

3. 逃脱（如果有可能，并已获得批准）。逃脱并不容易，而且有危险性。《美国军人行为守则》中规定，被俘者应尽一切努力逃脱，并帮助他人逃脱。

3.4　成功返回

要做到成功返回，求生者需要成功完成以下两个基本任务，或者至少是其中一个任务：

协助救援和行进（陆上和水上）。

1. 协助救援。求生者或躲避者要想有效地协助救援，就必须让救援人员知道自己的位置和地面情况。这可以通过电子手段、目视手段，或二者结合的方式完成。（图 3-9）

1）发送电子信号涉及多种技巧。因为战斗中军人的安全问题越来越受到重视，所以发送电子信号求救的步骤也变得越来越复杂。

2）发送目视信号主要使用了吸引注意和为救援人员提供精确位置的技巧，也可以传递简单的消息。

2. 陆上行进。从获取水源到试着离开某种环境，求生者会因为各种原因需要在陆上行进。在任何求生活动中，求生者都必须评估行进的需要和自己的能力及安全因素。（图 3-10）

需要考虑的因素包括：

1）在当前地形中行走和穿越的能力。在非求生情况下，扭伤脚踝只会带来暂时的疼痛，造成行动不便。但是对求生者来说，受这种伤则会失去获取食物、水、庇身所的能力，将是致命的。在任何地形中，都有一些安全有效的行进方法。

2）携带个人物品的需要（负重）。在许多有记载的事件中，求生者因嫌携带麻烦而丢弃了随身的装备和衣物。之后，当求生者需要用这些物品自救、砍树枝或协助救援时，便无计可施。负重行进不一定会很困难或很消耗体能，求生者可以用一些简单的方法携带生存必需品。（图 3-11）

3）确定自己位置的能力。地图、指北针、星图、绘图仪等可以帮助求生者在长途跋涉中确定自己的精确位置。但是，在没有这些工具的情况下，知识丰富、技巧娴熟、观察敏锐的求生者依然能够很好地确定自己的位置。不断进行观察、逻辑推理，加以用大自然中的线索确认方向，能够使求生者在没有精准的定位工具的情况下确定自己的大致位置。

4）选择并保持一条行进路线的局限性和缺点。确定位置的工具同时也是用来保持行进路

图 3-9　协助救援

线的工具。走直线到达目的地通常是最简单的路线，但不一定是最好的路线。行进路线会因为各种原因不断改变，例如获取食物和水、提高行进的隐蔽性、避开危险和无法穿越的障碍，以及地貌原因。行进前和行进中做全面的计划和选择路径至关重要。

3. 水上行进。在两种不同的情况下，求生者需要在水上行进：一是求生者因为飞机迫降或跳伞降落在了远海上，二是求生者发现了通向目标的河流。不管在哪一种情况下，最重要的一点都是求生者要确保自己漂浮在水上。

1) 求生者在远海上面临的首要问题常常与风浪的大小直接相关。登上一艘救生筏并留在筏中本身就是一项困难的任务。在远海上，风和洋流会对行进的方向产生很大影响。随着求生者越来越靠近岸边，海浪的方向也会对行进的方向产生越来越大的影响。求生者可以通过一些技巧稳住筏子、控制行进的方向和速度，从而增加安全性。

2) 相比于陆地上的行进，在河流上行进既有危险也有优势。首先，随着水流行进比在陆地上行进容易得多。其次，可以获得丰富的食物和水。在茂密的丛林地区，发信号的最佳地点一般都在河床边。溺水是水上行进的最大危险，求生者必须非常小心谨慎，避免溺水。

图 3-10　陆上行进

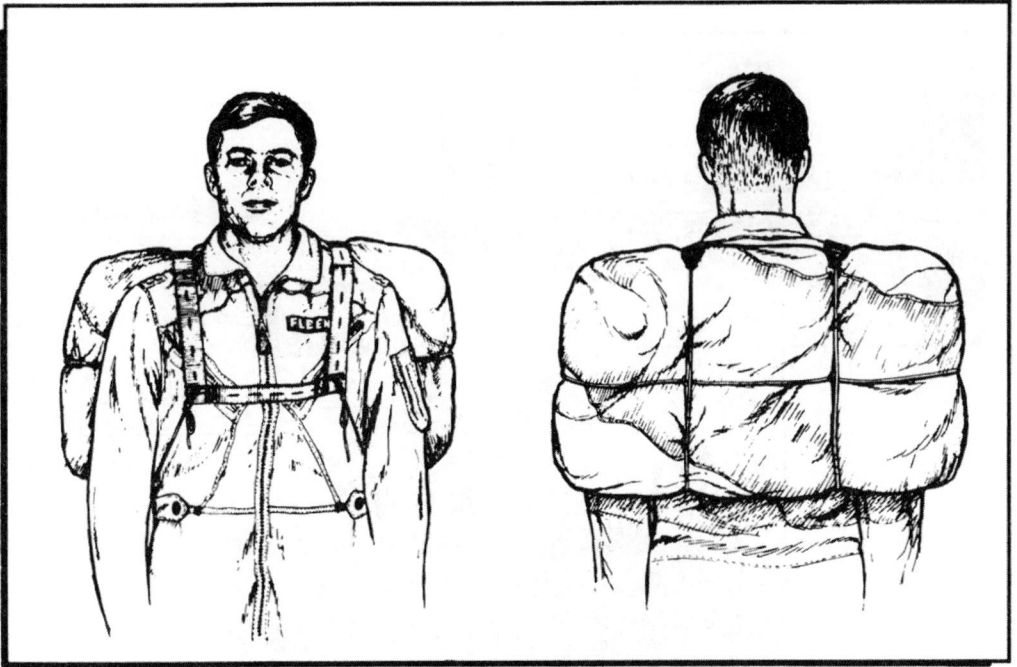

图 3-11 负重

第二部分
求生的心理

第 4 章　影响因素

4.1 引言

　　机组人员在求生过程中必须认识到，应对心理问题与处理环境因素同样重要。几乎在所有的求生活动中，机组人员面对的环境条件都可以支持其生存下去。但是，求生者在弹出机舱，降落在丛林、大海或其他任何地方时，他们从未对这种情况真正做好准备（图4-1），机组人员很可能从未想过"这些情况真的有可能发生在我身上"。但是，过去的记录表明，这一切都有可能发生。在机组人员了解求生心理之前，他们首先必须明白，求生过程中很可能会出现心理问题，要想让求生活动取得成功，就必须解决这些心理问题。

4.2 求生压力

　　1. 像对待求生环境和装备一样，求生者也需要充分了解求生过程中可能出现的种种情绪。一个人的心理状态是关系求生活动成败的重要因素。求生者能否保持稳定、积极的心理状态取决于以下几个方面的能力：

　　1) 了解各种心理和情绪上的征兆、感觉、态度是如何影响人的身体需求和精神状态的；

　　2) 能够处理高压环境下的生理和情绪反应；

　　3) 了解自己生理和心理上的承受极限；

　　4) 对同伴施加积极的影响。

　　2. 每个人天生都具有适应压力的生理机能。例如，身体因恐惧或愤怒产生的变化会提高人的警觉性，并为逃跑或战斗提供更多的能

量。但是，这样的生理机能有时会妨碍求生活动的进行。例如，救生筏上的求生者可能会失去理智，饮用海水解渴；处于敌区的躲避者可能会因忍受不了饥饿而外出寻找食物，因此暴露自己。这些例子说明，求生者面对压力所产生的"正常反应"有可能给他带来危险。

　　3. 对成功求生威胁最严重的两点是对舒适

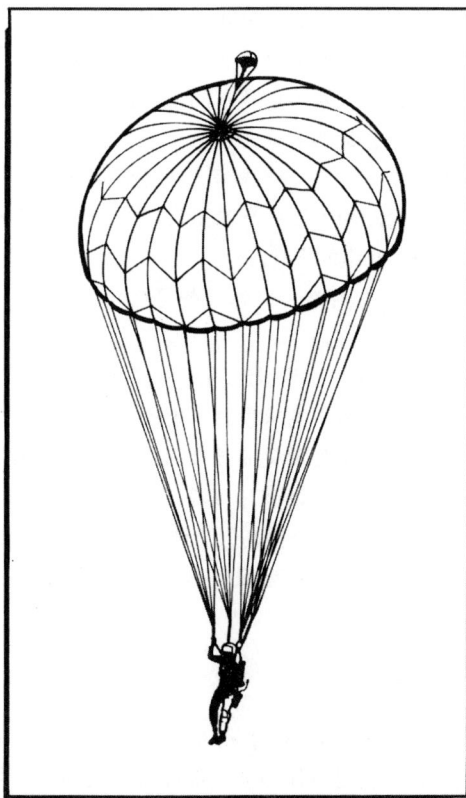

图 4-1　跳伞后可能会出现心理问题

的渴求和麻木感，这二者都必须避免。为了生存，求生者必须将注意力集中在计划和基本需求上。

1) 许多人认为舒适是他们最大的需求，但是，舒适对人类的生存来讲其实一点儿都不重要。求生者必须把生命看得比舒适感更重要，并且愿意为了生存忍受高温、饥饿、灰尘、瘙痒、疼痛和其他不适，认识到这些不适只是暂时的能够帮助求生者把注意力集中在有效的行动上。

2) 随着不断尝试的意志减弱，困倦、迟钝和冷漠可能会导致求生者产生麻木感。这种麻木感一般会慢慢累积，最终控制整个局面，使求生者变得无能为力。生理因素也会引起麻木感，比如长时间求生活动中体力的消耗、身体水分的流失（脱水）、疲劳、虚弱和受伤，而好的计划和明智的决策能帮助求生者避免这些情况。最后，求生者必须时刻注意麻木感出现的征兆，并且要防止麻木的情况出现。求生者产生麻木感最初的征兆包括顺从、安静、缺少沟通、没有食欲、掉队等，预防措施则是通过计划、行动和保证所有求生者有组织地参与来提高整个小组的士气。

4. 压力通常会引起一些可被识别的反应，使求生者能够适当地应对这些压力。求生者必须明白，压力及其引起的反应经常同时出现。虽然不同环境下的求生者可能面临的压力不尽相同，然而下列常见情况几乎出现在每次求生活动中：疼痛、饥饿、口渴、体温升高或降低（应对高温或低温环境）、受挫感、疲劳、缺少睡眠、孤独感、缺乏安全感、失去自尊、失去自我决断力、沮丧。

4.3 疼痛

1. 疼痛（图4-2）和发烧一样，都是提醒人们注意自己身体的某个部位受伤或损坏的警报。疼痛会引起不适，但其本身并不是有害或危险的。疼痛可以得到控制，在疼痛非常严重的情况下，求生者必须将控制疼痛放在首位。

2. 疼痛的生理作用是通过提醒某人身体上的伤处需要得到休息或减少活动次数，从而保护伤处。在求生过程中，求生者不得不忽略一般的疼痛，以实现更重要的需求。曾经有人用骨折了的手战斗，拖着骨折了或扭伤了的脚跑步，用烧伤严重的手驾驶飞机着陆，或是在精神高度集中、毅然决然地行动时忽视身体上的疼痛。有时，这种精神的高度集中正是求生者所需要的。

3. 求生者必须认识到以下几个有关疼痛的事实：

1) 不管疼痛多么剧烈，求生者都能够为了生存而活动。

2) 可以通过以下方式减轻疼痛：

(1) 了解疼痛的原因和性质；

(2) 认识到疼痛是一种可以忍受的不适感；

(3) 把注意力集中在思考、计划和保持忙碌状态上；

(4) 建立自信和自尊。当求生者的目标是维持生命、维护尊严、成功返回，并且他足够重视这些目标时，他就没有什么是不能忍受的。

4.4 口渴和脱水

1. 缺水及其导致的口渴（图4-3）和脱水问题是求生者面临的最重要的困难之一。像恐惧和疼痛一样，当求生者前进的意愿强大、

图 4-2 疼痛

头脑冷静、行动有目的性时，他可以忍受口渴。虽然口渴代表着身体需要水分，但是它并没有表明身体需要多少水分。如果一个人饮用的水只是刚好可以解渴，他还是会有慢慢脱水的可能。如果求生者在任何可能饮水的时候，尤其是进食时，都饮用足够的水，那么他就有可能避免口渴以及会使人更加衰弱的脱水问题。

2. 当人体中的水平衡无法维持时，人就会产生口渴和其他不适的感觉，最终脱水。人体在出现下列情况时对水的需求量会增大：

1）发烧；

2）恐惧；

3）不必要的出汗；

4）为避免出汗而只饮用少量的水。

3. 脱水会使身体工作的效率和能力下降。轻微的脱水可能不会对求生者的行动造成明显影响，但是当脱水的情况越来越严重时，身体的工作能力会越发下降。轻微的脱水和口渴还会导致不理智的行为，曾经就有求生者这样描述：

"我能记得的下一件事就是，我被一种口渴的感觉唤醒，那种感觉我永远也不会忘记。接着我便开始漫无目的地到处走动，直到我找到一个小水塘。

"我们终于找到了水，水里有两头犄角卡在一起的死鹿。我们走下去，喝了水之后就离开了。那是我一生中喝过的最好喝的水了，我根本没闻到鹿的尸体散发的臭味。"

虽然预防是避免脱水的最佳方法，但基本上任何程度的脱水都可以通过饮水得到缓解。

4.5 体温升高或降低（应对高温或低温环境）

人体的平均温度是 98.6℉（37℃）。曾经有人在体温比正常值低 20℉（11.1℃）的情况下生存下来，但是当时他的意识已经模糊，思考速度也很慢。体温长时间比正常值高出 6~8℉（3.3~4.4℃）可能会致命。而体温稍微偏离正常值，哪怕只是 1~2℉（0.6~1.1℃），也

图 4-3 口渴

会降低人体的工作效率。

1. 低温会对求生者造成很大的压力，因为即使是轻度的低温环境都会使人效率下降。极端的低温环境会使人的思维变得迟缓，减弱做事的意愿，直到温度恢复正常。低温还会减缓四肢的血液循环，从而使人体变得麻木，并让人嗜睡。曾经有求生者通过运动、适宜的保健措施、找到庇身所和获取食物在持续时间较长的低温潮湿环境中生存了下来。要是执行飞行任务时会经过低温地区，穿着适量的服装和携带适当的应对低温的装备对提高出事后生还的可能性至关重要。（图 4-4）

1）一个幸存者这样描述低温的影响：

"水很冷，我的能量迅速流失，我只能把左臂挂在救生筏的一侧，就这么坚持着，看着

飞机从低空飞过，发出嗡嗡声……随着时间一分一秒过去，我变得越来越麻木……甚至失去了思考的能力。"

2）另一个幸存者想起自己受过的生存训练，按照训练中学到的方法采取了行动：

"这时，我的双脚开始变冷。我想起训练中讲过的关于脚冻住的内容，于是立刻采取了行动。我检查了我的鞋子，然后用大折刀裁下了救生服的下摆，用它裹住我的鞋。我的脚立刻暖和起来，救生服让我的鞋底一直很干燥。"

2. 如果说"麻木"是低温环境下人的主要症状，那么"虚弱"则是高温带来的主要影响。大多数人都可以适应高温，不论是在船舱中，还是在堪萨斯草原上丰收的田地里。人一般需要2天到1个星期的时间来让自己的循环系统、呼吸系统、心脏活动和汗腺完全适应高温天气。高温还会加快人体脱水的情况，我们已经在前面的章节中讨论过这点。除了脱水，高温天气还会直接引起人体的其他不适和工作效率下降。沙漠地区和平原地区常常会出现极端的气温变化，白天炎热而夜晚寒冷，而适当的衣着和庇身所可以降低这种极端温差带来的危害。（图4-5）

3. 刺眼的阳光会对眼睛和暴露在外的皮肤造成伤害，求生者要用太阳镜或临时制作的护目镜遮挡直射的阳光和某些种类的地表环境反射的阳光。事前晒黑皮肤对防止晒伤几乎没有任何帮助，穿着能够保护皮肤的衣服非常重要。

4. 有报告指出，炎炎夏日的热风会让求生者相当烦躁，沙漠中刮起的沙尘也会给求生者带来其他的不适和困难。求生者可以将衣服裹在头部，剪开一条缝露出眼睛，以防止沙尘的侵害。

5. 求生者在暴风雨或暴风雪中会感到非常恐惧，这既因为风暴本身很可怕，也因为在风暴中难以辨认能够指引方向的路标。在风暴中寻找并改善庇身所非常重要。

6. 用嘴呼吸和说话会导致口干舌燥、口腔黏膜唾液分泌减少及脱水的加剧。求生者必须学会在沙漠的风中及寒冷的天气中闭着嘴行进。

7. 沙漠中常常会出现海市蜃楼，这种幻觉常会导致严重的后果。在沙漠中，实际距离往往比看上去要远得多。在某些情况下，海市蜃楼还会使人的精准目力下降。此外，蜃景还常常是颠倒的。

图4-4　低温环境

图 4-5 高温环境

4.6 饥饿

求生环境中可能有大量可以吃的东西（虽然求生者最初可能不会把它们当作食物）。对求生者来说，饥饿和半饥饿比口渴和脱水的状况更常出现。研究显示，没有证据表明短期禁食会对人体造成永久性伤害或降低人的智力水平。（图 4-6）

1. "二战"中科学家在美国明尼苏达州进行的一项长期而严密的半饥饿研究表明，人在饥饿时会出现以下行为变化：

1）由饥饿产生的驱动力超越了其他一切驱动力；

2）缺少自发行为；

图 4-6 饥饿

3）感到疲惫和虚弱；

4）无法完成需要体力的任务；

5）不喜欢任何形式的触碰或爱抚；

6）对低温敏感；

7）在所有情绪反应（恐惧、羞耻、爱等）上表现迟钝；

8）对他人缺少兴趣——麻木；

9）迟钝和厌倦；

10）耐心和自我控制力变得有限；

11）缺少幽默感；

12）情绪低落——顺从的反应。

2. 通常，求生者在求生、躲避、逃脱活动的兴奋状态中会感觉不到饥饿。曾经有幸存者在没有进食且没有意识到饥饿感的情况下度过了很长时间。尽管如此，求生者仍必须尽快努力获取食物并进食，以减少由食物短缺带来的压力。在保证食物的获取，并且确保环境能为自己提供保护后，求生者的生理和心理状态都会得到改善。但是，求生者回到正常进食状态的速度比较缓慢，且饥饿的程度越深，需要的时间越长。如果求生者一开始只饮水而完全不进食，那么饥饿的痛苦会在几天后消失，但求生者还是会沮丧和易怒。求生者会倾向于不断寻找食物以避免饥饿，当然，这是在体力和自我控制力允许的情况下。当食物有限时，最深厚的友谊也会面临挑战。

3. 挑食有可能导致饥饿。挑食者的意见还会使那些本来愿意尝试的同伴对陌生食物望而却步。在一些求生小组中，一部分人可能愿意尝试某种食物而非忍饥挨饿。如果挑食的只是个别人，那么挑食者需要克服自己对某种食物的偏见，并且通常最后都能去尝试陌生的食物。

4. 如果求生者能够忍受不适，进而适应当地的生活条件，那么相对而言他就更容易控制饥饿感。一个不愿因挑食而影响生存的人这样说：

"许多人在愿意开始吃东西之前就已经饿得半死了。当时有用羊头煮的汤，羊的眼睛就漂在汤里……每当有新来的囚犯时，我都会尽量坐在他边上,这样就可以吃他不吃的东西了。"

4.7 受挫感

　　求生者遇到阻止其实现目标的障碍,或根本没有实际的目标时,便会放弃努力,从而产生受挫感。这种感觉还会出现在人失去自我价值和自尊时。(图 4-7)

　　1. 外部环境和人体内部的多种障碍都有可能引发受挫感。受挫感会进一步导致人出现愤怒情绪,以及攻击或移除障碍的倾向。

　　2. 求生者必须将精力转移到积极、有价值且能够实现的目标上,以控制受挫感。求生者必须循序渐进,先完成较容易的目标,再试着解决更有挑战性的难题。这样不仅可以增强自信心,还能减轻受挫感。

图 4-7　受挫感

4.8 疲劳

　　在求生过程中,求生者必须不断处理疲劳问题,以避免由疲劳带来的紧张和效率低下的状态,同时还必须认识到体力消耗过度的危险。在许多情况下,其他压力因素,如高温、低温、脱水、饥饿或恐惧,可能已经使求生者感到紧张和效率下降了。求生者必须评估自己行进、负重、搬运及完成其他必要活动的能力,并根据自己的能力制订计划和行动方案。紧急情况下,求生者可能需要竭尽全力以解决眼前的问题。如果一个求生者了解疲劳以及自己所做的各种努力引发的不同态度和感觉,那么他便能够在需要的时候调动自己体内储存的能量。(图 4-8)

图 4-8　疲劳

　　1. 求生者必须避免将精力耗尽,因为这会导致一系列生理和心理的变化。求生者应该能够分辨精力耗尽和普通的让人不适的疲惫之间的差别。尽管应该避免耗尽精力,但是求生者在紧急情况下不管多么疲劳都必须完成特定的任务。

　　1) 休息是从疲劳中恢复的基础,并且能够防止疲劳加剧。在完成使人疲劳的活动后,充分休息非常重要,这能使人体得到完全恢复,否则残余的疲劳感会累积起来,使得下一次活动后需要更长的时间恢复。在疲劳形成初期,不论是肌肉疲劳还是精神疲劳,适当的休息都能使人体迅速恢复状态。睡眠是最彻底、最容易实现的休息方式,也是使人从疲劳中恢复的基本方法。

　　2) 在长期承受压力的状态下,短暂的小憩能够提高人体总的工作效率。以下是小憩的五个好处:

　　(1) 有机会从疲劳中恢复一部分精力;

　　(2) 有助于减少能量的消耗;

　　(3) 通过使人体最大限度地利用有计划的休息来提高效率;

　　(4) 通过改变任务中一成不变、单调乏味的状态来摆脱厌倦感;

　　(5) 提高士气,增强动力。

3）求生者应该在行动效率明显下降之前就开始休息。每次休息的时间越长，需要休息的次数就越少。如果工作非常费力或单调，休息的次数则应增多。能够让人放松的休息是最有效的。进行脑力活动时，低强度的运动更能让人放松。工作内容非常单调时，改变活动内容、谈话和保持幽默都是有效的放松方法。当休息的次数减少、持续的时间缩短时，求生者必须在当时面对的求生环境与长时间不休息导致的效率下降之间权衡轻重。

4）求生者可以用两种巧妙的手段减轻疲劳感：

（1）调整行动的速度，让活动量、速度及所用的时间保持平衡。例如，以正常的速度行走比快速行走更加省劲。

（2）调整行动的技巧。行动的方式会极大地影响疲劳的程度，节省力气非常重要。适合完成任务的有节奏的行动是最佳选择。

5）小组成员间的互相支持、合作及有效的领导是保持团队士气和效率的重要因素，可以减轻人的压力和疲劳感。求生者通常在未达到心理承受极限时就开始感到疲劳，同时开始承受其他方面的压力，例如低温、饥饿、恐惧和绝望，从而使疲劳感加剧。疲劳不仅仅是生理上的反应，还包括态度和积极性上的微妙变化。请记住，人就算是在极度疲劳的状态下，残余的能量也足以应对紧急情况。

2. 在同时受到几方面的压力时，即使是轻度的疲劳感也会降低效率。要想控制疲劳感，每隔一段时间就休息一会儿是明智的选择。因为求生者为了实现其主要目标，即与友方取得联系，有可能会因高估自己的体力而耗尽精力。另一方面，不论是个人还是小组的领导都不应该低估自己或小组能够承受的疲劳限度。正确做出判断的基础是接受过的求生训练或过去的经验。在求生训练中，参训人员能够在真实体验的基础上评估自己的承受力。同样的，求生小组的领导也可以根据经验评估每个组员的承受力。但是，下面这个小组却没有进行这样的评估：

"在天黑之前，我们已经彻底疲惫不堪了……我们决定不搭庇身所，而是用降落伞把自己裹住。我们太累了，都没劲生火，只砍了一些松树枝，然后就把自己裹在降落伞里睡着了……结果下雨了，下得还不小。我们只能淋着雨，直到身上都湿透了，才挣扎着起来搭庇身所。那时天已经全黑了，我们没有看到棚子上的裂缝，雨水就从那儿进来了，很多很多。我们的臀部和腿部关节疼痛，就像得了风湿病一样。雨水和低温加剧了疼痛。我们就那么咬牙坚持着，每十分钟就得换一个姿势。"

4.9 缺少睡眠

缺少睡眠的后果与疲劳直接相关。在非习惯时间、非习惯环境（陌生的地方、噪声环境、有光线或有其他干扰）中睡觉，以及没有睡够习惯的时间，都会使人出现疲劳、易怒、情绪紧张、效率低下等反应。个体出现这些反应的程度取决于睡眠受到干扰的程度及其同时受到的其他压力因素的影响程度。（图4-9）

1. 强大的动力是弥补睡眠不足的主要因素。出色的身体和心理素质、休息的机会、食物和水、同伴的陪伴，都能帮助求生者忍受缺觉带来的不良影响。如果一个人的身体和心理素质异常好，那么他可以五天甚至更长的时间不睡觉而没有任何不良后果——当然，在这一阶段的后期他可能会效率低下。求生者必须学会获得尽量多的睡眠和休息时间，就算是打个盹儿对求生者也有一定的恢复作用。在某些情况下，求生者必须保持清醒，而活动、运动、谈话、进食和饮水都是求生者抗拒睡意的好方法。

2. 一个人缺乏睡眠时，会感到阵阵睡意不断袭来。人有可能前一刻还非常清醒，下一刻就突然感到困乏。这阵睡意如果能得到控制，不久便会过去，人就能再次清醒一段时间，直到下一阵睡意袭来。随着缺觉时间的延长，两阵睡意之间的清醒时间会越来越短。一些人在长时间缺觉时，会感到非常强烈的睡意，以至于他们会变得绝望，并做出一些不够谨慎或危险的行为以摆脱这种压力。

4.10 孤独感

求生者在被隔离的环境中感到的孤独、无助和绝望是他们在求生过程中受到的最严重的压力。人们一般都会把自己与家人、朋友、战友和其他人之间的联系视为理所当然，所以求生者很快就会开始想念从前的日常人际交流。但是，孤独感与前面讨论的其他压力因素一样，是可以克服的：求生者可以通过自己的知识、理解力、专门的对策以及决心来控制、克服和抵抗这种孤独感。（图4-10）

4.11 缺乏安全感

当求生者受到各种压力与焦虑情绪的影响而觉得无助和不满足时，不安全感就产生了。焦虑有可能是由求生者在求生过程中对自己的目标、能力和未来不确定所导致的。不安全感会对求生者造成各种不同的影响，求生者应该确立既有挑战性又能够实现的目标。求生者越是能感受到自己达成目标的能力并充分地满足自己的需求，就越具有安全感。

4.12 失去自尊

自尊是人尊重自己、为自己感到骄傲的状态或品质。缺少（或失去）自尊会让求生者陷入沮丧，并在看法和目标上发生转变。被俘的人

图4-10 孤独感

可能会失去自尊——敌方的侮辱及其他因素会使俘虏怀疑自己的价值，侮辱或破坏名誉也会让俘虏感到耻辱，从而失去自尊。战俘必须保持自尊，不能因为自己被俘或自己在被俘期间的遭遇而感到羞耻。"丢了面子"（不管是自己的还是军队的）的求生者比较容易被敌方利用。要解决这一问题，求生者应该从恰当的角度看待整个环境和自身，并回想《美国军人行为守则》中的承诺，以支撑自己对自我价值的认可。（图4-11）

4.13 失去自我决断力

相对而言，具有自我决断力的人更能不受外界对其行为的控制和影响。在日常生活中，这种"控制和影响"来自整个社会的法律、习俗及受性格影响自愿承担的责任。但在求生环境中，这种"控制和影响"有所不同。求生者可能会觉得，事件、环境和（有时）其他人好像在控制局面。其他因素，如被俘、冷酷的俘获者、恶劣天气、救援人员需要争取时间采取行动等，也会让求生者感到自己失去了自我决断力。在失去自我决断力的情况下，想象的成分比现实的成分多。求生者必须对令人不愉快的因素加以控制，不让其影响自己的精神状态——依靠训练和经验建立自信，接受自己的感觉和决定，对自己的感觉和由此带来的影响承担责任。

图4-9 缺少睡眠

4.14 沮丧

沮丧是求生者必须战胜的最大的心理问题。求生者必须认识到，每个人都会有情绪的"高峰"和"低谷"。长期感到忧郁和有其他负面情绪的人很容易陷入沮丧。每个人偶尔感受到的与忧郁、悲痛、失望、孤独等联系在一起的情绪也可以变成沮丧。大多数情绪变化是暂时的，不会长期存在。沮丧还常常与疼痛、疲劳、食欲不振及轻微的生理疾病相关。陷入沮丧情绪的求生者可能会感到恐惧、羞愧或无助，有些人还会伤害自己，严重的甚至会自杀。(图 4-12)

图 4-12　沮丧

1. 精神科专家对沮丧的成因提出了多种看法。有些专家认为，在日常环境中不时经历一段沮丧期的人，在求生环境中会面临更加严重的沮丧感。沮丧成为求生者最大的心理问题的主要原因是，它会影响各种心理反应，使其他心理压力加剧。例如，疲劳会引发沮丧，而沮丧又会反过来加深疲劳感，进而带来更严重的沮丧感。

2. 沮丧感一般出现在求生者满足了其对水、庇身所、食物等维持生命的基本需求之后。求生者的基本需求一得到满足，就会有大量时间反复思考过去的情况、现在的困境和未来的问题。求生者必须认识到，要让身体和大脑被各项活动占据，以消除沮丧感，方法之一就是每天都检查并改善自己的庇身所、信号装置和食物补给。

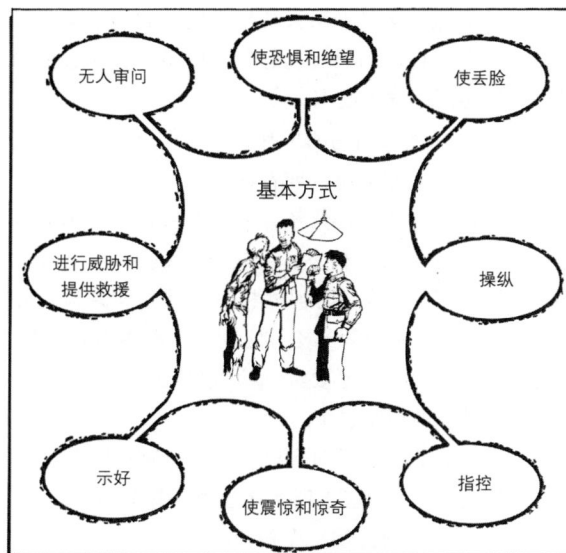

图 4-11　失去自尊

第5章 情绪反应

5.1 引言

比起冷静、仔细地分析潜在危险——敌人、天气、地貌、飞机失事的根本原因等，求生者更加依赖于他们对环境的情绪反应。求生者是由恐惧变为慌乱，还是将恐惧转化为警觉，更多地取决于求生者对周围条件的反应，而不是条件本身。虽然求生者对压力的反应多种多样，但是以下几种反应最为常见，我们也将详细介绍，它们是：恐惧、焦虑、恐慌、憎恨、怨怼、愤怒、不耐烦、依赖、孤独、厌倦和绝望。

5.2 恐惧

恐惧有可能挽救生命，也有可能使人失去生命。有些人在恐惧中状态最好。许多人在飞机失事后都为自己居然能回想起那么多求生训练的内容，为自己快速的思考和反应能力以及自己的体力感到吃惊，这种体验让他们更加充满自信。与此相反，有些人在面对最简单的求生环境时也会丧失行动能力，有些人则能够在为时已晚之前"迅速恢复过来"。有些情况下，求生者能得到身边同伴的帮助，但有的人就没这么幸运了，他们并没能成为"幸存者"。（图5-1）

1. 一个人的恐惧反应更多是受个人的影响，而不是受环境的影响，这一点在真实的求生活动和模拟实验中都已得到证实。身体强健或性格随和的人不一定是能最有效地控制恐惧的人，反而有些胆小、焦虑的人在紧急情况下却表现得极其冷静、充满力量。

2. 任何人处于生死攸关的紧急情况下都会感到恐惧。人在意识到周围的危险（比如突然被弹出机舱后）或即将到来的灾难时也会感到

恐惧。恐惧还会出现在潜意识中，并引发不安、不适、担忧或沮丧等情绪。每个人恐惧的强度、持续时间和出现频率有所不同，它们造成的影响——从轻微的不安到完全失去组织能力及变得恐慌——也有所不同。人有许多不同的恐惧，有的来源于以往的经验，有的则是受他人专门引导的结果。孩子们的恐惧直接来源于消极的学习，他们从中学会了害怕黑暗、动物、声音或老师。这些恐惧会控制人的行为，求生者可能会对自己的感受和想象，而不是引起恐惧的实际问题做出反应。

3. 当人们的胡思乱想让他们把普通的危险看成巨大的灾难，或者情况正好相反时，他们的行为都会变得反常。人有时会低估周围的危险，进而做出鲁莽、有勇无谋的举动。（在这种情况下）战胜恐惧的根本方法是假装自己并不恐惧。在鲁莽与勇敢之间并没有明确的界限，所以求生者有必要经常检视自己的行为是否处于适当的控制之下。

4. 人在恐惧时会出现以下一种或几种症状，但是它们也可能出现在其他情况中：

1）心跳加快，发抖；

图5-1 恐惧

2）瞳孔放大；

3）肌肉紧张和疲劳的程度加剧；

4）手心、脚底和腋下出汗；

5）嘴巴和喉咙干燥，音调提高，结巴；

6）忐忑不安，胃部空虚，昏厥，恶心想吐。

5. 伴随着这些生理症状，还会出现下列心理症状：

1）易怒，敌意增强；

2）初期多话，最终不再说话；

3）糊涂，健忘，无法集中注意力；

4）有不真实、想逃避、恐慌或神志不清的感觉。

6. 在军事史上，有许多人成功克服了最困难的局面，他们在过去的求生训练和经验的帮助下适应了恐惧。人对恐惧的控制能力是无限的，求生者必须采取行动控制自己的恐惧，不能放弃。应对恐惧的恰当措施包括：

1）理解恐惧；

2）承认恐惧的存在；

3）接受自己恐惧的现实。

7. 求生训练可以帮助求生者认识到个人对恐惧的可能反应。在训练的基础上，求生者应该学会在恐惧中依然能够有逻辑地思考、计划和行动。

8. 要想有效地应对恐惧，求生者必须：

1）建立信心。珍惜求生训练的机会，增强自己的身体和心理素质以提高求生能力，了解可以使用的求生装备及其使用方法，尽可能多地学习有关求生的各方面知识。

2）做好准备。接受"这可能会发生在我身上"的现实。随时携带适当的求生装备和衣物，制订好计划。抱最好的期望，做最坏的打算。

3）获取最新消息。认真听取并关注每一次简报，了解各种危险何时会威胁生命，并为之做好准备；增加自己对求生环境的知识储备，以减少"不了解"的情况出现。

4）保持忙碌。避免饥饿、口渴、疲劳、懒惰、对环境无知等情况的发生，因为它们会增强恐惧感。

5）了解同伴们对恐惧的反应。学会在紧急状态下通力合作——以团队的形式一起生活、行动、计划并互相帮助。

6）寻求宗教力量的安抚。不要为自己的精神信仰感到羞愧。

7）培养"好"的求生态度。专注于主要的目标，保持对其他事物的洞察力。学会忍受各种不适，不要为了满足小的需求而耗尽精力，这与总目标——求生——相抵触。

8）培养同伴间相互支持的态度。在高压环境下，对求生者最大的支持来自紧密团结的求生小组。合作能够减轻恐惧感，并使每个组员的效率更高。

9）发挥领导作用。个人领导力遭受的最大考验及其最大的价值均体现在高压状态中。

10）遵守规定。能够将求生训练中养成的遵守纪律的态度和习惯运用于其他时刻。有纪律的求生小组的成员比无纪律的生还概率大。

11）以身作则。冷静的行动和优秀的控制力很有感染力，二者都能减轻恐惧、鼓舞人心。

9. 每个人都有目标和欲望。每个人最重视的东西对其影响最大。由于宗教信仰、道德观念或爱国主义情操的影响，人们可以平静地面对折磨甚至死亡，而不向敌方透露半点儿信息、不放弃任何原则。恐惧既有可能置人于死地，也有可能拯救生命。通过接受求生训练、获得求生知识、采取有效的小组行动，求生者能够了解恐惧并学会控制恐惧，从而克服恐惧带来的种种问题。

5.3 焦虑

1. 焦虑是常见的情绪反应。当安全、计划或生活方式等出现变化的时候，人就会感到焦虑。人在感到即将有坏事发生时，特别容易感到焦虑。人们一般将焦虑形容成"蝴蝶在胃里飞"的忐忑不安的状态。焦虑会引发不安、周身不适、担忧、沮丧等症状。焦虑与恐惧的不同主要是在程度上：相比而言，焦虑的程度较轻，并且产生的具体原因不太明确，而恐惧则

是对具体、已知的原因产生的强烈反应。焦虑的特征包括：对未来感到恐惧、优柔寡断、感到无助、怨怼。（图5-2）

2. 要克服焦虑，求生者必须制订简单的计划，采取积极的行动。很重要的一点是，求生者必须将注意力从受伤处移开，做一些有建设性的事。比如，曾经有战俘试着教当地人学英语，并向他们学习当地的语言。

图5-2 焦虑

5.4 恐慌

遇到危险时，人们可能会恐慌或者"吓呆"了，不能进行连贯有序的行动。恐慌的人可能会失去自控的意识，所以常常在紧急情况下做出不受控制、失去理智的举动。所有人都有可能感到恐慌，但是有些人更容易崩溃。突然袭来的巨大恐惧会导致恐慌，并常常会迅速感染小组中的其他人。遇到这种情况，小组负责人必须尽全力发挥领导作用，维持纪律，以保持士气、平复恐慌。恐慌和恐惧的症状相同，二者的控制方法也相同。下面描述了一个求生者因为疼痛而感到恐慌的情形：

"这个飞行员的降落伞挂在了树上，他发现自己悬在离地面5英尺（1.5米）的地方……他在空中尽力保持平衡时，一条腿上的伞带松开了，于是他立刻脱离降落伞向下滑。但是，他的左腿被绳子缠住了，这使得他头朝下倒挂

在那儿。不幸的是，他的头刚好碰到了地上的一个蚁丘，里面咬人的蚂蚁立刻爬了他一身。显然，他开始感到绝望了，于是掏出枪来对着缠住左脚的绳子开了5枪，但是没有用。接下来，他对着自己的头部开了最后一枪，结束了自己的生命。发现他尸体的人的报告显示，如果他当时试着转身或改变倒挂的姿势，就能够到树的气根或爬满藤蔓的树干，这样一来他就能抓住树枝，从绳索中挣脱……他的头位于一个满是咬人蚂蚁的蚁丘上，这使他的疼痛加剧，最终夺去了他的生命。"（图5-3）

5.5 憎恨

憎恨——强烈的不喜欢、极端的嫌恶或敌对的感觉——是一种强大的、可能对求生者产生正面或负面影响的情绪，理解这种情绪及其产生原因是学会控制这种情绪的关键。憎恨是一种源自个人的知识和观点的情绪，而个人得

图5-3 恐慌

到的信息正确与否和是否会产生憎恨的情绪并没有太大的关系。

1. 任何人、任何物品，或任何可以通过思维理解的事物，比如政治观点、宗教教义等，都有可能引发憎恨之情。憎恨（通常伴有报复、复仇或惩罚的欲望）曾经使战俘熬过了痛苦的折磨。如果一个人受到憎恨情绪的影响，看待问题的角度产生了偏差并引发了情绪化的反应，那么他可能会忽视理性的解决问题的方法，从而陷入危险境地。

2. 要想有效应对憎恨这种情绪反应，求生者必须首先检视自己感到憎恨的原因，然后决定自己应怎样对待这种情绪。不管求生者采取怎样的处理方法，都应该使其尽量具有建设性。求生者不能被憎恨的情绪所控制。

5.6 怨怼

怨怼指的是人对某种行为、言论及对自己造成侮辱或伤害的人感到不满或愤慨的情绪反应。运气会影响求生活动。如果一个不幸的求生者觉得身边的战俘、同伴比自己成功或有优势，那么他就有可能产生嫉妒、怨怼的情绪。求生者必须明白，事情不会永远朝着自己期望的方向发展。如果某个求生者对同伴的怨怼之情过于强烈，就很有可能对团队的士气及生还机会造成决定性的影响。轻微的冒犯或出言不逊是正常的。求生者应该试着保持幽默感，对正在发生的事抱积极的看法，并认识到压力和缺乏自信可能会引发怨怼情绪。

5.7 愤怒

愤怒是由真实的或想象中的错误引发的一种强烈的不悦感和好战性。人在无法满足自己某个看似重要的基本需求或欲望时，便会感到愤怒。当愤怒无处发泄时，就有可能转变为更加持久的敌意，其特征是具有一种想要伤害、毁坏导致受挫感的人或事物的欲望。当愤怒的情绪特别强烈时，求生者会失去控制力，做出具有破坏性的冲动举动。愤怒在受到控制时是

一种正常的反应，可以为某种有益的目标服务。在条件允许且对求生活动没有危害的情况下，求生者可以大喊、尖叫、出去走走、做一些剧烈运动，或者离开引发愤怒的事物，哪怕只有短短几分钟而已。下面是一个不能控制愤怒情绪的人的叙述：

"我试着耐着性子用从前别人告诉我的每一种方法操作（无线电），但是都没有成功，于是我变得越来越愤怒和沮丧。我把天线扯下来扔了，把电池砸在石头上，然后把剩下的部分扔得满山腰都是。我当时真的很失望。"（图 5-4）

5.8 不耐烦

1. 不耐烦的情绪所带来的心理压力会迅速表现在生理方面。不耐烦会影响人的生理和心理健康。让不耐烦的情绪控制自己行为的求生者可能会发现，自己的努力不但达不到预期的目的，甚至可能是危险的。比如，正在躲避的求生者在行动被耽搁时，如果不能或不愿压抑自己不耐烦的情绪，就有可能因暴露自己的行踪而被俘或受伤。

2. 有可能陷入求生环境的人必须明白，他们需要忍受痛苦、不幸和不耐烦，且不能抱怨。过去，有许多求生者在痛苦和不幸中表现出了精神和身体上非凡的忍耐力。虽然不是所有的求生者在任何情况下都能表现出这样的能力，但是每个人都应学会认清那些会使自己感到不耐烦的事物，从而避免做出不理智的举

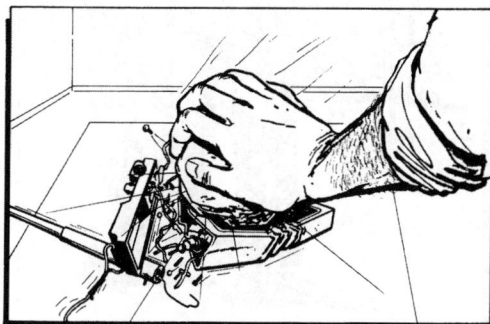

图 5-4　愤怒

动。下面这个求生者就等不及了：

"我变得非常没耐心。我本来计划等到晚上再行进，但是我等不下去了，中午就离开了藏身的沟。我走了两个多小时，最后被敌军抓住了。"

5.9 依赖

求生者在被俘后最可能产生依赖感。敌方会想出各种办法让战俘向俘虏他们的人寻求帮助和支持，并产生信任感。通过限制对战俘基本需求的供给，如食物、水、衣服、社会接触和医疗服务，俘获者得以向战俘展示自己的力量及对他们的控制权。此外，通过强调战俘在满足自己基本需求方面的无能为力，俘获者意在使战俘产生强烈的依赖感。这种依赖感会让战俘对敌方的盘问大大丧失抵抗能力，而这正是俘获者的主要目标。战俘如果能意识到敌方的这种手段，就能将其作为采取反击的关键。战俘必须明白，敌方虽然控制了他们的行动，但是并没有控制他们的生命。哪怕只有一项生理或心理需求能够得到满足，战俘也会产生一种"胜利感"，这种"胜利感"能为其下一步的抵抗提供良好的基础。（图5-5）

图5-5 依赖

5.10 孤独

在求生活动中，孤独感会使人变得脆弱。有些人能学会控制并利用周围的环境，在适应变化的同时获得自我满足，但是有些人却要依赖能够提供保护的人、路径或熟悉的环境，才能正常行动、获得满足。（图5-6）

1. 求生者必须在陷入求生环境之前就培养自己战胜孤独感的能力。自信和自我满足的能力是应对孤独感的两大要素，人们可以通过发展并展现自己完成一定任务的能力来培养这两种特质。随着个人能力的增强，自信和自我满足的程度也会随之提升。军事训练，更准确地说是求生训练，就是为培养个人应对和适应求生环境的能力和自我满足的目的而设计的。

2. 在求生活动中，战胜孤独感的措施包括积极行动、制订计划和进行有目的的思考。发展自我满足的能力是对个人最好的保护，因为所有的求生方法都要求求生者具有自我满足的能力。

5.11 厌倦

厌倦感和疲劳相关，二者经常被混淆。厌倦感经常伴随着"失去兴趣"而出现，尤其是在人们找不到缓解方法或感到受挫时。厌倦感还有可能包括紧张、焦虑或沮丧的感觉。要想缓解厌倦感，必须改变引发厌倦感的两个根本因素：重复和单调。厌倦感可以通过多种方式获得缓解——轮值、拓展某一任务的范围、休

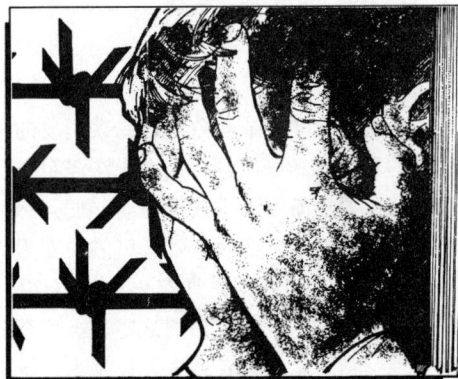

图5-6 孤独

息，以及其他能带来变化的技巧，这些变化可以提高工作效率。对于不容易带来满足感的工作，可以先去弄清它的意义、目的，有时还包括它与整体计划的关系。

1. 有个求生者完全找不到自己可以做的事：

"一个人把我领入一间屋子，让我在那儿等另一个人来接我。整个过程中最糟糕的部分就是这段等待的时间。我只能坐在屋里，足足等了两个星期。我当时觉得自己都快疯了。"（图5-7）

2. 另一个求生者自己找到了可以做的事：

"我不知道该做什么，于是我决定打死周围的虫子。那儿有很多蜘蛛，是那种不会伤人的大蜘蛛，所以我打死了一些苍蝇喂给蜘蛛吃。"

5.12 绝望

绝望来源于负面的情绪——觉得自己不管做什么都不成功，或者不管怎样努力事情都会越来越糟。事实上，人在求生过程中的任何时候都有可能感到绝望。在生病或受伤后无法保持健康时，思考自己活着回家的概率时，觉得自己不能再见到所爱的人时，或者感到自己的身体和心理素质不能处理当前的问题时，求生者就会产生绝望感，比如求生者长时间躲藏或不向拷问者透露信息就属于最后一种情况。（图5-8）

1. 在体力耗尽或遇到影响精神状态的因素时，求生者会开始失去希望。韩国人用"就这样放弃"来形容绝望的感觉。被俘后，有的人会"无疾而终"。事实上，这些人希望自己死去，至少不希望再生存下去了。这些人思考的大前提就是自己会死去，对他们来说，眼前的处境看起来毫无希望，所以他们放弃了努力，把自己完全交给命运。这些人的行为表现有一定的顺序，他们先是退出小组活动，继而变得沮丧、消沉，然后就倒下放弃了。对这样的人来说，有时候死亡来得非常之快。

2. 消除绝望的方式之一是清除带来压力的

图 5-7　厌倦

因素，休息、安慰和鼓舞士气的活动都能够帮助解决这一心理问题。在韩国，人们还有另一种消除绝望的方法，那就是故意惹感到绝望的人生气，从而使其产生站起来抵抗的意愿。积极的态度对鼓舞士气和减轻绝望极为有利。

3. 在许多有压力的环境下，人们无法通过离开或直接反击来成功地减轻压力，所以他们有必要采取妥协的方式去解决，这样的决定可能会改变求生者的行动方式或使其接受替代目标。

4. 需要躲藏的求生者在饥饿中会对他们的良心妥协，比如"就偷这么一次"。他们可能会忽视自己原本对食物的挑剔，甚至吃蠕虫、昆虫或人肉果腹。相关的妥协行为还有接受可以达成同样目标的替代性手段。

5.13 总结

求生者如果能认识到自己的问题，提出其他可用的解决方法，制订适当的行动步骤，进而采取行动，并评估结果，那么所有的心理问题都能被克服。在这一系列措施中，最困难的可能是制订适当的行动步骤。在求生活动中，求生者可能会面临一个或几个心理问题。这些心理问题有一定的危险性，必须得到有效的控制或处理，以保证求生者能生存下去。

图 5-8 绝望

第 6 章 求生意志

6.1 引言

求生意志可以定义为，不管面对怎样的生理或心理障碍，都想要生存下去的欲望。求生工具可以由军方、个人或环境提供，求生训练则来自出版物、日常教学和个人的努力。但是，仅有工具和训练，如果没有求生意志，仍然是无法成功的。事实上，"意志"本身就是求生活动中的决定性因素。曾经有人靠吃皮带获得营养，在皮靴中烧水像肉汤一样喝下去，甚至吃人肉果腹——尽管这显然不是他们本身的文化习俗。这些描述可能不是告诉大家"怎样生存"的典型例子，但它们说明有决心的求生者依靠强大的求生意志能够克服大部分困难。

1. 下面这个例子可以说明求生意志是决定生死的关键因素。曾经有一个人在亚利桑那州的沙漠中跋涉了 8 天之久，在这期间他完全没有进食和饮水。在白天酷热的高温中，他走了超过 150 英里（241.4 千米），体重因为缺水减少了 25%（通常体重减少 10% 就会导致死亡）。他的血液变得非常黏稠，甚至撕裂的伤口处都流不出血来，直到他获救后饮用了大量的水，情况才得以改善。在他开始求生活动的初期，一定有什么事触动了他，告诉他不管遇到怎样的困难都要生存下去，而他也确实生存了下来——仅仅依靠他的胆识和意志！（图 6-1）

2. 让我们来看看失去求生意志的反面例子。故事发生在加拿大的荒漠中，一名飞行员的飞机引擎出了问题，他决定迫降在一个结冰的湖面上，而不选择弹出机舱跳伞。他成功地迫降了，飞机滑行到湖的中央停下。他走下飞机检查机身的受损程度。在观察了周围的环境后，他发现一处树木丛生的湖岸离自己只有 200 码（182.9 米）远，便决定向那个方向前进。大约走了一半路程后，他改变了主意，回到飞

图 6-1 求生意志

机座舱中，抽了一根烟，然后拿出手枪对着自己的脑袋开了一枪。之后不到 24 小时，救援人员就发现了他的尸体。他为什么要放弃呢？为什么他无法成功求生？为什么他选择结束自己的生命？而为什么有的人可以吃皮带、用皮靴煮水喝呢？没有人知道这些问题的正确答案，但是它们一定都与求生意志有关。

6.2 克服压力

当一个人生存下去的可能性变得很小时，他的精神在克服压力、战胜困难上表现出的能力是最明显的。当眼前的困境看起来好像无法摆脱时，"意志"能够让人赢得"精神战争"的胜利。这种精神状态还能缩小危险期与处理期之间的距离。

6.3 危险期

1. 危险期是指求生者认识到情况的严重性并明白问题不能轻易解决的时期。在这一阶段，求生者需要采取一定的行动。大多数人在这一时期会因为没有准备好面对求生挑战而备受打

击，但是那些在求生知识和训练方面有所准备的人，不久便会恢复他们的控制力。

2. 通常情况下，人在危急关头感到震惊是一种无法克服焦虑的反应，并且会导致思维混乱。在这一阶段，求生者需要得到指引，因为他们正处于环境的控制之下，控制中心来自外界。在小组求生时，可能会出现一个"天生"的领导者，指导并安抚其他组员。但是如果某个人或整个小组持续受制于环境，那么他或他们就可能出现恐慌、行为不理智、失去判断力等反应。在长时间的求生活动中，求生者必须能够控制环境并对其做出有建设性的反应。不管是单独求生还是小组求生，求生者都必须充分评估形势、制订行动计划。在评估时，求生者必须确定自己主要的需求，以提高生还的概率。

6.4 处理期

求生者认识到情况的严重性并下决心承受而非屈服后，就进入了处理期。求生者必须忍受生理和心理上的压力，因为这些压力会引发焦虑，进而成为求生者自我控制和解决问题的最大障碍。应对求生情况需要良好的内部控制力。例如，在行进可能会带来反效果或危险时，求生者必须尽量克制自己想要继续行进的欲望。求生者还必须在紧急庇身所中耐心等待，忍受饥饿、肌肉疼痛、脚趾麻木等不适，并抑制沮丧、绝望的心情。那些无法积极地思考的人可能会感到恐慌，继而出现一系列的行为失误，导致更严重的筋疲力尽和受伤，有时甚至是死亡。有时候，导致人死亡的并非是饥饿和疼痛，而是失去了控制情绪和思考的能力。

6.5 态度

求生者的态度是求生意志的重要组成部分。有了适当的态度，任何事都有可能做成。想生存下去的欲望有时是以对其他人或事的感觉为基础的。爱和恨是两种极端的情绪，可能会驱使人们做出一些在生理或心理上异常的事

情。缺少求生意志有时体现在个人满足基本需求的动力、情绪控制和自尊等方面。

1. 在紧急情况下必须强调求生意志。首先，要避免恐慌或"暴跳如雷"的倾向。坐下来，放松，并理智地分析形势。当思路和想法清晰之后，下一步就是决策。在日常生活中，人们可能会逃避做决定而让他人帮助自己制订计划。但是在求生环境中，这种方式是行不通的。不能决定行动的进程实际上就等于决定不行动，缺乏决断力有时甚至会导致死亡。此外，求生者在果断的同时还要灵活、有计划，以为不可预知的未来做好各方面的准备。例如，一个飞行员在北极的非战斗区进行求生行动，他决定搭建一个庇身所保护自己。他的计划和行动必须有足够的灵活性，使他可以观察整个地区以发现救援人员的行踪，并准备好与可能出现的救援人员用视觉信号、电子信号等进行联络。

2. 接下来需要考虑的因素是忍耐力。求生者需要面对很多生理和心理方面的不适，比如面对不熟悉的野生动物和昆虫、产生孤独感和沮丧感。机组人员都接受过忍受不适环境的训练，求生者必须运用训练中学到的技能消除环境所带来的压力。

3. 不论是在战斗区还是非战斗区，求生者都必须面对并克服恐惧，以增强自己的求生意志。这些恐惧是由求生者感到彷徨、缺少信心或敌军迫近而引发的，它们可能表现出来，也可能不会。事实上，许多真实的或想象中的危险都会引起恐惧。不管恐惧的根源是什么，求生者都必须发现自己的恐惧并有意识地努力克服。

6.6 乐观

对求生者来说，最宝贵的财富之一就是乐观——拥有希望和信念。求生者必须对形势及自己的表现保持积极、乐观的态度。祈祷和冥想对保持乐观很有帮助。对求生者而言，保持乐观态度的方式没有保持乐观态度的作用那么重要。

6.7　总结

　　求生者不会选择或者接受厄运，只要有可能，他们就一定会奋力逃离。他们就像被困在一个完全控制了他们的世界中——一个对生命、尊严或反抗充满敌意的世界。完成求生任务并不容易，但还是有可能成功的。这一章介绍了有可能帮助机组人员成功求生的思想观念，而这一切都可以归结为强大的*求生意志*。

第三部分
基本求生医学

第 7 章　求生医学

7.1 引言

1. 首先，可能降低求生者成功返回能力的因素之一是求生者在弹出机舱、跳伞降落和飞机着陆时遇到的医疗方面的问题。某次战争期间，在大约 1 000 名美国空军求生人员（包括 322 名后来成功返回的战俘）中，约有 30% 的人在跳伞过程中受伤，其中最常见的是骨折、拉伤、扭伤、脱臼、烧伤等。（图 7-1）

2. 某些情况下，受伤和疾病可能会降低求生者生还的可能性。在气候寒冷的地区以及在大部分远海求生环境中，低温会对人体器官造成严重的损害，例如可能导致死亡的冻伤及体温过低。在气候炎热的地区及某些特定的远海地区，高温会引发热痉挛、热衰竭以及可能危及生命的热射病。

3. 求生者在躲藏或被俘时生病可能会阻碍求生活动。其中最主要的疾病包括肠胃失调、呼吸系统疾病、皮肤感染，以及疟疾、斑疹伤寒、霍乱等传染病。

4. 回顾第二次世界大战等战争中的求生案例，我们可以看出，虽然美军士兵一般都知道如何对他人采取急救措施，但是他们极度缺乏自救的知识。此外，大多数军人只学过最基本的医疗常识。最后，必须再次强调的是，就算是再小的伤口、再轻微的疾病，如果没有受到重视，在求生环境中也会演变成严重的问题。所以，对于医疗方面出现的问题，不论多小也要给予适当的关注，这对成功求生至关重要。使用基本药物能够帮助求生者保持健康，直到获得救援或回到友方控制区。

5. 在本章和第 8 章中，我们将介绍一些战俘曾经使用的基本自救技巧以及民间疗法，这些内容描述了在缺乏医疗条件的情况下维持健康的一些手段，以及用于预防和处理伤病的医疗物品。因为不存在"典型"的求生情况，所以必须灵活运用各种自救的方法，重点在于用可能获取的物品处理伤口和疾病。此外，求生者还要认识到，来自不同文化的人提供的医疗手段会与求生者自身的文化习惯有所不同。例如，在某些国家的农村地区，人们用一种蛇肉制成的膏药治疗下背部的疼痛。有些美国军人可能会特别反感这一类的医疗手段，但是在特殊情况下，当地人提供的医疗物品可能是求生者能够获取的最佳帮助。

6. 本章和第 8 章中介绍的医疗手段必须根据具体情况做具体分析。与日常的医疗条件相比，这些医疗手段可能是不规范的。但是，这些手段并不会影响求生者获救后接受专业的治

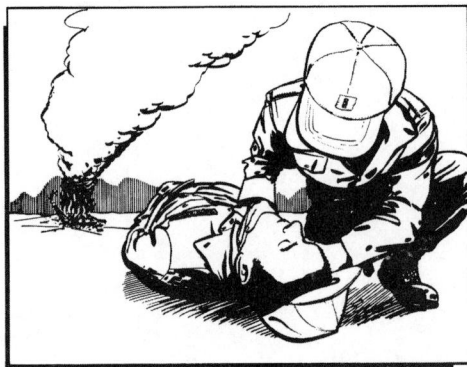

图 7-1　受伤

疗。此外，在求生环境中，这些医疗手段可能是求生者能够获得的最好的治疗，可以增加其生还的可能性。

7.2　步骤和应急手段

求生医学包括的步骤和应急手段应该具有下列特征：

1. 能够帮助求生者维持健康，并能在求生活动中预防、改善和治疗伤病。

2. 适合非专业医疗人员自救或救助同伴时使用。

1) 求生医学的概念超过了传统意义上的急救范畴。求生医学从最明确的处理方式入手，因为求生者在求生活动中无法依靠医护人员的技术。

2) 为了避免重复通常可以获取的信息，这里将不会描述急救的基本原则，也不再重述第二部分所讨论的求生心理因素的影响。

7.3　卫生

在求生环境中，卫生条件对于防止感染非常重要。良好的个人卫生不仅能防止周围病菌的滋生，还能减少病菌的传播以保护整个求生小组。(图7-2)

1. 清洗，尤其是清洗脸部、手部和足部，能够降低轻微划伤和擦伤处感染的概率。最理想的情况是每天用热水淋浴或浸浴。如果没有浴盆或淋浴器，可以用衣服蘸着肥皂水擦身，要特别注意清洗身体上的"死角"（腋窝、生殖器周围等）、脸部、耳部、手部和足部。接着，要用清水冲洗全身，洗去可能刺激伤处的肥皂沫。

2. 肥皂虽然可以帮助清洁，但对保持清洁来说并非是必需的，求生者可以用灰尘、沙子、泥土及其他应急手段清洗身体和烹调器具。

3. 当水资源缺乏时，求生者可以洗一场"空气浴"。求生者应脱去所有的衣服，让全身暴露在空气中。"空气浴"最好是在阳光下进行，但就算是阴天或在室内，求生者全身赤裸地在

图 7-2　注意个人卫生

空气中暴露2小时也能够清洁身体。在此过程中，要注意防止晒伤。当天气条件不允许求生者将身体直接暴露在空气中时，可以在阴影、庇身所和睡袋里进行"空气浴"。

4. 头发要修剪，长度最好是在2英寸（5.1厘米）以内，胡子也应该刮干净。毛发是寄生虫附着和细菌滋生的场所，剪短发和刮胡子能够减少这些生物的生存环境。头发最少一个星期用肥皂水清洗一次。当水资源缺乏时，应彻底地梳理头发，并将头发遮住以保持清洁。每个星期都应检查头发中是否有跳蚤、虱子和其他寄生虫。发现寄生虫后，应立刻清理。

5. 用脏手触摸食物和开放的伤口是导致患病和感染的主要原因。如果条件允许，求生者在拿过任何可能携带细菌的物品后都应该用肥皂水洗手。在上完厕所和照顾伤员之后，在触摸食物、厨房用具和饮用水之前，洗手尤为重要。不能把手指放在口中，手指甲应进行修剪并保持清洁，长指甲造成的抓痕可能会发展成严重的感染。

7.4　口腔和牙齿护理

以下的口腔卫生护理基础知识能够防止出现蛀牙和牙龈问题。

1. 每天应该至少一次用牙刷和牙膏彻底地清洁口腔和牙齿。没有牙刷时，可以用小树枝做一个"咀嚼棒"：先清洗一截嫩枝，然后从一

头开始咀嚼，直到它磨损得像刷子一样，接着就可以用这个"刷子"彻底地清洁和护理所有牙齿表面。如果有必要，可以用衣服包住手指摩擦牙齿表面，以清除食物残渣。牙膏和牙粉都没有的话，可以用盐、肥皂或小苏打替代。可以把降落伞绳的绳芯拆散，用其中一根做牙线。用柳树皮煮水漱口可以保护牙齿。

2. 可以用牙线或牙签清除牙缝中的食物残渣。牙签可以用小树枝来制作。

3. 应该每天都用干净的手刺激牙龈组织。

4. 对于假牙及其他人工装置，不管是固定的还是可拆卸的，都要像对待真的牙齿一样进行清洁。应该将假牙和可拆卸的牙套从口中取出，每天用牙刷或"咀嚼棒"清洁至少一次。假牙下的组织应该用牙刷清洁，或者施以适当而有规律的刺激。晚上应该将可拆卸的牙套从口中取出，白天也要取出 2~3 小时。

7.5 足部护理

在求生活动中，特别是求生者需要行进时，足部的护理至关重要。可以通过以下几条基本原则来避免严重的足部伤害：

1. 每天都要洗脚，然后把脚彻底擦干并按摩（图 7-3）。如果水资源缺乏，应让脚和身上其他部位一起洗"空气浴"。

2. 脚指甲要修剪整齐，避免长进肉里。

3. 靴子要穿习惯以后才能在执行任务时穿。靴子必须合脚，太紧会对脚部造成压力，太松会让双脚在走动时在鞋里前后滑动。可以临时制作鞋垫以减小脚部和鞋子的摩擦。

4. 袜子要足够大，可以让脚趾自由活动，但是不能太松，否则会卷起来。羊毛袜至少要比棉袜的尺码大一号，以应对缩水。有破洞的袜子在穿之前要补好，但是穿有破洞的袜子或补过的袜子可能会把脚磨出水疱。羊毛袜起球的话，要把里外两边的毛球都清除干净，否则会磨脚。袜子每天都要换，并用肥皂水彻底清洗。羊毛袜要用冷水清洗，以减少缩水现象。在营地中，刚洗好的袜子要用手撑一撑，以帮

助其在阳光下或通风处挂晒时干得更快。在行进过程中晾干湿袜子的方法是，把湿袜子放在衣服的内层或挂在包外。如果脚上穿的袜子潮了，只要情况允许就必须第一时间换上干袜子。

5. 在行进中，要经常检查脚上是否有红斑和水疱。如果发现得早、症状轻微，可以贴上胶布，以防止水疱生成。

7.6 衣服和寝具

皮肤、粪便、尿液以及鼻腔和喉咙的分泌物中的病菌会污染衣服和寝具，所以，尽量保持衣服和寝具的清洁会减少皮肤感染和寄生虫的滋生。外衣弄脏后必须用肥皂水清洗，内衣和袜子则应每天更换。如果水资源缺乏，衣服要在空气中"清洗"，即将衣服拿到门外抖开，在阳光下晾晒 2 小时。用这种方法清洗的衣服应当经常替换着穿。睡袋每次使用过后都要把里面翻出来，并且抖松、晾晒（图 7-4）。被单和枕套至少每个星期换洗一次，而毯子、枕头和床垫则要经常晾晒、吹风。

7.7 休息

对求生者来说，休息是必需的，因为休息

图 7-3 足部护理

不仅可以使身体和精神上的活力得以恢复，还可以加快求生者生病或受伤后的恢复速度。

1. 在求生活动初期，休息尤为重要。在完成一些需要立刻完成的任务后，求生者应该清点可用的资源、制订行动计划，甚至吃一顿饭。在这个"计划阶段"内，求生者虽然觉得自己"没做任何事"，实际上却得到了休息。

2. 如果可能，求生者每天的行动计划都应包括有规律的休息。休息时间的长短取决于很多因素，包括求生者的身体素质、敌方力量是否存在等。但在通常情况下，每小时休息 10 分钟就够了。在休息时间内，求生者应视当时的情况，要么停止体力活动彻底休息，要么停止脑力活动做些体力活动。求生者必须学会让自己感到舒适，即使环境不理想也要保证自己得到休息。

7.8 预防疾病的原则

在求生过程中，不管是短期的还是长期的求生活动，生病的危险性都会逐日增加。遵循以下几条简单易行的个人卫生原则能帮助求生者维持个人健康，同时也有益于他人的健康：

1. 所有天然水源的水在饮用前都应先行净化。

2. 不能让排泄物弄脏营地。可能的情况下要使用厕所。没有厕所时应在地上挖坑，并掩埋排泄物。

图 7-4　抖松睡袋

3. 手指和其他被污染的物品不能放入口中。进食或饮水前、照顾伤病员的前后，以及触摸过任何可能携带病菌的物品后，求生者都要洗手。

4. 饭后要清洗所有的餐具，并用开水为餐具消毒。

5. 口腔和牙齿每天至少应彻底清洁一次。绝大多数长期求生活动引起的口腔问题都可以通过用牙刷和牙膏清除累积的食物残渣而得到预防。如果有必要，可以临时制作牙齿清洁工具。

6. 要避免蚊虫叮咬。除了保持身体清洁，求生者还可以穿具有保护作用的衣服、戴防蚊头罩、制作临时蚊帐，以及使用驱虫剂。

7. 如果衣服变得潮湿，应尽快换上干衣服，以免导致体温过低。

8. 水壶、烟斗、毛巾、牙刷、手帕、刮胡刀等个人用品不要与别人共用。

9. 所有剩饭、罐头盒和其他垃圾都应从营地清除出去并加以掩埋。

10. 条件允许的话，求生者每晚应睡 7~8 小时。

11. 求生者应该充分调动自身对疾病的抵抗力。

7.9 伤口的一般处理方法

1. 流血。在不能输血的求生环境中，止血非常重要。不管是身体的哪个部位流血，都要立即止血。止血的方法取决于失血量。在需要的情况下，如果能够正确使用止血带，就能挽救生命，反之则有可能造成伤者死亡。止血带的基本特性和使用方法在急救工具指南中都有说明，而其中一些内容在求生活动中需要特别强调。只有在尝试其他止血方法都无效后，才能使用止血带。如果在 2 小时内不能获得医疗救助，那么在使用止血带 20 分钟后应慢慢放松止血带。如果伤口不再流血，则应移除止血带；如果继续流血，则应再次使用止血带。止血带应尽量用在心脏和伤口之间靠近流血的地方，以减少对身体组织的伤害。

2. 疼痛。

1) 控制疼痛。在求生环境中，控制疾病和伤口带来的疼痛很困难，但很重要。疼痛不仅会导致士气下降，还会使求生者休克，大大丧失对敌人的抵抗力。理想情况下，应通过消除疼痛的根源来减轻疼痛，但因为这一点有时很难立刻实现，所以学会控制疼痛的方法是很有帮助的。

2) 姿势及热敷、冷敷。身体疼痛的部位应得到休息，至少应尽量限制其活动。伤者应尽量选择最舒服、最容易保持的姿势，可以用夹板和绷带固定疼痛的部位，在保持身体不动的同时将伤处抬高，这一做法对"压伤手指"产生的跳痛尤其有效。裸露在外的伤口必须得到清洗，然后把其中的异物清除干净，将伤口用干净的布包裹起来，防止外界的空气和杂质接触伤口。一般情况下，热敷能减轻某些种类的疼痛，如牙疼、发炎引起的疼痛等。有时冷敷也能起到同样的作用，比如对于拉伤、扭伤引起的疼痛等。热敷和冷敷最好是用水敷，因为水很容易达到需要的温度。求生者可以热敷和冷敷都尝试一下，以确定哪种方式最有效。

3) 止痛药。止痛药能有效减轻疼痛，但在求生环境中很难获取。所以，对求生环境中的医疗手段而言，"原始且自然"非常重要。阿司匹林、复方阿司匹林及其他此类片剂主要用于减轻感冒和上呼吸道疾病带来的不适感，最多只能略微减轻严重的疼痛。但是，这些药只有在能够获取的情况下才可能服用。如果没有阿司匹林，可以利用某些具有药效的植物。例如，柳树几百年来一直都被人们用来帮助止痛和退烧。新鲜的柳树皮里含有水杨苷，在人体中有可能生成水杨酸。鹿蹄草的叶子常被一些印第安人做成茶，用来减轻身体上的疼痛。木兰树的树皮煮过后可以用来减轻内伤疼痛和帮助退烧，据说还可以治疗痢疾。要想有效地控制疼痛就需要使用药效强烈的麻醉药，前往环境恶

劣的地区执行任务时，飞机上或个人的急救包中可以准备一些吗啡。

3. 休克。

1) 循环系统的反应。在某种程度上，休克可能伴随着各种身体伤害出现，且通常是人受伤后最严重的状况。从本质上说，休克是身体的血液循环系统对伤处的反应。血液循环的变化最初是有助于身体抵抗伤害的（通过保证重要组织适当的血液供给），但是这些变化有可能会进一步发展，导致伤者循环系统衰竭甚至死亡。所有的机组人员都应熟悉休克的体征和症状，以便有效地预见、发现和处理休克问题。最佳的求生方法是将所有中等程度及严重的伤处都当作伤者已处于休克状态来处理，这样做不但对伤者没有不良影响，而且能加快其康复。

2) 补充水分。在人受伤严重进而引发休克后，一般的治疗方法不允许伤者喝流质物，因为伤者此时很难用嘴喝东西，而且喝下的液体会影响此后手术时麻醉药的药效。但是在求生环境中，这种治疗方法并不适用。伤者不能因为受伤而长时间不喝水，事实上，他们身体的恢复就建立在适量饮水的基础上。如果伤者尚有意识并能够吞咽，那么在休克初期喂他喝少量温热的水、茶或咖啡是有益的，不会造成内伤。烧伤者尤其需要大量水分以补充受伤处水分的流失。休克或有可能休克的伤者不能饮酒。

3) 精神性休克。精神性休克常常在机组人员弹出机舱这样的紧急状况发生之后立刻出现，人在没有受伤时也可能发生精神性休克，需要重视精神性休克并控制其程度和持续时间。人在受到刺激后出现精神性休克的情况是普遍的，但是严重程度因人而异。事实上，求生者几乎都会同时遭遇两个主要紧急事件——导致求生活动开始的飞机失事和求生活动本身。如果求生者受伤（大部分人此时都会受伤），便会形成第三个紧急事件。不过，这种精神上的反应一般不会伴随着循环系统方面的问题出现。对这种休克的抵抗力取决于人的

性格和以前接受求生训练的训练量。应对精神性休克的措施包括停止一切活动（可能的话）、放松、评估眼前的形势，以及在开始求生活动前制订行动计划。

4. 骨折。

1）在求生医学中，对骨折、脱臼和扭伤处的固定比传统意义上的急救措施还要重要。基本治疗措施之一是立刻固定伤处，不让病人在转移到最终治疗点的过程中感到不适。除了前面介绍过的固定伤处能够减轻疼痛外，让伤者保持适当的姿势也能够加快骨折处的恢复。在求生环境中，固定物必须能够坚持使用相对长的一段时间，并使病人保持相对较高的活动能力。大多数求生环境中都能找到夹板和绷带的替代物，具体的固定技巧在大多数急救手册中都有详细介绍。

2）一般来说，对骨折的处理超出了急救的范畴，但在长时间的求生活动中，对骨头进行复位对伤者加快复原和提高活动能力非常有必要。处理骨折的最佳时间是在刚受伤之后，疼痛的肌肉出现痉挛之前。将骨折处最关键的部位对好（可以对比另一侧的肢体来完成），再将受伤的肢体固定住，之后可以进行牵引治疗。当骨折处渐渐好转后，通常可以继续做牵引治疗，以保证受伤的骨头恢复正常。

3）由于求生环境中没有石膏，所以必须临时制作固定骨头的物品。可以把几根柔韧的、长短粗细相似的柳条用藤蔓或降落伞绳编起来作为固定物。固定的时候要小心，避免压迫肢体受伤后肿胀的部位。如果求生者处在逃跑或躲藏的过程中，骨折处固定后不应影响求生者的活动。对于下肢骨折的伤者，虽然可以用树枝临时做成拐杖，但要做到这点比较困难。有同伴的情况下，可以制作临时担架。

4）脱臼处的复位法和处理骨折的方法相似，要轻柔但稳定地牵引，直到脱臼处"嘎吧"一声回复原位。当求生者单独行动时，这个问题处理起来比较复杂，但还是能够解决的。求生者可以利用重力牵引肢体，比如将伤肢的末端系在树枝上（或卡在树枝间），也可选择其他固定地点，这时身体的重量会牵引肢体、带动关节，直到脱臼处回复原位。

5. 感染。

1）感染是对求生者最大的威胁。求生时不可避免的滞后医疗和恶劣的现实条件都增加了感染的概率。求生过程中可能得不到足够的抗生素，求生者必须对感染给予充分的重视，在可以使用抗生素之前就通过一定的手段来预防和控制它。

2）不幸的是，求生者在受伤时几乎无法控制感染的程度和性质，但他们能借助穿干净的衣服去控制感染。要防止伤口进一步感染，不管伤口的类型和严重程度如何，都不要用脏手或脏东西接触伤口，唯一的例外是需要止住动脉出血时。要将伤口处的衣服移开，以免伤口周围的皮肤感染。

3）所有的伤口都要进行适当清洗。水是最常见也最易获取的清洗剂，但应该（最好）使用消过毒的水。在海拔高度等同于海平面的地区，要将水在加盖的容器中煮10分钟进行消毒。在海拔超过3 000英尺（914.4米）的地方，要将水煮一个小时（在加盖容器中），以保证水得到适当的消毒。消过毒的水只要放在加盖容器中储存，就会保持无菌状态。

（1）冲洗伤口比擦洗伤口更能减少对伤口组织的进一步伤害。应将异物从伤口中冲走，以防止其继续引起感染。伤口附近的皮肤在包扎前要彻底清洗干净。求生者没有水可以清洗伤口时，应考虑使用尿液。在所有可以获取的液体中，尿液可能是最接近消过毒的水的。求生者应使用中段的尿液冲洗伤口。

（2）虽然肥皂对于清洗伤口不是必需品，但在急救包中准备一块药皂并在日常中使用，可以防止那些看似不会带来严重后果的伤口出现感染。外部抗菌剂最好在清洗擦伤、抓伤和撕裂伤附近的皮肤时使用。抗菌剂会对大而深的伤口组织造成进一步伤害。

（3）大自然也为求生者提供了处理伤口的

抗菌剂。美洲花楸从加拿大的纽芬兰南部到美国的北卡罗来纳地区都有分布，它的内层树皮具有抗菌成分。红莓里含有抗坏血酸，吃了可以治疗坏血病。香枫树的树皮已经被正式确认为一种抗菌剂，用香枫树树叶煮水也可以为伤口消毒。

6. 开放性治疗法。这是处理求生者伤口唯一安全的方法。不要缝合或用其他方式闭合伤口。事实上，有时可能有必要让伤口开得更大，以防止分泌物附着在伤口上或造成感染，并促使伤口中的液体流出。这里所说的"开放性"并不代表不用包扎。好的外科处理方式要求，虽然伤口没有闭合，但是神经、骨头和血管都要用纱布或纸巾盖住。掌握这样的处理技术可能超出了大多数求生者的能力范围，但是对重要的身体组织的保护有利于伤口愈合及活动能力的恢复，因此必须尽力掌握。不适用开放性治疗法的特例是，影响呼吸、进食、饮水的致命伤口需要在初期缝合。开放性伤口上会长出防止感染的肉芽组织，进而渐渐愈合。肉芽组织很好辨认，其表面一般比较红润、潮湿、粗糙，这些都是伤口正在愈合的好征兆。

7. 包扎布和绷带。伤口清洗后要用干净的布进行包扎。包扎布一定要消毒，但是在求生环境中，任何干净的布都可以保护伤口不被感染。接着，可以用绷带固定住包扎布，进一步保护伤口。绷带应该足够贴身，以免滑落，但也不能太紧。对大多数伤口来说，轻微施压可以减轻不适并帮助止血。包扎好后，除非必要，否则不要经常更换包扎布。包扎布的外部被弄脏并不会影响其功效，但移动包扎布会让伤口疼痛并损坏包扎布。此外，更换包扎布还会增加感染的概率。

8. 生理"后勤"。不管求生者多么小心，求生活动中不同程度的伤口感染仍很普遍，这正是前面提倡开放性治疗的原因。如果人体能运作起来，它天生就有非凡的抗感染能力。前面已经提到过适当的休息和摄入营养对伤口愈合、控制感染的重要性，此外，伤口处的"后

勤"服务也需要加强。固定伤处时，固定的位置要有利于血液循环，包括流入及流出伤口的血液，要避免衣服和绷带挤压伤口。热敷受感染的伤口能进一步调动身体的抵抗机能。用温盐水浸泡可以清除细菌、让伤口中的液体渗出，以去除有毒物质。用干净的黏土、撕碎的树皮、草籽等制成的膏药也有相同的作用。

9. 引流。适当导出感染部位的液体有助于伤口的愈合。一般来说，没有必要使用引流纱布条和引流管、排脓管。但是有时候，最好排出累积的脓——轻轻打开脓肿处，用纱布、棉花等填塞伤口，以保证伤口中的液体可以继续流出。用于切开脓肿处的刀和其他工具必须消毒，以免让微生物进入伤口。最佳的消毒方法是高温消毒、干性消毒和湿性消毒。

10. 抗生素。如果求生者带有抗生素，应该服用以控制感染。人们普遍认为应服用所谓的"广谱抗生素"，也就是说它能抵抗任何微生物的入侵，而不是一两种特定的微生物。救生包中准备多少抗生素、准备什么种类的抗生素取决于求生者可能受到的感染的类型和次数。要记住抗生素是有保质期的（一般有效期为4年左右），要定期检查救生包中抗生素的使用期限并及时更新。

11. 扩创术。扩创术指切除撕裂、失去生命力及受感染组织的手术。对一些严重的创伤进行扩创处理能减轻感染（特别是气性坏疽类感染），缓解感染性休克（脓毒性休克）。扩创术的本质是将异物及死去或正在死亡的组织去除，这一过程需要一定的技术，只有在极为紧急的情况下才能由非医护人员操作。如果确有必要实施手术，应遵循以下原则：必须去除死皮；肌肉要切除到出血点，并切除变色的肌肉；受损的脂肪组织会死亡，所以要切除；可能的话，保留骨头和神经，并保护它们不受进一步的伤害；对于可能感染的伤口要保证充分自然排液，并要延迟缝合此类伤口。

12. 烧伤。

1）烧伤在空中事故和其后的求生活动中经

常出现，会带来严重的后果。烧伤会引发剧烈的疼痛、提高休克和感染的概率、使身体失去大量的水分和盐分。最直接的初期处理方式是减轻疼痛、防止感染，用任何干净的包扎布覆盖伤口都能起到这种作用，并且可以提高伤者的活动能力，使其能够完成更重要的求生任务。如果是脸部和颈部被烧伤，要保持伤者气道通畅。如果有必要，应在病人有严重呼吸困难之前进行环甲膜切开术。脸部和手部的烧伤对求生的影响特别大，因为这会影响求生者满足自身需求的能力。求生者可以将某些树种（柳树、橡树、枫树）的树皮浸在水中，这样的水对伤口具有收敛作用，可以缓解症状和保护烧伤部位，这主要是树皮中的酸性物质在起作用。

2）保持身体中有足够的水分和盐分对烧伤处的愈合非常重要。求生环境中唯一可以控制体内水分的方法就是饮水，所以伤者在因毒素引发恶心、呕吐之前就要饮用足够的水。如果没有盐片，求生者可以吃动物的眼睛和血（熟的）来恢复体内的电解质平衡。注意：求生者还可以在个人救生包里带上盐以帮助补充电解质 [1 夸脱（950 毫升）水中放 1/4 茶匙（1.25 毫升）盐]。

13. 撕裂伤。为了避免感染，撕裂伤（切口）最好保持开放。应彻底清洗伤口，取出异物后进行包扎。大多数撕裂伤经过固定通常能加快愈合速度。有时（如在战斗状态中）即使有感染的危险，也要缝合或闭合伤口，以便止血或提高伤员的行动力。如果求生者有针，可以从降落伞绳、布或衣服上取线来缝合伤口。缝合伤口时，应该让每一针互相分开，同时距离又没有大到让液体流出。不要担心伤口的美观，只要尽量使伤口两侧靠近就可以了。对于头皮撕裂伤，可以在清洗后用头发缝合。因为头部的血液供应充足，所以这一部位的伤口感染的危险性不大。

14. 头部受伤。头部受伤可能会导致脑部受损，也可能会影响呼吸和进食。头部受伤后流血的量会比较大，但是不易感染，所以尽早缝合伤口以使其恢复运作是比较安全的做法。如果病患出现呼吸困难现象，可能需要实施环甲膜切开术。伤者失去意识后，要进行密切观察，并让其保持不动。即使伤者只是轻度的休克或即将但尚未休克，也要保持其头部水平；如果有脑部受损的危险，还要稍微抬高头部。不要给昏迷的伤者吃流质食物或服用吗啡。

15. 腹部受伤。在求生活动中，腹部受伤属于特别严重的情况。腹部的伤口如果没有立即得到适当处理，会导致极高的死亡率，而且伤者完全无法照顾自己。如果肠子没有从伤口中脱出，应该用绷带绑住伤口防止这种情况发生。如果肠子已经脱出，不要把肠子放回去，否则一定会引发致命的腹膜炎。这时应该用大块的包扎布盖住肠子，用饮用水或尿液使包扎处保持潮湿。伤者应背朝下平躺，避免任何可能对腹部施压的动作，防止更多的肠子脱出。让伤者保持不动，或者躺在担架上前进。"大自然"最终会处理腹部的伤口，伤者也许难逃一死，也许会幸存下来。

16. 胸部受伤。胸部受伤很常见，会让人感到疼痛，使人失去行动能力。对于严重的胸部瘀伤或肋骨骨折，需要固定住伤者的胸部，防止移动导致胸腔疼痛。在伤者深呼吸时为其绑上绷带。在求生活动中，伤者可能要自己绑绷带，这比较困难，可以将长绷带（降落伞材质）的一头系在树上或其他固定物体上，另一头握在手中，然后慢慢向树的方向转动身体。让绷带保持一定的压力，以保证绷带贴身。

17. "吸气性"胸部创伤。通过吸气时的声音和伤口处的泡沫、气泡，可以比较容易地辨认出"吸气性"胸部创伤。在出现严重的呼吸系统和血液循环系统并发症之前，这类伤口一定要立刻缝合。理想情况下，伤口闭合后，伤者应闭住口鼻，然后尝试做深呼气动作（瓦耳萨耳瓦氏手法）。这样做可以使肺部鼓胀，减少进入胸膜腔中的空气。处理这类伤口时，通常只需用带状不透气的包扎布包扎即可，有时也需要缝一两针以确保伤口闭合。

18. 眼部受伤。在求生环境中眼部受伤相当严重，因为求生者会感到疼痛，求生行动也会受影响。急救指南中写明了取出眼部异物和处理雪盲症的方法。更严重的眼伤包括眼眶内组织的受损，这时要用胶布把眼睑盖住，以防止感染。

19. 清除刺和碎片。求生者在求生过程中经常会接触到刺和碎片，戴手套和穿适当的鞋袜可以减少受伤的危险。刺和碎片扎进身体时，要立刻清除以防止感染。由刺和碎片造成的伤口相对于宽度来说通常很深，从而增加了被某些在厌氧环境中生存的微生物（如破伤风杆菌）感染的概率。可以用针、小刀、尖嘴钳或镊子取出碎片。取出异物的时候要小心，有时最好把伤口开到足够大，以便清洗并让空气进入伤口。清洗此类伤口的方法与处理其他伤口相同。

20. 水疱和擦伤。要谨慎、正确地处理水疱和擦伤。足部护理在求生活动中极为重要，求生者如果发现足部发红或疼痛，（情况允许的话）应停下来寻找原因并加以处理。通常，敷料、绷带和（或）胶布就足以防止水疱出现。如果出现了水疱，不要将其表面弄破，而要用消过毒或干净的敷料包扎。对小擦伤也要注意，以防止感染。涂抹肥皂和少量的抗菌剂可以防止求生者可能疏忽的轻微擦伤处感染。

21. 蚊虫叮咬。蚊子、水蛭、扁虱、恙螨等生物的叮咬会给求生者带来危险。这其中的许多动物会传染疾病，而被叮咬处也有可能感染，特别是在叮咬处瘙痒而被求生者抓破时。求生者要经常检查身上是否有扁虱、水蛭等生物，如果发现要立刻将它们清除。在适当和可能的情况下，求生者应避开寄生虫成群活动的区域。清除寄生虫的最佳方法是用高温或刺激性药剂使它们放松、附着力减小，接着就可以轻轻将其整个从皮肤上移除。冷敷可以减轻瘙痒、擦痛和肿胀。

7.10 食物中毒

当求生者单独一人且缺少医疗条件和医护人员时，许多在日常生活中很小的疾病在求生环境中也会变得严重。由于在求生环境中治疗疾病相当困难，求生者应采取标准的治疗方法应对病症，同时防止潜在的疾病发生。求生者根本的预防措施是保持免疫系统较好的工作状态，并且维持适当的营养摄入和运动量。

1. 食物中毒。食物中毒对求生者是巨大的威胁。由于食物的获取是断断续续的，所以求生者必须储存剩余的食物以供未来之需。在地球上的不同地区、不同环境中，保存食物的方法各有不同。有记录表明，在求生环境中，食用被细菌污染的食物比食用所谓的有毒植物、有毒动物的后果还要严重。与避免食物中毒类似，痢疾或由水传播的疾病也可以通过改善卫生条件和注意个人卫生得到控制。

2. 食物中毒的治疗方法。如果食物中毒是由已经成形的毒素，如葡萄球菌、肉毒毒素等造成的（一般症状为食用受污染的食物后立刻出现恶心、呕吐、腹泻），那么支持性治疗是最好的，即让病人保持安静、平躺，并保证病人饮用大量的水。如果食物中毒是由进入人体后滋生的细菌引起的（症状与前一种情况相同，但是出现时间会滞后，且症状是逐步出现的），则要服用抗生素（如果有的话）。求生者在遇到上述两种情况后，通常可以通过食用少量干净的炭屑来减轻症状。被俘后，如果能找到粉笔，求生者可以将其磨成粉末吃下，以舒缓肠道的紧张。适当的清洁和保持个人卫生能防止病患将疾病传染给小组中的其他人，同时也能防止病患疾病复发。

第 8 章　战俘医学

8.1 引言

1. 被关押的战俘（图 8-1）至少在生理上会受到俘获者的控制，所以，被俘后求生原则的应用要取决于俘获者能够并愿意向战俘提供的医疗服务水平。俘获者可能会保管或没收求生者的药品。有些潜在的敌人（即便他们愿意向战俘提供医疗援助）的医疗水平很低，尽管他们已经很努力了，但仍会对战俘恢复健康造成威胁。

2. 战俘在获取医疗救治时会引发一个令人关注的重要心理问题。战俘到底要为自己或他们有义务帮助的人付出多大的努力，以获取足够的口粮和药品呢？《美国军人行为守则》在如何与敌方协调方面有明确的规定，俘虏必须充分评估形势并决定是否要遵循行为守则而忽

视同伴的利益；更难的问题是，俘虏是否要遵循行为守则而忽视自己的利益。这些问题已经超越了医疗方面的考虑。在战争期间，对医疗方面的考虑经常要服从于其他更为重要的考虑因素。

8.2 来历

1. 在某次战争中，曾经有专业的美军医护人员被俘，但是俘虏者却不允许这些医护人员照顾病人和伤员。尽管当时俘虏方的医疗条件很有限，远远不如美国的水平，但最终仍有 566 名俘虏成功生还，并且大多数人的身体和心理状况良好。这主要归功于这些俘虏自身对于处理伤口和治疗疾病的知识和机智，他们能够回忆起儿时学过的急救知识，在尝试和犯错中学习，并利用了一切可以获取的资源。许多

图 8-1　战俘

被释放的俘虏都觉得，他们之前受到的训练能够使其在最原始的条件中极大地提高自救能力。

2. 为了帮助战俘们在需要医疗服务时能够自己照顾自己，美国空军情报部门的医疗小组和空军军医总监发起了一个为期五天的研讨会，会上讨论了与战俘们有关的医疗经验，并就求生训练内容提出了改进建议。在这次研讨会的基础上，空军教育与训练司令部列举了战俘们曾经遇到的严重疾病、受伤种类和其他小伤小病，以及他们使用过的治疗方法。由这些战俘们提供的资料被整理成了医学数据。为了简化分析，根据这些疾病的发生频率，我们将重要的疾病分类如下：

1) 常见疾病：痢疾，真菌感染，牙齿问题，肠胃病，骨折，撕裂伤，呼吸道疾病，烧伤。

2) 主要疾病类别：外伤（撕裂伤、烧伤、骨折），胃肠道疾病，传染性疾病，营养缺乏症，皮肤病，牙病。

在总结主要的疾病类别时，我们主要着眼于战俘们在评估自己的原始治疗（自救）方法时认为重要的医疗问题。

8.3 外伤

1. 在被俘初期，大多数战俘身上都带着被俘前所受的伤——烧伤、骨折、撕裂伤等，此外还有受到虐待造成的伤口。这些战俘在成功返回后，都表达了这样的需求——希望知道更多关于在被俘期间如何处理自己的伤口的知识，以及推断伤口发展趋势的方法。他们可能不清楚，只要遵循一些简单的原则就能自行对伤口做基本的处理，并且他们被遣返后还可以对之前简单处理的伤口在美观和功能方面的不足加以弥补。

2. 在被俘或陷入求生环境之前，求生者就要为应对疾病打好基础，这样做主要是为身体的"自行恢复"提供最佳条件。所以，求生者在被俘或开始求生之前保持最佳的身体状态非常重要，这包括良好的心血管功能、良好的肌肉力量和弹性，以及良好的营养水平。人的生理机能和营养水平对伤口愈合的速度和程度都有极大的影响。求生者被俘后，维持最佳身体状态和营养水平的可能性会大大下降，尽管如此，求生者仍要竭尽所能地保持良好的身体状态和营养水平。

8.4 胃肠道疾病

1. 腹泻。这是战俘营中很常见的小病，在很多战争中都是如此，而且它困扰着作战双方的部队。这种几乎可算流行病的疾病的致病病因多种多样，但是可以肯定的原因之一是各种病原体通过受到污染的食物和水进入了人体。另一个同样重要的原因是，战俘营中的卫生和保健水平较低。战俘对不能引起食欲的饮食产生的心理反应、营养不良和滤过性病毒也会引起腹泻。

1) 俘获者的治疗。主要包括当地或引进的止泻剂、抗生素和维生素，以及适当的食疗。

2) 战俘的自我治疗。控制自己的饮食（不吃固体食物，增加流质食物的摄入量）后，腹泻患者可以喝用香蕉皮、木炭、粉笔末调制的水或一种树皮茶。

3) 疗法评估。治疗腹泻首先应着眼于引发腹泻的原因，但是这一点在士兵被俘后常常被忽视了。从症状的角度看，自我治疗的原则很容易掌握：控制饮食，只吃非刺激性的食物（避免进食蔬菜和水果）；建立卫生标准；增加流质食物的摄入量；在可能的情况下服用止泻剂。战俘们通常会使用一种十分少见的药剂，其成分包括香蕉皮、木炭、粉笔末、米、咖啡及少许的盐。木炭、粉笔末和树皮中的汁液为这种药剂发挥疗效提供了科学依据。由于腹泻是战俘和敌方士兵共同关注的问题（也是导致他们失去战斗力的原因），所以当战俘要求得到治疗时，一般都会成功。

4) 总结。腹泻问题在战俘中间比较常见。腹泻不会致命，但是患者会为此担心并失去行动力。大多数战俘在需要治疗时都会得到满足，并能够逐渐康复。这也使得战俘在了解腹泻造成的生理紊乱后能够自我治疗，并且能够机智地利用常识自己决定比较有效的疗法。

2. 痢疾。从症状的角度看，痢疾是一种严重的腹泻，患者排便中带有黏液和血。痢疾的治疗方法与腹泻相似。

3. 蠕虫和肠道寄生虫。蠕虫病在战俘中极为常见。有 28% 的战俘在被释放后表示，蠕虫病是他们在被俘过程中遇到的严重医疗问题。蠕虫引起的胃肠问题与其他原因引起的胃肠问题症状相似。蛲虫是引起胃肠问题的主要蠕虫种类，考虑到其在世界各地的广泛分布，这一点并不让人惊讶。此外，蛲虫还是美国人最常见的蠕虫病患病源。由于蛲虫不需要立刻找到寄主，所以在热带地区或周围环境的卫生水平较低时，蛲虫传染的速度更快。虽然蠕虫病并不会致命，但还是应该引起重视，因为蠕虫会降低病人的整体抵抗力，并对所有并发症带来不利的影响。

1）俘获者的治疗。主要使用抗蠕虫剂（打虫药），虽然药剂的分发并不规律，但还是取得了令人满意的效果。

2）战俘的自我治疗。蠕虫使人心烦意乱，病人会肛门瘙痒、失眠、坐立难安。这些烦恼促使战俘们摸索出了一些成功的自我治疗方法。预防蠕虫病是一个简单且可以实现的目标。战俘在可能的情况下要穿鞋，排便后要洗手，手指甲要经常修剪。胡椒入药的历史悠久，胡椒中含有一些与吗啡相似的成分，当肠道活动减缓时可以有效地起到刺激药的作用。其他战俘常用的"家庭疗法"包括：喝盐水（1 杯水加 4 茶匙盐），吃烟草（咀嚼 2~3 根烟并吞下），偶尔喝下剂量不等的煤油。这些疗法都能起到一定作用，但并不是完全没有危险的，所以还要进一步评估。盐水会改变胃肠道的环境，引起腹泻和呕吐。过量的盐水会对病患体内的体液机制造成危害，导致呼吸道并发症甚至死亡。烟草含有尼古丁，在 19 世纪烟草曾是很受欢迎的祛痰剂，还被用来治疗肠道问题。但是，

尼古丁是毒性最强的药物之一，摄入量超过 60 毫克就有致死的危险。每根烟中含有 30 毫克左右的尼古丁，所以当战俘吞下 2 根或者更多的烟时，实际是在采用一种比疾病本身更危险的治疗方法。3~4 盎司（88.7~118.3 毫升）的煤油也有致死的危险。煤油对肺的危害特别大，因为它被呕吐出来时有可能进入气管，最终到达肺部。这种疗法带来的并发症也比蠕虫病本身更严重。

3）疗法评估。俘获者提供的抗蠕虫剂极为有效，但是战俘在被关押期间面临的问题是，当他们需要抗蠕虫剂时可能无法获得。此外，由于生活环境的卫生不达标，俘房可能会长期或者反复患上蠕虫病。

4）总结。蠕虫病在战俘中很常见，并能预料到。蠕虫病很少是致命的，但是其造成的不便会降低人的行动力，带来精神上的沮丧感。在特定环境中，蠕虫还会帮助其他疾病传播。自我治疗蠕虫病的原则很容易遵守——尽量提高卫生标准、用药物促进肠蠕动、使用抗蠕虫剂。影响蠕虫生活环境的物质固然能够帮助驱虫，但求生者在采用一些有毒的"家庭疗法"之前必须考虑其可能引起的并发症。

8.5 肝炎

传染性肝炎在一些战俘营中比较常见，而且在所有战俘身上都有可能出现，通常根据肤色变黄（黄疸）就可诊断。

1. 俘获者的治疗。俘获者有时会使用让患者休息、控制饮食、补充维生素的标准疗法，他们还对肝病表现出了高度恐惧，并在可能的情况下避免与患者直接接触。

2. 战俘的自我治疗。基本上与俘获者的疗法相同。对这种疾病的治疗基本上没什么独特的方法和技巧可言。

3. 说明。肝炎属于全球范围的疾病。许多战俘所患的肝炎都是由病毒引起的，很容易传染给同伴。战俘营较差的医疗护理条件和封闭的集体生活环境加快了肝炎的传染速度，采取

适当的卫生措施是预防肝炎最有效的手段。此外，了解肝炎的病理特征也很重要。肝炎患者中的大多数都能完全康复，只有不到1%的患者会死亡。

8.6 营养缺乏症

直到1969年，营养不良的症状在战俘中间都很常见。食用精米、缺少新鲜的水果和蔬菜导致战俘摄入维生素和蛋白质不足。从1969年到1973年，由于战俘能够获得食品补充剂，所以他们被释放时营养不良的情况越来越少。在1969年之前，最主要的营养不良问题是缺乏维生素。

1. 维生素B缺乏症（脚气病）。有些地区的战俘会患上脚气病，但是他们被释放返回后则很少出现症状。脚气病的主要症状是脚部瘙痒、疼痛，有的战俘把它形容成"像是开始出现刺痛的轻度冻疮"。

1）俘获者的治疗。俘获者会为患病的战俘注射维生素并提高他们饮食的热量。

2）战俘的自我治疗。吃一切有营养的食物，以增加热量的摄入。这种疾病不需要特别的治疗方法。

3）说明。脚气病是由缺乏维生素B所引起的营养缺乏疾病，在以精米为主食的地区十分普遍。在各种脚气病中，干性脚气病在被关押的战俘中可能是最严重的，其早期的症状包括肌肉无力、虚脱、麻木、脚部刺痛等。根据战俘的总结，这种疾病很难诊断。现代治疗该疾病的方法是食用含维生素B或富含多种维生素的食物（如豌豆、糙米和其他谷物）。

4）总结。根据战俘描述的症状以及他们缺乏维生素B和其他营养成分的饮食，可以推断他们很可能患上了早发性干性脚气病。

2. 维生素A缺乏症。曾经有战俘因为缺少维生素A而视力下降（主要是夜间视力）。这种病症主要出现在虐待战俘或者发生某些政治运动期间，因敌方不给战俘食物以示惩罚而引发。维生素A缺乏症的患者在增加热量摄入以

后很快就能够恢复，所以在此不做特别介绍。了解这种疾病容易恢复的特点以及应该采取的补救措施十分重要。

8.7 传染性疾病

有些传染病是热带地区的地方性疾病，曾造成大批士兵丧失战斗力，其中瘟疫、霍乱和疟疾是常见的严重传染病。由于美军采取了免疫措施，这些疾病并未对被俘美军士兵造成太大的影响。

8.8 皮肤病

1. 损害。皮肤损伤在战俘中很常见。皮肤伤的严重性不在于它的致死率（很明显它不会致死），而在于它会带来很大的麻烦，从而影响战俘的士气和精神状态。疖子、真菌感染、痱子和蚊虫叮咬是经常并长期困扰战俘的问题。

2. 疖子和水疱。深层的感染一般出现在毛囊及其附近的皮下组织中，特别是长期受到刺激的部位。

1）俘获者的治疗。抱怨疖子问题的战俘通常也会提到俘获者的治疗方法，这些方法不尽相同，并且明显地取决于对方治疗战俘的医护人员的知识水平、医疗用品和当时战俘营中的政策。大多数情况下，俘获者会提供全身性抗生素、磺胺类药剂和四环素，有时俘获者会用小刀切开疖子或进行局部收敛治疗。

2）战俘的自我治疗。由于俘获者一般会满足战俘治疗疖子的请求，所以战俘只有在不相信俘获者治疗手段的情况下才需要自我治疗。战俘可以用针、铁丝、碎片等尖锐的工具切开疖子，然后挤压疖子让其中的物质流出，最后用牙膏（可能的情况下用碘酒）盖住疖子。

3）说明。如上所述，疖子是毛囊受到感染的结果，所以一般出现在气候温暖的地区。出汗会给细菌提供理想的生存环境，导致症状恶化。疖子很少单个出现，一旦出现后会由手指、衣服，以及鼻子、喉咙和腹股沟的分泌物扩散传播。现代的治疗手段包括先使用热敷法，然

后用切开伤口和引流的传统方法治疗，并使用外用抗生素和全身用抗生素。在营养不良、体力透支等状态下，随着人的抵抗力下降，疖子出现的频率会增加。

4）总结。自我治疗的方法很有限，最重要的是处理疖子时要消毒、保持清洁、将其暴露在阳光下，病患要保持皮肤干燥并注意营养的摄入。疖子是一种自限性疾病，不会致命。所有具有清洁作用的材料或药品都可以敷在疖子上治疗（可将敷料先浸过盐水、肥皂水、碘酒或外用抗生素）。

3. 真菌感染。真菌感染也是热带地区的战俘中常见的皮肤病。与其他皮肤病一样，真菌感染之所以受到重视主要在于它很烦人，会影响战俘的士气和精神状态。皮肤表面的真菌感染在全世界都会出现，但是它在战俘中的高发频率说明被俘环境助长了真菌的滋生。

1）俘获者的治疗。包括许多战俘所说的碘酒疗法和偶尔使用磺胺类药物的疗法。

2）战俘的自我治疗。治疗方法（通常来源于童年时的经验以及不断尝试）包括去除体毛（以防止出痱子或减轻症状）、通过晒太阳使感染部位变得干燥、采用有效的方法使身体感觉凉爽、减少身体散发的热量。求生者要付出很大的努力来保持身体清洁。

3）说明。由真菌感染引发的皮肤病（皮肤病变）很常见，这种细菌的侵害力普遍较弱，所以感染通常只发生在皮肤表面，很少会致命。1958 年以后的现代治疗手段主要使用对表皮真菌有效的口服抗菌剂，但因为价格较贵，所以在世界上的许多地区买不到这种药。一些擦剂和乳剂也具有一定的药效。碘酒被广泛地用作杀菌剂，它既有效又容易获得。如果得不到专业治疗，自我治疗的方法虽然有限，但还是能起到一定的效果。一个相对可靠的治疗原则是：浸泡干性的感染部位，保持湿性的感染部位干燥——通过晒太阳来保持感染部位干燥非常有效。

4）总结。皮肤问题是被俘环境里的常见问题。与病症本身相比更重要的是，皮肤问题带来的极度不适和其传染性会影响战俘的身体和心理状态。

8.9 牙病

对所有战俘来说，牙病不仅在被关押期间常见，甚至在被俘前都很常见。牙病是机组人员离开飞机后的第二大常见疾病，仅次于面部受伤。战俘在被盘问过程中遭受的身体虐待也会引发牙病，牙周炎（牙齿周围的组织发炎）、脓漏（脓液流出）、低劣的卫生条件对牙齿的伤害和牙齿磨损这类问题也会出现。

1. 具体症状。普通的牙疼是战俘面临的最为痛苦的问题之一。牙疼会影响战俘营养的摄入，让他们失去进食的快乐（这对孤独的战俘来说是最有趣的事之一）。战俘若不能适当处理牙疼问题，便会产生持续的焦虑，降低其成功对抗敌人的能力。在少数的几个例子中，战俘居然只是为了减轻牙疼，便考虑和敌方合作。

2. 俘获者的治疗。俘获者的治疗方法不尽相同，并且很明显会受到政治因素的影响。在 1969 年前，战俘营中鲜有牙医。蛀牙上的洞通常补得不够结实，填充物过后会掉落。此外，不同的医生对病人进行局部麻醉的方式也有所不同。

3. 战俘的自我治疗。战俘们通常选择自我治疗，而不是求助于战俘营的牙医。战俘会用当地的木头、竹子或任何可用的材料制成尖锐的工具切开脓肿部位，还会用一切可用的东西过度刷牙，咀嚼某些亚洲常见树种的树枝也是普遍的做法。在能够获得阿司匹林的情况下，也可以直接将其用于牙齿上或牙洞中。

4. 说明。上述自我治疗方法有其积极的一面。最基本的措施，比如有针对性地用刷子或者树枝保持牙齿清洁，无疑能降低蛀牙的发病率和俘虏间的感染率。用竹签切开脓肿处虽然不是专业的治疗方法，但在一定程度上可以减轻脓肿的压力，并减缓其发展成蜂窝组织炎（普通的感染）的趋势。我们并不鼓励在牙洞里直接填入阿司匹林，因为间接地使用其他材料也能达到相同的效果。

5. 总结。在被俘环境里，对付牙病最有效的方式就是适当地预防。上面介绍的几种方法能够保证战俘达到较高的牙齿卫生水平。

8.10 烧伤

烧伤是战俘中极常见的受伤类型。烧伤的严重程度从一级到三级不等，烧伤经常出现在手部和双臂。

1. 俘获者的治疗。许多地方的俘获者处理战俘烧伤的方式是清洗烧伤部位，使用抗菌剂，然后包上绷带。这种处理方法的效果总体来说是不理想的，常常会引起伤者感染和长期虚弱乏力。

2. 战俘的自我治疗。战俘们并没有摸索出自我治疗烧伤的特殊方法，基本上要完全依赖俘获者提供的治疗。

3. 说明。烧伤会让人感到极度疼痛，会严重影响战俘逃脱或求生的能力。应对烧伤最基本的原则就是预防。

4. 预防。在飞行时对裸露在外的皮肤进行适当保护（穿阻燃服，戴手套，穿靴子，并放下头盔的护面罩）是最佳的防护措施。

8.11 撕裂伤及感染

1. 治疗。在某些地区，俘获者治疗战俘的撕裂伤和感染时所用的方法体现了当地的医疗水平和他们对战俘的治疗原则，从适当、不达标到医疗事故，俘获者对战俘伤口和感染部位的处理水平参差不齐。很明显，缺少受过训练的外科医生、不稳定的政治形势、难以获得专业的医疗用品和设备决定或影响着治疗的质量。战俘们自己对这类伤几乎不能做任何专业的处理，伤者保持良好的营养水平、注意清洁和"战友自我治疗"是最基本的疗法。

2. 说明。当软组织被撕裂、划破或切开时，主要应关注三个方面——流血、感染和伤口愈合的情况。

1）流血是受伤后最先要注意的事，并且要尽快得到控制。大多数流血的情况可以通过直接按压受伤部位得到控制，这也是首先需要采取的治疗手段。如果这种方法不能止血，下一步就要压迫动脉上方的止血点，以止住大出血。还有一种方法可看作是止血的最后一着——使用止血带。就算求生环境较好，提供的急救用品中有止血带，但在专业医疗人员到来做进一步处理前使用止血带的话，最后仍有可能导致截肢。止血带一定要在其他止血手段都不奏效，并且伤者有生命危险的情况下才能使用。用按压伤口的方法止血时，压力一定要足够大才有效，并且要保持按压一段时间，以"封住"流血部位表面。不要按压一会儿就松开观察伤处是否还在流血，最好持续按压，保持20分钟左右。四肢伤处渗出的血一般可以通过将受伤部位抬至心脏以上的高度来止住。

2）受伤后第二个需要注意的问题是感染。在求生过程中或被俘后，求生者要注意所有机械性外伤导致的皮肤破损，并做适当处理。就算是皮肤表面抓伤这样的小伤，也要用肥皂水清洗，条件允许的话还要使用抗菌剂。如果伤口深及皮下，一般不要使用抗菌剂，因为它会伤害一些组织，阻碍伤口愈合。开放性伤口一定要用烧开过的水彻底清洗。应将衣服、植物等碎片从伤口中冲掉，方法是向伤口倒大量的水，以保证伤口最深处也得到了清洗。处理新鲜伤口时需要注意的一个问题是流血，清洗此类伤口时水流要缓，以免冲掉血液的凝块，使伤口再次流血。应在伤口停止流血后1小时左右再开始用烧开过的水冲洗。刚开始冲洗时力度要轻柔，慢慢洗去不健康的组织，一段时间后可慢慢加大冲洗力度。总之，清洗伤口时，注意不要给伤口带来更多的伤害。伤口应保持开放，以便于清洗和排出脓液。在被俘环境中，战俘的伤口常常会生蛆。人们的一般反应是将蛆杀死，但实际上，蛆能够很好地去除死去的组织，从而有助于清洁伤口。但是，蛆在清除完死去的组织后还会继续伤害健康的组织，所以在发现这种情况后要将蛆杀死。记住，一定要让伤口保持开放，让其中的脓液排出。

3) 开放的伤口会通过生成肉芽组织逐渐愈合。伤口在愈合期间一定要尽可能地保持清洁和干燥。为了保护伤口，可以通过包扎来吸收伤口中的液体，并防止伤口受到进一步伤害。要用绷带（干净的降落伞布可以用作绷带）松松地包扎伤口，太紧会使伤口闭合或阻碍血液循环。在换绷带时，可以用烧开过的水轻柔地清洗伤口，然后将伤口在空气中晾干，再用干净的绷带包扎（换下的绷带用开水煮过晾干后可再次使用）。伤口的愈合速度与身体的营养水平有关，所以求生者要食用一切可以获取的食物，为伤口的愈合提供最佳条件。

3. 总结。很明显，战俘在处理撕裂伤和感染时缺少现代的医疗手段，面临着非常不利的局面。但是，上述的基本知识、当地可用的设备和资源、乐观的精神和常识都能够帮助求生者维持生命。

8.12 骨折和扭伤

机组人员在弹出机舱后经常会出现骨折和扭伤，在躲藏期间也会遇到这种情况。

1. 俘获者的治疗。与其他损伤一样，俘获者对骨折和扭伤的治疗方法各有不同，主要取决于受伤的严重性和可用的医疗资源。在立刻处理伤处或开刀后，基本上不会有进一步的治疗，战俘经常会被押回营地自己照顾自己，或依靠其他战友的帮助。

2. 战俘的自我治疗。战俘主要依靠互相帮助来固定伤处和进行功能锻炼，情况严重时还可以互相提供护理。

3. 说明。

1) 非穿透性的肌肉或关节伤应尽快冷敷处理——在受伤后 48 小时内间歇在伤处敷冰袋或冷敷袋，这样可以减少出血、提高伤者的活动能力。注意不要直接用雪或冰冷敷，以免造成冻伤。当伤处开始麻木后，应拿掉冰袋，让附近的组织回温，等一段时间后再次冷敷。在受伤 48~72 小时后，可以用热敷代替冷敷。扭伤或拉伤可能会带来一系列程度不等的损伤，包括单纯的青肿、深层出血，甚至肌肉纤维、韧带或肌腱等组织撕裂。虽然在没有确诊的情况下很难提供特别的治疗指导，但这类损伤通常都需要一定时间的休息（静养）才能痊愈。在休息后，伤者还要进行一段时间的康复治疗（按摩或锻炼），使伤处恢复原有功能。对于那些看起来不太严重的肌肉表面损伤，最好是休息 5~10 天，然后逐渐增加受伤部位的活动量。疼痛是限制活动的标志，如果活动时伤处疼得厉害，应减少或停止活动。对战俘来说，治疗骨折这类严重关节损伤的最佳方法是将伤处固定（用夹板和石膏）4~6 个星期，直到关节能够重新活动。

2) 骨折有两种：开放性骨折和闭合性骨折。开放性骨折指骨折处的皮肤破裂，断裂的骨头或骨头的小碎片穿透了皮肤。处理骨折的一般目标是：将骨头复位、固定骨折处使其愈合、复健。将骨头复位指的是将断裂的骨头重新接好，使断裂处尽量像受伤前一样接合。身体天生具有的断骨愈合能力非常惊人。没有必要将骨折处接得完全笔直，这并不会影响骨头愈合，但是最好能将骨折处的两端尽量接合，以避免重叠。骨折一般都会伴有越来越严重的肌肉痉挛，会造成断裂的两段骨头发生重叠，所以要尽快处理骨折伤。要克服肌肉痉挛的问题，可以用力伸展四肢，当骨头接上后，肌肉痉挛会让两段骨头互相挤压，能帮助接合。闭合性的骨折部位可以直接固定，而开放性的骨折要先用之前介绍的处理软组织损伤的方式治疗。也就是说，开放性的骨折需要先清洗、包扎，然后才能固定伤处。对骨折进行固定可以保护骨头接合的位置，防止伤处因活动而影响愈合速度。对于长骨的骨折，还要固定骨折处上部和下部的关节，以防止骨端活动。例如，前臂中部骨折时，腕关节和肘关节都要固定。固定关节时，要让其处于"中立"或可以活动的状态。换句话说，固定后的关节不能完全伸直，也不能完全弯曲，而是要保持这两种情况之间的状态。例如，用夹板固定手指时，手指应该能够弯曲到自然放松的位置。

3）任何坚硬的材料，如木板、树枝、竹子、金属鞋底，甚至是紧紧卷起的报纸，都可以用来做夹板，其效果和塑料夹板、石膏几乎一样。但是，这样的夹板如果一直暴露在潮湿环境中，则需要比塑料夹板、石膏更加注意保护。骨折处附近有软组织损伤时，用夹板固定比打封闭的石膏更好，因为前者便于让人更换软组织伤口的包扎物，并清洗、观察软组织伤口。应该用降落伞布或柔软的植物纤维松松地缠住骨折处，然后将至少有整个受伤骨头那么长的夹板绑在伤口处，最好还能固定骨折处上部和下部的关节。夹板不要绑得太紧，以免阻碍血液循环。因为骨折处有可能发生肿胀，所以夹板固定处要每隔一段时间放松一会儿，以免阻断血液供应。

4）伤口固定后完全愈合的时间很难确定。在被俘环境中，一般需要延长预期的愈合时间。也就是说，上肢"非承重骨"的骨折处需要固定至少 8 个星期以确保伤处完全愈合，而"承重骨"则需要固定至少 10 个星期。

5）骨折处固定并愈合后，需要进行复健，以恢复骨折部位原有的功能、重新获得肌肉张力、恢复被固定关节的灵活度。在关节被固定的情况下，复健活动要由"被动运动"开始，也就是只活动关节，而不活动该关节活动时一般会带动的肌肉。例如，左手腕被固定的伤者在复健初期要用右手让左腕在疼痛可以忍受的范围内被动地活动。当关节重新达到以往的活动程度后，复健者应开始主动地增加该关节带动的肌肉的活动范围。复健时活动不要过于用力——将疼痛感作为判断标准——活动强度最多只能带来轻微的不适。一段时间后，关节的灵活度会逐渐增强，直到完全复原。此外，要

开始功能锻炼，以恢复此前被固定的肌肉的张力和力量。同样的，疼痛感是停止肌肉活动的判断标准。锻炼的进度不要太快，活动强度最多只能带来轻微的不适。

8.13 总结

求生者的常识和关于伤处的基本知识对于防止并发症和身体虚弱非常有帮助。适当地维持和培养身体素质能够极大地促进烧伤、骨折、撕裂伤和其他伤的愈合——身体会自行恢复。

8.14 结语

求生者在被俘及求生环境中处理外伤时，一定要记住身体会自行痊愈和恢复，"治疗者"的目标是为身体的自我恢复提供尽可能好的环境。一些基本的治疗原则如下：

1. 在可能陷入求生或被俘环境之前，保持最佳的生理、心理、情绪状态和营养水平。

2. 在求生或被俘过程中，采取适当的安全措施，利用防护装备能够减少受伤的危险。

3. 在求生或被俘过程中，尽可能保持最佳的营养水平。

4. 绝对不要过度治疗！治疗强度过大可能会对伤处造成更大的伤害。

5. 冷敷可以减轻烧伤、软组织拉伤或扭伤带来的疼痛，减少伤者丧失活动能力的可能性。

6. 可能的情况下，用大量干净的水轻柔地清洗伤口。

7. 保持伤口开放。

8. 将骨折断端接好。

9. 骨折处愈合后，要开始锻炼以恢复关节和肌肉的功能。

10. 记住，就算是当时对伤口或骨折处处理不当，求生者还是可以在获救或被遣返回国后通过整容或复健加以改善。

第四部分

影响求生者的客观因素和环境条件

第9章 天气

9.1 引言

有历史记录表明，许多古代文明都曾尝试着了解宇宙、预测天气。过去人们预测天气的手段比较原始，那时人们通过观察星星来预测对他们的生存有重要影响的季节变换和每个季节的天气特点。如今，被迫在原始生活环境中开展求生活动的人们与他们祖先的生存条件并没有太大的不同。

9.2 天气知识

如今在原始的生存条件下与大自然做斗争的人们必须关注天气对他们求生活动的影响。虽然人不能控制天气变化，但是对天气变化做好准备（通过学习知识）的人更能成功求生。

1. 天气与气候不是完全相同的概念。天气是大气在风、温度、云、降水、气压、湿度等方面的情况，而气候是某个地区在经过多年观测后概括出来的全年常见的天气情况。

2. 从地球表面开始直到大气层顶部，越往高处空气越稀薄。地球表面的空气由于和地表接触，温度相对较高。随着海拔高度增加，海拔每上升 1 000 英尺（304.8 米），气温就会下降 3.5℉（1.9℃），海拔 7 英里（11.3 千米）处的气温会降到 −67℉（−55℃）。

3. 要理解天气类型形成的原因，先要大致了解一下大气的层次和结构（图 9-1）。大气分为两层，上层是温度维持不变的平流层，下层是温度会变化的对流层。对流层的范围是从地表向上至高空 6~10 英里（9.7~16.1 千米）处，几乎所有的天气情况都会出现在这一层。

图 9-1　大气的结构

9.3 影响天气的因素

地表和对流层中出现的天气情况主要受到四个因素的影响：温度、气压、风及湿度。

1. 温度是衡量一个物体冷热程度的标准。阳光穿过大气到达地球表面，从而温暖地表和海面，地表和海面反射出的热量会温暖大气，大气吸收这些热量后能将热量留住：这个过程形成的保温效应被称为温室效应。太阳落山后，由于空气的导热效果好，所以地表冷却的速度比空气慢，晚间地表的温度比空气高。特别是在晴朗干燥的环境中，地表冷却的速度比在湿润的环境中慢得多。地表温度变化还受到其他因素的影响。深色的地表比浅色的地表温度高。晚间空气沉降在地势较低的地区或山谷中，造成这些地方的温度比地势高的地方低。此外，海洋、湖泊和池塘会吸收热量，使得晚间岸边的温度较高；白天岸边的温度则较低，特别是在春天湖水较冷时，白天岸边的温度比远离岸边的地方低。了解这些知识能够帮助求生者选择搭建庇身所的位置。

2. 气压是大气对地球表面的压力。气压受气温的影响很大。冷空气比热空气重，所以热空气比冷空气对地表的压力小，因此热空气会形成低气压区，而冷空气会形成高气压区。（图9-2）

3. 风是空气从气压较高的地带向低压带移

5000英尺（1524米）处的气压〔25英寸汞柱（635毫米汞柱）〕

海拔降低到海平面处的气压
〔25+5=30英寸汞柱
（762毫米汞柱）〕

图9-2　气压

动的过程。两地的气压差越大，风力就越强。在全球范围内，赤道附近的热空气不断被两极地区的冷空气所替换（图9-3）。在较小的山谷中，空气对流使得风白天从谷地向山坡上吹，夜晚则从山坡上向谷地吹。白天陆地变暖，热空气上升，冷空气从海上吹向陆地，而夜晚的情况则相反（图9-4、图9-5）。这些大气运动使得地球上形成了风。当冷空气向低压带运动时，迫使该地区原来的空气上升，这些上升的气流会不断扩散并冷却。

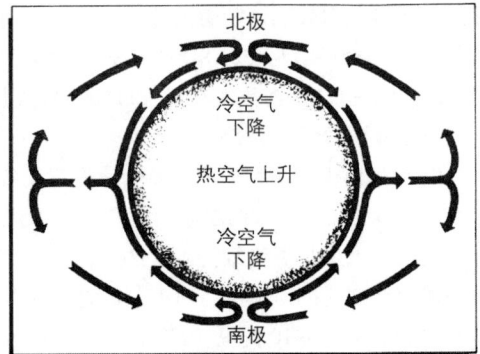

图9-3　风的运动

海风：由于陆地在白天地表温度上升，气压降低，所以凉爽潮湿的空气从附近的海域吹上岸来。

图 9-4 空气运动（白天）

4. 水分是以水蒸气的形式进入大气的。每天都有大量的水分从地表和海面蒸发，变为空气中的水蒸气。空气中水分的含量被称为湿度。湿度越高，空气中的水分越多。空气能够承载大量的水分，直到达到饱和。空气中水分饱和时的温度称为露点。气温降到露点以下时，空气中的水分会凝结成露水。温暖、潮湿的地表空气在冷却至露点时有可能形成低云，一般称

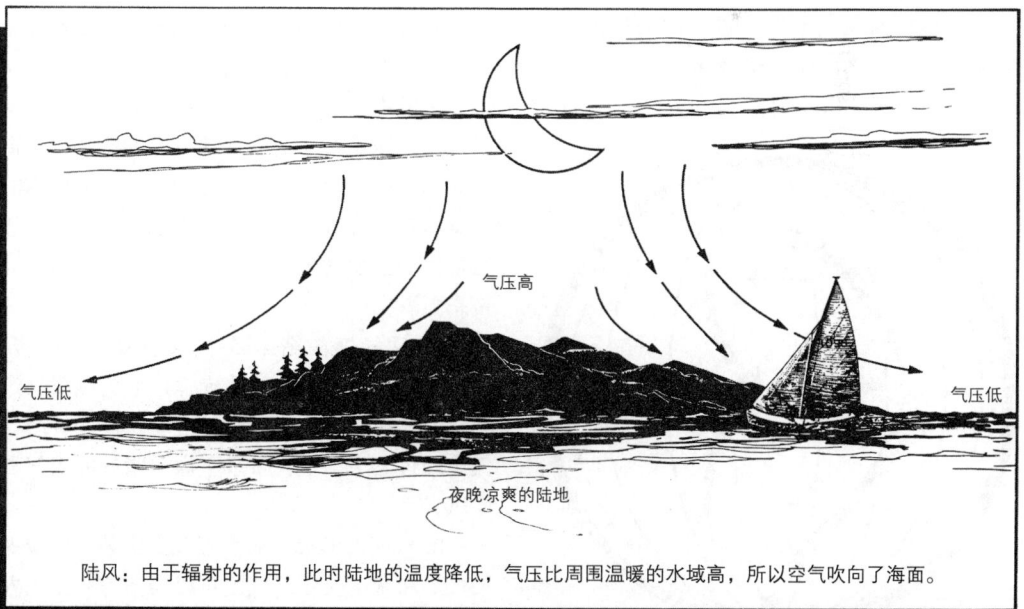

陆风：由于辐射的作用，此时陆地的温度降低，气压比周围温暖的水域高，所以空气吹向了海面。

图 9-5 空气运动（夜晚）

为雾。空气冷却还可能使其中的水分（以雨、雪、冻雨、冰雹等形式）降落到地表。

9.4 大气环流

如果地球不自转，那么风就会持续不断地直接从高压带的两极地区吹向低压带的赤道地区。

1. 地球的自转使得两极吹向赤道的风不是笔直向南或向北吹的。地球自西向东旋转，所以吹向赤道的风向西偏，吹离赤道的风向东偏，这个现象被称为科里奥利效应（图9-6）。这一效应使得环绕地球的风形成了几个宽广的环状，即六个风带，在北半球和南半球各有三个，分别称为信风带、盛行西风带和极地东风带。（图9-7）

1）吹向赤道的风称为信风。赤道上空的空气由于一直很热，所以会一直保持上升，从北边和南边吹来的信风会填补这些空气上升后留下的空隙。由于科里奥利效应，这一地区的信风由东向西吹。从北半球和南半球吹向赤道的风交汇的地区会形成赤道无风带。赤道无风带一般无风，但是多雨，有时也会刮阵风。

2）盛行西风是来自赤道方向的风，盛行西风带分布在北半球的信风带北部、南半球的信风带南部。由于科里奥利效应，盛行西风由西向东吹。盛行西风经过美国和加拿大的大部分地区，并且在副热带无风带被信风分割。副热带无风带的空气向下吹，填补了盛行西风带和信风带之间的地区。副热带无风带的风非常弱。

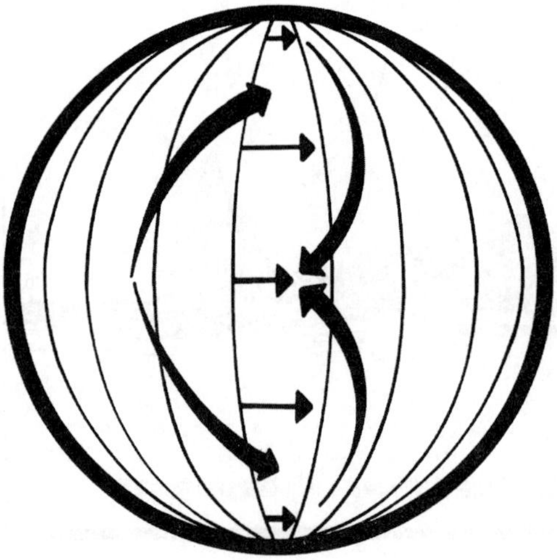

3）来自南极或北极的风被称为极地东风。两极的空气非常寒冷，所以比较重。两极上空的空气会向下沉，接触到地面后扩散开来，向赤道移动。由于科里奥利效应，极地东风由东向西吹。极锋是极地东风和盛行西风交汇的地方，那里多云多雨。极锋上空是一个西风带，称为急流，大概出现在离地表5~7英里（8~11.3千米）的高空，这一地区的风速能超过每小时200英里（321.8千米）。

2. 气压系统包括高压系统和低压系统，能够覆盖大约100万平方英里（258.9万平方千米）的面积。美国和加拿大的大多数气压系统是随着极锋发展的。极地东风带的冷风和盛行西风带的暖风交错吹过，形成一种打旋的风，称为涡旋。涡旋被盛行西风吹向东边，穿过美国和加拿大。涡旋有两种：气旋和反气旋（图9-8）。

1）涡旋形成的气旋与飓风的英文名称相同，但二者是不同的。涡旋中形成气旋的风向低压带的中心吹，气旋及其周围的低压带会形成一个低压系统。受到地球自转的影响，赤道以北的气旋沿逆时针方向运动，而赤道以南的气旋沿顺时针方向运动。北美地区的气旋一般会接触到强烈的风，带来多云天气，经常还会带来雨雪。

2）反气旋从高压带中心向其外部旋转，形成高压系统。反气旋在赤道以北为顺时针运动，而在赤道以南为逆时针运动。反气旋会在气旋经过之后出现，带来干燥、晴好的天气和微风。

3. 气团的形成在很大程度上由某一区域内的气温和湿度决定。气团可以覆盖500万平方英里（1295万平方千米）的区域。气团从发源地向其他地区运动，经过陆地和海洋上空，会

图9-6 科里奥利效应

图中文字：

60 极地东风 平流主导

极地 寒潮 锋面

西风

30 高压带 高压带

副热带无风带 哈得来环流

东北信风

低压带 赤道槽 赤道无风带

0

赤道无风带

东南信风

30 高压带 副热带无风带 高压带

极地 锋面

60

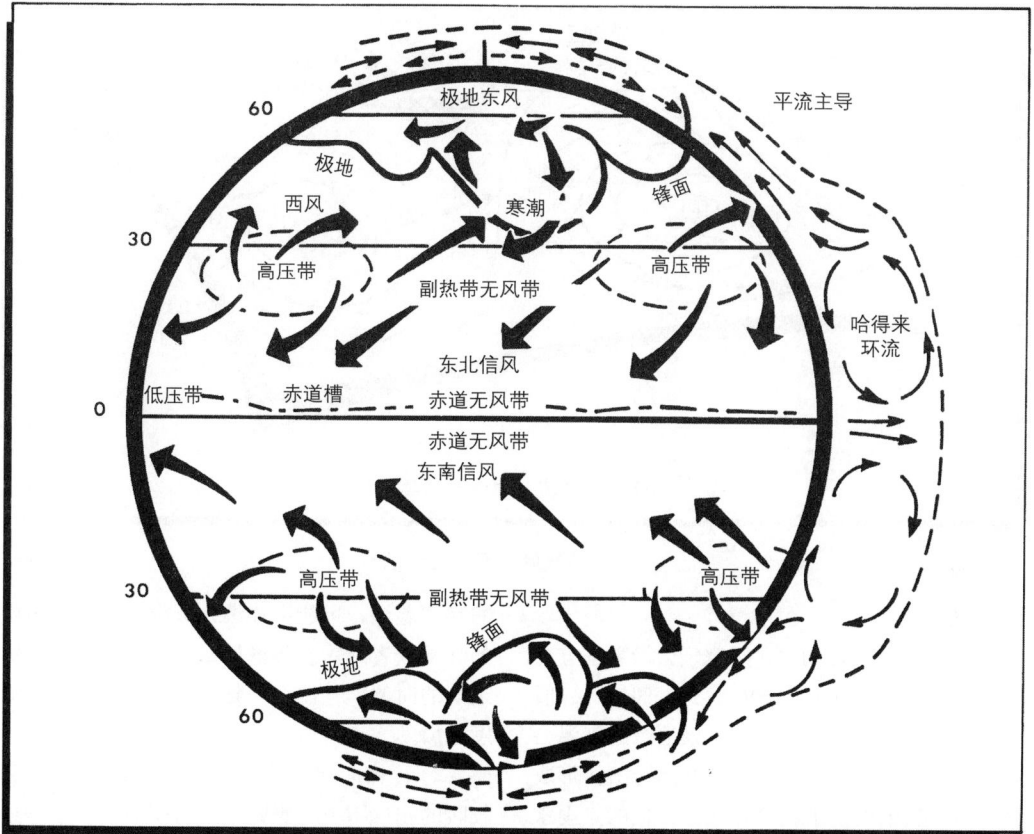

图 9-7 大气环流

不断受到其下方的升温或降温过程的影响，比如上升或下沉、吸收或失去水分。但是总的来说，气团还是会维持其原有的特性，能够被识别出来。

1）气团有四种基本类型：

（1）极地大陆气团——冷、干；

（2）热带大陆气团——热、干；

（3）极地海洋气团——冷、湿；

（4）热带海洋气团——热、湿。

2）在北美洲，极地大陆气团经过加拿大北部，将干冷的空气吹向加拿大南部和美国。来自北美东北和西北海岸的极地海洋气团为北美大陆带来了湿冷的天气，来自北美东南和西南海岸的热带海洋气团则会带来温暖潮湿的天气。极地气团在冬季最强，热带气团则在夏季最强。在冬季，来自北极的极地冷气团也会影

响北美大陆的天气。在气温较高的几个月中，美国西南地区会生成热带大陆气团，但是会在冬季消失。

4.两种不同类型的气团相遇时，二者不会融合（除非二者的温度、气压和相对湿度恰好非常相似），相反，二者之间会出现交界面，形成锋区，或称锋面。较冷的气团会挤进较暖气团的下方运动。如果锋面不移动，就是静止锋。但是，锋面通常会沿着地球表面移动。当一个气团离开某地区时，另一个气团会补充进来，这便会形成移动锋。如果是较暖的气团代替较冷的气团，那么锋面就是暖锋，反之则是冷锋。许多天气变化会伴随锋面出现。锋面的移动情况取决于它源自何种气压系统。气旋将锋面以每小时20~30英里（32.2~48.3千米）的速度向前推进。反气旋会在锋面过境后到达该

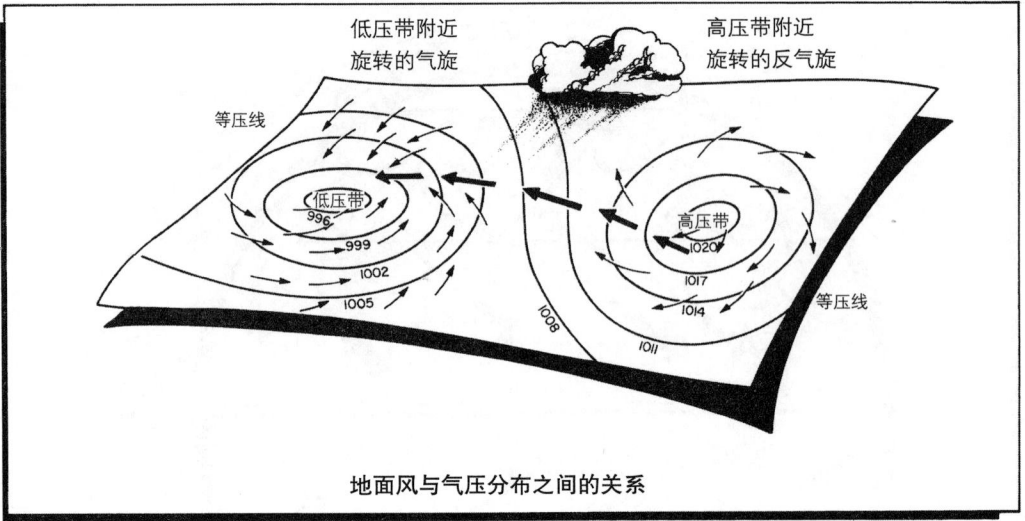

低压带附近旋转的气旋

高压带附近旋转的反气旋

等压线

低压带
996
999
1002
1005

高压带
1020
1017
1014
1011
1008

等压线

地面风与气压分布之间的关系

图 9-8 气旋和反气旋运动

地区。

1）暖锋向前运动时，暖空气会沿着前方冷空气的坡向上运动（图 9-9），这些暖空气一般湿度很大。随着暖空气上升，该地区的气温会下降。暖空气不断上升后，会开始冷凝，形成雨层云和层云，雨水就是在这里形成的。雨水降落时经过下方的冷空气，提高了冷空气的湿度。冷空气向坡上运动、日落后地表温度下降都可能会使冷空气的温度下降，这可能会带来大范围的雾。暖空气向坡上运动的时候不断降温，如果它稳定，空中越来越高的地方就会出现高层云和卷层云；如果它不稳定，则会出现积雨云和高积云，经常还带来暴风雨。最后，如果空气在平流层处被迫向上运动，或者平流层的温度处于冰点，冷凝的水分会形成薄的卷云。由于空气向坡上运动的速度非常平缓，大约每移动 20 英里（32.2 千米）上升 1000 英尺（304.8 米）。所以，位于海拔 25000 英尺（7620 米）左右的卷云会出现在锋面所在的地面前方 500 英里（804.5 千米）左右的空中。暖锋带来的天气变化比冷锋带来的天气变化更加明显，这些天气变化主要取决于前进的暖气团的湿度。如果暖气团的空气干燥，那么可能会形成卷云，不会或者很少会形成降水。如果暖气团的空气湿润，可能会连续几天出现少量、稳定的降雨或者降雪。暖锋通常会带来微风。暖锋过境的时候，气温会大幅上升，天气放晴，湿度增加。

2）冷锋向前运动时，会像扫雪机一样滑到较暖的空气下方，将暖空气挤向高空。这一过程会带来突然的天气变化。对于迅速移动的冷锋，摩擦力会阻碍其在接近地表处向前移动，从而使得锋面较陡，在锋面的前缘处集中形成一个狭窄的天气带。如果暖空气稳定，那么锋面前方一定距离处会出现阴天，一般会伴有降雨。如果暖空气为条件性不稳定状态，那么暖空气中会零星出现雷雨和阵雨。有时候，雷雨出现的地区会形成一条线，称为飑线。迅速移动的冷锋后方会放晴，伴有阵风和紊流风，气温下降。冷锋的坡度比暖锋陡峭很多，移动的速度一般也更快——通常为每小时 20~35 英里（32.2~56.3 千米），而在一些极端的个例中，冷锋曾经以每小时 60 英里（96.5 千米）的速度移动（图 9-10）。天气活动一般直接出现在锋面处，在锋面处活动得也更加剧烈，而不是在锋前。但是，飑线经常在冷锋前 50~200 英里（80.5~321.8 千米）处就形成，特别是在温暖季节的傍晚。暖锋带来的危险在于低云和低能见度，冷锋带来的危险在于突然出现的风暴和强风。与暖锋不同的是，冷锋的到来大多是突然的，使天气在几个小时之内完全改变，然后它会继续向前移动。飚线一般较窄——宽度在50~100 英里（80.45~160.9 千米）之间——但是却很可能有几百英里长，经常从东北至西南横扫整个美国。高层云有时会出现在锋面稍前方，但是距锋面的距离很少超过 100 英里（160.9 千米）。锋面过境后，天气会放晴，并伴有空气干冷的现象。

3）求生者需要熟悉的另一种锋面是锢囚锋。冷锋移动的速度是暖锋的 2 倍，所以冷锋一般会赶上暖锋，这时就会出现锢囚锋。气象学家把锢囚锋进一步分为两类：冷式锢囚锋和暖式锢囚锋（图 9-11）。冷式锢囚锋中，冷锋后方的空气比暖锋前方的空气温度低。冷式锢囚锋天气与冷锋天气类似。当冷锋后的空气比暖锋前的空气温度高时，就叫作暖式锢囚锋。暖式锢囚锋天气与暖锋天气类似。锢囚锋造成的天气一般比冷、暖锋造成的天气温和。

4）静止锋是气团相遇时形成的另一种锋面。静止锋移动得很慢，可能会在某一地区停留几天，带来温和的天气。

9.5 恶劣天气

求生者应该熟悉的四种主要恶劣天气是雷暴、龙卷风、暴风雪和飓风。

1. 雷暴是最常见的风暴，全世界每年会出现超过 5 万次雷暴天气。有时，潮湿温暖的空气迅速上升会导致雷暴和云层突然形成（图9-12）。雷暴是在高而蓬松的积雨云中形成的。云层在炎热潮湿的环境下能厚达 5~10 英里（8~16.1 千米），其中的温度远低于冰点。云层中的气流以每分钟 5 000 英尺（1 524 米）的速度上下流动。这时很容易下大雨，因为水蒸气会在空气中迅速凝结。闪电和打雷常常会在雷暴中出现。当求生者听到雷声时，应立刻去寻找庇身所。闪电造成的死亡事件比其他任何天气现象都要多，仅在美国一个国家，每年就有超过 200 人死于被闪电击中。求生者应立刻寻找庇身所的另一个原因是为了躲避有时会伴随雷暴出现的冰雹，有时候冰雹会有棒球那么大。冰雹最常被提到的是对农作物的损害，但实际上如果没有庇身所，求生者也可能为体积

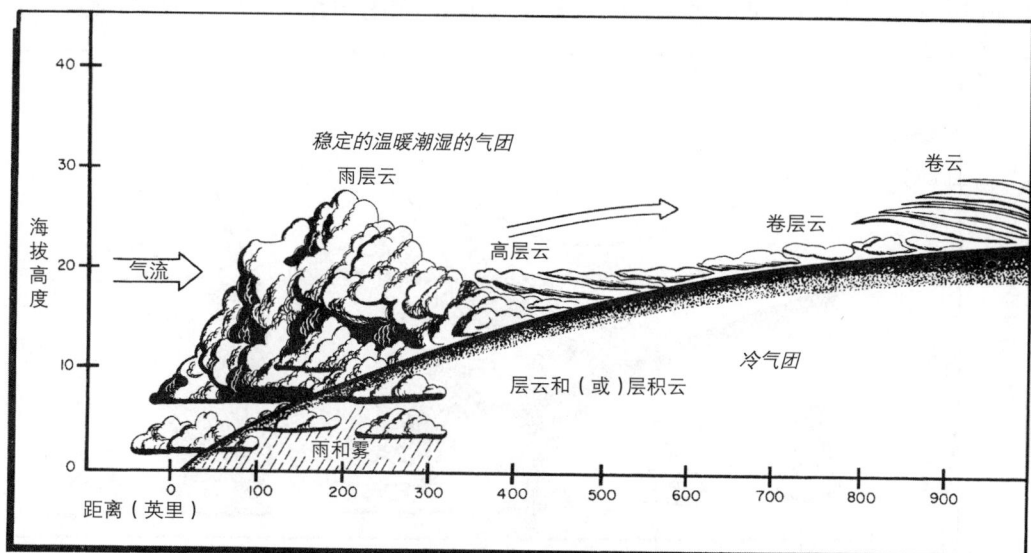

图 9-9　稳定的暖锋

较大的冰雹所伤，甚至致死。

2. 龙卷风是最猛烈的风暴。有时，强雷暴会使风在其底部呈漏斗的形状旋转，风速能达到每小时 400 英里（643.7 千米）。当这个漏斗形的云状物接触地面时，会带来极大的破坏。龙卷风行进的路径较为狭窄，一般不到几百码（1 码约为 0.9 米）。龙卷风形成于冷锋前，常常伴有大雨和雷电，多发于美国南部。

3. 暴风雪包括冰暴和雪暴。冰暴出现在气温刚刚降到冰点以下的地区，其降水形式是降雨，但是在快降到地面时结成了冰。冰暴会使地面结冰，给人的出行带来危险。伴有大风和低温出现的暴风雪称为雪暴。雪暴出现时，风速可达每小时 35 英里（56.3 千米）或以上，气温可能降至 10℉（-12.2℃）或以下。雪暴导致的低能见度和吹积物会使得人们无法出行。

4. 飓风或台风是最可怕的风暴，其活动范围也比龙卷风大。飓风或台风形成于赤道附近的海域上空直径为 500 英里（804.65 千米）左右的大型低气压区，风暴中心（风暴眼）处的风速超过每小时 75 英里（120.7 千米），有时甚至能达到每小时 190 英里（305.7 千米）。飓风在陆地上肆虐时，常常会带来具有破坏性的大风和洪水。飓风中还会形成雷暴，并有可能引发龙卷风。美国的大部分飓风是从西印度群岛到达美国东南海岸的。飓风到来前的征兆是风从不寻常的方向吹来。海上不寻常的方向出现的巨浪和涨潮现象也是飓风将要来临的警报。由于这些巨浪和潮水比风暴移动的速度快，所以可以提前几天为人们做飓风预警。

9.6 天气预报

天气预报能使求生者根据极有可能出现的天气变化制订自己的计划，比如决定穿什么衣服、搭建什么类型的庇身所。求生者躲藏的过程中，天气预报还可以帮其决定什么时候动身行进。要准确地预测天气变化，一般需要借助特殊的工具，但是对天气变化模式的知识和对于当下天气条件的关注可以帮助求生者或躲藏者为即将到来的天气变化做好准备，并在合适的时候利用这些天气变化增加自己的求生机会。以下是一些能够帮助求生者预测天气、保住生命的基本天象标志。

1. 云在较高的空中移动标志着天气晴好。云在低空则标志着湿度增加，很有可能会出现

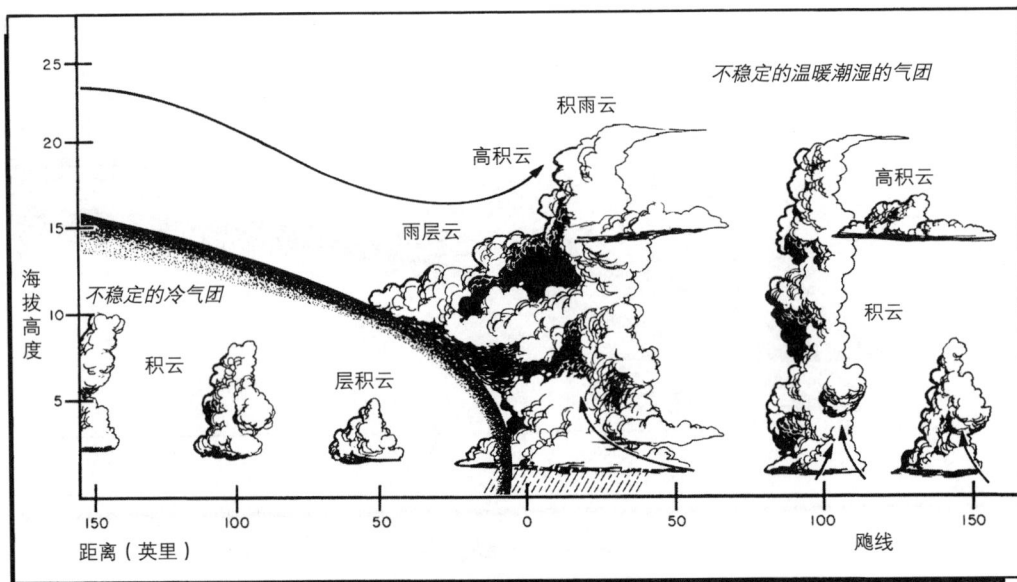

图 9-10 迅速移动的冷锋

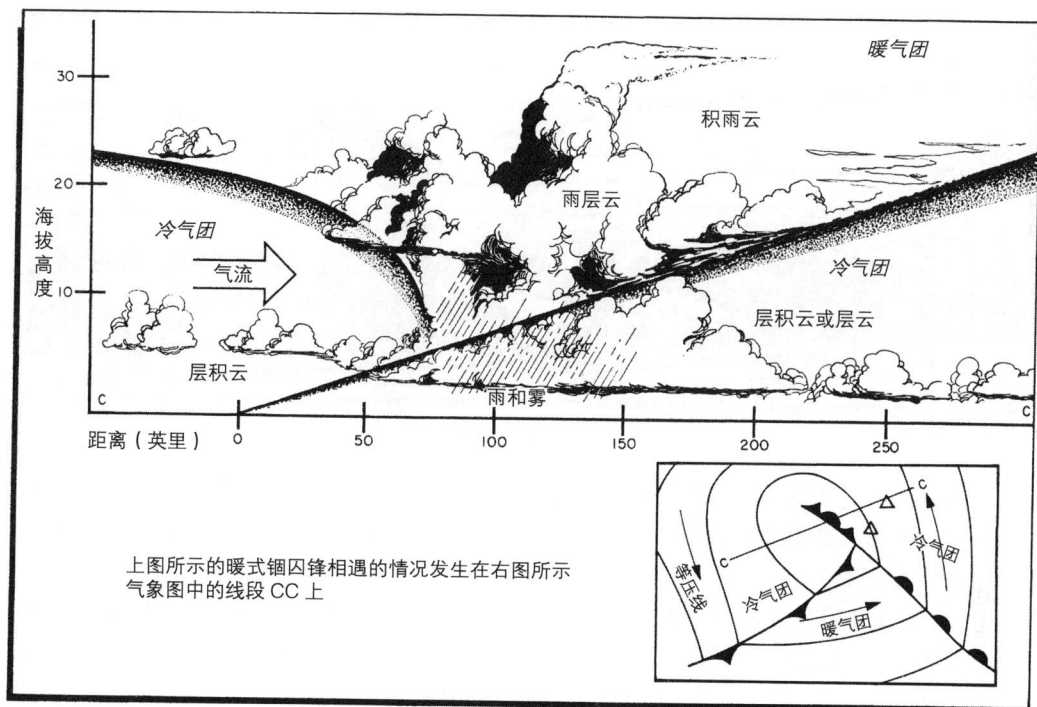

图 9-11 暖式锢囚锋

降水（图 9-13）。

2. 月亮、太阳和星星都可以作为预测天气的参照物。月亮和太阳周围出现环状物（图 9-14）表明会有降雨，因为这些环状物是由卷云中细小的冰粒将月亮和太阳光向各个方向折射所形成的。星星在闪烁，这表明强地面风在几小时之内就会到来。此外，天空中出现大量的星星标志着良好的能见度，同时很有可能会起雾或结露。

3. 山周围出现低云表示天气会变化。如果这些低云的体积在白天变大，天气很快就会变坏；如果变小，表示天气将会变得干燥。暴风雨到来之前，西边会出现高而薄的卷云。如果这些卷云变厚并被低云遮挡住，那么降雨或降雪的概率会增大。

4. "晚上天空发红让水手喜悦，早上天空发红让水手警觉"，这句俗语正确地预示了天气的变化。早上太阳将东边的天空映成深红色常常是暴风雨来袭的征兆，而当暴风雨向东移动时，西边放晴的天空中乌云散开露出落日，会将天空映红。

5. "看得越远，雨就越近"，这是水手们常唱的一句歌词。恶劣的天气到来之前，由于气压降低，空气会变得更加明净。伴有稳定的含尘空气的高气压表示天气会放晴。

6. 夏季，冷锋到达山区通常意味着将有几小时的降雨或暴风雨，但是冷锋过境后会出现晴好、干燥的天气。

7. 早上出现彩虹后经常会有风暴来袭。下

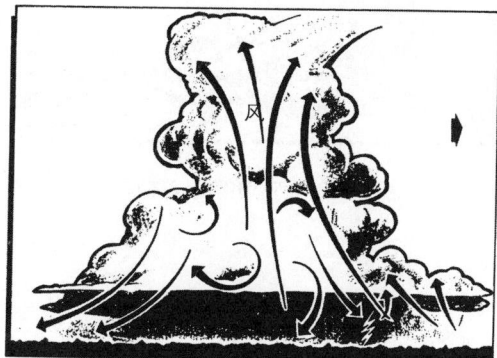

图 9-12 雷暴形成

图 9-13 低云

午出现彩虹表示天气变化情况还不能确定。傍晚出现彩虹表示风暴刚刚过去。太阳周围出现模糊微弱的彩虹表示天气将会变冷。

8. 如果花闻起来比平时香气更浓，那么几小时之后很可能会出现风暴天气。

9. 人们常说"声音清楚了，雨就近了"，这是因为声音在暴风雨来临前传播得更远。

10. 就连鸟类都可以预测天气变化。风暴临近的时候，有些鸟会挤在一起，水鸟会在水

图 9-14 太阳周围出现环状物

面上低飞。

11. 许多植物，比如蒲公英，会在湿度增加、降雨即将来临时闭合自己的花朵。

12. 湿度增加时，高山地区的岩石会"出汗"，预示着降雨即将到来。

13. 求生者通过观察闪电的颜色及其出现的方位也可以预测天气变化。如果闪电出现在西方或西北方向，并在晴朗的天空中呈白色，那么求生者就可以判断自己前方有风暴。南边或东边的风暴一般会向东移动。在风暴中，如果求生者看见远处有红色或其他颜色的闪电，那么风暴通常会向北边或南边移动。

14. 如果生火产生的烟先上升，之后又下降到地面，预示着风暴即将来临。

9.7 总结

就算有现代的专业设备，预测第二天的天气也常常是比较困难的事。这一章提供的背景知识和小窍门可以帮助求生者预测天气。通过了解不同天气类型的主要特征，求生者可为应对天气活动的影响更好地做准备。

第 10 章　地理原理

10.1 引言

　　地理原理是将环境的三个基本组成部分（地貌、生物和气候）组合在一起进行说明的，以帮助求生者理解其与周围环境之间的关系。求生者对这些环境的构成要素了解得越多，就越能帮助自己成功求生。这一章将简要介绍这些复杂的问题。

10.2 环境构成

　　1. 地貌是指地球表面呈现出的各种形态，比如山脉、山谷、高原、平原等。

　　1）不同的山脉在大小、结构和山坡陡峭程度方面差别很大。例如，由火山活动形成的喀斯喀特山脉与落基山脉之间的差别同落基山脉与阿巴契亚山脉之间的差别一样大。大多数山系都有相应的山麓小丘。（图 10-1）

　　2）山谷一般是山体向上抬升后形成的，只有两种例外情况：冰川运动形成的大型峡谷、被风和水侵蚀形成的山谷。（图 10-2）

　　3）高原是海拔较高、面积较大的平坦土地。在美国西南部有许多典型的高原地貌。这些高原是由火山爆发后喷出的岩浆或火山灰覆盖较软的沉降地区形成的，经过多年的侵蚀，堆积物形成的"盖子"已经破裂，使得其中较软的泥土被风或水带走。这种类型的高原是最少见的，但却是最大的。华盛顿州的哥伦比亚高原就是这样一个例子，其面积达到了 20 万平方英里（51.8 万平方千米）。（图 10-3）

　　4）地球上的水形成了大洋、海、湖泊、河流、小溪、池塘和冰川等。

　　（1）海洋覆盖着地球表面近 71% 的面积。太平洋、大西洋、印度洋和北冰洋是最主要的四个大洋。海洋对陆地具有极大的影响，不仅因为海洋与陆地相接，还因为海洋能影响陆地上的天气。地球上现存的湖泊大多是由以前更大的湖泊或海洋演变而来的。

　　（2）地球表面有 10% 的面积被冰覆盖着，这些永久冰分为两种：浮冰（图 10-4）和冰川。浮冰［厚度通常为 7~15 英尺（2.1~4.6 米）］是由海水凝结而成的，有的厚度可达 150 英尺（45.7 米）。冰川断裂入海后，会形成岛状的冰山。地球上的大量永久冰主要位于南极和北极——南极洲和北冰洋。极地有些地区的永久冰有几千英尺（1 英尺约为 0.3 米）厚，只局部融化过。冰盖是覆盖面积很广且常年不化的冰层，特别大的冰盖也叫冰原。冰盖通常只用来形容较高的山地和高原地区的冰层。在冰河时期，地球上的许多低地也被冰盖所覆盖。

　　2. 生物分为植物和动物，之后的章节还将重点介绍人类。

　　1）地球上的植物种类非常多，我们显然不可能一一深入了解。为了更好地了解植物王国，很重要的一点是要了解植物基本的生长方式和它们为了适应不同环境所做的改变。

　　（1）植物可以分为两类：常绿植物和落叶植物。常绿植物主要是指四季常青的树木，比如松、柏科的松树、冷杉、云杉等。落叶植物则主要是指树叶在冬天会掉落的树木，一般是阔叶树，例如枫树、白杨、橡树和桤木。

　　（2）为了方便进一步讨论，我们可将植物分为一年生植物和多年生植物。一年生植物在一年时间内完成整个生命周期，结出很多种子，这些种子发芽后将开始新一轮的生命循环。有时次年的气候条件不能引发种子萌芽，种子便有可能许多年都保持着休眠状态。最典型的一个例子发生在 1977 年，死谷（美国加利福尼亚州东部和内华达州南部的干热沙漠盆地,为世界上最低、最干旱的地区之一)中的植物80年来头一次开了花。多年生植物是指生长期在两年以上,不用每年都由种子萌芽生长的植物。

2)与植物类似,动物的种类更加繁多,所以无法深入介绍。动物可分为温血动物和冷血动物,在此分类的基础上可以更好地介绍动物对极端气候条件的适应情况。温血动物是指恒温的、能够适应寒冷环境的动物,包括鸟类和哺乳动物。显然,人类也属于温血动物。冷血动物

图 10-1　各种山地图片

图 10-2　峡谷和山谷

则需要从环境中获取热量，所以它们一般生活在温暖或气候温和的地区，如蜥蜴、蛇等。

3. 气候指某一地区经过概括总结的天气情况。但是，在描述气候时还必须包括四季的天气差异和气候统计数据的极值与平均值。在有些地区，由于某种气候类型占据主导地位，所以该地区的生物群落就因这种气候类型而得名，比如温带雨林和热带雨林。对各种气候类型可以基于其基本要素——温度、湿度和

风——来进行描述。

1）空气中的热量只有 20% 左右来自直接的阳光照射。地表接受的阳光辐射的热量会被反射回大气并被大气吸收，这才是空气的主要热量来源。

2）要想理解大气中的温室效应，可以先理解"封闭系统"中不同形式的水之间的关系。水不断蒸发，空气能够吸收的水蒸气的量完全取决于气温的高低。空气中的水蒸气达到饱和

图 10-3　高原

时的温度就叫露点。气温下降会使水蒸气凝结，形成云、雾和露水。此时，如果气温再下降，就会形成降水，比如雨。如果空气的露点温度低于冰点，那么降水就会以冰雹或雪的形式出现。

3）气压的不同是风形成的主要原因。空气升温时形成低气压带，空气降温时形成高气压带。在不同地区的气压互相平衡的过程中，由空气运动而形成了风。由于风也是气候的一个参数，所以求生者需要了解风为什么能够影响气候，又是以何种方式影响的。我们将讨论两种风：局地风（低海拔处）和高空风（高海拔处）。局地风形成于海拔较低的地方，一般是由多变的地形特点和气温、气压波动引起的。围绕地球的高空风形成了稳定的带状高压和低压区，从这些区域吹离的风是可以预测的。这些高海拔处的风控制着天气。

10.3 气候对地貌的影响

　　气候对地貌的主要影响是侵蚀。侵蚀可能直接由降水或间接由冰川等处的积雪融化导致。风和气温也是引起侵蚀现象的潜在因素。

　　1. 大量的降水、冰层或冰川冰融化后的水流入山脉，都有可能切割山地地区，形成深深的峡谷。大河的泛滥也能够促使湖泊、海洋和峡湾附近形成三角洲。年复一年的冰川活动则形成了深而宽的山谷（图 10-5）及山谷两侧陡峭的谷壁。

　　2. 风蚀作用在荒芜、干燥的地区影响最明显。拱门国家公园（位于美国犹他州东部）中有一些风蚀作用特别明显的例子。风蚀的过程有两种：其一是风带着沙和尘土的颗粒吹向裸露在地表的岩石或土壤，颗粒的摩擦造成了地表损伤（图 10-6）；其二是地表松散的颗粒物被风卷到空中，或在地面上滚动。干燥的河床、沙滩、新形成的冰川沉积地区、干燥的沙石地都很有可能出现第二种风蚀现象。沙丘（图 10-7）就是由风蚀作用形成的。

　　3. 冻融作用会对岩石和地表造成风化或侵蚀。冻融作用是指冰晶在土壤和岩石间的空隙或裂缝中不断冻结、融化的过程。正在冻结的冰晶具有巨大的力量，其对岩石施加的压力能够将

图 10-4　浮冰

岩石撑裂，许多山麓碎石和岩屑坡就是这样形成的。土壤中的水结冰时，很容易形成与地面平行的冰层，将土壤层抬起，使其变得高低不平。苔原冻土地区的泥炭藓堆就是这一作用的结果。地表湿度也会决定冻融作用的实际影响。

10.4　地貌对气候的影响

与气候对地貌的影响相比，地貌对气候的影响就显得不是那么微妙了。研究地貌对气候的影响时需要注意三个主要因素：

1. 大多数主要天气类型中的水分都来自海水的蒸发。气温、地理位置、洋流及盛行风的共同作用，会影响海水向空气中蒸发的量。海水及其中洋流的温度越高，海水蒸发的速度越快。洋流会由于遇到大陆而发生偏斜，所以许多暖流的方向是与大陆的海岸线平行的。盛行风带着水汽吹入内陆，会形成潮湿的海洋性气候，比如加拿大西海岸、美国的华盛顿州和俄勒冈州，以及欧洲中部的气候。如果海水及其中洋流的温度较低，那么只有很少量的水分会蒸发进入空气，比如秘鲁和智利的太平洋沿岸地区、安哥拉和非洲西南部的大西洋沿岸地区就属于这类情况。

2. 大洲内陆地区的气候一般比较干燥，因为这些地区距离海洋性气候区较远。北半球的大洲形成了一些干燥的高气压带，使得内陆地区与潮湿的低气压带地区隔绝，低气压区对这里的气候不会有太大的影响。这些地区的气候被称为大陆性气候，这个概念在下一章会做进一步说明。

3. 山脉会阻隔水分，将海洋性气候区与大陆性气候区隔开。山脉对水分阻隔作用的大小取决于山脉的高度、覆盖地区的长度和宽度，以及锋面的猛烈程度。比较常见的情况是，山脉后方的几百英里内都缺少降水。美国西部的几个州就是可以说明这种现象的例子，喀斯喀特山脉和内华达山脉阻挡了大量来自太平洋的水分进入内陆的华盛顿州、俄勒冈州、内华达州地区的沙漠，而落基山脉则阻挡了剩下的大部分水分，只有高空的卷云能够继续向内陆移动。另一个例子是在亚洲，喜马拉雅山脉非常有效地阻挡了亚洲季风进入亚洲中部，从而促成了戈壁沙漠的形成。

10.5　气候和地貌对生物的影响

1. 由于植物的生长需要水和阳光，所以气候在很大程度上影响着某一地区内植物的种类和数量。

图10-5　山谷

1）在降水充足的地区，植物种类丰富，植物之间必须互相争夺阳光。在一些原始植被（因为滥砍滥伐、山崩、处于河流的泛洪区）遭到破坏的地区，会长出茂密的次生植物。这些次生植物的生长如果不受到破坏，一段时间后将成为顶极森林。在这些地区，有的树能长到300英尺（91.4米）高。

2）相反，在降水量较少的地区，植物之间必须互相争夺水资源，植物也生长得比较稀疏。由于气候及土壤条件严酷，植物往往生存能力很强。经过几千年的演化，这些地区的植物发展出了以下求生特点：

（1）种子数量很多，并且只在有水的情况下才会发芽；

（2）根系浅，一旦有水就能尽快地吸收；

（3）有储存水的能力（比如仙人掌等多肉植物）；

（4）叶片纹理粗糙（减少水分蒸发）；

（5）有毒（杀死与之竞争的植物）。

2.植物也受到地貌的影响。山区的云在经过山顶时会释放水分，所以这些地区的植物在生长过程中能获得更多的水分。但是随着海拔上升，气温随之下降，寒冷的气候对植物的影响相当大。

3.总的来说，动物的生存主要依靠两个要素：水和植物。降水量越多，动物数量越多，反之，气候越干燥，植被越少，依靠这些植物生存的动物数量就越少。某一地区小型动物的分布取决于该地区次生植物和地面遮蔽物的情况，因为小型动物要借此保护自己。

4.气温也会影响动物的习性。例如，动物在极度炎热或寒冷的环境中会挖地洞保护自

图 10-6 风蚀作用

己，炎热干燥地区的动物在夜间活动得更多。动物在生理上也会受到极端气温的影响。气温极低时，有些哺乳动物会冬眠，这是动物体温调节的一个特例。动物通过冬眠降低自己的体温，以保存能量，只保留仅供维持生命的基本身体功能。这种做法对动物的生存很重要，因为动物在冬天可能无法获得正常的食物供给。气温非常高时，有些鱼类、两栖类、哺乳类和爬行类动物会进入夏眠。动物夏眠时身体的功能和活动大幅减弱。冬眠和夏眠不仅仅是动物调节体温的方式，更是它们在恶劣的气候条件下维持生存的重要手段。

图 10-7 沙丘

第 11 章　环境特征

11.1 引言

大多数情况下，求生者是无法选择他们开展求生活动的地点的。维持生命、维护尊严、成功返回的过程容易与否取决于求生地的气候类型、极端天气情况、地貌和生物。这一章将以柯本气候分类为基础，介绍不同环境的特点。柯本气候分类是目前世界上应用最广泛的地理学气候分类法。

11.2 柯本气候分类

柯本气候分类通过计算各个地区全年或某一月份的平均气温和平均降水量来定义不同的气候类型。在这些数据的基础上建立起来的气候分类系统的巨大优势在于其可以在全世界范围内进行大致的气候分类，其中五种主要气候类型（图 11-1）为：

1. 热带气候。月平均气温在 64.4℉（18℃）以上，没有冬季，年均降水量大，超过年均蒸发量。

2. 干燥气候。年均潜在蒸发量超过年均降水量。干燥气候地区没有水量盈余，所以没有发源于此的常年流淌的永久性河流。

3. 暖温带气候。最冷的月份平均气温在64.4℉（18℃）以下、26.6℉（-3℃）以上。暖温带气候里既有夏季也有冬季。

4. 极地气候。最冷的月份平均气温在26.6℉（-3℃）以下，最暖的月份平均气温在50℉（10℃）以上。

5. 冰雪气候。最暖的月份平均气温在 50℉（10℃）以下，没有真正意义上的夏季。

11.3 热带气候

1. 热带。有些人认为热带气候地区就是广阔而人迹罕至的热带雨林地区，在那里每走一步都要于丛林中辟路前进，每向前一寸都是在危险中匍匐行进。的确，在雨林中穿行是会遇到种种困难，但其实许多热带气候地区并没有雨林。在热带地区可能有雨林、红树林或沼泽湿地，可能有长满草的广阔平原、半干旱的灌木林地，也可能出现沙漠或寒冷的山区，所以热带气候其实包括了许多种类型。每一种大的气候类型都是对一些较小的气候类型的整体概括。每一个总体上属于热带气候的地区，都有其特殊的气候条件。虽然每种热带气候各有其特征，但总的来说它们都具有以下共性：

1) 昼长与夜长稳定。在赤道附近地区，昼夜长短的变化在半小时以内；在热带气候边缘地区，昼夜长短的变化为一个小时左右。所以，热带气候地区的植物全年都能获得分布平均的光照。

2) 热带气候地区的气温变化幅度是几种气候类型中最小的——9~18℉（5~10℃）。

3) 热带气候地区的主要地貌没有一定的典型代表。在热带气候地区，既有南美洲安第斯山脉那样的崇山峻岭、东南亚那样的喀斯特地貌、印度德干高原那样的高原、非洲几内亚共和国那样的山地，也有亚马孙河上游那样的广袤平原和缅甸伊洛瓦底江地区那样的小型平原。这些地貌是其所在的大洲地貌形态的一部分，而不仅仅是热带气候地区独有的。

2. 植被。

1) 南美洲、亚洲和非洲的一些丛林更适合被称为热带雨林。这些热带雨林呈带状绕地球分布，大致上被赤道平分为两半。但是，热带雨林并不是连续的带状分布，就算在其分布的典型地区也不是连续的。热带雨林常常被山地、高原甚至半沙漠地区分割，这是因为影响雨林

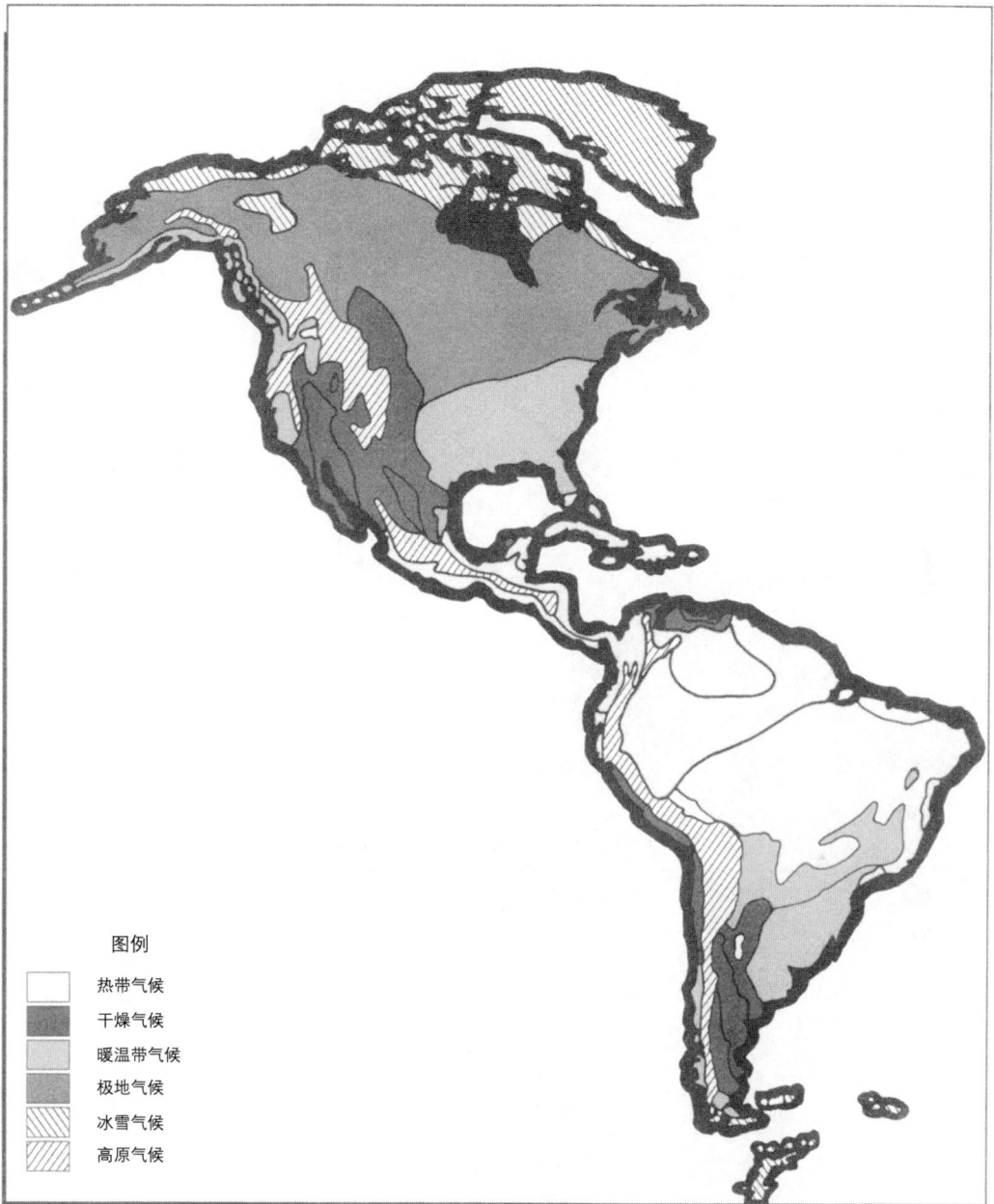

图 11-1 柯本气候分类

生长的气候类型分布得并不规律。

2）南美洲、亚洲和非洲的热带雨林所共有的特点是：

（1）月平均气温接近 80°F（26.7℃）；

（2）植被分为三层；

（3）全年有较为平均的高降水量［80 英寸（2032 毫米）］；

（4）分布在北纬 23.5° 至南纬 23.5° 之间；

（5）植被以常绿树木为主，有些树干的直径能达到 10 英尺（3.1 米），树叶韧而茂密；

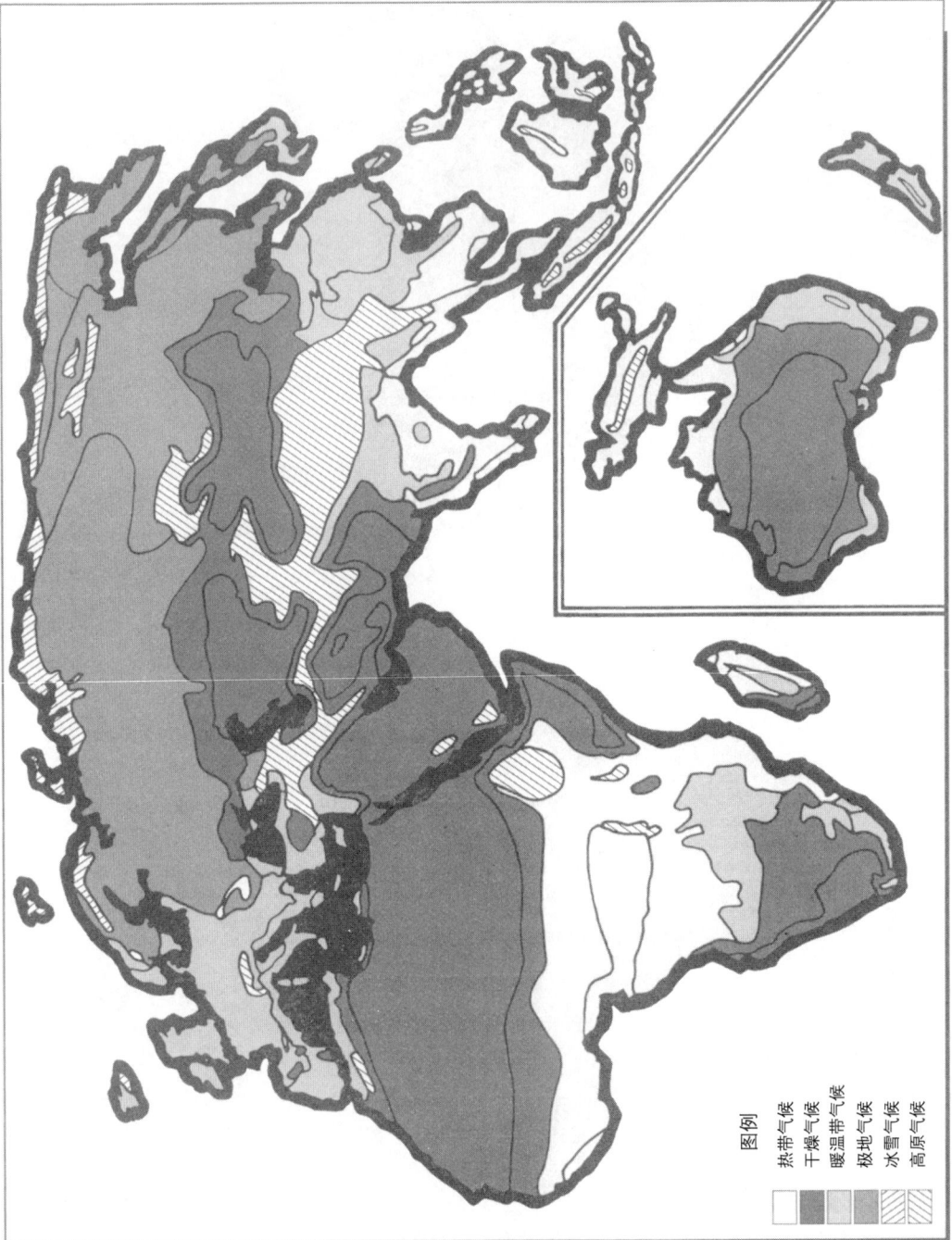

图 11-1 柯本气候分类（续）

（6）藤本植物（蔓生植物）和气生植物（附生植物）繁多；

（7）下层植被中草本植物和矮灌木很少；

（8）植被分布均匀；

（9）树皮薄、绿、光滑，通常少有裂缝。

3）热带雨林中的大部分植物是木本的，属于树木一类。树木是植被的基本组成部分，生长在树干和树枝上的藤本植物和气生植物也是木质的。美国温带森林中常见的草本植物在热带雨林中很少见。雨林中生长在大树下的植物通常也是木本植物——树苗、幼树、灌木和新生的木质藤本植物。不过，属于草本植物的竹子在雨林中能长得非常高，可以达到 20~80 英尺（6.1~24.4 米）。有些地区雨林中的竹林十分茂密，很难穿越。雨林中可食用的植物通常分布得较为分散，需要花一定的时间搜寻才能找到几株同种的植物。热带雨林中树木的种类比地球上的其他地区都要丰富。科学家曾经在南美洲 8.5 英亩（34 398 平方米）的地区中找到了 179 种树，而在美国同样面积的森林中可能只有不到 7 种。

4）雨林中较高植物的平均高度很少超过180 英尺（54.9 米），有些老树的高度能达到300 英尺（91.4 米），但是这样的大树非常少见。雨林中，树干直径在 10 英尺（3.1 米）以上的树木也非常少见。雨林中树木的树干通常是笔直而细长的，在树冠以下少有分枝。许多树木的底部有板状根和旗状枝，这在所有的热带雨林中都很常见。雨林中大部分成材树木的树叶较大、坚韧且呈深绿色，树叶的大小、形状、质地和纹理与月桂树相似。雨林中树木的外形单一，很少有较大或颜色引人注目的花。雨林中大部分树木和灌木开的花很不显眼，通常是略带绿色或白色的。

5）旅游指南使人们对热带雨林里树木的密度产生了一些错误的印象。在河岸等处，由于较多的阳光能照射到地面，所以这些地区的树木密度很大，人们通常无法穿越。但是在一些没有受到破坏的古老雨林深处，人们可以没有困难地四处走动。照片夸大了雨林中下层植被的密度，其实人们在雨林中一般可以看见 60 英尺（18.3 米）以外的人。

6）藤本植物丰富是热带雨林植被的另一个显著特征。雨林中的大多数藤本植物是木质的，茎干很长、很粗，但是像人的大腿那么粗的茎并不多见。一些藤本植物会紧紧地攀住其依附的树木，但是大多数藤本植物会像缆绳一样攀向森林树冠层，或者是呈环状、穗状下垂。热带雨林中没有春季、秋季和冬季，只有不变的盛夏，植被的外观全年基本没有变化。雨林中植物的繁殖一直持续不断，任何时节都有花开。但是雨林中有开花最多的时节，在这段时间，开花的植物种类比在其他时间多。同时，雨林中还有植物生长和萌发新叶最多的时节。热带雨林边缘的空地及其周围已经荒废的人类生活区往往有丰富的可食用植物，但是在未开发的雨林中心地带则可能较难寻找到食物，因为那里的树木都太高，人无法够到树上的果实。

3. 热带雨林的分布（图 11-2）。

1）在美洲，连续面积最大的热带雨林分布在亚马孙河流域。亚马孙雨林西至安第斯山脉的矮坡，东至大西洋沿岸，中间只被面积较小的热带草原和落叶林隔断。此外，其南部延伸至大查科平原（南美洲中部，跨越阿根廷、玻利维亚和巴拉圭三国），北部沿着中美洲东岸到达墨西哥南部和西印度群岛中的安的列斯群岛。在南美洲的西北端（厄瓜多尔、哥伦比亚）分布着一条狭窄的雨林带，它是被一片广阔的落叶林从亚马孙雨林中分隔出来的，从南纬 6°延伸到南回归线稍南处。相比于其他热带雨林地区，中美洲的热带雨林分布情况可能是最不为人所熟知的。各主要地区的海拔大都在 500英尺（152.4 米）以下。（图 11-3）

2）非洲最大的热带雨林分布在刚果盆地，向西延伸至喀麦隆。这一地区的热带雨林呈狭

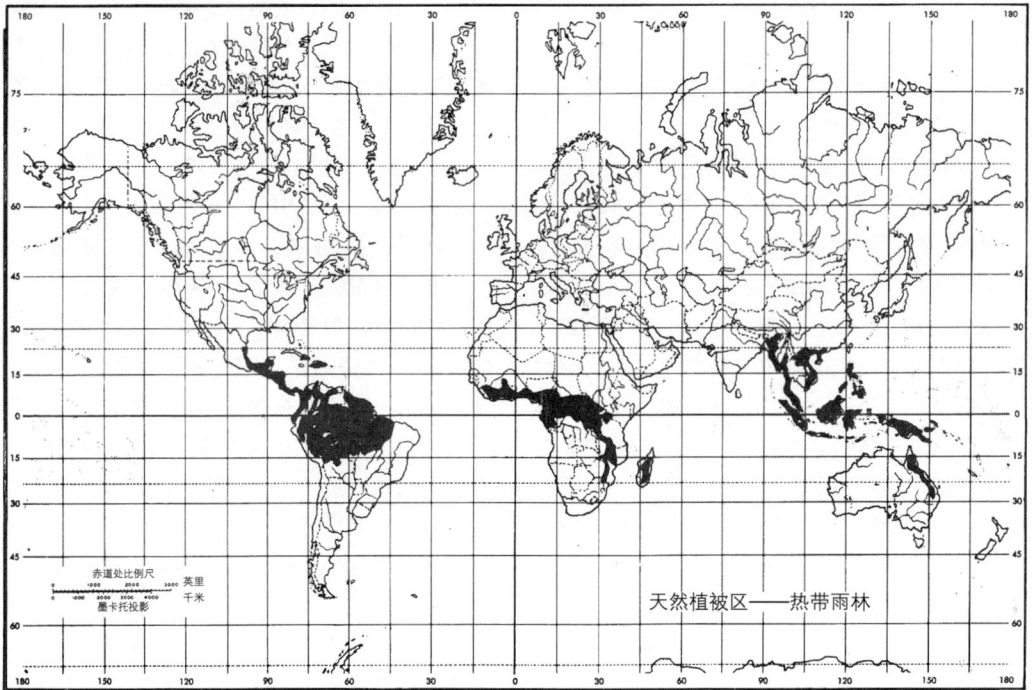

图 11-2 热带雨林

图 11-3 美洲的热带雨林

窄的条带状，不断向西延伸，与几内亚湾平行，穿过尼日利亚、利比里亚的黄金海岸和几内亚，向南则延伸至津巴布韦。

3）在东方，热带雨林从斯里兰卡、印度西部到东南亚，一直穿过马来群岛到新几内亚都有分布。最大的连续不断的雨林位于新几内亚、马来半岛以及相邻的苏门答腊岛和加里曼丹岛。在这些地区，印度马来雨林最为茂密。

（1）印度的热带雨林面积不大，部分分布于高止山脉西部和东部，在阿萨姆等地区也有分布。

（2）在东南亚，热带雨林只在局部分布，那里主要的植被是季雨林。季雨林是一种热带树林，在某些季节会落叶。

（3）从巽他群岛中的爪哇岛到新几内亚，（由于澳大利亚的东北季风影响）季节性干旱现象非常严重，不适合热带雨林生长，但是在局部地区也有例外。（图 11-4）

(4) 在澳大利亚，印度马来雨林呈狭窄的条带状，沿着昆士兰州东岸继续向南延伸，并且在西太平洋群岛（所罗门群岛、新赫布里底群岛、斐济群岛、萨摩亚群岛等）也有分布。(图 11–5)

图 11–4　热带气候（新西兰）

4. 热带雨林中的一些可食用植物。

①印度或热带杏仁；
②蒲桃；
③东印度竹芋；
④牛心果；
⑤甘蔗；
⑥香蒲；
⑦硬皮橘；
⑧菱角（菱属）；
⑨竹子；
⑩铁荸荠（油莎草）；
⑪四棱豆；
⑫丝瓜；
⑬豆薯；
⑭野生无花果；
⑮五味子；
⑯野生葡萄；
⑰荷花；
⑱水葫芦；
⑲面包树；
⑳美人蕉；
㉑欧洲蕨（蕨类）；
㉒西谷椰子；
㉓桫椤；
㉔糖棕；
㉕芒果；
㉖木瓜；
㉗粟米；
㉘露兜树；
㉙珍珠粟；
㉚车前草；
㉛桑葚；
㉜李子；
㉝腰果；
㉞美洲商陆；
㉟马来扇叶椰子；
㊱水龙骨；
㊲鱼尾葵；
㊳黄独（块茎）；
㊴椰子；
㊵马齿苋；
㊶聂帕棕榈；
㊷水稻；
㊸藤棕榈；
㊹刺果番荔枝；
㊺锡兰菠菜；
㊻睡莲；
㊼苹婆；
㊽番荔枝；
㊾罗望子；
㊿芋头；
(51)朱蕉；
(52)山葵；

图 11-5 热带雨林中的瀑布

㉝热带薯蓣。

5. 半常绿季节性森林。

1）中美洲和南美洲的半常绿季节性森林的特点与亚洲季雨林非常相似。半常绿季节性森林的特点包括：

（1）两层树木——顶层树木高 60~80 英尺（18.3~24.4 米），下层树木高 20~45 英尺（6.1~13.7 米）；

（2）大树较少，树干直径约为 2 英尺（0.6 米）；

（3）树叶会因季节性干旱而脱落，在干旱的年份落叶更多。

2）东南亚孟加拉湾附近各国雨季和旱季分布的特殊性形成了季风气候。印度、缅甸地区的季风和东南亚的季风是两种不同的类型。干季风出现在 11 月~翌年 4 月，从中亚吹来的干燥的东北季风带来了长期的晴好天气，只有间歇的降雨。湿季风出现在 5 月~10 月，从孟加拉湾吹来的南风带来了降水，通常是持续数天甚至几个星期的倾盆大雨。在旱季中，树上的大多数树叶会脱落，看起来好像是冬天的模样，但是雨季一到，树叶便会立刻长出。

6. 半常绿季节性森林中的可食用植物。

①龙舌兰；

②苋菜；

③硬皮橘；

④香蕉；

⑤印度或热带杏仁；

⑥蒲桃；

⑦竹子；

⑧四棱豆；

⑨豆薯；

⑩芒果；

⑪马齿苋；

⑫桑葚；

⑬五味子；

⑭粟；

⑮刺果番荔枝；

⑯腰果；

⑰面包树；

⑱珍珠粟；

⑲锡兰菠菜；

⑳苹婆；

㉑甘蔗；

㉒英国橡子（橡树）；

㉓丝瓜；

㉔香蒲；

㉕马来扇叶椰子；

㉖番荔枝；

㉗栗子；

㉘菱角（菱属）；

㉙藤棕榈；

㉚罗望子；

㉛铁荸荠（油莎草）；

㉜木瓜；

㉝芋头；

㉞朱蕉；

㉟野生无花果；

㊱露兜树；

㊲山葵；

㊳桫椤；

㊴车前草；

㊵热带薯蓣；

㊶野生葡萄；

㊷美洲商陆；

㊸水葫芦；

㊹水龙骨；

㊺美人蕉；

㊻黄独（块茎）；

㊼睡莲；

㊽荷花。

7. 热带灌木旱生林的分布（图 11-6）。

1）热带灌木旱生林的主要特征：

（1）有明确的旱季，雨季的持续时间每年不同，降水主要以暴雨的形式出现；

（2）树木在旱季不长叶子，高度为 20~30 英尺（6.1~9.1 米），有些地区长有缠绕的下层植被；（图 11-7）

（3）地表贫瘠，只有少量簇状的丛生植物，草本植物不常见；

（4）带刺的植物占主导地位；

（5）有间歇性的山火发生。

2）可食用的植物：

（1）在热带灌木旱生林中，求生者在旱季很难找到食物。在干旱最严重时，主要的食物包括植物的以下部分：

①块茎；

②鳞茎；

③树脂；

④坚果；

⑤根状茎；

⑥球茎；

⑦树胶；

⑧种子（包括谷粒）。

（2）在热带灌木旱生林中，可食用植物种

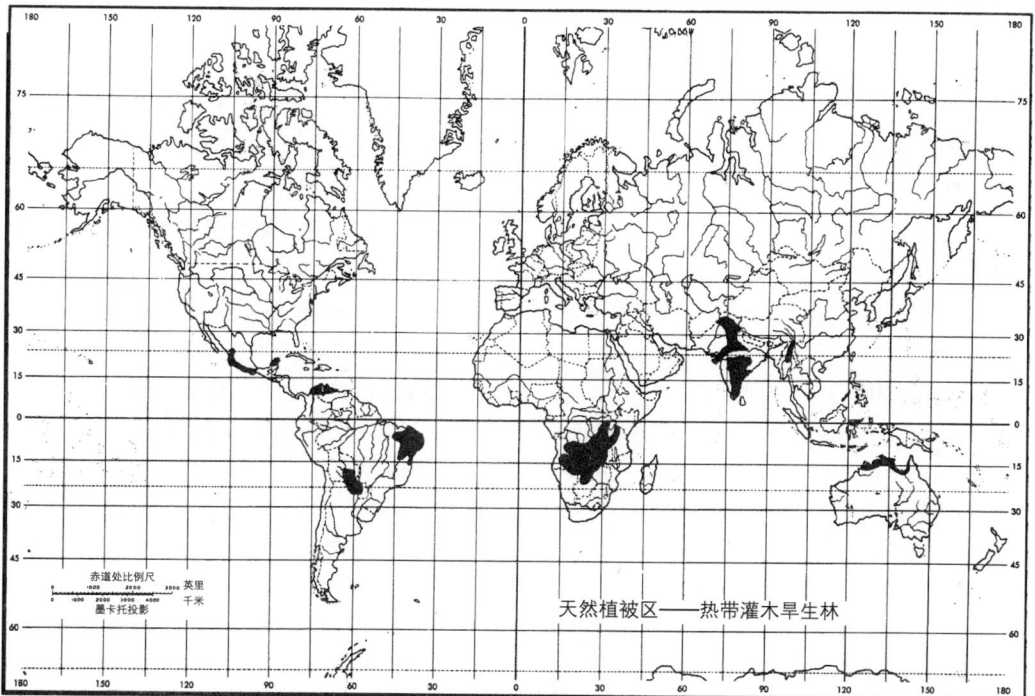

图 11-6 热带灌木旱生林的分布

图 11-7　热带灌木旱生林

类在雨季相当丰富，求生者应寻找下列可食用的植物：

①金合欢；

②野生菊苣；

③角豆树；

④刺山柑；

⑤龙舌兰；

⑥野生无花果；

⑦杏仁；

⑧腰果；

⑨猴面包树；

⑩杜松；

⑪罗望子；

⑫热带薯蓣；

⑬海滨藜；

⑭仙人掌；

⑮野生阿月浑子；

⑯黄独（块茎）。

8. 热带稀树草原（图 11-8）。

1）热带稀树草原的主要特征为：

（1）主要分布在南美洲和非洲的热带地区；

（2）看上去是一片广阔的草地，树木稀少且相互之间间隔较远；

（3）其中的草往往比人还要高，但是相互之间隔着一定距离，和人工草皮完全不同；

（4）土壤多为红色；

（5）树木通常长得比较矮小，树干像老苹果树一样粗糙且多木瘤；

（6）有的热带稀树草原中长有棕榈树。

2）南美洲的热带稀树草原上，大多数地区的植物是束状丛生的草。在这些地区，长时间的旱季与雨季交替出现，草长得有高有矮。在雨季，颜色鲜艳的花点缀在草丛间。大量的草本植物的草籽，以及许多随着降雨或在降雨后长出的季节性植物的地下部分，都可以成为求生者的食物。

3）非洲的热带稀树草原上，主要的植物是高而质地粗糙的草。除非当地人在旱季焚烧草原上的草，否则人几乎是无法穿越这里的。这类热带稀树草原呈宽阔的带状，分布在热带雨

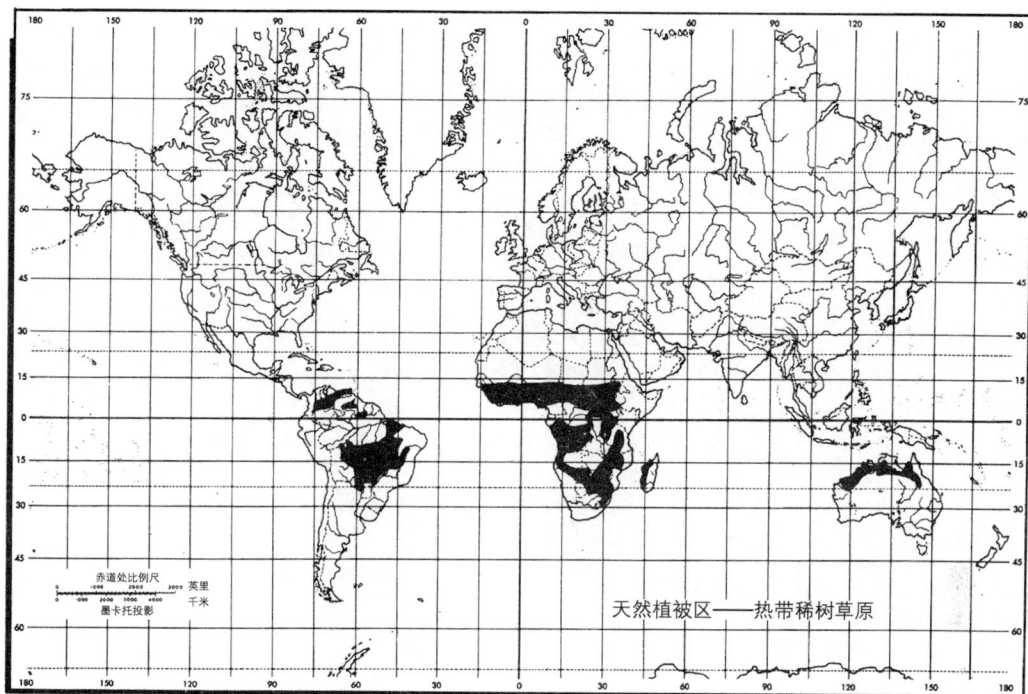

天然植被区——热带稀树草原

图 11-8　热带稀树草原

林周围，从非洲西部向东延伸到尼罗河，再从尼罗河向南再向西延伸。热带稀树草原中面积最大的部分是高草丛生的草原，那里的草大约有 3 英尺（0.9 米）高。非洲的热带稀树草原上既有矮小的树也有高大的树，最有名的高大树种是猴面包树。（图 11-9）

4）可食用的植物。热带稀树草原中可食用的植物在其他植被覆盖区也有分布：

①苋菜；

②野生海棠；

③马齿苋；

④野生苹果；

⑤野生酸模；

⑥野生酢浆草；

⑦野生菊苣；

⑧野生无花果；

⑨罗望子；

⑩铁荸荠（油莎草）；

⑪车前草；

⑫睡莲。

9. 动物。热带地区的动物种类非常丰富，我们无法在此一一讨论。求生者要认识到的关键一点是，就像人类天生对某些动物心怀恐惧一样，大多数动物也害怕人类。热带动物大多会在遇到人类时走开，只有少数例外。热带地区的动物以夜行性动物为主，所以大多数不会被求生者看见。通过熟悉热带地区的野生动物，求生者能够更好地了解这一地区的环境特点，并且对自己展开求生活动的环境抱有尊重，而不是惧怕的态度。

1）所有的热带地区都有猪活动。从习性上说，猪是群居、杂食的动物。虽然猪主要吃植物的根、块茎及其他部位，但是猪也会捕食任何它们能够杀死的小动物。欧亚大陆中最常见的猪科动物是印度野猪、东南亚疣猪、中非巨林猪和外形很像猪的西猯。在中南美洲的热带地区，西猯十分常见。西猯有两种，分别是白嘴西猯和领西猯。这两种西猯都是灰黑色的，但是能根据它们的名称分辨二者身体上的不同。白嘴西猯体型较大 [高约 18 英寸（45.7 厘

图 11-9 夜晚的非洲热带稀树草原

米）］，嘴部下方黑白相间，据说较为凶恶。领西猯身高约 14 英寸（35.6 厘米），能够通过其颈肩交界处白色或灰色的毛来辨认。领西猯一般 5~15 头一群活动。单独活动的领西猯没有太大的危险性，但是成群的领西猯能够有效地驱逐天敌，甚至能在短时间内抗击美洲虎、美洲狮和人类。两种西猯都在尾部向上 4 英寸（10.2 厘米）左右的脊背处有麝腺。求生者在杀死西猯后必须立刻取出麝腺，否则西猯的肉会被麝腺污染，变得不能食用。

2）热带地区生活着许多爬行类和两栖类动物，其中绝大部分去皮煮熟后都可以食用。可想而知，这些动物具有一定的危险性，其中某些种类的动物对人类甚至是特别危险或有致命毒性的。鳄目动物（短吻鳄、凯门鳄、长吻鳄等）通常只有在远离人类活动的地区才比

较多见，其中最具危险性的是远东地区的湾鳄和非洲的尼罗鳄。毒蛇虽然在热带地区数量很多，但是很少能被求生者看见，对谨慎小心的求生者几乎不会造成威胁。热带地区没有已知的有毒蜥蜴。有些蛙类和蟾蜍的皮肤分泌物具有毒性。海蟾蜍是一种生活在泛热带地区的大型蟾蜍，如果被人类粗暴地抓握，它们的皮肤会分泌出一种刺激性特别强的物质。除了皮肤分泌的刺激物，这些两栖动物几乎不会给人类造成威胁，但如果那些分泌物进入人的眼睛，可能会造成视线模糊，带来灼烧感，甚至会导致失明。

3）全球的热带地区都生活着种类丰富的猴科动物。猴子是好奇心很强的动物，这一点可以被求生者利用。只有大型的猴科动物，如山魈和狒狒，才有可能给求生者带来危险。

4）热带地区还有大量的不同种类的老鼠、松鼠和兔子。

5）猫科动物在全球的各处丛林中都有分布。中南美洲的丛林中生活着很多豹猫。豹猫是一种瘦削、凶猛的小型猫科动物，颜色与美洲虎很像，成年后体重可达 40 磅（18.1 千克）左右，身长可达 3 英尺（0.9 米）。猫科动物中的豹分布在欧亚大陆的热带地区。豹是最机警的野兽之一，会在受伤或被逼入绝境时变成强有力的斗士。与狮子和老虎不同的是，豹可以轻松地爬上树，所以求生者在猎捕豹时要格外小心谨慎。

6）鹿在大部分丛林地区都有分布，但是它们的种群数量一般较少。在亚洲丛林中，有些种类的鹿会经常在地势低洼、湿润的河边活动。在中南美洲的丛林中，最常见的鹿有两种，一种常出现在茂密的森林高地，它们的体型比北美洲的鹿小很多，体重很少超过 80 磅（36.3 千克）；另一种被称为"南美小鹿"或"丛林鹿"，它们体型很小、毛色红棕，身高约为 23 英寸（58.4 厘米），非常容易受惊。由于它们对其他动物没有抵抗能力，所以多出现在密林覆盖的地区。

7）对求生者来说，真正的危险来自丛林中会传播疾病和寄生虫的昆虫。

（1）疟疾是求生者最大的敌人。疟疾是通过蚊子传播的。蚊子一般在傍晚至第二天的清晨活动。求生者可以在远离湿地的地势较高处搭建营地，或是在蚊帐中睡觉，以防止蚊虫叮咬；如果没有这样的条件，则可以把泥涂在脸上。求生者要用衣服裹住全身——特别是在夜间，还要将裤腿塞进袜口或鞋口中，并戴好防蚊头套和手套。可能的话，求生者可以按照说明书服用抗疟疾药。

（2）丛林中的蚂蚁数量是全世界最多的。蚁穴一般位于地面或树上。蚂蚁可能会给求生者带来很大的麻烦，尤其是当营地附近有蚂蚁时。蚂蚁会通过咬、刺或分泌蚁酸给人体带来疼痛。求生者在为营地选址时，要仔细检查附近地区是否有蚁穴或蚂蚁活动的痕迹。

（3）丛林中可能有非常多的扁虱，特别是在长满草的地方。求生者应在安全地带经常脱衣服检查，看看身上的各个部位是否有扁虱、水蛭、臭虫或其他有害生物。如果求生小组中有好几个成员，可以相互检查。

（4）跳蚤常见于干燥、灰大的建筑中。雌性跳蚤会钻进人的脚指甲或皮肤中产卵，发现跳蚤应尽快清除。跳蚤还有可能传播斑疹伤寒。在印度和中国南部，腺鼠疫曾经造成了很大的威胁，发现携带这种疾病的鼠蚤或死老鼠通常就意味着鼠疫的暴发。在许多热带地区，老鼠也会携带寄生虫，从而引发黄疸和其他热病。求生者要将食物保存在防鼠容器或防啮齿动物的地窖中，并且在庇身所中不要和食物睡在一起！

（5）在远东的许多地区，有一种极其微小的红螨虫携带着一种斑疹伤寒病毒。这种红螨虫与美国南部及西南部的恙螨很像，它们生活在土壤中，常见于较高的草丛、皆伐林地或小溪岸边。当人躺在或坐在地上时，它们会从土壤中钻出，爬进衣服里咬人。人通常不知道自己被它们咬了，因为这种咬伤不会带来疼痛或瘙痒。螨传斑疹伤寒是一种严重的疾病，求生者应该采取防护措施，避免被螨虫叮咬。求生者应清理并焚烧营地的地面，睡在离地面较高的地方，还要在衣服上喷防虫液。

（6）大多数水蛭是水生的，其对水分的依赖在很大程度上决定了它们的分布范围。水生水蛭通常生活在静止的淡水湖泊、池塘和水坑中。水蛭会被闯进其生活水域的入侵者所吸引。山蛭相当嗜血，很容易被气味、光照、气温和外力所惊醒。山蛭是最可怕的，因为它们可能会进入气管，并且在吸血膨胀后堵塞气管。一般来说，水蛭吸附在人体上时不会带来疼痛，并且吸完血后水蛭会自行掉落，不引起人的注意。有些水蛭生活在泉水和井水中，可能会在人饮水时进入人的嘴和鼻子，造成出血和堵塞。

（7）热带地区中蜘蛛、蝎子、毛虫和蜈蚣

的数量一般较多。求生者每天早晚应抖抖自己的鞋、袜、衣服，并要检查寝具。少数的蜘蛛有毒，其咬伤会带来剧烈的疼痛。黑寡妇蜘蛛和隐居褐蛛是毒性最强的蜘蛛（图 11-10）。狼蛛是一种体型中等的蜘蛛，它们很少咬人，但是如果人触碰到狼蛛，其身上短而硬的毛可能会脱落，从而刺激人的皮肤。蜈蚣会在被人触碰到的时候咬人，蜈蚣的咬伤和黄蜂的蜇伤情况相似。求生者应避免接触所有的多足类虫子。蝎子会对求生者造成真正的危害，因为蝎子喜欢藏在衣服、寝具或鞋子里，并且不被人触碰也会攻击人。蝎子的蜇伤可能会给人带来疾病甚至导致死亡。

10. 居民。居民区的人口密度与气候环境相关。赤道附近的热带雨林地区耕作困难，大雨会冲走土壤，野草生长迅速，所以食物来源除了农作物，还包括猎获的野兽和森林中的其他可食用植物。雨林地区的村庄一般散落在河流沿岸，因为在水上行进比在茂密的森林中行进要容易得多。还有很多人选择生活在沿海地区，人们在这些地区不仅可以耕种，还可以从海中获取食物。

11.4 干燥气候

人们通常认为干燥气候地区就是炎热、荒芜、少雨的地区，其实干燥地区的降雨虽少，却并不是荒芜的不毛之地，许多植物和动物在这些地区茁壮生长着（图 11-11）。

1. 沙漠（图 11-12）。

1）地球上的大部分沙漠都位于纬度在 15°~35° 之间的赤道两侧的干旱地区，那里的年蒸发量超过了年降水量［每年的降水量一般不到 10 英寸（254 毫米）］。昼夜温差大、降水稀缺、广袤无垠是沙漠的特征。沙漠中白天炎热、夜晚凉爽的情况十分常见。撒哈拉沙漠中的日平均昼夜温差达 45℉（25℃），戈壁沙漠中 25~35℉（13.9~19.4℃）的昼夜温差也是普遍现象。此外，沙漠中夏季与冬季的温差也相当大。

2）沙漠占地球表面积的 20% 左右，但是地球上只有 4% 左右的人口生活在沙漠中。"沙漠"一词涵盖了许多特点不尽相同的地区。有的沙漠是荒芜且布满沙砾的平原，数百英里内完全见不到青草、灌木或者仙人掌的影踪。有的沙漠中却生长着草、针叶灌木，可以作为骆驼、山羊甚至绵羊的固定食物。但是不管是位于何处的沙漠，都是环境极端的地方，其极端可能表现在干燥、炎热、寒冷或者缺少植物、湖泊、河流等方面。对求生者影响最大的极端情况是到达水源所需的时间（距离）很长。北

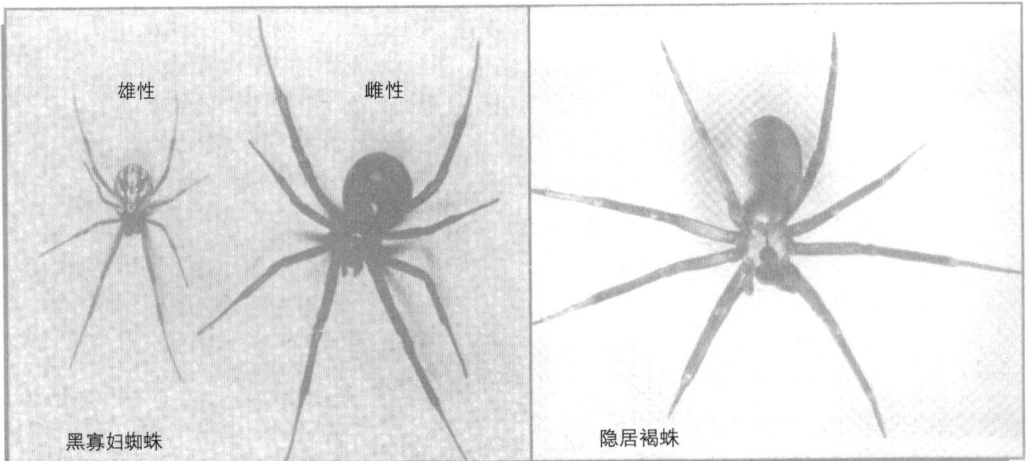

图 11-10　黑寡妇蜘蛛和隐居褐蛛

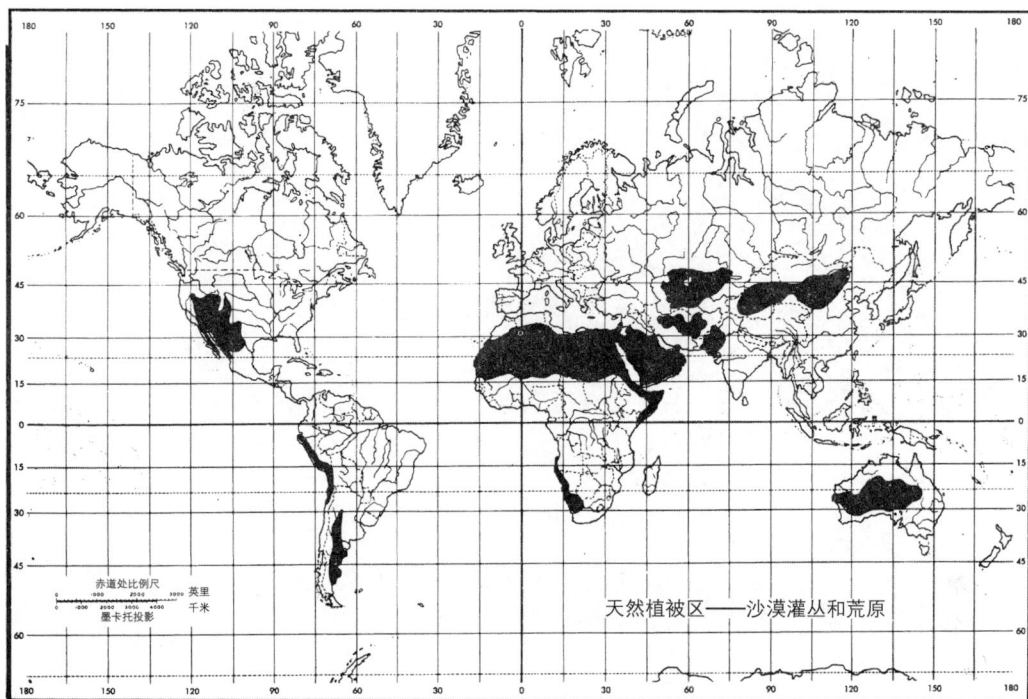

图 11-11　沙漠灌丛和荒原

非地区、阿拉伯半岛、伊朗、巴基斯坦西部的沙漠，以及美国西南部的莫哈韦沙漠、墨西哥北部的沙漠、非洲南部的喀拉哈里沙漠腹地和澳大利亚的广阔沙漠都是这种沙漠的典型。

3）全球主要沙漠地区及其气候特点、季节变换情况如下：

（1）撒哈拉沙漠。撒哈拉沙漠是世界上最大的沙漠，从大西洋沿岸向东穿过北非到达红海，从地中海、阿特拉斯山脉向南到达尼罗河的热带地区。撒哈拉沙漠的面积约为 300 万平方英里（776.7 万平方千米），其中包括平原、高低不平的山脉、多岩石的高原和优美的沙丘。在撒哈拉沙漠中，有数千平方英里（1 平方英里约为 2.6 平方千米）的土地上没有草、灌木和其他任何植被。但是，撒哈拉沙漠绿洲——沙漠中地势较低、水资源能够用于灌溉的地方——是世界上人口密度最高的地区之一。每平方英里椰枣林和小块的菜园能养活 1000 人，而在这些田地的周围则都是没有生命迹象的荒凉区域。撒哈拉沙漠中只有 10% 的地方是沙地，面积更大的那部分则是平坦的沙砾平原。沙砾平原的沙子被风吹走后，在一些面积不大的地区渐渐堆积，最后形成了沙丘。撒哈拉沙漠中有海拔 11000 英尺（3352.8 米）的多岩山脉，也有少数高度在海平面以下 50~100 英尺（15.2~30.4 米）的洼地。撒哈拉沙漠中从平原到山地的过渡很突兀，山脉大多是从平原上直接拔地而起，就像城市街道两边高低错落的摩天大楼，只是平原上突然耸起的陡峭山脉因为周围没有可以掩饰其突兀感的植被，所以在沙漠中更为显眼。树木和灌木的稀缺使得沙漠中的山麓小丘看上去比温带地区的更加陡峭。

（2）阿拉伯沙漠。有些地理学家认为阿拉伯沙漠是撒哈拉沙漠的延伸。阿拉伯沙漠的面积约为 50 万平方英里（129.45 万平方千米），除了地中海、红海、阿拉伯海边缘的肥沃土地和底格里斯河、幼发拉底河的河谷地带，阿拉伯沙漠覆盖着阿拉伯半岛的大部分地区。阿拉伯

图 11-12　沙漠

沙漠的许多地方都与大海相连。阿拉伯沙漠中的含沙量比撒哈拉沙漠大，但是其中的绿洲较少，主要分布在沙漠东侧的加迪夫、胡富夫和麦地那。此外，与有些年份滴水不降的撒哈拉沙漠不同，阿拉伯沙漠每年都有一些降水。阿拉伯沙漠中的植被分布较广，但是游牧民族还是只能为他们的绵羊群和山羊群找到很少的牧场放牧，而且必须依靠人工的水井取水。阿拉伯沙漠中的石油通过管道运输，会有飞机定期在管道附近巡逻，每隔一定距离就能看见抽水站。这些现代设施使得当地人的生活条件大大改善，在沙漠中徒步行进的安全性也随之增强。但是总的来说，阿拉伯沙漠的环境仍很严酷，就连当地人也会在其中迷失方向甚至死于脱水。

（3）戈壁沙漠。在戈壁沙漠的各个方向，盆地边缘都是山脉。盆地的坡度很缓，大部分地区看上去就像平原。戈壁沙漠中有岩石、孤峰、数不清的荒原和沟壑纵横的土地（图 11-13）。戈壁沙漠边缘近百英里的地区是带状的草原。在天气正常的年份中，这些草原是产量极高的耕地；但是在干旱的年份中，这里的农业耕作会被迫停止。越靠近戈壁沙漠的中心，降水越少，土壤越薄，草丛也越来越分散和稀疏。戈壁沙漠是游牧民族蒙古族生活的家园。蒙古族人主要的财产是马匹，但是他们也养绵羊、山羊、骆驼和少量的牛。越过戈壁沙漠边缘的肥沃草原，地表变得就像是由在太阳下闪着光的小石子组成的马赛克地面。这些小石子最初是和该地区的土壤、沙子混合在一起的，但是几百年来，这里的土壤被冲走或吹走，留下这些小石子，形成了不平整的地面。这里的降水是向盆地中汇集的，几乎没有穿过盆地边缘的山脉流入大海的河流。戈壁沙漠中有一些清晰且通畅的水道，但常常是干涸的，其中许多是历史上留下的排水系统。戈壁沙漠东部，许多浅盐水湖散落在平原上，大小不一，数量会随着该地区降水量的多少而改变。戈壁沙漠的东部和西部有沙丘，但是这一特征不如撒哈拉沙漠的某些地区那么明显。戈壁沙漠与非洲的大沙漠不同，并不是完全荒芜的不毛之地，草虽然大多生长得很稀疏，但是到处都有。蒙古族人聚居在农场和聚居点里，而不是集中住在绿洲里。

（4）澳大利亚沙漠。澳大利亚总面积超过1/3 的地方都是沙漠。这些地区的降水量难以预测，年均降水量不到 10 英寸（254 毫米）。澳大利亚西部有三个连续的沙漠，中部有一个沙漠，分别是澳大利亚大沙漠、维多利亚大沙漠、吉布森沙漠、阿兰达沙漠。其中，最大的三个沙漠是澳大利亚大沙漠、维多利亚大沙漠和阿兰达沙漠，它们是多沙的沙漠，位置为植被所固定。吉布森沙漠西部是多石类型的沙漠。澳大利亚大部分沙漠的海拔为 1 000~2 000 英尺（304.8~609.6 米）。

（5）南美洲的阿塔卡马—秘鲁沙漠。总的来说，这是南美洲的两个沙漠地区。第一个区域较大，位于南美洲西岸从厄瓜多尔南部沿着秘鲁的整个海岸线向南延伸到接近智利城市瓦尔帕莱索的地方。这个沙漠长约 2 000英里（3 218 千米）、宽约 100 英里（160.9 千米），可以被归类为真正的沙漠。不过，在秘鲁南部纬度与非洲南部相近的海岸及内陆几英里处，有低云或多雾的云层，厚度约有 1 000英尺（304.8 米），会带来小雨。由于被这样的云层覆盖，以及其他的天气现象，海岸沿线沙漠中的天气特别凉爽，夏季白天的平均气温约为 72℉（22.2℃），冬季白天的平均气温约为 55℉（12.8℃）。从南纬 30° 开始，这样的云层不再出现，沙漠真正变得无雨。雨量少且不规律的阵雨对于当地的农作物是非常宝贵的。在海岸山脉之后的高海拔地区，干燥程度达到了极限。在沙漠中硝酸盐含量较高的地区，空气非常干燥，哪怕是很小的阵雨也非常少见。在这一地区，夏季白天的平均气温约为 85~90℉（29.4~32.2℃）。阿塔卡马—秘鲁沙漠的第二个区域全部位于阿根廷境内（安第斯山脉以东），从南纬 30° 向西南方向延伸至南纬50°处，呈手指状的条形。这一地区长约 1 200 英里（1 931 千米），宽约 100 英里（160.9 千米）。这里的年平均气温从北部的 63℉（17.2℃）到南部的 47℉（8.3℃）不等，年平均降水量在北部为 4 英寸（102 毫米），在南部为 6 英寸（152毫米）。

图 11-13 沙漠中的岩石和沟壑

（6）美国西南部以及墨西哥的沙漠（图11-14）。

①这些地区的沙漠可细分为四个部分：

a. 大盆地——落基山脉和内华达—喀斯喀特山脉之间的盆地，位于美国内华达州南部和犹他州西部；

b. 莫哈韦沙漠——美国加利福尼亚州西南部；

c. 索诺拉沙漠——美国加利福尼亚州东南部，穿过亚利桑那州南部进入新墨西哥州西南角，并且延伸到墨西哥的索诺拉州和下加利福尼亚州；

d. 奇瓦瓦沙漠——位于马德雷山脉以东，向北延伸至美国得克萨斯州西南、新墨西哥州南部和亚利桑那州东南角。

②美国西南部的沙漠中，平坦的地势、稀少的植被和突然耸立的孤峰让人不禁想起了戈壁沙漠和撒哈拉沙漠，但是美国西南部沙漠中的岩壁峡谷景观（图11-15、图11-16）在非洲、亚洲的沙漠中很少见。戈壁沙漠中沟壑纵横的荒原和美国西南部的沙漠、北达科他州及南达科他州的地形很像，但是美国沙漠中的河流——科罗拉多河下游、格兰德河下游以及希拉河、佩科斯河这样的河流——与欧亚大陆的沙漠河流相比，水量更为规律。尼罗河和尼日尔河的某些河段流经沙漠，但是其源头在非洲热带地区，只能称为"沙漠移民河"（像科罗拉多河一样，它汇聚了落基山脉南部融化的雪水），它们有足够的水量可以穿过沙漠地区。总的来说，美国西南部的沙漠与戈壁沙漠、撒哈拉沙漠相比，植物种类更丰富，景观更多变，高低不平的地貌更多。在以上的三个沙漠地区，水源之间的距离（到达水源的时间）一般都很长。死谷是莫哈韦沙漠的一部分，位于加利福尼亚州南部，这里的水洼、植被可能比整个撒哈拉沙漠的都要多，它那不祥的名声最早是由那些愚蠢的、太过害怕而不能机智地寻找食物和水源的旅行者们传开的。死谷的空气固然是极为干燥的，但是死谷地区没有像撒哈拉沙漠一样一眼望不到边的荒原，所以与撒哈拉沙漠相比，美国西南部及墨西哥的沙漠有时看上去就像是繁茂的花园。美国西南部及墨西哥的沙漠中有许多种仙人掌，这在撒哈拉沙漠、戈壁沙漠中是没有的。

（7）喀拉哈里沙漠。喀拉哈里沙漠位于非洲南部，面积约为20万平方英里（51.8万平方

图 11-14　美国西南部以及墨西哥的沙漠

图 11-15　美国锡安国家公园里的峡谷

千米），海拔约为 3 000 英尺（914.4 米）。沙漠中的一些地区生长着大量的草和灌木，气候与南美洲的阿塔卡马—秘鲁沙漠很像。

2. 植被。以下列出了全球主要的沙漠中最常见的旱生植物（能够耐旱，依靠很少的供水量就能生存的植物）。

1）仙人掌科植物。大多数仙人掌的果实和茎上有刺，以保护它们储存水分的茎和果实不被寻找水源的鸟类和其他动物食用。扁平的仙人掌茎可以煮熟后食用或直接食用，果实也可以食用。

（1）霸王树。美洲沙漠的本土物种，在当地非常多见，但已被引入了戈壁沙漠、撒哈拉沙漠、澳大利亚沙漠及世界上的其他一些地区。

（2）桶形仙人掌。许多地区都有分布，但它其实是北美洲沙漠的土生物种，能够长到5~6 英尺（1.5~1.8 米）高。

（3）巨人柱（大仙人掌）。美国的亚利桑那州南部、墨西哥的索诺拉州境内分布较多，能长到 50 英尺（15.2 米）高。

2）野生洋葱。生长于美国西南部的大盆地沙漠和戈壁沙漠中，如果其鳞茎的外形、气味和味道都与洋葱、大蒜类似，则可以食用。

3）野生郁金香。生长于戈壁沙漠和撒哈拉沙漠，其鳞茎可以食用。

4）沙拐枣。在撒哈拉沙漠和阿拉伯沙漠中

有一种沙拐枣，它在多沙的沙漠中能长到 4 英尺（1.2 米）左右高，其新鲜的花朵可以食用，干燥的嫩枝压碎后可以用来代替茶叶。

5）金合欢。多见于撒哈拉沙漠、戈壁沙漠、澳大利亚沙漠及美洲温暖干燥的地区。金合欢的种荚压碎后可以煮粥。金合欢树多刺，

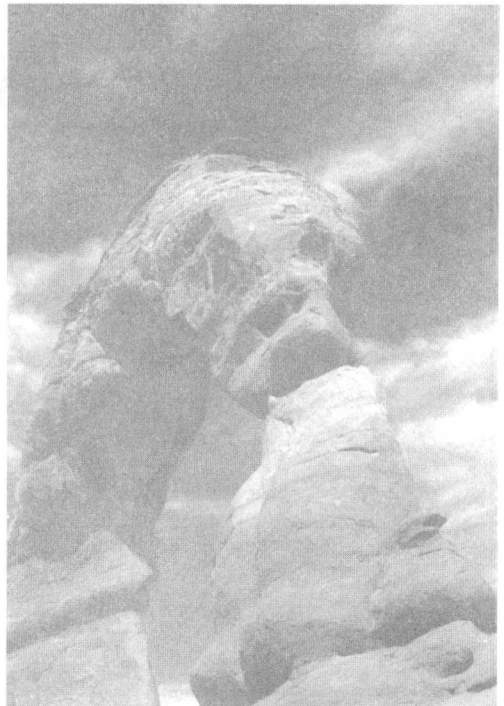

图 11-16　沙漠中的天然拱门

有很多分枝，高约 10 英尺（3.1 米），能够从离树干 4~5 英尺（1.2~1.5 米）远的根部汲取水分。（图 11-17）

6）梭梭树。生长在戈壁沙漠的盐滩。其树皮可以储水，是求生者很好的水源。

7）角豆树。生长于撒哈拉沙漠的地中海沿岸及阿拉伯沙漠中，能长到 40~50 英尺（12.2~15.2 米）高，种子碾成粉末后能煮粥，是中东地区一种营养丰富的植物性食品。

8）杜松。生长于美国沙漠中的山地。

9）藤本植物。野生沙漠葫芦生长于撒哈拉沙漠和阿拉伯沙漠，它们的藤蔓有 8~30 英尺（2.4~9.1 米）长，瓜状的果实有毒，但是种子烤熟或煮熟后可以食用，花也可以食用。

（图 11-18）

10）多肉植物。多肉植物肥厚多汁，它们能够在茎或叶内储存水分维持生存。很多种多肉植物的表皮都覆盖着一层蜡质或细小的绒毛，这能帮助它们抵御高温。多肉植物中的水分被人体不能消化的坚硬细胞壁包裹着，所以求生者必须破坏它们以获取其中的水。

11）石炭酸灌木。美洲沙漠中分布最广、生存状况最佳的植物 [高 2~10 英尺（0.6~3 米）]。

12）椰枣树。生长在撒哈拉沙漠地势较低的绿洲周围的小树丛中。

3. 动物。沙漠地区生活着超过 5 000 种鸟类、爬行动物、哺乳动物和昆虫。其中最常见的鸟类是渡鸦、鸽子、啄木鸟、猫头鹰和鹰。

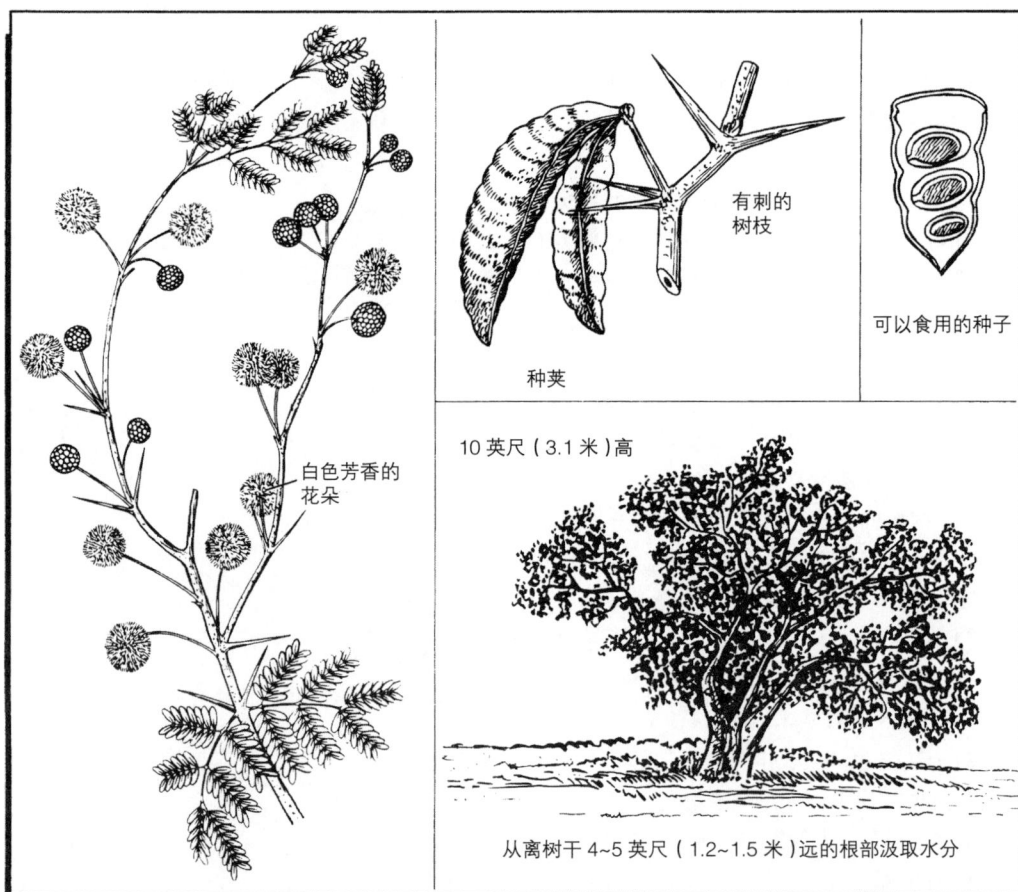

白色芳香的花朵

有刺的树枝

种荚

可以食用的种子

10 英尺（3.1 米）高

从离树干 4~5 英尺（1.2~1.5 米）远的根部汲取水分

图 11-17 金合欢

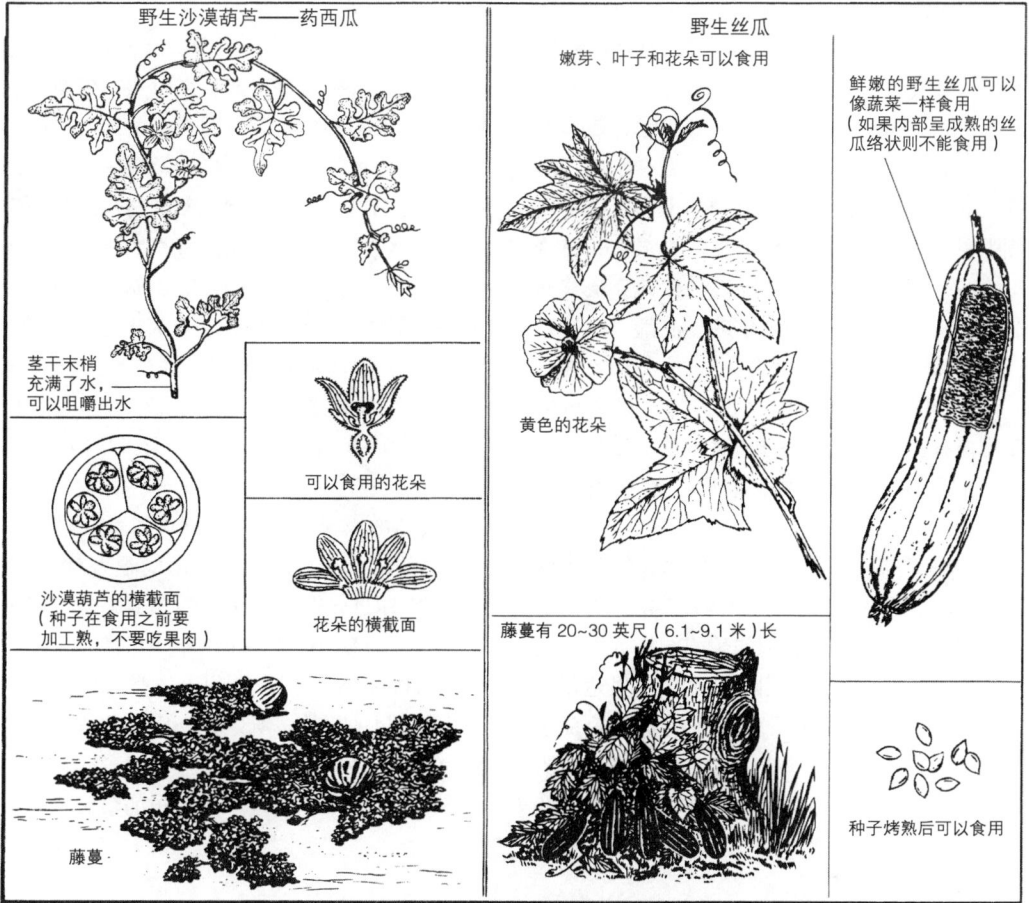

图 11–18　野生沙漠葫芦和丝瓜

蜥蜴、蛇等爬行动物数量繁多，因为它们对沙漠环境的适应能力强，可以保存体液。在沙漠中生活的哺乳动物大多在水源附近出没。

4. 居民。人类生存受水源条件的影响极大，所以沙漠中的居民一般生活在河流、水井、蓄水池或绿洲附近。例如，有 200 万居民集中生活在撒哈拉沙漠中大约 50 个绿洲和沿海小城一带。而在戈壁沙漠中，蒙古族人居住在分散的营地中，不断从一个水井周围迁移到下一个水井周围。在美国西南部的沙漠中，科罗拉多河和格兰德河流域的居民人数众多。

11.5 暖温带气候

1. 温带是北回归线和北极圈、南回归线和南极圈之间的地区，纬度范围为北纬 23.5°~ 北纬 55.5°、南纬 23.5°~ 南纬 55.5°。暖温带包含在广义的温带之中。

2. 温带气候有两种类型——温带海洋性气候和温带大陆性气候。

1）西风从海上温暖的洋流处带来水汽，使得大陆变暖，从而形成了温带海洋性气候。温带海洋性气候的影响范围无法越过山脉，例如喀斯喀特山脉和落基山脉。喀斯喀特山脉的迎风坡年降水量达 80~120 英寸（2000~3000 毫米）；相反的，喀斯喀特山脉的背风面相对比较干旱，年降水量只有 10~20 英寸（250~500 毫米）。西风越过落基山脉时，同样也会失去其中所含的大部分水分。

2) 温带大陆性气候是在广阔的中纬度大陆形成的，所以南半球没有温带大陆性气候区。温带大陆性气候在山脉背风处、北美洲东部和亚洲特别典型，经常出现在大陆腹地，因为那里很少有主要的能够形成水系的温暖水源。温带大陆性气候地区冬季和夏季的平均气温不仅差距很大，而且不同年份的变化也很大。在这些地区，寒冷的冬季是由极地气流向赤道移动造成的。此外，冬季和夏季的气温都不会受到广阔水域（海洋）的影响。

3. 温带气候地区的气温、降水量和风的变化多样。温带（中纬度）地区可以分为四个主要的气候区，分别由热带气团和极地气团控制。

1) 亚热带季风性湿润气候大致位于北纬20°~30° 和南纬 20°~30° 的区域，常出现在上述纬度的大陆东海岸，例如美国的密苏里州到纽约州南部、得克萨斯州东部到佛罗里达州之间的地区。亚热带季风性湿润气候的夏季气温为 75~80°F（23.9~26.7°C），冬季气温为 27~50°F（-2.8~10°C），年均降水量为 30~60英寸（762~1524 毫米）或更高。在夏季，对流雨和暴雨十分常见；在冬季，降雨范围更广，通常由温带气旋过境造成。风对亚热带季风性湿润气候区的影响很大，因为这些地区同时也受到盛行西风和东信风的影响，夏季的风受到东部潮湿的海洋气团影响，冬季的风受到西部大陆极地气团的影响。亚热带季风性湿润气候区的天气还受到低纬度的影响，赤道洋流会使向南极流动的暖流（墨西哥湾流、日本暖流、巴西暖流）转为与海岸平行流动。

2) 温带海洋性气候一般出现在北纬 40°~60° 和南纬 40°~60° 的大陆西岸（图 11-19），例如美国的华盛顿州至阿拉斯加州的西海岸、智利、欧洲的大部分地区以及新西兰。这些地区夏季的时候天气凉爽，平均气温为 60~70°F（15.6~21.1°C），冬季则天气温和，平均气温为 27~50°F（-2.8~10°C），平均年降水量为 20~200英寸（508~5080 毫米）。由于温带海洋性气候全年受西风的影响，所以各个季节的降水量基本一致。这种气候可能比其他气候更容易产生多云天气，其特征就是广泛分布的层云、雨层

图 11-19 美国俄勒冈州的海岸

云和频繁出现的雾。这一气候区降水量极大的主要原因之一就是温暖的洋流，这些洋流使得被西风吹向内陆的空气携带了大量的水汽。（图11-20、图11-21）

3）成因复杂的中纬度沙漠和草原气候主要分布在北纬35°~50°、南纬35°~50°的内陆地区。由于山脉阻挡了湿润的海洋气团，所以这些地区降水较少。在夏季，这些地区会形成热带气团，而冬季则被来自加拿大、西伯利亚的极地气团席卷。这一气候区的沙漠同样存在着冬季和夏季明显的平均气温差，而更值得一提的是广阔的半干旱温带草原，其10~20英寸（254~508毫米）的年降水量能够支持矮草植被生长。这一地区有世界上数量最大的牛羊群，在南非草原和美国大平原上生活着大量的动物。

4）地中海气候大致分布在北纬30°~45°和南纬30°~45°的地区，例如地中海地区，特别是西班牙、意大利和希腊。这些地区的夏季平均气温为75~80℉（23.9~26.7℃），但是有寒冷洋流流经的海边地区气温要低5~10℉（2.8~5.6℃）。最寒冷的月份平均气温为45~55℉（7.2~12.8℃），沿海地区的冬季通常比内陆暖和些。赤道边缘地区的年降水量为15~30英寸（381~762毫米），越靠近两极降水量越大。地中海气候有时也被称为副热带夏干气候。西风和寒冷洋流控制着地中海气候，例如智利、秘鲁和美国加利福尼亚州沿岸的洪堡海流（秘鲁寒流）。

4. 温带气候区的地形特点。

1）山地。海拔在2000英尺（609米）以上的高地，局部地势有起伏。例如北美洲的落基山脉、南美洲的安第斯山脉和亚洲的喜马拉雅山脉。

2）高原。高原的海拔超过5000英尺（1524米），地势起伏处的局部海拔低于1000英尺（304.8米），被宽阔的峡谷劈开的地区例外，如怀俄明盆地。

3）丘陵和台地。丘陵地区地势起伏处的局部海拔超过325英尺（99米），但不到2000英尺（609米）。但是在海滨地带，地势起伏处的局部海拔只有200英尺（60.9米）。台地是海拔不到5000英尺（1524米）、地势起伏处的局部海拔低于325英尺（99米）的地区，其不与海洋相接（与平原不同），或者在连接海洋处是耸立的断崖。在阿巴拉契亚山脉、加拿大的魁北克和阿根廷南部可以见到这种地貌。

4）平原。表面局部有起伏，海拔不到325英尺（99米）。平原靠海的一侧坡度较缓，逐渐与海洋相接。向内陆不断上升的平原有时海拔高度会超过2000英尺（609米）。世界上最大的平原分布在北美洲中部、欧洲东部和亚洲西部。（图11-22）

5）洼地。边缘被突然耸立的山脉、丘陵或台地包围的内陆低地，如美国西南部。

5. 温带气候区有许多植物和动物群落，各地区特有的气候条件决定了其间特有的生物种类。生物群落的命名一般以该地区最丰富的植物为依据。

1）针叶林。一般分布在北美洲、欧洲、亚

图 11-20　温带海洋性气候区的湿地

图 11-21 温带海洋性气候区的湿地

洲北部的广阔地带，其北部一般是苔原冻土区，南缘一般在北纬 50° 左右，但是北美西部的针叶林则向南延伸至北纬 35° 的山区。针叶林中主要的植物是针叶树和结球果的树，如松树、冷杉、云杉、铁杉等。因为针叶不会阻挡阳光的射入，针叶林中的树木生长得比较密，所以闪电经常会造成森林火灾。火灾后该地区的生态演替会发生逆转，被焚烧过的地区会长出低矮的灌木。虽然针叶树是针叶林的主要植物，但是这一生物群落中的亚顶极群落或次生植物比顶极森林（成熟林或原始林）多。在这些地区，占主导地位的树木是松树、桤木、山杨、白杨，主要的灌木是杜鹃、小枫树和紫杉。如果必须在针叶林中度过一段较长的时间，特别

图 11-22 平原

是在冬季，求生者会发现其中可以食用的植物很少。（图 11-23、图 11-24）

(1) 冬季主要的可食用植物部分有：

①根状茎；

②鳞茎；

③根；

④种子；

⑤树脂（松树）；

⑥常绿植物的针叶（浸泡后当作茶）；

⑦树皮（内层）。

(2) 夏季可食用的植物增加了许多，包括：

①金合欢；

②车前草；

③某些野菜的芽和嫩茎；

④野生苹果；

⑤水龙骨；

⑥某些野菜的叶子；

⑦猴面包树；

⑧野生大黄；

⑨花粉（香蒲）；

⑩山毛榉坚果；

⑪某些开花的灌木；

⑫某些植物的花；

⑬蕨菜；

⑭野生酢浆草；

⑮水芋；

⑯香蒲；

⑰嫩蕨菜；

⑱铁荸荠（油莎草）；

⑲栗子；

⑳野生海棠；

㉑野生酸模；

㉒菊苣；

㉓野生榛子；

㉔野生葡萄；

㉕杜松；

㉖大枣；

㉗松子；

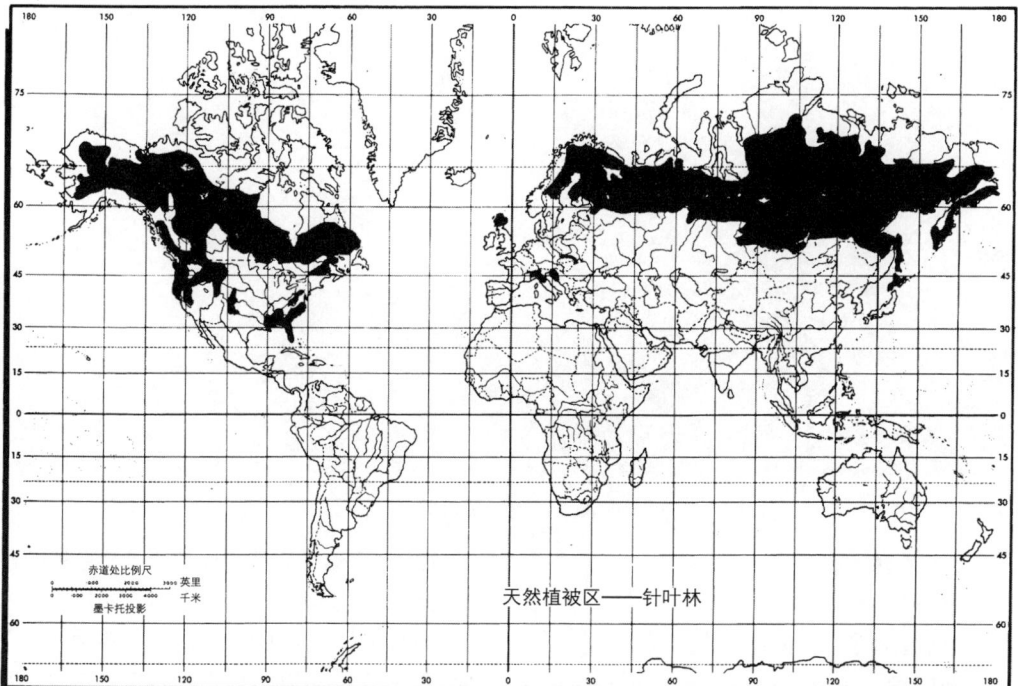

图 11-23　针叶林

图 11-24 针叶林

㉘广布鳞毛蕨；

㉙野生百合；

㉚英国橡子（橡树）；

㉛树蕨；

㉜睡莲（温带）。

（3）许多温带地区的地表覆盖着厚厚的苔藓，其间可能长有种类不多的早花植物及许多结浆果的灌木，吸引着鸟类和哺乳类动物。有些大型的食草动物，如北美驯鹿、驼鹿、鹿等，生活在常绿森林中。小型的食草动物包括豪猪、几种松鼠、鼠类和野兔。捕食小型动物的食肉动物有黑熊、灰狼、猞猁、狼獾、红狐和鼬鼠等。大量的昆虫为鸟类提供了食物（这些昆虫也可能给求生者带来威胁）。种类多样的鸟类不仅吃昆虫，还以植物为食。

2）阔叶林。阔叶林广泛分布于美国东部、欧洲北纬 40°~50° 的地区、俄罗斯，以及亚洲的中国、韩国东部和日本北纬 35°~45° 的地区。阔叶林所在的地区决定了其中的主要植物或顶极植被。例如，美国中北部的阔叶林中主要是山毛榉和枫树，威斯康星州和明尼苏达州是椴树和枫树，美国东部和南部则是橡树和山核桃树。阔叶林中的某些地区也有松、柏科植物和阔叶常绿植物生长。（图 11-25）

3）阔叶林和阔叶针叶混交林。

（1）阔叶林和阔叶针叶混交林有以下特征：

①夏季温暖多雨，冬季寒冷干燥，旱季短；

②只有三层植被（树木、灌丛、草本植物）；

③阔叶植物冬季落叶；

④成材的树木高度一致；

⑤看向森林深处时视线不受阻挡；

⑥夏季草本植物、蕨类植物和苔藓植物很少，春季和秋季有丰富的可食用菌类；

⑦树干被裂缝深、颜色暗的树皮覆盖；

⑧休眠芽被包裹在坚硬的层层鳞片中，表面经常覆盖着树胶或树脂；

⑨树叶大部分薄而柔软，很少像热带雨林树木的叶片那样厚而坚韧。

（2）美国东部的阔叶林和阔叶针叶混交林是该植被类型的典型例子。这一地区的阔叶林都体现了温带的特征。与热带常绿森林大面积的树荫、深绿而富有光泽的树冠相比，温带阔叶林展现的是大片统一的翠绿。温带阔叶林和阔叶针叶混交林广泛覆盖着地球上的许多地区。（图 11-26）

①北美洲：美国东部。

②南美洲：智利南部、巴西东南部。

③欧洲：欧洲西部和北部、斯堪的纳维亚半岛南部、巴尔干半岛。

④亚洲：西伯利亚中南部、西伯利亚东南部、朝鲜半岛、日本、中国（除了最北部和最南部）。

⑤大洋洲：新西兰。

（3）顶极森林的总体特征是，植物的分层体系与热带雨林的树冠体系类似。顶极森林中，地表通常只覆盖着少量的开花植物、蕨类和灌丛。可食用植物的种类和数量都很多，包括：

①苋菜；

图 11-25 阔叶林

②水栗子（菱属）；

③野生百合；

④野生苹果；

⑤菊苣；

⑥睡莲；

⑦山毛榉坚果；

⑧铁荸荠（油莎草）；

⑨桑葚；

⑩蕨菜；

⑪野生榛子；

⑫英国橡子（橡树）；

⑬水芋；

⑭野生葡萄；

⑮野生洋葱；

⑯香蒲；

⑰大枣；

⑱松子；

⑲栗子；

⑳杜松；

㉑水龙骨；

㉒黄独（块茎）；

㉓树蕨；

㉔野生酸模；

㉕马齿苋；

㉖野生郁金香；

㉗车前草；

㉘野生大黄；

㉙胡桃；

㉚美洲商陆；

㉛花蔺；

㉜睡莲；

㉝热带薯蓣；

㉞酢浆草；

㉟野生海棠。

(4) 阔叶林中动物的种类和数量比常绿林多，而鹿、松鼠、紫崖燕、猞猁、野猫等物种在两种森林中都很常见。狼、狐及其他小型食肉动物主要以啮齿动物为食。森林中的啮齿动物会在地下挖洞，或在可以获得食物、建立庇身所的小溪边挖洞。在水生环境中，河狸会为

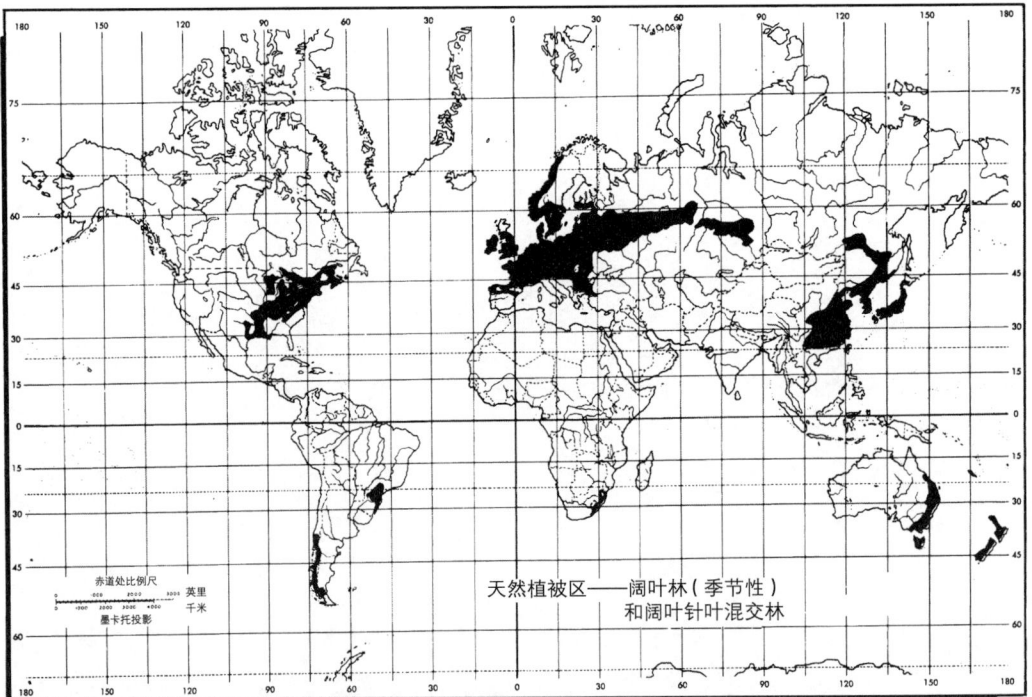

图 11-26 阔叶林（季节性）和阔叶针叶混交林

了获取食物和居住而修建水坝，麝鼠、水獭、貂会在水边活动，蛇、龟、蛙则生活在小溪或湖泊中。

4) 干草原（图 11-27）和大草原。

（1）俄罗斯的干草原从伏尔加河起，穿过中亚，直到戈壁沙漠，但是，其中的植被类型在世界其他许多地区也有分布。干草原的年均降水量为 15~30 英寸（381~762 毫米），而大草原的年均降水量为 30~40 英寸（762~1016 毫米）。干草原的特征与大草原相似，都是草本植物生长旺盛、树木很少的广阔空地，有些地区地势起伏较大。主要的干草原有：

①北美洲：美国西部。

②南美洲：阿根廷地区。

③非洲：穿过撒哈拉沙漠南缘的狭长地带，埃塞俄比亚和肯尼亚的部分地区。

④欧洲：俄罗斯东南部。

⑤亚洲：土耳其、伊朗、巴基斯坦、中亚的部分地区和穿过中亚的宽阔带状地区。

⑥澳大利亚：中部大沙漠的边缘，特别是澳大利亚东部。

（2）大草原和干草原很像，但是真正的大草原与干草原中的植物种类有所不同，所以将二者区分开来讨论很重要。大草原和干草原最大的不同在于降水的季节性分布。

	大草原	干草原
年降水量	30~40 英寸（762~1016 毫米）	15~30 英寸（381~762 毫米）
下层土壤	长期湿润	长期干燥

大草原和干草原中的降水都出现在短暂的植物生长季节（春季）。夏季的天气炎热，有间歇的阵雨。世界上的主要大草原地区有：

①北美洲：加拿大中南部、美国中东部。

②南美洲：阿根廷东北部、乌拉圭、巴拉圭、巴西等地。

③非洲：南非。

④欧洲：匈牙利的部分地区、罗马尼亚、乌克兰及穿过俄罗斯中部直到乌拉尔山脉的带状地区。

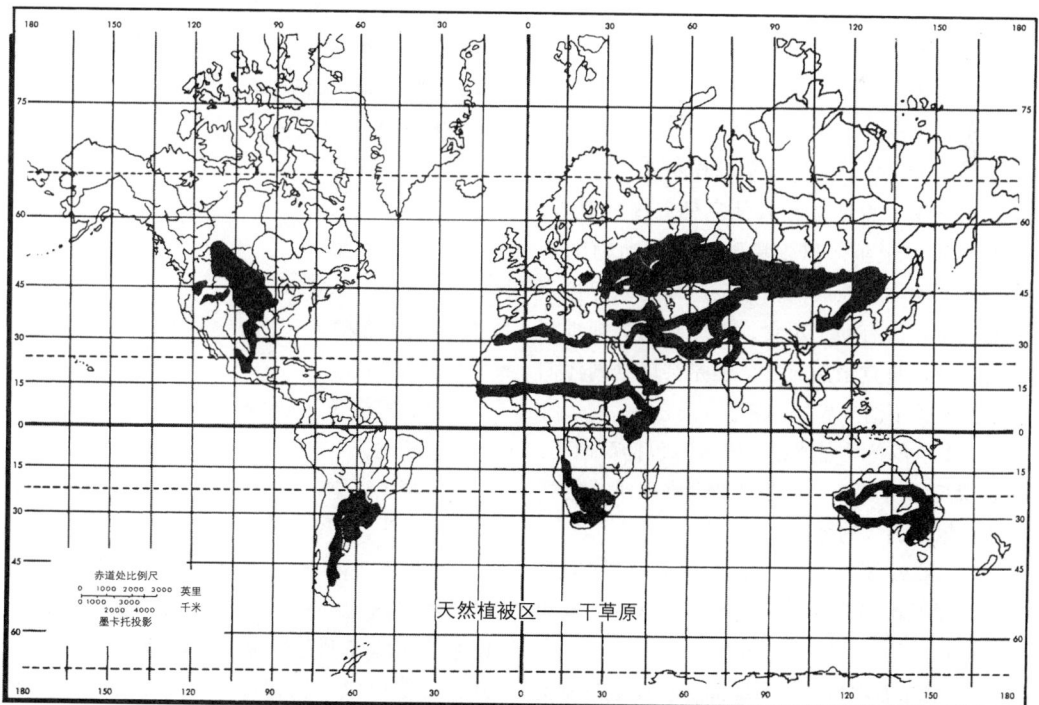

图 11-27 干草原

⑤亚洲：中国东北部。

（3）干草原和大草原生物群落中的主要植物是草。由于各地的具体环境不同，不同草原上草的特征有所变化。阔叶林边缘的水源充足，草长得比较高；美国大盆地的草比较矮小，长在山脉背面的雨影区，而再往西去的草为中等高度。在草原上，到处都有野花和其他种类的一年生植物。在沙漠边缘，沙漠植物可能会延伸进草原中生长。以下是干草原中可食用的植物种类：

①金合欢；

②野生菊苣；

③野生玫瑰；

④苋菜；

⑤铁荸荠（油莎草）；

⑥酢浆草；

⑦猴面包树；

⑧野生酸模；

⑨野生郁金香；

⑩野生栗子；

⑪野生洋葱；

⑫睡莲；

⑬香蒲；

⑭海滨藜。

（4）草原中常见的食草动物有地松鼠、兔子、土拨鼠、囊地鼠和其他品种繁多的鼠类，它们是獾、土狼、狐、臭鼬、鹰等动物的食物。草原动物喜欢成群活动，这样可以保护个体的安全，还有助于觅食。草原动物的视觉和嗅觉极佳，听觉虽然灵敏，但是会因受同伴们的干扰而听不清外界的声音。

（5）许多鸟类在草原上筑巢，包括草地鹨、草原榛鸡和松鸡等。有些鸟类会在旱季迁徙到更适合繁殖后代的地区。

（6）蚱蜢等昆虫能很好地适应草原环境，其天敌是某些鸟类和爬行动物，而这些鸟类和爬行动物则是枭和鹰的猎物。

5）常绿灌木丛林。常绿灌木丛林分布在美国加利福尼亚州南部、地中海沿岸国家及澳大利亚南部的地中海气候区。（图11-28）

（1）常绿灌木丛林的主要植被是由不到8英尺（2.4米）高的阔叶常绿灌木和树木组成的，这些植物一般会长成茂密的一大片。在年降水量20~30英寸（508~762毫米）的北美常绿灌木丛林中，主要的组成植物是鼠尾草属植物和常绿橡树。降水较少或土壤较贫瘠的地区生长着更多种类的耐寒灌木，如熊果属灌木。灌木丛林中的植物在夏末时极度缺水，这一时期经常会突发猛烈的火灾，这能够清除地表过于茂密的植物，还能催生许多灌木的种子发芽。灌木丛林中过密的植物使得求生者很难穿越，灌木的树枝又硬又尖、很难弯曲。除了在溪边能见到一些小树林外，灌木丛林中的树木通常都生长得比较分散。树木和矮小灌木通常都生不裂叶。在灌木丛林中也生长着草本植物、春天开出鲜艳花朵的球根植物及其他野生花卉。求生者在灌木丛林中能够找到的可食用植物相对较少，在生长季节——通常只是春季——可以食用以下植物：

①龙舌兰（图11-29）；

②野生酸模；

③野生阿月浑子；

④杏仁；

⑤野生葡萄；

⑥野生栗子；

⑦野生苹果；

⑧杜松；

⑨野生郁金香；

⑩菊苣；

⑪英国橡子（橡树）；

⑫胡桃；

⑬野生海棠；

⑭野生洋葱。

（2）鸟类和鹿通常只有雨季在灌木丛林中活动，这也是灌木丛林中大多数植物的生长季节。体表颜色较深的小型动物，如蜥蜴、兔子、花栗鼠、鹌鹑等，全年都在灌木丛林中生活。

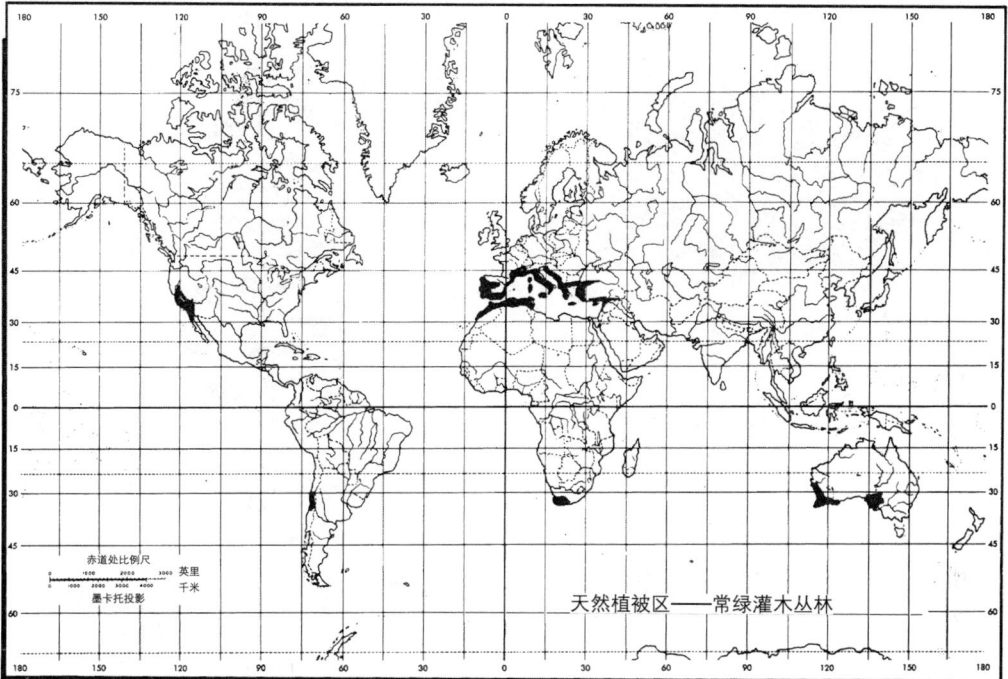

天然植被区——常绿灌木丛林

图 11-28　常绿灌木丛林

11.6　极地气候

极地气候地区主要位于北美洲和欧亚大陆北纬 35°~70° 的内陆地区。林木线为极地气候标出了天然的地理界线，南部的森林地带和北部被冰雪覆盖的苔原地区相比，在风、植被和动物种类方面并没有明显的区别。极地气候包括两种不同的类型：副极地大陆性和湿润大陆性。

1. 副极地大陆性极地气候是一种非常极端的气候类型，气温范围为 -108~110 ℉（-77.8~43.3℃），气温有时会在几小时之内上下波动 40~50 ℉（22.2~27.8℃）。这一气候类型中包括几个亚型。最大的副极地大陆性极地气候区包括北美洲从美国的阿拉斯加州到加拿大的拉布拉多地区，以及亚欧大陆从斯堪的纳维亚半岛到西伯利亚的广大地区。西伯利亚北部的气候相对更为寒冷，冬季平均温度低达 -36 ℉（-37.8℃）。另一个气候特别寒冷的地区位于亚洲东北部，那里森林积雪、冬季干燥。冬季是副极地大陆性极地气候区最主要的季节，因为零下的温度会持续 6 到 7 个月，地表的水分会全部冻结成数英尺厚的冰。

2. 湿润大陆性极地气候区大致位于北纬 35°~60°，其中大部分位于中纬度大陆地区的中部和东部，是极地气团和热带气团相互争夺的地区。这里季节反差大，天气非常多变。在北美洲，这一气候分布在从美国的新英格兰地区向西穿过五大湖区进入北美大草原和加拿大的草原三省地区。此外，这一气候在中亚地区也有分布。除了副极地高原（阿尔卑斯）气候，湿润大陆性极地气候的夏季比其他温带气候的都要凉爽、短暂，夏季气温为 60~70 ℉（15.6~21.1℃），冬季气温为 -15~26 ℉（-26.1~-3.3℃）。年均降水量从 10 英寸到 40 英寸（从 254 毫米到 1016 毫米）不等，降水更多以降雪的形式出现，沿海地区降雪相对较少。湿润大陆性极地气候受极地东风和副热带西风影响，受到洋流的影响很小，为集中在大陆腹地的高压和低压气旋所控制。

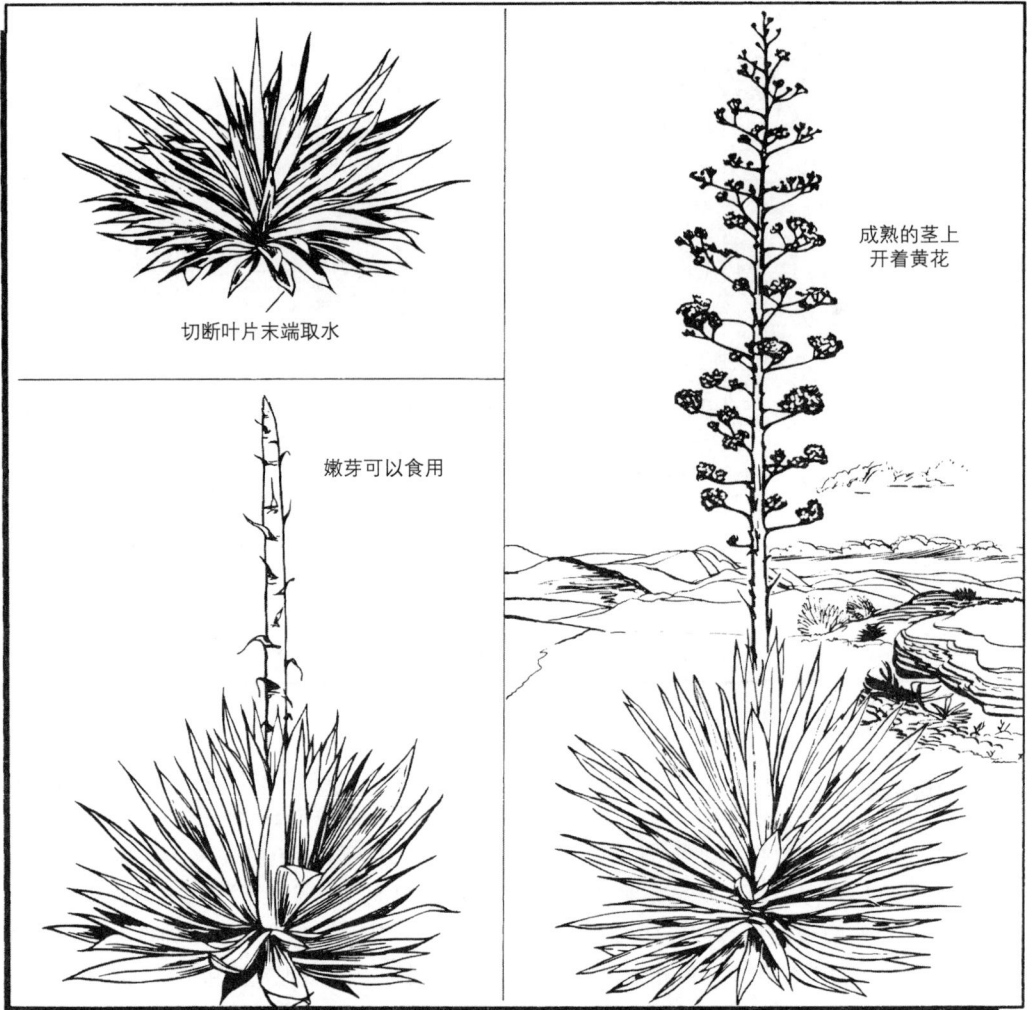

切断叶片末端取水

成熟的茎上
开着黄花

嫩芽可以食用

图 11-29 龙舌兰

3. 由于地轴的倾斜，两种极地气候区中会出现季节性的极端昼长和夜长（图 11-30）。极地气候区冬季夜长，甚至会出现极夜。漫长的夜晚会给求生者带来许多问题。极地气候区在隆冬时节因为不会被阳光直射，所以非常寒冷，虽然月亮、星星和极光可以照亮地面，给求生者带来一定的帮助，但求生者仍应尽量减少室外活动。被困在狭窄的庇身所中会让求生者感到无聊和不舒服，随着时间一拖再拖，沮丧的情绪会逐渐加强。幸运的是，周围一片漆黑的时间不会持续太久。

4. 极地气候区的地貌与针叶林带的地貌相同。极地气候区处于中纬度略微向北的地区，靠近北极的一侧通常连接着冻土苔原，南部通常连接着温带大陆性气候区。这一地区与冻土苔原区很像，排水不畅，所以分布着很多湖泊和沼泽。这一地区的海岸线可能是慢慢向海中倾斜的和缓平原，也可能是陡峭崎岖的悬崖。这里海拔 6000 英尺（1829 米）以上的高海拔地区大部分是冰川，水流会向低海拔地区汇聚或最终流入大海。（图 11-31）

5. 极地气候区的植被与很多温带气候区的相似，但是低温使得植物的外观有了一定的改变。林木线以南主要分布着深色的常绿森林，

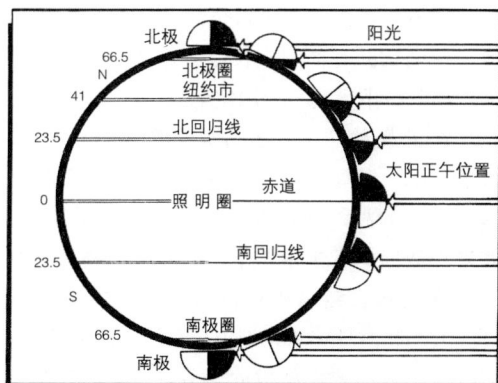

图 11-30　照明圈

以雪松、云杉、冷杉、松树为主，其间夹杂着桦木，这一地区的森林被称为泰加林（北方森林）。在泰加林与冻土苔原间的过渡地区中，树木稀少且高度很少超过 40 英尺（12.2 米），其中矮柳、桦木、桤木间夹杂着常绿植物，地表有时被厚厚的石蕊所覆盖。

6. 不同的季节或者不同的地点，求生者在极地气候区获取动物性食物的机会会大不相同。

由于海岸线一带结冰，求生者基本找不到动物和植物。内陆地区的动物是迁徙性的。

1）大型北极动物。北美驯鹿栖息在整个加拿大和美国的阿拉斯加州。在西伯利亚北部，驯鹿会根据季节在一定的范围内迁徙。此外还有一些驯鹿生活在格陵兰岛。包括北美驯鹿在内，所有地区的驯鹿都会在夏季迁往靠海的地区或高山，冬季它们则在苔原上觅食。麝牛生活在格陵兰岛北部和加拿大的北极群岛一带。雪羊会在冬季迁徙到低海拔或山谷地区的觅食地。狼通常成对或成群活动。狐狸单独活动，它们经常出没在老鼠或旅鼠数量多的地方。对求生者来说，熊十分危险，特别是在它们受伤、受惊或带着幼崽的时候，不过熊一般会避开人类居住区。（图 11-32）

2）小型陆地动物。生活在苔原地区的小型动物有雪兔、北极野兔、旅鼠、老鼠和地松鼠，求生者在冬季和夏季可以通过布置陷阱或射杀来捕猎它们。大多数小型陆地动物都喜欢在有障碍物的地区活动，比如较浅的山谷或矮

图 11-31　极地气候地区景观

图 11-32 几种北极动物

小的柳树林里。地松鼠和旱獭冬季会冬眠。地松鼠夏季在小河的多沙岸边数量很多。旱獭生活在山区的岩石间，通常是在草地边缘或土壤深处——很像美洲土拨鼠。要想在多岩石地区找到小型动物的洞穴，可以寻找长着橙色苔藓

的大块石头，因为这种橙色的苔藓在鸟类和其他一些动物的粪便中生长得最好，旱獭一般都会在离洞口不远的一个固定地点排泄。

7. 北极地区是许多鸟类的繁殖地。夏季，鸭子、鹅、潜鸟、天鹅等会在沿海平原上的池塘、沿海的湖泊或低地苔原的河流附近筑巢。如果小池塘中有少量鸭子，那么通常表明此地有常居的鸟类或从附近海边被水流冲来的鸟类。天鹅和潜鸟一般在湖中长草的小岛上筑巢。鹅群居于大河或大湖附近。小型的涉禽习惯在池塘间飞来飞去。松鸡、雷鸟常见于西伯利亚多沼泽的森林地区。海鸟可能活动于岸边的悬崖或小岛上，当它们往返于觅食区时可以发现它们巢的所在。贼鸥多见于苔原地区，经常在较高的小丘上栖息。因为这一地区的鸟类很多都是迁徙性的，所以冬季仍留在这里的鸟类很少。乌鸦、松鸡、雷鸟和猫头鹰是这一地区冬季可以看到的主要鸟类。雷鸟成对或成群活动，在被草或柳树覆盖的山坡附近觅食。

8. 极地气候区的海洋中可以捕到北极鳕鱼、杜父鱼、绵鳚和其他鱼类。内陆的湖泊和苔原海岸周围的河流中总体来说有丰富的鱼类，在温暖的季节很易捕获。北太平洋和北大西洋稍稍向北进入北冰洋的区域中，近海处有种类丰富的海产品，包括鱼类、小龙虾、海螺、蛤、牡蛎，以及世界上最大、肉质最多的螃蟹之一——阿留申群岛和白令海中的帝王雪场蟹。这种螃蟹春季（繁殖季）时会靠近岸边，求生者通过向深海垂放钓线或将饵线垂进冰上的洞里，可能能够将其捕获。不要吃在非满潮期间找到的贝类动物，也不要吃任何找到时已经死亡或触摸时无法闭紧壳的贝类动物。北极地区有毒的鱼类比热带地区少。有些鱼类，如杜父鱼，产下的鱼卵有毒，但是沙丁鱼、鲱鱼或淡水鲟鱼的卵可以放心食用。在北极或副极地地区，有些黑贻贝可能有毒。如果贻贝是唯一可以获取的食物，应只挑选那些远离岸边的深水湾中的贻贝食用，并将其中的黑肉（肝）除去，吃白色的肉。北极鲨鱼的肉也是有毒的

（维生素 A 含量过高）。

11.7 冰雪气候

冰雪气候有三种：副极地海洋性气候、苔原（图 11-33）气候和冰盖气候。

1. 副极地海洋性气候。这一气候类型主要的特征为持续的多云天气，风力强劲［有时能超过每小时 100 英里（161 千米）］，降水的天数多。这一气候区位于北纬 50°~60° 和南纬 45°~60°，主要分布在向风海岸和岛屿，包括白令海及北大西洋广阔的海域，以及格陵兰岛、冰岛和挪威北部的地区，在南半球则分布在一些小片的陆地上。

2. 苔原气候。苔原气候分布在北纬 50° 以北和南纬 50° 以南的地区，温暖季节的平均气温低于 50°F（10℃）。这一气候区靠近海洋，尽管夏至前后这里阳光充沛，但持续的云层覆盖使得夏季的温度仍然较低。（图 11-34、图 11-35）

3. 冰盖气候。地球上有三个地区被大面积的冰所覆盖，即格陵兰岛冰盖、南极大陆冰盖和更为广阔的北冰洋上的浮冰冰盖。大陆冰盖与极地海上的浮冰冰盖在外形和所属的气候上有所不同，要区别对待。（图 11-36）

1）格陵兰岛。格陵兰岛是地球上最大的岛屿，其大部分地区处于北极圈以内，85% 的面积被冰所覆盖。岛上最温暖的地区是西南部的海岸，夏季平均气温为 50°F（10℃）；最冷的地区位于冰盖中央，冬季平均气温为 -53°F（-47.2℃）。

2）南极洲。南极洲处于南美洲、非洲和澳大利亚三地包围而成的独特三角地区之内。南极大陆周围是大西洋、太平洋和印度洋。南极大陆基本上全部位于南极圈内，其气候被认为是世界上最为严酷的，全年平均气温保持在 0°F（-17.8℃）以下，冬季月份大部分时候的气温为 -40~-80°F（-40~-62.2℃），内陆的气温在冬季经常降到 -100°F（-73.3℃）以下。由于南极洲海拔高，四周又都被较暖的海水包围，所以整个南极洲都会出现巨大的风暴和暴

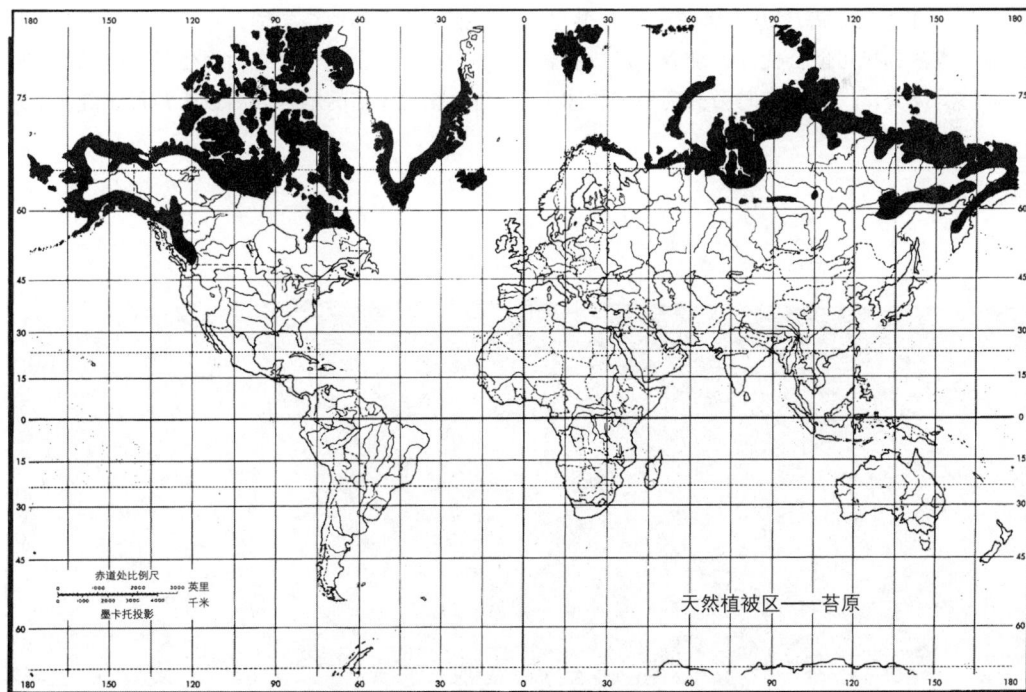

图 11-33 苔原

图 11-34　冬季苔原上的河流

风雪（伴随着疾风）。

　　3）北冰洋上的浮冰。北冰洋上的浮冰包括冻结的海水和从冰川上断裂的冰山。北极点附近的冰全年冻结，海岸边的冰在夏季会融化。洋流、潮汐和风可能会使浮冰堆叠，形成高脊状，称为冰脊。一块冰有时会滑到另一块冰上面，形成重叠冰。浮冰破裂或重叠时会发出震耳欲聋的声音。

　　4. 地貌。真正的冰雪气候区的地貌几乎包括了所有的地貌类型。在真正的冰雪气候区中，苔原冻土地带没有树木生长，广阔而崎岖的山脉比周围的地区高出数千英尺。陡峭的地

图 11-35　夏季的苔原

图 11-36　冰盖气候地区景观

形、雪原和冰原、冰川以及疾风使得该地区看起来非常荒凉。覆盖着格陵兰岛、南极大陆的冰盖面积广大，冰层厚度可超过 10 000 英尺（3 048 米）。

5. 植被。

1) 灌木苔原。俄罗斯勒拿河周围的地区被称为灌木苔原，在这一地区生长着灌木、草本植物和苔藓。灌木中以北极桦木为主，其他灌木也有分布，有些灌木可以成为食物的替代品，如杜香、笃斯越橘和某些种类的柳树。在灌木苔原区还生长着一层较为低矮的草本植物，包括黑果岩高兰、越橘和某些种类的草。地表上的苔藓和地衣数量繁多。在空旷的苔原上，灌木只能长到 3~4 英尺（0.9~1.2 米）高，但是在山谷和河流沿岸，相同种类的灌木可长到一人高。

2) 多树苔原。这一地区直接与无树苔原相接，是无树苔原南部的广大针叶林地带。在这些副极地多树地区中生长着许多树种，其中云杉占大多数。斯堪的纳维亚半岛东北的科拉半岛上，最北部是桦树林。西伯利亚云杉生长在白海和乌拉尔山脉之间，西伯利亚落叶松生长在皮亚西纳河与阿纳德尔河上游之间。在亚洲的东北角，蒙古白杨、朝鲜柳和桦树生长在河边。生长在苔原中的树木可以通过其可怜的高度［只有在河谷地区可以长到 18~24 英尺（5.5~7.3 米）高］和稀疏的枝叶分辨出来。地表的永久冻土在苔原的大部分地区都有分布，森林带的最北端与永久冻土带的最南端相接。很少几种植物覆盖着面积广大的地区，因此北极苔原上常见的是广泛生长的单一树种。与纬度较低的温暖地区的植物相比，所有的苔原植物都比较矮小。虽然北极地区也有常绿植物和球茎或块茎植物，但各类木本植物都发育不良。地衣，特别是石蕊，在苔原上分布广泛。之前已经提到过，苔原上植物的分布情况相当一致，有些树种在三个主要苔原区都有分布，而有的树种的分布范围则相对较小。苔原上的许多植物在其南部的森林带中也有分布。（图 11-37）

3) 沼泽。苔原常常被归类为由一系列沼泽

图 11-37　北极地区景观

组成的沼泽地带，但这并不特别准确。许多苔原地区不仅没有沼泽，反而存在着大量土地较为干燥的丘陵和山地。在苔原地区，苔藓沼泽不如莎草沼泽普遍。位置比较靠南的苔原有一大特点，就是那里有高9~15英尺（2.7~4.6米）、

直径 15~75 英尺（4.6~22.9 米）的"泥炭丘"。这些泥炭堆积物是地下水结冰后使地表隆起的结果。在这些堆积物上生长着许多可食用的植物，如云莓、北极矮桦、笃斯越橘、黑果岩高兰、杜香、阿拉斯加羊胡子草和越橘等。

6. 动物。与世界上的其他地区相比，苔原地区的动物种类虽少，但是数量并不少。北美驯鹿、驯鹿、麝牛等大型动物在苔原上随季节迁徙而居。狼、狐、猞猁、狼獾和熊等食肉动物分布在整个苔原大陆地区。在海中遥远的浮冰上还可见到北极熊、海豹、海象甚至狐狸的身影。这一地区小型动物的数量最多，包括野兔、旅鼠、旱獭、貂、北美食鱼貂和豪猪等。

1）在苔原地区，冬季可以见到的鸟类很少，主要是猫头鹰和雷鸟。但是到了夏季，有数百万的迁徙性水鸟在北极苔原上筑巢，鸭、鹅、鹤、潜鸟和天鹅等鸟类会在沼泽、泥塘和苔原湖泊附近筑巢。夏季的海岸是许多海鸟的家园，海岸附近的水域和冰河中生活着大量海洋生物，如海豹、海象、甲壳动物和鱼类。

2）淡水的河流、湖泊和小溪中生活着大量鱼类——鲑鱼、鳟鱼、茴鱼。由于苔原地区的地表水量大，所以这里还生活着许多昆虫，包括 40~60 种蚊子、苍蝇和其他有翅小昆虫。

3）南极洲的动物种类很少。海洋生物，特别是鲸、海豹、企鹅等生活在海岸附近的陆地和海水中。在海岸地区和岛屿上有很多海鸟觅食和筑巢。只有少数种类的昆虫生活在南极洲，如虱子、扁虱、螨虫和其他无翅昆虫，它们依赖鸟类而生。

11.8 远海

柯本气候分类可以用于描述大陆的环境特征，但是这一分类系统不能对地球上面积最大的区域——海洋——进行分类。地球上的海洋只是简单地以名字和位置分了类，所有海和洋的边界都是人为划定的，实际上全球的海洋只有一个，其水域是相通的。"海""洋"一般在形容咸水海域时可以互换使用，但是从地理学的概念来说，海比洋小得多，或者只是大洋的一部分。

1. 海洋占据着地球表面近 71% 的面积。海洋在全球的分布并不均匀，分别占北半球总面积的 61% 和南半球总面积的 81%。人们通常将地球上的大洋分为四个：大西洋、太平洋、印度洋和北冰洋。这四大洋和它们边缘的海湾、较小的海一起，组成了地球上的海洋。如果地球表面是平滑的，那么全球的海洋深度可以达到 12 000 英尺（3657.6 米）。地球上的最高峰是珠穆朗玛峰，但要是将它放入太平洋 37 800 英尺（11 521.4 米）深的马里亚纳海沟中，它便会被整个淹没。海床由山脉、深谷、平原和深沟组成，其中最深的海沟和最高的山脉都位于北太平洋。海床的地形特点在一定程度上可以影响海面的特性，如洋流、波浪和潮汐等。

2. 海水的平均盐度一般为 3.5%，在海面温度高或海风强劲、干燥，从而利于海水蒸发的区域，盐度更高。地球上海水盐度最高的地区是中纬度的半内陆海洋，如红海、波斯湾和地中海。太平洋是世界上最大的海洋，面积是大西洋或印度洋的 2 倍左右。由于其面积大，所以天气变化大、影响范围广。由于大西洋和太平洋纬度一致，所以二者有许多相似的特征。印度洋比大西洋略小，但是受陆地的影响比其他大洋都大。北冰洋的大致位置是北纬 75° 以北，基本上为大陆所包围。

3. 四大洋内部又被细分出了许多海，它们互相连接在一起，受岛链和海底地形情况的影响，其间的地理分界不一定特别明确。例如：

1）珊瑚海是南太平洋的一部分，位于澳大利亚昆士兰州以东，新赫布里底群岛和新喀里多尼亚岛以西，从北部的所罗门群岛延伸到南部的切斯特菲尔德群岛。

2）白令海位于美国的阿拉斯加州和亚欧大陆的东西伯利亚之间，其南部的边界是阿拉斯加半岛和阿留申群岛。白令海峡连接着白令海和北边的北冰洋。

4. 许多海洋的三面为大陆所环绕，像这样海洋伸入陆地的部分称为海湾，例如墨西哥湾。

11.9 洋流

各种洋流和逆流形成了海洋中复杂的水体循环系统。洋流移动的速度从缓慢得几乎没法

觉察到 5.75 英里（9.3 千米）/ 小时不等。洋
流包括寒流和暖流两种，它们会影响大陆和海
上的气候和环境。海水不断从密度、盐分或气
压较高的地区流向密度、盐分或气压较低的地
区，以获得平衡。虽然上述几个因素都会影响
洋流的运动，但是影响洋流运动的最主要的
因素是风。洋流还有可能因为地球自转偏向
力（科里奥利效应）和大陆偏斜度而改变方向。
（图 11-38）

11.10 海洋的气候条件

要想充分理解全球海洋的总体气候条件和
季节变化，必须分别对每个大洋进行观察，其
中大西洋和太平洋因纬度相同而特征相似（不
同之处会特别说明）。对海洋气候影响最大的
两个自然因素是洋流和高气压、低气压系统。

1. 洋流的基本特征是寒冷或温暖，寒流和
暖流不可避免的交汇会影响远海的气候环境。
除了海水会对特定天气变化（例如气温、风、
降水等）产生影响外，同样值得注意的还有高
气压、低气压的半永久、类永久性大气活动中
心。为了观察气压中心对海洋气候的影响，我

们可以想象一次从极地到赤道的航行。从 2 月
到 8 月，北冰洋坚固浮冰区南缘的纬度位于
北纬 65°~75°。冬季，多雪且风速在 30~40 英
里（48.3~64.4 千米）/ 小时、气温在 -20~-30°F
（-28.9~-34.4℃）的气旋风暴经过的路径上，分
布着平均气温为 -5°F（-20.6℃）的短暂但平静
晴好的天气。夏季，时常会出现为期几天气温
在 45°F（7.2℃）上下、风平浪静或有微风的天
气。天空始终都是阴天，有层云和雨层云。在
水面平静时，常会出现团团浓雾。普通的降雨
或毛毛细雨可能会一下就是几个星期。北半球
风暴最多的地区之一是北纬 50° 的盛行西风带
中部。冬季，风力在 15~20 海里 / 小时、气温
接近冰点的平静天气很少见。每两三天，苍白
冰冷的阳光和稀疏的云就会被层积云和雨前暴
风所代替。气温降到 -10~-15°F（-23.3~-26.1℃）
时，风力可达 50~60 海里 / 小时，雨则变成冻
雨、小雪或冰雹。夏季，雾、低层云和小雨出
现的时间有所延长，有温和的风。天气情况在
秋天好转，9 月底有一个星期左右的平静晴好
天气。接下来，当我们航行到北纬 40° 和副热
带无风带时，半永久性的高压中心带来了大体

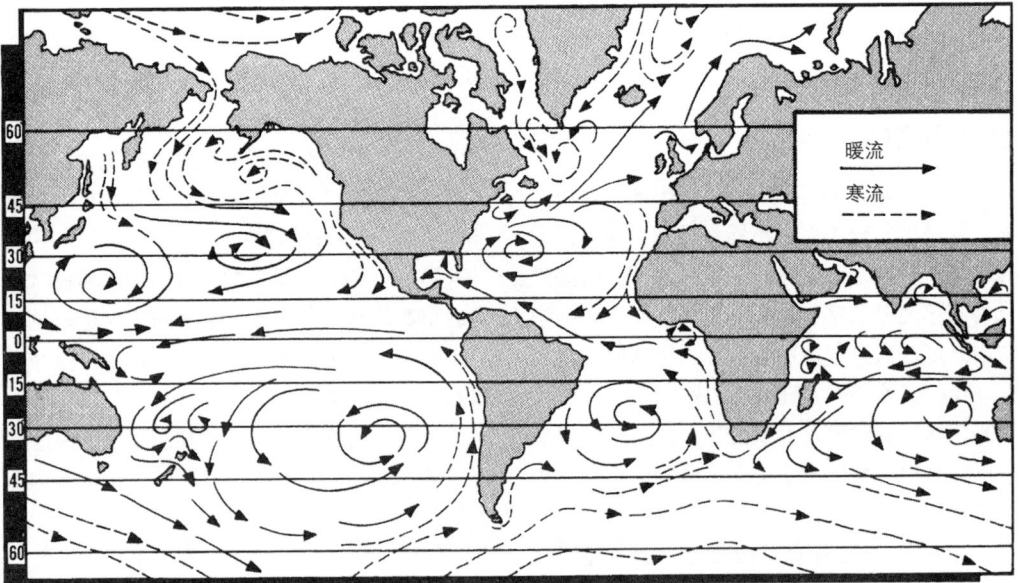

图 11-38 洋流

上晴朗的天气，而且空气有变干燥的趋势。冬季这里的气温在 50°F（10℃）左右徘徊，夏季会上升至 70°F（21.1℃），海面上四分之一的时间都是风平浪静的。北纬 25° 以南，在信风带中心，速度在 5~15 英里（8~24.1 千米）/ 小时的风很普遍。这里的冬季和夏季没有太大不同，都会出现连续的积云和晴朗的天空。白天气温为 70~80°F（21.1~26.7℃）。

2. 在北纬 5° 到南纬 5° 之间的大西洋、太平洋和印度洋地区，低压赤道槽形成条带状，海面没有盛行风，所以这一地区被称为赤道无风带。缺少极端的气压梯度使得此地三分之一的时间都会出现不定风和平静的天气。强烈的太阳辐射的热量会带来猛烈的风暴及飓风。赤道风与来自南北回归线之间锋面的信风交汇时，在很远的地方就有可能看到，因为高耸的积云能达到 30000 英尺（9144 米）高。

3. 在南北回归线之间的锋面附近，倾盆而下的对流阵雨相当常见。大西洋和东太平洋中，锋面经常出现在赤道以北。在太平洋西部，经度在 180° 以西的地区，赤道无风带摇摆幅度非常大。赤道北部地区的降水分布在 6 月到 9 月间，赤道南部地区降水最多的时候是从 12 月到次年 3 月间。以上描述的气象顺序可能会被低压中心的极端天气打断。

4. 海龙卷（龙卷风在水面上卷起的水柱）是海上的龙卷风，在积云和积雨云的基础上形成。海龙卷在任何季节都常见于美国沿岸的大西洋和墨西哥湾附近的海域，以及日本和中国的沿岸海域。海龙卷一般在中午太阳照射最强烈的时候出现，其直径小 [10~100 码（9.1~91.4 米）]、持续时间短（10~15 分钟），总体而言不如陆地上的龙卷风猛烈。

5. 飓风和台风是指速度超过 75 英里（120.7 千米）/ 小时的热带气旋。飓风和台风在夏秋两季出现在各处海洋温暖的西部，风速可达每小时 170~230 英里（273.5~370.1 千米）。热带气旋持续的时间可达 1~2 个星期。在中纬度和高纬度地区，温带气旋与热带气旋在某些方面有所不同。温带气旋没有温暖、明显的风眼，但它所在的地方却是有着强降水量的寒冷地区。温带气旋中持续的风比热带气旋中的风更为温和 [风速为 70~80 英里（112.6~128.7 千米）/ 小时]。温带气旋在某一固定位置可能会持续 2~3 天的时间。

6. 所有的洋流对气候都有深远的影响，因为洋流表面的特性在极大程度上决定了气团的特性。下面举几个例子：

1）秘鲁寒流（洪堡海流）对秘鲁、智利的气候产生了极大的影响。寒流上空的冷空气在接触大陆时温度升高，承载水分的能力增加。这些暖空气一直移动到高耸的安第斯山脉才释放其中的水分，这使得智利和秘鲁沿海的气候干燥，赤道附近地区的气候也比一般的低纬度地区温和。

2）拉布拉多寒流与墨西哥湾暖流的交汇处多雾、气温梯度大。北美洲东北海岸的气候比欧洲西海岸同纬度地区的气候寒冷得多。

3）墨西哥湾暖流为加勒比海和墨西哥湾带来了长期温暖晴好的天气。

4）吹动温暖海水的风以及东格陵兰洋流、西格陵兰洋流使得欧洲北部的气候通常是温和的，而同纬度其他地区的气温通常要低得多。

11.11 海洋动物

海洋动物涵盖了从单细胞动物（原生动物）到复杂的海洋哺乳动物等多种类型。鱼类和海洋哺乳动物在海洋中占多数，也是求生者在远海最为关注的动物。大多数海洋生物都可以作为食物，但有些动物可能会威胁到求生者的生命，比如鲨鱼、鲸鱼、梭鱼、海鳗、海蛇、鲥鱼和水母等。

1. 鲨鱼（图 11-39）。

1）大多数鲨鱼除了吃海洋哺乳动物和其他鱼类外也吃腐肉，它们总在不停地寻找食物。如果没有找到食物，它们会失去对这一地区的兴趣，继续向前游。大多数鲨鱼攻击人类的案例都发生在温暖的海洋中，但就算是在这些地

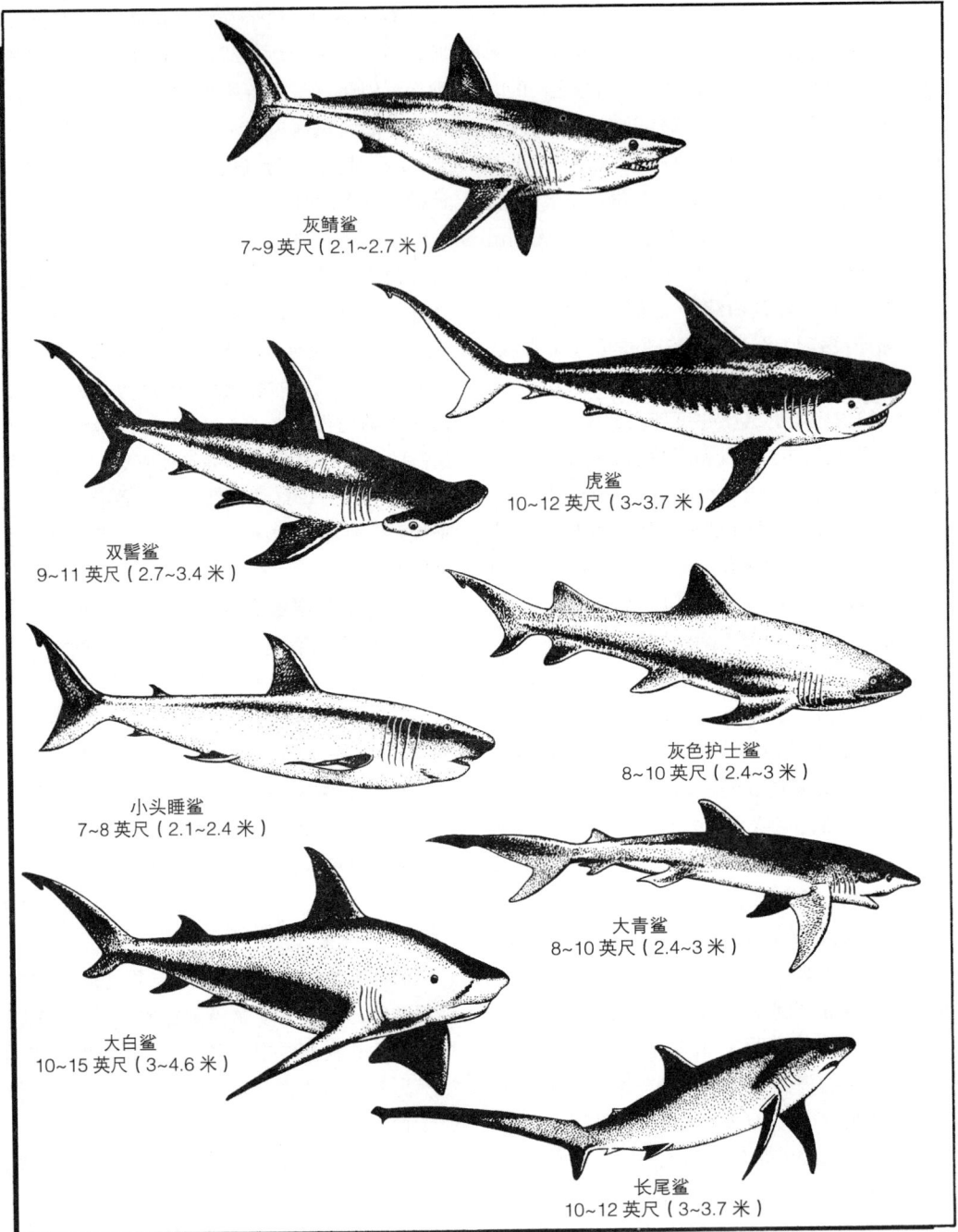

灰鲭鲨
7~9 英尺（2.1~2.7 米）

虎鲨
10~12 英尺（3~3.7 米）

双髻鲨
9~11 英尺（2.7~3.4 米）

灰色护士鲨
8~10 英尺（2.4~3 米）

小头睡鲨
7~8 英尺（2.1~2.4 米）

大青鲨
8~10 英尺（2.4~3 米）

大白鲨
10~15 英尺（3~4.6 米）

长尾鲨
10~12 英尺（3~3.7 米）

图 11-39 鲨鱼

区，求生者也可以通过了解该做什么、该怎样做来降低被鲨鱼攻击的危险。鲨鱼几乎在所有海洋和河流的入海口附近都有分布。一般来说，人在寒冷的水域没有被鲨鱼攻击的危险，因为海水的低温会减少鲨鱼的游动。不同种类的鲨鱼大小相差很大，但是鲨鱼的大小与攻击性强弱之间没有必然联系。

2）饥饿的鲨鱼有时会跟随着其他鱼类游上

海面，并进入海岸边的浅水区。当鲨鱼进入这样的海域时，它们接触人类的可能性自然变大了。鲨鱼在夜晚觅食活动更多，特别是在傍晚和黎明。天黑后，鲨鱼来到海面和海岸浅水区的可能性大增。有证据表明，鲨鱼首先是通过嗅觉和听觉确定食物位置的。垃圾、排泄物、血液等很有可能会刺激鲨鱼的食欲。人类轻微的心脏跳动与受伤鱼类的活动情况很像，所以也可能吸引鲨鱼。虽然鲨鱼会搜索所有的大型漂浮物以寻找可能的食物，但是鲨鱼很可能不会主动攻击人类，除非它们很饿。鲨鱼经常在搜寻完食物后就游走，但有时也可能接近或围着目标环游一到两次，或者接近目标并用鼻子轻推。在游动过程中，鲨鱼不能做到突然停下或突然转个小圈。鲨鱼很少跃出海面觅食，但它们可以在接近海面处咬住猎物。因此，求生者待在救生筏上相对而言比较安全，除非他们将四肢垂在水中。

3）待在水面或水中的求生者必须严密观察周围是否有鲨鱼出现，同时必须穿好衣服和鞋。如果发现了鲨鱼，求生者必须特别小心地处理排泄物，并要避免流血和倾倒垃圾。如果不能避免呕吐，应该吐在容器或手中，再扔到尽可能远的地方。

（1）如果一组求生人员在水上受到鲨鱼的威胁或被鲨鱼攻击，他们应该挤在一起，形成一个小圈，面朝外以便能看到靠近的鲨鱼，然后用脚踢或伸手推抵鲨鱼。不过，求生者最好使用坚硬而沉重的工具击打鲨鱼，而将徒手击打作为最后的解决手段。

（2）求生者应尽可能保持安静，随水流漂浮以保持能量。如果必须游泳，划水动作应有力、有节奏，而不是狂乱无章的。

（3）求生者单独一人游泳时，应远离鱼群。如果近距离内有鲨鱼，游泳者的划水动作应有力、有节奏。佯装攻击鲨鱼可能会将其吓走。

（4）遭遇鲨鱼时，求生者不应直接转身游离鲨鱼，而应面对鲨鱼，用带有节奏和力量的动作游到一边。

（5）如果鲨鱼威胁或攻击救生筏，用桨猛戳其鼻子或鳃可能会将其击退。求生者不得不进入水中之前，要检查救生筏周围和底部是否有鲨鱼。

4）有些海洋动物会被误认作鲨鱼（图 11-40）。

（1）成群的鼠海豚和海豚会姿态优美地跃

蝠鲼

鲨鱼

海豚和鲨鱼跃出水面时的姿态对比

海豚

图 11-40　有时会被误认作鲨鱼的海洋动物

出海面换气并发出咕噜声，看起来似乎具有危险性。实际上，这一现象完全可以让求生者安心，因为鼠海豚和海豚是鲨鱼的天敌，但它们对人类并无威胁。

（2）活动在热带海域的蝠鲼也会被人误认作鲨鱼。游动的蝠鲼会向上卷起鱼鳍的顶部，从海面上看有些像两只游来游去的鲨鱼的背鳍。在深海中，所有的蝠鲼对游泳者都没有危害，但是有些蝠鲼在进入浅水海域后会变得带有攻击性。

2. 石斑鱼。这种鱼的危险程度小于鲨鱼，但是这种肉食性的鱼好奇、大胆，胃口似乎从没有满足的时候。石斑鱼常活动于海底岩礁、洞穴和失事船只的残骸处，求生者应避开这些地区。

3. 虎鲸。虎鲸是一种大胆无畏、残忍无情且非常凶猛的动物。虎鲸游得很快，它们生活在从热带到两极所有的海洋中。如果求生者遇到了一只虎鲸，便可以确定附近一定还有其他虎鲸，因为这种动物成群活动，一群的数量可达 40 只。有记录表明，虎鲸会攻击所有游动或漂浮的物体。如果游泳者在虎鲸的第一次攻击中生存下来，应立刻离开水中。救生筏能起到一定的保护作用，但是据知虎鲸会包围浮冰并将上面的动物撞入海中，所以求生者要尽可能地离开水中。在薄冰上，求生者不要靠近海豹等动物站立，因为虎鲸会把人错当成海豹。但是，人被虎鲸主动攻击的可能性很小。如果求生者遭到虎鲸的攻击，很可能是因为他们被这种聪明的鲸鱼误当成了平常的食物。

4. 梭鱼。梭鱼有 20 多种。在世界上的某些地区，有些梭鱼比鲨鱼更可怕。如果求生者身处热带或亚热带地区，可能会遇到这种鱼。梭鱼会被水中的任何东西吸引，而且似乎对明亮的东西特别好奇，所以求生者应避免将身份牌或其他闪亮的东西悬在水中。如果没有救生筏，求生者在水中最好穿深色的衣服。

5. 海鳗。如果求生者遭到某些种类的海鳗攻击，有时需要砍掉它们的头部才能脱险，因为这些海鳗会将人紧紧勒住，直到人死亡。求生者使用的小刀一定要非常锋利，因为海鳗的皮肤坚硬，不容易切开。海鳗的身体很滑，很难被抓住。求生者在用棍棒探戳珊瑚礁底部或四周的裂缝、洞穴时最有可能碰到海鳗，因此在这些地区活动时要格外小心。

6. 有毒和能分泌毒液的海洋动物（无脊椎动物）。海洋动物中有很多是无脊椎动物，有些会将人蜇伤。对求生者而言，有三种无脊椎动物需要他们特别留意。

1）腔肠动物。腔肠动物包括水母、水螅、海葵、珊瑚虫等。腔肠动物是简单的多细胞动物，身上生有很多带着刺丝囊、粘细胞等结构的触须。腔肠动物门里主要有三纲。

（1）水螅纲。其中的主要成员有：

①多孔螅（又叫刺珊瑚或火珊瑚）。这种形似珊瑚的水螅生活在温暖海域真正的珊瑚礁中。

②蓝瓶僧帽水母。这种水螅经常会被误认作水母。蓝瓶僧帽水母经常在水面上漂浮（图11-41），其刺人的触手可以在水面下延伸好几码。蓝瓶僧帽水母浮在水面上的囊状物长5~10 英寸（12.7~25.4 厘米），每条触手上都有几千个刺丝囊。只要想一想蓝瓶僧帽水母有如此之多的触手，就能够清楚地认识到它们充满了剧毒。

（2）珊瑚虫纲。

①珊瑚虫。珊瑚虫的适应能力很强，而且它们几乎完全没有天敌，这也解释了珊瑚虫能

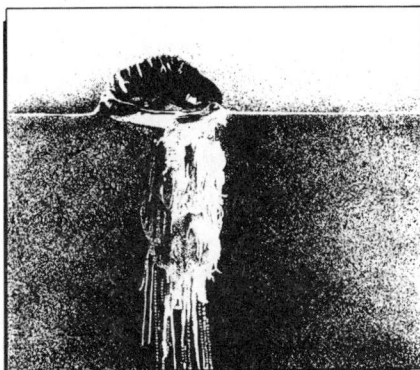

图 11-41 蓝瓶僧帽水母

在礁石群落中占有优势的原因。珊瑚虫是肉食性的，它们用小触手捕食活的浮游动物。如果求生者被珊瑚割伤，应彻底清洗伤口并清除其中所有的珊瑚颗粒。涂抗菌的碘酊有助于一些珊瑚割伤的恢复。

②海葵。海葵是海洋生物中种类最多的物种之一，有超过 1000 个品种。海葵生活在所有潮位超过 7900 英寻（14 447.5 米）的海洋中。海葵的体型从直径很小［不到 1 英寸（2.5 厘米）］到超过 2 英尺（0.6 米）不等。海葵大多数的刺丝囊位于它们触手的外圈。

（3）钵水母纲（或称水母纲）。全球的海洋中分布着种类繁多的水母，有非常小的水母，也有直径 6 英尺（1.8 米）、下垂的触手长达 100 英尺（30.5 米）的大型水母。所有的水母都是肉食性的。有些水母是透明的、玻璃状的，有些则色彩鲜艳而明亮。不管水母的大小和颜色如何，它们都是很脆弱的生物，在很大程度上要依靠风和海潮移动。多数成年的水母可以游动，但是游动能力很弱。水母是停留在海面上还是海面下，以及在海面下多深的地方，根据品种各有不同。水母的刺丝囊位于触手上。

（4）腔肠动物的毒液器官。

① 所有的腔肠动物的触手上都有刺丝囊，这些刺丝囊都是囊状的。如果求生者接触到这些囊状物，囊的某些部分会打开，出现一个特别锋利、特别小的线状管子，管子锋利的末端会刺穿人的皮肤，射入毒液。当求生者接触到任何腔肠动物的触手时，应该立即甩开这些数量能达到几千个的小小的蜇刺器官。

② 被腔肠动物刺伤后的症状会根据动物的种类、刺伤的位置以及求生者的身体情况有所不同。总体而言，珊瑚状水螅造成的刺伤主要会刺激局部皮肤，蓝瓶僧帽水母造成的刺伤会导致剧烈的疼痛。珊瑚虫和海葵造成的刺伤会出现相似的症状。有些腔肠动物的刺伤几乎不会被人觉察到，而有些则可以在 3~8 分钟内导致伤者死亡。人被腔肠动物刺伤后，轻者会有轻微的刺痛感，很像碰到荨麻时的反应；重者则有灼烧感、跳痛感和刺痛感，甚至会失去知觉。有些情况下疼痛是局部的，而有时疼痛会遍及腹股沟、腋下或腹部。人体接触到刺丝囊的部位通常会变红，接着会出现严重的炎症、皮疹、肿胀、水疱、皮肤出血，有时还会出现溃疡。受伤反应严重时，除了休克外，伤者还可能经历以下一种或几种情况：肌肉痉挛、缺少触感和对气温的感觉、恶心、呕吐、背疼、失语、喉部收缩、口吐白沫、说胡话、麻痹、惊厥和死亡。由于有些反应会在短时间内迅速出现，所以伤者在可能的情况下应试着离开水中，防止溺水。

③ 最致命的水母之一是澳大利亚箱形水母（生活在南太平洋热带地区的一种不太常见的水母）。无论哪个部位接触到这种水母，人都会在 3 秒 ~3 小时内死亡，其中大多数是在 15 分钟之内。据说伤处的疼痛极其剧烈。箱形水母可以通过其近似方形的身体和四个角上长长的触手加以辨认。

a. 缓解疼痛。伤者应立刻用衣服、海藻或其他可以获取的材料将附在皮肤上的触手清除，这一点非常重要，因为只要这些东西残留在皮肤上，就有可能释放出更多的刺丝囊。吗啡能有效地缓解疼痛。此外，不要用任何东西摩擦伤处，特别是沙子，因为这会刺激刺丝囊。不要吸吮伤口。

b. 减轻中毒反应。防晒霜、油和酒可以涂抹于伤处，以阻止进一步的刺痛。以下介绍的各种东西是世界上不同地区的人所使用的，功效不一，包括木瓜酶（木瓜蛋白酶）、碳酸氢钠、橄榄油、糖、肥皂、醋、柠檬汁、硼酸溶液、面粉、发酵粉等等。（尿液——其中有氨的成分——可能是求生者唯一可以用来减轻中毒反应的快捷资源。）

c. 实施人工呼吸和心肺复苏术。对于大多数腔肠动物的刺伤还没有专门的解毒剂，但是针对箱形水母的刺伤有一种抗毒血清，那就是木瓜酶——从青木瓜的果汁中提炼的一种蛋白酶。不过，就算求生者所在的地区内有抗毒血清的储备，等其得到抗毒血清并使用时也已经太晚了，因为箱形水母的毒液反应发生得太快，经常来不及对伤者进行医疗救助。

④求生者要和水母保持很大的安全距离，因为有些种类的水母触手可达50英尺（15.2米）或更长。热带地区的海域在风暴过后会出现大量水母，求生者可能会被在风暴中脱离水母身体的漂浮的触手刺伤。被冲上沙滩的水母看上去好像死了，但有时还是会造成令人疼痛的刺伤。最好的预防水母的方法是乘救生筏或上岸，从而离开水中。如果求生者待在救生筏中，不要将四肢伸出筏子。求生者穿着的衣服（抗暴露服装）应该尽可能多地遮住身体的各个部位。飞行服可以提供足够的防护。

2）软体动物。章鱼、乌贼及单壳类动物都属于软体动物。对求生者而言特别重要的海洋无脊椎动物中，最大的单个族群就是软体动物。软体动物门一般可以分为五纲。让求生者担忧的刺人或有毒的软体动物主要有两类：

（1）腹足纲。

①除少数种类外，腹足纲软体动物多具一枚外壳。腹足纲动物的足肌肉发达，除了爬行还有许多其他的功能。有的腹足纲动物通过一种呼吸管呼吸，有的用鳃呼吸。多数腹足纲动物的口腔内都有颚片和齿舌，齿舌呈锉刀状，用于刮取食物。芋螺科鸡心螺的齿舌就像一个中空针状的倒钩。

②腹足纲软体动物又被称为单壳类动物或螺类，包括海螺、海蛞蝓以及陆地和淡水蜗牛。据估计，世界上现存的腹足纲动物可能超过了33 000种，但求生者只需关注芋螺科的成员即可。世界上有400多种芋螺，我们将介绍它们的总体特点，并会特别强调较危险的品种。除了少数种类之外，这些吸引人的螺类动物大多生活在热带和亚热带地区。所有芋螺科的螺类动物都有高度发达的毒液器官，以防御其他脊椎动物和无脊椎动物。从浅滩区到数百英尺深的海中，都有芋螺科螺类生活，求生者

可能接触到它们的地区是珊瑚礁和多沙、多碎石的海底，对这些地区所有的锥形螺类都应避开。锥形螺类动物一般在夜间活动，白天则钻进洞中，或者躲在沙子、岩石或珊瑚中，它们在夜晚以蠕虫、章鱼、其他腹足纲动物及小鱼为食。有些芋螺科螺类有曾致人死亡的案例，其毒液器官位于体腔内，通过倒钩状的齿舌将毒液注入人的肌肉中。芋螺科螺类只有吻部在壳外时才能刺伤人。

a. 症状。芋螺科螺类造成的刺伤是一种穿刺伤，伤口周围的部位会有以下一种或多种反应：发青、肿胀、麻木、刺痛、灼烧感。疼痛的程度根据个体差异有所不同，有人说像是被蜜蜂蜇了，也有人说疼得难以忍受。伤口周围的麻木和刺痛感会迅速传遍全身，特别是在唇部周围。伤者可能会肌肉完全麻木，接着会出现昏迷（死亡通常是由心脏衰竭所导致的）。

b. 治疗。求生者受伤后的疼痛来源于动物向伤口中注入了毒液、黏液或其他刺激性的异物。治疗主要是为了缓解症状，因为对于这类伤目前还没有特别有效的治疗方法。在伤口处敷热毛巾或将伤口浸入热水中有可能减轻疼痛，有时可能还需要对伤者进行人工呼吸。

（2）头足纲。头足纲动物包括鹦鹉螺、乌贼、鱿鱼和章鱼。由于章鱼是求生者最有可能遇到的海洋动物，所以在此只介绍章鱼。章鱼的头部很大，头上的眼睛很发达，口部周围有8条腕足，腕足上有许多吸盘。虽然章鱼大部分时候是用腕足在海底爬行的，但有时也会通过从体腔中排出水来移动，而且移动速度很快。大多数章鱼都生活在从非常浅的水域到100英寻（183米）深的海中。所有的章鱼都是肉食性的，它们以螃蟹和其他软体动物为食。章鱼喜欢躲在洞穴或水底的岩洞中——求生者应避开这些地方。

①症状。章鱼像鹦鹉一样尖利的喙状角质颚会造成两个小的穿刺伤，并且伤口会被射入毒素或毒液。伤者一般立刻就会感觉到伤口不适——灼痛、瘙痒和刺痛。这类伤口通常出血

很多，意味着血液中的毒素可能有抗凝物质。伤口周围——有时甚至是整个伤肢——会变得肿胀、发红，而且伤者会感到伤口发热。以前曾有一起章鱼咬人致死的案例，是由蓝环章鱼（图 11-42）造成的。这种小型章鱼一般只有 3~4 英寸（7.6~10.2 厘米）长，有些可能稍大些。蓝环章鱼分布在整个印度洋——太平洋地区，对人没有攻击性。由于蓝环章鱼造成的咬伤十分严重，所以求生者在任何时候都不应触碰它们。当蓝环章鱼受到侵扰时，其身体上的蓝色圆环会迅速变成棕底浅黄色或奶黄色的图案。

②治疗。治疗措施包括处理休克反应、止血和清洗伤口——因为伤口部位的有毒分泌物较多——同时针对具体症状进行治疗。目前还没有专门针对蓝环章鱼毒液的治疗方法。

3）棘皮动物。海参、海星、海胆都是棘皮动物。对求生者来说，海胆是危险性最大的棘皮动物。海胆的身体有球形的，也有扁平形状的。海胆坚硬的外壳上布满了刺状的棘，有些种类海胆的棘是有毒的，人如果踩到或碰到会有危险。有些海胆是夜间活动的，它们的食物种类比较杂，包括海藻、软体动物和其他小型海洋生物。海胆遍布世界各地，生活在潮汐池或深海中。海胆不是求生者的理想食物，在每年的特定时候，有些种类的海胆有毒。

（1）症状。海胆棘那针一样锋利的尖端能轻易刺穿人的皮肤。海胆的棘比较易碎，如果

图 11-42　蓝环章鱼

碎裂后留在伤口中会很难去除。人光脚踩到海胆的棘后立刻会感到剧烈的灼烧感，受伤的部位除了疼痛还有肿胀、变红，此外还有肌肉麻痹、脸部肿胀和脉搏变化的报告。被海胆棘刺伤后，通常还会出现二次感染。受伤严重者会出现失语、呼吸困难和麻痹的症状，麻痹无力的情况会持续 15 分钟~6 小时，也有死亡的案例。

（2）治疗。海胆的棘脱离其身体后会继续向伤者的伤口中分泌毒素。留在伤口中的海胆棘有的很容易拔出，有的则必须通过手术才能取出。海胆的分泌物中所含的色素还会引起伤者的皮肤变色，但不必为此担心。有些专家说涂抹油脂能帮助去除伤口中海胆的棘，有些专家则建议不去理会，因为它们会在 24~48 小时之内在伤口中溶解。还有的专家表示可以用柑橘汁处理伤口，或每天将伤口在醋中浸泡几次，以使海胆棘溶解。

（3）预防。求生者不要触碰任何海胆，因为它们的棘可以轻易刺穿皮革和帆布。

7. 有毒和能分泌毒液的海洋动物（脊椎动物）。这些有毒的海洋动物可以大致分为两类——棘刺有毒的（图 11-43）和肉有毒的。

1）棘刺有毒的鱼。

（1）这一类鱼主要包括：

①白斑角鲨；

②赤魟（包括魟、蝠鲼鱼、燕魟、牛鼻鲼和圆魟）；

③银鲛；

④䲢鱼；

⑤鲶鱼；

⑥蟾鱼；

⑦鲉鱼；

⑧外科医生鱼（刺尾鲷）；

⑨篮子鱼；

⑩瞻星鱼。

以上所有种类的鱼造成的伤口都应从三个方面着手处理：减轻刺伤带来的疼痛感，试着减轻中毒反应，避免感染。

尾刺有毒

赤虹（俯视图）

鸡心螺

它们会将人刺伤，伤者会
出现剧痛、肿胀、麻木、
失明等症状，严重的可能
还会在几小时之内死亡

锥螺

B- 有毒的海螺

石头鱼
[长 15 英寸（38.1 厘米）左右]

背鳍上的刺有毒，伤者对被刺的
伤口应该像对毒蛇咬伤的伤口一
样处理

外科医生鱼
[长 8~10 英寸（20.3~25.4 厘米）]

尾上的棘刺和鱼肉有毒

篮子鱼
[长 10~30 英寸（25.4~76.2 厘米）]

狮子鱼
[长 4~6 英寸（10.2~15.2 厘米）]

蟾鱼
[长 1 英尺（0.3 米）左右]

腾鱼
[长 1 英尺（0.3 米）左右]

A- 棘刺有毒的鱼

图 11-43　棘刺有毒的鱼和海螺

（2）上述这些鱼中，有些种类身上的棘刺多达 18 根。有时候，这些鱼棘刺的刺伤会给伤者带来剧烈的疼痛，以至于伤者可能会尖叫或疼得直打滚。曾经有一个人被腾鱼刺到了脸，在服用了两片硫酸吗啡后，伤口还是疼得厉害，以至于他忍不住请求别人开枪杀了自己。这些鱼类有很多都生活在海底，在人类接近时不但不会游开，反而会悄悄地伪装好自己，并竖起自己的棘刺，等着不幸的人踩到自己。有些人在试图从网中或钩上拿取这些鱼时被它们刺伤。人被魟鱼刺伤后，魟鱼尖利的尾刺可能会造成严重的撕裂伤，并向伤口内注入毒素。对于这类伤口，求生者应立刻清洗。鱼类造成的穿刺伤伤口较小，以致其中的毒素很难清除，有时求生者可能还要除去伤口中的棘刺或倒钩。相对来说比较成功的伤口处理方法是：将伤口稍稍切开，然后抽吸出毒液。就算不切开伤口，也要尽可能地抽吸出伤口中的毒液，将毒液清除得越干净越好。要知道，有些鱼类的毒液所带来的疼痛用吗啡也无法缓解。大多数医生都同意，应将伤处在热水中浸泡 30 分钟到 1 小时，水温在伤者能够承受的范围内越高越好。如果伤口在脸上或身上，可以用热的湿布压迫伤处。这样做是因为高温在有些情况下可以减弱毒液的影响。伤口经过浸泡后，如果有必要，应再次进行清洗，之后用抗菌剂或干净的消毒敷料覆盖伤处。如果有抗生素，建议伤者服用以防止感染。有时可能还需要对伤者进行人工呼吸，因为有些鱼类的毒液可能会使人心脏衰竭、惊厥或呼吸困难。

2）鱼肉有毒的鱼（图 11-44）。

（1）单从鱼的外观我们没法判断其是否有毒。某种鱼类生活在某一地区时有毒，生活在其他地区时可能却是无毒的。总体而言，海中的底栖鱼类，特别是生活在珊瑚礁附近的鱼类，很可能是有毒的。此外，求生者在食用特别大的肉食性鱼类时也要多加注意。所有热带鱼类的内脏和卵都不应食用，因为这些部位的毒素含量很高。

（2）在特殊情况下，当求生者不得不食用可能有毒的鱼类时，应遵循以下原则。首先，在距礁石和潟湖入口处较远的地方捕到的鱼相对较为安全。捕到鱼后，应对其进行"海洋生物可食用性测试"。对鱼的处理方法是将其切成薄片，在水中煮 1 小时或者更久，并不停换水。这样做有可能去除鱼肉中的毒素，因为有的毒素（并不是全部）是可溶于水的。此外需

要注意的是，普通的烹饪技巧和烹饪温度并不能减轻或破坏毒素的威力。

（3）如果条件不允许煮鱼，应将鱼切成薄片，在海水中浸泡约 1 小时，然后尽量将鱼肉中的水分挤干。求生者应先只吃一小块鱼肉，等待 12 小时，观察自己是否有中毒的症状（前提是吃下的鱼肉没有腐坏）。要记住，中毒的程度与食用的鱼肉量直接相关。求生者如果怀疑鱼肉有毒，就不要食用。当地人关于食用热带海鱼的建议可能并不正确，很多情况下，当地人是通过给自己的猫、狗食用某种鱼来判断其是否可以食用的。

（4）治疗。求生者出现中毒反应时，应立刻喝热盐水或鸡蛋清催吐。如果这种方法无效，就将一根手指戳进自己的喉咙中试试。条件允许的情况下，应给中毒者服用泻药。中毒者如果出现惊厥反应，应采取措施防止其受伤。如果中毒者口吐白沫或有呼吸困难的迹象，可能要为其做环甲膜切开术。吗啡在某些情况下有可能减轻中毒者的疼痛感觉。如果中毒者觉得瘙痒剧烈，洗冷水澡可能能够减轻这样的症状。其他症状要有针对性地逐一进行治疗。

3）有毒海龟。

（1）种类。世界上有超过 265 种海龟，其中只有 5 种是有毒的，对求生者来说具有危险性。这些海龟中的大部分本来在平时也是可以食用的，但是在某些特殊情况下，它们会变得毒性很强。主要的有毒海龟包括绿海龟、玳瑁和棱皮龟，它们大都生活在热带和亚热带海域，但是在温带海域中也有分布。

（2）来源。有毒海龟毒素的来源目前仍是未知的，但是有些研究人员表示，这些毒素有可能来自海龟吃下的有毒海藻。要特别说明的一点是，同一种海龟在某一地区可能是可以安全食用的，而在另一个地区却可能会致命。求生者无法通过观察其外观或检查其身体的各个部位来分辨海龟有毒或无毒。海龟可能在一年中的任何时间变得有毒，但是最危险的季节是那些温暖的月份。海龟肉的新鲜程度与其毒性

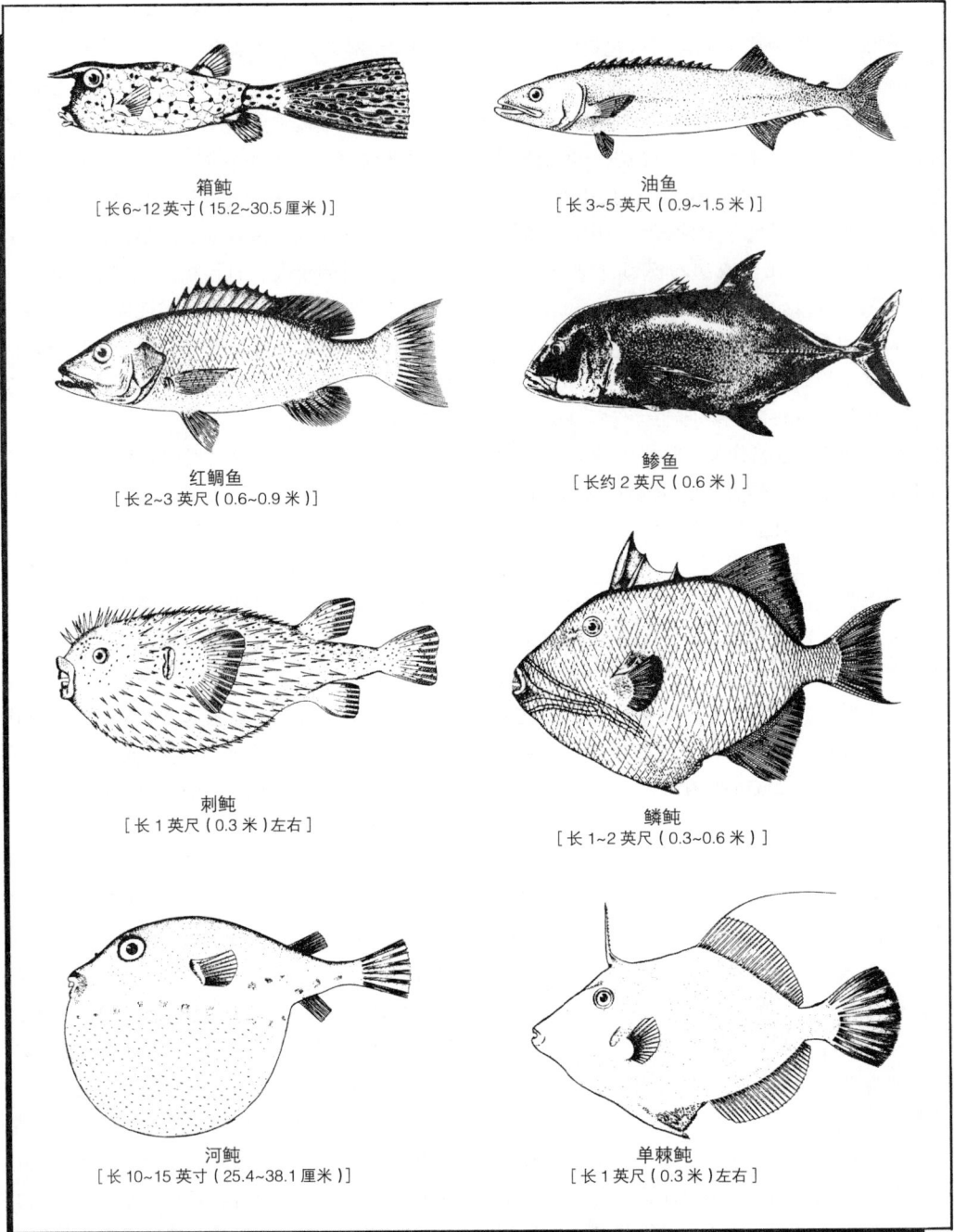

箱鲀
[长6~12英寸（15.2~30.5厘米）]

油鱼
[长3~5英尺（0.9~1.5米）]

红鲷鱼
[长2~3英尺（0.6~0.9米）]

鲹鱼
[长约2英尺（0.6米）]

刺鲀
[长1英尺（0.3米）左右]

鳞鲀
[长1~2英尺（0.3~0.6米）]

河鲀
[长10~15英寸（25.4~38.1厘米）]

单棘鲀
[长1英尺（0.3米）左右]

图11-44 鱼肉有毒的鱼

的大小没有关系。

（3）症状。中毒者的症状依食用的海龟肉的多少而有所不同，症状可能出现在食用海龟肉几小时到几天内，包括恶心、呕吐、腹泻、疼痛、出汗、四肢发冷、眩晕、唇舌干燥、灼烧感、胸闷、流口水和吞咽困难。还有些中毒者报告说会出现头部沉重、舌苔发白、反应能力减弱、昏迷、嗜睡等症状。食用有毒海龟中毒的人，死亡率大约为 44%。

（4）治疗。对海龟的毒素目前还没有已知的解毒剂，也没有特别的治疗方法——请根据具体症状进行治疗。

（5）预防。求生者如果对海龟是否可以食用有一丝怀疑，就不应食用，或至少应进行可食用性测试。食用海龟肝脏的危险性特别大，因为其中维生素 A 的含量非常高。

8. 鸟类。世界上大约有 260 种海鸟，其中大部分只会在离岸边几英里以内的海域活动，但是信天翁的活动范围可以延伸到离大陆很远的海上。

9. 赤潮。赤潮是海水变成红色、棕色等颜色的现象，是由水中的浮游生物（包括一些微小的浮游植物、原生动物等）数量暴增造成的。赤潮在世界各处海域都会发生，在美国，赤潮最常出现在佛罗里达州、得克萨斯州和加利福尼亚州的南部海岸边。赤潮会导致鱼类和其他海洋生物死亡。更有甚者，有些赤潮还会使以浮游生物为食的贝类变得有毒。赤潮中一些浮游生物体内的毒素能够麻痹或毒死鱼类，或者耗尽周围水中几乎所有的氧，从而使鱼类窒息而死。导致水中浮游生物数量暴增的原因十分复杂，但是有证据表明，适宜的食物、气温、光照、洋流和海水中盐的浓度上升都会使浮游生物的数量增加。赤潮持续的时间从一个小时到几天不等。在出现赤潮的区域，求生者不应吃任何死鱼。

第 12 章　当地人

12.1 引言

　　曾经有一位从敌区成功返回的美军士兵这样概括："我的建议是'入乡随俗'。只有对你所在的国家表现出极大的兴趣，当地人才会热心地出手相救！"求生者最常听到的建议之一就是：接受、尊敬并适应求生环境中当地人的生活方式。这是一条很好的建议，但是实行起来还会涉及许多重要的问题。（图 12-1）

12.2 与当地人接触

　　求生者必须认真考虑当地人的问题。这些人是生活在原始文明中的吗？他们是农民还是渔民，是友方还是敌方？对求生者来说，"跨文化交流"的跨度可能会非常大。这意味着如果以我们的标准来衡量各种文明，我们可能会与未开化的文明或比我们更先进的文明进行交流。一种文明对于某些人是适宜的、可以接受的，但对我们来说可能不太符合我们对"得体"的认知。不管当地人是怎样的，求生者都应该预料到他们会有与自己不同的法律、社会、经济体制、政治制度和宗教信仰。

　　1. 当地人有可能是友好的、不友好的，或者会无视求生者的存在，也有可能态度很不明朗。如果已经知道当地人是友好的，求生者必须表现得谦恭有礼，要尊重他们的宗教、政治、社会习俗、生活习惯、文化和其他方方面面，以尽一切可能让他们将这种友好的态度保持下去。如果已经知道当地人属于敌方或态度不明，求生者应尽一切可能避免与他们进行任何形式的接触，不要暴露自己的任何踪迹。在这一过程中，了解当地人每天的生活习惯非常重要。如果经过仔细而隐秘的观察后，求生者能够确定态度不明的当地人确实是友好的，那么在需

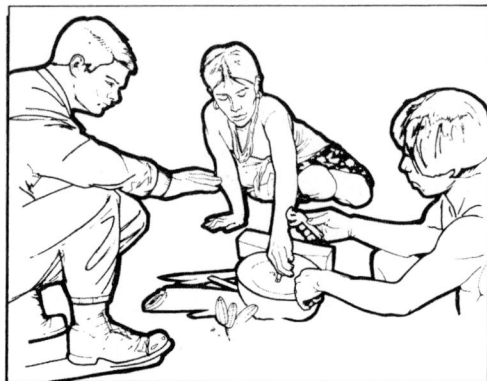

图 12-1　当地人

要当地人帮助的时候，可以与他们接触。

　　2. 总的来说，与友好或中立国家的当地人接触没什么可怕的，反而能得到很多好处。熟悉当地习俗、表现出一般的礼节，还有最重要的一点——尊重当地习俗，这些都会使求生者避免麻烦，还可能会得到所需的帮助。在和当地人接触时，求生者应该等到附近只有一个当地人的时候。此外，如果可能的话，求生者最好让当地人先来接近自己。大多数当地人会愿意帮助看起来有需要的求生者，但是政治态度和政治训练、政治宣传可能会改变本来友好的人的态度。从另一方面说，一般官方态度不太友好的国家中，许多当地人，特别是偏远地区的居民，可能会认为本国的政客荒谬，甚至反对政客们的观点，从而对外来人员相对而言比较友好。

　　3. 与当地人成功接触的关键在于，求生者要表现得友好、礼貌、有耐心；表现得害怕、露出武器、做出突然或具有威胁性的动作会让当地人反过来害怕求生者，甚至对他们做出不利的举动。尝试与当地人接触时，求生者应常带笑容。许多当地人可能会害羞、看起来很难

接近或不理会求生者，求生者应慢慢地与之接近，不能操之过急。

12.3　求生者的行为

1. 求生者可以谨慎地使用盐、烟草、钱币及类似的物品进行交易。美元在全世界都能使用，但不要多付钱，否则之后可能会带来尴尬甚至危险。要尊重当地人，不要嘲笑或欺侮他们。

2. 通过打手势或做动作表达自己的疑问或需要什么物品可能会十分奏效。许多人习惯使用非语言性的身体语言和手势来进行交流。机组人员应学会他们开展任务的地区及其附近地区的一些简单用语，试着流利地用当地语言表达是一种尊重对方文化的做法。由于英语的使用范围很广，有的当地人可能能理解一些英文词句。

3. 有些语言和行为在当地可能是某种禁忌，比如和宗教、圣地、疾病或危险地区有关的内容。在有些地区，某种特定的动物是不能杀的。求生者必须学习并遵守这些规矩。求生者必须有观察力、努力学习，这不仅能加强与当地人的联系，学到的新知识和技巧之后还可能非常有用。失事飞机的机组人员应向友好的当地人询问当地危险的事物及敌对者的位置。但是要记住，有些当地人就像我们社会中的许多人一样，经常固执地认为遥远国家或地区的人是不友好的，因为他们不理解不同的文化和遥远地区的人民。当地人对于其临近地区居民的意见一般是可以相信的——就像我们对于附近街区的居民的意见是可以接受的一样。当地人与我们一样会患上传染病。求生者在可能的情况下，应搭建与当地人分开的住所，避免与当地人进行身体接触，但是不能将这种意图表现出来。在不引起当地人反感的情况下，求生者最好自己准备食物和水。通常，对于求生者独来独往的行为，当地人可以接受"个人习惯或宗教习俗"这样的解释。

4. 在文明程度较低的社会环境中，以物易物的情况比较常见。硬币有很好的交换价值，还可作为首饰和小装饰品。在孤立封闭的地区，火柴、烟草、盐、刮胡刀、空的容器或衣服都可能比任何形式的货币更有价值。

5. 求生者在碰触当地人时必须非常谨慎，这种举动可能会带来危险，因为许多地方的人认为"碰触"是一种禁忌。求生者应避免和当地人有性接触。

6. 在一些地区，好客是一种文化特点，当地人诚恳地拿出自己的食物，以保证陌生人或访客的需要。求生者对当地人给的东西都应该接受，并在所有在场的人中间平分。求生者应使用与当地人一样的吃法，更重要的是，试着把所有当地人提供的食物都吃完。求生者如果向当地人做出了承诺，那就必须兑现。不管当地人的私人财产、生活习俗和行为方式看起来多么古怪，都必须尊重。求生者应该为自己得到的食物等给养付出一定的报酬。

7. 必须尊重当地人的隐私，求生者没有受到邀请时不应进入当地人的房子。

12.4　应遵循的原则

在当今这个国际政治局势和穿梭外交政策快速变化的年代，一个国家内部的政治态度和政治立场的变化也很快。许多国家，特别是政治上抱有敌意的国家中的人，绝对不能仅仅因为他们没有表现出公开的敌意，就把他们当成是友好的。除非求生者之前知道这是政治上友好的国家，否则应避免与当地人发生任何形式的接触。

第五部分

自我保护

第 13 章　适宜体温

13.1 引言

在求生过程中，自我保护方面的两个基本要求是维持适当的体温和防止受伤。关于自我保护有很多不同的方法，可以分为以下几个方面：衣服、庇身所、装备和火。虽然并非每一种保护设施对每一种求生环境来说都必不可少，但这四方面的措施在某些环境中是非常重要的。这一章将介绍影响人体体温的因素、热量传递的物理规律及应对方法。

13.2 体温

当体核温度为 96~102℉（35.6~38.9℃）时，人体的身体机能最好。防止体温过低或过高应该是求生者的主要关注点。除了疾病之外，造成体核温度变化的因素包括气候条件中的温度、风及湿度。

1. 温度。一般来说，人暴露在极端气温环境中会导致身体工作的效率大幅下降，情况严重时还会导致行动能力丧失甚至死亡。

2. 风。风会加强致寒效应（图 13-1），造成人体热量散失，并加快体内水分的流失。

3. 湿度——降水、地面湿度或浸泡。水为人体获得或失去热量提供了有效的传输渠道。当人感到热时，可以将全身浸在小溪或其他水体中使身体降温。相反，冬季洗个热水澡可以温暖身体。当水包围着人体时，它会把人体的体温"带"得与水温一致。例如，手被烧伤后可以放在冷水中降温。有一种降低体温的方法是，在衣服上洒水，然后穿上衣服暴露在风中，

这样可以使热量离开身体的速度达到穿干衣服时的 25 倍。这样快的传热速度正是求生者应时刻注意不要在寒冷环境中弄湿身体的原因。请想象一下，一个人在温度只有 50℉（10℃）的水中可以生存多久（图 13-2、图 13-3）？

13.3 热量的传递

人体发生热量传递的方式有五种，分别是热辐射、热传导、对流传热、蒸发和呼吸（图 13-4）。

1. 热辐射。热辐射是人体热量流失的主要方式。热辐射是热量以电磁波的形式从人体向外界传递或从外界向人体传递的过程。例如，气温为 50℉（10℃）时，人体 50% 的热量会从暴露在外的头部和颈部向外辐射。随着气温的下降，身体丧失的热量会更多。气温在 5℉（-15℃）时，人体丧失的热量可达 75%。热量不仅会从头部，还会从身体的四肢向外辐射。手脚部位的热辐射量非常惊人，因为手和脚的皮肤表面有许多毛细血管。当求生者长期暴露在极端气温环境中时，一定要特别注意头部和四肢的温度变化。

2. 热传导。

1）热传导是热量从物质的一个分子移动到另一个分子的过程，它是固体内热量传递的主要方式。人体失去和获得热量的极端例子是——因为接触温度极低或极高的同一块金属而造成冻伤或三度烧伤。人体失去热量的热传导途径还包括用赤裸的手触摸寒冷环境中的物体、坐在冰冷的木头上、在搭建庇身所时跪在

风速		风的致寒能力用"等效致寒温度"表示																				
节	MPH	温度（℉）																				
无风	无风	40	35	30	25	20	15	10	5	0	−5	−10	−15	−20	−25	−30	−35	−40	−45	−50	−55	−60
		等效致寒温度																				
3~6	5	35	30	25	20	15	10	5	0	−5	−10	−15	−20	−25	−30	−35	−40	−45	−50	−55	−65	−70
7~10	10	30	20	15	10	5	0	−10	−15	−20	−25	−35	−40	−45	−50	−60	−65	−70	−75	−80	−90	−95
11~15	15	25	15	10	0	−5	−10	−20	−25	−30	−40	−45	−50	−60	−65	−70	−80	−85	−90	−100	−105	−110
16~19	20	20	10	5	0	−10	−15	−25	−30	−35	−45	−50	−60	−65	−75	−80	−85	−95	−100	−110	−115	−120
20~23	25	15	10	0	−5	−15	−20	−30	−35	−45	−50	−60	−65	−75	−80	−90	−95	−105	−110	−120	−125	−130
24~28	30	10	5	0	−10	−20	−25	−30	−40	−50	−55	−65	−70	−80	−85	−95	−100	−110	−115	−125	−130	−140
29~32	35	10	5	−5	−10	−20	−30	−35	−40	−50	−60	−65	−75	−80	−90	−100	−105	−115	−120	−130	−135	−145
33~36	40	10	0	−5	−15	−20	−30	−35	−45	−55	−60	−70	−75	−85	−90	−100	−105	−115	−120	−130	−140	−150

风速如果超过 40MPH（MPH 即英里／小时），附加的影响很小

危险不大

危险增加（肌肉在 1 分钟之内就可能冻僵）

危险很大（肌肉在 25 秒之内就可能冻僵）

正确穿衣者暴露部位肌肉的冻僵危险

注：摄氏度（℃）＝［华氏度（℉）−32］÷1.8

说明

注意：如果有条件，求生者应测量当地的气温和风速，无法测量的话可以估计。最上方的表格中为温度，左侧表格中为大致风速。横行和纵行交叉处的格子里为等效致寒温度，也就是在平静的天气条件下可以造成同等程度致寒效果的温度。

注意

风速　1. 此表中的风速以 MPH 为单位，同时也给出了以节为单位的风速，以便使用者选择不同的单位。

2. 如果环境中无风或风速很小，但是求生者处在移动的交通工具上、直升机的水平旋翼下或螺旋桨的气流中，其冻伤的危险也很大。因为不管是人在移动还是风吹着人，相对风速造成的致寒效果是一样的。

3. 求生者对身体的暴露部位哪怕只稍加保护都可以减少风的影响，如戴轻便的手套、能挡住脸的风帽等。

活动　如果求生者处于活动状态，那么被冻伤的危险会减小。一个人静止站立时每秒钟能产生 100 焦耳（341Btu）的热量，但是在做野外滑雪等剧烈运动时每秒钟能产生高达 1 000 焦耳（3413Btu）的热量。

适当的着装和饮食非常重要

常识　没有什么可以代替常识。此表只能说明人刚刚暴露在寒冷环境中时风对裸露肌肉的致寒作用。一般情况的体温下降和其他许多因素也会增加求生者冻伤的风险。

图 13-1　风寒指数表

雪地里，等等。这些行为会导致体温过低，都是求生者应该避免的。

2）在低温环境中触摸液体燃料是特别危险的。水会在 32℉（0℃）结冰，而暴露在室外的

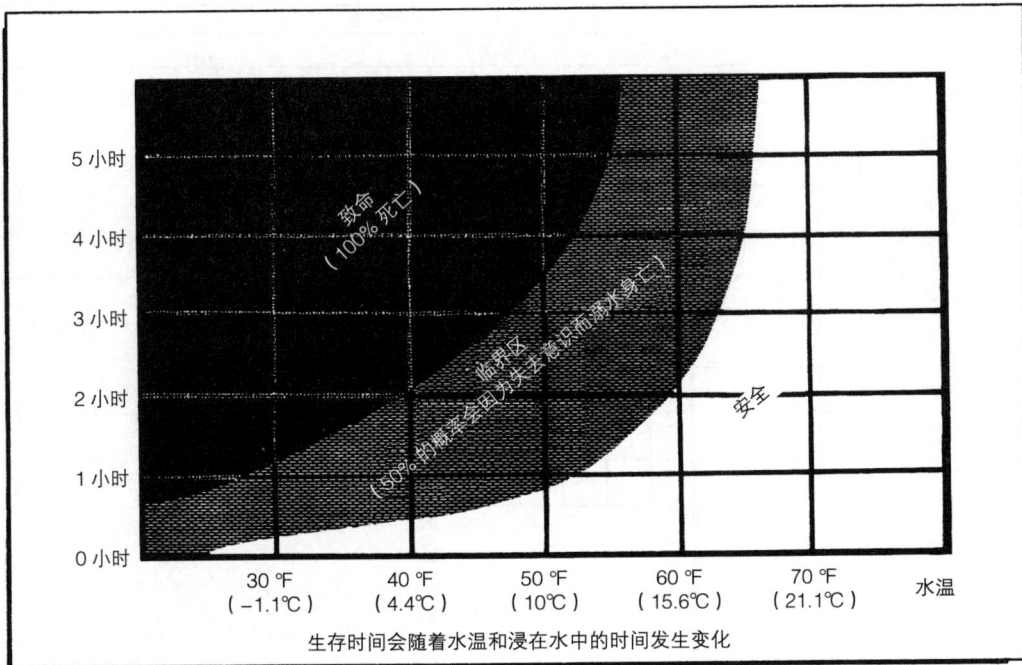

图 13-2 浸在冷水中可以生存的时间（未穿防寒服）

液体燃料的温度会降到室外的温度，有可能会低至 −10~−30℉（−23.3~−34.4℃）。像这样的液体燃料洒在人的皮肤上会立刻造成冻伤，这不仅是因为冰冷的液体燃料和人体之间发生了热传导，还因为随后液体燃料在快速蒸发时产生的冷却效应。

3. 对流传热。对流传热是指热量在流体中进行传递的过程，比如空气中的热量通过风的运动发生了位移。人体皮肤周围一层薄薄的空气因为热辐射和热传导而比较温暖，这层空气的温度接近皮肤的温度。当这层暖空气包围着皮肤时，身体便会保持温暖；但要是这层温暖的空气由于对流而移开了，人的体温就会下降。衣服的一个重要作用就是将暖空气保存在靠近身体处，但是风可以移动或搅乱这层温暖空气，从而降低体温。所以，风在干燥炎热的环境中对求生者有利，而在寒冷潮湿的环境中对其不利。

4. 蒸发。蒸发是液体转化成气体的过程。在此过程中，液体中的热量也散失到了外界环境中。例如，人在炎热的沙漠中驾驶吉普车时，可以在车前加上沙漠水囊，吉普车行驶时带起的风会加快水囊中水的蒸发，从而使水温下降，冷却车头。人体在出汗或身体周围有空气循环运动时，也是通过这种方式调节体核温度的。不管在什么气候条件下，身体只要出汗，就会通过蒸发使体温降低。求生者在寒冷的环境中要穿着用"可以呼吸"的纤维制作的衣服，因为如果水蒸气不能通过衣服蒸发出去，就会凝

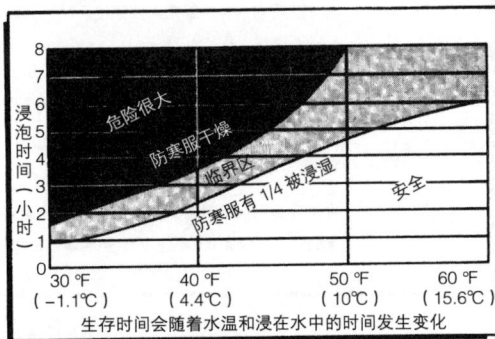

图 13-3 浸在冷水中可以生存的时间（穿着防寒服）

结，从而降低衣服的隔热效果，使体温下降。

5. 呼吸。呼吸也是人体热量传递的途径之一。呼吸过程结合了热传导、蒸发和热辐射。人呼吸时，吸入的空气的温度与肺部的温度很少是一样的。所以，随着每一次呼吸，人都会吸入或呼出热量。天冷时人的呼气是可见的，因为人体内的热量在呼气时随空气流到了体外。呼吸是一种非常有效的热量传递途径，所以输送温暖、潮湿的氧气常用于治疗体温过低的病人。了解热量是如何传递的以及通过什么方式可以控制热量的传递，能够帮助求生者将体温保持在 96~102℉（35.6~38.9℃）的适宜范围内。

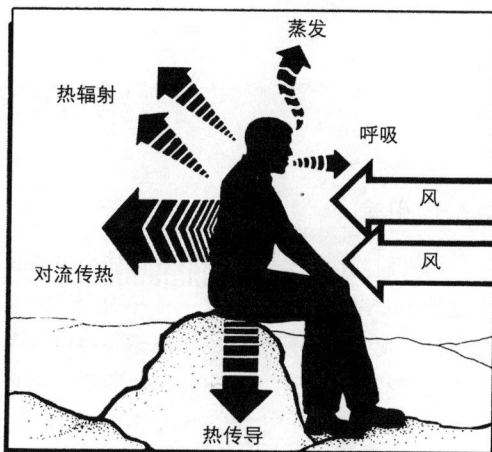

图 13-4　热量的传递

第 14 章　着装

14.1 引言

当人们前往户外时，他们很可能会忽略求生过程中非常重要的装备之——衣服。穿衣服通常被视为是理所当然的，属于人们往往会忽略的那些自己最熟悉的事物。衣服对求生者来说是重要的物资，也是最直接的"庇身所"。衣服对求生者维持生命来说非常重要，特别是当食物、水、庇身所和火等资源有限或无法获得时，比如在发生紧急情况的最初阶段。求生者在这一阶段必须努力满足自己的各种需求，如果没有穿着适当的服装，他们的生命维持的时间可能不够他们生火、搭建庇身所、寻找食物或等待救援。

14.2 保护

人类自从最初穿上兽皮或其他遮盖物，就开始通过衣服来自我保护。世界上大多数地区的人们在恶劣的气候中都需要借助衣服来自我保护。

1. 在冰雪气候区和极地气候区，人们会穿着兽皮或质地相近的纤维制成的衣服和保暖的鞋子。

2. 在干燥气候区，人们会穿着用较轻的材料制成的衣服（如棉、亚麻），并用疏松的织法编织。这些材质吸汗，能使空气在身体周围循环流动。干燥气候区的人有时会穿白色或浅色的衣服，以反射阳光。他们还会穿凉鞋，因为穿凉鞋比穿其他种类的鞋更加凉爽和舒适。为了保护头部和颈部，人们还会戴帽子来遮阳。

3. 衣服还能保护人体不受来自植物、动物和地形方面的伤害，比如避免咬伤、蜇伤、切割伤等。

14.3 服装面料

1. 服装的面料有很多种，如尼龙、羊毛、棉，等等。面料会极大地影响衣服对人体的保护作用。可能陷入求生困境的人必须能够识别环境条件及不同面料的衣服在各种环境中的有效保护程度，以选择在某一特定地区中的最佳着装。

2. 服装的面料包括多种天然和人造的纤维。这些纤维被编织起来时，会产生"静止空气层"。如果两层或三层纤维被编织在一起，那么各层纤维之间会隔出空气层，也就是"空气静止"的一层。不同纤维阻隔空气的能力决定了它们隔热的能力。

14.4 天然材料

天然材料包括毛皮、皮革及其他动植物纤维。

1. 毛皮和皮革制成的衣服是最保暖、最耐穿的。毛皮常被用来制作外套或外套的衬里。对皮革进行加工不仅会使其变得柔软，也能防止其腐坏。

2. 羊毛有些特殊，因为其中包含天然的羊毛脂。虽然羊毛有些吸水，但羊毛即使变得潮湿也还是可以保持较强的隔热功能。

3. 棉是广泛用于制衣的常见植物纤维。棉的吸水性很强，并且当人体向外辐射热量的时候，棉会加快身体中水分的流失。棉常被用于制作贴身的内衣，或者用于制作外衣的夹层（夹在羊毛、涤纶、人造棉等隔热材料中间）。棉可以隔热，从而具有保暖性。

14.5 人造纤维

服装生产商正越来越多地使用人造纤维制

作衣服。许多人造纤维比天然纤维更加牢固、不易缩水，还更加便宜。大多数人造纤维是以石油为原料制取的各种不同长度、直径和强度的纤维，有的是中空的。这些人造纤维在织成面料后，可以制作出非常牢固耐穿的衣服和结实的防水布、帐篷等物品。有些人造纤维会被织成中间夹有空气层的人造面料，从而拥有绝佳的隔热性。

1. 有些纤维是用人造纤维和天然纤维结合制成的，例如棉和聚酯、羊毛和尼龙混合的纤维。有橡胶涂层的尼龙面料衣服非常耐穿、防水，但是很重。尼龙面料上也可以覆盖其他材质的防水涂层，这些涂层虽然质量较轻，但衣服的耐穿性较差。此外，大多数有涂层的尼龙服装都有一个缺点——不能让汗液蒸发。所以，穿着尼龙服装的人需要自行对衣服进行调整或改造，使空气能够适当流通（比如将衣服的拉链拉开一部分）。

2. 人造纤维一般比大多数天然纤维的重量都要轻，并且隔热性更好。人造纤维面料的服装在部分被弄湿后可以快速变干，但是人造纤维不像羽绒一样容易压缩。

14.6 隔热材料的种类

1. 天然隔热材料：

1）羽绒是鸟类皮肤和廓羽之间的较细小的羽毛。从鸭子和鹅身上能获取很好的羽绒。如果衣服的隔热材料是羽绒，求生者要记住——羽绒很容易吸水（不管是降水还是汗液）。因为羽绒既轻又容易压缩，所以被广泛用于制作防寒的衣服和装备。干净且干燥的羽绒是最保暖的天然材料，羽绒服在寒冷环境中可以给人提供极佳的保护，但是羽绒一旦变潮就会结成团块，失去隔热效果。

2）除了极北地区的森林，香蒲在世界各地都有分布。香蒲是沼泽地区的植物，生长在湖泊、池塘和河流的回水区。香蒲茎顶端的花序绒毛可以用作填充物，就像羽绒一样，夹在两层布料中能够形成良好的隔热层。

3）落叶树（在秋天叶子脱落的树木）的叶子也有很好的隔热性。要形成阻隔空气的隔热层，就要把这些树叶夹在两层布料之间。

4）将草、苔藓等天然材料加入两层布料之间也可以隔热。

2. 人造隔热材料：

1）涤纶、丙纶等人造纤维的吸水性很弱，且变干的速度很快。人造纤维面料比同等厚度的羊毛面料轻，并且与羽绒不同，弄湿后不会结成团块，所以是可以替代羽绒的极佳的服装面料。

2）降落伞用的尼龙面料也可以阻隔空气，所以隔热性很好。但求生者在寒冷环境中使用降落伞保暖时必须小心，因为尼龙面料可能会被"冷浸"，即它的温度可能会变得与周围环境的温度相同。曾经有求生者将冰冷的尼龙布贴在裸露的皮肤上，结果因此被冻伤。

14.7 隔热标准

1. 下一个要考虑的问题是各种纤维能够隔绝冷或热的能力。衡量各种纤维隔热性的最科学的方法是建立一定的标准，最被广泛接受的标准是一种测定衣服保温值的单位，称为"克罗"。

2. 克罗是指在 70℉（21.1℃）吹着微风的环境中，能维持正常皮肤温度的某种面料的衣服的热阻值。但是，仅靠克罗值并不能决定一个人需要穿多少衣服，还必须考虑人体的代谢速度、外界的风以及个人身体条件等因素。

3. 身体消化代谢食物的速度及产生热量的速度根据个人情况有所不同。所以，有些人吃的食物虽然与别人一样，却可能需要更多的隔热装备，也就是必须增加克罗值。体力活动会增加新陈代谢和全身的血液循环的速度，一个人在活动时比站立不动或坐着时需要的衣服或隔热装备少。此外，还必须考虑风的影响，如风寒指数表（图 13-1）所示。当气温和风的共同作用使得等效致寒温度降到 -100℉（-73.3℃）时，如果风力不减，那么保护人体所需的克罗值可能会不适用（在很长时间内）。

例如，气温为 -60 ℉ (-51.1 ℃)，风速为 60~70 英里 (96.5~112.6 千米) /小时的情况下，等效致寒温度会低于 -150 ℉ (-101.1 ℃)，仅仅穿着衣服并不足以维持生命，这时庇身所就显得非常重要。

4. 人的胖瘦也会影响其能够忍受的炎热和寒冷程度。例如，在低温环境中，一个非常瘦的人可能不如一个皮下脂肪较厚的人忍耐的时间久；相反，胖人在极热的环境中不如瘦人的忍耐力强。

5. 在美国空军的服装清单中，有许多可以为身体保暖的衣服。这些衣服是用之前介绍的不同纤维制成的，不同的纤维织成布料后具有不同的克罗值。下面的平均温度区间表可以指导求生者选择最佳的服装组合。

气温区间	所需服装的克罗值
68~86℉ (20~30℃)	1：轻质
50~68℉ (10~20℃)	2：中等质量
32~50℉ (0~10℃)	3：中等质量
14~32℉ (-10~0℃)	3.5：重型
-4~14℉ (-20~-10℃)	4.0：重型
-40~-4℉ (-40~-20℃)	4.0：重型

每层纤维面料的克罗值取决于纤维中阻隔的空气量和衣服的蓬松度（里层和表层之间的距离）。一些衣服的克罗值如下：

着装层：①芳纶内衣（1层）	0.6 克罗
②芳纶内衣（2层）	1.5 克罗
③绗缝衬里	1.9 克罗
④诺梅克斯纤维防护服	0.6 克罗
⑤冬季防护服	1.2 克罗
⑥诺梅克斯纤维外套	1.9 克罗

总的隔热值应该能使正常人的身体在低温环境中保持温暖。参考上面的着装例子可以看出，穿两层内衣时的克罗值是穿一层内衣时的两倍多。这一点不仅对内衣成立，也适用于所有的着装层次。人在穿着多层很薄的衣服时比仅穿着两层厚衣服时会觉得更暖和，这是因为作为隔热层的薄衣服之间会充满空气，使保暖性增加。

6. 穿多层薄衣服还可以使求生者更精确地调节衣服锁住的热量（通过减少着装层数），有利于缓解体温过高和出汗的问题，保持隔热的效果。

7. 穿着多层薄衣服的原则同样可以用于"睡眠系统"（睡袋、衬垫和床垫）。这些寝具是由多层人造材料层层包裹制造出来的，从而能阻隔足够的空气以保持人睡觉时的体温。要想改善自己的"睡眠系统"，求生者应在寒冷环境中穿着干净、干燥的多层衣服睡觉。此外，在讨论多层穿衣法时有几条很重要的原则，每一条的英文首字母连在一起可以写为"COLDER"，以方便大家记忆着装的方法和调整原则。

C：保持衣服干净（Clean）。

O：避免过热（Overheating）。

L：穿着宽松（Loose）的衣服，采用分层（Layers）穿衣法。

D：保持衣服干燥（Dry）。

E：检查（Examine）衣服上是否有污点或破损。

R：保证衣服是修补好的（Repaired）状态。

1）干净。织物中的灰尘和其他物质会导致其隔热性下降，还会磨损、割伤织物中的纤维，造成破洞。在野外可能无法洗衣服，所以求生者应注意用适当的技巧防止衣服被弄脏。

2）避免过热。求生者在采用以下分层穿衣法穿衣服时能最好地保持身体的热量：将用吸汗面料制成的衣服贴身穿着，接着是隔热层的衣服，然后是用以抵御风雨的最外层的外套。由于气温、风和求生者体能消耗的情况不断变化，所以衣服的穿脱应方便快捷。在求生者活动时，服装内的空气对流非常重要，因为身体若是被困在不透风的衣服里，就会出汗并弄湿衣服，从而削弱衣服的隔热性。

3）宽松。衣服应宽松合身，以避免血液循环受阻、身体活动受限。此外，衣服应该能罩住腰部、肘部、脚踝和脖颈，以减少身体热量的流失。

4）干燥。保持衣服干燥，因为隔热纤维中即使只有极少量的水分，热量通过其流失的速度也是干燥时的 25 倍。内部的湿气和外界的水分对衣服隔热性的削弱影响一样大。外层衣料应该保护内层衣料不被水浸湿，同时还要保护内层衣料不受到磨损。外层的衣物还能把灰尘和其他污染物阻隔在外。衣服可以通过多种方式变干，比如用火烤，但是要避免衣服被火烧着。在这一点上，"徒手"测试非常有效，即把一只手放在火堆旁准备放置湿衣服的地方，慢慢数三下，如果手没觉得太烫，就可以安全地在这一位置烤干衣服。任何时候都不要在没有人照看的情况下烤干任何衣物。皮靴、皮手套和连指手套在弄干时要特别注意，要防止它们缩水、变硬或裂开。弄干靴子最好的方法是将靴子直立放在火边（不要将靴筒朝下支在棍子上，因为这样无法弄干靴子里的水分），或是穿着靴子（在较温和的气候区）行走使其自然干燥。让阳光晒干或让风吹干衣服不需要什么特别注意事项，只需不时地观察并推测天气情况，并确保衣物的安全即可。在气温低于 0°F（−17.8℃）的地区，用冷冻干燥法可以成功地弄干衣服。求生者可以先让潮湿的衣服里外结冰，然后摇晃、弯曲或击打衣服，让冰粒从衣服上脱落。采用冷冻干燥法处理编织紧密的面料效果比较好。

5）检查。求生者应该定期检查衣服上是否有损坏或弄脏的地方。

6）修补。因纽特人在小心呵护衣服方面树立了极佳的典范。求生者发现衣服破损时，应立刻修补。

8. 人体通过颈部、头部、手部、腋下、腹股沟和足部丧失的热量比身体的其他部位多，所以这几个部位需要额外的保护。通过用红外胶片拍摄的人体照片我们可以看出，这些部位如果没有适量的衣服保护，会丧失极多的热量。求生者在寒冷环境中如果着装不当，便会面临真正的危急情况！图 14-1 展示了几个军装如何维持体温的例子。

9. 温谱图中，模特们看起来就像是"光谱人"，这表现了他们所穿的服装和裸露的皮肤的红外热辐射量的不同。白色是温度最高的部分，其次是红色、黄色、绿色、蓝色和品红色，表现了跨度约为 15°F（8.3℃）的呈下降趋势的温标，黑色区域的温度最低。穿着短裤的模特身上几乎有所有的温度范围：腋下、颈部是白色的温暖区域；短裤覆盖的区域显示了从腹股沟辐射的热量；指尖距离制造热量的躯干较远，所以沿着手臂直到深蓝色的指尖，体温不断下降。再穿上一层衣服（芳纶长款内衣）可以更好地防止身体热量流失（衣服过紧处除外）。随着衣服一层层增加，更能体现出颈部、头部和足部是求生者最应关注的部位。机组人员在驾驶飞机时很难对这些部位采取适当的隔热措施，因为戴连指手套会降低手指的灵活度，穿着笨重的保暖靴很难感觉到飞机方向舵的踏板。所以，机组人员在低温天气中执行任务时，需要在求生装备中准备保暖的帽子、连指手套和长筒靴（带毛皮衬里的）。有调查表明，当人的头部、手部和足部有 10 克罗的隔热保护，而身体其他部位只有 1 克罗的隔热保护时，普通人在低温 [−10°F（−23.3℃）] 的环境中暴露一段合理的时间（30~40 分钟）甚至能感到舒适。如果情况相反，身体其他部位有 10 克罗的隔热保护，而头部、手部和足部只有 1 克罗的隔热保护，那么求生者在低温天气中坚持的时间会大大缩短，因为通过这些部位流失的热量太多。在地球上的高温地区也适用这一原则——如果将头部、手部和足部浸在冷水中，可以让身体迅速散热。

14.8 极地气候区和冰雪气候区的着装

1. 求生者应该：

1）避免衣服限制血液循环。血液循环可以将身体的热量分散于全身，防止人被冻伤，所以衣服不应穿得太紧，以免限制血液流动。求生者穿戴一双以上的袜子或手套时，要确保外层的袜子或手套足够大，能恰好包住里层而不

第一组——脱去衣服

第二组——穿上衣服

1-1：全套衣服

2-1：只穿着短裤

1-2：飞行夹克、羊毛帽和
羊毛连指手套、皮靴

1-3：成套飞行服

2-2：T恤衫和2双棉袜

2-3：保暖内衣

1-4：保暖内衣

1-5：T恤衫和2双棉袜

2-4：成套飞行服

2-5：飞行夹克、羊毛帽
和羊毛连指手套、皮靴

注意：颜色最深的部分表示没有热量流失，颜色越浅的地方表示失去的热量越多。

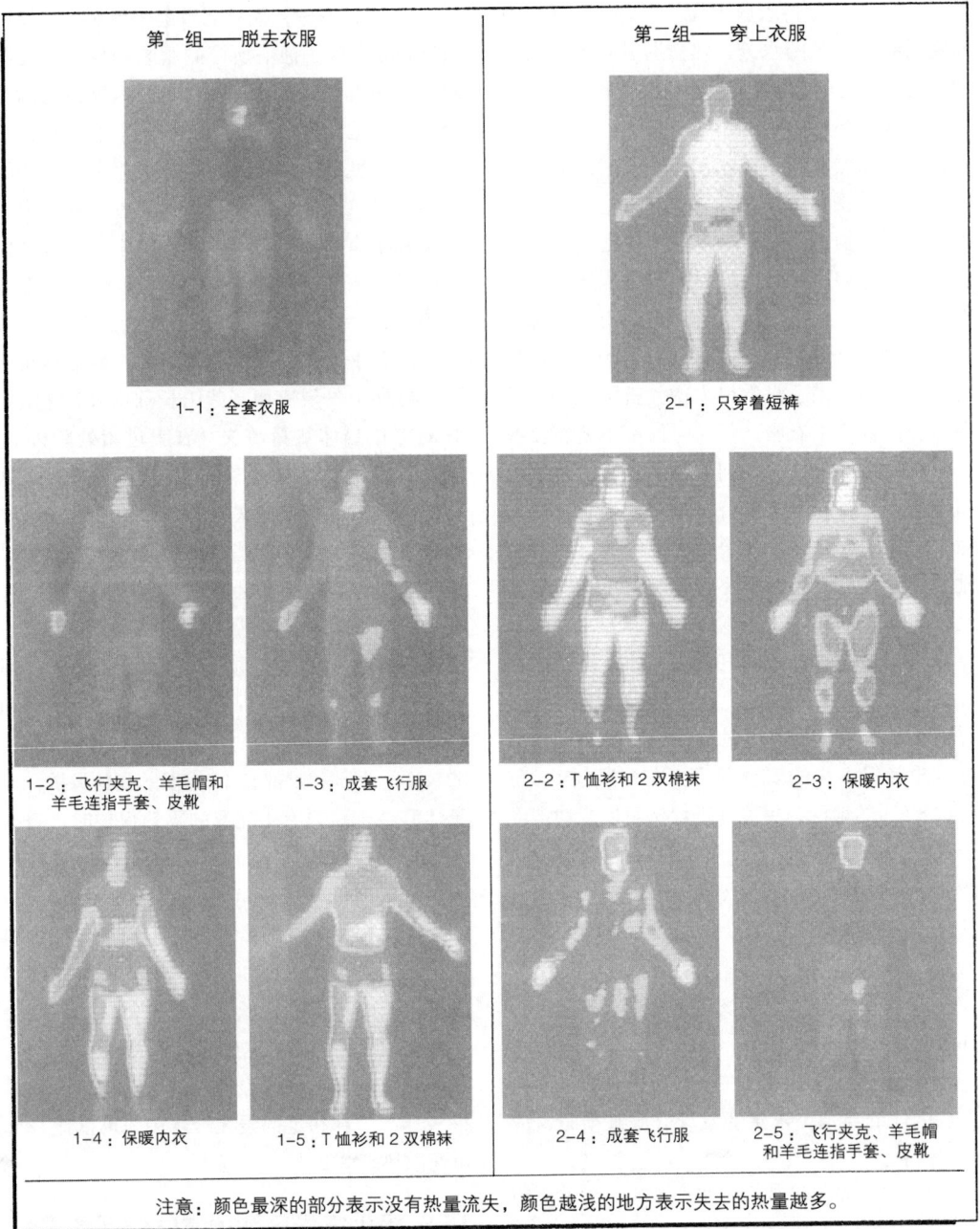

图14-1　人体热量流失的温谱图

过紧。在穿一到两双袜子就很合脚的鞋子里不要穿三四双袜子。另外，要松开所有因为衣服扭曲和降落伞绳过紧给身体带来的束缚。

2）盖住头部和耳部。求生者如果没对头部采取保暖措施，在50°F（10°C）的气温中会丧失全身热量的一半。

3）活动身体时，要敞开领口和手腕处的衣服，并放松腰部的衣服，以防止出汗使衣服变潮。如果身体是温暖的，那么脱掉外层衣服会感觉更舒服，一次脱掉一件。活动结束时，求生者应穿回衣服，以防着凉。

　　4) 如果靴子够大，求生者可以在脚部周围用干燥的草、苔藓或其他材料再加一层隔热层。求生者可以用降落伞布或其他布料卷上干燥的草或苔藓，制作临时鞋袜保暖。

　　2. 穿上毛毡鞋和毛皮衬里的长靴，再加上合适的袜子和鞋垫，最适合干燥寒冷的天气。橡胶底、表层是皮革的系带防水长筒靴最适合在潮湿的天气中穿。不应在潮湿天气中穿毛皮衬里的长靴。防潮的橡胶靴在干燥和潮湿的环境中都适合穿着，尤其适合低温天气。靴子上释放空气的空气阀在地面上应该关闭，这种空气阀是为了在飞行时释放压力而设计的。不应向空气阀内吹入空气，因为水汽会减弱靴子的隔热性。

　　3. 衣服应尽量保持干燥，求生者在进入庇身所或靠近火堆前一定要拂掉衣服上的雪。在把衣服放到火旁的架子上烤干之前，求生者应拍掉衣服上的霜。求生者穿的袜子应保持彻底干燥。

　　4. 在防水的外层衣物内应该戴一到两双羊毛手套和（或）连指手套（图 14-2）。如果求生者必须把双手暴露在外，那么应该经常把双手放在衣服内取暖。

　　5. 为了防止阳光刺眼及出现雪盲情况，求生者应戴太阳镜或雪地护目镜，或是制作临时护目镜，在上面开两条水平的小缝（图 14-3）。

　　6. 风很大或气温极低时，求生者最后的手段是将降落伞裹在身上，并躲到某种形式的庇

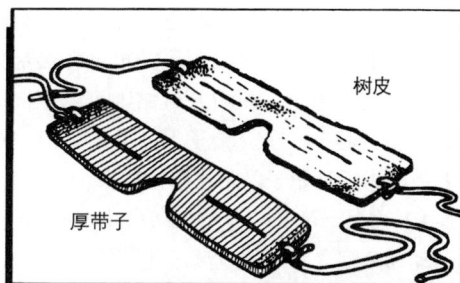

图 14-3　临时制作的护目镜

身所内或防风屏障后。求生者应特别注意保护质地较硬的衣物，如人造纤维衣物，因为这种材料在寒冷环境中会出现冷浸现象，需要更长的时间回温。

　　7. 夜晚时，求生者应把多余的干燥衣服松松地放在肩部和臀部下方及身体周围，以保持身体温暖。水汽会减弱睡袋的隔热性。

　　8. 求生者如果掉入水中，应在干雪上打滚使其吸掉衣服上的水分，然后拂去身上的雪，再次在干雪上打滚，直到衣服上大部分的水分都被吸干。掉入水中的求生者在进入庇身所或靠近火堆之前，不应脱下鞋袜。

　　9. 所有羊毛质地的服装作为内层衣服穿着时都有很好的保暖效果。如果羊毛衣物贴着脸部和颈部，求生者应留心不要让呼气中的水分凝结在羊毛衣物表面，以免减弱羊毛的隔热性。用羊毛围巾裹在口鼻周围是防止面部冻伤的一个极佳的方法，但是羊毛围巾上结的冰一定要定时去除，以防紧贴围巾的皮肤被冻伤。求生者在隔热层衣服的外面还应再穿一层衣服，一方面可以保护隔热层的衣服，另一方面又能挡风。

　　10. 其他头部的保暖措施包括戴绒帽和风帽，它们可以在温度极低的环境中非常有效地维持头部的温度。绒帽非常暖和，但是对脸部和后颈的保暖作用很小。

　　11. 衣服上风帽的设计是为了汇聚身体其他部位辐射的热量，以保持颈部、头部（包括脸部）的温度。个人忍受寒冷的能力决定了风帽敞开的大小。风帽的开口处一般都有一圈毛

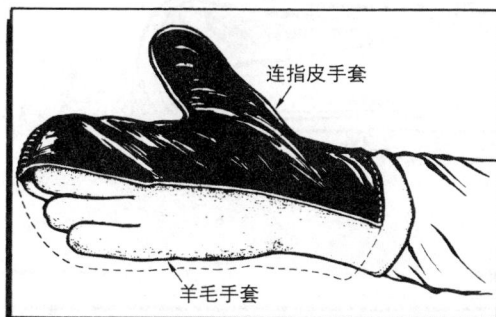

图 14-2　手部的着装层次

皮，可以为脸部御寒，同时也可使风帽不会因为呼气而变潮。戴上并扣紧风帽可以将热量更好地留在脸部附近，而敞开风帽则可以很快地释放热量（图 14-4）。帽子上的毛结霜时，求生者应时常摇晃帽子以防止冰粒堆积。

12. 寝具（睡袋、衬垫和床垫）可被视作日常活动和睡眠之间的"过渡服装"（图 14-5）。

13. 睡袋中的隔热材料有的是人造的，有的是羽绒或羽毛（如果是羽绒或羽毛则需特别注意防止睡袋受潮），睡袋的外层是尼龙的。求生者必须清楚，因为睡袋在捆紧时处于压缩状态，所以在使用前要抖松以恢复其隔热效果。求生者在睡觉时可以套上干净的袜子、手套或其他衣物，以更好地保暖。

图 14-4　戴上或敞开风帽

14. 鞋袜在求生活动中非常重要，因为走路是求生者主要的活动方式，所以在求生活动开始前和求生过程中对鞋袜的保护都非常重要。以下是一些建议：

1）进行飞行任务前，确保鞋袜是穿惯了的；

2）确定鞋的防水性（按照厂商建议的方法）；

3）尽量保持皮靴干燥。

15. 人类穿着带衬里的长筒靴已经有几千年的历史了，而这种长筒靴也证明了其在极寒环境中的隔热效果。美国空军的长筒靴是用粗帆布和带防滑胶粒的鞋底及鞋跟组合而成的，上面的拉链从脚背一直延伸到靴筒边缘，鞋带也可以从脚背系到靴筒边缘，这一段约有 18 英寸（45.7 厘米）高（图 14-6）。这种长筒靴可供飞行员和地勤人员在 15°F（-9.4°C）的干燥、寒冷的环境中执行任务时穿着。在可能的情况下，求生者应该每天更换鞋里的鞋垫。

14.9　注意足部保暖

足部保暖在求生环境中非常关键。临时制作鞋袜是重要的足部保暖措施。

1. 驼鹿鞋。驼鹿或北美驯鹿跗关节的皮可以做鞋。如图 14-7，从 A 点和 C 点切断，将皮剥下来，然后整理成鞋子的形状，将 C 点所在的一端缝合起来。接着将 A 点和 B 点之间的皮切开，在切口两侧打孔。最后将鹿皮整个翻

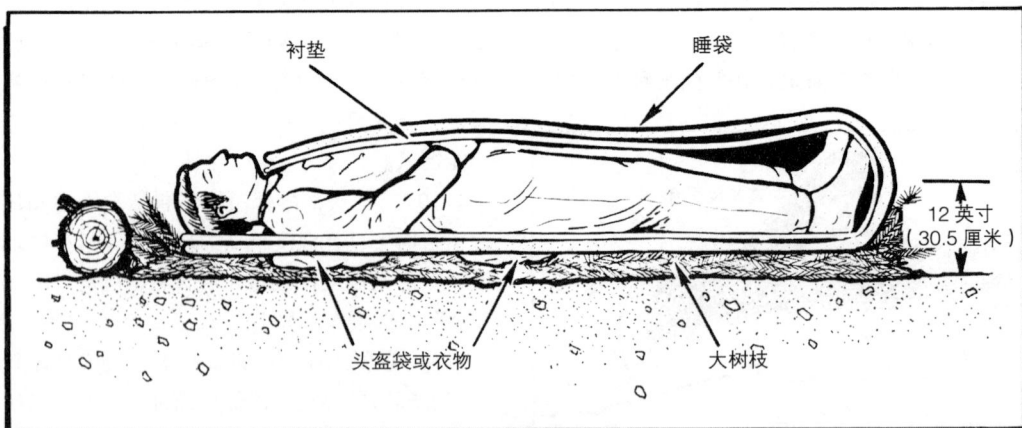

图 14-5　寝具

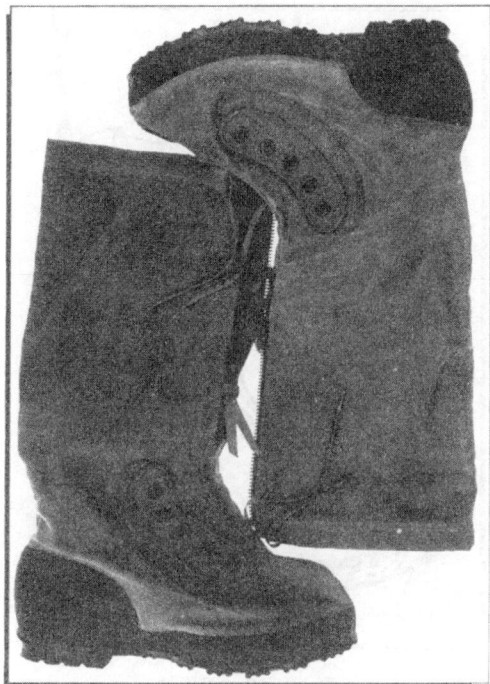

图 14-6　美国空军的长筒靴

过来，用生牛皮、降落伞绳或其他合适的材料当鞋带，穿在刚打的孔上。

2. 草鞋垫。草曾被人们广泛用来制作鞋垫。草是很好的隔热材料，还能吸收脚部的湿气。求生者应通过以下程序准备制作鞋垫的草：用双手抓住一捆直径约为半英寸（1.3 厘米）的较长的草，双手向不同的方向旋转，这样草就会散开或者变松，成为软软的一团。把处理好的草整理成椭圆形，平整地放入鞋中。鞋垫的厚度应该在 1 英寸（2.5 厘米）左右。求生者可在晚上从鞋中取出草鞋垫，第二天再制作一副新的。

3. 哈德逊湾粗呢。这是一种用来盖住脚部的三角形材料，临时制作的步骤如下（图14-8）：

1）将 2~4 层布料剪成边长为 30 英寸（76.2厘米）的正方形；

2）将这个正方形对折成三角形；

3）把脚放在三角形的布块上，脚趾对着三角形的顶点；

4）将布块的顶角往上折，盖住脚趾；

5）折叠三角形的另外两个角，一次一个，盖住脚背，把整个脚包裹住。

4. 绑腿。用降落伞布、结实的带子或帆布制成。绑腿可以防止沙子或雪进入鞋内，还能

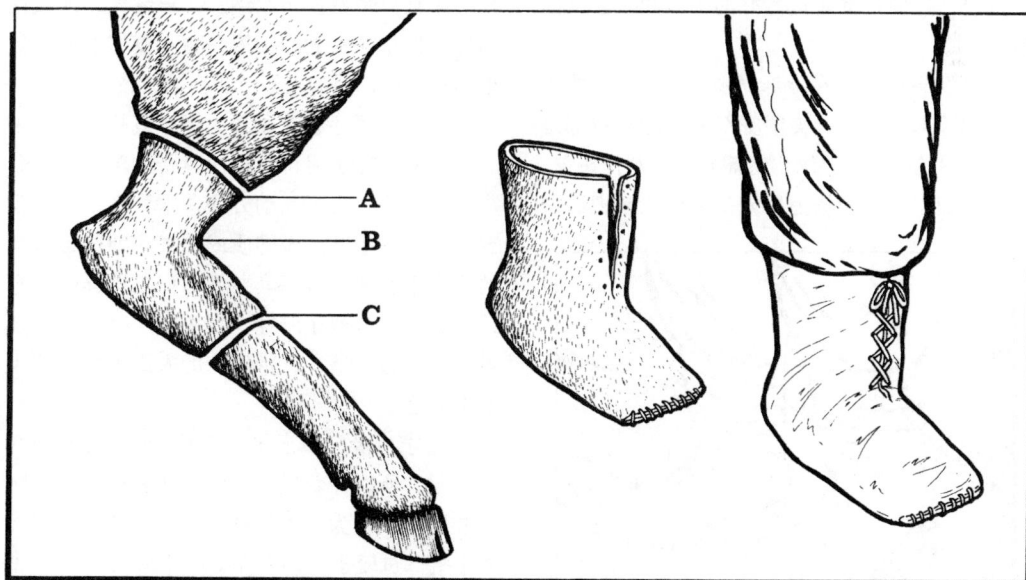

图 14-7　驼鹿鞋

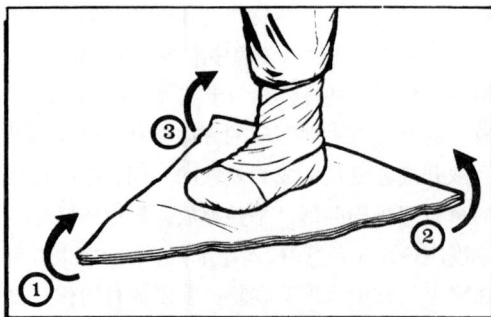

图 14-8　用哈德逊湾粗呢包裹脚部

防止腿部被动物叮咬或抓伤。（图 14-9）

5. 双层袜。可以将衬垫的填料、羽毛、干草、皮毛等填在两层袜子之间，然后用降落伞布或飞机上的织物裹住脚部，再在脚踝的位置上系好。（图 14-10）

把上面介绍的临时措施中的两种或两种以上结合起来使用效果更佳。

14.10 北极地区夏季的着装

1. 北极地区在夏季会出现大群的蚊子和黑蝇，它们飞得很密，甚至能挡住人的视线。求生者可以穿上不会露出皮肤的适当的衣服来保护自己，还要戴上防护性好的头罩和手套（图 14-11）。

2. 头罩一定要在脸部周围撑开，这样才不会碰到脸部的皮肤。美国空军配发的头罩都是黑色或绿色的。如果求生者需要临时制作头罩，可以把面罩缝在帽檐上，或是用橡皮筋把面罩

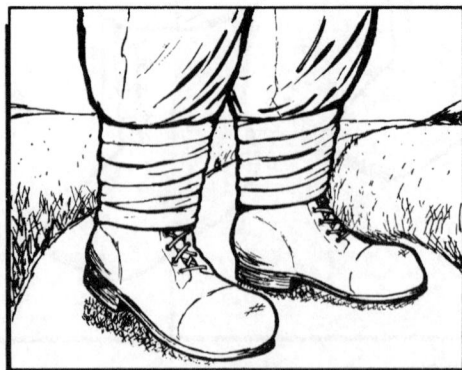

图 14-9　绑腿

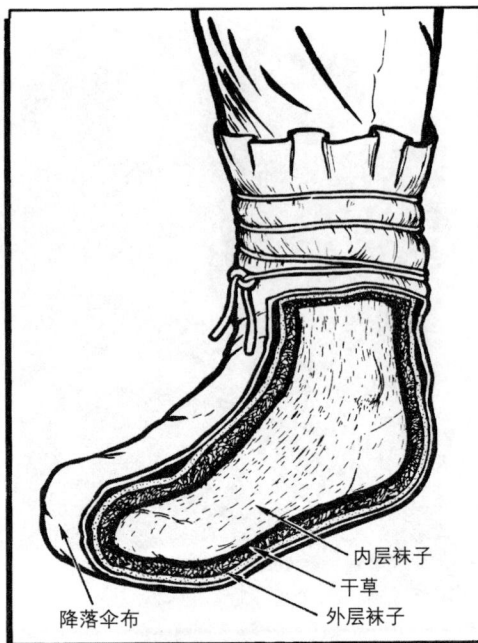

图 14-10　双层袜

绷在帽子下缘。头罩最好是黑色的，因为与绿色和白色的头罩相比，从黑色的头罩向外看视感更清晰。头罩下部应该有可以系起来的细绳。头罩内一圈圈的铁环可以将头罩在头周围撑开，而且放平后便于收纳。头罩越大，通风性越好，但是非常大的头罩在树木茂密的地区效果不一定好，因为它们可能会被树枝刮破。

3. 虽然戴手套会很热，但当苍蝇成群飞来时必须戴。在手肘位置有松紧带的羊皮长手套是最佳选择。为了活动方便，求生者最好是戴五指分开的手套。戴棉质或诺梅克斯纤维质地的工作手套比不戴手套要好，但是这样的手套还是有可能被蚊子刺穿，在手套上喷洒驱蚊剂可以改善这一情况。带烟味的衣服也可以防止蚊虫靠近。

4. 求生者应该记住，蚊子一般不会刺穿两层衣服，所以穿着轻质的内衣和长内衣可以防止蚊子叮咬。为了保护脚踝，求生者可以把裤腿末端塞进靴子里，或者使用绑腿。

5. 如果求生者没有头罩或是头罩丢了，要在恶劣的环境里尽可能地做好防护，比如戴上

图 14-11　防蚊虫着装

临时加装防护板的墨镜、轻轻用棉布塞住耳朵、绕着脖子系一条手帕、晚间在衣服上喷洒驱蚊剂，等等。

14.11　海上的着装

在寒冷的海上，求生者必须试着保持身体干燥和温暖。如果求生者的身上湿了，应用救生筏上的防溅板减少风带来的致寒效果。求生者应脱下并拧干湿衣服，然后换上干衣服。潮湿的帽子、袜子和手套也应该弄干。如果求生者身上是干的，应该把多余的衣服分给其他身上湿了的同伴穿。身上湿了的求生者应被安排在救生筏上最能躲避风雨的位置，并由其他同伴温暖他的手脚。求生者应把所有可穿的多余

衣物穿在身上。如果装备中没有抗暴露服装，求生者可以把多余的衣服搭在肩部和头部。求生者的着装应该宽松、舒适。此外，求生者应该尽量保持救生筏底部干燥。为了隔热，可以在筏底铺上任何能找到的有隔热作用的材料。小组的成员应该在筏底挤在一起，并用防水布、船帆或者降落伞布把大家遮起来。如果救生筏中有 20~25 人，可以拉低救生筏的顶篷。做轻微、舒缓的运动有利于保持血液循环。求生者应该注意活动手指、脚趾、肩膀和臀部肌肉。舒缓的运动有利于求生者保持体温、防止肌肉痉挛。求生者应该把手放在腋下取暖，并且每隔一段时间就稍稍抬起脚，保持 1~2 分钟。求生者还应经常活动脸部肌肉，防止冻伤。打冷战是身体迅速产热的方式，属于正常现象。但是，不停地打冷战可能会导致无法控制的肌肉痉挛，求生者应该通过活动肌肉来避免。如果有饮用水，应给小组中暴露在外忍受寒冷的成员分配更多的水。求生者应少吃多餐，而不是每次都饱餐一顿。

14.12　抗暴露服装

1. 装备。抗暴露服装的各部分都应该容易穿脱。机组成员执行任务时没有保护措施或是需要长时间暴露在寒冷的空气或水域中（离开飞机或在水上迫降的结果）时，不仅危险，还有可能送命，而抗暴露服装就是为机组成员执行这样的任务设计的。这样的服装可以减少风对求生者的影响，并在寒冷的海上为求生者保暖。暴露在水中的结果如图 13-2 和图 13-3 所示。求生者能够暴露在水中的时间取决于其所穿的抗暴露服装的种类、身体对寒冷的敏感程度及采取了什么样的求生步骤。

2. 可以快速穿上的抗暴露飞行工作服（图14-12）。有些抗暴露飞行工作服设计得可以让求生者在离开飞机前（大约 1 分钟内）快速穿上。离开飞机之后，工作服可以保护求生者在水中或在风雨中坐着救生筏漂流时，身体不会直接暴露在外。

1）飞行工作服由涂有氯丁二烯的尼龙布制成，尺寸是均码的。工作服上有两个可以撑大的贴兜、一根可以调节的腰带。此外，每个衣兜中还有一只用固定带子连着的、腕部有可调节绑带的隔热手套，左边衣兜中还有一个同样用带子连着的风帽。飞机中还备有一个手提箱，其中有使用说明和按扣式文件袋。

2）工作服足够大，机组人员应把工作服穿在飞行服外。手套和风帽先收在口袋里，一般在下飞机之后才需要戴上。

3）求生者在穿工作服时应该非常小心，不要让周围突出的物体剐破或刺破工作服。穿上工作服后，求生者应调整并束好腕部和脚踝的绑带。可能的情况下，机组人员应弯腰并拉出颈部的密封条，以放出工作服中的空气。求生者跳入水中时，应把手和手臂夹在身体两侧或举过头顶起跳。注意，在水温为 60℉（15.6℃）或以下时，另有一种可以长时间穿着的防护服，是专门用于执行水上任务的。如果温度降到 51℉（10.6℃），求生者可能会接到命令放弃使用这种防护服。

14.13 温暖海域的着装

防止阳光照射和保护饮用水是最重要的两个问题。求生者应将身上尽可能多的地方遮住，防止晒伤。求生者可以用任何材料临时制作遮阳物，或是利用救生筏上配备的篷子。如果光照太强，求生者可以用海水把衣服打湿，通过水分的蒸发加强冷却作用。建议使用防晒霜和防裂唇膏。记住，始终都要把身体完全遮住，因为暴露在阳光下会增加人口渴的感觉，既会浪费珍贵的水，又会使人体内的水分减少。求

图 14-12　穿上抗暴露飞行工作服

生者应把袖子放下，把袜子向上拉，戴上帽子或临时制作的帽子，用一块布遮住后颈，戴上太阳镜或临时制作的护目镜。

14.14 热带气候区的着装

1. 在热带地区，求生者应遮盖身体，以防止被蚊虫叮咬及出现擦伤和晒伤。

2. 求生者在植物茂密的地区活动时，应放下袖子、戴上手套，并把裤腿塞在靴子里或系在靴筒上部。求生者可以用降落伞布或任何可以获取的布料临时制作绑腿，从而保护腿部不受扁虱和水蛭等的侵害。

3. 穿宽松的衣服可以让求生者感觉更凉快，特别是被阳光直接照射时。

4. 为了保护自己不受蚊虫侵害，求生者应戴头罩或把布围在头上。昆虫最活跃的时间段是黎明和黄昏。求生者应不时地使用驱蚊剂。

5. 在空旷地带或草较高的地带，求生者应戴颈套或临时制作头罩，以防止晒伤和阻挡灰尘。求生者在高草中活动时应该小心，因为有些草的边缘很锋利，可能会把衣服划破。如果衣服湿了，求生者应在黄昏前把衣服弄干。如果有可换的衣服，应该保持这些衣服清洁、干燥。

14.15 干燥气候区的着装

1. 在地球上的干燥气候地区，求生者穿的服装要能够抵御暴晒、高温、沙子和昆虫。求生者不应丢弃任何衣服。求生者应该将身体（包括头部）遮住，白天把裤腿塞在鞋袜中。求生者不应卷起袖子，而是应放下袖子并松开袖口以保持身体凉爽。

2. 生活在炎热、干燥地区的人们通常都穿垂顺的白色厚长袍，这种袍子几乎遮住了身体的每一寸，唯一露在外面接触阳光的只有脸部。这样穿使得衣服和身体之间有了一层湿度较大的空间，有利于保持身体凉爽及保存汗

液。白色的衣服还能反射阳光。（图 14-13）

3. 求生者还应该用布裹住颈部，以保护后颈不被晒伤。将 T 恤衫的一部分垫在帽子下可以做成很好的遮住颈部的布帘。如果没有帽子，求生者可以做一个阿拉伯式的头巾，如图 14-13 所示。沙尘暴来袭时，求生者应该遮住口鼻（可以用降落伞布）。

4. 如果求生者的鞋子丢了或穿坏了，应临时制作鞋袜。求生者可以用降落伞布制作袜子：把降落伞布裁成大约 2 英尺（0.6 米）长、4 英尺（1.2 米）宽的布条，然后像绷带一样绑在脚上和脚踝处。这种临时袜子可以给脚部提供保护和带来舒适感。

图 14-13　有防护作用的沙漠着装

第 15 章　庇身所

15.1 引言

庇身所是指任何可以保护求生者不受环境威胁的场所。这一章将介绍环境条件会如何影响庇身所的选址，以及求生者在搭建适当的庇身所之前必须考虑的因素。这一章还将介绍搭建不同类型的庇身所所需要的技巧和步骤。

15.2 选择庇身所时需要考虑的因素

根据求生条件，求生者在不同的地点会搭建不同类型的庇身所。庇身所在选址时要考虑很多因素，求生者应考虑搭建适当的庇身所需要消耗的时间和体能、天气条件、生物种类（人、植物和动物）、地貌以及当时的时间。求生者应尽量用最少的体力搭建在周围的环境中最能起到保护作用的庇身所。

1. 时间。黄昏不是为庇身所选址的最佳时间。求生者如果很晚才开始考虑庇身所的问题，就会被迫在不利的位置选用粗劣的材料搭建庇身所。求生者必须有充裕的时间反复思考如何才能满足自身抵御环境威胁的需要。

2. 天气。天气情况是求生者选择庇身所位置时要考虑的关键因素。如果不能充分考虑天气情况，就可能造成灾难性的后果。影响求生者庇身所类型和位置的主要天气因素有气温、风和降水。

1）气温。在某一特定区域内，气温可能会非常多变。在寒冷的地区，如果将庇身所建在山谷这样地势较低的地方，求生者会遭遇夜晚的低温并受风寒作用影响。谷底一带的气温较低，有时也被称为"冷气槽"，所以庇身所应选在可以照到温暖阳光的地方。在寒冷的月份中，求生者应把庇身所建在空地上以获得更多的热量；而在高温天气下，庇身所应建在有

阴影的地方以躲避阳光。有时则必须采取折中的方式，例如在许多沙漠地区，白天的气温很高，而夜晚的气温却低得可以让水结冰，在这样的地区要同时应对高温和低温。庇身所的类型和选址应该让求生者在环境中整个气温浮动范围内都能得到保护。

2）风。根据气温和风速的不同，风对求生者来说既可能是有利的，也可能是有害的。在夏季或温暖的天气里，庇身所如果建在小山或岬角上，风可以让求生者感觉凉爽并保护他们不受蚊虫叮咬。另一方面，风也会吹起沙、灰尘或雪，刺激求生者的皮肤和眼睛，损坏他们的衣服和装备，从而给求生者带来不小的麻烦甚至生命威胁。在冬季或寒冷的日子里，求生者应该寻找能够抵御风寒作用和低吹雪的庇身所。

3）降水。各种形式的降水（雨、雨夹雪、冰雹、雪）也会给求生者带来麻烦。在这种天气里，庇身所的位置应该远离主要的排水沟或其他地势较低的地区，以躲避暴雨导致的山洪或泥石流。如果庇身所建在可能发生雪崩的地区，那么降雪也会带来很大的危险。

3. 生物。求生者在选择庇身所的位置和类型时，必须考虑所有的生物因素（人、植物和动物）。"人"的因素包括敌人或求生者不希望被其发现的其他人员。如何选择庇身所的位置和类型以躲避这些人将在第九部分中进行介绍。要想让庇身所充分满足需要，尤其是求生者预料求生过程会延长的话，必须在做选择时考虑方方面面的因素。

1）昆虫会给人带来不适、疾病和伤口。通过把庇身所建在小山和山脊上，或是其他有微风、持续的风的地方，求生者可以减少由飞虫带来的困扰。远离死水有助于避开蚊子、蜜蜂、

黄蜂等昆虫。蚂蚁也是一个很大的问题，有些蚂蚁为了保护自己的领地，会给求生者造成非常疼痛的叮咬伤，或者分泌令人难受的有刺激性气味的物质。

2) 无论是大型动物还是小型动物，都可能成为求生者的难题，当营地处于动物的活动路线上或水坑附近时更是如此。

3) 庇身所应该避开已经枯死却依然直立的树木和有枯枝的树木，因为风可能会吹倒树木的枝干，砸伤或砸死求生者。求生者为庇身所选址时必须远离有毒的植物，如毒漆树和毒葛。

4. 地貌。地貌给求生者带来的威胁看似没有天气和动物带来的威胁那样明显，但其实地貌造成的威胁要大得多。求生者为庇身所选址时应避开雪崩区、岩石区、干涸的河床或泥石流易发地区。这些地区可以通过观察辨认出来，因为那里一般都有清理过的小路或次生植物带，例如从山顶到山脚 1~15 英尺（0.3~4.6 米）高的植被或新长出的植被。类似的，从岩屑堆或岩屑坡的底部向上爬也很危险。此外，选择突出悬空的岩石搭建庇身所时一定要先检查其安全性。

15.3 庇身所的位置

1. 庇身所位置的确定必须满足四个先决条件：

1) 庇身所要靠近水、食物、燃料源以及信号点或救援点。

2) 庇身所所在的区域要安全，能够保护求生者不受环境因素威胁。

3) 要有足够的材料搭建庇身所。有时，庇身所已经是现成的了。如果求生者认为庇身所必须是事先想好的尺寸，有组合的框架，再覆盖上降落伞布或信号板，那么求生者就会大大限制自己选择庇身所的余地。实际上更为恰当的做法是，求生者应考虑使用当地现成的有遮盖物的地方作为庇身所。这并不代表求生者不能选择搭建组合框架、用降落伞布或其他织物遮盖，而是意味着庇身所的选择范围可以扩大。

4) 最后，庇身所必须足够大，底部足够平坦，使得求生者可以在里面躺下。适宜的庇身所应该能为求生者身体和精神状态的恢复提供良好的休息空间。如果求生者希望能做出理智的选择，那么适当的休息极为重要。随着时间的流逝、救援和返回行动的一再推迟，休息会变得越来越重要。在建造庇身所之前，求生者必须决定该庇身所特定的用途。以下是可能影响庇身所类型的一些因素：

（1）雨或其他形式的降水；

（2）低温；

（3）高温；

（4）昆虫；

（5）身边可用的材料（人造的或天然的）；

（6）预期要停留的时间；

（7）该地区敌人的存在情况——躲避时的庇身所将在第九部分中介绍；

（8）求生人员的数量和身体情况。

2. 可能的话，求生者应试着寻找不需要做太多工作就可以改造成庇身所的场地。要利用该地区现成的材料，没有必要从头开始建造庇身所，这样可以节省时间和体力。例如，突出的岩石、山洞、大裂缝、倒下的树木、板状树根、雪堆等都可以改造成适宜的庇身所。改造方式包括：给现成的树坑添加防雪装置，用植物或降落伞布等材料加强庇身所的隔热性，在突出的岩石或山洞前建造可以反射火堆热量的装置。求生者必须考虑建造庇身所需要消耗的体能。如果大自然已经在附近提供了天然的可以满足求生者基本需求的庇身场所，那么在搭建庇身所上花费太多的时间和体力实在是很不明智。图 15-1 是两个天然庇身所的例子。

3. 只有在手头缺乏材料或天气寒冷时，庇身所的大小限制才变得重要，否则庇身所应该足够宽敞、舒适，同时又不过大，以免求生者在建造过程中花费太多力气。任何类型的庇身所，不管是天然的还是人造的，如果要在里面生火，那么通风一定要好，可以给火的燃烧提供充足的新鲜空气，并排出烟和一氧化碳。即

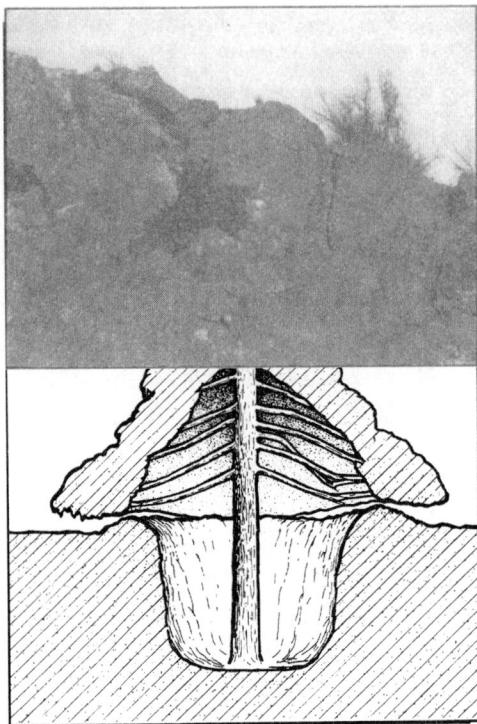

图 15-1 天然庇身所

便火燃烧时没有产生太多可见的烟，庇身所仍要留有通风口。图 15-27 展示了如何在雪洞中设通风口。如果求生者在庇身所外生火，那么庇身所的出口一定要与盛行风的风向垂直。这样一来，即使早上和晚上的风向不同，也可以减少火星和烟被吹入庇身所中的情况——这种情况在山地经常出现。火堆与庇身所之间的最佳距离为 3 英尺（0.9 米）左右。在飞机的残骸附近不宜生火，特别是求生者用飞机残骸作为庇身所时更是如此，以免引燃飞机上可能漏出的润滑油或燃油。但是，求生者可以用飞机残骸中的材料加固与残骸有一定距离的庇身所。

15.4 可以迅速搭建的庇身所

求生者最先考虑使用或被迫最先使用的庇身所类型应该是可以迅速搭建的庇身所（图 15-2），比如可以利用救生筏、飞机碎片、降落伞、防水帆布和塑料袋等材料。天然的场所

也可以立刻给求生者提供掩护，比如突出的岩石、倒下的树木、山洞、树坑等。选择这种类型的庇身所时不需要考虑具体的形状。求生者要记住，如果需要庇身所，应尽量利用现成的场所。求生者可以临时改造天然庇身所，只在必要时才搭建新的庇身所。不管庇身所是什么类型的，都必须能为求生者提供其所需的一切保护，让求生者不需要有多心灵手巧就可以快速获得庇护。很多案例中，这些可以迅速搭建的庇身所成为了机组人员长期的庇身所。例如，许多机组人员在飞行时并没携带降落伞、大型切割工具（斧头）和挖沟工具，所以多人救生筏成了他们唯一可以迅速搭建又能长期使用的

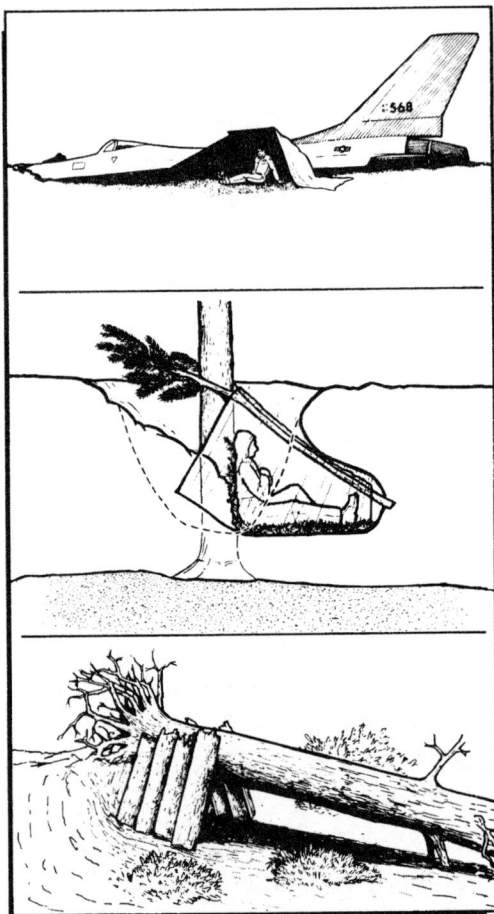

图 15-2 可以迅速搭建的庇身所

庇身所。这时，机组人员应该用最快的方式展开救生筏，并采取以下措施以确保最佳效果：

1. 选择能抵挡降水和风的地方安置救生筏，并遵循 15.2 和 15.3 节中介绍的原则；

2. 风大时固定好救生筏；

3. 将多余的树枝、草等材料铺在筏底隔热。

15.5 临时庇身所

临时庇身所易搭建、易拆除，在短时间内就能完成，但是通常仍比可以迅速搭建的庇身所需要的建造时间长，所以求生者只有在躲避危险的需求不是非常迫切的时候，才应该考虑这种类型的庇身所。临时庇身所包括：

1. A 形框架庇身所。它便于改造，适合各种环境，例如热带地区的降落伞吊床庇身所、温带地区的 A 形框架庇身所、北极地区的保暖 A 形框架庇身所和雪沟庇身所等。

2. 简单遮蔽型庇身所，适用于干燥地区；

3. 各种圆锥形帐篷；

4. 雪洞和树洞；

5. 以上所有庇身所的变体及草皮庇身所等。

15.6 暖温带气候区的庇身所

1. 如果求生者要使用降落伞布，那么记住——"倾斜和紧绷"原则适用于所有需要排掉雨水或雪的庇身所。降落伞布会渗水，求生者只有把降落伞布绷紧并倾斜足够大的角度，才能使落在布上的降水不会向下渗，而是顺着倾斜面向下滑。建议求生者把降落伞布倾斜40°~60°。庇身所框架上铺展的材料应该是没有皱褶并紧绷的。当雨水落在这样的材料上时，求生者不应去触碰，以免破坏材料表面的张力，使雨水滴入庇身所。求生者可以在庇身所上覆盖两层降落伞布，中间相隔4~6英寸（10.2~15.2厘米），这样能更加有效地防水。即使外面下暴雨，只要外层的降落伞布是紧绷的，那么只有少量的水雾会进入夹层，而内层的降落伞布则可以将所有水分阻隔在外。将降落伞布这样

分层铺放还可以形成一个包裹庇身所的不流动的空气层，尤其是当庇身所封闭时。这种做法在寒冷地区尤为有效。树干、飞机残骸和雪等材料可以增加庇身所的隔热性，在后面"极地气候区和冰雪气候区的庇身所"一节中将做详细介绍。双层降落伞布可以存住由求生者的身体、地表热辐射及其他热源产生的热量。

2. 求生者在搭建庇身所时，第一步先要考虑庇身所的类型。不管求生者选择什么类型的庇身所，在建造或临时改造的过程中都应仔细规划，有条理地遵循经过前人总结和证实的技巧、步骤。第二步是在开始建造庇身所前，选择、搜集和准备所需的一切材料，包括框架、盖布、寝具、隔热装置，以及用于保护庇身所的辅助物品（稻草人、绳子、木桩等）。

1）木制框架的庇身所选用的木杆或树枝应该去掉所有的粗糙部分或者残枝。这样不仅可以减少降落伞布被划破的情况，还可以减少求生者受伤的可能。

2）如果选择树木作为天然庇身所，除了需要的那一段，应该保留树木其余位置部分或全部的树枝，因为它们可以为庇身所提供很好的支撑。

3）除了降落伞布，还有其他一些材料可以用来遮盖庇身所。以下是既可以作为框架也可以作为遮盖物的材料：

（1）剥掉树皮的死树；

（2）去掉树枝的树干；

（3）竹子、棕榈、草及其他砍下或编织后形状符合需要的植物。

4）降落伞布不论是单独使用还是与天然材料一起使用，都必须先对降落伞进行加工。求生者要去掉降落伞上的所有吊索，然后将其剪成适宜的形状。这样做能减少隆起或褶皱，减少漏水的可能。

3. 建造庇身所的第三步是清理搭建场所，包括清除休息区域的石头、小树枝，砍断悬垂的植物，等等。

4. 第四步开始真正搭建庇身所。这一过程应该从搭框架开始。框架非常重要，必须足够牢固，可以承受覆盖物和积雪的重量，还必须足够结实，可以抵御强风。

1) 搭建框架有两种方法。对于天然的庇身所，可以用树枝固定住树木或其他物体。对于用降落伞布遮盖的庇身所，应该把其中的木杆和树木或其他木杆捆在一起。

2) 庇身所顶部的倾斜度取决于框架。要想既能让雨水流下同时又保有足够的空间，庇身所顶部最佳的倾斜角度是60°。

3) 庇身所的大小也取决于框架。庇身所应该足够大，可以让求生者坐在其中、有足够的空间平躺，并能储存个人装备。

4) 基本的框架搭好后，求生者可以在框架上添加并加固覆盖物，完成这一步骤的细心程度及技巧决定了庇身所的排水效果。

5) 搭建庇身所时如果要使用降落伞布，那么求生者应先去除布上所有的吊索（这些绳索可以用来捆绑或缝合）。接着，将降落伞布展开，两侧轮换着从后向前把降落伞布用扣子或绳索固定在庇身所的框架或木桩上。如果降落伞布没有绷紧，降水会聚积在褶皱处，进而渗进庇身所。

6) 如果求生者要用天然材料覆盖庇身所，则应该使用"木瓦覆盖法"，即从庇身所的底部直到顶部，在每一块下层的材料上叠放上层的材料，这样可以防止漏水。庇身所上覆盖的材料要足够多，里面的求生者应该无法透过庇身所看到外面。

15.7 维护和改善

庇身所建好后必须定期维护，求生者也可以对其进行改造，使其庇护效果更好、更加舒适。印第安系法（将庇身所遮盖物的前端系在两足支杆上）可以使庇身所更加坚固。给庇身所装门可以阻挡风和昆虫。其他改善庇身所的方法包括搭建反射火堆热量的装置、给入口或工作区装顶棚，以及其他整体上的调整，例如

加装另一面的单坡顶。

15.8 几种暖温带气候区庇身所的搭建方法

1. A形框架庇身所（图15-3）。以下是在暖温带气候区中用降落伞布作为遮盖物搭建A形框架庇身所的方法之一。不同搭建者会对这种类型的庇身所进行一定的修改，但只要求生者能够遵循以下步骤，就可以造出一个完整、安全的庇身所，满足求生的需要。

1) 所需的材料：

（1）1根12~18英尺（3.7~5.5米）长的支杆作为"主梁"，削去上面所有突起的部分；

（2）2根支杆作为两足支杆，每根大约长7英尺（2.1米）；

（3）降落伞布，一般包括5~6块三角形伞幅；

（4）降落伞绳；

（5）"按扣"，即材料聚拢处后面的小物件，可以把降落伞绳牢牢固定在降落伞布上；

（6）14根左右的木桩，每根长约10英寸（25.4厘米）。

2) 组建框架：

（1）把两足支杆在与眼睛平行的高度捆扎（打结方法见第17章）起来；

（2）确定好"主梁"的位置，将支杆粗的一头固定在地上，另一头架在两足支杆间，捆扎好；

（3）"主梁"和两足支杆结构的夹角应为90°，两足支杆的2根杆子应该尽量与地面形成等边三角形（内角为60°），求生者可以用一根绳子进行测量。

3) 覆盖降落伞布：

（1）在降落伞布顶端约2英尺（0.6米）处打结，卷在"主梁"粗的一头上，用半结和双套结将其固定在"主梁"的底端；

（2）将降落伞布的中缝（或布的中心）搭在"主梁"上，拉紧，然后用半结和双套结将布固定在"主梁"上；

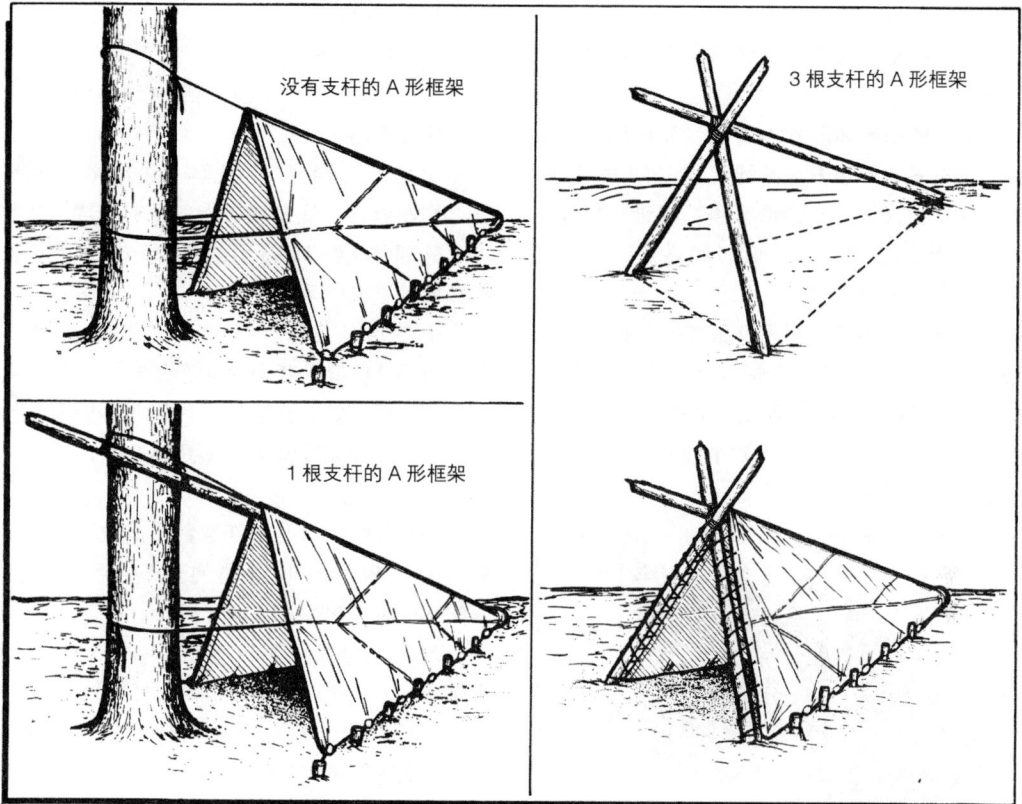

没有支杆的 A 形框架

3 根支杆的 A 形框架

1 根支杆的 A 形框架

图 15-3　A 形框架庇身所

（3）在地上从"主梁"的粗端向两足支杆分别画线，然后从后向前两侧轮换着把布系在庇身所两侧的木桩上（木桩的数量要足够，以确保降落伞布上没有褶皱）；

（4）木桩应该向布料拉伸的反方向倾斜，另外用双套结把布固定在木桩上时，绳子要先经过桩前，再绕过第一圈绳子的下方系好；

（5）印第安系法是把降落伞底部横带绑在两足支杆上，这样做可以去除剩下的褶皱，使布更加紧绷；

（6）最后，可以再加上防雨门帘、床和其他改善舒适度的物品。

2. 单坡顶庇身所（图 15-4）。

1）所需的材料：

（1）1 根作为"主梁"的结实、光滑的支杆，长度超过两棵结实的树之间的跨度（超过搭建者的身高）；

（2）几根支杆，每根长约 10 英尺（3 米）；

（3）木桩、降落伞绳、按扣；

（4）降落伞布（至少包括 4 块三角形伞幅）。

2）组建框架：

（1）将"主梁"横在两棵合适的树之间，在胸或肩膀的高度捆扎起来；

（2）把支撑覆盖材料的支杆架在"主梁"上，与地面大约成 60° 角，把支杆捆扎在"主梁"上。

3）覆盖降落伞布：

（1）将布的中缝对准中间的支杆，将布展开铺好；

（2）将中间的降落伞底部横带绑在"主梁"上；

（3）先在庇身所后方中间的地方下桩，然后两侧轮换着下桩；

（4）在侧面往前下的桩应该向庇身所前方

倾斜；

（5）用印第安系法把降落伞底部横带在树上绑紧；

（6）增添床和改善性物品（如可以反射火堆热量的装置、用木头做的床、防雨门帘等）。

3.9 根支杆的圆锥形帐篷。圆锥形帐篷可以很好地抵御风、雨、低温和昆虫，而且烹饪、吃饭、睡觉、休息、发信号、洗涤都不用在户外进行。不管是用了 9 根支杆、1 根支杆，还是不用支杆，圆锥形帐篷都是唯一可以为"室内"火堆提供适当通风条件的临时庇身所。在里面生起小火堆的话，到了夜晚庇身所就相当于一个信号标。

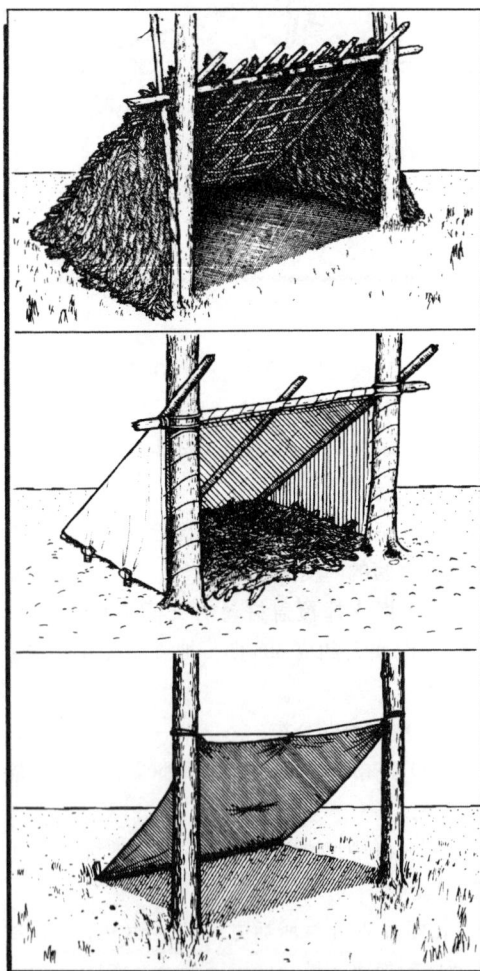

图 15-4　单坡顶庇身所

1）所需的材料：

（1）降落伞绳；

（2）降落伞布，一般包括 14 块三角形伞幅的布比较合适：

①将包括 14 块三角形伞幅的降落伞布展开，切断降落伞底部横带上的所有伞绳，留在伞上的部分长约 18 英寸（45.7 厘米），其余部分都要从伞上取下来；

②在 14 块三角形伞幅的顶点汇集处，在降落伞布的外侧缝上两小片降落伞布作为排烟门。将降落伞绳打好单套结分别系在两片排烟门上，之后要将支杆穿进单套结（图 15-5-1）。

（3）立桩；

（4）虽然可以使用任意数量的支杆，但一般来说 11 根表面加工光滑的、20 英尺（6.1 米）长的支杆可以提供充分的支撑。

2）组建框架（假设用 11 根支杆，但求生者可参照下列说明根据需要调整杆数）：

（1）将 3 根支杆粗端朝下立在地上，先确定降落伞底部横带在离杆底部 4~6 英寸（10.2~15.2 厘米）处，然后将降落伞布盖在这 3 根支杆上，在其中一根上标记降落伞布顶部所在的位置；

（2）在高出做记号处 5~10 英寸（12.7~25.4 厘米）的地方，将 3 根支杆捆扎在一起，使其形成一个三脚架（图 15-5-2）；

（3）在选定的庇身区域中画一个直径为 12 英尺（3.7 米）的圈，将三脚架的粗端放在圈上，然后将其立起。接着将剩下的 8 根支杆中的 5 根立起，使它们的粗端均匀地排列在圈上，顶部与三脚架的顶部交叉，并使顶部尽量小（图 15-5-3）。

3）覆盖降落伞布：

（1）将降落伞布盖在 1 根扎线杆上，用布料中缝上的降落伞绳将降落伞底部横带系在离扎线杆的底部 6 英寸（15.2 厘米）处，将位于杆顶部的降落伞绳也系在扎线杆上。将扎线杆放在庇身所的框架中，粗端在直径 12 英尺（3.7 米）的圈上，顶端与其他架好的支杆交叉。扎线杆倾斜的方向应该正对着门的方位。

（2）将降落伞布（两侧的）从扎线杆上展开，罩住框架，并将降落伞底部横带系在支杆上，在开口的位置用木桩固定。然后将正面的降落伞布缝合或用木钉钉起来，留下 3~4 英尺（0.9~1.2 米）的开口作为门。（可以在圆锥形帐篷的前部扎一个缝纫用的小梯子，如图 15-5-4。）

（3）进入庇身所，将支杆的粗端向外挪，直到上面覆盖的降落伞布变得更加紧绷和光滑。

（4）将布料绷紧，拉平剩下的褶皱。先在

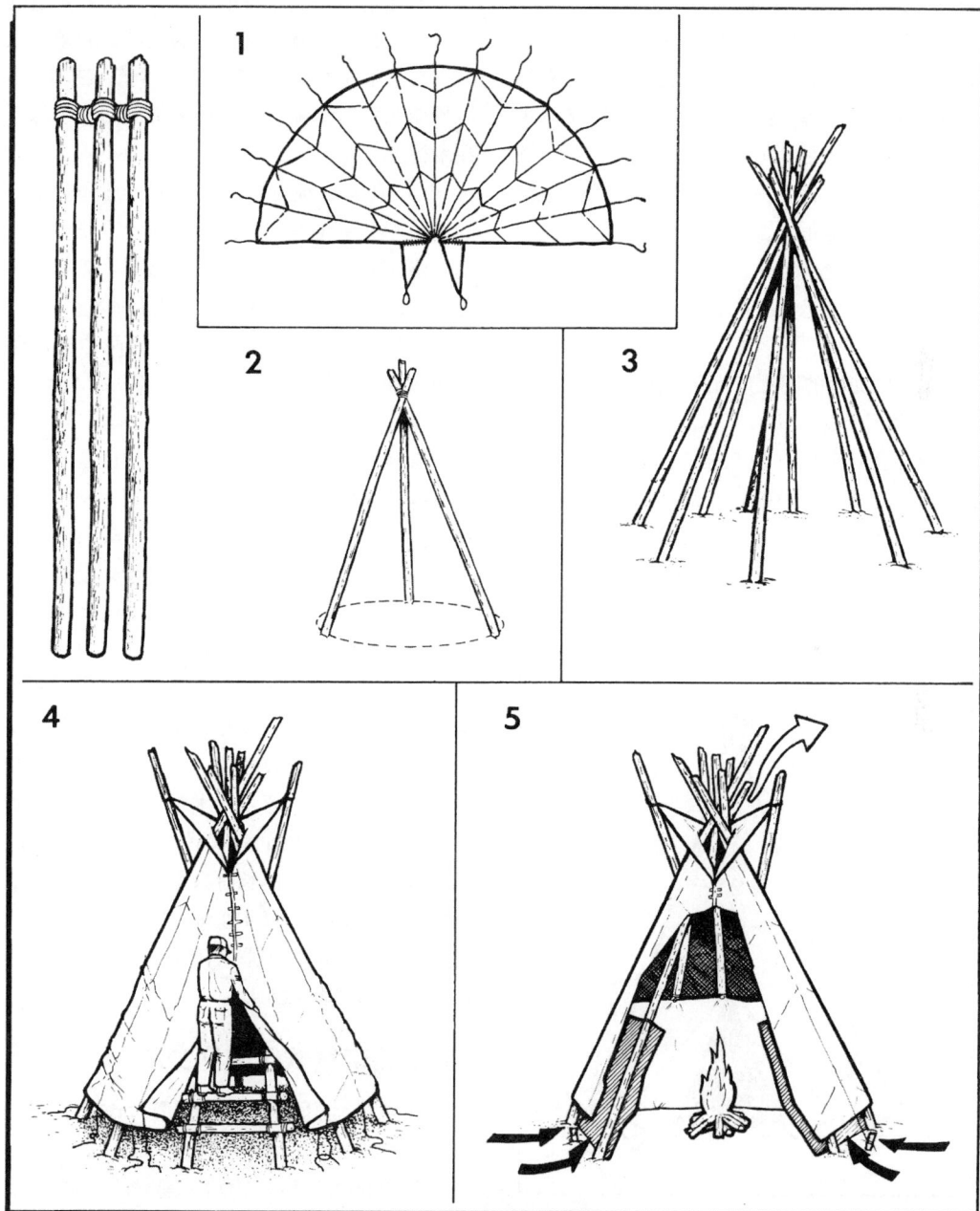

图 15-5　9 根支杆的圆锥形帐篷

庇身所后部正对着门的位置钉木桩，然后两侧交替着拉紧降落伞布并钉木桩，一直钉到庇身所前方。用双套结或类似的结把降落伞布固定在桩上。

（5）将最后 2 根支杆分别插进排烟门的套环中，这样圆锥形帐篷就建好了。

（6）一个可以改进的地方是安装衬里，这样一来，降落伞底部横带与地面之间只会有很小的空隙，求生者能够在不受寒的情况下生火。衬里的做法是：把剩下的降落伞布贴在圆锥形帐篷里侧，将降落伞底部横带绕着帐篷牢牢地直接钉在地上，留出门的位置。衬里和门的交接处可以缝合起来。最后将布的剩余部分沿着"内墙"拉起，用按扣固定在支杆上（图15-5-5）。

4. 1 根支杆的圆锥形帐篷（图 15-6）。

1）所需的材料：

（1）通常需要一块包括 14 块三角形伞幅的降落伞布作为覆盖物，切断降落伞底部横带上的所有吊绳，留在伞上的部分长 16~18 英寸（40.6~45.7 厘米）；

（2）木桩；

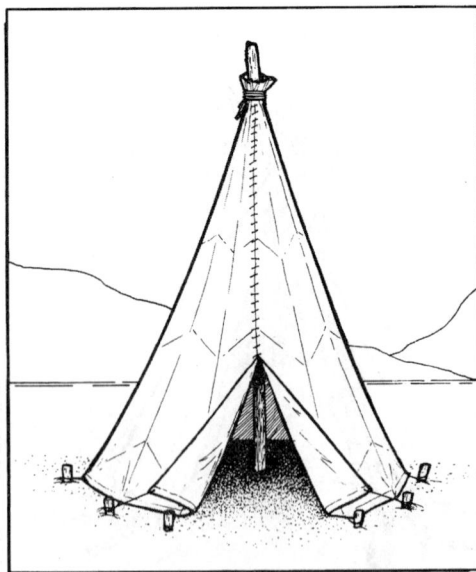

图 15-6　1 根支杆的圆锥形帐篷

（3）降落伞绳的绳芯和针。

2）搭建方法：

（1）选择一处庇身场所，在地上画一个直径约 14 英尺（4.3 米）的圈。

（2）用系在降落伞底部横带上的绳子把降落伞布通过木桩固定在地上——决定好帐篷的门开在何处后，将降落伞底部横带上的第一根绳子牢牢系在木桩上。确定降落伞布被拉紧后，沿着圆圈把所有降落伞底部横带上的绳子都系在木桩上。

（3）所有的绳子都系好之后，把降落伞布的顶端松松系在中心支杆上，通过不断尝试，确定降落伞布在中心支杆立直后可以绷紧的位置，然后将降落伞布在这一位置上系牢。

（4）用降落伞绳（或绳芯）将两边的降落伞布缝在一起，留出 3~4 英尺（0.9~1.2 米）长的开口作为门。

5. 无支杆的圆锥形帐篷。同样准备一块包括 14 块三角形伞幅的降落伞布，将一根绳索系在布的顶端，把绳索扔过一根树枝，打上结。然后从帐篷后部对着门的位置开始，沿着直径 12~14 英尺（3.7~4.3 米）的圆圈，把降落伞底部横带系木桩上。（图 15-7）

6. 草皮庇身所。在低温环境中，用草皮覆盖框架的庇身所比较暖和，在夏季采取防水措施和防虫措施也比较方便。草皮庇身所的框架必须牢固，可以用浮木、木棍、柳树枝干等材料建造（有些地方的居民还会使用鲸鱼骨）。求生者应该使用上面长有大量草的草皮，草皮上的土壤有 2 英寸（5.1 厘米）左右厚就足够了。切割草皮面积的大小取决于求生者的体力。草皮庇身所既坚固又防火。

15.9 热带气候区的庇身所

在热带地区搭建庇身所要考虑的基本问题是：

1. 在热带地区，特别是潮湿的热带地区，影响庇身所选址和类型的主要环境因素有：

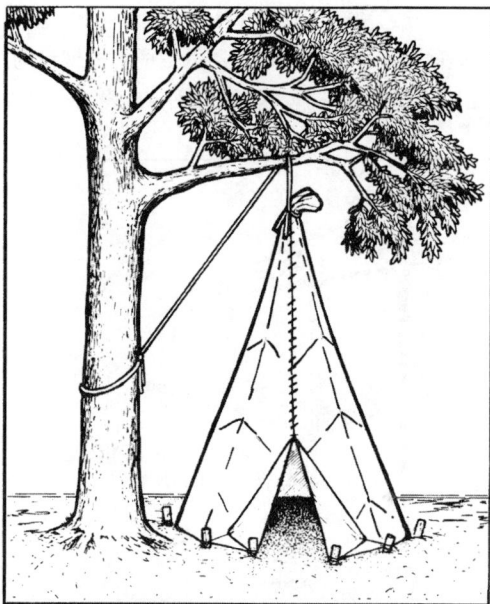

图 15-7 无支杆的圆锥形帐篷

1) 空气湿度；

2) 降雨；

3) 地面潮湿程度；

4) 高温；

5) 泥石流；

6) 已死但依然直立的树木；

7) 昆虫。

2. 求生者应把营地建在远离沼泽的小山或空地处的高点上。庇身所的地面应该是干燥的，偶尔还有微风吹来，这样可以减少蚊虫的侵扰。

3. 求生者要清除营区内的矮树丛和枯萎的植物，地面上的虫子在失去隐蔽物时很难接近求生者。

4. 用枝叶茂密的竹子或藤蔓做顶棚可以阻隔营火产生的烟雾和靠近的蚊虫，还能在清晨防止露水滴到床上。

5. 最简单的搭建庇身所的方法是将降落伞布、柏油帆布或雨披挂在绳索或藤蔓上，然后在两棵树之间展开当作顶棚。顶棚应该是一端比另一端高。庇身所开口少或有烟熏火堆都可

以防蚊虫。用降落伞布制作的吊床可以使求生者离开地面，不会接触到蚂蚁、蜘蛛、水蛭、蝎子等小生物。

6. 在潮湿环境中，求生者需要搭建庇身所来抵御湿气，除非求生者决定留在飞机中。求生者应该试着采取一些防蚊措施，比如用网或降落伞布盖住庇身所的开口处。

7. 要建造防雨性较好的庇身所，可以先搭建 A 形框架，然后用棕榈或其他阔叶植物宽厚的叶片及树皮、草皮覆盖框架（图 15-8）。

8. 有些热带山区的夜晚温度较低，求生者应试着待在避风的地方并生火。用碎石堆或其他障碍反射火堆的热量是很好的主意。用来搭建庇身所的天然材料包括新鲜的绿色植物枝干（死去的树可能已开始腐坏了）、竹子、棕榈叶等。藤蔓可以在铺设顶棚时当绳索用。可以将香蕉树剖开后排列起来做成床垫。

15.10 几种热带气候区庇身所的搭建方法

1. 高平台庇身所。这种庇身所有很多变形，其中一种是选择排列成长方形的 4 棵树或 4 根直立的支杆，长方形的长和宽要分别比求生者的身高和宽度略长、略宽，因为求生者的装备也需要保护。接下来，在每两棵树或两根支杆之间捆扎上结实的长杆，使每根长杆成为庇身所的一条侧边。然后，在水平的长杆上以 6~12 英寸

图 15-8 香蕉叶 A 形庇身所

（15.2~30.5 厘米）的间隔交叉固定断枝，这样就做成了一个有天然床垫的平台结构。最后，可以用降落伞布做蚊帐，还可以用 A 形庇身所的搭建技巧建造顶棚。顶棚材料应该能够防水，而且从底部到顶部应该是以层层叠放的形式铺设的。图 15-9 展示了几种类型的高平台庇身所。这类

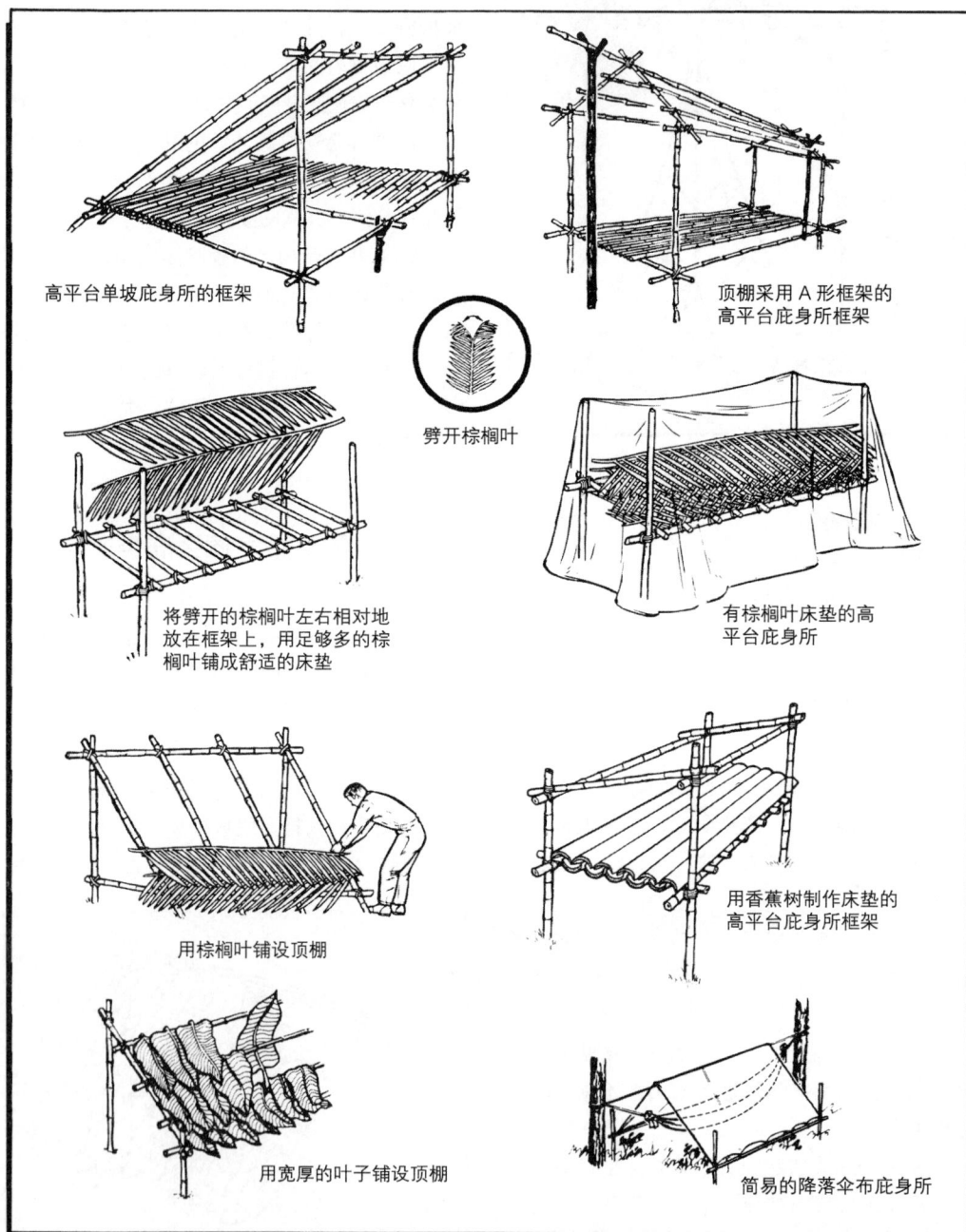

高平台单坡庇身所的框架

劈开棕榈叶

顶棚采用 A 形框架的高平台庇身所框架

将劈开的棕榈叶左右相对地放在框架上，用足够多的棕榈叶铺成舒适的床垫

有棕榈叶床垫的高平台庇身所

用棕榈叶铺设顶棚

用香蕉树制作床垫的高平台庇身所框架

用宽厚的叶子铺设顶棚

简易的降落伞布庇身所

图 15-9　高平台庇身所

庇身所也可以利用 3 棵排列成三角形的树来搭建。在庇身所的底部，将 2 根杆子与 1 棵树连接在一起。

2. 高平台庇身所的变形。高平台庇身所的变形之一是准平台庇身所。通过在 2 根"框架"杆上包裹布料，可以迅速做出一张舒适的床，方法之一是用长杆卷起布料滚动，就像制作临时担架那样。（图 15-10）

3. 吊床。求生者可以制作各种类型的吊床。和只是将降落伞布简单卷在框架上相比，吊床的制作更复杂，但也更舒服。（图 15-11）

4. 流浪汉庇身所。在热带沿海地区或其他沿海地区，如果求生者需要使用庇身所的时间更长，应该建造流浪汉庇身所（图 15-12），方法是：

1）在沙丘的背风面挖坑（以防庇身所被风侵袭），在坑里清理出一块足够求生者躺下并

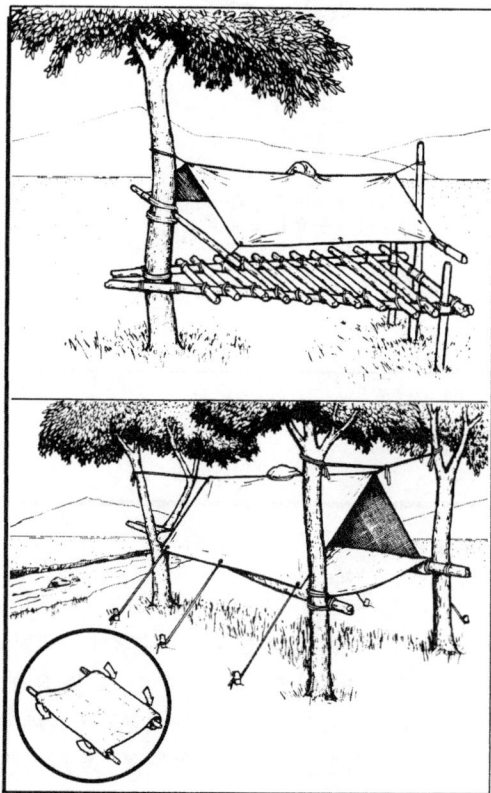

图 15-10　准平台庇身所

存放装备的平坦地带；

2）清出空地后，用厚重的浮木建造一个可以承受沙子重量的框架；

3）在框架的侧面和顶部覆盖上结实的材料（木板、浮木等），以挡住沙子，但要留出门的位置；

4）调整庇身所的顶棚，使其与沙丘的倾斜角度一致，然后用降落伞布盖住庇身所，使沙子不会从侧面和顶部覆盖材料的小洞中漏进来；

5）在降落伞布上堆上 6~12 英寸（15.2~30.5 厘米）厚的沙子，以抵御风和湿气；

6）给庇身所装一个门。

15.11　干燥气候区的庇身所

1. 居住在炎热、干燥地区的当地人搭建的庇身所能遮挡阳光，侧面可以卷起来透风。求生者如果被迫在这些地区求生，应该模仿这种设计。在气候炎热的地区，求生者必须考虑到昼夜温差的因素，因为这些地区夜晚的温度可能会很低。不过，求生者面对的最大环境难题还是高温和日晒。

2. 炎热、干燥地区的天然庇身所一般位于悬崖的阴影处和小山、沙丘或岩石的背风处。在一些沙漠地带的山区中，求生者有可能能找到很好的岩石当庇身所，在从悬崖掉落的滚石下面也可能会找到类似山洞的庇身所。求生者在选址时要小心确认这一地区不会再有石块掉落，并且没有动物方面的威胁。

3. 这些地区如果长有植物，通常是发育不良或布满保护刺的。求生者要随着太阳的移动绕着植物变换位置，尽可能地留在植物的阴影中。白天最热的时候，由于太阳直射，植物周围可能没有阴影。求生者可以把降落伞搭在灌木或岩石上，制造一些阴影。

4. 在沙漠中可以用来搭建庇身所的材料。

1）沙子虽然十分松散，但是可以用降落伞布或其他布料制作口袋装满沙子，制成柱状的沙袋；

2）岩石可以用作庇身所的支撑物；

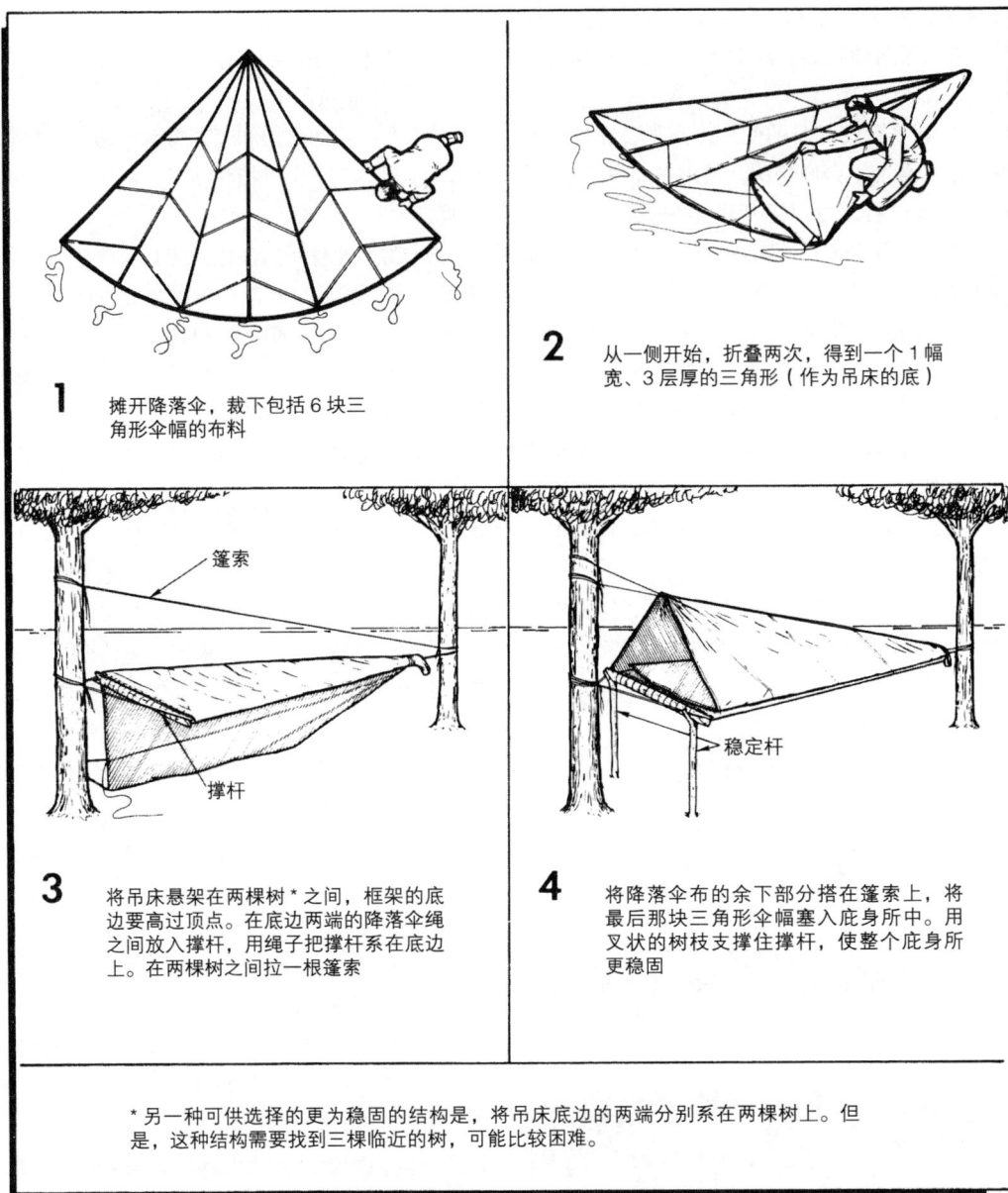

1 摊开降落伞，裁下包括 6 块三角形伞幅的布料

2 从一侧开始，折叠两次，得到一个 1 幅宽、3 层厚的三角形（作为吊床的底）

筐索

撑杆

3 将吊床悬架在两棵树 * 之间，框架的底边要高过顶点。在底边两端的降落伞绳之间放入撑杆，用绳子把撑杆系在底边上。在两棵树之间拉一根篷索

稳定杆

4 将降落伞布的余下部分搭在篷索上，将最后那块三角形伞幅塞入庇身所中。用叉状的树枝支撑住撑杆，使整个庇身所更稳固

* 另一种可供选择的更为稳固的结构是，将吊床底边的两端分别系在两棵树上。但是，这种结构需要找到三棵临近的树，可能比较困难。

图 15–11　吊床

3）山艾树、石炭酸灌丛、杜松和沙漠葫芦等植物是建造庇身所的宝贵材料；

4）降落伞布和降落伞绳可能是求生者可以利用的最万能的庇身所建造材料，将降落伞布层层叠起遮住身体可以保护求生者免遭烈日暴晒。

（1）用来遮阴的材料应该足够密实，或者有很多层，以减少或阻隔危险的紫外线照射。不同颜色的降落伞布隔绝紫外线的效果不同。一般来说，效果较好的颜色依次是橘色、灰绿色、褐色和白色。求生者应尽量覆盖多层这些颜色的降落伞布。

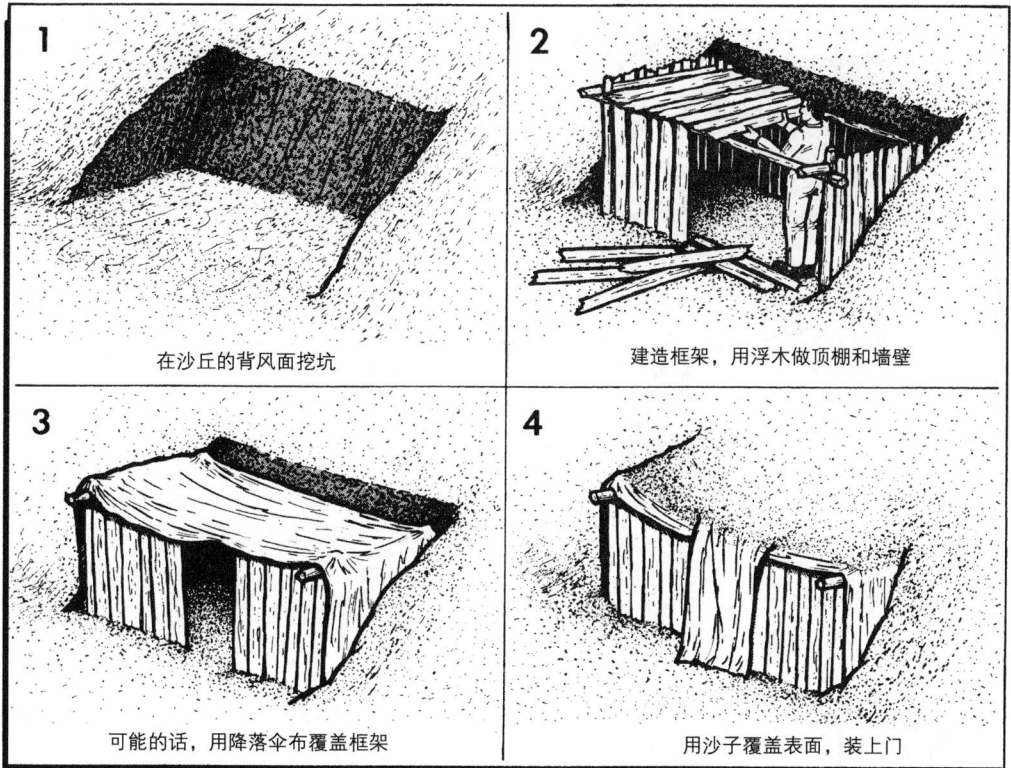

1　在沙丘的背风面挖坑

2　建造框架，用浮木做顶棚和墙壁

3　可能的话，用降落伞布覆盖框架

4　用沙子覆盖表面，装上门

图 15-12　流浪汉庇身所

降落伞布防紫外线测试

与紫外线直接照射的情况相比，降落伞布阻挡紫外线的百分比（波长为 2537 埃的短波紫外线）

	1 层	2 层	3 层
橘色	78.2%	96.2%	99.36%
灰绿色	79.5%	96.2%	98.7%
褐色	64.1%	84.6%	93.6%
白色	47.5%	61.6%	70.5%

与紫外线直接照射的情况相比，降落伞布阻挡紫外线的百分比（波长为 3660 埃的长波紫外线）

	1 层	2 层	3 层
橘色	63.4%	92.3%	97.8%
灰绿色	60.0%	88.9%	97.8%
褐色	38.9%	66.7%	82.3%
白色	28.9%	47.8%	58.9%

（2）降落伞布应搭在比求生者高 12~18 英寸（30.5~45.7 厘米）的地方，这样有助于让空气在降落伞布下面冷却。

（3）飞机残骸和救生筏也可以制造阴影。

求生者可以用机翼、机尾或机身来搭建遮阴处。注意，机身内部很快就会在太阳的照射下变得非常热，所以求生者不应待在机身中。救生筏可以用筏桨或灌木、岩石等天然物体支起来，在太阳下形成一片阴影（图 15-13）。

15.12　在沙漠中搭建庇身所的原则

1. 沙漠中的庇身所的顶部应该是多层的，以形成空气层，从而降低庇身所内部的温度。每层顶部之间应该相隔 12~18 英寸（30.5~45.7 厘米）（图 15-14）。

2. 求生者应该让庇身所的地面比沙漠地表高或低 18 英寸（45.7 厘米），以加强降温效果。

3. 在高温的沙漠中，应该用白色降落伞布作为庇身所的最外层，用橘色或灰绿色降落伞布作为内层，以阻隔紫外线。

4. 在较为凉爽的地区，组合多层降落伞布

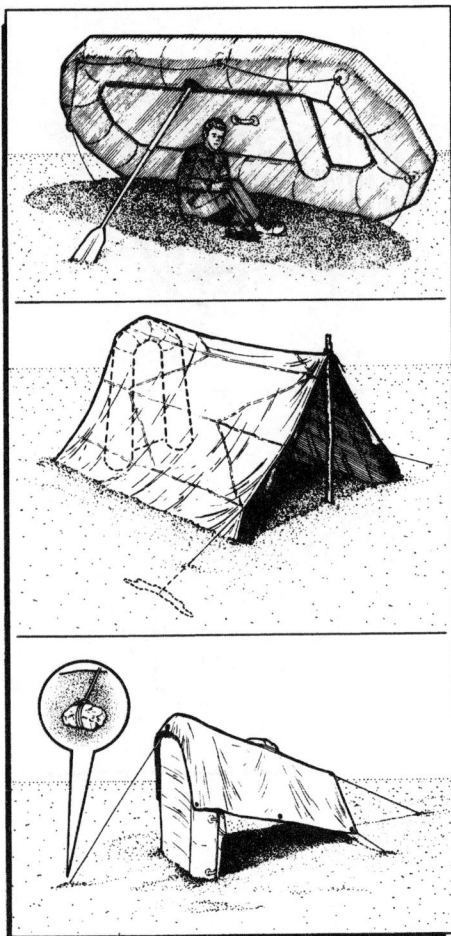

图 15-13　临时搭建的天然遮阴庇身所

时应把绿灰色和橘色的放在外层，以吸收热量。

5. 庇身所的侧面应该是活动的，从而能在低温或风大的时候为求生者提供保护，而在温度高的时候则可以通风。

6. 在高温沙漠中，求生者的庇身所白天应该远离大石块，因为大石块在白天会吸收大量的热量；而在晚间则需要移动到多石地区，因为岩石在夜晚会辐射热量，求生者可以加以利用。

7. 求生者应该：

1）在沙丘迎风面搭建庇身所，从而能吹到凉爽的风。

2）在清晨、黄昏和夜晚搭建庇身所。可能陷入求生环境的人要记住，进入沙漠地区后，在白天必须立刻考虑防晒和寻找水源的问题。求生者可以将降落伞布盖在救生筏、植物或自然地貌结构上，以迅速形成庇身所。

15.13 极地气候区和冰雪气候区的庇身所

1. 极地气候区和冰雪气候区的不同导致在这两种地区需要建造不同类型的庇身所。基本上，求生者准备建造庇身所时，有两种环境需要其建造特殊的庇身所或遵循特殊的建造原则。这两种环境是：

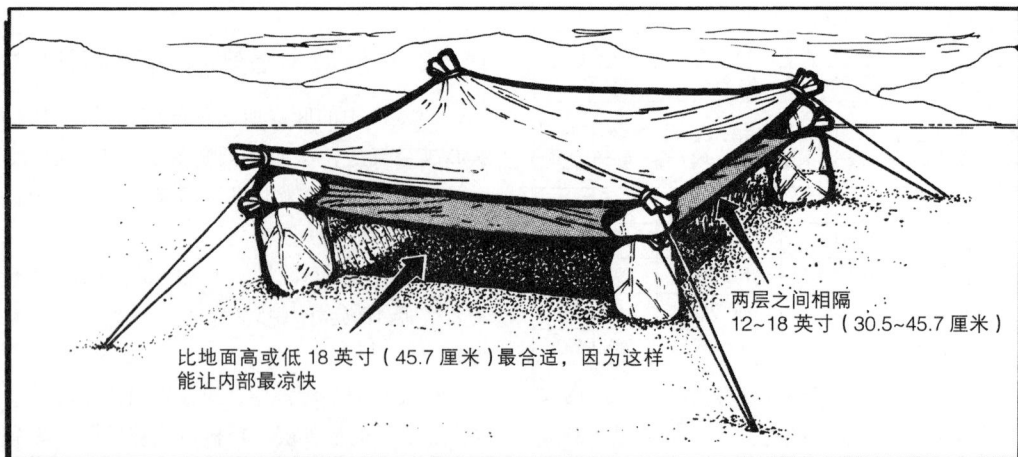

两层之间相隔：
12~18 英寸（30.5~45.7 厘米）

比地面高或低 18 英寸（45.7 厘米）最合适，因为这样能让内部最凉快

图 15-14　降落伞遮阴庇身所

1）不毛之地，包括一些海岸、冰盖、海上浮冰区和林木线以北的地区；

2）林木线地区。

2. 不毛之地上只有有限的可以搭建庇身所的材料，包括雪、小灌木和草。因风吹而形成的积雪可以用作防风的垒（求生者应将庇身所建在垒的背风处）。在海上浮冰区，经常刮起的风会让浮冰漂移，形成冰脊。求生者为庇身所选址时应该避开这些不稳定的地区。适合在不毛之地搭建的庇身所包括：

1）圆顶庇身所（图 15-15）；

2）雪洞（图 15-16）；

3）雪沟（图 15-17）；

4）拱形圆顶小屋（图 15-18）；

5）类雪屋（图 15-19）。

注意：上述几类庇身所中，搭建起来最迅速、最省力的是雪洞、雪沟和圆顶庇身所。了解哪一种庇身所最容易建造非常重要，这样求生者就可以减少或免除建造庇身所时所受的风寒作用的影响，有利于维持生命。

3. 在有树木生长的地区，求生者通常能找到足够的搭建庇身所的材料，但求生者要谨慎选址，建在河流和小溪附近的庇身所可能会被泛滥的水流吞没。

4. 林木线地区的庇身所的类型包括：

1）保暖 A 形框架庇身所（图 15-20）；

2）单坡顶或楔形屋庇身所（图 15-21）；

3）蝶形顶庇身所（图 15-22）；

4）扇形庇身所（图 15-23）；

5）柳树框架庇身所（图 15-24）；

6）树坑庇身所（图 15-25）。

5. 不管求生者选择哪种类型的庇身所，都要遵循极地地区应注意隔热的原则。裸露的地表或水上的大块浮冰会辐射热量，所以在可

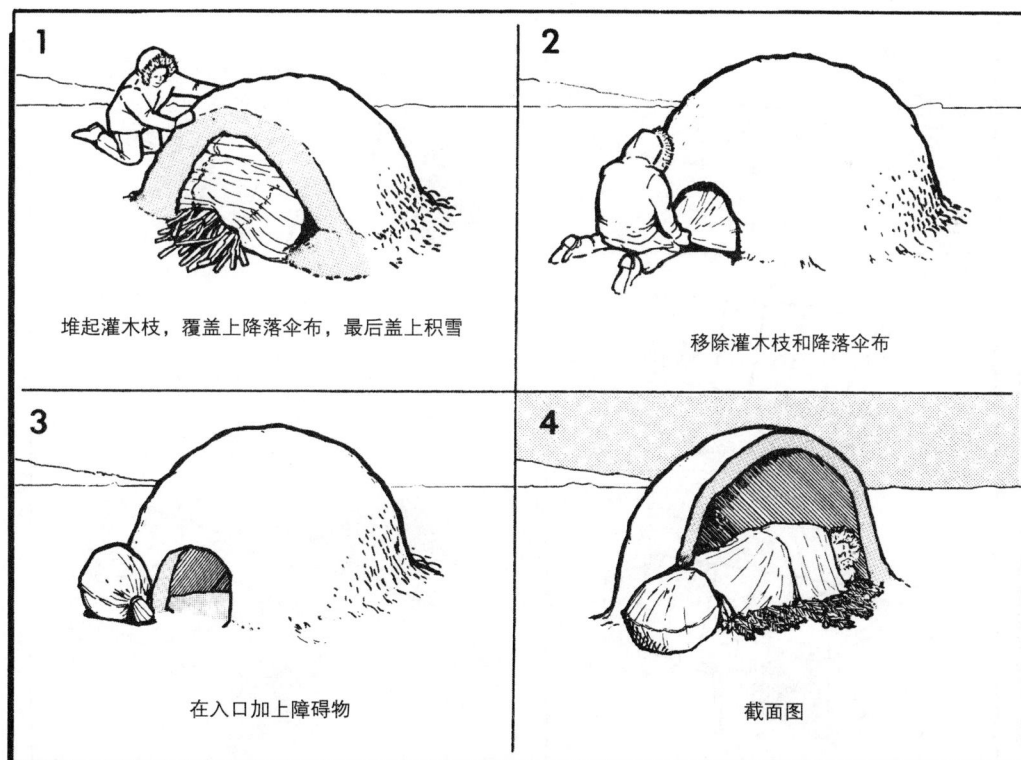

1　堆起灌木枝，覆盖上降落伞布，最后盖上积雪

2　移除灌木枝和降落伞布

3　在入口加上障碍物

4　截面图

图 15-15　圆顶庇身所

1 挖一个 18 英寸（45.7 厘米）宽、高度到胸口的入口坑道

2 移除一块与入口交叉的矩形积雪，然后继续向里挖掘，将用于睡觉的雪洞底部挖平

3 将入口打开至约 2 英尺（0.6 米）宽，再向里挖约 1 英尺（0.3 米）

4 切开雪块作为开口处的障碍物，将它们横放在开口处

5 在障碍物的缝隙间填上雪

6 完成后的截面图

图 15-16　雪洞

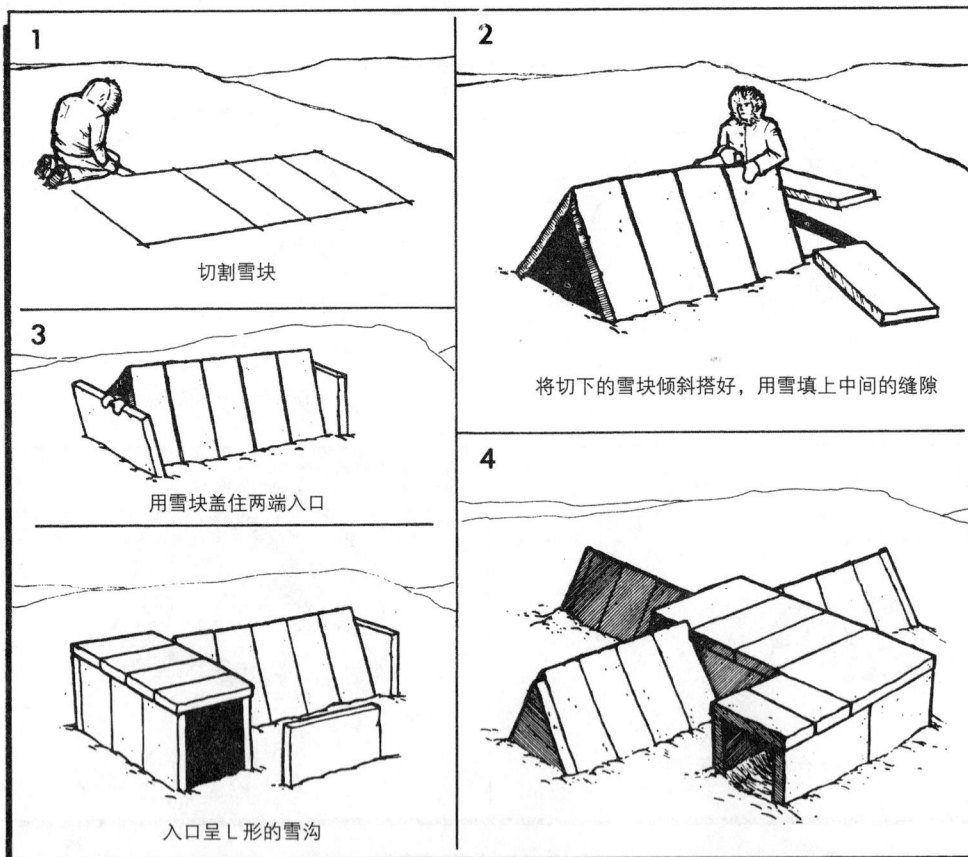

1 切割雪块

2 将切下的雪块倾斜搭好，用雪填上中间的缝隙

3 用雪块盖住两端入口

4 入口呈 L 形的雪沟

图 15-17　雪沟

能的情况下求生者应该把庇身所所在位置的雪挖开，一直挖到裸露的土壤处（图 15-26）。在庇身所内部，求生者应在自己的上方留出至少 8 英寸（20.3 厘米）的隔热区，以保存热量。除了通风口，所有的开口和缝隙都应封死，以避免热量流失。如果庇身所内有产生热量的装置，那么留出通风口就显得特别重要，因为蜡烛、固体酒精或小油灯点燃后都会产生一氧化碳。除了在屋顶开通风口，门上可能也要留出通风口，以保证空气循环。（一般来说，如果雪洞中的人不能看见自己呼出的气体，就意味

图 15-18　拱形圆顶小屋

着雪洞内的温度太高，应该降温，以免雪融化后滴水。）

6. 不管室外温度有多低，一个造好的小雪洞中的温度一般都不会低于 −10℉（−23.3℃）。光是人的体温就可以使雪洞中的温度比外面高 45℉（25℃），燃烧的蜡烛可以将温度提高 4℉（2.2℃），燃烧的固体酒精 [小型，2.625 盎司（74.4 克）] 可以将雪洞内的温度提高 28℉（15.6℃）。但是，因为雪洞内的温度不可能被提高到高出冰点许多，所以雪洞中的生活条件还是相当严酷的。一旦雪洞的内表面有薄冰覆盖，求生者应该先去除这层薄冰，或者另建新庇身所，因为这层薄冰会降低庇身所的隔热性。在新庇身所建好之前，求生者应保留旧庇身所用来避风。

7. 气温在冰点以下时，求生者不应将飞机作为庇身所，除非风很大。但即便是风很大，求生者也要在情况好转后立刻开始建造庇身所。因为飞机不能充分隔热，地板经常会变得冰冷，给求生者带来危险。

15.14 在极地气候区和冰雪气候区搭建庇身所的一般技巧

1. 所有具有隔热功能的庇身所都应该包括以下层次：框架、降落伞布（如果随身带着的话）、大树枝和灌木、雪。框架必须足够结实，以支撑覆盖物和隔热层。求生者还应该制作有阻隔效果的门，使热量尽可能少流失。在睡觉的区域应该增加保暖装置。

2. 如果在不毛之地搭建庇身所时只能找到雪作为材料，那么求生者必须有一把长刀或临时准备一个挖掘工具。求生者一般需要 2~3 小时的艰苦努力才能挖出一个雪洞，对新手来说，还需要更长的时间才能建造一个拱形圆顶小屋。

3. 求生者在进行挖掘等工作时应该轻装上阵，因为在搭建庇身所的过程中，求生者很有可能体温过高，而衣服被汗液浸湿后很快就会

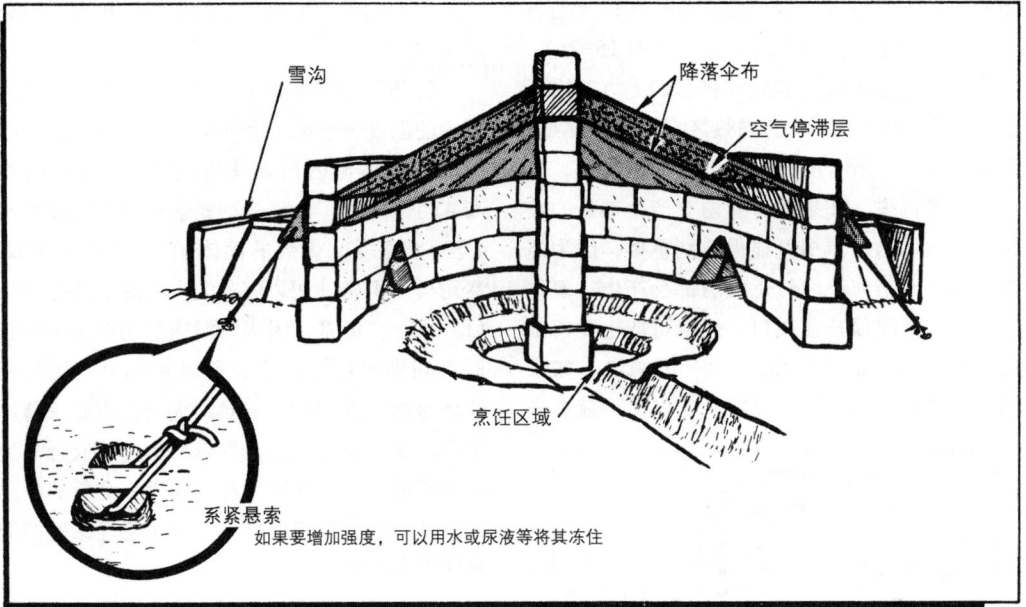

图 15-19 类雪屋

结冰。

4. 可能的话，所有类型的庇身所的开口都应设在与盛行风成 90° 的位置上。庇身所的入口处应该以 L 形的雪堆作为屏障。

5. 浮冰上适宜被切割成块的雪层通常分布在冰脊或冰丘的背风处。这些紧实的雪层一般都不厚，制作雪块时要采用水平切割的方式。

6. 不管选择哪种类型的庇身所，求生者在

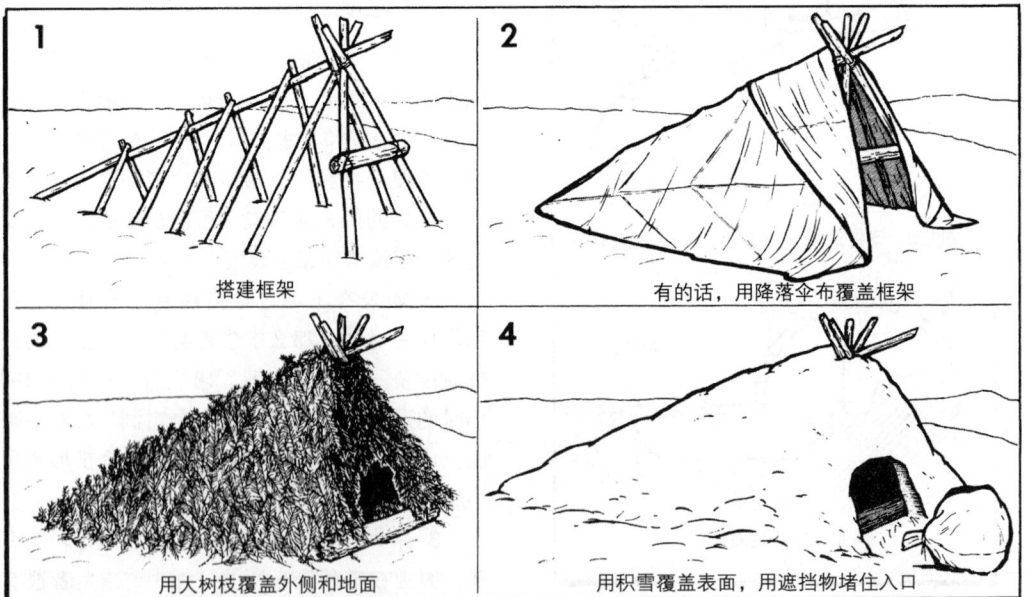

图 15-20 保暖 A 形框架庇身所

图 15-21　单坡顶或楔形屋庇身所

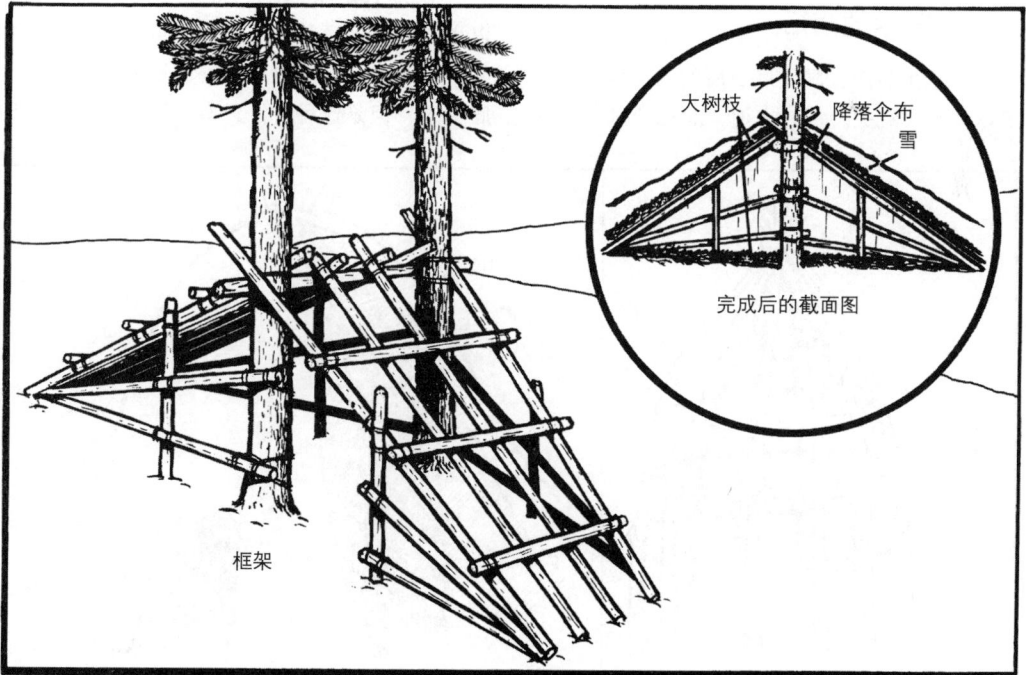

图 15-22　蝶形顶庇身所

用多余的材料制作门

图 15-23 扇形庇身所

夜晚都应该把挖掘工具带进庇身所中，以处理夜间可能在门口堆积起来的雪。

15.15 极地气候区和冰雪气候区庇身所中的生活

1. 求生者应该限制庇身所的入口数量，以使热量不致流失。一般来说，北极地区可用作燃料的资源很少，要节省燃料，就应把庇身所的入口尽量封住（图 15-27）。求生者必须到庇身所外活动时，应该注意搜集燃料和冰雪（融化成水使用）。为了方便，求生者可以在庇身所内准备一个垃圾桶，装备可以放在入口的地方，不能储存庇身所内的必需品要放在门口。求生者的任何火器（枪）都必须放在庇身所外面，以免其因冷凝作用出现故障。

2. 在用雪建造的庇身所中，一般来说，如果条件允许，求生者应在庇身所内上厕所，以保存身体的热量。求生者也可以在庇身所边上挖出一个与之相连的雪洞，将其作为厕所。如果条件不允许，求生者可以用马口铁罐子装尿液，用雪块装粪便。

3. 求生者睡觉或休息时，应该做一个厚的隔热层垫在身体下面，哪怕求生者有睡袋也要这样做。求生者可以使用的隔热材料有：大树枝、椅垫、降落伞、充气的橡胶救生筏（翻过来用）。

4. 外衣是做床垫的好材料。皮质大衣可以用作给脚保暖的袋子，内衣可以卷起来当枕头。把衣服塞入睡袋放在臀部周围可以使其彻底变干，但是这种方法只有在不得已时才能使

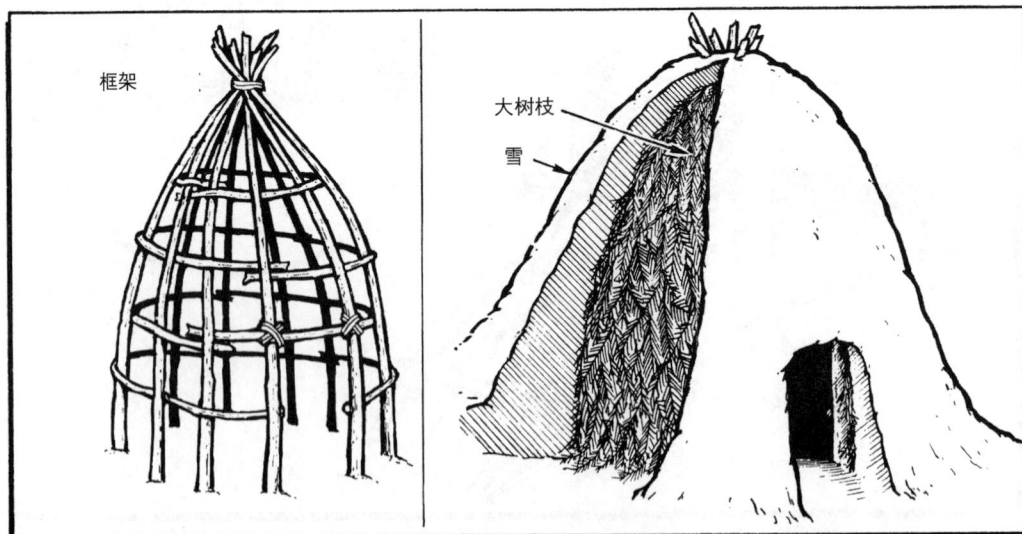

框架

大树枝

雪

图 15-24 柳树框架庇身所

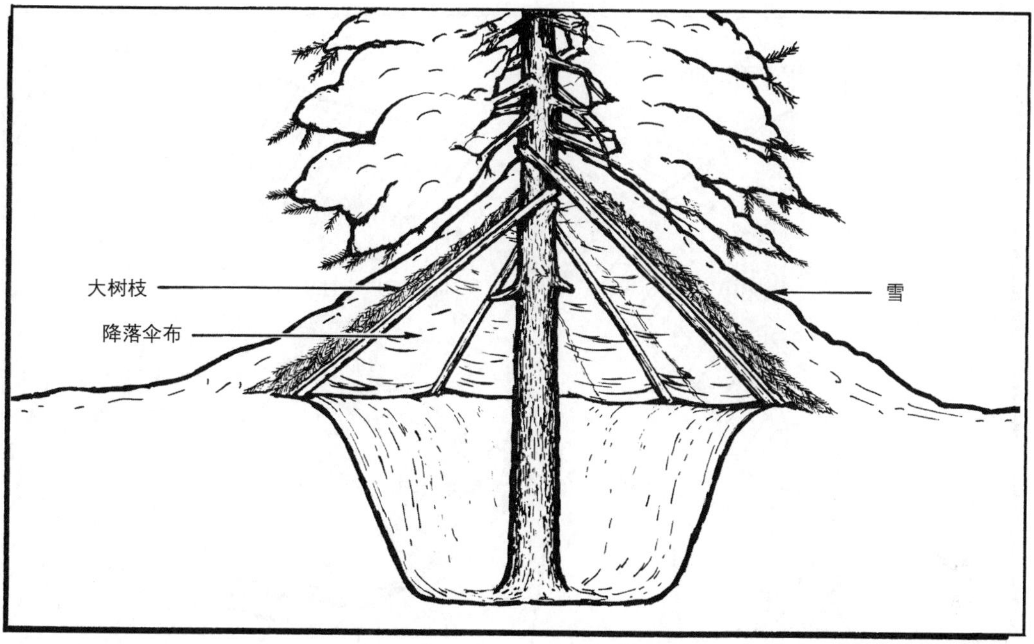

图 15–25　树坑庇身所

用。袜子和鞋垫可以在庇身所内分开晾干。

5. 保持睡袋干净、干燥和蓬松可以得到最好的保暖效果。要想让睡袋变干燥，应该把睡袋从里到外翻过来，拍掉霜，在火前烘烤——注意不要被火烧着。

6. 为了不让水汽（呼吸造成的）弄湿睡袋，可以找一块布、毛巾或临时用降落伞布制成防潮布，将其轻轻围在头上，这样呼出的水汽就会被阻挡在防潮布中，而弄干一块布比弄干整个睡袋容易得多。如果夜晚感到寒冷，求生者应上下摆动双脚或用手在睡袋内拍打，以使身体暖和起来，食物或热饮也有助于驱寒。

7. 衣服上残留的雪在温暖的庇身所中会融化，当求生者穿着这样的衣服再次来到户外时，融雪就会结冰，从而降低衣服的克罗值。所以，求生者在进入庇身所前要掸去衣服上的雪。在衣服很难弄干的情况下，防止衣服弄湿比将湿衣服弄干容易得多。

8. 如果外衣上的雪无法全部去除，求生者应该脱掉衣服，放在入口处或远离热源的地上，使其维持低温。如果衣服上结冰，可以用

棍棒把冰打掉。

9. 在任何紧急庇身所狭小的空间中，装有食物和水的罐子都可能会被不小心踢翻，所以求生者在安排烹饪区的时候，哪怕只有一个固体酒精炉，也应该设在自己很少走动的地方，可能的话可以设在凹室里。

15.16 夏季在极地地区搭建庇身所需要考虑的因素

1. 求生者需要一个能够防雨、防蚊虫的庇身所，所以可能的话应选择既靠近水源，同时

图 15–26　把地面上的雪挖开露出裸土

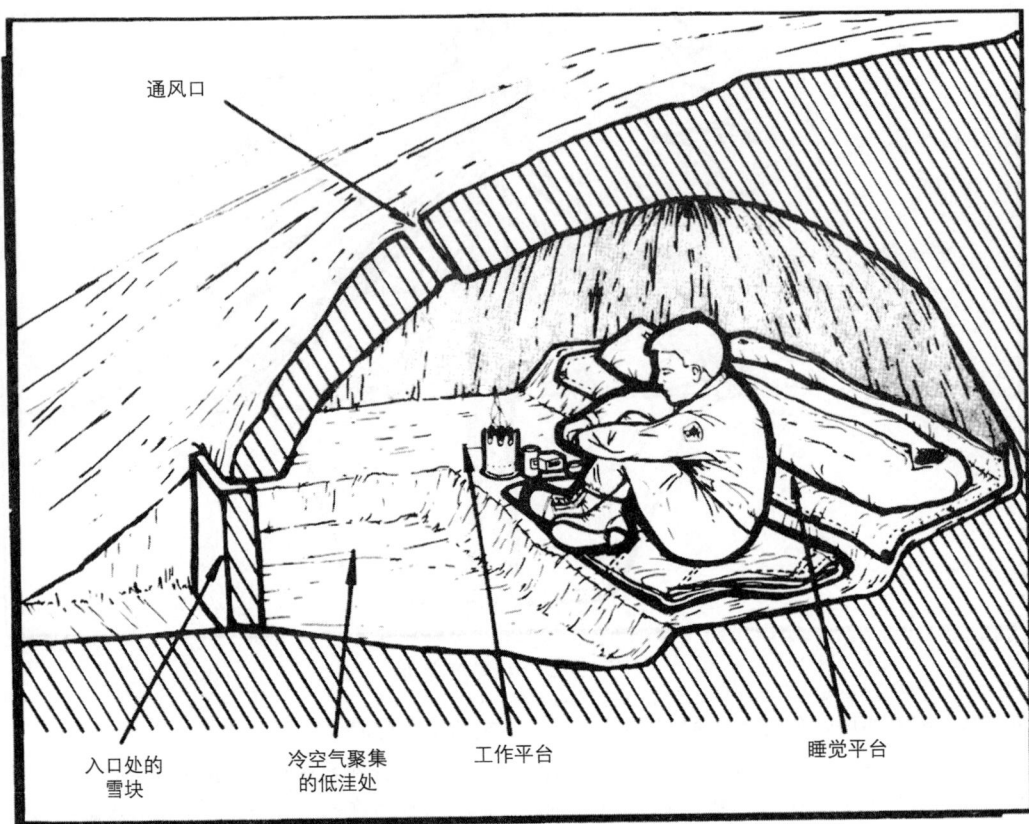

图 15-27　雪洞中的生活

地势又高的干燥地方。庇身所应远离茂密的植物，因为蚊子和苍蝇会带来很大的麻烦。理想的庇身所位置包括：山脊顶部、寒冷的湖岸和能吹到微风的地方。

2. 如果求生者与飞机在一起，那么在夏季就可以将飞机当作庇身所。求生者应该用网或降落伞布盖住飞机所有的开口处，防止蚊虫进入。求生者要在飞机外烹饪食物，以免发生一氧化碳中毒。生火处应该与飞机保持安全的距离。

3. 许多可以在温带地区搭建的庇身所都适用于夏季的极地地区。圆锥形帐篷（1 根支杆或无支杆的）是特别好的选择，既能挡雨又能防蚊虫。

15.17 远海庇身所

远海上的个人保护与其他地区一样重要。有些救生筏上配备了隔热板、防溅板和篷子，可以保护求生者不受高温、低温和水的侵害。如果救生筏内没有这样的装备或者丢了，求生者应该试着用降落伞布、衣服或其他材料临时制作防护装置。

第 16 章　生火

16.1 引言

1. 在求生者的各种需求中，生火应该处于优先位置。火可以用来取暖、照明、烘干衣服、发信号、制造工具、烹饪和净化水。用火取暖时，随着身体为了维持体温而消耗的热量减少，求生者需要的食物量也会减少。而且，仅仅是坐在火堆边上，就能提高士气。火堆产生的烟还可以驱走蚊虫。

2. 避免生太大的火。小火堆需要的燃料少、易于控制，而且产生的热量比较集中。除非做了封火处理，否则不要让火堆处于无人照看的状况。封火就是把冷却的灰烬和干土盖在火上，而灰土顶部的缝隙能让足够的空气进出，使燃料保持阴燃状态。这样可以保证火堆的安全，而且用火堆里的木炭也很容易再次生火。

16.2 生火的要素

1. 成功生火的三要素是：燃料、热量、氧气。这三个要素结合在一起称为"火三角"。通过限制燃料的量，可以只生小火。如果燃料的量不合适，火势就会太大或太小。新鲜的植物很难点着，只有用已经烧旺的火才能点燃。想点燃燃料还必须有氧气和一定的热量。

2. 求生者必须花时间为生火做好准备。准备好每个步骤所需的燃料和最初的引火物是成功生火的关键。此外，求生者还需要练习和耐心。

3. 用于生火的材料根据大小和燃点一般可以分为三种：火绒、引火物和燃料（图16-1）。

1）火绒是一种燃点很低的细碎材料，只用少量的热量，甚至是火星，就很容易点燃。火绒那极干燥的发丝状纤维之间一定要有空气（氧气）。准备火绒是生火过程中最重要的一步。干燥的火绒是如此重要，所以求生者应该

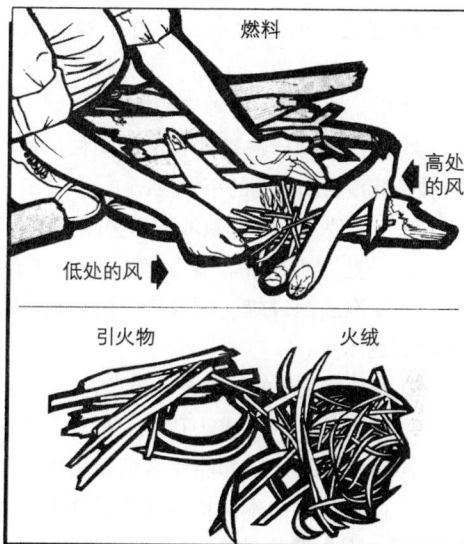

图 16-1　生火条件和材料

特别注意，始终要用防水的容器来保存它们。可用作火绒的材料包括：

（1）一些树木和灌木的树皮碎屑；

（2）雪松、桦树的树皮纤维和棕榈树的纤维；

（3）已死树木被压碎的纤维；

（4）细小、干燥的木屑和干草；

（5）含有树脂的木屑；

（6）含有树脂的刨花（来自松树或其他树脂较多的松、柏科植物）；

（7）鸟类和啮齿类动物巢的里层；

（8）种子的绒毛（马利筋、香蒲、蓟等）；

（9）烧焦的布；

（10）棉球或棉绒；

（11）钢丝绒；

（12）粉末状的松脂；

（13）纸；

（14）泡沫橡胶。

2）引火物是一种比火绒大的助燃材料，同

样很容易点燃，可以加入火绒或放在火绒上，通过接触到火绒的火星而被点燃。引火物通常被用来将燃烧的温度提高，以利于点燃更大但不易燃烧的材料。可用作引火物的材料包括：

（1）死去植物的小枯枝或植物纤维；

（2）枯死、干燥的木头、竹子和藤条的碎片；

（3）松、柏科植物的球果和针叶；

（4）松、柏科植物基部长出的幼枝，地面附近被枝叶覆盖的已死的小树枝；

（5）从大块木头内部获取的木头碎片；

（6）一些塑料制品，比如飞机上的勺子；

（7）浸泡或蘸过蜡、驱蚊剂、汽油或油等易燃材料的木头；

（8）急救药包中的凡士林纱布条；

（9）干燥的木头劈成小片以后很容易点燃（劈开各种可燃的材料都能使其变得更容易被点燃），而带棱角的木头比有树皮覆盖的圆木头更易燃，因为前者在火中暴露的面积更大。

3）燃料与火绒、引火物不同，不必是完全干燥的，只要有足够的引火物能将燃料的温度提升到燃点即可。但是，还是建议求生者不要让燃料受潮，以免燃烧时产生太大的烟（不要往已经生起的火上倒易燃液体，因为就算是阴燃的火也有可能引起这些易燃液体爆炸，导致严重的后果）。燃料的种类决定了火堆的热量和亮度。劈开的干燥硬木（橡树、山核桃树、雨豆树、白蜡树）燃烧时不太可能产生太多的烟，而且其燃烧时提供的热量通常比针叶树木还多，但劈开它们的时候比较吃力。松树和其他松、柏科植物燃烧快，但除非保持旺烧，否则会产生较多的烟。腐烂的木头几乎没有利用价值，因为它们只能阴燃，还会产生较多的烟。天气也是影响燃料选择的重要因素。直立或稍微倾斜的树木内部通常都是比较干燥的，就算在雨中也是如此。在热带地区，求生者不应选择生长在沼泽地区或被苔藓覆盖的植物，热带地区生长的针叶树通常也不是好的燃料。有时候，不断尝试才是决定选择何种燃料的最佳方式，通过确定可选燃料的燃烧性能，求生者可以做出最终选择。建议选择的燃料包括：

（1）已死的直立枯树和树枝（折断时会发出噼啪声）。枯死的树木和树枝容易劈开和折断，求生者可以将其放在岩石上敲打，或是挤入两个物体之间使其弯曲，直到折断。

（2）有时即便外界环境十分潮湿，倒下的树木和大树枝的内部仍有可能是干燥的，因为树芯一般是最后腐坏的。

（3）可燃的新鲜木头到处都能找到，可以将其劈成小块作为燃料，或是与干枯的木头混在一起使用。

（4）在没有树木生长的地区，求生者可以寻找其他材料，比如把干燥的草拧成束作为燃料。在沙漠中，死去的仙人掌及其他植物可用作燃料。在河岸裂口处分布着干燥的泥炭藓，在地表可以找到干燥的动物粪便，有时甚至还能找到煤块，这些都能用作燃料。如果能找到浸了油的沙子，也可以拿来当燃料用。

16.3 生火的地点

生火的地点要仔细选择。有这样一个古老的传说，有个山民用身上的最后一根火柴在被雪覆盖的树下生起了火。火堆产生的热量让雪融化了，雪水顺着树流下来，浇灭了火。对求生者来说，这样的意外不仅打击士气，甚至还会致命。所以，求生者要仔细选择生火的地点，做好生火的准备工作。

16.4 生火地点的准备工作

1. 选好生火地点后，求生者应清理生火场地中的小树枝、苔藓、草和下层腐叶。就算是只生小火，至少也要清出直径 3 英尺（0.9 米）的区域，直到露出裸土，生大火时需要的面积更大。如果不得不在雪、冰或潮湿的地面上生火，求生者应该用新鲜植物或石头搭建一个平台（不要用那些潮湿或多孔渗水的石头，它们受热后可能会爆开）。

2. 不必在生火的地方挖洞或在四周围上石头。可以把石头围成圈，中间填满土、沙子或碎石，从而将火堆在潮湿的地面上抬高——这是使用石头的唯一目的。

3. 为了获得最大的热量，应该把火堆的位置选在靠近石头或木头等可以反射火堆热量的物体旁边，尽量让热量反射进庇身所中（图 16-2）。烹饪用的火堆可以用木头或石头围起来，这样不仅能在上面架厨具，还可以防风，保存住热量。

4. 准备工作完成后，应将所有的生火材料放在一起，按大小排列（依次为燃料、引火物和火绒）。求生者生一次火，应该准备的火绒是实际需要量的 3 倍。准备过多总比准备不足好。手头有足够的生火材料可以使求生者在火熄灭后不用再去四处搜集材料。

16.5　用火柴或打火机点火

1. 求生者应该把少量的引火物摆成矮金字塔状，其中的纤维应足够紧密，使得火苗很容易从一块移动到另一块上。为了点火方便和让空气循环，引火团上应留出一个小开口。

2. 用小棍或干燥的细树枝松散系成的薪束可以减少火柴的用量。用火柴点燃薪束后一定要注意挡风，接着就可以用薪束点燃地势较低的迎风处的引火物了。

3. 木片等燃料可以在点火之前轻轻放在引火物上，也可以在引火物开始燃烧时添加进去。这时，求生者可以先放小片的燃料，等火苗变大后再加大片的。求生者要避免厚重的木头压住引火物，以免闷灭火苗。

4. 点火时，求生者应尽量使用很少的火柴，或者使用其他快速点火的工具。处于长期求生活动中时，求生者应节约使用这些工具，或者在可能的情况下带着火种移动。在古代，人们会用树皮包住干燥的木头或树皮纤维（雪松）来携带火种（即制作火束），有时人们也会使用火把。用天然材料制作的火束能很好地保存火种。（图 16-3 左）

5. 要想让干燥木头中的煤炭保持缓慢燃烧，必须只为其提供刚好够用的氧气。这就需要求生者对火种始终保持关注，并且控制其燃烧的速度。

16.6　工具

火柴、打火机和其他点火工具的使用寿命都是有限的，总有一天会被耗尽。可能的情况下，求生者应该提前熟练掌握摩擦、加温和打火星等原始生火技巧，并且要不断练习这些技巧。求生者可能会在猝不及防的时刻需要生火，而能够帮助他们迅速生火的最有利的工具就是"火种盒"（图 16-3 右）。在有经验的人看来，摩擦、加温和打火星是非常有效、可靠的生火技巧，所以求生者必须熟练掌握它们。求生者还必须了解在使用这些原始技巧时可能遇到的问题，比如如果当地的湿度很大，就算其他条件都很有利，也很难把火生起来。要使这些原始生火技巧奏效，必须保证生火材料是极其干燥的。用这些技巧生火的原始人会特别注意让他们的火绒、引火物和其他燃料是干燥的，哪怕为此不得不在这些燃料外包裹一层层的防水材料。*准备、练习和耐心*是采用原始技巧生火时必须强调的几点。此外，使用原始生火技巧还有关键的一点，就是要保证火绒不被弄乱。

1. 燧石和火镰。

1）没有火柴时，可用的点火方式之一就是

图 16-2　反射火堆热量的装置

坚硬的树皮（桦木等）

干燥的木头

金属材质的罐头盒

干燥的木屑

火炭

潮湿的草、树叶、腐殖土等

透气口

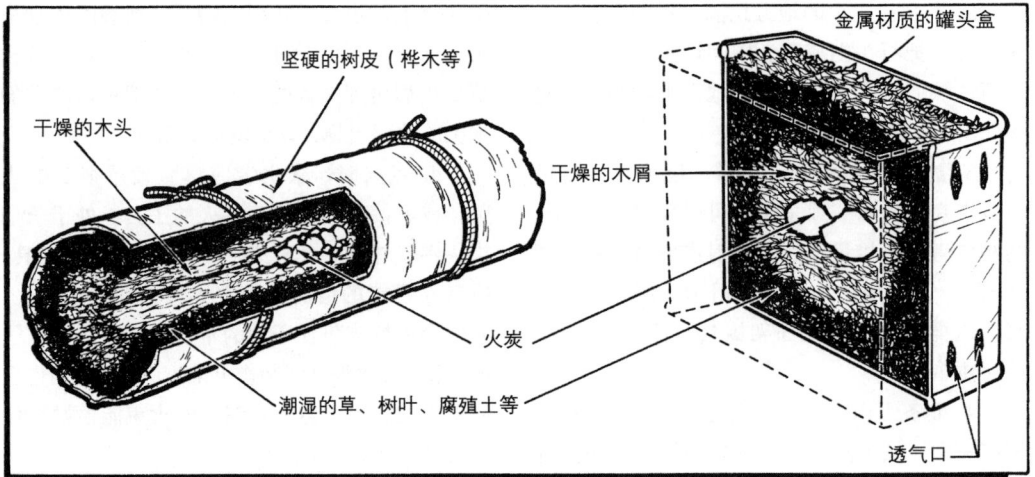

图 16-3 火束和"火种盒"

使用燧石和火镰。

（1）用这种方法点火时，求生者必须用一只手拿住燧石，放在火绒的上方；

（2）用另一只手抓住火镰，用燧石向下斜着敲打火镰的边缘（图 16-4）。

2）要想打出火星不一定非用真正的燧石不可，用黄铁矿石和石英石互相击打也能产生火星。求生者要在附近搜寻，选择最容易打出火星的石头备用。打出的火星落在火绒上后，通过吹气或扇风就能燃起火苗。

3）人造打火石，比如所谓的金属火柴，与打火机的火石的成分相同，有些金属火柴含镁，其刮下的金属屑可加在火绒上。作为火柴的替代品，金属火柴的金属屑可以使火焰燃烧的温度更高、速度更快，还可以弥补火绒中含有水分的缺点。如果配发的求生装备中没有这样的工具，求生者可以自己制作一个。求生者可将打火石粘在一小块木头或塑料上面的凹槽里，用的时候以打火石摩擦刀刃就能擦出火花。摩擦时，刀刃和打火石成 90° 角效果最佳。打火石应该和火绒靠得足够近，这样才能确保火星落在火绒上，同时又不能挨得太近，以防打火石意外滑落压灭火苗。使用燧石和火镰时，浸过凡士林的棉球可以成为极佳的火绒。火绒被点燃后，可以视情况需要添加火绒、引火物或

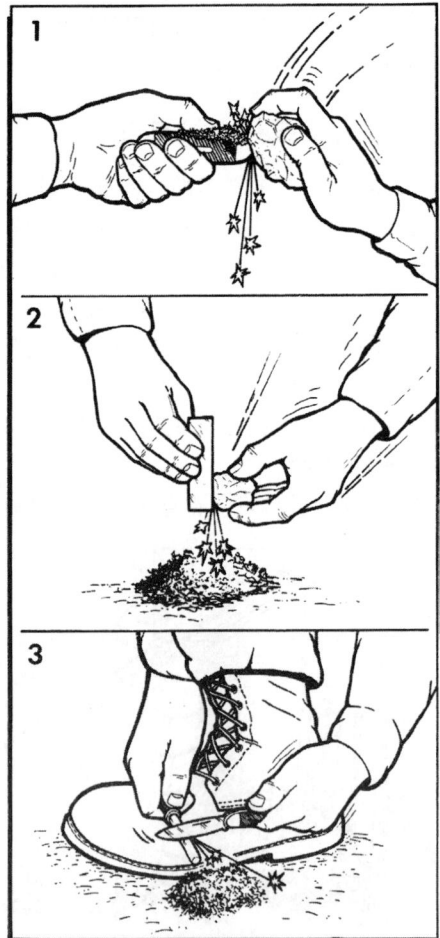

1

2

3

图 16-4 用燧石、火镰等工具打火

燃料。

2. 电池。

1）另一个点火的方法是使用飞机电池、汽车电池或一般的蓄电池。准备两根导电的金属线，用一根线的一头连接电池的正极，另一根线的一头连接电池的负极，将活动的两端的裸线部分互相碰触——这样做能形成短路，绝缘线会开始发热升温，与金属裸线接触的引火材料会被点燃（图 16-5）。求生者用电池点火时要小心，确保火星或火苗没有和电池挨得过近，因为这一过程中会产生可燃的氢气，一旦发生意外就会对求生者造成严重的伤害。

2）如果有细钢丝绒，也可以用其连接电池的正负两极，钢丝绒上很快就会出现火星。以此方法也可以生火。

3. 取火镜。利用阳光和取火镜，求生者不用费太多力气就能得到火种（图 16-6）。指北针或手电筒上的透镜能让阳光集中照射在火种上（甚至也可以使用玻璃瓶的凸面），方法是拿住透镜，使光线汇聚成的那个明亮的小光点落在火绒上。当火绒上冒烟后，应该向火绒扇风或吹气，直到烟变成火苗。在火绒中加入粉末状的木炭会加快点火的速度。接着，像其他生火技巧一样，在火中加入引火物。不断练习可以提高求生者点火的速度。

4. 手电筒反射镜。 手电筒反射镜也可以用来点火。把火绒放在反射镜的中心——通常是灯泡所在的位置，从反射镜的洞里将其向上推，直到灼热的光线聚集在火绒上，继而产生烟。如果求生者有香烟，用此方法生火时可以用香烟作为火绒（图 16-7）。

5. 竹火锯（图 16-8）。

1）竹火锯是用一段竹子切去两头的节制成的。这样一节竹子一般长 12 英寸（30.5 厘米），将其纵切成长度相等的两半后，把其中一半的内壁（称为"摩擦板"）中间刮薄。在内壁刮薄处对应的外壁上，刻一个凹槽作为标记。

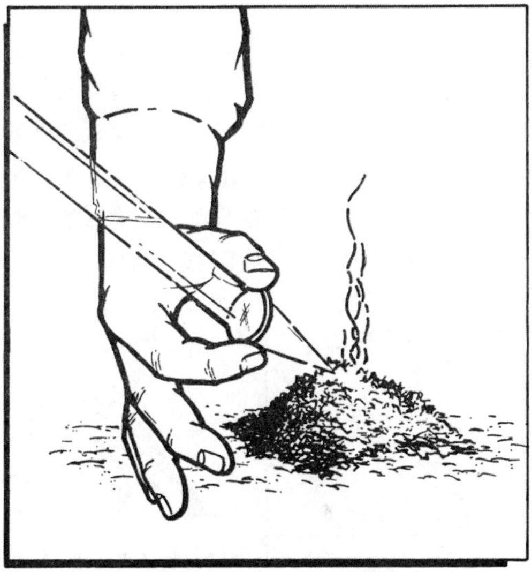

图 16-6　用取火镜点火

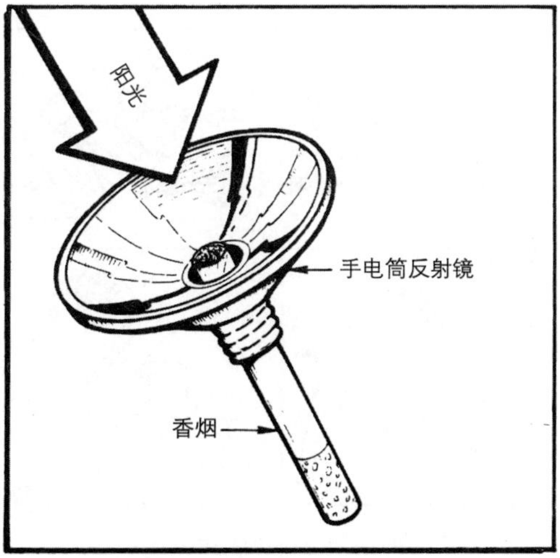

图 16-7　用手电筒反射镜点火

图 16-5　用电池点火

2）把另一半竹子纵切成两半，一截称为"底板"，将其一边的边缘刮成逐渐变薄的刃。

3）从最后剩下的那四分之一竹子的外壁刮取火绒。把刮下来的火绒（大约满满一捧）在两手间摩擦，直到所有的植物纤维都被磨碎，且不再掉出灰尘状的碎末为止。然后把这团火绒拍松，以使其中的空气（氧气）能够充分流通。

4）把刚才仔细磨碎和拍松的火绒放在摩擦板上被刮薄的位置上。把与摩擦板长度相同的薄竹片放在摩擦板上，从而固定住火绒。

5）准备好一个很薄的尖头长竹片备用。用双手分别抓住摩擦板的两端，确保刚才盖上的薄竹片固定不动。然后把摩擦板以适当的角度放在底板上，使底板上的刃嵌入摩擦板外壁的凹槽中。然后尽量快速地让摩擦板在底板上来回滑动，并向下施加足够的力，以确保滑动时能产生足够的摩擦力，从而制造出热量。

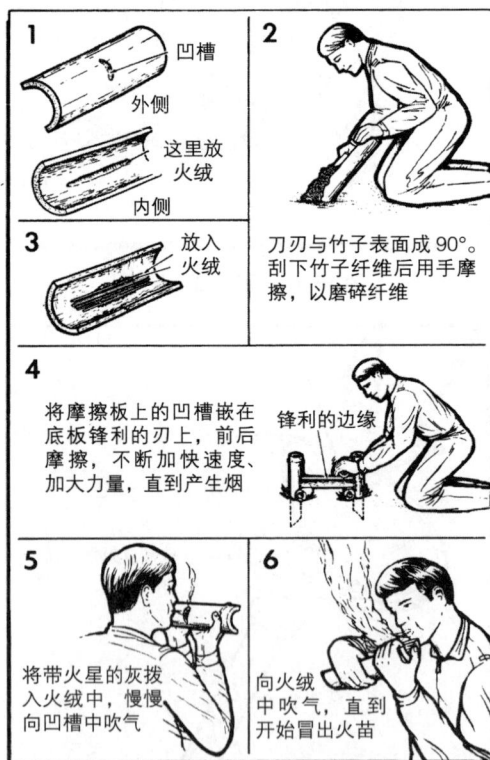

图 16-8　竹火锯取火法

6）火绒一冒烟就要把摩擦板拿起来。用刚才准备好的尖头竹片把摩擦板底部火星闪烁的灰推进火绒堆中，待其与火绒混合后，慢慢向凹槽中吹气，直到火绒冒出火苗。

7）火绒一旦冒出火苗，就要慢慢向其中添加小片的引火物，以免火苗熄灭。然后逐渐添加燃料，使火烧到需要的大小。如果火绒烧着后被立刻从摩擦板上移走，那么只要在摩擦板外壁上紧靠着原来凹槽的地方刻上新的凹槽，就可以再次使用摩擦板。

6. 弓钻（图 16-9）。

1）弓钻取火法是人们已使用了上千年的很有效的摩擦取火方法。求生者首先要用丝兰、榆木、椴木或其他任何树干笔直的树木的木料（不能选择松、柏科植物）制作一根钻杆。求生者选择的木料不应过于坚硬，否则在摩擦过程中其表面会被磨光滑。钻杆应该长 12~18 英寸（30.5~45.7厘米），直径为 3/4 英寸（1.9厘米）。钻杆最好不是圆柱形的，而是八棱形的，这样有助于在旋转时产生足够的摩擦力。接着将钻杆的一端磨圆，将另一端做成钝头。圆头朝上，在上面装上钻帽。钻帽由硬木料制成，要足够大，将其隆起的一面朝上、平坦的一面朝下装在钻杆上，这样人的手掌可以舒服地握住钻帽。在钻帽平坦的那面钻出一个洞，将洞的表面修整光滑，以免因摩擦产生过多的热量——可以将润滑油或肥皂抹在洞里。

2）用大约长 3 英尺（0.9 米）、直径 1 英寸（2.5 厘米）的硬树枝做火弓——应选择能够充分弯曲的树枝。火弓的形状与射箭的弓相似。把一根绳索（或皮带）系在树枝的两端，将树枝绷成弓状。绳索要有足够的弹性，能在钻杆上拧绞。

3）钻火板用长约 12 英寸（30.5 厘米）、宽约 6 英寸（15.2 厘米）、厚约 3/4 英寸（1.9 厘米）的软木料制成。在钻火板上刻出一个凹坑，然后在钻火板边缘刻出一个 V 形缺口。这个缺口的顶端应该与凹坑的中心相通，而钻杆之后

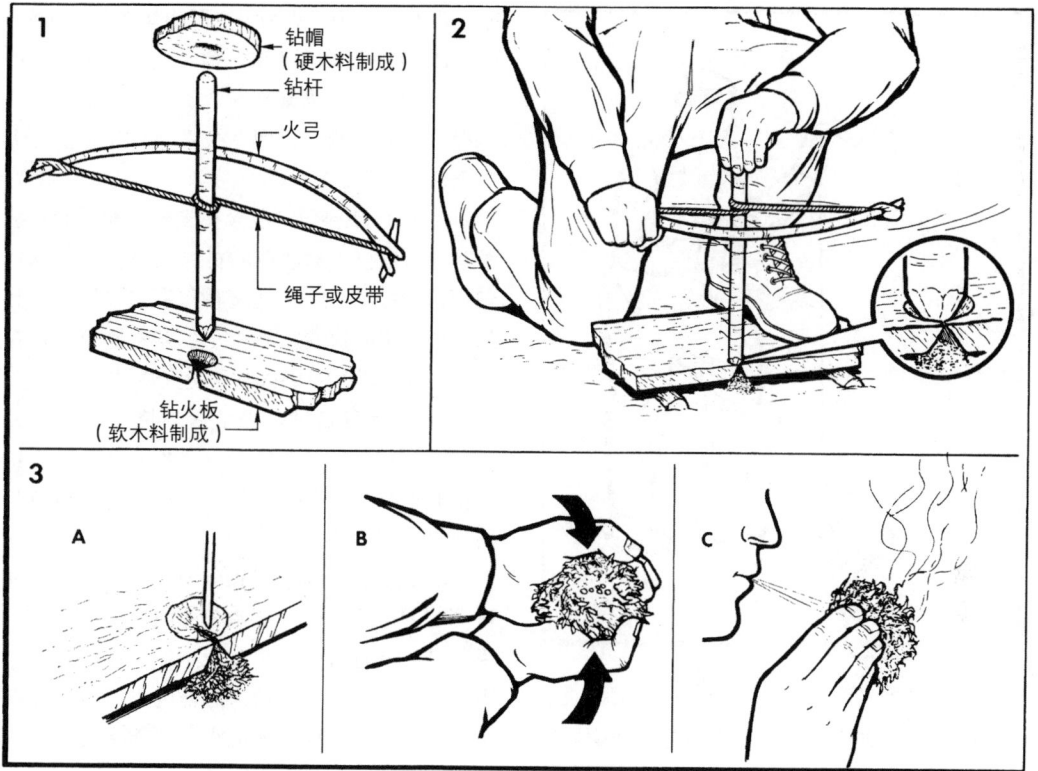

图 16-9　弓钻取火法

会将凹坑钻得更深。

4）求生者可以单膝跪地，另一只脚踩在钻火板上。火绒要放在钻火板 V 形缺口的下面。注意不要让钻火板压住火绒，可以用直径为 3/4 英寸（1.9 厘米）的小棍垫起钻火板，使其与火绒之间稍微隔开。这样能使空气进入收集粉末（钻杆产生的燃屑）的火绒中。

5）弓弦应该在钻杆上缠绕一次，然后把钻帽套在钻杆上。求生者手握钻帽，把钻杆向下压在钻火板上，以腿或膝盖支撑手，扶稳钻帽，使得整个装置被固定稳当。然后，拉动火弓，钻杆会随之缓慢地旋转起来，直到钻火板上有烟升起。当烟变得越来越浓时，钻杆也应转得越来越快，这时就可以成功研磨出灼热的粉末了，向这些粉末吹气可以使其变成带火星的燃屑。接着，求生者可以把火弓和钻杆从钻火板上取下，把火绒放在燃屑边上——不要把二者弄混。然后，必须把火绒小心地裹在燃屑周围，向燃屑吹气，直到火绒开始燃烧。这一过程非常重要，应该做好准备，谨慎操作。

6）最后，把点燃的火绒放在事先准备好的装有更多火绒和小引火物的容器中。

在整个过程中，求生者千万不能分神或改变步骤的顺序。用这种原始方法成功点火需要求生者有耐心、注意力集中，最好事先多练习。

7. 火鞭。这是另一种摩擦取火的方法，只能在长有藤本植物的热带地区使用。这种方法所需的材料比较简单，除了一根长 4~6 英尺（1.2~1.8 米）、直径不到 1 英寸（2.5 厘米）的火鞭（用藤条或强韧的植物纤维拧成鞭状），还要准备 4 英尺（1.2 米）长的、质地比藤条软的干燥木料（落叶树）。持续将二者互相摩擦，并不断加快速度即可（图 16-10）。

8. 火犁。使用火犁取火是在一些原始文明

图 16-10　火鞭取火法

社会中使用的方法，其基本原则与其他摩擦取火的方法相同。采用这种方法时，选用的木头必须不会在受热时表面变得光滑，并且必须能在摩擦时产生木屑（图 16-11）。

16.7　使用特殊装备

1. 照明弹可以用来点火，但是，这意味着求生者必须权衡点火和失去照明弹之间的利弊。

2. 有些急救装备中包括小型点火工具、特殊燃料罐、防风火柴和其他工具。求生者应该保存好这些工具，以便在极度寒冷和潮湿的天气条件下使用。

3. 白色塑料勺（包含在飞机上配发的套装餐具中）是很容易烧着的材料。求生者可以把勺柄深深插入土中，让塑料勺直立在地上，然后点燃勺子的顶端。塑料勺可以燃烧 10 分钟左右（足够弄干并点燃火绒和引火物）。

4. 如果有蜡烛，应该用燃烧的蜡烛去点火——不能熟练使用火柴点火可能会消耗不止一根的火柴。点燃引火物后，应立刻熄灭蜡烛，留着以后继续使用。

5. 给火绒添加少量助燃材料，可以使其变得更加易燃。例如，把弹药粉末混入火绒中。用这种方法处理过的火绒应该保存在防水容器中，以便日后使用。使用这样的火绒时一定要小心，因为点燃时迸溅的火花可能会烧灼皮肤和衣服。

6. 几千年来，因纽特人和其他一些北方民族都特别依赖用动物的油脂来生火取暖。因纽特人会用脂肪炉来燃烧这类燃料。

7. 求生者可以用给养罐头临时制作炉子，用任何可燃的油类液体或动物脂肪作为燃料。

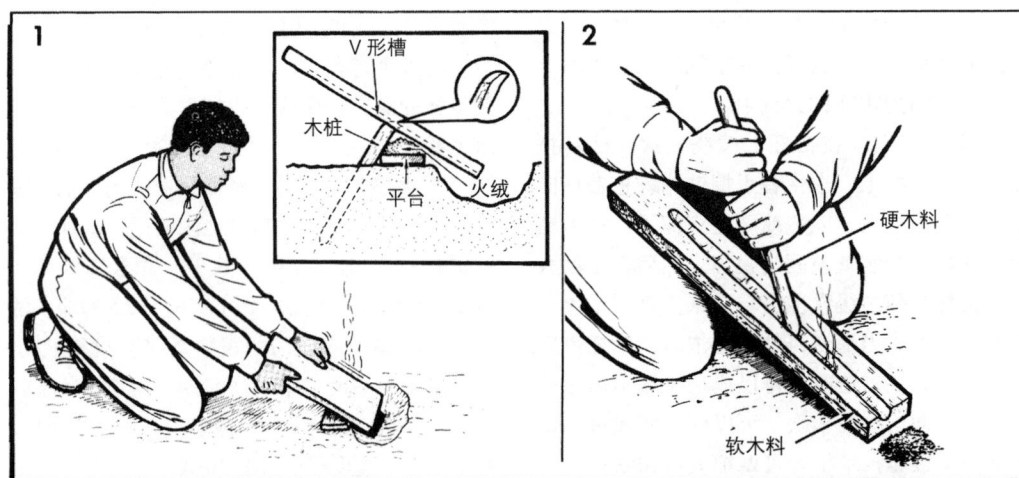

图 16-11　火犁取火法

求生者必须记住，如果动物脂肪十分有限，那么应该拿来食用，从而在体内产生热量。

16.8 用航空燃油生火

在极地地区的荒原上，航空燃油应该是求生者唯一可以用来生火的燃料。

1. 求生者可以临时制作炉子（图 16-12）来烧燃油、润滑油，或二者的混合物。首先在罐头或类似容器的底部放 1~2 英寸（2.5~5.1 厘米）厚的沙子或细小的沙砾，然后向其中添加

燃油。求生者点燃燃油时应小心操作，因为有可能会发生爆炸。在罐头靠近顶部的地方要开一些细长的孔，让火焰和烟雾能够透出，还要在刚刚高过沙子层的地方打些洞，以便让空气进入。将燃料和燃油混合可以使其烧得更久。如果求生者身边没有罐头，可以在地上挖一个小洞，在其中填满沙子，然后在沙子里倒上燃油并点燃。

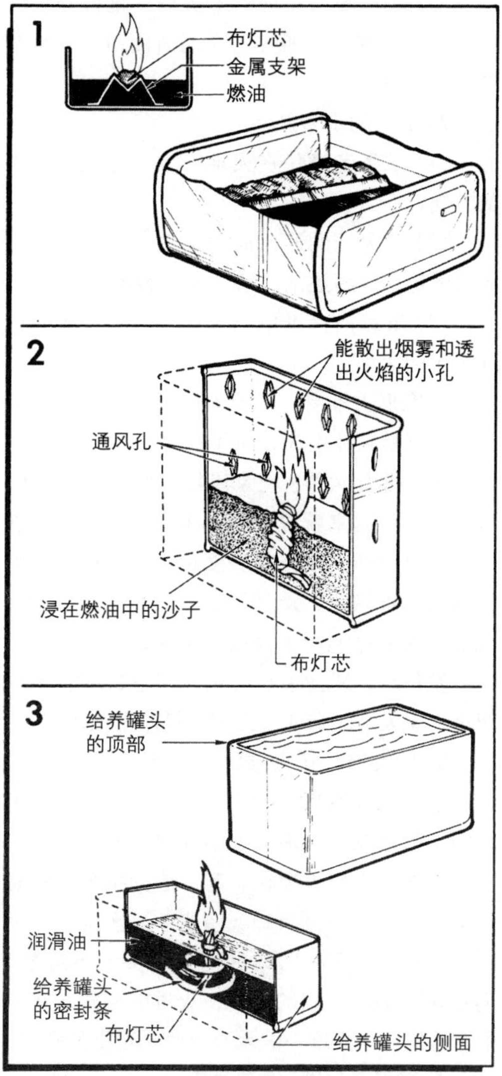

2. 润滑油借助于灯芯可以像燃油一样被点燃。绳子、破布、泥炭藓，甚至香烟都可以作为灯芯。求生者可以把这些材料放在容器边缘，然后在容器内加满油。破布、纸、木头或其他燃料可以浸过油后扔到火里助燃。

3. 要制作较大的燃炉，可以把涂蜡纸板箱的一端切去，在剩下的四个侧面靠近开口处打洞。把纸箱闭合的一端向下放置，把燃料疏松地放在纸箱内。然后，点着纸箱边缘露出的燃料，从而点燃炉子，让炉子从上至下慢慢烧掉。

4. 如果求生者有汽油或加热片可以制造最初的火苗，那么海豹的脂肪能成为很理想的燃料（图 16-13）。汽油或加热片必须放在脂肪层挨着肉的一侧并点燃，表皮的一侧则放在冰上。1 平方英尺（0.1 平方米）的海豹脂肪层可以持续燃烧几小时。脂肪点着后，加热片还可以收起来重复使用。因纽特人会点着一小块脂肪，将其作为更大块燃料的引火物。海豹脂肪燃烧时产生的烟是黑色的，污浊且浓重，可以穿透衣服熏黑皮肤，而且其火焰非常明亮，在几英里以外也可以看见。

16.9 实用生火提示

1. 保存好火柴，只在生火材料已经准备充分的情况下才适当使用。绝不用火柴点烟或在没有必要的情况下生火。

2. 用防水容器保存一些干燥的火绒。在干燥的天气里，可以把火绒放在阳光下暴晒。在火绒中添加少量木炭屑有助于将其点燃。棉布是很好的火绒材料，特别是烧焦或撕碎的棉布，与取火镜或燧石、火镰一起使用时效果很好。

图 16-12 脂肪（燃油）炉

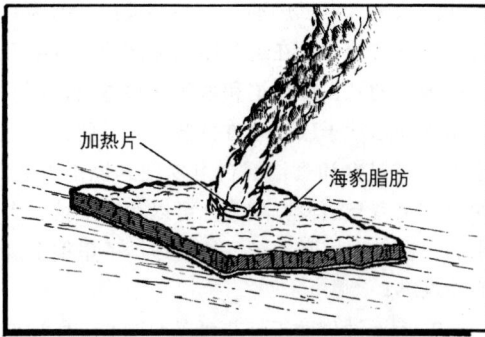

图 16-13　用加热片和海豹脂肪生火

3. 记住，生火在极地地区是非常困难的工作，求生者面临的最大障碍是几乎没有可用的生火材料。要先让火开始烧起来，再点着火柴助燃。此外，必须防止风把火吹灭。在多树的地区，直立的树木和灌丛通常有很好的挡风效果，但是在空旷的地区，必须建造一些防风障碍物，一排雪障或柴堆也可以作为防风障。防风障必须足够高。如果防风障是用固体材料做的，还可以起到反射热量的作用。

4. 记住，要防止火融化积雪后被浇灭，就需要搭建一个平台。如果地面潮湿或是像沼泽一样，也需要搭建平台。平台可以由新鲜的植物、金属或其他不容易烧穿的材料搭建。求生者在选择生火地点时一定要谨慎。如果某一地区的地面积累了大量的腐殖质或泥炭，那么也需要搭建平台，以避免引燃这些东西，因为它们在火焰熄灭后还会阴燃很长一段时间。阴燃的泥炭中的火几乎无法彻底扑灭，可能会烧好几年。

5. 在森林地区，地上的地衣和其他杂质应该被清走，直到露出土壤，以防止生起的火发生延烧。

6. 用于点火的工具必须在手上戴了手套等防护装备后依然可以快速、轻松地操作，这样的工具有许多，比如火柴、蜡烛、打火机、金属火柴，等等。

16.10　火堆的结构

许多时候，求生者生火是为了满足某些特定的需要，比如取暖、照明或加工食物和水。以下是一些最常用的、可以满足一种或多种需求的火堆结构（图 16-14）。

1. 圆锥形火堆。

1）圆锥形火堆可以用来照明，并能把热量集中在锥体的顶端，适宜烧水。建造圆锥形火堆的步骤是：

（1）在生火点中心的地面上放置一大把火绒；

（2）在地上斜插一根棍子，越过火绒上方；

（3）把一圈引火用的木头靠在这根倾斜的棍子上，形成一个锥体，在迎风面留出一个开口以便通风。

2）点火的步骤是：

（1）求生者蹲伏在火堆前方，背朝着风来的方向；

（2）在火堆的迎风面添加助燃物，先添加小片的燃料，再逐渐添加更大块的燃料；

（3）继续向火堆中添加燃料，直到火势达到理想的大小。

圆锥形火堆有一个很大的缺陷，就是容易倒塌，但是它在引火方面还是很不错的。

2. 小木屋火堆。就像其名字所显示的那样，这种火堆看起来就像一个小木屋。小木屋火堆生的火可以产生很强的亮度和可观的热量，因为其结构可以使大量氧气进入火堆。用小木屋火堆生火能迅速产生大量的木炭，可以用来烹饪或发信号。求生者选择用木炭烹饪时，可以把小木屋火堆改造成长火堆或锁眼形火堆。

3. 长火堆。长火堆的基本形状类似沟渠，可以很好地利用当时的风向。长火堆也可以用两根平行搭在高于地面处的新鲜木头构成，这种结构能将木炭聚拢在一起。这两根木头的直径至少要有 6 英寸（15.2 厘米），这样就能把厨具架在上面了。可以在两根木头下垫两根 1 英寸（2.5 厘米）粗的木棍，火堆的两端各垫一根，这样能让火堆中的木炭接触到更多的空气。

4. 锁眼形火堆。搭建锁眼形火堆的方法是，挖一个老式锁孔形状的坑，然后按照搭建长火

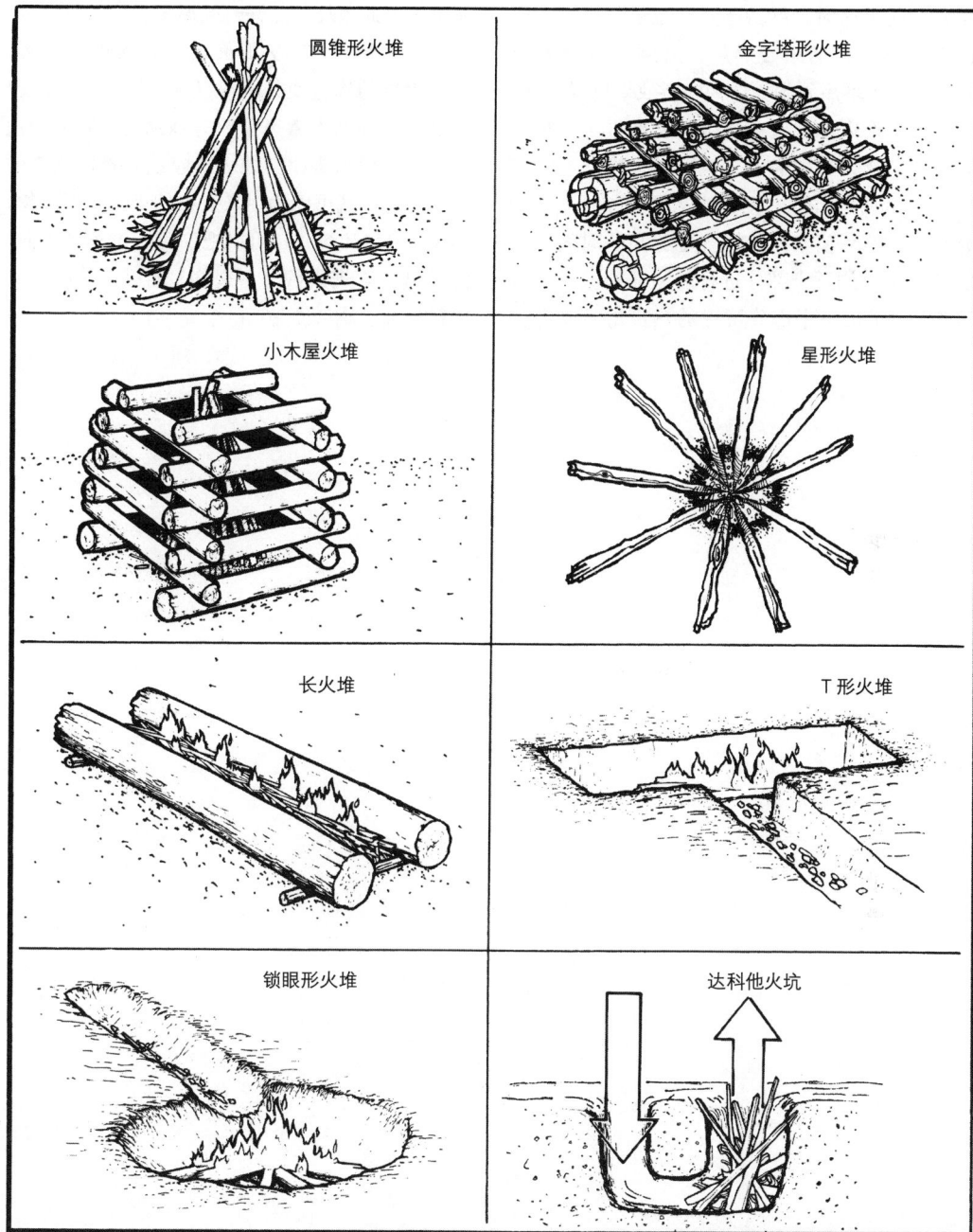

圆锥形火堆	金字塔形火堆
小木屋火堆	星形火堆
长火堆	T 形火堆
锁眼形火堆	达科他火坑

图 16-14　火堆的结构

堆的步骤操作。

5. 金字塔形火堆。金字塔形火堆看上去与小木屋火堆相像，但小木屋火堆中空的架构被一层层燃料取代了。金字塔形火堆的优点是可以燃烧很长时间，形成大量的木炭。可以将这种火堆置于庇身所前方的空地上，它能烧上一整夜。

6. 星形火堆。如果求生者想节省燃料或只需要生起小火时，可以选择搭建星形火堆。火苗在星形结构的中心燃烧，必须一直有人照看。这种火堆用硬木头作为燃料效果更好。

7. T 形火堆。这种结构的火堆可用来烹饪大量的食物，火堆的大小也可以根据烹饪的需求量做相应的调整。求生者应在 T 形的上半部分点火，然后使其维持燃烧足够长的时间，以便为在 T 形的下半部分进行的烹饪提供一定量的热炭。T 形下半部分所用的热炭量可以进行调整，以此来控制烹饪时的温度。

8. V 形火堆。V 形火堆是长火堆的变形。这种火堆的构造使其既可以用来阻挡强风，也可以很好地利用微风。风势强劲时，V 形的顶点——两根木头相交处——应该对着风吹来的方向，这样就可以为用来点火的火绒（引火物）挡风。风势和缓时，可以把 V 形火堆掉转方向，使微风能吹进火绒（引火物）堆里，从而使其更容易被引燃（图 16-1）。

第 17 章 装备

17.1 引言

求生者有一些必须得到满足的需求，比如食物、水、衣服、庇身所等。应急救生包中包含了可以满足这些需求的装备，但是这些装备常常因为受损或丢失而无法使用。这一章中将重点介绍这些美国空军配发装备的保养和使用方法，以及临时制作所需装备的方法。有些配发的装备的使用方法会在本书其他适当的章节中进行介绍，这里只着重介绍那些别处没有提到的装备。

17.2 求生装备的种类

1. 所有的应急救生包中都包括两类装备——必备装备和可选装备。其中必备装备有：

1）单人救生筏（每包 1 个）；

2）指北针（每包 1 个）；

3）烟雾及照明信号弹（每包 2 个）；

4）信号镜（每包 1 个）；

5）手持发射式信号弹（每包 1 个）；

6）急救药包（每包 1 个）；

7）求生无线电（每包 1 个）。

注意：这些装备在救生筏应急救生包中可能不属于必备项。

2. 可选装备是经过空军指挥总部许可，由下级指挥单位配发的。可选装备的内容与飞行任务所经过地区的天气和地貌条件直接相关。可选装备有 40 余种，下面是其中几种：

1）睡袋；

2）带有透镜的频闪闪光灯；

3）钢丝锯；

4）储水容器；

5）求生铁铲；

6）火柴盒容器。

17.3 配发的装备

为求生者设计的求生装备可以在整个求生过程中为他们提供帮助。为了保证装备的有效性，求生者要对这些装备细心保养。

1. 电子装备。

1）电子信号工具是最重要的信号工具，所以求生者必须对它们做恰当的保护，以保证电子信号工具始终有效。在低温环境中，电子信号工具必须保持温暖，要防止电池出现被冷浸的情况。

2）在寒冷环境中，如果求生者直接对着麦克风说话，那么其呼气中的水分可能会凝结并冻在麦克风上，导致通讯不良。

3）求生者在寒冷环境中使用求生无线电时必须小心，如果无线电用于联系的一面朝下放置，其表面可能会结霜。

4）在潮湿环境中，求生者应该尽量使电子信号工具保持干燥。在远海上，唯一的方法就是在发射信号前将麦克风中的水甩出来。

2. 火器。

1）火器是精密设备，只有细心保养才能保证其性能。海水、雨水、露水和雾气都可能会腐蚀火器或使火器生锈，最终使其无法使用。如果火器被含盐的海水浸泡了，求生者应将浸水的部分用清水清洗，然后晾干上油。作为权宜之计，还可以把火器浸在沸水中，然后取出甩干，残余的热量会将火器上剩余的水分蒸发掉。求生者不应使用无法控制温度的装置烘干火器，因为温度高于 250℉（121.1℃）后会使弹簧在短时间内失去韧性，从而减弱其性能。

2）任何以石油为原料制成的润滑油在寒冷环境中使用时都会变硬或冻住，使火器变得无法操作，所以求生者最好能彻底清洁火器，去掉上面所有的润滑油。此外，金属在低温环境中会变得脆弱，容易发生断裂。

3）火器不能被当作棍棒、锤子、撬杠等工具使用，将火器用于不符合其设计初衷的用途只会对火器造成损坏。

3. 切削工具。

1）应急救生包中一般都包括一把锉刀和一块磨石。锉刀一般用于打磨斧头，磨石一般用于磨刀。

2）锋利的切削工具才是安全的切削工具。因为锋利的切削工具更容易控制，会减少使用者受伤的可能。

3）求生环境中，最有价值的工具之一就是刀，因为刀有多种用途。但是，如果刀不够锋利，就会有很多潜在的功能无法使用。

4）刀只能放在磨石上打磨锋利，反复用锉刀快速打磨会磨损刀刃上的钢。不过，有时在使用磨石之前，可能需要先用锉刀磨去刀刃上的镀层。

5）有两种方法可以将刀磨锋利，求生者任选其一即可。一种方法是将刀刃朝前以刨的动作在磨石上推磨，然后掉转刀刃的方向，将刀刃朝着身体的方向磨（图17-1）。

6）另一种磨刀的方法是采用画环形的动作把刀刃的一侧磨快，然后把刀翻过去磨另一侧（图17-2）。刀刃的两侧应该磨得一样锋利，刃口要平滑。

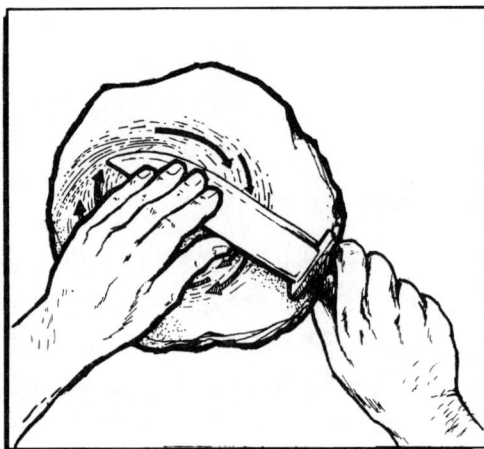

图 17-2　环状磨刀法

7）求生者使用的磨石大多是油石。磨刀时应该在磨石上倒一些水，这样有利于金属在磨石上滑动，容易磨快，而且磨石清洁起来也很方便。

8）如果没有人工制造的油石，求生者可以使用天然的油石。任何砂岩都可以用来磨刀，但是灰色、黏土状的砂岩效果更好。应避免使用石英岩，求生者用刀刃快速划过岩石就可以分辨其是否是石英岩——石英结晶会嵌入钢刃。如果找不到砂岩，求生者也可以使用花岗岩或结晶岩。如果使用花岗岩作为磨石，应该在磨刀前先将两块花岗岩互相摩擦，以使其表面变得光滑。

9）与刀一样，使用锋利的斧头也能节省时间和体力，而且更加安全。

10）锉刀可以用来打磨斧头（图17-3）。求生者在打磨刃口时要小心，以免锉刀滑落时伤手。锉刀应该从刃口的一侧打磨到另一侧，斧刃相对的两面应该打磨成一样的角度，以确保刃口平滑。用锉刀处理过后，可以再用磨石把斧刃打磨得更锋利。

11）使用斧头时，不要试图一次就把树木劈断。节奏和准头比力量更加重要。用力过猛会导致失去准头。当斧头摇摆得当时，其自身的重量就可以给伐木者提供足够的力量。

12）给斧头削一个新柄并安装好相当费时

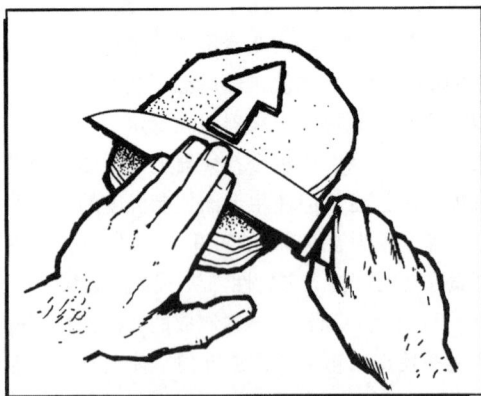

图 17-1　推拉磨刀法

费力，所以求生者应该避免做那些会损坏斧柄的动作。砍树时瞄准并注意斧子的落点，可以防止因斧子砸偏造成的斧柄裂开或折断。求生者不应把斧头当作撬杠使用，否则会使斧柄变得脆弱。

13）想把断裂的斧柄从斧头上取下来不太容易，通常最方便的做法是把斧柄烧掉（图17-4）。如果是单刃斧，可以把斧刃埋在地下，用火烧掉露在地面上的斧柄。如果是双刃斧，求生者应该先挖一条壕沟，把斧头架在沟上，用土覆盖住两头的斧刃，然后在沟中生火。斧刃上覆盖的土可以保护刃口不接触到火焰，从而保持硬度，在土中加入少量的水能进一步增强保护作用。

14）临时制作新斧柄时，求生者不一定要制作原先那样的弯曲斧柄，而可以制作笔直的斧柄，这样不光能节省时间，还会减少麻烦。求生者应该选择还未成熟的、笔直的、没有节瘤的硬木料制作斧柄。先把木料大致削成手柄的形状，然后刨削打磨。接着，在手柄连接斧

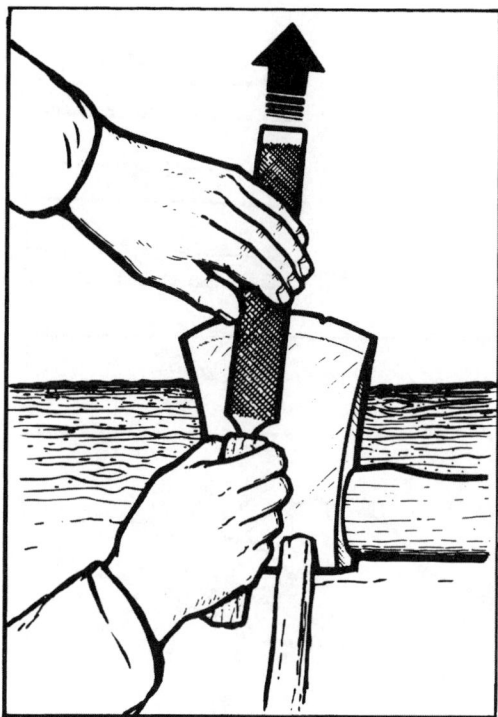

图 17-3　磨斧头

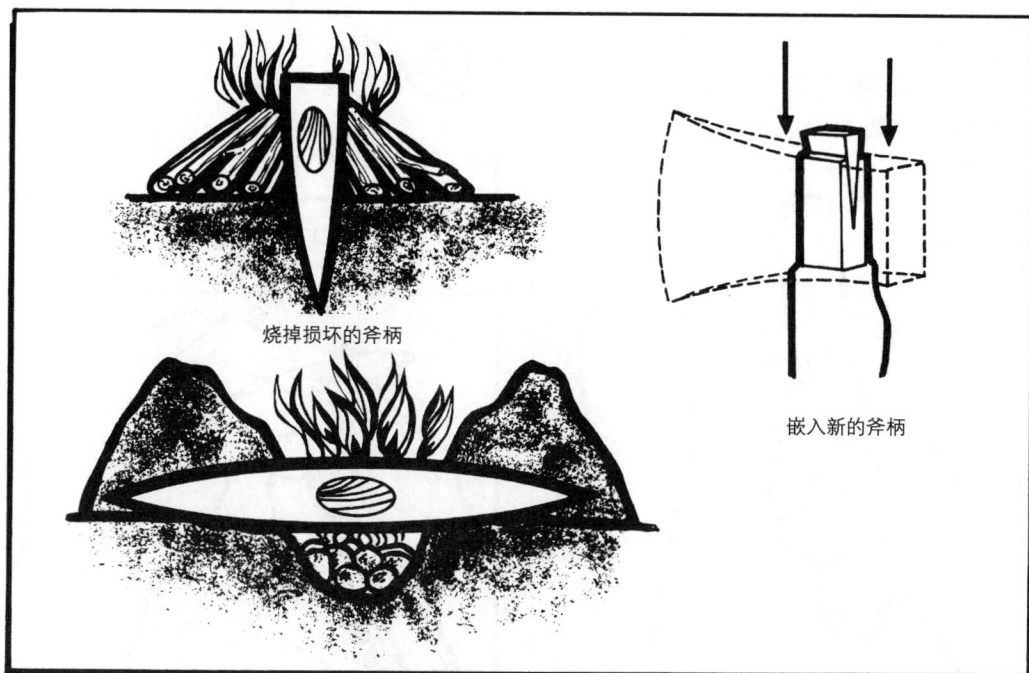

烧掉损坏的斧柄

嵌入新的斧柄

图 17-4　换斧柄

头的那一端切一个凹槽。将斧头安在手柄上后，在凹槽中嵌入一块干燥的楔形小木块（图17-4）。求生者应握着新斧柄试用一会儿后，再把这块木楔子向里敲打，并将其修得与斧柄的顶部齐平。最后，必须将斧柄表面打磨光滑。求生者可以将新斧柄放在火上灼烤，通过进行干燥处理来防止木柄收缩。

4. 切削。

1) 切削指的是借助刀具来切割、修剪或整形（树枝或木料）。求生者应该掌握切削的技巧，这样不仅能节省时间、体力和材料，还能避免受伤。求生者会发现，切削技巧在制作陷阱和圈套的触发装置、梭子、垫片及其他临时工具的过程中是十分必要的。

2) 切削时求生者必须抓牢刀具，不要朝着身体反向切削（图17-5）。切削木头时应顺着木头的纹理下刀。修整树枝的方法见图17-6。

3) 要将一根木头完全切断，有时需要在其四周切出一圈 V 形切口，如图17-7所示。将木头切断后，可以对粗糙的切口端再做修整。

4) 要想控制好刀具，可以用右手大拇指稳住刀具，用左手大拇指将刀刃向前推（图17-8），但要确保大拇指不会碰到刀刃。这种方式在进行精细修整时十分有效。

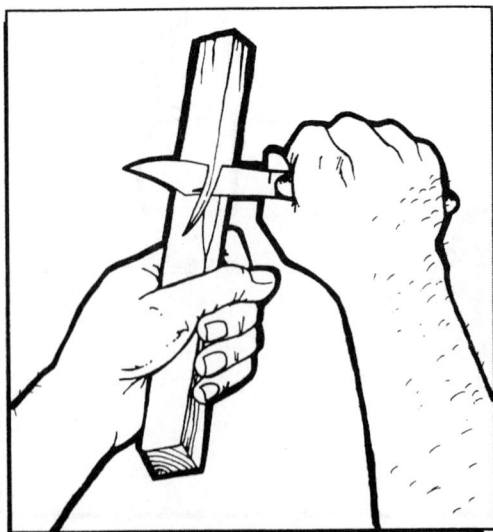

图 17-6　修整树枝

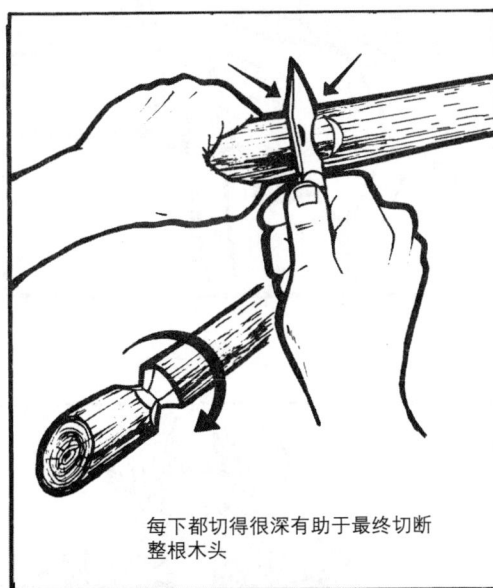

每下都切得很深有助于最终切断整根木头

图 17-7　切断木头

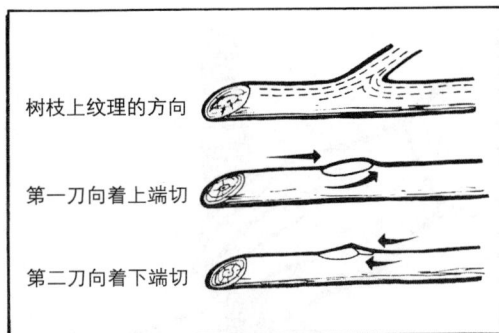

图 17-5　削木头

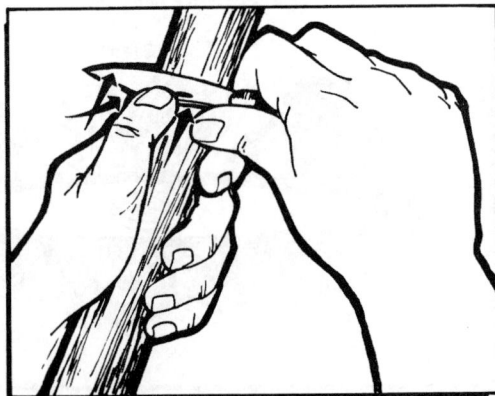

图 17-8　精细修整

5. 伐木。

1) 要想砍倒一棵树，求生者必须先决定树木倒下的方向——树木最好向其倾斜的方向倒下。可以用斧子作为铅垂线，判断树木倾斜的方向（图 17-9）。接着，求生者应该清理树上悬垂的枝条和周围地上生长的矮小灌丛（图 17-10）。

2) 求生者伐木时应该在树上砍出两个切口，一个在树木倾倒的方向上且靠近地面，另一个在相反的方向上且比第一个切口略高一些（图 17-11）。

3) 正在倒下的树木经常会在切口处发生反弹（图 17-12），使人受重伤，所以求生者必

图 17-11　伐木切口

须确保自己有明确的躲避路线。求生者在砍断树枝时，应从树枝的底部向上砍，这样不但更容易把树枝砍断，还可以让切口更光滑。出于安全考虑，求生者应该站在树干的一侧，而把砍断的树枝放在树干的另一侧。

4) 为了防止斧头损坏或伤人，劈树枝的动

图 17-9　用斧子作为铅垂线

图 17-10　砍树前要清理周围的植物

图 17-12　树木向回弹

作必须如图 17-13 所示。砍断的树枝可以制成棍子和支杆（图 17-14）。

5）要想更轻松地砍倒小树，求生者可以用一只手压弯小树，使木头的纹理绷紧，然后在靠近地面的地方倾斜斧头砍向树干，这样就可以比较容易地将其砍断（图 17-15）。

17.4 临时制作装备

1. 如果配发的装备不够用、无法操作，或者根本没有配发装备时，求生者必须依靠自己的智慧来临时制作所需的工具。求生者必须决定某种工具的作用是否值得让自己付出制作它所需的时间和体力，此外他还必须衡量自己的

图 17-13　劈开树枝

图 17-14　砍断树枝

图 17-15　砍断小树

能力。如果求生者身上有伤，那么他需要判断伤势会不会使自己没有能力制作所需的工具。

2. 行事过于仓促不仅会浪费材料，还会浪费求生者的时间和体力。在制作工具之前，求生者应该先在脑中做好规划。

3. 求生者可以通过两种不同的方式满足自身的需要。一种方法是，求生者可以改造现有的工具，使其符合自己的需要。第二种方法是，求生者可以用手头的材料制作一个全新的工具。由于求生者依靠自身智慧造出的工具具有无限的可能，所以这里无法一一介绍。

4. 这本求生手册中介绍的制作临时装备的方法只是一些好的想法，并不要求求生者严格遵守。许多陷入求生环境的美国空军士兵都有降落伞，可以用降落伞来制作多种多样的临时装备。

5. 降落伞的结构（图 17-16）。

1）引导伞，是降落伞最先打开的部分，可以拉出降落伞的其他部分。

2）伞衣，包括伞顶和伞缘（或伞底部主横带）。伞顶部分被径向分成了 28 块，它们被称

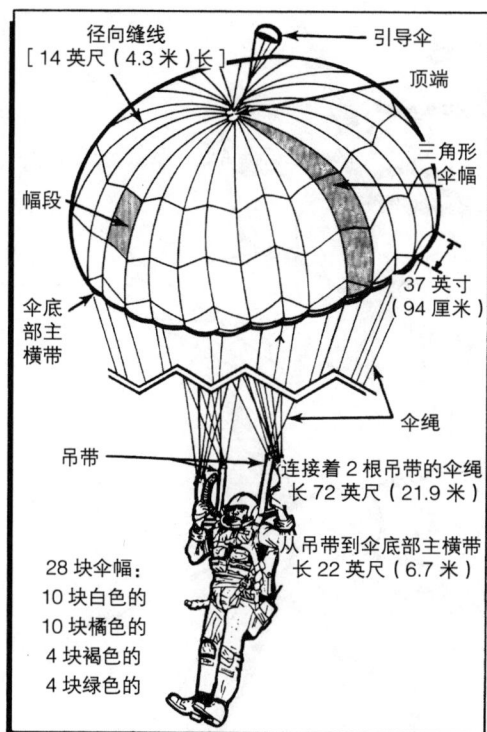

图 17-16 降落伞的结构

为三角形伞幅。这 28 块伞幅每块又可以再分为 4 小块，每块称为一个幅段。降落伞的伞顶一般由 4 种颜色组成，这些有颜色的部分求生者可以用来建造庇身所、发信号和做伪装。

3) 降落伞上有 14 根伞绳连接着背带系统，连接着 2 根吊带的每根伞绳长 72 英尺 (21.9 米)，其中从吊带到伞缘长 22 英尺 (6.7 米)，从伞缘到伞顶长 14 英尺 (4.3 米)。每根伞绳可以承重 550 磅 (249.5 千克)，一根伞绳是由 7 到 9 股可以承重 35 磅 (15.9 千克) 的细绳合成的。背带系统包括：伞吊带、结实的背带、金属扣、弹簧搭扣、D 形环和其他可以用来临时制作装备的五金件。

6. 整个降落伞包都可以被用作临时制作装备的材料，其中的每一块布料、每一个五金件都可以使用。

1) 要使用伞绳，求生者可以将其在吊带处切断。如果时间充裕，还可以考虑切拆接头。将伞绳在距离伞缘 2 英尺 (0.6 米) 处切断。不

管是切断伞绳还是切拆接头，都应该使用锋利的刀具，以使切割过程变得更容易、更安全。

2) 由于伞绳的用途非常多，所以求生者应该尽量保留所有的伞绳。就连伞顶的径向缝线也可以抽出来留着以后使用。拆伞绳应该从伞缘的位置开始，将靠近伞缘的表面缝线的针脚割断。不用把整条缝线都割断，只需再将顶部稍下方缝线的针脚水平割断，然后从断口中取出伞绳即可 (图 17-17)。

3) 要将降落伞布最大限度地利用起来，求生者必须根据自己的规划将其分割成几个部分。求生者应该事先想好将降落伞布用于建造庇身所、发信号等不同方面的面积大小，然后就可以切割降落伞了。每次切割时，都应该把缝线处绷紧。然后，在缝线中央用刀以适当的角度切割。将伞布适当绷紧，轻轻向前推动锋利的刀刃，就能控制自如地从两道缝线之间切割降落伞了 (图 17-17)。为了方便起见，切割时可以将伞的顶部固定在其他人身上或树木等静止的物体上。

4) 拆开背带系统时，应该割断背带上的针脚，这样便可以得到尽可能多的背带。不应该随便切割背带，以免造成浪费。

7. 制作临时装备的一个必要条件就是拥有可用的材料。降落伞布、背带、伞绳都可用来做衣服。针在制作任何应急服装时都是极为有用的，聪明的求生者永远都该随身携带一些缝衣针。开罐器可以拿来做成很好的针或缝纫锥，也可以用银器或骨头来做针，就像因纽特人一样 (图 17-18)。各种绳的内芯都可以当线用。不断收集手边"迟早派得上用场"的小物品对求生者会很有帮助。金属丝、钉子、扣子、帆布、动物皮等都不应随意丢掉，把这些东西放在裤兜或针线包里，之后可能会发挥金子般宝贵的作用。任何动物的皮毛都可以用来制作衣物，比如手套和放在地上保持睡袋干燥、清洁的地垫。小块的动物皮毛可以用来补衣服或者制作鞋垫。在条件允许的情况下修补、清洁衣服会给求生者带来健康、舒适、安全等多方面

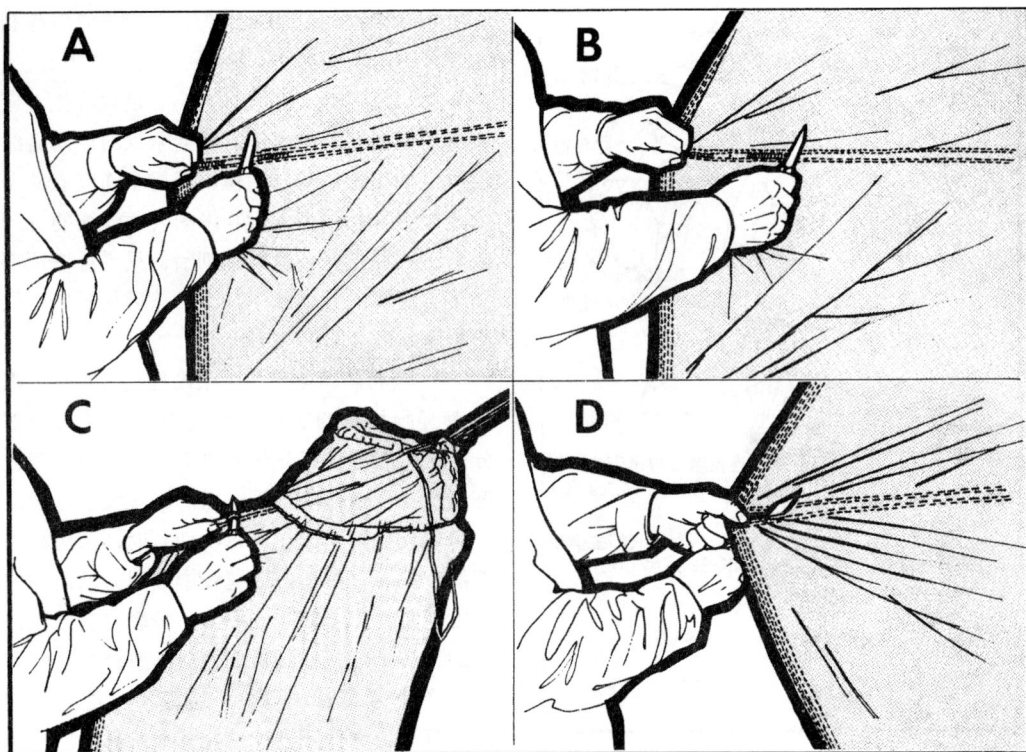

图 17-17　切割降落伞

的益处。

8. 求生者需要临时制作装备时很可能离不开缝纫。如果用来缝纫的材料很厚、比较难缝的话，为了防止针扎到手指或手掌，求生者可以临时制作一个手掌顶针（图 17-19）。制作方法很简单：在一块织物、皮革或其他较厚的材料上挖一个可以放入大拇指的洞，然后将一块用作顶针的平坦的石头（或金属、木头）缝在手掌上的甜甜圈形状的材料上固定住。使用顶针时，把有针眼的一头放在顶针上，用顶针推着针穿过需要缝合的材料。

17.5　几种临时制作的装备

1. 临时制作的足形雪地鞋。可以用直径为 1 英寸（2.5 厘米）、长 5 英尺（1.5 米）的小树做雪地鞋的框架。将小树弯曲，使弯曲部分的最宽处达到 12 英寸（30.5 厘米）。然后，求生者可以使用降落伞绳在框架上编织。降落伞绳还可以用作把雪地鞋和靴子绑在一起的绑带。（图 17-20）

2. 临时制作的熊掌形雪地鞋。将一棵小树放在火上，边烤边弯曲，做成如图 17-21 所示的形状，再用飞机上的金属丝或降落伞绳将其绑扎起来。求生者还可以砍下一些大的松树枝，将它们的切口端绑在一起，这也是一种制作雪地鞋的方法。这样绑在一起的大树枝应该切口端朝前系在鞋上（图 17-22）。

1）求生者在穿雪地鞋时应该注意避免脚被冻伤和起水疱。脚趾的血液循环会因捆绑受到限制，从而使冻伤加重。求生者觉得脚部好像有点冷时，应仔细检查双脚，此外还应经常停下来解开系带，按摩脚部。

2）对一些新手来说，如果穿着雪地鞋的时间过久，有时会不可避免地出现脚趾间和脚掌上的冻伤。为了减少脚部冻伤，求生者应该保持袜子和鞋垫的干燥，并勤于替换。

将把手拉直后用锉刀或石头将末端磨尖

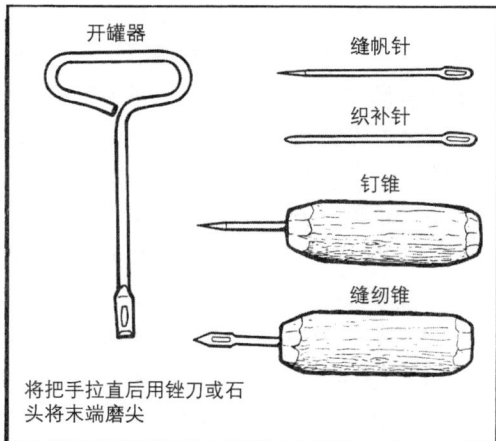

图 17-18　针和锥子

3. 临时制作的睡袋。需要立即采取行动时，求生者应该先使用整个的降落伞，等到条件允许时再对其进行加工。睡袋可以用 4 块三角形降落伞伞幅或同样大小的其他材料制成（图 17-23）：首先，把布从中间对折，将底部和顶部缝合起来。量取做睡袋需要的降落伞布长度时，求生者在自己的身高上加上 6~10 英寸（15.2~25.4 厘米）即可。接下来，往里面填充香蒲绒毛、婆罗门参绒毛、干草或飞机内壁

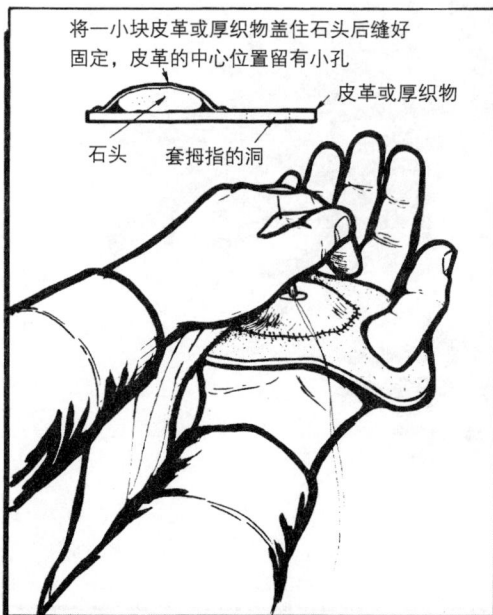

将一小块皮革或厚织物盖住石头后缝好固定，皮革的中心位置留有小孔

皮革或厚织物

石头

套拇指的洞

图 17-19　手掌顶针

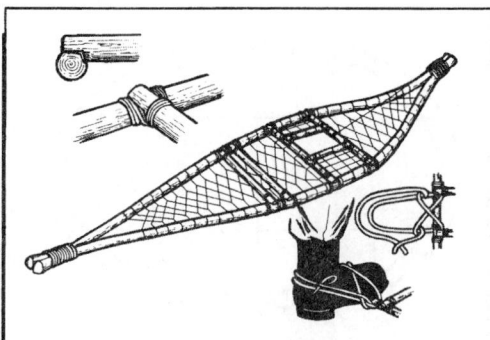

加拿大式应急雪地鞋

1. 选择 6 根长 6 英尺（1.8 米，一人高）、底部直径为 3/4 英寸（1.9 厘米，拇指粗细）、顶端直径为 1/4 英寸（0.6 厘米，小指粗细）的长棍，再切 6 根长 10 英寸（25.4 厘米）、直径为 3/4 英寸（1.9 厘米）的小木棍，用以下方法系在一起：

鞋尖　　　支点板　　　脚跟垫片　　　后跟

长 10 英寸（25.4 厘米）　　临时制作的绑带　　（滑动区域）

a. 在鞋后跟处横着系 1 根小木棍（切掉多余的部分）。
b. 在雪地鞋中部靠前的位置系 3 根小木棍，形成支点板，这能使雪地鞋在行走过程中不会陷入雪中，而且能让鞋尖抬起。
c. 在脚后跟与雪地鞋接触的地方系 2 根小木棍，作为脚跟垫片。
d. 将雪地鞋鞋尖位置的长棍系在一起。

2. 绑带一定要牢牢地固定在雪地鞋上，这样求生者行走时才可以自如地转动脚。

绑带——选用整根的降落伞伞绳（最好是编织绳），系法如图所示

图 17-20　临时制作的雪地鞋

的隔热层等材料。然后，绗缝塞满隔热材料的睡袋，以免隔热材料在里面移位。最后，将睡袋对折，把侧边缝合起来。

4. 临时制作的隔热床垫。

1）除了睡袋，还可以使用其他一些地面隔热物品。隔热床垫可以帮助求生者阻隔地表的水分和寒气。草、蕨类等任何无毒的植物都可以用来做床垫，用落叶树的叶子也可以做成舒适的床垫。条件允许的话，求生者还可以利用多余的衣物、椅垫、飞机隔热材料、救生筏和降落伞布。在松柏林中，如果搭建合理，用大树枝做成的床垫效果也很好。

2）制作床垫时，求生者应该从床脚开始——把树枝的切口端倾斜大约 45° 插进地里，树枝和树枝之间要紧靠在一起。做好的床垫

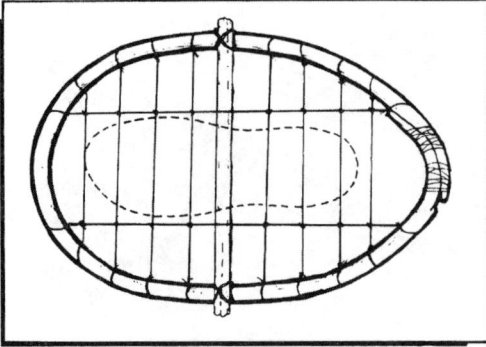

图 17-21 临时制作的熊掌形雪地鞋

应该比求生者的身体稍微长一点、宽一点。如果地面结冰，求生者可以先在地上铺一层枯树枝，再在上面铺一层新鲜的大树枝。

3）用大树枝做成的床垫至少要有 12 英寸（30.5 厘米）厚，这样才能在求生者和地表之间制造足够厚的隔热空间。求生者还应该每天把床垫抖松并向其中添加新的树枝，以保持其舒适性和隔热性。

4）云杉的针叶既尖且密，用来做床垫可能会令人感到不适。此外，各种松树的针叶基本上都长在大树枝的末端，因此要想让用松树枝做的床垫舒适、隔热，就需要大量的松枝。冷杉的整个大树枝上都长满了针叶，而且针叶的末端是圆头的，这样的大树枝非常适合做床垫，不仅舒服，隔热效果也好。（图 17-24）

5. 生皮。生皮是非常有用的材料，可以是任何动物的皮。处理生皮要花费很多时间，但是最终完成的材料结实又耐用。生皮可以用来制作切削工具的护套、皮鞭、绳索等。

1）制作生皮的第一步是去除皮上的脂肪和肌肉组织——从猎物身上切下大块带有脂肪和肌肉的皮后，把脂肪和肌肉用钝刀或类似的工具刮去。

2）下一步是去毛。求生者可以在毛上撒些木灰，最好是硬木的木灰。然后在木灰上均匀地洒上水，这样可以形成碱液，有助于去除皮上的毛。接着，将长毛的一侧朝上，卷起毛皮进行滚碾，再将其在低温处放置几天。当毛变得容易去除时（通过扯毛来检验），将皮展开

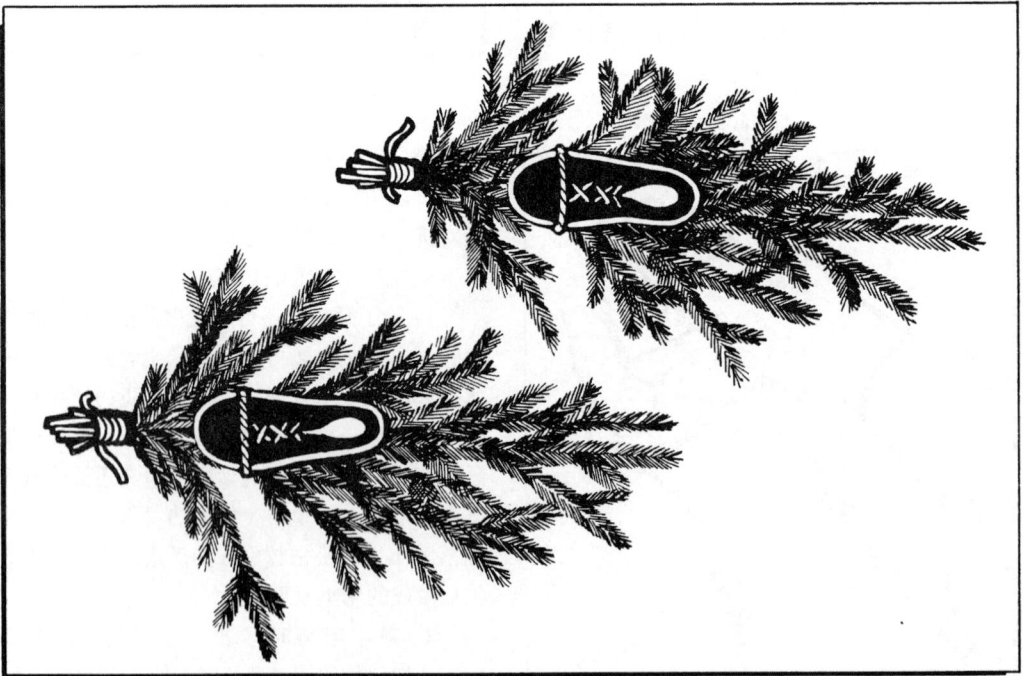

图 17-22 大树枝雪地鞋

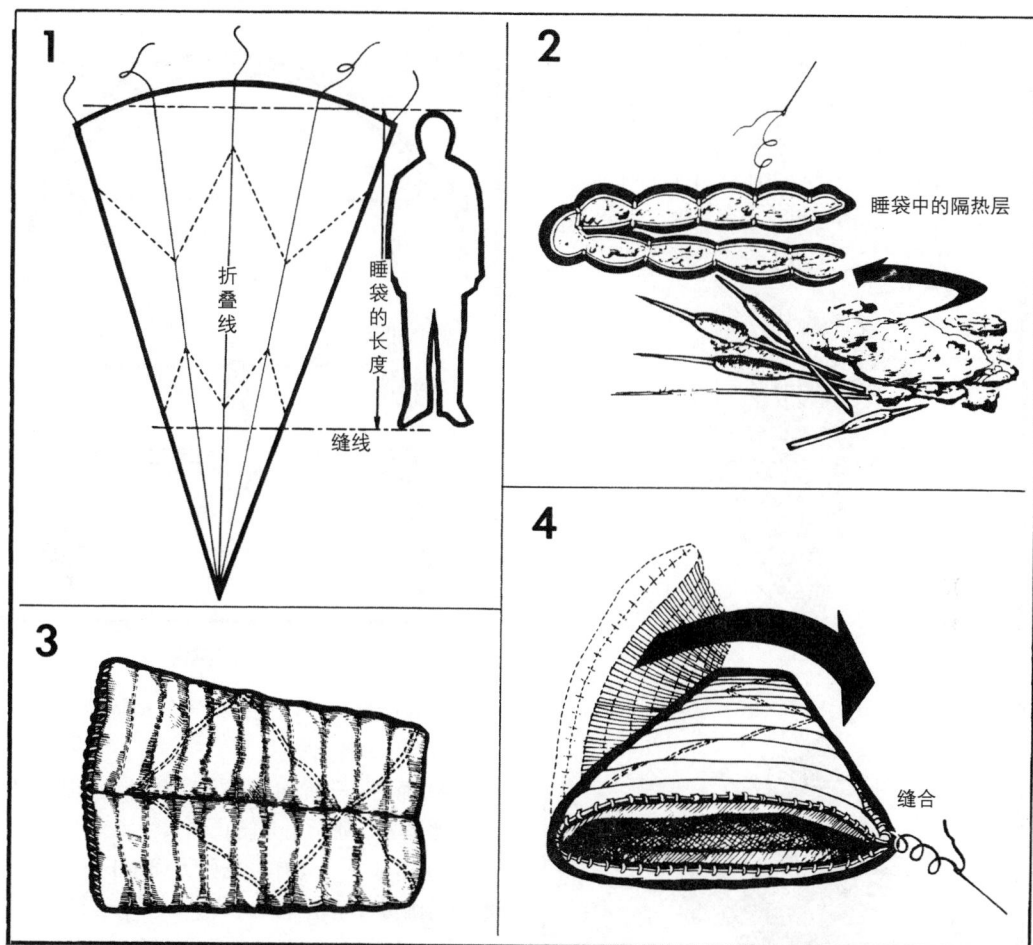

图 17-23　临时制作睡袋

放置在大木头上，用钝刀刮掉上面的毛。将毛刮净后，彻底清洗兽皮，将其绷在框架上后慢慢阴干。制成的干燥生皮非常硬，可以浸在水中令其变软。

6. 临时制作的锯子。金属丝或金属片可以代替破损的锯子使用，只需稍加改造，求生者就可以制作出新锯子。弓锯的结构可以防止锯刃弯曲变形。新鲜的小树树干是用来制作图 17-25-1 所示弓锯的常见材料。如果需要更加耐用的锯子，并且时间条件允许的话，那么求生者还可以制作有框的木锯（图 17-25-2）。可以用一种类似"绞盘"的工具来绷紧锯刃。

7. 临时制作的炊具。空军配发的罐头很适合用作炊具。如果罐头盖的窄边连在罐头上，那么求生者只需加装一根足够长的木棍作为柄，以防止烹饪时烧到手。如果罐头盖的长边连在罐头上，那么求生者可以加装顶部带杈的木棍来帮助支撑。（图 17-26）

17.6 绳索和绳结

1. 绳结的基本知识。掌握正确的绳索和绳结的基本知识可以帮助求生者开展一系列的必要行动，比如制作临时装备、搭建庇身所、打包等。不正确的打结方法可能会使临时制作的工具不好用，甚至可能会造成求生者受伤和死亡。

2. 下面是关于绳索的术语（图 17-27）。

1）绑结（本手册中将其归入绳结）——用来把两根绳索系在一起，或者把一根绳索系在一个绳环、绳圈或其他物体上。

2）绳弯——绳索弯曲或呈 U 形的那一段。

3）绳套——绳索用来套住木头、管道、立

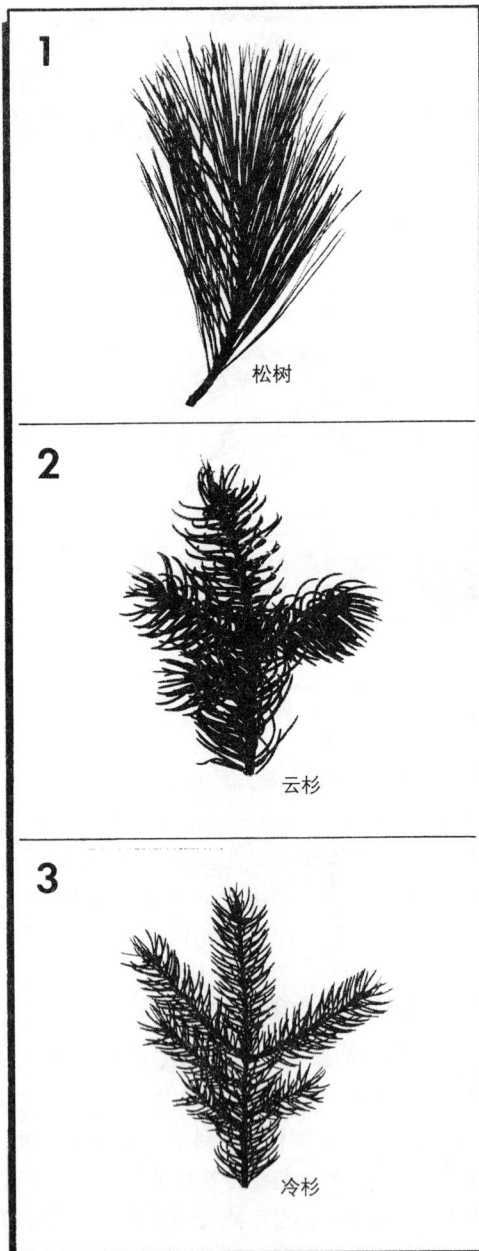

图 17-25　弓锯和框锯

柱等物体的部分，以便将绳索暂时固定住，并且随时可以系牢。

4）绳结——绳索上交叉后系紧，形成小团或结的地方，通常用来防止绳索松脱。

5）绳子——（有时也称为绳索）可以是一根线、细绳或是粗绳。

6）绳环——就是让绳索交叉的地方形成一个让别的绳索可以穿过的圆环。临时的绳环可以通过打结做成，永久性的绳环可以通过编接或其他类似的方法做成。

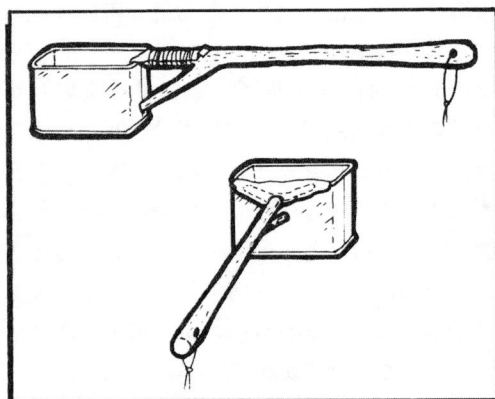

图 17-24　几种针叶

松树

云杉

冷杉

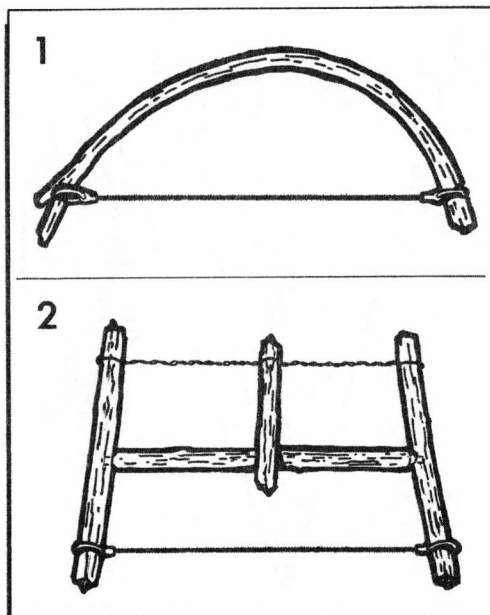

图 17-26　炊具

7）反手环绕或反手环——绳索交叉形成的环，即让绳索的活端从固定端上面经过。

8）绳索——（有时也称为绳子）是由一股股纤维（线）拧或编织在一起做成的。

9）圆形环绕——与环绕相似，绳索的活端按照与固定的部分相同的大方向绕圈。

10）活端——绳索的自由端或工作端。

11）固定端——绳索上已经固定的部分。

12）环绕——绕在立柱、扶手或圆环之类的物体上的一个绳环，绳索的活端与固定端方向相反。

13）正手环绕或正手环——绳索交叉形成的环，即让绳索的活端从固定端下面经过。

3. 缠扎绳头。绳索断口的线股容易松开，应该打结或系上。缠扎是固定绳头的方法之一，这种方法效果特别好，因为它不会增大绳头的体积，缠扎好的绳头依然可以轻松地穿过各种材料。求生者在切割绳索之前，应先在绳索上做两个相隔 1~2 英寸（2.5~5.1 厘米）的缠扎，然后在两处缠扎中间的位置切割绳索（图 17-28-5），这样可以防止切断绳索后断口处立刻松

开。缠扎是用小细绳紧紧缠住将成为绳头的地方，具体做法是：将小细绳一端的一部分绳子弯曲成绳弯（图 17-28-1），把小细绳的两端分别放在绳索的两侧，小细绳绳弯应该超过绳索的末端约半英寸（1.3 厘米）；接着，把小细绳的活端 b 紧紧缠绕在绳索上（图 17-28-2），从缠扎部分离绳索末端最远的位置开始缠绕，缠绕的方向应该和绳索拧成的方向一致；继续把小细绳紧紧缠绕在绳索上，直到离绳索末端约半英寸（1.3 厘米）处停止；这时，把小细绳的活端 b 穿过绳弯（图 17-28-3）；然后，把固定端 a 拉紧，直到绳弯被拉到缠扎部分下面，小细绳被系紧为止（图 17-28-4）；最后，把小细绳的两端（a 和 b）在缠扎部分的边缘处切断，这样绳头的缠扎就完成了。

4. 在绳索末端打结。

1）反手结。反手结（图 17-29）是最常使用的、最简单的打结方法。反手结可以防止绳头松开，可以在绳头处打结，也可以作为其他比较复杂的打结方法的组成部分。打反手结的方法是：在绳索末端圈一个绳环，把绳索的活

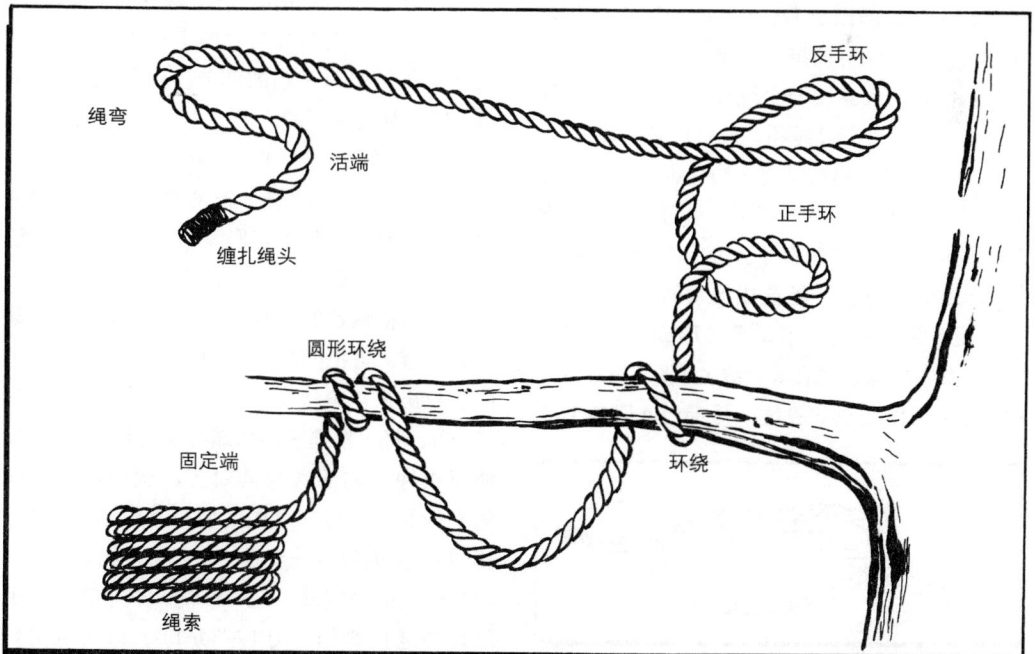

图 17-27　关于绳索的术语

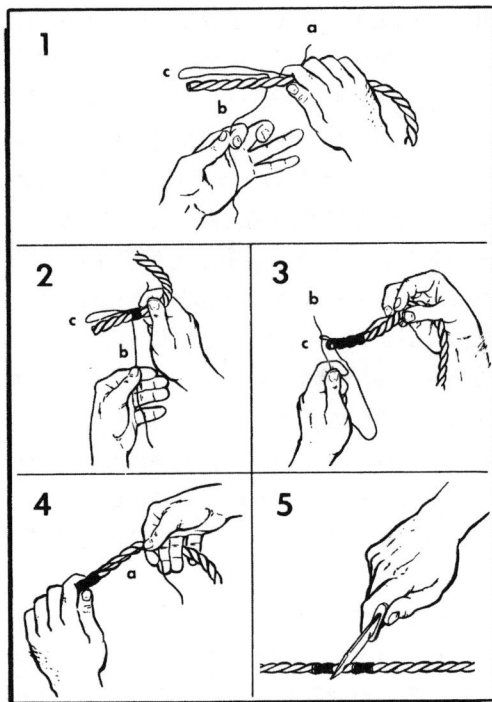

图 17-28 缠扎绳头

端穿过绳环后拉紧。

2）8 字结。8 字结（图 17-30）比反手结在绳索末端打的结要大。8 字结一般用来防止绳索末端滑出系好的结或其他绳环。打 8 字结的方法是：用绳索圈一个绳环，把活端绕过固定端，从内至外穿过绳环，最后拉紧活端。

3）绳头结。绳头结用于防止绳索末端松开（在允许有大绳头的情况下），也可以防止绳索从小洞中滑脱，比如盒子上用作把手的绳索。打绳头结的方法是：把拧成绳索的一股股线拆松大概 5 圈的长度，用 a 股线形成一个绳环，把 b 股线放下来，绕在 a 股线上（图 17-31-1）；然后把 c 股线绕过 b 股线，再穿过 a 股线形成

图 17-29 反手结

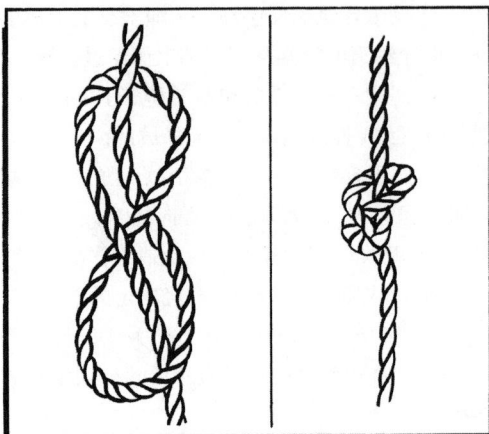

图 17-30 8 字结

的绳环（图 17-31-2）；最后，用一只手抓住绳索，用另一只手拉紧每一股线，把结系紧（图 17-31-4）。这时，每股线朝着的方向不同，要想做一个整洁的圆形冠状绳头，可以打一个绳头冠形结。

4）绳头冠形结。打绳头冠形结的方法是：把 a 股线移到 b 股线和 c 股线中间（图 17-32-1），再将 c 股线穿过 b 股线和 a 股线中间（图 17-32-2），然后让 b 股线从 a 股线的上面越过，穿过 c 股线形成的绳弯（图 17-32-3）；最后，把结系紧，切断多余的部分。冠形结打好后，每一股线都是朝下的。

5. 把两根绳索系在一起的结。

1）平结。平结用于把两根同样粗细的绳索系在一起，并防止它们滑动。打平结的方法是：把两根绳索平行摆放，将其活端交叉在一起；把一根绳索的活端从另一根绳索的固定端下方穿过，再把两根绳索的活端从交叉点分别向上拉出来，紧接着再次交叉在一起（图 17-33-1）；将一根绳索的活端在交叉处缠绕一下，使每根绳索的活端与其对应的固定端是在同侧平行的，这时即可向两侧拉动绳索（图 17-33-2）；完成最后一步时，如果每根绳索的活端与其对应的固定端不在同一侧，这个错误的平结就叫老奶奶结（图 17-34-1）。因为老奶奶结在受到拉力时很容易滑脱，所以不应该使用

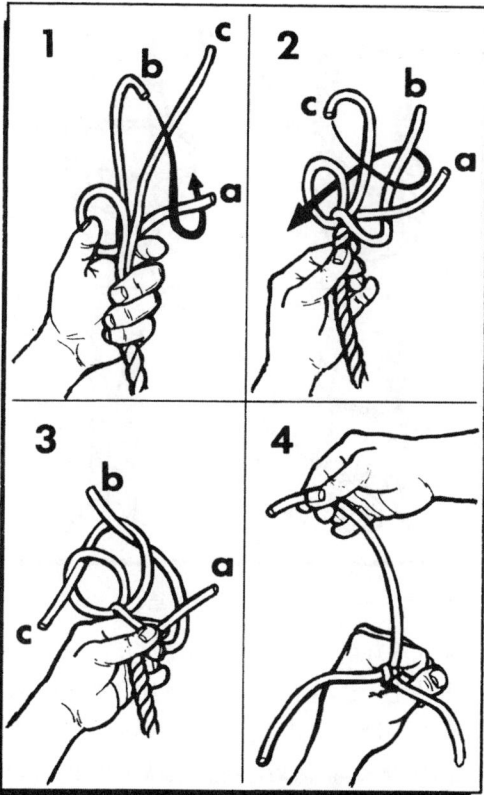

图 17-31 绳头结

这样的打结法，而应该让每根绳索的活端与它对应的固定端处在同一侧且保持平行。另一种打平结的方法是：在一根绳索的末端形成一个绳弯，将另一根绳的活端放进绳弯里并绕着整

个绳弯转一圈，最后从绳弯中穿出。如果绳弯活端的位置放反了，打出的结虽然每个活端都会和其对应的固定端在同侧平行，但两个活端的上下位置却是相反的，这样的结被称为小偷结（图 17-34-2），这种结在受到拉力时会滑脱，而且系紧后很难解开。正确的平结在受到拉力时会系得更紧，而且也很容易解开，只要抓住两个绳弯的弯曲部位即可把平结解开。

2）单编结。单编结，有时也叫作织布结，只适用于把两根粗细不同的干燥绳索系在一起的情况。打单编结的方法是：把细绳的活端 a 从粗绳 b 的绳弯中间穿过去（图 17-35-1）；然后，将该活端从粗绳整个绳弯的后侧绕回来（图 17-35-2），紧接着从细绳固定端的下方穿过去（图 17-35-3）；最后，把细绳的活端拉紧（图 17-35-4）。单编结受到轻微的拉力便会系得更紧，但是在拉力消失后可能会变松或滑脱。

3）双编结。双编结（图 17-36）的效果比单编结好，既适用于两根粗细不同的绳子，也适用于两根粗细相同的绳索，还可以系潮湿的绳索或把绳索系在孔上。双编结在受到大的拉力时既不会滑脱，也不会变得更紧。打双编结时，首先需要打一个单编结，但是不要急于把活端拉紧，而是要用细绳的活端围绕着粗绳的绳弯多转一圈，然后再拉紧绳结。

4）大绳接结。大绳接结可以承受很大的重

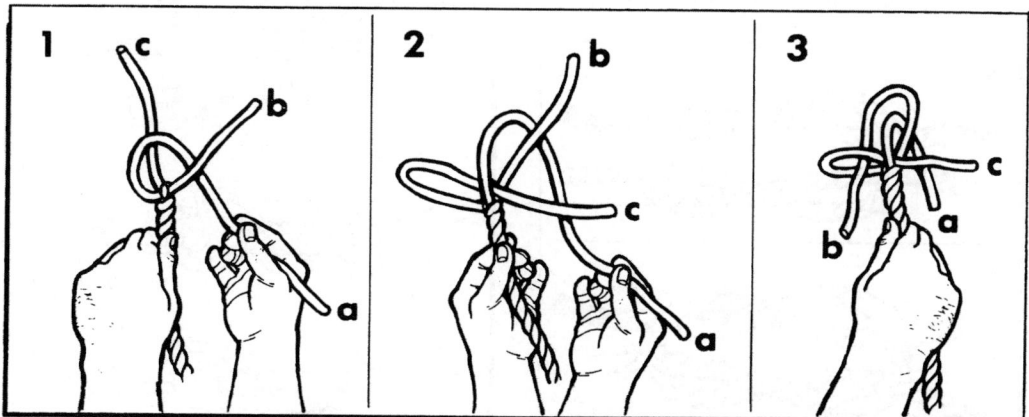

图 17-32 绳头冠形结

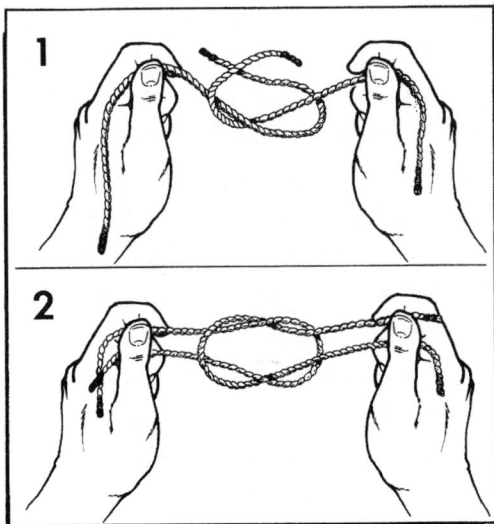

图 17-33　平结

量，而且既适用于细绳，也适用于粗绳。大绳
接结在受到大的拉力时不会变紧。打大绳接结
的方法是：把一根绳索弯成一个绳环（图 17-
37-1）；把另一根绳索的活端从第一根绳索固定
端的后侧穿过（图 17-37-2），再拉到第一根
绳索活端形成绳环处的前侧；将第二根绳索的
活端压在绳环的一侧下面（图 17-37-3），然
后从绳环中穿出，压在自己的固定端上面（图
17-37-4）；最后再次穿过第一根绳索的绳环，
并从其下方拉出（图 17-37-5）。

6. 形成绳环的结。

1）单套结。单套结是可以在绳索末端有

图 17-35　单编结

效制作绳环的结，而且也容易解开。打单套结
的方法是：让绳索的活端 a 绕着需要被固定的
物体转一圈，使其在固定端处形成一个绳环 b
（图 17-38-1）；然后，将活端从下往上穿过这
个绳环（图 17-38-2），从固定端后侧绕过来
（图 17-38-3），再从上往下穿过绳环（图 17-
38-4）——绳索的活端穿过绳环时，要与之前
穿过绳环的绳索在同侧保持平行；最后，拉紧
绳索的两端把结系紧。

2）双套结。双套结（图 17-39）是长时间

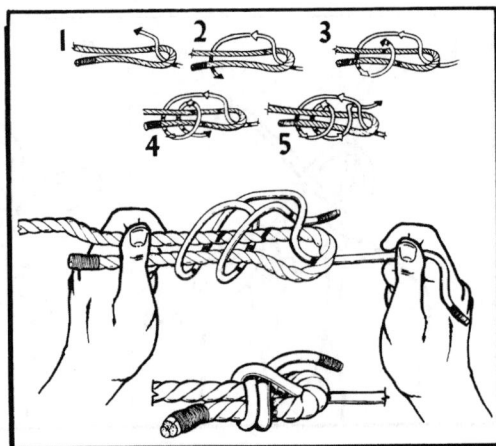

图 17-34　老奶奶结和小偷结

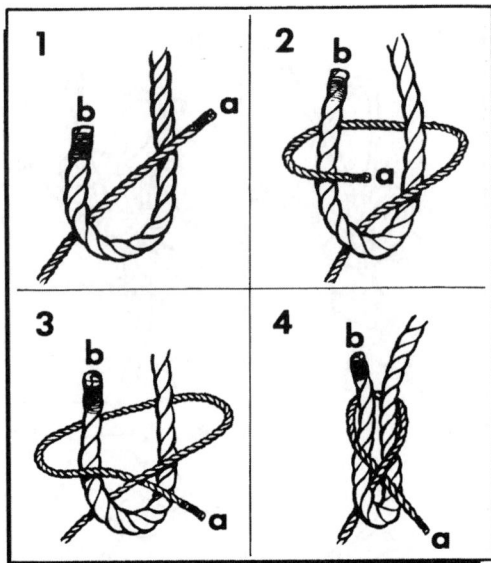

图 17-36　双编结

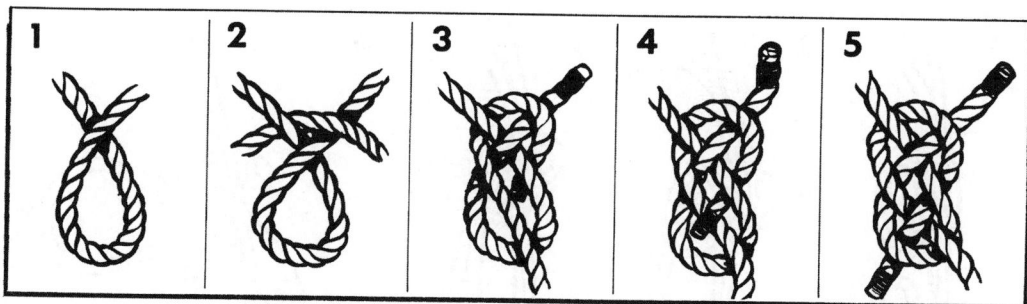

图 17-37 大绳接结

在树上单独作业的树木造型师经常使用的绳结。双套结一个人就可以系好，而且用起来和吊索或高空作业坐板（图 17-40）一样舒适——一块刻有凹槽的小木板会让在高处作业的人感觉更舒服。打双套结的方法是：把一根绳索的活端 a 往回弯大约 10 英尺（3 米）长的一段，把绳弯当作新的活端，如图 17-38 所示的方法系一个单套结。新的活端 b 或称为绳环的部分可以支撑人的背部，而剩下的两个绳环 c 和 d 则可以分别支撑人的双腿。

3）轮结或重套结。轮结或重套结可以把绳索的活端用不会滑动的结安全地系在悬索上，并且可以通过用手向下弯曲绳结将其解开。打轮结或重套结的方法是：把活端 a（图 17-41-1）在悬索 b 上绕两圈，形成两个完整的环（图 17-41-2）；然后，让活端 a 越过两个环，再向上围着悬索绕一圈（图 17-41-3）；最后向下系紧（图 17-41-4）。这个结很适合紧固绳索

自身，或者将其系在更大的绳索、缆绳、木材或立柱等物体上。

4）活套结。活套结是航空运输中使用的基本绳结。活套结可以在一根绳索的末端形成项圈式的吊索，一般在制作索具时使用。打活套结的方法是：用活端 a 做一个反手绳环 c，然后形成一个绳弯 b（图 17-42-1）；再将活端 a 围着固定端绕一圈，穿过绳环 c，接着从绳弯下绕过（图 17-42-2）；最后再穿过一次绳环（图 17-42-3）。

5）绳弯单套结。绳弯单套结可以在整根绳索上除了末端之外的任意一点上构成一个绳环。绳弯单套结容易解开且不易滑脱。如果把一根绳索对折后使用，也可以在绳索的末端打一个绳弯单套结。打结的方法是：将一根绳索对折后做一个绳环 b（图 17-43-1），就像打单套结时一样；将绳索对折起来的那一端 a 穿过绳环折向下方（图 17-43-2），再向上套过

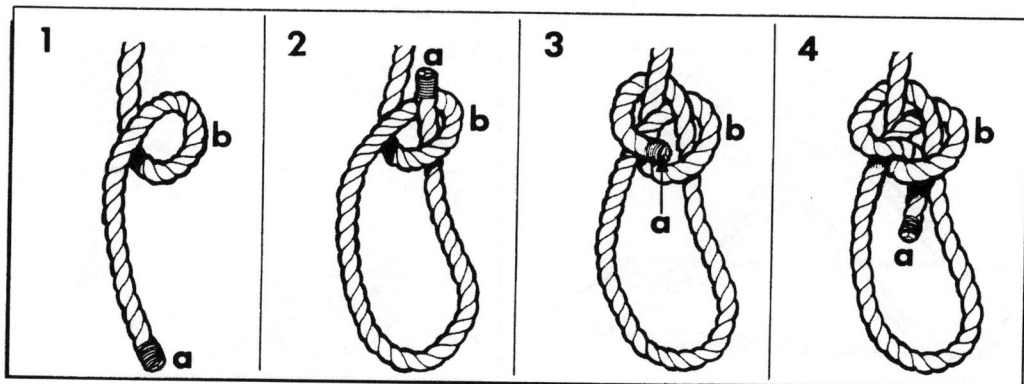

图 17-38 单套结

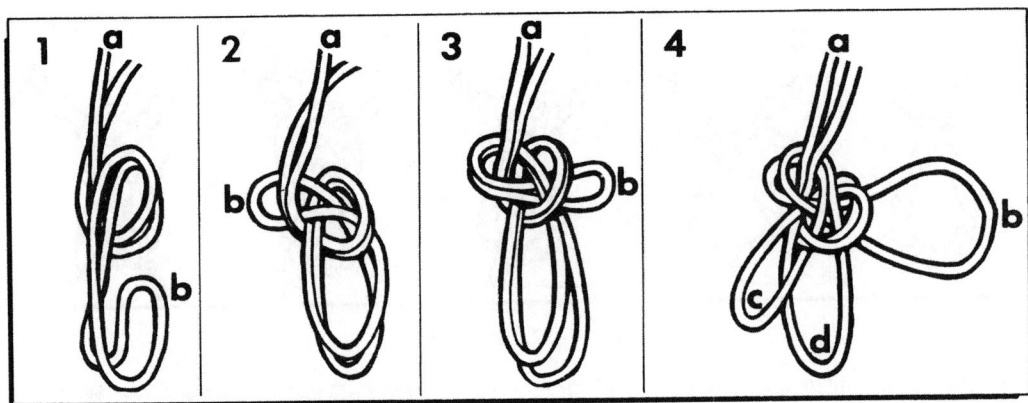

图 17-39 双套结

整个绳结（图 17-43-3）；最后，拉紧绳结即可（图 17-43-4）。

6）西班牙式单套结。西班牙式单套结可以在绳索的任何位置打结，也可以在对折的绳索上或者对折后的绳索末端打结。西班牙式单套结常用于救援工作或者在吊索中用两股绳拎管子或其他圆柱形物品的情况下使用。打西班牙式单套结的方法是：让对折的绳索顶部形成一个绳环，用左手抓住，绳环的中间压着绳索的固定端后，形成两个像兔耳朵一样的绳环（图 17-44-1）；把两个绳环（c 和 d）交叠在一起（图 17-44-2），把离人近的那个绳环的顶部拉到左手大拇指处，拉的过程中要将绳环拧转一次；用大拇指压住绳环，将绳环固定住；然后抓住另一个绳环的顶部，拉下并拧转，也放在大拇指下（图 17-44-3）；此时，这根绳索

一共形成了四个小绳环（c、d、e、f）；把左下方的绳环 c 转半圈，从前面套进左上方的绳环 e 中，把右下方的绳环 d 也转一下（图 17-44-4），套进右上方的绳环 f 中；最后，抓住刚才穿好的两个绳环（c 和 d），拉紧绳索系好结（图 17-44-5）。

7）法式单套结。法式单套结有时被用在吊索中提起受伤的人，这时，法式单套结中的一个绳环被称为"椅子"，另一个绳环则在手臂下围住伤者的身体。伤者的体重会将两个绳环绷紧，所以人不会从绳结中掉下来。法式单套结的这一特点使其在提起失去意识的伤者时特别有用。打法式单套结的最初步骤与简单的单套结相似：首先在绳索的固定端形成一个绳环

图 17-40 高空作业坐板

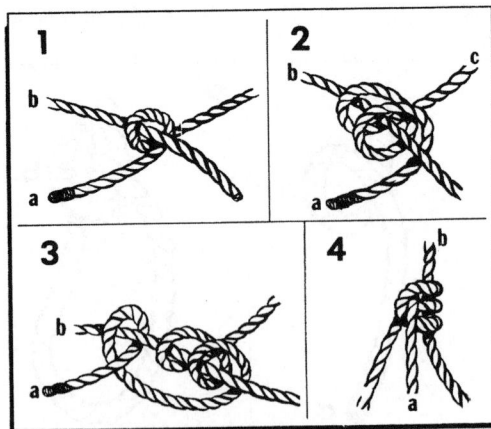

图 17-41 轮结或重套结

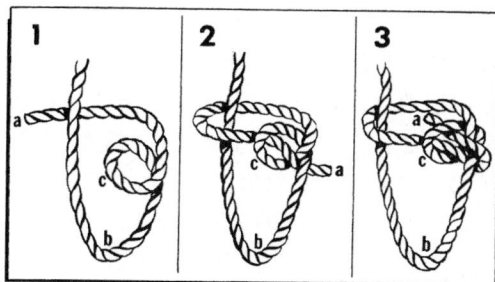

图 17-42　活套结

a，然后将活端 b 从下往上穿过这个绳环，形成一个新的独立绳环 c（图 17-45-1）；接着，把活端 b 再一次从下往上穿过绳环 a（图 17-45-2），从固定端后侧绕过来（图 17-45-3），再从上往下穿过这个绳环 a，使得绳索的活端穿过绳环后，与绳环打结的部分保持平行；最后，拉紧固定端把绳结系紧（图 17-45-4），这样便形成了两个绳环（c 和 d）。

8）攀踏结。攀踏结可以在绳索上形成一个不会滑脱的绳环。打攀踏结的方法是：在绳索的活端形成一个绳弯 a，用左手抓住这个绳弯，

在绳索的固定端再形成一个绳弯 b（图 17-46-1）；用右手把绳弯 b 套在绳弯 a 上（图 17-46-2）；然后，用左手握住所有的绳环，把右手穿过绳环 a，从绳环 b 的下面抓住最前面的绳环 c（图 17-46-3），将其从整个绳结中拉出来（图 17-46-4）系紧。

7. 用于固定的绳结。

1）半绳结。半绳结（图 17-47-1）可以把一根绳索系在一截木头或者其他较粗的绳索上面。但是，半绳结不是非常结实，只能暂时用来固定住绳索的活端。打半绳结的方法是：先把一根绳索绕着一根木杆转一圈，再将其活端绕到固定端的后面，最后从刚才形成的那个绳环下方穿上来。

2）圆材结。圆材结（图 17-47-2）多在移动比较沉重的木头或者柱状物体时使用。打圆材结的方法是：必须先打一个半绳结，然后将绳索的活端绕过绳索自身至少一圈后系紧。

3）圆材结与半绳结组合。吊起或拖动较重的物体时可以使用圆材结与半绳结组合的方式

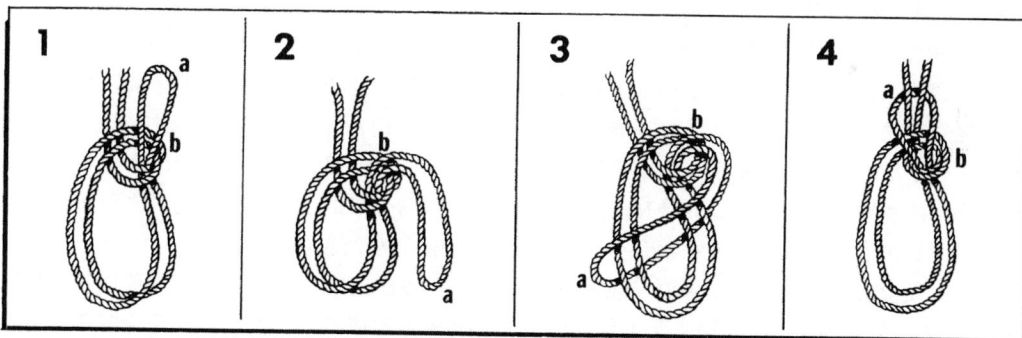

图 17-43　绳弯单套结

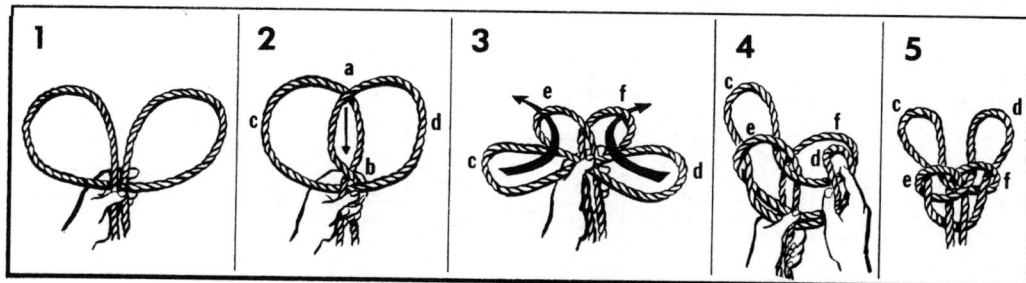

图 17-44　西班牙式单套结

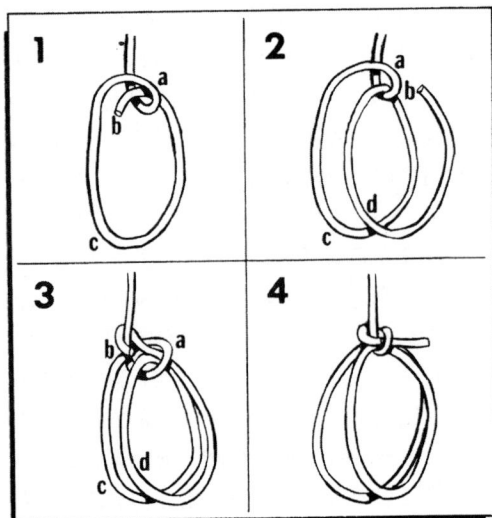

图 17-45 法式单套结

（图 17-47-3）。打这种结的方法是：把绳索的活端环绕在一根木头上面，紧接着绕过固定端的下方，形成一个半绳结；然后，继续用绳索的活端围绕着这根木头打出一个圆结。位于上方的半绳结可以承重，而位于下方的圆材结可以防止前者发生滑脱。

4）卷结。卷结（图 17-47-4）用于把一根绳索紧紧地系在树木、管子或立柱上。卷结可以在绳索上的任何位置打。如果要在绳索的中间位置打卷结，可以将绳索在一个固定物体上绕两圈，注意要让两个绳环彼此绕在一起。然后，向两侧拉动两个绳环，绳索就会在这个固定物体上面形成一个绳结。如果要在绳索的一端打卷结，可以将绳索在一根木头上绕两圈，让第一圈与绳索的固定端交叉，最后将绳索的活端从它自身形成的绳环下面穿出。

5）两个半绳结。把绳索快速系在一根木头或立杆上的方法之一就是打两个半绳结：把绳索的活端绕在立杆或木头上，再绕过固定端，从活端自身形成的绳环下面穿出，这样就形成了第一个半绳结；然后，再将活端绕过固定端，从活端自身形成的绳环下面穿出。

6）圆形环绕与两个半绳结组合。另一种把绳索系在立杆、木头上的方法是采用圆形环绕与两个半绳结组合的方式（图 17-48）。打结的步骤是：将绳索的活端围绕着固定端转两圈，再从它自身形成的绳环中穿下来，构成一个半绳结，然后再打出第二个半绳结。为了保证其牢固度，还可以用其他材料把这根绳索的活端与固定端牢牢捆扎在一起。

7）锚结。锚结（图 17-49）用于把缆绳或绳索系在锚上，或是在绳索会经受放松和绷紧动作的时候使用。打锚结的方法是：把绳索的活端穿过要系上的环状物体后绕两圈，将活端绕过固定端，从绳索在环状物体上形成的绳环中穿下来；然后，把活端用半绳结的方法绕过固定端；最后，把活端与固定端系在一起。

8）缩结。缩结（17-50）可以在打结的同时缩短绳索的长度，也可以用来减轻绳索上某一薄弱点的承重量。缩结不能打在绳索末端。打缩结的方法是：让绳索形成两个绳弯，绳索上被绳弯分成的三段是平行的；将绳索的固定端分别在两个绳弯上打半绳结。

9）斯皮尔结。斯皮尔结可以形成固定的绳环和不会滑脱的结，而且可以迅速解开。斯皮尔结系起来很快，解开也很容易，只要拉扯活端即可。打斯皮尔结的方法是：把绳索的活端

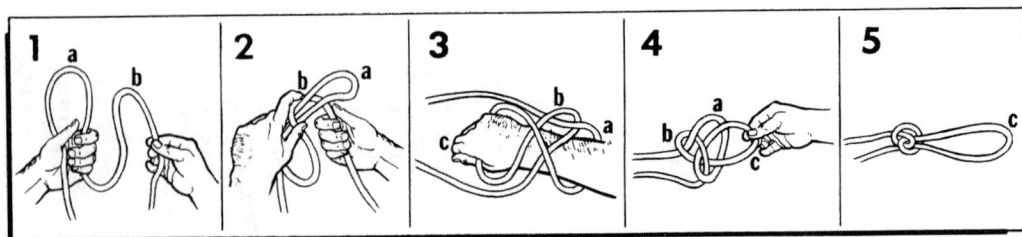

图 17-46 攀踏结

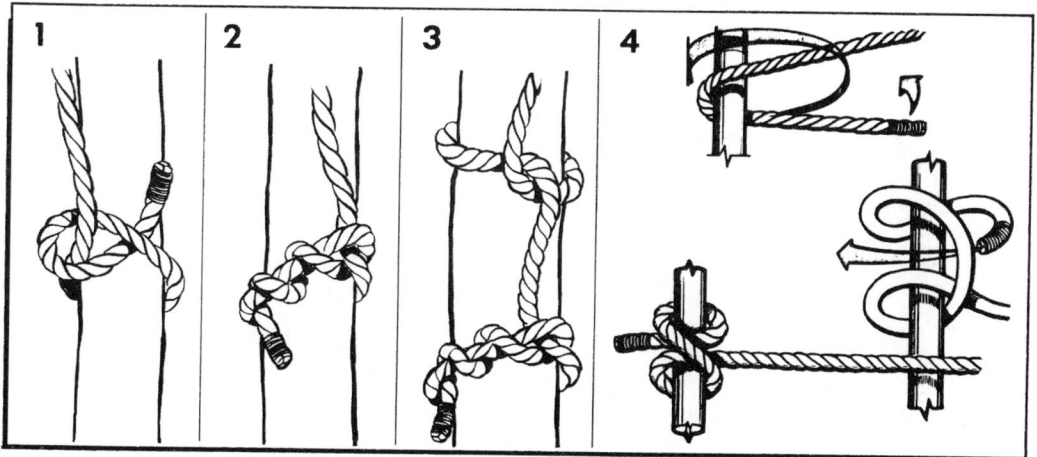

图 17-47 半绳结、圆材结、卷结

图 17-48 圆形环绕与两个半绳结组合

a 穿过环状物（图 17-51-1）或围着管子、立柱等物体绕一圈，回到固定端 b 的左侧，两只手都手掌朝上放在绳索下方，左手略高于右手，用左手抓住固定端 b，右手抓住活端 a，左手向左移动，右手向右移动（图 17-51-2），形成两个绳弯（c 和 d）；然后，左手向着身体的方向转半圈，使绳弯 c 绕成绳环（图 17-51-3）；让绳弯 d 越过绳索，从下往上穿过绳环 c；最后，拉紧绳弯 c 和固定端 b，就可以系紧斯皮尔结了（图 17-51-4）。

10）旋转结。旋转结可以把绳索固定在木头、管子或立柱上，且不会滑脱。打旋转结的方法是：把绳索的固定端 a 放置于与这根木头将要移动的方向相反的位置上（图 17-52-1）；让绳索的活端围绕着这根木头并且压住固定端 a 绕两圈 b（图 17-52-2）；接着，把固定端 a 弯过来，使之朝向这根木头将要移动的方向（图 17-52-3）；然后，将绳索的活端 d 绕着这根木头再绕两圈 c，绕第二圈的时候，活端 d 一定要从 c 的第一圈的下方穿上来（图 17-52-4）；最后，把绳索拉紧（图 17-52-5）。为

图 17-49 锚结

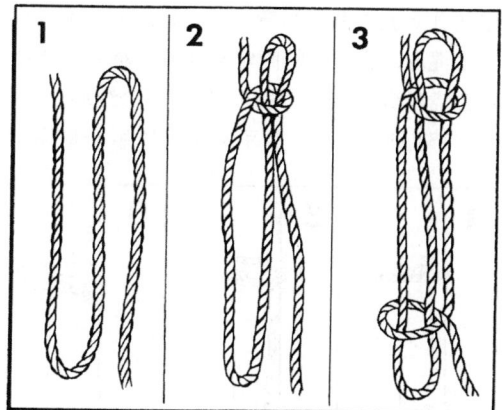

图 17-50 缩结

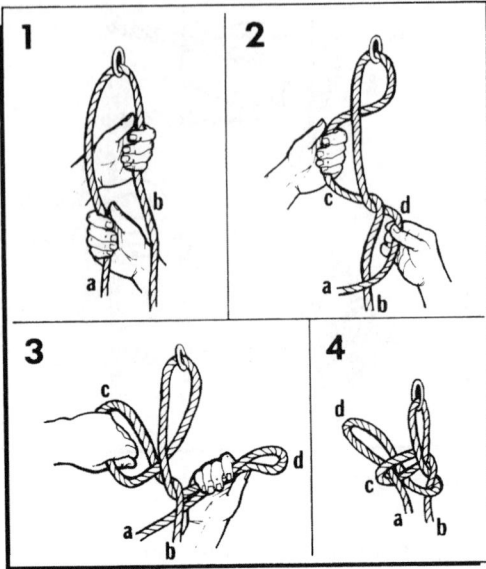

图 17-51　斯皮尔结

了使这个绳索更加牢固，还可以在这个旋转结上方 1~2 英尺（0.3~0.6 米）的位置用绳索的固定端再补打一个半绳结 e（图 17-52-6）。

11）单花钩结。单花钩结（图 17-53）用于把绳索系在钩子上。打单花钩结的方法是：在钩子后面形成一个绳环，把活端和固定端绕到钩子前面交叉，使活端处在和之前相反的方向，并位于固定端下面。

12）猫爪结。猫爪结（图 17-54）可以打在绳索末端，用来把绳索挂在钩子上。打猫爪结的方法是：用左手抓住绳索的活端 a，并在固定部分 b 上做两个绳弯（c 和 d）；用左手抓住两个绳弯，将绳子的固定端在两个绳弯的连接点上绕两圈；最后，用钩子穿过两个绳环。

13）脚手架结。脚手架结可以用一根绳索承载脚手架木板的一端。打脚手架结的方法是：将绳索的活端放在木板上，围着木板绕一圈，然后向上绕过固定端（图 17-55-1）；将活端折返的部分绕回到木板下面，在木板的另一侧形成一个绳弯 b（图 17-55-2）；再将活端绕回到出发的位置，直到将其穿过绳弯 b（图 17-55-3）；将绳索拉紧（图 17-55-4）；在绳索的固定端高于木板的地方做一个绳环 c，让活端穿过绳环 c，再绕过固定端返回并再次穿过绳环 c（图 17-55-5）。

14）吊桶结。吊桶结可以水平或垂直地吊起桶状物。要水平地将桶吊起时（图 17-56），可以先用一个长绳弯打一个单套结，再把单套结下方的绳索拿起来，穿过绳弯的一侧，最后把绳弯形成的两个"耳朵"分别套在桶的两端。要垂直地吊起桶时（图 17-57），可以让绳索从桶的下方绕过，再回到桶的上方，在桶上打一个反手结 a（图 17-57-1）；稍微拉扯绳索，抓住反手结的两部分（b 和 c）（图 17-57-2），将其拉到桶身的中部；最后，把绳索拉紧，在桶的上方打一个单套结（图 17-57-3）。

8. 捆绑的方法。很多东西在搭建时都需要捆绑，例如庇身所、设备支架、烟雾发生器等。这里将介绍三种捆绑的方法——正方形捆绑、对角式捆绑和等分式捆绑。

1）正方形捆绑。做正方形捆绑时，先在两根木头的十字交叉点正下方的那根木头上面打出一个卷结（图 17-58-1）；接着，在木头上缠绕绳索，缠绕时一定要让外侧的绳索始终紧贴内侧的绳索（图 17-58-2），随后拉紧绳索；至少缠绕三四圈，再在十字交叉点横着

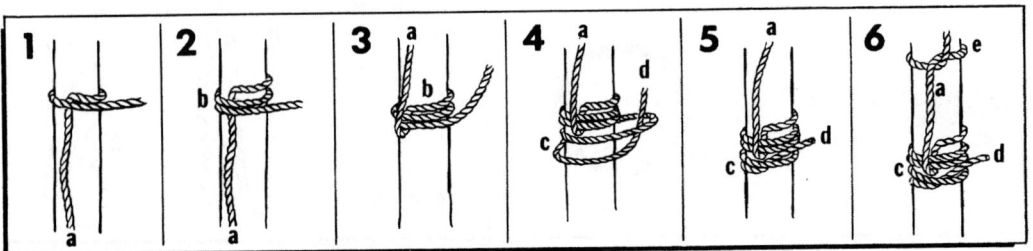

图 17-52　旋转结

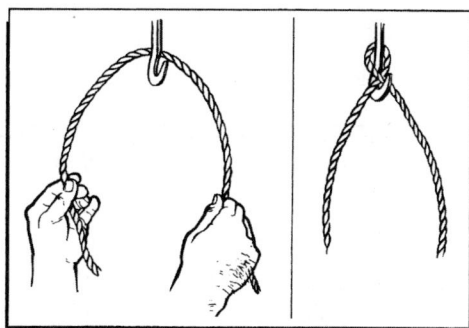

图 17-53 单花钩结

的木头上捆绑两三圈（图 17-58-3），然后拉紧绳索，将木头的十字交叉部分牢牢固定好；最后，在与捆绑开始处相对的上方位置打一个卷结（图 17-58-4），整个捆绑工作就完成了。正方形捆绑可以用来把一根木头以一定的角度固定在另一根木头上，另一种可以达到这一目的的捆绑方法是对角式捆绑。

2）对角式捆绑。开始对角式捆绑时，先在两根木头的十字交叉点的一侧打一个卷结，然后再用绳索斜着在两根木头上缠绕 3 圈（图

17-59-1），缠绕时并非是让后面的一圈压住前面的一圈，而是要让每一圈平整地排列在一起；接下来，再用绳索绕着这两根木头缠绕 3 圈，只不过这一次缠绕的方向完全相反，而且还要压住之前的那一组绳圈；随后，把绳索拉紧，这样在两根木头上面就会出现两组互相交叉的（即对角式）绳圈（图 17-59-2）。捆绑结束时，为了更加牢固，还可以用绳索在与起始点相对的位置上再打一个卷结（图 17-59-3）。

3）等分式捆绑。等分式捆绑可以用来把两根或者更多的木头并排捆扎在一起。进行捆绑时，可以把任意数量的木头并排摆放在一起，先在最外侧的那根木头上打一个卷结（图 17-60-1）；然后，用绳索在相邻的两根木头上捆 7~8 圈，但在二者之间要留有一定的空隙（图 17-60-2）；接着，再把两根木头之间的绳圈紧紧地捆扎起来（图 17-60-3）；作为完结，在最后那根木头与捆扎起点相反的位置上打一个卷结（图 17-60-4）。

9. 绳索的制作方法。几乎所有材质的纤维

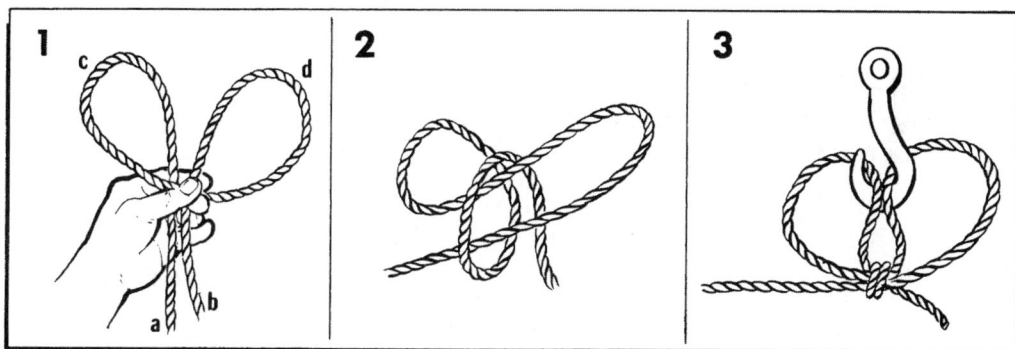

图 17-54 猫爪结

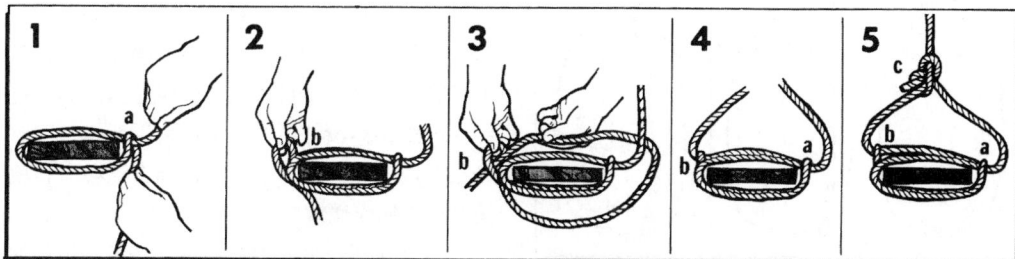

图 17-55 脚手架结

图 17-56 吊桶结（水平）

都可以被加工成适合求生者使用的绳索，许多长 12~24 英寸（30.5~61 厘米）甚至更长的材料都可以编成绳索。四个人可以"扭绞"出直径 3~4 英寸（7.6~10.2 厘米）的绳索，而用植物纤维编成的直径 1 英寸（2.5 厘米）的绳索的抗拉强度可达 100~3 000 磅（45.4~1 360.8 千克）。

1）抗拉强度。用一根直径 1 英寸（2.5 厘米）的 3 股绳作为标准，下面列出的抗拉强度展示出了各种编织材料的一般抗拉情况。考虑到实际操作中的安全因素，求生者应该以最低的数值作为抗拉强度的参考数据。

青草——100~250 磅（45.4~113.4 千克）

树皮纤维——500~1 500 磅（226.8~680.4 千克）

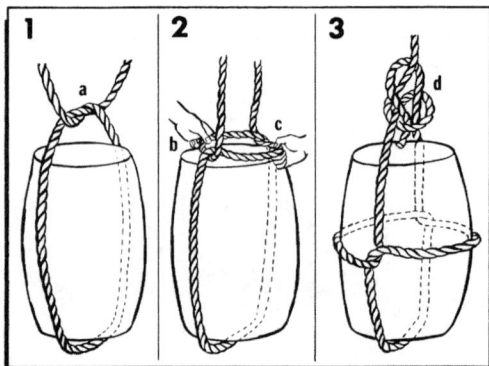

图 17-57 吊桶结（垂直）

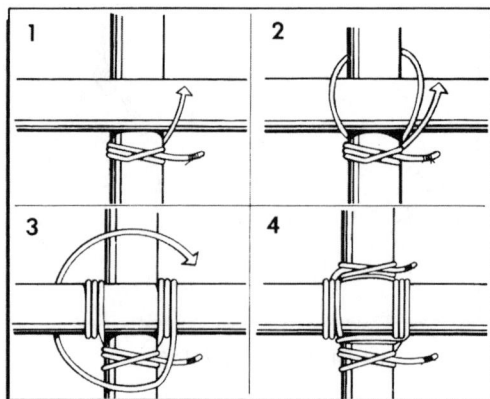

图 17-58 正方形捆绑

棕榈纤维——650~2 000 磅（294.8~907.2 千克）

莎草——2 000~2 500 磅（907.2~1 134 千克）

藤本植物——560~700 磅（254~317.5 千克）

菖蒲——直径 1/2 英寸（1.3 厘米），1 200 磅（544.3 千克）

注意：绳索的直径加倍，抗拉强度会变成原来的 4 倍；绳索的直径减半，抗拉强度会变成原来的 1/4。

2）制作绳索的基本原则。要确定某种材料是否适合制作绳索，必须考虑四个方面的因素：

（1）纤维必须足够长；

（2）必须有一定的强度；

（3）必须柔韧；

（4）必须有"吸附力"，从而能够将纤维编紧。

3）要确定材料是否合适，最简单的方法是：

（1）拉扯材料，检测其强度。

（2）用手指拧绞材料，将纤维"捻"在一起——如果纤维能够承受，不会突然断开，那么就在上面打一个反手结，轻轻拉紧。如果打结后纤维仍然没有断开，绳结可以系牢，同时纤维又能够编紧而不会打滑，那么这种材料就适合用来制作绳索。

4）到何处寻找适合的材料。许多种植物的纤维都符合上述标准，比如地面上的藤蔓、大

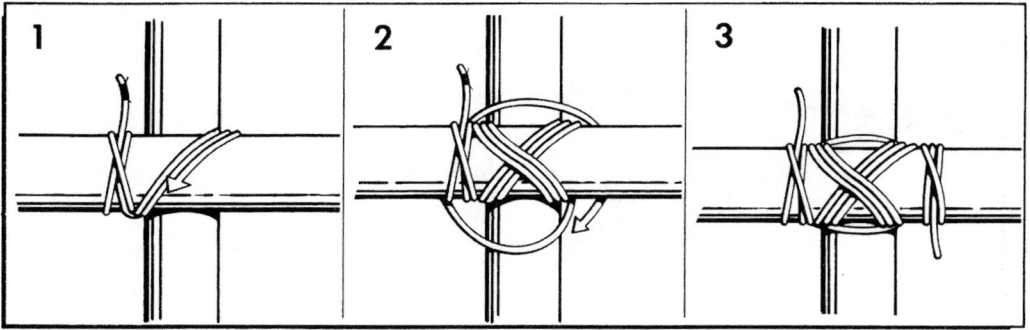

图 17-59 对角式捆绑

部分比较高的草、许多树木和灌木的内皮，以及生长在水中的某些种类的芦苇和灯芯草。此外，许多动物的长毛也符合材料的挑选标准。

5）获取制作绳索的纤维。一些新鲜材料在刚取得时可能会是"僵直"的，不易弯曲，这时应该先把材料放在灼热的火焰上烤一会儿。材料中的汁液受热后会从细胞组织中流出，使材料变得容易弯曲。获取制作绳索的纤维的渠道很多，包括：

（1）许多灌木和树木露出地表的根部表皮中含有强韧的纤维；

（2）一些掉落的已死树枝的内层树皮，柳树等树木新长出的树枝的内层树皮；

（3）许多水生及沼泽植物的纤维；

（4）许多种类的草；

（5）一些海藻；

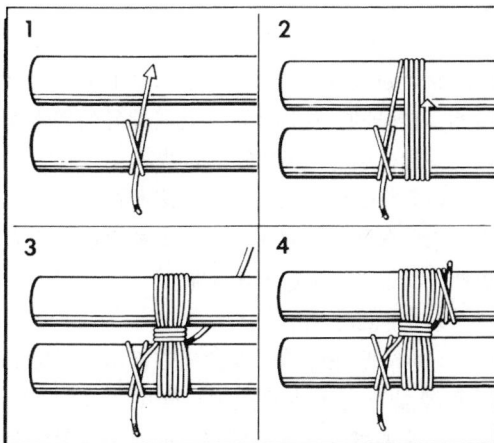

图 17-60 等分式捆绑

（6）许多棕榈科植物的叶子和树干中的纤维；

（7）许多植物（比如芦荟）富含纤维的叶子。

6）搜集和准备材料。一些植物中植物胶的含量很高。求生者一般可以通过把植物泡在水中、用水煮，或者把植物弄干等方法，来去除其中的植物胶。

（1）为了保证绳索的强度，一些植物必须使用新鲜的，比如莎草、水生灯芯草和藤本植物等。

（2）在热带和亚热带地区可以获得棕榈纤维。棕榈纤维分布在棕榈叶和树干的连接处，或是地面上枯死的棕榈叶中。棕榈纤维是制作绳索的天然材料。

（3）已经死亡或即将死亡的树木和灌木，其内层树皮的纤维通常更容易取得。在这种情况下，内层树皮纤维在撕下来时，其中大部分的天然植物胶已经变干，会呈细小的粉末状脱落。

7）用手指编绳索。

（1）选用已经检验过其强度和柔韧性、纤维长而牢固的植物材料。把纤维松散地摆成一股一股的，每股粗细要一致。将每一股纤维按顺时针方向拧在一起，拧好后每股的直径应该有 1/8 英寸（3 毫米）。一般来说，每股中含有 15~20 根纤维。然后，把 2~4 股纤维再按逆时针方向拧在一起，每一股拧的圈数要相同。

（2）图 17-61 展示了将纤维拧成股和将两股纤维拧在一起的方向。

（3）把一股股纤维拧在一起的人被称为"制绳者"，他必须确保每股纤维粗细一致，且每

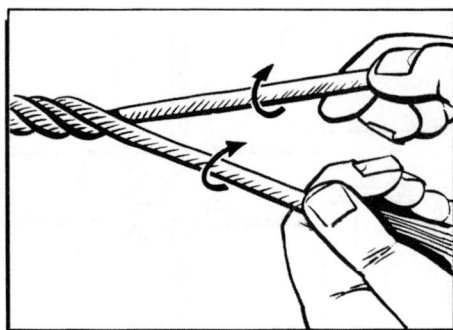

图 17-61 将两股纤维拧在一起

股的强度都相同。求生者在制绳时，必须注意要将每股纤维均匀地拧转。

（4）把纤维拧成钓鱼线、网绳等细线时，必须特别注意纤维的一致性和排列的均匀度。求生者可以徒手做出直径不到 1/32 英寸（0.8 毫米）的细绳，这样的细绳可以承受 20~30 磅（9.1~13.6 千克）的重量。

（5）一般来说，把纤维股成绳索需要两个或两个以上的人合作，但是许多地区的当地人都可以独自完成这项工作。他们把绳股在一只手和大腿间摩擦滚动，用另一只手向其中添加绳股，从而把它们拧成绳索。掌握了这种技巧后，一个人独自就可以制作绳索。但是当需要制作很长的绳索时，使用这种方法是非常慢的。

（6）制作长达 50~100 码（45.7~91.4 米）的绳索时，一个更加简单、快速的方法是用制绳机同时拧几股纤维，图 17-62 展示了这种方法的操作细节。

（7）使用制绳机时，每个负责加料的人要把植物纤维材料夹在胳膊下面，用一只手添加材料，用另一只手轻轻聚拢材料，直到其被曲柄拧成绳股。当做好的绳股越来越长时，就必须用横木支撑，以免拧好的绳股垂落到地上。在将绳股拧成绳索之前，要准备好 20~100 码（18.3~91.4 米）拧好的绳股。绳股粗并不意味着其可承受的拉力一定就大，有时粗的绳股反而更脆弱。

8）组装制绳机。

（1）制作长度超过 10 码（9.1 米）的绳索时，

需要每隔 2~3 码（1.8~2.7 米）就设置一根横木，用来在制作绳索时将绳股托住。如果没有这样的横木，那么绳股就会垂到地上，其中的一些纤维会与地上的草、嫩枝或尘土混在一起，有时还会使绳索正在拧绳股的一端停止旋转，或者使绳索拧得不均匀。

（2）要设置制绳机的横木，最简单的方法是在地上每隔 6~10 英尺（1.8~3 米）就打一对相距 6 英尺（1.8 米）的木桩作为支架。横木的表面必须光滑，没有可能绊住或被绞入绳索的树枝和突出的树皮。

（3）横木 A 被两个直立的木桩支架支撑着，横木上面穿有洞，可以装上曲柄 B。曲柄可以用天然的木棍、带榫眼的厚木板和桩钉组成，如果有金属线也可以将其弯曲后使用。连杆 C 的作用是让一个人能同时顺时针转动所有的曲柄。一根与曲柄 B 相似的曲柄被安装在制绳机尾端木棍的分权上。这个曲柄转动的方向与连杆 C 相反，从而能把绳股拧绞在一起。制绳的时候，可以几个人同时负责加料。

（4）在拧绳股的过程中，有时已经拧好的绳股可能会散开，所以在添加新的绳股控制绳索的同时，也要注意不要让原来的绳股散开。

（5）如果要制作的绳索太长，无法一次完成，那么可以先做好一段绳索，将其放在工作区域内离曲柄最远的地上，然后制作下一段绳索，最后把两段绳索接起来即可。

（6）绳股最终完全拧绞在一起后，制作绳索的整个过程就完成了。绳索末端的绳股应该是相互错开的，这样才能将几段编好的绳索连接在一起，成为一根比较长的绳索。

（7）整根绳索编完后，应该放在火上烤一下绳索的纤维和松散的末端，这样可以让绳索更加光滑，看上去也更加专业。

9）拧绳股。

（1）绳股在旋转时要被托在横木上。完成后的绳股长度不应超过 100 英尺（30.5 米）。将这些绳股拧在一起的时候，面对曲柄负责旋转的制绳者要注意将绳股的末端按逆时针方向

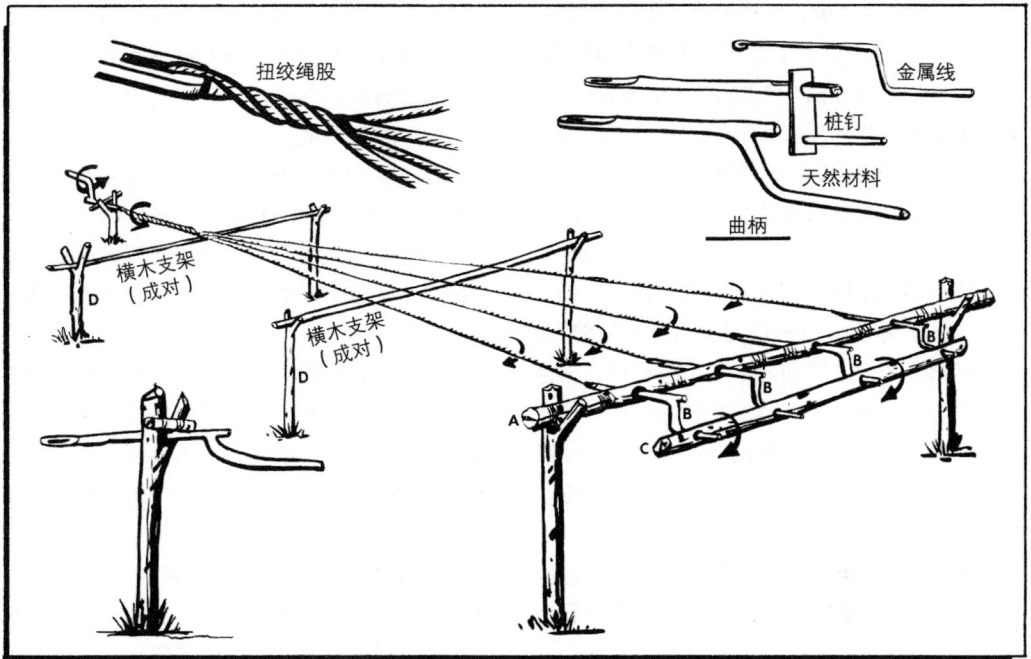

图 17-62 制绳机

拧在一起。制绳机会不断地将一股股绳股紧挨着拧在一起。

（2）需要记住的重要一点是，应该均匀地往绳股中添加材料，并慢慢地转动曲柄，这样才能使绳索表面平整光滑（图 17-63）。不要随意加快制绳的速度，通过不断练习自然就能做得越来越快。刚开始制绳时，一个 3~4 人的小组可能要花费 2 小时甚至更长的时间才能制出一根 50 码（45.7 米）长的 3 股绳索，因为每一股又分为 3 小股，所以也可以说是一根由 9 根绳股组成的绳索，直径约为 1 英寸（2.5 厘米）。通过练习，同样一组人可以在 15~20 分钟之内就制出同样的一根绳索。上述的时间不包括搜集材料的时间。

（3）在向绳股中添加纤维时，加料者应该轻轻地把较疏松的材料"喂"进旋转的绳股中。当加料者向后移动时，还必须向绳股施加轻微的拉力。

10）用单曲柄制绳机拧制绳索。

（1）两个人用单曲柄制绳机就可以制作出一根绳索。制绳材料的一部分要系在曲柄的孔上，就像多曲柄制绳机一样。当绳股的长度达到 20~30 英尺（6.1~9.1 米）甚至更长时，要用横木支撑绳股。

（2）加料。

①如果加料者把准备添加的材料夹在左臂下面，那么他应该用右手不断地把材料向前拉到左手处，然后用左手向旋转的绳股中添加材料。同时，加料者应不时向后移动，以此来控制绳股的粗细。加料者可将左手轻轻放在正在旋转但仍然松散的材料上，感受纤维相互咬合拧绞的情况。

②如果正在旋转的绳股的活动端，即将夹在左臂下的材料向其中添加的那一端中不小心被加入了过粗的一束材料，那么求生者应该用左手使绳股停止旋转，接着用右手把绳股上相应的拧绞部位拉松，使绳股保持粗细一致。

（3）绳股的粗细。拧制绳索时，让整根绳索中每根绳股的粗细及拧绞的长度保持一致是非常重要的。绳股应该比所用的制绳材料粗。

对于用草制作的绳索，绳股的直径不应超过 1/4 英寸（6 毫米）；对于用树皮纤维制作的绳索，绳股的直径不应超过 1/8 英寸（3 毫米）；对于用棕榈纤维制作的绳索，绳股的直径不应超过 3/16 英寸（4.8 毫米）；对于用兽毛或剑麻纤维制作的绳索，绳股的直径不应超过 1/8 英寸（3 毫米）。

（4）制作绳索时易犯的错误包括：

①初学者容易犯不均匀添加材料的错误，他们常常会一会儿添加纤细的小束材料，一会儿又添加一束很粗的材料。这样的添加方法会大大降低绳索的质量。用这样粗细不匀的绳股拧成的绳索，在受到高质量绳索可以承受的 1/4 的拉力时，就会断开。

②对初学者来说，明智的做法是慢慢拧绞和添加材料。在保持绳股粗细和旋转的一致性的同时，要想加快速度，只能依靠练习。

③使用粗的绳股拧制绳索并不能增加绳索的强度。就算把绳股加粗 1 英寸（2.5 厘米）甚至更多，用其拧制出的绳索的强度也不会增加，反而会在受到只有原来一半的拉力时就断开。所以，用粗的绳股拧制绳索并不能节省时间。

（5）藤本植物。藤本植物常见于热带和亚热带的密林中，它们是天然的绳索。许多藤蔓都有很大的强度，求生者可以用它们来编织、爬树，或做其他的用途。生长在地表的藤蔓较细，作为制绳的材料来说，它们非常强韧、弹性很好。因为藤蔓只有外皮是坚韧的，所以求

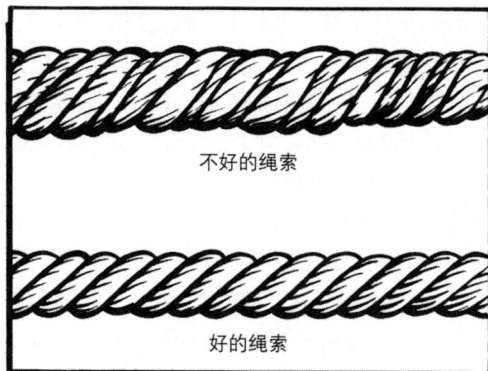

图 17-63　制好的绳索

生者将其弯曲就可轻松撕下外皮。这种方法也可以用于加工菖蒲、棕榈叶叶柄和其他多种新鲜的植物材料。

（6）树皮纤维。

①许多树木最内层的树皮，也就是韧皮层的纤维很适合用来制作绳索。选择合适的树皮时，求生者应该先在树木外层的树皮上切一块 3 英寸（7.6 厘米）长、1 英寸（2.5 厘米）宽的部分作为样本。

②然后，把切好的样本树皮剥下来，检查其中的每一层纤维。新鲜的树皮纤维中含有植物胶，很难拧绞，所以求生者最好在附近寻找被风吹落的枝条，这样的枝条中的植物胶比较容易去除。

③有许多灌木的树皮非常适合制作绳索，建议求生者把灌木的枝条从末端切下来，剥掉一层树皮做测试。新鲜灌木的树皮有时很难拧成一根长绳，但容易编成许多短绳。

④求生者不得不使用新鲜的树皮纤维制作绳索时，可以把树皮剥下来在水中浸泡 1 天左右，这样可以基本上将植物胶去除。把水倒掉以后，将树皮晾干，然后再撕成纤维使用。

11）编绳。在求生活动中，求生者可能会需要一根绳索。如果没有可以拧绞材料的工具，求生者就必须搜集一些较长的材料，把它们交错编织在一起，成为一根绳索。用普通的三编法可以编出一根扁绳，其优点是既没有棱角，也不像四股编织法编出的绳索那么硬。扁平的绳索可以作为腰带或背带使用。最基本的编绳方法有三种，很多花式编绳法都是以它们为基础的。在编绳时，通常的操作方法都是将材料从外侧向中心编。

（1）三编法（图 17-64）。

①让最右侧的绳股越过其左边的绳股；

②让最左侧的绳股越过其右边的绳股；

③以此类推，不断重复上述步骤。

（2）平四股编织法。

①把 4 根绳股并排放置，拿起最右侧的绳股越过其左边的绳股（图 17-65-1）；

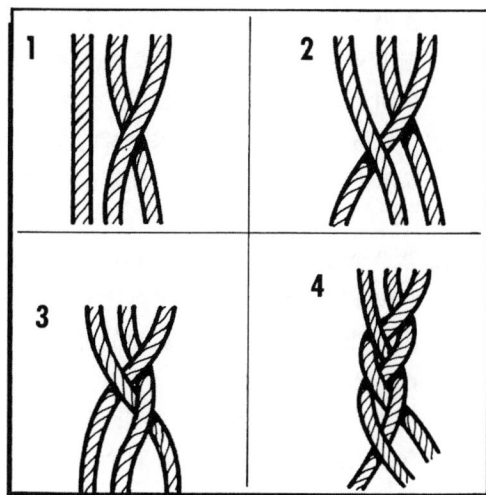

图 17-64 三编法

②让最左侧的绳股从下方穿过其右侧的一根绳股，再从上方越过移动的第一根绳股（图 17-65-2）；

③让现在处于最右侧的绳股越过其左侧的一根绳股（图 17-65-3）；

④让现在处于最左侧的绳股从下方穿过其右侧的第一根绳股，再从上方越过其右侧的第二根绳股；

⑤接着，让最右侧的绳股从上方越过其左侧的绳股，再将最左侧的绳股先下后上依次编过其右边的绳股（图 17-65-4），以此类推。

（3）宽编法，用来将 6 根或 6 根以上的绳

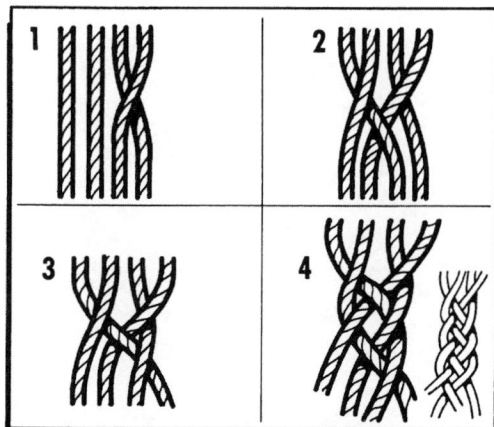

图 17-65 平四股编织法

股扁平地编织在一起。

①让中间的绳股越过其左侧的一根绳股（图 17-66-1）。

②将左数第二根绳股向右移，越过刚才移动的第一根绳股（图 17-66-2）。

③把第一根移动的绳股右侧的那根绳股拿起，先下后上依次穿过左侧的两根绳股（图 17-66-3）。

④将两侧绳股左右交替地向中间进行编织（图 17-66-4 ~ 图 17-66-6），最后编好的绳索应该是牢固而紧密的（图 17-66-7）。

⑤收尾。

a. 将中间的一根绳股反向折叠，压在自己上面，形成一个封口（图 17-67-1）；

b. 将中间的另一根绳股和封口的那根绳股进行反向编织（图 17-67-2）；

c. 将两侧的绳股也反向折叠，与刚才编好的绳股编在一起（图 17-67-3）；

d. 所有收尾处的绳股都一根压着一根反向

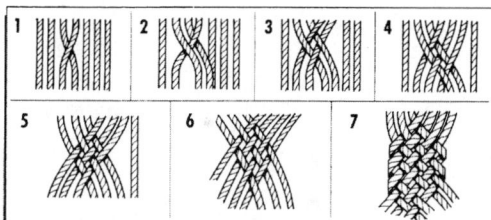

图 17-66 宽编法

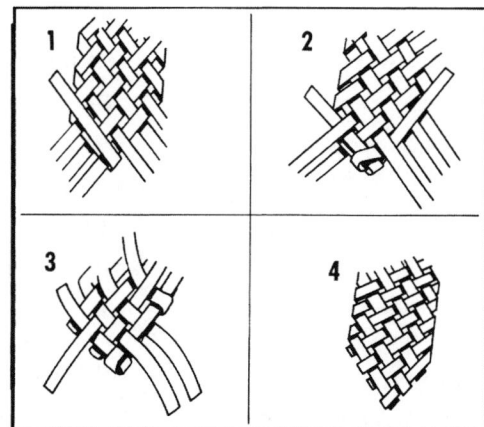

图 17-67 宽编法的收尾

编织在绳索里，看上去没有不平整的地方（图 17-67-4）；

e. 如果绳索编得太紧，收尾可能会比较困难。对这一问题进行简单处理的方法是，把薄木片削尖，用它把绳股的缝隙撑开，从而完成收尾工作；

f. 用瓶子或其他圆柱形的物体在编好的绳索上滚动，使其表面更加平坦光滑，这样所有的步骤就都完成了。

17.7 个人求生工具

1. 虽然机组人员有配发的应急救生包，但是求生者仍应该考虑收集和携带一些个人求生工具（图 17-68）。以往的经验表明，求生者降落到地面上时，由于慌乱和恐惧，可能会把应急救生包落下。这时，如果求生者的衣袋中装有个人求生工具，便能大大增加其生还的可能性。

2. 求生者准备个人求生工具时应该考虑周详，比如环境因素的影响、飞行任务的类型（战斗型还是非战斗型）、获得救援的可能性和与友军的距离。

3. 携带个人求生工具的方式有两种，一种是把所有的工具都打包装在一到两个防水容器

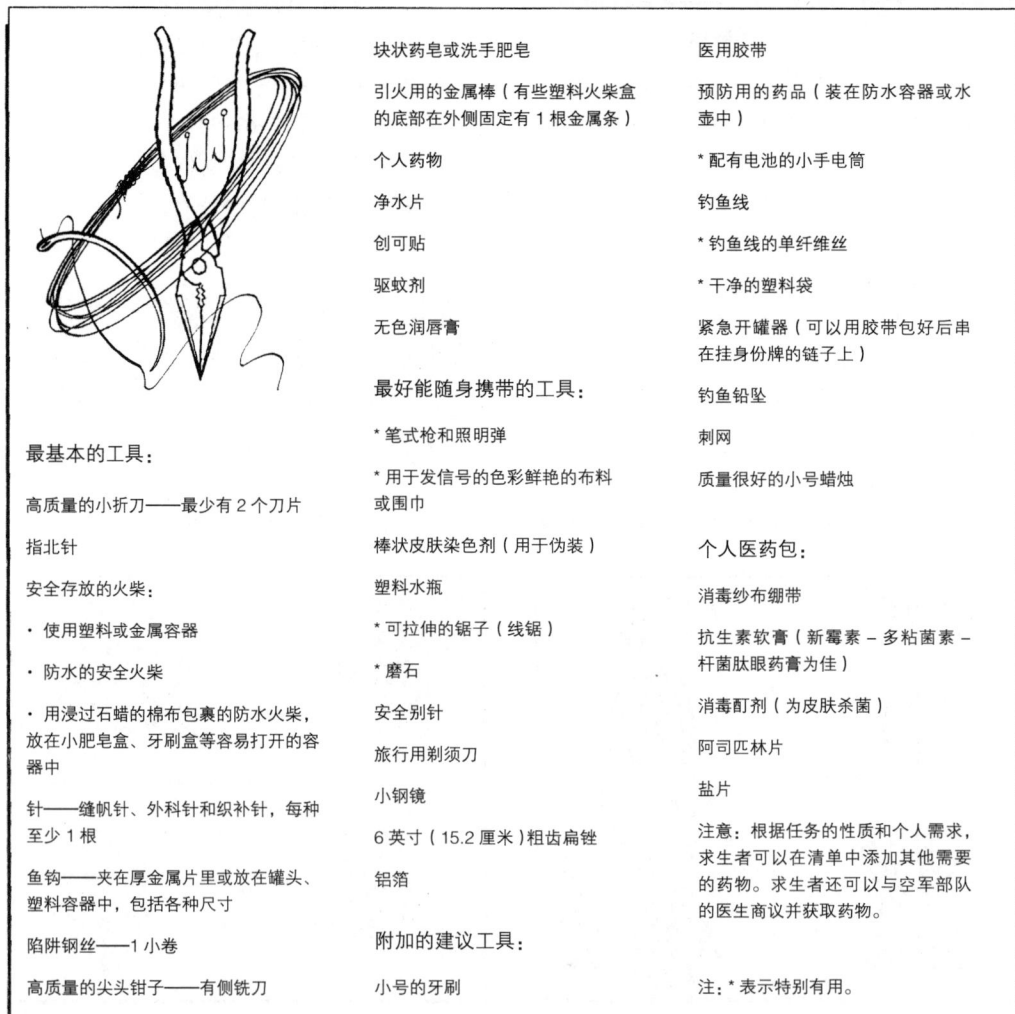

块状药皂或洗手肥皂

引火用的金属棒（有些塑料火柴盒的底部在外侧固定有 1 根金属条）

个人药物

净水片

创可贴

驱蚊剂

无色润唇膏

最好能随身携带的工具：

* 笔式枪和照明弹

* 用于发信号的色彩鲜艳的布料或围巾

棒状皮肤染色剂（用于伪装）

塑料水瓶

* 可拉伸的锯子（线锯）

* 磨石

安全别针

旅行用剃须刀

小钢镜

6 英寸（15.2 厘米）粗齿扁锉

铝箔

附加的建议工具：

小号的牙刷

最基本的工具：

高质量的小折刀——最少有 2 个刀片

指北针

安全存放的火柴：

· 使用塑料或金属容器

· 防水的安全火柴

· 用浸过石蜡的棉布包裹的防水火柴，放在小肥皂盒、牙刷盒等容易打开的容器中

针——缝帆针、外科针和织补针，每种至少 1 根

鱼钩——夹在厚金属片里或放在罐头、塑料容器中，包括各种尺寸

陷阱钢丝——1 小卷

高质量的尖头钳子——有侧铣刀

医用胶带

预防用的药品（装在防水容器或水壶中）

* 配有电池的小手电筒

钓鱼线

* 钓鱼线的单纤维丝

* 干净的塑料袋

紧急开罐器（可以用胶带包好后串在挂身份牌的链子上）

钓鱼铅坠

刺网

质量很好的小号蜡烛

个人医药包：

消毒纱布绷带

抗生素软膏（新霉素 – 多粘菌素 – 杆菌肽眼药膏为佳）

消毒酊剂（为皮肤杀菌）

阿司匹林片

盐片

注意：根据任务的性质和个人需求，求生者可以在清单中添加其他需要的药物。求生者还可以与空军部队的医生商议并获取药物。

注：* 表示特别有用。

图 17-68 个人求生工具

中，另一种是把这些工具分散放置在自己的衣袋中。可以用来装个人求生工具的小容器有很多，比如塑料烟盒、肥皂盒、创可贴盒等就都是很好的容器。

4.可以装在小容器中的工具包括：

1）火柴；

2）安全别针（各种尺寸）；

3）鱼钩；

4）刀具（小刀和多刃刀）；

5）纽扣式指北针；

6）避孕套（用来装水）；

7）浓缩汤块；

8）盐；

9）用来制作陷阱的钢丝；

10）净水片；

11）信号镜；

12）针；

13）创可贴；

14）铝箔；

15）驱蚊剂；

16）无色润唇膏；

17）肥皂（抗菌型）。

注意：所有带上飞机的装备都应得到小队中负责生命保障工作的军官的核准。

第六部分
给养

第 18 章 食物

18.1 引言

除了饮水和呼吸，求生者还必须通过摄取食物来满足自身生存的需求。本章将介绍适当的营养摄取与求生者的生理、心理状态之间的关系。对求生者来说，始终保持适当的饮食至关重要。营养摄入充分的求生者的身体条件使其能有更大的生还机会。反之，长期不适当的饮食会导致求生者精力缺乏、反应迟钝、对疾病的免疫能力和自身警觉性下降，这一切都可能让求生者丧命。了解身体所需的营养能够让求生者更好地选择用于补充营养的食物。

18.2 营养

求生者在求生环境中比在平时生活中消耗的能量要多。基础代谢是指人体在静止状态下消耗的总能量，它会因人的性别、年龄、体重、身高和人种的不同而略有不同。人体消耗的基本能量，即每小时消耗的热量，会根据个人活动程度的不同而有所改变。例如，如果一个人只是坐在温暖的庇身所中，那么他每小时消耗的能量可能为 20~100 千卡；而如果这个人背着沉重的包在茂密的灌木丛林中逃生，那么他每小时消耗的能量会大大增加。在求生环境中，饮食能够决定求生的成败。

1. 食物的三大主要营养素是碳水化合物、脂肪和蛋白质。维生素和矿物质也很重要，因为它们可以让身体的某些系统维持稳定而良好的运行。对求生者来说，将体内的水分和盐维持在适当水平也很重要，这有利于防止由高温

所导致的生理失调。

1) 碳水化合物。碳水化合物由简单、易消化的小分子组成。碳水化合物在被消化的过程中会不断释放能量，这些能量即为人体有效的能量来源。由于碳水化合物可以提供人体容易摄取的能量，所以许多营养学家都建议求生者在可能的情况下将碳水化合物作为他们一半能量的来源。碳水化合物包括淀粉、糖类和纤维素。水果、蔬菜、糖果、牛奶、谷物、豆类和烘焙食品中都含有碳水化合物。人体虽不能消化纤维素，但是人的饮食中必须包括含有纤维素的粗粮和蔬菜。

2) 脂肪。脂肪的成分比碳水化合物复杂。脂肪在消化过程中不如碳水化合物的能量释放得快，因此，脂肪是一种供能持续时间更长的能量形式，它能提供某些脂溶性维生素。一些包含脂肪和脂溶性维生素的食物包括黄油、奶酪、食用油、坚果、蛋黄、人造黄油和动物脂肪。如果求生者在睡前食用含有脂肪的食物，睡觉时会感觉更加温暖。如果求生者的饮食中长期缺乏脂肪，他们最终会出现生理和心理上的双重崩溃。

3) 蛋白质。在消化过程中，蛋白质会分解成各种氨基酸，这些氨基酸会组合成新的人体组织的蛋白质，比如肌肉中的蛋白质。有些蛋白质能为人体提供所需的所有氨基酸，这样的蛋白质被称为完全蛋白质。反之，那些缺少某一种或两种氨基酸的蛋白质被称为不完全蛋白质，比如奶酪、牛奶、谷物和豆类。但是，将不完全蛋白质组合起来食用时，比如同时食用

牛奶和大豆，就可以为身体提供所需的各种氨基酸。鱼肉、禽肉等肉类和动物血液中含有完全蛋白质。

（1）在可能的情况下，每个求生者每天最好摄取 2.5~3 盎司（70.9~85 克）的蛋白质。如果只能找到不完全蛋白质，那就需要食用 2~3 种，甚至 4 种的食物，以保证体内有足够的氨基酸可以形成完全蛋白质。

（2）如果大量氨基酸进入体内后，其中有些并没有被用于重建肌肉组织，那么它们会转化为能量或以脂肪的形式储存在体内。蛋白质中的复杂分子比脂肪和碳水化合物多，因此它能在脂肪和碳水化合物提供的能量用完后继续为人体提供能量。饮食中缺少蛋白质会导致人营养不良、肤质和发质下降、肌肉萎缩。

2. 许多食物中都含有少量的维生素，维生素对机体的正常生长和健康非常重要。维生素最主要的作用是调节人的机体功能。总的来说，维生素分为两大类：脂溶性维生素和水溶性维生素。人体内只储存了少量几种水溶性维生素。在长期的求生过程中，求生者无法保持规律而均衡的饮食，所以他们必须克服挑食的毛病，尽量多吃各种富含维生素的食物。在求生环境中，四种基本的食物（肉类、蔬菜和水果、谷物、牛奶和乳制品）不是以求生者熟悉的形式出现的。如果缺乏维生素，求生者会患上脚气病、坏血病等疾病。如果求生者能够克服挑食的毛病，适应当地富含维生素的食物，那么就能避免患上上述的维生素缺乏症，同时沮丧、易怒等情绪症状也能得到缓解。

3. 均衡的膳食可以为人体提供充足的矿物质。矿物质可以构成或修补骨骼系统，维持正常的机体功能。人体所需的矿物质包括碘、钙、铁、盐等。缺少矿物质可能会导致人体出现肌肉运动不协调、情绪不安及水潴留等问题，还会影响人体内生成红细胞及红细胞维持健康的能力。

4. 求生者若想保持行动效率，最好每天摄入以下热量（由于个体在基础代谢、体重等方面的差异，这些数据会因人而异）：在温暖的天气条件下，求生者每天应摄入 3 000~5 000 千卡；在寒冷的天气条件下，求生者每天应摄入 4 000~6 000 千卡。熟悉各种食物中热量和脂肪的含量对求生者满足其营养需求来说是非常重要的。例如，他们有的时候可能会需要食用一些贻贝、蒲公英来补充营养。求生者应该尽量熟悉那些他们可以选择和找到的热量比较高的食物。

1）求生者还应该熟悉空军配发的食物所含的热量。大多数情况下，在这些食物的基础上，求生者还应该自己补充一些当地的食物。如果可能的话，求生者应该限制自己的活动以保存能量。定量进食是很好的办法，因为求生者并不确定自己什么时候能够获救。求生者应该在能够进食的时候进食，记住自己必须至少保持最低的热量摄入量，以满足基本的活动需求。

2）一些食物的热量和脂肪含量如图 18-1 所示，除了个别几种外，表中列出的食物都是

食物	热量 （千卡）	脂肪含量 （克）
鸭蛋（大）	177	12.0
大嘴鲈鱼（3~4 盎司）	109	3.6
蛤（大，4~5 个）	88	0.2
淡水螯虾（3~4 盎司）	75	0.6
鳗鱼（3~5 盎司）	240	20.0
章鱼（3~4 盎司）	76	0.9
大西洋鲑（4 盎司）	220	14.0
虹鳟（4 盎司）	200	11.8
香蕉（小）	87	0.3
面包果（3~4 盎司）	105	0.5
番石榴（中）	64	0.7
芒果（小）	68	0.5
野鸭肉（4 盎司）	230	16.0
烤熟的负鼠（4 盎司）	235	10.6
野兔肉（4 盎司）	124	4.0
鹿肉（4 盎司）	128	3.1
蒲公英叶（1 杯煮熟的）	70	1.4
土豆（中）	78	0.2
仙人掌果（4 盎司）	43	0.2

（注：1 盎司约为 28.3 克。）

图 18-1 食物的热量和脂肪含量表

生的。随着烹饪方法的改变，这些食物的营养价值可能会增加或减少。

18.3 食物

不管身在何处，求生者应该都能找到一些可以食用的东西。寻找食物的最佳地点之一是海岸边，其他适宜寻找食物的地点有：沙滩和珊瑚礁中间的地带、沼泽、泥滩、河流入海口或河口处的红树林沼泽、河岸、水坑、湖岸、森林边缘、天然草地、保护区的山坡、废弃的耕地。

1. 救生包中的食物是专为紧急情况而准备的，求生者按照包装上的说明食用这些食物时，可以保持相对较高的行动效率。如果求生者能够在当地找到足够的食物，就应该把救生包中的食物留到情况紧急时再食用。

2. 求生者必须考虑自己可以获取的食物和饮用水的量、等待救援的时间，以及环境条件。如果求生者处于寒冷的环境中，就需要食用更多适当的食物来维持体温。根据环境条件、任务性质和附近的救援资源情况，救援人员可能几小时后就来，也可能几个月之后才来，所以求生者必须预估自己在自然环境中找到补给所需的时间，并根据这个时间来分配给养。如果求生小组给一些成员分配了前去寻求援助的任务，那么给他们准备的食物应该比留下来的人多一倍。这样，在同样的时间里，在营地中等待的求生者和外出求援的求生者可以保持大体相等的身体状况。

3. 如果求生者拥有的饮用水不足每天 1 夸脱（0.95 升），那么他们应该避免食用干燥的、含淀粉的、味道浓郁的食物。记住，吃东西会导致口渴。为了节约饮用水，最好食用碳水化合物含量高的食物，比如硬糖和水果。所有的活动都会让人体需要的食物量和水量增加。求生者活动时，必须增加食物和饮用水的摄入量，以维持身体机能。如果获得了食物，可以用一整天的时间来小口吞咽。不过，最好还是每天至少吃两餐，并且其中一餐应该是热的。

烹饪通常都能让食物变得更加安全、易消化且可口，而且在烹饪食物时求生者还能好好休息一下。但是，有些食物，如人参果、金星果和刺果番荔枝等，生吃更好吃。

4. 当地食物单独食用的话可能更让人有胃口，配给的食物和当地的食物通常不太适合混在一起食用。在一些国家，蔬菜上经常会沾上人的排泄物，因为当地人会用人的粪便作为肥料，而食用这样的蔬菜可能会使求生者患上痢疾。如果可能的话，求生者可以表明自己是因为宗教信仰或禁忌才单独搜集并准备食物的，以免因生硬的拒绝而冒犯当地人。

5. 学会克服对某些食物的偏见。有些食物在求生者看来可能不好看，但是它们通常是当地人日常饮食的一部分。野菜富含矿物质和维生素，而大部分动物在刚被宰杀后都是可以食用的。求生者不应该食用看上去不新鲜的鱼或者按下去肉会塌陷的鱼，因为这样的鱼可能已经腐坏了。拥有了关于食物的知识并克服了对某些食物的偏见后，求生者就能够在陌生或恶劣的环境中进食并生存下去。

18.4 动物类食物

每克动物类食物中的营养成分比其他食物多。任何爬行、蠕动、游动或飞行的动物都有可能成为人的食物。求生者可以吃蚱蜢、肉虫、生活在树干里的甲虫的幼虫、蜂蛹、蚂蚁卵、蜘蛛及白蚁。这些小生物都富含蛋白质，求生者应该把它们烹饪至干燥后食用。要知道，每个人每天吃饭时都可能误食过面粉、燕麦片、大米、豆类、水果或青菜中的虫子。

1. 成为捕猎者。要想成为成功的猎人，求生者必须在自身行为准则和眼前应优先考虑的事项上做出一定的调整。这意味着，求生者当下的目标就是杀死动物。要想杀死动物，求生者必须在心理上做好自己就是猎手的准备，必须准备好承受一定的压力，这样才能猎到动物。求生者拥有的武器有限，所以不得不在距离动物很近的地方杀死动物，这就要求求生者必须小心行动，并发挥自己的才智。此外，了解猎捕对象也非常重要。如果求生者身在陌生的地区，可能就需要从动物的足迹、排泄物和洞穴等方面来了解当地动物的情况。

2. 动物的踪迹。求生者要了解动物的基本特征。求生者可以通过动物脚印的大小和深浅判断出动物的大小和体重，也可以通过动物的粪便了解其他很多情况。例如，如果粪便还是温暖的或湿滑的，就说明这是动物刚刚排出的；如果一个地方有很多动物粪便，那么这里很有可能是动物觅食或者睡觉的地方。动物的粪便还可以表明动物的食物结构。肉食动物的粪便中通常含有毛和骨头，而草食动物的粪便中通常含有植物上的一些粗糙难以消化的部分。许多动物会通过尿液或者地上和树上的抓痕来划定地盘。求生者跟着动物的踪迹（脚印、粪便等）通常能找到动物觅食、饮水或休息的地方。动物足迹较密集的小路通常会指向动物饮水的地方。求生者如果能够仔细研究动物留下的种种痕迹，就可以在捕猎动物的过程中占据优势——不论求生者是偷偷接近、设置圈套和陷阱，还是潜伏在某处射击，其成功捕到动物的机会都会增加。

3. 捕猎。如果决定捕猎，那么以下的这些基本技巧可能会对求生者有帮助。野生动物完全依靠它们的感觉能力来保护自己，包括嗅觉、视觉和听觉。而人类的一些感觉能力已经有所退化，比如嗅觉和听觉等。但是作为弥补，人类拥有理性分析及思考问题的能力。例如，有些动物的嗅觉灵敏，但是求生者可以从下风处慢慢接近它们。捕猎的最佳时间是黎明和傍晚，因为这时动物正在前往或离开洞穴，不管是夜行性动物还是昼行性动物，在这两个时段都很活跃。捕猎有五个基本方法：

1）埋伏。这是缺乏经验的猎人的最佳捕猎方法，因为这种方法需要的技巧不多。采用这种方法时，求生者要埋伏在动物经常经过的地方，直到其进入可以猎杀的范围。清晨和傍晚是最佳的捕猎时间。埋伏时要一直待在下风

处，注意不要惊扰这一地区的动物。求生者还必须保持耐心并具有自控力，保证自己长时间不移动。

2）潜行靠近。这种方法是指悄悄接近动物，通常是在猎人发现了动物，并且使用一切掩护措施后慢慢缩小与动物之间的距离时使用。求生者要慢慢接近动物，尽量少发出声音。此外，快速的动作很容易被动物察觉。一定要从下风处接近动物，并且要在动物低头吃草、喝水或看向其他方向时移动。当求生者没有看见动物，只是慢慢地接近预期动物会出现的地点时，他们也可以使用类似的方法。

3）追踪。除非环境条件十分理想，否则追踪动物是很困难的。采用这种方法需要求生者研究动物留下的所有痕迹，了解动物在做什么，以及怎样才能杀死动物。常见的动物痕迹包括尿液、粪便、血液、足迹，以及睡眠和进食的痕迹。

4）驱赶。有些野生动物在被驱赶或者受到惊吓后会奔向猎人设下圈套的地方或者其他猎人所在的方位。这种方法通常在可以让动物集中的地区使用，比如山谷或者峡谷，那里是驱赶动物的理想地方。驱赶动物的时候需要的人通常不止一个。

5）呼唤。模仿受伤动物的叫声有时可以吸引一些猎食它们的肉食动物。鸭子和鹅会被同类进食时的叫声吸引。求生者可以通过吸吮手、吹动草或纸张，或是使用特别的工具来发出这些声音。但是，除非求生者知道某种声音对动物来说意味着什么，否则不要模仿这样的声音，以免弄巧成拙。

4. 捕猎工具。如果没有工具或武器，不论想要杀死的动物有多小都很困难。随着科技的不断进步，人类捕猎动物的工具也越来越复杂。如果求生者有枪，那么他还需要掌握射击的基本技巧。

1）学会熟练使用原始的武器。世界上的许多原始部落仍然在使用矛、棍棒、弓箭、投石器等武器来猎杀动物。用枪猎杀动物的局限性

之一是手上弹药的数量有限，所以求生者不能在移动的或者超出有效射程的动物身上浪费弹药，而应该等动物停下来再射击。射击时必须瞄准动物的重要部位，如脑部、脊柱、肺部或心脏（图18-2），射中这些部位通常能将动物杀死。

2）一颗弹壳完整的子弹射中动物的心脏或者肺部等重要器官的时候，可能不能让一只较大的动物立刻死亡，此时追赶反而会使其奔跑逃窜，倒在其他地方死亡，从而使求生者失去其踪迹。所以，求生者最好在射中动物后等待一段时间。如果求生者没有追赶，那么受伤的动物可能不久就会倒下不动，或者流血过多而死，这时求生者很容易就能找到它。如果发现它仍未死亡，就将它杀死。虽然弹药的数量有限，但是捕猎小型动物也许比捕猎大型动物更划算。因为小型动物虽然目标小、身上的肉少，但是它们不如大型动物谨慎，而且它们的数量更多，受伤后逃跑的距离也比较短。小型动物身上很多可食用的肉会因为子弹穿过而变得无

法食用。啮齿类动物身上的肉大部分位于后腿、臀部及前胸，鸟类身上的肉大部分位于前胸和腿部。求生者应该尽量射击小型动物身上致命但肉少的部位。

3）在夜晚打猎通常是最佳选择，因为大多数动物都喜欢在夜间活动。求生者可以用闪光灯或手电筒照动物的眼睛，这样可以让动物暂时失明，从而变得比白天更容易接近。如果求生者没有枪，那么可以用棍棒或矛——将棍子削尖——来杀死动物。

4）记住，大型动物在受伤、被困在角落或带着幼崽时往往会变得异常凶猛。求生者在靠近猎物时要确定其已经死亡，而不是受伤、昏迷或假死。动物死亡后，眼睛通常是睁开的，目光呆滞。在接近可能死亡的动物之前，求生者可以用尖锐的长木棍戳它的眼睛，以判断它是否真的死了。

5）小型的淡水龟通常会在河边或湖边晒太阳。如果它们猛冲进浅水中，求生者可以试着用网、棍棒等抓住它们，但是要小心它们的嘴

图 18-2 射杀猎物的部位

和爪子。青蛙和蛇也会在溪边晒太阳、觅食。抓青蛙时要用两只手——一只手吸引青蛙的注意力，另一只手去抓青蛙。在鱼钩上穿上鲜艳的布料也可以吸引青蛙。所有的蛇都很好吃，可以用长棍子将蛇打死。生活在水中和陆地上的蜥蜴都可以食用。求生者可以用套索、穿有鲜艳布料的小鱼钩、弹弓（弹弓可以用带杈的树枝和降落伞包上的松紧带或是急救药包里的医用橡皮管来制作，如图 18-3）或棍棒捕捉它们。通过练习，求生者可以用弹弓非常有效地打死小型动物。

5. 陷阱。布置陷阱是求生者获取动物类食物的重要方法。因为小型动物比大型动物多，所以小型动物通常是求生者主要的食物来源。设置陷阱时应该采用 15:1 的比例，即如果想捕获 1 只动物，就要设置 15 个陷阱。

1）用陷阱捕获动物比求生者外出亲自去狩猎有利。陷阱最大的好处在于它们可以在不需要猎手的情况下全天候地捕获动物，而且一大片区域中的陷阱有可能在同一时间段内困住许多只动物。（一般来说）求生者使用陷阱捕猎比外出捕猎省力，这就意味着随着消耗的减少，求生者需要摄取的食物量也减少了。

2）应该把陷阱设在已知的动物经常活动或经过的地区。求生者应该寻找脚印、粪便、进食迹象等动物出没的痕迹，或者亲眼看到动物出现。如果使用套索，应该使套索能够套住动物的脖子。所以，套索必须能够让动物的头穿过，但是不能让其身体通过，求生者需要根据动物身体的大小来设置套索。在设置时，求生者需要在动物经过的路上找一处狭窄的地方，使动物除了经过套索之外没有别的路可走（图 18-4）。如果找不到这样的狭窄地带，可以在套索附近设置灌木障碍或其他障碍物，引导动物进入套索。设置的障碍物越少越好，不要过度，如果可能的话，不要破坏原有的自然环境。求生者设置陷阱时，不要踩在动物经过的路上，而应该成 90° 角接近，在路上设置好套索后，再退回原处。套索也可以设在动物的洞穴附近。所有的陷阱都应该在正午设置，因为大部分动物都是夜行性的。设置好陷阱后，求生者要每天去检查两次，最好在日出后和日落前检查。检查时要注意和陷阱保持一定的距离，不要惊扰附近的动物。

3）利用陷阱捕猎动物的方法有三种。

（1）勒。使用能够自由滑动的套索，套索在勒住动物的颈部时会限制其呼吸和血液循环。制作套索的材料一定要足够强韧，可以把动物困住，如伞绳、细绳、金属丝、缆绳或生皮制的绳索等。

（2）压（图 18-5）。在动物所经之路或诱饵的上方悬挂一定的重物，当动物碰到陷阱的机关时，重物会突然下落，将其砸中。

（3）困住。使用任何阻碍动物活动、拖住动物不让其离开的陷阱都可以达到困住动物的目的。

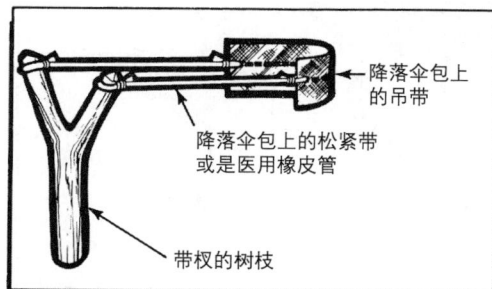

图 18-3　弹弓

图 18-4　设置套索

图 18-5 压

4）阿帕切式陷阱（图 18-6）可以困住以嫩叶和草为食的大型动物，比如鹿。这样的陷阱应该设置在动物活动道路上有倒木等障碍物的地方。动物跳过这些障碍物后，会在地面上留下一个很小的坑，阿帕切式陷阱就应该设在这个小坑所在的位置。捕鸟笼是用来困住鸟类的一种陷阱（图 18-7）。

5）做一个简单的绳套是制作套索的最快的方法。所有绳套的构造都应是简单的，上面可以活动的地方应尽量少。所有的金属丝、伞绳、绳芯、藤蔓、长条树皮、布条或皮带，以及任何在被困动物的挣扎下不会断裂的材料，都可以用来制作绳套。如果使用金属丝制作套索，应该做成 8 字环或锁扣环（图 18-8 左），这能防止动物被套住后套环松开让动物逃脱。简单的套索通常设置在洞穴的入口处，末端系在木桩或类似的物体上（图 18-8 右）。简单的套索可以作为捕捉松鼠的陷阱（图 18-9），也可与其他陷阱的触发装置一起使用。

6. 触发装置。陷阱中的触发装置可以让整个机关开始运作，最终勒住、压住或者困住动物。触发装置分为许多种，其中最常见的有：

1）两支点触发装置（图 18-10）。使用这种触发装置的陷阱上吊着一个平衡重物，小型或中型动物被套索套住后会被吊起，使肉食动物无法够到它们。

图 18-6　阿帕切式陷阱

图 18-7　捕鸟笼

2）H 形触发装置（图 18-11）。使用这种装置的陷阱上有金属丝制成的套索，可以捕捉小型哺乳动物。

3）加拿大 A 形触发装置（图 18-12）用于捕捉山猫和狼等动物。

4）三支点触发装置（图 18-13）。这是用于捕捉中型和大型动物的重物陷阱，只有猎物很大或数量很多，才值得花费很多时间和精力制作这样的陷阱。

5）弹性套索（图 18-14）中包含一个简单

图 18-8　8 字环、锁扣环和简单的套索

的套索，可以用来捕捉小型动物。动物被套住时，弯曲的小树会弹起，将动物吊在空中，使得捕食该种动物的肉食动物无法够到。这种陷阱在寒冷的环境中效果不佳，因为弯曲的小树

可能会被冻住，导致放松后无法弹回。

6）扭棍（图 18-18）可以用来捕捉洞穴中的松鼠、兔子等动物。使用这种木棍时，要先

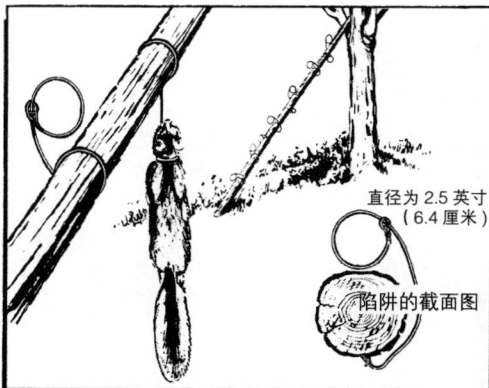

直径为 2.5 英寸（6.4 厘米）

陷阱的截面图

图 18-9　捕捉松鼠的陷阱

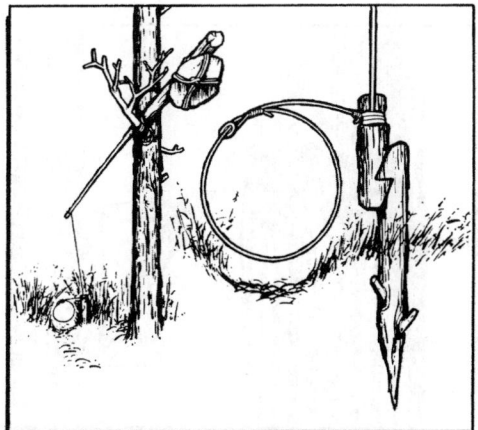

图 18-10　两支点触发装置

图 18-11　H 形触发装置

确定一处有动物活动迹象的洞穴，然后把木棍分权的一端伸进洞穴。待木棍碰到了柔软的动物身体时，旋转木棍，把藏在洞中的动物叉在木棍上，从洞里拉出来。

7. 捕鸟。求生者可以用刺网（图 18-21）来捕鸟。这种网应该在夜间设置，要垂直于地面，位于鸟类日常的活动路线上，比如森林中的空地。刺网也可以安在木框上，用一根不相连的木棍作为触发装置。伞绳的绳芯可以用来制作刺网。

1）求生者可以用带饵的鱼钩或者简单的可以滑动的绳套捕鸟（图 18-15）。求生者在鸟巢中也可以找到食物——所有新鲜的鸟蛋都可以食用。大型水鸟，如鹤、鹭等，通常在红树林沼泽或水边的高树上筑巢。

图 18-12　加拿大 A 形触发装置

图 18-13　三支点触发装置

2）鸟类在换羽期时，通常会因为失去了飞羽而无法飞翔，求生者可以用棍棒或网来捕捉它们。

3）求生者还可以用欧及布威族印第安人的套索（图 18-16）来捕鸟。制作这种套索的方法是：先砍断一棵直径为 1~2 英寸（2.5~5.1 厘米）的小树苗，将其插在地上，使其在地面上的高度为 4.5~5 英尺（1.4~1.5 米）；再将一根有弹性的树枝较粗的一端削平，并在这一端刻出一个矩形的洞；然后，把一根直径约为 1/2 英寸（1.3 厘米）、长度为 15 英寸（38.1 厘米）的木棍的一端削平，使其能松松地嵌入刚才刻出的矩形洞中，并且把嵌入洞中的这一端的顶部处理成圆头的，使这根木棍可以很容易地从洞中滑下来；之后，把处理好的树枝有洞的一端系

图 18-14　弹性套索

在小树苗的顶部，在树枝的另一端系一根较长的伞绳绳芯，把树枝弯成弓状，让绳子穿过树枝末端的洞；在绳子上打个结，把那根长木棍插入洞中，将绳子固定住（刚好位于绳结的下面）；最后，在绳子末端做一个 8 英寸（20.3 厘米）长的绳环，放在那根长木棍上（尽量伸展开）；在小树苗的顶部放一块诱饵，当鸟停在长木棍上时，木棍会立刻从洞中滑出，而绳子则会套住鸟的腿。

4）当大量的鸟经常在某片灌木丛附近出没时，求生者可以在整片灌木丛中设置简单的套索。套索要尽可能做得大些，使其足以捕获在此处觅食、栖息的鸟（图 18-17）。

5）在野外树木茂密的地区，求生者也许能靠近松鸡、雷鸟等体型较大的鸟类。松鸡常被人戏称为"笨母鸡"，求生者可以不太困难地接近它们并用木棍打死它们。松鸡经常停在较低的树枝上，求生者可以用末端有绳套的套索棒（图 18-18）轻松地抓住它们。

6）求生者可以通过挖沟来捕捉在地面上觅食的鸟类（如鹌鹑、灰山鹑和石鸡）。沟应该足够宽，可以让鸟走进去，所以求生者必须先观察这一地区的鸟类的大小。沟应该有 2~3 英尺（0.6~0.9 米）长，最深处有 10~12 英寸（25.4~30.5 厘米）宽。沟的一端从地面开始，然后沿着一个斜坡渐渐深入沟底。诱饵要从地面一直撒到沟底，使鸟在吃掉最后一点诱饵之

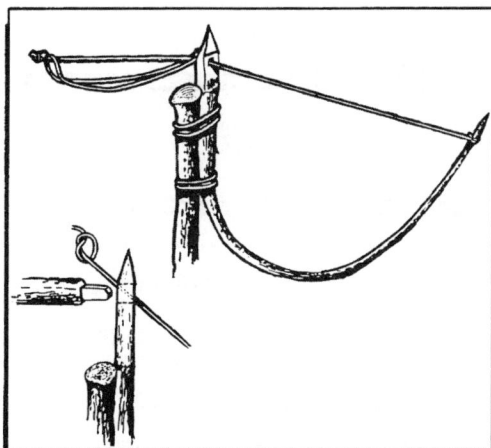

图 18-16　欧及布威族印第安人的套索

后无法从坑底飞出或走出，因为此时沟底的鸟既无法转身，其羽毛又使得它们无法后退着走出沟。

7）用粘鸟胶可以捕获停在树上的鸟。粘鸟胶可以是任何有黏性的或呈胶状的物质，将其涂在树枝上，能够使停在那里或者扇动翅膀时碰到该树枝的鸟无法飞走。粘鸟胶通常由大戟属植物的汁液制成，这一属常见的植物包括斑地锦、柏大戟、银边翠和一品红。大戟属植物广泛分布在北美洲和中美洲，这些植物乳状的汁液是有毒的，会使手上长水疱，所以处理时要特别小心。粘鸟胶应用在沙漠和丛林中最有效，但是不能在寒冷的天气中使用。另外灰尘会使粘鸟胶失效，所以应该在灰尘不多的地方

图 18-15　用带饵的鱼钩捕鸟

图 18-17　捕捉小型鸟类的套索

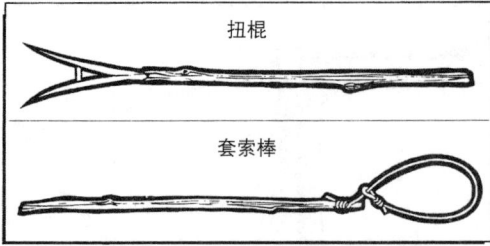

图 18-18　扭棍和套索棒

使用。面包树的树液也可以制成极佳的粘鸟胶，因为这种树液与空气接触后会膨胀、变黏。

8. 食用昆虫。如果求生者已经克服了挑食或厌恶某些食物的问题，那么他们就可以将昆虫作为食物来源了。

1）原始人食用昆虫，并且认为它们的味道相当好。当食物有限但是昆虫丰富时，求生者应该开始将昆虫作为宝贵的食物来源。在一些地区，人们经常吃蝗虫、草蜢、蝉和蟋蟀，有时还会吃白蚁、蚂蚁（图 18-19）和少数几种石蝇的幼虫。有些人食用花金龟科大甲虫、田鳖、天牛科甲虫等大型昆虫，还有的人吃蝇的蛹。在墨西哥，人们专门饲养水生蝽用来食用。基本上处于任何生长阶段的昆虫都可以食用，包括卵，但是大型昆虫必须煮熟后才能食用，以确保其体内的寄生虫已被杀死。

2）白蚁是求生者非常重要的昆虫食物来源。令人感到奇怪的是，白蚁竟然和蟑螂是近亲。在非洲，食用白蚁是十分普遍的现象，因为那里白蚁的数量非常多，人们在蚁巢和移动的白蚁群中都能很容易地获得大量白蚁。光有时能引来数量惊人的白蚁，每当这时，当地人都会变得非常兴奋。

3）许多美洲印第安人都有食用大型木蚁的习惯，有时人们还会在房子里饲养木蚁。木蚁可以生吃或煮熟了吃。直到今天，这种吃木蚁

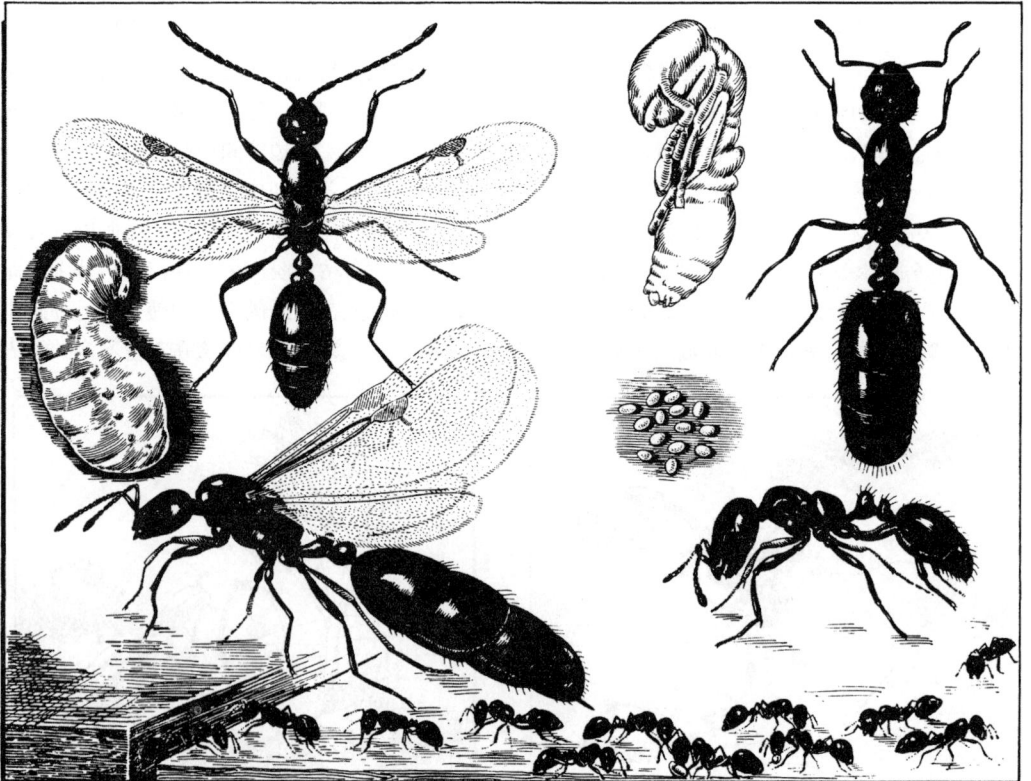

图 18-19　蚂蚁

的习惯还没有完全消失，虽然这已经不是美洲印第安人饮食中的主要部分了。

4) 美洲印第安人还会食用分布在美洲各处的蜜蚁。蜜蚁的奇特之处在于，有些工蚁会成为名副其实的"储蜜仓库"，它们的腹部会变得接近球形。由于腹部变得非常大，它们几乎无法移动。工蚁会聚集在蚁巢的顶部和墙上，将它们腹中的蜜供给其他蜜蚁食用。印第安人发现了蜜蚁储蜜的特性，于是充分利用了这一点。最初，印第安人会生吃蜜蚁，后来他们将大量蜜蚁收集在一起，压碎了做成菜——他们认为这道菜是美味佳肴，只有贵客来访的时候才会准备。处理蜜蚁的另一种方法是把蜜蚁压碎，将其中的纯蜜提取出来，让蜜发酵，最终酿成美酒。

5) 美洲热带地区的印第安人可以从种类更丰富的蚂蚁族群中选择食物。他们会食用著名的切叶蚁，并且只食用它们的腹部，生吃或做熟了吃都可以。

6) 蛾和蝴蝶的幼虫是原始人食物的重要组成部分，它们的体型通常较大，并且数量很多。在非洲，一些部落把这类幼虫看作美味佳肴，并且愿意花费大量时间去搜集它们。当地的一些部落认为可以食用的蛾和蝴蝶的幼虫有20多种，部落中的人都非常熟悉它们的生活习性，了解它们所吃的植物，以及可以开始食用它们的时间。不要吃身上长毛的幼虫，因为其身上的毛会卡在喉咙里，刺激人体或造成感染。如今，人们已经知道昆虫是有营养或有药用价值的。例如，螳螂体内58%的成分是蛋白质，12%是脂肪，3%是碳酸钠、复合维生素 B 和维生素 A，含有十几种氨基酸。

7) 古代的中国人会食用蜜蜂的幼虫，现在还有一些中国人食用蝗虫、蜻蜓和大黄蜂。龙虱和蝗虫在中国的四川省是很受欢迎的食物。在中国的广东省，蝗虫、蟋蟀、黄蜂的幼虫和蚕的幼虫都是餐桌上的食物。

8) 在食用会蜇人的昆虫之前，应先去除其身上的螫针。

9) 千百年来，昆虫一直是人类的食物来源，并且无疑还将继续被视作人类的食物。如果求生者不能克服自己对食用昆虫的厌恶感，那么他们将失去一类宝贵而丰富的食物。

9. 捕鱼。捕鱼全年都可以进行。捕鱼的方法有很多种，包括使用鱼钩和鱼线、刺网、药、圈套捕鱼，以及用矛刺鱼。

1) 如果求生者带有应急钓鱼工具包，那么其中应该包括鱼钩和鱼线；如果没有这样的工具，则需要临时制作。鱼钩可以用金属丝、骨头或木头制成，鱼线可以用拆下的降落伞伞绳、衣服上的线或植物纤维捻成的线制成。在鱼钩和鱼线之间系一根金属丝可以防止鱼咬钩后咬断鱼线。昆虫、小鱼、贝类、蠕虫或其他动物的肉都可以作为鱼饵，求生者可以通过观察鱼正在吃的食物来选择用哪种鱼饵。此外，还可以将颜色鲜艳的布料、羽毛、闪光的小块金属和金属薄片等系在鱼钩上来吸引鱼。如果鱼不咬钩，求生者应试着在鱼游过时钩住它们。在淡水区，水最深的地方通常是最适合捕鱼的地方。在溪流中，最佳的捕鱼地点包括瀑布下面的水塘、急流变缓的地方和岩石后面等（图 18-20）。捕鱼的最佳时间一般是清晨或夜晚。有时候，捕鱼最好在晚上进行，特别是当有月光（或其他光线）照射，可以吸引鱼时。求生者应该保持耐心，尝试在不同深度的水中捕鱼。在一天的不同时间、用不同的鱼饵钓鱼，通常能有不错的收获。

2) 最有效的捕鱼方法是用渔网捕鱼，这让求生者不用一直守在旁边就可以捕到鱼。如果使用刺网（图 18-21、图 18-22），可以用石头当重物，用木头制作浮标。将网与水流成一定的角度展开，使水中的漂浮物不会被网挡住（图 18-23）。对于两端有杆的网，如果求生者能在溪水中尽量快速地将网上下移动，同时用石头敲打河底或岸边，捕鱼的效果会更好。求生者每天应至少检查两次渔网。每隔一段时间检查一下渔网，能够防止捕到的鱼逃脱。

3) 虾生活在海底或海底附近，求生者可以

① 悬伸的灌木下方
② 岸底切口处
③ 河水回流形成的水坑里
④ 河水出现支流的地方
⑤ 岩石后面
⑥ 倒下的树木下方

图 18-20　捕鱼的地点

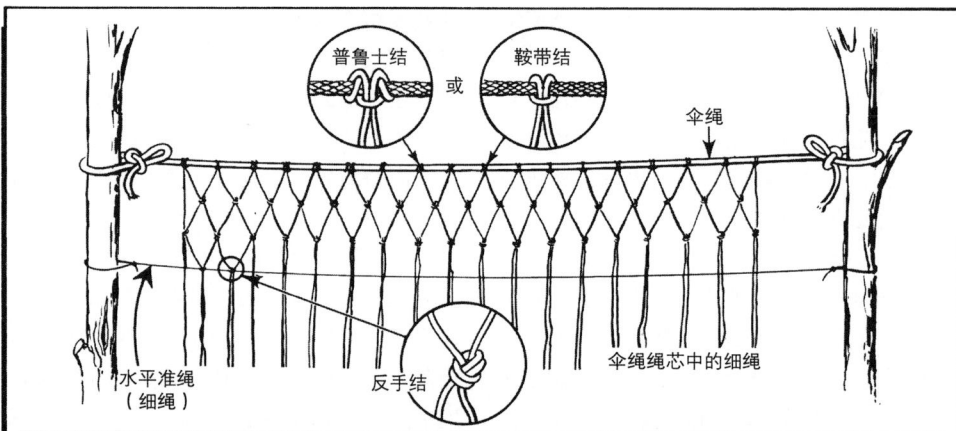

普鲁士结　或　鞍带结

伞绳

水平准绳
（细绳）

反手结

伞绳绳芯中的细绳

1. 在 2 根直立的、与眼睛同高的木杆之间拉上降落伞绳（已抽出绳芯）。

2. 按上图所示将伞绳绳芯中的细绳子（偶数）挂起来，按照求生者想要的网眼大小，用普鲁士结或鞍带结绳子系在水平的伞绳上。绳子之间相隔 1 英寸（2.5 厘米），编成的刺网网眼就为 1 英寸（2.5 厘米）宽。根据网眼的宽度确定所需的绳子数量。如果制作刺网的人不止一个，可以将刺网长的一边挂在 2 根木杆之间，为每个人提供足够的工作空间。如果只有一个人制作刺网，则可以将刺网短的一边挂在 2 根木杆之间。

3. 从左侧或右侧开始制作刺网。先不管第一根绳子，用反手结将第二根和第三根绳子系在一起。系绳的位置根据求生者想要的网眼大小而定。然后用同样的方法处理第四根和第五根绳子、第六根和第七根绳子……以此类推。

最后只剩下一根绳子。

4. 编织第二行时，将第一根和第二根绳子系在一起，然后是第三根和第四根、第五根和第六根……以此类推，直到最后一根绳子。

5. 编织第三行时，重复步骤 3。

6. 重复步骤 4，并以此类推。

7. 可以准备一条水平准绳，每编完一行就将水平准绳向下移，以确保网眼的大小一致。水平准绳应该位于正在编织的网眼的背面。

8. 如果求生者将刺网短的一边挂在 2 根木杆之间，那么编织到接近地面处时，可以将前面编完的网卷在木棍上，然后继续编织，直到达到理想的大小。

9. 编完刺网后，将伞绳绳套系在网的四边，以使刺网更加结实、用起来更方便。

图 18-21　制作刺网

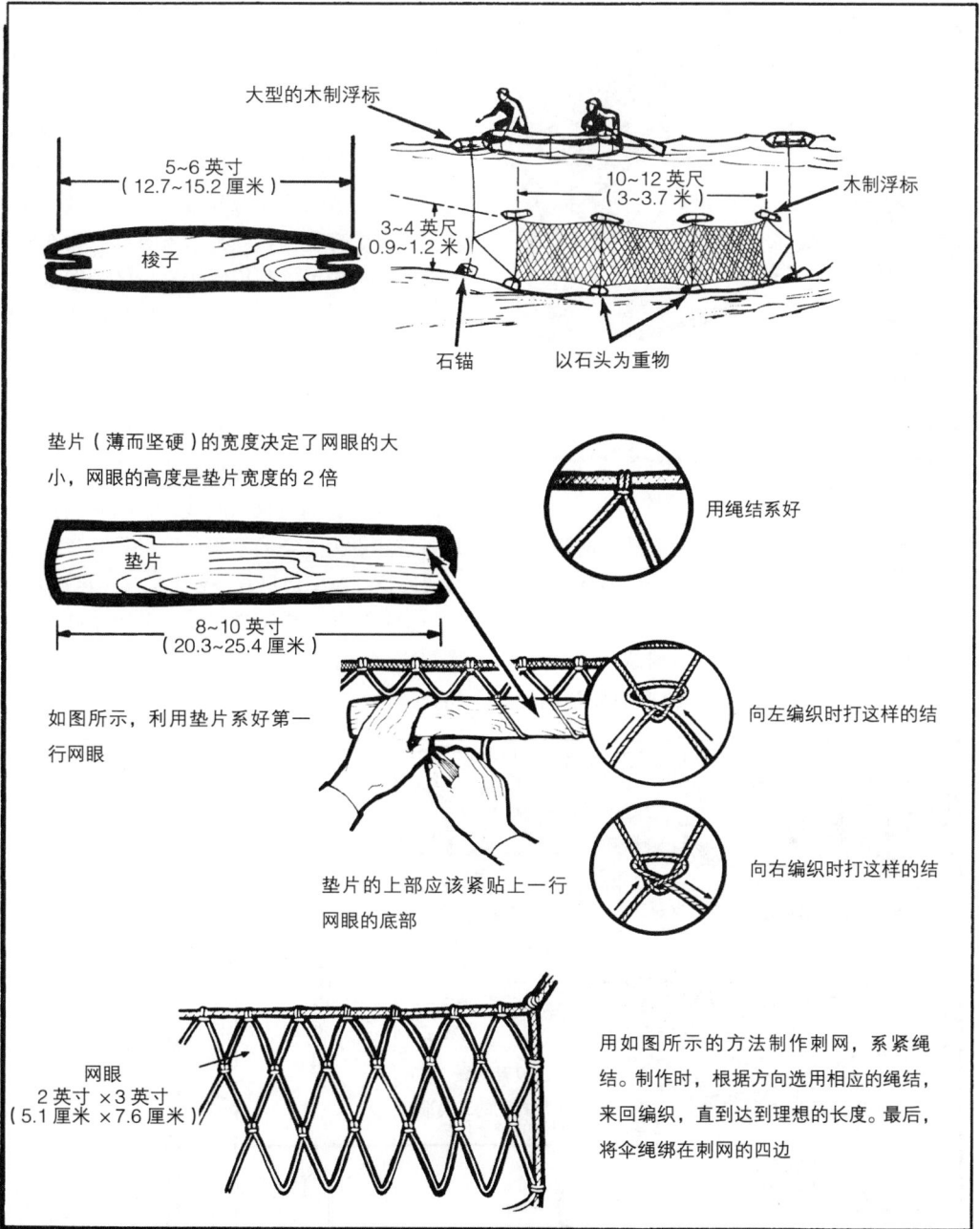

大型的木制浮标

5~6 英寸
（12.7~15.2 厘米）

梭子

10~12 英尺
（3~3.7 米）

木制浮标

3~4 英尺
（0.9~1.2 米）

石锚

以石头为重物

垫片（薄而坚硬）的宽度决定了网眼的大
小，网眼的高度是垫片宽度的 2 倍

垫片

用绳结系好

8~10 英寸
（20.3~25.4 厘米）

如图所示，利用垫片系好第一
行网眼

向左编织时打这样的结

向右编织时打这样的结

垫片的上部应该紧贴上一行
网眼的底部

网眼
2 英寸 ×3 英寸
（5.1 厘米 ×7.6 厘米）

用如图所示的方法制作刺网，系紧绳
结。制作时，根据方向选用相应的绳结，
来回编织，直到达到理想的长度。最后，
将伞绳绑在刺网的四边

图 18-22 用梭子和垫片制作刺网

用捞的方法来捕捉它们。夜晚，虾一般会被水
面上的光所吸引。用伞绳或其他材料制成的抄
网是极佳的捕虾工具。龙虾是节肢动物，生活
在海底或海底附近，可以用捕虾笼、拟饵钩、
带饵钩或抄网捕捉。螃蟹会爬行和挖洞，在浅

水中很容易被抄网捞到，或落入放有鱼头、动
物内脏等诱饵的陷阱中。

4）用渔栅（图 18-24）来捕捉淡水鱼和海
鱼都很有效，特别是成群游动的鱼。在湖泊或
大河中，鱼常常会在早晨和晚上接近岸边和浅

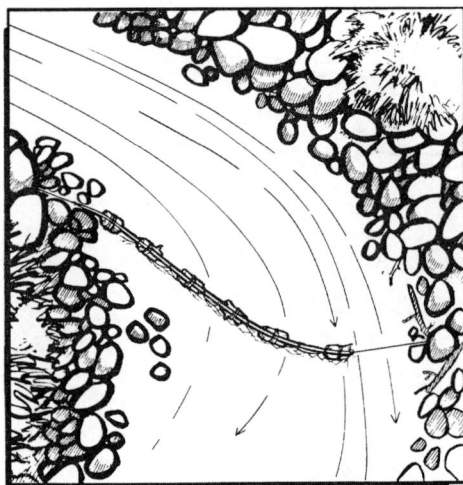

图 18-23 设置刺网

水区。海里的鱼群会规律性地在涨潮时靠近岸边，由于水下陆地的阻碍，它们的游动路线经常是与海岸平行的。

（1）渔栅基本上就像一个围篱，有一处开口，入口处的两侧有伸出去的形似栅栏的墙，使入口呈漏斗状。求生者应该根据所需的食物量和计划停留的时间来决定制造渔栅所投入的时间和精力。

（2）在海边，渔栅应该在退潮时制作好——1~2 小时应该就够了，在涨潮时放在捕鱼处。求生者需要考虑放置渔栅的位置，并试着利用自然环境的特点来节省自己制作渔栅的精力。求生者可以利用岸边岩石区的潮水坑和礁石上的天然水坑，在退潮时堵住水坑的开口处，将鱼困在里面。在多沙的岸边，最佳的捕鱼处就是近海沙洲的背风处。通过观察鱼游动的习惯，求生者可以建造一个简单的水坝，从岸边以一定的角度延伸到水中，这样可以让游动的鱼离开它们习惯的路线，从而被捉住。如果要搭建更为复杂的水坝，可以将其建在海湾或入海口处离岸边只有一臂远的狭窄区域内。

（3）在窄而浅的河流中，求生者可以用插在河底的木桩、树枝或沉在河底的石头制成渔栅，这样河水就只能从树枝或石头之间小而窄

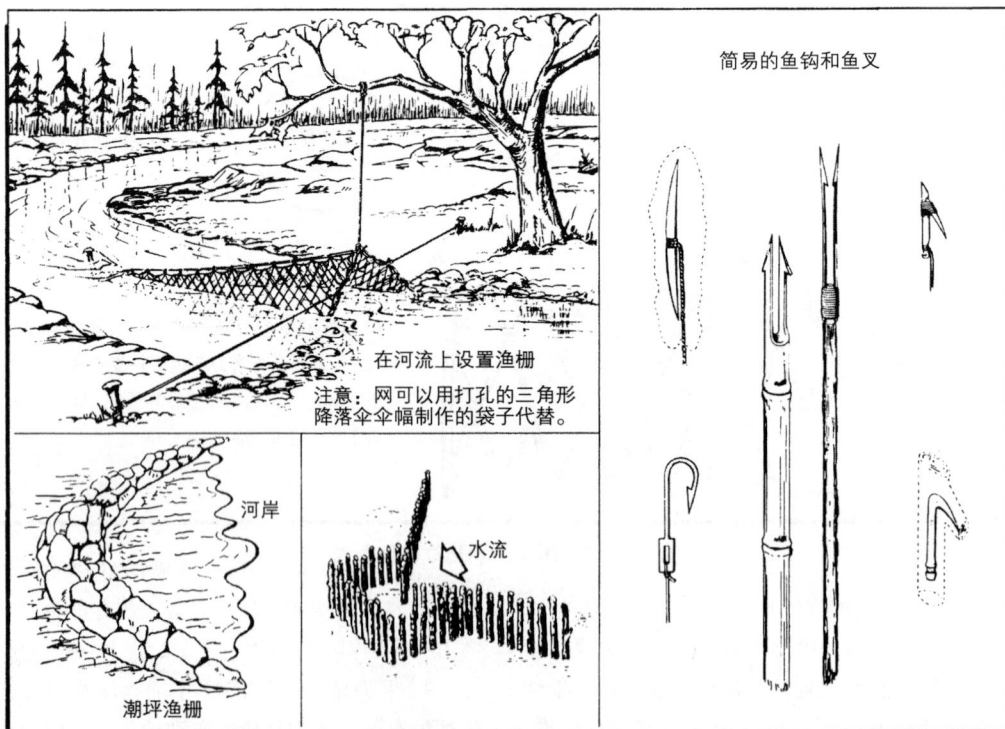

在河流上设置渔栅

注意：网可以用打孔的三角形降落伞伞幅制作的袋子代替。

简易的鱼钩和鱼叉

河岸

潮坪渔栅

水流

图 18-24 渔栅、鱼钩和鱼叉

的开口处流过。这时，求生者可以下水，把鱼群赶入渔栅中，当鱼游到浅水区时再抓住它们，或用棍棒打死它们。如果渔栅的构造合理，可以把鱼在其中困好几天。一般来说，最好是到了需要食用时再杀死它们，这样可以保持鱼肉新鲜，避免肉质腐坏。

5）红树林沼泽通常也是捕鱼的好地方。求生者可以在有淤泥的水中拖着脚走，把水搅浑后再用网捕鱼。鱼在浑水中看不见东西，因此无法避开渔网。淡水小龙虾和淡水螺大都生活在岩石和木头附近、悬伸在水面上的灌木下方或水下的淤泥中。退潮时，一片片的牡蛎和贻贝会暴露在红树林的树根或较低的树枝间。蛤生活在树底的淤泥中，螃蟹在树枝、树根或者淤泥中非常活跃，螺类生活在淤泥中或者附在树根上。在涨潮时可以捕到鱼，但是涨潮时那些没有合拢壳或者生病的贝类不能食用，其生病的表现包括在退潮时无法闭紧壳、散发恶臭、流出乳状的汁液等。

6）世界上所有气候温暖地区的人们都懂得利用植物药鱼的方法。这些植物中的毒素只对冷血的鱼有害，而对人无害，所以求生者可以安全食用被植物药死的鱼。

（1）在东南亚，鱼藤属植物被广泛地用于药鱼。鱼藤属植物是一种大型木质藤本植物，用它制成的药鱼的毒药被称为鱼藤酮。鱼藤酮可以从压碎的鱼藤属植物的根部提取，其中的毒素会使鱼呼吸衰竭，但是对人体无害。然而，如果水面上覆盖着灰尘，鱼藤酮就会失效。使用时，应该先将鱼藤酮与麦乳精和少量的水混在一起，然后放入水中。如果毒素的浓度高，在温暖的水中 2 分钟之内就会起效，而在冷水中需要 1 小时才会起效。鱼中毒后会肚子朝上浮上水面，最终死亡。将 1 盎司（28.3 克）浓度为 12% 的鱼藤酮放入一条流动较慢的、宽约 25 英尺（7.6 米）的小溪里，可以药死下游 1/2 英里（0.8 千米）内所有的鱼。在使用鱼藤酮时要记住以下几点：

①鱼藤酮在 70 ℉（21.1 ℃）及以上温度的水中起效非常快。

②鱼藤酮在冷水中起效较慢，在 55 ℉（12.8 ℃）以下温度的水中基本没有效果。

③最好在小池塘、小溪或潮水坑中使用鱼藤酮。

④鱼藤酮的用量太多会造成浪费，但用量太少可能不会见效。

（2）在救生包中放入 1/2 盎司（14.2 克）浓度为 12% 的鱼藤酮会很有帮助。除非必要，否则不要让装药的容器暴露在空气中或阳光下。将鱼藤酮装在深色的小瓶中保存，其功效会维持得最好。将石灰投入小池塘或潮水坑中也可以药鱼，求生者可以用珊瑚和贝壳来烧制石灰。

（3）在处理用来药鱼的植物时，最常用的方法是压碎植物的有毒部分（通常是根部），然后与水混合。把大量压碎的植物投入池塘或小溪的上游后，短时间之内水中的鱼就会中毒，接着漂到水面上。在水中投药后，求生者应该慢慢地向下游走，一路上捞起中毒后浮上水面、沉入水下或向岸边疯狂游动的鱼。用树枝搭建堤坝或障碍物可以拦住上游向下游的鱼，使生者能更轻松地捕捞中毒的鱼。将新鲜的绿色黑胡桃外皮压碎后撒在水流较缓的小溪、池塘中，可以让其中的鱼昏迷。在太平洋西南部，当地人用玉蕊属植物（图 18-25）的种子和树皮来药鱼。玉蕊属植物通常生长在海边。

7）在有岸底切口的小溪和较浅的池塘中用手抓鱼很有效。求生者应把双手放在水中，慢慢地向下伸，与水底的距离越近越好。然后，轻轻移动手指，直到手指碰到鱼。接着，顺着鱼的腹部轻轻移动双手，直至碰到鱼的两鳃。最后，双手紧紧抓住鱼鳃后面的位置，把鱼捞上来。在热带地区采用这种方法捕鱼可能会有一定的危险，因为有些水生动物会伤人，比如水虎鱼、鳗鱼和一些蛇类。

18.5 植物类食物

陷入困境后，如果只有植物类食物可吃，

求生者通常会变得很沮丧。但是，如果求生者在拥有知识和经验的基础上，树立信心并运用自己的聪明才智，那么这种情况可能就不会发生。如果求生者知道自己应该寻找什么，可以认出自己正在寻找的植物，并且知道应该如何正确处理这些植物，那么他们就不可能缺少食物。在许多人迹罕至的地区，求生者通过之前受到的鉴别植物的训练完全可以享用很多种野生植物。

1. 植物里含有碳水化合物，可以为求生者提供能量。碳水化合物包括重要的淀粉和糖类，能帮助人保持体重和补充能量。

2. 如果经验丰富，求生者完全可以依靠植物类食物活下来，而且不会由于只吃植物类食物而损害健康。

3. 植物类食物的另一个优势在于很容易获取。在许多情况下，求生者由于受伤、没有武器、筋疲力尽或处于野生动物稀少的地区，可能无法获得动物类食物。如果求生者能够将某些植物定为日常食物，那么他们接下来的问题就是"在哪里能找到这些植物和怎样找"。

1）据专家估计，地球上生长着30多万种植物，包括许多生长在山巅和海底的植物。求生者在选择植物类食物时要注意两个问题：其一，选择的植物必须是可以食用的，最好是味道不错的；其二，这些植物在这一地区必须数量很多。如果某一属的植物中包括一些不能食用或有毒的种类，那么求生者必须确信可以用肉眼区分出有毒的种类。一般来说，选择某种植物作为食物是因为其某些部位可以食用，比如茎、果实或果仁。

2）为了帮助求生者确定某种植物是否可以食用，这里介绍了一些求生者必须掌握的基本原则和检测植物可食用性的方法。选择植物类食物时，求生者还应注意以下几点：应该选择那些与人工培育的作物很像的植物；不能仅仅因为动物会食用某种植物，就判断这种植物是人类可以食用的（马会吃有毒的常春藤叶，有些啮齿类动物会吃毒蘑菇，猴子会把有毒的植物和水果暂时放在颊囊中，之后再吐出来）。在选择某种陌生植物作为可能可以食用的植物时，求生者应该遵循以下原则：

（1）不要选择蘑菇等真菌作为食物。一些真菌含有有毒的肽，这是一种没有味道的蛋白

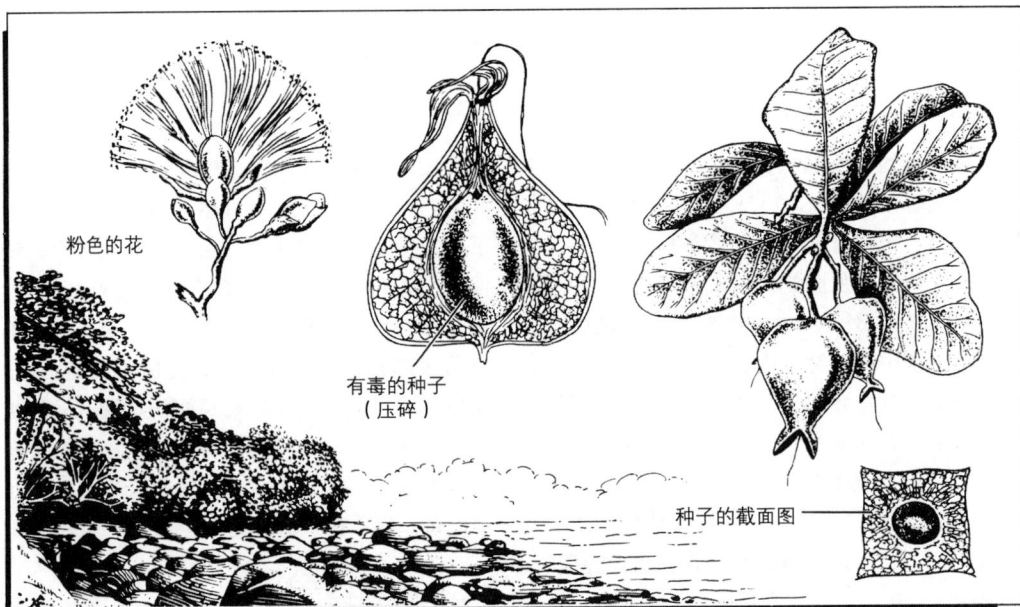

粉色的花

有毒的种子
（压碎）

种子的截面图

图 18–25　用于药鱼的玉蕊属植物

质毒素。除了试吃，在野外没有其他检测某种蘑菇是否可以食用的办法。任何人在采集野生蘑菇时，都必须确定自己采集的每种蘑菇都是可以食用的。有些品种的野生蘑菇连专家都很难判断其是否有毒。由于有毒的可能性大，所以求生者最好不要冒险食用蘑菇。

（2）应该避免食用所有具有伞状花序的植物。虽然胡萝卜、芹菜、莳萝和欧芹都具有伞状花序，但是毒性最强的植物之一水毒芹（图 18-26）同样也具有这样的花序。

（3）应该避免食用所有的豆科植物，因为它们会从土壤中吸收矿物质，大量食用它们很可能会对身体造成损害。豆科植物最常吸收的矿物质是硒，疯草（一种野豌豆）就是因此而出名的。

（4）一般来说，最好不要食用任何球根植物。有些球根植物是有毒的，如郁金香和毒百合的鳞茎。

（5）不要吃白色和黄色的浆果，因为它们大多数是有毒的。大约半数的红色浆果也是有毒的，而蓝色和黑色的浆果一般可以安全食用。

（6）聚合型的果实和浆果（如茅莓、树莓、美洲大树莓和黑莓）一般可以食用。

（7）如果一根茎上只结有一个果实，那么这种果实通常是可以安全食用的。

（8）叶子很鲜亮的植物一般是有毒的，应谨慎食用。

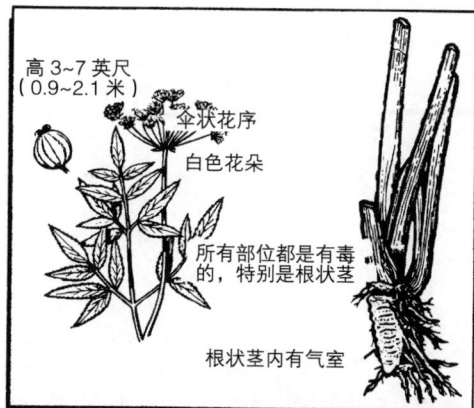

高 3~7 英尺（0.9~2.1 米）

伞状花序

白色花朵

所有部位都是有毒的，特别是根状茎

根状茎内有气室

图 18-26　水毒芹

（9）植物的汁液呈乳状表明该植物有毒。

（10）不要食用会刺激皮肤的植物，如毒葛。

（11）应该对某一地区内数量很多的植物进行可食用性测试，以确定它们是否可以食用。如果结果表明这种植物可以食用，求生者就可以将其作为长期的食物来源。

（12）在水中或潮湿的土壤中生长的植物通常是最可口的。

（13）在阴影中生长的植物一般不怎么苦。

3）以上是关于植物类食物的大体情况。虽然存在例外情况，但是在选择自己不了解的植物作为食物前，求生者应该避开上文中提到的可能有毒的植物，而将可能无毒的植物作为食物。对植物进行可食用性测试时，应该遵循以下步骤：

（1）压碎或弄断植物的某个部分，观察其汁液的颜色。如果汁液是清澈的，就进行下一步。

（2）用小臂的内侧或舌尖触碰植物的汁液或其果实的汁液（尝少量有毒的植物并不会对人体造成伤害）。如果没有不适反应，如起皮疹、皮肤有灼烧感、尝起来很苦或唇舌麻木等，便可以继续进行下一步。（注意：有时重度吸烟者可能无法尝出某些毒素，如生物碱。）

（3）将准备食用的植物或植物的某一部分用水煮熟，在煮的过程中要换 2 次水。许多植物中的有毒物质可以溶于水或被高温破坏，因此煮熟并换水可以减少甚至完全去除植物中的有毒物质。在植物被煮到半熟时，不断地换水可以去除植物的苦味。水开后，应该再煮 5 分钟左右。

（4）把 1 茶匙经过上述步骤处理的食物放在嘴里 5 分钟，咀嚼但不要咽下。灼烧感、恶心感或苦味都是植物可能有毒的标志，如果有上述任何一种感觉，应该立刻把它吐出，并把这种植物从食物来源中去除。反之，如果没有灼烧感或其他不适症状，那么可以把食物咽下，等待 8 小时。

（5）如果 8 小时之后没有出现恶心、痉挛或腹泻等不良反应，可以再吃下 2 茶匙该植物，并再等 8 小时。

（6）如果 8 小时之后还是没有出现任何不良反应，那么这种植物就是可以食用的。

（7）记住，食用任何新奇或陌生的植物时都应该有节制，直到身体完全适应这种食物，因为大量食用某些植物可能会导致轻微的食物中毒或带来不良反应。

4）如果求生者没有烹饪工具，不能在食用植物前将其煮熟，就应该采用以下方法处理植物类食物：

（1）把植物压碎并放在容器中，倒入大量的水冲洗植物，这样可以滤掉无毒植物中一些发苦的物质。

（2）如果求生者无法将植物中发苦的物质滤掉，就应该从可食用性测试方法中选择他们可以完成的几项操作。

4. 求生者会发现，有些植物不是整株都可以食用，而是只有一个或几个部位是可以食用或用来解渴的。植物可能具有食用价值的几个部分如图 18-27 所示。

1）地下部分。

（1）块茎。许多植物的块茎是可以食用的，比如马铃薯、姜等。块茎通常埋在地下，富含淀粉，应该烤着吃或者煮着吃，这样可以使其中的淀粉分解，更好消化。以下植物的块茎可以食用：

①竹芋（东印度）；

②芋头；

③豆薯；

④铁荸荠（油莎草）；

⑤甘薯；

⑥热带薯蓣。

（2）根和根状茎。许多植物的根是可以食用的。可食用的根通常都比较长，与此相反的是，可食用的根状茎一般都短粗而分节。不管是真正的根还是根状茎，其中都富含淀粉。以下植物的根或根状茎可以食用：

①猴面包树；

植物可以食用的部分	
地下部分	块茎 根和根状茎 鳞茎
茎和叶（野菜）	嫩芽和嫩茎 叶子 木髓 树皮
花	花 花粉
果实	肉质果（水果和蔬菜） 种子和谷粒 坚果 果肉
树胶和树脂	
树汁	

图 18-27　植物可以食用的部分

②露兜树；

③四棱豆；

④泽泻属植物；

⑤欧洲蕨；

⑥石蕊；

⑦水芋；

⑧石耳；

⑨水龙骨；

⑩美人蕉；

⑪花蔺；

⑫香蒲；

⑬锡兰菠菜；

⑭菊苣；

⑮朱蕉；

⑯山葵；

⑰树蕨；

⑱荷花；

⑲睡莲；

⑳木薯。

（3）鳞茎。在野外最常见的可以食用的鳞茎植物是野生洋葱，求生者可以通过其特别的气味轻松地认出它们来。野生洋葱可以生吃，但是大多数植物的鳞茎煮熟后更加可口。在土耳其和中亚地区，野生郁金香的鳞茎是可以食用的。所有的鳞茎都富含淀粉，但是有些植物的鳞茎是有毒的，比如开白花或黄花的棋盘花属植物。以下植物的鳞茎可以食用：

①野生百合；

②野生郁金香；

③野生洋葱；

④蓝花克美莲；

⑤卷丹。

2）茎和叶。

（1）嫩芽（嫩茎）。所有可以食用的植物的芽都和芦笋的芽长得差不多。蕨类植物的嫩芽、竹子的嫩芽（图18-28）和很多种棕榈的嫩芽都是很理想的食物。有些植物的芽可以生吃，但大多数芽最好先煮5~10分钟，把水倒掉之后再换水继续煮，直到这些芽变得适宜食用（煮得半熟）。以下植物的嫩芽（嫩茎）可以食用：

①龙舌兰；

②椰子树；

③马齿苋；

④石蕊；

⑤竹子；

⑥鱼尾葵；

⑦四棱豆；

⑧聂帕棕榈；

⑨欧洲蕨；

⑩藤棕榈；

⑪野生大黄；

⑫香蒲；

⑬西谷椰子；

⑭锡兰菠菜；

⑮石耳；

⑯药西瓜；

⑰糖棕；

⑱木瓜；

⑲甘蔗；

⑳荷花；

㉑美洲商陆（根部有毒）；

㉒甘薯；

㉓丝瓜；

㉔睡莲（热带）；

高20~80英尺
（6.1~24.4米）

可以食用的嫩芽

中空的茎可以储水

图18-28　竹子

㉕水龙骨；

㉖马来扇叶椰子；

㉗极地柳。

（2）叶子。田芥菜、野莴苣和羊腿藜等类似于菠菜的植物，其叶子无论生熟都可以食用，但烹饪时间过长会破坏叶子中的维生素。在植物类食物中，叶子可以食用的植物种类可能是最多的，所有无毒植物的嫩叶基本上都可以食用。以下植物的叶子可以食用：

①苋菜；

②丝瓜；

③石耳；

④鳄梨；

⑤芒果；

⑥野生酢浆草；

⑦猴面包树；

⑧海滨藜；

⑨四棱豆；

⑩木瓜；

⑪锡兰菠菜；

⑫木薯；

⑬菊苣；

⑭露兜树；

⑮广布鳞毛蕨；

⑯酸模；

⑰车前草；

⑱美洲商陆（根部有毒）；

⑲甘薯；

⑳罗望子；

㉑山葵；

㉒梨果仙人掌；

㉓芋头（煮熟后才能吃）；

㉔水葫芦；

㉕马齿苋；

㉖朱蕉；

㉗极地柳；

㉘荷花；

㉙石蕊。

（3）木髓。有些植物茎干中的木髓部分是可以食用的。有些热带植物的木髓很大。西谷椰子的木髓很有食用价值。以下是一些木髓部分可以食用的棕榈科植物：

①马来扇叶椰子；

②鱼尾葵；

③西谷椰子；

④椰子树；

⑤藤棕榈；

⑥糖棕。

（4）树皮。有些植物树皮的内层——挨着木质部的那层树皮——可以生吃或煮熟了吃。生活在地球部分北部地区的人们有时会将棉白杨、山杨、桦树、柳树、松树等树木的内层树皮磨成粉后食用。在任何情况下都不要吃树木外层的树皮，因为其中苦涩的鞣酸含量很高。松树树皮中的维生素 C 含量较高。求生者可将松树的外层树皮切割下来，再从树干上剥下内层树皮，内层树皮可以生吃、晾干后吃或煮熟了吃，也可以磨成粉后食用。春天新生的树皮最可口。树皮作为食物的价值在北极地区体现得最为明显，因为那里的植物类食物通常非常稀少。

3）花。

（1）花和花蕾。有些植物的新鲜花朵可以拌在沙拉里吃，也可以加入炖菜中吃。木槿花在太平洋西南地区被广泛食用。在南美洲，安第斯山脉地区的人们食用旱金莲的花朵。在印度，许多植物的花朵在蔬菜咖喱中都十分常见。一些沙漠植物的花朵也可以食用。以下是一些花朵可以食用的植物：

①阿巴尔沙拐枣；

②药西瓜；

③木瓜；

④香蕉；

⑤山葵；

⑥野生刺山柑；

⑦丝瓜。

（2）花粉。花粉看上去很像黄色的灰尘。所有的花粉都有极高的食用价值，特别是香蒲等植物的花粉。求生者很容易就能采集到大量的花粉，可以把花粉当作麦糊来食用。

4）果实。根据味道，可食用的果实可以分为两类：有甜味的和无甜味的。这两类果实中都包含着植物的种子。在世界上，只要是有植物生长的地方，就分布着种类丰富的果实有甜味的植物。例如，在北半球高纬度地区生长着黑莓和黑果岩高兰，在温带地区生长着樱桃、李子和苹果，在美洲的沙漠中生长着结肉质果的仙人掌，等等。热带地区可食用的果实种类比其他地区多，在此无法一一列举。求生者可将有甜味的果实煮熟后食用，要是想保留果实中的维生素，也可以生吃。

（1）肉质果（有甜味）。以下是一些果实（水果类）可以食用的植物：

①野生苹果；

②印度枳；

③香蕉；

④五月茶；

⑤野生蓝莓；

⑥牛心果；

⑦云莓；

⑧海棠；

⑨蔓越橘；

⑩野生无花果；

⑪野生葡萄；

⑫黑果越橘；

⑬榴莲；

⑭枣；

⑮芒果；

⑯桑葚；

⑰木瓜；

⑱李子；

⑲美洲商陆；

⑳梨果仙人掌；

㉑蒲桃；

㉒刺果番荔枝；

㉓番荔枝。

（2）肉质果（无甜味）。以下是一些果实

（蔬菜类）可以食用的植物：

①面包果；

②山葵；

③车前草；

④野生刺山柑；

⑤丝瓜。

（3）种子和谷粒。有许多种植物的种子都是可以食用的，如荞麦、豚草、苋属植物、藜属植物等，其种子中包含了丰富的可食用油和蛋白质。所有谷类植物的谷粒及一些种类的草的籽粒都可以提供极有食用价值的植物蛋白质，比如粟（图 18-29）。求生者可将谷粒用石头研磨后加水煮成粥，也可以将其放在热石头上烘烤。经过处理的谷粒吃起来有益健康，还可以长期保存，不需要进行再加工。以下是一些种子和谷粒可以食用的植物：

①苋属植物；

②粟；

③水稻；

④竹子；

⑤珍珠粟；

⑥聂帕棕榈；

⑦罗望子；

⑧露兜树；

⑨药西瓜；

⑩睡莲（热带）；

⑪苹婆；

⑫猴面包树；

⑬海滨藜；

⑭角豆树；

⑮四棱豆；

⑯荷花；

⑰马齿苋；

⑱睡莲（温带）；

⑲丝瓜。

（4）坚果（图 18-30）。坚果中含有丰富的蛋白质，是所有可生食的植物类食物中最有营养的。结坚果的植物生长在世界上除北极地区之外的所有气候区和所有的大洲。人们熟悉的温带地区坚果有核桃、欧洲榛子、杏仁、山核桃、橡子、榛子、山毛榉坚果、松子，等等。热带地区的坚果有巴西栗、腰果、夏威夷果、椰子及其他一些棕榈科植物的坚果。大多数坚果都可以生吃，但是像橡子这样的坚果最好煮熟后再吃。以下是一些坚果可以食用的植物：

①杏；

②菱角；

③马来扇叶椰子；

④榄仁树；

⑤山栗子；

⑥椰子树；

⑦山毛榉；

⑧榛树；

⑨鱼尾葵；

⑩菠萝蜜；

⑪英国橡树；

⑫西谷椰子；

⑬糖棕；

⑭松树；

⑮阿月浑子；

⑯核桃。

（5）果肉。许多植物的果实中，包裹着种子的果肉是唯一可以食用的部分。有些果实的果肉是甜的，而有些果实的果肉没什么味道，甚至是苦的。果肉可以食用的植物很多，包括南美番荔枝、面包果、罗望子等。面包果的果肉必须煮熟后才能吃，而有些植物的果肉生吃即可。在不确定果肉能否食用时，求生者应进行可食用性测试。

5）树胶和树脂。树胶和树脂是在植物表面变硬的树汁，其中软而可溶于水的是树胶，硬

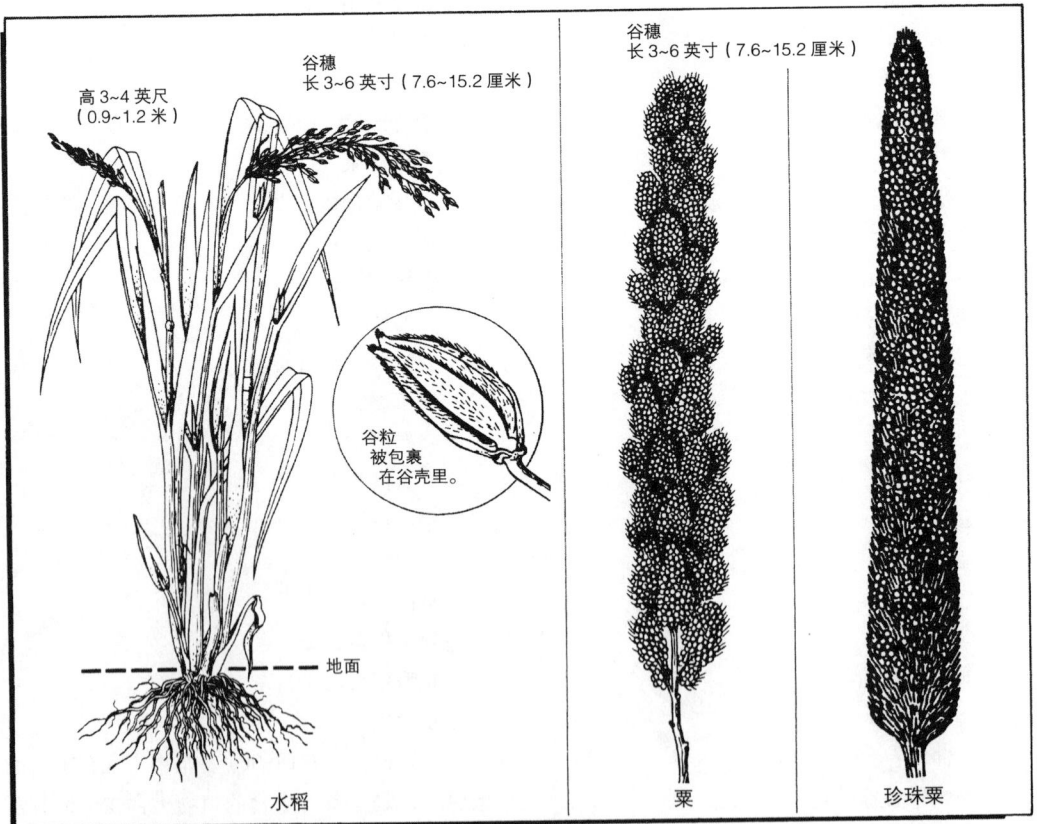

图 18-29 谷物

而不可溶于水的是树脂。为大多数人所熟知的是樱桃树的树胶和松树的树脂。这些植物的副产品是可以食用的,是求生者不可忽视的、营养丰富的食物来源。

6)树汁。藤本植物的枝条和其他一些植物的某些部分有可能为求生者提供可以饮用的液体。获取这些液体的方法是,切开植物的茎,让其中的液体流入竹节等容器中。棕榈树的树汁糖分很高,很有营养。以下是一些树汁可以饮用的植物:

①金合欢;

②药西瓜;

③椰子树;

④鱼尾葵;

⑤龙舌兰;

⑥卡夫木棉;

⑦梭梭树;

⑧聂帕棕榈;

⑨藤棕榈;

⑩仙人掌;

⑪葡萄;

⑫香蕉;

⑬西谷椰子;

⑭糖棕;

⑮马来扇叶椰子。

18.6 热带气候区的食物

地球上热带丛林中的动物种类比其他的地区都要多。进入丛林的人如果不了解丛林动物的生活习惯和饮食特点,可能就无法发现出没在丛林中的大量动物。

1. 对求生者来说,潜在猎物的活动路径通常就是生活在丛林中的动物们平时走出来的路径。可以作为食物的丛林动物包括刺猬、豪猪、

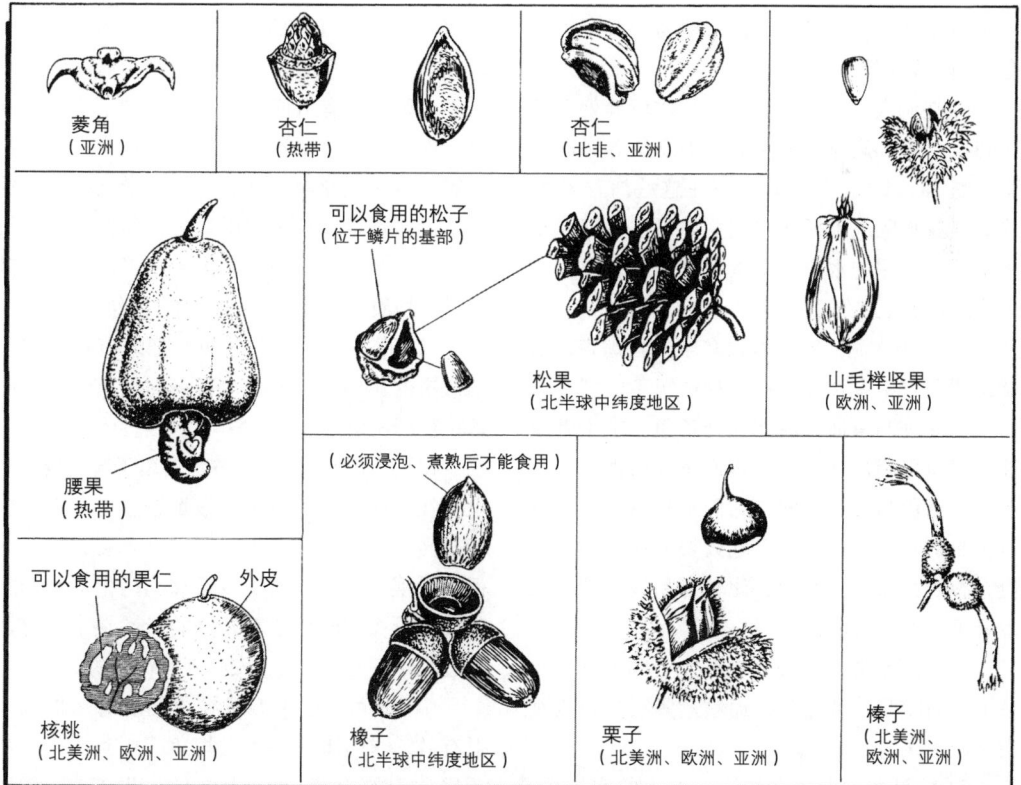

菱角
(亚洲)

杏仁
(热带)

杏仁
(北非、亚洲)

可以食用的松子
(位于鳞片的基部)

松果
(北半球中纬度地区)

山毛榉坚果
(欧洲、亚洲)

腰果
(热带)

(必须浸泡、煮熟后才能食用)

可以食用的果仁　外皮

核桃
(北美洲、欧洲、亚洲)

橡子
(北半球中纬度地区)

栗子
(北美洲、欧洲、亚洲)

榛子
(北美洲、欧洲、亚洲)

图 18-30　可以食用的坚果

食蚁兽、老鼠、野猪、鹿、野牛、蝙蝠、松鼠、猴子、蛇、蜥蜴等。

1）所有的丛林中都生活着爬行动物，这是一类不应忽视的食物来源。求生者应将所有蛇都当成是有毒的，在猎杀蛇时一定要特别小心。求生者应该避免接触所有的眼镜蛇，因为眼镜蛇的毒液是对着人的眼睛喷出的，如果没有将毒液立刻冲掉，很可能会使人失明。蜥蜴对求生者来说是很好的食物，但是蜥蜴移动得很快，很难抓住。猛击爬行动物的头部可以将其打死。鳄鱼和凯门鳄无论是在陆地上还是在水里都非常危险。

2）有些蛙类有毒，所有颜色鲜艳的蛙类都不应该食用。有些热带地区的青蛙和蟾蜍的表皮会散发出刺激性气味，这样的蛙类一般都是有毒的。

3）求生者遭遇虎、犀牛、水牛、大象等大型危险动物的可能性很小。万一遇到，求生者应避免与这些动物接触。大型动物一般都生活在开阔的草原上。

2. 在洞穴、裂缝、岩石上的水坑等处可以抓到鱼、蟹、龙虾、小龙虾、小章鱼等海洋动物（图18-31）。求生者应该在这些海洋动物移动到深水区之前抓住它们。如果这些海洋动物生活在较深的水中，求生者可以用装上饵的鱼钩或木棍把它们引到岸边。

1）如果在洞穴附近有很多空的牡蛎壳，那就说明洞穴中有章鱼。在这种情况下，把有饵的鱼钩伸进洞里通常就能抓到章鱼。求生者应该等章鱼用腕足环绕住鱼钩或鱼线后再把它拉上来。章鱼与鲨鱼不同，它们不吃腐肉，但章鱼也是掠食动物，它们爱吃大鳌虾和蟹类。章鱼在夜晚会来到浅水中，比较容易被发现，求生者可以用矛刺它们。

2）螺类和帽贝会吸附在浅水处的岩石、水草上。石鳖是一种贝类，通常紧紧吸附在刚刚高出激浪线的岩石上。

3）贻贝通常群居在海边岩石上的水坑里、木头上，或者大石块的底部。热带地区夏季的

贻贝是*有毒的*，特别是当海水明显发出磷光或者泛红的时候。

4）行动迟缓的海参和大海螺生活在深水区。海参在受到刺激时会吐出自己的内脏，而这些内脏是不可食用的。海参的肉煮熟后可以食用。大海螺的肉质非常紧实，煮熟后可以将肉从壳中取出。求生者在拿起大海螺的时候要小心，因为其足底附有一层多骨的组织，会严重割伤试图捕捉它们的人。

5）食用远海或者暗礁区以外深水区的鱼最安全。海湾和河流中的银鱼、河鳗、蝶鱼也是很好的食物。

6）陆栖蟹常见于热带小岛上，特别是椰林中。求生者可以用切开的椰子作饵捕蟹。

7）捕鱼的方法有很多种。

（1）用鱼钩和鱼线钓鱼。如果是在多岩的海岸边用这种方法钓鱼，求生者要小心别让鱼线缠绕在一起或是被锋利的岩石棱角割断。大多数浅水区的鱼类都会啃咬食物，但是除非鱼饵在鱼钩上放置的位置和鱼钩倒钩弯曲的角度正确，否则很有可能鱼饵都被啃光了也没钓到鱼。求生者应该用寄居蟹或贝类紧实的肉作为鱼饵，也可以使用裂开的贝壳或者其他动物的尸体，这样可以把鱼吸引过来，使钓到鱼的机会更大。钓到第一条鱼后，求生者应该查看其胃里的物质，以确定这种鱼的食物结构。

（2）用拟饵手钓钩钓鱼。把装有钓饵或勺形假饵的鱼钩反复放入水下有时效果很好，应该在夜间使用这种方法。

（3）用矛刺鱼。这种方法适用于溪流较小而鱼类在产卵期体型较大、数量较多的情况，或者是当鱼集中在水塘中时。求生者要先选好一根长木棍，将其一端削尖后捆上两根尖利的棘刺或者骨头，然后拿着做好的矛站在下面有鱼游过的岩石上，耐心、安静地等待时机。

（4）砍鱼。这种方法在夜间的海水低潮期很有效。求生者应先用光把鱼吸引到一处，然后用砍刀的刀背把鱼打昏（图18-32）。挥动砍刀时要小心别受伤。

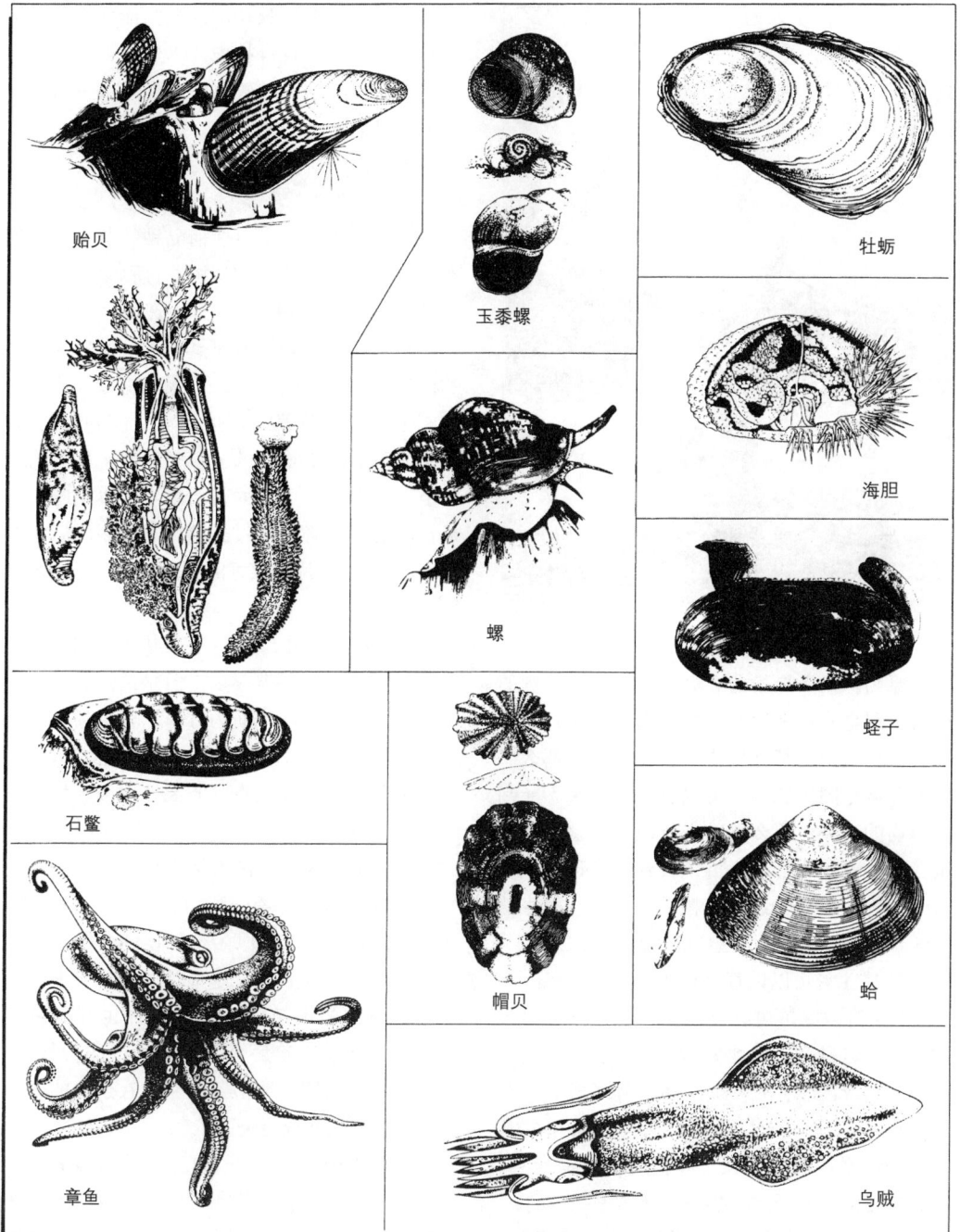

贻贝

玉黍螺

牡蛎

螺

海胆

蛏子

石鳖

帽贝

蛤

章鱼

乌贼

图 18-31　可以食用的海洋无脊椎动物

3. 丛林环境为植物和动物的生存提供了得天独厚的条件。地球上没有任何地区像热带丛林那样拥有如此丰富的植物种类和数量。丛林中的降雨量全年分布平均，而且没有寒冷的季节，植物在这种湿润的环境中全年都可以长叶、开花。有些植物的生长速度很快，例如巨竹的茎一天就可以长 22 英寸（55.9 厘米）。

1）求生者在寻找植物类食物时应该遵循一

图 18-32 砍鱼

定的原则。如果能找到立刻便能断定为可食的植物，那是非常幸运的。如果求生者找到的植物与自己认识的某种植物类食物很像，那么二者很可能是同一属的，可以食用。如果不能判断植物的种类，那么可以进行植物可食用性测试。求生者在热带地区可以找到很多种可以食用的植物，而在曾经有人耕种的地区（次生植物区）找到大量可食用植物的机会更大。

2) 求生者可以试着寻找的一些植物有：

（1）柑橘属果树有可能生长在未被开垦过的地区，但是会更多地分布在次生林中。柑橘属果树（或灌木）的种类很多，叶子长 2~4 英寸（5.1~10.2 厘米），互生。柑橘属果树的叶子常绿，坚韧而且光亮，叶柄上通常有窄翼。它们的花蕾边上经常有小刺（通常是绿色的），花朵小，颜色为白色或带点紫色。果实呈圆形，外皮类似革质，果瓣分为多个肉质的瓣，其中有许多籽。许多热带地区野生和人工培育的柑橘属果树的果实（橘子、橙子、柠檬等）都可以生吃或用来做饮料。

（2）芋头在次生林和未被开垦的原始地区

都有分布，通常生长在潮湿的沼泽地带，但是有些品种也生长在森林中。求生者可以通过生长在直立茎干顶部的较大的心形或箭头形叶片来辨认出芋头。芋头的茎、叶通常都是绿色的，从茎干基部的块茎长出，高度约在 1 英尺（0.3 米）以上。芋头叶子尖的那端朝下，有毒的像大象耳朵的那端朝上。任何品种的芋头都必须煮熟，将其内部刺激性的物质分解后才能食用。

（3）在野外还能找到野生菠萝，它们最常见于次生林中。野生菠萝是一种外表较为粗糙的植物，叶片像剑一样，边缘有锯齿，簇生在托座上。野生菠萝的花是紫罗兰色或红色的，其果实不如人工培育的菠萝长得好。菠萝的种子也可以食用。成熟的菠萝果实可以生吃，但是青涩的果实必须煮过去除刺激性物质后才能吃。（菠萝的叶片是很好的捆扎材料，可以用来制作绳索。）

（4）薯蓣（图 18-33）在农耕地区和野外都有生长。薯蓣的种类很多，但是最常见的一种是蔓生的，茎的横截面为方形，心形的叶子对生排列。求生者可以顺着薯蓣的蔓找到其块茎。食用块茎前一定要先将其煮熟，以破坏块茎中的有毒物质。

（5）姜原本生长在热带森林中，是一种很好的调味食物。姜全株高约 5~6 英尺（1.5~1.8 米），求生者可以在原始森林里的背阴处找到它们。姜花的开放是有季节性的，样子很像金鱼草，通常是白色的，有些品种也开红色的花。姜的叶子压碎后会发出一种很甜的气味，可以用叶子来调味或泡茶。生活在当地的居民会用姜茶来祛寒或退烧。

（6）椰子树（图 18-34）在海岸边或者内陆的农耕地区都能够生长。椰子树一般高 50~100 英尺（15.2~30.5 米），树干或直或弯，上面还有环状的叶痕。椰子树的底部是隆起的，上面长着很多小根。椰子树的叶片十分坚韧，长度可以达到 15~20 英尺（4.6~6.1 米），在搭建庇身所的时候是很好的覆盖材料。椰子树的果实在树的顶端呈簇状生长，每颗椰子都有纤维质

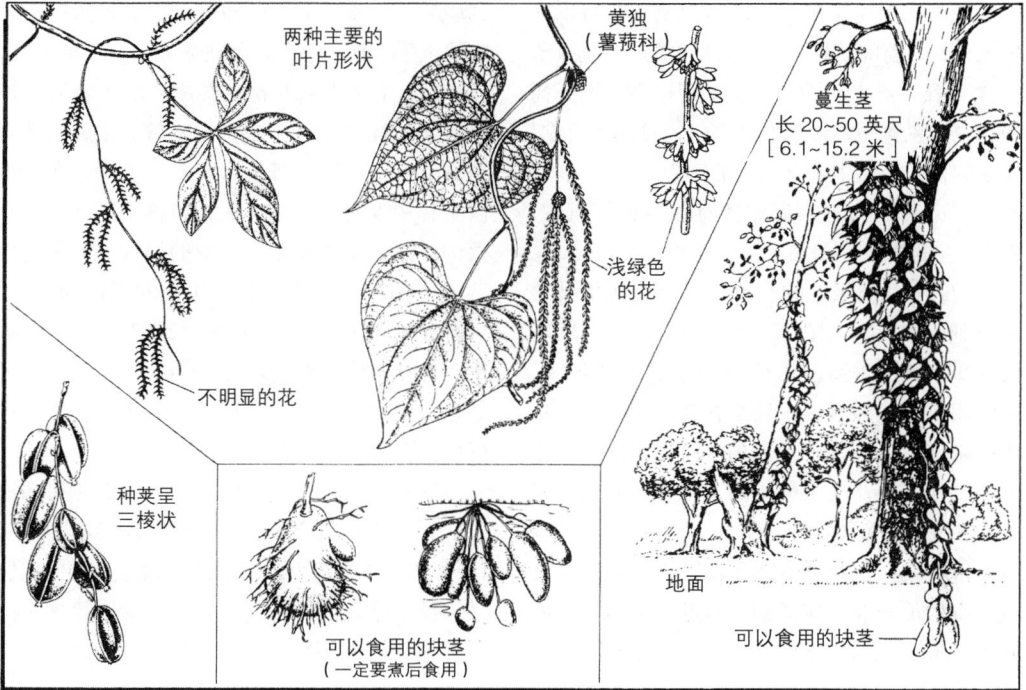

两种主要的
叶片形状

黄独
（薯蓣科）

蔓生茎
长 20~50 英尺
[6.1~15.2 米]

浅绿色
的花

不明显的花

种荚呈
三棱状

可以食用的块茎
（一定要煮后食用）

地面

可以食用的块茎

图 18-33　薯蓣

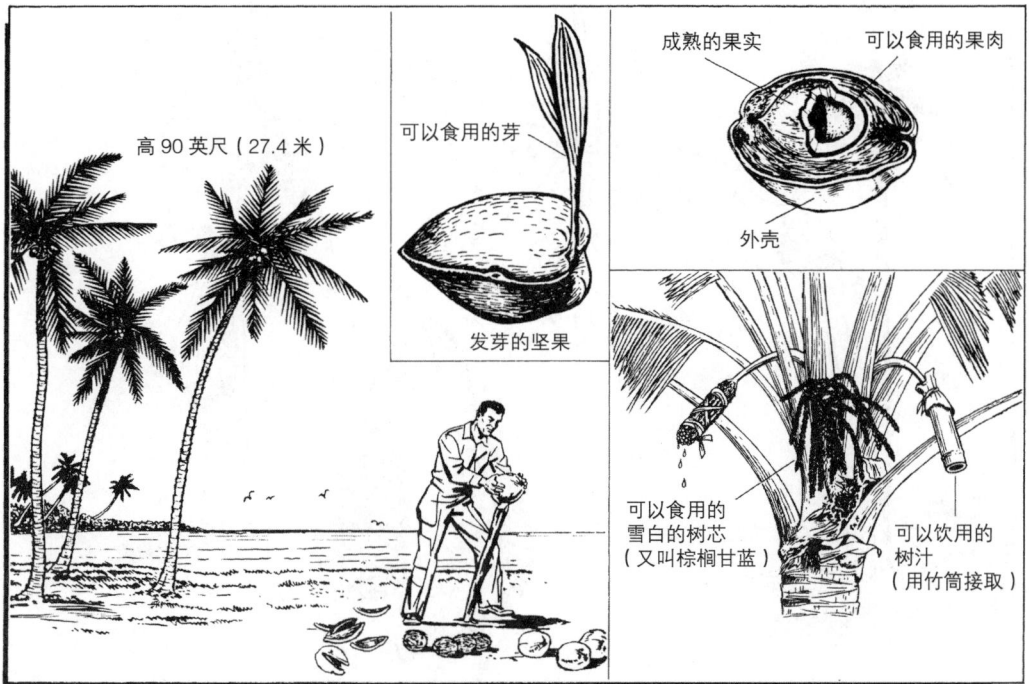

高 90 英尺（27.4 米）

可以食用的芽

成熟的果实

可以食用的果肉

外壳

发芽的坚果

可以食用的
雪白的树芯
（又叫棕榈甘蓝）

可以饮用的
树汁
（用竹筒接取）

图 18-34　椰子树

的坚硬外壳。椰子树的嫩芯可以食用（可以在树顶找到，新叶就是从那里长出来的），把椰子树砍倒后，剥掉叶子就可以看到树芯。椰子树的花也可以食用，最好像蔬菜一样煮熟了再吃。发芽的椰子果实中含有大量的椰肉，可以生吃，也可以煮熟了吃。热带地区有很多种棕榈树，其中一些的树芯和果实也可以食用。

（7）木瓜是极佳的食物，可以在次生林地区找到。木瓜树（图18-35）可以长到6~20英尺（1.8~6.1米）高。木瓜树的掌状叶片很大，边缘粗糙，呈深绿色，簇生在树的顶部。木瓜树的果实生长在茎干顶部的叶片下面。野生木瓜的果实较小，人工种植的木瓜果实较大，甚至可重达15磅（6.8千克）。木瓜的果实剥皮后可以生吃，也可以煮熟了吃，而皮不可以食用。青木瓜一般应该煮熟了再吃。青木瓜中的乳状汁液可以当作嫩肉剂使用，但要注意别弄

到眼睛里。求生者处理过新鲜的青木瓜之后一定要洗手，如果有木瓜汁进入眼中应立刻清洗。

（8）木薯生长在次生林中，求生者可以通过其掌状深裂的叶子来认出木薯。木薯的茎是木质（红色）的，细长、有节。求生者在野外次生林中发现木薯后，应该将树干拔起，找到根部，然后挖出块根。木薯的块根一般围绕着茎干上的某个位置生长，块根的表皮为棕色，内部是白色的，一定要煮熟或烤熟后才能食用。在煮木薯的块根之前，还必须削皮。（茎为绿色的木薯是有毒的，如果要食用，在煮的过程中一定要多换几次水。）

（9）蕨类植物（图18-36）生长在热带的原始林和次生林中。蕨类植物顶部新长出的嫩芽（形似提琴头）是可以食用的。嫩芽上覆盖着绒毛，经过摩擦或冲洗后很容易去除。虽然有些蕨类植物的嫩芽可以生吃，但是一般来说，应

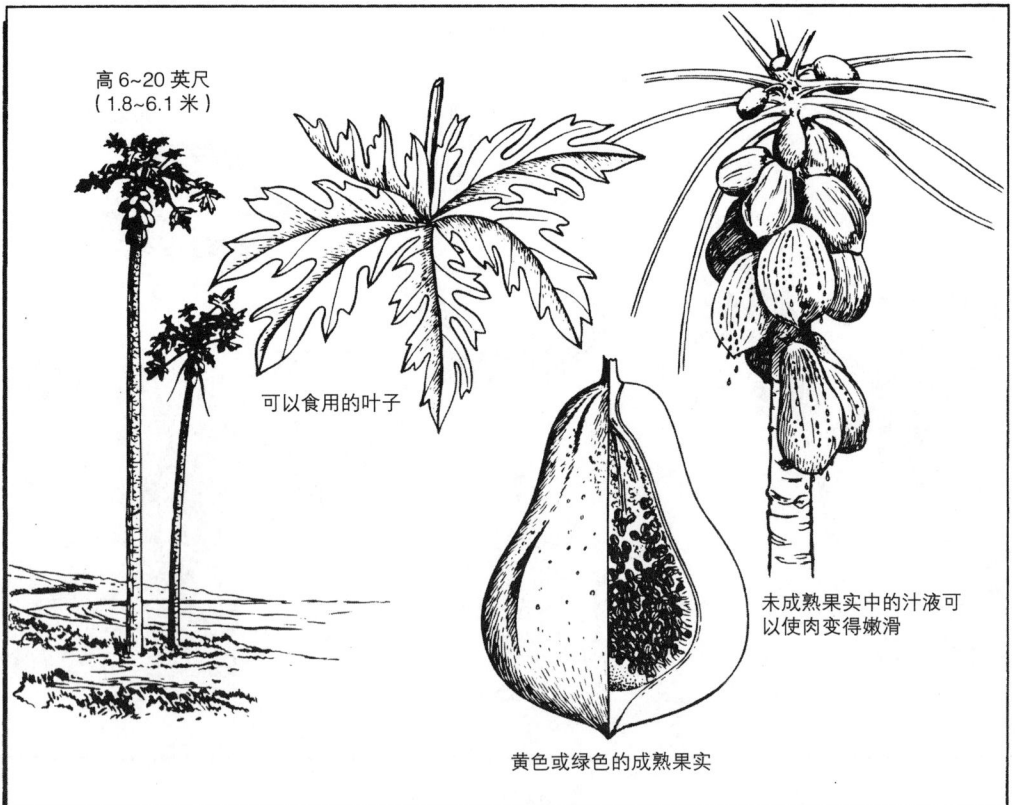

高6~20英尺
（1.8~6.1米）

可以食用的叶子

未成熟果实中的汁液可以使肉变得嫩滑

黄色或绿色的成熟果实

图18-35　木瓜树

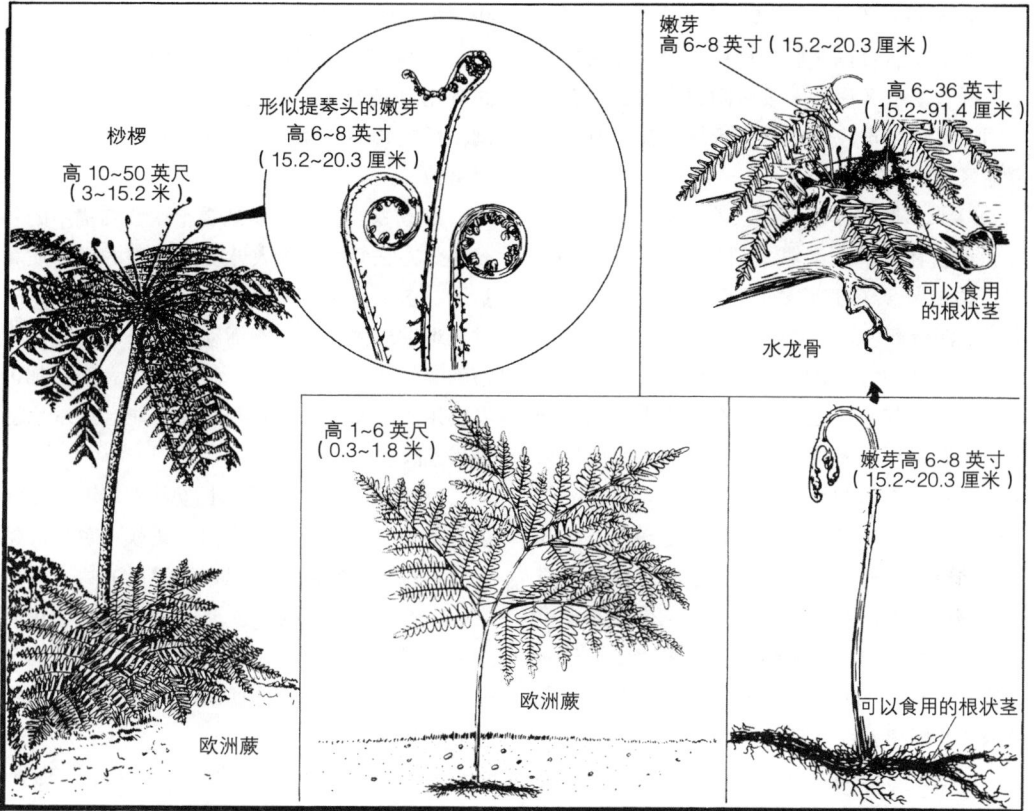

图 18-36　可以食用的蕨类植物

该像蔬菜一样煮熟后再吃。

（10）番荔枝生长在热带森林中。番荔枝为小乔木，树叶呈椭圆形。番荔枝的果实形似钝头的松果，上面覆盖着厚厚的、易碎的灰绿色或黄色的瘤状突起。番荔枝果实成熟后很容易剥开，其内部是非常香甜的奶油色果肉，果肉中包裹着许多深褐色的种子。

（11）金星果树在热带地区很常见，这种树能长到 60 英尺（18.3 米）高，叶片闪亮而光滑，叶背长有棕色的绒毛。金星果看上去就像小苹果或者小李子，果皮光滑，为绿色或紫色，果肉为绿色，质地像牛奶。切开金星果可以看到，细长的棕色种子在果实的中心形成了一个六角或十角星。果肉有甜味，只有新鲜的果实才可以食用。切开金星果时，其外皮会像这种树的其他部位一样分泌出白色的黏液或胶状物，这

是无毒的（对乳状树汁一般有毒的规律而言，这是一个例外）。

3）地球上约有 30 万种野生植物，其中很大一部分都生长在热带地区，并且许多种类是可以食用的。只有少数植物即使食用很少量也会致人死亡，而这些有毒的植物求生者通过本节中介绍的规律应该都可以判断出来。本书中只讨论了少数种类的热带植物。计划飞越或徒步穿越热带地区的人如果能够事先研究这种环境中有哪些植物可以食用，会非常有帮助。

18.7　干燥气候区的食物

虽然干燥气候区的食物没有热带气候区丰富，但求生者还是可以在这一地区找到食物的。

1. 不同沙漠中的植物种类会由于地理环境

的差异而各有不同，所以求生者一定要记住，在干燥气候区可以获取的食物会根据沙漠的实际情况、季节及最近一段时间的降水量而有所不同。机组人员应该熟悉飞行任务会涉及的沙漠地区中的植物种类。

1) 大多数沙漠中都生长着椰枣树，当地的居民也会在绿洲和灌溉水渠周围种上椰枣树。椰枣树的果实富有营养，成熟的果实为椭圆形，呈深橙黄色。

2) 无花果树通常生长在热带或亚热带地区，但是有些品种也会生长在沙漠中。人工种植的无花果树品种很多。无花果的果实成熟后可以食用，不同的品种风味各异。大部分无花果的果实看上去就像一个陀螺或是一个有点儿扁的小梨子。有些品种的果实坚硬且覆盖着对人体有刺激性的绒毛，这样的无花果基本上没有食用价值。可以食用的无花果果实是柔软而味道甘美的，上面几乎没有绒毛。成熟的无花果果实是绿色、红色或发黑的。

3) 粟。中东地区沙漠中的居民会在绿洲和其他水源周围种植粟。

4) 所有仙人掌的果实都可以食用。有些果实是红色的，有些是黄色的，但是所有的果实在成熟后都是柔软的。有些仙人掌的叶状茎是扁平的，比如梨果仙人掌，求生者可以去掉上面的小刺后将其煮熟当作蔬菜吃。在干旱期，放牛人会烧掉梨果仙人掌茎上的小刺，将厚厚的茎作为牛的饲料。虽然仙人掌的发源地是美洲的沙漠，但是梨果仙人掌在亚洲、非洲和澳大利亚的沙漠中都有分布，并且数量很多。当地的居民会在梨果仙人掌的果实刚成熟时将其尽快吃掉。

5) 戈壁沙漠中生长着两种洋葱。一种在夏季生长，味道辛辣刺激，像葱一样。这种洋葱可以为食物调味，但是不能当作主食。另一种高地洋葱直径为 2~2.5 英寸（5.1~6.4 厘米），可以像苹果一样生吃，绿叶可以生吃，也可以做熟了再吃。

6) 除了汁液呈乳状或有色的以外，所有的沙漠花朵都可以食用。

7) 大部分草都是可以食用的，通常最佳的食用部位是草从地里拔出来之后露出的白色、柔软的那一截。大部分的草籽也都是可以食用的。

2. 动物类食物可以被看作饮食结构中的补充部分，它们可以为人体提供所需的蛋白质和脂肪。求生者在沙漠中寻找动物类食物时，有时很难发现大量的动物活动痕迹，但是在沙漠中确实生活着一些动物，而且其中大部分都可以食用。在捕捉时，有些动物可能会给求生者带来危险。

1) 季节性植物处于生长期的顶峰时，沙漠里活跃着各种各样的甲壳虫、蚂蚁、黄蜂、蛾子和臭虫。这些昆虫出现在沙漠里的第一场雨之后，通常在晚上觅食。北美洲的犹他印第安人会大量地捕捉蟋蟀，中东地区的居民会烤食蝗虫，而墨西哥和美国西南部的印第安人常常吃蚱蜢和毛毛虫。

2) 在美洲的索诺拉沙漠和奇瓦瓦沙漠中，有些种类的淡水虾每年夏季都会出现在温暖的临时性水塘中。在莫哈韦沙漠中，每年夏季的降水量都很少，这些淡水虾可能一个世纪里只会在这一地区出现有限的几次。

3) 蛇、蜥蜴、龟等动物对沙漠环境适应得很好，求生者在捕捉它们时要小心，因为其中一些动物会带来危险，例如毒蜥和响尾蛇。沙漠龟可以长到 1 英尺（0.3 米）长，它们生活在索诺拉沙漠和莫哈韦沙漠中一些环境最为恶劣的地区。沙漠龟的四肢粗大，食草，每分钟可以爬行约 20 英尺（6.1 米）。沙漠龟还会把一些食物转化成水，储存在背壳下的 2 个液囊中，供炎热的季节使用。沙漠龟靠 1 品脱水（约为 473 毫升）就可以度过整个旱季。在春季和秋季，沙漠龟会在白天就出来觅食，并且随着天气渐暖而变得越来越活跃。在炎热的夏季，沙漠龟只在清晨和夜晚才会离开其藏身的阴凉处，或者干脆整天都不出来。

4) 一般来说，沙漠中的鸟类都生活在植被较多的地区，而且大部分鸟类每天都要喝水，所以它们大多生活在离各种水源飞行距离较近的地方。许多鸟类会在旱季迁徙到别处。如果求生者在沙漠中看到了很多鸟，那么在那一带通常能找到昆虫、植物和水源。

5) 兔子、土拨鼠和老鼠也能在沙漠中生存下来。这些动物会躲在阴凉处或洞穴中，以保护自己不受直射的阳光、灼热的空气以及地表高温的伤害。

6) 沙漠中还生活着一些较大的哺乳动物，包括羚羊、鹿、狐狸、小型猫科动物、獾、野狗、鬣狗等，它们在沙漠中的数量很多，其中许多是夜行性动物，通常会避开人类活动。这些动物在夜间出来觅食，吃昆虫及比自己小的动物，有些也以植物为食，还有一些会给求生者带来威胁。求生者接近其中任何一种动物时都应该小心。

7) 这一节中只介绍了沙漠地区为数不多的可以作为食物的动物和植物种类。如果机组人员要在沙漠中开展求生活动，一定要试着熟悉当地各种可能存在的食物源。

18.8 极地气候区和冰雪气候区的食物

在冰雪覆盖的地区，食物比水更难获得。这些地区的动物在温暖的季节数量较多，但在寒冷的季节，求生者也还是可以找到一些动物的。在温暖的月份，这里的大部分水域都有鱼类活动；而到了寒冷的月份，鱼类会集中在大河、湖泊等深水水域。在北极的大部分地区，求生者全年都能找到可以食用的植物。

1. 所有北极地区的动物都是可以食用的，但是海豹和北极熊的肝脏一定不要吃，因为其中维生素 A 的含量过高，食用大量这样的肝脏有可能致人死亡。在远海的浮冰上，求生者可以捕到海豹、海象（图 18-37）、北极熊、狐等动物，在温暖的月份还可以捕到许多种类的海鸟，此外全年都可以捕鱼。

1) 如果求生者被困在远海的浮冰上，那么其最主要的食物来源可能就是海豹了。海豹生活在海中、薄冰层上或者雪飘过冰脊形成的雪洞里。在这些区域内可能还生活着以海豹为主要食物的北极熊，求生者应尽量避开。

（1）刚出生的小海豹还不会在海水中漂浮或游泳，求生者在夏初季节可以在冰上找到小海豹，用棍棒、矛、刀或火器就能够轻松猎获它们。小海豹的肉、脂肪以及胃中凝结的奶都是可以食用的。猎杀海豹幼崽时，求生者最好先观察母海豹是否在附近，因为母海豹会尽一切努力保护自己的幼崽。

（2）海豹每隔一段时间就要浮上水面呼吸。当浮冰较薄时，海豹会用鼻子把冰顶破，再透出水面换气。当冰层较厚时，海豹会咬开冰层或是用鳍肢敲开冰层。一般来说，大部分海豹都有不止一个换气口。在捕猎海豹时，求生者最好在其换气口的边上选好一个位置静静等待，等到海豹浮上水面换气，就可以用矛刺海豹，或是用棍棒砸海豹的头部。海豹对于鼻子上或鼻子周围受到的击打特别敏感，通常会因此失去知觉，甚至死亡。求生者还可以在换气口内向水下至少 6 英寸（15.2 厘米）深处垂下一个鱼钩，当海豹浮上来换气后准备回到水中时，很有可能被钩子勾住。求生者把海豹拉到冰面上时，可以用鱼叉，也可以使用双手，但是必须把换气口开得足够大，以便让海豹的整个身体能够通过。如果是在开阔的水域里杀死了海豹，求生者可以用因纽特人的"海豹打捞器"或"抓升钩"把海豹打捞上来。在开阔水域里杀死的海豹，或者掉进开阔水域的海豹尸体，都应该立刻打捞上来，因为虽然在寒冷的月份中海豹尸体会在水中漂浮很长时间，但是在温暖的月份或是母海豹的哺乳期，由于海豹身体中的脂肪含量减少，其尸体会迅速沉入水底。

2) 极地地区的夏季鸟类数量很多，求生者可以用矛、棍棒、带饵的鱼钩或武器来捕鸟。

3) 在苔原地区的河流旁（图 18-38），生活着一些大型动物、小型动物和鸟类，它们都可以成为求生者的食物。

（1）苔原地区的大型动物包括北美驯鹿、

麝牛、绵羊、狼和熊。虽然这些大型动物是很好的食物来源，但是求生者如果没有火器是很难将它们捕获的。所以，没有火器的求生者应该把这些大型动物当作危险动物。在春季，熊会聚集在河流和溪流沿岸，因为在那里可以找到更多的食物——大部分是鲑鱼。在秋季，熊经常在浆果比较丰富的地方觅食。在一年中的某些特定季节，求生者应该避开这些熊经常出没的地区。

（2）苔原地区的小型动物包括野兔、旅鼠、老鼠、地松鼠、旱獭和狐等。求生者全年都可以设陷阱捕获这些小型动物。在设置陷阱时，最好用强韧的绳子或金属丝制作简单的套索，由于金属在寒冷环境中会变得容易断裂，所以必须将2股金属丝拧在一起使用。其他形式的圈套或机关在寒冷的气候条件下可能效果不佳。求生者也可以使用刺网捕猎——把刺网在动物经常走的路径上展开，使动物陷入网中。

（3）由于极地地区的湖泊、池塘、沼泽等湿地的数量很多，地表水资源比较丰富，所以在温暖的季节，包括水禽在内的鸟类数量繁多，比如鸭子、鹅、鸥、猫头鹰、松鸡、天鹅（图18-39）等。鸟蛋和雏鸟是求生者极佳的食物来源，而且很容易获得。

4）像苔原地区一样，北极和气候类似北极地区的北方森林中也生活着很多野生动物。

（1）大型动物包括驼鹿、北美驯鹿、熊等。

（2）小型的森林动物包括野兔、松鼠、豪猪、麝鼠、海狸等，在冬季或夏季用套索和陷阱很容易抓住这些小型动物。在冬季寻找小型动物的踪迹可以说是轻而易举的事，因为大多数动物不喜欢在较深的积雪中行走，所以它们大多数时间都会沿着同一条路径活动，使得这些路径看起来就像是它们小小的高速公路——路径上的雪被压实，远远低于周围自然的积雪厚度。像这样的动物路径，大部分都位于积雪较厚的区域、大树下的灌木丛间，或是与道路、空地平行的地方。到了夏季，这些动物可能仍会使用同一条路径。

5）在夏季的月份中，开阔的水域会给求生者捕捉各种淡水鱼、咸水鱼和贻贝提供极佳的条件。求生者可以用手从水底拾起贻贝，也可以用渔网、矛、棍棒或鱼钩、鱼线捕鱼。水面结冰后，求生者可以凿穿冰层捕鱼。如果较浅的湖泊、河流（图18-40）或池塘完全上冻，那么其中的鱼类可能会因此全部死亡。水面结冰的话，水下的鱼会尽可能地集中在深水区，此时求生者应该推断出水最深的地方，在那里的冰层上打洞。另一个破冰捕鱼的好位置是河口及河水支流流入湖泊、水塘的地方。在水流流速较快的区域和较深的河流堆积着雪的岸边，其水面上的冰一般较薄。开阔的水域上由于水汽蒸发，水面上会被薄雾笼罩，求生者可以通过这一标志判断其位置。在夏季捕鱼的所有方法在冬季都可以使用。

6）沿海一带有丰富的可以食用的海洋动物，例如蛤、贻贝、扇贝、螺类、帽贝、海胆、石鳖、海参等（图18-41）。只要是在开阔水域，求生者几乎全年都可以捕捞到这些海洋动物。潮水坑中通常生活着大量的鱼类和软体动物，求生者可以用渔网、鱼叉或手来捕鱼。大部分海洋动物都可以生吃，但是通常煮熟后味道更佳。

2. 受到永久冻土环境及平均气温低、生长期短暂的影响，北极地区的植物通常比较矮小，发育不良。

1）在贫瘠的苔原地区，生长着大量可以食用的小型植物（包括灌木）。在苔原地区短暂的夏季，求生者可以找到拉布拉多茶树、柳兰、款冬、北极矮桦树、柳树以及其他多种植物和各类浆果。当苔原地区的冬季到来以后，求生者可以在积雪下面找到植物的根、根状茎和冰冻的浆果。苔原地区的地衣、苔藓数量很多，但是求生者应该谨慎选择，因为有些品种是有毒的。

2）在沼泽地区，求生者可以找到许多水莎草、香蒲、矮桦树和浆果。在春夏季节，求生者可以采到大量这些植物新长的嫩芽。

图 18-37　海象

图 18-38　苔原地区的河流

图 18-39 天鹅

图 18-40 冬天的河流

图 18-41 甲壳类和贝类动物

3）北极的多树地区生长着很多种树木，如桦树、云杉、白杨、山杨等，许多浆果类植物也生长在这一地区，如蓝莓、蔓越橘、树莓、云莓和黑果岩高兰。野生玫瑰、拉布拉多茶树、

桤木和其他一些灌木的数量也很多。许多野生的可食用植物都具有很高的营养价值，绿叶植物中的维生素 A 含量尤其高。此外，多种浆果及野玫瑰果中都富含抗坏血酸（维生素 C）。许多植物的根部和根状茎中都富含淀粉，可以代替土豆做炖菜和汤。

4）虽然北极地区生长着一些种类的可食用蘑菇、马勃等菌类，但求生者应该避免食用这些食物，因为很难辨别无毒和有毒的品种。在生长季节，这些菌类的外观还有可能发生很大的变化，使得求生者更难正确辨认出可食用的品种。

5）北极地区生长着许多种有毒的植物，其中包括少数有毒的浆果。这些植物很少会致人死亡，大多数情况只是带来剧烈的头晕、恶心、腹痛以及腹泻的症状。毒葛等通过触碰就会使人中毒的植物并不生长在北极地区。北极地区较为常见的有毒植物如图 18-42~图 18-49 所示。

6）在选择可以食用的植物时，如果条件允

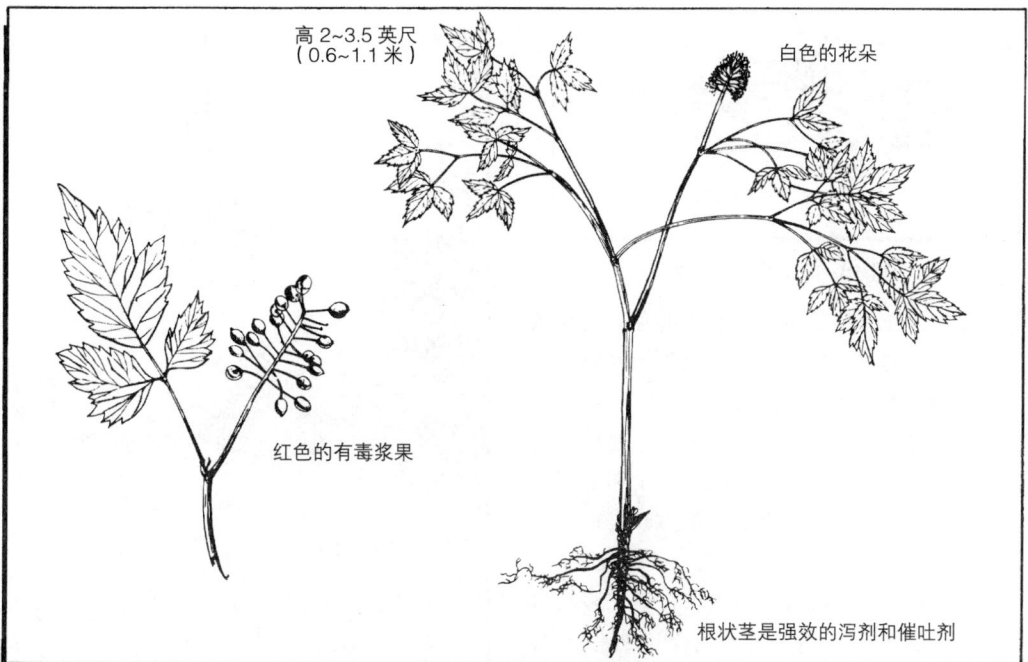

高 2~3.5 英尺（0.6~1.1 米）

白色的花朵

红色的有毒浆果

根状茎是强效的泻剂和催吐剂

图 18-42 类叶升麻属植物

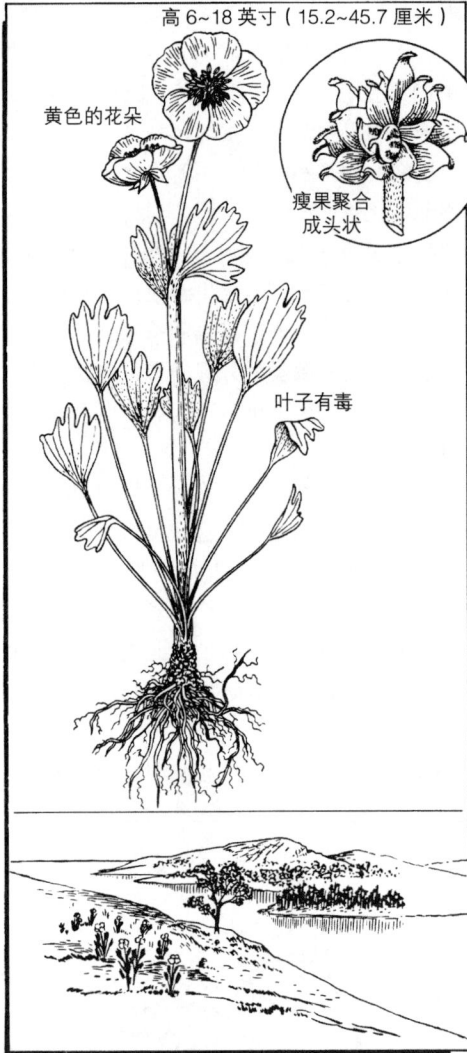

高6~18英寸（15.2~45.7厘米）

黄色的花朵

瘦果聚合成头状

叶子有毒

图18-43 毛茛属植物

树脂味，但是生嚼这些部位可以获得丰富的维生素C。在春季和初夏，云杉的内层树皮可以作为食物食用。

（3）北极矮桦树是一种灌木，叶子薄而有齿，树皮可以成片剥下。北极矮桦树新鲜的树

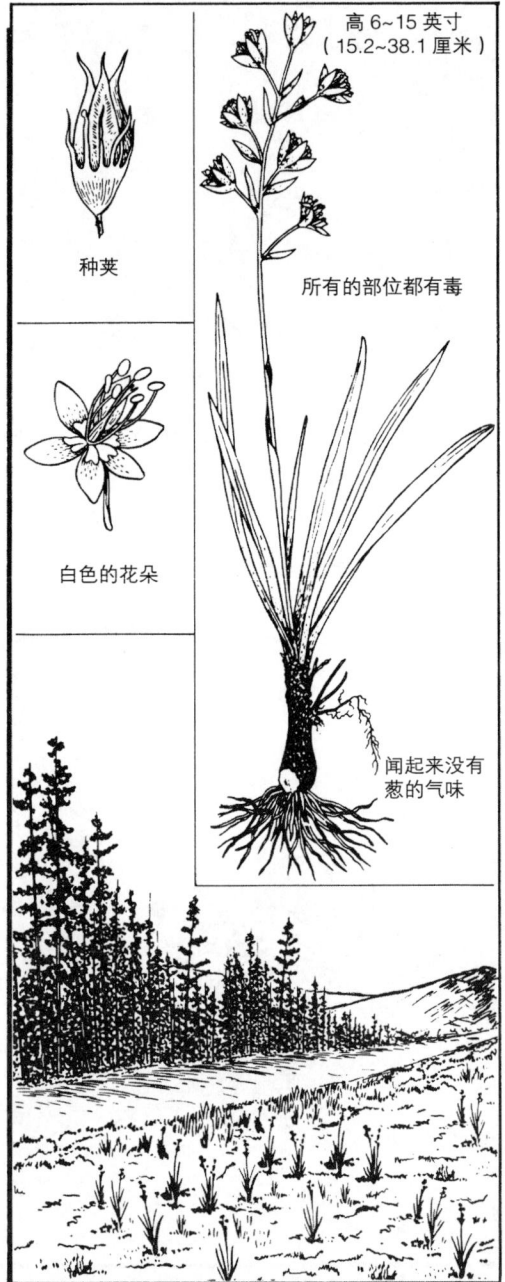

高6~15英寸（15.2~38.1厘米）

种荚

白色的花朵

所有的部位都有毒

闻起来没有葱的气味

图18-44 棋盘花属植物

许的话，求生者应该选择新长出的芽，因为嫩芽是最柔软的。一般植物生吃时营养价值最高。一些最常见的可食用植物包括：

（1）蒲公英一般间杂在草丛中，但是也可能分散生长在荒地上。蒲公英的叶子和根都可以生吃或煮熟了吃，其新长出的嫩叶是很好的蔬菜，根部（烤过以后）可以用来代替咖啡。

（2）黑云杉和白云杉是生长在最北边的常绿乔木。这些树木短而硬的针叶是单独生长的，而不是像松树一样呈簇状。云杉的球果小、鳞片薄。虽然云杉的花、针叶和茎干带有很浓的

叶和花蕾中含有维生素 C，内层树皮可以食用。

（4）北极地区生长着很多种柳树（图 18-50），其柔软的嫩芽和嫩枝可以当作蔬菜食用，根部的外皮也可以食用。柳树吃起来有一种很大的酸味，但是维生素 C 含量丰富。

7）北极地区的地衣数量多且分布广泛，可以成为求生者的应急食物。许多种类的地衣可以食用并含有淀粉，包括冰岛苔、泥炭藓、驯鹿苔藓等。印第安人会将长在树上的胡须地衣做成食物。但是，有些地衣含有一种苦味的酸性物质，会刺激消化道。将地衣煮过晾干后再磨成粉末就可以去除这种酸性物质，这样的粉末可以当作面粉食用，也可以用来做汤。

18.9 远海地区的食物

大部分海洋生物（海洋植物、鱼类、海洋

图 18-45 藜芦

高 3.5 英尺（1.1 米）

蓝色的花朵

所有的部位都有毒

种荚

图 18-46 羽扇豆

鸟类和其他海洋动物）不仅可以食用，还极有营养。海洋生物所含的蛋白质是包含所有人体所需氨基酸的完全蛋白质，所含的脂肪与蔬菜中的脂肪类型相似，此外还含有丰富的矿物质和维生素。

1. 大部分海藻都可以食用，是求生者很好的食物来源，因为其中富含人体所需的维生素和矿物质。有些海藻中的蛋白质含量高达 25%，而有些海藻中含有超过 50% 的碳水化合物。有超过 75 种海藻被世界上各个沿海地区的居民当作食物。对很多人（特别是日本人）来说，海藻是他们的饮食的重要组成部分，其中最受欢迎的品种已经有了几百年的人工培育历

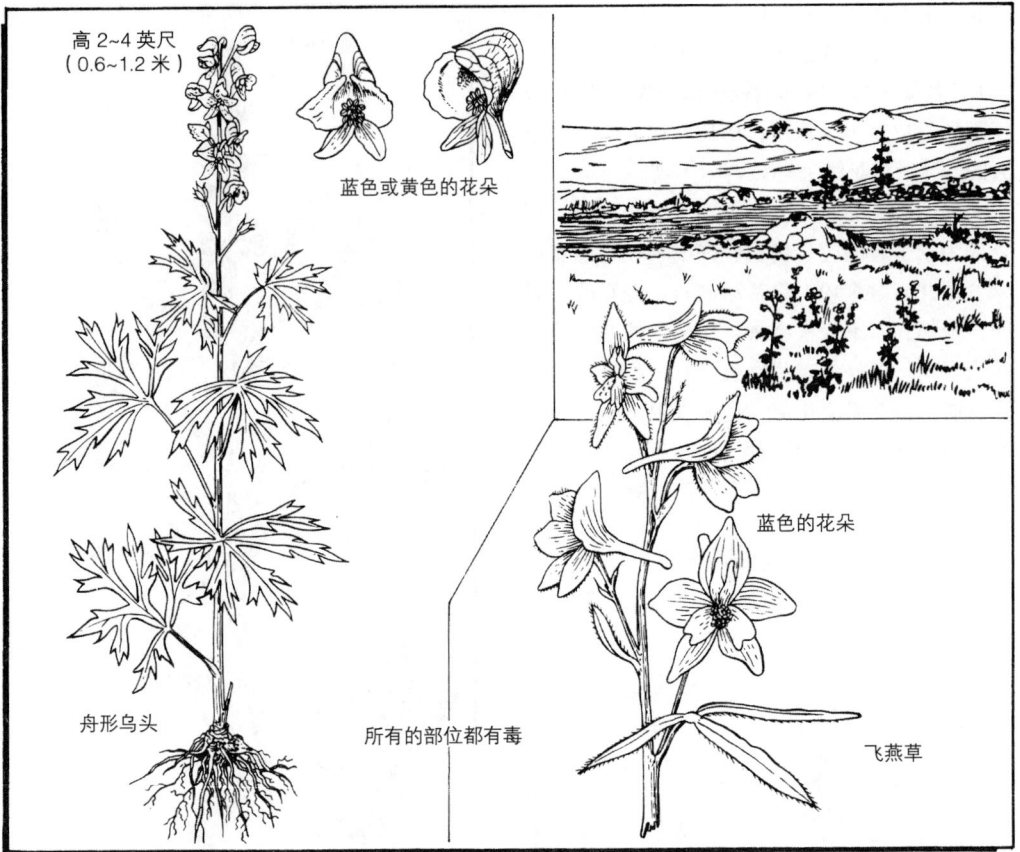

高 2~4 英尺
（0.6~1.2 米）

蓝色或黄色的花朵

舟形乌头

所有的部位都有毒

蓝色的花朵

飞燕草

图 18-47　舟形乌头和飞燕草

史。由于海藻中纤维素的含量很高，非常有助于通便，所以如果要将海藻作为饮食的主要内容，求生者可能需要一段时间才能适应。就像蔬菜一样，有些种类的海藻比其他海藻更加可口。一般来说，叶片呈绿色、棕色或红色的海藻洗净后可以生吃或煮熟了吃。下面列出了一些可以食用的海藻种类，同时还介绍了它们的特点、生长地点以及加工方法。

1）可以食用的绿色海藻（图 18-51）中特别常见的一种就是石莼，它通常被称为海莴苣，在太平洋两岸和北冰洋数量繁多。石莼用清水洗净后，可以像莴苣一样食用。

2）可食用的棕色海藻中，最常见的是糖海藻、巨藻和角叉菜（图 18-52）。

（1）糖海藻新长出的嫩茎吃起来是甜的。这种海藻生长在大西洋两岸的海中以及中国和日本的海岸附近。

（2）可以食用的巨藻的茎是圆柱形的，其叶片薄，呈波浪状，颜色为橄榄绿或棕色，长度从 1 英尺到几英尺不等。巨藻分布在大西洋和太平洋中，通常在暗礁的海水高潮线以下及多岩的海底生长。巨藻煮熟后才能吃，可以和蔬菜一起食用或做汤喝。

（3）角叉菜也是一种棕色的海草，食用价值很高，在市场上经常有售。角叉菜生长在大西洋两岸的海中，其质地像皮革，粗糙而有弹性，但是干燥后会变得皱缩、松脆。角叉菜煮熟后才能食用。求生者在海水的高潮线或者稍稍低于高潮线处可以找到角叉菜。角叉菜有时还会被海水冲到岸上。

3）红色海藻拥有独特的浅红色外表，可以食用的品种尤其明显。最常见的可食用的红色海藻包括掌状红皮藻、紫菜及其他一些暖水海洋的品种（图 18-53）。

（1）掌状红皮藻的茎较短，叶片可以迅速展平变成薄而宽的扇形，其颜色深红，被几个裂缝分成了圆头的短裂片。整个掌状红皮藻的长度从几英寸（1 英寸约为 2.5 厘米）到 1 英尺（0.3 米）不等。掌状红皮藻通常附着在岩石或质地粗糙的海藻上生长，一般长在海水低潮线的高度，在大西洋两岸及地中海的海水中都有分布。掌状红皮藻整体的质地类似皮革，吃起来有甜味。如果将掌状红皮藻晾干后卷起来，可以作为烟草的替代品。

（2）紫菜通常是红色、深紫色或者紫褐色

的，其表面光滑发亮或是带有淡淡的光泽。紫菜在大西洋和太平洋中都很常见，几百年来一直被人类当作食物。紫菜可以作为调味品，也可以在洗净后用水稍煮，待其变软之后食用，还可以将紫菜晾干磨成粉后加入压碎的谷物做成煎饼。在"二战"期间，新西兰士兵曾通过咀嚼紫菜来解渴。紫菜通常生长在低潮线以下的沙地上。

（3）南太平洋地区有很多种类的红色暖水海洋海藻，这些海藻是当地人的饮食的重要组成部分。在开阔水域里，漂浮着的红色暖水海洋海藻不仅可以食用，其中还经常生活着许多小动物。求生者把这些海藻放在容器边缘摇一

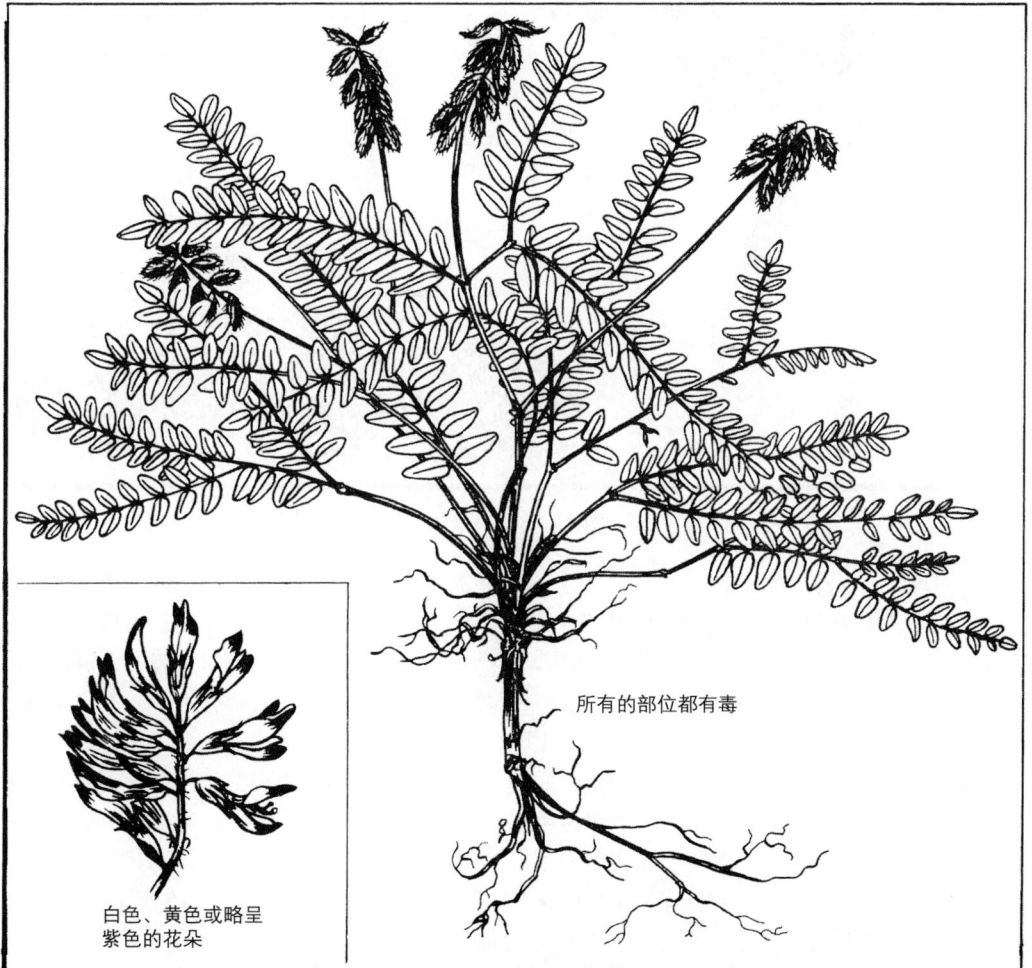

所有的部位都有毒

白色、黄色或略呈
紫色的花朵

图 18-48　大巢菜

高 3~7 英尺
（0.9~2.1 米）

白色的花朵

所有的部位都有毒，
特别是根状茎

根状茎中有气室

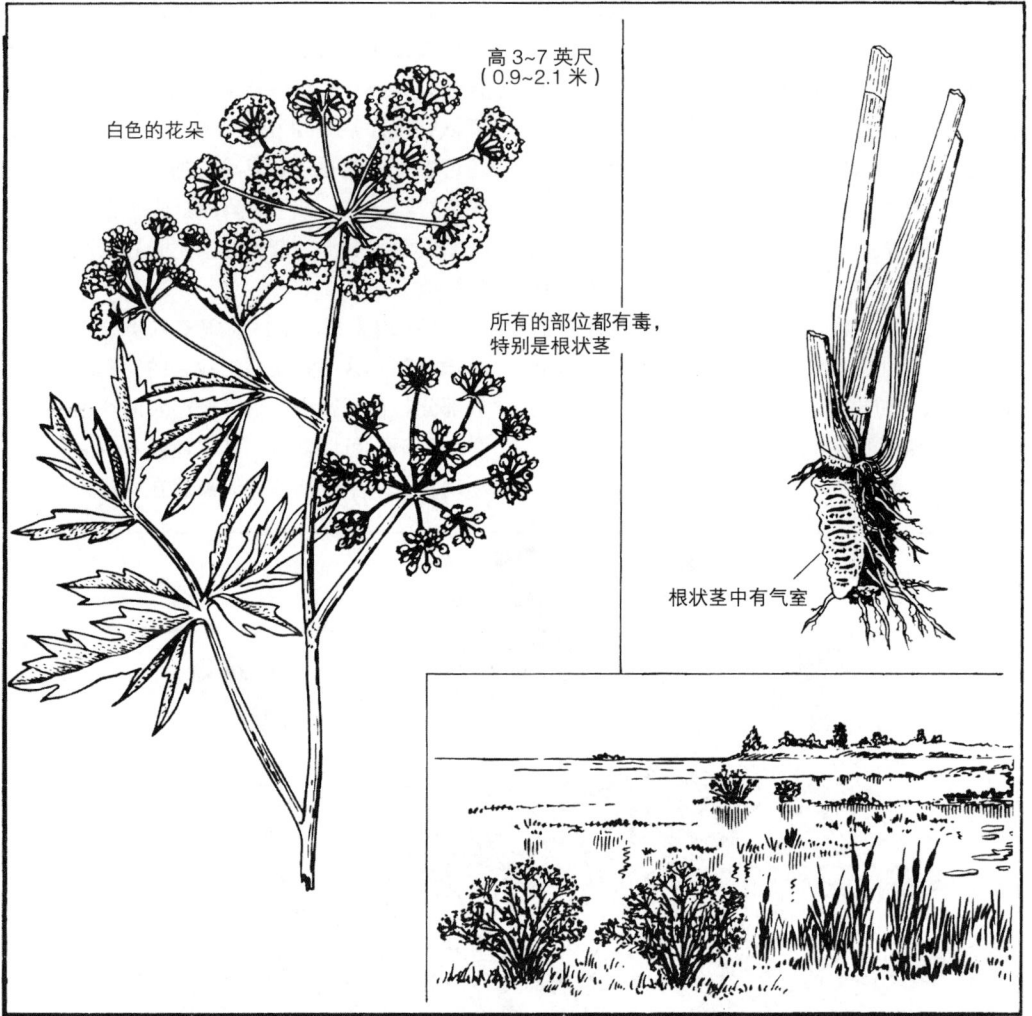

图 18-49　水毒芹

摇，就可以让其中的小鱼、小蟹掉出来。

2. 浮游生物指的是在海洋等水域中随水流移动、浮在水面生活的微小植物和微小动物，是海洋食物链中最基础的一环。求生者把渔网放在水中拖拽就可以捕捞到浮游生物。浮游生物的味道取决于当地海水中主要的生物体。如果水中主要的生物体是鱼的幼体，那么浮游生物的味道吃起来就会像鱼。如果水中主要的生物体是螃蟹或贝类的幼体，那么浮游生物的味道吃起来就会像螃蟹或贝类。浮游生物含有丰富的蛋白质、碳水化合物及脂肪。但是，由于

浮游生物体内纤维素的含量很高，所以求生者不能立刻食用大量的浮游生物。也就是说，主要靠浮游生物维持生命的求生者必须慢慢增加浮游生物的食用量。大部分浮游藻类比浮游动物的体积要小，虽然也可以食用，但是不如浮游动物可口。有些浮游藻类还会让人中毒，例如那些造成"赤潮"或使贝类带有麻痹性毒素的浮游藻类。

1）如果求生者要把浮游生物作为食物来源，那么他们必须有足够的可饮用淡水。求生者对捕到的每一种浮游生物都必须进行检验，

高1~2英尺（0.3~0.6米）

柔荑花序

可以食用的嫩芽和嫩枝
（剥去外皮）

可以食用的嫩叶

地面

可以食用的地下茎
（剥皮后生吃）

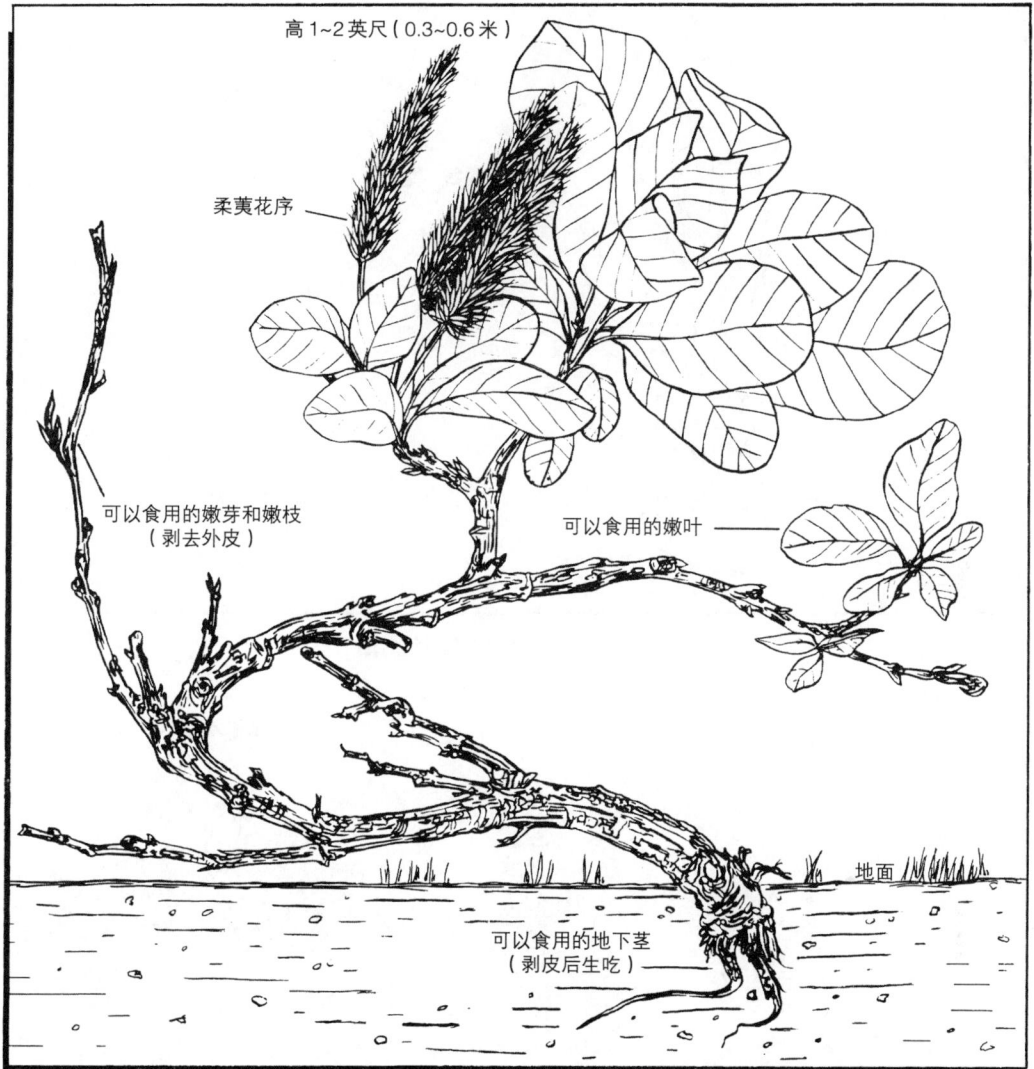

图 18-50　北极柳

去掉所有水母或僧帽水母身上掉下来的带有刺丝囊的触手。身体呈凝胶状的浮游生物也要有选择性地食用，因为它们的身体组织主要是由含有盐分的海水构成的。夏季在亚热带地区的海水中发现浮游生物时，求生者如果怀疑其中掺有有毒的腰鞭毛虫（通过海水变色和水中发出的冷光来判断），那么应该在食用这些浮游生物之前先对其进行可食用性测试。

2）求生者在食用浮游生物之前需要采取的最后一个措施是触摸浮游生物，以检验其是否属于有刺的种类。如果捕捞到的浮游生物中包括大量的有刺生物，求生者应该将它们挑出来（用眼睛分辨），或者脱水后压碎食用。

3. 如果求生者有捕鱼工具，那么捕鱼的任务就容易多了。小鱼通常集中在救生筏下的阴影处或漂浮的丛生海藻下面。这些小鱼既可以食用，也可以做成鱼饵后钓更大的鱼。大多数海洋生物都可以用渔网捕捞。有些鱼类会被光吸引，求生者可以用手电筒或反射月光来吸引这些鱼类。建议求生者在钓鱼时把鱼线系在身

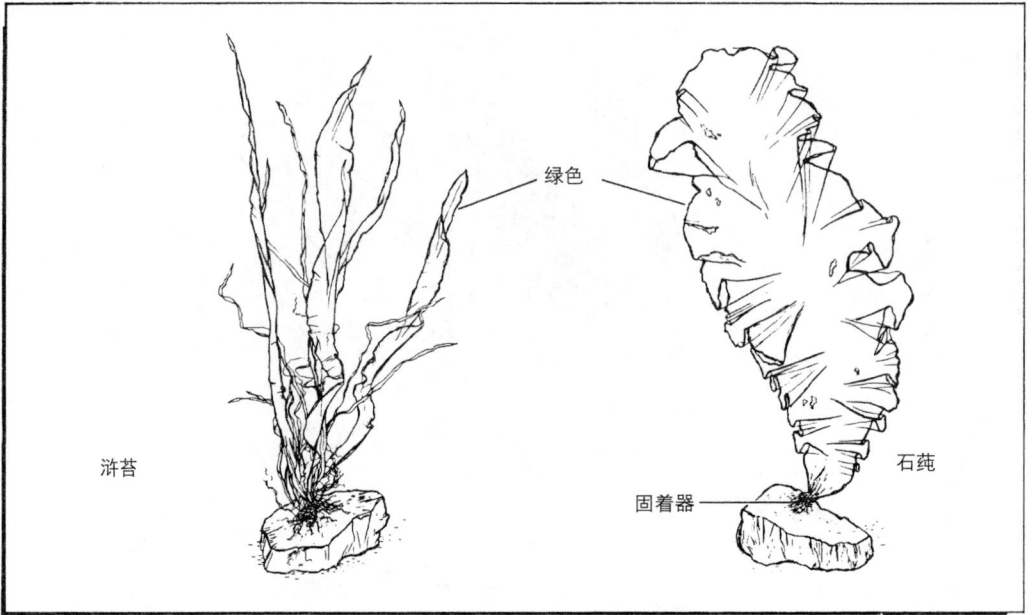

图 18-51　可以食用的绿色海藻

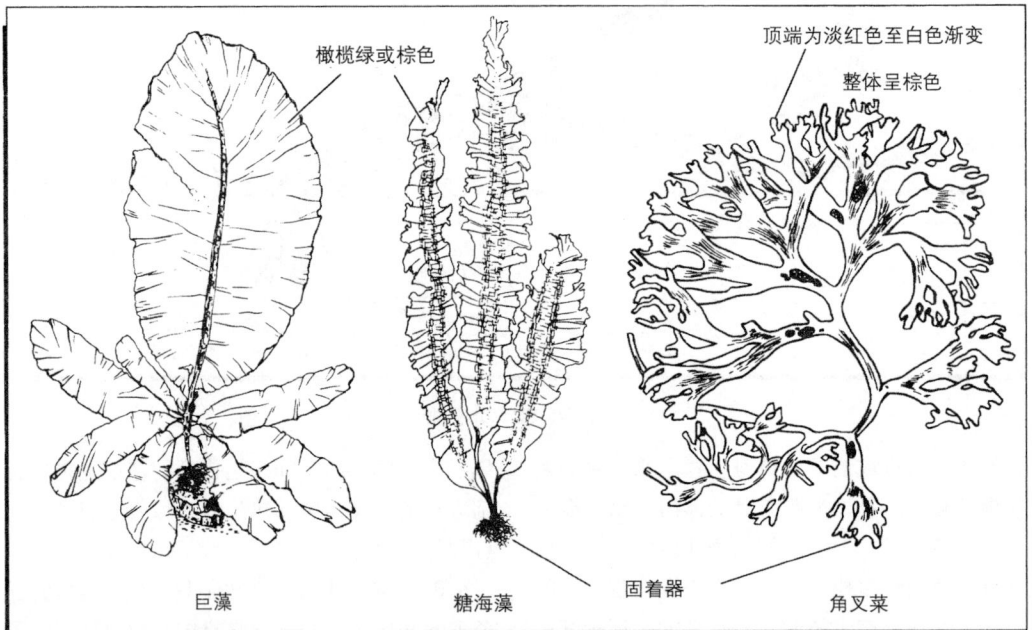

图 18-52　可以食用的棕色海藻

上或救生筏上，否则大鱼有可能把人拉出救生筏或使救生筏受损。注意，鱼、鱼饵或发光的物体如果悬在水中，有可能引来大型的危险鱼类。所有的大型鱼类都应该在救生筏外面杀死，

方法是猛击其头部或切下头部。

4. 以往的经验证明，海鸟是很好的食物源，并且捕鸟比捕鱼要容易，求生者用带饵的钩子、徒手抓或用枪射击都可成功捕到海鸟。

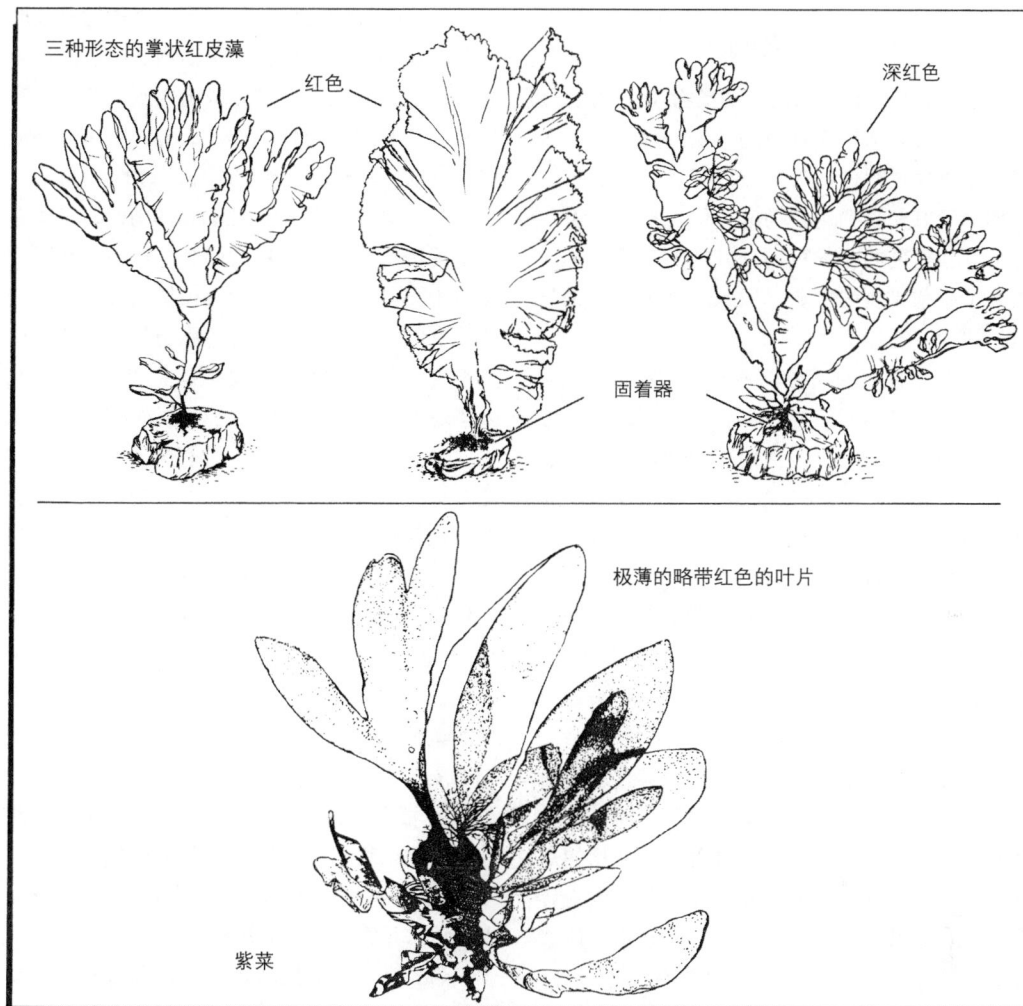

三种形态的掌状红皮藻

红色

深红色

固着器

极薄的略带红色的叶片

紫菜

图 18-53　可以食用的红色海藻

对于刚杀死的海鸟，应该剥皮，而不是拔掉羽毛，这样才能去除尾脂腺。海鸟生吃或熟吃都可以。海鸟肉在洗净之后应该立刻食用或者妥善储存起来。海鸟的内脏及其他不能食用的部分都可以作为很好的鱼饵使用。

5. 求生者在水中很少会遇到海洋哺乳动物，虽然可以从远处看到它们。任何大型的海洋哺乳动物都有可能伤人，但是这些动物除非是被追捕，否则一般会避开人类。求生者遇到虎鲸的可能性很小，虽然虎鲸体型大、性情凶猛，但是还没有虎鲸主动出击吃人的先例。几乎所有的海洋哺乳动物都是很好的食物源，但要捕获它们很难。海洋哺乳动物的肝脏，特别是生活在极地海域或冷水海域的海洋哺乳动物的肝脏都不应该食用，因为其中的维生素 A 含量过高，过量摄入会致人中毒。

6. 所有的海洋动物捕获后都要立刻洗净、切割、食用，以免腐坏。吃剩的肉可以在阳光下晒干或烟熏后保存起来。海洋动物的内脏可以作为鱼饵使用。求生者如果对某种海洋生物是否可食心存疑虑，就应该进行第 11 章中介绍的"海洋生物可食用性测试"。

18.10 处理动物类食物

求生者必须知道如何烹制猎物（包括鱼类）的肉，以及如何用最省力的方法处理它们。许多人在求生过程中因为饥饿而死亡，这要归咎于他们没有充分利用猎物的尸体。他们认为自己可以在需要的时候再捕到其他的动物，所以丢弃了眼前猎物的残骸，但是这种想法是完全错误的。

1. 如果捕获的动物较大，求生者的第一反应通常是把肉运回营地。但在一些情况下，相比于把肉带回营地，把营地移到动物尸体边上反而更加容易。一般来说，对移动动物尸体的建议是——把动物的皮当作"雪橇"来帮助移动。如果求生者要拖动整个动物，那么这个方法只在结冰的湖面、河面或积雪平滑的地区才有效。在地势起伏较大或被灌木覆盖的地区，虽然也可以使用这种方法，但是拖动起来要困难得多。对于大型的山地动物，如果条件允许，求生者可以顺着填满积雪的山沟将其移动到山脚下。如果求生者只需要动物的肉，而不打算保持其皮毛完好，那么可以试着推动动物的尸体滚下山。在移动整个动物尸体之前，求生者应该先去除其内脏并缝上切口。把动物尸体移动到山下之后，求生者基本上只有两个选择：一是把肉背回营地，在没有同伴帮助的情况下可能要来回好几趟；二是把营地移到动物尸体附近。在求生环境中，求生者在哪儿，"家"就在哪儿。如果动物尸体过大过重，无法将其移动到营地，而移动营地又不可行，那么求生者可以当时就吃掉一些肉。动物的心脏、肝脏和肾脏应该尽快吃完，以免其腐坏。

1) 在求生环境中，求生者在宰杀动物和剥皮时一定要细心，要保留所有可以食用的部位。如果求生者决定要剥除动物的皮毛，那么他将面临一项严峻的挑战。在做决定之前，求生者必须想好皮毛能派什么用场。一块长度能将求生者从头盖到脚的矩形皮毛，其干燥后并不太重，可以放在睡袋下结冰或积雪覆盖的地

上，成为很好的防潮垫。宰杀或剥皮的最佳时机是动物刚死的时候，如果动物是在夜间被杀死的，那么求生者应该先取出内脏，等到天亮后再继续其他的处理工作。此外，求生者还应该留意别让其他肉食动物吃掉动物的尸体。

2) 在求生环境中处理动物的肉时，求生者应该保留所有可以食用的脂肪，这一点在寒冷环境中尤其重要。求生者必须摄入脂肪，以维持饮食的均衡。兔肉所含的脂肪很少，长期单一地食用兔肉有可能导致人死亡，这个例子充分体现了脂肪在基础膳食中的重要地位。

3) 处理鸟类的方法与处理哺乳类动物的方法一样。求生者应该在杀死鸟类后立刻将其洗净，以免招来苍蝇。除了海鸟之外，所有鸟类的尸体都应该去掉羽毛后带皮一起烹饪。对于秃鹫这样的食腐鸟类，必须将其在水中煮至少20分钟，以杀死寄生虫，然后才能进行下一步的烹饪（或食用）。以鱼类为食的鸟类带有强烈的鱼油味，求生者可以通过在泥巴中烘烤或先去皮再烹饪的方法来减轻这种味道。

2. 根据猎物的大小，剥皮的方法可分为两种：大型动物剥皮法和手套式剥皮法。

1) 在对大型动物进行切割或剥皮时，求生者应该采用大型动物剥皮法。

(1) 第一步，把动物的尸体翻过来，使其腹部朝上。用一把锋利的小刀在皮上从尾骨到颈部下方切一条直线，如图18-54所示，切割时要绕过动物的肛门。然后，小心地把动物的皮剥开，直到在皮和皮下薄膜之间可以伸入两根手指。把手指伸入皮下时，求生者要将刀刃夹在两指之间，牢牢固定住小刀。手指向前移动时，手掌向上，随着刀刃的移动就能把皮割下来，但是注意不要切开薄膜。

(2) 如果动物是雄性的，切割动物皮时注意不要碰到生殖器，应该让切口与之平行。如果不小心切断了连接膀胱的输尿管，可能会把肉弄脏，从而给求生者带来更多的清理工作。此外，最好不要清洗肉，而是让肉的表面自然形成一个光滑的保护层。

（3）碰到动物的肋骨时，夹着刀的手指就很难再向前移动了，因为这一部位的皮与骨肉连接得更为紧密。这时就不再需要那么小心翼翼地切割了。如图 18-54，向 C 点切割时，求生者可以迅速地将小刀在皮下向前移动，同时拉起动物皮。沿着动物尸体的中间切开后，应该再向两侧切割，从切口处（A 到 C）切向每条腿的膝盖、跗关节。接着，在前腿上刚刚高过膝盖的位置、后腿上肘关节上方的位置做环状切割。最后，在 C 点做十字切割，绕着颈部一直切到耳朵后部。完成以上步骤后，就可以开始剥皮了。

去除内脏时，将动物的头朝向上坡方向有助于让其体内的液体流出来

（4）对于小型或中型的动物，一个人站在动物尸体的一侧就可以把整张皮剥下来。最简单的方法是从几个切口交汇处开始剥皮。如果动物的体型较大，可以由三个人同时剥皮。但是，求生者需要记住，天黑后或者双手因低温而变得笨拙时，用锋利的刀剥皮可能会切得过深。求生者应该在动物尸体的一侧尽可能地剥下更多的皮，然后滚动尸体，剥下同一侧背部的皮。剥下的皮要在地上摊开，以免让肉沾到泥土。之后，按照同样的程序剥掉动物尸体另一侧的皮。

（5）切开包裹着消化器官的薄膜时，操作步骤与切开皮的步骤相同——用一只手的手指夹住刀，把消化器官和薄膜分开。这里所说的薄膜分布在动物的肋骨上及身体两侧，将其切开后可以更清楚地看到内脏。大肠从骨盆上的一个孔中穿过，一定要用刀子绕着它将其与骨头分开。连接膀胱的输尿管要打结，以防止尿液流出。完成这些步骤之后，求生者就可以轻松地将消化器官从动物的尸体中分解取出了。另一种取出动物内脏的方法如图 18-55 中的 E 所示。取出内脏后，建议求生者把动物的尸体悬挂起来，这时可以采用两种方法，如图 18-56 所示。（注意：如果天气炎热，求生者应该在剥皮之前先取出内脏。）

（6）健康动物的肠子上覆盖着一层网状的脂肪，求生者可以将这层脂肪摘下来，搭在附近的灌木丛中晾干，以供日后所需。求生者应该小心去除连接着动物肝脏的胆囊，因为胆囊一旦破裂，胆汁碰到的任何部位都有可能被污染。如果求生者需要用刀切割，一定要确保刀具是干净的。肾脏"嵌"在后背上，位于骨盆前面，

图 18-54　给大型动物剥皮

上面覆盖着脂肪。从肾脏向上，在脊柱两侧有2条很长的肌肉，称为嫩腰肉。求生者吃完肝脏、心脏和肾脏之后，可以先食用这一部位，因为这里的肉通常很嫩。动物的头部、胸部、肋骨、脊椎和骨盆周围也有可以食用的肉。

（7）分割大型动物的尸体时，应该将其分成4份。在动物的第一根肋骨和第二根肋骨之间切开，然后用斧头或大砍刀砍断脊椎。再将胸的上半部切开，然后沿着脊椎纵向劈开，这样就完成了上半部分的切割。切割下半部分时，先切开骨盆，然后同样沿着脊椎纵向劈开。为了减轻重量，方便搬运，求生者可以用小刀剔

除动物尸体上的骨头。分割是处理动物尸体的最后一个步骤，为了求生一定要将其简化，主要目的就是把肉切割成求生者能够搬运的大小（图18-57）。

2）手套式剥皮法（图18-58）通常用来处理小型的动物。

（1）首先，在动物后腿的内侧用刀切开，这样就能把动物后腿及臀部的皮剥下来，将尾巴切掉。接着，可以像脱掉套头衫那样剥去剩下的皮。最后，将头部和前腿切掉就能将整块皮剥下来。想要只切一刀就剥去小型动物的皮，求生者可以切开其后背靠下位置的皮，在切口

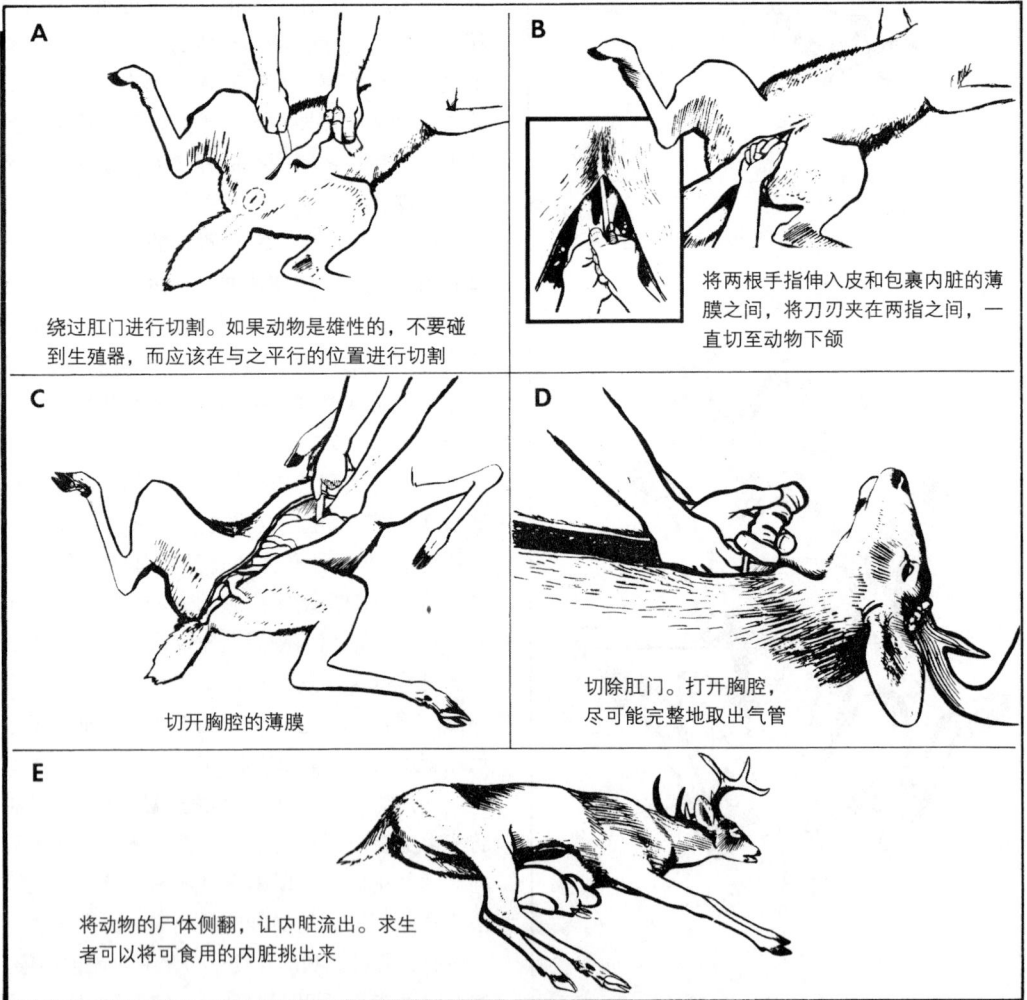

A 绕过肛门进行切割。如果动物是雄性的，不要碰到生殖器，而应该在与之平行的位置进行切割

B 将两根手指伸入皮和包裹内脏的薄膜之间，将刀刃夹在两指之间，一直切至动物下颌

C 切开胸腔的薄膜

D 切除肛门。打开胸腔，尽可能完整地取出气管

E 将动物的尸体侧翻，让内脏流出。求生者可以将可食用的内脏挑出来

图18-55　在野外给动物剥皮

图 18-56 把动物尸体悬挂起来

两侧的皮下分别插入两根手指，然后迅速向两个相反的方向拉，这样就能轻松地把皮剥下来（图 18-59）。

（2）取出内脏时，求生者应该用刀切开腹腔，但不要刺穿内脏。这一刀必须得从肛门一直切到脖颈处。动物体内有一些将内脏与躯干连接起来的肌肉，要将这些肌肉切断才能取出

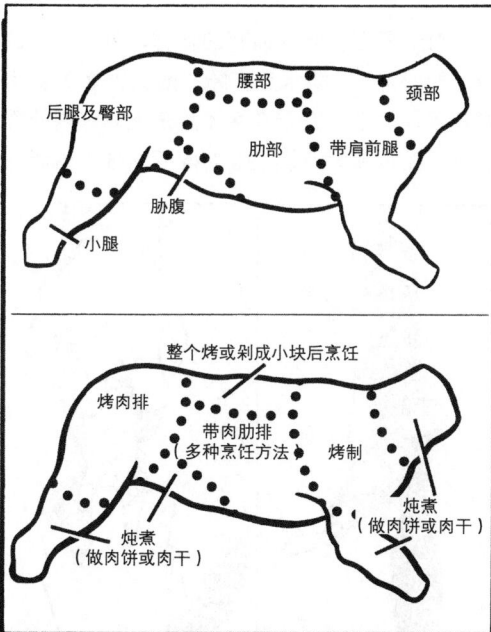

图 18-57 分割动物尸体

内脏。取出兔子的内脏时，有一种不需要用刀、既干净又不会花费很多时间的方法：把兔子的消化系统向后挤，在腹部形成紧绷的球状，这时求生者要把兔子举到高于自己头部的位置，然后将兔子使劲向下甩，甩动的力量会让兔子的消化系统从撕裂的肛门中排出来（图 18-60）。求生者应该保留小型动物的心脏、肝脏、肾脏等器官，因为这些部位很有营养。求生者要注意检查兔子的肝脏上是否有白色的斑点，有的话则要将其丢弃，因为这意味着兔子染上了兔热病。兔热病会在啮齿类动物之间传染，有时也会传染给人类。

3. 冷血动物一般比较容易清洗和处理。

1）蛇和蜥蜴的味道相似，皮肤的形态也相像。像处理哺乳动物一样，蛇和蜥蜴的皮与内脏也要去除。最简单的方法是，先切除猎物的头部和腿，再进行下一步。给蜥蜴剥皮的时候，求生者应该先剥下一部分皮，长度足够让求生者将其抓牢，然后只需将皮从蜥蜴的身体上拉下来就可以了。如果有些蜥蜴的皮比较难剥，求生者可以将皮纵向切开，这样更容易剥下来。剥好皮并且去掉内脏以后，就可以着手烹饪了。

2）除了牛蛙等较大的两栖动物，一般来说两栖动物的后腿是其身上最大的值得保留的部

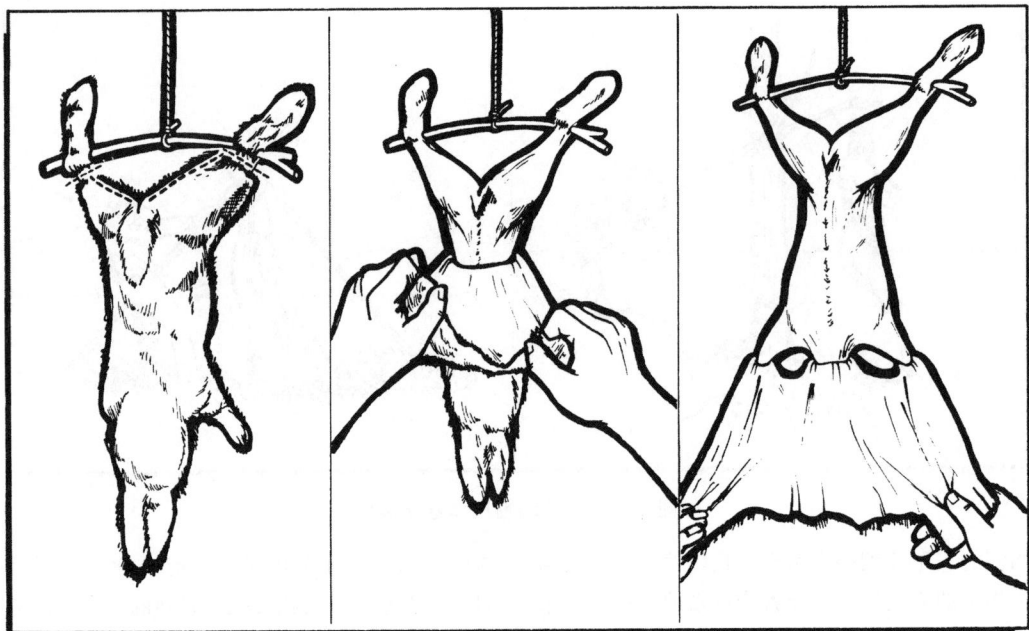

图 18-58　手套式剥皮法

分。切下两栖动物后腿及臀部的方法很简单，用刀切断动物的脊椎，舍弃腹部和上半个身体即可。把动物腿上的皮剥下后，就可以进行烹饪了。至于牛蛙等大型两栖动物，其整个身体几乎都可以食用，但要将头部、皮肤和内脏丢掉（或者做成饵来捕捉其他动物）。

4. 大部分鱼类在食用前都不用进行太多的处理。在烹饪鱼之前，不需要去掉鱼鳞，只需把鱼从肛门到鳃切开，把内脏取出，再去掉鱼鳃即可。沿着鱼的脊椎有一条黑线，应该用指甲从鱼尾一直刮到鱼头，去掉这条黑线。鱼的头部也有一些肉，所以不应该把头丢掉。图18-61展示了一种切割鱼肉的方法。

5. 所有的鸟类身上都长有羽毛，可以用两种方法去除：拔掉羽毛或直接剥掉皮。鸟的砂囊、心脏和肝脏应该保留下来，但是砂囊中有一些鸟类消化了一半的食物和小石头，在食用前必须把这些东西清理干净。

6. 昆虫是极佳的食物源，而且食用昆虫时不需要对其进行太多的处理。求生者要记住的主要一点是——去掉所有坚硬的部分，比如蚂

蚱结实的后腿、甲虫硬硬的鞘翅等，剩下的部分都是可以食用的。

18.11　烹饪

对于所有在野外捕获的动物，包括大的昆虫（如蚂蚱）、淡水鱼、蛤、贻贝、螺类及小龙虾等，都必须完全煮熟才能杀死其体内的寄生虫。贻贝和大海螺最好切碎后烹饪，这能使

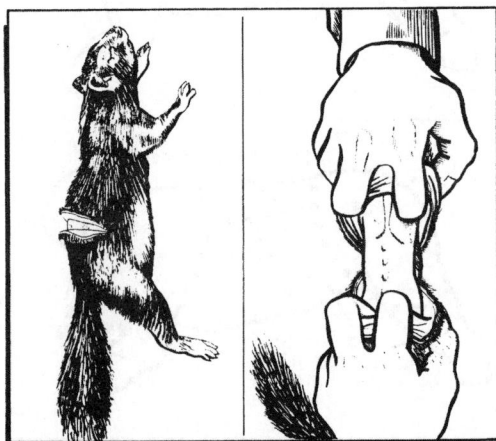

图 18-59　给小型动物剥皮

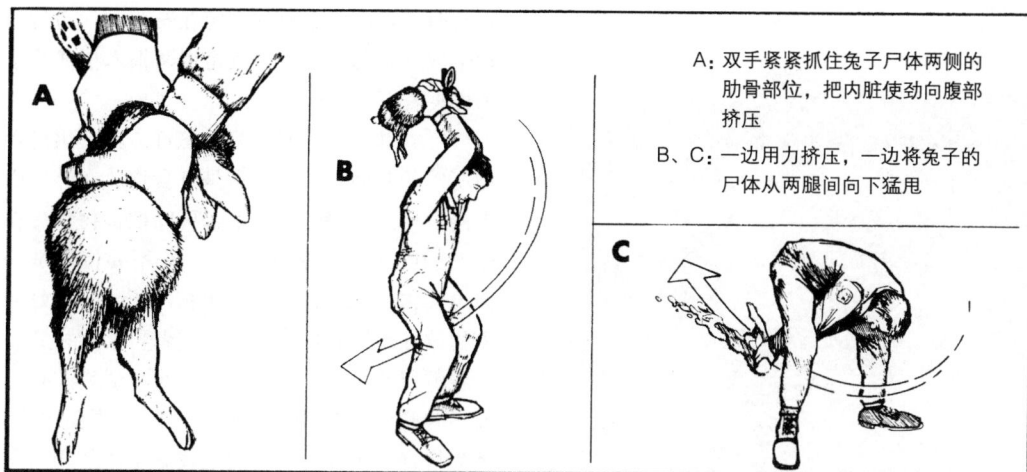

A：双手紧紧抓住兔子尸体两侧的肋骨部位，把内脏使劲向腹部挤压

B、C：一边用力挤压，一边将兔子的尸体从两腿间向下猛甩

图 18-60　不用刀取出兔子内脏的方法

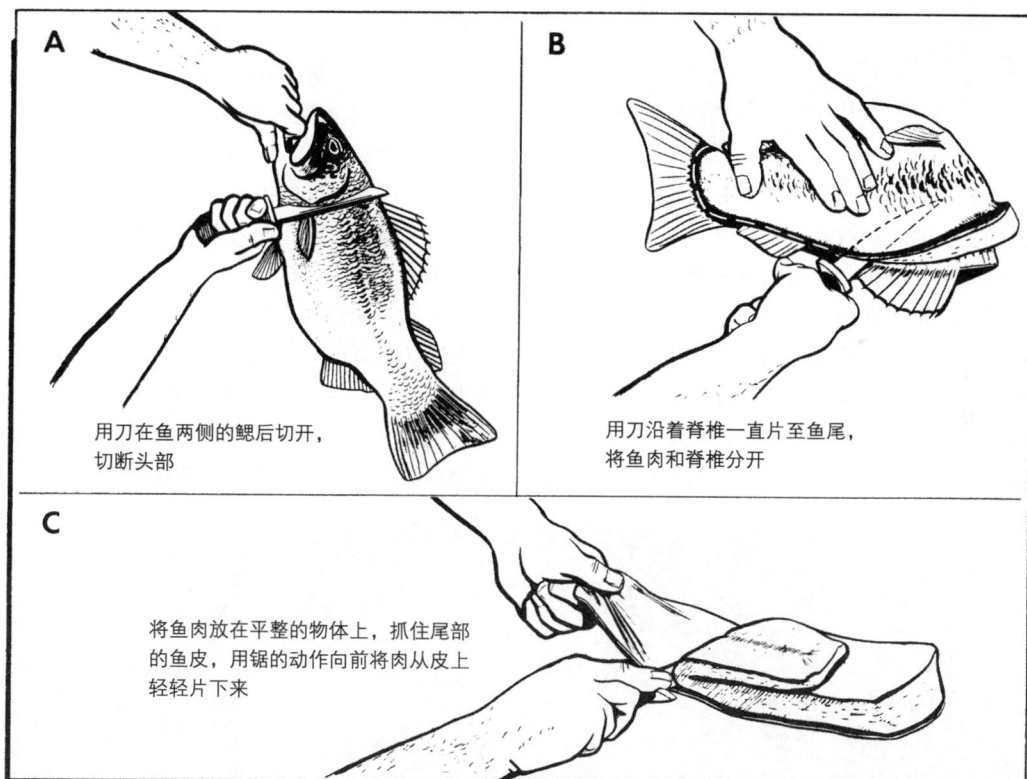

用刀在鱼两侧的鳃后切开，切断头部

用刀沿着脊椎一直片至鱼尾，将鱼肉和脊椎分开

将鱼肉放在平整的物体上，抓住尾部的鱼皮，用锯的动作向前将肉从皮上轻轻片下来

图 18-61　切割鱼肉的方法

其吃起来口感更软嫩。

1. 煮是最能保留食物营养且最容易、最安全的烹饪方法（图 18-62）。很多容器都可以用来煮食物，例如金属容器（悬在火堆上或放在火堆边），绿色的竹子也是制作容器的极佳材料。可以煮食物的容器包括求生装备中的容器、飞行头盔等，铺有防水材料的地上的坑和空心的木头也能用来煮食物。热石煮沸法是将特别

图 18-62　煮

烫的石头放在那些可以装水但是不能放在火上的容器中，将里面的水加热至沸腾，从而将食物煮熟。采用这种方式时，不能使用溪流中的石头或从潮湿处捡来的石头，因为加热时，石头中的水分会变成水蒸气，导致石头在火堆中炸开。盛石头和水的容器上需要加盖，如果里面的水停止沸腾后应该再加入新的石头。移动

石头时，可以将金属丝固定在石头上，通过移动金属丝来移动石头，或是用两根木棍像筷子那样夹着石头移动。

2. 烘烤也是一种很好的烹饪方法。烘烤食物所需的时间较长，通常是将食物放在容器中慢慢烘烤。烘烤时，求生者可以把食物包裹在潮湿的叶子里（图 18-63）——不要使用那些会给食物带来不佳气味的植物叶子。把包好的食物放在金属容器中烘烤，或者再给食物裹上一层泥巴或黏土，直接放在热炭里烘烤。将鱼或鸟包裹在泥巴中烘烤时，一定不要剥掉皮，因为烤好后剥掉外层的泥巴或黏土时能同时剥去动物身上的鱼鳞、羽毛或皮。烘烤贝类的一般方法是，把一些石头放在火堆中，让火一直烧至熄灭（变成炭灰），然后在滚烫的石头上铺一层潮湿的海藻或树叶，接下来把带壳的蛤、贻贝等放在潮湿的海藻或树叶上（图 18-64），再在其上覆盖更多潮湿的海藻或树叶。等到蛤、贻贝、牡蛎等被其壳中的汁液彻底蒸熟后，它们的壳会自行打开，此时求生者不需要再做什么处理就可以食用了。

3. 所有类型的食物都可以在地上的石头炉中烹饪（图 18-65）。石头炉的做法是：首先在地上挖一个 2 英尺（0.6 米）深、表面积为 2~3 平方英尺（0.2~0.3 平方米）的坑——坑的大小要依据需要在其中烹饪的食物量而做调整，在

图 18-63　烘烤

图 18-64 烤蛤

图 18-65 石头炉

坑的内侧和底部铺上石头；然后，取一些直径6英寸（15.2厘米）左右、长度足够横跨坑口的新鲜植物枝条，并且搜集一些生火的木头和可以隔热的草或树叶；接着，在坑中生火，把2~3根刚才搜集的植物枝条架在坑上，在上面再压上一些石块。在坑里生火，要让火持续燃烧，直到把植物枝条烧透——这表示火燃烧的时间足够长，能将石块完全烧得滚烫，这样炉子就准备好了。现在，求生者要去掉坑内的石头、余火和灰烬，在坑底铺撒上一层薄薄的土，在土上面放置隔热材料（草、树叶、苔藓等），然后放上要烤制的食物，在食物上面和周围再覆盖一层隔热材料和一层土，最后在顶部放上滚烫的石块，用土把坑填满，与地面平齐。用这样的石头炉烹饪小块的肉需要 1.5~2 小时，烹饪大块的肉需要 5~6 小时。

4. 烧烤（图 18-66）不是一种很理想的烹饪方法，因为在加工过程中，食物会与火直接接触，从而迅速破坏食物中的营养物质。把一块肉固定在棍子上，拿着棍子在火上烤，烧烤就是这么简单。

5. 烹饪鱼类最快的方法就是烤鱼。求生者在热炭上铺一层小石头，再把鱼放在石头上面烤制就可以了。烤鱼之前没必要去掉鱼鳞，对于小鱼也不需要洗净。用这种方法烤出来的鱼肉比较多汁和美味。蟹类和龙虾也可以用这种方法烹饪。

6. 烹饪肉的时候，可以把肉放在平坦的石板或厚木板上，然后把板子支在靠近火堆的地方（图 18-67），期间至少要给肉翻一次面才能将其完全做熟。烹饪的时间视肉靠近火堆的远近而定。

7. 煎是到目前为止我们最不推荐使用的一种烹饪方法。煎会让肉质变硬，因为肉中所含的几乎所有水分都会在煎的过程中流失，肉里的一些营养物质也会遭到破坏。如果求生者选择这种烹饪方法，可以使用没有孔隙、可加热的物体表面来煎食物，例如没有上漆的飞机部件、龟壳、大贝壳、平坦的岩石以及某些求生装备等。

18.12 在敌方控制区准备食物

在敌方控制区准备食物要注意的一点是，求生者在生火时必须保持警觉，就算只生很小的火也是如此，因为火光可能会引来敌人。在敌方控制区找到食材后，求生者必须在不暴露自己行踪的前提下准备食物。当然，解决这一问题最简单的办法就是不进行烹饪，生吃食物。

图 18-66 烧烤

图 18-67 把肉放在厚木板上烹饪

1. 在某些方面，生吃食物的做法比看上去更合理。从可口的角度来说，求生者要解决的不过是调整心态的问题。众所周知，动物类食物只要稍加烹饪就会变得比较可口。求生者绝对不能忽视自己对食物的需求，但由于条件所迫，有时必须食用半熟的甚至是生的食物。

2. 出于健康方面的考虑，对食物进行烹饪是有必要的，这样可以杀灭食物中可能引发人体疾病的物质。但是在敌方控制区中求生时，求生者可能不得不冒着患病的风险吃下没熟透的食物，直到他们回到友方控制区后再接受专业的治疗。

3. 假设求生者有办法在敌方控制区烹饪食物，那么求生者应该了解其中的一些方法，从而在保证一定程度的安全的同时还能使食物更可口。动物体内的寄生虫和细菌的生存要依靠动物的体温、动物体内的水分以及其他可以支持其生存的条件，任何改变这些条件的做法（如冰冻、干燥等）都可以杀死肉中的一些寄生虫和细菌，提高食物的适口性。

4. 如果求生者认为必须把食物煮熟才能食用，那么他们一定要非常小心地选择生火的场所，确保在安全方面万无一失。求生者每次应该只加工少量的食物，这样烹饪时只需要生起小火即可。达科他火坑比较适合用来在战斗环境中烹饪食物。

18.13 食物的保存

求生者没法确保自己总能在自然环境中找到食物，所以必须充分利用已经获取的食物。食物，特别是肉类，如果没有保存好，就会在短时间之内腐坏。保存食物的方法有很多种，其中最常见的是烹饪、冷藏、冷冻和脱水干燥。

1. 烹饪可以减缓食物腐烂的过程，但是不能避免变质的发生，这是因为自然环境中有很多细菌，它们会分解食物。煮等烹饪方式最适合处理需要立刻消耗的食物，但它们保存食物的效果却是最差的。食物在全部吃光之前，应该每天都重复加热一次。

2. 冷藏是短期保存食物的最有效的方法。高温会加速食物的腐坏过程，而低温则会减缓这一过程。食物的温度越低，就越不容易变质，而冷冻能完全停止腐坏的过程。求生者可以使用的冷藏手段是：

1）把食物埋在雪中可以让其温度维持在32℉（0℃）左右。

2）把食物用防水材料包好后放在小溪里，这样可以让食物在夏季保持低温。注意，要确保食物被防水材料裹严实了。

3）地表以下的土壤，特别是背阴处和溪边的土壤，比地表的温度低。求生者可以在地上挖一个洞，在其中铺上草，放入食物后再把洞盖上，这样就形成了一个类似地窖的有效的冷藏室。

4）水分蒸发时，一般会令附近区域内的温度降下来。利用这一点，求生者可以把食物包裹在能吸水的材料中，例如棉布、粗麻布等，食物中的水分蒸发时会让这些材料变潮，从而降低温度。

3. 食物冷冻之后，就不会再腐坏。求生者每次冷冻的食物应该为一餐的量，以避免反复冷冻、解冻。

4. 脱水干燥法是通过去除食物中的所有水分来保存食物的。日晒、烟熏或把食物埋在热沙中都可以让食物干燥脱水。

1）在太阳下晒干食物的话，应该把食物切成薄片，放在直射的阳光下（图18-68）。切肉的时候要逆着纹理切，这能让肉质更加柔软并缩短干燥的时间。如果求生者有盐，可以抹在肉上，既能增加肉的风味，又可加快干燥的速度。

2）烟熏干燥法是指用柳木、山杨木等不含树脂的木头燃烧时产生的烟来使肉干燥脱水，并给肉增添风味。采用这种方法时，求生者必须使用烟架，把烟雾限制在烟架内。以下是烟熏干燥法的操作步骤（图18-69）：

（1）把肉逆纹切成薄片。如果肉还是温热的，不容易切薄，那么可以把肉切成1~2英寸

图 18-68 日晒干燥法

- 将肉逆纹切成薄片。
- 去除脂肪。
- 将肉片分开挂好。
- 把肉架在火炭上方不高于2英尺（0.6米）的地方。
- 调整火炭的位置，使其正好位于烟架的底部，在火炭上放上新鲜的木片（柳木、山杨木、苹果木等）来制造烟。

图 18-69 烟熏干燥法（制作烟架）

（2.5~5.1 厘米）见方的小块，用干净的木槌（临时制作）将肉块敲打成薄片。

（2）去除脂肪。

（3）把肉挂在架子上，肉和肉之间是分开的。

（4）把肉架在火炭上方不高于 2 英尺（0.6米）的地方。

（5）调整火炭的位置，使其正好位于烟架的底部，在火炭上放上新鲜的木片来制造烟。

5. 在温暖的气候环境中，保存鱼类的方法（图 18-70）与肉类相似。如果附近没有其他肉食动物会吃掉求生者捕到的鱼，那么求生者可以把鱼放在布上，让鱼在夜间冷却。第二天早上，在温度上升之前，求生者应该把鱼卷在潮湿的布（或树叶）中，然后放在背包里。求生者在休息时或者不使用背包时，应该把背包放在凉爽、背阴的地方。

1）烟熏干燥法也可以用来处理鱼类。熏鱼之前，先要去掉鱼头和脊椎，再把鱼在烤架上摊平。细柳条去掉树皮后就可作为烤肉叉使用。

2）日晒干燥法同样可以用来处理鱼类。求生者可以把鱼挂在树枝上，或是在灼热的岩石上摊平晾晒。如果有条件的话，晒鱼时求生者可以在鱼身上抹上海水或盐。

6. 在求生环境中，如果求生者找到的食物没有得到很好的保存，就可能会被各种各样的动物吃光。避免食物被昆虫和鸟类偷吃的方法是，把食物裹在降落伞布中，在外层包上一层砍下的树枝，最后再裹上一层降落伞布，这样会令昆虫和鸟类很难接近里面的食物。如果外层包裹的材料弄湿了，水分蒸发时还可以在一定程度上冷却食物。大多数情况下，如果食物被存放在离地面几英尺高的地方，大部分动物基本上就无法够到食物了。所以，求生者可以把食物悬挂起来，或是存放在"地窖"里。如果食物是干燥的，那么必须将其存放在防水容器中，以免其吸水受潮。冷冻的食物只有当室外温度维持在冰点以下时才可能一直保持冷冻的状态。把食物埋在地下是很好的保存方法，

只要确保附近没有食腐动物会将食物从地里挖出即可，同时也要注意防范周围的昆虫和其他一些小型动物。永远都不要把食物保存在庇身所中，因为食物有可能引来野生动物，给求生者带来危险。

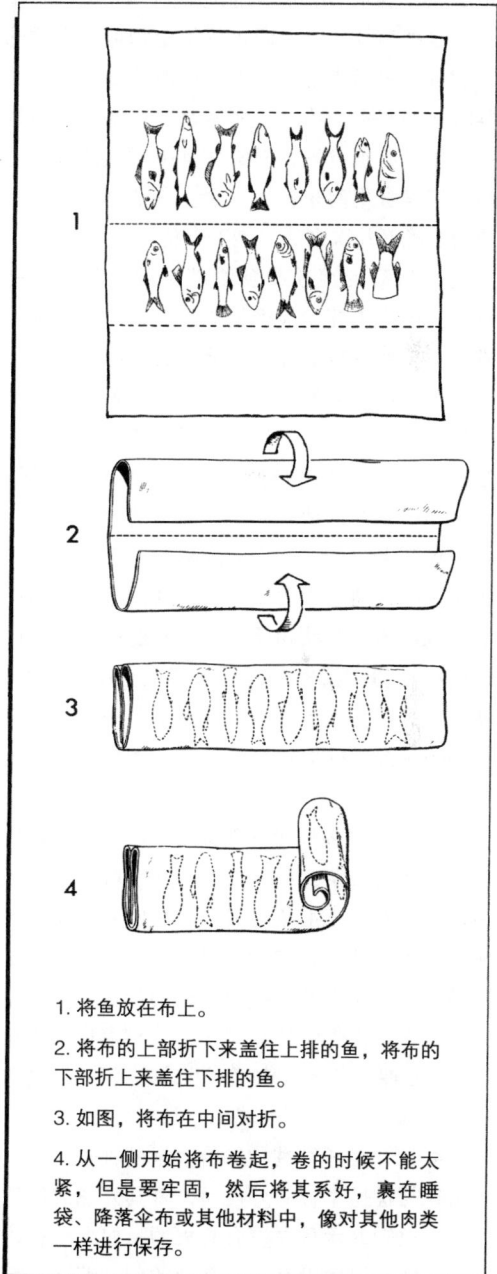

1. 将鱼放在布上。

2. 将布的上部折下来盖住上排的鱼，将布的下部折上来盖住下排的鱼。

3. 如图，将布在中间对折。

4. 从一侧开始将布卷起，卷的时候不能太紧，但是要牢固，然后将其系好，裹在睡袋、降落伞布或其他材料中，像对其他肉类一样进行保存。

图 18-70　保存鱼类的方法

18.14 处理植物类食物

处理植物类食物有时比处理动物类食物更加复杂。

1. 有些植物类食物，例如橡子、树皮等，由于其中含有鞣酸，可能吃起来味道会发苦。对于这些植物，求生者可以把植物可食用的部分切碎，用清水过滤几次，从而洗去植物中的鞣酸，使其更加可口。而木薯、青木瓜等植物在食用前必须煮熟，以破坏其中对人体有害的酶，使其食用起来更加安全。臭菘草等植物必须用水煮好几次之后才能安全食用。

2. 所有的淀粉类食物都必须做熟后才能食用，因为生淀粉很难消化，烹饪时可以采用煮、蒸、烤或煎的方式。淀粉类食物可以单独吃，也可以与其他野菜一起吃。木薯应该做熟了再吃，因为其带苦味的部分（新鲜茎干）生吃的话对人体是有毒的。要想得到西谷椰子、苏铁科植物及其他一些富含淀粉的树木中的淀粉，求生者应该劈开它们的树干，用一根尖头的棍子敲打树芯中柔软、发白的部分，然后用水清洗捣出的浆状物质，再把水滤掉，留下白色的纯淀粉。接着，再用水清洗一次并过滤，就可以直接将其当成面粉食用了。一棵西谷椰子的树干提供的淀粉够一个求生者食用好几个星期。

3. 所有蕨类植物的新芽都是鲜嫩的，其食用价值与卷心菜、芦笋相似。几乎所有种类蕨类植物的卷芽上都覆有绒毛，它们会让卷芽的味道发苦。把卷芽放在水中清洗就可以去除上面的绒毛。如果卷芽吃起来特别苦涩，求生者应该把它们放在水中煮10分钟，然后再换水煮30~40分钟。鸟蛋或肉类可以和卷芽一起做成炖菜。

4. 野生的禾草往往结有大量的种子，求生者可以揉搓掉草籽的外皮后，将其煮熟或烤熟食用。已知的禾草中没有有毒的。如果草籽比较软，而且上面没有又大又硬的刺，那么就可以用来煮粥。如果草籽上有棕色或黑色的锈渍，就不应该再食用了（会引起麦角中毒）。收集草籽的办法是，把一块布放在地上，用棍子击打草的顶部，让草籽掉在布上。

5. 生长在河流、湖泊、水塘附近等潮湿地带的植物，以及那些直接生长在水中的植物，很多都可以成为求生者的食物。这些植物多汁的地下部分和茎干是最常被人们食用的。水生植物中有毒的种类很少。在温带气候地区，水毒芹是毒性最大的植物，生长在沼泽和水塘附近。在热带地区，不同种类的马蹄莲属植物往往生长在非常潮湿的地方，它们的叶子看起来很像箭头。天南星、水芋、菖蒲都是天南星科的植物，这一科的植物有许多都可以食用，但是食用前必须用水反复煮几次，以破坏其茎中的刺激性物质。下面介绍两种生长在湿地中的水生植物——香蒲和睡莲。

1）除了极北的苔原地区，香蒲（图18-71）在全世界都有分布。香蒲不仅生长在南北两个半球湿润的热带及温带气候区，在各大洲的沙漠中较为潮湿的地区也有生长。香蒲新长出的嫩芽吃起来很像芦笋；香蒲的穗还呈绿色时可以经过煮或蒸之后食用；香蒲的根状茎剥掉外皮后可以生吃或者煮熟了吃；香蒲的根可以切成薄片，干燥后磨粉食用。香蒲中含有46%的淀粉、11%的糖，还有大量的纤维。香蒲开花时，花中含有丰富的黄色花粉，求生者可以将其与水混合后蒸成小糕饼，作为面包的替代品。

2）睡莲（睡莲属和萍蓬草属，图18-72）在各大洲都有生长，但是主要分布在亚洲南部、非洲、北美洲和南美洲。下面是睡莲的两个主要品种：

（1）温带睡莲有十分可观的根状茎，它们的花朵为黄色或白色，漂浮在水面上。

（2）热带睡莲的根状茎较大，它们的花立于水面之上。

3）如果水比较深，求生者就会很难挖到睡莲的根状茎，这个部分的淀粉含量和食用价值都非常高，可以生吃或煮熟后吃。睡莲的茎可

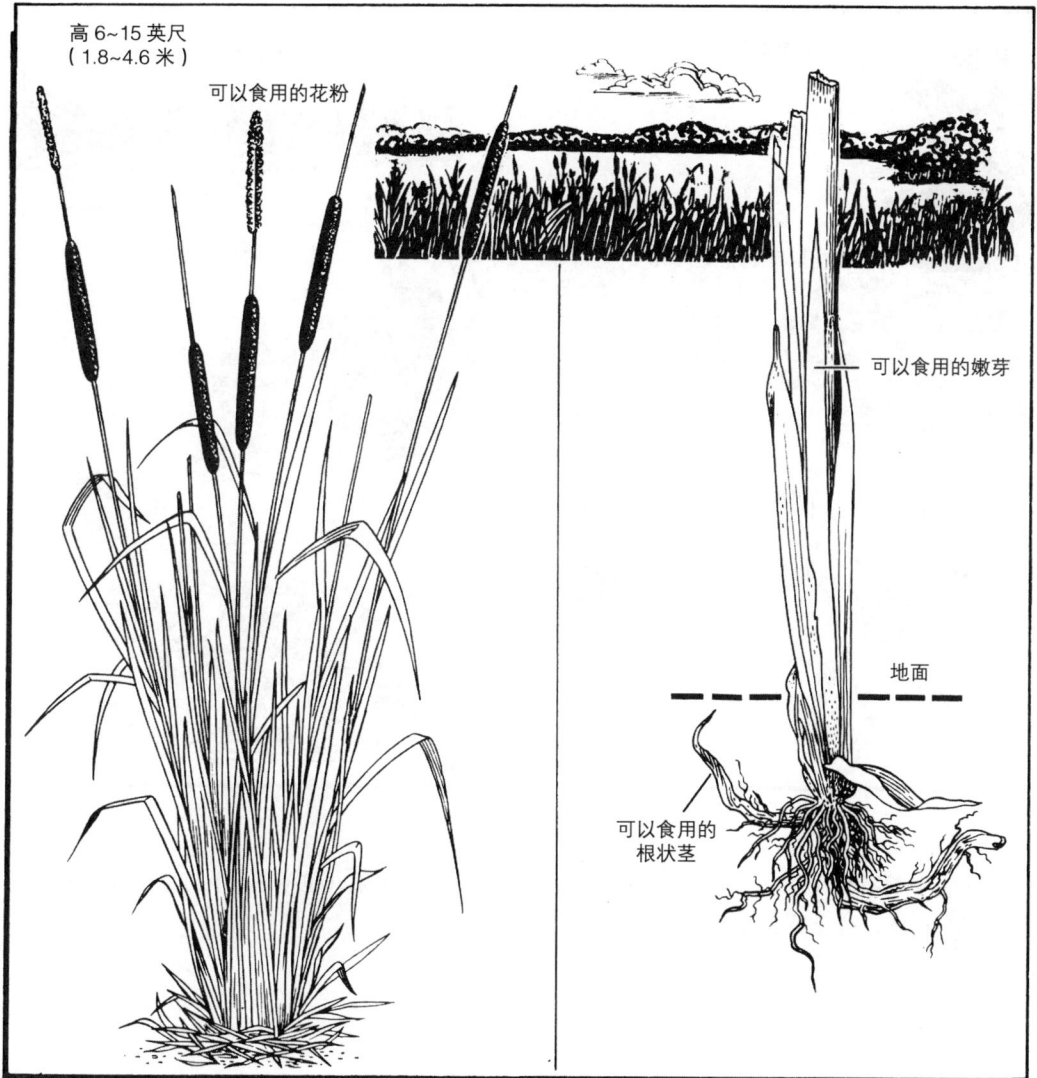

高 6~15 英尺
（1.8~4.6 米）

可以食用的花粉

可以食用的嫩芽

地面

可以食用的
根状茎

图 18-71　香蒲

以做成炖菜，新长出的果实可以切成片作为蔬菜食用。睡莲的种子味道微苦，但是很有营养，可以把种子烘干后用石头磨成粉食用。睡莲在世界上的很多地方都被当地居民视为重要的食物来源。

　　6. 坚果的营养价值很高，通常是可以生吃的。求生者可以将坚果直接放在火上烤熟，也可以将坚果和火炭放在一个容器中，通过摇晃容器将坚果烤熟。烤熟的坚果可以磨成粉后食用和保存。如果求生者不想生吃植物类食物，

可以用烹饪肉类的方法来处理它们——煮、烧烤、烘烤、煎等。

　　7. 如果获取的植物类食物比需要消耗的量多，那么求生者可以把多余的食物保存起来，做法与保存肉类的方法一样。植物类食物在风、空气、阳光及烟火源的作用下都可以变干燥，这么做的主要目的就是去除食物中的水分。对大多数的野生水果都可以进行脱水干燥处理。如果植物可以食用的部分较大，例如块茎，那么求生者可以将其切片后脱水干

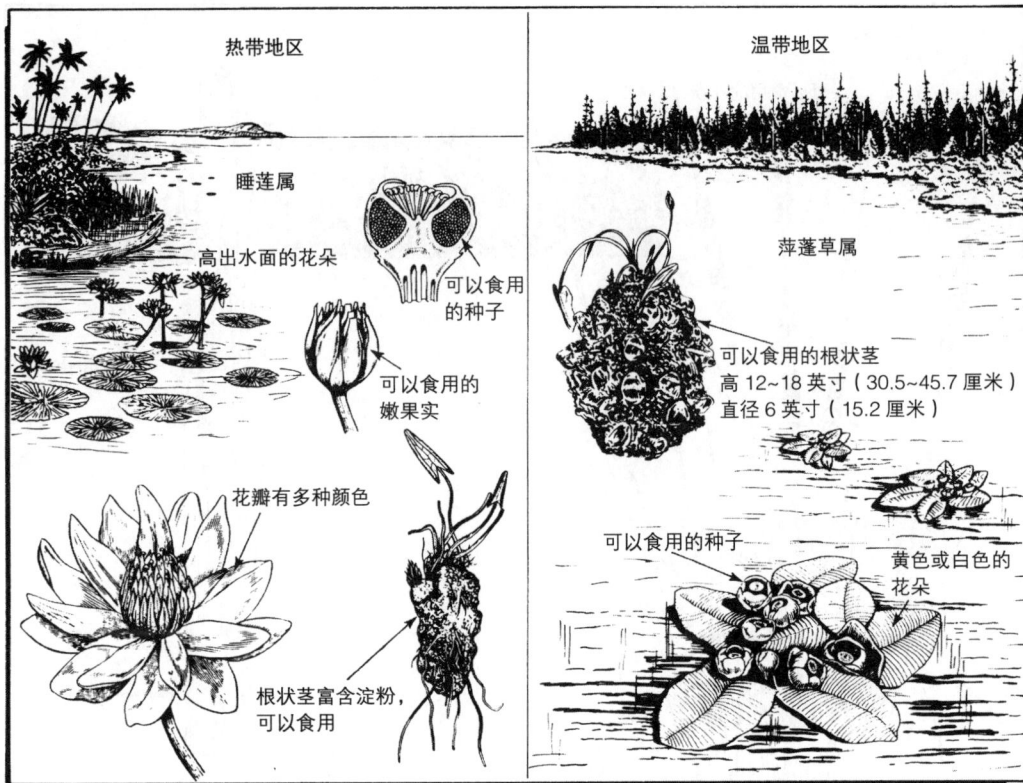

图 18-72 睡莲

燥。在脱水干燥的过程中，求生者还应该采取一些保护措施，防止昆虫食用或污染食物。多余的新鲜水果（包括浆果）可以裹在树叶或苔藓中保存。

第 19 章　水

19.1 引言

几乎每一个求生任务都需要求生者寻找水源。许多从求生环境中生还的机组人员都回忆了他们用自己的智慧想出的确定水源位置、获取水、净化水以及储存水的方法。如果求生者处于温带、热带或干燥气候区中，那么水可能是他们最重要的需求。对于可能陷入求生环境的人，必须强调的一点是，要把对水的需求放在其他任何需求之上。根据气温和消耗的体能等具体条件，一个人可以在几天至几个星期不进食的情况下生存下来。但是，一个人如果不喝水，那么几天之内就会死亡。就算是在气候寒冷的地区或水量丰富的地区，求生者也应该尽力保持体内充足的含水量，从而维持自己的健康水平。即使是在温度相对较低的地区，人体每天也需要摄入 2 夸脱（1.9 升）水来维持机体的正常运行（图 19-1）。

19.2 需水量

一般来说，气温在 68°F（20℃）左右时，人体日均需水量是 2~3 夸脱（1.9~2.8 升）。

1. 人体流失水的途径有：

1）尿液——每天通过排尿流失的水约为 1.4 夸脱（1.3 升）；

2）汗液——每天通过排汗流失的水约为 0.1 夸脱（0.09 升）；

3）粪便——每天通过排便流失的水约为 0.2 夸脱（0.19 升）。

4）非显性失水。人没有意识到的体内水分的流失被称为非显性失水。非显性失水包括以下几种情况：

（1）通过皮肤散失。水分从皮肤流失是水分子从皮肤细胞中向外部散失的结果。人体通过这种途径每天流失的水约为 0.3~0.4 夸脱（0.28~0.38 升）。幸运的是，皮肤的最外层——表皮层——像屏障一样，能够阻挡更多的水从皮肤细胞中向外部散失。

（2）通过肺部蒸发。人最初吸入的空气中只含有很少量的水蒸气，但是随着空气进入呼吸道，会不断接触呼吸道表面的液体，这样当空气进入肺部时水分就已经达到了饱和。最后，当空气从肺部被呼出时，便会带走其中的水分，使身体中的水分流失。

2. 当人体因为以下任何一种情况导致水分流失加快时，都需要补充大量的水：

1）高温暴露。当人体暴露在高温环境中时，经由汗液流失水的速度会升高到每小时 3.5 夸脱（3.3 升）。像这样大量的水分流失会在短时间之内耗尽求生者身体中的水分。

2）运动。身体活动会通过两种形式加快体内水分的流失：

（1）呼吸加快，使得通过肺部蒸发的水分增加；

（2）体温升高，使得汗液分泌增多。

3）低温暴露。随着气温的降低，空气中水汽的含量也随之降低，所以，呼入冷空气会使得更多的水分通过肺部蒸发出去。

4）高海拔。在海拔较高的地方，不仅由于人体会呼入较冷的空气，还因为人的呼吸会加快，所以通过肺部蒸发出去的水分的量也随之增加了。

5）烧伤。人体发生大面积烧伤时，皮肤的表皮层会被破坏，致使人体失去了可以阻挡水分通过皮肤大量散失的屏障，从这一途径流失的水量从而会增加到每天 5 夸脱（4.7 升）。

6）疾病。严重的呕吐或长时间的腹泻会消耗大量的体内水分。

	阴凉处的日最高气温（℉）▼	一个人可以得到的饮水量（美制夸脱）					
完全不行进		0	1	2	4	10	20
		预期存活天数					
	120	2	2	2	2.5	3	4.5
	110	3	3	3.5	4	5	7
	100	5	5.5	6	7	9.5	13.5
	90	7	8	9	10.5	15	23
	80	9	10	11	13	19	29
	70	10	11	12	14	20.5	32
	60	10	11	12	14	21	32
	50	10	11	12	14.5	21	32

	阴凉处的日最高气温（℉）▼	一个人可以得到的饮水量（美制夸脱）					
在夜间行进，直至筋疲力尽才休息		0	1	2	4	10	20
		预期存活天数					
	120	1	2	2	2.5	3	
	110	2	2	2.5	3	3.5	
	100	3	3.5	3.5	4.5	5.5	
	90	5	5.5	5.5	6.5	8	
	80	7	7.5	8	9.5	11.5	
	70	7.5	8	9	10.5	13.5	
	60	8	8.5	9	11	14	
	50	8	8.5	9	11	14	

注：① 120 ℉ =48.9℃，110 ℉ =43.3℃，100 ℉ =37.8℃，90 ℉ =32.2℃，80 ℉ =26.7℃，70 ℉ =21.1℃，60 ℉ =15.6℃，50 ℉ =10℃。
② 1 美制夸脱约为 0.95 升。

图 19-1　需水量

3. 如果人体流失的水分没有得到及时补充，那么就会导致脱水（身体水分大量耗损）。

1) 脱水一般伴有以下症状：

(1) 口渴；

(2) 虚弱；

(3) 乏力；

(4) 头晕；

(5) 头痛；

(6) 发热；

(7) 腹部皮肤没有弹性；

(8) 黏膜干燥，即口腔和鼻腔变干；

(9) 排尿次数和尿量减少，尿液的颜色因浓度高而变得很深，情况严重时还可能出现排尿疼痛的症状。

2) 求生者可以从同伴的以下行为变化中看出其是否出现了脱水的情况：

(1) 没有食欲；

(2) 行动迟缓；

(3) 不耐烦；

(4) 昏昏欲睡；

(5) 冷漠；

(6) 情绪不稳定；

(7) 口齿不清；

(8) 神志混乱。

3) 脱水会导致求生者的行动效率下降——哪怕只是完成最简单的任务——还会使求生者在仅受小伤时也会发生严重的休克。脱水还会让皮肤中的血管收缩，使得暴露在寒冷环境中的求生者发生冻伤的概率增加。如果流失的水分没有办法得到及时补充，那么最终会导致求生者死亡。

(1) 应对脱水的正确做法就是补充体内流失的水分，而喝水是最简单的方式。一个严重脱水的人可能一点食欲都没有，这时同伴必须先鼓励他喝下少量的水，并让其频繁地喝水，以补充体内的水分。将冷水加热后饮用可以使身体系统接受起来更加容易。

（2）为了防止脱水，必须在一天中每隔一段时间就摄入少量的水，以补充体内流失的水分。根据人的活动强度或周围环境的变化，水的摄入量也要随之调整。人摄入的水必须足够维持最少的尿液排出量，即每 24 小时 1 品脱（473 毫升）。人不能等到感觉口渴时才喝水，而且人经常会在有水喝的时候还出现脱水症状，所以求生者在没有感到口渴的时候也必须注意摄入足够的水。如果长时间没有摄入足够的水，人体是无法正常运作的。当周围环境中水源稀少时，求生者要善加利用每一滴可以饮用的水。如果求生者有糖，应该把糖溶在水中饮用。同时，求生者应该尽力寻找周围的水源。在找到水源之前，求生者可以通过以下方法来减少自己体内水分的流失：

①限制活动量，只进行求生所必需的最少量的活动。不管是完成什么任务，都要动作缓慢，要有意识地把能量的消耗限制在最低程度。要经常休息。

②在炎热的气候条件下，求生者应该在夜间或一天当中凉爽的时段完成重要的活动。

③在炎热的气候条件下，求生者应该一直穿着衣服，这样可以减少水分随着汗液流失。衣服吸收的汗液会蒸发，就像汗液会从身体表面蒸发一样，但是汗液从衣服上蒸发时会冷却衣服和皮肤之间的空气，使得汗腺的活动减缓，从而减少身体水分的流失。

④天气炎热时，求生者应该穿浅色的衣服，而不是深色的衣服。深色的衣服会吸收太阳光，并将其转化成热能。这会使人的体温增加，刺激汗腺分泌汗液，增加身体的水分流失。反之，浅色的衣服会反射太阳光，从而限制体温的升高，减缓身体的水分流失。

19.3 水源

求生者要了解他们可以获水的水源以及用来"制造"水的工具。

1. 求生者可以饮用求生装备中的罐装水或利用太阳能蒸馏器、脱盐剂等来获取饮用水。对于某天可能陷入求生环境的机组成员，他们应该了解如何使用这些工具以及可以获取的水量。

1）每一罐罐装水可以提供 10 盎司（295.7毫升）的可饮用水。

2）每一剂脱盐剂能加工出最多为 1 品脱（473 毫升）的可饮用水——一个求生装备中有8 剂。

3）海洋太阳能蒸馏器每天可以产出 2.5 品脱（1.2 升）的可饮用水。

4）陆地太阳能蒸馏器产出的水量不定，与土壤中的含水量或蒸馏器中放入的物体（植物、动物内脏、受到污染的水等）以及周围环境的温度有关。

2. 机组人员在执行任务的时候带上一些水是明智的做法。因为求生者在刚进入求生环境时会受到惊吓，有时会出现口渴的感觉，此外，盛水的容器对求生活动也是有利的。求生者应该把空军分发的装备（罐装水、脱盐剂和太阳能蒸馏器）留到无法在自然环境中直接获取淡水时使用。

3. 天然存在的水包括：

1）地表水，包括溪流、湖泊、泉水、冰雪等。

2）降水，包括雨、雪、露水、冰雹等。

3）地下水，包括井水、地下泉、地下河等。对求生者来说，确定地下水源的位置并获得地下水是比较困难的。

4. 一些指示潜在水源的标志如下：

1）出现了大量与周围环境中的植物种类不同的植物，例如在针叶林中生长着落叶树。

2）排水沟和洼地。

3）大丛的长绒毛状的草。

4）动物的活动路径可以指引求生者找到水源。很多情况下，几条动物活动路径交叉形成的 V 形的顶点常常指向水源的方向。

5. 求生者可以通过以下方法确定水源的位置及获取饮用水（图19-2）：

1）求生者可以把没有孔隙的材料，例如雨披、帆布或金属材料放在地上，用来收集降水。如果降水的形式是雨或雪，那么用袋子或漏斗状的材料来收集会更加简单有效。收集露水的方法是，先用海绵或衣服吸收露水，然后把吸收的露水拧在容器中。求生者需要注意的是，用来收集降水的材料表面的染料、防腐剂或油类可能会使水受到污染。相同体积的冰和雪相比，前者能够产出的水量更多，融化时所需的热量也更少。如果有太阳，那么求生者可以把冰或雪放在深色物体的表面，通过阳光照射使其融化（在阳光的照射下，深色的表面会吸收热量，而浅色的表面会反射热量）。树上的冰棱和河流、湖泊、水塘、海洋上的浮冰都是求生者获取冰的来源。如果求生者不得不用

雪来制造水，那么应该选用最靠近地面的雪。因为这里的雪比较紧实，与上层的雪相比，以相同的体积可以产出更多的水。融化雪时，求生者可以把少量的雪放在容器底部，然后将容器放在火源上面或旁边，再向容器中不断地加入雪，每次加一点。求生者应该等到容器底部的雪都融化之后再加入新的雪，让水和雪混合成浆状，这样可以防止容器的底部被烧坏。因为雪是吸水的，如果雪被压得特别紧实，就会在容器底部形成一层隔热的空间，这样一来就有可能把容器的底部烧坏。

2）有一些标志可以帮助求生者确定河流、湖泊、小溪等水源的位置。

（1）出现成群的昆虫表示附近有水源。在一些地区，求生者应该注意寻找动物活动的踪迹。例如，在潮湿的地区，动物会抓挠地表来寻找水源，而昆虫有可能在这些地区盘旋。

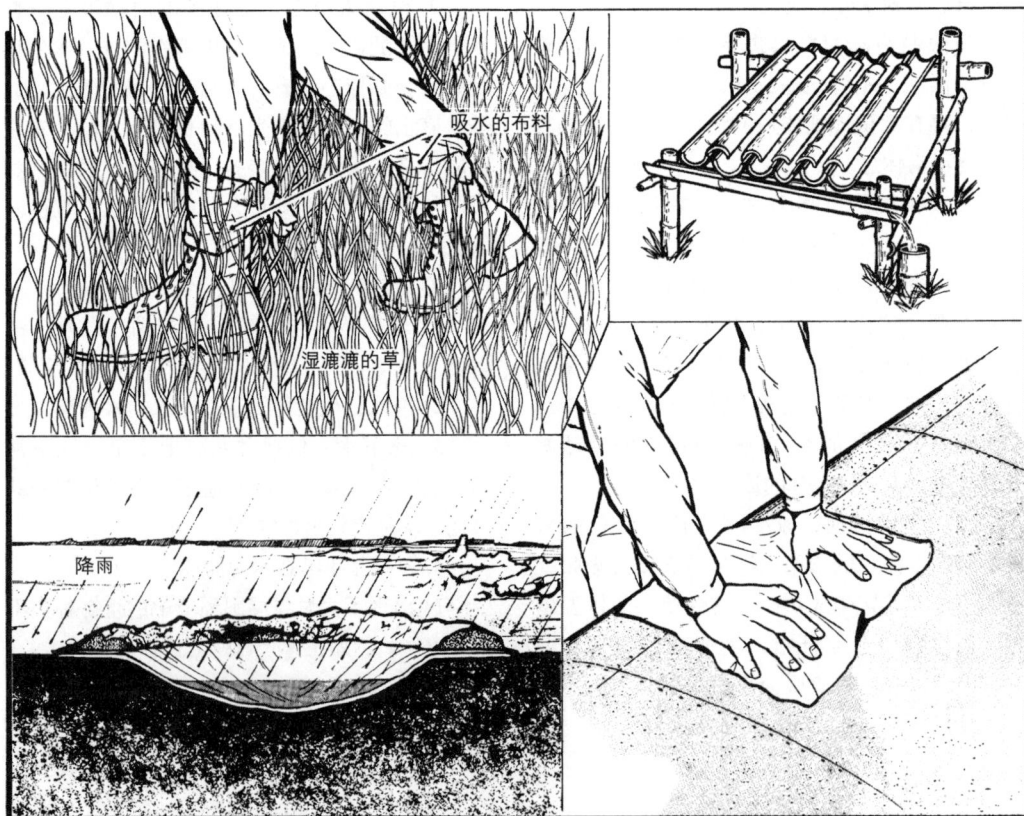

吸水的布料

湿漉漉的草

降雨

图 19-2　几种获取水的方法

（2）在利比亚境内的撒哈拉沙漠中，面包圈形状的骆驼粪堆经常会在水井或其他水源旁边出现。观察鸟类飞行的方向通常可以看出水源的方位。鸽子飞向水源的时间一般是有规律的，它们往往在早上飞离水源，而到了夜晚则飞向水源。大规模的鸟群通常都出现在水源周围或者水域内。

（3）有人类活动就代表着周围有水源，这里所说的水源呈现的方式很多，包括旅人们携带的水、水井、灌溉系统、水塘，等等。在接近这些水源时，正在躲避的求生者应该特别小心，尤其是当他们身处干燥气候地区时，因为这些水源很可能有敌军守卫或驻扎。

3）没有地表水的时候，求生者就必须使用地下水。获取地下水的具体方式取决于地表的构成形式——岩石或其他松散的物体、黏土、碎石、沙子，等等。

（1）在多岩石的地区，求生者应该去找一找泉水或渗流水。石灰岩和火山岩中的泉水比其他岩石中的泉水多。大部分火山岩因为充满了无数个气孔，所以地下水有可能从中渗出。求生者也可以在岩壁上岩浆曾经流过的地方寻找泉水。有些岩浆流过的岩壁上没有小气孔，但是有一些管风琴状的节理——岩石上的纵向裂缝，宽 1 英尺（0.3 米）左右，高度通常超过 20 英尺（6.1 米）。在这些裂缝的底部，求生者有可能找到渗出的水或是涌出的泉水。

（2）花岗岩等特别常见的岩石只在不规则的缝隙内才可能有水。如果岩石上的缝隙周围有鸟类的排泄物，那就说明这里可能有水源，求生者可以将外科用的软管作为吸管来取水。

（3）松散沉积物中的水比岩石中的水要多，也更容易获取。在山谷底部或山谷的斜坡上，有时能找到泉水。沿着河谷上方平坦阶地的底部，通常能找到泉水或渗流水，就算河道干涸这里还是会有水渗出。求生者不应该浪费时间挖井找水，除非周围有明确的迹象表明该处有水。在山谷陡峭斜坡下方的谷地，特别是在有陡崖的阶地上，求生者向地下挖掘就可以找到

水源。泉水所在地点的植物在雨季会长得郁郁葱葱，求生者在这样的地方挖掘也可以找到水源。水在黏土中流速很慢，但是很多黏土层中都含有条状的沙质土，其中可能有泉水。求生者应该在黏土层表面的断裂处寻找潮湿的地方，并在该处向下挖掘。

（4）在海岸边，求生者可以挖沙滩井来寻找水源（图 19-3）。首先要在第一个或第二个沙丘背面确定沙滩井的位置，然后向下挖掘 3~5 英尺（0.9~1.5 米）。在井壁上应该衬一些浮木，以防沙子滑落。挖好后，要在井底铺上石块，防止取水时搅动沙子。一般情况下，这样的沙滩井大约 2 小时能产出 4~5 加仑（15.1~18.9 升）的水（如果初次尝试时没有成功，不要灰心，再试一次）。

19.4 在极地气候区和冰雪气候区取水

由于北极地区气温很低，求生者的需水量会大大增加。身体的代谢速度加快、呼入寒冷的空气、环境中的湿度降低等，都是求生者体内水分减少的重要原因。求生者在寒冷地区的需水量也会因人体的产热及消化过程而增加。搭建庇身所、发信号、生火都是很消耗体能的活动。在极度寒冷的地区，高强度的身体活动和身体产热的过程会让求生者的需水量增加到每天 5~6 夸脱（4.7~5.7 升），这样才能保证体内有足够的水分。求生者的饮食中通常包括一些脱水的补给品和蛋白质含量较高的食物，为了让身体更加有效地消化这些食物，求生者需要摄入更多的水分。

1. 在北极地区，取水不是非常严峻的问题，因为那里有水量丰沛的溪流、湖泊、池塘（包括冰雪）等，但是所有的地表水都需要净化后才能饮用。夏季时，地表水可能会变得比较脏，但是经过净化还是可以饮用的。冰川融化形成的河流或溪流中的水可能含有较多的泥沙，求生者可以把取到的水静置一段时间，等大部分的泥沙都沉淀后，再用多孔的渗水材料进一步过滤。

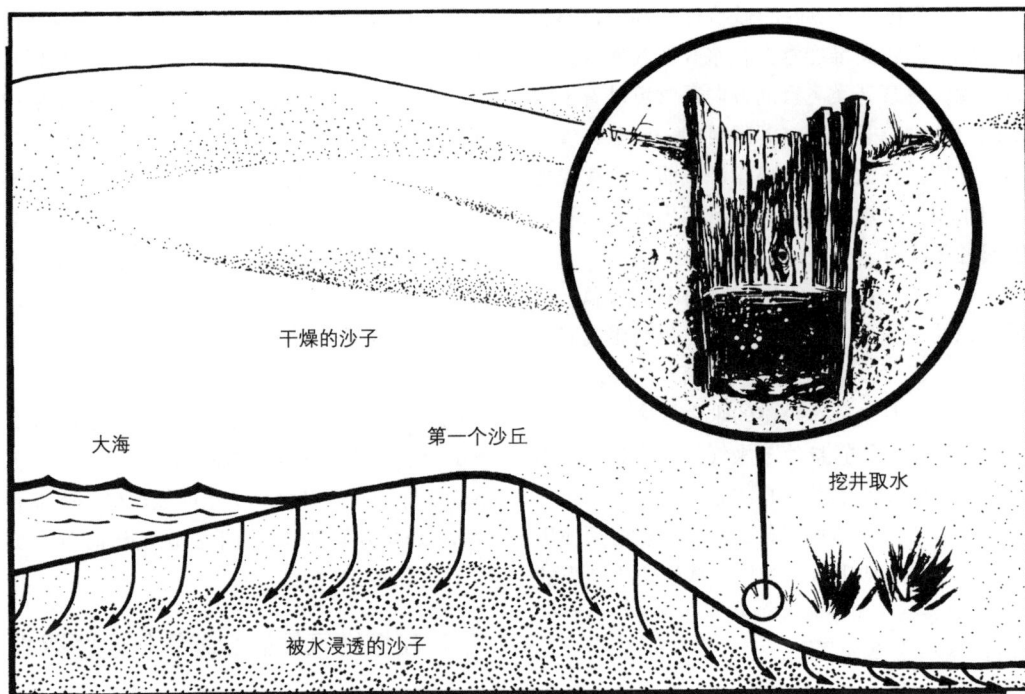

图 19-3 沙滩井

2. 求生者可以制作一个"取水器",这样就能在取水的同时腾出手来进行其他工作了。一种简单的做法是,求生者先把雪放在多孔的渗水材料上(例如降落伞布或棉布),然后提起材料的边缘,将这"包"雪挂在靠近火源的地方。火源的热量会融化积雪,让水从包裹材料的底部渗出,滴到下方盛水的容器里(图19-4)。

3. 在北极的一些地区,求生者有时候很难找到(甚至根本找不到)燃料来融化冰雪取水。这时,求生者需要用自己的体温来融化冰雪,具体做法是把冰雪放在水袋之类的防水容器中,然后在容器和身体之间垫2层布——装有冰雪的容器不能直接接触皮肤,否则会使人打战、体温降低。

4. 由于冰山是由淡水冻结而成的,所以求生者很容易利用冰山获取饮用水。求生者在冰山上取冰时应该特别小心,因为哪怕是体积很大的冰山也有可能突然翻滚,把求生者抛进冰冷的海水中。如果求生者决定把海冰作为主要的水源,那么他们必须认识到,就像海水一样,海冰化成水后也是不能直接饮用的。要想利用海冰获取饮用水,求生者应该先收集陈年的海冰,也就是发蓝或发黑、容易打碎、通常有圆角的冰,这样的冰基本上是不含盐的。新形成的海冰颜色是乳白或发灰的,有锐利的边缘和棱角,而且不容易碎裂。有时候,冰雪会因为飞溅的浪花而含有盐分,某处的冰雪如果尝起来是咸的,那么求生者应该选择别处的冰雪。

5. 我们不建议求生者吞咽未融化的冰雪,因为这样会降低体温、引起脱水,还会使嘴唇和口腔黏膜发生冻伤。求生者在寒冷的地区应该喝温水或热水,喝冷水、吃冷的食物会增加人体的需水量,并且让身体消耗更多的热量来给食物加温。

19.5 在远海地区取水

在远海地区,缺少饮用水是求生者面临的严峻问题。不要直接饮用海水,否则求生者会在短时间之内患上严重的疾病。当饮用水很少,

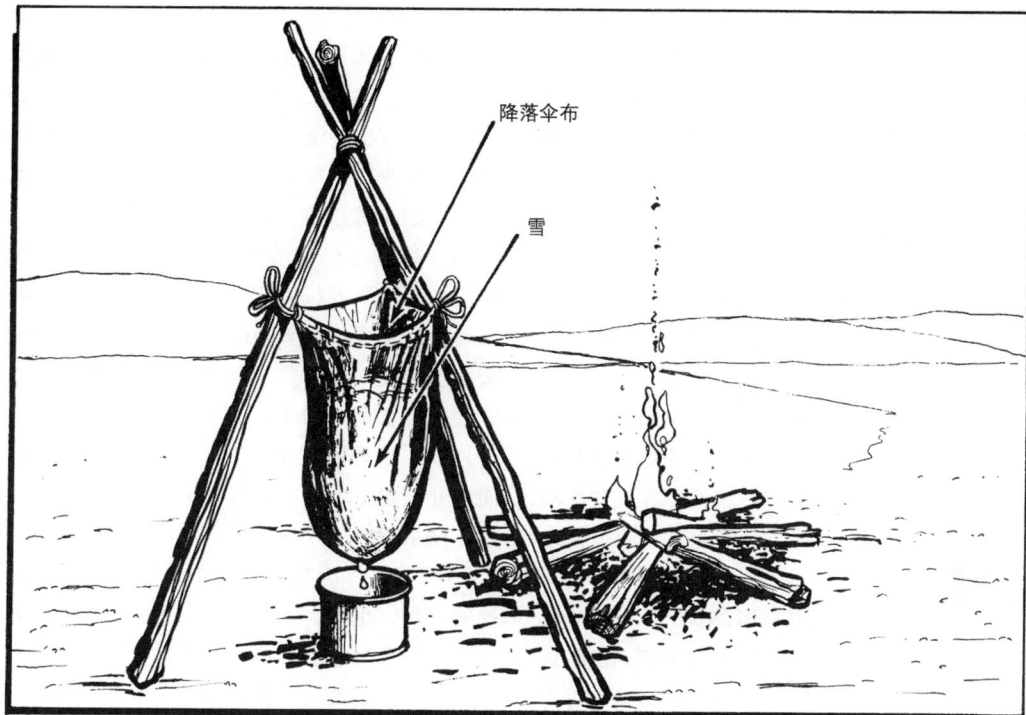

降落伞布

雪

图 19-4　取水器

又不能用化学或物理手段来取得饮用水时，求生者就必须有效地利用有限的水源。就像在沙漠中一样，求生者应该尽量少出汗，而不是少喝水。求生者应该尽量待在阴凉的地方，并用海水把衣服打湿，保持身体凉爽。求生者不应该消耗太多体力，而应该多休息、多睡觉。

1. 下雨时，求生者应该用容器收集雨水（图 19-5），并且储存起来供日后使用。储存雨水的容器可以选择罐子、塑料袋或水上救生装备中的气囊。在下雨时，求生者可以尽量多喝雨水。如果淡水只被少量的海水或海浪飞沫污染，那么饮用起来仍是安全的。在夜间或雾天，求生者应该试着用海绵、羊皮、手帕等物品来收集水。

2. 利用太阳能蒸馏器也可以获得饮用水。求生者要按照蒸馏器上的说明将其设置好，如果有更多的蒸馏器可以全用上（要确保将蒸馏器固定在救生筏上）。如果求生者有脱盐剂，应该尽量把它们留到没有其他手段可以获取饮用

水的时候再用。脱盐剂的包装上写有使用说明。

3. 只有"传统意义"上的水可以饮用，那些所谓的"替代水"对求生者来说基本没有解渴的作用，而且喝这样的水可能比完全不饮水还要有害。任何物质都不能代替水，饮用鱼肉的汁水和其他动物的体液能否防止脱水还有待确认。鱼肉的汁水中含有蛋白质，人体在消化蛋白质的时候需要消耗大量的水，而其消化之

图 19-5　收集雨水

后产生的废物还需要通过尿液排出，这会增加人体水分的流失。求生者不应该喝尿——尿液是身体排出的废弃物，饮用之后只可能浓缩身体中的废弃物，而这些多余的废弃物需要人喝下更多的水才能排出。

19.6 在热带气候区取水

热带气候区中的水源总体来说是充足的，但是求生者必须知道如何找到水源并获取饮用水。在热带气候区，地表水一般以溪流、水塘、河流、沼泽等形式出现。在稀树草原上，如果是旱季，求生者有时必须向地下挖掘才能找到水源，通过这种方式获得的水需要经过过滤净化后才能饮用。丛林中的一些植物也可以为求生者提供水。

1. 许多植物上天然呈容器状的部位都收集有雨水、露水等。但是，由于求生者无法确认这些水是纯净的，所以必须对水进行净化。有些树的叶柄或叶子与树干相接的地方是中空的，求生者可以在这些部位寻找并收集水。这样的植物包括许多形状呈 Y 形的植物（棕榈、气生植物等）。在热带气候区，许多大型树木的枝干上常常附生着气生植物（凤梨科植物），这些植物层层叠叠的茂密叶片间可能存有大量的雨水（图 19-6）。

2. 许多种类的藤本植物都是求生者潜在的水源，它们的藤蔓长度从 50 英尺（15.2 米）到几百英尺不等，直径为 1~6 英寸（2.5~15.2 厘米）。它们可能匍匐在地面生长，也可能攀援着树木生长。藤蔓的叶子一般长在高处。水藤的藤蔓通常是柔软易切断的，小型的水藤很容易弯曲，而且由于其中含水较多，通常都比较重。求生者收集到藤蔓中的水后，应该检测其是否可以饮用。测试的步骤是，首先在藤蔓上划一刀，观察从裂口流出的汁液。如果汁液是乳状的，那么应丢弃这条藤蔓；反之，如果没有流出乳状的汁液，那么藤蔓中的水可能就是可以饮用的。然后，求生者要切下一截藤蔓，直立放置，观察从切口流出的液体。如果

液体是清澈无色的，那么可能就是可以饮用的；如果液体是浑浊且呈乳状的，则应该丢弃这截藤蔓。接下来，求生者应该用手掌接一些从藤蔓中流出的液体并仔细观察。如果液体的颜色没有改变，那么求生者可以进一步品尝其味道。如果味道像水，或是带有木头的味道、发甜，那么这样的液体应该是可以安全饮用的；如果液体的味道发酸或发苦，那么就不应该再饮用。要收集藤蔓中的水，只需切下一截藤蔓就可轻松做到。求生者应该先在藤蔓离地较高的位置用刀切断，再在靠近地面的位置用刀切断，这样不仅可以获得一段较长的藤蔓，而且处于躲避中的求生者也不会暴露自己的行踪。喝藤蔓中的水时，不要让藤蔓碰到嘴唇（图 19-7A），因为其外皮中可能含有一些特殊的物质，也许会刺激嘴唇。有时候，求生者砍下的藤蔓上端的切口可能是封住的，导致水无法流出。遇到这种情况时，求生者只要在与

图 19-6　收集水

图 19-7　水藤和竹子中的水

藤蔓出水端相反的那端再切一刀，就可以让水流出。

3. 从省藤和刺竹等植物中获取水的方法与上面讲的方法相同。如果求生者可以确定这些植物的种类，就不用再对其中的水做水质检测了。省藤的茎里存有水，其茎节的连接处呈重叠状，每一节都"插"在下面的一节里。

4. 竹节中也可能存有水。要确定竹节中是否有水，求生者可以摇晃竹子，如果其中有水就能听到水晃动的声音。取水时，求生者应先在竹节上的同一侧切出两个 45° 角的切口，然后将切口之间的部分撬松。接着，切断竹节的末端，水就会从切口处涌出。在饮用竹节中的水之前，求生者应该先检查竹子的内壁。如果内壁干净且呈白色，其中的水就是可以安全饮用的；如果内壁上有褐色或黑色的斑点、有真菌生长，或者变色了，那么其中的水要净化之后才能饮用。除了上面介绍的方法外，对于某些种类的青竹，求生者还可以切断竹子的顶部，将竹子弯曲后绑在地面的木桩上，这样竹子中的水就会慢慢流进放在切口位置下方的储水容器里（图 19-7B）。用这种方法有时也能

有效地取到一些藤本植物中的水。

5. 有几种方法可以帮助求生者取到香蕉树中的水（但是，这些方法用在战斗环境中时效果不佳）。首先，求生者应该砍倒一棵香蕉树，然后切下较长的一段树干——其长度要让求生者操作起来比较方便，从一端向另一端剖开，取一截树干，剥去上面的树皮。然后，从这截树干的凸面上切下一长条宽 3 英寸（7.6 厘米）、深度足以暴露出植物条状细胞组织的部分，将其向凸面折叠，挤出细胞中的水分。挤的时候动作要轻，以免将植物中的鞣酸也挤出来。另一种从香蕉树中取水的方法是制作一个"香蕉树井"。首先，在树桩上靠近地面的位置把树砍倒，取出树桩上的树芯，形成一个碗状的坑（图 19-8）。一开始渗入"碗"中的水含有浓度较高的鞣酸，而鞣酸的味道很涩，之后渗出的水味道就会减轻。求生者可以用一片香蕉叶或别的大树叶盖在"碗"上，以防昆虫污染收集到的水。

6. 水树也是丛林中可以提供水源的宝贵植物。水树的树皮薄而光滑，上面长有斑纹。常绿的树叶大而坚韧，覆有绒毛，可以长到 8~9

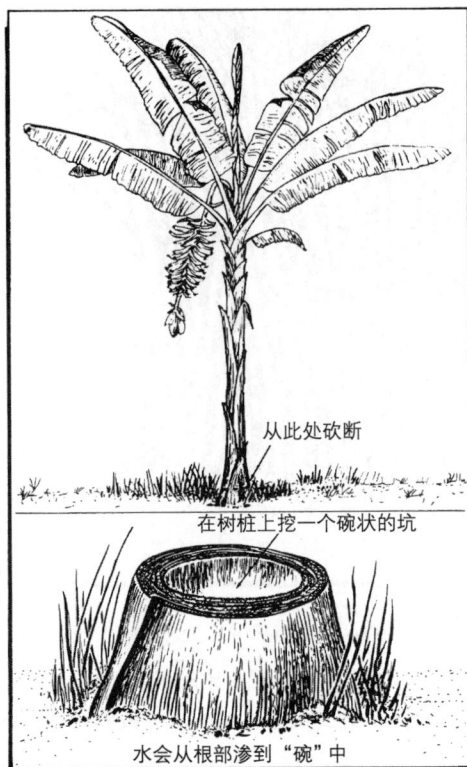

图 19-8　从香蕉树中取水

英寸（20.3~22.9 厘米）长。较短的树干上有的结有无花果状的果实，有的长有卷须状物和由玉米粒状的小块组成的圆形果实。在非战斗环境中，求生者可以用切割橡胶树的方法来获取水树中的汁液，即在树干上切 45° 的斜切口或 V 形切口。水树的树皮被切开后，从中会渗出白色的汁液，饮用这种汁液会对人造成暂时的尿路刺激，但是这种汁液很快就会流干，而且很容易清除。接着，求生者应该继续用刀子等工具来切割汁液流出位置的底部，使得树干中的汁液流入容器中。日落之后，树叶中的水会流回根部，所以求生者应该在日落后或者阴天、多云的日子里用上述方法来取水。如果求生者处在战斗环境中，那么他们从树木中取水之后，应该掩盖取水留下的痕迹。如果树木的卷须生长得比较茂盛，求生者可以把卷须拨开，在被卷须遮住的树干上钻孔。然后，刮掉树皮上渗出的白色汁液后，在取水口下部插一

根管子，使水流入储水容器。取水后，要把卷须恢复到原来的位置，遮住取水口。如果求生者有刀，可以不在树上钻孔，而是切断卷须。等卷须中的白色汁液流干后，求生者可以把卷须的切口处放在储水容器中，然后把容器遮盖起来。

7. 椰子的果实中含有很多椰汁，可以使人恢复精力。求生者如果能找到椰子，就可以将其当作水源。成熟椰子中的椰汁含有油脂，摄入过多会导致腹泻，但是如果摄入的量适当、和椰肉一起食用，或者不在空腹时饮用，是不会对人体造成危害的。未成熟的青椰子大小和柚子相似，食用性最佳，因为其中的椰汁很多且对人体无害。与成熟的椰子相比，青椰子中的椰汁更多、油脂更少，所以导致腹泻的概率较小。

8. 求生者还可以从泥浆中获取水，方法是用布过滤泥浆，然后将过滤得到的水进一步净化。求生者还可以把布缠绕在一棵倾斜的树上，在布的下方放一个储水容器，这样可以收集到落在树上的雨水（图 19-9）。

图 19-9　利用倾斜的树收集水

19.7 在干燥气候区取水

在干燥气候区，确认水源的位置、获取饮用水是非常困难的任务。人们已经发现了一些在这样的环境条件下取水的方法，例如在干涸的弯曲河道的岸边挖地取水（图 19-10）。如果地面下方几英尺以内有水源，那么上层的沙子会变得较为潮湿，求生者可以在这样的地方向下挖掘，直到找到水源。

1. 有些沙漠夜晚的空气会变得比较湿润，湿度的增加主要是因为露水。要收集露水，求生者可以在地上挖出一个直径约为 3 英尺（0.9 米）的浅坑，在坑里铺上帆布、塑料布或其他合适的材料。然后，从地下至少 1 英尺（0.3 米）深的地方挖一些石头出来，在坑底垒成金字塔的形状。露水会凝结在这些石头之间，然后向下滴在坑底铺的材料上，求生者将材料上收集到的露水倒入容器中即可。

2. 在干旱地区，植物靠近地面处的根有可能成为求生者的水源，比如生长在澳大利亚干旱地区的水树。水树的根部长 40~80 英尺（1~2 米），位于地下 2~9 英寸（5.1~22.9 厘米）深的地方。求生者可以选择离树干 4~5 英尺（1.2~1.5 米）远的一条根，将其切成 2~3 英尺（0.6~0.9 米）长的小段，去掉外皮，将每段根中的汁液挤入容器中（也可以吸出其中的汁液）。在低洼地带生长的树木根部所含的汁液最多。直径为 1~2 英寸（2.5~5.1 厘米）的根最适合取水。求生者用黏土堵住根的一头便可随身携带这些含水的树根。

3. 仙人掌等多肉植物可以成为求生者的水源，但是求生者必须记住，不能从汁液呈乳状的仙人掌中取水。生长在美国的桶形仙人掌是很好的可以提供水源的植物，取水时，求生者应该先切掉仙人掌的顶部，把里面果肉状的部分捣碎，然后将其中的水挤入碗中。如果没有碗，可以用布包着果肉，将其中的水直接挤入口中。

4. 太阳能蒸馏器是一种利用阳光同时获取植物和地表水分的装置——在地面的坑上铺一层干净的塑料布，慢慢收集土壤中的水分和坑里植物（新鲜的茎和叶）的水分（图 19-11）。很显然，当土壤特别干燥，或是找不到新鲜的植物时，用这种方法几乎不能收集到水。除了收集水，用这种装置还可以净化受到污染的水。

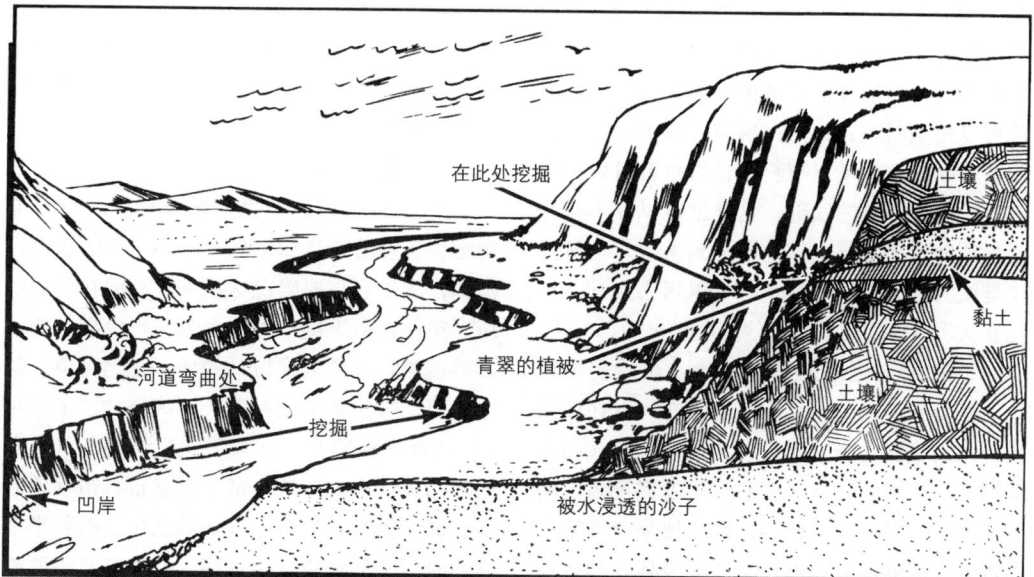

图 19-10　在干涸河道的岸边挖地取水

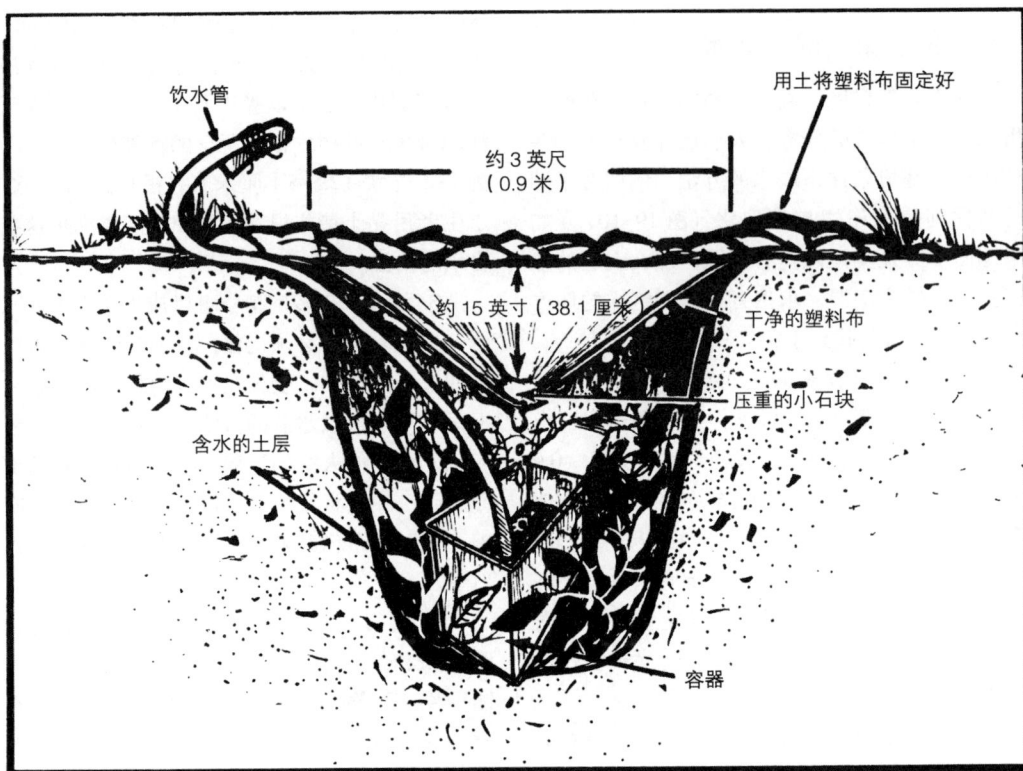

图 19-11 太阳能蒸馏器

1）太阳能蒸馏器的组成部分包括一张大约 6 平方英尺（0.6 平方米）的塑料布、一个储水容器和一根直径约为 1/4 英寸（0.6 厘米）、长约 4~6 英尺（1.2~1.8 米）的塑料管。塑料管不是必需的，但是有了它会更容易操作。储水容器可以用塑料布、铝箔、雨披、罐头盒或飞行头盔等制成。如果有塑料管，求生者可以把塑料管固定在容器的底部，这样就可以在不掀开塑料布的情况下导出其中收集到的水。虽然只要是结实、干净的塑料布都可以用来集水，但是有些塑料布的效果比其他的塑料布好。

2）如果周围有新鲜的植物，或者需要净化一些受到污染的水，那么求生者可以在任何整个白天都能受到阳光直射的地方制作太阳能蒸馏器。挖坑的难易程度是求生者需要考虑的主要问题。如果蒸馏获得的水主要来自土壤中的水分，那就需要考虑将蒸馏器设置在什么地方效果会比较好。虽然沙子中的水分不如黏土中的多，但是在潮湿的沙坑里蒸馏的效果也不错。在海岸边或内陆地区，如果能够找到含盐的或是被污染的水，不管是在潮湿的黏土坑还是在沙坑中，求生者都可以通过蒸馏法从中获取一定量的水。阴天时，通过蒸馏获得的水量较少，因为太阳能蒸馏器要充分发挥作用就必须接受阳光的直射。

3）采用太阳能蒸馏法操作时，求生者必须记住一些要点。如果想对受到污染的水进行蒸馏，求生者需要确定这些水没有洒在坑的边缘、塑料布与土壤接触的地方，也没有与储水容器接触，以免蒸馏得到的净水受到污染。若非必要，求生者不应在白天蒸馏器的“工作时间”内掀开塑料布。如果手头没有塑料管，求生者白天饮水时应该尽量少掀起塑料布移动储水容器。因为在塑料布被移动之后，需要半小时的时间才能重新开始蒸馏。就算把蒸馏器放置在相当潮湿的土壤中，而且白天能获得 8 小时的光照，每天蒸馏所得的水平均也只有 1 杯左右。由于蒸馏水产量较低，求生者必须考虑到设置蒸馏器时自己会面临脱水的危险。在某些情况下，太阳能蒸馏器在两三天之中产出的水量，甚至不能补充求生者当初设置蒸馏器时身体所消耗的水量，也就是说，这时使用太阳能蒸馏器获取水反而加速了人体的脱水。

4）求生者设置太阳能蒸馏器的步骤是：首先，在土壤中挖出一个直径约 40 英寸（1 米）、深 20 英寸（0.5 米）的碗状土坑，在土坑底部的中心挖出一个更小、更深的洞来放置储水容器。如果要用蒸馏器来净化污水，那么还应该在洞的周围挖一条深度为土坑一半的小水槽。这条水槽既能保证被污水浸湿的土壤暴露在阳光下，又能防止污水进入储水容器中。用植物来进行蒸馏时，应该先在土坑的四壁放好新鲜的植物的茎、叶等，再把塑料布盖在土坑上，边缘压上土壤固定。然后，在塑料布的中央放一块比拳头小些的石块，让石块把塑料布的中

央压得低于地面 15 英寸（38.1 厘米）左右，形成一个锥状。在土坑边缘的塑料布上压上更多的土壤，一方面是为了保持锥体的形状，另一方面也为了防止水蒸气散失。绷紧的塑料布所形成的锥体斜边的倾角约为 30°，这样蒸馏得到的水就会向下滴入容器中。蒸馏水凝结在塑料布内侧锥体上所需的时间大约为 1 小时。

5. 使用植物袋（图 19-12）是比较简单的获取水的方法。做法是将树叶或草叶切下来，封在较大的干净塑料袋中，让植物的叶子吸收阳光的热量后释放出其中的水分。应该使用大号的、耐用的塑料袋，在袋中填满 1 立方码（0.8 立方米）的叶子，封好口后将袋子暴露在阳光下。这样一袋叶子在每天光照 5 小时的情况下，平均每天可以产出 320 毫升水。这种方法操作简单，但是其最主要的一个缺点是——得到的水一般会比较苦。因为当叶子被浸在水里或在湿润的"温室"环境中被加热时，其内部结构遭到了破坏。但是，这种取水的方法还

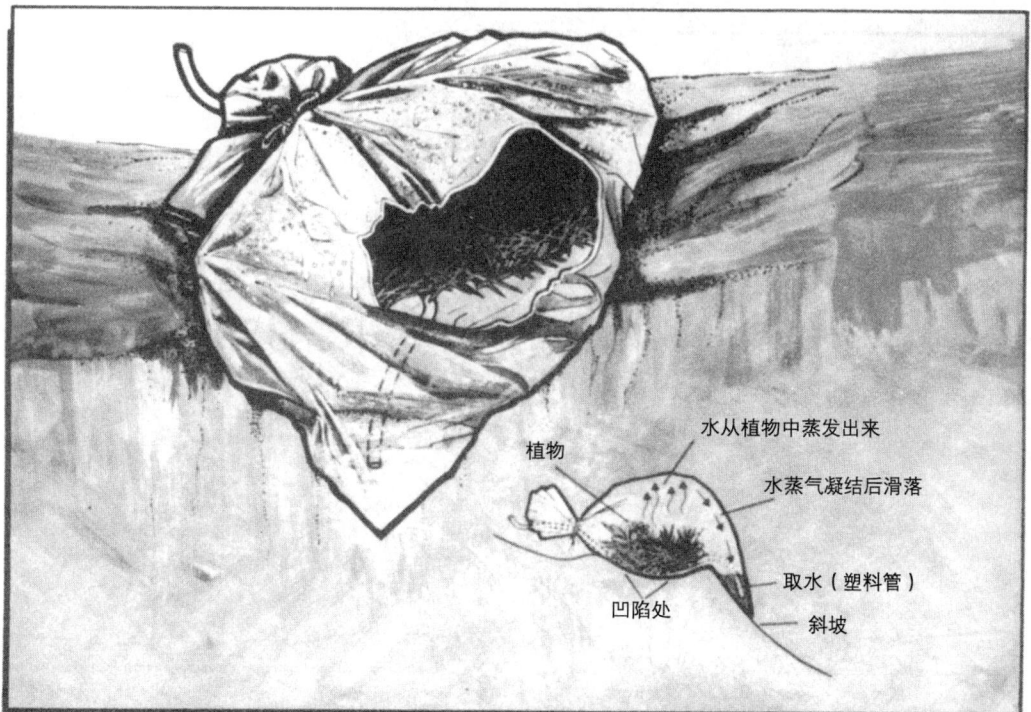

图 19-12 植物袋

是可以在求生过程中使用的，只不过在饮用某些种类的植物"生产"的水之前，求生者要先进行可食用性测试，以防水中含有氰化物或某些有毒的植物碱等物质。

6. 还有一种取水的方法是使用植物蒸腾袋。这也是一种简单易行、可以极大提高生存概率的方法，而且比植物袋取水法容易得多。具体做法是：用一个大塑料袋包裹住中型树木或大型灌木的一根新鲜枝条，把塑料袋的开口处在树枝上扎紧，然后把枝条末端系在低处的某个物体上，这样袋中生成的水就会流到袋子最低的角落里，如图 19-13 所示。

1）用这种方法产出的水量取决于选用的植物种类。在针对这种方法所做的一次测试中，将植物蒸腾袋连续 3 天套在同一根没有严重受损分枝的树枝上，平均每天可以生成约 1 加仑（3.8 升）水。用植物蒸腾袋获取的水的味道取决于袋中的植物是否接触到了水。

2）制作植物蒸腾袋需要花费的力气很小。求生者在听完介绍或看完演示之后，不需要特别的技巧，大约只用 5 分钟就可以自己做出植物蒸腾袋了。在求生环境下，求生者必须在白天快结束时拆下蒸腾袋，将其中的水倒出，等到第二天再将蒸腾袋系在树上。求生者可以重复选用同一根枝条（有时其每天的产水量是相同的），但是在周围植物茂盛的情况下，每天最好选用不同的枝条。

3）毋庸置疑的一点是，采用植物蒸腾袋

图 19-13　植物蒸腾袋

取水法获得的水量比其他任何取水方法（太阳能蒸馏器取水法、植物袋取水法、切断树根取水法、从桶形仙人掌中取水）取得的水都要多，且容易操作，大多数情况下获得的水味道也比较好。所以，一个简单的小塑料袋能够给求生者带来的益处不容小视。对求生者来说，在低矮林地较多的干旱、半干旱地区，可以用塑料袋做植物蒸腾袋；在灌木林或稀树草原地区，可以用塑料袋做植物袋；而在没有植物生长的沙漠中，可以切割塑料袋临时制作太阳能蒸馏器。在某些特定的环境下，求生者至少要准备3个结实耐用的大塑料袋。

19.8 饮水前的准备

1. 求生者可以通过以下方法判断水中可能有有害物质：

1）有难闻的气味，或有泡沫、气泡等。

2）水色异常或浑浊（有污浊的沉积物）。

3）沙漠湖泊中的水有时是咸的，因为这些湖泊很长时间都没有出水口。镁或碱金属盐会导致人腹泻，但是如果水中这些物质的含量不高，还是可以饮用的。

4）如果饮水后求生者有呕吐感或胃部不适，这样的水就不该再继续饮用。

5）水源附近没有健康的绿色植物生长。

2. 由于求生者可能不想直接饮用某些天然水源中的水，所以要尽量对取到的水进行过滤。过滤只能去除水中的固体物质，不能净化水。一个过滤水的简单又快速的方法是，在水源边挖一个沉淀坑，或叫渗透坑，用土壤来过滤水（图 19-14）。在不过滤水的时候，要把坑盖住。另一种过滤的方法是——把几层降落伞布展开系在三脚架上做成滤水器。如图 19-15，木炭可以去除水中的异味和吸附杂质，沙子、沙砾、草等也可以过滤水。

3. 净化水的方法有好几种，选用何种方法取决于求生者面对的具体情况（战斗或非战斗）。

1）把水煮沸至少 10 分钟。

2）使用净水片时，求生者要按照包装上的说明操作。每片净水片可以净化 1 夸脱（0.95 升）水，如果水看起来比较浑浊，则需要 2 片。将水静置 5 分钟（让净水片充分溶解），然后摇晃水壶，再将水静置 15 分钟。饮水时，求生者要先将水壶倒置，让壶中少量的水流出，冲净壶口。在躲避时，求生者应该使用净水片来净化水。如果附近没有植物类水源，那么求生者应该从营地附近溪流的上游取水用。

3）在 1 夸脱（0.95 升）水中滴入 8 滴 2.5% 浓度的碘酊，摇晃后将水静置至少 10 分钟。

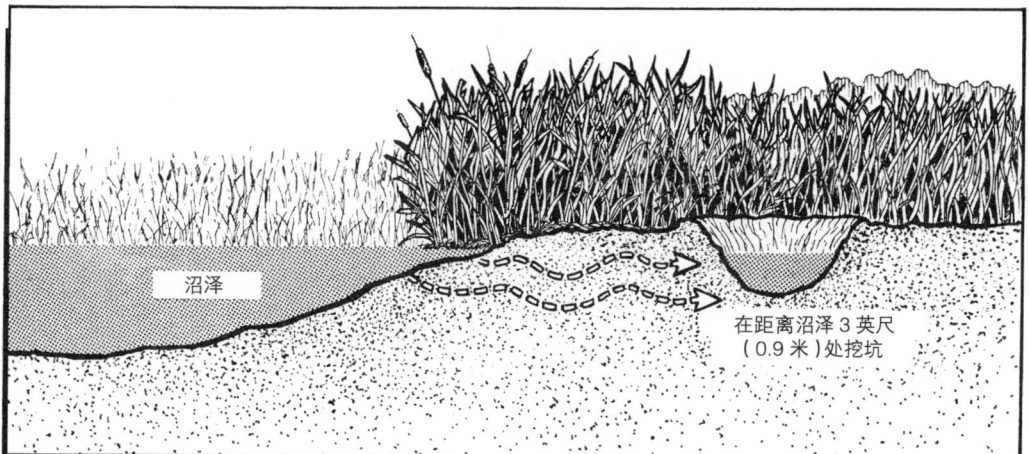

图 19-14　沉淀坑

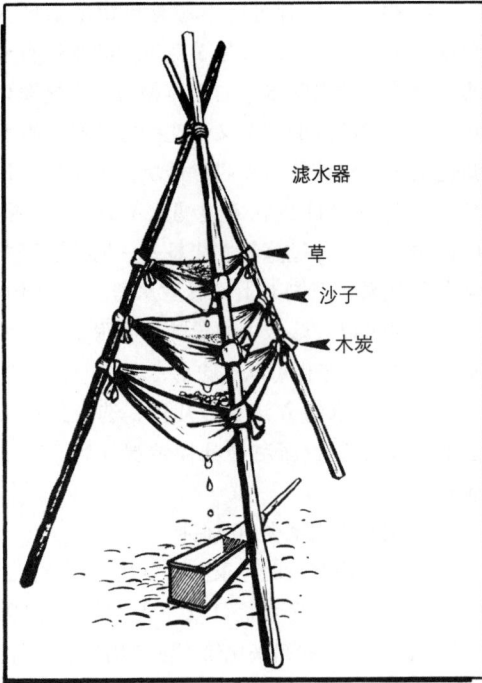

图 19-15　滤水器

4. 找到水源并将水净化之后，求生者可以将水储存起来，以便日后饮用。以下材料可以用来储水：

1）水袋；

2）水壶；

3）将袜子套在避孕套外面作为水囊；

4）竹节；

5）用桦树皮和树脂制成的水壶；

6）救生气囊；

7）抗暴露服的风帽。

第七部分

行进

第 20 章　导航与定位

20.1 引言

1. 求生者必须知道自己所在的位置,这样才能明智地决定是否该留在原地等待救援,以及要到达的目的地和行进距离。如果求生者决定留在原地,那么他需要知道自己的位置,并将相关信息通过无线电发送给救援人员。如果求生者决定行进,他就必须利用地图确定最佳

线路、食物和水源的位置以及应该避开的危险地区。

2. 这一章将介绍有关地图和指北针使用的知识。(图 20-1)

20.2 地图

1. 地图以制图语言将地表的特征以一定比例呈现在二维图上。每张地图都应该包括名称、

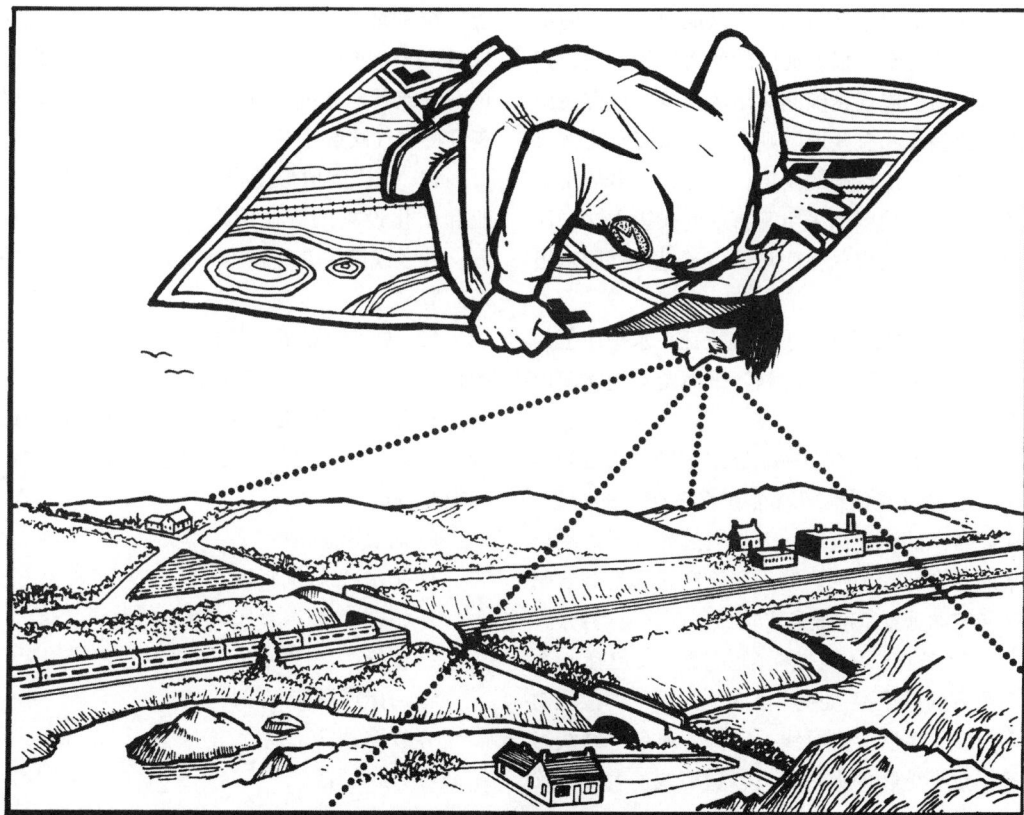

图 20-1　野外定向

图例、比例尺、指向标、格网系统、等高线等要素。通过这些要素，求生者可以确定地图所描绘地区的地表特征。求生者应该有能力理解并利用地图上的所有标记，能够确定地图上任意两点之间的距离，并且能够按照真北方向调整地图，使地图上的标记与地面上的真实情况相吻合。

2. 地图反映的是从地球上空看到的地表的概念化图像，只简单地呈现出了重要的细节并印上附加的说明。一张地图展现的是人们对于地球所知道的情况，而不是一个人在地球上可以看到的景象。而且，地图上显示的内容是有选择性的，只有那些为了实现特定目从而必须让人们了解的信息才会出现在地图上。地图上通常还标明了那些人们在地球上看不见的地表信息，例如纬线、经线、国境线等。

3. 由于人们无法将地球这样的球体准确地展现在一个二维平面上，所以地图上描绘的事物都有些变形。根据地图的使用目的不同，有些地图为了展现精确测量出的角度，没有使用固定比例尺，有些地图则为了使用固定比例尺而没能展现出精确的角度。但是，大多数用于野外定向的地图都采用了折中的投影方法，让地图上的图像有些微变形，但还是可以展示出较为真实的图景。

4. 平面图展现出了地理特征在水平面上的位置。与地形图不同的是，平面图不能体现出地势的起伏。

5. 地形图（图 20-2）展现了经过测绘的地貌、地势及其他地理特征在水平面上的位置。地面各点的海拔高度一般是通过等高线体现出来的。在地形图上，海拔和等高线都是基于明确指定的垂直基准面和平均海平面测量得到的。

6. 塑胶立体地图是航拍照片或包括一系列照片的航空摄影照片镶嵌地图的"模拟复制品"，上面包括格网线、图例、地名、路线编号、重要地物的海拔高度、边境线、大致的比例尺及大致的方向等。

7. 等密度线影像地图（图 20-3）是一种把

标准影像地图上的影像以各种颜色和符号来解释的地图。

8. 航空摄影照片镶嵌地图由航空拍摄的照片拼接而成，在地形学上一般被称为马赛克图。在没有时间制作出一幅更加精确的地图时，使用这种地图是非常有效的。航空摄影照片镶嵌地图的精确程度取决于制图时的准备工作，其效果与简单的地面立体图和平面图相似。

9. 军用城市地图是一种城市地形图，一般使用 1:12500 的比例尺。地图上描绘了城市的街道，标出了街道和重要建筑的名称，以及其他在当前比例尺下显示的重要军事目标。常见的军用城市地图选用的比例尺从 1:25000 到 1:5000 不等，这取决于城市规模、地物的密集程度以及掌握到的信息量。

10. 特种地图是为了显示交通状况、通信系统、军事攻击目标等特定信息而制作的地图。特种地图通常是叠加套印的，比例尺在 1:1000000 和 1:100000 之间。此外，还有用有机溶胶或其他非纸质材料制作的特种地图，以满足特殊气候条件下的使用需要。

11. 大比例地形模型是展现地表形态、工业和文化设施的等比例模型地图，用于在规划、教学或简单介绍攻击方案时提供形象化的地面情况。

12. 专用地图是为了显示标准地图中没有的信息或详细阐述标准地图中的信息而设计的。专用地图通常是叠加套印的，单独成图或者夹在某一地区的研究报告中。专用地图的设计专题包括：

1）地表形态；

2）排水系统的特征；

3）植被；

4）气候；

5）海岸或登陆海滩；

6）铁路；

7）飞机场；

8）城市；

9）电力系统；

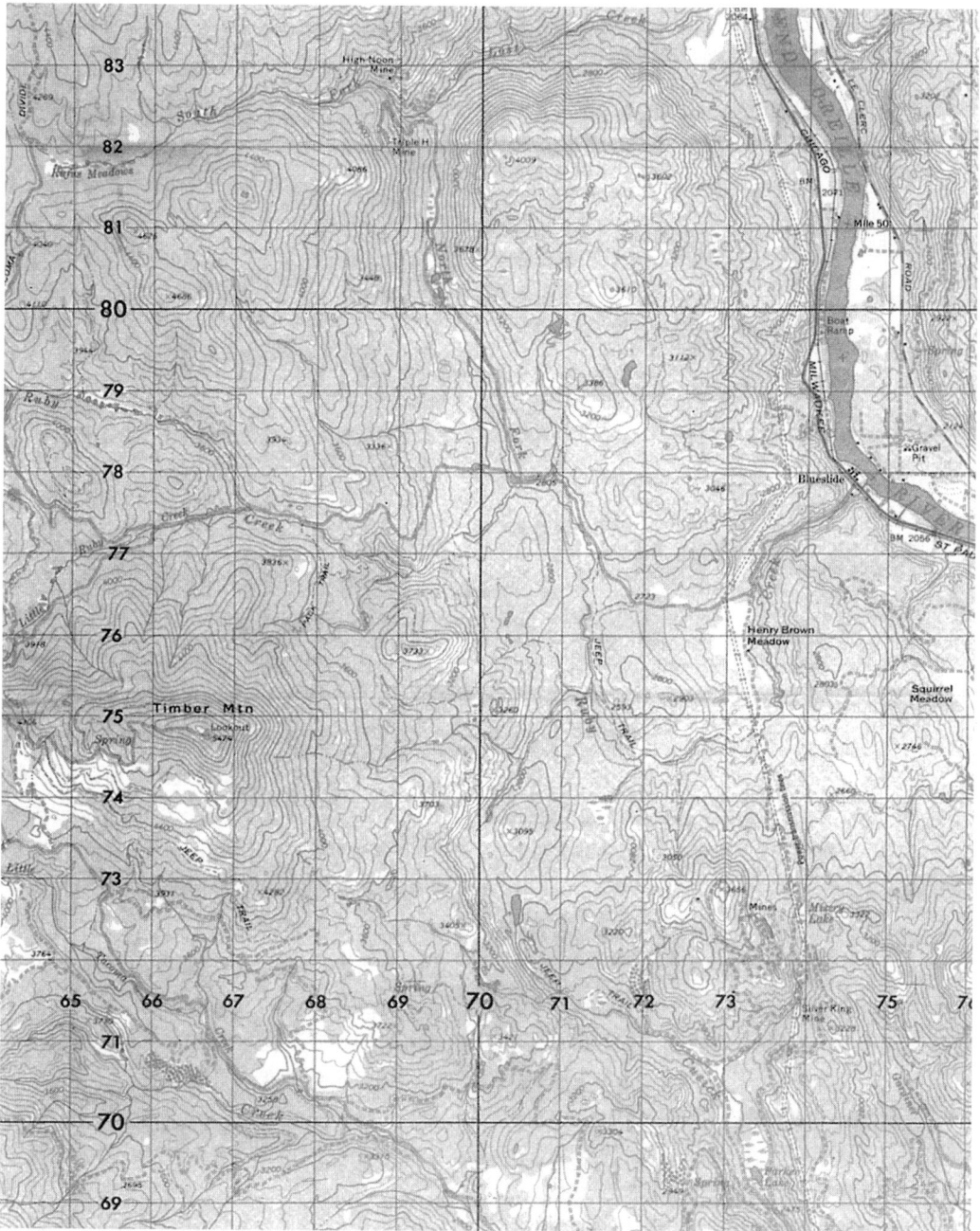

图 20-2 地形图

10）燃料供给管线；

11）地表水资源；

12）地下水资源；

13）天然建筑材料；

14）越野活动；

15）建造机场的可行性；

16）空降作战。

20.3 航空图

空中导航和计划图是为了规划空中飞行

而设计的。为了适应空中导航的具体需求，不同系列的航空图采用的比例尺各不相同。与军用地图或空中目标图相比，航空图的比例尺较小，细节没那么多，位置误差控制的重要性也不是那么关键。下表中包括了情报活动中最常见的几种航空图，在国防制图局（DMA）华盛顿的分发服务处可以获取这些航空图。

名称	比例尺	代码
美国空军全球导航与计划图	1:5 000 000	GNC
美国空军喷气式飞机导航图	1:3 000 000	JNC-A
美国空军作战导航图	1:1 000 000	ONC
美国空军战术地标领航图	1:500 000	TPC
美国空军喷气式飞机导航图	1:2 000 000	JN
联合作战图	1:250 000	JOG

1. 美国空军全球导航与计划图（图 20-4）。美国空军全球导航与计划图普遍用于大范围或远距离作战。空军全球导航与计划图的图廓线选在涉及战略利益的主要地区，所以可为远程、高海拔和高速的飞行器提供导航。从国防制图局还可获得其他几种综合计划图，有些仅限于涉及战略利益的地区，而有些覆盖的地区范围更广。所有综合计划图的比例尺都很小，可以在一页图内描绘出广阔的区域。

2. 美国空军喷气式飞机导航图（图 20-5）。基本的美国空军喷气式飞机导航图选用的都是 1:2 000 000 的比例尺，描绘北极地区和美国本土的美国空军喷气式飞机导航图则选用 1:3 000 000 的比例尺。二者都印在长 57.375 英寸（145.7 厘米）、宽 41.5 英寸（105.4 厘米）的纸上。

1) 通过航位推算和借助雷达、星辰及格网导航，美国空军喷气式飞机导航图用于喷气式飞机远程飞行起飞前的规划和途中导航。经过设计的多张空军喷气式飞机导航图可以拼接在

一起形成一个带状图，为计划中的航线提供必要的导航信息。在导航图上，通过等高线、独立高程点和分层设色可以体现出地势的起伏，大面积地形平坦的区域可以通过多条平行线及标注的海拔高度来体现。

2) 美国空军喷气式飞机导航图上标出了主要的城市和主要的道路及铁路系统，在临近人口密集区的范围内标出了交通网，此外还标出了湖泊和主要的排水系统。主要湖泊的海拔必须标出，这样可以帮助飞行员运用雷达高度表来确定飞机所处的高度。

3. 美国空军作战导航图（图 20-6）。

1) 美国空军作战导航图是一种可以满足军用需求的、适应低海拔导航的导航图。美国空军作战导航图用于起飞前的规划和途中导航，也可以用于作战准备、情报工作、测绘以及飞行计划展示。

2) 每张美国空军作战导航图覆盖着以纬度跨度 8°、经度跨度 12° 为单位的区域。美国空军作战导航图是通过字母和数字的组合来识别的（图 20-7）。从北极开始逐渐向南，每 8° 纬度用一个字母表示。从本初子午线开始逐渐向东，每 12° 经度用一个数字表示。低海拔飞行任务的成功开展需要依靠飞行员的视觉和飞机雷达对地面特征的定位以及飞行员迅速将这些地面特征与图上的标记联系起来的能力。通过常规的符号和标志，空军作战导航图可以描绘出低海拔的重要定位点的人文要素。美国空军作战导航图还会用常规的线条和点状符号来标出输电线路（城市地区除外）。

3) 在某些情况下，图示说明比常规的标志更能满足作战任务的需要，图示能够更形象直观地标明重要的建筑物、桥梁、大坝、塔台、储油罐、体育场及其相关特征。所以，在美国空军作战导航图上，重要的地标是用图像符号来表现的。

4) 美国空军作战导航图按照透视法则描绘出了地势的起伏，让使用者能够理解并感受到该地区的相对高度、斜面坡度及地貌形态。地

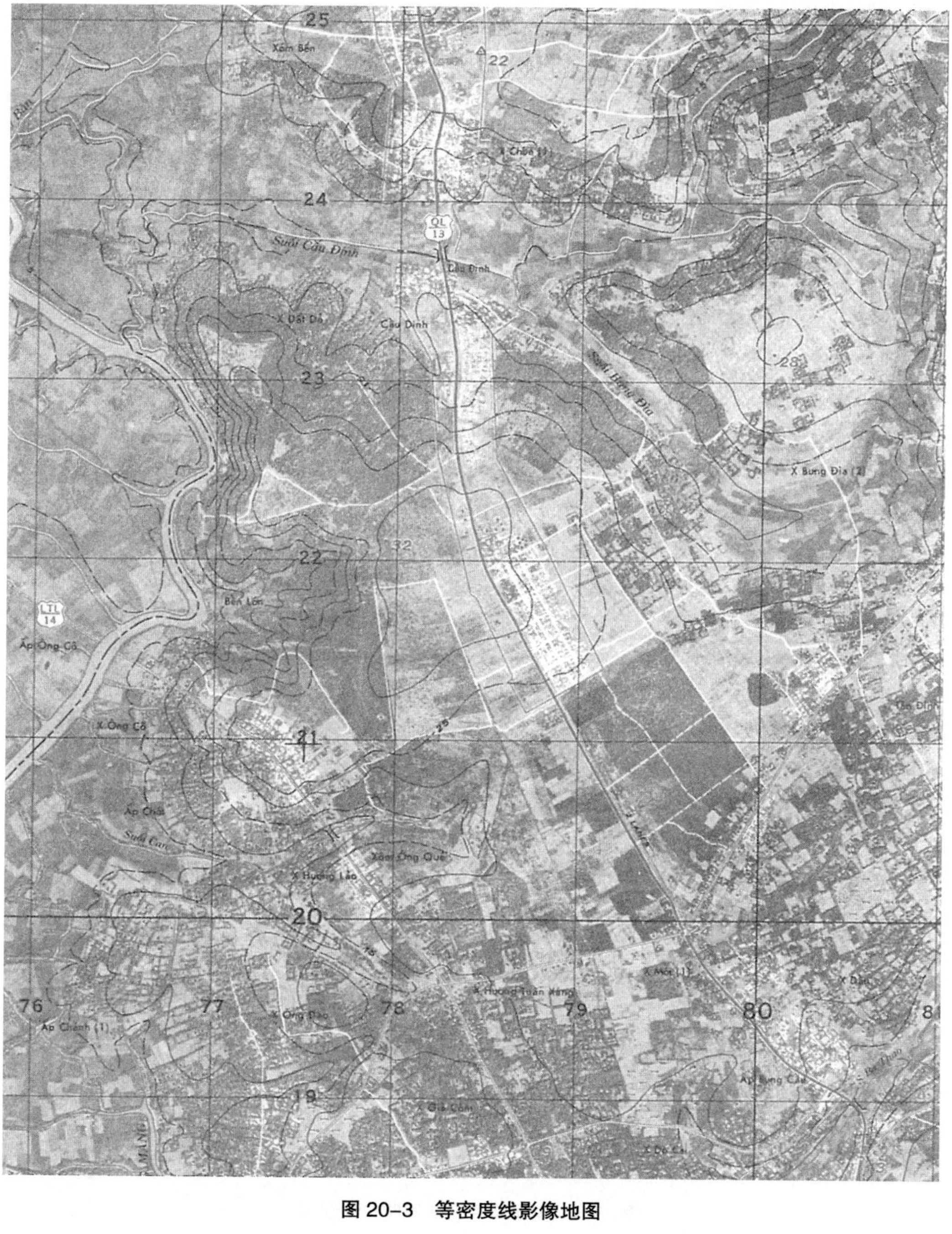

图 20-3 等密度线影像地图

形特征主要是用等高线和独立高程点来表现的，但是会通过阴影或者地形特征色彩来表现整体的海拔高度。在不同的区域，可以选用不同的等高线间距和地形特征色彩，这样可以在一张完整的图中展现出不同地面形态的相对重

要性，有利于做好起飞前的规划工作和飞行中的定向。

4. 美国空军战术地标领航图（图 20-8）。

1）美国空军战术地标领航图一般采用 1:500 000 的比例尺，几张图为一个系列，印刷

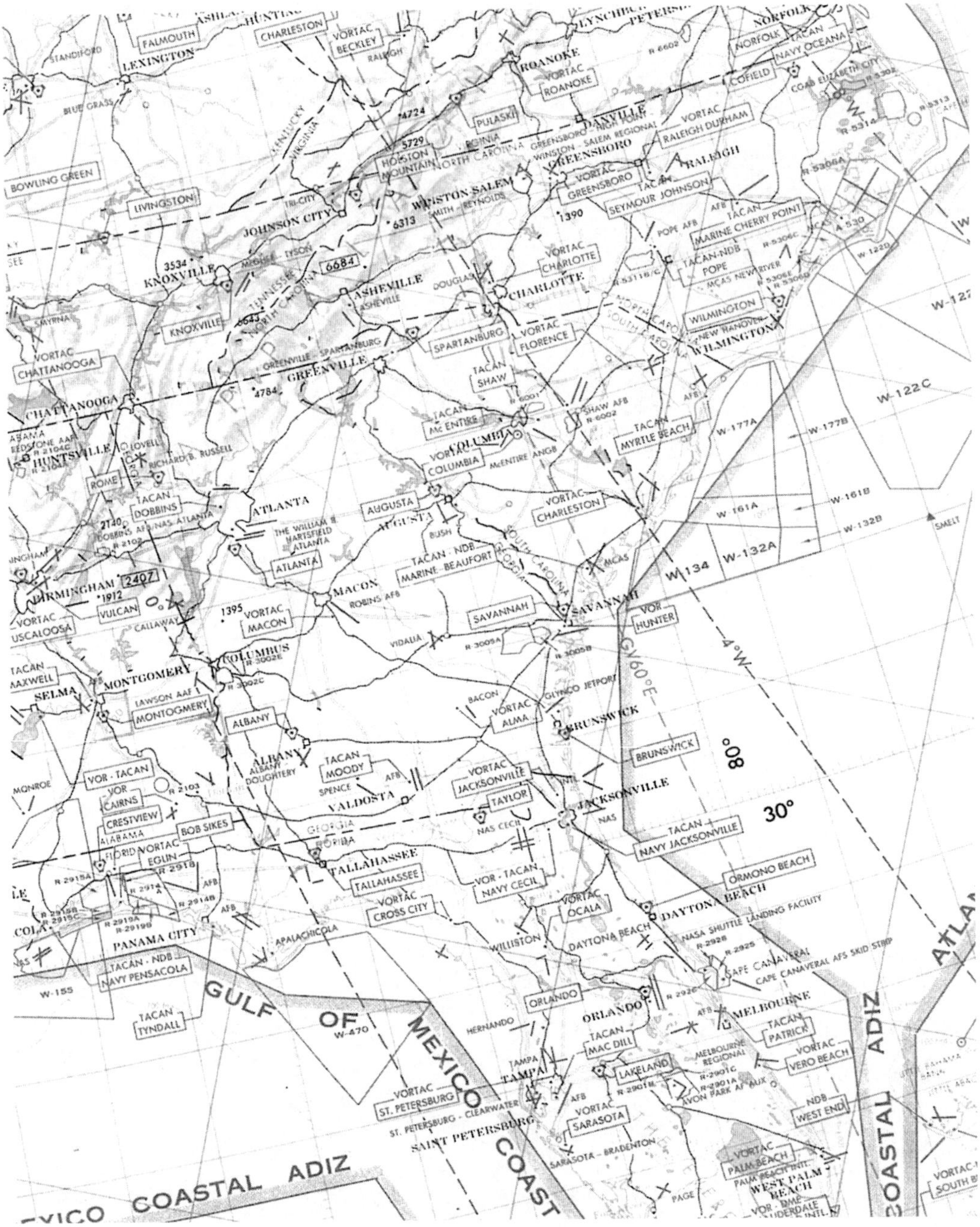

图 20-4　美国空军全球导航与计划图

纸张的大小与空军作战导航图相同，但是一张
空军战术地标领航图覆盖的面积只有空军作战
导航图的 1/4。图 20-9 体现了两种图覆盖面积
的大小关系，在一张空军作战导航图上用 A、
B、C、D 标出了四张空军战术地标领航图分别
覆盖的地区。

　　2）美国空军战术地标领航图用于精细的起
飞前的规划及任务分析工作。在空军战术地标
领航图的绘制过程中，通过视觉和雷达两种手
段，强调了对低海拔和高速飞行导航非常重要

图 20-5　美国空军喷气式飞机导航图

的地面特征，这些地面特征还能让使用者在预设的定位点处对地形图迅速定向。

3）美国空军战术地标领航图用等高线［间距从 100 英尺（30.5 米）到 1 000 英尺（304.8 米）不等］、独立高程点、地貌晕渲、地形特征色

彩来表现地势的起伏。城镇、主要的道路、铁路、输电线、边界线以及其他对低海拔飞行任务来说比较重要的地面特征都要在空军战术地标领航图中标出，最重要的定位点用图像符号标出。为了增强使用效果，空军战术地标领航

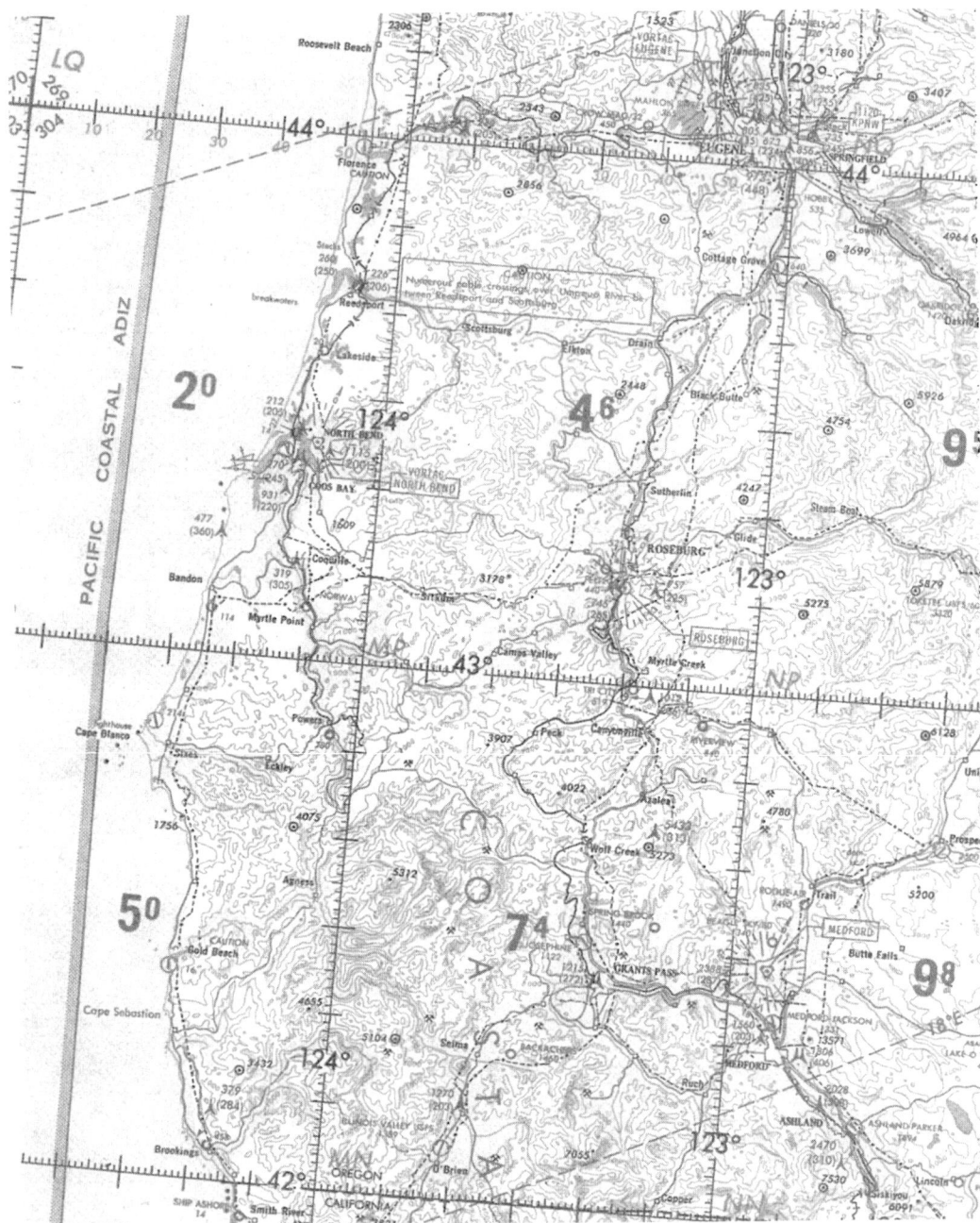

图 20-6　美国空军作战导航图

图中有时还包括以下要素：

(1) 通用墨卡托投影（UTM）格网套印；

(2) 植被颜色和符号代码；

(3) 放大的垂直障碍物符号；

(4) 放大的道路和铁路符号；

(5) 突出的无线电辅助导航设施符号；

(6) 外国地名表；

(7) 掌握信息的情况下，按比例绘制的机场跑道；

(8) 对所有高地都通过独立高程点、分层

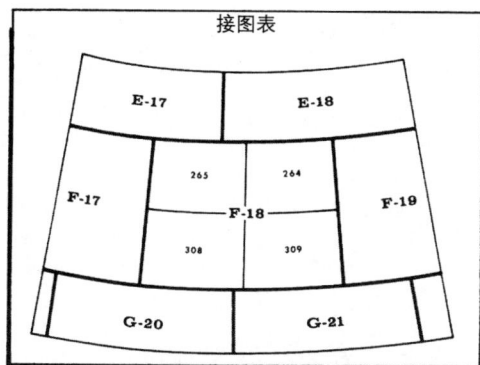

图 20-7 作战导航图索引

接图表

E-17　E-18

F-17　265　264　F-19

F-18

308　309

G-20　G-21

设色和地貌晕渲进行标示；

（9）每个 15 分标准图幅中的最高海拔都以百英尺或千英尺为单位标出。

5. 联合作战图（空军系列 1501）。

1）联合作战图（图 20-10）是一系列比例尺为 1:250000 的军用地图，用于地面和空中联合作战，分为地面和空中两个版本。这两个版本都强调了空降设施，但是空中版中还添加了一些有利于确认空中导航辅助设施和障碍物的标志。

2）联合作战图的设计目的是为海、陆、空三军提供统一规格的地图。空军可以在执行战斗任务和进行空中支援、低空中速或高速飞行封锁时使用联合作战图，也可以用它为短程的途中导航进行航位推算、视觉领航。由于联合作战图的比例尺较大，所以不适合用于局部区域的战术及战斗任务指挥。

（1）联合作战图用等高线（以英尺为单位）来表现地势起伏。有时，等高线的间距以米为单位，但会在页边处标出相应的英尺数。所有地形层面上都标出了独立高程点。地面版本的联合作战图会以米为单位标示海拔高度和等高线，而空中版本会以英尺为单位。

（2）联合作战图还会通过分层设色和晕渲地貌来表现地势起伏，每个 15 分标准图幅中的最高海拔都以百英尺或千英尺为单位标出。

（3）城镇、道路、小径、铁路等人文要素会在图上详细标出，边境线、输电线的位置也会标出，植被的分布情况用符号来表示。为了表现出该地区的水体特征，例如海洋、湖泊、河流、溪流、运河、沼泽、暗礁及海岸线等，绘图时使用了复杂的图案和颜色。联合作战图上包括机场、固定雷达导航、通信设施、所有已知高度超过 200 英尺（61 米）的障碍物等航空信息。如果能获得相关资料，图中还会按比例画出机场的跑道。

（4）联合作战图的基本编号系统采用 2 个字母加 1 个数字的组合方式，每个编号覆盖经度跨度 6°、纬度跨度 4° 的地区。如果图中覆盖的地区在赤道以北，那么编号的第一个字母就是"N"，而赤道以南地区联合作战图的编号首字母是"S"。从赤道向两极，每 4° 纬度由一个字母表示，作为编号的第二个字母。从 180° 经线开始逐渐向东，每 6° 经度由 1 个数字表示。每一块以 2 个字母和 1 个数字（1~60）编号的 6°×4° 的区域还可以进一步划分成 12 或 16 个图块，图 20-11 和图 20-12 显示了这些小图块是如何编号的，同时还分别标出了使用 12 或 16 个图块分割法的纬度范围。加拿大采用的编号系统略有不同，国防部航空图目录中对此有具体的说明。

6. 国防部航空躲避图。国防制图局和航空图与信息中心共同负责设计国防部航空躲避图。这些图选用 1:250000 的比例尺，标出了经度和纬度，并采用 UTM 格网套印。国防部航空躲避图用等高线和阴影来共同表现地势起伏，用图表上方附加的指向标来指示磁偏角，并且标出了季节性洋流的方向。国防部航空躲避图上还包括居民、气候、水体、食物、危险物、植被等环境数据。

20.4 图廓资料

1. 在使用任何装备之前，明智的做法是先阅读制造商提供的说明书，在使用地图时也是如此。地图的说明一般位于地图的页边处，称为图廓资料。由于每张地图都有不同的特征，所以求生者在使用不同的地图之前必须仔细阅

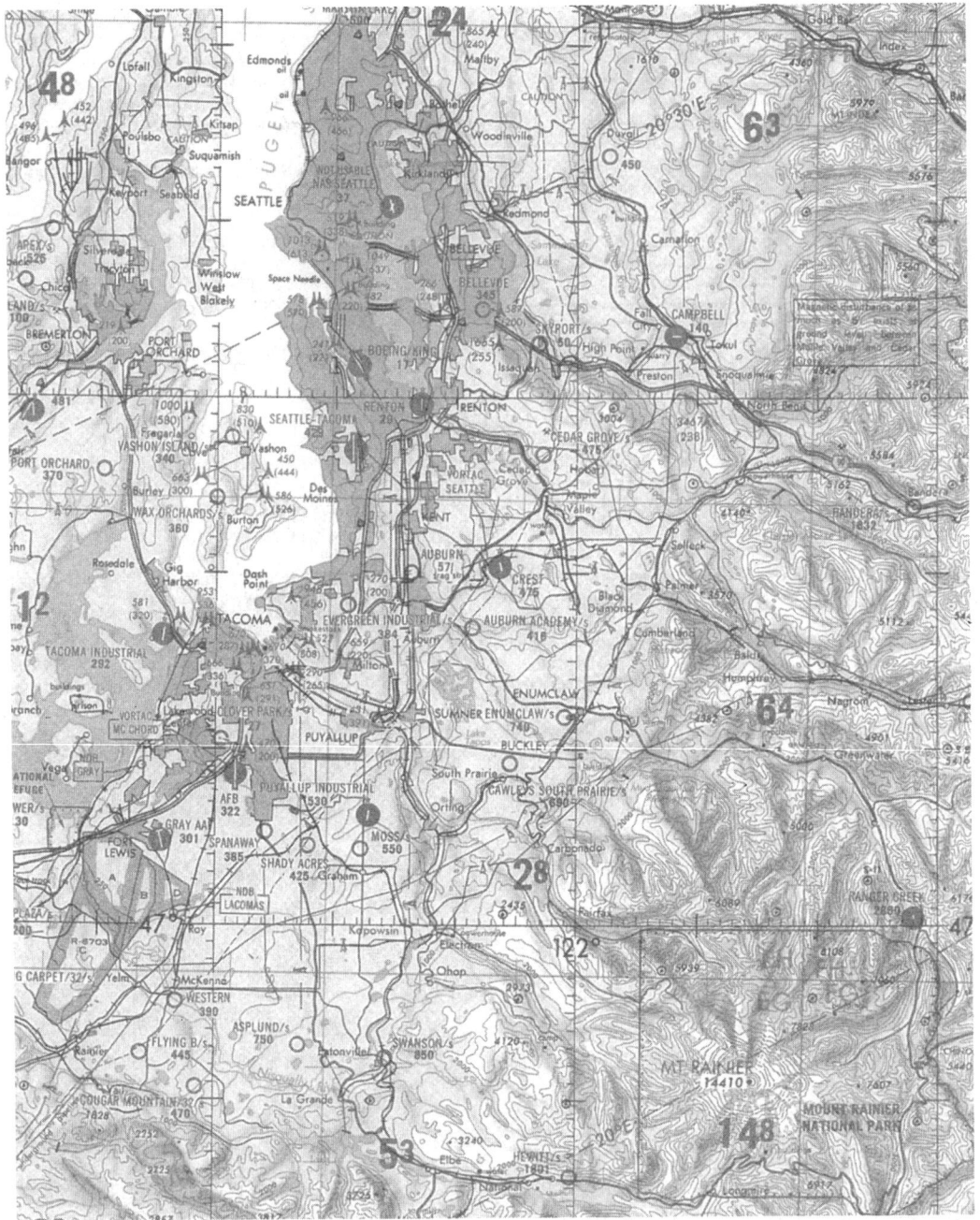

图 20-8　美国空军战术地标领航图

读图廓资料。

2. 图 20-13 是一张大比例尺（1:50 000）的地形图，图中用带圈的数字标出了使用者必须熟悉的图廓资料。不同地图上图廓资料的位置可能会有所不同，但是大部分地图上都会出现下面介绍的内容（图上带圈的数字与下列编号相对应）：

1）地图名称。地图名称出现在两处：地图上方页边的中央位置及下方页边的左侧位置。地图一般是根据该地区显著的人文或地理特征

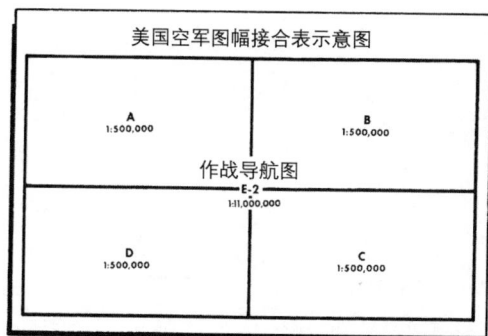

图 20-9　美国空军战术地标领航图与美国空军作战导航图之间的关系

来命名的，有时候地图的名称会采用该地区最大城市的名称。

2）图幅编号。图幅编号在地图上方页边的右侧位置。比例尺为 1:100000 或更大的地图一般采用强制的编号系统，让使用者能很方便地在比例尺为 1:100000、1:50000 和 1:25000 的地图上进行定位（图 20-14、图 20-15）。

3）系列名称和比例尺。

（1）地图的系列名称位于地图上方页边的左侧位置。一个地图系列通常是一组比例尺和图廓线都相同的地图，或者是一组显示某一特定地区的地图，还可以是一组为同一目标服务的地图，例如军用城市地图。地图的系列名一般采用地图中最重要地区的名字。比例尺表示的是图上距离比实际距离缩小的程度。例如，1:50000 的比例尺表示实际距离是图上距离的 50000 倍。

（2）在描述比例尺时，"小比例尺""中比例尺""大比例尺"这样的形容可能会让一些人感到迷惑。但是，如果用数字之比（相当于分数）来表现比例尺，人们很快就能判断出 1:600000 的比例尺比 1:75000 的比例尺小。所以，比例尺中的"1:"后面的数字越大，地图的比例尺就越小。

①小比例尺。比例尺为 1:600000 或更小，这样的地图一般用于整体规划和高层的战略研究。标准的小比例尺规格为 1:1000000。

②中比例尺。比例尺在 1:600000~1:75000 之间的地图用于计划军事任务，包括军队和给养的移动、隐蔽等。标准的中比例尺规格为 1:250000。

③大比例尺。比例尺为 1:75000 或更大，这样的地图一般用于满足地面部队战术、指挥等方面的需求。标准的大比例尺规格为 1:50000。

4）系列编号。系列编号位于上方页边的右侧位置及下方页边的左侧位置，用四位数（如 1125）或者 1 个字母加三位数或四位数（如 V7915）来编号。

5）版本编号。版本编号位于上方页边的右侧位置及下方页边的左侧位置，代表着该地图与其他同样内容的地图在版本的问世时间、责任机构上的不同。最新一版的地图版本编号最大。"EDITION 1 DMATC"代表该地图由国防制图局地形图中心负责制作，是第一版。版本的编号是按序排列的，版本编号较大的地图是新出版的，一般来说其中的信息更新、更全面。版本更新后，有关部门会撤回或替换前一版的地图。

6）比例尺。图示比例尺位于地图下方页边的中央位置，用刻度尺标出了实际距离与图上距离之间的比例。一张地图上通常有 3 个或更多个图示比例尺，分别采用不同的测量单位。

7）信用说明。信用说明位于地图下方页边的左侧位置，列出了地图的制作者、问世日期以及整体的筹备或修订情况。这些信息很重要，因为地图使用者可以根据这些信息来确认地图上的信息是在何时、用何种方法获取的，从而判断地图的可靠性。在一些最新出版的 1:50000 比例尺的地图上，信用说明在地图下方用表格的形式列出，并且写出了能够用来确定可靠性的信息。

8）相邻图幅表（图 20-13 中未展示）。所有标准比例尺的地图上都有一个图表，其中标出了与该图相邻接的地图。

（1）在 1:100000 比例尺或更大比例尺的地图，以及 1:1000000 比例尺的地图上，相

图 20-10　联合作战图

邻图幅表被称为相邻图幅索引，其中包括很多代表相邻地图的矩形，围绕在代表该张地图的矩形四周。相邻图幅表中通常包括 9 个矩形，但具体数量或名称会根据相邻地图所示的地点

而略有不同，所有矩形上都标有其所代表的地图的编号。不论是已经交付印刷还是计划制作的相邻地图，只要比例尺与该地图相同，都会在相邻图幅表中用虚线划分。相邻地图的系列

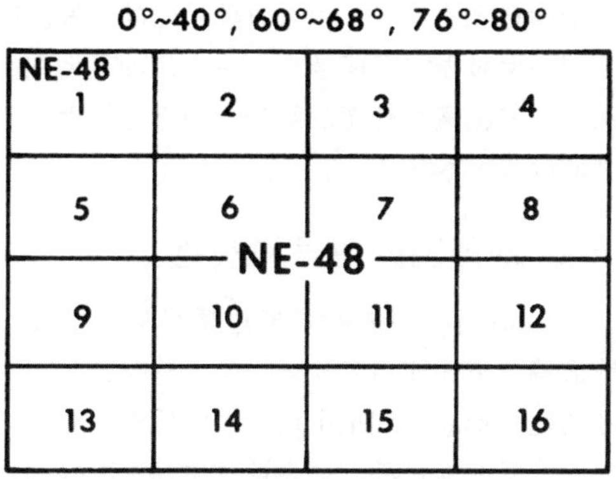

0°~40°, 60°~68°, 76°~80°

NE-48 1	2	3	4
5	6	7	8
9	10	11	12
13	14	15	16

NE-48

图20-11　联合作战图的编号系统（分为16个图块）

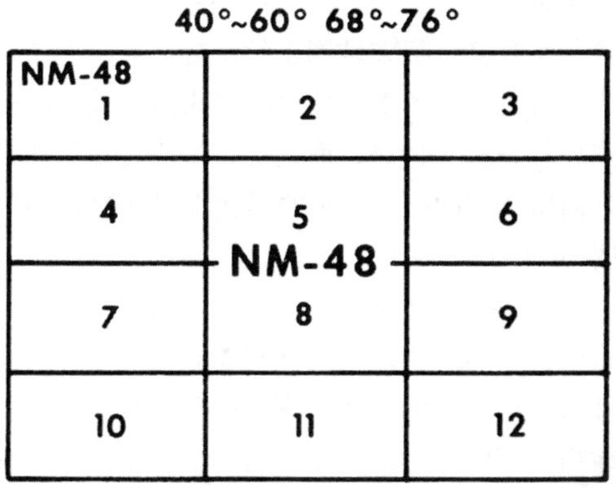

40°~60° 68°~76°

NM-48 1	2	3
4	5	6
7	8	9
10	11	12

NM-48

图20-12　联合作战图的编号系统（分为12个图块）

编号会在相邻地图之间的分割线边上标出（图20-16）。

（2）1:50000 比例尺的地图会在相邻图幅编号索引的下方标出该地区 1:250000 比例尺地图的编号和系列编号。

（3）在 1:250000 比例尺的地图上，相邻图幅表位于图幅位置示意图中，图表中通常包括 25 个矩形，但是具体数量会根据相邻地图所示的地点而有所不同。

9）地界索引。在所有 1:100000 比例尺或更大比例尺的地图，以及 1:1000000 比例尺的地图上，地界索引图表位于下方页边的右侧位置。地界索引图表是地图的缩略图，标出了地图范围内出现的地界，例如国境线和州境线。在 1:250000 比例尺的地图上，地界索引信息出现在图幅位置示意图中。

10）投影信息。投影系统是地图的框架。地图的框架是采用正行投影绘制，也就是说，地球表面上的一片小面积区域可以在地图上保持原来的形状，测绘的角度与实地的角度基本相等，从某一点向各个方向延伸距离的比例因子完全相同。投影信息位于地图的下方页边处。

11）格网注记。格网注记位于地图下方页边的中间位置，提供了地图选用的格网系统、格网线之间的间距以及格网线上略去没有标明的数据。重叠的格网线及二级格网线也会在格网注记中标出。

12）参考坐标格网表。参考坐标格网表是对参考坐标格网各个部分的说明。

13）高程基准面注记。高程基准面注记位于地图下方页边的中间位置，标示了地图中出现的所有高程控制点、等高线和海拔高度的基准。在 1:250000 比例尺的联合作战图中，高程基准面注记有时会出现在图料精度表中。

14）水平基准面注记。水平基准面注记位于地图下方页边的中间位置，标示了地图中出现的所有水平控制点。控制点形成的网络确定了地图上所有水平位置的映射特征。在 1:250000 比例尺的联合作战图中，水平基准面注记有时会出现在图料精度表中。

15）图例。图例位于地图下方页边的左侧位置，标出了地图上用于表示某些地理特征的地形符号。因为并不是所有地图上的地形符号都一致，所以为了避免在使用地图时错误地解读符号所对应的地理特征，求生者必须在使用地图之前先阅读图例。

16）偏角示意图。偏角示意图通常位于大比例尺地图的下方页边上，标出了真北、格网北、磁北之间的偏差值。在 1:250000 比例尺的联合作战图中，偏角示意图有时作为注释标在地图的下方页边上。

17）使用者须知。使用者须知位于地图的下方页边上，是制作单位邀请使用者指出地图上错误或遗漏之处的建议信息。使用者应该在地图上标出错漏之处，然后把该地图寄给制作单位。

18) 印制单位版本说明（图 20-13 中未展示）。印制单位版本说明位于地图下方页边的左侧位置，告诉使用者该地图的印刷部门和印刷日期。注意：印刷日期并不是取得地图信息的日期。

19) 等高距。等高距位于地图下方页边的中间位置，标明了地图上相邻的等高线之间的垂直距离。出现辅助等高线时，也会注明相应的等高距。

20) 特别注释和比例尺（图 20-13 中未展示）。在某些情况下，需要向使用者额外列出一些特别的注释和比例尺，例如：

(1) 词汇表。词汇表是对地图中出现的专有名词的解释，或是地图上非英语地区用外语标注的地名的英文翻译。

(2) 分级。有些地图上方或下方的页边处会标出该地图的保密等级。

(3) 分角规。分角规有时出现在一些地图上方的页边处，用来标出格网磁偏角，从而让使用者能同时借助地图和指北针来确认方向。

(4) 覆盖区域图。有些 1:100 000 比例尺或更大比例尺的地图上会标出覆盖区域图，一般位于地图下方页边或右侧页边处，同时还列出了制作该地图的方法、拍照日期、信息来源的可靠性等。在 1:250 000 比例尺的地图中，覆盖区域图有时会被图料精度表所取代。

(5) 海拔要览。有些 1:100 000 比例尺或更大比例尺的地图上，会在地图下方页边的右侧位置标出该地区地形特征的缩略图，图中用海拔带、独立高程点和主要的水系特征来表现当地的地貌。海拔要览可以让使用者迅速了解该地图所覆盖地区的主要地形。

(6) 特殊注记。特殊注记是对地图覆盖地区整体信息的介绍，例如"稻田经常会遭到洪水的袭击，但有时也发生季节性旱灾"。

21) 库存识别编号（图 20-13 中未展示）。所有美国国防部或国防制图局出版的地图都有一个库存识别编号，用来方便地图的分发。库存识别编号由"库存号."开头，后面是地图的系列编号、该页地图的编号，最近还加上了印刷数量和版本编号。

20.5 地形图的符号和颜色

1. 地图的功能就是通过适当标出重要的地形特征来让使用者比较形象地感受到某一地区的地表形态。理论上说，地图覆盖的整个区域中的所有地物都应该在地图中标出准确的位置、大小和形状。但是，这一点在实际操作中并不能实现，因为其中有些特征可能并不重要，而有些特征在地图上缩小之后完全无法辨认。所以，制图者必须用符号来表示地表的一些自然物和人造物，而这些符号应当尽可能与它们所代表的物体原来的形状相似（图 20-17、图 20-18）。

2. 为了让地图上显示的地表特征更容易辨认，让不同地物之间的外观差异更大，地形符号通常用不同的颜色印刷，每种颜色代表一类地物。不同种类的地图选用的颜色不同，标准的大比例尺地形图选用的颜色及它们分别代表的地物如下：

1) 黑色——多数的人文或人工地貌特征；

2) 蓝色——水系，例如湖泊、河流、沼泽等；

3) 绿色——植被，例如树林、果园等；

4) 棕色——所有地形特征，例如等高线；

5) 红色——主要道路、建筑物密集区及特殊场所；

6) 有时候，地图还会使用其他颜色来表示特殊的信息（一般会在图廓资料中标注），例如在联合作战图中用紫色代表航空符号及有关陆空协同作战的信息。

3. 在制图过程中，所有地物都要从真实大小缩小到图上大小。为了让使用者看得更清楚，有些符号需要被放大，并且让符号的中心处于地物所在的位置上，地物的真实位置与主要道路相邻时除外。因为如果制图时放大了道路的

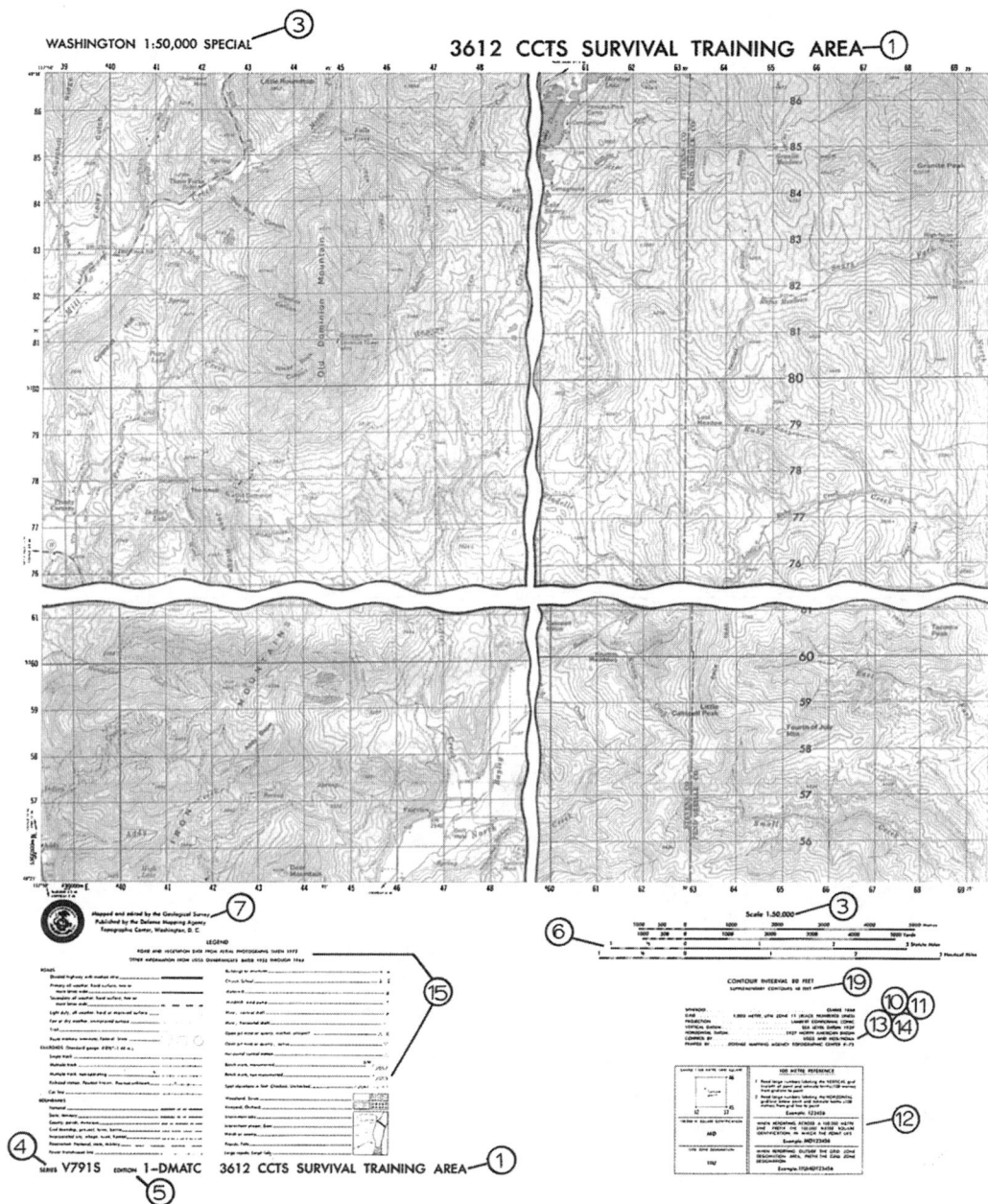

图 20-13　1:50 000 比例尺的地形图

宽度，那么道路边地物的位置也会被稍稍挪动，以保持其与道路之间的距离和大小关系。

4.《陆军战地手册》第 21-31 条中详细介绍了美国军用地图中使用的地形符号和缩写名称，图 20-19 展示了其中的一部分内容。

20.6　坐标系统

坐标系统利用 2 条垂直交叉的坐标轴来确定地球上某一点的具体位置。三种主要的坐标系统是地理坐标系统、全球地理坐标参考系统

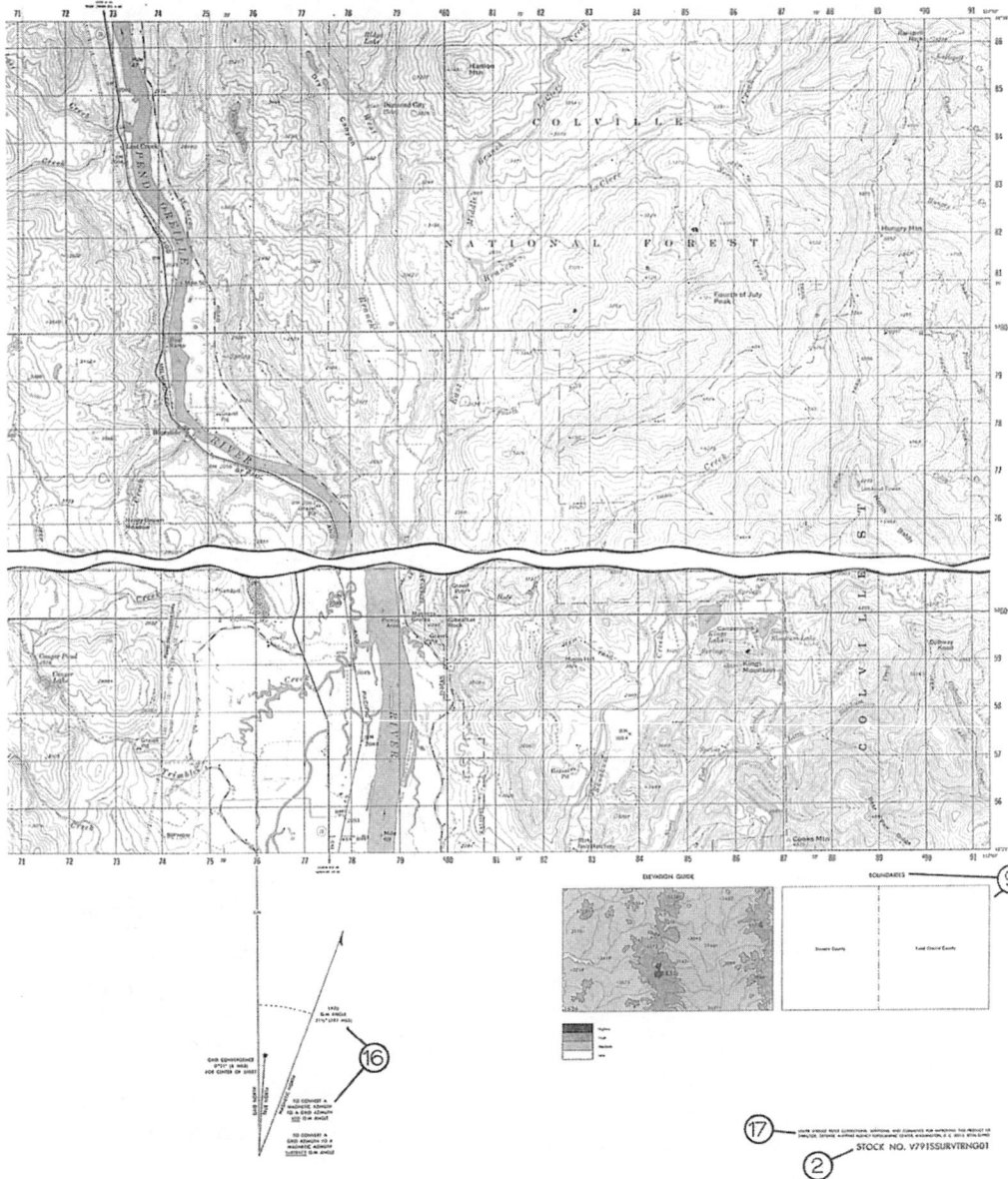

图 20-13　1:50 000 比例尺的地形图（续）

（GEOREF）和通用墨卡托投影（UTM）格网坐标系统。了解这些坐标系统的使用方法有助于求生者在野外环境中进行定位。

　　1. 坐标。两条基准线确定的参考系中可以确定空间中某一点位置的一组数据称为坐标。图 20-20 中 F 大街和第四大道的十字交叉处就是格里德城公共图书馆的坐标位置，而当地的剧院则位于 D 大街和第六大道的十字交叉处。从这个简单的例子可以看出，人们可以从坐标系统中垂直线和水平线的交叉点上确定坐标。地图和图表中使用的最基本的坐标系统是地理军用格网坐标系统。这里主要介绍地理坐标系

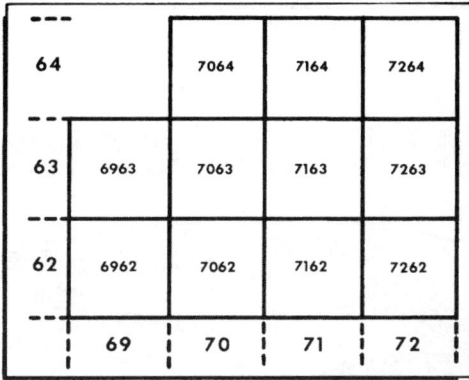

图 20-14　1:100 000 比例尺地图的基本分幅情况

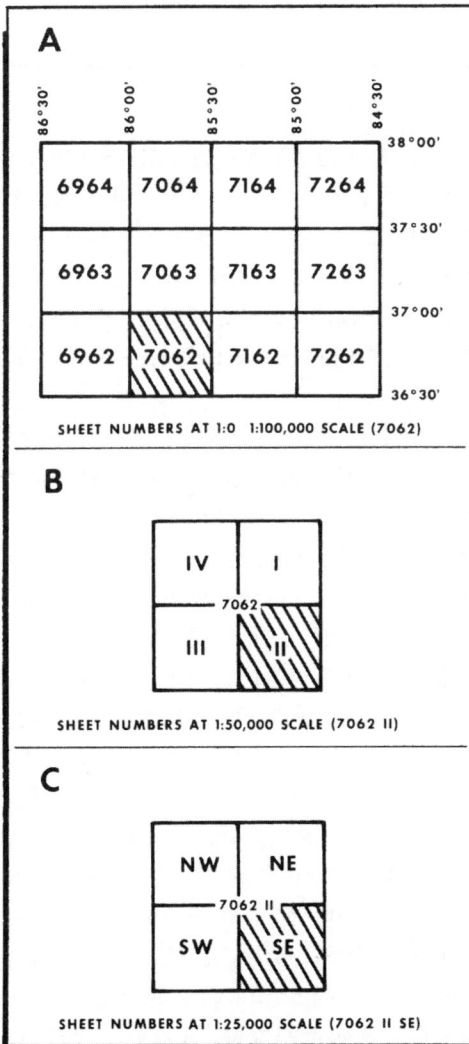

图 20-15　地图编号系统

统、全球地理坐标参考系统及军用格网参考系统的结构和使用方法。

1) 地理坐标系统。地理坐标系统是由人们想象出来的环绕地球分布的线网所组成的坐标系统，用于确定地物在地球上的位置，其中南北向的线叫作经线，东西向的线叫作纬线。地球上任意一点的位置都可以用穿过这一点的经线和纬线的度数来描述。

2) 经线。经线和纬线是人们想象出来的分布在地球表面南北向和东西向的环状线。其中那些最大的圈可将地球分为两个相等的部分（两个半球），而其他小圈则将地球分成两个不相等的部分。研究图 20-21 后可以发现：①南北向的环都是大圈；②每个南北向的大圈都会穿过南极和北极。像这样穿过两极将地球两等分的环状线叫作经线圈，经线圈被南极和北极分割形成的半圆叫作经线。

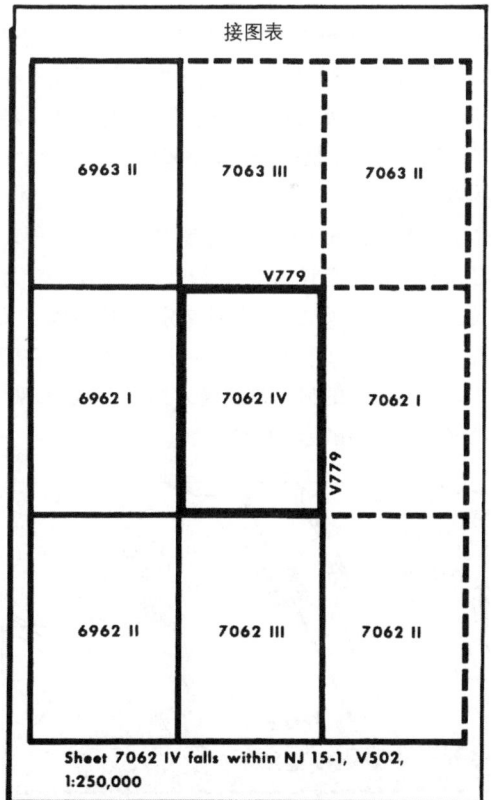

图 20-16　相邻图幅编号索引

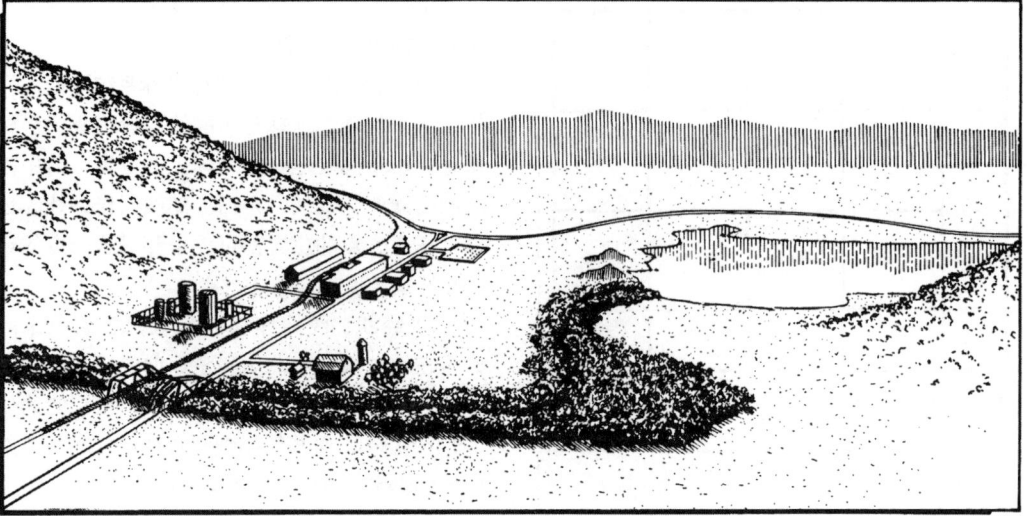

图 20-17　实际看到的地表情况

（1）"经线"一词来源于拉丁文，意思是"穿过最高点的线"（对经线来说，它们穿过的最高点就是南极和北极）。从经线向东或向西量出的角距离被称为纵向距离。当然，人们必须给每条经线标出度数，这样才能使经线有存在的价值。经度的数值用度（°）、分（'）、秒（"）来表示。完整的一圈有 360°，1° 为 60'，1' 为 60"。

（2）所有的经线看起来都是一样的，所以必须将其中一条设为 0° 经线（起始点）。穿过英国格林尼治天文台的经线被定为 0° 经线，又称本初子午线（图 20-21）。与本初子午线在同一个经线圈上的另一条经线为 180° 经线，180° 经线也被称为国际日期变更线。

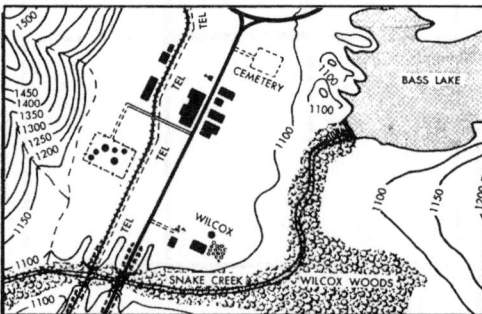

图 20-18　地图上显示的地表情况

（3）从本初子午线开始向东直到国际日期变更线的经度为东经 0°~ 东经 180°。同样的，从本初子午线开始向西直到国际日期变更线的经度为西经 0°~ 西经 180°。0° 经线与 180° 经线形成的经线圈将地球分为东西 2 个半球。本初子午线东侧的 180° 与西侧的 180° 共同形成了 360° 的球体。

3）纬线。注意，图 20-22 中东西向的线圈的直径是各不相同的，标有"赤道"的圈最大，其他的圈都比较小，并且与赤道平行，在赤道两侧横向环绕着地球。这样的环状线就是纬线。与经线不同的是，纬线不是绕地球半圈，而是环绕地球一整圈。值得一提的是，赤道也是一条纬线。由于赤道是最长的纬线，所以人们自然将赤道标为起始点，即 0° 纬线。此外，将北极和南极分别标为北纬 90° 和南纬 90°。赤道和北极之间的纬度为北纬 0°~ 北纬 90°，而赤道和南极之间的纬度为南纬 0°~ 南纬 90°。

4）图 20-23 中同时标出了经线与纬线。北纬和南纬 0°~90° 的纬线穿过东经和西经 0°~180° 的经线，形成了地理坐标系统。请注意图 20-23 中的 A、B 两点，并试着用地理坐标来描述这两点的位置。A 点处于赤道以北 32°、本初子午线以东 35° 的位置，所以 A 点的

地形图上的符号

（旧地图上的符号可能有所不同）

主要公路，硬路面

二级公路，硬路面

小型公路，硬路面或改良路面

未加整修的道路

正在修建的道路，平面图已知

计划修建的道路

双车道公路，每条车道宽不超过 25 英尺（7.6 米）

双车道公路，每条车道宽超过 25 英尺（7.6 米）

小径

铁路：单轨或多轨

并列铁路

窄轨距：单轨或多轨

街道或车道上的铁路

桥梁：公路或铁路

吊桥：公路或铁路

步行桥

隧道：公路或铁路

高架桥和地下通道

小型石坝或水泥坝

有闸的坝

有公路的坝

有闸的运河

建筑物（住宅、办公建筑等）

学校、教堂、墓地

建筑物（谷仓、仓库等）

金属塔架上的输电线

电话线、输油管道等（分类标记）

水井以外的油井（分类标记）

槽：油槽、水槽等（分类标记）

方位物或地标物，风车

露天矿或采石场，勘探地点

竖井和隧道入口

水平控制点和高程控制点：

平板水平仪高程　BM △ 5653

其他有开采价值的地点的水平仪高程　△ 5455

水平控制点：平板高度角高程　VABM △ 95/9

其他有开采价值的地点的高度角高程或经过检测核对的高程　△ 3775

高程控制点：平板水平仪高程　BM × 957

其他有开采价值的地点的水平仪高程　× 954

高程点　× 7369　× 7369

水面高程　670　670

边界：国家

州

郡县、教区、自治市镇

县城、选区、镇、地方行政区域

联合城市、乡村、镇和小村庄

国家保留地或州保留地

小公园、墓地、飞机场等

政府赠地

市镇范围界，美国国土测量数据

市镇范围界，大致位置

分区线，美国国土测量数据

分区线，大致位置

市镇范围界，非美国国土测量数据

分区线，非美国国土测量数据

边缘区域

边界标志：政府赠地等

围篱或田地边界

加粗等高线		基本等高线	
辅助等高线		洼地等高线	
低地垫高		高地削平	
堤坝		有公路的堤坝	
矿山石料堆		含矿土	
尾矿		尾矿池	
流沙或流动沙丘		复杂的地表	
沙区		沙砾滩	

常年性河流		间歇性河流	
高地渠		隧道渠	
水井或泉水		冰川	
小急流		小瀑布	
大急流		大瀑布	
间歇湖		干涸的湖床	
平坦的岸滩		礁石或珊瑚礁	
等深线		桩或浮标	
可见的失事船只		沉没的失事船只	

露出水面或与水面齐平的岩石，对船只有危险

沼泽		被淹没的沼泽	
多树沼泽		红树林	
树林或灌丛林		果园	
葡萄园		灌木丛	
易受洪水影响的地区		城市	

图 20-19　地形图上的符号

坐标是北纬 32°、东经 35°。B 点处于赤道以南 25°、本初子午线以西 40° 的位置，所以 B 点的坐标是南纬 25°、西经 40°。

5）就如同图 20-20 中格里德城中的任何一点都可以通过 2 条垂直交叉的虚拟线定位一样，地球表面的任意一点也可以通过虚拟的经线和纬线来定位。

2. 地理坐标的书写方式。为了阐释地理坐标的书写方式，我们先假设有人需要书写一个特定地点的位置，即赤道以北 30°20′、本初子

午线以东 135°06′，也就是说这个地点位于北纬 30°20′、东经 135°06′。这个地理位置的书写方法是将纬度与经度结合在一起，即：30°20′N 135°06′E。用军用格式书写时，去掉度（°）和分（′）的符号，直接写成 302000N1350600E。

1）在用电报和无线电传送地理坐标的信息时，必须使用军用格式书写。因为电报和无线电发送设备的键盘上没有度（°）、分（′）及秒（″）的符号。此外，坐标数据还储存在自动数据处理计算机中，用来处理军用字符或字符间隔表示的坐标数据。如果输入计算机的数据不到 15 格或者有误，那么打印输出的处理结果就没有任何意义。

2）如果某地所处的纬度不到 10°，应在表示度的数据的左侧添上一个 0。例如，7° 纬度应该写成 07。同样的，表示分和秒的数据也应该各占 2 格，所以以北纬 7° 应写成 07N，7°6′ 写成 0706N，7°6′5″ 写成 070605N。书写经度时，表示度的数据应该占 3 格，而表示分和秒的数据应该各占 2 格。所以，东经 8° 应写成 008E，8°5′ 应写成 00805E，8°5′4″ 应该写成 0080504E。

3）总体来说，用军用格式书写地理坐标时要遵循以下原则：

（1）先写纬度，再写经度；

（2）表示纬度的位数是偶数，表示经度的位数是奇数；

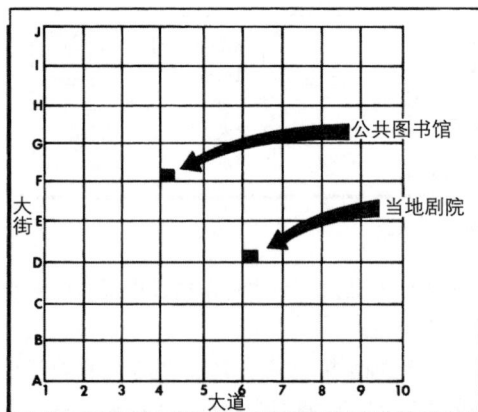

图 20-20　格里德城

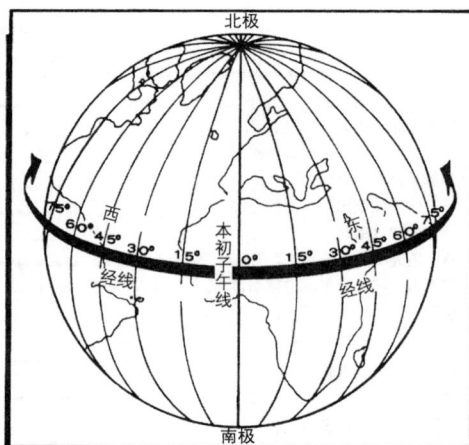

图 20-21　经线

（3）纬度和经度之间不要加破折号或空格；

（4）用一个大写字母来表示方向；

（5）省略表示度、分、秒的符号。

3. 定位地理坐标。

1）地图使用者可以很容易地读出图 20-24 中点 A 和点 B 的坐标，但是使用者也必须能够根据给出的地理坐标在地图上确定某一点的位置。首先，要熟悉地图。假设使用的是图 20-24 中的地图，使用者应该注意到该地图覆盖了北纬 38°~ 北纬 39°、西经 104°~ 西经 105° 之间 1°×1° 的区域。此外，要注意到经度和纬度都以 30′ 做了进一步细分，并且标出了 5′ 和 1′ 的刻度线。

2）假设使用者要在图中标出的某点的坐标为 382800N1040800W，那么要按照以下步骤操作，在地图上确定该点的位置：

（1）找到北纬 38° 纬线；

（2）找到西经 104° 经线；

（3）沿着经线移动，精确到分，找到 104°8′（通常有刻度线）；

（4）沿着纬线移动，精确到分，找到 38°28′（通常有刻度线）；

（5）在图 20-24 上确定该点（A 点）的位置。

3）如果在地图上标出了救援地点、集合点和目的地，就能方便救援人员、求生者和躲避者找到这些地点。图 20-24 中，1′ 刻度线之间没有标出秒的刻度，使用者只能自己估测大概的位置。两个分度刻度之间 1/2(30″)、1/4(15″)、3/4 (45″) 的位置比较容易估测。随着经验的不断增加，使用者还能在大比例尺地图上估测出 1/6（10″）、1/8（约为 8″）的位置。但是，人们在图 20-24 所示比例尺的地图上难以这么精细地估测出位置。

4）书写比分更加精确的地理坐标时，只需在坐标值后面加上表示秒的数据。还是举之前的例子，赤道以北 30°20′、本初子午线以东 135°06′ 的点的坐标写为 302000N1350600E。如果这个点的定位更加精确，纬度为 30°20′05″N，经度为 135°06′16″E 的话，那么就应该记为 302005N1350616E。

4. 全球地理坐标参考系统。在执行军事任务时使用地理坐标系统有几个弊端。首先，该坐标系统采用过长的数据来表示定位点的坐标。要在 300 码（274.3 米）的范围之内确定一个点的位置，必须采用诸如 241412N0141512W 这样长达 15 位的书写方式。其次，用来表示方位的格网编码系统太复杂。格网中每一个点的方向可以是东北、西北，也可以是东南、西南。也就是说，在读取不同的地理坐标时，需要在四个方向寻找该坐标表示的点。很明显，这样复杂的系统容易出错。为了克服上述两个

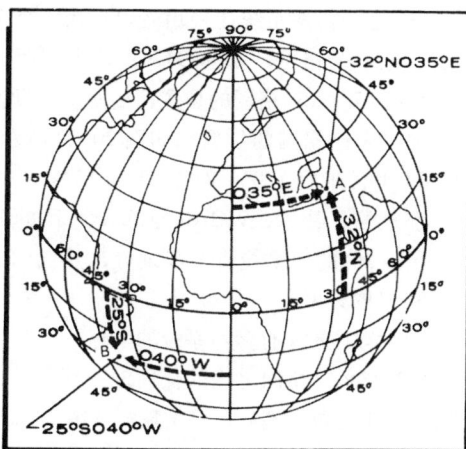

图 20-23　经线和纬线

缺点，提高定位的速度，人们在执行军事任务时通常会使用其他的格网系统，我们在这里介绍其中的一种——全球地理坐标参考系统，通常简称为 GEOREF。在大范围作战和执行全球性任务时，美国空军会使用全球地理坐标参考系统来指挥和调度兵力。

1）全球地理坐标参考系统的结构。地理坐标格网是全球地理坐标参考系统的基础。全球地理坐标参考系统以 180° 经线和南极作为起点，坐标格网从 180° 经线开始向东绕地球一圈，最后回到起始点；同时，格网从南极开始，向北一直延伸到北极（图 20-25）。

（1）注意图 20-25 中的地图，东西向被分成 24 格，南北向被分为 12 格，形成每格为 15°×15°，一共 288 格的格网系统。东西向的 24 格用 A~Z 的字母编号，其中省略了字母 I 和 O。南北向的 12 格用 A~M 的字母编号，其中省略了字母 I。这样一来，每一格都可以用两个字母来表示。例如，佛罗里达州的最南端所在的格网在全球地理坐标参考系统中记为 GH。

（2）每个 15°×15° 的格网还可以进一步划分成 1°×1° 的格网（图 20-26）。首先，从左向右将 15°×15° 的格网分成 15 格，用字母 A~Q 编号（其中省略了字母 I 和 O），然后从下向上也分成 15 格，用字母 A~Q 编号（其中省略了字母 I 和 O）。

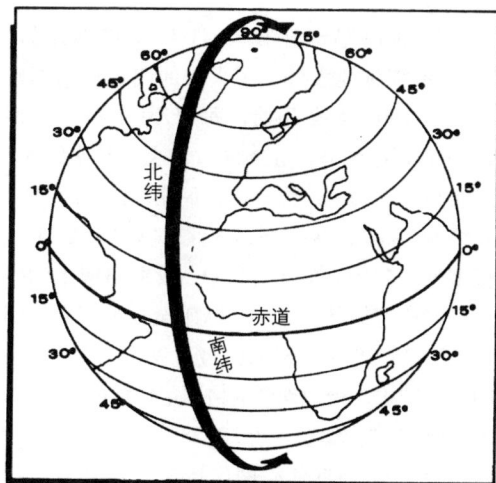

图 20-22　纬线

（3）这一格网系统让使用者可以用 4 个字母来定位一个格网，如 WGAN。其中前两个字母表示 15°×15° 格网的位置，后两个字母表示其中 1°×1° 格网的位置。如图 20-27 所示，WGAN 代表东经 120°~121°、北纬 12°~13° 之间的那一格。注意，WGAN 这个 1°×1° 的四边形还被 30′ 的分度线进一步划分，并且标出了 5′ 和 1′ 的刻度。

2）全球地理坐标参考系统的坐标。

（1）1°×1° 格网之内的任何地物都可以用分的数值来定位。例如，马戈瑞城（图 20-27）的位置可以通过以下步骤来确定：

①确定其在 15°×15° 格网中的位置：WG；

②确定其在 1°×1° 格网中的位置：WGAN；

③从左向右读取分的数值：WGAN56 ；

④从下向上读取分的数值：WGAN5630 ；

⑤该点在全球地理坐标参考系统中的坐标为 WGAN5630。

（2）如果某点坐标的精确程度比分还小，那么应该把 1′ 的刻度进一步分成 10 或 100。使用者可以用 4 个字母和 6 个数字来确定 0.1°×0.1° 范围内的点，用 4 个字母和 8 个数字来确定 0.01°×0.01° 范围内的点。

3）全球地理坐标参考系统的特殊坐标。全球地理坐标参考系统的另一个优点是，使用者很容易就能确定某一地点的位置及海拔高度。要标出一个矩形区域的坐标，首先要确定该地区西南角在全球地理坐标参考系统中的坐标。然后，在坐标后面加上字母 "S"，并在其后加上表示该点向东延伸的距离。接着，在其后再加上字母 "X"，并在其后加上表示该点向北延伸的距离。例如，图 20-27 所示的编号为 WGAP2020S10X10 的矩形区域。圆形的区域也可以用类似的方法表示。首先，确定该地区中心在全球地理坐标参考系统中的坐标。在坐标后面加上字母 R 表示半径，并在其后加上表示半径距离的数字。例如，图 20-27 所示的编号为 WGAN4550R12 的圆形区域。

4）军用格网参考系统。军用格网参考系统是在地图上叠印的矩形格网坐标系统，两组平行线垂直相交之后就形成了正方形格网。有些地图上有不止一组格网，用不同的颜色区分。军用格网参考系统由两套格网系统组成。在南纬 80°~ 北纬 84° 地区的地图上，美军采用的是通用墨卡托投影（UTM）格网，而在两极和南纬 80° 以南、北纬 84° 以北地区的地图上，美军采用的是通用极球面投影（UPS）（图 20-28）格网。UTM 和 UPS 格网的测量单位都是米，但地图上显示的格网线的间距大小取决于比例尺的大小。

5）通用墨卡托投影（UTM）格网系统。UTM 系统将地表分成了大块的四边形格网区域，从 180° 经线开始，每 6° 为一格，按照 1~60 的顺序编号。在南北方向上，从南纬 80° 到北纬 72°，每 8° 为一格，最北部的北纬 72°~ 北纬 84° 是 12° 为一格，南北向以字母 C~X 进行编号，其中省略了 I 和 O。读取格网中的坐标时，要遵循从左至右、从下至上的顺序。例如，图 20-28 中阴影的区域可以记作 34P。在 UPS 系统中，极地地区的格网用单独的字母 A、B、Y、Z 进行编号（图 20-28）。

（1）每个 UTM 格网区域又可被分成包括许多个小方块的格网，小方块的每条边代表

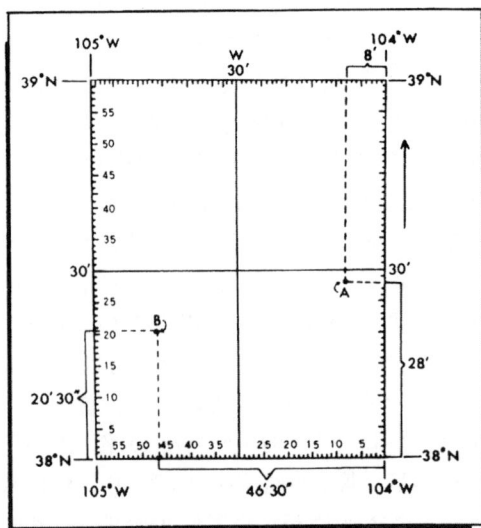

图 20-24　定位地理坐标

着 100000 米的距离，所以这些小方块也叫作 100000 米方格，每个方格用 2 个字母进行编号。从 180° 经线开始向东，纵列的方格用字母 A~Z 来编号（其中省略了 I 和 O），每跨过 18°，24 个字母就重复使用一次（图 20-29）。从赤道开始向北，横行的方格用字母 A~V 来编号（其中省略了 I 和 O）；从赤道开始向南，横行的方格用字母 V~A 来编号（其中省略了 I 和 O）。横行方格的字母也是循环使用的。

（2）所有的经线会在两极处汇集，所以两极的格网不是矩形的。越靠近两极，格网的宽度越小。这使得格网上出现了一些发生偏斜的方格。在纬度很高的地区，格网已变得非常狭窄，几乎都看不见了。但是，不管方格是否规整，格网中的每一个方格都要用 2 个字母来表示：第一个字母表示纵列（从左至右读取），第二个字母表示横行（从下至上读取）。所以，通过格网系统及由 2 个字母组成的编号系统，

使用者可以确定格网中每一个方格的位置。此外，UTM 系统中同一个格网或同一幅地图中每个方格的编号都不相同。

（3）观察图 20-30 中放大了的方格 34P，其纵列用字母 A~H 编号，横行用字母 K~T 编号（其中省略了 O）。最左列由字母 A 开始编号，而最下行是由字母 K 开始编号的，这是因为在没有显示的北纬纬度编号中已经使用了 A~J。

（4）其次，要注意到 34P 左右两侧都有不规整的方格（图 20-30）。这是因为从格网交界处穿过的经线东西两侧的距离不够形成一个规整的 100000 米方格，所以在格网交界处势必会出现一些这样的方格。

（5）图 20-31 展示了一张地图的格网指示栏，注意该图左上角标出了地图的坐标带——52S 和 53S。这说明，这张地图中任意一点的 UTM 坐标都是以 52S 或 53S 开头的。

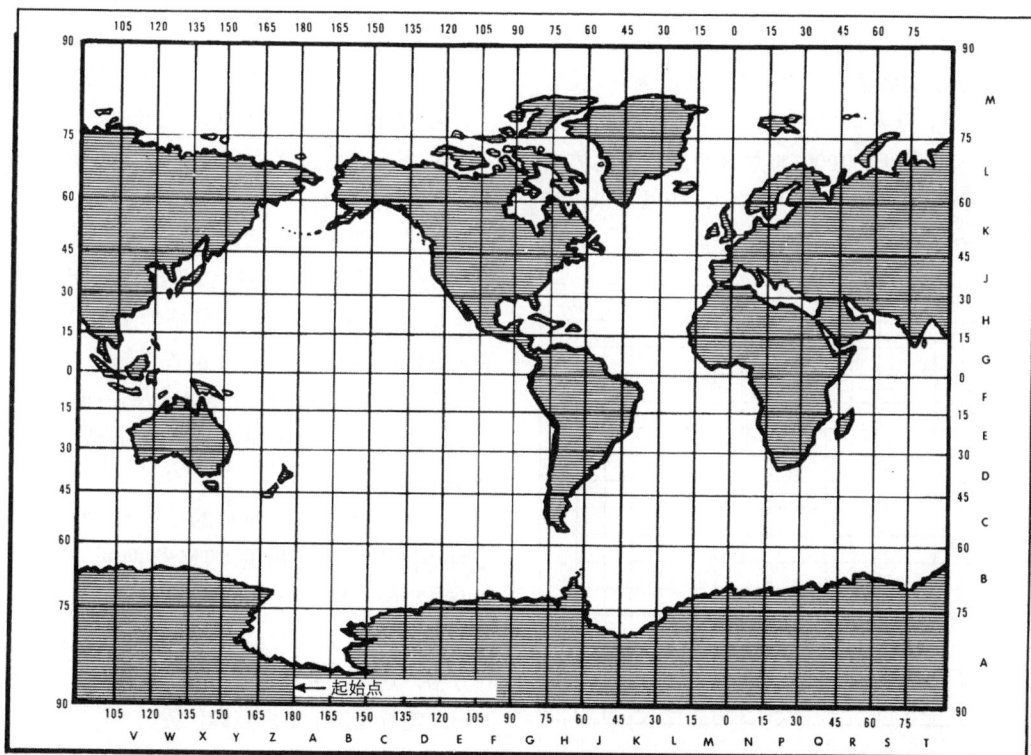

图 20-25 GEOREF15° 格网

（6）但是，使用者至此还是不能确定 52S 和 53S 代表的区域分别在哪里。所以，还要对照格网指示栏下方标出的 100 000 米方格定位图。从该图中可以看出，中央经线左侧的方格都属于 52S，而右侧的方格都属于 53S。

（7）指示栏还提供以下信息：①样例；②确定和书写坐标的步骤。每次使用一张新地图时，使用者都应该先找到样例在图中的位置并写出其 UTM 坐标，以确保自己正确理解该地图的格网划分。

（8）位于交界处的 100 000 米方格有时会让使用者感到迷惑。记住，这种情况每跨越 6° 经度就会出现一次。在图 20-32 中，GP 和 KJ 中间的经线两侧就都是不规整的格网，同样情况也出现在 GQ、GN、KK、KH 等区域中。这样一来，GP 和 KJ 区域中就既有规整的 10 000 米方格，也有不规整的 10 000 米方格。GP 区域的第 7 列由不规整的方格组成，而由于格网在经线处相接，图中没有第 8 列和第 9 列。同样，KJ 区域的第 2 列也是由不规整的方格组成的。GP 中标出的塔楼（图 20-32 中的示例点）位置的数值是：从左至右为 47，从下至上为 84。忽略格网区域和 100 000 米方格的话，南北方向上的方格都可以看作是规整的，所以可以用规整的方格尺寸记录南北向的距离。然而，东西

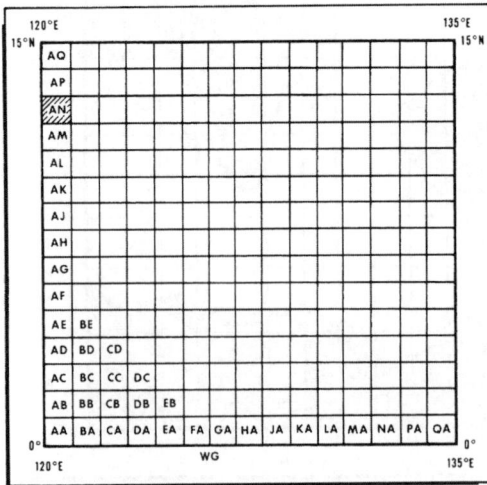

图 20-27　GEOREF1° 格网中的 WGAN

方向上有不规整的方格，其尺寸达不到 10 000 米。使用者在记录这些不规整方格中的点时，要把方格没有显示出来的部分也补上，也就是在想象中把这些不规整的方格扩大成完整、规范的方格。

（9）图 20-32 中的卑尔根市处于从下向上数值为 40 的位置上，策勒市处于从下向上数值为 35 的位置上。在水平方向上，策勒市处在第 7 和第 8 条格网线中间 3/10 的位置上——假设图上有第 8 条格网线，也就是处于从左向右数数值为 73 的位置上，所以策勒市的完整坐标为 52SGP7335。卑尔根市处在第 2 和第 3 条格网线中间 8/10 的位置上——假设图上有第 2 条格网线，也就是处于从左向右数值为 28 的位置上，所以卑尔根市的完整坐标为 53SKJ2840。

（10）图 20-32 中展示的是 1:250 000 比例尺的地图上通常使用的 UTM 格网划分方法，其中最小的方格是 10 000 米方格。但是，比例尺更大的地图上有时会有 1000 米甚至 100 米的方格。这时，要使用更精确的数值，从而更准确地定位地表上更多点的位置。

6）通用极球面投影（UPS）格网系统。UPS 系统与 UTM 系统相似，但它覆盖的是两极、

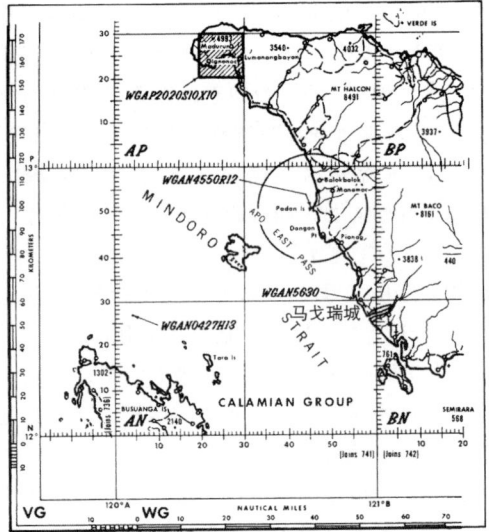

图 20-26　GEOREF1° 格网

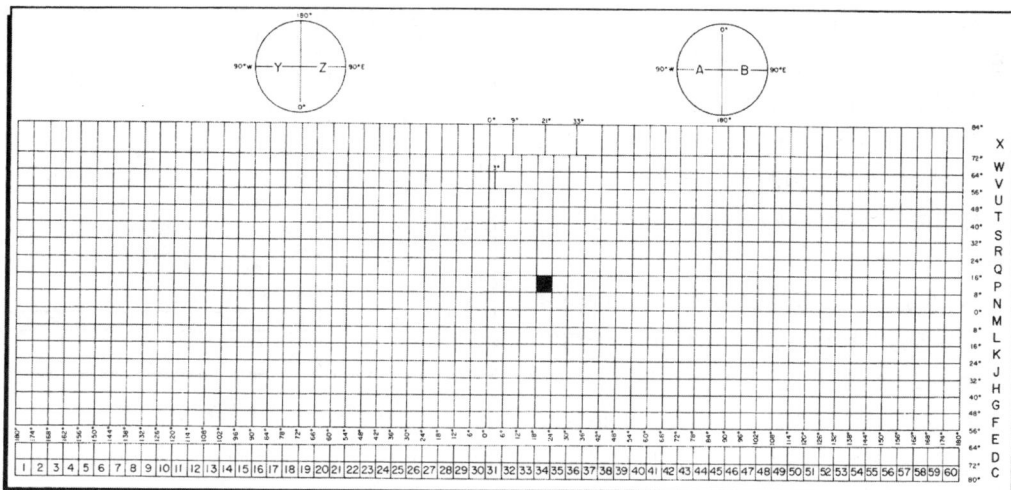

图 20-28　UPS 格网系统

南纬 80° 以南及北纬 84° 以北的地区。UPS 格网的划分、坐标的读取以及书写方法都与 UTM 系统相似。

（1）图 20-33 展示了 UPS 格网在南极和北极地区的划分情况。注意图中的小圈，极地地区被 180° 经线和 0° 经线分成了两部分，位于西半球内的部分被称为为格网区域 A 或格网区域 Y。字母后面不用加数字编号。

（2）南极地区由格网区域 A 和格网区域 B 组成，它们也被分成了 100 000 米方格，如图 20-33 所示。每个方格由 2 个字母编号，编号没有重复。字母编号中省略了 I 和 O，并且为了避免与 UTM 格网坐标相混淆，D、E、M、N、V、W 也不参与编号。

（3）UPS 系统也是从左至右、从下至上读取坐标数值的。所以，图 20-33 中 10 点钟方向打阴影的方格的坐标记作 AQR（记住，不需要加上数字编号），而靠近南极的打阴影的那个方格的坐标记作 BBM。

（4）UPS 格网在北极地区和南极地区的划分情况相似。如果对图 20-33 稍加改动，使之成为北极格网图的话，那么需要进行的改动有：把格网区的编号 A 改为 Y、B 改为 Z，将原本标在南纬 80° 纬线圈上的 0° 经线和 180° 经线的位置对调。北极地区 100 000 米方格的

划分情况如图 20-33 所示。

（5）如果地图的比例尺足够大，还可以把边长为 100 000 米的方格再划分成边长为 10 000 米的方格，甚至进一步划分成边长为 1 000 米、100 米的方格。但是，北极地区很少需要这样大比例尺的地图，一般使用的地图都是小比例尺的，格网分隔成的方格边长不小于 100 000 米。

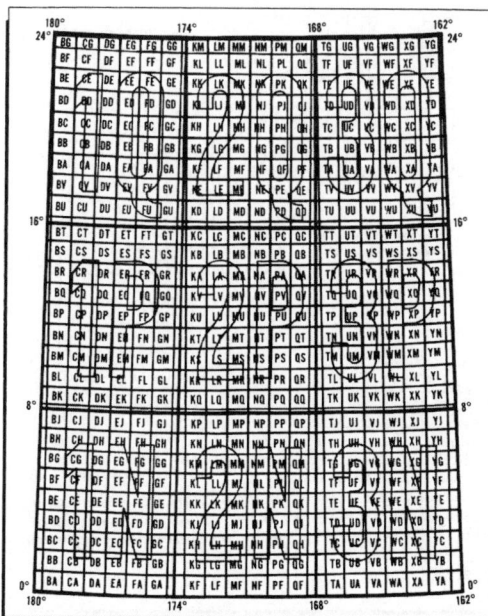

图 20-29　UTM 格网

7）公共用地测量。在美国西部地区或是那些在联邦政府成立之前没有人居住的地区，所有的公共用地测量工作都采用矩形测量法，由联邦政府负责。公共用地都在真北方向的基础上进行测量。公共用地测量的起始点是 6 到 7 个已经用航天勘测技术确定了经度和纬度的定位点。

（1）穿过每一个起始点的南北方向的经线被称为主经线，而穿过这一点的东西向的纬线被称为基线。沿着主经线和基线划分出一个个 6 英里（9.7 千米）见方的地区，每一个地区都被编上了号，其中起始点的东西向用域号来编号，而南北向则用区号来编号。例如，区号为北 2、域号为东 3 的 6 英里见方的地区指的是起始点北侧 6~12 英里（9.7~19.3 千米）、起始点东侧 12~18 英里（19.3~29 千米）的一块区域。

（2）每个地区的面积为 36 平方英里（93.2 平方千米），可以进一步划分成 36 个 1 平方英里 [640 英亩（2.6 平方千米）] 的地块。地块的划分方法与地区的划分方法相同，即从地区的

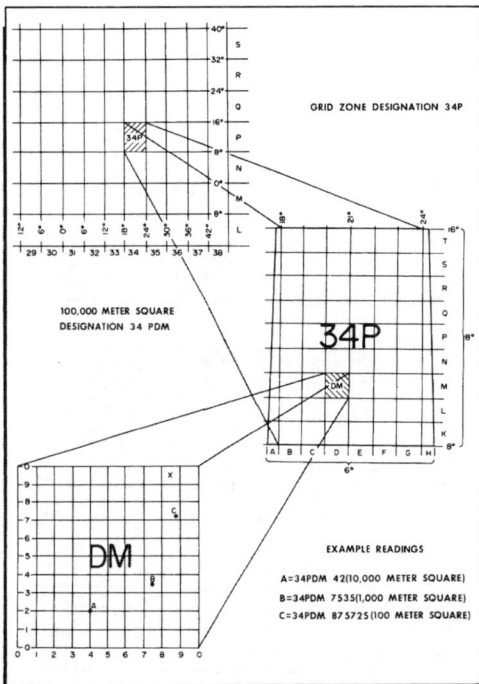

图 20-31　UTM 格网指示栏

右上角开始在横行上来回地给地块编号，直到地区的右下角为止（图 20-34）。

（3）每个地块还可以分成 4 个 160 英亩（0.65 平方千米）的小地块，每个小地块以其在地块中的由指北针确定的方位来命名，即右上角的那 1/4 称为东北 1/4，右下角的称为东南 1/4，左下角的称为西南 1/4，左上角的称为西北 1/4。

（4）每个 1/4 小地块还可以再细分成 4 个 40 英亩（0.1625 平方千米）的更小的部分，每个部分也用指北针方位来标示。在确定每一部分的位置时，要先找出这一部分的方位，再加上其所在的 1/4 小地块的名称。例如，SW-SE（西南-东南）表示这一部分位于东南 1/4 小地块的西南角。这些 40 英亩的小块部分就是美国测量公共用地的基本单位，每个人都要熟悉公共用地测量的方法以及确定某一块土地位置的方法。

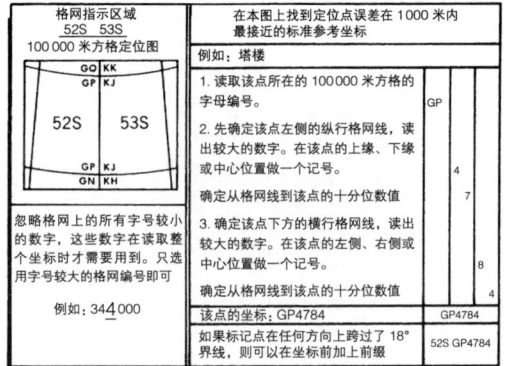

图 20-30　定位 UTM 格网中的坐标

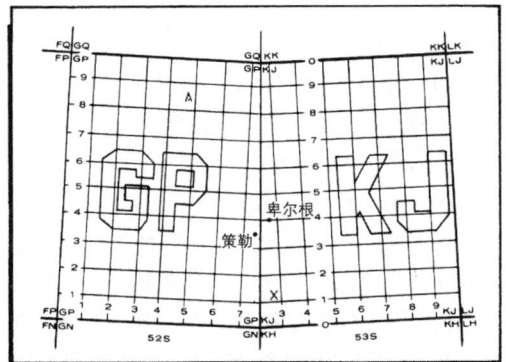

图 20-32　相接的 52S 格网区域与 53S 格网区域

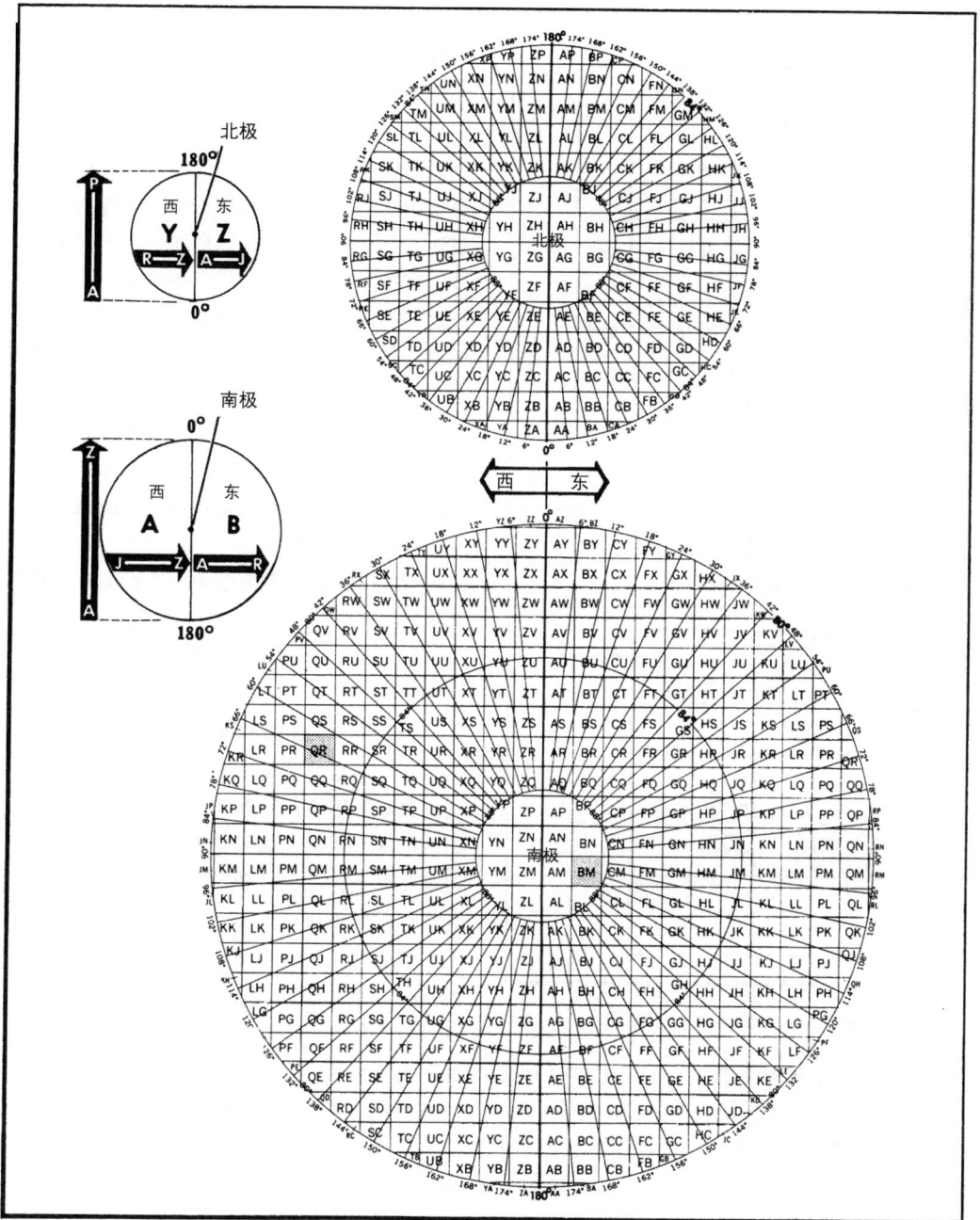

图 20-33　UPS 格网

20.7 高程和地势起伏

能够看懂地图的符号、格网、比例尺和图上距离后，使用者就可以在图上确定两点的位置、测定两点间的距离并测算从一点行进到另一点所需的时间了。但是如果两点之间有障碍物，又该怎样测算行进的时间呢？地图使用者必须拥有识别不同地形及不规则地表特征的能力，并且能够确定任一地形特征的高程和高度差。

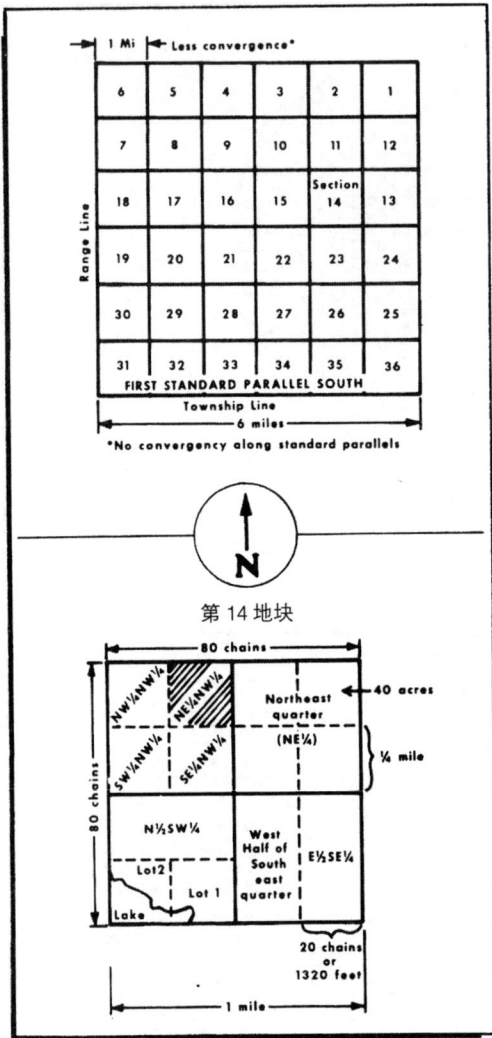

图 20-34　地块划分示意图

1. 基准面。基准面是垂直方向上的参照面，大多数地图都以平均海平面作为基准面。

2. 高程。高程是指某一点高出或低于基准面的高度（垂直距离）。

3. 地势。地势是指地表形态起伏的高低和态势。

4. 等高线。

1) 有几种方式可以在地图上表现出地势的起伏和高程，其中最常见的方式是使用等高线。等高线是地形图上将高程相等的各点连接起来的想象中的曲线，显示了某一地物高出或

低于基准面的垂直距离。从海平面开始，每条等高线都代表了高出海平面的一段高程。两条邻近等高线之间的垂直距离叫作等高距，等高距会在图廓资料中标明。在大多数地图上，等高线用棕色印刷。从零高程处开始，每五条等高线中的第五条会用粗线标示，这样的等高线也叫加粗等高线。加粗等高线会在中间某处断开，在断开处标有其所代表的高程。加粗等高线之间的等高线叫作基本等高线，在地图上印刷的线条比加粗等高线细，并且通常不会给出它们所代表的高程。

2) 地图上印有等高线时，使用者通常可以用以下方法来确定某点的高程：

（1）在图廓资料中找到等高距的数值，注意等高距使用的单位。

（2）找到离该点最近的一条标有高程的等高线。

（3）确定从该等高线到该点之间地势的走向。

（4）数出该等高线和该点之间的等高线有几条——注意地势是上升还是下降。将等高线的条数乘以等高距，就能大致得出该点到该等高线的垂直距离。如果需要确定高程的点正好在等高线上，那么这条等高线的高程就是该点的高程。如果该点处在两条等高线中间的位置上，那么可以按该点到最近等高线的距离是等高距的一半来估算，这样估算的精确度已经可以满足大部分军事需要了。所有到某条等高线的距离不到两条等高线间距 1/4 的点，都可以将该点的高程与该等高线所示的高程视为相同。所有到一条等高线的距离为两条等高线间距的 1/4~3/4 的点，都可以将该点的高程视为这两条等高线之间一半处的高程（图 20-35）。

（5）如果要估算一座没被标明的山的最高处的高程，可以找到这座山附近高程最高的一条等高线，在其高程上加上等高距的一半，把得到的数据视为这座山最高处高程的估算值。同理，如果要估算洼地最低处的高程，可以找到其附近高程最低的一条等高线，在其高程上

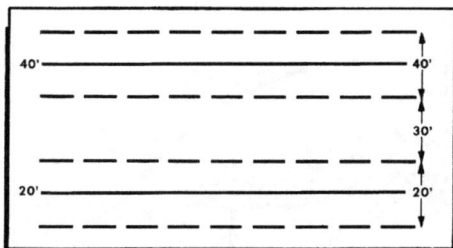

图 20-35　估算高程

减去等高距的一半即可。

　　(6) 如果使用者觉得地图上的加粗等高线
与基础等高线所提供的关于高程和地势起伏的
信息还不够详细，那么可以借助辅助等高线。
辅助等高线是棕色的虚线，通常位于两条等高
线之间的半程处。图廓资料中会标出辅助等高
线的等高距。辅助等高线的使用方法与其他等
高线相同。

　　(7) 有些地图上，等高线的精确度可能不
到标准程度，而其标示的高程和等高距又足以
让其成为等高线，而不是轮廓线。这种情况
下，制图者会将这样的等高线视为估值线，用
虚线标出，加粗的虚线上会标出其所代表的高
程。此外，图廓资料中也会注明这些虚线是估
值线。

　　(8) 除了等高线，地图中的水准点和高程
点也可以用来表示地图上已知高程的点。其中
水准点更为精确，用黑色的 X 来表示，例如 X
BM 124。水准点数值表示的是 X 的中心位置
的高程。高程点一般用棕色的符号来表示，通
常位于道路交叉处、山顶以及其他一些地形显
著的地方。当水准点与水平控制点重合时，用
BM 来表示。

　　(9) 等高线之间的间隔体现了斜坡的陡峭
程度。如果等高线分布均匀、间距较大，说明
坡度较缓 (图 20-36)。如果等高线分布均匀、
间距较小，说明坡度较陡 (图 20-37)。等高
线越密，斜坡就越陡。如果等高线分布不均匀，
山顶处密而山脚处稀疏，说明这是一个凹形坡
(图 20-38)。如果等高线分布不均匀，山顶
处稀疏而山脚处密，说明这是一个凸形坡 (图

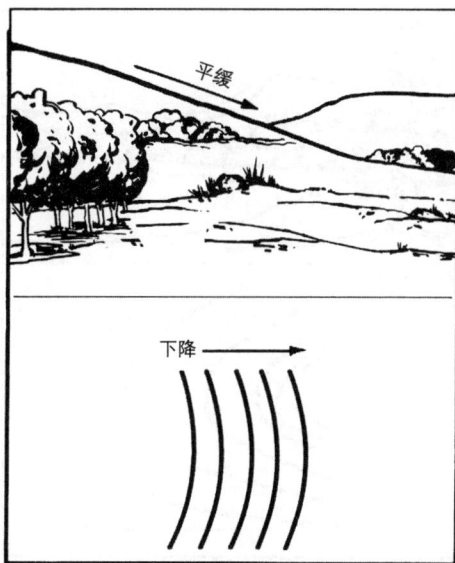

图 20-36　缓坡

20-39)。

　　(10) 为了向读者展示各种地形之间的关系
以及它们在等高线图上显示的样子，下面展示
了一些主要地势起伏类型的速写图及每张速写
图所对应的等高线图 (图 20-40~ 图 20-46)。

　　3) 山丘。一小块高地 (图 20-40)。一个
人站在丘顶张望时，会看到周围的地势都是向

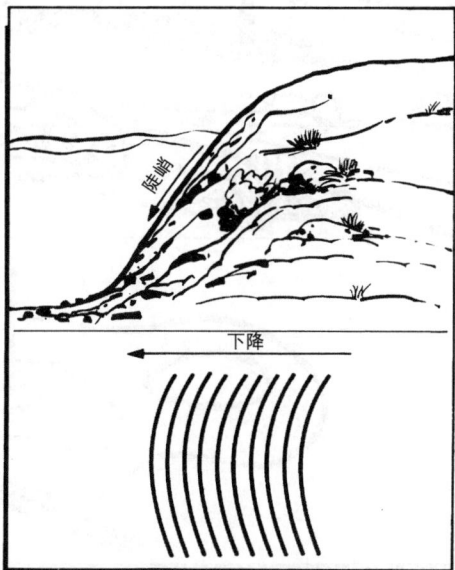

图 20-37　陡坡

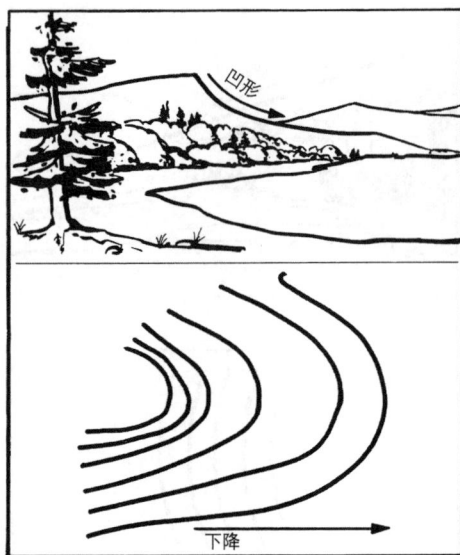

图 20-38 凹形坡

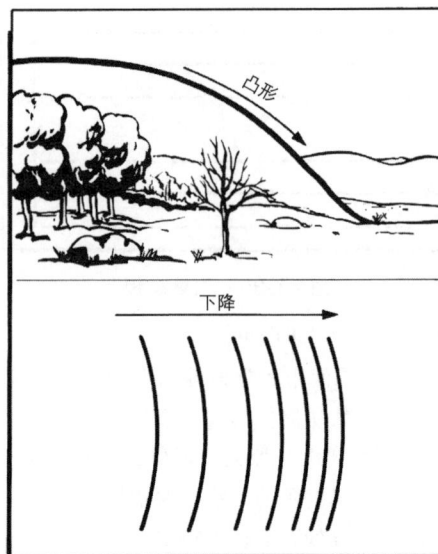

图 20-39 凸形坡

下降的。

4）河谷。河谷通常指有一条河流经过的一段较长且两侧地势较高的平坦土地（图 20-

41A）。河谷的边界一般都有变动的空间。表现河谷地形的等高线呈 U 形，与主要的河流平行，然后与之相交。河流所处的地势下降得越缓，

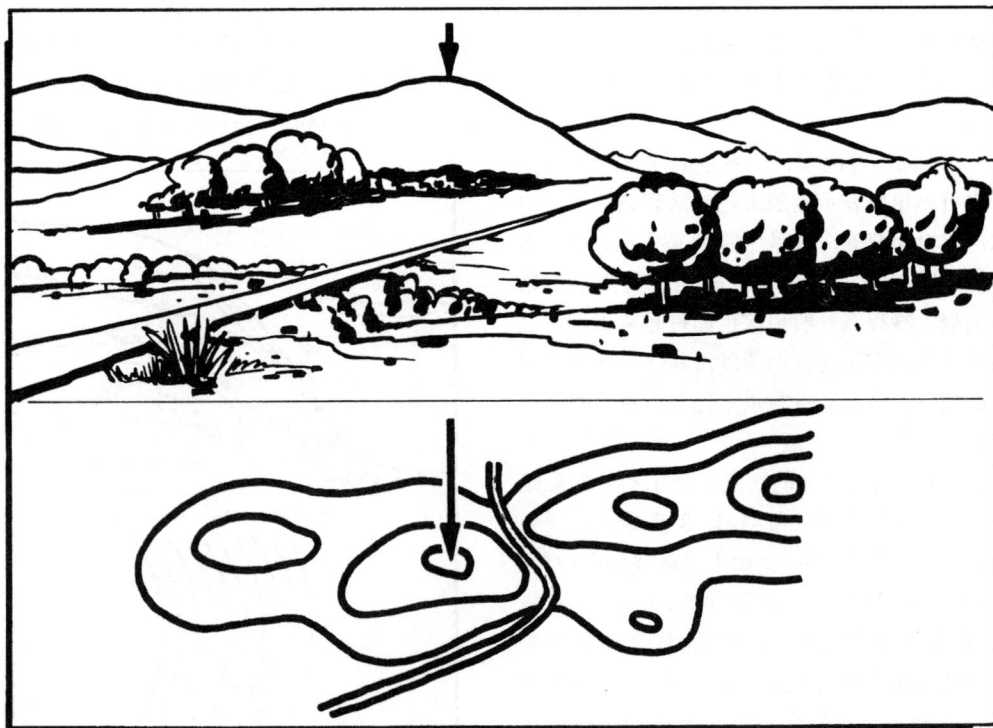

图 20-40 山丘

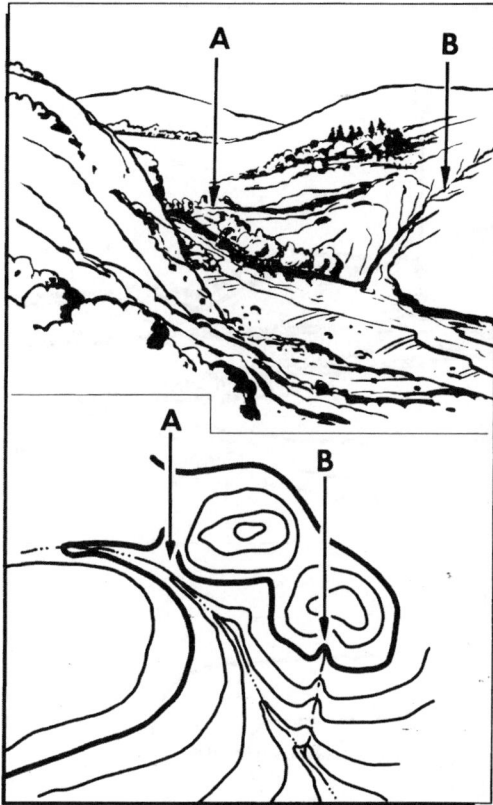

图 20-41　A：河谷；B：排水道

表示河谷地形的等高线之间的间距越宽。等高线相交弯曲处总是指向上游的方向。

5）排水道。排水道是较不发达的、没有流经大片平坦土地的小河的河道，所以其边界很少有或几乎没有可以变动的空间（图 20-41B）。排水道的两侧是向着其源头处慢慢上升的斜坡。排水道一般出现在山脊两侧，与河谷成一定的角度。表示排水道的等高线是 V 形的，V 形底部的点指向源头处。

6）山脉。山脉是排成行列的、高低起伏的山丘或高山。山脉并不是简单的一列山，山脉中所有山的山脊（图 20-42A）位置都要明显高于山两侧的地面。

7）指状脊。指状脊是突出于或附属于某座山或山脉主体部分的一处或一列山脊（图 20-42B）。指状脊的两侧一般各有一条溪水冲刷出来的排水道，两条排水道大致是平行的。

8）山口。山口是山脉中的凹处或较低点，可以是两个山顶之间的低地，也可以是一个平坦山脊上的缺口或洼地（图 20-43）。

9）洼地。洼地是指比周围所有方向的地势都低的低洼的地方（图 20-44）。

10）切削处和填充处。切削和填充都是对地形的人为改造，比如在交通道路上削平高地（图 20-45A）、填平低地（图 20-45B），使公路或铁路的路基变平坦。

11）峭壁。垂直或接近垂直的陡坡（图 20-46）。当峭壁的坡度过陡，等高线之间已经看不出间距时，可以通过做了标记的合并等高线来表示。标记的方向应朝着高程较低的一侧。

20.8　数字比例尺

1. 数字比例尺表现的是图上水平距离与实际水平距离之间的比例，通常用数字之比的形式表示，所以称为数字比例尺。在书写数字比例尺时，不管采用哪种计量单位，都要将图上距离记作 1。例如，1/50 000 或 1:50 000 的数字比例尺表示的是：1 个单位的图上距离相当于50 000 个该单位的实际距离。

2. 两点间的实际距离等于图上这两点之间的距离乘以数字比例尺中比号后面的数字（相当于分母）得出的结果。

例：数字比例尺为 1:50 000 或 1/50 000

图上距离 =5 厘米

5×50 000=250 000 厘米

所以实际距离为 250 000 厘米（图20-47）。

3. 通过图上距离来确定实际距离时，地图的比例尺会影响数值的精确度。比例尺越小，精确度越低，因为小比例尺的地图必须将某些事物放大以便使用者辨认。

20.9　图示比例尺

1. 大多数军用地图都使用另一种比例尺来表示距离，即图示比例尺。图示比例尺是印在地图上的像刻度尺一样的线段，可以用来像测

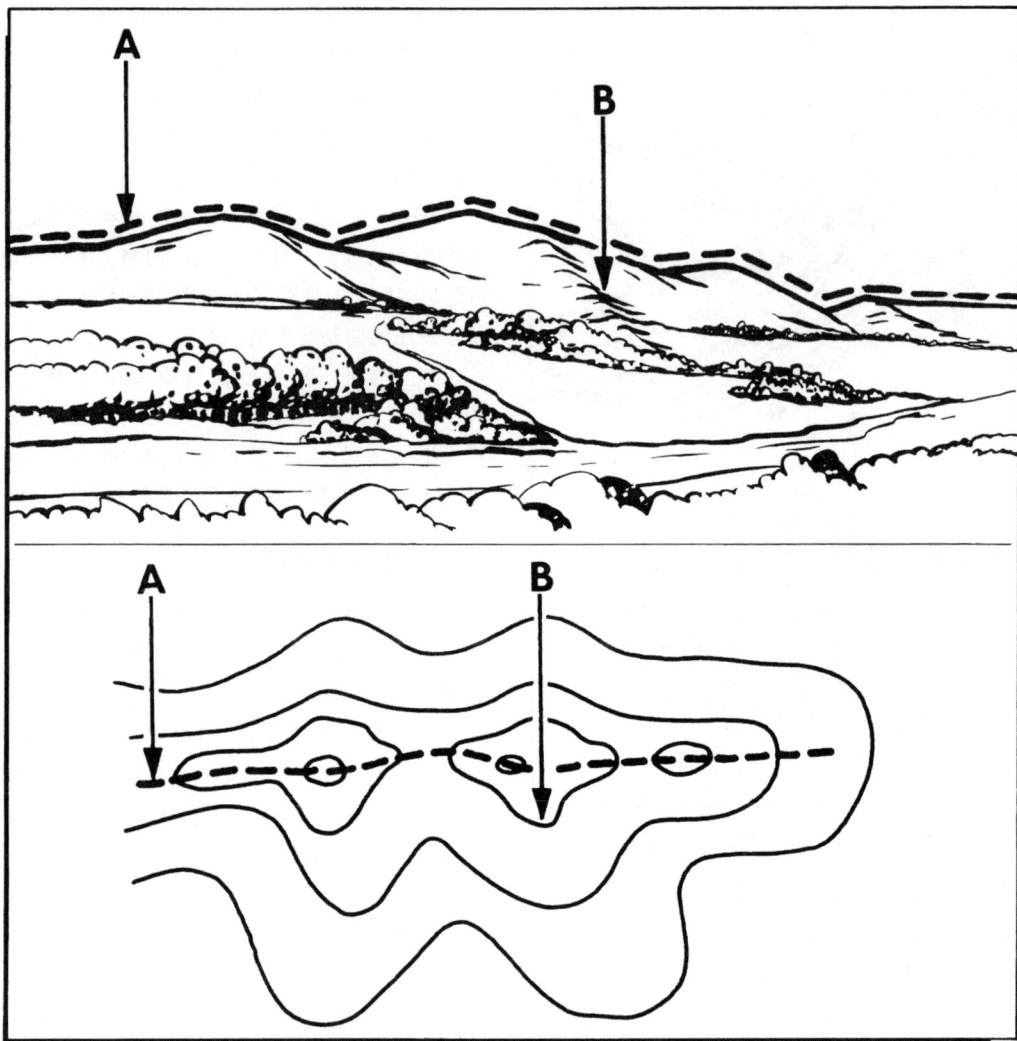

图 20-42 （A）山脊线、（B）指状脊

量实际距离一样测量图上距离。在 0 刻度的右侧，比例尺上的每个刻度单位都是完整的，这部分被称为基本比例尺；而在 0 刻度的左侧，比例尺上的 1 个刻度单位被分成了 10 份，这部分被称为延长标尺。大多数地图上都印有 3 个或更多的图示比例尺（图 20-48），方便使用者用不同的单位来测量图上距离。

2. 测量地图上两点之间的直线距离时，使用者应先把一张有直边的纸张放在地图上，让纸的直边同时经过待测量的两个点，并将两点标在纸的直边上。然后，将这张纸移动到图

示比例尺上，读取两点间的实际距离（图 20-49）。在图示比例尺上读取数值时要注意选择自己需要的测量单位。

3. 要测量弯曲的道路、河流或其他曲线上两点间的距离，使用者仍需利用一张有直边的纸。首先，在纸的一端做上记号，将记号点对准需要测量的曲线的起始点。接着，从记号点开始，让纸的直边与曲线上相对较直的一段对齐，在地图和纸上都标出这一线段的末端。然后，对准地图和纸上的新的记号点，用铅笔固定住这一点，再以这一点为中心旋转纸张，使

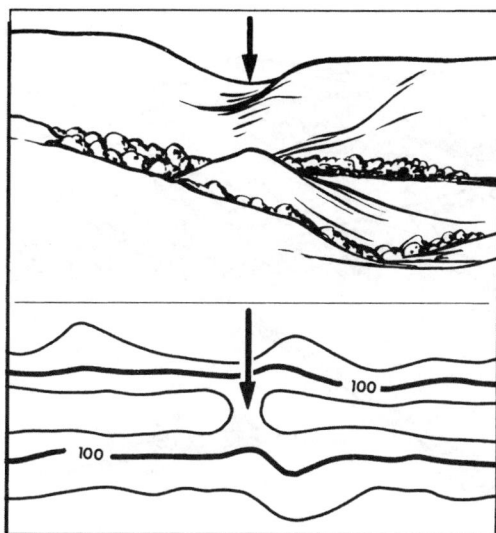

图 20-43 山口

其直边与曲线上的下一段相对较直的线段对
齐,并在地图和纸上都标出这一线段的末端。
以此类推,直到将整条曲线测量完毕(图 20-
50)。最后,把纸张放在图示比例尺上,读取实
际距离。

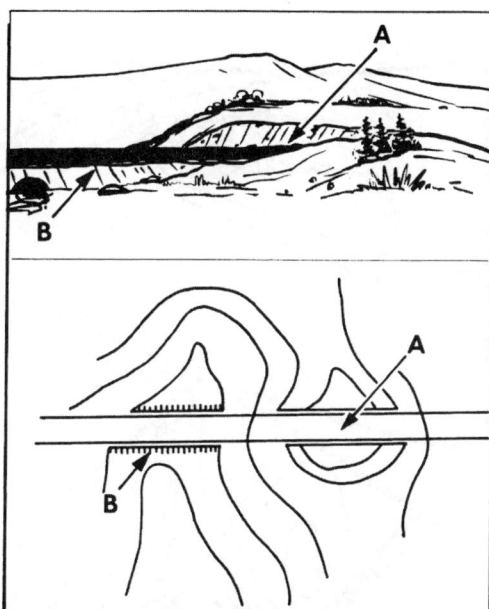

图 20-44 洼地

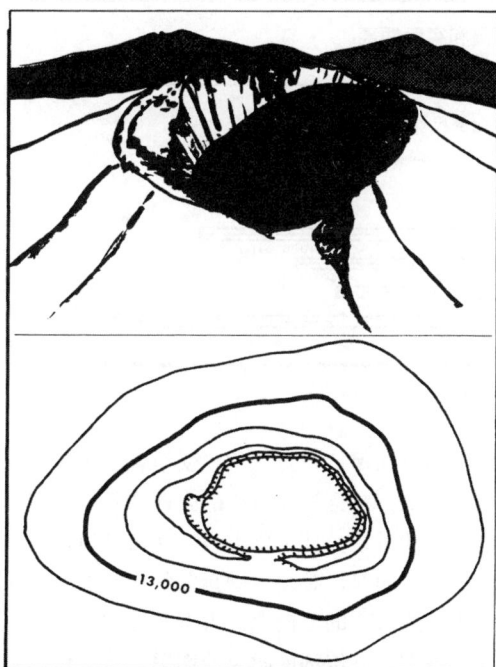

图 20-45 (A)切削处、(B)填充处

4. 通常,地图的图廓资料中会注明从地
图边缘到某个城镇、高速公路、交叉点等的距
离。所以说,要想知道地图上的某一点到超出
地图覆盖区域的上述某点的实际距离,只要测

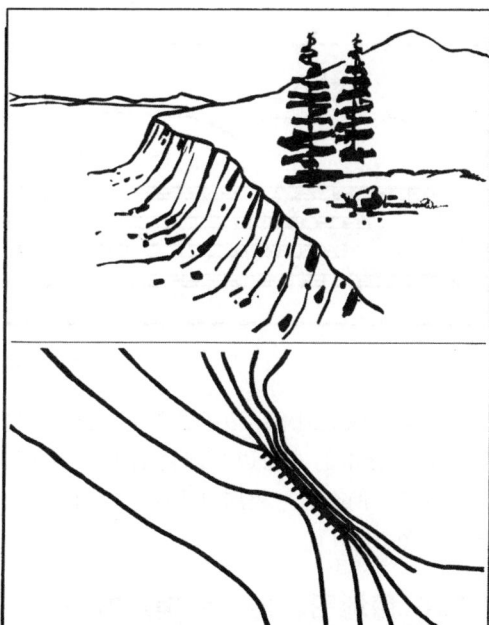

图 20-46 峭壁

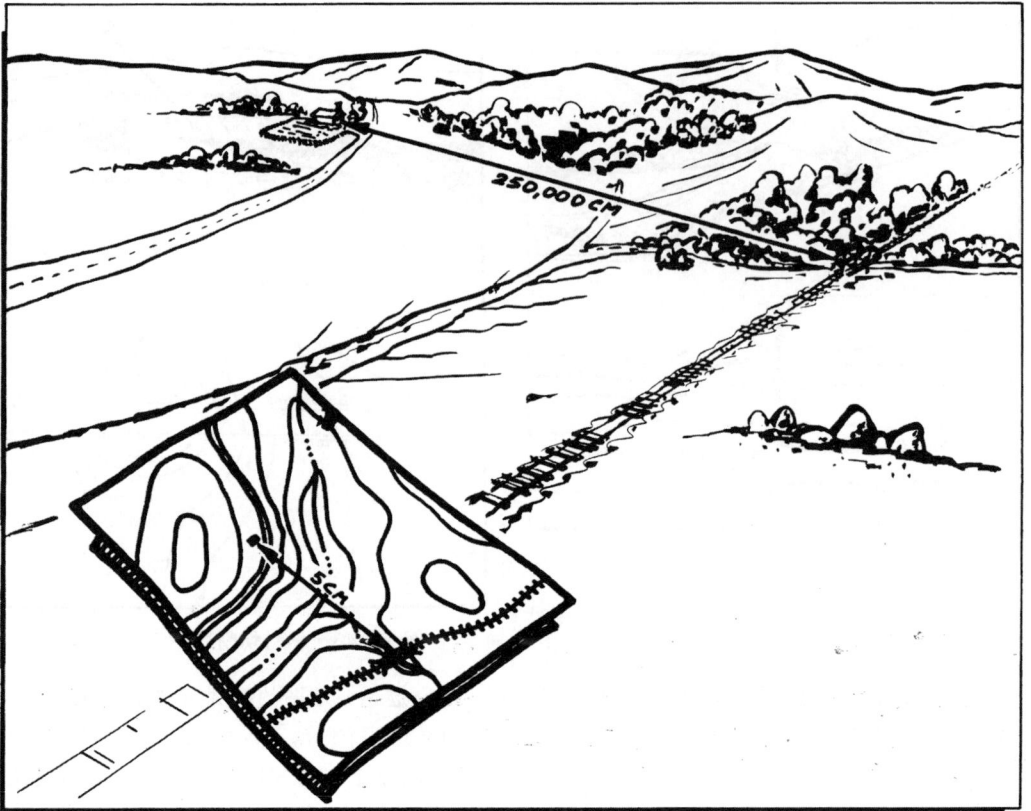

图 20-47　图上距离和实际距离

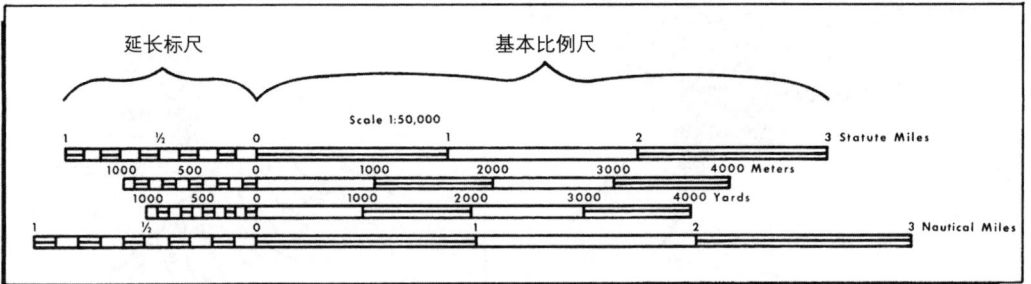

图 20-48　图示比例尺

量出地图上该点到地图边缘的距离，再加上图廓资料中标出的地图边缘到目的地的距离即可。注意，两个数据相加时要使用相同的计量单位（图 20-51）。

20.10　用地图和指北针确定方向

1. 使用地图时，必须让地图的方向和地表的实际方向保持一致，所以使用者必须掌握定向的知识，并且知道地图的方向和基本地理方向之间的关系。从本质上说，使用者用地图进行野外定向时，必须借助指北针将地图的方向转到地表实际的方向上。大多数地图上都会提供偏角图、方位刻度图及地图磁变线等信息来告知使用者磁北与真北方向之间的偏差。

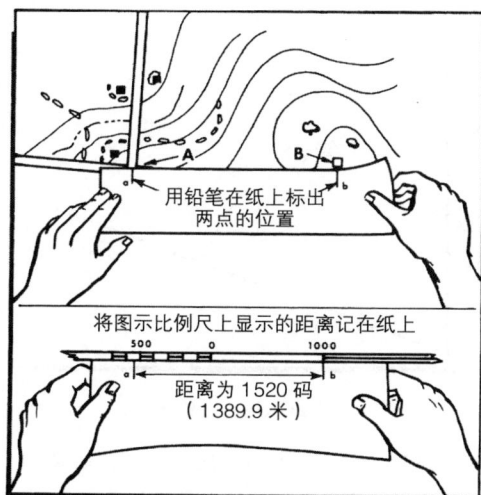

用铅笔在纸上标出两点的位置

将图示比例尺上显示的距离记在纸上

距离为 1520 码
（1389.9 米）

图 20-49　测量地图上两点之间直线距离

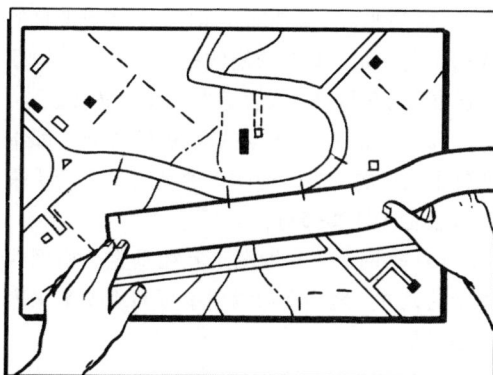

图 20-50　测量地图上两点之间的曲线距离

2. 在日常生活中，人们常用左右、前后等来表述方向，但是这样的表述会带来一个问题：在哪个物体的右边？所以，军事人员需要用更加准确的、适合地球上任何地区的、有通用计量单位的方法来描述方向。绝大多数情况下，军事人员用角度来表述方向，而测量角度最常用的单位是度、分、秒。

1）基线。测量任何物体时，都必须从起始点或零刻度点开始。要以角度为测量单位来表述方向，也必须找到一个起始点和基准点，这两个点确定了基线或基准线。基线有三条——真北基线、磁北基线和格网北基线，其中最常用的是磁北基线和格网北基线——使用指北针时选用磁北基线，而军用地图则选用格网北基线。

长度单位转换

单位（1）	英寸	英尺	码	英里	海里	毫米
英寸	1	0.0833	0.0277			25.40
英尺	12	1	0.333			304.8
码	36	3	1	0.00056		914.4
英里	63,360	5,280	1,760	1	0.8684	
海里	72,963	6,080	2,026	1.1516	1	
毫米	0.0394	0.0033	0.0011			1
厘米	0.3937	0.0328	0.0109			10
分米	3.937	0.328	0.1093			100
米	39.37	3.2808	1.0936	0.0006	0.0005	1,000
十米	393.7	32.81	10.94	0.0062	0.0054	10,000
百米	3,937	328.1	109.4	0.0621	0.0539	100,000
千米	39,370	3,281	1,094	0.6214	0.5396	1,000,000
万米	393,700	32,808	10,936	6.2137	5.3959	10,000,000

单位（1）	厘米	分米	米	十米	百米	千米	万米
英寸	2.540	0.2540	0.0254	0.0025	0.0003		
英尺	30.48	3.048	0.3048	0.0305	0.0030	0.0003	
码	91.44	9.144	0.9144	0.0914	0.0091	0.0009	
英里	160,930	16,093	1,609	160.9	16.09	1.6093	0.1609
海里	185,325	18,532	1,853	185.3	18.53	1.8532	0.1853
毫米	0.1	0.01	0.001	0.0001			
厘米	1	0.1	0.01	0.001	0.0001		
分米	10	1	0.1	0.01	0.001	0.0001	
米	100	10	1	0.1	0.01	0.001	0.0001
十米	1,000	100	10	1	0.1	0.01	0.001
百米	10,000	1,000	100	10	1	0.1	0.01
千米	100,000	10,000	1,000	100	10	1	0.1
万米	1,000,000	100,000	10,000	1,000	100	10	1

例1
问：76 厘米等于多少英寸？
76×0.3937 ≈ 29.9
答：76 厘米约等于 29.9 英寸。

例2
问：2.74 米等于多少英尺？
2.74÷0.3048 ≈ 9
答：2.74 米约等于 9 英尺。

图 20-51　长度单位转换

(1) 真北——从地球表面任意一点到北极的线都指向真北。所有的经线都是真北线。地图上通常用五角星符号来表示真北（图20-52）。

(2) 磁北——地球磁场北极的方向，即指北针上指示的北方。地图上通常用半个箭头来表示磁北（图20-52）。

(3) 格网北——地图上互相垂直的格网线指示的北方。地图上通常用字母 GN 或 Y 来表示格网北。

2) 方位角和反方位角。

(1) 军方最常使用的描述方向的工具是方位角。方位角是在平面上量度物体之间的角度差的方法之一，是从某点的指北基线起，依顺时针方向到目标方向线之间的水平夹角。测量地图上两点之间的方位角时，要先用直线将这两点连接起来，再用量角器测量出指北基线和这条直线之间夹角的度数。这个夹角就是这条直线的方位角（图20-53）。测量方位角时，要将其顶点想象成方位刻度盘的圆心（图20-54）。方位角由基线的名称命名，真方位角由真北基线而得名，磁方位角由磁北基线而得名，格网方位角以格网北基线而得名（图20-52）。这样一来，使用者可以用三种方式表述任何给定的方向：用军用地图测量时采用格网方位角，用指北针测量时采用磁方位角，用经度测量时采用真方位角。

(2) 反方位角与方位角是相反的，它是方位角"向后转"以后得出的角。从一个方位角做出其反方位角的方法是，如果方位角等于或

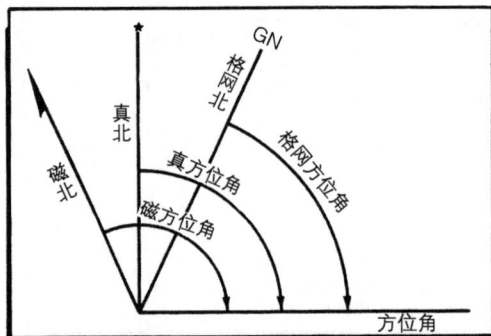

图 20-53 方位角

小于180°，就在这个角上加上180°；如果方位角等于或大于180°，就在这个角上减去180°（图20-55）。180°角的反方位角可以表示为000°或360°。

3) 在大多数大比例尺地图上都有偏角图，可以帮助使用者适当调整地图的方向。偏角图中标出了磁北、格网北以及真北之间的相互关系（图20-56）。在中比例尺地图上，会在页边处标出偏角图。

(1) 偏角是真北与磁北，或真北与格网北之间的夹角。所以，偏角有两种：磁偏角和格网偏角。（图20-57）

(2) 格网磁偏角（GM角）是格网北和磁北之间用虚线表示的角。格网磁偏角的数值表明了格网北和磁北之间夹角的大小以及进行测量

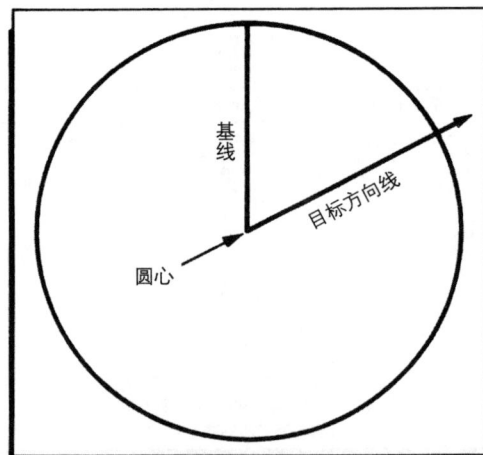

图 20-52 真方位角、格网方位角和磁方位角

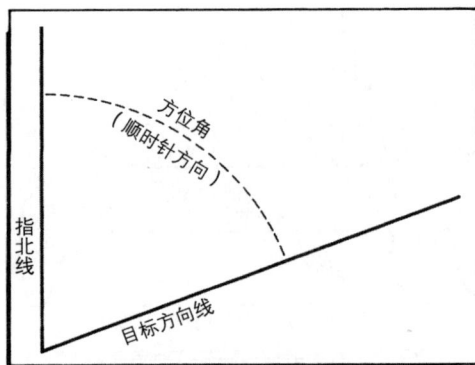

图 20-54 方位角所在圆的圆心

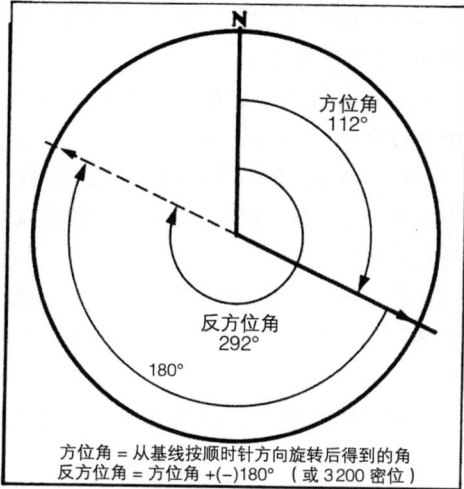

图 20-55　方位角和反方位角

（4）地图上可能还会标出格网磁偏角的使用方法。其中一处标注说明了如何将磁方位角转化为格网方位角，另一处标注说明了如何将格网方位角转化为磁方位角。转化的方法主要由磁北与格网北之间的位置关系决定。

（5）偏角图上的角度画得并不精确，所以使用者可以从偏角图上了解真北、磁北、格网北之间的位置关系，但是不应该在偏角图上测量它们之间的夹角大小。例如，如果格网北与磁北之间的偏角为1°，在偏角图中画出这个角时一般会加大一些，直接在图上测量这个角的度数可能会得出5°左右的值。由于每种地图的情况不同，所以真北、磁北和格网北之间的相对位置关系也会有所不同。

（6）有些出版年份较早的地图的偏角图下还标出了某一年的磁偏角和磁偏角每年的变化情况。相比于格网磁偏角0.5°的精确度，磁偏角每年的变化值非常小，几乎可以忽略不计，所以现在出版的标准大比例尺地图上已经不再

的年份。子午线收敛角的度数精确到0.5°，相对应的密位精确到10。

（3）子午线收敛角是格网北和真北之间用虚线表示的角。子午线收敛角的度数精确到分，相对应的密位精确到1。

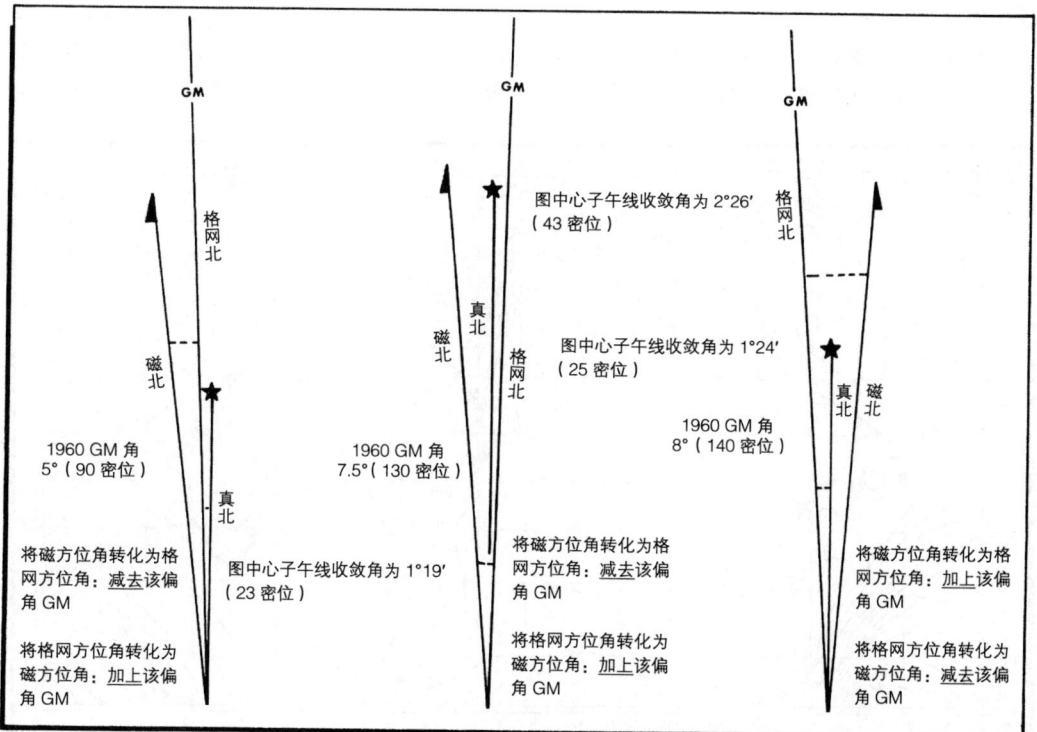

图 20-56　偏角图（东和西）

对此进行标注了。

4) 量角器。量角器有好几种形状——圆形、半圆形、正方形、长方形（图20-58）。所有的量角器都能把一个圆分成若干个角度单位，且外沿一定标有一圈刻度，无论其形状如何。量角器上的分度线是指向所有方向的射线的起始位置。

（1）要想确定两点（A 到 B 或 C 到 D）之间连线的格网方位角（图20-59），首先需要画一条线将这两点连起来。

①将量角器的分度线对准两点连线与垂直（南北方向）格网线的相交处；

②保持量角器的分度线不动，校正 0°—180° 刻度线与垂直格网线相重合；

③读取量角器上两点连线所指的刻度，这就是该格网方位角的度数。

（2）从图上已知的一点做方向线（图20-60）。

①穿过已知点画一条南北方向的垂直线：

a. 使量角器的 0°—180° 刻度线与垂直格网线平行对齐；

b. 保持量角器的 0°—180° 刻度线经过已知点，在南北方向上转动量角器，使量角器上的水平线（量角器分度线与 90° 刻度的连线）与东西向的格网平行对齐；

c.画一条直线，将量角器上的 0° 刻度、180° 刻度和已知点连在一起。

②使量角器的 0°—180° 刻度线与垂直线相重合，移动量角器，使量角器分度线的端点与已知点重合。

③在量角器上找到相应角度的刻度，在地图上做记号（在躲避敌军时，不要在地图上做记号）。

④将记号点与已知点连接起来，就是所需的方向线。

5) 指北针及其使用方法。

（1）磁罗盘是在野外最常用且最简便的确定方向及角度的工具。精密专业指北针（图20-61）是现在标准的军用磁罗盘。

（2）使用指北针时，一定要将其水平放置。在确定某个物体的方向时，先要将指北针的位置固定好，再读取方位角（图20-62）。在使用时要掌握一些技巧，其中之一是将瞄准槽对准指北针前盖上的瞄准线后再和目标物体重叠，这样从镜片向下看刻度盘时就能读取方位

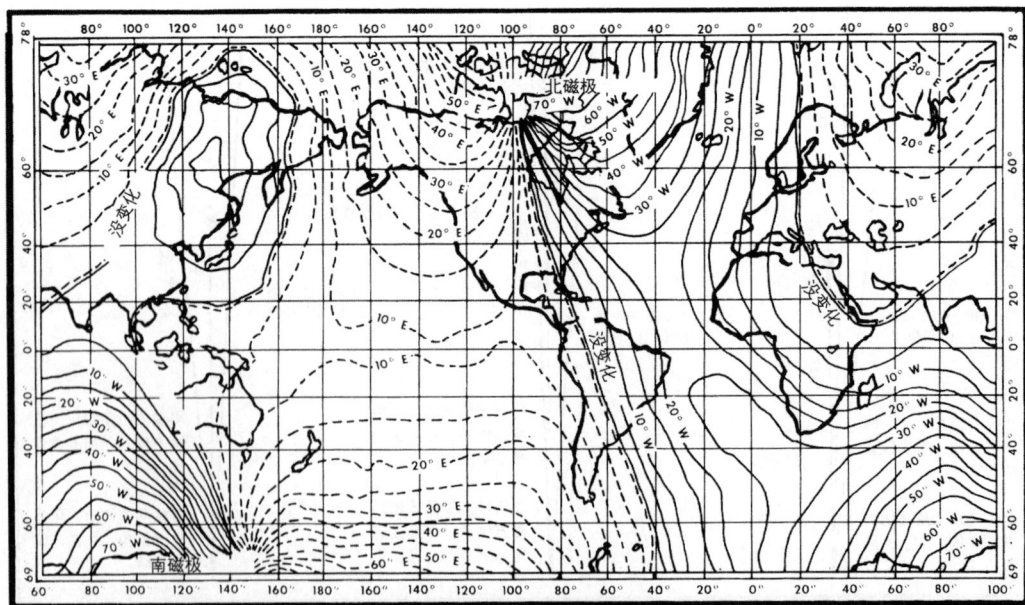

图 20-57 磁变线

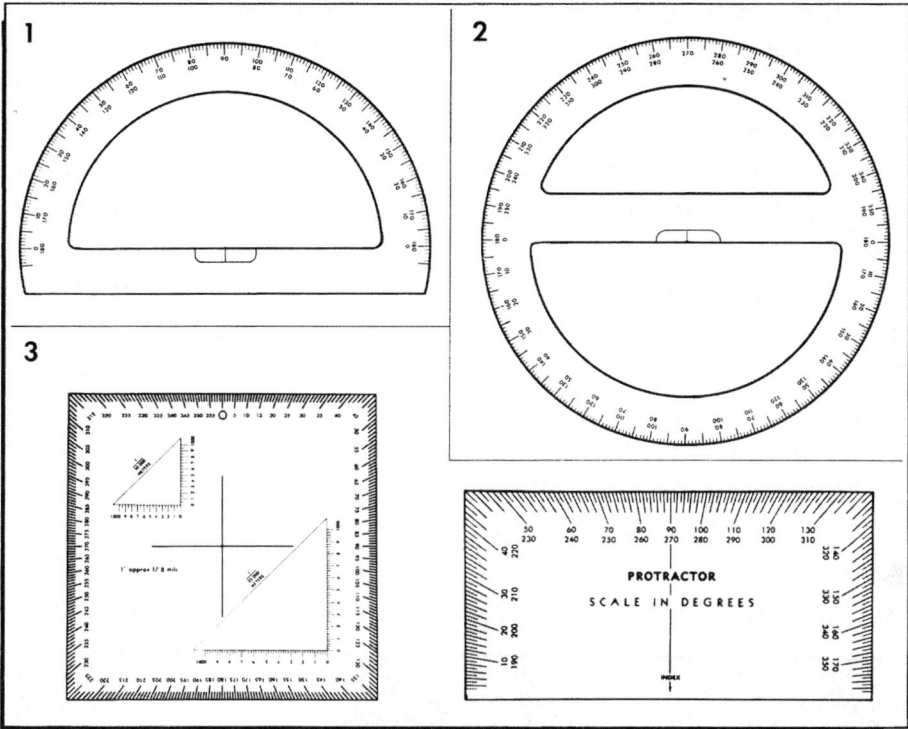

图 20-58　各种量角器

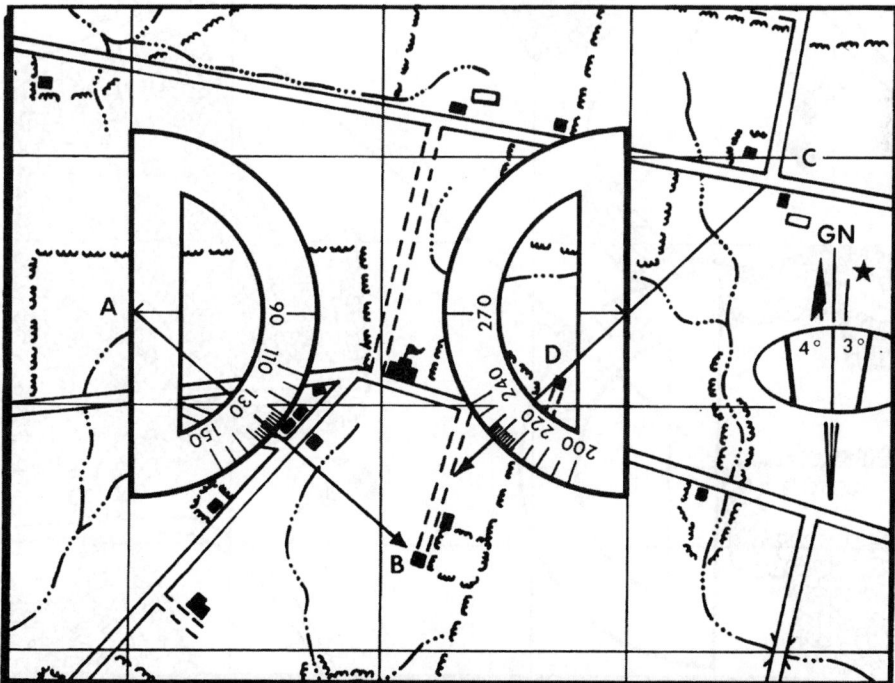

图 20-59　在地图上测量方位角

角的大小，且读取的数据一般都比较精确。

6）在夜间使用指北针。夜间使用的指北针有几个特点，包括发光标志、座圈和两个发光瞄准点。将座圈逆时针旋转能增大方位角，而顺时针旋转则能减小方位角。座圈上有限位槽和弹簧，可以让其每一下转动3°，并能在所需的位置停下。一种被广泛认可的在夜间用指北针定向的方法是（图20-63）：

（1）转动座圈，直到发光线与黑色的分度线重叠。

（2）用一只手握住指北针，用另一只手将座圈沿逆时针方向转动需要的次数。将需要确定的方位角除以3就可以得到需要转动的次数。例如，如果需要确定51°的方位角，应该将座圈沿逆时针方向转动17下。

（3）将指北针打开，平放在左手手掌中握

住，左手的拇指按在指北针的侧面，这样的姿势可以将指北针固定在一个位置上。将指北针置于下巴和皮带中间的高度（白天多练习可以让使用者用的时候更加熟练），眼睛向下直视指北针，转动身体，直到箭头正好处在发光线下面。接下来，使用者应向着发光瞄准点指示的方向行进。在黑暗中使用指北针时，应该在有光处先设定好方位角。在这个方位角的基础上，用座圈可以确定其他度数为3的倍数的方位角。指北针是精密仪器，刻度盘尤其细，所以求生者在使用时应注意保护。此外，在读取指北针上的数据时，不要靠近大块的铁制品或电气线路。

7）用地图定向。

（1）当地图上的北方和南方与实际的北方和南方相对应时，只需把地图水平放置就可以

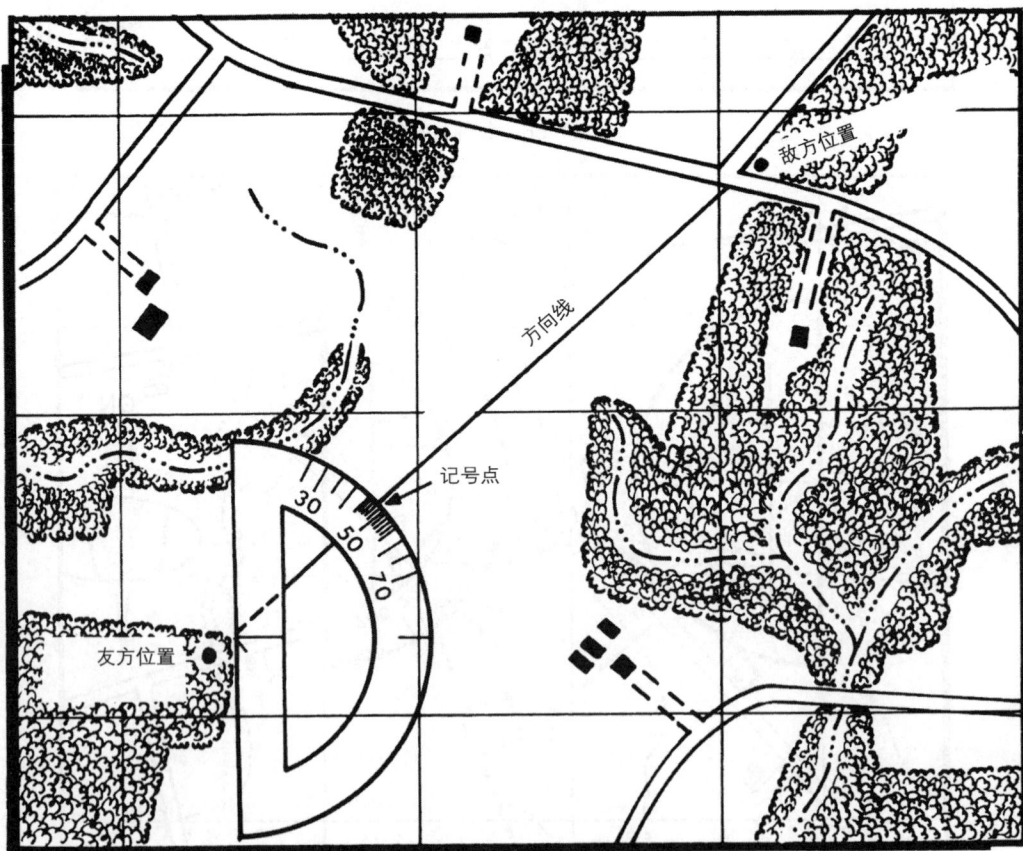

图 20-60 在地图上画方向线

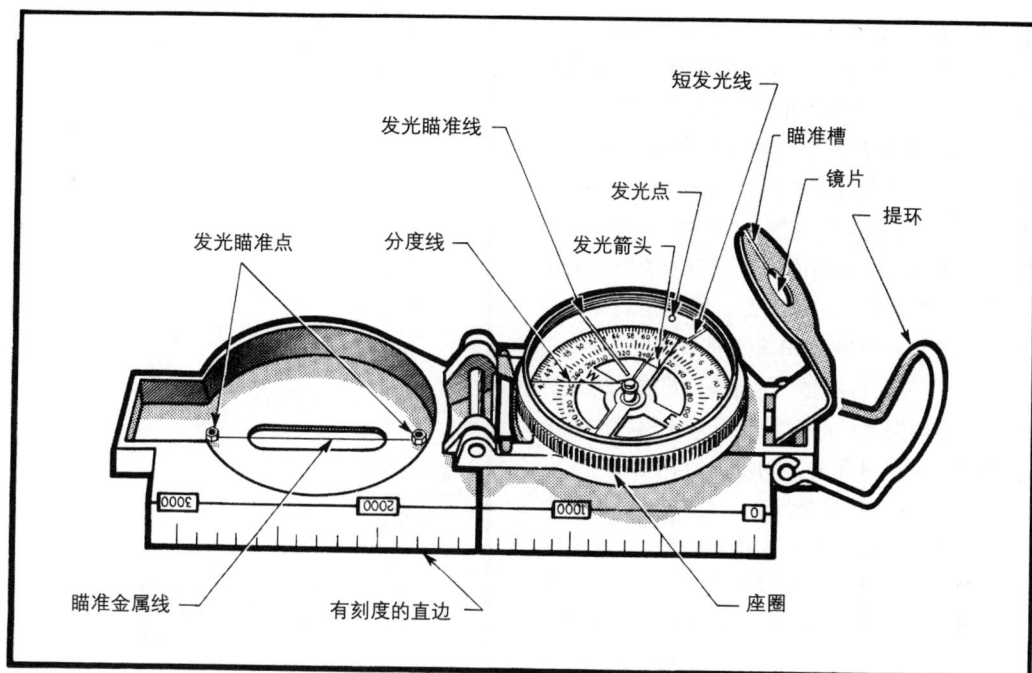

图 20-61　精密专业指北针

图 20-62　手持指北针的方法

用地图来定向了。利用地图定向时最好借助指
北针。（注意：必须确保附近区域内没有可能影
响指北针读数的物品，如金属、铁矿等。）

（2）将地图水平放置，把精密专业指北针
与南北向的格网平行放置，指北针的盖子指向
地图的上部，从而使指北针刻度盘上黑色的分
度线与格网北同向。由于指北针的箭头指向磁
极北，所以分度线和箭头会构成一个偏角。

（3）转动地图和指北针，直到分度线和箭头构成的偏角与地图图廓资料中所示的偏角相符。这样，就可以开始用地图定向（格网北）了。

（4）如果偏角图中的磁北在格网北的左侧，那么在指北针上要读取的数值就等于 GM 角。如果磁北在格网北的右侧，那么数值应为 360° 减去 GM 角后得到的值。在图 20-64 中，偏角图显示磁北在格网北的右侧，所以指北针上的数值应该为 360° 减去 21.5°，即 338.5°。

（5）记得要将指北针的箭头对准磁北方向的箭头，这样指北针的读数（与 GM 角相同或等于 360° 减去 GM 角的值）便会一目了然。

（6）总之，如果格网磁偏角在真北的东侧，或者偏角图中的磁北在格网北的东侧（右侧），那么就从 360° 中减去格网磁偏角的度数。如果格网磁偏角在真北的西侧，或者偏角图中的磁北在格网北的西侧（左侧），那么就在 000° 上加上格网磁偏角的度数。

（7）如果地图没有使用格网线，那么使用者可以在图上画出真南真北方向的线。真南真

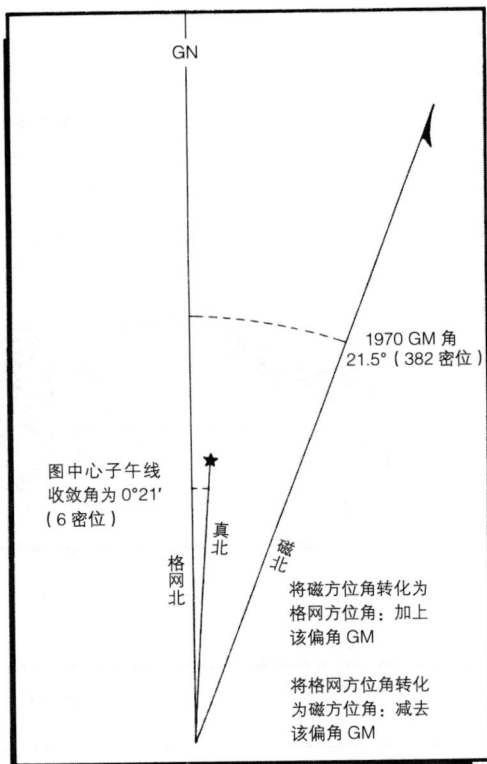

图 20-64　偏角图

北方向的线其实就是经线，或者是垂直方向的线（假设地图的上方为北）。如果已经分辨出磁北与真北（不是格网北）之间的位置关系，那么使用者也可以采用这种方法。

（8）浮针指北针（图 20-65）上有一个指向北方的指针。刻度和方向标志位于指北针内部偏下的位置。按钮指北针和腕上指北针有时也会采用浮针或动圈的设计。要确定前进的方向，使用者可以转动指北针，在 360° 的范围内识别指针的指向。借助于地图定向时，使用浮针指北针的方法与使用动圈指北针的方法相似，只是在调整磁偏角时略有不同。如果磁变在东方，就将地图和指北针转向左侧（让指北针的南北中轴与地图的磁北方向对齐），使指北针指向的刻度与磁偏角的度数一致。

（9）没有指北针时，用地图定向必须更加小心谨慎。地图使用者应该先在地面上寻找公路、铁路、警戒线、输电线等线性地物，然后

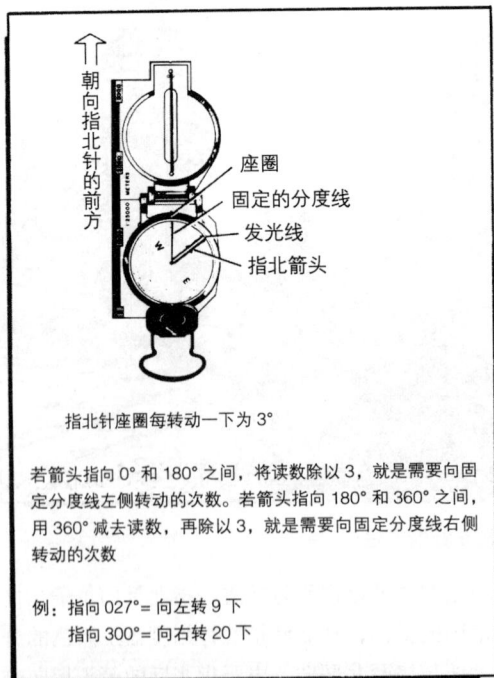

指北针座圈每转动一下为 3°

若箭头指向 0° 和 180° 之间，将读数除以 3，就是需要向固定分度线左侧转动的次数。若箭头指向 180° 和 360° 之间，用 360° 减去读数，再除以 3，就是需要向固定分度线右侧转动的次数。

例：指向 027°＝向左转 9 下
　　指向 300°＝向右转 20 下

图 20-63　在夜间使用指北针设定方位角

A

将浮针箭头所指的北方和地图的磁北方向对齐

将地图按照浮针指北针箭头的指向转动（向东22.5°的磁偏角）

将地图按照动圈指北针上显示的刻度转动（向东22.5°的磁偏角）

B

将浮针箭头所指的北方和地图的磁北方向对齐

将地图按照浮针指北针箭头的指向转动（向西22.5°的磁偏角）

将地图按照动圈指北针上显示的刻度转动（向西22.5°的磁偏角）

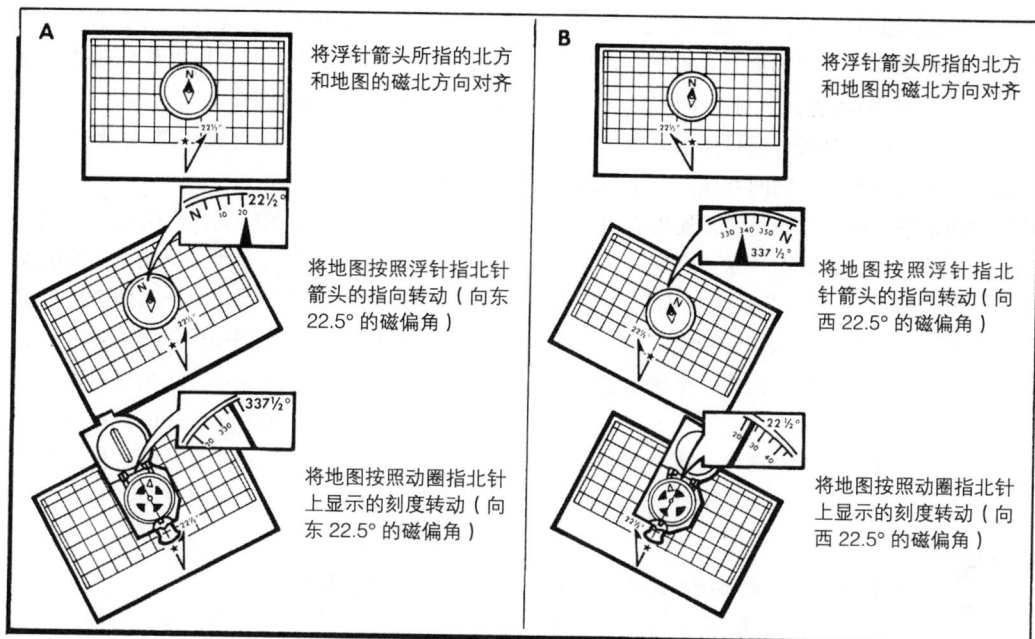

图 20-65　用浮针指北针定向

将它们与地图上的标志相对照，从而确定方向（图 20-66）。用这种方法定向的时候必须选择两个地物（天然的或人造的）来检查核对，以免只用一个线性地物定向造成方向颠倒。如果在地图上找不到第二个线性地物，但是使用者能确定自己在地图上的位置，那么也可以借助明显的地物来定向，方法是在地图上把使用者所在的位置与显著地物的位置用直线连起来，然后转动地图，直到这条线的方向和实际的方向相符。

（10）如果使用者可以找到两个显著地物，并且能够确定它们在地图上的位置，那么可以走到其中一处，把直尺（或量角器）的直边放在两地之间的假想线上，然后转动量角器（和地图），直到另一个显著地物也处在直尺同侧边沿的延长线上。用这种方法也可以为地图定向。

（11）如果求生者既没有指北针，也找不到显著的地物或地形特征，那么可以用以下将要介绍的野外应急方法来定向。

8）用野外应急方法确定基本方向。

（1）影子法。影子法可以用来确定方向和时间。这种简单的利用太阳定向的方法分为三个步骤（图 20-67A）：

①将一根木棍或树枝插在比较平坦的地里，投下一个较为明显的影子。用石头、小树枝或其他物品在影子的顶端做记号。

②等待一段时间，直到影子的顶端挪动几

图 20-66　用地图帮助定向

英寸的距离。如果选用的棍子长4英尺（1.2米）左右，那么等待10分钟时间就足够了。在当前影子的顶端用同样的方式再做一个记号。

③画一条直线把两个记号连起来，这样就得到了一条接近于东西向的直线。如果不确定哪个方向是东，哪个方向是西，使用者可以利用一个简单的口诀：太阳从东边升起，从西边落下（但很少是正东、正西的方向）。所以，影子顶端移动的方向应该正好相反，第一个影子的记号一定是在西边，而第二个影子的记号一定是在东边。

（2）与东西方向的线垂直的线一般都是接近于南北方向的，弄清这四个方位对于求生者定向很有帮助。

（3）定向时可以将木棍倾斜，让影子更加明显，这么做并不会影响影子定向法的精确度。所以，求生者如果身处斜坡或地势较高的植被地带的话，不需要浪费宝贵的时间寻找大片平坦的土地，一块手掌大小的平地就足以有

效地使用影子定向法了。此外，由于求生者只需要在影子的顶端做记号，所以任何静止的物体都可以替代木棍来投影。

（4）影子法还可以用来估算大致的时间（图20-67B）。

①要确定一天中的时间，求生者可以把一根木棍垂直插在地面上东西、南北方向线的交叉处。在地球表面的任何地方，东西方向线上西边的一半代表6点，而东边的一半代表18点。

②南北方向线为正午线。求生者可以将木棍的影子作为时针，在由6点—18点线和正午线组成的"影子时钟"上推测时间。根据地理位置和季节的不同，木棍的影子可能是顺时针方向移动，也可能是逆时针方向移动，但是这并不影响读取时间的方式。

③影子时钟并不是寻常意义上的钟表，它在日出时的读数永远是6点，日落时的读数永远是18点。但是，在没有钟表精确计时的情况下，影子时钟可以帮求生者掌握时间，其准确度也比较令人满意。确定一天中的时间对求生者来说相当重要，有利于求生者在指定时间集合、安排小组成员分散活动、估计一天中剩下的白昼时间等。影子时钟在正午时的读数最接近标准时间，但是其他时间的准确程度取决于其所处的地理位置及日期。

（5）在北纬66.5°以北、南纬66.5°以南的地区，影子法会失效。正午时太阳是处于求生者的北方还是南方取决于求生者所在的纬度。在北纬23.4°以北的地区，太阳在正午时永远处在偏南方的位置，影子指向北方。在南纬23.4°以南的地区，太阳在正午时永远处在偏北方的位置，影子指向南方。在热带地区，根据地理位置和日期的差异，太阳在正午时可能偏南，也可能偏北，但是不论日期如何变化，影子永远向东移动。

（6）等长影子法。等长影子法（图20-68、图20-69）可以帮助求生者确定方向。这是影子定向法的一种更为精确的变体，在所有纬度低于66°的地区都可以使用，且全年适用。

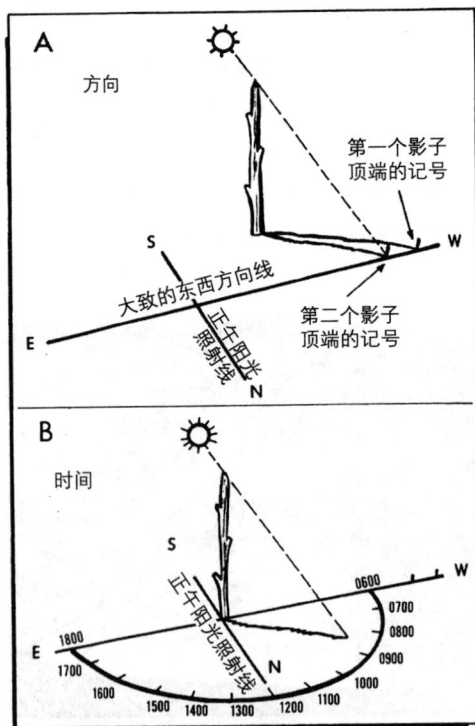

图 20-67　用影子确定方向和时间

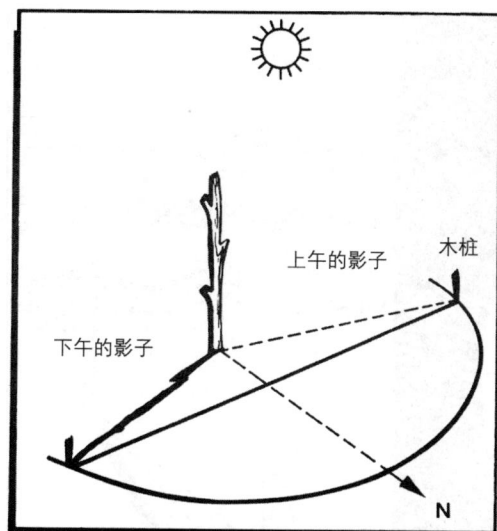

图 20-68　用等长影子法定向

①第一步：将一根木棍或树枝垂直插在水平的地面上，投下一个长度不少于 12 英寸（30.5 厘米）的影子。用石头、树枝等在影子顶端做一个记号。这一步骤必须在正午（即太阳到达最高点时）前 5~10 分钟的时候完成。

②第二步：以影子为半径，以木棍的基部为圆心画一个圆弧。可以借助绳子、鞋带或木棍来画弧。

③第三步：时间越接近正午，影子会变得越短。正午过后，影子又逐渐变长，与之前所画的圆弧相交。此时，要立刻在影子的顶端做记号。

④将两个记号连接起来，这样就得到了一条东西方向的线。

（7）虽然等长影子法是最为精确的影子定向法，但其缺点是必须在正午前后操作，并且需要求生者一直观察影子的移动情况，在影子刚刚碰到圆弧时就做上记号。

（8）在夜间，求生者可以用星星来定向，在北半球确定北方，在南半球确定南方（图 20-70）。

（9）求生者还可以用手表来大致确定真北、真南的方向（图 20-71）。在北半球，将时针指向太阳，时针和 12 点方向之间一半的位置就

指向南方。在实行夏时制期间，时针与 13 点方向之间一半的位置就是南北方向线。如果求生者分不清南北，可以记住早上太阳处于东方，下午处于西方。

（10）在南半球也可以用手表来确定方向，但是定向的方法有所不同。求生者要将 12 点的刻度指向太阳，12 点方向与时针之间一半的位置就指向北方。在实行夏时制期间，时针与 13 点方向之间一半的位置就是南北方向线。

（11）用手表定向有时会出现误差，尤其是在极端纬度地区，求生者可能会将方向弄颠倒。为了避免误差，求生者可以用影子时钟确定时间，并将手表的时间调成影子时钟显示的时间。等行进 1 小时后，再次用影子时钟确定时间。

9）确定具体位置。求生者使用地图和指北针定位时，必须先用前面讲过的知识将地图定向。接着，要在地面上找到两到三个地图上标注的显著地物。求生者使用指北针定位时，先要确定其中一个地物的方位角，确认地图定向无误后，在地图上标出此方位角。标绘方位角的方法是：把指北针直边的前角放在地图上代表该地物的点上，转动指北针，直到方位角的刻度正好处在分度线下方；然后，沿着指北针的直边画一条直线（图 20-72A）。重复以上步骤，确定第二个地物。如果只选用两个地物的方位角，那么这种方法称为两角测量法（图 20-72B）。如果还要在图上标绘第三个地物的方位角，以检验前两个方位角的准确度，那么这种方法就称为三角测量法（图 20-72C）。标出三个地物的方位角后，会形成一个三角形。如果三角形较大，那么求生者应该检查之前所做的步骤是否有误。如果三角形较小，那么求生者就可以根据地形来确定自己的具体位置了。此外，求生者还可以用一个地物的方位角加上一个线性地物，如河流、公路、铁路等，来确定自己的具体位置。

10）在没有指北针的情况下确定具体位置。用木棍及其影子、太阳和手表或天体星座可以

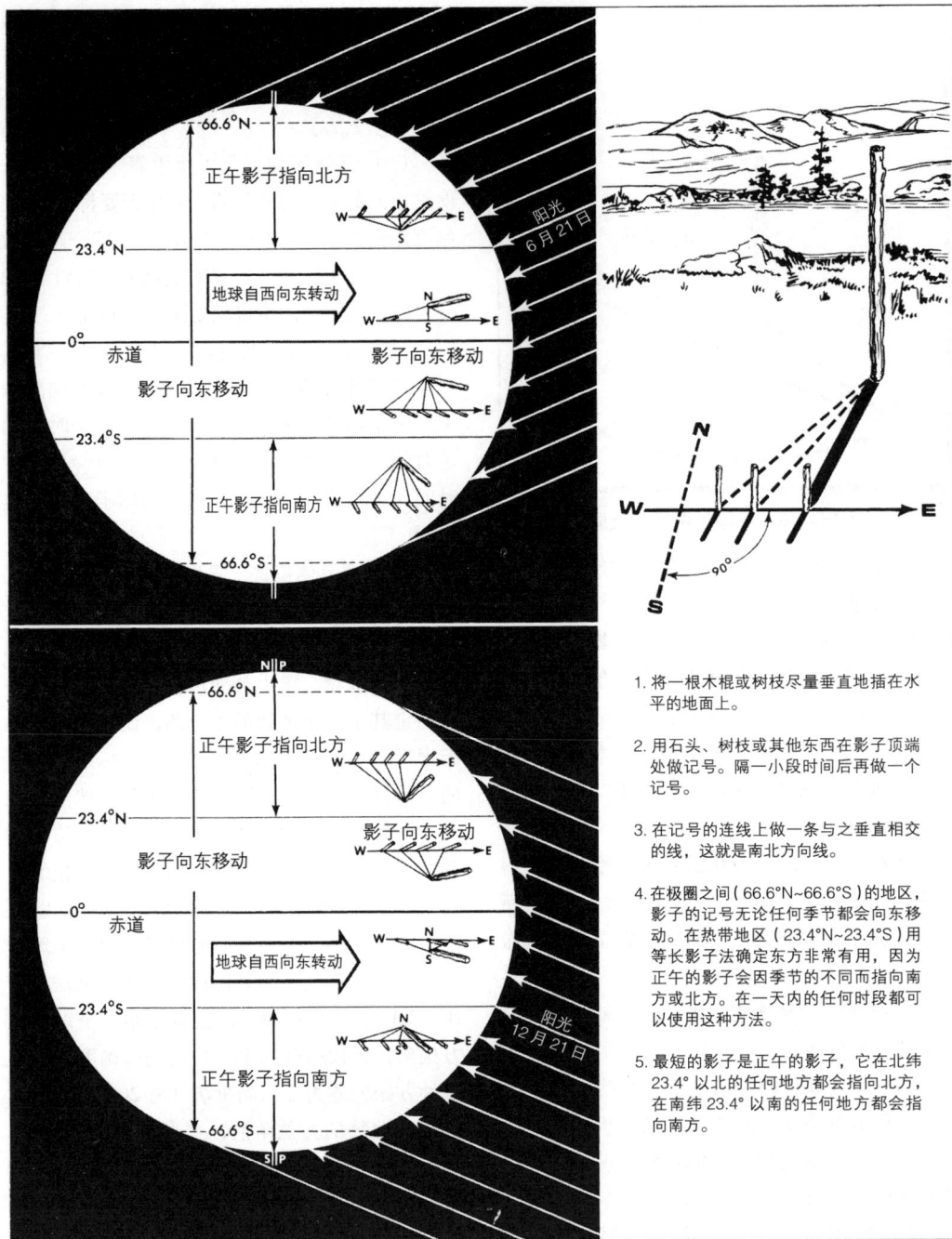

图 20-69 用木棍和影子法定向

确定南北方向线，从而使求生者能够在没有指北针的情况下仅靠地图来确定自己的具体位置。求生者可以通过四周主要的地形为地图定向，然后确定两到三个明显的地物，并标注在地图上。具体做法是，将一把直尺放在地图上，让直尺的中心与一个已知点重合，以这个点为枢点转动直尺，使已知点与求生者所在的位置在一条直线上，并画出这条直线。用同样的方式，画出第二个、第三个已知点与求生者所在位置的连线。在此过程中，地图要一直保持在正北、正南方向。如果三条连线形成一个不大的三角形，那么求生者就可以根据四周的地形在三角形内确定自己的具体位置了。如果三条连线形成三角形较大，那么求生者应检查之前的步骤是否有误。

11）航迹推算法。

（1）航迹推算法是通过标绘某人经过某已知点后行进的路线来确定该人目前的具体位置。在地图覆盖的范围内，不管地图的精确度如何，求生者一定会按照地图的指示行进。这样，求生者就可以在行进的过程中对照地图与四周的地形，一直掌握自己的位置。但是，地球上的一些地区没有相应地图，或是只有小比例尺的地图，而且求生者有时候还必须在没有

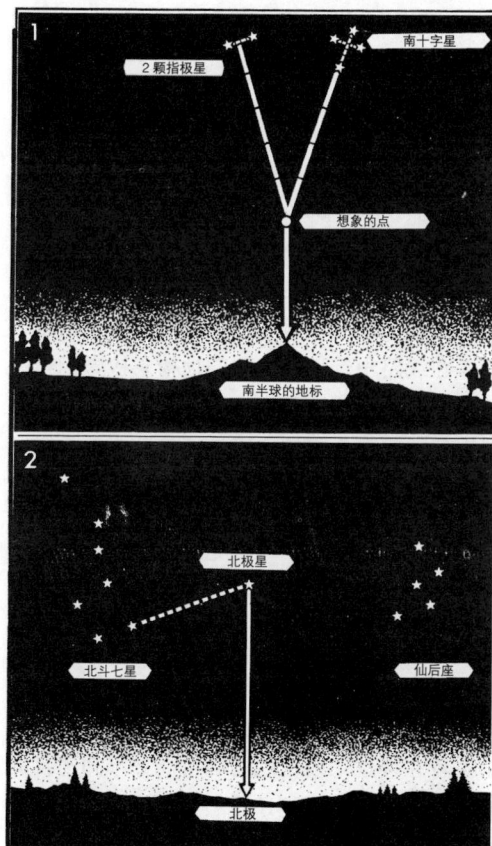

图 20-70　用星星定向

可用地图的条件下行进。这样的地区大部分都分布在荒原和沙漠中。

（2）几百年前，水手们在看不见陆地或处在恶劣天气中时，都使用航迹推算法来定向。在陆地上行进时一定要仔细规划。进行军事活动时，军事人员会知道自己的出发点和目的地，如果他们有可用的地图，还会在地图上标出出发点、目的地以及沿路上已知的地标。如果军事人员能够在途中认出这些地标，就可以检验自己行进的路线是否正确。如果没有地图，求生者可以在一张白纸上用统一的比例尺标出这些地标的点，让所有的点都分布在同一张纸上，并在纸上标明北的方向。如果地形条件和敌军的分布情况允许，那么求生者最理想的行进路线是从出发点到目的地的一条直线。但是，这种情况很少见，或者说没有实际操作的可能性。真正的行进路线通常由几段路线组成，求生者要在出发点上标出第一段路线的方位角以及这段路线的长度。在开始第二段路线时，也要标出其方位角及长度。以此类推，直到在图上记录下所有的定位点和相关数据（图 20-73）。

（3）（本书中所指的）一步的距离是人行进时同一只脚两次触碰到地面之间的距离。测量行进距离时，数出人行进一定距离所走的步数，乘以步距后换算成地图采用的长度计量单位即可。通常，步数以百步为单位计算，计算方法包括：在纸上记录、用手指计数、在空口袋中放入石头、在绳子上打结、使用手持计数器等。用这种方法只能测量出大致的距离，但是通过不断练习可以提高准确度。这种方法中，最重要的一点是确定平均步距。测量平均步距时，求生者应该在一定距离内反复行走，测算步距的平均值。在野外行走时，以下条件可能会改变步距：

①斜坡。上坡时步距变小，下坡时步距变大。

②风。逆风行走时步距变小，顺风行走时步距变大。

③地面情况。地的表面是沙子、沙砾或泥

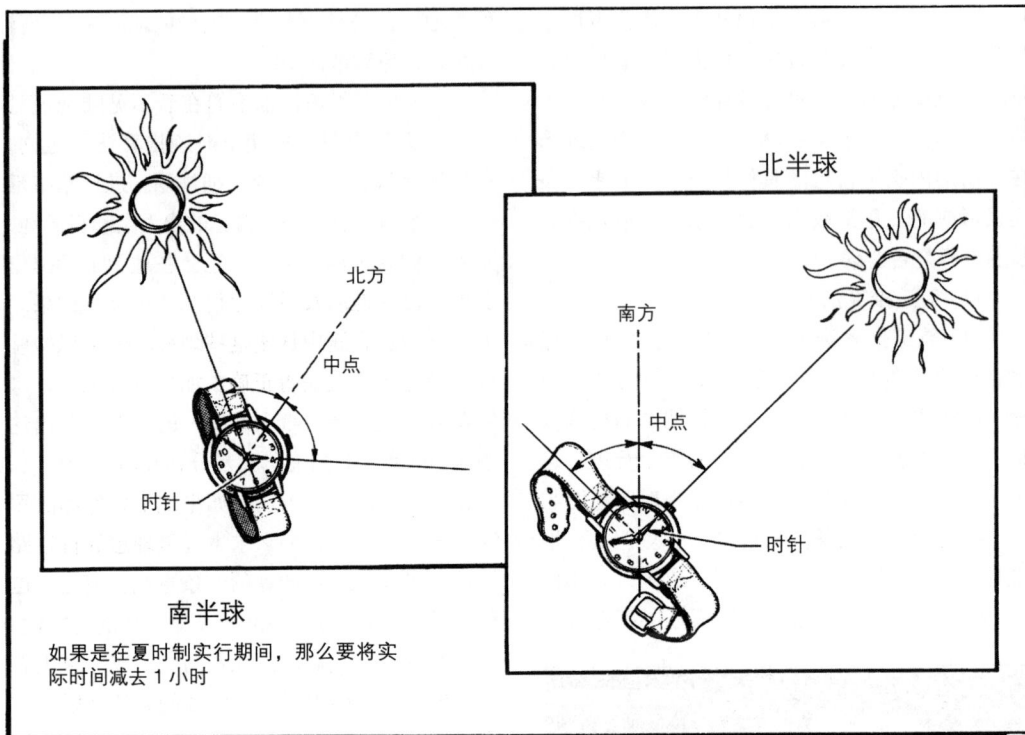

北半球

南方

中点

时针

北方

中点

时针

南半球

如果是在夏时制实行期间，那么要将实际时间减去 1 小时

图 20-71 用手表定向

巴等时，步距变小。

④天气。下雨、下雪或地面结冰会使步距变小。

⑤着装。衣服太过厚重会使步距变小，鞋子的种类会影响行进时鞋与地面的摩擦力，从而影响步距的大小。

(4) 通过航迹推算法来进行野外定向时，求生者要将所有行进的距离和方位角的数据记录在日志中（图 20-74）。有时，由于河流、陡坡等自然条件的限制，求生者即使只是行进很短的距离也无法走直线。在日志中要记录每一段曲折的路径的相关数据。

(5) 行进路线可以直接标绘在地图上，也可以用与地图相同的比例尺记录在纸上。如果选择后者，在地图上确定其中一个记录点后，就可以把纸上的所有记录点都誊到地图上。标绘点的位置时，可以使用量角器和刻度尺。行进路线标绘的精确程度取决于求生者的制图技术、环境条件和途中获取数据的细心程度。图

20-75 展示了将图 20-74 中的记录数据标绘出来的结果。需要注意的是，由于 A 点到 H 点中第四段的路径短而曲折，所以只按总长度和平均方位角来标绘，这么做既可以节省时间，也不会造成太大的误差。情况允许的话，求生者可以在线路中选一个已知的地物来检验标绘的精度，如果该地物标绘的位置与其真实的位置有偏差，那么应该舍弃该标绘图，重新标绘行进线路。求生者可以从错误的标绘图中吸取教训，不再重复犯错，除此之外，错误的图纸没有任何利用价值。

(6) 偏置测线显示了某个物体方位角偏左或偏右的磁偏差。从线性地物的一侧接近该线性地物上的一点（如交叉路口）时，需要用到偏置测线。由于指北针的偏差或读图时的误差，求生者在接近某线性地物时可能并不知道目的地是在该地物的左侧还是右侧。这时，在指定方向的一定角度画出偏置测线就可以使求生者能够确定该从左侧还是右侧靠近该线性地物，

从而到达目的地。图 20-76 展示了利用偏置测线向目的地前进的方法。记住，从×点到目的地的距离会因为已经行进的距离和偏置测线的度数而改变。偏置测线每偏 1 度，每行进 1000 英尺（304.8 米），路线会向左或向右偏移 20 英尺（6.1 米）。例如，在图 20-76 中，偏置测线的度数为右倾 10°，如果求生者出发到×点的行进总长度为 1000 英尺（304.8 米），那么×点应位于目的地右侧 200 英尺（61 米）处。

（7）图 20-77 展示了如何以一定的方位角移动一定的距离，从而在保持总体方向不变的同时绕过敌区或障碍物行进。例如，以 360°方位角行进时，如果想绕过某个障碍物，可以以 90°方位角行进 100 码（91.4 米），再以 360°方位角行进 100 码（91.4 米），接着以 270°方

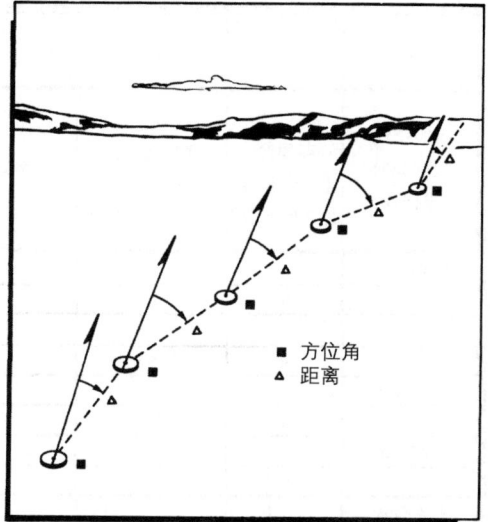

图 20-73　行进情况示意图

位角行进 100 码（91.4 米），最后再回到 360°方位角继续行进，这样就可以保证原本的行进方向不变。在夜间意外遇到障碍物时，也可以采取相同的方法迂回行进。

12）极坐标。

（1）在地图上，如果有一个已知点，并且知道该点到另一点的方向和距离，那么就可以在图上确定并标出后者的位置。这种确定某一点的位置的方法就用到了极坐标（图 20-78）。用来确定位置的角一般以方位角来表示，用来确定位置的距离一般用米、码等长度单位来表示。

（2）在野外定向中，使用极坐标特别有用，因为求生者可以用指北针确定磁方位角并估算两点间的距离。

13）位置的确定。

（1）确定纬度。图 20-79 展示了南北两个半球一年中各个月份日出、日落时太阳的方位角（表中的数据基于地面水平的假设上，所以在山区这些数据可能会不准确）。

①用指北针测算日出、日落时太阳的方位角（加上或减去磁偏角），再结合日期就可以确定纬度。根据图 20-79 中的数据显示，假设某人于 1 月 26 日在北半球某地面对太阳站立，

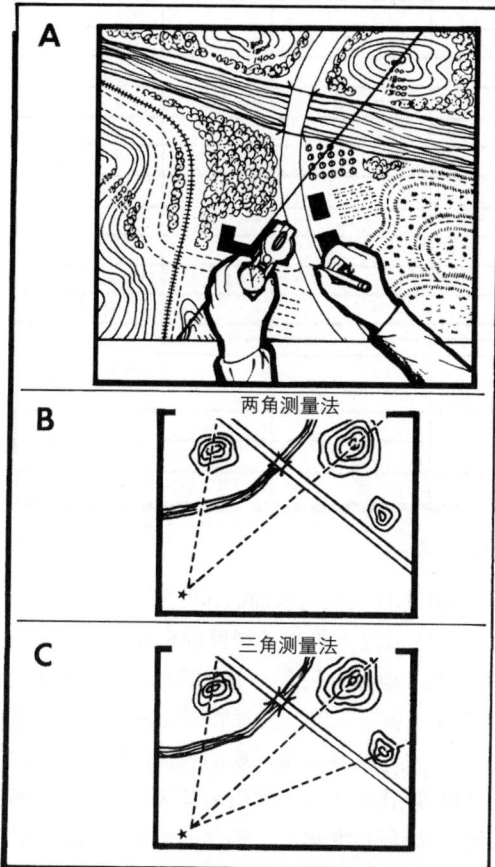

图 20-72　用两个地物或三个地物的方位角定向

1	2	3	4	5	6	7
每段路线起始处的里程数	行进的英里数（1 英里约为 1.6 千米）	前方位角（磁方位角）	磁偏角修正	误差校正	真方位角	标注
A 4750						
	6	17°	13°	+3°	33°	
B 4756						
	9	358°	''	+2°	13°	
C 4765						
	8	341°	''	+1°	355°	
D 4773						
	1	314°	''	0°	327°	
E 4774						
	1.5	341°	''	+1°	355°	
F 4775						
	1.5	322°	''	0°	335°	
G 4777						
	1	312°	''	0°	325°	
H 4778						
	12	300°	12°	−1°	311°	
I 4790						
	6	341°	''	+1°	354°	
J 4796						
	6	302°	''	−1°	313°	
K 4802						
	20	319°	''	0°	331°	
4810						横渡
						卫矛河
4814						减去 2 英里
L 4824		基地兵营				

图 20-74 行进日志

日出时太阳的方位角为右起 120°（日落时太阳的方位角为左起 120°），那么可知该地的纬度为北纬 50°。

②图 20-79 中并没有列出一年中每一天太阳的方位角，也没有列出每一个纬度的数据。如果想把方位角的精确度控制在 1° 以内，那么可以用插值法估算表中没有列出的数据。例如，纬度 45° 和 50° 相差 5°，而它们方位角的差为 3°，5/3 得到 1°40′，所以与纬度 45° 的方位角差不超过 1° 的更为精确的纬度为 46°40′。

（2）通过太阳正午高度确定纬度。不论是哪一天，地球上只有一个纬度在正午时太阳是从其正上方（天顶）经过的。在这一纬度以北的地区，太阳从其天顶以南的位置经过，而在这一纬度以南的地区，太阳从其天顶以北的位置经过。纬度每变化 1°，天顶的位置也随之变化 1°。图 20-80 列出了一年里的每一天太阳在正午位于天顶时的纬度位置。如果求生者有绘图仪或量角器，就可以用它们来测量太阳在正午时与天顶之间的角距离，从而利用太阳的最高位置来确定自己所在的纬度。具体方法是：在木棍的顶端系一根绳子，将绳子拉到木棍正午（用前面讲过的方法可以确定求生者所在位置的地方正午）时投下的影子的末端，在绳子上系上绘图仪，从绘图仪的中心位置垂下一根铅垂线。铅垂线经过绘图仪外圈刻度时所显示的角度就是太阳所在的位置与天顶之间的角距离。

（3）通过昼长判断纬度。在开阔的海上使用这种方法最为有效。在北纬 60° 到南纬 60° 之间的地区，如果求生者知道精确到 1 分钟之内的昼长，就能够确定精确到 30 海里以内的具体纬度。除了在昼夜平分点（春分、秋分）前后各 10 天期间——大约为 3 月 11 日~31日、9 月 12 日~10 月 2 日，全年其他时间都可以使用这一方法判断纬度。在上述两个时间段中，由于所有纬度上的昼长和夜长都相等，所以不能使用该方法。求生者在使用该方法时，

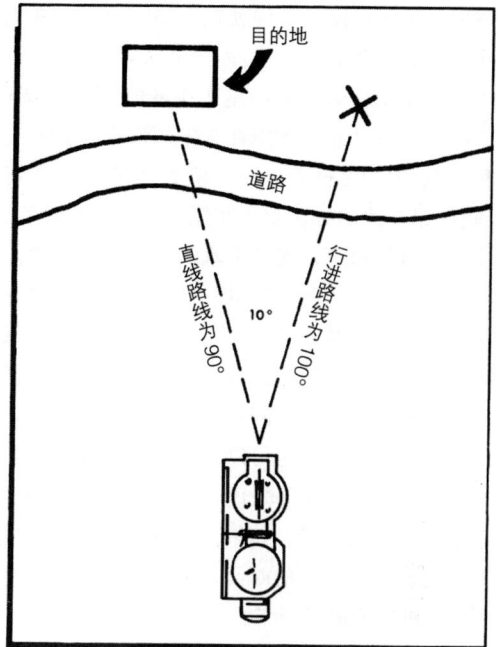

图 20-76　偏置测线

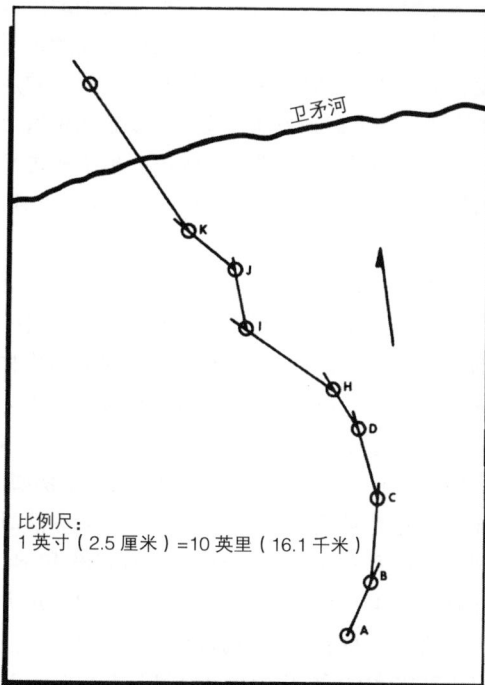

比例尺：
1 英寸（2.5 厘米）=10 英里（16.1 千米）

图 20-75　在纸上标绘路线

要保证天际线是水平的，这样才能准确判断日出和日落的时间。求生者从太阳的上缘开始露出海平面的那一刻就要开始计算昼长，这一时刻通常会伴有绿闪光现象出现。求生者要用笔记下日出和日落的时间，不要只凭记忆力记在脑中。注意，虽然手表的走时可能有误差，导致记录下的日出、日落时间不准确，但是仍然能够帮助求生者计算昼长继而推断纬度。如果求生者身处海岸边，只能看到一个方向的天际线，那么求生者可以用之前介绍的影子法来确定地方正午。昼长是日出到日中或日中到日落时间的 2 倍。确定昼长后，可以用图 20-81 中的列线图判断纬度。

（4）通过地方视正午确定经度。要判断自己所在的经度，求生者必须知道手表上显示的时间及手表的走时误差。求生者要将手表上的时间调成格林尼治时间。例如，如果手表显示的时间是美国东部标准时间，那么加上 5 小时就可以得到格林尼治时间。在通过测算某个天体越过某条经线的时间来确定经度的方法中，最

常用来确定经度的天体就是太阳。求生者在判断自己所在的经度时，可以选用以下方法：

①用木棍影子法确定正午的时间（图20-82）。将一根木棍尽量垂直地插在平坦的地面上。利用两根临时的铅垂线来检查棍子是否垂直（制作铅垂线的方法是，在绳子上系一个重物，让绳子自然垂下，绳子下垂的方向就是与地面垂直的方向）。求生者在正午到来之前就要开始在木棍影子的末端做记号，并且要记录下每次做记号的时间，直到影子明显变长为止。影子最短时做记号的时间就是太阳经过地方视正午的时间。求生者也可以在两个分别标记了正午前后的等长的影子之间找到中点，以此来确定最短影子的位置。如果求生者能够在水平线上确定日出和日落的时间，那么这两个时间中间一半的时刻就是正午。

②用双铅垂线法确定正午的时间。在地面

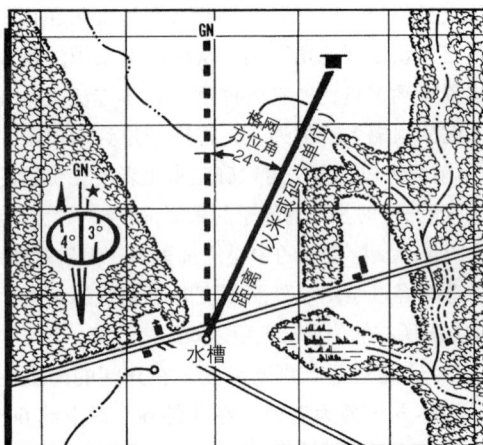

图 20-78   利用极坐标在地图上定位

上相距1英尺（0.3米）左右垂两根铅垂线，让两条线都对准北极星。次日，两根铅垂线的影子重叠的那一时刻就是地方视正午。

③找到地方视正午对应的格林尼治时间。下一步是校正时差，也就是真太阳超过或落后于平太阳的时间（平太阳是一个假想的天体，是天文学家为了简化时间计算问题而创造出来的概念。平太阳在天赤道上移动的速度始终不变，为每小时15°；真太阳与地球所形成的角度会因季节变化而发生改变，所以它在黄道上不是匀速运动的）。图20-83中列出了通过平太阳时（钟表时间）得出真太阳时（视太阳时）所需加减的分钟数。

④ 计算出地方正午的格林尼治时间后，要得出求生者所在地的经度与格林尼治经度之间的差，只要把地方正午的格林尼治时间与格林尼治地方正午（12点）之间的差从时间转化为"度"即可。记住，1小时相当于15°经度，4分钟相当于1°经度，而4秒钟相当于1′。例如：如果求生者的手表显示的是美国东部标准时间，已知手表的走时每天比标准时间慢30秒，并且已经4天没有对时了。在2月4日，地方正午所对应的手表上的时间为15点08分，所以正确的地方正午应为在该时间上加上"4×30秒（2分钟）"，即15点10分，相应的格林尼治时间为20点10分。根据时差表中2月4日

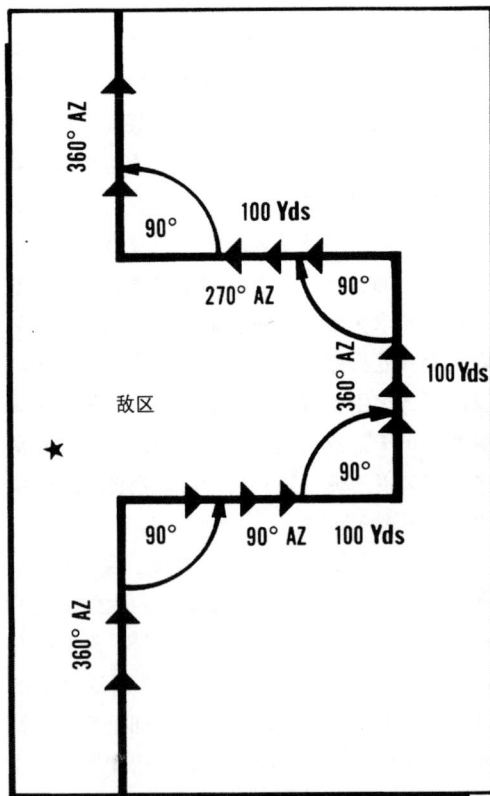

图 20-77   绕过敌区行进

日期		说明：表中为日出或日落时太阳与正北方向之间的夹角（假设地面为水平）。纬度												
		0°	5°	10°	15°	20°	25°	30°	35°	40°	45°	50°	55°	60°
1月	1	113	113	113	114	115	116	117	118	121	124	127	133	141
	6	112	113	113	113	114	115	116	118	120	123	127	132	140
	11	112	112	112	113	113	114	115	117	119	122	125	130	138
	16	111	111	111	112	112	113	114	116	118	120	124	129	136
	21	110	110	110	111	111	112	113	115	117	119	122	127	133
	26	109	109	109	109	110	111	112	113	115	117	120	124	130
2月	1	107	107	108	108	108	109	110	111	113	115	117	121	126
	6	106	106	106	106	107	107	108	109	111	113	115	118	123
	11	104	104	104	105	105	106	107	108	109	110	112	116	120
	16	103	103	103	103	103	104	105	106	107	108	110	112	116
	21	101	101	101	101	101	102	102	103	104	105	107	109	112
	26	99	99	99	99	100	100	100	101	102	103	104	106	108
3月	1	98	98	98	98	99	99	99	100	100	101	102	104	106
	6	96	96	96	96	96	97	97	97	98	98	99	100	102
	11	94	94	94	94	94	94	95	95	95	96	96	97	98
	16	92	92	92	92	92	92	92	92	93	93	93	93	94
	21	90	90	90	90	90	90	90	90	90	90	90	90	90
	26	88	88	88	88	88	88	88	88	87	87	87	87	86
4月	1	86	86	86	86	85	85	85	85	84	84	83	82	81
	6	84	84	84	83	83	83	83	82	82	81	81	80	77
	11	82	82	82	82	81	81	81	80	80	79	77	76	74
	16	80	80	80	80	79	79	78	78	77	76	74	72	70
	21	78	78	78	78	78	77	76	76	75	73	72	69	66
	26	77	77	76	76	76	75	75	74	72	71	69	66	63
5月	1	75	75	75	74	74	73	73	72	70	69	66	63	59
	6	74	74	73	73	73	72	71	70	68	67	64	61	56
	11	72	72	72	72	71	70	69	68	67	64	62	58	52
	16	71	71	71	70	70	69	69	66	65	63	60	55	49
	21	70	70	70	69	69	68	67	65	63	61	58	53	47
	26	69	69	69	68	68	67	66	64	62	60	56	51	44
6月	1	68	68	68	67	67	66	66	63	63	58	54	49	41
	6	67	67	67	67	67	66	65	64	62	60	57	53	40
	11	67	67	67	67	66	65	64	63	62	59	56	47	39
	16	67	67	67	66	66	65	64	63	62	59	56	53	39
	21	67	67	67	66	65	64	63	62	59	56	53	47	39
	26	67	67	67	66	65	64	63	62	59	56	53	47	39
7月	1	67	67	67	66	66	64	64	62	59	56	53	47	39
	6	67	67	67	66	65	65	64	62	60	57	53	48	40
	11	68	68	68	67	66	65	64	63	61	58	54	49	41
	16	69	68	68	67	67	66	65	64	62	59	55	50	43
	21	69	69	69	69	68	67	66	65	64	60	57	52	45
	26	70	70	70	70	69	68	67	66	64	62	59	54	48
8月	1	72	72	72	71	71	70	69	68	66	64	61	57	51
	6	73	73	73	73	72	71	71	69	68	66	63	60	55
	11	75	75	75	74	74	73	72	71	70	68	66	63	58
	16	76	76	76	76	75	75	74	73	72	70	68	65	61
	21	78	78	77	77	77	76	76	75	74	72	71	68	65
	26	79	79	79	79	79	78	78	77	76	75	73	71	68
9月	1	82	82	82	81	81	81	80	80	79	78	77	75	73
	6	83	83	83	83	83	83	82	82	81	81	80	78	77
	11	85	85	85	85	85	85	85	84	84	83	83	82	81
	16	87	87	87	87	87	87	87	86	86	86	85	85	84
	21	89	89	89	89	89	89	89	89	89	89	88	88	88
	26	91	91	91	91	91	91	91	91	91	91	92	92	92
10月	1	93	93	93	93	93	93	93	94	94	94	95	95	96
	6	95	95	95	95	95	96	96	96	97	97	98	99	100
	11	97	97	97	97	97	98	98	99	99	100	101	102	104
	16	99	99	99	99	99	100	100	101	101	102	104	105	108
	21	101	101	101	101	101	102	102	103	104	105	107	109	112
	26	102	102	103	103	103	104	104	105	106	108	109	112	115
11月	1	104	104	105	105	105	106	107	108	109	110	113	116	120
	6	106	106	106	107	107	108	109	110	111	113	115	119	123
	11	107	107	108	108	108	109	110	111	113	115	117	121	126
	16	109	109	109	109	110	111	112	113	115	117	120	124	130
	21	110	110	110	111	111	112	113	114	116	118	119	122	133
	26	111	111	111	112	112	113	114	116	118	120	124	128	135
12月	1	112	112	112	113	113	114	115	116	118	122	125	130	138
	6	112	112	112	113	113	114	115	116	118	120	123	132	140
	11	113	113	113	114	114	115	116	117	119	124	127	133	141
	16	113	113	113	114	114	115	116	117	118	121	124	127	133
	21	113	113	113	114	115	116	117	118	121	124	127	133	141
	26	113	113	113	114	115	116	117	118	121	124	127	133	141

注意：太阳升起时，角度从东向北测算；
太阳落山时，角度从西向北测算。

图 20-79　利用太阳升起、落下时的方位角确定纬度

的数据，需要再减去 14 分钟，所以地方正午的真正的格林尼治时间为 19 点 56 分。当地地方正午的格林尼治时间与格林尼治地方正午之间的差为 "19:56-12:00"，即 7 小时 56 分。将这一时间换算成经度，得到 119°。由于求生者所在地的地方正午晚于格林尼治的地方正午，所以求生者的所在地位于格林尼治的西边，为西经 119°。

330 | 第七部分 行进

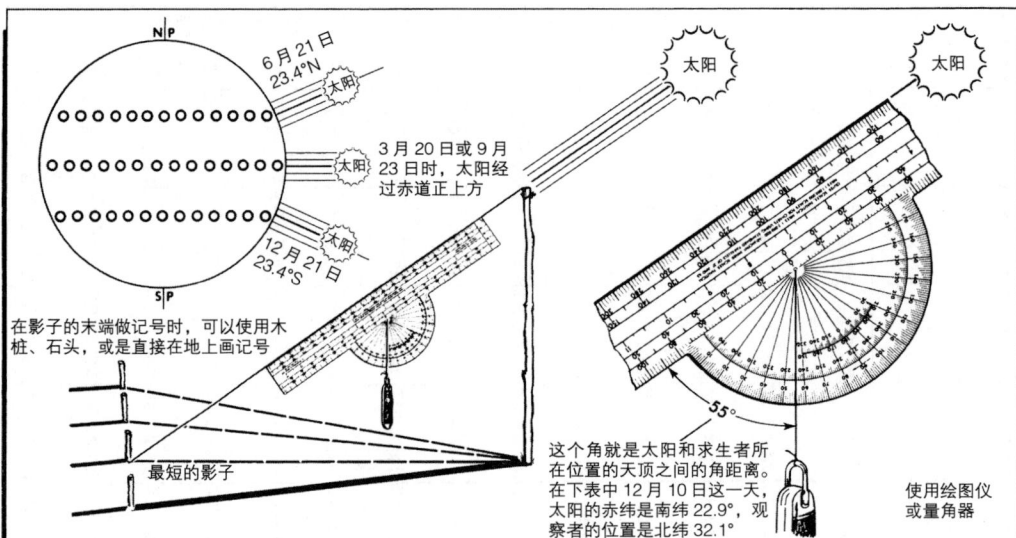

6月21日
23.4°N
太阳

3月20日或9月23日时，太阳经过赤道正上方
太阳

12月21日
23.4°S
太阳

在影子的末端做记号时，可以使用木桩、石头，或是直接在地上画记号

最短的影子

这个角就是太阳和求生者所在位置的天顶之间的角距离。在下表中12月10日这一天，太阳的赤纬是南纬22.9°，观察者的位置是北纬32.1°

55°

使用绘图仪或量角器

太阳的赤纬
（四舍五入到"度"的十分位）

注意：表中的数据以"度"为单位，而不是"分"。要想把0.1°转化为以"分"为单位，只需乘以6（例如，27.9°=27°54′）。

日期	1月	2月	3月	4月	5月	6月	7月	8月	9月	10月	11月	12月
1	S 23.1	S 17.5	S 7.7	N 4.4	N 15.0	N 22.0	N 23.1	N 18.1	N 8.4	S 3.1	S 14.3	S 21.8
2	23.0	17.2	7.3	4.8	15.3	22.1	23.1	17.9	8.1	3.4	14.6	21.9
3	22.9	16.9	6.9	5.2	15.6	22.3	23.0	17.6	7.7	3.8	15.0	22.1
4	22.9	16.6	6.6	5.6	15.9	22.4	22.9	17.3	7.3	4.2	15.3	22.2
5	22.8	16.3	6.2	5.9	16.2	22.5	22.8	17.1	7.0	4.6	15.6	22.3
6	S 22.7	S 16.0	S 5.8	N 6.3	N 16.4	N 22.6	N 22.7	N 16.8	N 6.6	S 5.0	S 15.9	S 22.5
7	22.5	15.7	5.4	6.7	16.7	22.7	22.6	16.5	6.2	5.4	16.2	22.6
8	22.4	15.4	5.0	7.1	17.0	22.8	22.5	16.3	5.8	5.7	16.5	22.7
9	22.3	15.1	4.6	7.4	17.2	22.9	22.4	16.0	5.5	6.1	16.8	22.8
10	22.2	14.8	4.2	7.8	17.5	23.0	22.3	15.7	5.1	6.5	17.1	22.9
11	S 22.0	S 14.5	S 3.8	N 8.2	N 17.8	N 23.1	N 22.2	N 15.4	N 4.7	S 6.9	S 17.3	S 23.0
12	21.9	14.1	3.5	8.6	18.0	23.1	22.0	15.1	4.3	7.3	17.6	23.1
13	21.7	13.8	3.1	8.9	18.3	23.2	21.9	14.8	3.9	7.6	17.9	23.2
14	21.5	13.5	2.7	9.3	18.5	23.2	21.7	14.5	3.6	8.0	18.1	23.2
15	21.4	13.1	2.3	9.6	18.8	23.3	21.6	14.2	3.2	8.4	18.4	23.3
16	S 21.2	S 12.8	S 1.9	N 10.0	N 19.0	N 23.3	N 21.4	N 13.9	N 2.8	S 8.8	S 18.7	S 23.3
17	21.0	12.4	1.5	10.4	19.2	23.4	21.3	13.5	2.4	9.1	18.9	23.4
18	20.8	12.1	1.1	10.7	19.5	23.4	21.1	13.2	2.0	9.5	19.1	23.4
19	20.6	11.7	0.7	11.1	19.7	23.4	20.9	12.9	1.6	9.9	19.4	23.4
20	20.4	11.4	0.3	11.4	19.9	23.4	20.7	12.6	1.2	10.2	19.6	23.4
21	S 20.2	S 11.0	N 0.1	N 11.7	N 20.1	N 23.4	N 20.5	N 12.2	N 0.8	S 10.6	S 19.8	S 23.4
22	20.0	10.7	0.5	12.1	20.3	23.4	20.4	11.9	0.5	10.9	20.1	23.4
23	19.8	10.3	0.9	12.4	20.5	23.4	20.0	11.6	N 0.1	11.3	20.3	23.4
24	19.5	9.9	1.3	12.7	20.7	23.4	20.0	11.2	S 0.3	11.6	20.5	23.4
25	19.3	9.6	1.7	13.1	20.9	23.4	19.7	10.9	0.7	12.0	20.7	23.4
26	S 19.0	S 9.2	N 2.1	N 13.4	N 21.1	N 23.4	N 19.5	N 10.5	S 1.1	S 12.3	S 20.9	S 23.4
27	18.8	8.8	2.5	13.7	21.2	23.3	19.3	10.2	1.5	12.7	21.1	23.3
28	18.5	8.5	2.9	14.0	21.4	23.3	19.1	9.8	1.9	13.0	21.3	23.3
29	18.3	8.1	3.2	14.4	21.6	23.3	18.8	9.5	2.3	13.3	21.4	23.3
30	18.0	...	3.6	14.7	21.7	23.2	18.6	9.1	2.7	13.7	21.6	23.2
31	S 17.7	...	N 4.0	...	N 21.9	...	N 18.4	N 8.8	...	S 14.0	...	S 23.1

例：12月10日，太阳的赤纬是南纬22.9°，如果观察者测得的角距离为0°，那么他所在的位置就是南纬22.9°。如果观察者测得太阳位于天顶的南方，角距离为5°，那么他所在的位置就是南纬22.9°以北5°，即北纬17.9°；而如果太阳是在北方，那么观察者所在的位置就是南纬22.9°以南5°，即南纬27.9°。

图20-80　利用正午太阳高度确定纬度

（5）在夜晚确定方位。

①利用北极星定向。在北半球观察，北极星永远位于与北天极相差不到1°的地方。也就是说，北半球的观察者与北极星之间的连线与真北方向的角度差不到1°。找到北斗七星或仙后座就能够确定北极星的位置，因为它们都非常靠近北天极。北斗七星斗魁末端的2颗星星几乎正对着北极星，所以它们被称为指极

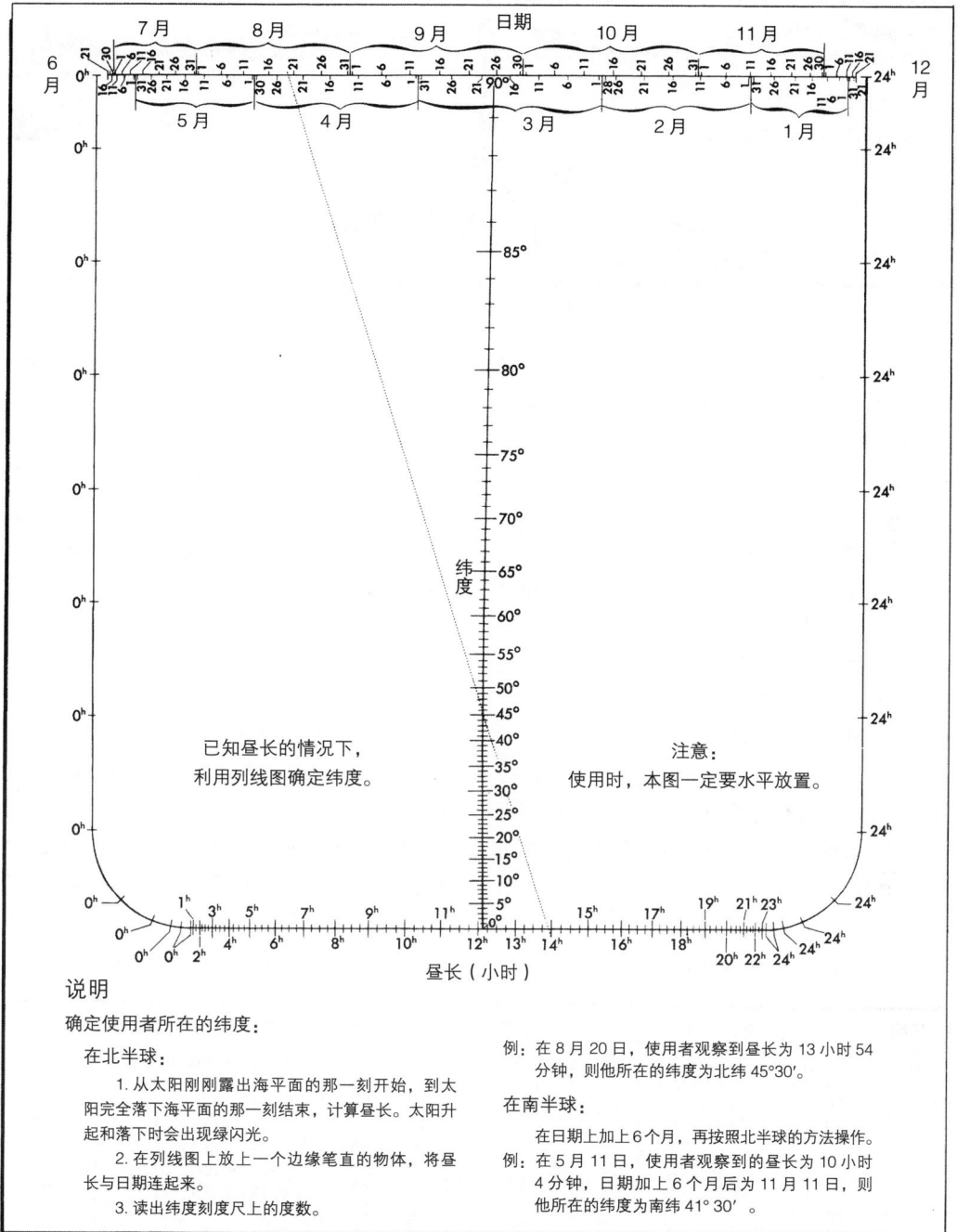

图 20-81　列线图

说明

确定使用者所在的纬度：

在北半球：

　1. 从太阳刚刚露出海平面的那一刻开始，到太阳完全落下海平面的那一刻结束，计算昼长。太阳升起和落下时会出现绿闪光。

　2. 在列线图上放上一个边缘笔直的物体，将昼长与日期连起来。

　3. 读出纬度刻度尺上的度数。

例：在 8 月 20 日，使用者观察到昼长为 13 小时 54 分钟，则他所在的纬度为北纬 45°30′。

在南半球：

　在日期上加上 6 个月，再按照北半球的方法操作。

例：在 5 月 11 日，使用者观察到昼长为 10 小时 4 分钟，日期加上 6 个月后为 11 月 11 日，则他所在的纬度为南纬 41° 30′。

星。如果指极星被云层遮住，那么求生者还可以通过仙后座来确定北极星的位置。图 20-84 标出了北斗七星、北极星和仙后座之间的位置关系。

　②利用南十字星座定向。在南半球看不到北极星，所以南十字星座就成了天空中最明显的定位标志。向南半球飞行时，北极星在飞机后面落下后不久，南十字星座就出现

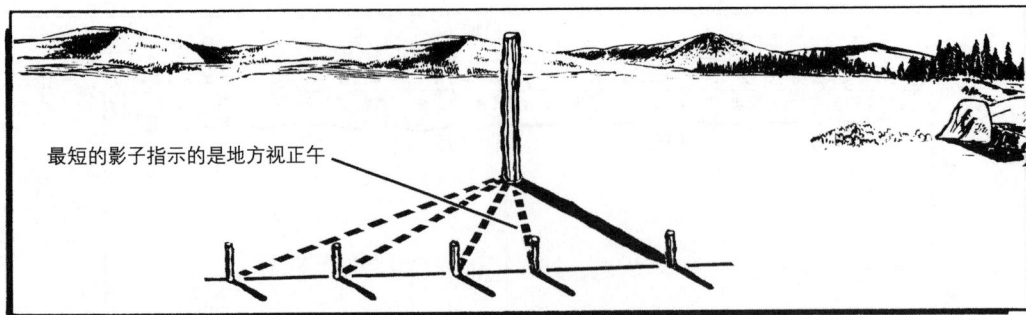

最短的影子指示的是地方视正午

图 20-82　木棍影子法

了。穿过南十字星座长轴的一条假想线正好指向南极。南十字星座中有 4 颗亮星，其中有 2 颗在夜空中看起来特别明亮。注意，不要将南十字星座与它边上的一个更大的假十字星座相混淆。

③南极上空没有像北极上空的北极星那么耀眼的星星。事实上，在南半球与北极星相对应的区域里基本看不到什么星星。由于这一区域与周围的夜空相比显得非常黑暗，所以又被称为"煤袋"。图 20-85 中标出了南十字星座及其西边易与之混淆的假十字星座。

(6) 通过天赤道上的星星确定正东、正西方向。由于北极星与地面距离太远，有时不太容易作为参照物，所以利用地平线上的一点定向更加容易。

①天赤道。地球的赤道面无限延伸后与天球相交而成的大圆圈就叫作天赤道。天赤道与地平线的交点通常就是指北针的正东和正西，所以，天赤道上的所有星星都是从正东方向升起，在正西方向落下的。不管天赤道上的星星处在哪一纬度，这一论断都成立，只有南极和北极例外，因为天赤道在这两处与地平线处在同一个平面上。如果求生者身处南极和北极，他们应该能够知道自己的位置，所以可以认为天赤道定向的方法是全球通用的。

②使用天赤道定向可能会遇到一些困难，除非求生者对星座非常熟悉，否则可能较难认出刚刚从东方地平线上升起的星星。相比而言，在天赤道上的星星快要落下西方地平线时定向较为简单。

③使用天赤道定向的另一个困难是大气消光现象。当星星靠近地平线时，由于观测者的眼睛和星星之间的大气随着距离的变远而变得越来越厚，导致星星的光芒也越来越暗。所以，

日期	时差	日期	时差	日期	时差	日期	时差	日期	时差	日期	时差
1月 1	-3.5 min.	3月 4	-12.0	5月 2	+3.0 min.	8月 4	-6.0	10月 1	+10.0 min.	12月 1	+11.0
2	-4.0	8	-11.0	14	+3.8	12	-5.0	4	+11.0	4	+10.0
4	-5.0	12	-10.0	5月28	+3.0	17	-4.0	7	+12.0	6	+9.0
7	-6.0	16	-9.0	6月 4	+2.0	22	-3.0	11	+13.0	9	+8.0
9	-7.0	19	-8.0	9	+1.0	26	-2.0	15	+14.0	11	+7.0
12	-8.0	22	-7.0	14	0.0	8月29	-1.0	20	+15.0	13	+6.0
14	-9.0	26	-6.0	19	-1.0	9月 1	0.0	10月27	+16.0	15	+5.0
17	-10.0	3月29	-5.0	23	-2.0	5	+1.0			17	+4.0
20	-11.0	4月 1	-4.0	6月28	-3.0	8	+2.0	11月 4	+16.4	19	+3.0
24	-12.0	5	-3.0	7月 3	-4.0	10	+3.0	11	+16.0	21	+2.0
1月28	-13.0	8	-2.0	9	-5.0	13	+4.0	17	+15.0	23	+1.0
2月 4	-14.0	12	-1.0	18	-6.0	16	+5.0	22	+14.0	25	0.0
13	-14.3	16	0.0	7月27	-6.6	19	+6.0	25	+13.0	27	-1.0
19	-14.0	20	+1.0			22	+7.0	11月28	+12.0	29	-2.0
2月28	-13.0	4月25	+2.0			25	+8.0			12月31	-3.0
						9月28	+9.0				

注：在平太阳时上加上或减去时差（分钟），就能得到真太阳时。

图 20-83　时差

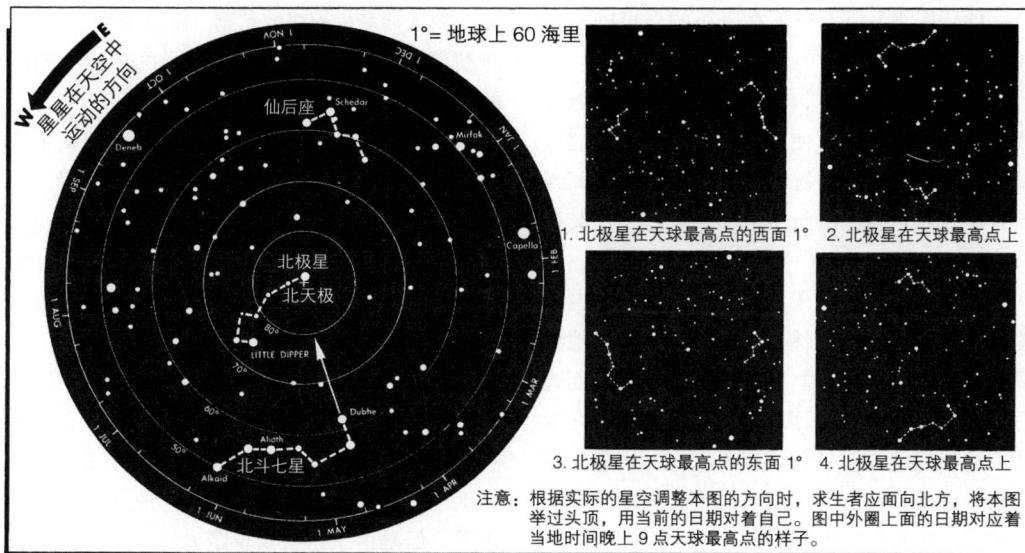

图 20-84 利用北极星定向

星光微弱的星星在落下地平线之前，人的肉眼就已经看不到了。尽管如此，求生者还是可以使用天赤道定向法在星星落下地平线之前来估测它落下的那一刻。求生者所在地的大气条件会对星星落下时的亮度产生很大的影响，例如大气霾雾现象，温带海岸地区的霾雾比沙漠地区的霾雾对观察者的影响更大。

④图 20-86 标出了天赤道上一些比较明亮、显眼的星星和星群。事实上，真正处在天赤道上的星星很少，但是分布在天赤道附近的星星较多，所以可以大致把它们视为天赤道上的星星。此外，粗略了解主要的天赤道星座可以帮助求生者在行进过程中不断确认自己的方向。

（7）通过北极星确定纬度。如图 20-87 所示，通过测量北极星与地平线之间的角度，求生者可以确定北半球北纬 10° 以北地区的纬度。

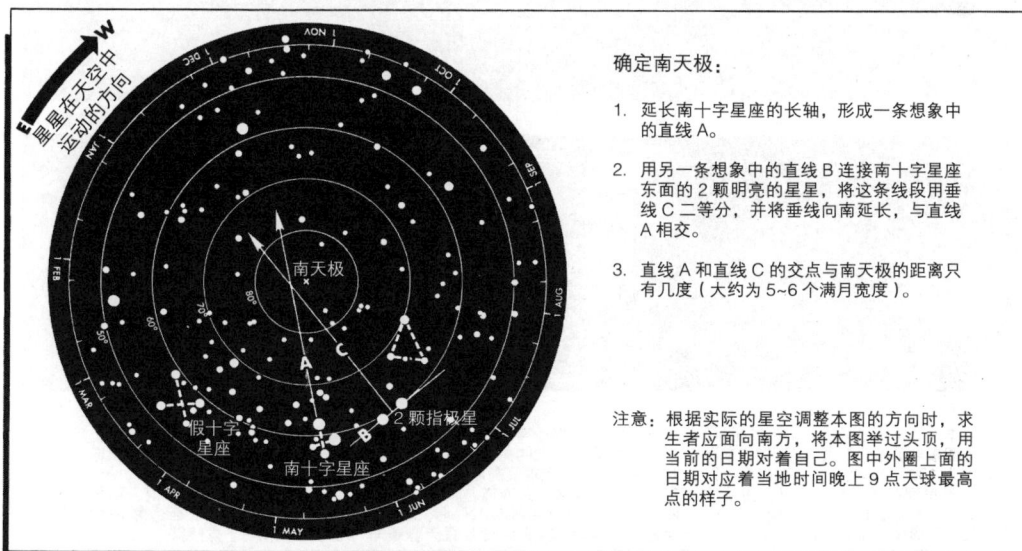

图 20-85 利用南十字星座定向

(8) 通过头顶上空不在天极的星星确定方向（北方）。

①在很多情况下，由于北极星被云层遮住或处在地平线以下，使得求生者不能通过北极星定向。面对这种情况，求生者要想在夜间判断方向或确认自己的行进方向，可以利用其他方法来解决问题。

②以下是木棍影子法的变体。使用该方法的前提是，所有的天体（太阳、月亮、其他恒星、行星）都是从东边（大体上）升起、在西边（大体上）落下的。除了拱极星，这种方法在地球上的任何地方对任何星星都适用。拱极星就是在身处某一纬度的观察者眼中，围绕着北极星移动，而非东升西落的星星。

③求生者必须记住：该方法在地球上的任何地方对任何星星都适用，除了拱极星。

④使用这一方法时，求生者必须先准备一个辅助工具。在开阔的空地上将一根大约5英尺（1.5米）长的棍子稍微倾斜地插入地里，在棍子的顶端系上一根绳状物（降落伞绳、细绳、藤蔓等），其长度要超过从棍子的顶端到地面的距离。

⑤求生者头靠着垂下的绳子，后背朝下仰躺在地上，然后将绳子拉到太阳穴的位置，使绳子绷紧（图20-88A）。

⑥接着，求生者躺在地上移动身体，直到绷紧的绳子正好指向求生者选定的、亮度较大的非拱极星（也可以是行星）。

⑦用拉紧的绳子模拟该星星对木棍的投影。求生者需要注意的是，这种方法是在白天利用太阳、木棍及其影子定向的方法的变体。在这个方法中，其他恒星和行星取代了太阳的作用，但是由于这些星星距离地球太远，无法制造出影子，所以用绳子来代替木棍的影子。

⑧用绷紧的绳子模拟投影之后，用石头或木棍在绳子碰到地面处做记号。等15~20分钟后，求生者重复上述步骤，再次确定同一颗星星对木棍制造的"影子"的位置，同样做上记

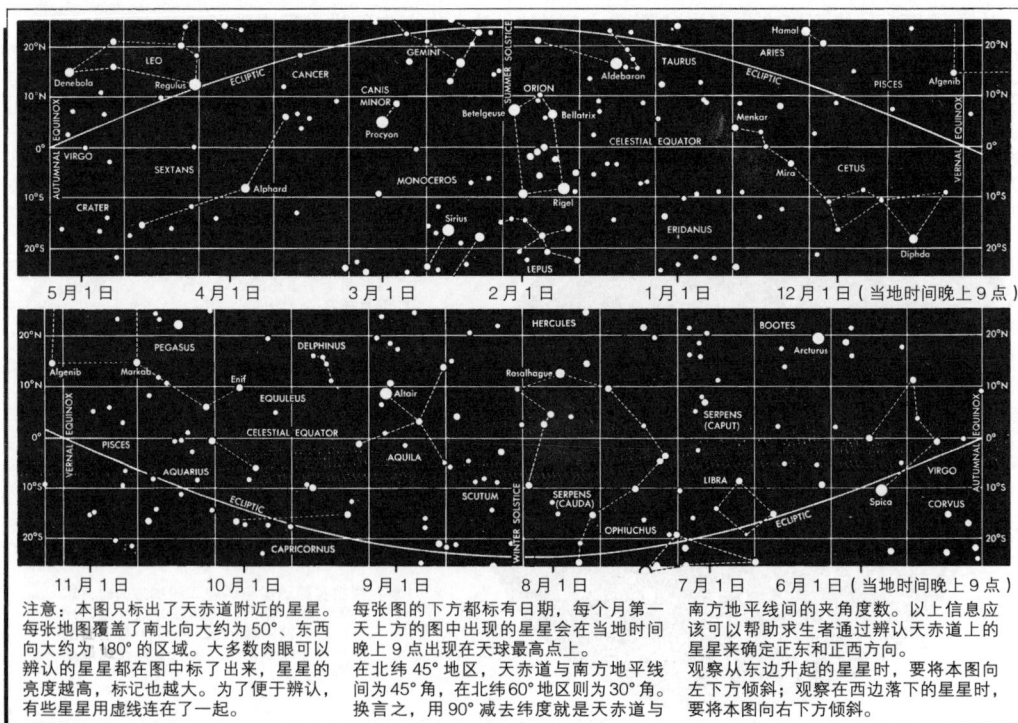

注意：本图只标出了天赤道附近的星星。每张地图覆盖了南北向大约50°、东西向大约180°的区域。大多数肉眼可以辨认的星星都在图中标了出来，星星的亮度越高，标记也越大。为了便于辨认，有些星星用虚线连在了一起。

每张图的下方都标有日期，每个月第一天上方的图中出现的星星会在当地时间晚上9点出现在天球最高点上。

在北纬45°地区，天赤道与南方地平线间为45°角，在北纬60°地区则为30°角。换言之，用90°减去纬度就是天赤道与南方地平线间的夹角度数。以上信息应该可以帮助求生者通过辨认天赤道上的星星来确认正东和正西方向。

观察从东边升起的星星时，要将本图向左下方倾斜；观察在西边落下的星星时，要将本图向右下方倾斜。

图 20-86　天赤道星图

利用绘图仪确定北极星的高度角

☆ 北极星

1. 将系有重物的绳子系在绘图仪中间的小孔上。

2. 对准北极星后，抓住垂在绘图仪边缘的绳子，将绳子紧紧地压在绘图仪上。

3. 一边将绳子紧压在绘图仪上，一边在绘图仪边缘下方移动拇指，读取刻度。

用 90°减去刻度上所显示的角度就是北极星的高度角

利用量角器确定北极星的高度角

☆ 北极星

这就是北极星的高度角

1. 将系有重物的绳子系在如图所示的位置上。

2. 对准北极星后，将绳子紧压在量角器的边缘。

3. 一边压住绳子，一边读取刻度。该刻所显示的角度就是北极星的高度角。

校正观察到的北极星的高度角

无校正	加 0.7°	加 1.0°	加 0.7°
无校正	减 0.7°	减 1.0°	减 0.7°

说明：

上方的星图分别呈现了垂直穿过天极的虚线与垂直穿过仙后座和北斗七星的虚线成 0°、45° 和 90° 这几种情况。利用绘图仪或量角器，求生者能够立刻得到北极星的高度角，但是还需要根据校正表对其加以校正。

当北极星处于穿过天极的水平线上方时，要用得到的度数减去校正度数；当北极星处于穿过天极的水平线下方时，要用得到的度数加上校正度数。

北极星

垂直线

北纬 30°

0°　赤道　地球的中心

校正表

角度	校正度数	角度	校正度数
0°	1.0°	50°	0.6°
10°	1.0°	60°	0.5°
20°	0.9°	70°	0.3°
30°	0.9°	80°	0.2°
40°	0.8°	90°	无校正

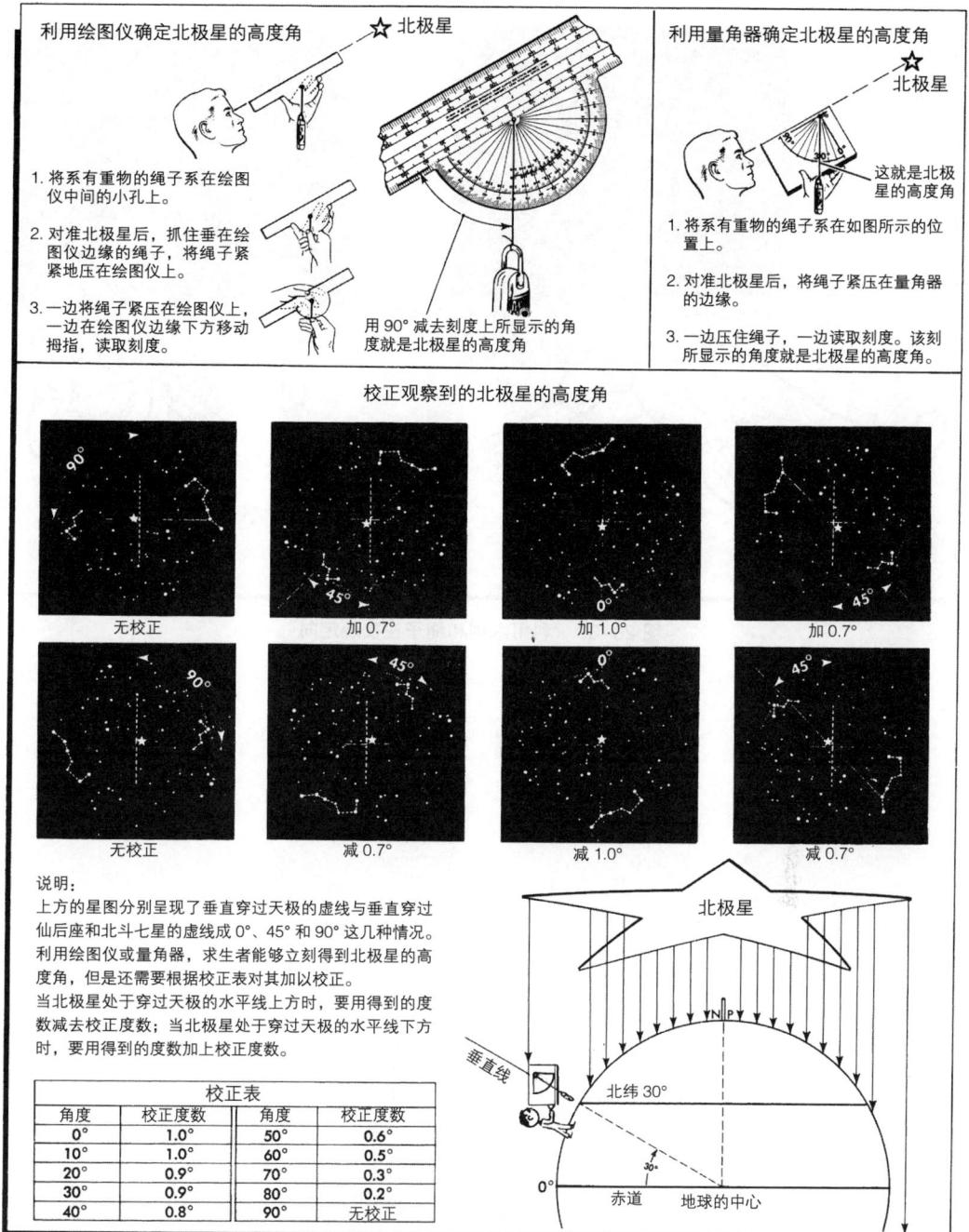

图 20-87　利用北极星确定纬度

号（图 20-88B）。将两个记号连起来，这条连线的方向就是东西向的，而先做的记号在西边（由于前提是星星自东向西运动，所以它们制造的"影子"是自西向东移动的）。画一条垂直于该连线的直线，就得到了南北方向线。这样，求生者就可以确定行进的方向了。

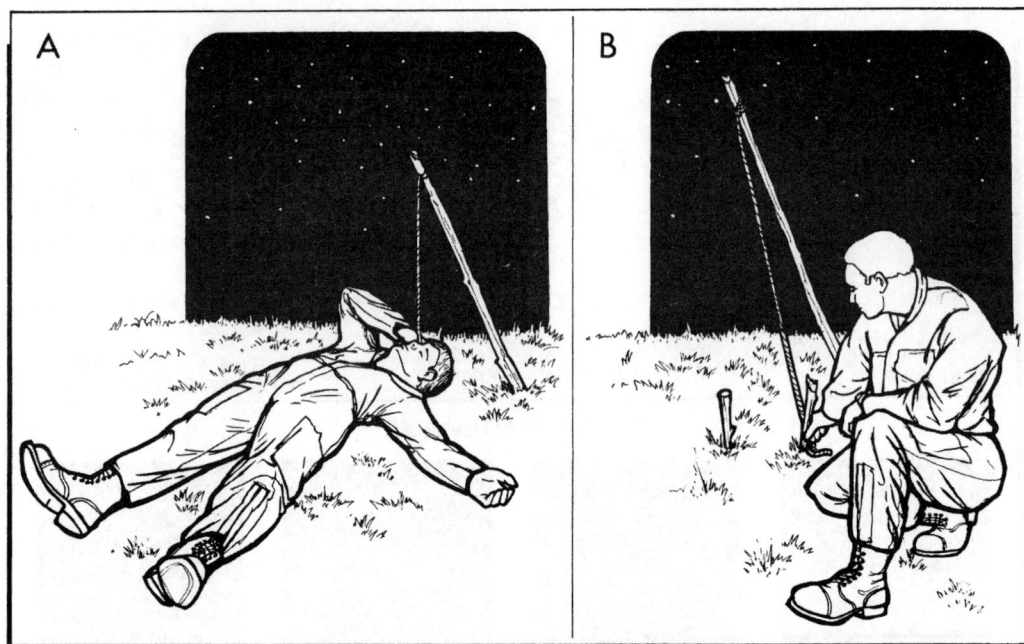

图 20-88　利用木棍和绳子在夜晚定向

第 21 章　陆上行进

21.1 引言

1. 因为飞机发生故障而陷入求生环境之后，求生者必须决定是留在飞机迫降地点或降落伞着陆地点附近，还是向前行进。本章中将介绍陆上行进的技巧和求生者在决定是否行进时需要考虑的因素。

2. 求生者在行进时可能需要携带给养和装备以维持生命，所以本章中还将介绍打包和临时制作背包的方法。

3. 对求生者来说，高效行进的能力对于保存体力和保证安全是非常重要的。此外，求生者在地势起伏较大的地区可能需要借助绳索行进，而在崎岖地形向上或向下行进的技巧也是在这些地区开展救援工作的基础。本章中会介绍在地势陡峭的地区和雪原行进的技巧。在这些地区行进是相当困难的，但是知识丰富的求生者可以做到在安全、高效行进的同时节省时间和精力。

21.2 决定停留或行进

在敌方占领区中，求生者最自然的反应就是向前行进，离开此地。停留在飞机迫降地点或降落伞着陆地点附近可能会导致求生者最终被俘。但是，在友方控制区中，求生者既可以选择留在原地，也可以选择行进。在友方控制区中，求生者最好的选择是留在飞机附近，因为在大多数成功的救援案例中，机组人员都留在飞机残骸边上。

1. 只有在求生者能够确定自己的位置，并且确信自己在行进途中可以获取水、食物、庇身所和帮助时，或是求生者已经等待救援数日，确定救援人员无法到来时，才能离开飞机迫降地点。

2. 在做出留下或行进的决定之前，求生者应该考虑自己和团队中其他成员的身体状况，估计大家持续行进的能力。如果团队中有人受伤，那么应该设法寻求帮助。如果需要外出寻求帮助，那么应该让小组中身体和精神状态最好的成员完成任务。可能的情况下，应派出两个人外出寻求帮助。在做出决定之前，求生者应考虑各种因素。

1) 如果求生者决定留在原地，应考虑下列因素：

(1) 环境条件；

(2) 身体和健康状况，营地卫生状况；

(3) 休息处和庇身所；

(4) 水源；

(5) 食物。

2) 如果求生者决定行进，除了食物、水、庇身所等基本需求，求生者还应考虑以下因素：

(1) 行进方向及选择该方向的原因；

(2) 行进计划；

(3) 需要的装备。

3. 离开飞机迫降地点之前，（在非战斗环境中）求生者应该在飞机上留下自己的离开时间、目的地、行进路线、自身状况和给养情况等信息。

4. 救援人员在空中搜寻地面物体时，更容易看到失事的飞机而不是行进中的人。此外，也可能会有人看到飞机迫降的过程并搜救机组人员。飞机或者飞机的部分残骸可以供求生者搭建庇身所、制作信号设备及其他工具（可以用整流罩反射信号，用管材搭建庇身所的框架，用燃料来生火等）。求生者选择留在飞机附近的另一个主要原因是，在行进过程中会遭遇不可预知的危险和困难。如果求生者能够通过无线电寻求救援，并且飞机是在航线上或者航线附近迫降的，而天气及大气能见度又比较好，那么求生者获救的机会会很大。

5. 求生者必须知道自己所在的方位，这样才能在留下和行进中做出明智的选择。如果选择行进，求生者还要确定行进的目的地和路线。求生者可以通过地图、地形、飞行数据、天体来判断自己所在的位置。求生者应该尝试寻找离自己最近的救援点，并判断到达该救援点需要行进的距离、行进过程中可能遇到的危险和困难、沿途可以获取的装备和给养等。

6. 决定行进后，求生者还要考虑其他一些因素。

1）求生者应该分析在野外行进过程中需要用到的设备和材料。除非必需品储备充足，能够为行进提供支持，否则行进的风险还是比较大的。求生者应该携带足够其用到到达地图上下一处水源地的饮用水以及足够支撑其获得更多食物的给养。除非是为了逃亡或躲避，否则在恶劣天气中离开庇身所行进是非常不明智的选择。

2）除了基本需求，求生者还要考虑自己的体能状况。如果求生者身体素质较好，那么可以前行相当长的一段距离。如果求生者身体状况不佳或者受了伤，那么其长距离跋涉的能力一定会下降。在决定是否行进之前，求生者应考虑身上所有的伤处，例如着陆时腿部或脚踝受的伤。

3）在可能的情况下，求生者应避免匆忙做出决定。求生者应该等待一段时间，让自己的精神状态从惊吓中恢复平静（有时还要让自己的身体状况也稍加恢复），然后才评估眼前的形势、分析相关因素，继而做出理智的判断。

21.3 行进

求生者选择行进后，在任何情况下都应该考虑以下问题。

1. 求生小组中职位高的人员必须担负起领导的责任，整个小组必须以团队的形式活动，以保证所有的任务都以适当的方式完成。要充分利用小组成员的求生经验和知识，小组领导应该保证每个成员的专长都能得到充分发挥。

2. 求生者应保证稳定的体能消耗量，减少超常规体能需求对身体的影响。

1）求生者应该保持适当的行进速度以节省体能，这样可以减少剧烈活动和长时间休息的发生频率，从而提高求生者的耐力，保持稳定的体温。更重要的是，在高海拔地区行进时，适中的速度可以避免人判断失误或因缺氧而出现幻觉。每个求生者的行进速度应该符合其个人的身体状况，而整个求生小组的行进速度则取决于小组中行进最慢的成员的速度。此外，求生者在行进中应试着有节奏地呼吸，以防止出现头痛、恶心、食欲不振、易怒等症状。

2）休息之后，求生者的体温会下降，重新开始行进时需要补充额外的能量，所以每次休息的时间不应过长。求生者应该采用多层穿衣法，以便根据天气和出汗的情况随时增减衣服。最好在出发时多穿衣服，随着行进时体温的上升再脱掉外衣。

3）宽松的衣服有利于身体周围的空气循环，可以让体表的湿气蒸发掉并保持适当的体温。此外，穿宽松的衣服活动起来也更加方便。

4）求生者在规划行进时间和行进路程时必须记住，求生小组的规模越大，小组行进的速度就越慢。对于需要适应当地气候、海拔并完成打包任务的求生者来说，应该放宽估算的时间。求生者还要考虑到路途中会遇到意料之外的障碍或困难，所以也要为此预留一定的时间。

5）适当摄取营养和水分对于维持求生者的体能非常重要。每天少吃多餐比每餐食量过大更为适宜，这么做可以为身体持续提供热量和水分，让身体和精神都保持最佳状态。求生者应该试着在徒步跋涉的同时摄入水和食物，并且应该经常进食，以保证体内的能量供给，同时避免在寒冷的环境中受凉。这一建议对于夜间行进同样适用。

21.4 陆上行进技巧

陆上行进技巧大部分都基于丰富的个人经验，但是求生者通过机智运用自己学习和观察到的方法，也可以在一定程度上取代经验的作用。例如，求生者可以通过观察鸟类飞行的方向、野生动物的活动、树木的生长情况或积雪来确定自己行进的线路。指北针、地图、太阳和其他天体提供的信息可以帮助求生者印证自己的观察结论，让求生者判断应该前进的方向。所有求生者观察到的事物都会受到当地的地理位置、地形特征和季节的影响。

1. 确定路线。初学者应该根据指北针指示的方向行进，而有经验的人员如果发现某些弯曲的路线更加便捷快速，也可以选择这种阻碍较小的路线。只有当动物有规律地行进时，它们的踪迹才对求生者有用，例如北美驯鹿迁徙时的踪迹。在岩屑堆或岩石坡上，求生者可以沿着山羊的足迹行走。动物的踪迹可以为求生者提供多方面的信息，如猎获动物的概率、水坑的位置等。要想成功地在陆地上行进，还不能仅仅依靠陆上行进技巧，求生者至少还应该掌握出发点和目的地的大致地理位置，了解沿途各地居民的情况和地形特征。如果当地居民不太友好，求生者就必须调整自己的行进方式和生活方式。

2. 荒野地带。在荒野中行进需要时刻保持警觉。初学者在山上小心地观察完山下的地形后，可能就会做出"走吧"的决定。然而，有经验的求生人员会更加仔细地研究周围的地形情况：远处的景物模糊表示可能有雾或烟，远处山上模糊的蜿蜒线条可能是人工路径或动物走出的路径，地势较低处的"斑点"可能是北美驯鹿群或牛群……只有在仔细观察过周围地形后，求生者才可以规划行进线路。求生者应该研究远处地标的特征，特别是那些从其他角度、在其他地点也可以看到的地标。通过仔细而机智地观察，求生者就可以正确解读他们所看到的事物、远处的地标、脚下的树枝等所

代表的含义。离开某地之前，求生者还应核对自己之前走过的路线，对来时的路线和接下来要走的路线心中有数。如果发现路线有误，可以退回到上一个休息点，重新选择路线。就此而言，求生者应该在自己走过的路上做上记号（图 21-1）。

3. 山地。山地地形经常会影响该地区的气候，从而影响当地的植被、野生动物种类，以及居民的性格特点和人口数量。例如，山地朝向内陆的一侧不像靠海的那一侧多雾、多降水。有时，同一座山靠海的一侧分布着森林，而靠内陆的一侧却是半干旱气候。所以，求生者在山地行进时，有时需要用到完全不同的技巧。

1) 在山地行进时，路线的选择较为容易，因为求生者可以沿着排水道行进，但是山地起伏较大的地势会给行进带来一定的困难。在山地行进时，求生者可以根据河流和小溪水流的流向来判断方向。同时，求生者还要仔细检视周围的地势，判断河流是否适合漂流、在雪地或山坡上行走是否安全等问题。在山地行进既不同于在地势起伏的地区行进，也不同于在平坦的地区行进，求生者需要遵循一些基本的攀爬原则。求生者在向山谷的谷底行进时，如果发现峭壁越来越多、谷壁越来越陡，这时他可能需要先向上攀爬一定的距离，重新选择一条适合向谷底行进的路线。在这种情况下，用降落伞绳作为登山绳帮助行进可以节省体力。在山地行进时，求生者还要注意防范土壤、岩石或积雪突然崩塌及冰层断裂等意外情况。

2) 在山地，求生者最好选择在山脊上行进，因为山脊上的积雪更紧实，而且山脊上的视野也更加开阔。求生者要注意覆盖在陡坡上的冰雪，雪崩是求生者在积雪覆盖的陡坡上行进时可能遭遇的危险之一，在温暖的天气里或大量降雪后特别容易发生雪崩。

3) 山地的雪崩在冬季最为常见，但有时在春季气温较高或有降雨的日子也会发生。不管雪崩的规模如何，都具有强大的破坏力，会严重影响求生者的行进速度。雪崩的成因非常复

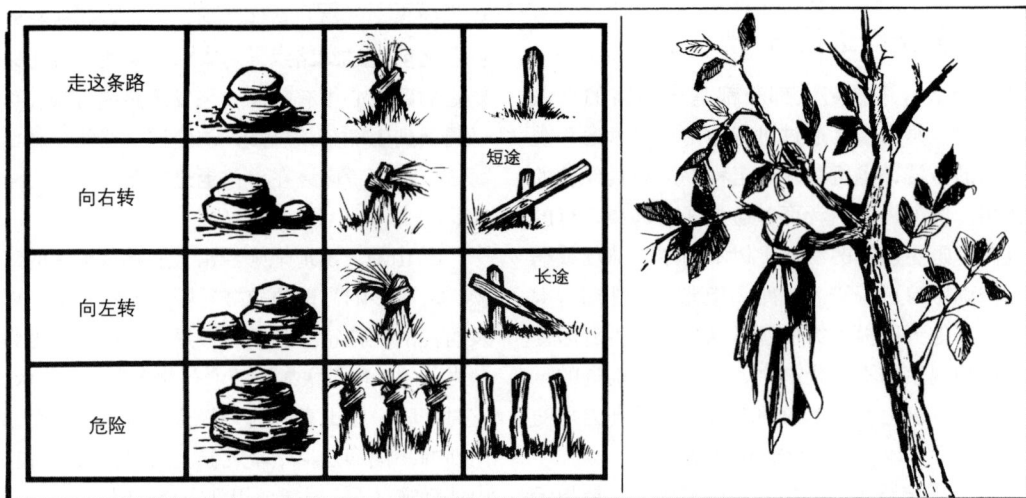

图 21-1　在路上做记号

杂，人们很难预报雪崩的发生。但是，对雪崩的基本情况有所了解能帮助求生者避开可能发生雪崩的地区。

（1）雪崩最开始是发生在一块面积不大的区域里，起初的规模较小，但随着雪崩向山下发展，规模会越来越大。随着崩塌的雪量增加，雪体以没有形状、失去内聚力的状态迅速向山下滑动。

（2）影响雪崩发生的地形因素包括：

①陡峭程度。雪崩最常发生在坡度为30°~45°（坡度为60%~100%）的山坡上，其中大型雪崩会发生在坡度为25°~60°（坡度为40%~173%）的山坡上（图21-2）。

②轮廓。由于角度和重力的作用，危险性较高的板状雪崩更常出现在凸形山坡上，而凹形山坡上的雪崩一般最先出现在坡上部较陡峭的地方（图21-3）。

③山坡。隆冬时节，雪崩一般发生在朝北的山坡上，这是因为北坡接受的光照不足，无法让积雪层升温并稳定下来。南坡的雪崩一般发生在春季的晴天，因为充足的光照会将雪融化，使雪层变得潮湿而不稳定。处在下风方向的山坡发生雪崩的危险性较大，因为风会将雪吹到山脊下方的积雪堆上，如果雪没有附着在下层的积雪上，就可能发生板状雪崩。上风方向的山坡积雪一般比较少，也比较紧实，但是在温度较高的天气里仍然有可能发生雪崩。

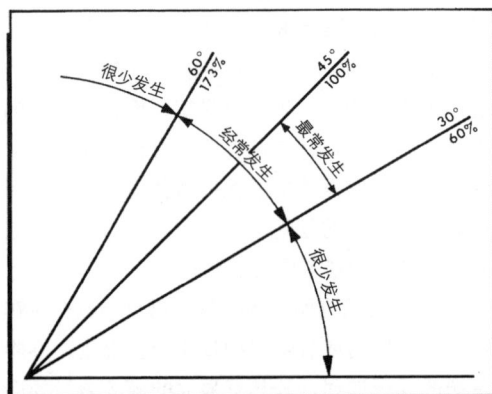

图 21-2　坡度

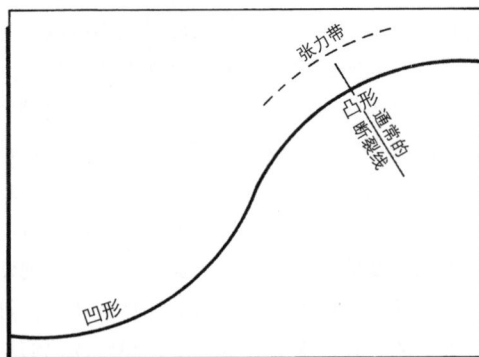

图 21-3　山坡的形状

④ 地表特征。平整、多草的山坡上较易发生雪崩，而灌木、树木和大块的岩石可以阻挡积雪，减少雪崩发生的概率，但在多树地带仍有可能发生雪崩（图 21-4）。

（3）影响雪崩发生的天气因素包括：

① 积雪会覆盖地表能阻止积雪移动的物体（岩石、灌木、倒下的树木等），所以当新的降雪落在原来形成的积雪上时，会比较容易滑动。原来形成的积雪的类型很重要：受到阳光直射的积雪或表面平滑的积雪比较不稳定，而表面粗糙、凹凸不平的积雪较为稳定。底层松软的积雪比紧实的积雪要危险，因为如果地表没有粗糙的物体阻挡，上层积雪会很容易滑动。求生者可以用树枝或棍子检验底层积雪的紧实程度。

② 速度在每小时 15 英里（24.1 千米）以上的风会增加雪崩的危险性，因为向风坡的积雪可能会被吹到背风坡（图 21-5），根据当时的气温和湿度，会发生板状雪崩或小滑雪雪崩。雪旗或雪檐都是上述情况发生的征兆。

③ 很多雪崩都发生在风暴中或风暴后。由不同风暴带来的降雪所形成的不同层次的积雪很不稳定，因为各积雪层之间的结合力不同。降雪的速度也极大地影响着积雪的稳定性，几小时之内骤降的暴雪比持续几天的大雪要危险，因为慢慢形成的积雪更加稳定，而短时间内大量地降雪会使积雪没有时间稳定下来。如果雪轻而干燥，就几乎无法聚合在一起，这会造成积雪很不稳定。

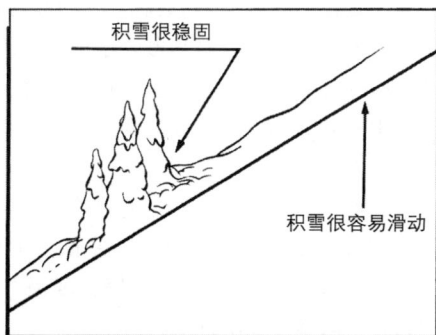

图 21-4　地表特征

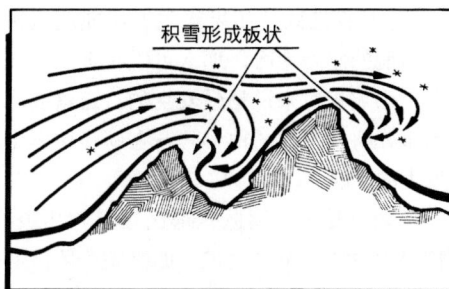

图 21-5　雪崩坡的形成

④ 如果天气极为寒冷，积雪有可能会变得很不稳定。而气温在冰点左右时，雪会很快地沉积并稳定下来。风暴来袭时，最初气温很低，降雪轻而干燥，之后随着气温升高，顶层的积雪会变得潮湿、厚重，从而增加雪崩发生的概率——当底层轻而干燥的积雪缺少足够的力量和弹性，无法支撑上层潮湿、厚重的积雪时，上层的积雪就会开始滑落。此外，昼夜温差过大也会导致相同的问题，因为短时间内的气温骤变会导致积雪层内部发生变化。对于风、气温、降雪量等会影响积雪稳定性的因素的骤然变化，求生者要格外警惕。

⑤ 湿雪崩比较常见于朝南的山坡上。在春季，阳光照射、暴雨或气温升高都会使积雪的稳定性下降。

（4）发生雪崩的征兆。雪崩一般会在同一地区发生。当地表因雪崩经过而变得平滑后，就很有可能再次发生雪崩。陡峭而空旷的沟壑和山坡、倒下的小树、断裂的树枝、滚动的岩石都可以为求生者预警。背风坡上如果有滚落的雪球或滑落的积雪，则说明此处可能会发生雪崩。如果求生者踩到积雪时有回声或声音听起来是中空的，就说明此处非常危险。如果积雪裂开，并且断裂处不断扩大和延伸，就说明此处发生板状雪崩的可能性很大。因为积雪越深，地表特征就越模糊，所以求生者如果对常见的地形特征比较熟悉，就能帮助自己了解积雪下的情况。此外，求生者还要了解当地基本的天气情况，以便通过观察各种迹象去预测即将到来的天气。

（5）选择路线。如果求生者不能绕过可能发生雪崩的危险地区，那么可以在上山前先判断哪个山坡相对来说是最安全的。这就要求求生者事先研究山坡的地形，并在脑海中牢记雪崩发生的原因。

① 如果是一个团队，那么在穿越山坡时，应该每次只让一个人通过。如果整个团队必须同时通过，那么大家不能挤在一起，因为当雪崩来袭时靠抓住其他同伴是无法抵御雪崩的。这种情况下，应该用一根长 100 英尺（30.5 米）左右、颜色鲜艳的绳索（如降落伞绳）将每个人连在一起。如果遭遇雪崩，每个人可以根据这根绳索确认各自的位置。在攀爬雪坡之前还应选好逃生路线，并且在整个攀爬过程中都要牢记这些路线。攀爬时应选择滚落线（物体在滚下坡时自然经过的路线），不要沿曲折的路线行进，也不要不断改变路线。沿滚落线攀爬可以避免让积雪出现裂缝，也能让积雪更加紧实、稳定，使后面跟随的人更容易行走。如果求生者要横穿山坡，应选择在危险区以上的位置行进。求生者在行进时应该迅速且安静，不要长时间停留在有雪崩危险的区域内。

② 如果求生者遭遇雪崩，应该扔掉所有会让自己下坠的装备，包括雪地鞋、背包等重物。

③ 被崩塌的雪包围时，最标准的脱困方法是采用游泳的姿势，尽量向积雪的表层移动。此外，求生者应该向侧面移动，但不要试图"游"出雪崩区。当求生者移动到上层积雪处时，应该试着伸出一只胳膊或一只手，告诉别人自己的位置。求生者被埋在雪里时，在雪停止移动之前应该深深吸气（鼻子朝下），以便在胸部周围留出一定的空间。求生者不应该挣扎，而应该放松，以节省体能和氧气，只有在附近有同伴或救援人员时，才可以呼救。发生雪崩后，应该立刻展开救援，因为雪崩发生后，积雪会慢慢变硬。雪崩发生 30 分钟之后，被困者的生还概率只有 50%。

④ 穿越山区时，可以选择冰川作为紧急行进路线。在冰川上行进需要特殊的知识、技巧和装备，例如救生索和用来确定冰隙位置的手杖。如果在冰川上行进，有些山脉求生者在一天内就可以徒步完成穿越。在冰川上行进时必须特别谨慎，要小心避开被积雪覆盖的冰隙。如果行进团队的成员有三个人或更多，应该用一根绳索将大家连起来，每两个人相隔 30~40 英尺（9.1~12.2 米）的距离。每走一步都要先用手杖探路。遇到积雪覆盖的冰隙时，应该选择与冰隙垂直的路线跨越过去。跨越冰隙时，可以匍匐行进或穿雪地鞋行进，将身体重量分散在较大的面积上。

⑤ 如果山地的树木生长得非常茂密，那么河流和山脊通常是最容易行进的路径。在疏林地带，选择陆上行进会比较轻松，但是这样的森林无法为躲避中的求生者提供足够的掩护。

⑥ 森林在遇到火灾、风暴或经过伐木开采后，新长出的次生林通常十分茂密。如果次生林中的树木达到了 20 英尺（6.1 米）左右的高度，森林会变得特别难以穿越，因为树木之间的空隙基本上全被树枝填满了——高处的树枝还不够茂密，下层的枝条不会因为缺少光照而死掉。

a. 落叶灌木林也会有生长过度的问题。地上有被风刮倒的灌木、被雪崩压倒的灌木和烂泥时很难穿越，求生者在遇到这些阻碍时，哪怕其体积不大，可能也需要改变预定的路线。

b. 雪松林很难穿越，但有一些技巧会对求生者有所帮助。求生者可以把倒下的树木当作步道，走捷径穿越雪松林到达比较开阔的地带。在针叶林中行进时必须戴上手套，以便用手分开层层枝条，开辟出通道。地势陡峭的话，如果地上生长着粗壮、稳固的灌木，求生者可以抓住灌木行进。

c. 在灌木丛中行进有一定的危险，求生者在下坡时要小心不要滑倒，每一步都要走稳。此外，求生者还应注意被灌木覆盖的悬崖、巨大的岩石、沟壑等潜在的危险。

⑦ 如果可能的话，不要在茂密的树林中

行进。

a. 在山间原有的小径上行进，不要抄近路穿越灌木林。冬季灌木林被积雪覆盖时，如果求生者能够临时制作雪地鞋，那么在灌木林中行进会变得较为容易。

b. 在夏季，求生者要绕开发生过雪崩的区域，因为雪崩带来的碎石可能会挡住路径，为行进带来困难。攀爬山谷时，最好走雪崩路径之间的"锥状树林"。

c. 特别稠密的原生树林是最好的行进区域之一，因为这样的树林地面上很少有灌木生长。

d. 尽量避免在溪谷或山谷谷底附近行进，因为这些地方生长的灌木和树木比石壁和山脊上都多。求生者行进的地区如果长满了茂密的灌木，那么在河道上行进是一个很好的选择。求生者可能需要涉水，但是沿着溪流行进确实是穿过灌木林的最佳方法。

e. 如果求生者观察后认为山谷两侧和谷底完全无法行进，那么在高出林木线的区域行进也是值得尝试的。

4. 极地气候区和冰雪气候区。除非求生者必须从危险地带转移到安全地带，或是从资源匮乏地区转移到资源丰富地区（有建造庇身所的材料、食物和适宜发信号的地区），否则不建议求生者在冰雪气候区和极地气候区行进。

1）在开始向可能的救援点、城镇、村庄或小屋行进之前，求生者应该知道自己的大概位置及计划前往的目的地的位置。在冰雪气候区和极地气候区行进的最大危险是不得不面对强风和不断降低的气温。在极地气候区和冰雪气候区，明显的地标很少，所以求生者很难判断两地之间的距离。此外，物体的形象很容易失真，比如当"乳白天空"现象出现时，四周都是白茫茫的一片，求生者会无法看清眼前的景物。这时，求生者应停止行进。当地面完全被大雪覆盖、天空的云层厚而均匀时，积雪反射的光与天空的亮度相同，这时就会形成"乳白天空"。如果求生者不得不在恶劣的天气中行进，那么一定不能迷失方向，小心不要掉入冰

隙、坠落悬崖或误入宽阔的水道，在行进时最好用手杖探路。

2）由于植被稀少，强风常在苔原地区肆虐，这种情况下也容易形成"乳白天空"现象。多雪、多雾，又缺少地标，所以求生者在苔原地区行进时一定要使用指北针。但是，因为高纬度地区（极地地区）的磁偏角较大，所以求生者很难确定精确的方向。

3）在夏季，苔原地区分布着大大小小的泥塘、沼泽和死水潭，这样的地形在晴好的天气下也很难穿越。夏季多雨、多雾，蚊子、蠓、黑苍蝇等昆虫会给求生者带来身体上的不适，为行进制造麻烦。如果求生者的身体没有被衣服完全遮盖，或是没戴头套、没使用防蚊液，那么蚊虫叮咬的情况会更加严重，甚至可能会造成感染。

4）在山区行进时，最好是沿着山脊线走，那里的地面更结实、稳固，挡路的植物也较少。强风会增加行进的困难，甚至会让求生者无法行进。冰川地区有很多潜在的危险因素：在积冰、积雪下面可能会有冰河，使得冰川的表面较为脆弱；有些地方的冰河流经冰川表面，会形成特别光滑难走的冰面；冰川间的冰隙深度从几英尺到几百英尺不等，而且冰隙上常常覆盖着一层薄薄的积雪，使得求生者很难发现下面的冰隙，而一旦坠入冰隙就会造成严重的伤害甚至死亡。如果求生者必须在冰川上行进，最好边走边用手杖测试脚下地面的稳固程度。

5）夏季在树林中行进时，求生者不会遇到太大的困难，但最好还是在山脊上行进，因为那里的地表更加干燥，而且蚊虫也较少。在寒冷的季节，地面上的积雪通常较深，如果求生者没有雪地鞋或滑雪板，在雪中行进就会比较困难。这种情况下，在结冰的湖面、河流或溪流上行进一般也容易一些，那里的积雪较少，比较好走。

6）有时候，在河流、溪流上行进也会有一定的危险。如果河流看上去比较直，那就说明

这条河的水量大、水流急。这样的河流在冬季结的冰可能会非常薄，特别是延伸进水中的堤岸附近。如果冰层上有突出的物体，那么物体周围的冰层会较为脆弱，行进时应避开这样的区域。与河流的其他部分相比，河流的交汇处水流更急，冰层也较脆弱。河水的源头在结冰之后会迅速干涸，使得冰层下形成气穴，求生者一旦掉入气穴就会十分危险。在春季和夏季，河流的水流量很大，而水温非常低，求生者涉水而过的话可能会被冻伤。决定涉水穿越河流或向河流下游行进时，由于水深且急、水下情况（落脚处）复杂、水温很低，所以求生者一定要穿上适当的足部保暖装备，防止身体和河水直接接触。一般来说，小溪窄且水浅，不能在里面漂流。在上游源头地区，溪流两侧通常有高耸的堤岸或峭壁，越向下游，溪流两侧的植被越茂密，这使求生者在溪流中行进时会越来越缓慢、困难。此外，许多小溪一般都通向水潭或沼泽，从而为沿着溪流跋涉的求生者带来更大的困难。

7）海上浮冰的情况会根据地区和季节的不同而发生变化。在冬季，除了大块浮冰边缘的少数区域，海面上基本没有开阔的大片水域。求生者可以从一块浮冰跳到另一块浮冰行进，但是立足处可能会不牢固。大块浮冰相互碰撞时，夹在两者中间的浮冰通常会因为大块浮冰的作用力而被碾碎（直径小于 2 米），这样的碎冰无法承受求生者的体重。两块大浮冰撞到一起后，其水平方向的压力会形成一排山脊状的冰，也就是冰脊。冰脊可达 100 英尺（30.5 米）高、几英里长，可能出现在大陆边缘的海湾或海港内，也可能出现在两极的海面上。求生者在穿过冰脊时一定要特别小心，因为冰脊的表面高低不平，而且可能有薄而脆弱的冰层或碎冰遮盖住了下面的开阔水域。在夏季，虽然气温依然处于冰点以下，但是海上浮冰的表面会因浸水而变得非常粗糙，同时冰层也会变软，呈蜂巢状。夏季在浮冰上行进是非常危险的。

8）冰山是随着洋流和风在海里自由移动的大块的冰。冰山有大约 2/3 的部分位于海平面以下。对求生者来说，远海上的冰山非常危险，因为冰山在水面下的部分比暴露在水面上的部分融化得快，所以有时会因失去平衡而倾覆，激起的海浪会将小块浮冰抛向四周。求生者应避开尖峰形状的冰山，顶部平坦的低矮冰山较为安全。

5. 干燥气候区。 在沙漠中行进时，求生者必须全面衡量环境因素、气候因素、自身情况、获得救援的可能性、需要的水和食物量，之后再决定是否要选择行进。

1）选择在一天中的什么时间行进主要取决于两个因素：第一个因素当然是气温，第二个因素则是地形条件。例如，在多岩、多山的沙漠中，排水道和峡谷在夜间很难看清，求生者贸然行进会有坠落的危险。此外，采矿竖井、矿坑、灌溉渠等人造工程也会带来相同的问题。如果气温较高不利于行进，求生者应选择在一天中较为凉爽的时间段行进（清晨或黄昏），也可以在有月光的夜间行进。如果选择在夜间行进，求生者必须意识到，月光下的影子具有迷惑性，因此求生者在行进时要仔细观察地面，辨明真实的情况。在沙漠地区不会被这个问题困扰，所以在夜间行进是最实用有效的选择。冬季在中纬度沙漠行进时，由于当地的气温较低，所以求生者最好在白天行进。

2）有三种类型的沙漠——山地沙漠、多岩高原沙漠、纯沙或沙丘沙漠——会给求生者的行进带来较大的困难。

（1）山地沙漠的特点是，沙漠中散布着一处处贫瘠的山丘或者山脉，中间隔着干旱的、底部平坦的盆地。在山地沙漠中，平坦的地面上可能会突然或逐渐耸立起高达几千英尺的山。山地沙漠中的大部分降水都集中在高海拔地区，湍急的水流可能会突然引发洪水，侵蚀出深深的峡谷，将沙子和砾石冲刷到盆地边缘。不论是在高地还是低地，洪水都是很严重的自然灾害。沙漠中的洪水会迅速蒸发，让地面恢复之前贫瘠干旱的状态，但是一些低矮的植物会迅速生长起来。盆地的底部如果没有浅湖，往往就会是碱性很大的平地，在这样的地面上行进可能会烧伤求生者的皮肤、破坏衣服和装备。

（2）多岩高原沙漠的特点是，大片平坦地区的地表或近地表处散布着坚固或碎裂的岩石。有些沙漠中有侵蚀而成的岩壁陡峭的干旱山谷，这样的山谷在中东地区的沙漠中被称为旱谷，在美国和墨西哥地区则被称为干涸溪谷或峡谷。求生者在穿过这类山谷的狭窄处时要非常小心，因为有遇到山洪的危险。此外，求生者有可能会失去对参照地物的定位，导致实际比预计行进的距离远很多。

（3）纯沙或沙丘沙漠是覆满沙子或沙砾的广阔而平坦的沙漠。这样的沙漠是古代和近代风蚀作用的产物。"平坦"只是相对而言的，有些地区会出现高达 1 000 英尺（304.8 米）、长 10~15 英里（16.1~24.1 千米）的大沙丘。在这样的地区行进要考虑到沙丘向风坡或背风坡的倾斜度及沙子的质地。纵向的沙丘是与风向平行排列的、高度一致的绵延的沙堤，能够帮助求生者确定方位。但是，有些沙漠地区可能有超过 2 英里（3.2 千米）的地面都是完全平坦的。在纯沙或沙丘沙漠中，植物的分布并不均衡，有些地区根本没有植物生长，有些地区则生长着 6 英尺（1.8 米）高的矮树。这类沙漠包括撒哈拉沙漠的沙质沙漠区、阿拉伯沙漠中的"空白之地"、美国的加利福尼亚州和新墨西哥州的部分沙漠地区，以及非洲南部的卡拉哈里沙漠。纵向沙丘（顺风方向的长沙丘）的走向与当地盛行风的风向基本一致，马蹄状的新月形沙丘有一个朝下的中空部分。风在沙子上形成的波纹可以体现出盛行风的风向，因为波纹的方向通常垂直于盛行风的方向。在沙漠中行进时，沙丘顶部向风坡的一侧走起来更为轻松。虽然沙丘脊不一定呈直线，会有一定的蜿蜒，却是比直线行进更好的路线，因为上下沙丘会消耗大量的体能和时间，特别是在沙丘背风面

松散的沙地上行走时更是如此。

3）夜间在沙漠地区行进时，求生者可以利用星星和月亮定向，在白天可以用指北针和太阳定向。在紧急情况下，求生者应该利用一切辅助工具帮助自己确定方向，并要经常利用不同的辅助工具检查自己的行进方向是否正确。在沙漠中行进时，指北针是最有用的定向工具。

（1）如果求生者没有指北针，可以利用地标定向，但使用这种方法也有一定的困难，比如海市蜃楼现象可能会影响求生者的判断，白天地面的雾霾可能会造成求生者的视线模糊。在沙漠中，目测的距离具有欺骗性，求生者很难估计某一地物的大小和距离的远近。曾经有一位求生者说过，在埃及南部，沙漠中的巨石目测的尺寸比实际的尺寸要小。还有求生者反映说，沙漠中实际较小的障碍物看起来却感觉难以逾越。有些求生者警告说，在沙漠中很难用一个单一的地标定向。他们还说，在瞄准某个具体的山丘、山峰或其他地物行进时，往往必须绕个弯才能到达目的地。有时候，当求生者的视线短暂地离开目标物时，该地物就从视野中消失了；有时候，许多山峰或山丘看起来一模一样，让求生者难以分辨出自己之前选定的目标。在突尼斯的沙漠中，双子峰比较常见，所以不能将其当作地标（常见的情况是，求生者在行进一段距离后，发现附近有十几对相似的双子峰）。曾经有好几组求生人员在大沙海沙漠（位于埃及和利比亚境内）中迫降，并在当地遇到了定向困难。在起伏的沙丘上，求生者基本上无法一直注视着某一地物，甚至无法通过足迹辨认来时的方向。在非洲北部其他一些沙漠中极为平坦的地区，求生者也会遭遇定向困难。在没有地标可以作为目的地的情况下，求生者有时会长时间绕着圈或是呈弧线行进，直到他们意识到路线的错误。

（2）曾经有一位海军飞行员在美国亚利桑那州的沙漠上空从即将坠毁的飞机上跳伞。着陆后，他立刻将降落伞铺在地上，并用岩石固定住边缘，以便让空中的搜救人员看到他的位

置。之后，他决定向失事的飞机行进，他认为自己的着陆点离飞机大约有500码（457.2 米）。等他找到了失事的飞机时，发现飞机内部已经起火。接下来，他花了5天的时间才重新回到降落伞那里……

（3）在埃塞俄比亚、肯尼亚、索马里的沙漠中，求生者还会遇到另一种定向困难：虽然这些地区的主要植物是小叶的金合欢属植物，但是针叶灌木也生长得非常茂盛，这使得求生者很难定位从一点到另一点的路线。在这一地区，求生者应该沿着动物走出的小径行进，最理想的情况是动物的足迹能够带着求生者来到河流或水坑边。通常情况下，大象的足迹是最清晰且最容易追踪的。

（4）西奈沙漠在埃及境内的部分有供旅人行进的小路，求生者可以停留在这样的小路附近，等待旅人的到来。曾经有一位求生者很快就在小路上等来了骆驼商队，但他事后反映说，自己根本没有看到商队到来，他感到商队好像是突然冒了出来，就像海市蜃楼一样。还有一位求生者说，他在当地的沙漠中独自等待时觉得非常难熬，因为他在每一个方向都能看到往来的商队、骆驼群或他人的幻影。这两位求生者还不约而同地指出，求生者应该注意风向，借此来判断行进的方向。有一位求生者曾在阿拉伯半岛的沙漠中注意到，风一直都向同一个方向吹。还有一位求生者说，在利比亚的沙漠中也有相同的情况，所以他可以根据风吹拂他的衣服和身体的角度来判断自己行进的方向。当求生者知道某地区盛行风的方向，并且盛行风方向保持不变时，求生者就可以据此定向。

4）曾经穿越北非沙漠的人对当地的环境有很多描述，但是几乎没有一个人是抱着赞赏的态度。当地极端的气温是最为困扰旅人的因素，因为那里的白天非常炎热，而夜晚经常又变得极冷，特别是在1月和2月。

（1）北非沙漠中的强烈阳光会灼伤求生者的眼睛、暴露在外的皮肤，甚至会伤及四肢；地表反射的阳光会让人眼花甚至失明。所以去过那里的求生者都提到要戴太阳镜，有些人曾经生火用烟熏黑自己的护目镜，用以抵御强烈的光照。护目镜不足以保护眼睛不受强光的伤害，所以求生者最好能临时制作太阳镜。皮肤颜色较浅的人更容易晒伤，而且晒伤的程度也比肤色较深的人重。有些求生者表示，即使他们的皮肤已经晒黑了，但还是会被晒伤。太阳的热量还会伤到求生者的手和脚。有的求生者表示，因为地面的温度太高，所以双脚即使穿着鞋也会起水疱，暴露在外的双手也会因为强烈的阳光而出现很痛苦的灼伤感。如果双手被晒伤，将它们放在腋下可以有效缓解晒伤的症状，因为腋下是人体上少数可以持续排汗的部位之一，能帮助双手降温。

（2）沙漠中的盛行风并不能带来降温的效果，有些求生者甚至觉得吹个不停的风"让人心烦"。更糟的是，持续吹拂的风通常携带着大量的沙子或尘土，这些颗粒会进入人的眼睛、耳朵、鼻孔和嘴巴，造成强烈的刺激。曾经有求生者反映，风中的灰尘颗粒进入他的眼睛后造成了严重的磨损，以至于他的眼睛泪流不止，几乎无法看清眼前的东西，而当眼泪最终止住时，眼皮还是像砂纸一样，磨得眼球非常疼。

（3）强风卷起的沙尘暴可持续几分钟到几个月不等。大部分求生者报告说他们可以看到沙尘暴向自己逼近，所以能够事先做一些预防措施。但是，也有求生者被沙尘暴彻底吓住了，在沙尘暴中遇到了严重的定向困难。在南半球沙漠中遭遇沙尘暴的求生者都没有低估沙尘暴的威力和危害，他们清楚地知道，在沙漠中行进时，对沙尘暴的防御措施极为重要。大多数求生者会用圆锥形石堆、悬空的岩石、巨石、洼地或深坑作为庇身所。沙尘暴袭来时，求生者一般都有时间挖出一个坑，用床单、降落伞布或雨披仓促搭建一个庇身所。有的求生者曾用降落伞布裹住自己，然后平卧在地上抵御沙尘暴。

（4）几乎所有经历过沙尘暴的求生者都对

沙尘暴发生之前、之中和之后的定位方法做了一些评论。他们想特别提醒以后的求生者们，在沙漠中行进时，需要适当地对行进的方向做记号。有些求生者说，沙尘暴过去后，他们完全搞不清楚自己之前的行进方向，也无法辨认地标。一般来说，（在沙尘暴来临之前）对行进路线做记号的方法是在地上插木棍。曾经有一位求生者在沙尘暴来临时将离自己很近的一块岩石作为标记，但是等沙尘暴过去后，他发现单凭一块岩石根本不能确定方向，所以他建议求生者用长 10 码（9.1 米）左右的一排石头、棍子或重物标记行进方向，以便在沙尘暴过去之后定向。

（5）有些求生者表示，在沙漠中行进时很难保证的一点是始终闭上嘴巴。但是闭上嘴巴很重要，因为用嘴呼吸会使嘴部变干，而说话不仅会让人心烦，也会导致口腔黏膜变干。

5）求生者在沙漠中常常会遇到海市蜃楼现象。海市蜃楼是光线在密度不同的大气中经过折射而形成的一种自然现象。沙漠中白天温度最高时最容易出现海市蜃楼现象，因为地面附近的空气比离地面较远的空气温度高，而热空气的密度小，所以地面附近空气的折射率比较小，使得远处低垂的天空看上去像是地面上的一大片水，远处的物体有时也会被反射在"水"中。相反，在晴朗的清晨，地面附近的空气比离地面较远的空气温度低，所以折射率比较大，使得远处的物体看上去比实际的距离更近，体积也更大。除非近地面的底层大气的密度分布情况能够让光线被某个物体反射后以 2 条或 2 条以上的路径到达观察者的眼睛，否则物体的影像就会发生扭曲或出现重影。

（1）见到过海市蜃楼的求生者们对于该现象的描述颇为一致。大多数情况下，求生者能够意识到眼前的幻景是海市蜃楼，所以不会遇到太大的困难。虽然没有一位求生者认为自己看到的海市蜃楼是真正的水源地，但是在行进过程中，他们还是会遇到海市蜃楼现象带来的问题。比如，由于附近的地形特征被海市蜃楼遮住，导致求生者无法判断两地间的距离。有时候，海市蜃楼还会遮住求生者视线内的物体，使求生者无法定向。此外，海市蜃楼还会"将一些物体放大，遮住其他物体"，曾经就有人说他白天在高温的沙漠中打猎，结果看见一只兔子闯进海市蜃楼中藏了起来。导致海市蜃楼现象的地面附近的下层热空气被称为沙漠薄雾，它会遮挡人的视线、扭曲物体的形象，这会给求生者向远处发信号带来一定的困难。

（2）海市蜃楼造成的虚像有时会令求生者做出错误的判断。曾经有一个求生小组向着某个方向寻找一座山，他们寻找了很长时间，小组中的每个成员都觉得自己在各个方向都看到了山。不得已，他们召开会议来讨论这一问题，最后决定选择一座山并向之行进。虽然小组中的每个人都看到了这座山，但其实这座山根本就不存在。全组人走了大约 9 英里（14.5 千米），直到他们到达了一处平坦地带，才发现这座山从视线中消失了。求生者们还反映说，在清晨和黄昏时的沙漠中也会出现幻景。曾经有一个求生小组为黎明时分在地平线西边出现的曙光幻景深深困扰，他们觉得太阳看上去就是从西边升起的，所以为此非常焦虑。还有一个求生小组中有成员声称自己在夜晚的地平线上看到了闪光灯标，小组中的飞行员解释说那是地平线附近明亮的星光折射后穿过他们面前的峭壁散发的余热波形成的，但是那位小组成员坚信那是闪光灯标，于是向着该方向行进，最后他再也没有回来。

6）以下是沙漠中的一些人造工程：

（1）由于沙漠中不需要复杂的道路系统，所以沙漠中的道路很少，而且其中大部分都已经存在了好几个世纪，连接着沙漠中的商业中心、重要城市等。在这些古老的道路周围，现在又新建了一些辅助道路，用于运输石油和其他矿产资源。此外，在许多沙漠中还有一些尚未发展成熟的道路，它们是沙漠商队和游牧民族开辟出来的。这样的道路上大约每隔 20~40 英里（32.2~64.4 千米）就有一处水井或绿洲，但也有些地段超过 100 英里（160.9 千米）都没有水源。这类道路的宽度差异很大，从几码到超过 800 码（731.5 米）不等。在山地沙漠中驾车行进有时会受到很大的限制，沙漠中的道路常被不友好的当地人堵住或由于天气因素而无法通行（比如在冬季可能会因为大雪而无法通行）。在沙漠中，从一点到另一点采用徒步或跟随动物踪迹的方法行进，其距离往往只有在道路上驾车行进距离的 1/10。

（2）除了当地住在帐篷中的游牧部落，沙漠中的居民通常住在带有厚墙和小窗的建筑中，建造房屋的材料一般是水泥砖石或泥巴和稻草的混合物。人类早期文明的遗址有不少都分布在沙漠中，古代要塞和堡垒所在的地方都有重要的道路，有时甚至是地势险峻地区中唯一可用的交通要道。

（3）在许多沙漠地区，特别是在中东地区的沙漠中，人们正在寻找和开采石油等天然资源。如果靠近油井、输油管道、炼油厂、采石场或碎石设备等，求生者既可能得救，也可能被俘。需要补充的是，由于输油管道是被架高铺设的，所以求生者在远处就可以看到。

（4）许多沙漠中都有农业灌溉系统和居民供水系统。灌溉渠可以帮助求生者找到当地的居民聚居点。

6. 热带气候区。没有经验的人往往认为在热带雨林中穿行是非常困难甚至不可能的事，但是，求生者如果规划仔细又有耐心，就可以选出难度最小的最佳行进路线。有些情况下，最容易行进的路线是河流、小径和山脊线，但是选择这样的道路也有一定的危险。

1）河流和小溪的两岸植物茂密，求生者可能很难穿越植物进入河道漂流，而且水中可能会有大量的水蛭。雨林中的小径附近可能会有动物的巢穴和当地人设下的陷阱，此外这些小径可能会把求生者引入死路、茂密的灌木丛或沼泽地。山脊有时会在悬崖处中断，而山脊周围的植物可能会遮住断裂处或悬崖的边缘，当

求生者发现危险的时候就已经太迟了。

2）求生者在雨林中行进时最好的辅助工具是大砍刀，但是求生者应该只在迫不得已时才使用大砍刀。可能的情况下，求生者应该拨开灌木的枝条，而不是将其砍。如果求生者需要使用大砍刀，应该采用向下、向外的角度挥刀，而不是水平方向，因为前者更省力。

3）求生者应该从容行进，不要仓促行动，这样才能更好地观察周围的环境，深入分析最佳行进路线。行进时，求生者应该小心选择最佳的落足点，因为有些地方比较湿滑，行走时容易摔倒。此外，行进时不要抓握植物的枝条，因为热带雨林中的许多植物都长有边缘锋利的叶子、针状的叶子或钩刺，求生者一不小心就可能划伤手（注意：戴上手套、扣好衣服的扣子可以保护自己）。

4）流沙会给求生者带来危险。流沙区通常位于大河的河口和平坦的河岸附近，表面看上去与没有植物生长的普通沙地并没有不同。简单说来，流沙区就像是填满沙子的天然水槽，其底层为黏土或其他能够保水的物质。流沙的沙粒是圆的，与普通的带棱角的沙粒不同，这是因为流沙区中的沙子在水的作用下总在运动，无法沉降、稳定下来。流沙的密度大于人体的密度，所以能够支撑正常人的体重，但求生者如果过于惊慌，就会有被流沙吞没的危险。陷入流沙后，求生者应采用四肢展开的姿势以分散身体的重量，防止自己继续下沉，并利用游泳的技巧向坚实的地面靠近。（记住：不要慌乱，也不要挣扎，尽量伸展身体，一边向地表"游"动，一边拔出身体。）

21.5 山地行进技巧

根据地形特征，在山地行进的技巧可以分成四种——在坚硬的山坡上行走的技巧、在草坡上行走的技巧、在碎石坡上行走的技巧和在岩屑坡上行走的技巧。这四种技巧中都包括两个可以帮助求生者减少体能和时间消耗的基本

原则：身体的重量必须直接施加在双脚上，鞋底必须水平置于地面上（图 21-6）。要做到这两点，最简单的方法就是小步、缓慢、稳定地行走。下山时要避开过陡的斜坡，要充分利用地面上的凹陷处或突出物，不管它们是大是小。

1. 坚硬山坡的地面通常土壤都压得比较紧实，不会因为人踩上去时施加的重量而塌陷。上坡行进时，求生者除了要遵循前面讲过的两个原则，还要挺直膝盖，让腿部肌肉放松（图 21-7）。遇到陡峭的山坡时，最好采用之字形路线攀登（图 21-8），这比以直线向上攀登轻松得多。在"之"字的转弯处，应该用处在更高处的那只脚跨向新的方向，这样可以防止双脚绊在一起令身体失去平衡。在狭窄处行走时，可以采用外八字上坡的方式，即双脚脚趾朝外（图 21-9），同时仍要遵循前面讲过的两个基

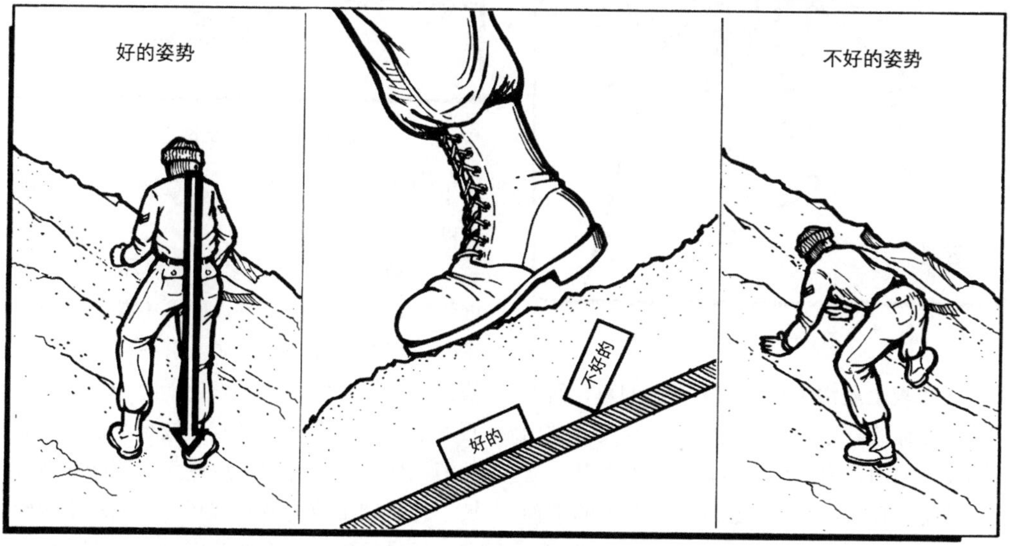

图 21-6　让双脚承受身体重量

本原则。下坡时，直接向下行进比较轻松，不需要走之字形路线。下山时要做到背部挺直、膝盖弯曲（图 21-10），每一步都保持放松的状态，此外就是谨记两条基本原则。

图 21-7　挺直膝盖

图 21-8　之字形攀登

图 21-9　上坡

2. 草坡上通常生长着一丛一丛的草，而不是一片连绵的草地。爬草坡的技巧与爬坚硬山坡的技巧相同，但是落脚时最好踩在草丛上方的边缘处（图 21-11），因为草丛上方的地面

图 21-11　在草坡上上坡

比下方的地面更加平坦。在草坡上向下行进时最好走之字形路线。

3. 碎石坡上有许多小石块和沙砾，主要堆积在岩脊和悬崖下方。碎石中既有较小的石子，也有拳头大小的石块。有些碎石坡上的石块大小各异，但是一般来说，同一个坡上的碎石大小是差不多的。爬碎石坡难度很大，而且很消耗体力，可能的话应避免在这样的地方爬坡。爬坚硬山坡的所有技巧都可以用于爬碎石坡，但是每走一步都要非常小心，不要让双脚因为身体的重量而在碎石上滑动。爬坡时，将位于高处的那只脚的足尖插入碎石中能够有效地防止打滑（图 21-12）。求生者每走完一步都要先确定落脚处是稳固的，然后才能小心地把身体重心从位于低处的脚转移到位于高处的脚

图 21-10　下坡

图 21-12　在碎石坡上上坡

上，接着再迈出下一步，并且不断重复这一过程。在碎石坡上下坡的最佳方法是直线向下走，双脚微微呈内八字，膝盖弯曲、背部挺直，慢慢地行走（图 21-13）。当多名求生者同时向碎石坡下行进时，应该一个跟着一个，尽量靠近，防止同伴因为脚下打滑而受伤。求生者在碎石坡上下坡时很容易跑着行进，必须努力控制平衡以避免这种情况，将身体前倾就可以有效地控制平衡。如果求生者必须横穿碎石坡，可以采用类似三级跳的技巧穿过，让位于低处的脚承担身体重量，用位于高处的脚控制身体平衡。

　　4. 岩屑坡的特点与碎石坡相似，不过岩屑坡上的石块更大。爬岩屑坡的技巧是，踩着石块顶部的上半部分行进（图 21-14），这样可以防止求生者因石块倾斜而滚落下山。前面讲过的所有在山地行进的技巧都可以用于在岩屑坡上行进。与碎石坡相比的话，一般来说，在岩屑坡上上坡和采用之字形方式行进比较容

图 21-14　在岩屑坡上行进

易，而在碎石坡上下坡行进比较容易。

21.6 负重行进

　　求生者必须携带很重的装备行进时，最基本的方式就是背包徒步行进。通过选用合适的背带、运用一些被广泛认可的打包及负重技巧，可以有效减轻求生者徒步行进时的艰辛，帮助求生者安全且较为轻松地转移重物。负重行进会让求生者感到烦躁和疲倦，二者都会降低士气。负重行进时，求生者应该将自己的注意力集中在其他事情上，并在每次休息时适当调整背包的贴身程度，增加舒适度。此外，求生者还应该根据背包的重量和当地的地形条件调整行进速度。

　　1. 在大多数求生活动中，求生者都必须负重行进。常常是在求生活动的初始，求生者就需要立刻收集可用的装备，在没有背包的情况下将这些装备移出失事的飞机，有时候还需要他们徒手搬运装备，并迅速离开飞机失事地点。这种情况下，如果时间允许，求生者最好用绳子将装备绑在一起，扛在肩上搬运。如果形势并不紧迫，求生者最好能将装备简单地打包，比如方形背包。在求生环境中，保留所有可用装备，特别是小件装备至关重要。

　　1）旅行背包。求生者可以把救生包改造成旅行背包，或是用叠起来的降落伞布制作旅行

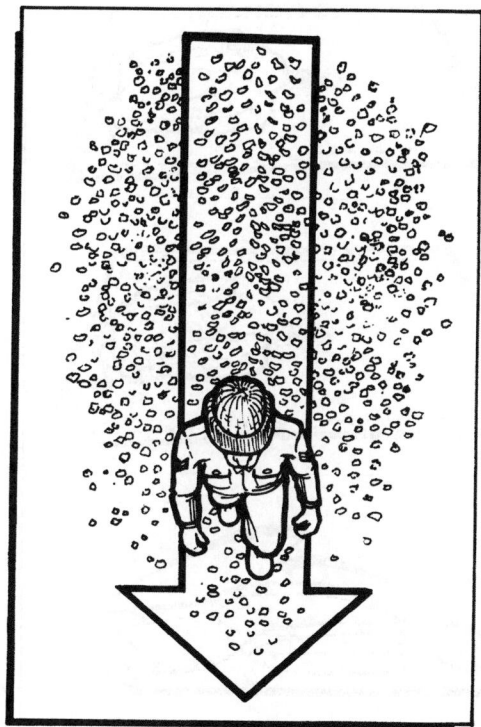

图 21-13　在碎石坡上下坡

背包（可以用降落伞绳的绳芯缝制）。

2）方形背包。

（1）求生者可以根据以下说明临时制作一个方形背包（图 21-15）。首先，将一块矩形的打包材料平铺在地上 [最少要有 5 英尺 × 5 英尺（1.5 米 × 1.5 米）那么大]，最好选用防水的面料（塑料布、油布、雨披、有防水涂层的帆布等）。在脑中想象着将该面料像"井"字一样分成几部分。把需要打包的物品中最软、体积最大的一样（如睡袋、降落伞等）以 S 形方式折叠好，要确保其在完成打包后位于背包的中央位置。这样一来，求生者背上背包之后，背部接触到的就是一大块柔软的物体。将坚硬的重物放在这个物体形成的"S"的上层与中层之间，在中层与下层之间则放入柔软的物体。如果求生者选择用雨披制作方形背包，那么要把睡袋放在雨披头部的开口处下方的位置。

（2）将所有小件物品放入打包材料中央的

大块柔软物品之中后，将其捆扎成图 21-15D 所示的样子。首先，求生者要站在物品的下方，用绳索缠绕物品将其横着三等分，再把绳索的活端用车夫结依次系在之前打出的横向绳圈上，使绳索在纵向上也将物品三等分。横向的绳索与纵向的绳索是相互垂直的。然后，将绳索的活端再次绕过背包，与横向的绳索垂直，在与横向绳索交叉的位置打上结固定住。调整绳索，确保背包上的绳索在各个方向都绑紧了。最后，让绳索回到起点的位置，在之前打好的车夫结上再打一个车夫结，固定住绳子。这样，背包内部的物品就捆扎完毕了。接下来，把外层的打包材料以图 21-15E 所示的方法沿着背包内部物品的外缘折起来，再用同样的捆扎方法将外层材料系好，要确保背包的各个角落都能防水。如果求生者选择用雨披作为方形背包的外层材料，那么还需要把雨披的兜帽部分塞进背包里。用上述方法制作出的方形背包，

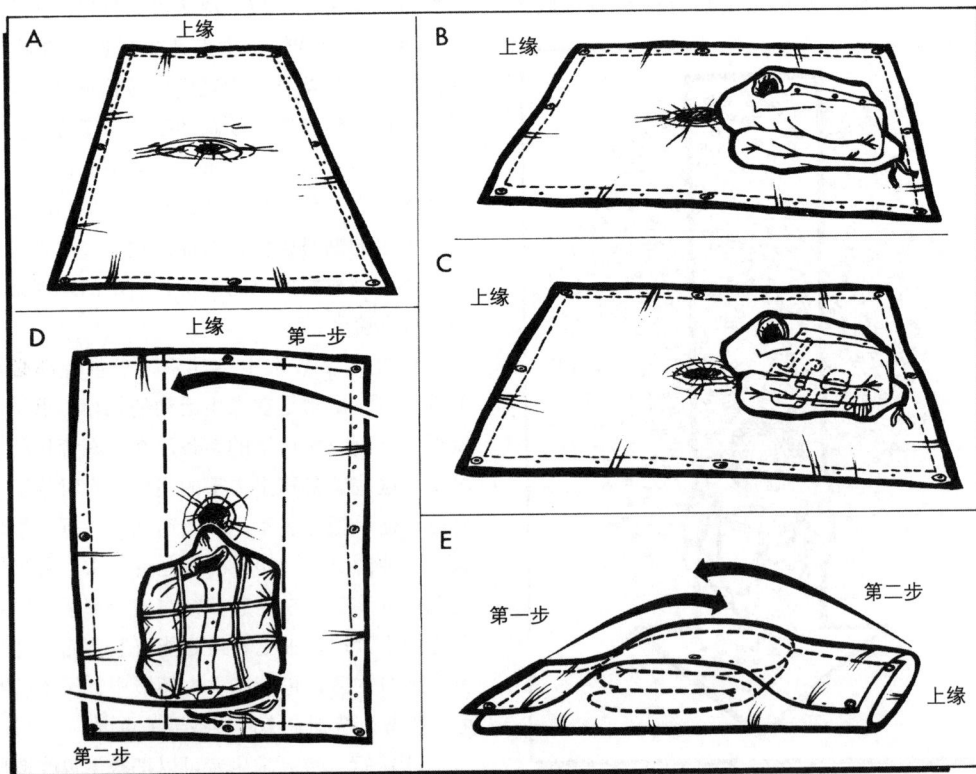

图 21-15 方形背包

其中的任何物品都不会因为渗水而被弄湿。(注意:通过不断练习,求生者甚至可以同时打包背包的内层和外层。)

3) 马蹄形背包。过去,人们曾经把马蹄形背包称为"约翰先生背包""香烟包""睡垫卷"等。马蹄形背包比较容易打,一般采用单肩背法,背起来比较舒服。打马蹄形背包的方法如图 21-16 所示:将一块矩形的打包材料[最好是 5 英尺 ×5 英尺 (1.5 米 ×1.5 米) 大的方形材料,防水布料最佳]平铺在地上,将所有需要打包的装备放在布料的一边上,装备的两侧各留出 6 英寸 (15.2 厘米) 宽的距离。注意,所有坚硬的物品外面都要包上比较柔软的材料。从装备所在的一边开始,将打包材料卷起来,系紧两端。在背包卷上每隔一段距离捆扎一下,以便更好地固定里面的物品。最后,把背包卷的两端绑在一起。用上述方法制作出的马蹄形背包不仅紧凑,背起来也很舒服。如果求生者一侧的肩膀受伤了,只需用未受伤的肩膀背包即可。马蹄形背包背起和卸下都很容易。

2. 求生者最常使用的临时背包是阿拉斯加式背包 (图 21-17)。用任何柔软而结实的材料 (例如兽皮、帆布、降落伞布等) 都可以制作这种背包。如果求生者遇到紧急情况,例如掉入河中,那么只需拉一下背包上绳结的末端就能卸下背包。制作阿拉斯加式背包时,车夫结是个很好的选择。系车夫结可以保证背包在行进过程中不会散开、掉落,而且一旦在水中或地势起伏的地区遇到危险,车夫结又可以让求生者迅速丢掉负重。

1) 阿拉斯加式背包的优点:

(1) 体积小,重量轻;

(2) 行进时容易携带;

(3) 遇到紧急情况时容易卸下;

(4) 可以根据背包内物品的数量和种类调整背包的大小和形状;

(5) 可以结合宽背带一起使用,将背包的重量分散在肩膀、颈部和胸部等处,减少某一部位的肌肉出现酸痛和擦伤的情况。

2) 阿拉斯加式背包的缺点:

(1) (如果未经练习) 不容易背起来;

(2) 只有经验丰富且心灵手巧的求生者才能充分利用这种背包的优点。

3. 背包在打包和背负时应考虑的因素有:

1) 背包或其他背负装备的功能应该符合求生者的需要。

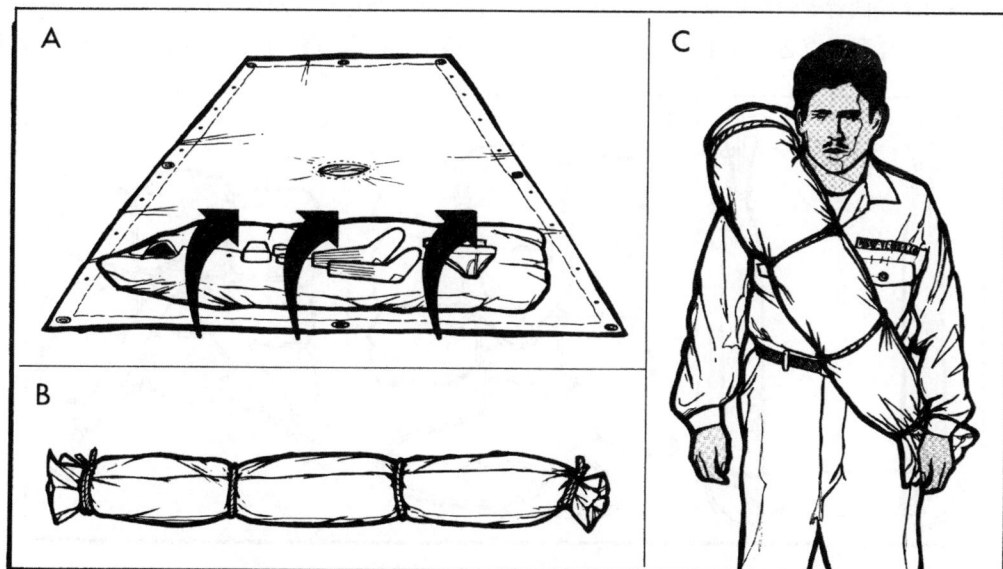

图 21-16　马蹄形背包

2）背包中物品的放置要适合背包的形状。背包的形状要能加装腰带，以便将背包的重量分散在肩膀和臀部之间，防止背包在行进时摆动。背包还应可以装其他重物，如肉类、柴火等。

3）要想让背包的重量分布均匀，首先要保证背包中每一侧的物品重量都差不多，并且尽量让背包中的重物靠近身体的中心位置，这样可以帮助求生者保持身体平衡，更轻松地挺直身体走路。如果重物悬挂在背包外，那么求生者在背负时应该将身体稍向前倾。如果背包上没有背包架，则要将背包背在背部靠上的位置或者肩上。求生者在地势平坦的地区行进时，可以将背包背得高一些。而在地势起伏的地区行进时，则应该将背包背在背部偏下或中间的位置，以保持身体平衡、落脚稳固。

4）紧急救援工具和其他重要装备（额外的衣物、急救药包、无线电、手电筒等）应该放置在背包上层求生者容易拿取的地方。

5）易碎的物品外面应该裹上衣物或其他柔软的材料，让它们在背包中不会移动位置或受到震动。坚硬或锋利的物品外面要包上护套、衬垫等材料，以免将背包划破。此外，不要让锋利的边缘朝向背着背包的求生者。捆绑在背包外面的物体要在背包上牢牢地系紧，这样在经过灌木丛或岩石时它们才不会被绊住。

6）制作好背包后要试背和调整，不要因负重过大造成肌肉拉伤。背上背包后，求生者要调整背带，将背包舒适地背在斜方肌上，并且确认背包在行走过程中不会晃动。要确保背包贴合背部，背部对背包有足够的支撑力，同时背包和背部之间要有一定的空隙，使空气流通顺畅。行进过程中，在合适的地点停下来休息时，求生者可以采取一些措施减轻背包的压力，让肌肉放松（图21-18）。要想背包背起来舒服，其重量必须符合使用者的身体素质。背包上的腰带可以帮助求生者承受背包80%~90%的重量，应该将腰带贴身地系在骨盆周围，但不要过紧，以免影响血液循环和肌肉运动。

4. 经过前额绕到肩后用以帮助背负背上包裹的背物带是很好的负重工具，可以将背包很大部分的重量转移到骨骼系统上（图21-19）。

1）背物带的做法。

（1）选用柔软、结实的材料，如带毛的兽皮、经过鞣制的兽皮、旧袜子、降落伞布等，制作一条头带，头带的长度要足够从脸的一侧绕过前额到达另一侧。

（2）调整头带，在两侧打上绳圈，使其贴合头部。行进时，求生者把手伸到背后调整背包很困难，但是利用头带上的绳圈调整背包就

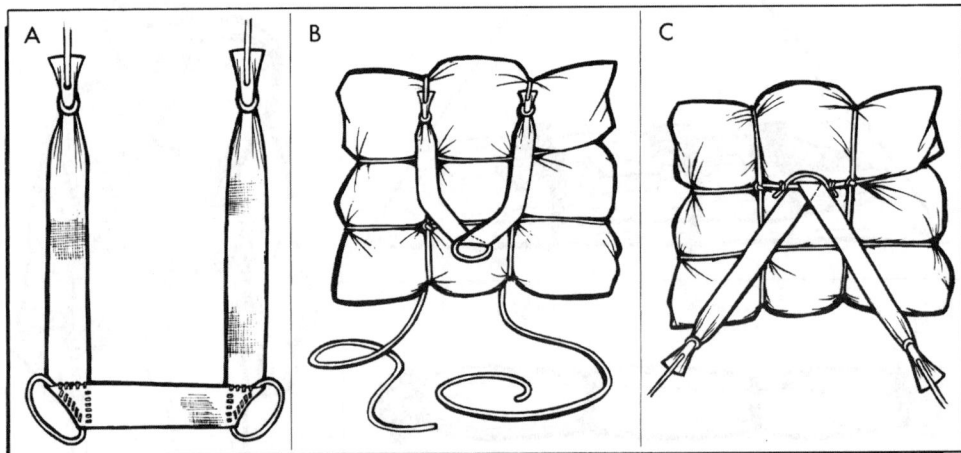

图21-17　阿拉斯加式背包

图 21-18　背包时放松的方法

很容易了。

（3）用生皮或降落伞吊带制作背物带上主

图 21-19　背物带

要的部分。将生皮或降落伞吊带系在背包的下角上，再将两端从背包的前后方拉起，用活结系在头带两侧的绳圈上。即使求生者有一定的经验，能预估背包的位置并调整背物带，背上背包后仍要适当地调整背物带，使背包背起来更舒服。

2）背物带的使用方法。背物带要绷得足够紧，这样才能将背包近一半的重量从肩膀上转移到头部。有时，过重的背包会影响肩部和手臂的血液循环，而背物带对解决这一问题有重要的意义。只要对背物带稍加调整，求生者就可以将背包的重量转移到头部和颈部，从而使肩部肌肉放松，让麻木的手臂恢复畅通的血液循环。刚开始使用背物带的几天中，由于颈部此前很少负重，所以求生者会感到颈部肌肉有些酸痛，但这种不适感会在几天内消失。通过练习，求生者甚至可以让颈部和头部承担所有的重量。背物带也可以用于背负猎物、柴火及其他装备。此外，背物带在不用的时候可以卷起来收进口袋中，所以在求生过程中非常实用。

第 22 章　地势起伏地区的行进和撤离技巧

22.1 引言

在求生过程中，有时候求生者必须经过一些地势起伏较大的地区，这时就需要借助一些专业的技巧、知识和装备。专业技巧中包括绳索的处理、打结和固定技术、攀登技巧、搭建绳桥的方法、缘绳下降的技巧、撤离技巧等等。所需装备的数量和种类则根据具体任务的内容（如攀岩、撤离等）而有所区别。

22.2 安全考虑

安全绳必须在登山者或救援人员有坠落危险的情况下才能使用。攀登前，救援队的队长应确认有哪些队员将要一起攀登。在山地救援过程中，队员们可以要求使用绳索，而队长有权决定是否每个队员都有必要使用绳索。有些环境要求救援队必须迅速撤离，为了保证速度，不用绳索会更好。队长做出不使用绳索的决定后，如有任何队员提出异议，也可能推翻这一决定。在进行山脊攀登和低难度的攀登时，如有队员想使用绳索，队长也应该接受他的要求。不建议个人单独在地形复杂的山地攀登。

22.3 登山绳

登山绳一般由尼龙等人造纤维制成。抗拉强度和承受坠落冲击力的能力是登山绳最重要的两个指标。登山绳的延展性和强度会因绳索制作方法的不同而有所区别。

1. 登山绳主要有两种，抗拉强度平均为5 500磅（2494.8千克），根据制作方法的不同分为编织绳和搓制绳。

1) 编织绳由编织或缠绕而成的绳芯加上包裹绳芯的绳套组成，一般具有6%~8%的延展率。根据用途的不同，编织绳的直径一般为9~11毫米，有150英尺（45.7米）和165英尺（50.3米）两种标准长度。此外还有专门在潮湿环境中使用的防水编织绳。

2) 搓制绳由3股纤维拧在一起制成。这种绳索的延展率一般为9%~13%（最高为编织绳的2倍），有120英尺（36.6米）、150英尺（45.7米）和165英尺（50.3米）三种规格，直径在3/8英寸（9.5毫米）到7/16英寸（11.1毫米）之间。

2. 登山绳和锚点吊索需要细心保养。踩踏绳索时，绳索表面粗糙的灰尘颗粒会进入绳索内部，磨损纤维，所以应避免绳索与尖锐的物体或岩石边缘接触，否则会导致绳索断裂。如果绳索必须接触物体锋利的边缘，则应在接触处加一层保护层。平时要将绳索保存在干燥处，因为受潮的绳索不仅没有干燥时那样强韧，也更容易吸附灰尘。在使用时，不要让绳索之间互相摩擦，因为尼龙纤维互相摩擦有时会产生很大的热量，出现"烧绳"现象，这种情况被称为"结合磨损"。在绳索周围不得吸烟，并且绳索不能接触任何温度很高的热源。此外，石油制品会加速尼龙纤维的老化，紫外线光照也是如此（不使用绳索时应避光保存）。（图 22-1）

3. 在使用登山绳之前，要先将绳索反卷或摊开——把一卷绳索从头到尾重新在地上摆成一圈圈的样子，这么做可以确保绳索没有打结或扭曲。

1) 在抛绳索之前，要固定住绳索的末端——绳索反卷后留在上面的那端——将绳索的活端在手上绕几小圈并抓在手里，将更多的绳圈抓在另一只手中。抛绳索的时候，抬起握有绳索活端的那只手，将手中的绳圈向目标方向抛出，紧接着将另一只手中的绳圈也抛出。

如果做法正确，剩下的绳索会跟着被带出。在抛出绳索前，应发出"抛绳"的口令，以此提醒下方的人小心不要被下坠的绳索伤到。若下方有人，等其发出"安全"的回应后，上方的人才可以抛绳。一般来说，绳索上不应打结或系上其他装备，否则在抛出后有可能勾住岩石或与灌木等物体缠绕在一起。

2）两种常用的打绳圈的方法。

（1）欧式绳圈（图 22-2）：从绳索的中部卷起，将其卷成直径 3 英尺（0.9 米）的圈状，在绳索两端各留出约 12 英尺（3.6 米）长的部分不要卷。将留下的两段绳索在绳圈的中部绕三四次，然后在其活端上做一个绳弯，穿过绳束的一头，再将活端穿过此绳弯并系牢。这时，绳索的两端各还剩下 6 英尺（1.8 米）左右。接下来，求生者要将绳束放在背部，将剩下的两端分别绕过两侧的肩膀，经过胸前从手臂下方穿过，在背上交叉后再绕回身体正面，最后将绳索的两个末端在腰上系牢。

（2）登山绳圈（图 22-3）：首先，求生者要用一只手抓住绳索的一端，用另一只手沿着绳索向其另一端滑动，直至双臂绷直。接着，将双手合拢，使两手间的绳索形成一个圈，把它抓在一只手中。然后不断重复这一动作，将

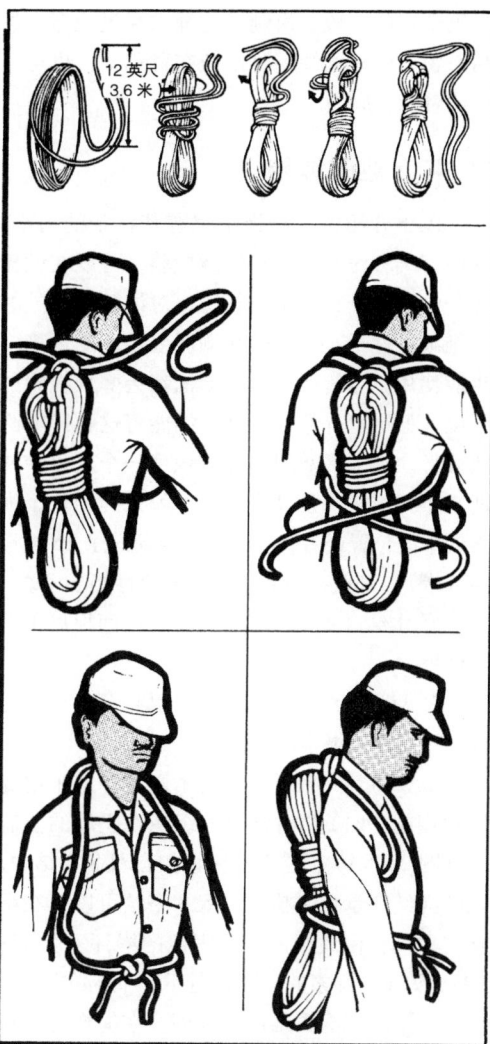

图 22-2　欧式绳圈

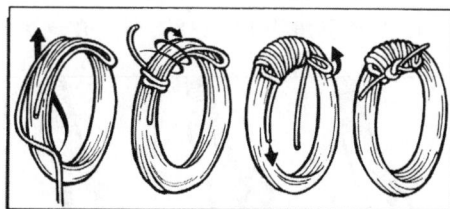

图 22-3　登山绳圈

整条绳索都绕成大小一致的绳圈。为了系紧绳圈，要在绳索的固定端做出一个 12 英寸（30.5 厘米）长的绳弯。松开绳圈的最后一圈，从绳弯开口处开始压在绳弯上缠绕绳圈，直到剩下

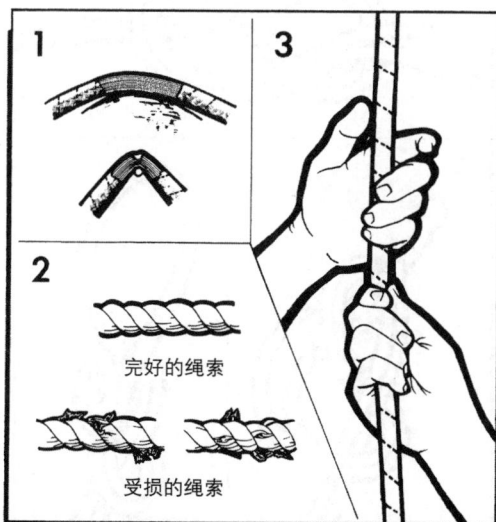

图 22-1　受损的绳索

长度适当的一段。用剩下的绳索穿过绳弯,然后系紧。做好的绳圈可以挂在背包上,也可以斜挎着背在肩上。

22.4 专业的绳结

以下介绍的每种绳结都有其特定的用途。这些打结方法都已经过实践检验,可以在救援任务中使用,它们不会打滑,对绳索打结处的纤维破坏性最小,而且在潮湿或结冰的环境中也能使用。尽管所有的打结法都会降低绳索的强度,但这里介绍的几种绳结能将这种影响降至最低。绝大多数绳结都应该用一个反手结或两个半结来保证其安全性。如果绳结位于绳索的中间位置或者距离绳索末端超过了15英尺(4.6米),那就没有必要为其安全性担心了。

1. 水结(图 22-4)可以在连接两根尼龙带时使用。

2. 双渔夫结(图 22-5)可以将两根编织绳或坚硬的搓制绳牢固地连接在一起。

3. 双8字结用于(在用吊索下降或采用提洛尔横越法时)暂时连接编织绳或坚硬的搓制绳(图 22-6A)。登山扣应该扣在双8字结中,以防绳结在承重时扭死。双8字结可以打在绳索的中间,由此形成一个固定的绳环(图 22-6B)。如果在绳索的一端打绳环,那还必须打一个反手结或单渔夫结用于加固。在绳弯处打双8字结可以做出一个双层绳环,每个绳环都能连接一个锚点(图 22-7)。

4. 当牵引角为 120°~180° 时,在绳索的

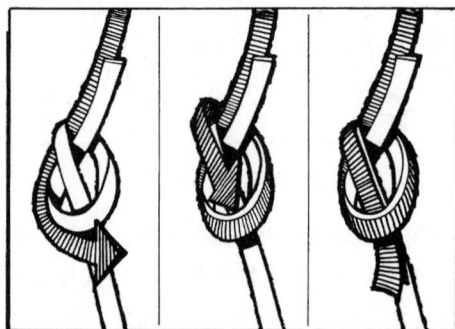

图 22-5 双渔夫结

中间位置可以用蝴蝶结做一个固定的绳环(图 22-8)。当牵引角不到 120° 时,打一个双 8 字结就足够了。如果牵引角大于 120°,双 8 字结比较容易滑脱。

5. 普鲁士结(图 22-9)可以帮助攀登者沿着一根固定的绳索上升,或是加强下降吊索的安全性。

6. 三套结(图 22-10)是单套结加上一个绳弯的变形,用于固定三个锚点或用作临时挽具。

7. 这里介绍的水手结是用吊索和登山扣一起做成的,包括了两个绳结(图 22-11),可以

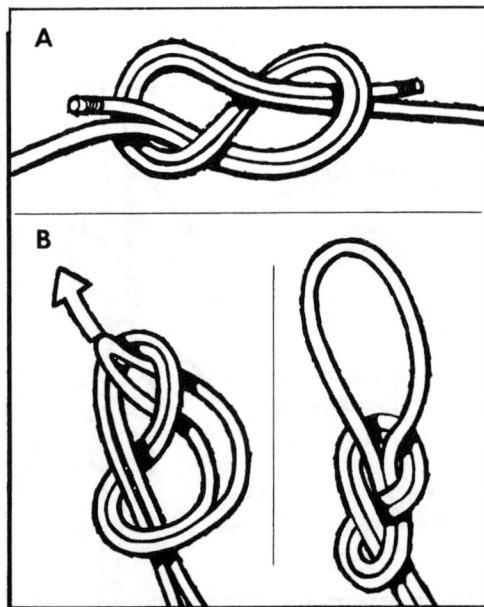

图 22-6 双 8 字结

图 22-4 水结

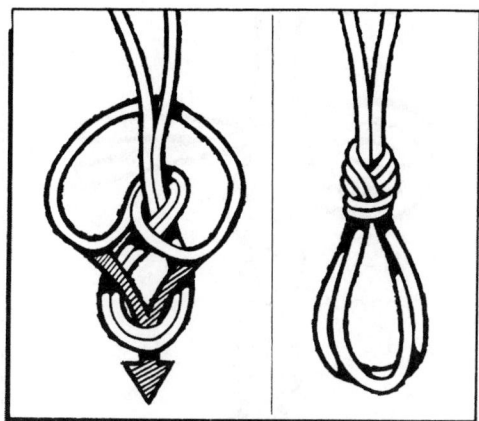

图 22-7 双绳环 8 字结

22.5 特殊装备

如果没有特殊装备，求生者不仅难以在崎岖的地面上行进，而且安全也会受到威胁。

1. 坐式安全吊带。坐式安全吊带是安全吊索的一种，用于将绳索绑在攀登者身上或下降吊索上。为了保证安全性和舒适性，制作坐式安全吊带一定要遵循正确的方法。求生者可以用直径为 1 英寸（2.5 厘米）的管状尼龙绳临时制作坐式安全吊带。首先，将尼龙绳绕过背后，让尼龙绳的中点处在臀部上。保持尼龙绳的中点不动，将绳子的两端在身前交错，打一个外科结（三到四次反手缠绕）。接着，将绳子的两端拉到双腿间，从前到后绕腿一圈，在腰的两侧分别打结固定。向下拉动绳子的活端将其系紧，以防绳子在两腿之间乱缠在一起。然后，将绳子的两端拉到身前再次交错，在与（攀登或下降时）制动手相反的一侧打一个平结，并

将一个受力系统中的负重转移给另一个系统。打结的方法是，在吊索的主要部分（受力部分）上打一个普鲁士结，将剩余的部分穿过锚点的登山扣绕 3 圈，然后在挨着登山扣的吊索自身上再绕 3 圈，将末端塞进吊索中间。

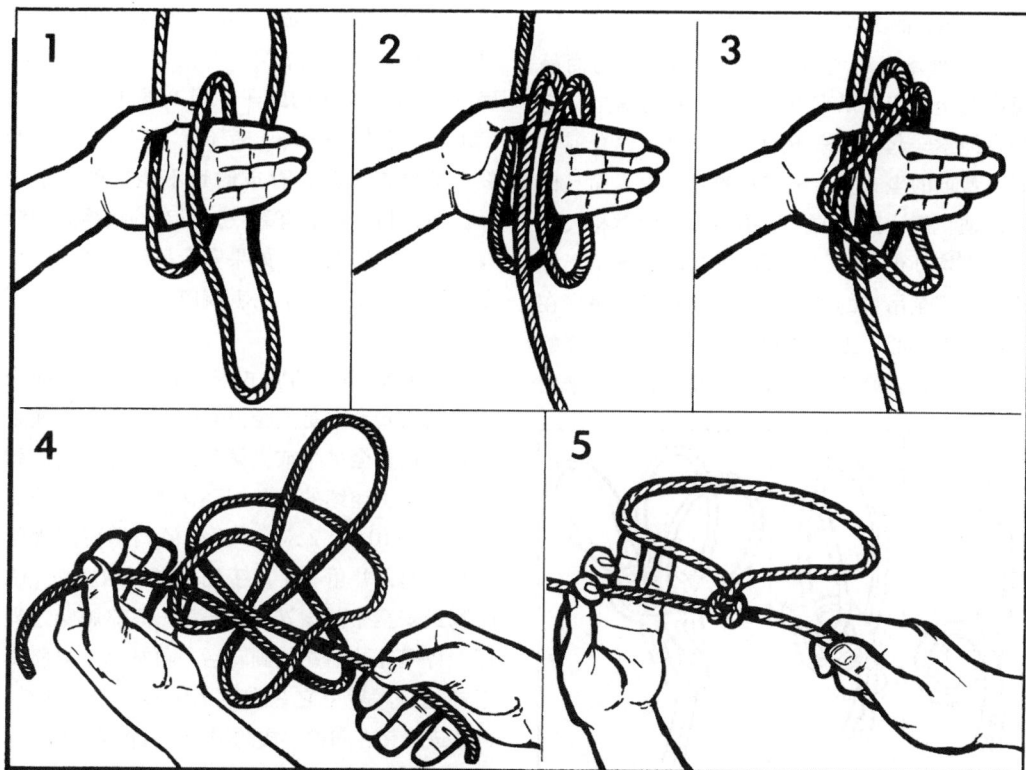

图 22-8 蝴蝶结

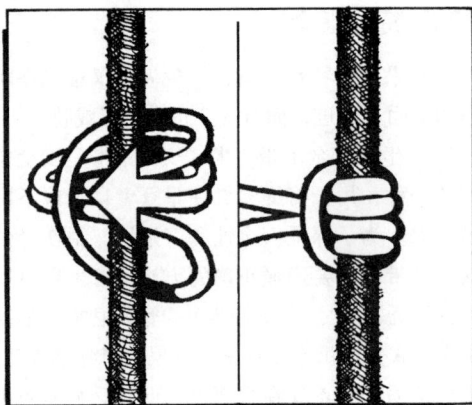

图 22-9　普鲁士结

且再打一个反手结或两个半绳结（平结两侧
各一个）来固定它。打固定结时最好尽量多用
些绳子。这样，坐式安全吊带就做好了。这
时，求生者应该在坐式安全吊带上扣一个登山
扣，把绕在腰部的绳子和外科结上的绳子扣在
一起。登山扣的开口应该位于上方，并且朝外，
远离求生者的身体。（图 22-12）

　　2. 批量生产的坐式安全吊带。作为商品
量产的坐式安全吊带可以直接套在骨盆上，应
配合绳索一起使用来帮助求生者向上攀登或下
降。量产的坐式安全吊带很容易穿上，而且比
较舒适，能让穿上的人自由活动，同时将人体
重量平均分布在胯部周围。图 22-13 展示了量
产坐式安全吊带的各个部分。这种安全吊带在
使用时要小心，上面的塑料扣不能受到直接的
外力冲击，否则会断裂或变得脆弱，在将来使

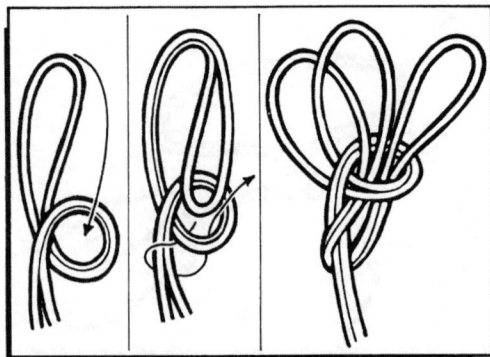

图 22-10　三套结

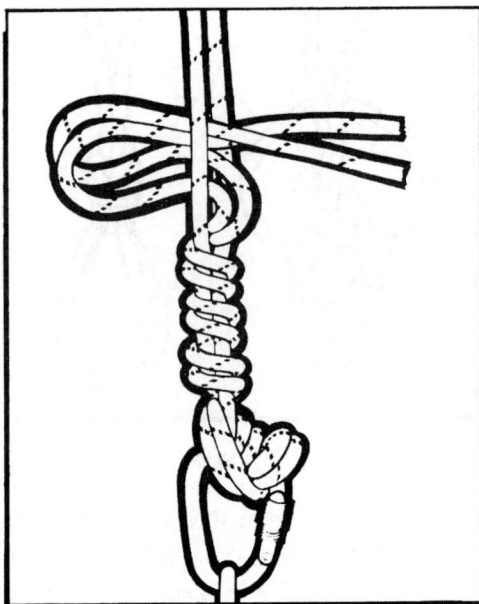

图 22-11　水手结

用时出现突然脱落的情况。量产的坐式安全吊
带主要由尼龙带构成，在接头处用线缝合，腰
带的下缘缝有小金属环，连接着可以承重 300
磅（136.1 千克）的绳子。量产的坐式安全吊
带上应该有接头绳环。带子上不应有磨损、撕
裂或灼烧的痕迹，存放时也不能接触化学物
品。塑料扣上不能有裂纹。所有的接缝处和缝
线都应该完好无损。如果安全吊带有任何一点
不符合上述要求，求生者就应该将其淘汰，不
再使用。

　　3. 临时制作的胸式安全带。巴黎子弹带
式或胸式安全带是安全吊索的辅助装备，使用
时要连在安全吊索或大倾角的下降吊索上。胸
式安全带由连续的带状绳环构成，绳环应该长
3~4 英尺（0.9~1.2 米），绳带的两端要用水结
系在一起，并用一个反手结或半绳结加固。临
时胸式安全带的做法是：先将一只胳膊穿过绳
环，将绳环的活端绕到背后，再从另一只胳膊
下穿过，然后用它在胸膛正中系一个单编结，
再塞进绳带在肩部形成的绳弯中（图 22-14）。

　　4. 登山头盔（图 22-15）。求生者在攀登
时应该戴上坚硬的头盔，以减少受到上方掉落

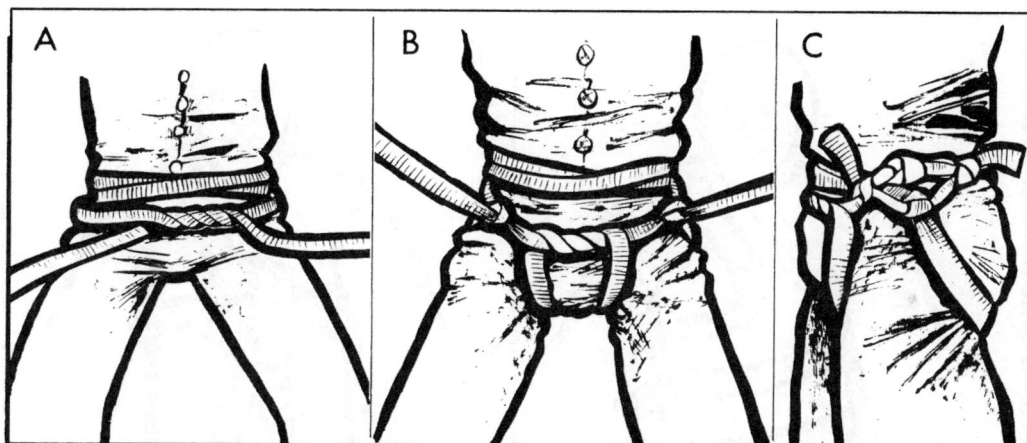

图 22-12　临时制作的坐式安全吊带

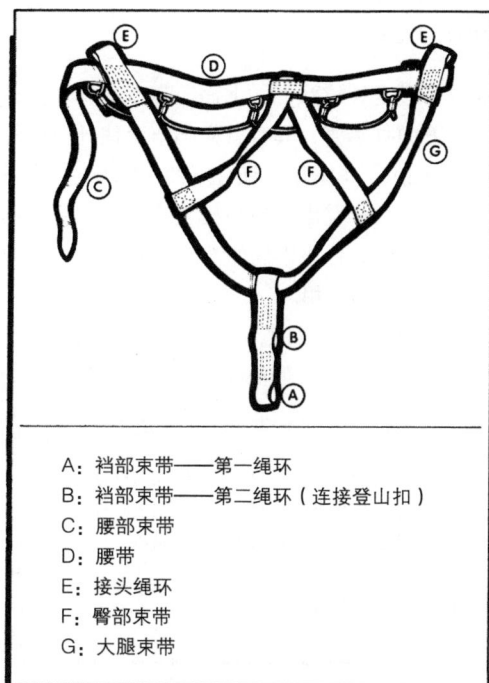

A：裆部束带——第一绳环
B：裆部束带——第二绳环（连接登山扣）
C：腰部束带
D：腰带
E：接头绳环
F：臀部束带
G：大腿束带

图 22-13　坐式安全吊带

的物体击打或坠落时受到的伤害。头盔的顶部和头部上方不是完全贴合的，留有一定的空间，这个中空的部分可以让头盔吸收更多的冲击力。戴上头盔后，求生者头部的侧面也能受到一定保护。使用 Y 形的系带比单根系带效果好。头盔上的头部束带可以调整，这样求生者在寒冷的天气中还可以在头盔下戴一顶冬帽。头盔的

外壳应该是完好的，不能有破损或裂痕。系带应牢牢固定在头盔上，不应有磨损或割痕。

5. 手套。求生者在攀登或下降时要戴上手套，由于在山地经常要用这两种方式行进，所以求生者最好一直都戴着手套。

6. 吊索。在地形崎岖的地方，吊索能派上很多用处——用作锚点系统的构件或帮助移动的蹬具、系在岩楔或安全吊带上、将装备系在绳索系统上等。求生者可以用编织绳、搓制绳或尼龙带来制作吊索。吊索的标准长度为 13 英尺（4 米），但是求生者可以根据个人需要把吊索切割成理想的长度。用编织绳或搓制绳制成的吊索直径有 5 毫米、7 毫米、9 毫米三种规格，而用尼龙带制成的吊索通常宽 1/2 英寸（1.3 厘米）或 1 英寸（2.5 厘米）。将吊索系在岩楔上时，应该选用最粗的绳索或最宽的尼龙带。用来制作吊索的编织绳、搓制绳的结构与登山绳相同，尼龙带则是用多股扁平或管状的尼龙绳编织而成的带子。各种绳索的断裂强度如图 22-16 所示。经过灼烧、拉扯、切割或出现磨损的尼龙带应该舍弃不用。如果求生者怀疑尼龙带质量不佳或是曾被过度使用，那么也应该弃之不用。

7. 登山扣。登山扣的材质主要有两种——铝合金和铬矾钢。与绳索相同，登山扣也有强度分级，图 22-17 列出了不同种类的登山扣的

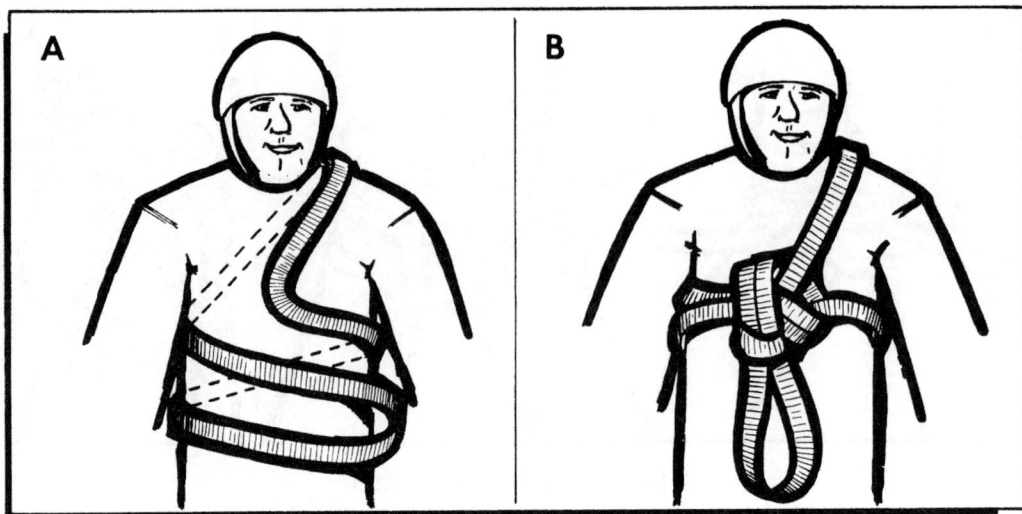

图 22-14 临时制作的胸式安全带

断裂强度。铝合金的登山扣和铬矾钢的登山扣都有带锁和不带锁的设计，而且都有椭圆形和 D 形两种形状（图 22-18）。

1）铝合金制的标准椭圆形登山扣上面有一个开口，开口闭合时，开口处的销子正好可以卡在销口中（图 22-19）。铝合金制的 D 形登山扣的设计可让更多的力分布在 D 形的直边上。椭圆形登山扣和 D 形登山扣的使用方法相同。

2）带锁的铝合金制椭圆形和 D 形登山扣的结构与上面介绍的登山扣相似，只是在开口

处有一段是螺纹状的，上面还带有套管。向逆时针方向拧套管，套管就会牢牢套住开口处的锁销和锁口，将开口锁住（图 22-20）。铬矾钢制的椭圆形登山扣和 D 形登山扣与铝合金制的结构相同，铬矾钢制的 D 形登山扣在山地救援工作中经常使用。

3）使用登山扣时不能摔，也不能将其用于设计目的以外的其他活动，因为就算是极小的

规格	搓制绳	编织绳	尼龙带
5/16 英寸或 7 毫米宽	2700 磅	2300 磅	
3/8 英寸或 9 毫米宽	3700 磅	3200 磅	
7/16 英寸或 11 毫米宽	5500 磅	4800 磅	
1/2 英寸（1.3 厘米）宽			1100 磅
9/16 英寸（1.4 厘米）宽			1700 磅
1 英寸（2.5 厘米）宽			4000 磅

注：1 磅约为 0.45 千克。

图 22-16 绳索的断裂强度

图 22-15 登山头盔

登山扣的断裂强度		
类型	最小值	最大值
标准椭圆形，铝合金	3890 磅	4210 磅
标准 D 形，铝合金	4065 磅	5515 磅
带锁的 D 形，铝合金	4960 磅	6310 磅
带锁的 D 形，铬矾钢	大于 11000 磅	

图 22-17 登山扣的断裂强度

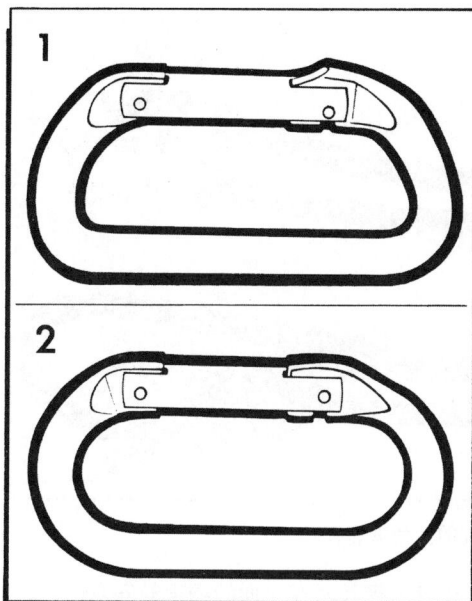

图 22-18　登山扣的形状

裂缝也有可能不断扩大，以至于影响其功能和安全性。不能将登山扣当锤子用，也不能让其承受超过断裂强度的重量。登山扣上可以活动的部位，如销子、套管等，应该保持清洁。如果登山扣的开口处卡得过紧，不必上油，直接扔掉！不要在登山扣上用锉刀等工具做记号，但可以用彩色胶带等将不同的登山扣区分开来。登山扣上所有可以活动的部件都应该能活动顺畅，销子和销口应完全吻合。如果登山扣上有明显的裂痕，不管大小，都应该将其淘汰掉。

8. 岩楔。

1）岩楔的材质是合金或铜，它们拥有并不规整的外形，塞在岩缝间可作为锚点，也可

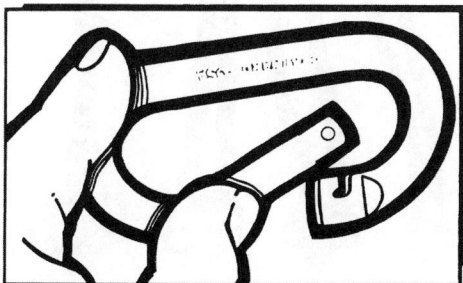

图 22-19　不带锁的登山扣

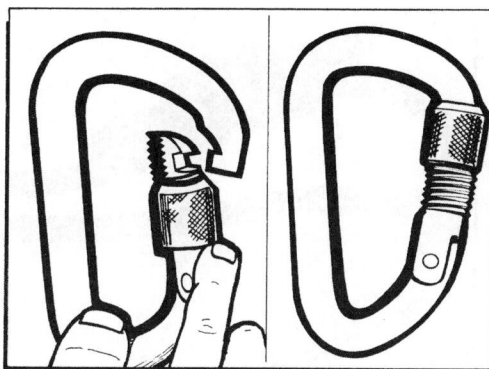

图 22-20　带锁的登山扣

作为保护系统中的构件使用。图 22-21 和图 22-22 展示了一些常见的岩楔，每种岩楔的设计适合不同大小的岩缝。岩楔的型号从 1/16 英寸（1.6 毫米）厚、1/4 英寸（6.4 毫米）宽到数英寸厚、数英寸宽不等。由于岩楔的各条侧边的宽度不同，所以某一规格的岩楔可以适用于多种岩缝。如果求生者携带多种规格的岩楔，需要时就可以选用最合适的一个。不同类型的岩楔，其构造也不尽相同。岩楔需要和吊索一起使用。

（1）铜头岩楔。圆柱形铜头岩楔的规格从直径 3/16 英寸（4.8 毫米）、长 1/2 英寸（1.3 厘米）到直径 1/2 英寸（1.3 厘米）、长 1 英寸（2.5 厘米）不等。与其他材质的岩楔相比，铜头岩楔相对较软，可以很好地嵌入岩缝中，并且固定后还可以轻微地转动。铜头岩楔上一般都系有吊索（图 22-23）。

（2）六角形岩楔。六角形岩楔是六面的合金岩楔，但相对两面的长度并不相同（图 22-21）。六角形岩楔每一面的两端都是渐渐变窄的，所以说这六个面也是逐渐变小的，其中最小的那面是正面。小型的六角形岩楔上系有吊索，而大型的六角形岩楔在正面和对应的背面都有两个孔，可以系上编织绳。编织绳的规格要适合六角形岩楔的规格。

（3）楔形岩楔。楔形岩楔的四面从背面到正面是逐渐变小的。与六角形岩楔相同的是，小型的楔形岩楔上系有吊索，而大型的楔形岩

图 22-21　系有编织绳的六角形岩楔

楔上可以系编织绳。

2) 保养岩楔的方法与保养登山扣的方法相同。但是，由于岩楔在使用中需要嵌在岩缝中，受到的磨损很大，且求生者常常需要借助锤子才能将岩楔从岩缝中取出，所以求生者应该经常检查岩楔及系在上面的绳索的安全性。如果求生者对某个岩楔的安全性有怀疑，就应该毫不犹豫地将其丢弃。出现裂缝的岩楔应该立即淘汰，但如果只有一些划痕或小坑则不必理会。

9. 岩钉。岩钉是用合金制成的钉状工具，

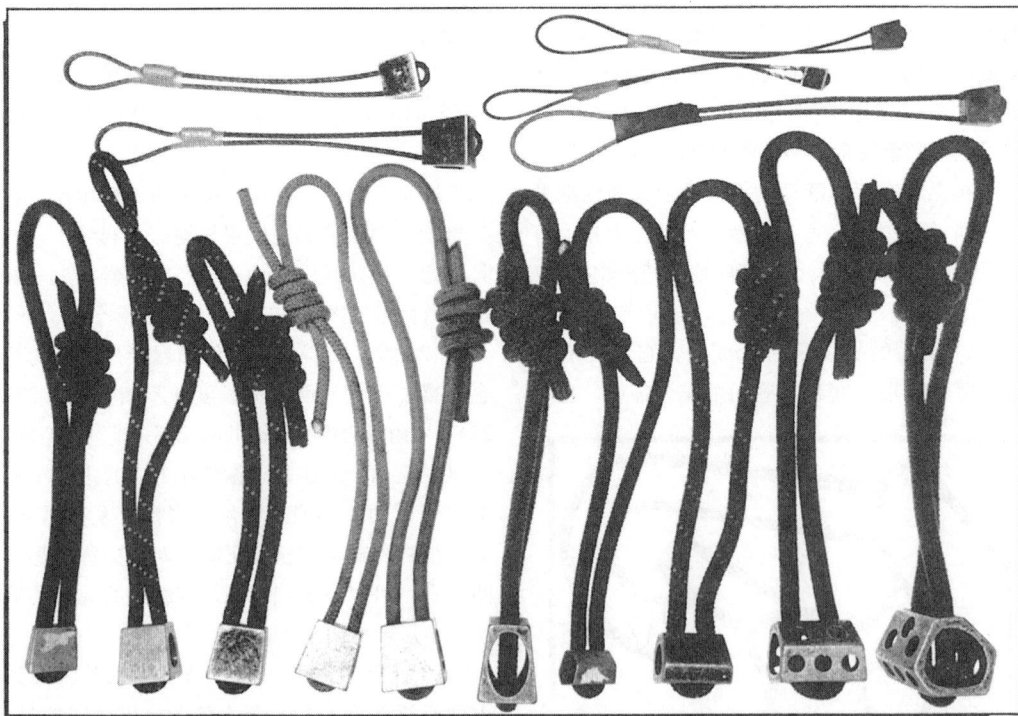

图 22-22　岩楔

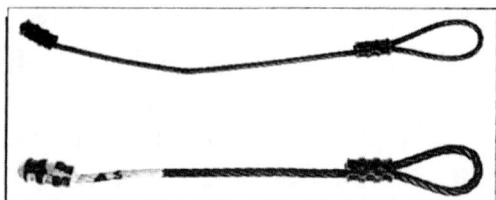

图 22-23　铜头岩楔

包括不同的形状、宽度和长度。求生者可以用锤子将岩钉敲进岩缝中作为锚点，或将岩钉作为保护系统的构件。不同形状的岩钉有不同的名称，同一形状的岩钉则包括大小不同的多种规格。图 22-24 展示了不同形状的岩钉。岩钉主要可以分成两种——刀片形和斜角形。刀片形岩钉通过将刃部嵌入岩缝而固定住，斜角形岩钉则是通过楔形构造和刃部的共同作用而固定住。

1）刀片形岩钉的表面是平的，有的岩钉像刀刃一样薄，有的厚度可达 1 英寸（2.5 厘米）。

2）斜角形岩钉的刃部呈 V 形，求生者可以将其锋利的边缘牢牢插入岩缝中。斜角形岩钉有多种规格，有的刃部角度较小，有的角度较大 [最宽处能达到 4 英寸（10.2 厘米）]。此外，还有一种特殊的 Z 形岩钉，可以在岩缝中嵌得更深，抓力也更大。

3）岩钉由铬钼合金制成，具有较高的比强度值。由于岩钉上都打了孔，所以可以在不影响强度的前提下减轻岩钉的自身重量。正常使用的岩钉基本上不会损坏，求生者不应将其用于其他用途。一般来说，求生者用锤子将岩钉嵌入岩缝时，如果锤子没有敲准，就很容易损坏岩钉。好的岩钉上不能有裂痕，也不能弯曲，一旦受损就不应继续使用。

10. 8 字环。8 字环是一种通过增大摩擦力来实现慢速下降的保护器，在人员垂降和垂下物品时使用。8 字环（图 22-25）上有两个大小不同的孔，大孔可以系绳索，小孔可以扣登山扣。8 字环有大小不同的各种型号。

11. 保护系统。保护系统通过将一名攀登者和另一名位置固定的保护者用绳索系在一

起，从而使前者得到保护。

1）保护系统的主要构成要素（图 22-26、图 22-27）有：

（1）一个锚点——让保护者能固定位置的安全点。

（2）保护者——对攀登者进行保护的人员。

（3）中间保护点——攀登者在攀登路线上设置的吊索、岩楔或岩钉。登山绳从连接在中间保护点上的登山扣中穿过。

（4）登山绳——规格为 11 毫米的编织绳或 7/16 英寸（11 毫米）的黄金绳。

2）整个救援队使用的保护系统和个人使用的保护系统有所不同。救援队使用的保护系统一定要保证救援人员能够接触到目标物，其中包括登山绳和岩楔、岩钉、吊索、登山扣等。个人使用的保护系统要能够帮助个人上升或下降，其中包括登山头盔、坐式安全吊带、登山

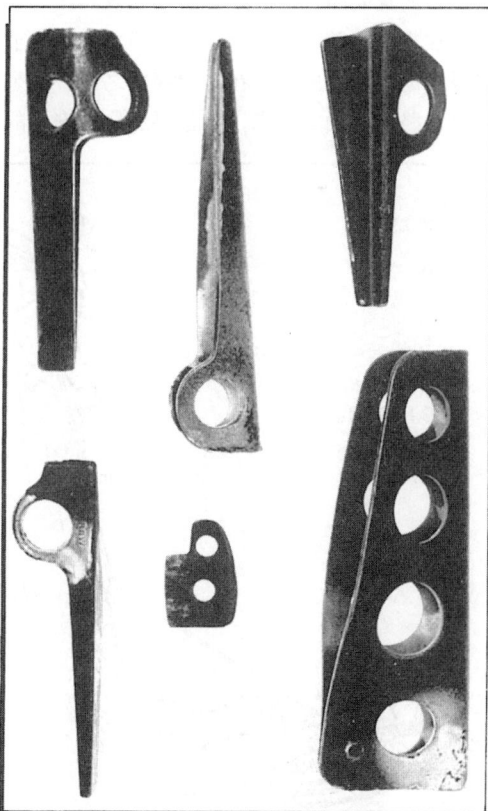

图 22-24　岩钉

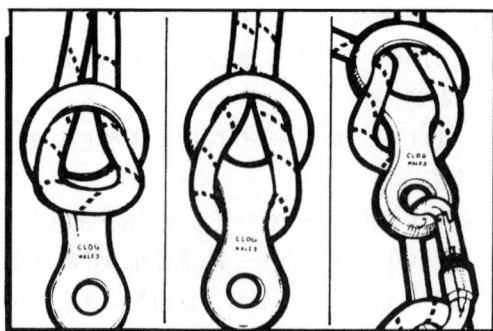

图 22-25　8 字环

鞋和手套等。

22.6 成功攀登

要想成功攀登，就要严格遵守和使用以下基本原则和技巧。

1. 路线的选择。计划登山任务时，一定要先考虑路线选择的问题。从某一点到求生者所在位置的直线路径很少是合适的攀登路线。如果能在攀登之前选择好合适的路线，就可以节省很多的时间。所以，在开始攀登之前，必须把整条路线都确定下来，并且要选择最安全的路线。自然环境中存在的危险、可选的撤离路线、攀登需要的时间和后勤支援都是在选择路线时需要考虑的因素。

2. 领攀者。领攀者有责任按照计划的路线攀登，并且在必要时要能做出调整。如果需要调整路线，一定要由有经验的人员做出决定。有时候，领攀者觉得简单的动作对跟随其后的攀登者来说可能有一定的难度。如果数名攀登者组成了一个先锋队，那么其中的每个人都必须做好自己的个人防护，在攀登时要尽量缩短不小心掉落时下坠的距离，而且每个中间保护点都要固定牢，并尽量使它们连成一条直线。

3. 设置保护装置。设置保护装置需要遵循的基本原则是，尽量缩短攀登者下坠的距离。如果做不到每隔一定距离就设置一处保护装置，那么攀登者下坠的距离就会是他到保护者距离的 2 倍，而且保护系统和绳索上松弛的部分还会稍微加长这一距离。如果攀登者爬到了保护者上方 90 英尺（27.4 米）处，算上绳索松弛的部分，在没有保护装置的情况下，该攀登者下坠的距离大约为 180 英尺（54.9 米）。在

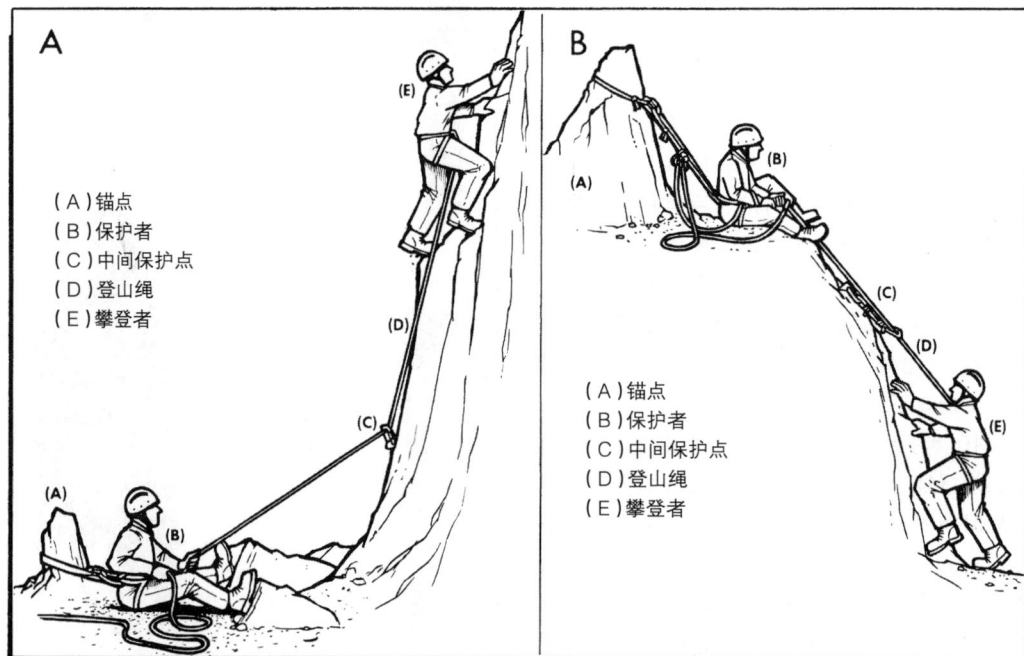

（A）锚点
（B）保护者
（C）中间保护点
（D）登山绳
（E）攀登者

图 22-26　保护系统

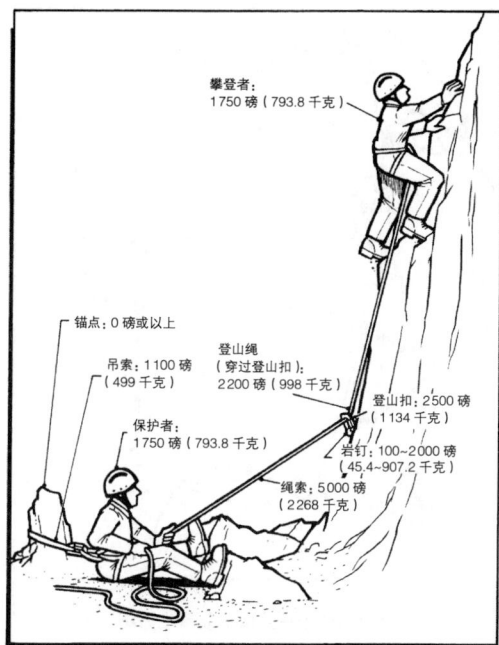

图 22-27　保护系统的绳链

攀登者：
1750 磅（793.8 千克）

锚点：0 磅或以上

吊索：1100 磅
（499 千克）

登山绳
（穿过登山扣）：
2200 磅（998 千克）

保护者：
1750 磅（793.8 千克）

登山扣：2500 磅
（1134 千克）

岩钉：100~2000 磅
（45.4~907.2 千克）

绳索：5000 磅
（2268 千克）

这种情况下，保护者是无法阻止攀登者继续下坠的。但是，如果每隔一段距离就设置一处保护装置，比如每隔 15、20 或 25 英尺（4.6、6.1、7.6 米）就设置一处，那么就能将攀登者的下坠距离缩短到 30 英尺（9.1 米）以内，并且保护者也能更容易地止住攀登者的下坠趋势。理想的情况下，最好每隔 10 英尺（3 米）就设置一处保护装置。（图 22-28）

1）领攀者应尽量将保护装置沿着直线设置。如果登山绳拐弯的幅度太大或者太突然（图 22-29A），就会增加绳索所受的拉力。理想的情况下，在设置各个保护装置时，可以在锚点上加上吊索，以保证登山绳基本呈直线（图 22-29B）。

2）使用带金属绳的岩楔时通常会加一个绳圈（图 22-30），以减少与岩楔相连的绳索出现移动的情况。绳圈应该通过登山扣与岩楔相连，连接登山绳的那端也要使用登山扣。

3）用同样的方法也可增加岩钉的有效范围。如果在长距离攀登中没有足够的绳圈，可以用岩楔吊索代替。领攀者必须将登山绳正确

穿过连接岩钉的登山扣。登山扣的开口处应该朝下或朝向保护者。此外，登山绳应该从内向外地穿过登山扣，以防止绳索缠绕或登山扣被意外打开。

4. 攀登顺序。领攀者设置保护装置时，也就确定了登山绳的长度或攀登路线的长度。如果攀登路线比登山绳长，领攀者要确保第一位保护者安全攀登到自己所在的位置。保护绳系统的设置方式如图 22-31 所示。只有当第二位攀登者到达领攀者所在的位置后还要继续向上攀登时，才能在必要的情况下对保护绳进行一定的调整。这种跳山羊式的行进方法被称为"越过式攀登"，其攀登顺序是，第一位攀登者，即领攀者要攀到登山绳所能到达的最高位置，在绳索还剩下 20 英尺（6.1 米）左右的时候选择一处合适的位置设置保护装置。接着，第二位攀登者向上攀到领攀者所在的位置，之后继续向上攀登，承担领攀者的责任，直到他选定位置并设置好保护装置后，后面的队员才能开始攀登，以此类推。

1）攀登者必须分析地形情况，选择最有效的路径攀登。救援人员（攀登者）要仔细勘查，记录下每一个可能对攀登造成障碍的岩石的位置、最佳通过路线、岩石的高度和角度、岩石的类型、攀登难度，以及保护点之间的距离、装备数量、完成任务所需的有经验的救援者的人数等。如果山坡很陡，那么救援人员就很难抓住岩石进行攀登；而坡度较缓的山坡可以为攀登者提供天然的阶梯，突出的岩石也会使攀登过程变得更为容易。

2）攀登者至少要选择两处可以登高望远的地方对附近的地形进行观察和分析。清晨和黄昏的光线会拉长物体的影子，所以更有利于观察。在可能的情况下，攀登者要进行实地勘察。

5. 应该避开的危险。

1）攀登距离较长时，不断变化的天气是一个必须考虑的重要因素。潮湿、结冰的岩石会让原本可以轻松攀登的路径变得无法通行，低温会让攀登者的活动能力下降，降雪可能会盖

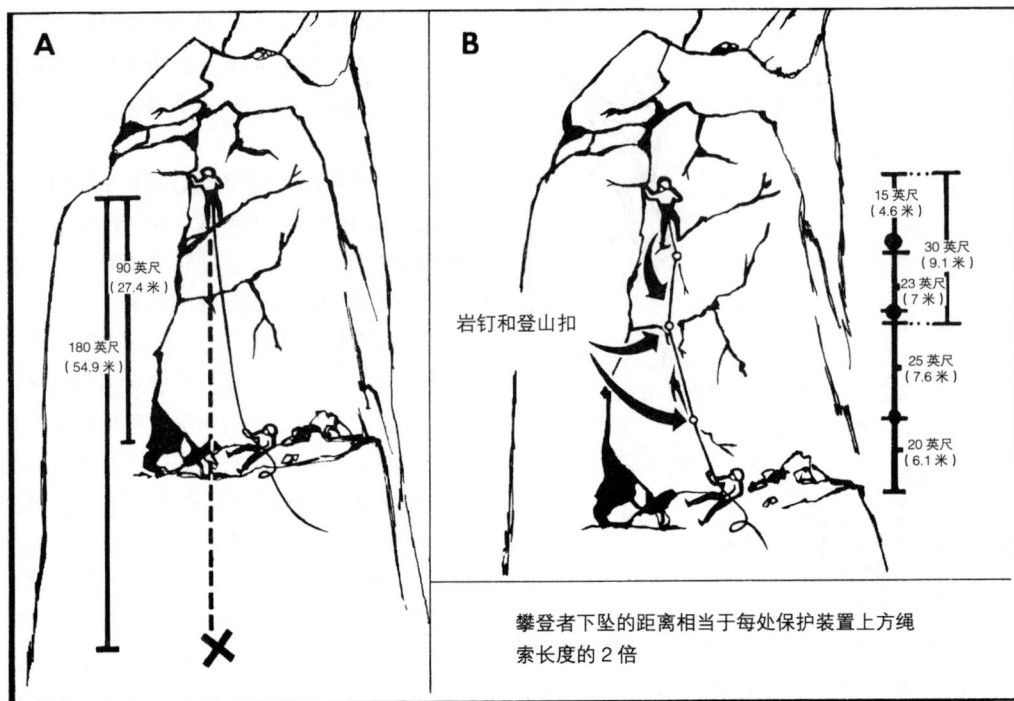

图 22-28 设置保护装置

A 中标注：
90 英尺（27.4 米）
180 英尺（54.9 米）

B 中标注：
岩钉和登山扣
15 英尺（4.6 米）
30 英尺（9.1 米）
23 英尺（7 米）
25 英尺（7.6 米）
20 英尺（6.1 米）
攀登者下坠的距离相当于每处保护装置上方绳索长度的 2 倍

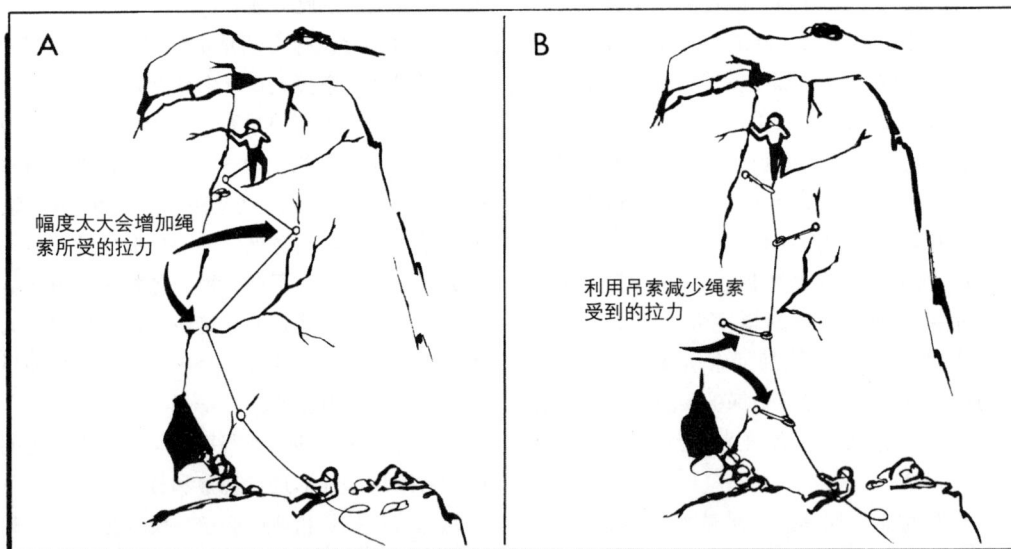

图 22-29 让登山绳呈直线

A：幅度太大会增加绳索所受的拉力
B：利用吊索减少绳索受到的拉力

住抓握处或落脚点。可能的情况下，攀登者应该事先掌握该地区的天气情况。在光滑的岩石坡上攀登非常危险，特别是在下过冻雨之后，潮湿结冰的岩石坡会使得危险加倍。在这种情况下攀登时，攀登者一定要尽量寻找突出的岩石抓握。覆盖着青苔或草的岩石变潮后也会对攀登者造成很大的危险，这时攀登者应该换上带防滑钉的登山鞋，而不要穿合成皮革鞋底的

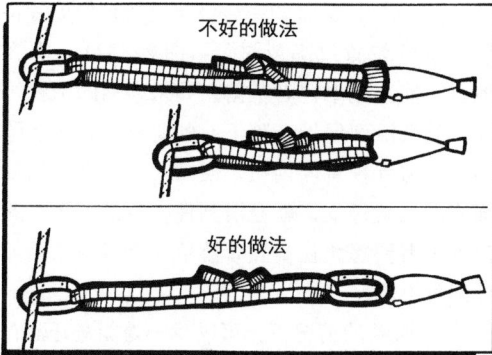

图 22-30　岩楔上的绳圈

登山鞋。

2）丛生的树木、草本植物和小型灌木对松散的土壤能起到固定作用，如果将这些植物拔出来，土层很可能会坍塌。所以在攀登时，草本植物和小灌木只能用于帮助维持攀登者的身体平衡，以及在推或按的时候用作支撑点——决不能用作拉手。坡度较缓、表面平坦的岩石坡上可能会布满卵石，脚踩上去时卵石会滚动，非常危险。

3）山脊上一般没有松动的岩石，但是在山脊顶部有时会有一些不稳固的大石块，所以选择山脊侧面稍稍低于山脊顶部的路径通常是最理想的。山坡上的沟壑可以给攀登者提供很多的保护，通常也是行进最轻松的路径，但是沟壑上方可能会发生岩石坠落。在岩屑坡、冰碛坡或其他覆盖着松散岩石的山坡上用绳索攀登不仅会让攀登者非常疲惫，而且也相当危险，因为这些岩石很容易滚落，有可能伤到下方的同伴。如果几个人同时攀登，应该尽量缩短队员的间距。在雷电交加的暴风雨中，攀登者有被闪电击中的危险，在这种天气下攀登应该避开山脊、山峰等处以及孤立生长的树木。

4）落石是登山时最常遭遇的危险，其他攀登者、暴雨、山区的极端气温变化、反复结冰和融化导致岩石破裂等是造成落石的主要原因。"有落石"的喊声、警示的哨声、岩石的摩擦声、雷鸣般的撞击声以及岩石在夜间碰撞时摩擦出的火星都可以提醒攀登者有岩石坠落。落石可能只是单独一块岩石，但有时也会发生较大面积的落石。在所有陡峭的山坡上，特别是有沟壑的地方，都会出现落石。岩石壁上新鲜的刮痕、岩屑堆上细小的尘土、窄窄的沟槽和积雪覆盖的悬崖下遍地的岩石，这些迹象都标志着该地区可能会出现落石。攀登者发现落石时，最直接的反应应该是寻找掩体。如果没有足够的时间避开落石，则应该将身体向山坡倾斜，减少暴露的面积。一般来说，谨慎地选择路径加上小心地攀登，可以减少遭遇落石的危险，但所选的路径的难度应该符合小队中经

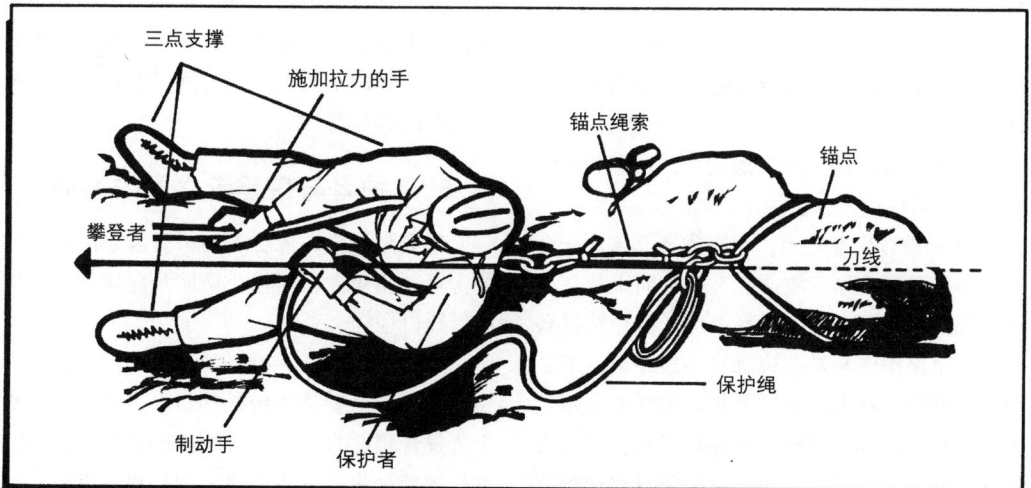

图 22-31　保护绳系统

验最少的队员的水平。（注意：在装备不小心掉落时，也应大喊"有落石"来提醒同伴。）

22.7 给攀登者提供保护

1. 保护系统可以让登山小队在攀登时更加安全。攀登过程中，应该让另一名队员在攀登队员的下方或上方提供保护。

1）对攀登者进行保护的保护者应该让绳索从导向手中穿过，将绳索绕过身体，再用制动手抓住。保护者必须确保剩余绳索的放置方式能使其在制动手中自如地滑动。

2）保护者必须时刻注意攀登者的动作，以预判攀登者的需求。保护者应不断地扯动绳索，以免绳索过于松弛。连接着攀登者的绳索上不要有松弛的部分，这样可以让保护者感受到攀登者的所有动作。在为领攀者提供保护时，则需要将绳索稍稍放松。如果保护者放出绳索的速度太快或太慢，攀登者应该和保护者沟通，及时做出调整。保护者不要突然拉紧绳索上松弛的部分，这样会导致攀登者失去平衡。保护者在收紧绳索松弛的部分时，制动手应该紧挨在导向手的后面，这样可以让制动手在滑动的同时始终握住绳索。

3）当攀登者下降时，保护者应该在攀登者可能发生坠落的方向上拉紧绳索，这种拉力可以让保护者更加稳固地处在自己的位置上。除非攀登者亲身检验过，否则既不应该完全相信保护者所处的位置是合适的，也不应该妄加怀疑。

2. 坐式保护法一般是最安全、最理想的给攀登者提供保护的方法。

1）保护者坐在地上，双腿和臀部构成一个三角形，双腿应尽可能伸直，将导向手放在支撑更稳的那条腿旁边，将登山绳从身后绕过臀部。如果保护点与悬崖边缘有一段距离，那么绳索的摩擦力较大，保护者止住攀登者坠落也比较容易，但是绳索施加在保护者身上的拉力是直接向外的。绳索不能与锋利的悬崖边缘直接接触。

2）就算保护者的姿势极佳，如果保护者背后绳索的位置过高或过低（图 22-32），那么他也不能止住攀登者坠落。如果绳索的位置过高，就会滑到保护者腋下，此时攀登者一旦坠落就会将保护者向前拉，使其失去平衡。如果绳索的位置过低，就会滑到保护者的臀下，此时保护者要想止住攀登者坠落，就必须紧紧抓住绳索不放。

3）必要的情况下，可以找一处能避开落石的保护点。

4）如果攀登者发生坠落，保护者应该能够立刻做出以下反应：

（1）放松导向手；

（2）立刻采取制动措施，将制动手横在胸前或放在身前（图 22-33）。

3. 当保护者成功止住攀登者下坠后，应该继续抓紧绳索，直到危险完全解除。如果攀登者没有受伤，能够安全爬到或下降到附近安全的岩石上，那是非常理想的状况。但是，攀登者在下坠时很可能受伤，或是附近没有可以让他落脚的地方。这种情况下，保护者应该解开保护绳去解救攀登者，比如使用普鲁士结吊索帮助其脱险。如果保护者是孤身一人，那么应该用制动手抓住绳索让攀登者固定位置，并用另一只手稳住保护绳，然后按照图 22-34 所示的步骤解开身上的保护绳，用吊索固定在锚点上。如果攀登者没有受伤，则可以自行利用普鲁士结吊索向上攀登，或是通过摆动绳索踏上附近突出的岩石。

22.8 保护者与攀登者之间的沟通

攀登过程中，保护者与攀登者之间随时保持沟通非常重要，所以小队队员应该学会标准的攀登口令。

1. 攀登时用来沟通的语言应该尽量简明易懂，所以有必要使用统一的口令。不要使用听上去发音相近的口令。口令应该有固定的格式，这样才能让攀登更加安全、保护更加有效。口令应该清晰、具体，发出口令的声音要响亮。

图 22-32　坐式保护法

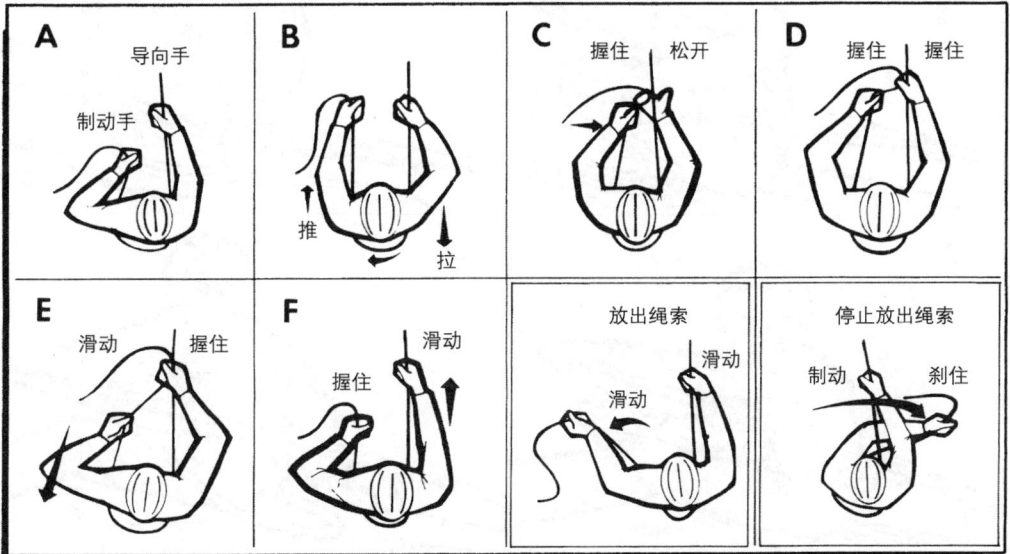

图 22-33　保护动作的顺序

口令的顺序不能颠倒。在开始攀登之前，攀登者要先复习口令。欧洲口令模式基本上包含了所有必需的口令，其中只有一条口令是需要对方回复的，其余口令则都是以下一条口令作为应答。只有上一条口令提出的要求完成后，才能接着发出下一条口令。

2. 一般来说，口令是由攀登者发出的，而保护者负责接收和理解攀登者发出的口令。如果保护者不理解某条口令，则应该不发一言。攀登者由此会明白，保护者的沉默表示其不理解现在的状况。这时，攀登者应重复该口令。

下面列出了一些标准的攀登口令。

（1）攀登开始阶段的口令：

①"设置保护"——攀登者已将自己固定在登山绳的一端，询问保护者保护装置是否设置好了。

②"保护完成"——（保护者回应攀登者）保护者已经就位。

③"保护测试"——攀登者要求检查保护装置。

④"测试完成"——保护者做好准备让攀登者逐渐向绳索施加重量，放松绳索表示检查完毕。

⑤"收绳"——攀登者要求保护者收紧松弛的绳索。

⑥保护者回应"绳已收紧"。

⑦"是我"——攀登者向保护者示意绳索已经在自己身上绷紧。

⑧保护者回应"谢谢你"。

⑨"开始攀登"——攀登者示意自己已经选好了路径，准备开始攀登。

⑩"攀登开始"——保护者示意攀登者可以开始攀登了。在这条口令发出之前，攀登者不能开始攀登。

（2）攀登过程中的口令：

①"拉紧"——攀登者告诉保护者要拉紧松弛的绳索。攀登者在需要帮助或是感到有下坠的可能时应发出此口令。

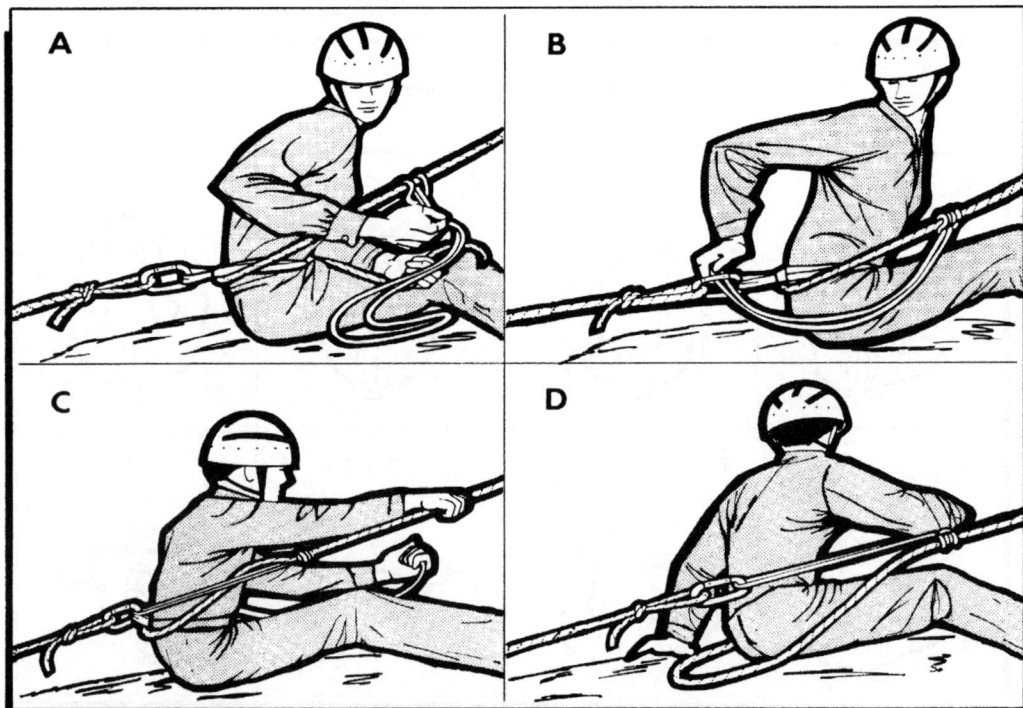

图 22-34　安全解开保护绳

② 保护者回应"已经拉紧"。

③ "需要休息"——攀登者到达某个位置后需要休息,这时保护者要将绳索绕在腰上帮助制动。

④ 保护者回应"开始休息"。

⑤ 攀登者休息完毕,继续向上攀登时,应再次给出"开始攀登"的口令,而保护者准备好后仍应回应"攀登开始"。

⑥ "放绳××英尺"——攀登者攀登一段较为艰难的路段时,需要更多的绳索,他可以估算绳索需要放松的长度,然后发出这一口令。保护者应重复该英尺数作为回应。攀登者看到绳索已经给到自己所需的长度后,应发出"谢谢"的口令。

⑦ "坠落"——攀登者在感觉自己将会坠落时就应发出这一口令,以便让保护者有足够的时间阻止攀登者下坠。攀登者脱险后继续攀登时,应再次给出"开始攀登"的口令。

(3) 攀登结束时的口令:

① "解除保护"——攀登者告知保护者自己已经安全结束了攀登。

② "保护解除"——保护者告知攀登者自己已经解开了保护装置,攀登者此时已经不在自己的保护之下了。

22.9 锚点

锚点是保护绳上的固定点,可以为保护者和攀登者提供保护。锚点系统必须能够承受高负荷。不管是什么类型的锚点,其基座都应该是稳固、安全的,可以系上保护绳。

1. 锚点。锚点可以是单独一个,也可以由几个锚点组成较为复杂的锚点系统。锚点可分为两大类——天然锚点和人工锚点。一个锚点系统可以只由一类锚点组成,也可以同时包含上述两类锚点。

1) 天然锚点(图 22-35)。

(1) 钉状物。钉状物通常是指岩石上竖直突起的部分。用钉状物作为锚点时,可以将吊索套在其上。

(2) 岩系柱。岩系柱指的是一块巨大的岩石或是棱角突出的岩石的一部分。把绳索套在岩系柱上面后,整个绳套都不会轻易滑脱。但在套上绳索前,攀登者要确保岩系柱不会因为突然承受外力而松动。

(3) 楔石。楔石是天然的石块楔子,大多都是嵌在岩石裂缝中的。楔石非常牢固,可以为绳索提供一个可靠的锚点。

(4) 树木。树木是比较可靠的锚点,可以直接系上绳索(或是将吊索在树干上绕两圈,再用登山扣连接在登山绳上)。如果树木生长在土壤疏松的地方或者碎石坡上,那么攀登者最好还是寻找其他更为理想的锚点。

2) 人工锚点。人工锚点是攀登者用自带装备制作的锚点,比如将岩楔或岩钉插入岩缝中作为锚点。

(1) 岩楔的设置。选择合适的岩楔牢固地插入岩缝中,确保岩楔在受到向下的拉力时不会从岩缝中脱落。攀登者应该先选定岩缝,再选择大小适合该岩缝的岩楔。岩楔的大小应该尽量和岩缝的最宽处相等。固定岩楔时,应该确保其承受的重量是分布在整个岩楔上,而不是集中在某一点上的,并且不会让岩楔发生转

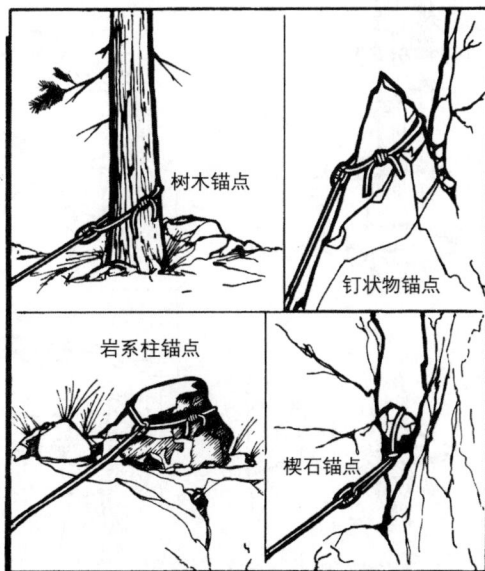

树木锚点

钉状物锚点

岩系柱锚点

楔石锚点

图 22-35 天然锚点

动，从原来的位置上松脱。固定好岩楔后，攀登者应将岩楔上的吊索向下坠的方向扯动，检测其固定得是否牢靠。稳妥起见，攀登者也可以设置两个岩楔。将一个岩楔的吊索穿过另一个岩楔吊索的绳圈，这样当两个岩楔受到向下的拉力时，就会沿着岩缝被拉得越来越近。如果岩缝是垂直的，那么最好是将下方岩楔的吊索穿过上方岩楔吊索的绳圈。两个岩楔之间要留有足够的距离，使二者不会真的被拉到一起。图22-36展示了不同形状岩楔的设置方法。（注意：岩楔的效果比岩钉好，因为它们不会损坏岩石的表面。）

（2）岩钉的设置。设置岩钉的基本步骤是：

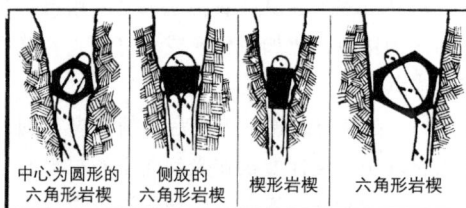

图22-36　岩楔的设置

确定合适的岩缝，选择合适的岩钉，将岩钉敲进岩缝，将登山扣连接在岩钉上，将绳索系在登山扣上。

①查看岩缝，找到最适合放岩钉的位置。应该将岩钉在岩缝较宽处敲进去，以减少岩钉在承受外力时可能发生的转动或移位。不要选择可能会因为摩擦而变宽、冒火星或方向变化超过15°的岩缝。

②敲岩钉时，应该先将岩钉约1/2~2/3的部分插入岩缝中，然后再将其敲进去，直到敲不动为止。不要用力过度，以免造成岩缝破裂。设置好岩钉之后，再轻轻敲击几下，检查其是否固定好了。如果发现岩钉松动，应该将其取出，选择大一号的岩钉插入该岩缝，或是将该岩钉放置到其他合适的岩缝中。在水平岩缝中设置岩钉时，应该让岩钉上的孔朝下。如果只能将岩钉孔朝上敲进岩缝，那么可以将短吊索连接在岩钉上，并在紧贴岩缝的位置打上套结或卷结固定。这种情况下，应该将吊索视作连接点，而不是岩钉的孔。图22-37展示了设置

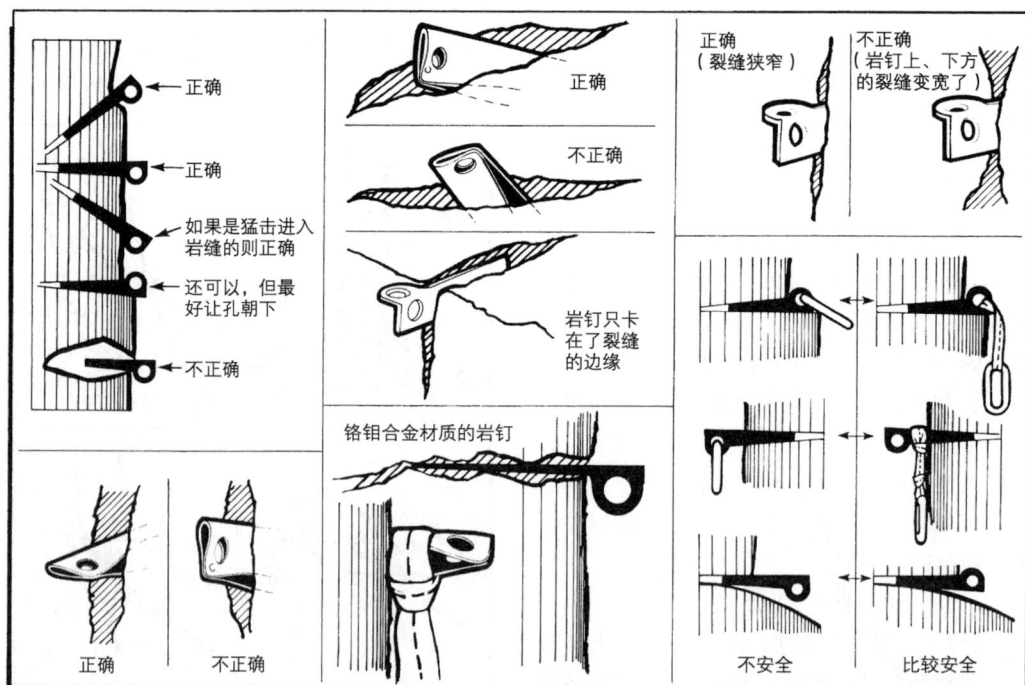

图22-37　岩钉的设置

岩钉的正确方法。

2. 锚点系统。制作锚点系统的目的是将多个较弱的锚点连在一起，形成一个稳固得多的锚点系统。锚点系统包括两类——平衡锚点系统和非平衡锚点系统。

1）平衡锚点系统（图 22-38）上受到的外力如果改变方向，那么外力会平均分布在系统中的各个锚点上。这种系统的一大缺点是，如果系统中的一个锚点脱落，那么剩下的锚点就要承受相当大的外力。

2）如果锚点系统受到的外力不会改变方向，那么可以选择采用非平衡锚点系统。这种系统的主要优点是，所有的锚点共同受力。任何为了让绳索不滑脱而连接在一起的几个锚点都可以构成一个非平衡锚点系统。

22.10 攀登方法

1. 平衡攀登法。在岩石壁上攀登时可以采用平衡攀登法。平衡攀登法结合了走钢丝者使

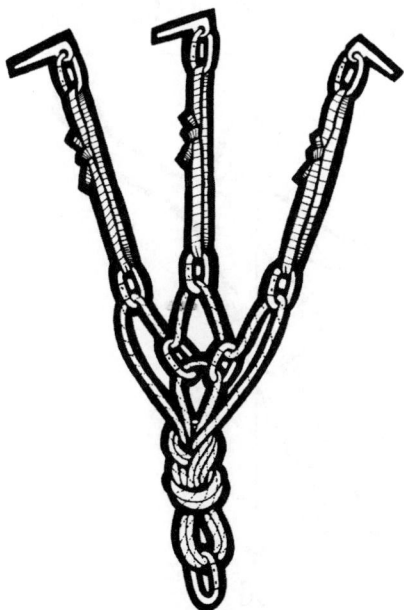

在锚点系统中使用吊索，这样万一有一个锚点松脱，也可以保证攀登者位移最小

图 22-38 平衡锚点系统

用的平衡技巧以及人爬树或梯子时使用的平衡技巧。在选择路径时，攀登者应该在脑中模拟自己在该路径上行走的过程，以预估攀登时可能遇到的障碍。采用平衡攀登法时，不需要戴手套。

1）身体姿势（图 22-39）。攀登者必须在攀登过程中保持身体的平衡。移动时应该用双脚而不是双手承受体重（在极为陡峭的岩壁上攀登时除外），用双手维持平衡。因为当攀登者身体向岩壁方向前倾时，双脚无法提供足够的支撑力。在身体保持平衡的前提下，攀登者可以缓慢而有节奏地移动。可能的情况下，要用包括双脚和一只手在内的三个点来支撑身体。理想的把手点位于攀登者的腰至肩膀之间的位置。攀登过程中必须经常休息，因为肌肉紧张比较容易让人感到疲劳。休息时，攀登者应该将双臂放低，这样有利于恢复手臂的血液循环。相较于间距较宽的大块把手点，选择小块的中间把手点效果更佳。攀登者应该避免将四肢张得过开，以免出现无法移动四肢的情况。

2）把手点的类型。

（1）推按式把手点。推按式把手点是最理想的把手点，攀登者可以放低手臂抓握（图22-40）。但是，这类把手点一旦变得湿滑就会很难抓握。推按式把手点通常与牵拉式把手点结合使用。

（2）牵拉式把手点。牵拉式把手点是通过对其施加向下的拉力来向上牵引身体的把手点（图 22-41），也是最容易掌握的一类把手点。但是，牵拉式把手点在各种把手点中也是最有可能突然碎裂的。

（3）挤入式把手点。攀登者可以将手、脚或其他的身体部位伸进并卡在这类把手点中（图 22-42）。攀登者可以先将一只手塞进岩缝中，然后握紧拳头卡住，或者将手臂挤入岩缝中，然后将手肘扭向一侧，手掌则扭向另一侧。如果将脚伸进挤入式把手点，那么攀登者必须确定自己可以轻松地拔出鞋子继续攀登。

（4）把手点组合。上述三种把手点是最基

本的类型，而这三者可以构成不同的组合。每个把手点组合中的把手点数量没有限制，可以依攀登者的需要而定。下面是一些最常见的利用把手点组合帮助攀登的方法：

①反作用力法。用大拇指和其他四指抓住岩石上突出的部分，向外拉或者向里推，从而获得反作用力（图22-43）。

②后倾法。身体在岩缝处倾斜，双手在岩缝的一侧牵拉，双脚在岩缝的另一侧推按（图22-44）。这种经典的攀登方法是通过手脚向相反的方向使力来帮助攀登者完成一系列动作向上攀登的，但是这种攀登方法相当费力。

③反抠法可以通过手和脚形成的反作用力来帮助攀登者维持平衡（图22-45）。

④抬臂伸展法是指攀登者利用自己的一只手或双手向岩石表面施加压力进行攀登的方

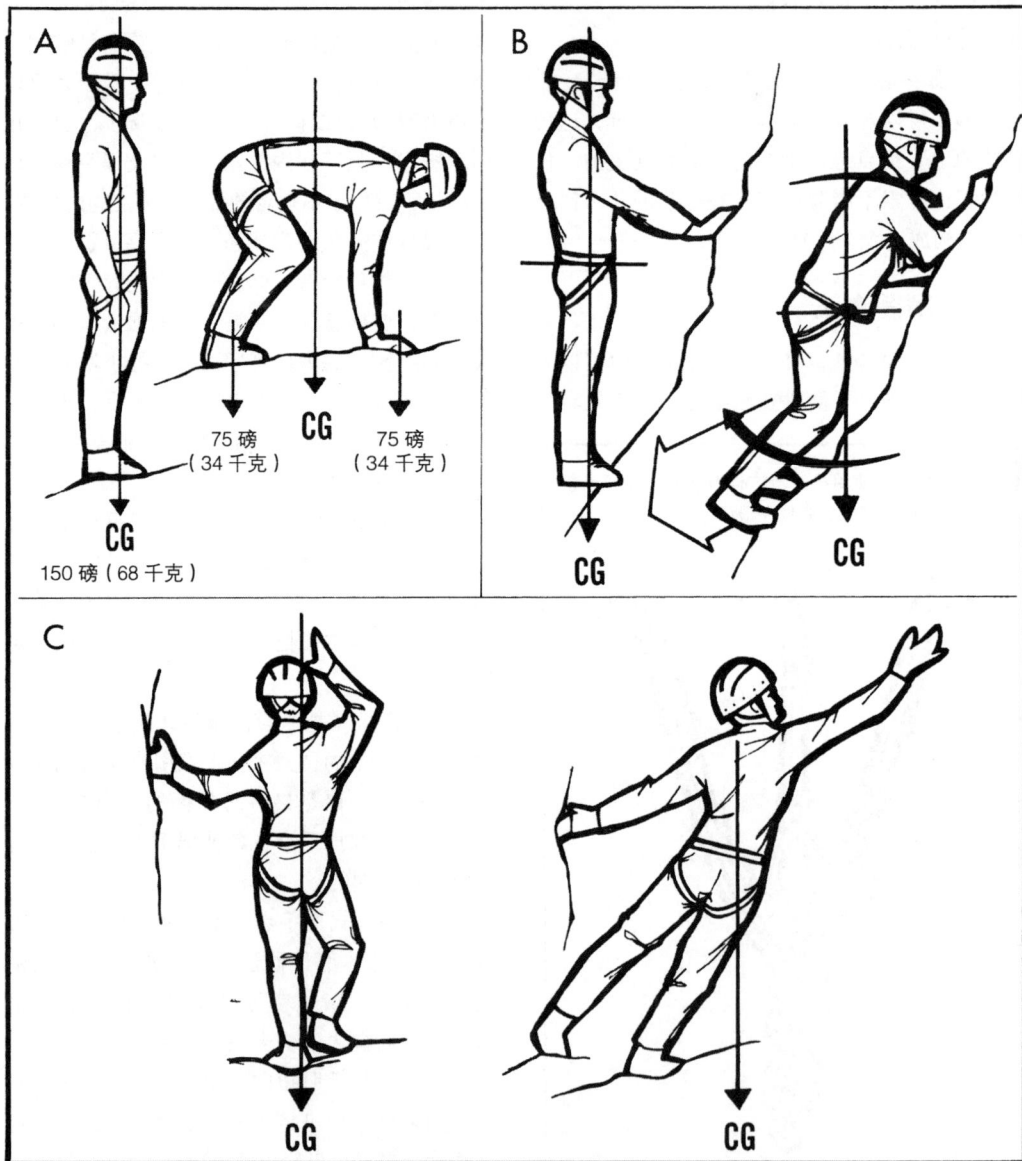

A

75磅（34千克） **CG** 75磅（34千克）

CG

150磅（68千克）

B

CG   **CG**

C

CG   **CG**

图22-39　身体姿势

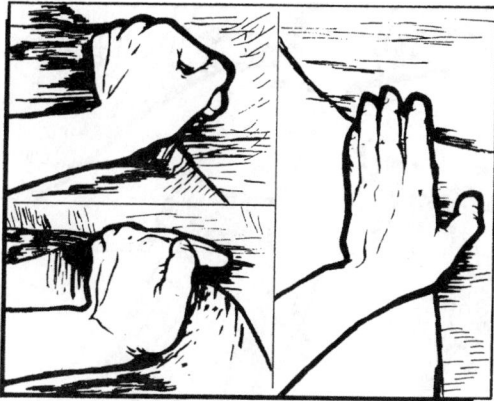

图 22-40　推按式把手点

法。通过屈伸手臂，攀登者可以抬高自己身体的位置，从而帮助一只脚踏上更高的支撑点（图 22-46）。

⑤烟囱式攀登是指在狭窄的岩缝中攀登时，攀登者将整个身体嵌在岩缝中，让双臂和双腿向相反的方向使力，利用反作用力向上移动（图 22-47）。在攀登过程中，攀登者伸出的双手负责支撑身体，而双腿应该尽力向上蹬，从而将身体抬高。另一种烟囱式攀登的方法是，攀登者用背部抵在一侧的岩壁上，双腿和双臂则抵住另一侧的岩壁，慢慢向上"蠕动"。

2. 摩擦力攀登法。

1）攀登者如果遇到比较光滑或有一定倾角的岩壁，可以将位于下方的那只脚稍稍向下移动，以增加脚下的摩擦力，帮助身体维持平衡。山坡上所有外形不规则的物体都可以用来增加

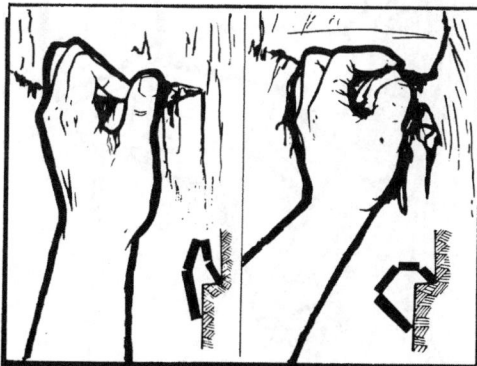

图 22-41　牵拉式把手点

摩擦力。在陡峭而又光滑的岩壁上攀登时，攀登者需要放低身体，让身体的重量完全压在脚上，同时将双手放在身体两侧增加摩擦力。这种姿势在上升、下降及横穿岩壁时都非常有效。如果攀登者身体后倾或是臀部过低，那么很有可能从岩壁上滑落。潮湿、结冰、表面长有青苔或者被岩屑覆盖的光滑岩壁是最危险的。

2）摩擦力把手点。这种把手点攀登起来比较困难，因为攀登者完全是依靠手和脚与相对光滑的岩石表面之间的摩擦力来进行攀登的（图 22-48）。缺乏经验的攀登者可能会觉得只利用摩擦力攀登不够安全，于是他们的身体会过于向岩壁倾斜，而这进一步增加了这种攀登方法的不安全性。摩擦力把手点最好是作为中间把手点使用，它们可以为攀登者提供更多的支撑，但是攀登者不能在摩擦力把手点上停下来，因为这种把手点是无法抓握的。

3. 普鲁士结攀登法。这是一种攀登者使

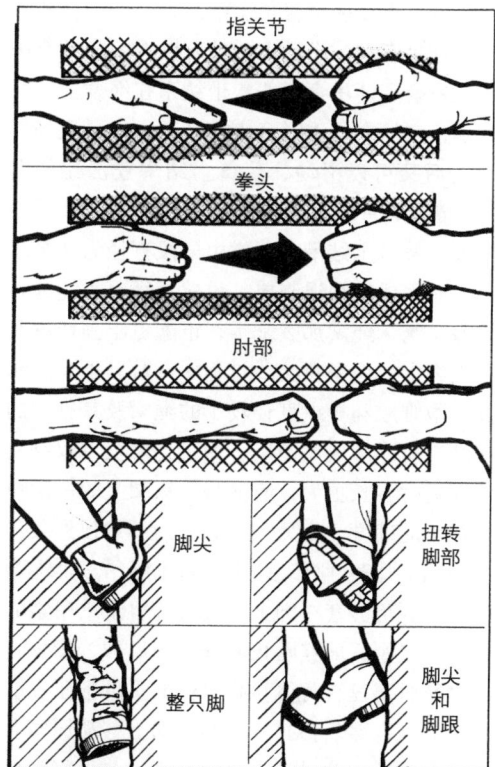

图 22-42　挤入式把手点

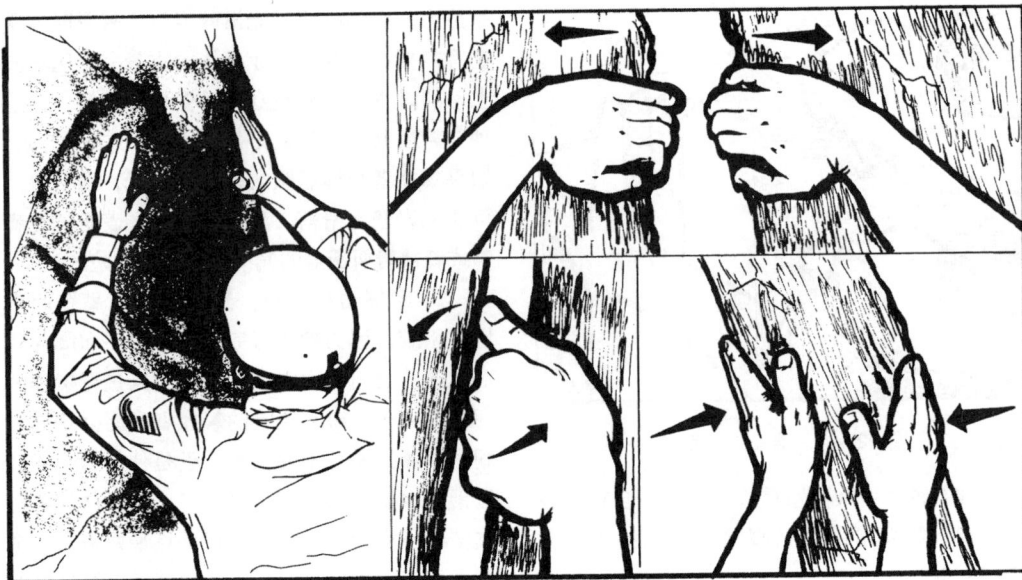

图 22-43　反作用力法

用固定好的登山绳进行攀登的方法（图 22-49）。用这种方法攀登时，不需要保护者保护，攀登者只需要两个普鲁士结吊索、一个胸式普鲁士结吊索和一个登山扣就可以在固定的登山绳上攀登了。吊索用普鲁士结系在绳索上的好处是，它们在承重时会牢牢系紧，但是重物卸下之后又可以滑动。普鲁士结攀登法比较费力，需要双手和双脚并用，所以不适用于受伤的人。普鲁士结吊索通常由一段直径为 7 毫米的搓制绳或编织绳制成。虽然直径更小的绳索不像 7 毫米绳索那么笨重，也能更牢固地系在登山绳上，但是在实践过程中，戴着手套的攀登者很难顺利操纵直径较小的绳索及其打成的绳结，所以不建议使用。为了让攀登者双脚交替攀登时步长更大，应该将一只脚上的吊索拉到鼻子的高度，将另一只脚上的吊索拉到腰部绳圈以下几英寸处。两个普鲁士结吊索上绳圈的大小要足够套在脚上。胸式普鲁士结吊索的长度应该刚好能够阻止攀登者向后仰。攀登者在攀登时要挺直身体，将身体的重量都压在脚部吊索上，然后抬起一只脚，向上移动原本套在这只脚上但此时没有受力的绳结，再将身体的重量慢慢转移到这只脚上，接下来抬起另一

只脚，以此类推。如果绳索受潮或是吊索由扭纹绳索制成时，绳结会很难在绳索上滑动。当攀登者在突出的悬崖下方攀登，无法触碰到岩壁时，特别是在使用扭纹登山绳的情况下，绳索的旋转也会成为潜在的问题。攀登者使用普

图 22-44　后倾法

他任何帮助。

22.11 缘绳下降

　　攀登者可以利用绳索快速下降，做法是将绳索在树木、突出的岩石等自然锚点或其他人工锚点上绕 2 圈，再用吊索将其固定，然后沿着绳索下降即可。

　　1. 放置绳索。选择下降路径时，攀登者应该确定绳索的长度足够到达下一处能够让其继续放置绳索下降的地方。绳降点应该经过反复检验，确保绳索在受到向下的拉力时依然稳固地绕在锚点上，而且附近区域内没有松动的岩石。如果使用吊索将下降绳索固定在锚点上，那么应该在吊索上打两个结，即形成两个独立的绳环。第一个下降的人应该选择平整的、没有锋利岩石的地方通过，以免绊住或磨损绳索，此外还应该将绳索周围松动的石块清掉。每个人在下降之前都应给出"开始下降"的口令，然后拉直绳索，确保绳索已经紧紧地绕在锚点上了。如果下降时必须保持安静，那么下降的队员可以使用事先商量好的动作来代替口令，比如拉扯绳索等。当最后一名队员成功下降后，应收回绳索。拉扯绳索的动作要平稳流畅，以防绳索的末端发生缠绕。这时，队员们要远离可能滑落或移位的绳索或岩石。如果下

图 22-45　反抠法

鲁士结攀登法上升时，同伴除了保护锚点和准备好将攀登者拉上悬崖外，基本上无法提供其

图 22-46　抬臂伸展法

图 22-47　烟囱式攀登

降的人数较多，则应该经常检查绳索是否完好。下降的队员需要戴上手套，以保护手掌不被绳子擦伤。

图 22-48　摩擦力把手点

图 22-49　普鲁士结攀登法

2. 缘绳下降的方法。攀登者应该根据地势的陡峭程度来选择合适的缘绳下降的方法。在平缓的山坡上可以采用快速下降法，在较陡的山坡上可以使用绳索绕身下降法或坐式下降法，但是在悬崖上只能使用坐式下降法。

1）快速下降法（图 22-50）。攀登者稍稍侧身，以侧面朝向锚点，将绳索从身后绕过，以离锚点较近的手作为导向手，另一只手作为制动手。要停止下降时，应该将制动手横在身前，同时转过身正面朝向锚点。

2）绳索绕身下降法（图 22-51）。攀登者面向锚点，跨坐在绳索上，将身后的绳索绕过任意一侧的臀部，然后斜穿过胸膛，再从另一侧的肩膀处绕到身后。然后，用与绳索绕过的臀部同侧的手，即制动手抓住绳索（例如，让绳索依次绕过右侧的臀部和左侧的肩部，然后用右手抓住绳索）。攀登者应该用制动手控制

图 22-50　快速下降法

下降的速度，在下降时要稍稍侧身，并且要先迈与制动手同侧的那只脚。导向手不能用来制动。下降时，身体应与岩壁成 45° 角向外倾斜，两腿要张开并伸直以维持平衡，背部要挺直，以减少不必要的阻力。此外，攀登者应该将衣领立起来，以防止颈部被绳索擦伤；要戴上手套，并要用布料或衣物垫在臀部和肩膀上。制动时，攀登者的身体要后倾，正面朝向岩壁，让双脚平踩在岩石上。

3）使用 4 个登山扣的坐式下降法。坐式下降法与前两种下降方法的不同之处在于，摩擦力主要都被攀登者身上的坐式安全吊带上的登山扣吸收了。攀登者在下降时应该站在绳索的一侧（用右手制动时站在绳索左侧，用左手制动时站在绳索右侧），拉紧登山扣与锚点之间的绳索上松弛的部分。绳索是用连接在坐式安全吊带上的 4 个登山扣制动的。首先，将 2 个登山扣上下颠倒（图 22-52 上）放置，再将另外 2 个登山扣开口向下但方向相反（图 22-52 下）地套在前 2 个登山扣上。注意，2 组登山扣是垂直交叉套在一起的。最后，将绳索穿过登山扣，这样便做成了一个摩擦制动器（图 22-53）。

3. 身体姿势。一般来说，缘绳下降时，攀登者的身体必须尽量与岩壁垂直，双脚打开与

图 22-51　绳索绕身下降法

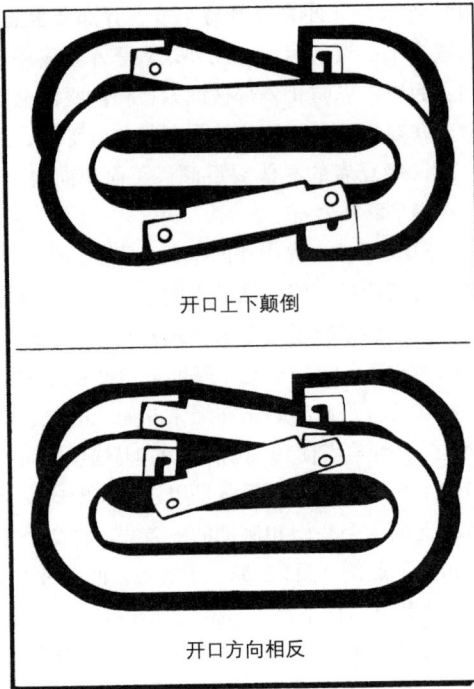

开口上下颠倒

开口方向相反

图 22-52　坐式下降法所用的登山扣

肩同宽，平踩在岩石上（图 22-54）。下降时应将制动手放在体侧，以减少阻力。

22.12 雪地行进

寒冷天气下在积雪覆盖的地区行进会大大

增加求生的难度。从空中观察地面时选择的行进路线在实践中不一定适合陆上行进。从求生者的位置到目的地以直线行进是最理想的，但是这样的路线上可能有潜在的危险（雪崩、山崩等），这时就必须更换一条距离更长的路线。在雪地中行进时所要考虑的最重要的因素是安全问题，而不是行进的难易程度。

1. 积雪情况。行进时间的长短总是在发生变化，因为路上的一些因素有可能影响行进的方向。穿靴子的人能在上面正常行走的积雪深度最不会妨碍行进，像小牛身高的一半那么深的积雪稍差，要避免在齐大腿甚至齐腰深的积雪中行进。必要时应该穿上雪地鞋。

1）经过一天的太阳照射后，黄昏时分，朝南和朝西的山坡地表会重新冻上，变得十分坚硬，而朝东和朝北的山坡地表此时一般仍会保持柔软、不牢固的状态。山脊、沟壑、树丛或大石块的一侧通常比另一侧走起来更加稳固。脏雪比干净的雪吸收的热量更多。有的山坡被岩石或根部裸露的植物遮得比较暗，像这样的山坡走起来比较稳固。如果夜晚非常寒冷，那么求生者应该在清晨趁着积雪稳固的时机行进。由于光照会影响积雪的稳固程度，所以求生者最好保持在阴影处行进，这样可以保证落

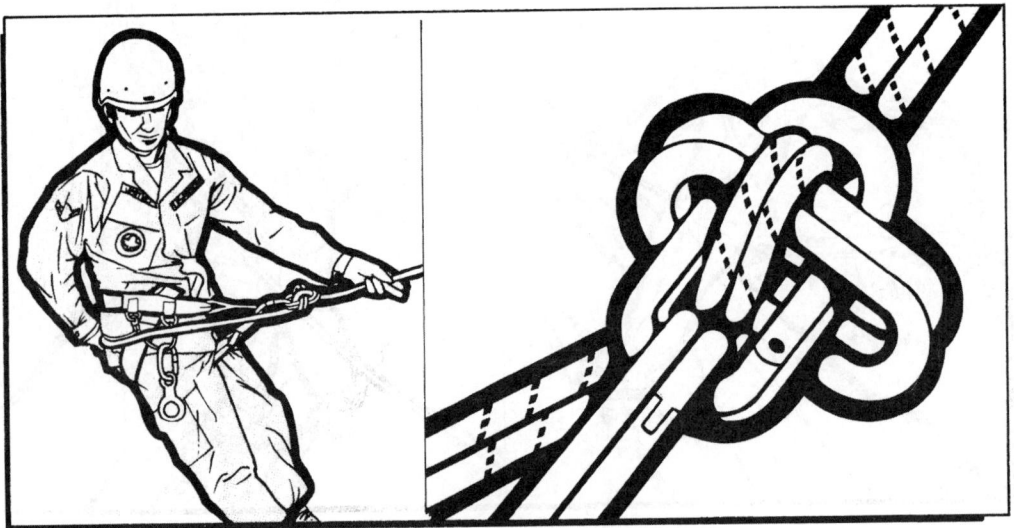

图 22-53　用 4 个登山扣做成的制动器

图 22-54　缘绳下降时的身体姿势

脚处始终比较稳固。

　　2) 在从季节性降雪一开始就堆起雪来的地区行进时，求生者要留心避开积雪较深的地段和林间空地。山坡上的雪有时会从岩石上滑到山下，形成一些类似护城河似的深沟。在降雪季节，岩石或悬崖下方的深沟有可能变得又深又宽，会给救援队造成一定的危险。

　　2. 行进速度。如果求生者过于热情高涨地向目的地进发，可能会让行进速度过快，导致队员们耐力减弱。出发时就速度过快可能会使求生者在途中必须多次休息才能恢复体力，所以求生者最好从出发点到目的地一直保持稳定的行进速度。保持理智匀速行进，并且在途中适当休息，这样才能防止在途中出现精疲力竭的状况。此外，以稳定的速度行进还有利于求生者保持稳定的呼吸。在行进的最初阶段结束后，即行进 1.5 小时之后，求生者需要停下来休息一段时间，还要调整鞋子、雪地鞋、冰爪、背包等装备，同时增减衣服。

　　3. 穿雪地鞋行进的技巧。穿着雪地鞋行进时，需要掌握大步行走的技巧。大步行走时，要将脚尖部分向上抬起，使沾在雪地鞋上的雪掉落，然后再向前迈步。抬起雪地鞋时不用抬得过高，只要能够让雪掉落即可，这样可减少不必要的体力消耗。如果雪地鞋的前端被物体钩住，可以将雪地鞋向后移动，摆脱该物体，然后再向前大步迈进。大步行走时最省力也最好的方法是，放松膝盖，选择摇摆的步态，用正常的节奏行走。此外，小心不要出现一只雪地鞋踩到或绊住另一只雪地鞋的情况。

　　1) 在缓坡上向上行进时，应该采用直线攀登的方法（在压实的积雪或表面坚硬的积雪上行走时，一般来说阻力很小）。如果是攀登比较陡峭的山坡，一般应采用之字形或阶梯式的行进路线。在坚硬的积雪上行进时，求生者应该将雪地鞋水平地踩在积雪上，并让位置靠上的那只雪地鞋的脚趾部分向上坡的方向倾斜，以增加摩擦力。如果积雪很结实，能够承受人的体重，那么最好暂时将雪地鞋脱下来行进。需要转弯时，最好的做法是用摆腿的方式将雪地鞋的鞋尖转到新的行进方向上。

　　2) 遇到树木、树桩、沟渠、小溪等障碍

时，可以直接抬腿跨过。跨过裂缝时，求生者要注意别让雪地鞋的后跟位置承受过大的压力，否则很可能会损坏雪地鞋。在积雪较浅的地方行进时，雪地鞋比较容易被树桩、树枝绊住或出现磨损。潮湿的积雪经常会在求生者的脚下聚积成块，让脚部感到很不舒服，求生者可以用木棍将雪块敲掉。

3) 一般来说，穿雪地鞋行进时不需要使用雪杖，但在负重行进时最好还是准备一两根雪杖，尤其是在山区负重行进的时候。求生者不要将背包在身上系得太紧，以免影响血液循环，甚至造成冻疮。在休息时应该检查背包带，必要的话应进行适当调整。

4. 上坡行进。攀登到最高海拔点的最省力的办法就是采用之字形的行进路线。之字形——或称锯齿形——路线使求生者在上坡时可以将身体的重量集中在整个脚部，而不是像直线上坡时那样将身体的重量都集中在前脚掌上。此外，采用之字形路线上坡可以通过不断地改变方向让两侧的脚、踝关节、腿和手臂轮流受力。

1) 改变方向时，求生者的身体可能会短暂地失去平衡。在陡坡上改变方向的正确方法是，以外侧的脚（远离山坡方向的脚）为支点转身。例如，如果山坡在行进者右侧，则应该以左脚为支点，先把左脚踢入坡上的积雪中，将身体的重量集中在左脚上，然后向着山坡转身，转身后山坡便位于求生者的左侧，而下次改变方向时就应该以右脚为支点转身。

2) 在陡坡上松软的积雪中行进时，求生者应该通过踩脚让落脚处变得更加结实。坚硬的积雪表面虽然稳固，但是走起来非常容易打滑，必须踩在凹坑上行进。不管是在松软的积雪还是坚硬的积雪上行进，求生者在迈步时都应该整条腿摆动，而不是仅仅抬脚让鞋子踩进积雪中。有时候积雪特别坚硬，求生者可能很难一脚踩进去，这时就需要借助攀登用的鞋钉。行进过程中，要保持均匀的步距，一步紧接着一步迈出，这样有助于保持身体平衡。此

外，攀登小队的领队在规定步距时必须考虑每个队员的情况，特别是那些步距较短的队员。

3) 攀登小队在向山坡上攀登时应该排成一列纵队前进，由领队负责决定路线。领队在确定最佳路线的同时还必须保持警惕，时刻关注其他队员的安危，所以他的体力消耗比其他队员都大。小队中的队员应该轮流担任领队，以免一位队员因为长时间担任领队而消耗过多的体力。除了领队外，跟在后面行进的人也应该用摆腿的方法迈步、落脚。攀登时，每走一步都必须将脚踢入积雪中，以保证落脚处稳固。如果积雪比较紧实，那么应该踢在较低的位置上，这样每走一步都能"削"掉一部分积雪，这样后面的人就能踩得更深。松软的积雪通常比较容易踩进去。

4) 如果求生者需要横穿山坡而不是向上攀登，则应该用脚跟而不是脚尖行走。大步行走时，求生者应该扭动位置靠前的那只脚，让鞋跟先接触到地面并且承受更多的重量，而脚尖向上。此外，比起用脚尖行走，用脚跟行走更能有效地将积雪踩实。

5. 下坡行进。根据当地的环境，下坡行进的路线可能与上坡行进的路线完全不同。下坡处的条件有时和上坡处一样恶劣，有时却阳光普照，有利于行进。积雪的情况也会影响下降的速度。在积雪覆盖的山坡上下降的主要技巧就是使用下降步法，或是一步一步向下走的方法。

1) 下降步法需要大量用到脚跟，在岩屑坡或积雪上行走时都可以使用这种步法（图22-55）。理想的情况下，用下降步法下坡的路线应该有一定的倾角，但同时也要保证路线的行进难度在小队队员们的能力范围内且足够安全。脚跟踩进积雪时的角度要视积雪表面的坚硬程度而定。在松软的积雪上下坡时，脚跟以任何角度踩下去都没有问题，但是如果求生者的身体太向前倾，脚就有可能在凹陷处移位，求生者有受伤的危险。在坚硬的积雪上下坡时，脚跟很难踩进积雪里，除非求生者施加足够的力量。如果脚跟不能稳固地踩进积雪，很有可能

图 22-55　下降步法

会脚底打滑，甚至导致求生者滑倒。解决脚下打滑问题的最有效的办法是将身体的重量迅速转移到另一只脚的脚后跟上，并且绷着腿踩几下脚。如果小队队员们使用绳索帮助下降，那么所有队员的下降步法要互相配合，保持一致。整个小队下降的速度应该以队员中速度最慢者的速度为准。用下降步法下坡时不要用冰爪，否则积雪会粘在冰爪上。

2）一步一步下坡的方法适用于非常陡峭、积雪极深的山坡或是其他需要减速下坡的情况。在几乎垂直的岩壁上，求生者必须面对着山坡，小心谨慎地一步一步向下走，每一步都要将鞋尖踢进积雪中，同时利用锚点或把手点维持身体平衡。确定落脚处能够承受身体重量之后，再重复上述步骤迈出下一步。在坡度较缓的山坡上下降时，求生者可以背对着山坡，将脚跟踢入积雪中，一步一步慢慢向下走。

22.13 在冰雪上攀登的步骤和技巧

在冰雪上攀登与在岩壁上攀登有很大的区别，但是也有很多步骤和技巧是相同的。在岩壁上攀登时使用的设置保护装置的口令、系吊索的原则、直线攀登的技巧以及自我保护的方法全部适用于冰雪地区的攀登活动。但是，二者仍有一些主要的不同点。

1. 冰镐的使用技巧。冰镐（图 22-56）也叫破冰斧，是攀登者携带的工具中最重要的一种。攀登者在积雪覆盖的山坡上滑落时，可以用冰镐帮助制动。

1）每个攀登者开始在陡坡上攀登之前都必须练习滑落制动的技巧。如果想在攀登过程中用冰镐制动，就必须时刻紧紧抓住冰镐。无论冰镐锋利与否，都是攀登者抓着绳索晃来晃去的时候用来制动的最佳工具。为了能更好地制动，攀登者可以放下袖管、戴上手套、固定好松动的装置，最重要的是，确保自己抓握冰镐的方式是正确的。此外，在精神上也要做好准备，充分认识到瞬间反应的重要性。在下落速度增加之前就迅速制动的话，成功的机会会更大。在可能发生坠落的地区行进时，攀登者应该时刻准备好用冰镐制动。

2）抓握冰镐的正确方法是：将一只手放在冰镐头上，拇指放在镐铲下，其他四根手指放在镐尖上；另一只手放在靠近底端尖刺的镐柄上。使用时，将镐尖在略高于肩膀的位置上插入山坡，使镐铲的一端靠近肩颈之间的夹角处。镐柄斜着横过胸前，底端尖刺紧靠着一侧的髋部。即使冰镐较短，底端尖刺够不到髋部，仍要使用上述的抓握方式。制动时，攀登者的胸部和肩膀都要紧贴在镐柄上；脊柱稍稍弯曲，以分散集中在肩部和脚趾上的体重；腿部伸直，两腿分开，将脚尖戳进山坡的地面（如果穿了冰爪，那么在快停下来之前不要让脚尖接触地面）；最后，紧紧抓住冰镐！（图 22-57）

2. 团队滑落制动。团队滑落制动的重要性

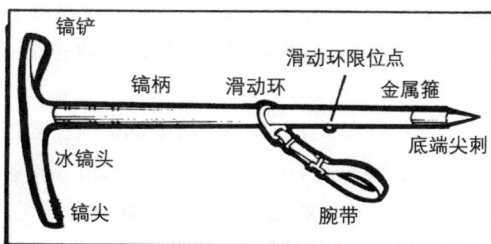

图 22-56　冰镐

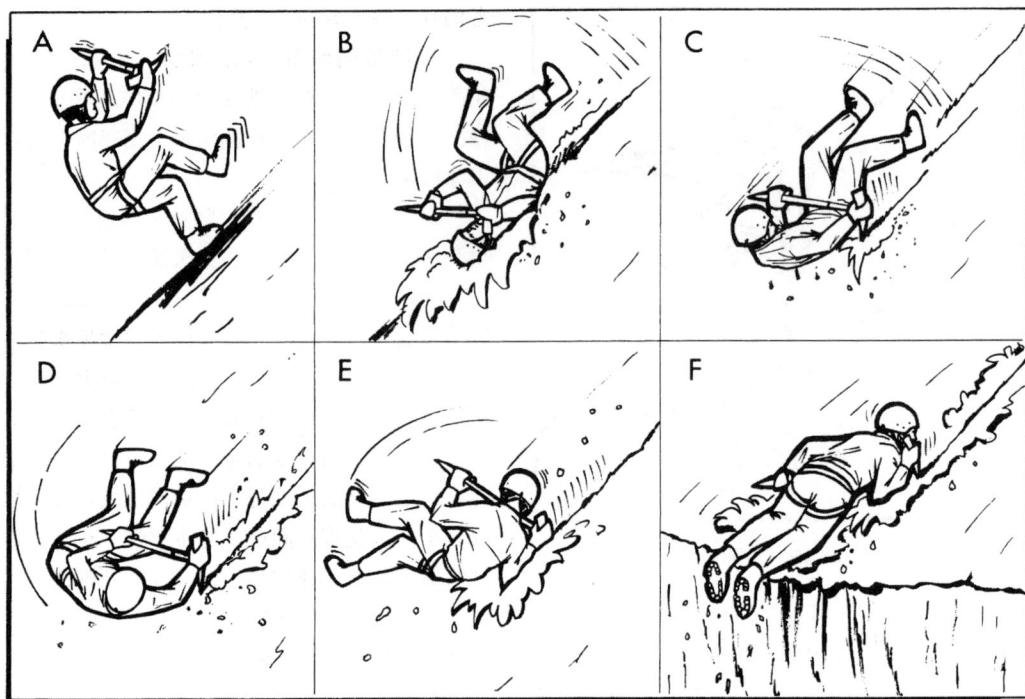

图 22-57　用冰镐进行制动

介于个人滑落制动和设置保护系统之间。如果攀登小队的队员们不能确定自己可以依靠个人力量在冰川裂缝或陡峭的雪坡上制动，而地形情况也没有设置保护系统的必要，这时他们可以用绳索把自己和别人系在一起，整个小队同时行进。如果有任何一个人下坠，其他 2~3 个队员可以立即用冰镐制动。队员间的绳索必须完全抻开，只能留有很少的松弛部分，以便后面的队员在偏离行进路线时将自己拉回来，也方便队员们互相适应彼此不同的步距。如果有队员坠落，下坠者应该立刻大喊"下坠"，不能等到发现自己无法自行制动时再向队友示警。否则的话，其他队员可能会被下坠者拖着一起坠落，从而大大降低团队滑落制动的效率和成功率。

3. 鞋上冰镐保护装置。鞋上冰镐保护装置的装备可以迅速制作，适用于多个队员共同攀登而只在少数几处地方设置保护装置的情况。正式使用鞋上冰镐保护装置前应该反复练习，直到队员们可以在短短几秒钟之内就将冰镐插入冰层中。鞋上冰镐可以用作山坡上的锚点，山坡和鞋子共同支撑着冰镐，这样就会在地表形成摩擦力，有助于攀登者控制绳索。

1）制作鞋上冰镐保护装置时，求生者应先在雪地上踩出一片平坦的空地，其大小应该足够放置冰镐和登山鞋。将镐柄以向上坡方向稍微倾斜的角度（与可能下坠的方向相反）深深插在空地中偏后的地里。冰镐的镐尖指向坡上，与下坠的方向线平行，这样可以让镐柄最牢固的一侧承受下坠的力量。镐尖可以防止绳索从镐柄上滑脱。

2）保护者应站在冰镐下方，面向与下坠方向线垂直的方向。保护者位置较高的那只脚的落脚处应该挨着镐柄朝向坡下的一侧，并且与下坠方向线垂直，这样可以支撑镐柄不向坡下倾斜。保护者的另一只脚要稳固地踩在前一只脚的下方，腿要伸直，以便有力地支撑自己。保护者位置较高的那只手要以制动的手势放在冰镐头上，使镐柄不受来自下方及侧面压力的影响。接下来，保护者要将绳索绕过镐尖，注意不要让绳索陷入积雪中。绳索先绕过冰镐朝向坡上的一侧，然后向下绕过脚背，由位置较低的那只手来制动。要想获得最大的摩擦力来制动，制动手还应该将绳索向着坡上的方向绕过脚跟，即绳索在脚上呈 S 形（图 22-58）。

4. 冰爪的使用技巧。

1）穿上冰爪。穿冰爪时需要特别注意的是，冰爪要用捆绑带牢牢系在鞋子上，捆绑带要穿过每一个固定的卡扣。如果冰爪上没有脚跟固定器，那么脚踝处的捆绑带必须足够长，能先在鞋子后部绕一圈再系住，这样才能防止鞋子从后部滑出冰爪。许多人都是因为这一步防护措施没有做到位而在行进中失落了冰爪。调整冰爪的捆绑带时，还要给脚背上可能会增加的绑腿等物品预留出空间。穿上冰爪时，最好先将冰爪放在积雪或冰面上，让所有的卡扣和捆绑带都朝向外侧，然后将鞋放在冰爪上，系好捆绑带——捆绑带上的卡扣要扣在鞋的外侧。攀登者在攀登过程中要经常检查捆绑带，确保它们始终绑得很紧，而且没有割痕，也没有会将自己绊倒的拖在外面的绳圈。

（1）如果攀登者认为自己在攀登过程中可能会需要冰爪，那就必须携带冰爪。攀登环境瞬息万变，有可能朝东的山坡上的积雪在早上

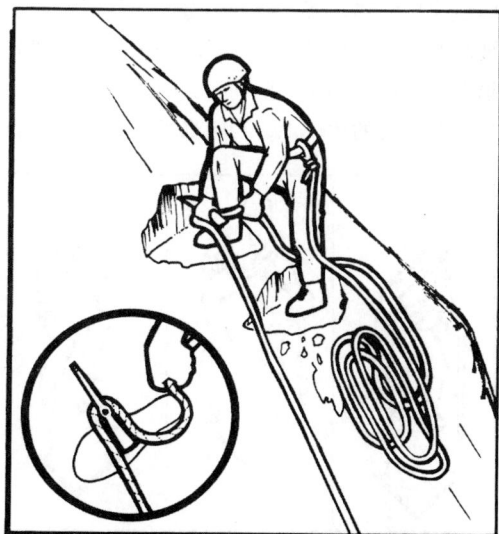

图 22-58　鞋上冰镐保护装置

还是潮湿疏松的，可以用踢冰的方法行进，但是在晚上却冻成了光滑坚硬的冰壳。穿着冰爪行进可以让攀登者快速穿过大块冰面，并且由于穿着冰爪行进不需要用力踩进冰层，所以也能省下很多体力。攀登者在出发前要根据当地的环境及当时的天气情况决定是否要穿上冰爪。在冰川上行进不是必须穿上冰爪，但攀登者也绝不能为了省下穿冰爪的时间而放弃穿冰爪，就算在冰上行进的距离很短也不能这样做。此外，攀登者在进入需要穿着冰爪行进的区域之前就应该穿好冰爪，以免出现不得不在冰面上摇摇晃晃穿冰爪的情况。在岩石和冰层混合区攀登时，频繁穿脱冰爪会花费过多的时间。

（2）如果攀登者发现准备攀登的地区中有50% 或以上的面积符合穿着冰爪行进的地形特征，那么在整个攀登过程中都应该穿着冰爪（虽然冰爪在岩石上可能会折断或打滑）。如果需要穿过的冰面距离很短，而且其间散布着突出的岩石，攀登者也已经做好了保护措施，那么可以不用穿冰爪。但是，上述建议仅供参考，攀登小队的领队要根据现场的具体环境做出最后决定。

（3）如果地表的积雪结块情况严重，并且没有停止或变好的迹象，那么攀登者可以脱下冰爪。尽管在上坡时攀登者可以清除掉表面的松雪，穿着冰爪在松雪下面的冰层上行进，但是这种做法毕竟不太现实，并且在下坡时也无法使用。在积雪结块的地方行进时，攀登者需要经常停下来踢掉冰爪上附着的雪块。虽然用冰镐可以很容易地敲下冰爪上的雪，但是这样做耗时耗力，并且对冰镐和攀登者的脚踝都没好处。如果攀登者必须在积雪结块的情况下穿着冰爪行进，那么应该在雪中拖着脚走，而不是抬起脚踩进积雪里，拖着脚走可以蹭掉冰爪上附着的雪块。一般的踢脚动作也可以让冰爪上的雪块掉落，但更适合用于上坡和横穿山坡时。

（4）下坡时，应该将鞋尖踢进积雪的表面以下，用跖骨球的部位着地，将身体的重心前移，用滑雪的步法让双脚在向前滑动的同时踢

进下层坚硬的积雪中。

2）平爪攀登。使用平爪攀登技术行进时需要身体和冰镐协调移动，攀登者能够将所有竖直的冰爪齿都插进冰面，同时保持平衡和稳定的行进步伐。攀登者的身体重量由双脚直接承受，每走一步都要将冰爪齿牢固地钉入冰层，同时依靠踝关节和膝关节的活动让鞋底与山坡保持平行。

（1）在缓坡上行进时，攀登者可以采取直线路径上坡。通常的做法是，将脚底平贴在山坡上，用冰镐作为手杖。如果觉得脚尖正对着坡上行进很别扭，那么可以将脚扭成外八字。如果山坡变得越来越陡，攀登者的身体应从面向山坡转成侧对山坡。攀登者的双脚也可以侧过来，但是为了提高稳定性和灵活性，可以让位置靠下的脚朝向坡下。冰镐除了用作手杖和用于制动外，不能用于其他用途。（攀登者也可以采取斜线路径，利用不规则的地形和较缓的坡面向上行进。改变方向时应该将位置较低的脚踢进积雪中，将身体向着山坡的方向转，转到相反的方向后，先迈出此时位置较低的脚，然后继续行进。）

（2）在坡度较缓的山坡上行进时可以一直使用平爪攀登法，但是在陡峭的山坡上行进时，不时改换方向会更加安全、轻松。改变方向时，可能还需要改换抓握冰镐的手或方式，但是具体在什么地方改换要根据攀登者的动作而定。不过，当攀登者暂时松开支撑自己的第三个点，即冰镐时，必须保证自己是站稳的。

（3）有些陡坡的倾斜程度较大，基本上接近了使用平爪攀登法上坡的极限，但还不到不能使用的程度。在这样的陡坡上行进时，攀登者必须将冰镐作为一个把手点以维持身体平衡，做法是：将一只手放在冰镐头上，另一只手抓住镐柄，随时做好用冰镐制动的准备。向前迈步时，当冰爪齿全部钉入地面后，攀登者应该将镐柄上的底端尖刺牢牢插入冰层中，冰镐头差不多与肩膀同高，这样便做成了一个新的支点。

（4）用平爪技术下坡的方法和上坡时相近。下坡时要顺着滚落线行进。如果山坡越来越陡峭，攀登者应该将脚尖逐渐向外转，同时将身体张得更开，膝盖弯曲，身体前倾，将身体的重量集中在双脚上。当山坡变得非常陡峭时，攀登者应该脸朝侧面，将冰镐放在制动的位置上以支撑身体（图22-59）。在极为陡峭的山坡上或坚硬的冰面上下坡时，攀登者可能不得不面着山坡下降。用平爪技术下坡时，所有的冰爪齿都要牢牢刺入冰层中，使攀登者在移动过程中能够保持平衡。如果步距较大，则需要不断地调整身体重心以保持平衡。

5. 锚点。在冰雪覆盖的地区攀登时，需要使用一些特殊的保护锚点和中间锚点。

1）雪锥。雪锥是3~4英尺（0.9~1.2米）长的铝制T形或管状工具，可以作为长岩钉使用，特别适用于雪地中的保护。雪锥必须成对或多个同时使用，一个接着一个，形成一串锚点（图22-60）。

2）雪锚。雪锚是12英寸（30.5厘米）长的金属片，使用时要将其埋在雪中，利用它的面积增加其在雪中的阻力。雪锚上连着绳索，绳索的活端露在外面，以便攀登者觉得积雪的情况不适合设置雪锚时将其取出。如果使用金属线连接雪锚，就不会受潮湿的天气影响或是被割断。积雪越松软，选用的雪锚的体积就应越大。使用雪锚时，要确保其与地面始终维持在一个理想的角度上，否则当雪锚上的锚索受

图22-59　以冰镐为支点下坡

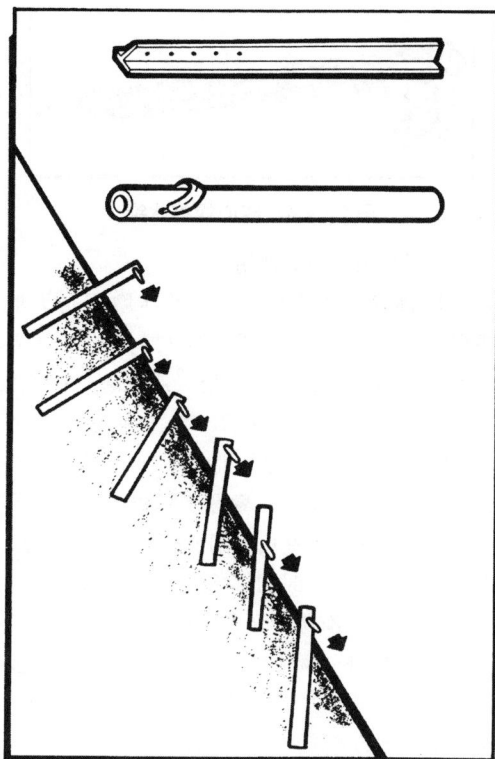

图 22-60　雪锥

到外力拉扯时，雪锚非但不会在积雪中越陷越
深，还有可能被拔出地面。此外，在坚硬的雪
地上，锚索有时会成为一个水平力臂，导致雪
锚在受力后被突然拔出。为了避免这种意外发
生，攀登者应该在雪中小心地开出一个沟槽放
置锚索，让拉力直接作用在雪锚上。如果放置
的方法正确，雪锚会和保护系统及绳降点的锚
点一样安全。保护者正确并且小心地将雪锚埋
入雪中后，可以采取坐式或站式的保护法为攀
登者提供保护。（图 22-61）

　　3）螺旋冰锥。

　　（1）管状螺旋冰锥（图 22-62）非常坚固耐
用。螺旋冰锥很难插入坚硬的冰层或者非雪压
成的水冻冰层中，因为它的横截面较大，会遇
到较大的阻力。螺旋冰锥最大的优点在于，它
们不会让冰层破裂成碎片（即在螺旋冰锥刺入
冰层处不会形成塌陷成坑状的碎冰）。如果螺
旋冰锥管里的碎冰凝冻阻塞，就会影响下次使

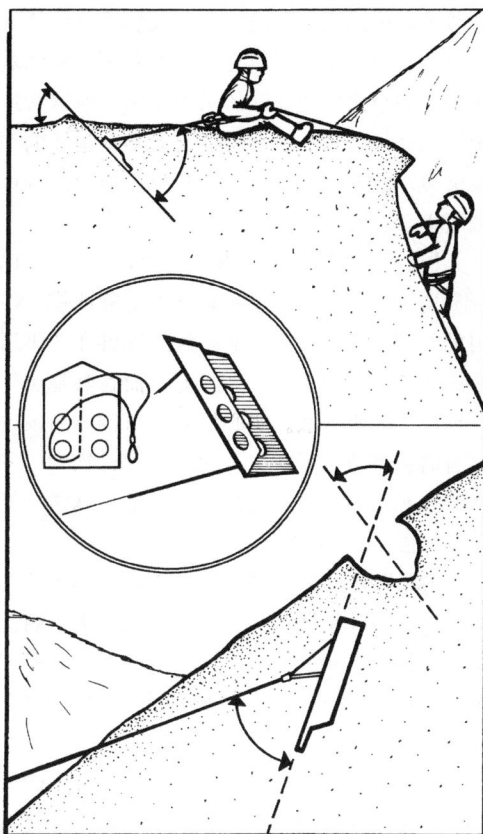

图 22-61　雪锚

用。要想清除堵塞的碎冰，可以用一段金属丝
在管中捅捅，或是用打火机给管部加热。插螺
旋冰锥时需要同时使用两只手，当螺旋冰锥已
被插入冰层后，攀登者可以将冰镐头插进螺旋
冰锥的卡环里，利用杠杆作用将螺旋冰锥敲得
更深。由于螺旋冰锥的横截面较大，所以很容
易将其拔出。

　　（2）重量较大的衣架式螺旋冰锥（图 22-
63）可以用来阻止攀登者下坠。衣架式螺旋冰锥
比管状螺旋冰锥更容易插入冰层中，攀登者一

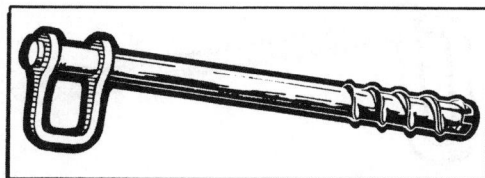

图 22-62　管状螺旋冰锥

般单手就可以完成，但将衣架式螺旋冰锥插入冰层之后仍需要进行敲打才能使其更深地钻进冰层。衣架式螺旋冰锥的承重能力不如管状螺旋冰锥，因为它在承重时有可能导致坚硬的冰层破裂，此外当它承重较大时也可能会因为横截面小而切削冰层。

（3）实心螺旋冰锥（图 22-64）是一种可以轻易插入冰层及从冰层中取出的螺旋冰锥，使用的方法与岩钉类似。实心螺旋冰锥在非雪压成的水冻冰层上使用效果较好，而在其他类型的冰层上效果一般。实心螺旋冰锥锥体周围的冰有时会融化得很快，从而导致冰锥松动，并且它在承重时也有可能像衣架式螺旋冰锥一样切削冰层。

（4）攀登者在将螺旋冰锥或岩钉插入冰层之前，应该先刮除地表柔软松散的积雪，露出坚硬牢固的冰层。然后，用冰镐的底端尖刺或镐尖在冰层上刺一个小洞，将螺旋冰锥在这个小洞的位置上插入冰层，同时将螺旋冰锥稍稍朝着上坡的方向——与下坠方向相反的方向——倾斜着向下拧转（图 22-65）。岩钉可以直接刺入冰层，但是也必须朝着与下坠方向相反的方向稍稍倾斜。只要冰层一出现可能碎裂的迹象，攀登者就应该立即将冰锥取出，在 1~2 英尺（0.3~0.6 米）以外重新插入。但是，在一些冰川上，即使冰层表面已经出现碎冰，通过将冰锥继续向下钻，以及轻轻清除碎冰，攀登者仍然能稳固地设置好冰锥。一般来说，长的螺旋冰锥适用于较软的冰层，而短的螺旋冰锥适用于坚硬的冰层。此外，将管状螺旋冰锥敲入冰层时，冰锥的中心管部填满碎冰才算设置到位。取出冰锥时，注意不要将其弄弯，

图 22-64　实心螺旋冰锥

否则会影响到以后的使用。

4）冰墩（或雪墩）。虽然冰墩不是天然锚点，但是攀登者可以用天然材料制作出可系绳索的冰墩。首先，在冰层（或积雪）中挖出一个宽 3~4 英尺（0.9~1.2 米）、深 6~12 英寸（15.2~30.5 厘米）的半圆形沟。如果冰层（或积雪）的稳定性不佳，攀登者可以将沟挖得再大一些。将绳索系在由沟围成的冰墩（或雪墩）上，作为向下行进时的保护锚点（图 22-66）。

6. 滑降。 滑降（图 22-67）是在冰雪覆盖的山坡上快速下降的方法，主要包括两种姿势。利用滑降的方法下坡比使用下降步法或一步一步下降的方法要快速、省力。

1）在积雪条件允许的情况下，坐式滑降法是最轻松的滑降方法。滑降者只需要坐在雪地上，握住冰镐，用冰镐在体侧制动，然后顺着山坡向下滑即可。如果身体有向前滚翻的趋势，滑降者应立即做出调整，即用冰镐的底端尖刺在积雪表面摩擦制动。如果想要加速，滑降者可以向后仰，将身体的重量分散于面积更大的区域，并且将双脚抬起举在空中；反过来说，挺直身体、将双脚放回地面上可以减速。在比较坚硬、牢固的表层积雪上滑降时，滑降者应该坐直，并且让脚跟靠近臀部，用鞋底在积雪表面滑动。滑降者采取坐姿滑降时几乎无法转向，但是可以利用冰镐的底端尖刺加上扭转身体在一定程度上调整滑降方向。在山坡上遇到障碍物时，滑降者最好立刻起身采用站姿滑降来改变下降方向，绕过障碍物后再回到坐姿继续滑降。在地面拖动冰镐或者对冰镐施加压力可以帮助滑降者减速。下滑的势头控制住之后，滑降者可以将脚跟插入积雪中，让自己最终停下来，但是这种制动方法在滑降速度较快时不

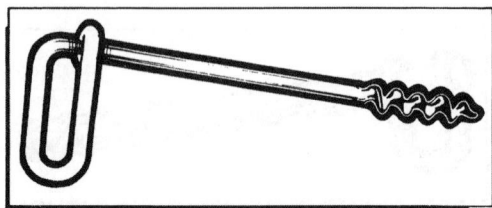

图 22-63　衣架式螺旋冰锥

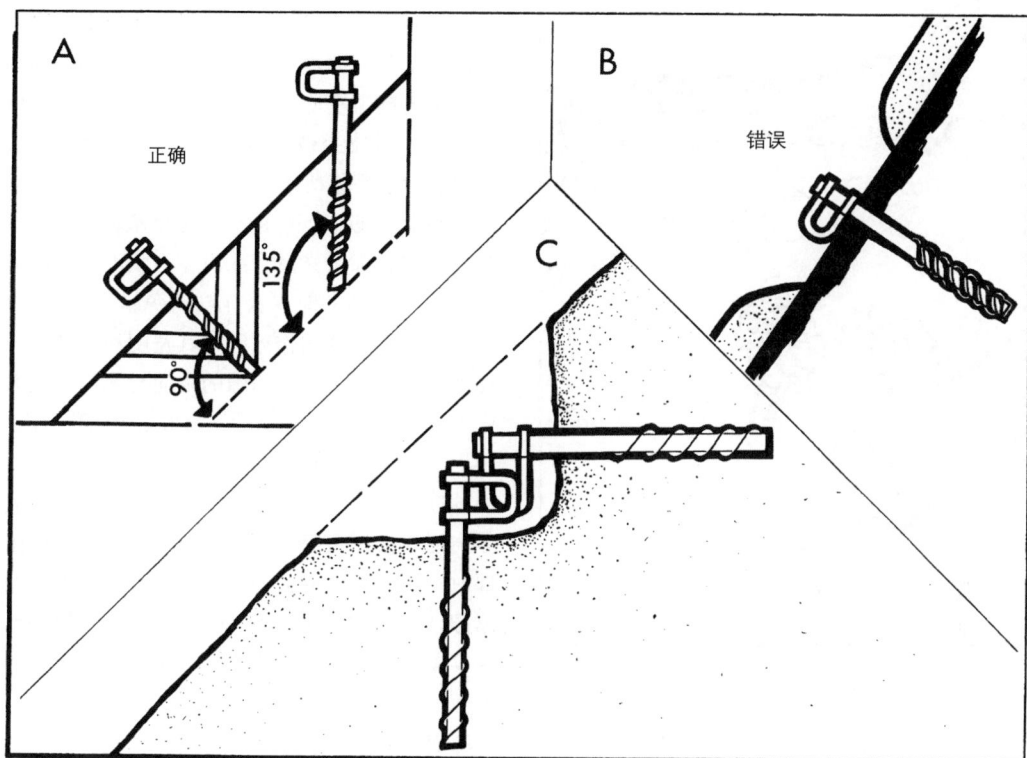

图 22-65　螺旋冰锥的设置方法

能使用，否则可能会摔一个 180° 的大跟头。高速滑降时如果遇到紧急情况，应该用普通的制动方法停下来。

2) 站式滑降法的姿势与滑雪的姿势相似，滑降者应该半蹲、膝盖弯曲，就像坐在椅子上一样，双腿应向两侧分开以维持平衡，一只脚

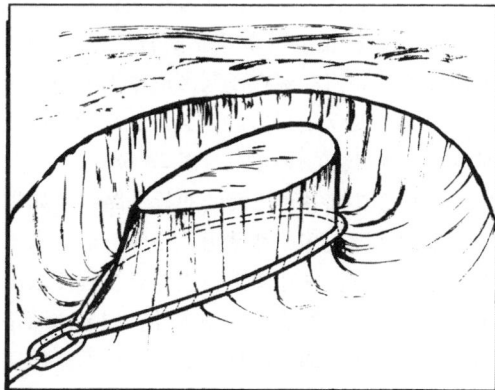

图 22-66　冰墩

在前以感受地表的起伏。如果想加强滑降时的稳定性，滑降者可以让冰镐在积雪表面滑动，用制动时的姿势抓握镐柄，将镐柄靠在膝盖上，让镐尖朝下或朝向身体外侧，此外要将双腿张得更开、身体蹲得更低，以进一步加强稳定性。放慢滑降的速度虽然比较安全，但是有可能导致肌肉紧张、姿态笨拙，而且也比较费力。如果要加速，滑降者可以采用并拢双脚、减少冰镐承受的体重、身体前倾、让鞋底像短滑雪板那样平贴在地面上等方式。如果是在比较浅的积雪中滑降，则可以采用大步幅滑行的方式。

3) 只有在确定滑行路线安全时才能采用滑降的方式下坡。滑降之前，除非攀登小队的队员能够看清整个视野范围内的所有地形情况，确信没有问题，否则第一个滑降的队员要格外小心，并要经常停下来查看前方的地形。滑降之前必须调整装备，比如将冰爪等物品装好。

图 22-67 滑降

穿着冰爪时千万不要滑降,否则冰爪很容易在中途断开,导致滑降者整个人摔下山坡。滑降者应该戴上手套以保护抓握冰镐的手,厚重的防水裤可以在滑降时更好地保护臀部,绑腿也非常有用。在必须使用安全绳索的地形区内不能尝试滑降。在滑降过程中不要挥舞冰镐。

22.14 冰川和冰川地区的行进技巧

1. 冰川地区的地形特征。要想解决在冰川地区行进时可能会遇到的问题,首先应该了解清楚冰川地区的地形构成和自然条件。

1)山谷冰川又可以称为冰河,其流速主要取决于山谷的规模及坡度。

冰川主要由两部分组成:

(1)下层冰川——夏季时会形成没有积雪的冰层;

(2)上层冰川——夏季时冰层上也覆盖着可能变成冰川冰的积雪。

2)除了上层冰川和下层冰川,冰川一般还连接着冰坡和雪坡,虽然这两者并不属于冰川主体,但是会和冰川一同出现,并且构成方式

与冰川相近,所以也可以被视为冰川上不可缺少的一部分。冰坡和雪坡是固定不动的,因为它们紧密附着在底层的岩石坡上。冰川的主体与冰坡、雪坡会被一道巨大的冰川裂缝隔开,这道裂缝也是移动冰和固定冰的分界线。

3)冰川近表面处的冰质地呈塑料状,但是并不像塑料那么光滑。冰川在形状不规则的冰川底床上移动的时候会无法避免地产生裂缝。冰川表面的裂缝叫作冰隙,其宽度和深度从几英寸到几英尺不等。冰隙的走向与冰川上最大张力所在的方向是垂直的。由于冰川面积有限,张力一般都分布在同一方向上,所以一定区域内的冰隙基本上也是互相平行的。冰隙的发展方向通常会横贯整个山坡,所以行进到山坡中部时,攀登者可能会遇到与行进方向相垂直的冰隙。冰川边缘的冰比中间的冰移动得缓慢,速度差会造成冰川边缘出现向上游斜刺出去的冰隙。冰川边缘和坡度越来越陡峭的冰川上一定会有冰隙,而坡度较缓的冰川上有可能出现冰隙。

4)冰川在突然出现的陡坡段会形成冰瀑。冰瀑上的压力指向各个方向,所以冰瀑上分布着各种形状的冰团和方向各异的冰沟。

5)随着冰川向前移动,山谷两侧的碎石会慢慢聚集在冰川表面。冰川因为融化而变小时,这些碎石会堆积在冰川不断消减的边缘处,形成冰川侧碛。两条冰川汇合时,它们相邻的侧碛会聚在一起合为中碛,随着新形成的大冰川向前移动。(检视下层冰川通常可以发现许多条冰川支流是如何汇聚在一起形成冰川下层主干的。)在冰川尽头的前方经常会形成终碛,这里是冰川所能到达的最远处。(图 22-68)

(1)侧碛与中碛是极佳的行进路线。如果冰川上的冰隙较多,冰碛可能是唯一能让求生者行进的地方。在冰碛上行进的难易程度取决于构成冰碛的碎石类型的稳定性。如果冰碛是由小石块、卵石和土壤构成的,这样的冰碛通常松散而不稳定,求生者每走一步都很容易造成外层碎石塌落。如果冰碛是由大石块构成的,

顶峰

岩塔或高峰

山脊

冰川井

鞍状山口

侧壁

沟谷

岩石面

冰斗墙

冰斗隙

壕沟

冰崖

冰瀑和冰隙

危险的冰瀑

冰川

中碛

侧碛

高山草甸

岩崩

冰斗湖

林木线

冰川终点

冰川水流

眼睛看到的山谷冰川

顶峰 10800

鞍状山口

山脊

侧壁

沟谷

岩石面

冰川井

冰崖

岩塔或高峰

冰斗墙

10000

9000

8000

7000

冰川

中碛

侧碛

6000

冰瀑区

侧壁

小木屋

小径

5600

冰川终点

沟壑

水流

同一地区在等高线地图上的样子

冰隙的分布与地形的关系

开放的缝隙

雪栓（落进并堵在冰隙开口处的积雪）

雪脊（因风力作用而形成）

积雪层

深 100~150 英尺（30.5~45.7 米）

冰层移动

底层岩石

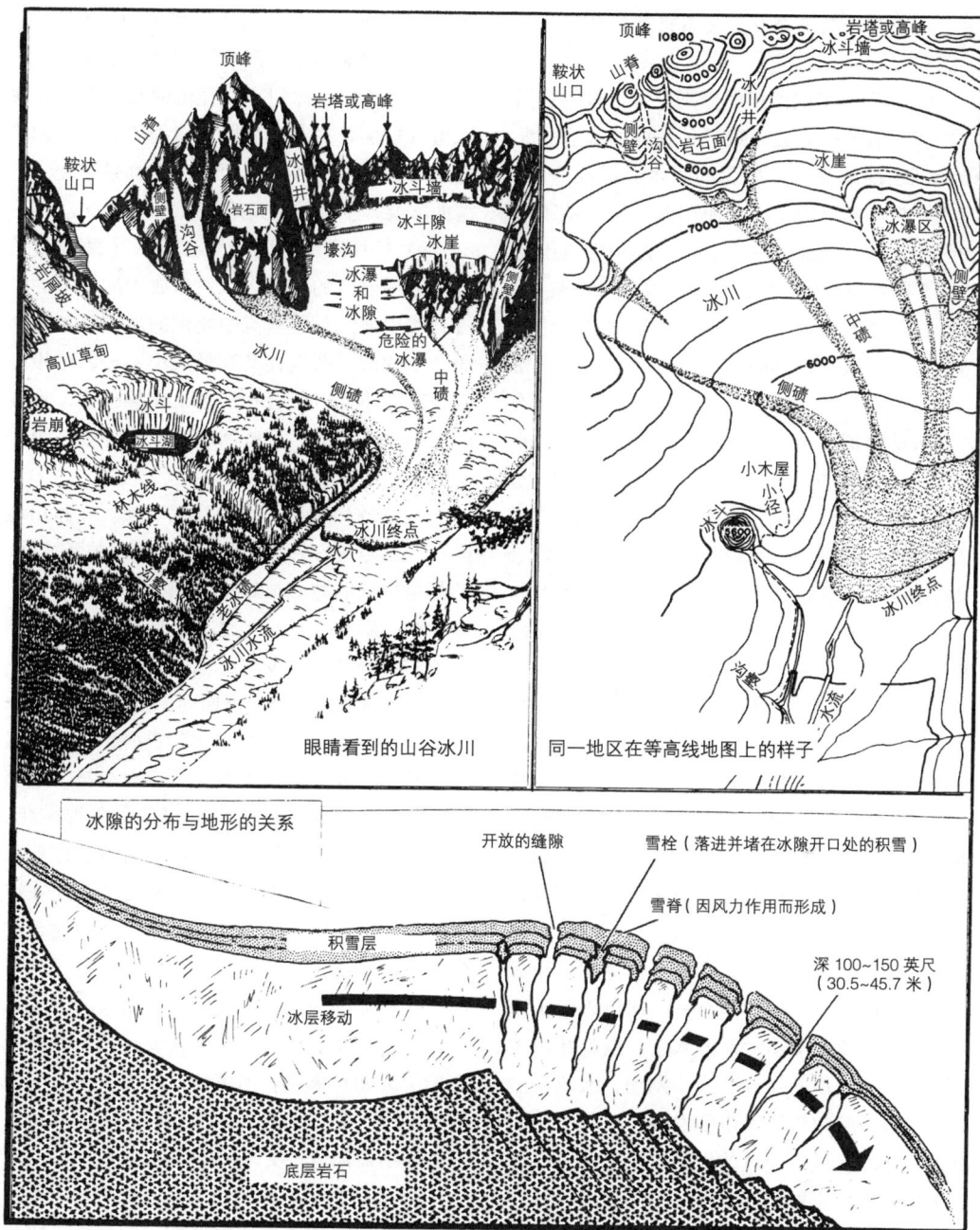

图 22-68　典型的冰川结构

那么它们很可能已经形成了紧密而稳固的石堆，在上面行走会比较轻松。

（2）在冰碛上行进时，最好沿着冰碛的顶部行走。如果是侧碛，还可以顺着将侧碛与山体分开的沟行进。由于冰碛坡通常不太稳固，

所以在上面行走很容易扭伤脚踝。中碛上的这种情况通常不如侧碛明显，因为中碛里的大部分碎石都会跟着冰川向前移动。在中碛上行进通常比较轻松，但是中碛随时可能中断消失，所以不能作为长途路径。一个小队的队员在冰

碛上行进时，很少需要用绳索将彼此系在一起做保护。

6) 不同类型的冰川河区别很大，试图过河或在河上航行的人会遇到各种各样的难题。北极地区山地或高地上融化的雪水会汇成一股，沿着一连串的瀑布崖或急流槽向下流。从冰盖和位于山麓前或迂回在山谷中的冰川中流出的水流都暗藏着危险。朝向北方的冰川体积较大，夏季被阳光照射后会融化形成大量的水。冰川冰的稳定程度很难判断，有的冰面从上方看相当安全，但是在光滑的冰层下方可能隐藏着不计其数的河流及蓄水池——其中有些蓄水池有出水口，而有些暂时被堵塞住了。地表的雪原下面可能藏有几英里长的湖泊，只要冰川稍有移动，这样的湖泊就有可能暴露在外，将湖泊中的水泄入山谷。由于不同光照条件下冰川融化的水量不同，所以冰川河的水位有涨有落。中午强烈的阳光会使较多的冰融化，所以冰川河的洪峰经常出现在下午。洪峰过境后的一段时间内河流都比较危险，有时甚至不能航行。但是，在午夜或次日清晨，河流因为水位回落而变得相当安全，可以在上面轻松地航行或穿越。当冰川河分成几条不固定的河道时，为了避免被两条危险的河道夹在中间，求生者应该选择在岸上行进。

7) 有激流涌出的冰川叫作溢流冰川。形成这种冰川的原因主要有两个——冰川表面出现冰隙，从冰隙中涌出大量的水来，或是冰川主体堵塞支流冰川的河谷形成了湖泊，激流从溢口处涌出。俯瞰溢流冰川会发现，溢流冰川的河谷底部都有洪水经过的痕迹，求生者可以通过这个特征来识别溢流冰川。溢流冰川的水流冲击力有时会影响好几英里以外的地方，曾经就发生过探矿者在原本安全的河流上乘筏子航行，却被突然从旁边的支流冲入河道的洪水袭击丧生的事件。

8) 冰川融水会在冰川表面形成深深的河槽和表面径流。许多河槽两侧光滑，宽度和深度均可达20英尺（6.1米），一般在冰碛处终结。

但是到了夏季，冰川融水沿着沟槽冲刷而下，会在冰层与侧碛之间形成不间断的水流。在一天光照结束时，冰川表面径流的水量会达到最大值。求生者在穿过冰川表面径流时要特别小心，因为径流的底部和两侧通常都是坚硬、光滑的冰层，不容易找到落脚点。

9) 有些冰川表面径流会流入冰隙或是被称为冰川壶穴的小洞中，然后成为冰川下的径流。冰川壶穴是因激流中挟带的砂砾磨蚀河床而产生的圆形凹穴，其直径大小不一。冰川壶穴与冰隙不同，两者在形态上差异很大，形成的原因也不相同。有些冰川壶穴的深度甚至等于其所在冰川的高度。

2. 在冰川地区行进的注意事项。 在冰川地区行进会遇到的主要危险或障碍是冰隙和冰瀑，尤其是隐蔽的冰隙很难被发现，所以会带来很多问题。攀登小队通常是有队员从冰隙上不结实的雪栓处坠落才发现冰隙的存在。所以，在冰川上行进时要遵循以下原则、步骤和技巧。

1) 准备装备。在冰川上行进时，防止体温过低是第一要务，求生者必须穿上和携带足够的衣物以应对寒冷的天气和可能的气温变化。曾经有一名求生者掉入冰隙后因为体温过低而死，试图救他的队友们不但白费力气，还在冰川表面被太阳晒得浑身是汗。整理背包时，求生者应准备一段6英尺（1.8米）长、打了8字结、穿有无锁登山扣的绳索，将绳索的活端系在背包上，将登山扣扣在坐式安全吊带的臀部束带上。如果攀登者不慎掉入冰隙，因为背包的重量而头朝下倒悬在冰隙中时，可以利用这根短绳松开背包，使自己能够回到直立的姿势。

2) 团队构成。在冰川上行进的首要原则就是小队的队员们要用绳索系在一起。行进中最主要的考虑因素是如何避开冰隙。踏上冰川或稳定性不明的雪原时，不管队员们是否看到了冰隙，都应该用绳索系在一起。唯一的例外就是攀登小队觉得发生雪崩的危险比遇到冰隙的危险还大时。一般情况下，应该让经验最丰富的队员担任领攀者，但是如果在冰川上完全看不见冰隙，则应该让体重最轻的队员先行。在坡度平缓的冰川上攀登时，应该让 3 个队员为一组，用 165 英尺（50.3 米）长的绳索系在一起行进。在攀登陡坡时需要设置保护系统，建议让 2 个队员为一组，用 120 英尺（36.6 米）长的绳索系在一起行进。如果 2 人小队不慎发生坠落，必须用单个冰镐制动。在陡坡上也采用 3 人一队的形式会造成队员间的绳索过短，如果其中一人不慎坠落，其他两人可能还来不及做出反应就被拖拽下去了。

3）用绳索将攀登小队的队员们系在一起的方法是，在绳索的末端和中间打上 8 字结，队员要将带锁的登山扣穿过绳索上的 8 字结和自己坐式安全吊带上的臀部束带。此外，队员要准备好冰镐、吊索、背包等攀登装备。2 名队员之间的绳索不要短于 50 英尺（15.2 米），绳索越长下坠时成功制动的概率就越大。

3. 在冰川上行进。由于从冰隙中救人的难度很大，所以建议 2 个或 2 个以上的小组一同在冰川上行进，因为一个小组中的成员有可能必须保持制动的姿势，不能对同伴实施救援。用绳索结组时，小组成员必须紧挨着彼此行进，但是相互之间的距离不能近到让相邻的 2 个人同时掉入一个冰隙中。如果需要长时间在冰川上行进，那么使用滑雪橇和雪地鞋会很有帮助。这些装备可以让求生者将体重分散在比鞋子更大的面积上，在雪桥上行走时能够减小施加给雪桥的压力。虽然滑雪橇和雪地鞋不能取代绳索，但是可以让行进变得更加轻松。

1）冰川运动会让行进受到一定的限制。冰川上陡峭的地方和冰隙可能会让求生者无法下降到冰川底部，湍急的冰川表面径流和冰川临近山区的险峻地形也会给在冰川上行进的求生者造成障碍，这些障碍求生者无论是在攀登还是下降途中都有可能遇到。此外，求生者在冰川上行进时还要注意避开地势陡峭的地区、冰隙密布的地区和冰瀑。可能的话，最好利用最新的航拍照片得到相关冰川的第一手资料。但是，航拍照片毕竟只是一种辅助工具，不能取代在实地勘察的重要性。

2）求生者可以用树枝在走过的路径和冰隙处做记号。在恶劣的天气条件下，在路径上竖起树枝做标记特别重要。不论是在白天还是夜晚行进，都应每隔 150 英尺（45.7 米）左右就用一根树枝做记号。中途休息时，队员们不要聚集在一起。如果不确定休息地点的安全性，那么队员们在休息时就不应松开将他们系在一起的绳索。在积雪覆盖的地区扎营时，求生者如果通过踩脚及彻底检视地表情况等手段确定营地所在的区域是安全的，这时才能解开绳索。在行进过程中，要始终假设行进的区域内存在冰隙。

3）一般来说，攀登小队的队员们应排成一列，后面的队员沿着前面队员的足迹行进，或是编成梯队行进（图 22-69）。遇到较宽的冰隙时，队列一端必须采取迂回的路线绕过冰隙（图 22-70），虽然这样走有时要绕上半英里（0.8 千米）才能前进几英尺，但是却能保证安全。一般来说，绕过冰隙所花的时间比强行跨过冰隙所花的时间要短。绕过冰隙时，队员们要谨记冰隙周围可能有隐藏着的冰隙延伸部分，所以不能紧挨着冰隙可见部分的末端绕过，除非队员在接近冰隙时完全能够确定那里就是冰隙的末端。

（1）夏末时，由于冰川表层的积雪和冰层融化，原先被覆盖的冰隙暴露了出来，所以求生者此时看到的冰隙末端通常就是冰隙真正的末端。如果需要绕行的距离太远或者附近的冰隙一个挨着一个，使得求生者无法采取迂回的路线绕过冰隙前进，那么可以利用雪桥穿越冰隙。雪桥有两种，一种是在冰隙上微微下陷的残雪层，另一种则已经在冰层下与冰川主体连在了一起。

（2）踏上雪桥之前一定要仔细、彻底地检查雪桥的安全性。如果外面覆盖的积雪遮住了一部分雪桥，求生者就必须靠得更近以勘察其安全性及探测积雪厚度，移动时要小心挪步，随时准备好在突然发生坠落时进行制动。跟在领攀者后面的第二名队员要担任保护者（图 22-71），将第三名队员作为锚点，他们要随时准备好在领攀者突然坠落时提供保护和救援。遇到特别狭窄或比较脆弱的雪桥时，求生者可以叉开双腿行进或者用腹部滑动行进，这样可以降低身体重心，将体重分散在更大的面积上。如果某个雪桥是唯一可以通过冰隙的路径，但是求生队员们对该雪桥的安全性有所怀疑，那么可以让体重最轻的队员第一个通过，等他安全通过后，后面的队员要踩着他的脚印轻轻踏过雪桥。

（3）雪桥的牢固度会随着气温的变化而变化。在寒冷的冬季或气温较低的清晨时分，就连积雪薄而脆弱的雪桥都拥有惊人的强度。但是，随着中午气温的升高，冰雪开始融化，就连体积最大的雪桥也有可能突然崩塌。所以，对任何雪桥都要仔细勘查过才能通行，既不能轻易舍弃也不能盲目踏上任何雪桥。

（4）求生者遇到小裂缝时可以一迈而过，

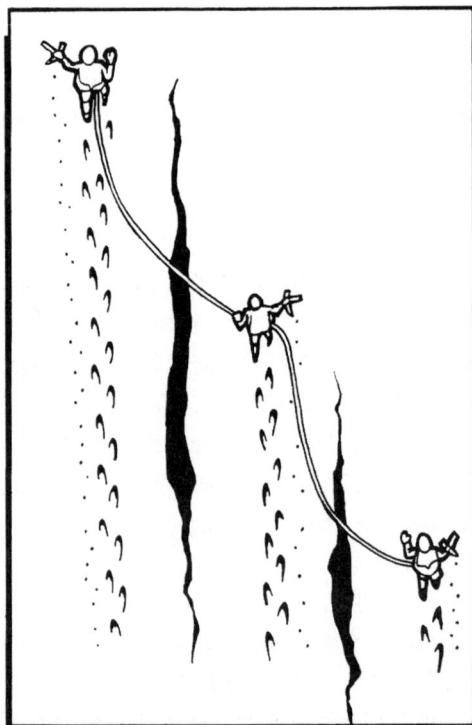

图 22-70　绕过冰隙

但对于宽度较大的冰隙有时需要跳过去（图 22-72）。如果跳跃时需要助跑，那么一定先要将助跑路线上的积雪压实。虽然一般而言，在冰川上助跑跳远并不实用，但是这么做确实比立定跳远跳得远。助跑跳远一般都是三级跳或两级跳，采用这两种方式跳过冰隙时，求生者都必须在起跳之前先确定冰隙边缘的准确位置。起跳之前，求生者必须除掉厚重累赘的衣服和装备，但同时也要记住——冰隙中的温度

图 22-69　编成梯队行进

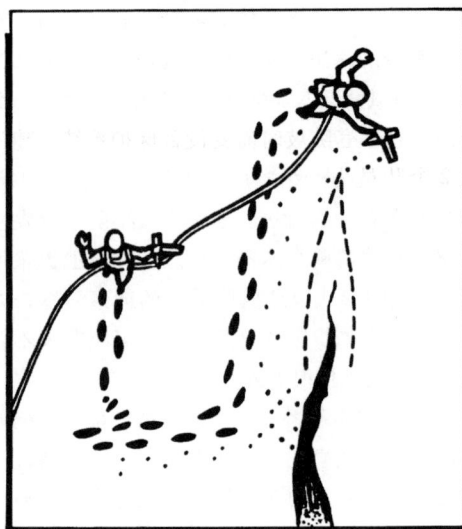

图 22-71　从雪桥上穿越冰隙

极低，如果不慎坠落，后果不堪设想。

4. 冰隙救援。攀登小队中的每个队员都应该具备从冰隙中救出同伴的能力。有人坠入冰隙时，其他队员必须立即采取滑落制动的姿势，稳定自己的位置，避免自己也被拖入冰隙中。同时，所有人应该一起承担坠落者的体重，直到某名队员成功地在附近找到了稳固的锚点或是有其他小队前来支援。如果坠落的队员能够自救，那么可以利用普鲁士结吊索爬出冰隙。

1）冰隙救援中经常会遇到的一个问题是绳索（因为被困者的体重）被卡在冰雪中。除非被困者在爬出冰隙时用冰镐帮助支撑，减轻绳索承受的重量，否则绳索可能会在积雪或冰层中越陷越深，最终形成一个深深的凹槽，导致求生者很难将其取出。有时候，绳索甚至会被冻在冰中，根本无法再用。解决这一问题的方法是让一名救援队员沿着绳索向下爬，在下降过程中注意不要让碎冰掉在被困者身上，然后取出卡住的绳索。此外，也可以向被困者抛掷一根备用绳索，让他将部分体重转移到备用绳索上。

2）被困者利用普鲁士结吊索爬出冰隙的时候，如果绳索在冰隙顶部前后晃动，那么爬出冰隙的那最后几英尺路会变得极难攀爬。这是由于绳索对冰隙边缘施加的压力较大，所以

图 22-72　跳过冰隙

普鲁士结吊索有可能紧压在冰层上或嵌入冰层中，从而失去其功能。大多数情况下，被困者在最后一段路上需要倾尽全力才能爬出冰隙，但是如果多准备一根备用绳索，也就能多一条解决之道（图 22-73）。

3）如果受困者不能自行爬出冰隙，那么必须由一名队员进入冰隙帮助其脱困。首先，队员们要确定再让一个人进入冰隙不会让情况更加复杂，然后这名队员才能下降到冰隙中。救援者可以在冰隙中对受困者进行医疗救助，特别要防止冰隙中的低温将受困者冻伤。如果医疗手段不能立刻见效，应该先给受困者穿上保暖的衣物。

22.15 撤离的原则和技巧

在山地开展救援工作对于救援人员的体力和脑力都是一种挑战。没有任何一种救援方法或者步骤适用于所有的山地环境和事故情况，且在任何条件下都快速有效。救援人员必须根据现场的具体情况确定及调整救援的原则、技巧和步骤。但是一般来说，救援时都需要设置锚点和保护系统，并会用到各种专业工具。山地救援主要有两种方式：将受困者（受伤者）移送至救援人员的位置上，或者是帮其撤离遇险地点。

1. 安全性。所有的救援工具在使用之前都要对其进行安全性测试。设置救援装置时如果在一个步骤上出了问题，不仅会让受困者遭受更大的伤害，还有可能导致救援人员陷入危险。

2. 撤离。如果受困者受了伤，将伤者向山下撤离比用机械手段将其拉到山顶要简单。伤者的身体状况决定了撤离时应选择怎样的方法和设备。撤离时使用的基本担架是篮式担架，也叫船形担架。顾名思义，它的造型就像一艘小船。搬运伤者时，救援人员要将伤者置于担架内，利用担架的框架配合正面绑带或吊索将伤者固定好。救援人员到达现场时应该同时着手进行两项工作：①处理伤者的伤势，将伤者固定在篮式担架中准备撤离；②设置锚点和制

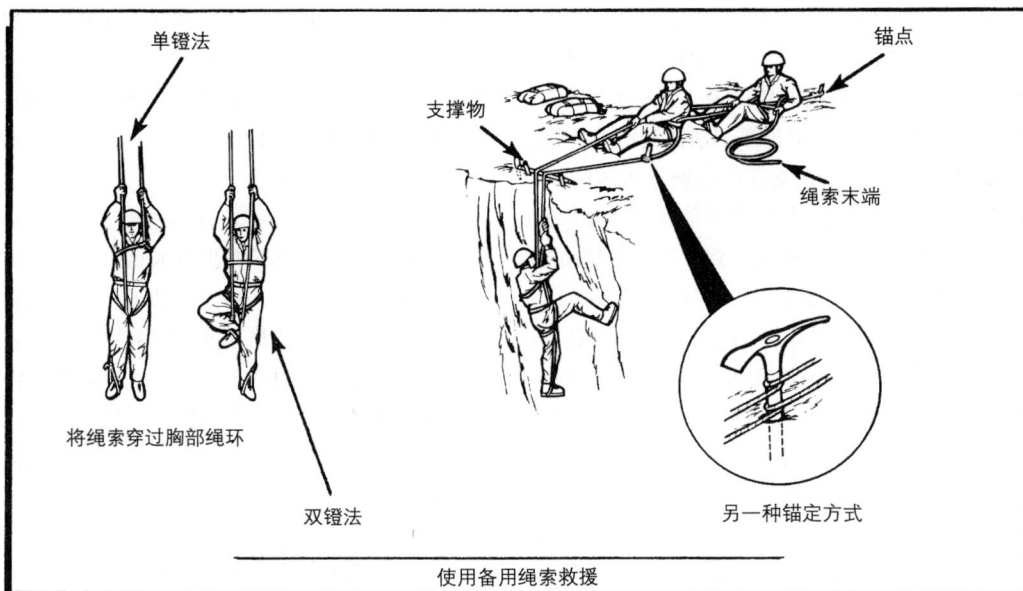

单镫法

支撑物

锚点

绳索末端

将绳索穿过胸部绳环

双镫法

另一种锚定方式

使用备用绳索救援

图 22-73　用备用绳索帮助救援

动系统。在时间有限的情况下，最好是选择缓坡而不是陡坡进行撤离。缓坡撤离的危险性较低，对救援人员的知识和技能的要求也相对较低。与其他类型的担架相比，篮式担架省去了很多绑带和打结步骤，从而能节省大量时间。

3. 制动系统。在缓坡上撤离时，需要按照以下步骤来设置制动系统。首先，在撤离方向上选取一处可靠的锚点。如果无法找到一处非常稳固的锚点，可以选择几个锚点构成一个锚点系统。如果受地形限制，制动装置安全有效地使用所需的空间不足，那么救援人员可以用一根直径 7/16 英寸或 11 毫米的吊索来调整锚点和制动装置之间的距离。制动装置要牢固、可靠地连接在锚点或调整吊索上。制动装置可以使用 8 字环，也可以使用由 4 个登山扣组成的制动器。用来牵引担架下降的绳索应该反卷，而用来牵引担架上升的绳索应该沿着上坡的路径展开。将篮式担架的前端用一个带锁的钢制登山扣与绳索的一端（打个 8 字结）相连接。如果没有带锁的登山扣，可以将绳索在担架前端的横杆上多绕几圈，用单套结系住，然后再打一个绳结加固，最后将绳索与制动装置连接

在一起。

4. 为转移伤者做好准备。救援人员在设置制动系统的同时，还要保证对担架和伤者也做好了撤离前的准备工作。一定要确保篮式担架的安全性，以免在运送伤者的过程中让其受到二次伤害。此外，担架上可以放上衬垫和护具，为伤者提供更好的保护，固定双脚和骨盆的绑带也应该在担架上系好。撤离之前，先要对伤者的伤势进行医疗处理，比如保持伤者呼吸道的通畅，对伤者的受伤部位进行止血、包扎、固定等。此外，还应该保护伤者不受低温、强风、降雨等天气因素的影响。只有负责护理伤者的救援人员确定可以移动伤者，才能用担架帮助伤者撤离。在高山地区，应该让伤者在撤离过程中一直戴着头盔，以防止其因为落石等意外受伤。用担架运送 1 名伤者需要 4~6 名搬运者共同协作。搬运者不足 6 人时，会因为频繁地换位和长距离行进而感到非常疲劳。

5. 3~4 名搬运者搬动伤者。3 名搬运者搬动伤者时，应该全部站在伤者身体的同一侧——一人站在伤者的肩膀位置，一人站在臀部位置，一人站在膝盖位置。如果伤者身体一

侧受了伤，那么搬运者应该托住其身体的另一侧。如果还有第 4 名搬运者，可以安排他站在 3 名同伴对面，负责托住伤者的臀部。

1）负责搬动伤者的 3 个人要并排着单腿跪在伤者身体的一侧。处于伤者肩膀位置的搬运者用一只手臂托住伤者的头部、颈部和肩膀，用另一只手臂托住伤者的肩背部；处于伤者臀部位置的搬运者用一只手臂托住伤者的背部，用另一只手臂托住伤者的大腿；处于伤者膝盖位置的搬运者用一只手臂托住伤者的双膝后部，用另一只手臂托住伤者的脚腕（图 22-74）。

2）由处于伤者肩膀位置的搬运者担任指挥发号施令，所有人统一行动。指挥者发出"准备抬起伤者"的口令后，再发出"抬起伤者"的口令。接着，所有搬运者同时抬起伤者，将伤者放在他们支起的膝盖上。如果需要将伤者移动到一定距离以外的担架上，则应该采取图 22-75 所示的姿势。

3）如果有第 4 名搬运者，可以让他把担架放在伤者身下，靠着 3 名半跪着的搬运者的脚尖。发出"准备放下伤者"的口令后，再发出"放下伤者"的口令，然后所有搬运者同时将伤者轻轻放在担架上，并将伤者的身体固定好，以防其在撤离时再次受伤。根据撤离路线和伤者伤势的具体情况，救援人员应选择合适的方式将伤者固定在担架上。

6. 将伤者固定在担架上（图 22-76）。

1）救援人员应该利用绑带将伤者的双脚固定在担架的框架上，以便将伤者的双腿分开——用卷结将绑带中部系在一起，以防绑带被拉紧后滑至伤者的脚部。固定伤者双脚的时候，要将绑带的活端绕过双腿，穿过担架框架

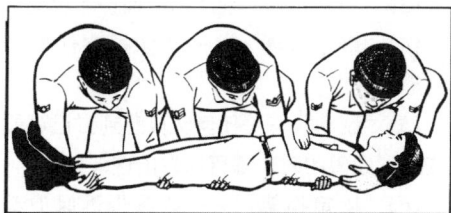

图 22-74　搬运者的位置和动作

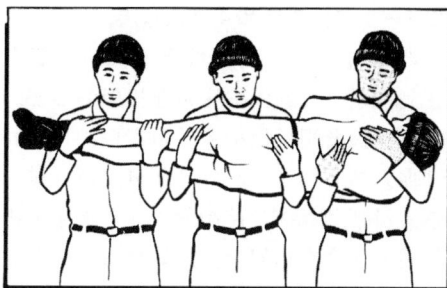

图 22-75　搬动伤者

上的空隙，再绕回来，经过腿部到达脚部。将绑带绕过伤者双脚的时候，要打上反手结进行固定。然后，适当拉紧绑带，将绑带系在担架里面靠下的一根支撑杆上。最后给绑带打结的时候，应该先在框架上绕两圈，再打两个半绳结。如果绑带绕两圈之后还是没能绷紧，可以再打一个卷结。绳结不要露在担架外面，否则会受到磨损。

2）用来固定骨盆的绑带应该系在比固定脚部的绑带略高些的位置。固定骨盆时，要将绑带穿过伤者的双腿，绕在篮式担架的外框和内框之间的栏杆上，该栏杆的位置和伤者的臀部是对齐的。将绑带在栏杆上绕两圈，用两个半绳结或者一个卷结和两个半绳结将绑带系在栏杆上。最后，将绑带两端在伤者的腰线位置用一个平结系在一起，并且在平结两侧各打一个半绳结固定住。

3）固定伤者的上半身时，要将绑带绕过伤者的胸部中央，将绑带两端固定在担架两侧的栏杆上。然后，将绑带的两端斜穿过伤者的上身，系在伤者腹侧的栏杆上。拉紧绑带后，将绑带两端在伤者的身体中线上系在一起。固定伤者的头部时，要将绑带绕过伤者的头盔，将绑带两端固定在头部两侧的栏杆上。头盔和绑带之间的摩擦力可以防止伤者的头部移动，但是这并不能代替颈托的作用。

4）固定好伤者之后，救援人员应该再检查一次之前的所有准备工作。确定担架和伤者的情况一切正常后，就可以让搬运者借助制动系统运送伤者了。运送伤者最好由 5 名救援人员

完成——1 名保护者和 4 名搬运者。

7. 缓坡撤离。向缓坡下撤离时，要将连接在制动系统上的保护绳系在担架的顶部。由一名救援人员担任保护者，负责保护担架并帮助其他人搬运伤者。此外，还可以再安排一名救援人员帮助保护者控制绳索。负责搬运担架的救援人员站在担架旁，最好是每侧 3 名搬运者（图 22-77）。救援队中的医生和领队都应该加入搬运队伍，以便随时监控伤者的情况，并且保证搬运者和保护者之间可以进行有效的沟通。

1）下坡时，应该选择最直接、最可行的路线，利用途中的树木和岩石作为保护点。救援人员之间应该通过一系列口令进行沟通。由于负责搬运的救援人员很容易疲劳，所以救援队的队员应该轮流搬运担架。此外，搬运者可以将一根吊索用套结系在担架上，从而将担架的部分重量从手臂通过肩膀转移到自己的骨骼系统上。此外，搬运者也可以通过将身体前倾来

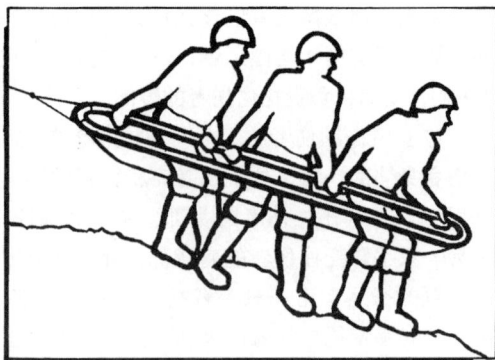

图 22-77　搬运担架

减轻负重。

2）侦察员要先于大部队行进，他承担着勘察地形、选择路径、清理障碍等工作，从而让后面的队员不需要因为遇到死路或其他障碍物回头。侦察员还可以负责选择锚点。在此过程中，侦察员必须记住，锚点和保护点之间的距离不能超过 140 英尺（42.7 米）。不管是上坡还是下坡，如果行进方向改变的角度超过 90°，就必须设置一处新的锚点和制动系统，以改变担架的保护系统的拉力方向。此外，如果行进过程中绳索被钩在植物或岩石等物体上，可以用挂有登山扣的吊索将绳索从障碍物上拉开。

3）所有的救援人员都就位并理解自己的任务后，就可以开始移动担架了。领队数到"3"，然后发出抬起担架的口令。经过地面起伏不平的区域时，领队要注意让各个搬运者的动作互相配合。领队和保护者之间应使用标准化的口令来控制运送伤者的小队的下坡速度，下面列出了一部分标准口令：

（1）"保护是否设置完毕"——领队询问。

（2）"保护设置完毕"——保护者回复。

（3）"绳索"——领队指示保护者放绳。

（4）"缓慢放绳"——领队提醒保护者减缓放绳的速度。

（5）"制动"——任何队员感到自己可能坠落或遇到障碍物时，都可以发出这条口令。

（6）"固定担架"——领队告诉保护者担架已经停下并在锚点上固定好了。

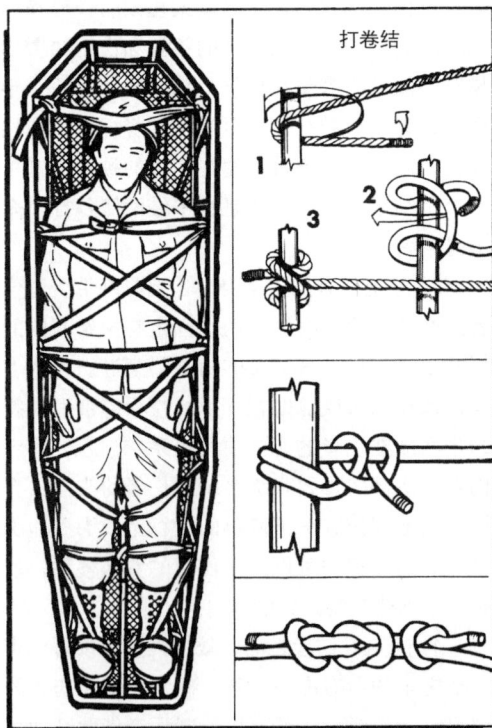

图 22-76　将伤者固定在篮式担架上

（7）"解除保护"——领队指示保护者拆除保护装置并前往下一个保护点。

4）运送担架上坡时，步骤和方法基本上和下坡时一样。上坡时需要更多的人力来拉动使用 4 个登山扣或使用 8 字环的制动系统——由一名救援人员负责控制——上的绳索，使得搬运者能够抬着担架慢慢地在坡上行进。由于上坡比下坡费力，所以搬运者无需面面俱到，但是不能让担架贴着地面。

8. 伙伴系统。如果伤者伤势轻微，或是无法将伤者从悬崖上运送下山时，就可以使用伙伴系统的方式撤离。需要的装备包括登山绳、吊索、胸式安全带、救援人员使用的坐式安全吊带、伤者使用的坐式安全吊带（可选）以及设置锚点所需的材料。具体操作步骤如下：

1）设置锚点系统和保护系统。将一根绳索反卷，作为保护绳使用。在绳索的末端打一个8 字结，并用一个渔夫结来加固。

2）将另一根绳索绕成多个绳圈，大小要足够套过伤者和救援人员的肩膀。接着，将打好结的绳圈分成两组，即呈一个 8 字形，让伤者将双脚分别踏入一组绳圈中，然后救援人员提起绳圈，让绳结位于伤者的腰背部，将两组绳圈分别置于伤者两侧的手臂下（图 22-78）。

3）接着，救援人员站在伤者前面，将双手分别穿过一组绳圈，将两组绳圈分别置于自己的左肩和右肩上（图 22-79）。

4）救援人员将吊索绕过伤者背部，经过伤者的手臂下方从自己的肩上越过。接着，将吊索在自己肩膀靠前的位置缠在绳圈上——缠的位置不要太低，否则会压迫救援人员的颈部，阻碍呼吸（图 22-80）。最后，用一个平结将吊索的两端在救援人员的胸部正中系在一起。吊索两端剩下的部分要向下拉到坐式安全吊带处，分别系在坐式安全吊带两侧，然后再拉回到刚才的平结处，在绳圈与平结之间的位置上，用卷结将吊索的两端系好（图 22-81）。

5）将保护绳末端用 8 字结系在救援人员身上坐式安全吊带臀部束带的登山扣上。再用一

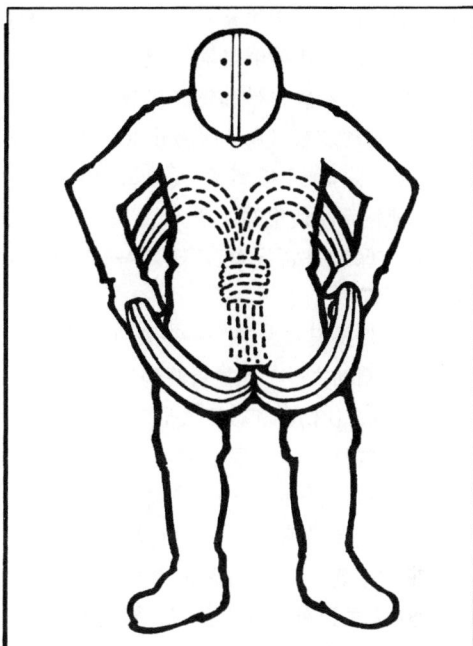

图 22-78　伙伴系统的绳圈准备工作

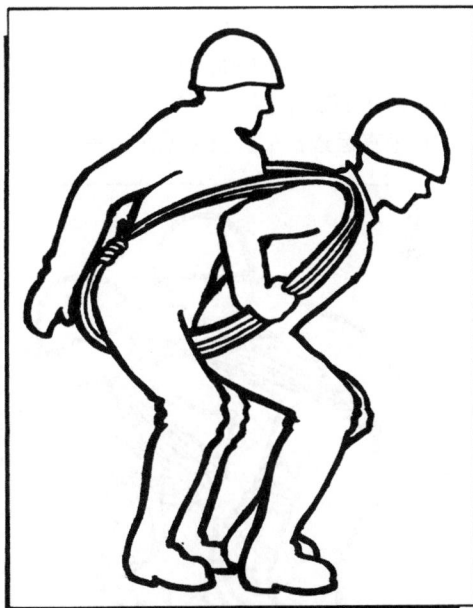

图 22-79　救援人员将绳圈背在肩上

根吊索将救援人员的胸式安全带和保护绳连在一起——用普鲁士结固定，这根吊索将承担伤者的一部分体重，有利于救援人员的身体和岩石表面保持垂直，否则救援人员可能会因为身

体后仰而摔倒。这根吊索不要太长，以方便救援人员在下降途中能够随时调整吊索。准备工作完成后，由救援人员和伤者组成的伙伴系统就可以在制动装置（用4个登山扣做成的制动器）的帮助下向坡下撤离了。（图22-82）

6）伙伴系统使用的口令。

（1）"保护是否设置完毕"——救援人员询问。

（2）"保护设置完毕"——保护者回复。

（3）"制动"——保护者听到该口令后要采取制动措施，让伤者和救援人员停止下降。

（4）"放绳"——保护者听到该口令后要重复"放绳"，然后一点一点地放出绳索。

（5）"伤者已固定"——由救援人员发出。

（6）"谢谢"——由保护者发出。此时伤者和救援人员已处于安全位置，没有被落石击中和坠落的危险。

（7）"解除保护"——由救援人员发出。

（8）"保护解除"——由保护者发出，表示保护者已经不再为下降的两人提供保护，准备拆除保护装置了。

9. 垂直运送担架。担架无法水平下降时，

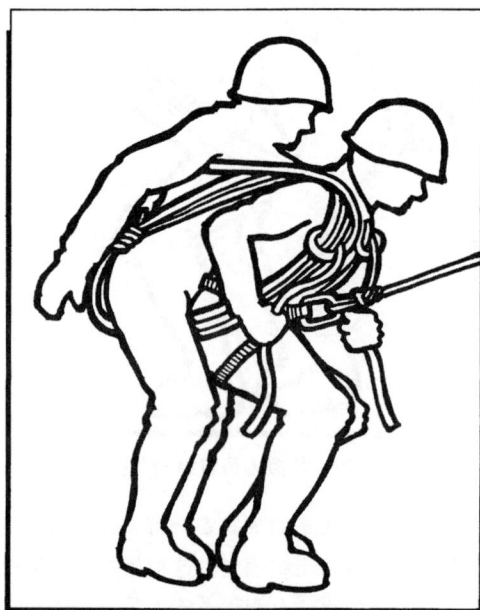

图 22-81　吊索的固定方法

就必须使用垂直下降的方式。救援人员将伤者用前面讲过的方式固定在担架中后，应准备两根绳索。将一根绳索（保护绳）通过8字结和一个带锁的登山扣与担架相连接；将一根加粗的（双绳）吊索从担架顶部一侧的钢制扶手处穿过，经过并排的四根栏杆，再从另一侧的钢制扶手处穿出，最后将吊索两端一起用登山扣

图 22-80　伙伴系统中伤者的固定方法

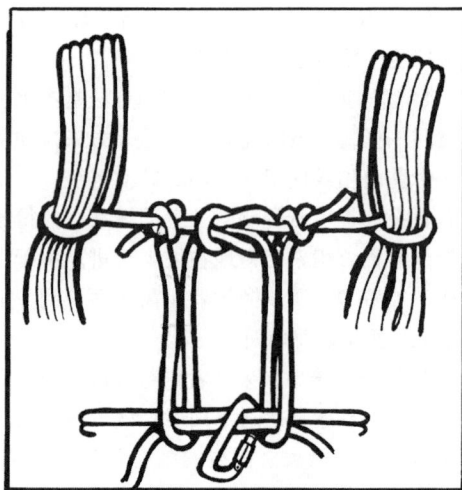

用4个登山扣做成的制动器

普鲁士结

图 22-82　伙伴系统和制动装置的连接

固定在保护绳上（图 22-83）。在担架一侧框架的空隙处扣两个登山扣，将第二根绳索穿过这两个登山扣，直到担架底部，然后在绳索末端打一个 8 字结。搬运者要将所穿的坐式安全吊带用登山扣连在这个绳结上。在一根吊索的末端打一个 8 字结，用登山扣将吊索连接在担架的尾部；在吊索另一端也打上一个绳结，在绳结上扣一个登山扣，并将登山扣连接在搬运者的胸式安全带上（图 22-84）。与水平运送担架相同，垂直运送担架时也是由负责搬运的救援人员发出口令，口令内容不变。（图 22-85）

10. 在陡坡上水平搬运担架。在撤离中，水平搬运担架是人们爱选的搬运担架的方式，这样有利于救援人员向伤者提供医疗救助，并且可以防止伤者受到外力的冲击。但是，采用水平搬运的方式会让伤者的身体大面积暴露在外，可能会被落石所伤。由于在陡坡上水平搬运担架的步骤较为复杂，具有一定的危险性，所以除非必要，救援人员不应选择这一方式。

1）组建搬运队伍。在陡坡上水平搬运担架时，最少需要 3 名能力突出的队员，还需要大量的救援设备。如果上述条件无法满足，就不能采用这种撤离方法。由于在陡坡上行进本来就有潜在的危险，所以必须让救援装备发挥更高的效力，提供更好的保护。要想提高救援行

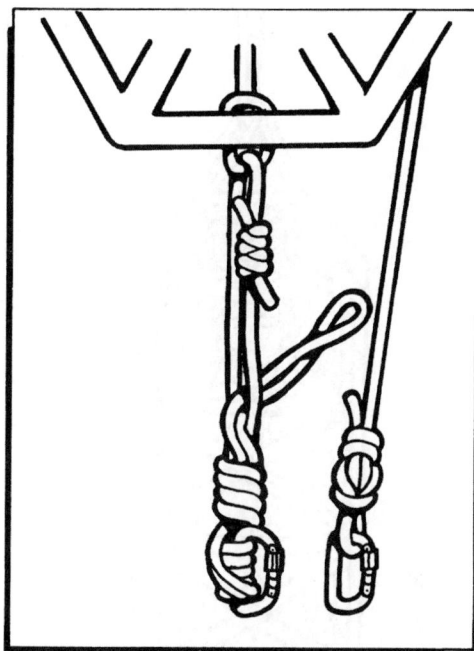

图 22-84　连接在担架尾部的吊索

动的安全系数，就需要借助锚点、两根登山绳（用于保护者的下降）、两名控制绳索的救援人员以及制动系统的帮助。在几乎垂直的陡坡上下撤时，如果绳索保护系统能够承担担架的全部重量，那么只需要一名救援人员搬运担架即可。但是，如果陡坡的岩壁并不是垂直的，那么可能需要更多的人来搬运担架向下行进。如果伤者被困在峭壁上，应该由一名救援人员前去对他的伤势进行急救护理，然后把伤者转移到担架上。事实上，将伤者转移到担架上可能是撤离伤者的过程中困难最大、技术难度最高的任务。有时候，如果伤者伤势过重，可能还需要派出第二名救援人员，协助前面的人将伤者转移到担架上。一般来说，搬运者的任务包括将担架带到伤者身边，将伤者以正确的方式转移到担架上并固定好，在护送伤者担架撤离的过程中防止担架撞上岩石，以及必要时给伤者提供医疗救护。为了方便护理，担架一般采取水平放置的方式。正确、高效的制动系统对于成功撤离伤者至关重要。

2）给担架装上索具。选择两根直径 7/16

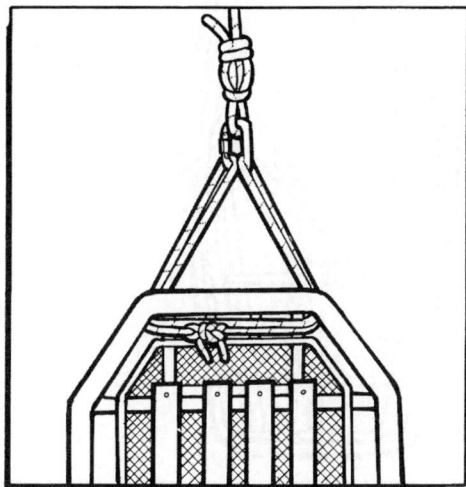

图 22-83　连接保护绳与担架

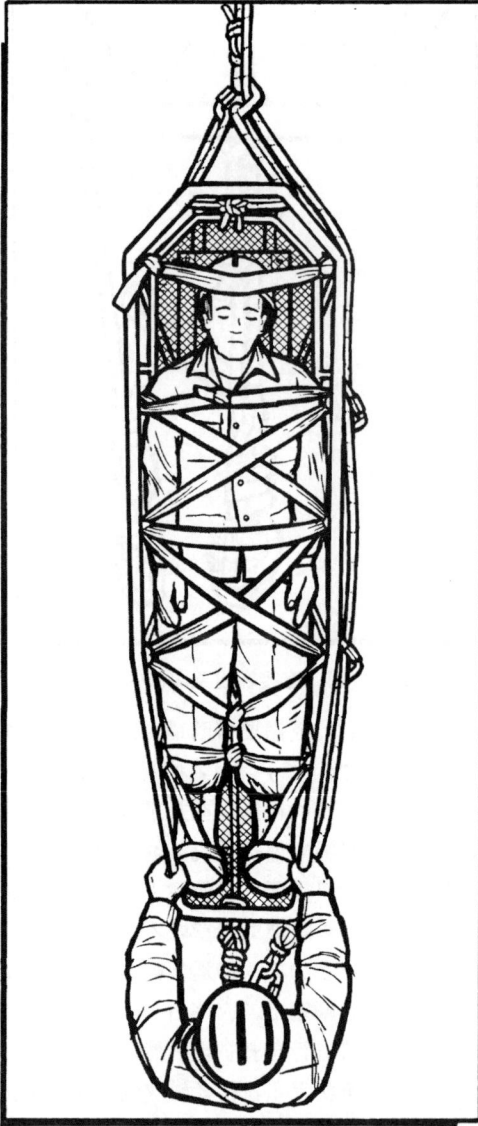

图 22-85　垂直运送担架

英寸或 11 毫米的搓制绳为登山绳，在每根绳索的末端各打一个 8 字结，并且留下一段 4~5 英尺（1.2~1.5 米）长的绳尾。在绳尾的末端再分别打上一个 8 字结，并用半绳结固定。两根绳索的末端要分别连接在搬运者的坐式安全吊带上和伤者身上。在准备装备时应该选择长度一致的登山绳，以方便更换，绳索的弹性和磨损程度最好也相同。选择 30~36 英寸（76.2~91.4 厘米）长的尼龙带作为吊索，用带锁的大登山

扣扣在担架上的外框上，锁住开口（图 22-86）。如果没有登山扣，可以将尼龙吊索在担架框架空隙处的栏杆上绕两圈，用两个或两个以上的半绳结固定。救援人员一共需要准备两根尼龙吊索，将两根吊索的一端分别系在担架上部的两侧，另外一端则系在担架的下部，用一个带锁的登山扣（作为主登山扣）扣在两根吊索的中部，主登山扣上同时还连接着两根登山绳（图 22-87）。调整吊索，使担架保持水平。将担架顶部稍稍抬起，用前面介绍过的方法将伤者固定在担架上。但是，在这种情况下伤者还必须系上胸式安全带和坐式安全吊带，将一根登山绳上的 8 字结用标准登山扣扣在伤者的胸式安全带上。

3）搬运者。搬运者通过扣在坐式安全吊带上的带锁的登山扣连接在另一根登山绳末端的 8 字结上，以此在搬运担架的途中得到保护。但是这根登山绳只是保护绳，搬运者坐式安全吊带上的登山扣所连接的一根吊索承担了搬运者的大部分体重。这根吊索由普鲁士结或巴克曼结固定，由一个标准登山扣连接在主登山扣

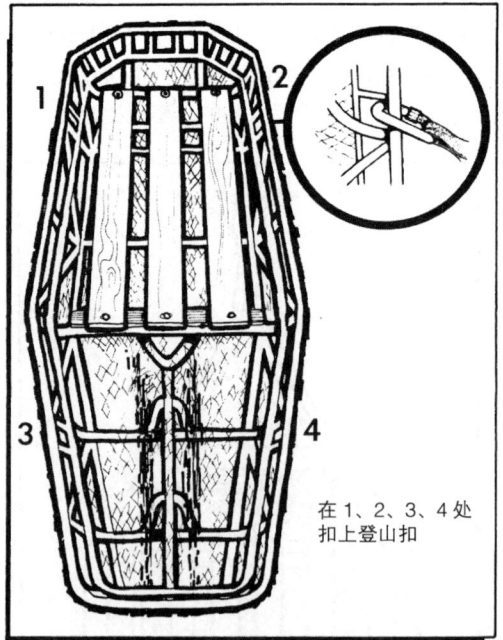

在 1、2、3、4 处
扣上登山扣

图 22-86　在担架上扣登山扣的位置

上。搬运者可以调节吊索上的绳结，使自己的双脚能水平踏在篮式担架下方的岩石上（图22-88）。此外，搬运者应该用自己的上半身掩护担架上的伤者。

4）锚点。可能的话，锚点应该设置在伤者的正上方。在视野较好的开阔山坡上撤离时，负责观测方位的救援人员可以利用铅垂线来确定伤者正上方锚点的位置，并告知位于上方的同伴。如果峭壁不是完全垂直于地面的，那么观测者应该与伤者所在的坠落线处在同一个平面上。如果峭壁上地势的起伏没有规律，那么用铅垂线确定锚点的方法就会不太可靠，但是观测者还是可以为同伴提供可供选择的锚点的信息。将绳索系在锚点上之后，如果绳索会经过一些锋利的岩石棱角，那么救援人员应该用锤子将这些棱角打磨得较为光滑，或是在绳索和棱角间垫一些较软的东西。可能的情况下，应该使用平衡锚点系统，因为平衡锚点系统是

图 22-88　搬运者的身体姿势

最稳定的锚点系统，如果其中一个锚点掉落、担架搬运者坠落或是制动系统遭遇快速下降时，系统中的锚点会平均承担突然增加的外力。

5）制动系统。在陡坡上水平搬运担架时可使用由 4 个登山扣构成的制动器或 8 字环制动器，但前者更为有效。制动系统由一名救援人员负责操作，他在整个撤离伤者的过程中扮演着重要的角色。制动者应该戴着手套，避免用手直接触碰灼热的绳索。在搬运者运送担架下降的过程中，制动者要想完全掌控制动系统，就应一直握着制动绳索不放，直到听到"解除保护"的口令为止。制动者应该尽量保证搬运者的下降过程顺利、平稳，放绳时要慢，不要让绳索缠在一起——绳索缠在一起后容易卡在制动器中，很难取出。如果担架的荷载不变，制动者控制绳索的力量得当，而担架又能带来一定的牵引力，搬运者下降的过程就会相对比较顺利。一般情况下担架应保持水平，所以制动者应该用一只手同时抓住两根绳索，以同样的速度放出——就算两根绳索上承载的重量不同，也要用同样的速度放出绳索。制动者最好配一个控绳者，可以保证放绳的速度不会太快，这么做在担架重量较轻时尤为有效。

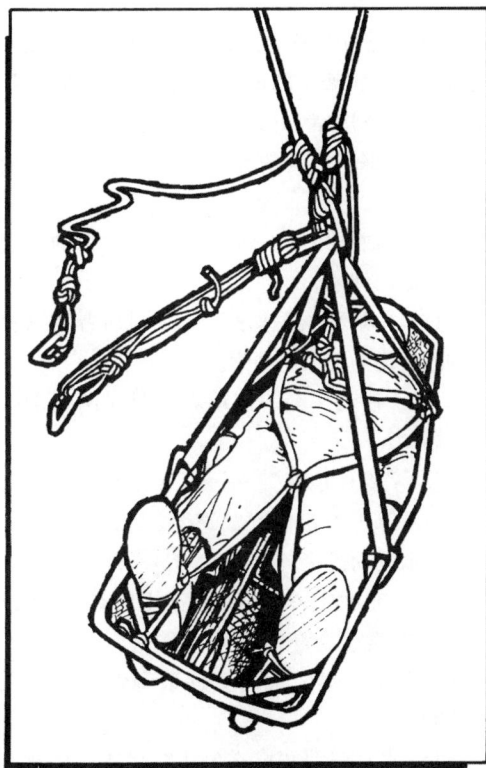

图 22-87　准备水平搬运的担架上的索具

6) 控制绳索。处在上方的救援人员能否正确控制绳索对撤离来说至关重要。事实上，控制绳索的队员身负的任务和所需的技巧比搬运者要多。至少应该安排两名队员在上方控制绳索。制动者直接控制着担架搬运者的下降速度。控绳者在确定松弛的绳索上没有扭曲缠绕的部分之后再递给制动者，并且在必要时帮助制动者制动。所以，控绳者的工作非常重要，因为一旦制动绳索出现扭曲或缠绕，就可能导致撤离过程突然中断。如果能将整根绳索垂直放下，控绳者就能有充足的时间帮助制动者工作。如果空间有限，可以将绳圈分开，整齐地堆叠在一起。绳索在经过制动器时可能会扭曲，这时控绳者需要立刻转动或扭绞松弛的绳索。

7) 控制担架。搬运者必须戴上安全帽、手套，并背上背包。如果有小石块落下，搬运者应该将身体前倾，护住伤者，为其挡住下落的石块，而背包和头盔则可以保护搬运者自身。如果条件允许，担架上的伤者也应该戴上安全帽。搬运者身上需系上复杂的绑带以保护安全，并且用两个一组的带锁登山扣来防止绑带滑脱。经验丰富、技巧娴熟的搬运者在撤离过程中能够有效地控制担架。如果担架不慎撞在岩石上，会对担架上的伤者造成不小的伤害。所以搬运者若是不能有效地控制担架，就可能会让伤者受到二次伤害。撤离刚开始时，搬运者必须将担架抬到自己脸部的高度移动一小段距离，确定绳索搭在光滑的悬崖边缘处，而且登山扣的开口朝向悬崖岩壁。接下来的过程中，担架和搬运者的重量基本上都由绳索承担，这时搬运者的主要任务是保护担架不碰撞岩石。搬运者的双脚要稳稳地踩在岩石表面上，在缘绳下降的过程中保持落脚点的稳定。如果搬运者要从一处几乎垂直的岩壁上下降，则需要将身上的绑带做成一个比较舒适的坐式安全吊带。搬运者一般应站在担架外侧，手抓担架外侧或下方的框架（图22-88），让担架不要撞上岩壁，并且在担架上各点承重不均时将担架抬平。有些情况下，搬运者需要抓住担架靠岩壁一侧的框架，这时搬运者必须小心，不要让自己的双手受到挤压。

(1) 在平坦、光滑的垂直岩壁上下降比较容易，而在有障碍物的垂直岩壁上下降时则需要用到缘绳下降一节中介绍过的技巧。搬运者的双腿要一直垂直于岩壁，双腿微微张开。搬运者在下降过程中应该对普鲁士结或巴克曼结做调整，让担架靠近垂直的岩壁，同时也让自己与担架之间保持一定的空隙。搬运者的腰部应该能够弯曲90°，以便在必要时可以探身保护伤者或是为伤者提供急救护理。

(2) 担架必须通过绳索固定在锚点上，以避免失衡或坠落。绳索上不能有绳结，也不能直接连接在吊索上，否则当制动者拉回绳索时很容易卡住。一般情况下，制动者应该向上拉绳索或者向下放绳，不应将绳索向下抛出，否则绳索很容易绕在障碍物上或者受损。下撤任务结束后，救援人员应该将担架安置在不会被落石砸到的地方，然后才开始下一阶段的救援。

8) 通过口令联络。制动者的主要任务是帮助搬运者将担架上的伤员顺利、安全地转移到指定地点。制动者和搬运者常用的口令包括：

(1) "保护设置完毕"——用于撤离开始之前。

(2) "放绳"——制动者要以适中的速度均匀地放出绳索。

(3) "减缓放绳速度"——制动者要以较慢的速度均匀地放出绳索。

(4) "制动"——制动者同时对两根下降绳索制动。

(5) "稳住担架"——担架被固定在锚点上或者在某一特定位置上放稳之前，制动者要一直采取制动措施。

(6) "收绳"——表示担架上所有的绳结、吊索及绳索已全部被解开并移除，制动者可以向上拉起绳索，同时要保证绳索不会卡在岩缝间。

11. 水平牵引和提洛尔式穿越法。穿越小溪、峡谷或其他地势险峻的地区时，救援人员可以利用一系列的悬架装置让担架在高出地面的绷紧的绳索上通过。这种悬架装置既可以用于攀登小队的一般行进，也可以用来转移伤者。尽管用两根绳索架桥很花时间，而且需要掌握相当复杂的技术，但是在救援中非常有效。不过，如果在架设绳桥的过程中浪费过多时间就不值得了，有时架设装备和绳索的时间足以让救援人员将伤者搬运到对岸了。由于悬架装置承受的拉力通常都特别大，安全系数并不是非常理想，所以在架设的过程中一定要由经验丰富的救援人员指导监督。

1）锚点。任何悬架装置的两端都要设置安全稳固的锚点。为了承担高架绳索的拉力，最好选择由几个锚点组成的平衡锚点系统。出于安全考虑，锚点系统能够承受的外力应该至少是需要运送的重物（担架和伤者）重量的 10 倍。

（1）必须以正确的方式设置锚点系统。为了避免重物"降到最低点"，并且绳索能被拉紧以减小所受的向下的拉力，最好把锚点安置在较高的位置上。如果绳索经过的地方有尖锐的岩石棱角，那么必须在这些地方覆以皮手套、背包、树枝等适当的材料作为衬垫，否则绷紧的绳索很容易被锋利的岩石边缘割断。锚点与溪水或悬崖的边缘至少要相距 6~10 英尺（1.8~3 米），以便救援人员有足够的装卸重物的空间。在悬架装置的任何一点上，绳索都应该距离地面 3 英尺（0.9 米）以上。设置好的锚点系统如果没有达到以上标准，救援人员可以用结实的树干临时制作 A 形支架以支撑绳索。

（2）条件允许的情况下应该使用两根绳索，这样可以增加悬架装置的安全系数。但是，尽管一根绳索的强度不高，其实也足以完成转移重物的任务。使用悬架装置之前，救援人员必须确定该系统能够承受的最大拉力。例如，如果绳索的跨度为 40 英尺（12.2 米），绳索中央松弛部分下垂的高度为 1 英尺（0.3 米），重物为 200 磅（90.7 千克），那么绳索能够承受的最大拉力为 2500 磅（1134 千克）。但是，同样跨度的绳索，如果绳索中央松弛部分下垂的

高度为 4 英尺（1.2 米），那么绳索能够承受的最大拉力仅为 650 磅（294.8 千克）。

2）双索绳桥。将绳索的中点绕过锚点，不要打结，只需将两段绳索用一个登山扣扣住即可。如果跨距要求将两段绳索系在一起，可以打一个双 8 字结，再用一个渔夫结固定，同时要在双 8 字结上扣一个登山扣，否则绳结将很难解开。让一名救援人员带着绳索的两端和牵引绳穿过障碍地区，将其中一段绳索的末端固定在障碍地区对面的锚点上（图 22-89）。尽量将绳索上松弛的部分拉紧，这样在锚点系统上打结时，绳结会向着远离 4 英寸（10.2 厘米）滑轮或登山扣的方向被系紧。接着，将另一段绳索的末端以"3 比 1 系统"的形式系好。（图 22-90）

（1）将绳索用一根普鲁士结吊索系在锚点上。普鲁士结能够将绳索在锚点上系紧，并且在需要收紧绳索上的松弛部分时也能通过滑动来改变位置。然后，将绳索穿过一个连接在锚点上的登山扣。在绳索上第一根普鲁士结吊索下面再系一根较小的普鲁士结吊索，在上面扣一个登山扣，并且将绳索穿过该登山扣。这样一来，当绳索的活端被拉向锚点时，绳索应该呈现出一个 Z 形。这样的机械装置被称为"3 比 1 系统"，因为其中的 3 段绳索是可以活动的，所以活端上的拉力也相应增加到 3 倍。同时，这种装置并不会让绳索穿过登山扣或滑轮时的摩擦力增大。

（2）在上述的装置的帮助下，救援人员可以按照如下步骤拉紧绳索：拉紧绳索的活端，安排一名救援人员让绳索上的第一根普鲁士结吊索尽量向远处滑动。然后，在该普鲁士结吊索上吊上重物，并且在绳索活端慢慢收紧松弛的绳索。接着，让绳索上的第二根普鲁士结吊索尽量向远处滑动，再次在绳索活端慢慢收紧松弛的绳索。当绳索足够紧绷时，将绳索系好。

3）通过绳桥。搭好绳桥后，救援队中一半的队员要用提洛尔式穿越法通过绳桥——这种方法可以将救援人员固定在悬架的绳索上通过

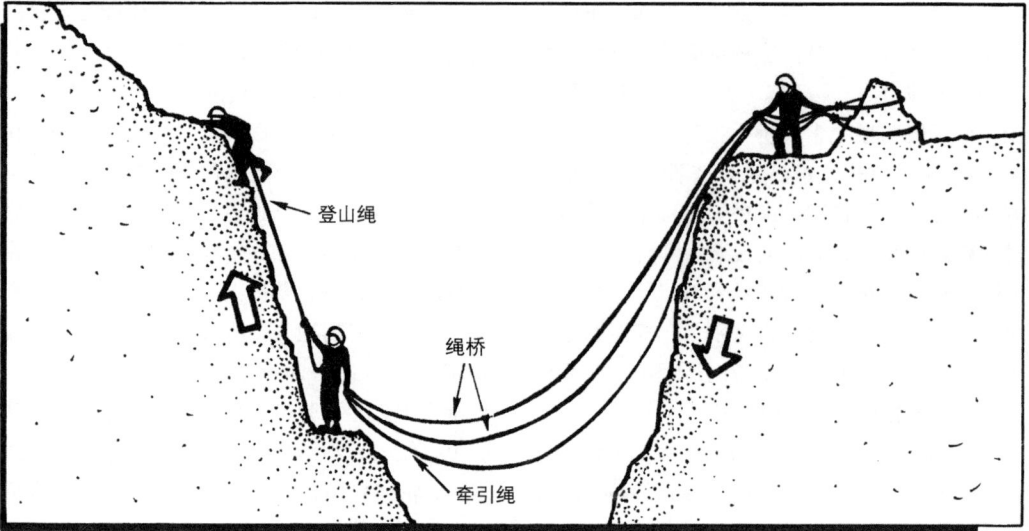

图22-89 架设绳桥（水平牵引系统）

绳桥。绳桥上有一个滑轮或登山扣，救援人员要将其扣在自己的坐式安全吊带上。随后，救援人员应该吊在绳索下方，以两手交替拉绳，其全部身体重量通过滑轮或登山扣由绳索来承担（图20-91）。用于牵引的绳索连接在重物上，救援人员可以通过它拉着重物通过绳桥到达另一侧。如果伤者已经被固定在担架上，那么可以在水平方向上用吊索将担架固定在绳索上。一共需要6根吊索，3根为一组，分别系在担架的前部和后部。每组中的一根吊索系在担架一端，另两根系在担架两侧（图22-92）。每根吊索长约20英寸（50.8厘米），系的时候要在篮式担架的栏杆上绕一整圈，然后用两个半绳结系在栏杆上。每组吊索都应该用一个D形登山扣扣在一起，并且要用一根短绳将两个登山扣连在一起，以使两组吊索所受的拉力保持平衡。牵引绳要系在担架上，以防止担架下坠，同时也可以通过拉动牵引绳将担架拉过绳桥（图22-93）。如果要收回绳索，需要先拆除锚点系统，然后将绳索轻轻拉回即可（图22-94）。如果绳索中间还使用了人工锚点，那么会很难收回绳索。

4）冰隙或山谷地区的救援。救援人员帮助伤者通过冰隙、山谷等地区时一定要借助滑轮系统。滑轮系统由绳索和滑轮组成，施力者作用于该系统的力量会加倍，或者说在承重不变的情况下，能达到省力的效果。滑轮系统主要用于在冰隙或悬崖等处提供沿垂直方向向上的拉力，同时拉紧整个牵引系统（图22-95）。滑轮系统机械利益的比值根据滑轮数量和施力方向的变化而变化。绳索穿过登山扣时要用到滑轮，如果求生者没有滑轮，可以再用一个登山扣来代替，但是这样会产生较大的摩擦力，从而降低整个系统的机械利益。绳索的布局在整个滑轮系统中显得至关重要。绳索应该并排放置，不能互相拧在一起。下面介绍两种基本

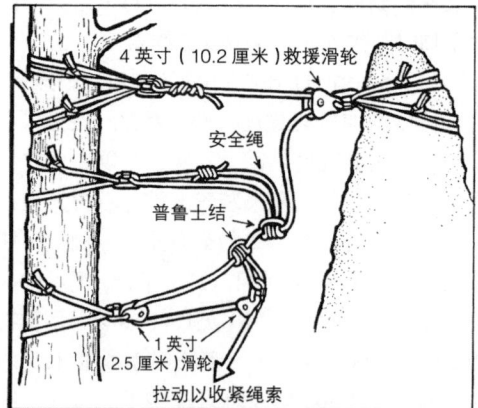

图22-90 锚点系统的索具

图 22-91 救援者通过绳桥

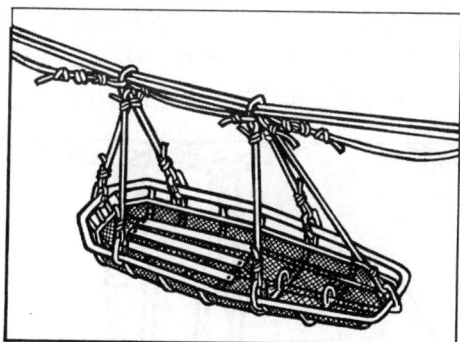

图 22-92 将担架系在绳桥上

的绳索布局方法：Z 形绳索法利用承重绳索的一部分来设置滑轮系统，也就是说，整个系统中仅有一根绳索（图 22-96）；而另一种方法则需要加入第二根绳索来实现较大的机械利益（图 22-97）。

5）Z 形滑轮系统。该系统主要用于从冰隙、悬崖上拉起不慎坠落或被困住的攀登者。如果被困者身上连接着绳索，那么可以利用这根绳索一起设置滑轮系统。如果被困者没有连接在绳索上，那么需要一名救援人员通过缘绳下降

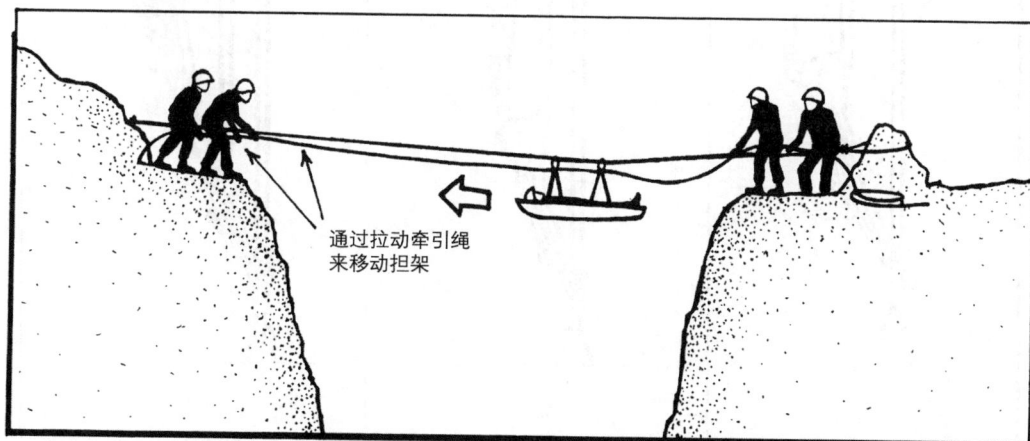

通过拉动牵引绳来移动担架

图 22-93 拉动担架

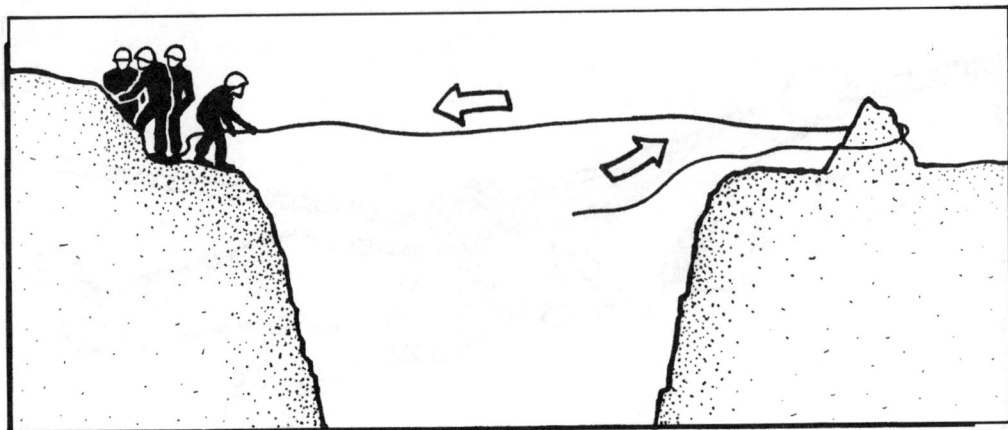

图 22-94　收回绳索

或锚定下降的方式到达被困者身边，将绳索系在被困者的坐式安全吊带和胸式安全带上，有时被困者还必须临时制作安全吊带。接着，将绳索从冰隙中缓慢地向上拉出。接近冰隙边缘处时，用普鲁士结将绳索连接在锚点上，防止绳索从冰隙边缘滑落。同时，应该在冰隙后方设置一个锚点系统并装上滑轮，让拉出冰隙的

绳索穿过滑轮后再回到冰隙边缘。这时还需要将另一根普鲁士结吊索系在绳索被拉出冰隙的位置上，并装上滑轮，将锚点系统中的绳索穿过这个滑轮。这样一来，整个滑轮系统就完成了。开展救援时，救援人员应拉住绳索的一端，直到第二根普鲁士结吊索被拉至锚点上的滑轮为止。接下来，由位于冰隙边缘的普鲁士结吊

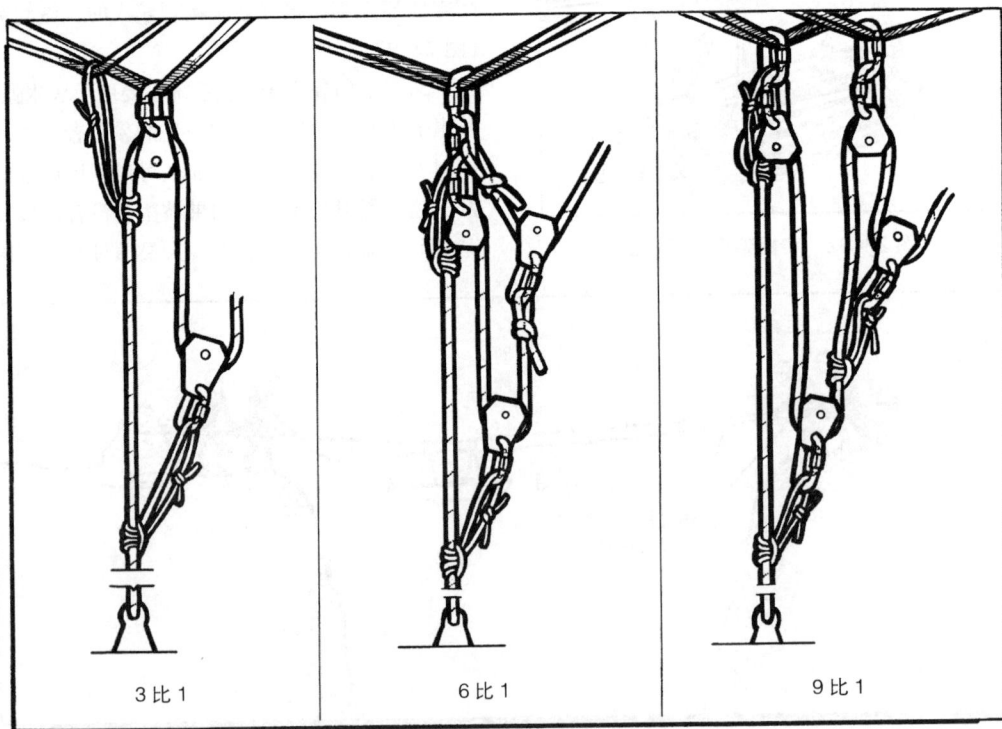

| 3 比 1 | 6 比 1 | 9 比 1 |

图 22-95　滑轮系统

图 22-96 单绳系统

图 22-97 加入第二根绳索

索负责承重，救援人员将另一个普鲁士结吊索复位。然后，救援人员继续拉绳索，直至被困者成功爬出冰隙。

6）双绳系统。与 Z 形滑轮系统只用一根绳索相比，选择这种系统需要多用一根绳索。与 Z 形滑轮系统相同的是，被困者也需要连接在绳索上。救援人员将绳索缓慢地拉出冰隙，设置一个锚点并系上普鲁士结吊索，用普鲁士结吊索来固定保护绳。然后，设置两个彼此分开的锚点，在靠近保护绳的那个锚点上系一根长吊索。在保护绳上位于普鲁士结吊索和冰隙边缘之间的位置上再加上一根普鲁士结吊索，在该吊索的固定端打一个 8 字结连在登山扣上，再将另一个登山扣穿过 8 字结扣好。在每个登山扣上及另一个锚点上分别加上一个滑轮。将长吊索穿过普鲁士结吊索末端的滑轮，再经过第二个锚点上的滑轮，最后穿过 8 字结上的滑轮。这样一来，整个滑轮系统就完成了。开展救援时，救援人员要拉动长吊索，直到穿有两

个登山扣的吊索被拉至锚点系统处。让锚点上的普鲁士结吊索承重，将长吊索重新设置在原来的位置上。重复前面的步骤，直到将被困者拉出冰隙为止。

7）峡谷救援系统（图 22-98）。一名救援人员缘绳下降到被困者处，另一名救援人员到达峡谷（或冰隙）的另一侧。在峡谷两侧都设置好锚点，一侧的救援人员将绳索的末端扔向峡谷的另一侧，由对面的人将绳索连接在锚点上。绳索中部要垂在峡谷中，以便救援人员将被困者通过滑轮连接在绳索上。将第二根绳索的末端下垂至被困者处，让被困者系在身上。将第一根绳索的活端连接在滑轮系统上。拉动绳索时，被困者就会被向上拉。绳索与岩壁约成 40° 角时，被困者会被拉向峡谷边缘。靠近峡谷边缘时，被困者的体重会使绳索的角度变小，这时救援人员需要向绳索施加更大的拉力，直到被困者被成功拉出峡谷。

8）让绳结通过保护系统（图 22-99）。利

图 22-98　峡谷救援系统

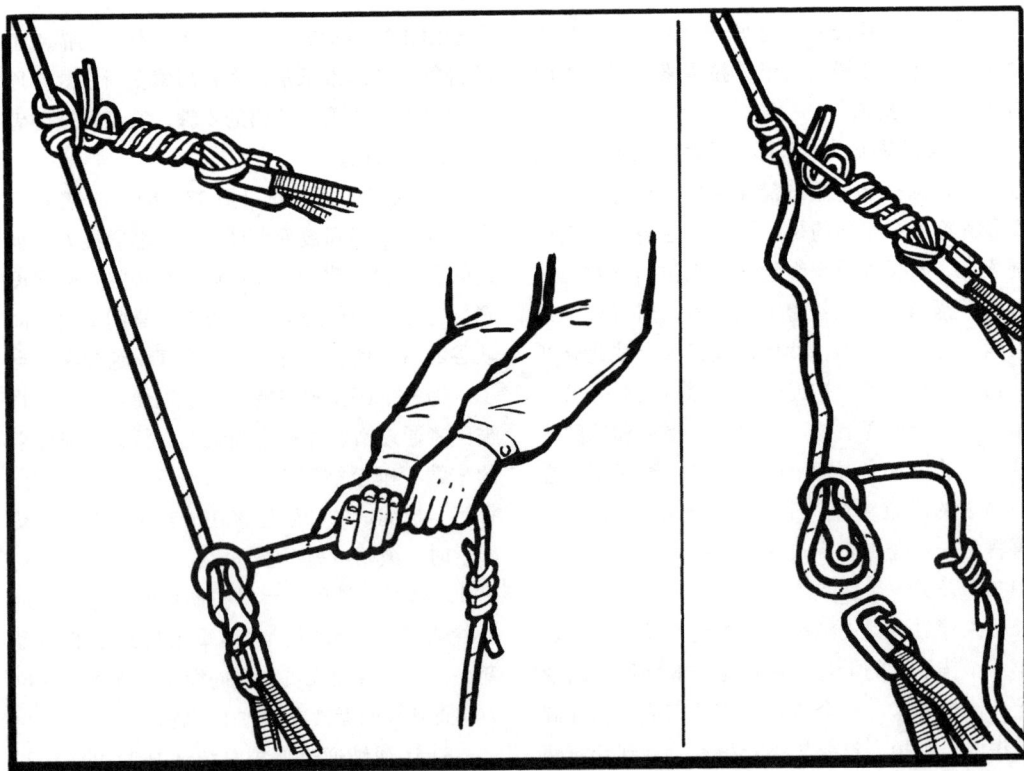

图 22-99　让绳结通过保护系统

用多根绳索或需要加绳来完成长距离垂降时，救援人员需要让绳结穿过保护系统。如果绳结无法穿过，救援人员可以采用另一种方法让绳索在保护系统被移除、绳结经过时仍然保持稳定，那就是当绳结接近保护系统时采取制动措施稳定系统，然后在保护系统下方的绳索上系一根普鲁士结吊索，将该吊索连接在锚点上，再系上一个水手结。拆除保护系统上的制动器，让绳结和足够的绳索通过保护系统，这时由水手结开始承受拉力。然后，立刻将绳索穿回制动器，由保护系统重新制动。慢慢松开水手结，让拉力慢慢回到保护系统上。

第 23 章　水上行进

23.1　引言

地球表面近 71% 的面积都是水，本章中将介绍水上行进的技巧。在河流和远海上行进的技巧同时也适用于沼泽和湖泊。在介绍远海行进的技巧时，还考虑到了各大洋不同的环境因素。水上救援与游泳技巧对解救受伤的求生者及打捞装备来说非常重要。此外，本章还将介绍处理溺水问题的方法、制作单人救生筏的步骤，以及借助防寒服、救生工具和救生筏来维持生命的方法。求生者在远海上的首要目标是获救，但如果无法获救，则要设法登陆——次要目标。求生者如果对水上行进技巧有较为全面的了解，就可以大大提高靠岸登陆的可能性，同时也能做到在装备损耗最少、人员受伤最轻的情况下登岸。

23.2　在河流上行进

1. 几百年来，人们一直把河流视为相当安全的行进路线，这也是世界上有许许多多城市都坐落在河流沿岸的原因之一。流速为每小时 4~5 节的河流比较常见，求生者在这样的河流上顺流行进的话，5 个小时能够行进 20~25 英里（32.2~40.2 千米）。与以同样的速度在陆上行进相比，在河流上行进的求生者可以节省大量消耗在搬运装备、给养等方面的体力。

2. 地球上的每个大洲都拥有源远流长的大河，其中像尼罗河、亚马孙河、密西西比河、勒拿河这样的河流更是有着绵延数百英里的平静无波的可航行水道。适宜航行的水道一般都穿行在平原、苔原、盆地等地区。在这些地区，只有河流的水温及动植物有可能给求生者带来威胁。相反，有些大河，比如麦肯齐河、长江和恒河等，上游的水流非常湍急，人们在这些地区航行可能会发生危险。美国西北部的斯内克河、萨蒙河和落鸠河的情况也是如此。求生者选择在这样的河流上行进时必须考虑到自身（或小组中的每名成员）的技能、身体受伤情况、河流类型、水流湍急程度、水温及河流流向等因素。尽管求生者有时需要将装备从陆上搬运到筏子上，但是考虑到水上行进可以节省体力，所以还是值得尝试的。不过，如果搬运装备需要消耗的体力大于水上行进可以节省的体力，则应该放弃水上行进。

3. 在非战斗情况下，求生者在河流上行进往往可以到达当地人的居住区，从而能够在当地人的帮助下满足维持生命的基本需要，并且最终获救。就算没找到当地人的居民区，求生者也很有可能到达某处湖边或者海岸。在这样的水陆交界地区，特别是在海岸边，求生者可以找到丰富的食物以及求生所需的其他资源，从而提高生还的概率。此外，与内陆地区的求生者相比，岸边的求生者更加容易被救援人员发现。

23.3　安全原则

1. 在河流上行进时必须遵循一定的安全原则和指导方针，以降低行进中可能遇到的危险。求生者必须重视这些行为准则。

2. 要在河流上行进，最重要的一项原则就是做好准备。行进前，求生者要仔细勘察河流的情况——求生者在行进途中停下来的频率就取决于此。在河岸边的高地上可以观察到河流的情况。如果河流的弯道较多或是沿岸没有视野较好的地方，那么求生者在途中必须经常停下来，等确定好下一段路线之后才能继续行进。耐心确定每一段河流的航道情况可以防止事故的发生。在河流上航行的每一位求生者都必须熟悉下一段航行路线，并且能够依靠他们的技巧和力量控制航向、安全行进。求生者应该能够意识到并且有效应对在航行过程中遇到的危险，在遇到突发状况时能迅速发出信号。在勘察河流时，河流中所有看不清楚的激流险滩都必须仔细侦察，所以求生小组中的成员需要通过集体讨论来决定航行的路线。选择路线时必须考虑到所有小组成员的技巧、知识和能力，例如游泳技巧和体能等。不要试图在事故高发地区行进。如果求生者认为某段河道的危险性较大，则应该在进入该河段之前将救生筏靠岸，在陆地上搬运救生筏通过这一地区，然后回到河上继续行进。这是一种经由陆路绕过危险区域的方法。

3. 登上救生筏之前，求生者应该穿上救生用具以及能够提供适当保护的衣服——各种装备要事先测试，以确保其能够正常使用。由于救生筏有可能在河上倾覆或者进水，所以求生者不要穿得过于臃肿，以免妨碍活动。可能的情况下，应该穿上抗暴露服装。怕潮的装备应该保存在防水容器中。求生者必须做到：

1) 将所有的医疗用品、修补工具和求生装备都转移到救生筏上；

2) 对所有求生装备都进行清点和测试；

3) 特别重视物资和装备的存放；

4) 对救生筏上的所有装备都做好防护，避免丢失或受损；

5) 下水之前，检查救生筏是否有破损，有的话应及时修补。

4. 使用单人救生筏（图 23-1）在水上行进时，建议求生者解开或切断筏底的压舱桶，扣紧防溅板，解开海锚，以避免救生筏陷入沼泽或者被水下的障碍物缠住。救生筏上的压舱桶解开后，求生者可以通过调整划桨的方向来控制救生筏在水上行进。不管是向后划桨还是向前划桨，求生者不久后都会发现，如果将腋下的救生气囊移至背后（图 23-2A），划桨时会更加轻松方便，因为求生者摆臂的空间变大了。遇到激流时，求生者应立刻系好救生气囊，

顺流而下。

5. 横渡河流时，避免危险的最基本的方法就是控制救生筏的速度和防止救生筏与河流中的障碍物相撞。求生者发现河流中的大块岩石和漩涡时，要及早调整救生筏的方向避开。前方有障碍物时，求生者应该让救生筏的船头对着障碍物方向并向后划桨，以减缓救生筏行进的速度，从而绕过障碍物渡河。一般来说，救生筏与水流方向之间的夹角最好为45°（图 23-2B）。救生筏充足气后会更容易操作。如果救生筏无法避开河流中的岩石，求生者应该让船尾拱起，以防船尾撞上岩石受损。

6. 使用多人救生筏（图 23-3）在水上行进时，应该拆掉海锚和登船梯，以防救生筏搁浅。可能的情况下，应该将长50英尺（15.2米）左右的短绳系在船头和船尾，用于打结。另外，准备一根200英尺（61米）长的绳索，卷成绳圈备用，将绳索的一端系在救生筏上，在另一端打一个固定的绳环。降落伞绳很适合制作这样的备用绳索。3股伞绳编成的绳索可以承受1 000~1 500磅（453.6~680.4千克）的拉力，而2股伞绳编成的绳索可以承受700~900磅的拉力（317.5~408.2千克）。

7. 装备和人员的重量应该平均分布在救生筏上，这样救生筏划起来更平稳。救生筏不

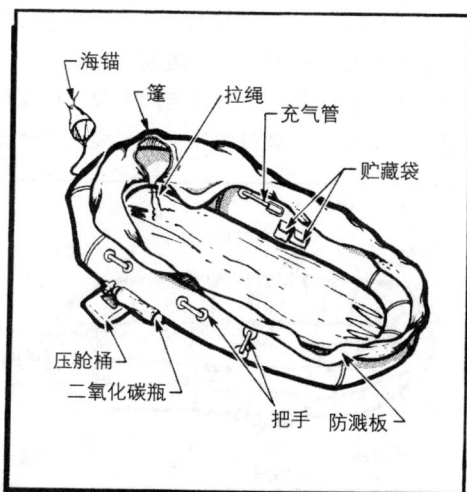

图 23-1　单人救生筏

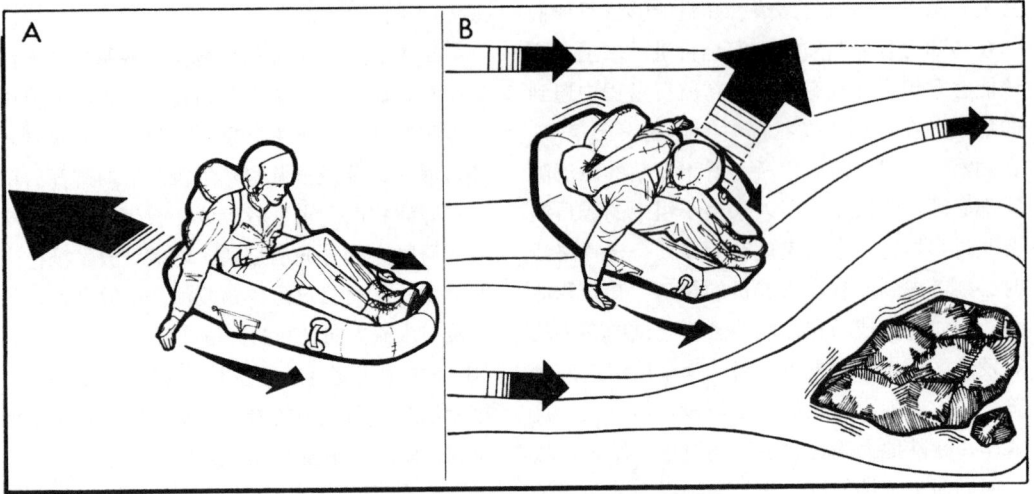

图 23-2　使用单人救生筏在水上行进

得超载。救生筏上的每一个人——船长（负责人）、船尾桨手、侧面桨手以及小组中的其他成员——的位置都要安排得当。要尽量避免在黄昏或夜间行船（非战斗情况下），否则会因能见度太低而增加事故发生的概率。

8. 操控多人救生筏的两个方法。

1) 利用大桨或篙。在浅水中用篙操控多人救生筏更有效，而在深水中用大桨操控更有效。船头和船尾可以同时使用大桨或篙，船头的操控者可以看到前方的障碍物，而船尾的操控者可以根据船头同伴的指挥协助控制方向。

2) 利用划桨技巧。划桨人员可以采取三种姿势。最佳姿势是坐在位置较高的气舱上，双腿弯曲置于救生筏中，身体与救生筏的侧面保持垂直。另外一种姿势叫作牛仔坐姿，即跨坐

在气舱上，双腿置于气舱两侧，用膝盖夹住气舱，小腿向后伸。采用这种姿势时，外侧的腿可能会撞到河流中的障碍物，甚至受伤。第三种划桨姿势一般用于静水中，划桨者需要跨坐在气舱上，双腿自然伸展。在较小的救生筏中，划桨者可以坐在救生筏内，将手伸出船侧划桨。此外，划桨者一定要了解船桨的结构（图23-4）。

（1）最简单的划桨方法之一是向前划桨法（图23-5-1），方法如下：

①用置于救生筏外侧的手臂将桨板用力向前刺入水中，手臂暂时在筏外保持不动，然后推动把手——位于救生筏内侧的手将把手向前推，让桨板深深插入水中。继续做将把手向前推、将桨柄向后拉的动作，让船桨与救生筏成90°。如果桨板只是稍稍超过髋部，则应该停下来调整姿势，否则不但得不到足够的向前的力量，还会浪费体力。将桨板拉出水面时，可以

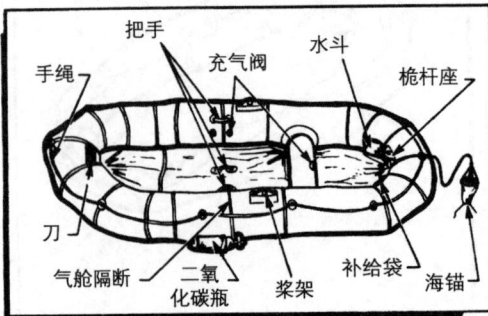

图 23-3　7 人救生筏

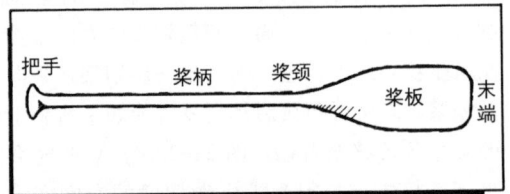

图 23-4　船桨

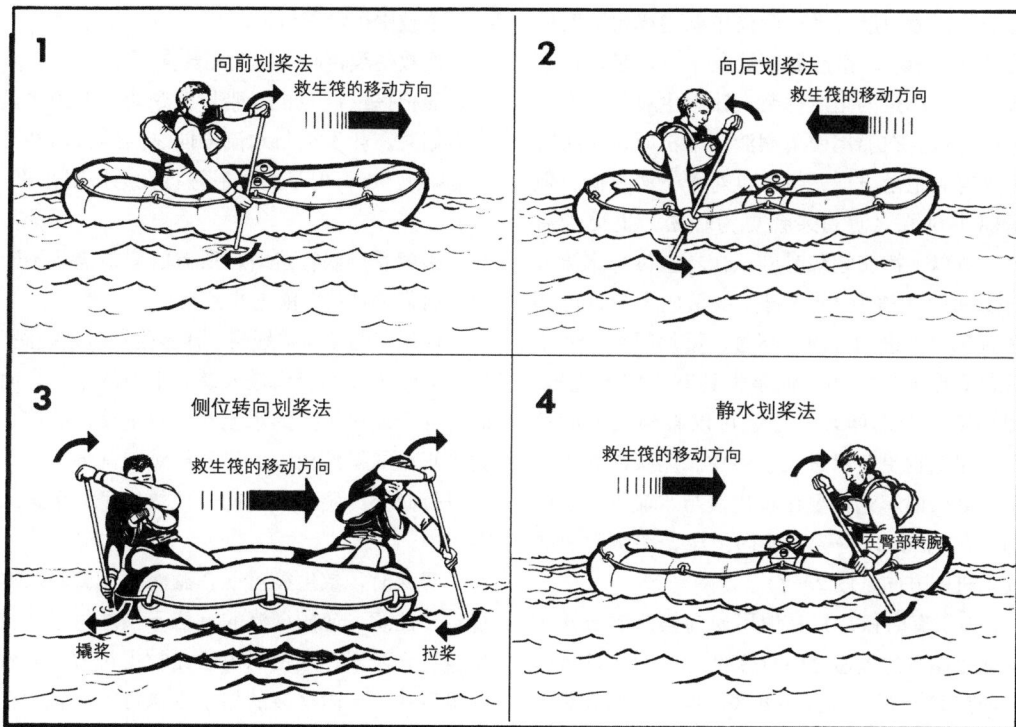

图 23-5 划桨动作

向下推动桨的把手，将其向划桨者位于救生筏内的髋关节挥动。桨板出水后应该与水面保持水平，这样可以减少来自风和水波的阻力，从而节省时间和体力。完成一次划桨动作后，重复上述动作。

②在较为平静的河流上行进时，划桨者不需要用力扭转上半身划桨。需要加速时，划桨者可以将身体前倾，用身体的重量增加划桨的力度。同时用位于救生筏内侧的手抓住船桨的把手，用位于救生筏外侧的手抓住桨柄的1/2~3/4 处。

（2）与向前划桨法相反，向后划桨法（图23-5-2）需要划桨者将船桨在髋部后面的位置刺入水中，同时将桨柄向前推，再将把手向后拉。划桨者处在向后划桨的起始姿势，且露出水面的桨板回到向后划桨的起始位置时，即表示一次向后划桨的动作完成。

（3）侧位转向划桨法（图23-5-3）是一种在救生筏上相对的两侧划桨的方法，可以帮助

救生筏在狭窄河道中行进或是让救生筏转向。

①拉桨。将船桨伸出救生筏外，让桨板与救生筏几乎平行地插入水中，然后将把手向外推，将桨柄向里拉，直到把桨板拉到救生筏侧面。船桨出水后重复上述动作。

②撬桨。将桨板贴着救生筏侧面插入水中，将桨柄向外推，将把手向里拉。

（4）静水划桨法（图23-5-4）。在长距离的静水航行中，可以将这种方法与向前划桨法交替使用。划桨者以牛仔坐姿坐在救生筏上，面对船尾，用位于救生筏外侧的手握住桨柄，让船桨斜在身前，靠着位于救生筏外侧的髋关节。用位于救生筏内侧的手握住桨的把手，让把手靠在位于救生筏内侧的肩上。伸出内侧的手臂，向后将桨板插入水中，将把手向后拉，以髋关节为支点用力撬动船桨。这种通过肩部、髋部和双手的协作来划桨的方法，一般来说效果很好。

（5）摆渡划桨法是一种基础桨法，用于在

弯曲的河道中航行及在激流中躲避障碍物时使用（图 23-6）。摆渡划桨的基本方法是，向河流上游以一定的角度挥桨，让救生筏斜着在水流中行进。在船尾使用摆渡划桨法时，船头既可以对着上游方向，也可以对着下游方向，但是船头对着上游划桨会更为轻松，也更加有力。所以，摆渡划桨时应该让救生筏与水流方向之间的夹角为 45°，将船头偏向上游，船侧对着想要前进的方向。不过，虽然船头对着下游时划桨不够有力，但是也具有一定的优势，即划桨者无需伸长脖子就可以看到前方的情况，船头也更容易进入波浪中。船头向着下游摆渡划桨时，仍需要让救生筏与水流方向之间的夹角为 45°，将船尾偏向上游，船侧对着想要前进的方向（图 23-7）。

（6）有时候，只有使用逆向摆渡的方法才能让重型救生筏通过小而急的漩涡（图 23-8），此时应该按照以下步骤划桨。但是，如果想让救生筏的船头先进入漩涡，并且离开漩涡的时候船头偏向上游，则不能使用这一方法。

①救生筏斜着行进。

②救生筏转向，让船尾转向下游。

③把握最佳时机，船长发令让所有的船员用力划桨。救生筏与水流方向之间的夹角甚至可能接近 90°，但是此时最好将夹角控制在 45° 左右。

④朝着漩涡行进时，所有的船员需要不断向前划桨，以获得前进的势头。

⑤船员继续向前划桨，让救生筏进入漩涡。

⑥救生筏的船头进入漩涡上游的水流，而船尾处于漩涡下游的水流时，救生筏已经旋转到了正常的摆渡角度。船员继续向前划桨，并且进行必要的调整和转向，让救生筏完全进入漩涡中。

⑦此时，救生筏可以在漩涡中比较轻松地行进。注意：逆向摆渡的方法不仅适用于让救生筏进入漩涡，还可以用于让救生筏避过危险的障碍物。逆向摆渡的划桨方法可以让救生筏侧向快速移动，而漩涡中的水流会让救生筏的船头立刻转向下游。这样，救生筏不但不会被

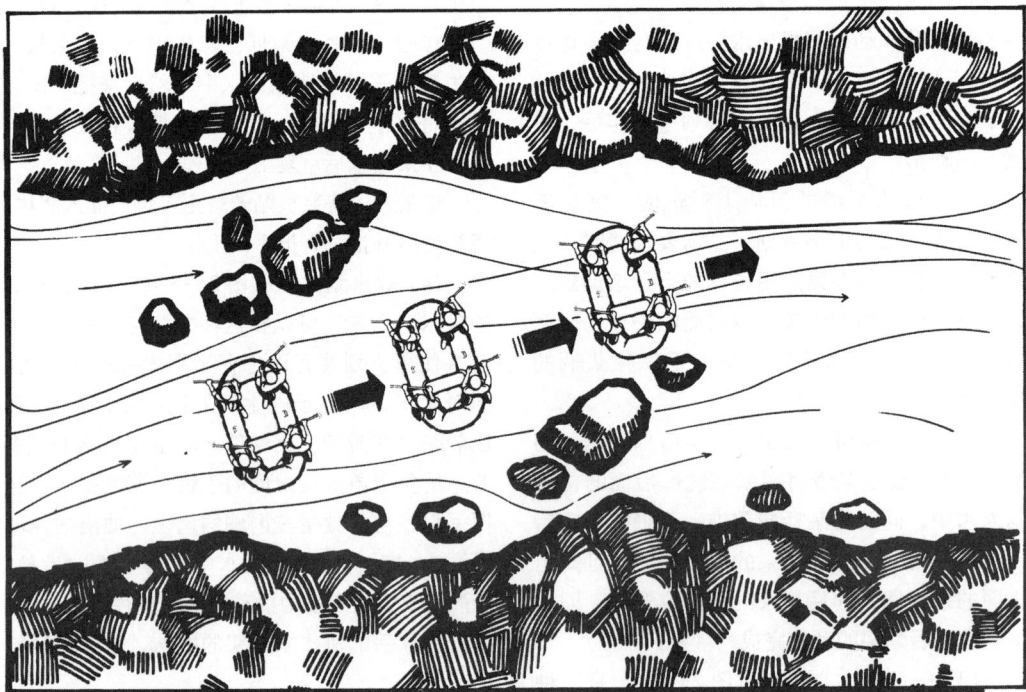

图 23-6　摆渡划桨法

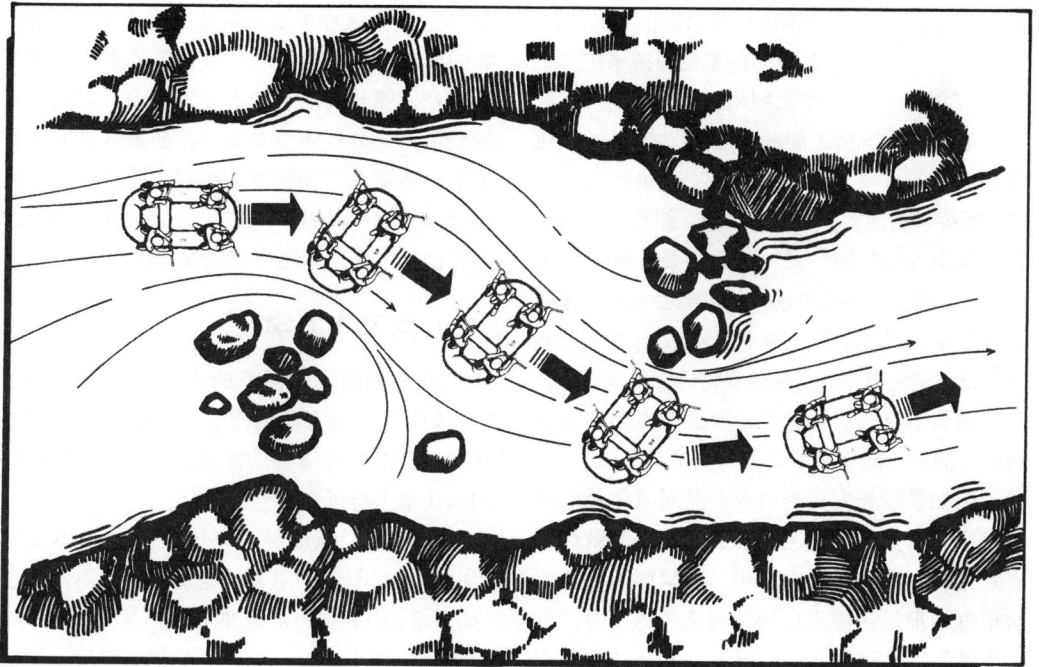

图 23-7　船头向着下游

卷入漩涡中，反而会顺流渡过漩涡（或避过大的障碍物）。

（7）顺向划桨法需要充足的操控时间，所以一般适合在静水区或者较为平静的水域使用。顺向划桨的时候只需要将船头对着想要前进的方向，采用向前划桨法挥动船桨即可。而反向划桨法则与顺向划桨法完全相反，需要将船尾对着想要前进的方向，用向后划桨的方法挥动船桨。

（8）左转时，救生筏左侧的船桨向前划，而右侧的船桨向后划。反之，右转时救生筏左侧的船桨向后划，而右侧的船桨向前划。两侧船桨划动时要做到同步（图 23-9）。

（9）侧位转向划法可以让救生筏向侧面移动（图 23-10）。

（10）在船尾划桨可以更好地控制救生筏。船尾的船桨基本上可以被看作是控制航行方向的船舵。如果救生筏要向右转，则桨板在右，与水流方向垂直。如果救生筏要向左转，则桨板在左。（图 23-11）

（11）在船尾用其他划桨方法划桨，如向前划桨法或向后划桨法，会使救生筏更加迅速地转向或移动。如果在船尾稍偏向一侧的地方划桨，可以让救生筏向着相反的方向行进。

（12）在河流上航行时，行动需要迅速、果断，所以要有一名求生者担任救生筏的船长，用口令或信号协调小组成员们的动作。船员与船长之间的沟通至关重要，所以求生小组必须确定一套每个人都熟悉且简洁明了的口令。以下是一些建议使用的口令：

船长的口令	船员的反应
"向前"	向前划桨。
"向后"	向后划桨。
"右转"	左侧的船桨向前划，右侧的船桨向后划。
"左转"	左侧的船桨向后划，右侧的船桨向前划。
"右移"	右侧的船桨使用拉桨法，左侧的船桨使用撬桨法。

"左移"　　　左侧的船桨使用拉桨法，右侧的船桨使用撬桨法。

"停"　　　停止划桨。

①遇到情况时，船长要立刻发出口令。在听到下一条口令之前，船员要一直执行上一条口令所要求的内容。通过发口令，船长一方面要控制救生筏的航向，另一方面还要控制救生筏的航速。船长需要预测前方的水流会对救生筏的航行产生怎样的影响，并且及时发出口令控制救生筏，避免救生筏遇到障碍物后发生事故。优秀的船长不仅具有预见性，而且他发出的指令精准、简洁，能够尽量让船员们节省体力。

②如果船长发出的口令及其对救生筏的控制完全适合水流的情况，那么船员划桨就会既有效又省力，甚至乐在其中。如果船长需要船员根据情况迅速做出反应，那么可以下令"自由控桨"。时间允许的情况下，船长在发出指令前应该先说一些引导性的语句，如"我们要划到前方大石块的右侧。好的，下面……（口令内容）"。这样可以让船员在做动作之前有足够的反应时间。如果船员没听清或者不理解某条口令，船长需要大声重复该口令，直到所有的船员都充分理解口令内容。如果某名船员发现了一条更加方便快捷的路线，应该伸出手臂向船长指出该路线。同样的，如果其他船员或船长没有看到，该船员应该重复这一动作。

23.4 河流水力学

求生者需要对河流的水力学有一定的了解。如果求生者了解河流中各种障碍物的类型、掌握避开各类障碍物的方法，就可以运用这些知识让水上行进变得更加安全。

1. 层流。水流经过不同类型的物体或地表时会受到不同的阻力，这使得处在不同水层（或水道）中的层流流速并不相同（图23-12）。河流底层的水流流速比上层的水流缓慢，这是因为底层水流与河底和侧面的土壤、植被之间的摩擦力较大。紧贴着河底和河岸的水流最为

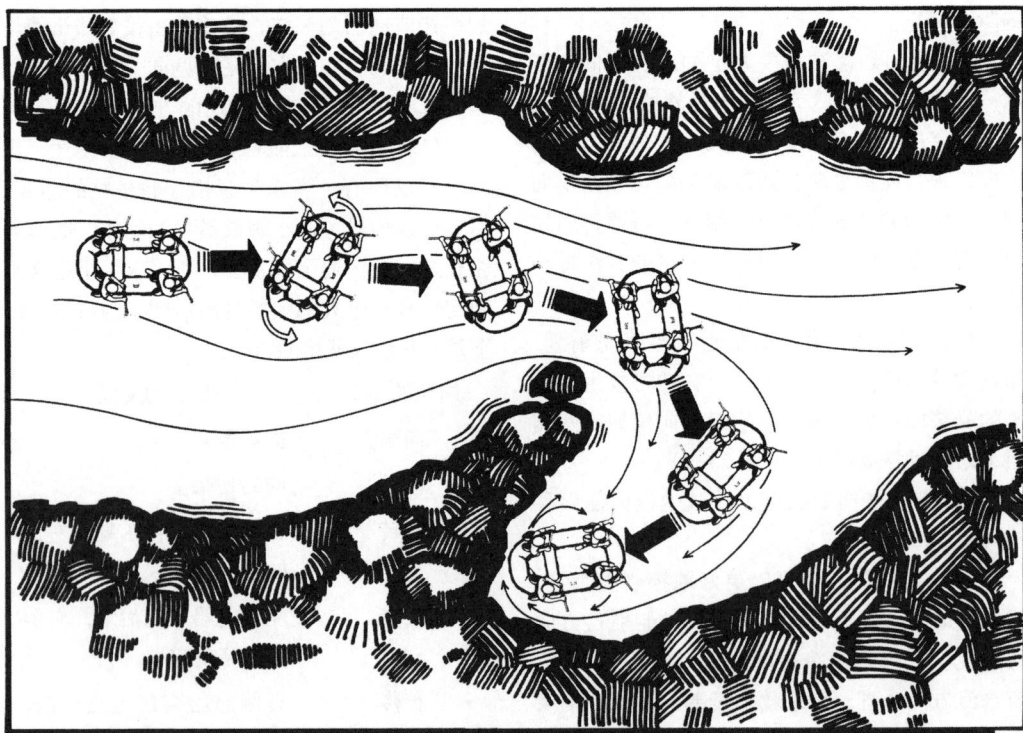

图23-8　用逆向摆渡法进入漩涡

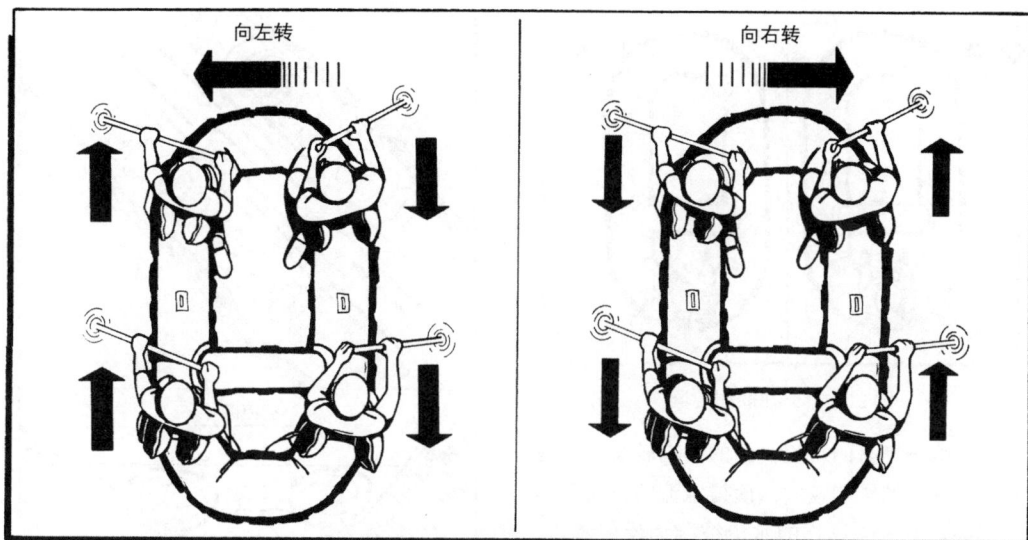

图 23-9　让救生筏左转或右转

缓慢。随着水层的不断升高，水流的流速也不断加快。最上层的水流速度只受空气阻力的影响。笔直平坦的河床上，位于河水表面以下5%~15% 位置上的水流速度最快。但是，就算笔直的河岸也不会特别光滑，河岸上凸起或凹陷的部分会影响层流的速度。河岸与水流之间的摩擦力会导致靠近岸边的水流流速比河流中部的水流流速慢。此外，靠近河岸的地方水比较浅，水层也比较少。当河水的流速达到每小时 4~5 节时，河水中会出现影响正常水流的紊流。因为当河水以这样的速度流动时，不同层流之间的摩擦力会导致水流出现旋转，从而扰动正常的水流。

2. 水流。

1）当河水中的一股水流因为水中的障碍物而发生偏斜时，所有向下游流动的水流都会

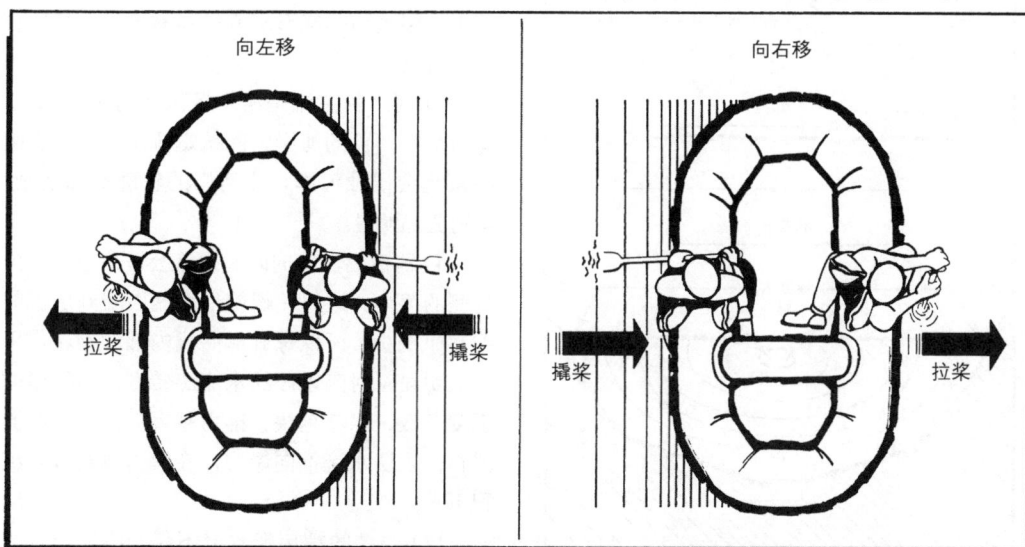

图 23-10　用侧位转向划法让救生筏向左或向右移动

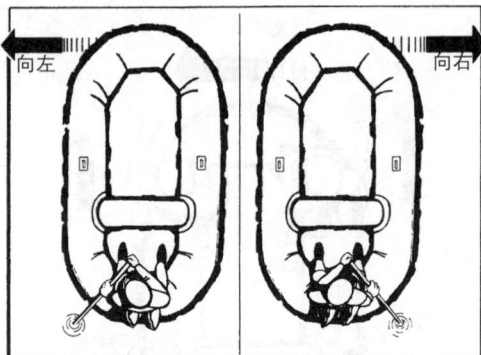

图 23-11 在船尾控桨

受到影响——有的水流受到的影响较小，而有些水流受到的影响较大，使得水流的方向和速度都会改变——这样的水流被称为反射水流。反射水流会因为河岸或突出的岩石等障碍物而偏斜。

2）层流被扰乱后会出现一种螺旋形水流（图 23-13），这种旋转着前进的水流主要是因为水流与河岸间的摩擦力造成的。在河流下游笔直（假设）的河流左岸，螺旋形水流呈顺时针方向旋转，而在河流右岸呈逆时针方向旋

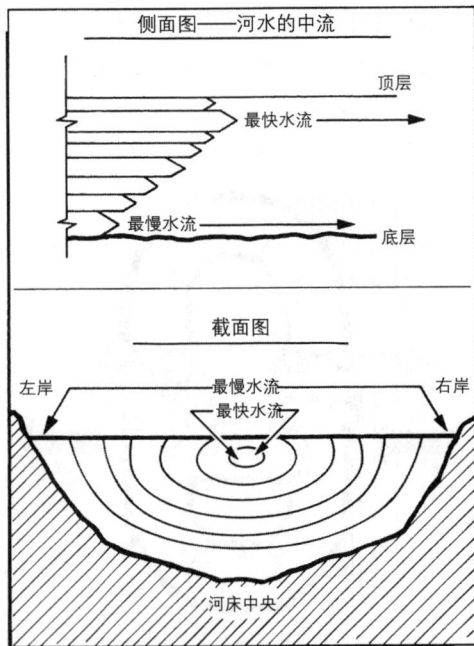

图 23-13 螺旋形水流

转。这种现象是不断升高的河岸与冲向下游的强劲主流之间产生的摩擦力造成的。螺旋形水流最初形成于河底，慢慢地向河水表面和河岸移动，接着又旋向主流，再向下移动。这样的螺旋形水流会将其附近的漂浮物推入主流并使其留在那里。漂浮物哪怕只碰到了螺旋形水流中相对平静的边缘，也会被带入最强劲的主流中。层流和螺旋形水流更容易出现在流速较快的河流中。

3）河水的主流是河水最深处的一股水流，有时会在两侧的河岸之间蜿蜒流淌。主流引起的紊流会侵蚀河岸，让河岸的轮廓更加清晰、弯道更加明显。

4）河流突然转向时，水流会被离心力甩向外侧的河岸。这时，螺旋形水流因受到层流的抑制而变小，所以螺旋形曲线内部的旋转作用更加明显。河流表面的水流旋转方向与河岸的弧度一致，水流越快，推力越大。河水上的漂浮物被表层水流推向岸边，在岸边搁浅或者沉积下来。

（1）强劲的螺旋形水流不仅会将表层水流推向外侧，而且当它从河底旋转上升时还会将

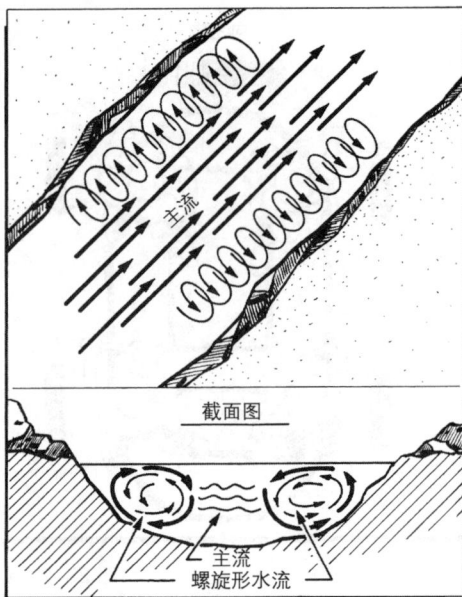

图 23-12 层流

沉积物带起。沉积物在河流弯道内侧河岸的最高点沉积下来，并随着水位的上升越堆越高，等水位降低之后那里就会出现一个点坝（一般由细沙和碎石组成）。像这样的点坝一般都突出河面足够高，使得河上的漂浮物在水位较高时会汇集到河水流速最快的地方，从而避开沙洲。（图 23-14）

（2）河水的水流量、强度和高度同时增加时，水位会大幅度升高。河水的流速较快、水量较大时，在离心力的作用下会形成另一种现象，表面的水流会向着外侧的河岸绕着碟状的圈旋转，就像是水流绕着跑道奔跑一样。如果求生者能够正确控制救生筏，那么在受到稍稍上升的水流或是绕圈水流外侧的推力时，救生筏就会顺流慢慢滑入前方平静的水中。但是如果救生筏横在了旋转的水流上，则可能会被吸入螺旋形水流的底部，或者被碟状圈外侧水流的力量猛击，并被狠狠推向外侧的河岸。

5）大湍流是一种猛烈的、难以预测的大型紊流，是由河底的凹陷或斜面造成的极其危险的水流现象。水流与河岸弯道或岩石碰撞时也有可能引发大湍流。大湍流中形成的大量泡沫和水流的拉力都会让救生筏打转，使船员很难控制救生筏。有时候救生筏根本无法通过这样的大湍流。

6）在河流的急转弯处，多股水流会相互混合，而危险依然存在。层流撞上河岸后会在转弯处的下方形成螺旋形水流，但是那里的河水从外表看上去依然是笔直平淌的。由于水是液体，所以无法抵抗压力，会因为河水中的各种障碍物（大部分是淹没在水下的大块岩石）而改变运动情况。（图 23-15）

7）河水在经过水下的大块岩石等障碍物时，层流的性质会发生改变。水流从岩石的顶部经过时，层流的流速会加快。这种现象的产生是因为文丘里效应，即绕过岩石的水流周围会形成一个近似"真空"的区域，扰乱了障碍物下方的水流，水流由粗变细，于是层流的速度加快。

8）另一种水文现象是涌波，一般出现在水流缓慢、河水比较深的地区，通常是因为下游河流中的障碍物阻挡水流造成的。涌波会形成

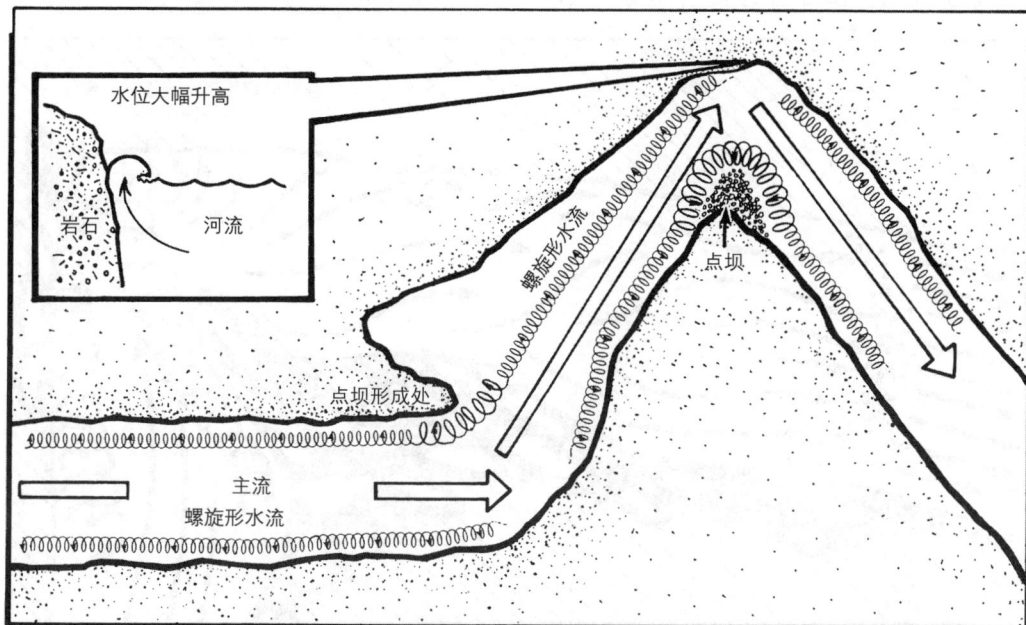

图 23-14　点坝

水压（图 23-16）。如果障碍物无法阻挡流动的河水，水压就会被释放掉。如果河水中的大块岩石或其他障碍物完全被水淹没，使得水中的漂浮物不会撞到障碍物的顶部，那么涌波就不会对救生筏造成影响。但是如果河水没有完全淹没大的障碍物，那么求生者必须保持警惕，小心操控救生筏，否则可能会造成船毁人伤的严重后果（图 23-17）。如果水下障碍物的体积较大，那么流过其顶部的水流会非常强劲，并且会努力填补水流流向下游时在障碍物周围形成的"真空"区域。

9）如果河水中被淹在水下的障碍物上方的水流量非常小，而下方的水流量非常大，那么就可能会导致河上的救生筏颠簸、速度减慢，甚至倾覆。

10）如果大股水流从一处被淹在水下的障碍物上经过又坠落，但水流坠下的角度不够垂直，那么就不会形成抽吸潭，而是形成崩落潭（图 23-18）。这时在障碍物的下游处就会出现一处波浪。这处波浪的位置固定，一般高 1~10 英尺（0.3~3 米）不等。虽然崩落潭中没有抽吸潭中那种向上游流动的强劲水流，但是仍会困

住一些比较小的救生筏。通过这类障碍时，崩落潭的大小和求生者控制救生筏的技巧都是需要考虑的重要因素。

3. 抽吸潭和漩涡。

1）抽吸潭。抽吸潭中形成的"真空"区域可以将一个穿着救生气囊的求生者吸入水下。如果求生者不慎被吸入抽吸潭中，会随着水流打转，向下游的水面移动，等遇到向上游移动的水流后又会被冲到抽吸潭中，再次被吸入水下（图 23-19）。如果漂浮物的浮力很大，虽然不会被吸入水下，但还是会被困在抽吸潭中。求生者一般很难通过外表认出抽吸潭，因为那里不会出现明显的泡沫、漩涡，也基本不会发出响声。如果水面上出现明显的凸起，那么求生者就要特别注意。遇到抽吸潭时，有三种方法可以帮助求生者脱困或避免受重伤。第一种方法是找到水面上向着求生者目标方向流动的水流。第二种方法是将船桨或一只手臂伸入水下，找到从抽吸潭中向上涌出的水流。但是，在规模较大的抽吸潭中，这股水流一般位置很深，求生者很难够到。这时求生者应该试着突破漩涡边缘，进入从旁边经过的水流。最

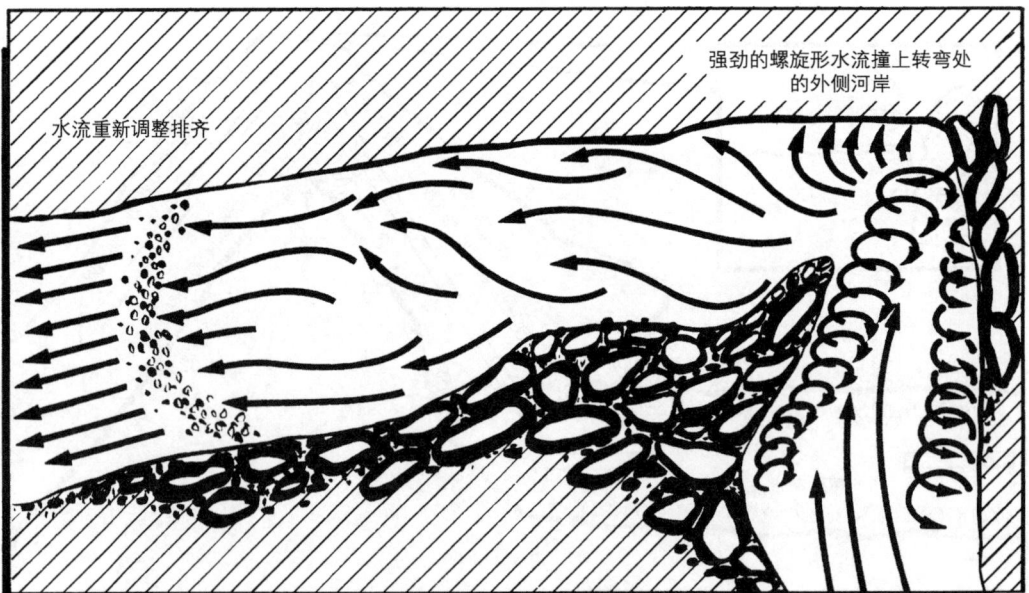

图 23-15 河流转弯处

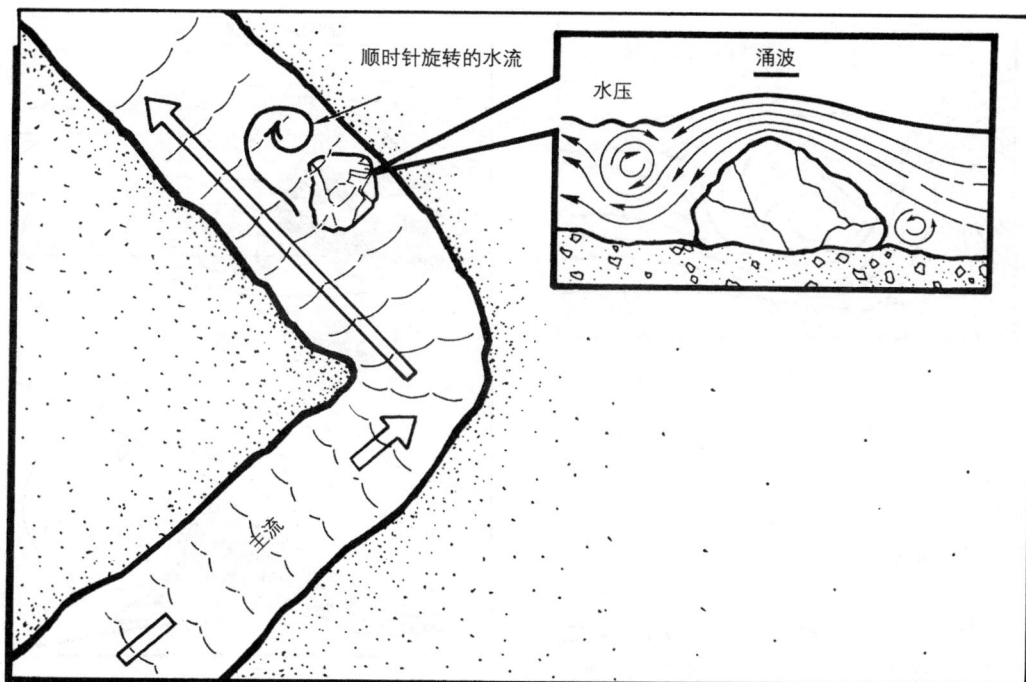

图 23-16　涌波

后一种方法也是最好的方法，那就是求生者在行进时要不断观察前方的情况，及早发现抽吸潭的位置并尽量避开。

2）漩涡（图 23-20）是水流遇到障碍物时形成的。河岸边的漩涡是因为一部分主流撞上河岸后发生偏斜，被迫返回向上游流动后再次与主流汇合形成的。这样的漩涡通常出现在水流平静而缓慢的地方、河流突然变宽的地方，或是河水略高或略低于河岸的地方。漩涡中有两股不同的水流：逆流和顺流。二者之间的分界线上有许多小涡流最终由于顺流的作用而摆

脱了逆流。

3）如果障碍物的一角略高出水面，让障碍物周围形成了一股二维流，那么就会产生一个二维漩涡。在水流的速度和力量的影响下，河水的水位会突然升高，比障碍物后方的水位高出很多，这时在水流中会形成一个深凹处，而绕过障碍物的水流会注入这个深凹处。河流中部的二维漩涡有两条分界线（逆流和顺流），分别位于障碍物的两侧。河水会从障碍物两侧进入水流深凹处，然后继续绕圈旋转，两股水流都会向着障碍物的方向往回流（图 23-21）。如果水流旋转的力度较大，则会形成一个较大

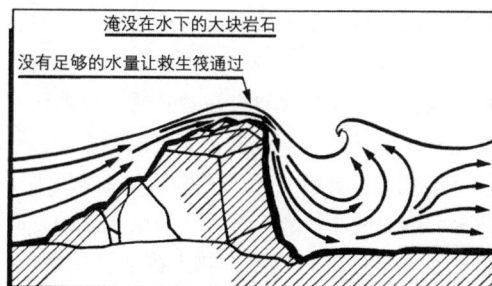

图 23-17　淹没在水下的大块岩石对水流的影响

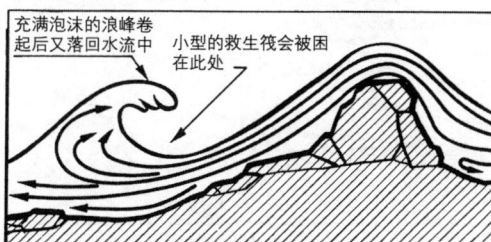

图 23-18　崩落潭

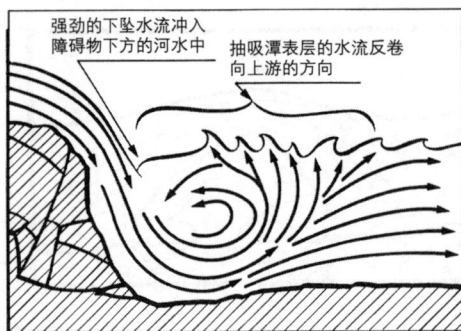

图 23-19 抽吸潭

的漩涡。由于离心力的作用，旋转水流的边缘处水位较高，会形成一个像浴缸排水口一样的抽吸孔。大型的漩涡非常少见，通常只在大河中出现。如果救生筏进入漩涡中，求生者可以停止划桨休息片刻，因为漩涡中不会有特别强劲的水流。如果障碍物特别大，救生筏可能会像风车一样转个不停，在这种情况下，求生者无法利用快速划桨的方法离开漩涡。

4. 瀑布。大多数瀑布中都会形成 2 股回旋水流或抽吸潭。2 股回旋水流分别位于主流的后方和前方，在相对的位置上打转（图 23-22）。如果瀑布的落差只有 2~3 英尺（0.6~0.9 米），那么不会对救生筏造成太大的威胁。但是如果落差高达 6 英尺（1.8 米），可能就会成为一个死亡陷阱。瀑布下方抽吸潭的力量非常大，救生筏很难避开。瀑布下方形成的泡沫也很危险，因为它们可能会遮住棱角锋利的岩石和其他危险的障碍物。

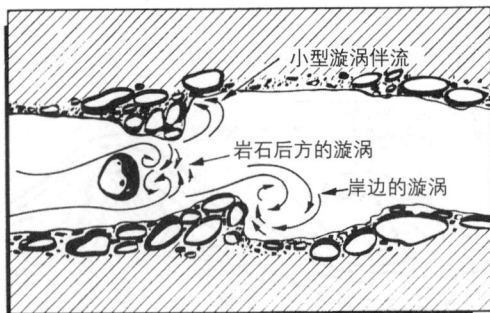

图 23-20 漩涡

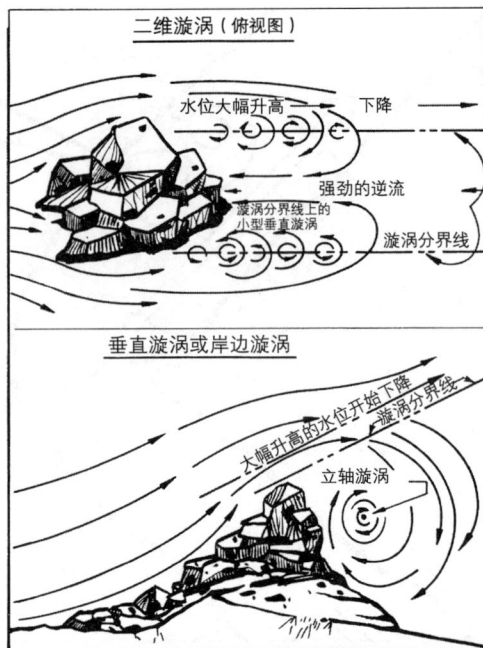

图 23-21 二维漩涡

5. 翻腾的水流。翻腾的水流可能出现在瀑布或没入水中的大型障碍物下方，处于漩涡或抽吸潭逆流的下游位置。翻腾的水流形状像一个半球或小丘。这种水流形成的原因是，几个水层的水流触到河底后向上移动，在河面上形成了状似花朵的水流。翻腾的水流中氧气的含量很高，会让水流失去对船桨的阻力，或是让穿着救生气囊的求生者无法浮起来。

6. 卷浪。卷浪也是求生者在水上行进时可能遇到的一大障碍。卷浪产生的原因很多，崩落潭下方的水流就是卷浪的一种。还有一种卷浪出现在笔直流淌的河水迅速下降时，这是由多沙的河岸和水下沙堤的阻力造成的。卷浪有时会掀翻救生筏，但是如果求生者能事先辨认其位置，一般还是比较容易避开的，只需让救生筏沿着卷浪的波峰行进即可（图 23-23）。

7. 尾波。尾波是一股平静的水流，是水流撞上河床上的小块岩石后导致表层水流的方向偏斜而形成的反射水流。救生筏通过尾波时，人们甚至很难察觉到它们的存在。

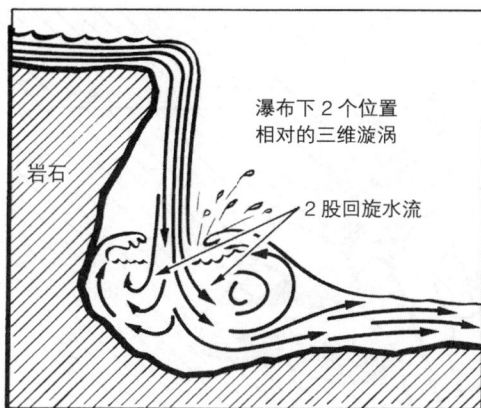

图 23-22　瀑布

8. 岸边卷浪。岸边卷浪一般出现在河床上的急转弯处，那里的水流无法沿着河岸顺利转向，此时水流会猛地撞上外侧河岸，水位骤然升高后又落下。如果岸边卷浪的规模较小，就不会对救生筏造成危险。但是大型的岸边卷浪可能高达 5 英尺（1.5 米）甚至更高，足以将经过的救生筏掀翻（图 23-24）。岸边卷浪根据其危险性或高度可以分为三个等级：最安全的只是一串微微泛着涟漪的水波隆起，救生筏可以在其中安全地通过；其次是有一定危险性的滚动的波浪，其底部水流的流速很快，水面升高的部分落下后仍会和原来的水流汇合在一起；最危险的一类岸边卷浪被称为"干草堆"或是"大公鸡"（图 23-25），这类卷浪在水面上隆起的部分特别大，看上去就好像水流从干

草堆上向四面流下来一样。最后一种卷浪的高度十分可观，救生筏很难从波峰上通过，即使通过也可能会被困在波谷，被泛着泡沫的波浪重重地压在下面。这样的卷浪还会遮住棱角锋利的岩石，如果求生者没有注意到隐藏的障碍物，救生筏底部就可能会被割破。

9. 急流。急流是适于航行的水流，但是其中也隐藏着危险。急流是在水中障碍物间的狭窄通道里快速流淌的水流，例如被 2 块大圆石夹在中间的水流（图 23-26）。由于受到了限制，所以水流的速度会加快，力量也会变大。正是由于水流的速度较快，所以在急流两侧有时会形成抽吸潭。

10. 河道中被树干、灌木或其他物体堵塞的地方非常危险。这些堆积物在水下的位置是固定的，到达这里被挡住的水流会从其上面通过。如果救生筏被这样的障碍物挡住，可能会停在原地无法前行。如果救生筏在这样的地方倾覆或进水，就有可能被卷入水下。

11. 河岸上生长的大树如果倒入河中（或是垂在水面上），就会成为河流上最危险的障碍物，因为这样的大树会随着水流上下起伏，求生者可能会在河流转弯处突然发现河道被这样的大树堵住了，于是无法继续行进。如果是在水流湍急处遇到这样的倒木，求生者很难有什么解决办法。唯一的预防措施是求生者在进入河流弯道之前停下来，先上岸观察前方河流

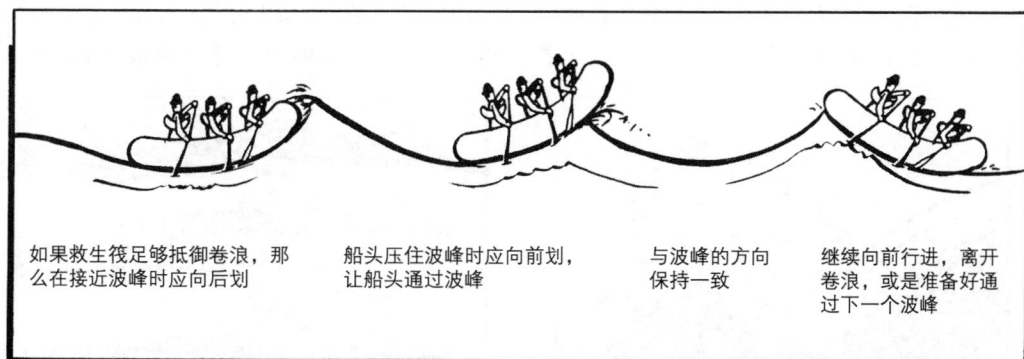

如果救生筏足够抵御卷浪，那么在接近波峰时应向后划　船头压住波峰时应向前划，让船头通过波峰　与波峰的方向保持一致　继续向前行进，离开卷浪，或是准备好通过下一个波峰

图 23-23　卷浪

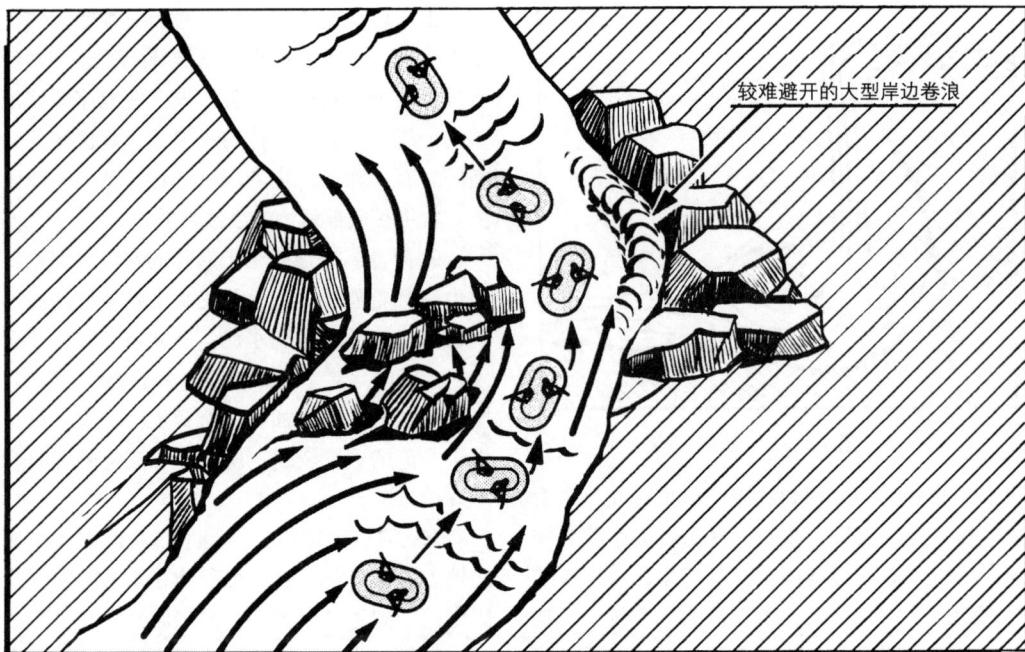

图 23-24　岸边卷浪

的情况后再行进。（注意：许多求生者都遭遇过撞上倒木的意外。）

23.5 紧急情况

1. 与岩石相撞。救生筏在河流上行进时经常会发生撞上突出水面的岩石的意外。如果求生者感到撞击无法避免，应该在救生筏撞上岩石之前迅速地大力改变救生筏的方向，或是用船头撞击岩石。如果求生者能够调整救生筏的方向，那就可以绕过岩石。如果救生筏的船头撞上了岩石，那么救生筏会暂时停下，让求生者有足够的时间划桨转向。救生筏的船头即将撞上岩石时，船尾的求生者应该迅速转移到救生筏的中部，这样可以让救生筏在受到撞击时抬起尾部，让激起的急流从救生筏的下方流过。如果救生筏的尾部吃水太深，周围的水位可能会高出船尾，导致救生筏进水，甚至淹没救生筏。如果救生筏的侧面即将撞向岩石，那么救生筏上的所有人必须立刻转移到救生筏靠近岩石的一侧——一般朝着下游方向（图 23-27）。求生者必须在救生筏撞上岩石之前就转移，否则水流可能会漫过救生筏，将救生筏向着上

图 23-25　干草堆状的岸边卷浪

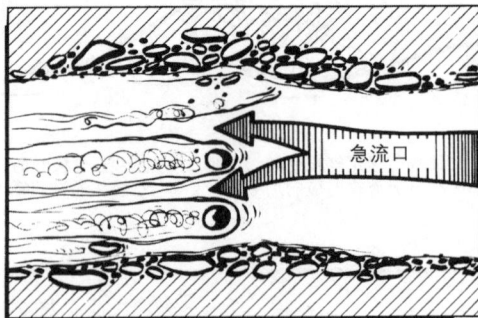

图 23-26　急流

游的一侧向下拖，这样一来，进水的救生筏会被水流强大的力量顶在岩石上。将救生筏中的水舀出后，就可以让打横的救生筏脱困。具体做法是：由两名求生者用双脚抵在岩石上，将救生筏转到水流流动的方向上；同时，其他求生者应该转移到船尾去。这种方法的成功率很高，但是如果求生者无法移动救生筏，就只能借助水流的力量来让救生筏脱困。这时，求生者需要将海锚（或潜水装备包）牢牢地系在一根长绳（注意：要使用安全保护绳索）上，然后将绳索固定在救生筏需要朝下游行进的那一端，这样海锚就会被水流带向下游，从而帮助救生筏脱困（图 23-28）。

2. 救生筏被困。强劲的急流有时会将救生筏困在水中的大块岩石旁，救生筏很难在岩石旁边保持平衡，这时在救生筏的一侧操控更容易让救生筏脱困。让救生筏脱困时，应该让救生筏上承重较大的一侧向水流的方向转动。求生者应在救生筏上至少 2 个地方系好牵引绳，以便均匀使力拉动绳索。其中一个地方位

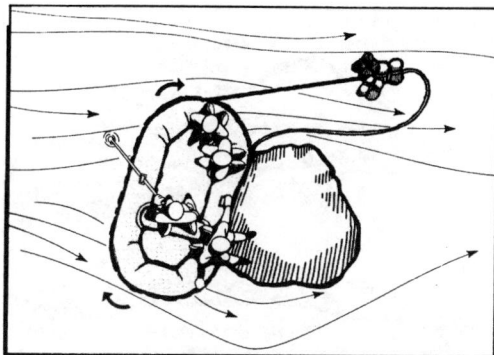

图 23-28　使用海锚或潜水装备包让救生筏脱困

于救生筏的一端（注意：如果救生筏上没有扣环，求生者可能需要在救生筏的船板上穿一个小孔，将绳索从中穿过，然后绕过气舱系好），另一个地方位于横梁上。由一名求生者抓住船头或船尾的拉绳，另一名求生者抓住牵引绳，将救生筏拉离岩石，转到水流的方向上。救生筏脱困后，由抓住船头或船尾拉绳的求生者将救生筏拉到安全的地方。（图 23-29）

3. 救生筏翻转。救生筏开始发生翻转时，筏内的求生者几乎来不及做出反应。如果救生筏翻入水流中的深凹处，求生者最大的危险就是突然被甩在筏内坚硬的物体上。此时求生者应该压低身体，靠着行李或气舱躺平，以保护自己的安全。如果救生筏因为河水中的岩石、倒木或其他障碍物而发生翻转，求生者应该从救生筏上跳入水中，以免自己也撞上水中的障碍物或是被翻转的救生筏砸到。如果救生筏被困在障碍物旁边，求生者应该待在救生筏中并尝试安全地爬到障碍物上。

4. 拖动无法航行的救生筏。求生者可以在岸上牵拉系在救生筏上的绳索，帮助救生筏通过河水中的急流或无法航行的河段（图 23-30）。求生者应该努力控制住救生筏船头和船尾的绳索，让救生筏在水流中慢慢移动。如果河流中没有大型的漩涡或急流，那么可以让一名求生者登上河岸，用一根长而结实的粗绳拖动救生筏。需要注意的是，这根绳索的长度要保证能让救生筏通过整个无法航行的河段。

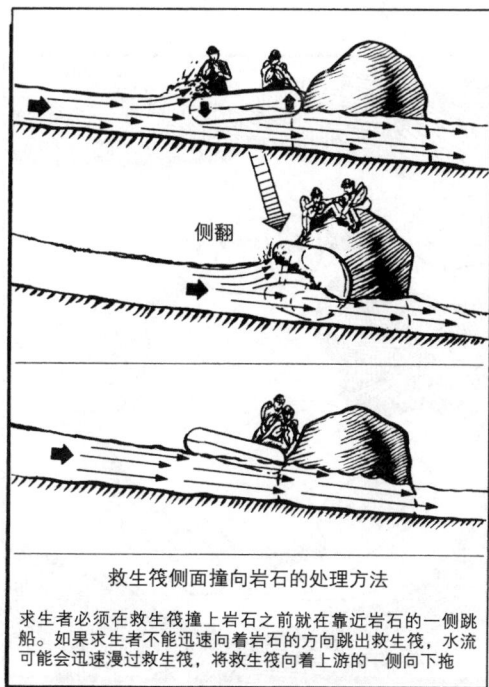

侧翻

救生筏侧面撞向岩石的处理方法

求生者必须在救生筏撞上岩石之前就在靠近岩石的一侧跳船。如果求生者不能迅速朝着岩石的方向跳出救生筏，水流可能会迅速漫过救生筏，将救生筏向着上游的一侧向下拖

图 23-27　控制撞向岩石的救生筏

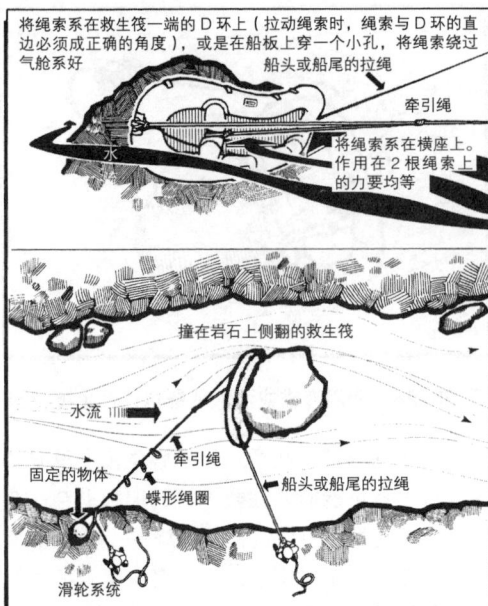

将绳索系在救生筏一端的 D 环上（拉动绳索时，绳索与 D 环的直边必须成正确的角度），或是在船板上穿一个小孔，将绳索绕过气舱系好

船头或船尾的拉绳

牵引绳

将绳索系在横座上。作用在 2 根绳索上的力要均等

水

撞在岩石上侧翻的救生筏

水流

牵引绳

固定的物体

蝴蝶形绳圈

船头或船尾的拉绳

滑轮系统

图 23-29　使用牵引绳让救生筏脱困

5. 在岸上对落水者实施救援。水上救援的最佳方法就是在岸上扔给落水者一个系在绳子上的救生工具。救援人员需要谨慎选择抛掷绳索的地点，让绳索不会经过危险河段或遇到障碍物。最好选择树木或岩石边上的位置，并利用树木或岩石固定住绳索一端。救援人员在抛出绳索之前，必须确定绳索末端已经系上了救生工具（比如救生气囊）。绳索要卷成绳圈，让其可以在水上自由漂浮，不会缠绕在障碍物上。在抛掷绳索时，救援人员要用一只手抓住 1/2~1/3 的绳圈，用另一只手将剩下的绳圈抛出。绳索一定要扔到落水者可以漂到的地方，也就是落水者前方的下游位置。救援人员手中应该留有 10~12 英尺（3~3.7 米）长的绳索。其他同伴要抓牢负责将落水者向岸上拉的救援人员，或是帮忙将绳索绑在树木或岩石上加固。

6. 落水者的任务。落水者在等待救援绳索时要注意观察救援人员的位置，并且面朝下游的方向。救援人员抛出绳索后，落水者一般需要游到绳索的位置。抓住绳索后，落水者要准备好接下来会同时受到水流和救援人员带来的强大拉力。落水者必须紧紧抓住绳索，但是不要将绳索绕在手腕或手掌上！落水者应该双手交替地拉着绳索移动，逐渐靠近浅水区和救援人员，最终走到岸上（图 23-31）。

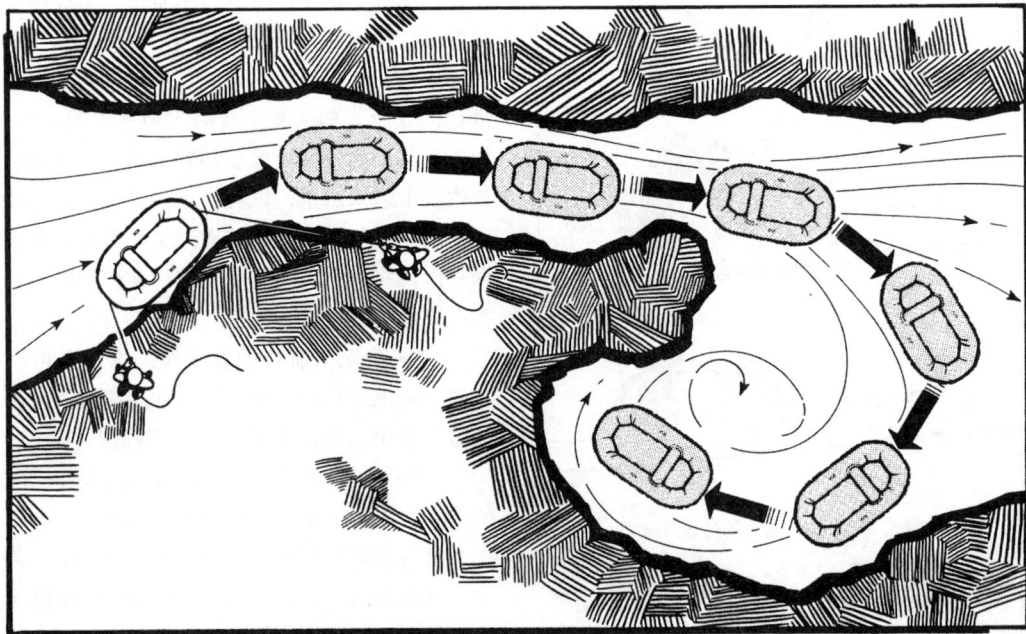

图 23-30　拖动救生筏

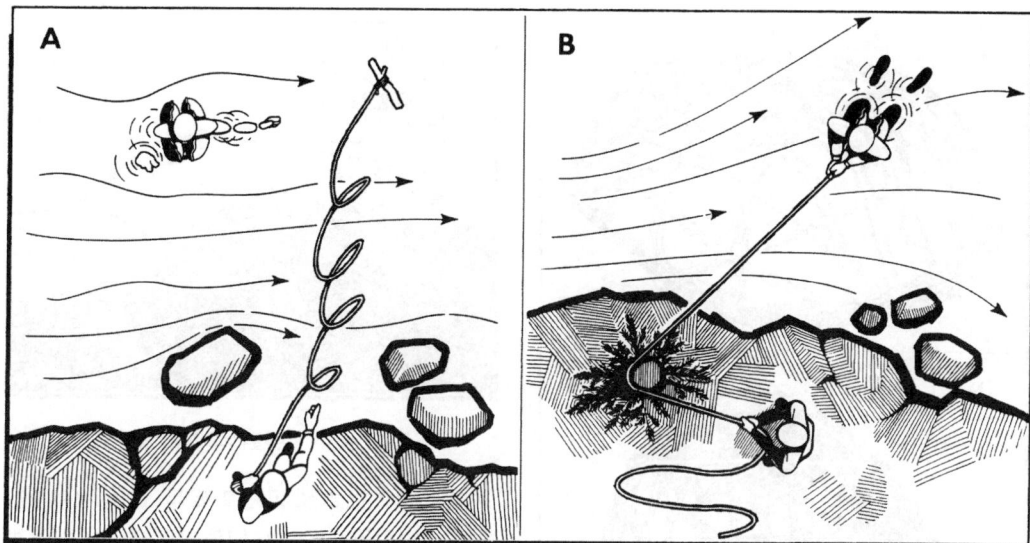

图 23-31　在岸上对落水者实施救援

23.6 临时制作救生筏

1. 漂浮工具的种类。求生者可以临时制作各种各样的漂浮工具，这些漂浮工具可以装载物资，也可以作为救生筏使用。

1）面包圈形状的筏子（图 23-32）可用于运输装备，但不适合载人。这种筏子可以用树苗或柔韧的柳枝及防水布制成。首先将树苗或柳枝绕着排列成圆圈形的小树桩箍成圆形的框架，用绳索或降落伞绳将框架系牢，然后去掉中间的木桩，最后在外面覆上防水布即可。求生者将衣物和装备放入筏中后，自己一边在水中游泳，一边推动筏子行进。

2）牛皮舟（图 23-33）是一种用动物皮制成的吃水较浅的盆状筏子，最早是由生活在美洲大平原上的印第安人发明的。求生者要先用树苗或柔韧的树枝做成一个类似独木舟的椭圆形框架，再在框架上覆盖防水布、动物皮等防水材料。这样的筏子也是用来运装备的，求生者要在后面推着载有装备的筏子渡河。

3）用树苗或柔韧的树枝制成框架，在上面有技巧地覆盖一层防水布或轻质帆布，就可以

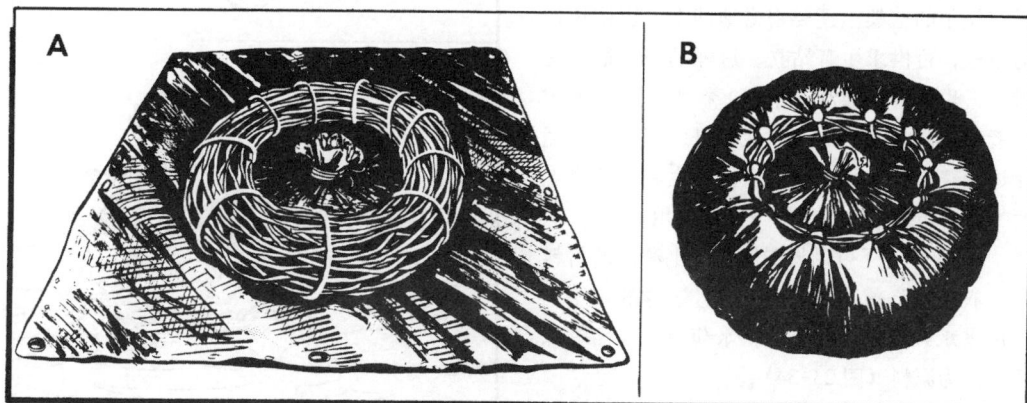

图 23-32　面包圈形状的筏子

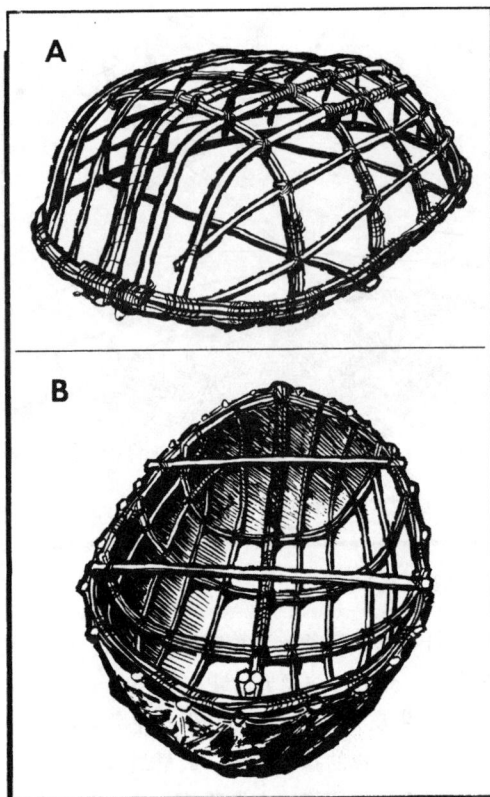

图 23-33　牛皮舟

图 23-34　用植物填塞的漂浮袋

在紧急情况下临时制作一个筏子。制作框架时，首先用树枝制作船舷。制作船舷的树枝要在船头和船尾处系在一起，而划手座板则要按照独木舟的方式装好。然后将肋材固定在龙骨上，再把肋材的两端向上扳起，连接在船舷上。最后在筏子的框架上还要密密地铺上一层柳枝作为甲板，可供求生者站立。这样的筏子很容易操控，也很容易漂浮在水上，特别适合载着求生者在宽阔、平静的水面上行进，但是不能经受远距离航行。用完筏子后，求生者应该将上面的防水布揭下来，留待下一次使用。

4）求生者还可以将能够在水上漂浮的材料塞入衣服或降落伞中做成筏子，这样的筏子可以用来承载求生者或装备。水葫芦、香蒲等都可以作为原料（图 23-34）。

5）如果求生者是独自一人，那么最佳的漂浮工具是用 2 根轻质木头制成的简易筏子。

做法是将 2 根木头相距 2 英尺（0.6 米）左右放好，然后用绳子把它们连接起来。求生者可以将身体搭在 2 根木头上，在水中顺流漂浮（图 23-35）。

6）独木舟是一种很好的水上运输工具，但是不容易制作。制作独木舟的一种方法是在树干上需要挖洞的一侧生火，待火熄灭之后挖出烧焦的部分。然后不断重复这一步骤，直到独木舟成型。

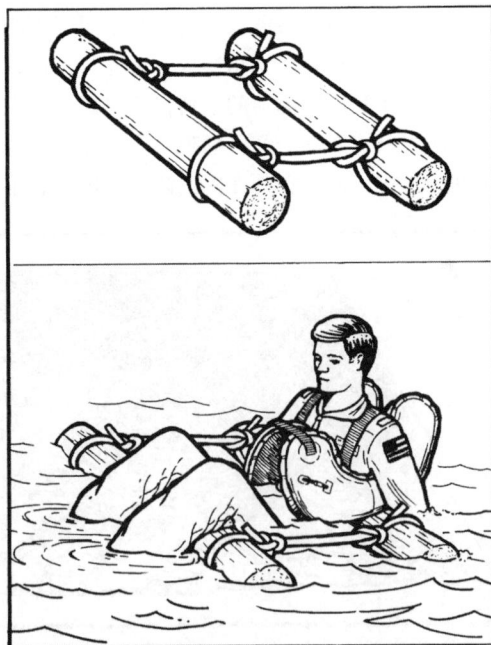

图 23-35　简易的木头筏子

2. 制作救生筏。制作救生筏（图23-36）时最大的挑战是要保证做出的救生筏能够承受岩石和急流带来的冲击。就算求生者可以找到长钉，也不能满足制作救生筏的需要，因为长钉很容易掉出或扭曲。此外，由于绳索在水中经常要与粗糙的岩石或沙砾接触，所以很容易磨损。生活在北方丛林中的人们发明了一套制作救生筏的好方法，既不需要钉子也不需要绳索，却可以造出很好的救生筏。需要准备的制作工具包括：若干原木，一把斧子，一把鞘刀（有时也需要准备绳索，如图23-37）。

23.7 涉水

1. 在荒原上徒步行进的求生者有时需要涉水通过小溪或河流，它们有深有浅，水流有急有缓，水面有宽有窄。有些地方的水流速度非常之快，人们甚至可以听到水流撞击水中岩石发出的声音。如果水流是发源于冰川的，那么求生者应该等到夜间水势减弱时再尝试涉水渡河。

2. 求生者应该慎重选择渡河地点。如果能在河流边上找到一处高地，那么求生者应该爬到高地上观察整个河面的情况，选择一处合适

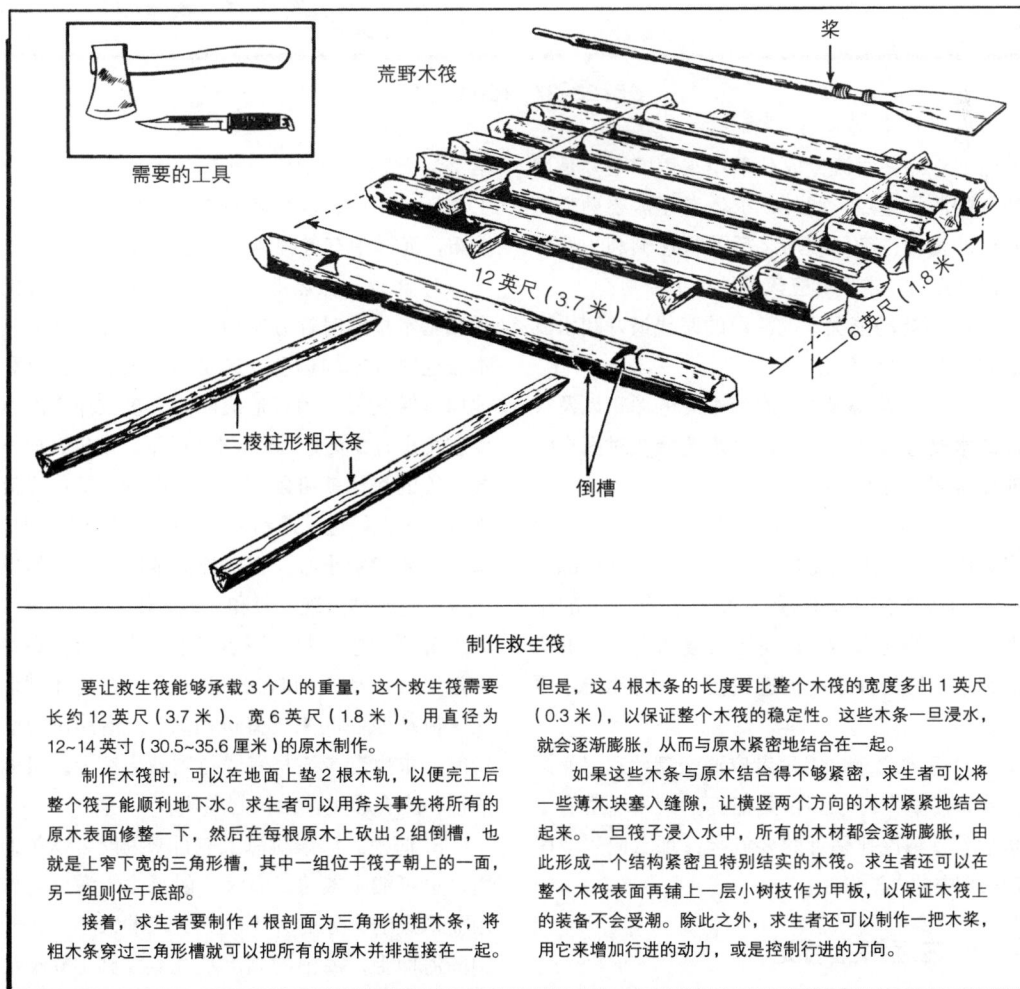

需要的工具

荒野木筏

桨

12英尺（3.7米）

6英尺（1.8米）

三棱柱形粗木条

倒槽

制作救生筏

要让救生筏能够承载3个人的重量，这个救生筏需要长约12英尺（3.7米）、宽6英尺（1.8米），用直径为12~14英寸（30.5~35.6厘米）的原木制作。

制作木筏时，可以在地面上垫2根木轨，以便完工后整个筏子能顺利地下水。求生者可以用斧头事先将所有的原木表面修整一下，然后在每根原木上砍出2组倒槽，也就是上窄下宽的三角形槽，其中一组位于筏子朝上的一面，另一组则位于底部。

接着，求生者要制作4根剖面为三角形的粗木条，将粗木条穿过三角形槽就可以把所有的原木并排连接在一起。

但是，这4根木条的长度要比整个木筏的宽度多出1英尺（0.3米），以保证整个木筏的稳定性。这些木条一旦浸水，就会逐渐膨胀，从而与原木紧密地结合在一起。

如果这些木条与原木结合得不够紧密，求生者可以将一些薄木块塞入缝隙，让横竖两个方向的木材紧紧地结合起来。一旦筏子浸入水中，所有的木材都会逐渐膨胀，由此形成一个结构紧密且特别结实的木筏。求生者还可以在整个木筏表面再铺上一层小树枝作为甲板，以保证木筏上的装备不会受潮。除此之外，求生者还可以制作一把木桨，用它来增加行进的动力，或是控制行进的方向。

图23-36　制作救生筏

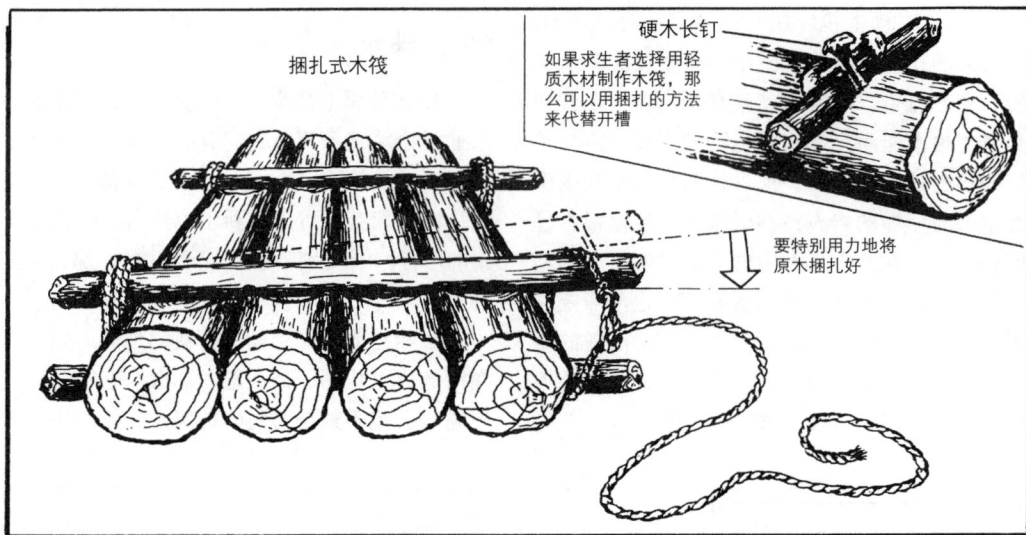

硬木长钉

捆扎式木筏

如果求生者选择用轻质木材制作木筏，那么可以用捆扎的方法来代替开槽

要特别用力将原木捆扎好

图 23-37 捆扎式木筏

的过河地点。河流分成几条小水道的地方是比较好的渡河地点。此外，求生者还需要勘察河对岸的情况，确保渡河之后的行进顺利。选择渡河地点时，求生者应该遵循以下原则：

1）可能的情况下，渡河的路线最好和水流的方向约成45°角。

2）不要在水很深或水流很急的瀑布以及很深的水槽旁边渡河，应该尽量选择在对面有浅滩或沙洲的地点过河。

3）不要在岩石密集的地方渡河，否则很容易因跌倒而严重受伤。不过，零星分布的岩石会阻隔水流，有时会对渡河者有一定的帮助。较深的河水不一定是阻碍渡河者前进的必然因素，因为深水的流速较慢，有时比浅水更加安全。

4）下水之前，求生者应该全盘计划好渡河方案，尽量做好一切预防措施。如果求生者下水后发现情况比估计的要危险，那么应采取图23-38中的办法解决。

23.8 在远海上行进

地球表面近71%的面积为水所覆盖，而这些水有大约97%是海水。虽然海上求生的过程常常让人感到绝望，但是求生者仍有机会从海上生还。不过，求生者不得不听凭洋流和风的摆布。海洋中有各种洋流，包括寒流和暖流。

1. 洋流。在热带、副热带地区，北半球的洋流基本按顺时针方向运动，南半球的洋流基本按逆时针方向运动，这是由太阳照射、风和地球自转这三个因素造成的。大多数洋流的速度在每小时5英里（8千米）以下。求生者放下救生筏的海锚就可以利用洋流航行，即让洋流带着救生筏行进。遇到寒流和暖流的交汇处时，求生者要特别小心，在这样的地区可能会形成风暴，还经常出现大雾和大风大浪。

2. 风。救生筏也可以借助风力航行。在热带地区，风从东面吹来（信风）。在高纬度地区，风从西面吹来（盛行西风）。借助风力航行时，求生者应该将海锚拉到救生筏上。可能的话，应在救生筏上拉起船帆。

3. 海浪。海浪对海上航行来说既可以是助力，也可能是威胁。海浪一般是由于海风的作用而形成的，风的大小决定了浪的大小。在开阔的海面上，海浪的高度从几英寸到100英尺（30.5米）不等。一般情况下，仅靠海浪的力量，救生筏一次只能前进几英寸，所以仅仅依靠海

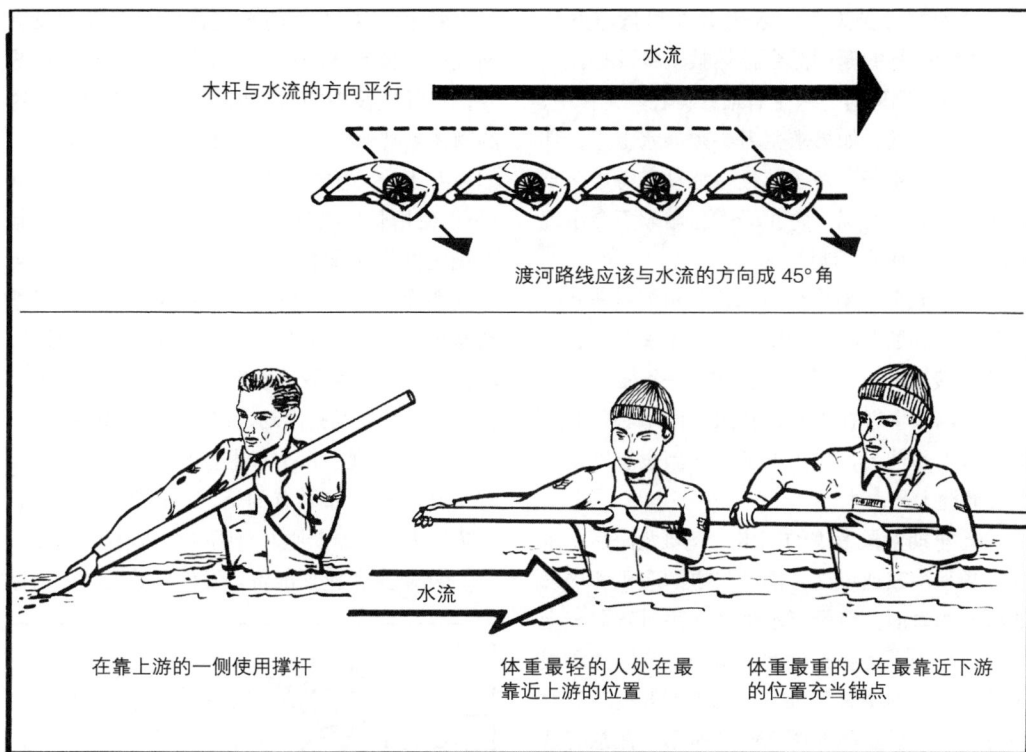

图 23-38 在暗藏危险的河流中涉水渡河

浪航行并不现实。但是，海浪可以帮助求生者接近陆地或是海水较浅的地方。海浪进入浅水区或者遇到障碍物的时候经常会散开。海浪中能量的多少取决于海水深度递减的程度以及海浪的大小。救生筏可以借助碎浪靠岸。海上风暴可能是救生筏上的求生者会遇到的最大威胁。风暴不仅会吹起巨浪，还会带来大雨。海浪和大风会让救生筏进水、倾覆，甚至会将求生者甩进海里。无论温和还是强劲，海上的波浪都会让人晕船。除此之外，大浪还会阻碍救援行动。

4. 潮汐。潮汐也是一种海水运动，但是它更容易预测。潮汐现象每天出现 2 次，一般不会对船只的航行造成影响。在世界上的不同地区，潮水的高度一般为 1~40 英尺（0.3~12.2 米）不等。准备靠岸时，求生者必须考虑到潮汐的影响——涨潮有利于救生筏靠岸，退潮则不利于靠岸。

5. 危险生物。海洋中生活着一些会给海上的求生者带来危险的生物，例如鲨鱼、有毒水母、海鳗和大部分岩礁鱼类。求生者在确认救生筏附近没有这类动物出现时才可以排泄。

1）求生者要小心海水中的鳄鱼。这种鳄鱼生活在东南亚的海岸地区，因吃人而闻名。在当地的海中或咸水水域都能发现这种鳄鱼。据知，这种鳄鱼可以游到离岸边 40 英里（64.4 千米）远的海里，但是它们更常出现在河口附近或岸边。巢穴中的雌性鳄鱼非常凶猛，攻击性很强。这种鳄鱼的体长可达 30 英尺（9.1 米），但常见的一般都不到 15 英尺（4.6 米）。求生者在登陆或捕鱼时要小心这种爬行动物。

2）求生者在登陆时还会经常遇到有毒的岩礁鱼类，甚至还会踩到它们，在捕鱼时也会捕到这些鱼类。所以，求生者在登陆或捕鱼时必须穿好衣服和靴子。

3）珊瑚一般分布在温暖的水域及海岸附

近。珊瑚的种类繁多。求生者要尽量避开珊瑚，因为所有珊瑚都会损坏救生筏或是让人受伤。看到珊瑚时，求生者最好待在救生筏中，不要贸然行进。如果求生者必须涉水上岸，那么应该穿上靴子和裤子，慢慢移动，每走一步都注意脚下的情况，防止受伤。珊瑚不会出现在淡水汇入海洋的地区。

4）发现船只对求生者来说既可能是获救的好兆头，但是有时也会给求生者带来危险。由于救生筏在广阔的海面上只是一个很小的物体，所以求生者在夜间或狂风暴雨中必须时刻注意海上的情况，防止大型船只因没有发现救生筏而撞上来。

6. 早期阶段考虑的因素。飞机坠海后，求生者必须待在逆风处，离开失事的飞机和被燃油污染的海面。但是，求生者在飞机残骸完全沉没前要一直待在失事的飞机附近，因为救援人员一般会围绕着飞机失事地点展开搜救。对遇险者的救援步骤如图23-39所示，注意有些人很可能在撞击中失去了意识。

1）水上救援最好的方式就是扔给遇险者一个系在绳子上的救生工具。另一种方法是从救生筏上派一名救生员去帮助遇险者，救生员通过一个用绳子与救生筏相连的漂浮装置节省体力。最后的选择就是把一名救生员系在没有漂浮装置的绳子上，让他下海把遇险者救上救生筏。不论选择哪一种方式，救生员都要穿上救生气囊。

2）救生员从后面接近遇险者时，一般不会被遇险者踢、抓或拖住。所以，救生员应该游到遇险者的正后方，抓住其救生气囊的后背带，使用侧游泳的姿势将遇险者拖到救生筏上。

3）求生者要打捞一切可用的物品（给养、水壶及其他容器、降落伞、坐垫、多余的衣物、地图等），然后将它们固定在救生筏内，以防遗失。要特别注意手电筒及其他信号工具的保存，将它们置于干燥处，以保证必要时它们能够正常使用。

4）检查救生筏的充气情况，查看有没有漏气或者被磨坏的地方，如果有的话要进行修复。将救生筏中的水舀出时，小心不要让尖锐的物体刺破救生筏。放下海锚，降低漂流速度。如果有不止一艘救生筏，应将救生筏系在一起（可以使用救生筏外缘的安全绳索），每两个救生筏之间至少要相距25英尺（7.6米）。如果天气寒冷，求生者要穿上抗暴露服装。如果遇到暴风雨，求生者应立刻展开篷子和防溅板，以保护人员和装备。求生者在救生筏内应该挤在一起，并要经常活动，以维持正常体温。

5）注意观察每个求生者的身体情况，必要时实施急救。如果有的话，可以服用晕船药，以防止求生者晕船呕吐（呕吐会造成脱水）。

6）求生者应该准备好发信号的工具，确保

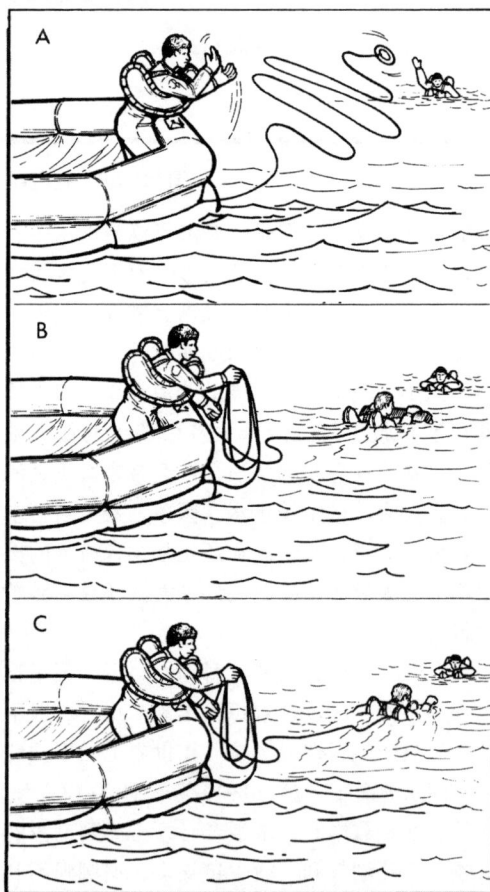

图23-39　救起水中的遇险者

其随时可以使用。

7) 指北针、手表、火柴、打火机等物品受潮后会无法使用，所以应保存在干燥处。

8) 将救生筏的修补塞系在救生筏上，以便随时可用。

9) 求生者身上所有暴露的部位都要防晒，包括眼睑、下巴和耳后，要在这些部位涂抹防晒霜或是无色唇膏。

10) 求生小组的负责人应该冷静分析形势、确定行动计划，并要安排好每个人的任务（瞭望、获取饮用水和食物等）。除了受重伤或完全脱力的求生者，剩下的所有人都应该承担瞭望的任务，每个人值勤的时间不要超过 2 小时。值勤的求生者要时刻注意观察周围是否有陆地、往来船只、飞机、海藻、鱼群、海鸟以及救生筏的状态。

11) 节省体力就可以节约食物和水，所以求生者要保持冷静和镇定。

12) 幽默感可以提升士气。

13) 求生者要记住，海上求生需要合作。求生者要利用各种视觉信号工具和无线电信号设备发出信号，让搜救人员更容易发现救生筏。

14) 写航海日志，记录导航工具显示的最后方位、弃船事件、人员姓名和身体状况、配给一览表，此外还要记录风的情况、天气、海浪的方向、日出日落的时间以及其他航行数据。

23.9 生理状况

1. 在冰冷的海水中，求生者面临的最大威胁是体温过低。求生者浸在冰冷的海水中时，潮湿的衣服隔热性变得很差，而海水又取代了环绕在人体周围的静止空气层，所以体温过低的情况会迅速发生。水的热传导率是相同温度条件下空气的热传导率的 25 倍。下面列出了人浸在水中能够存活的时间：

水温	存活时间
60~70℉（15.6~21.1℃）	12 小时
50~60℉（10~15.6℃）	6 小时
40~50℉（4.4~10℃）	1 小时
低于 40℉（低于 4.4℃）	不到 1 小时

注意：穿上抗暴露服装可以延长上述时间。

2. 在冰冷的海水中，求生者最好的自我保护措施是进入救生筏，不要让身体被海水弄湿，同时要将自己的身体与冰冷的救生筏底部用东西隔开。如果上述几点无法做到，那么只是穿一套抗暴露服装也可以大大延长求生者存活的时间。求生者要牢记，当水温低于 66℉（18.9℃）时，要让自己的头部和颈部保持在水面以上，尽量与冷水隔离开。下面列出了普通人在各种状态下在 50℉（10℃）的海水中能够存活的时间：

身体姿势	预计存活时间
非漂浮状态	
浮水法（防溺法）	1.5 小时
踩水	2 小时
漂浮状态	
游泳	2 小时
保持静止	2.7 小时
热量溢出减少姿势	4 小时
抱团	4 小时

1) 热量溢出减少姿势（HELP 姿势）。如果求生者穿着救生气囊，可以始终在水上漂浮，那么可以选择采用热量溢出减少姿势（图 23-40）。这个姿势能够延长求生者在海水中生存的时间。由于人体有一半的热量是从头部流失的，所以求生者要将头部保持在水面以上。其他热量流失较快的部位还有颈部、身体两侧和腹股沟。

2) 抱团。如果有几名求生者在水上漂浮，那么几个人可以围成一圈，采用抱团的方式保存身体热量（图 23-41）。

23.10 救生气囊的使用

1. 不穿救生气囊时的游泳方法。求生者如果知道如何在水中放松，那么在水中几乎不会有溺毙的危险，在含盐量较高的海水中更是如此。因为人体的密度比海水小，所以会浮在海面上。衣服内"锁"住的空气也可以帮助求生者在水上漂浮。如果求生者在水中停留的时间较长，就必须通过踩水来获得适当的休息。求生者最好是背朝下仰浮在水上踩水，如果做不到，可以使用以下技巧：头朝上浮在水中并深吸一口气；将脸埋进水中，用双臂划水；保持这种放松姿势，直到需要呼气；将头抬出水面，呼气；用双臂和双腿的动作维持身体姿势，吸一口气，重复之前的动作。

2. 穿着救生气囊游泳。求生者身上的衣物和装备的重量以及可能的受伤情况都要求求生者必须立刻在水中浮起来。一般来说，求生者在入水之前就要穿上救生气囊。

1）求生者在离开飞机时就要立刻给救生气囊充气，最好在入水之前就完成充气。入水时，求生者要将救生气囊的两部分系在一起。救生气囊会限制人的手臂活动，让求生者很难游泳或是在水中有力地划水。这时，求生者应该将救生气囊中的气稍稍放出一些，让双臂能更好地活动。

2）长距离游泳时，仰泳最为省力。如果求生者需要帮助一名受伤或失去意识的同伴，最好选择侧游泳的姿势。而在接近某个目标时，

图 23-40　热量溢出减少姿势

图 23-41　抱团

最好采用蛙泳的姿势。如果整个求生小组的成员都要游泳，那么应该让泳技最好的队员游在最前面，让伤者在队伍的中间，所有人排成一列纵队向前游。

23.11 救生筏的使用步骤

大多数救生筏都能满足求生者的三大需求：自我保护、行进、躲避和伪装。

1. 单人救生筏（图 23-42）。

1）单人筏有一个主气囊。如果二氧化碳瓶出现故障或者救生筏漏气，求生者可以用嘴向气囊中吹气。防溅板可以用来抵挡寒气、海浪和海风，在特殊情况下还可以用来隔热。救生筏的隔热底板能够减少热传导，从而保护求生者不会出现体温过低的症状。

2）通过给救生筏充气或放气，可以让救生筏在风或洋流的作用下提高行进效率。防溅板可以作为船帆使用，压舱桶能够增加筏子在水中的阻力，海锚可以控制救生筏的速度和方向（注意：海锚的主要作用是稳定救生筏）。

3）在战斗环境中，有时救生筏要被漆成深色，与夜色融为一体。为了躲避敌人，求生者还可以进一步改动救生筏，比如放掉一些气，使其目标更小。

4）单人筏可以用一根短绳系在降落伞上。求生者落水后，不要游向救生筏，而应该用这

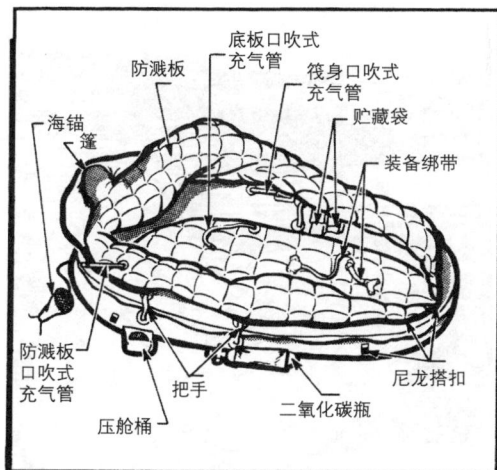

图 23-42　有防溅板的单人救生筏

根短绳将救生筏拉向自己。登上救生筏之前，求生者应该将降落伞解下，将救生气囊打开。救生筏可能会被水打翻，这时求生者应靠近救生筏上二氧化碳瓶的一侧，将救生筏翻过来。登筏时，防溅板必须收在救生筏中，以便露出登筏的把手。（图 23-43）

5）如果求生者手臂受伤，那么最好的登筏方法就是让后背朝向救生筏较窄的一端，把救生筏压在臀部下面并向后躺。另一种方法是求生者面向救生筏较窄的一端，把救生筏向下压，直到求生者的膝盖进入筏内为止，然后向前趴下。（图 23-44）

6）在风浪较大的海上，比较轻松的登筏方法是求生者抓住救生筏较窄的一端，采取俯卧姿势，用手拉脚踢的方式进入筏内。登筏后，求生者应面朝下趴在救生筏内，将海锚打开并做调整。接下来，求生者需要调整防溅板。改进型救生筏上的防溅板可以充气，还配有隔热底板（图 23-45）。防溅板可以帮助求生者在寒冷的海上保持身体干燥和温暖，并在炎热的天气里为求生者抵挡日晒。

7）海锚可以增加阻力，降低救生筏顺水漂流的速度，但它也可以成为控制救生筏顺水漂流的一个手段。打开或闭合海锚的顶部就可以调整海锚。打开时，海锚就成了一个拖拽物，能够降低救生筏的行进速度；闭合时，海锚就相当于一个承受洋流的小口袋，能够帮助救生筏沿着洋流的方向行进（图 23-46）。另外，当救生筏遇到大波浪时还需要调整海锚引绳的长度，以便当救生筏通过波峰时，让海锚位于波谷（图 23-47）。

2. 7 人救生筏。

1）多座位飞机上一般都配有 7 人筏，某些类型的救生包中也备有 7 人筏（图 23-48）。7 人筏在充气后容易翻倒，所以求生者在登筏前要先将其翻正。如果救生筏翻了，求生者一定要在有气瓶的一侧将其翻正，以免被气瓶砸到受伤（图 23-49）。翻动救生筏时要迎着风，这样风也可以起到辅助作用。

2）如果有同伴抓住 7 人筏的另一侧，那么其他求生者就可以利用登筏梯登筏。如果没有人从旁协助，求生者就要从有气瓶的一侧登筏，

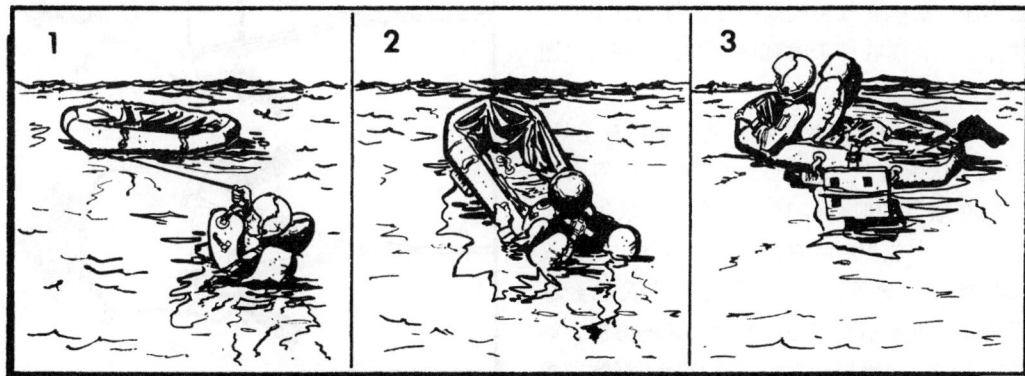

图 23-43　登上单人救生筏

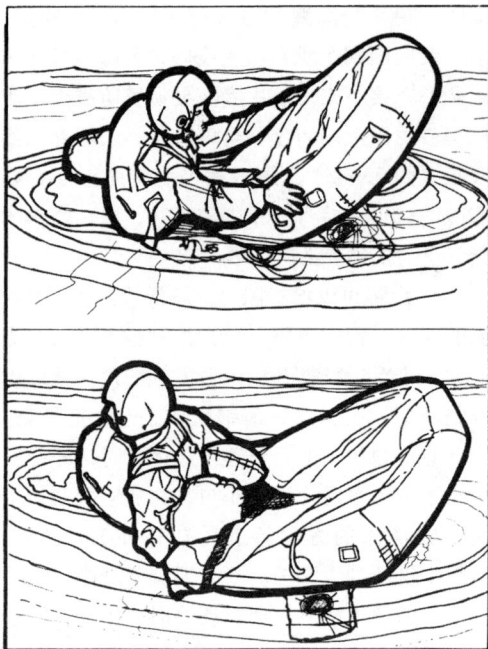

图 23-44 登上单人救生筏（另外两种方法）

并且要顺着风向，以借助风力稳定救生筏。登
筏时，求生者应解开救生气囊，抓住桨架和登
筏把手，通过摆腿让身体俯卧在水面上，然后
以手拉脚踢的方式登上救生筏。如果求生者身
体虚弱或是有伤，可以将救生筏放掉一些气，
这样会使登筏更加容易。（图 23-50）

　　3）求生者可以利用气泵来保持气舱的浮
力和横座的坚实，但是不要过度充气。充好气
的气舱和横座应该呈圆柱形，但是不应像鼓面
一样紧绷。根据热胀冷缩的原理，空气受热后
会膨胀，所以在气温较高时应该将气舱中的气
放掉一些，而在冷天时则应该多充一些气（图
23-51）。

　　3. 在风中操控救生筏。救生筏没有龙骨，
所以无法乘着风扬帆远航。然而，任何人都
可以在顺风的时候控制好救生筏。求生者可
以在与风向成 10° 角的方向成功地操控多人筏
（20~25 人筏除外）航行。除非救生筏已经靠
近陆地，否则不要试图控制救生筏的方向。如
果求生者决定操控救生筏，并且风正好吹向求
生者的目的地，那么求生者应该给救生筏充满

图 23-45 配有充气式防溅板的单人救生筏

气，坐在高处，收起海锚，装上帆篷（图 23-
52），然后以船桨为舵驶向目的地。

　　4. 多人救生筏。在多人筏中（20~25 人筏

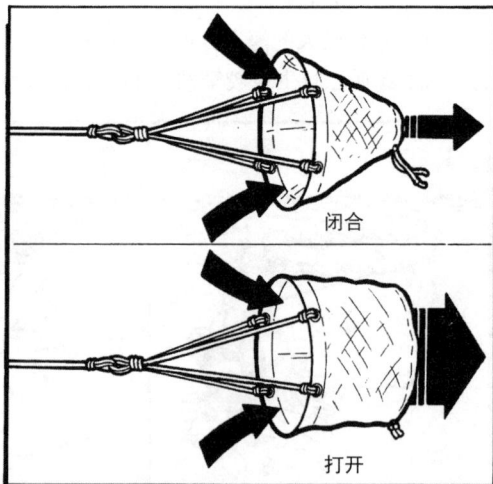

图 23-46 海锚

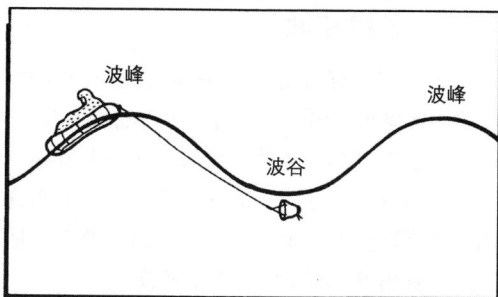

图 23-47　调整海锚的引绳长度

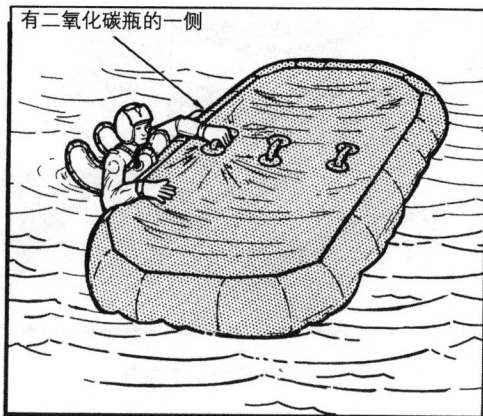

图 23-49　翻正 7 人救生筏

除外），求生者可以用桨制作桅杆和横木，在船头竖起一个方形帆篷（图 23-52）。做帆篷的材料可以选择防水布或降落伞。如果救生筏上没有桅杆座，那么可用绳子把桅杆竖着绑在救生筏的充气横座上。桅杆底下要加上衬垫，以免桅杆划破或刺破筏底。另外，把一只鞋的鞋尖塞到充气横座下，鞋跟的部分就形成了一个不错的桅杆座。不要把帆篷的 2 个底角固定住，而应该在 2 个角上绑上绳索，拉在手里控制，这样可以防止阵风刮来时撕裂帆篷或折断桅杆，甚至掀翻救生筏。求生者应该采取各种预防措施来避免救生筏发生倾覆。在恶劣的天气里行进时，要让海锚远离船头，同时筏中的人都要坐下，用身体的重量压住被风掀动的救生筏。求生者不要坐在筏边上或站在筏子里，以免筏子摇晃时掉进水中，也不要在没有告知其他同伴的情况下突然活动。海锚不用时应该绑在筏上，绑的方式要使其在救生筏倾覆时立即可以解开使用。

5. 20~25 人救生筏。多座位飞机上有时会

配备 20~25 人救生筏（图 23-53、图 23-54），救生筏放置在机身上的筏舱里。有些救生筏可以在驾驶员座舱处自动打开，而有的救生筏则需要手动打开。不论救生筏落在水面上的方式如何，求生者都要为登筏随时做好准备。配件工具包和救生筏由一根短绳相连，求生者可以顺绳找到这个工具包。求生者必须用手泵对中心浮舱进行手动充气。可能的情况下，求生者应该从飞机上登筏。如果求生者无法直接从飞机上登筏，那么应该遵循如下步骤：

1) 靠近登筏梯较低的一端。

2) 解开救生气囊。

3) 抓住登筏梯上的把手，摆动双腿，让身体向着水面呈俯卧姿势，然后使用手拉脚踢的方式从登筏梯上进入救生筏内。

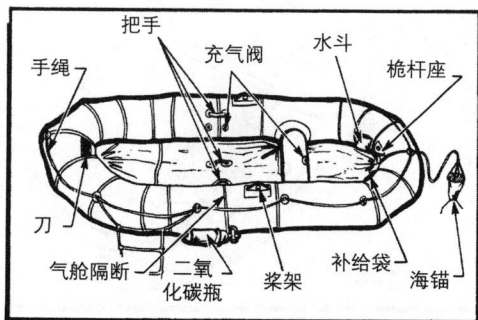

图 23-48　7 人救生筏

图 23-50　登上 7 人救生筏

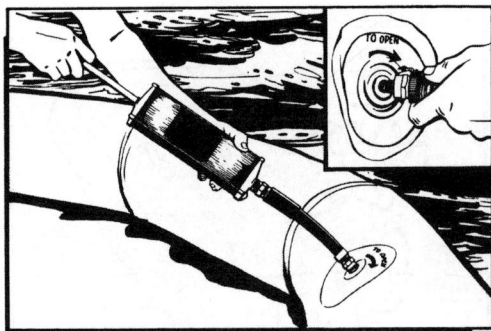

图 23-51　给救生筏充气

4）如果救生筏因为某些原因充气不足，那么登筏过程会变得更加轻松。求生者可以在救生筏的筏身和登筏梯之间的位置抓住较高的把手，用上马的动作摆腿跨到登筏梯上（图23-55）。

5）登筏后应立即将平衡器夹拧紧，以防救生筏被刺破时整个救生筏都开始跑气（图23-56）。

6）可以用气泵给多人救生筏的气舱及中心浮舱充气（图23-57）。气舱及中心浮舱应该很鼓，但是又不能绷得太紧。

23.12　寻找陆地

求生者应仔细寻找有关陆地的一切迹象。有许多迹象可以提示求生者附近有陆地：

1. 在晴朗的天空中，如果大多数云都在移动，其中有一团堆积云却静止不动，就说明这团云下面可能有陆地。堆积云经常停留在陆地上方或是稍稍偏离陆地的下风区域。

2. 在热带地区，浅水礁湖反射的阳光常常会使天空呈现青蓝色。

3. 在极地地区，如果云层中有因反射而出现的浅色区，那么其下方很可能是冰面或者被积雪覆盖的陆地，因为开阔的水面对云层造成的反射是完全不同的深灰色。

4. 深水是深绿色或者深蓝色的，如果海水的颜色较浅，则说明水也较浅，表明陆地很可能就在附近。

5. 在夜晚或是起雾、下雨时，求生者可以通过气味和声音来寻找陆地。海边的红树林沼泽和泥滩发出的霉味可以飘到很远的地方。海浪拍击岸边发出的巨大声响在求生者看到海浪之前就能先传到其耳朵里。如果从一个方向持

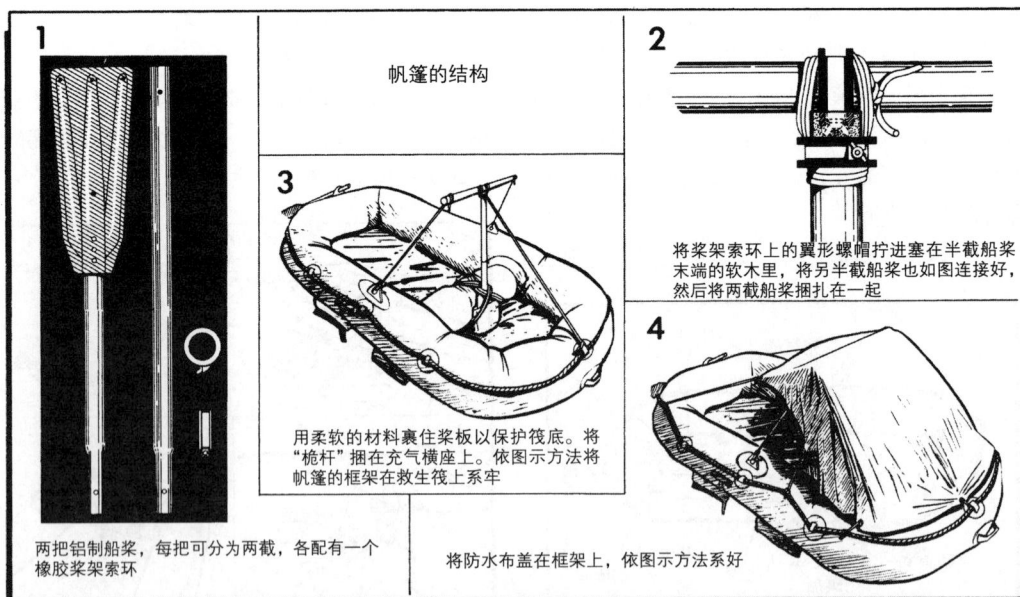

帆篷的结构

将桨架索环上的翼形螺帽拧进塞在半截船桨末端的软木里，将另半截船桨也如图连接好，然后将两截船桨捆扎在一起

用柔软的材料裹住桨板以保护筏底。将"桅杆"捆在充气横座上。依图示方法将帆篷的框架在救生筏上系牢

两把铝制船桨，每把可分为两截，各配有一个橡胶桨架索环

将防水布盖在框架上，依图示方法系好

图 23-52　帆篷的结构

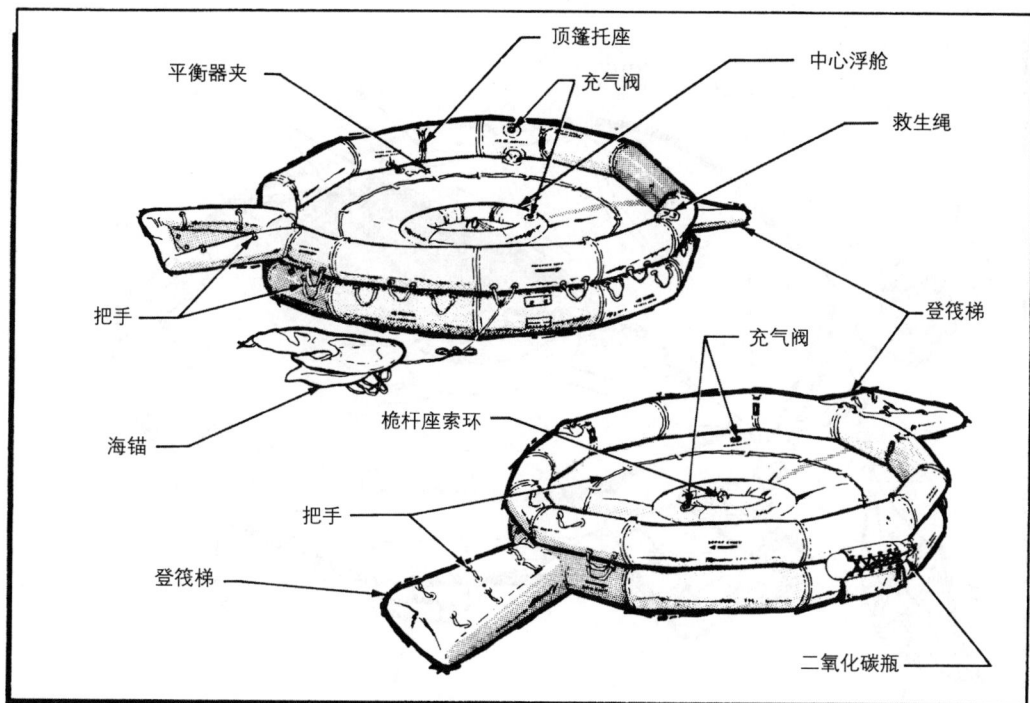

图 23-53 20 人救生筏

续不断地传来海鸟的叫声，也说明那里可能有它们栖息的陆地。

6. 在陆地附近活动的海鸟比在远海上活动的多。黎明时分鸟群离开的方向和傍晚时分鸟群飞去的方向很可能就是陆地所在的方向。海鸟在白天到处觅食，所以飞行的方向没有什么特别的意义，但是如果白天出现风暴，那么求生者也可以根据海鸟飞的方向来判断陆地的位置。

7. 求生者还可以根据海浪的运动方式来寻找陆地。波浪接近陆地时会被反弹回来，如图23-58 所示。随着波浪的推进，图中标记"×"的位置会因为波浪间的相互作用而出现很小的紊流，朝着出现紊流的方向前进就能找到陆地。

23.13 登岸的方法

1. 游泳上岸。游泳上岸是非常困难的登岸方法，求生者在做决定时要考虑许多因素。有些游泳好手能在 50°F（10℃）低温的海水中游0.8 英里（1.3 千米），直到自己出现体温过低的症状，有些人却连 100 码（91.4 米）都游不到。此外，水中的距离测算很有欺骗性，所以一般来说，求生者最好是待在救生筏中。求生者最终决定下海游泳，那么一定要穿上救生气囊或其他漂浮装置，并且要穿上鞋和至少一件厚衣服。侧泳和仰泳可以节省体力。

1）如果海浪不大，求生者可以"骑上"一道较小的波浪，随着它向前游动。如果波浪较大，求生者应该在两道波浪之间的波谷面向大海游向海岸。如果后面的大浪向求生者涌来，求生者应该面对着这道波浪潜入水中，等波峰过去之后再在下一个波谷中游向岸边。

2）如果求生者被很大的回头浪拖入水中，要尽量离开海底游向海面，然后依照上面所说的方法继续向海岸游。如果登岸处有很多岩石，求生者应该选择在那些海浪能冲刷过去的岩石处登岸，要避开浪花四溅的地方。找好登岸地点后，求生者应该等一个大浪冲来，在这个大

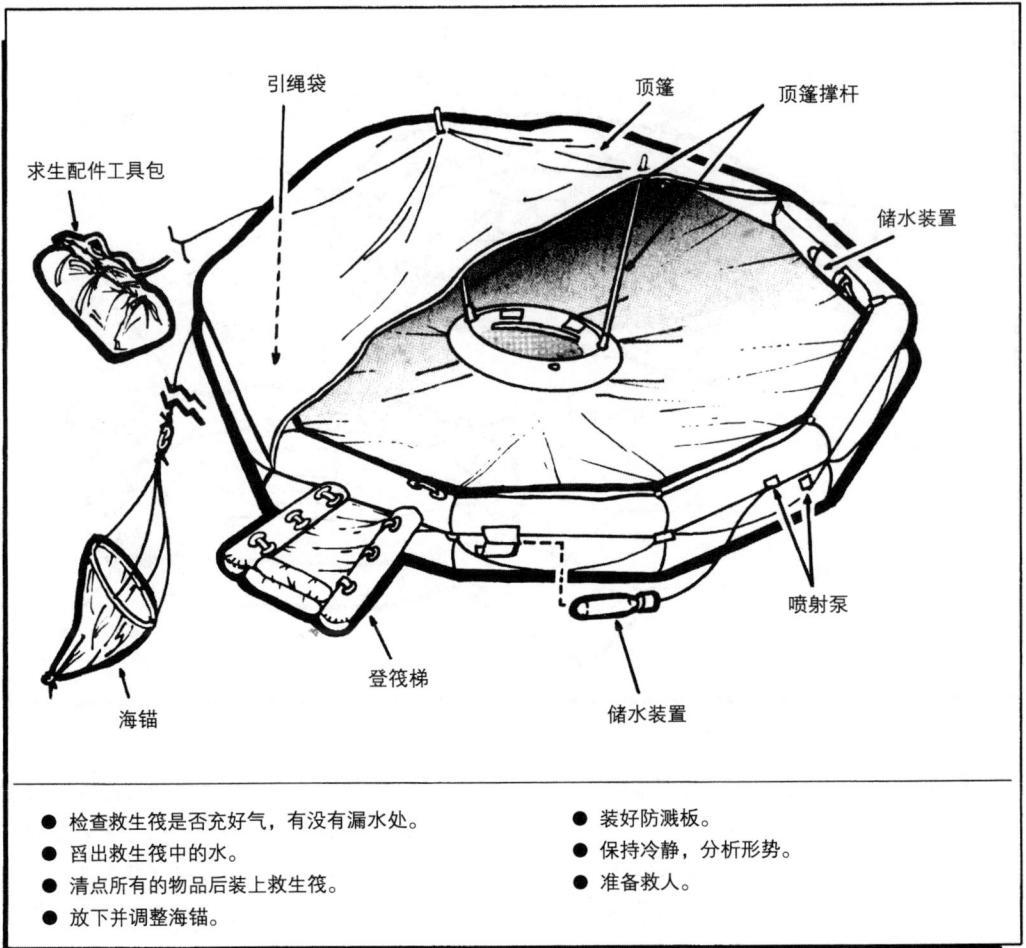

图中标注：
- 求生配件工具包
- 引绳袋
- 顶篷
- 顶篷撑杆
- 储水装置
- 喷射泵
- 储水装置
- 登筏梯
- 海锚

- 检查救生筏是否充好气，有没有漏水处。
- 舀出救生筏中的水。
- 清点所有的物品后装上救生筏。
- 放下并调整海锚。
- 装好防溅板。
- 保持冷静，分析形势。
- 准备救人。

图 23-54　25 人救生筏

浪变成小的碎浪之后，跟在碎浪花后面行进。求生者应该面朝岸边，让身体呈坐姿，双脚朝前，比头部低 2~3 英尺（0.6~0.9 米），这样当求生者触地或撞到水中的大块岩石时，脚部会吸收大部分的冲击力，从而减少身体受到的冲击。如果求生者跟在一道大浪后面没能一次就到达岸边，那么接下来只能用手臂划水朝岸边游。当下一个大浪到来时，求生者仍然要让身体呈坐姿，双脚朝前，重复以上步骤，直到成功登岸。

3）在长满海藻的背风处，海水会平静得多，求生者可以利用这一点登岸。但是不要从海藻中穿过，而是应该从海藻上面慢慢游过去，要抓住海藻往下划水。

4）穿越暗礁或珊瑚礁的方法与在多岩石的海岸登岸的方法一样。求生者应该并拢双脚，膝盖稍弯，放松身体呈坐姿，以减缓身体撞到礁石时受到的冲击。

2. 用救生筏登岸。大多数情况下，利用单人救生筏登岸没有危险，但是在大浪中登岸非常危险，所以求生者应该花些时间在岸边绕行，选择合适的地点，最好是一处海滩有一定坡度、海浪较为温和的地方，尽量不要在太阳很低且在前方直射的地方登岸。求生者应该仔细观察浪头之间的缺口，向着这些缺口前进，同时要避开珊瑚礁和岩石（在河口处不会出现

图 23-55　登上 20 人救生筏

珊瑚礁），避开会把救生筏冲入大海的离岸流和强劲的潮汐流。

1）利用救生筏穿过海浪登岸时，求生者应该：

（1）将桅杆取下；

（2）穿上衣服和鞋子，防止受伤；

（3）调整并系紧救生气囊；

（4）收好装备；

（5）用船桨控制方向；

（6）放下海锚，防止海水推动船尾转向或是让救生筏倾覆（注意：经过珊瑚礁时不要放下海锚）。

2）如果海浪强度适中并且没有风，那么救生筏冲过海浪的速度最好不要太快，否则救生筏通过浪尖后可能会突然下坠。如果救生筏被浪打翻，求生者要尽一切可能紧紧抓住救生筏。

3）靠近海岸时，求生者应该让救生筏冲上一道较大的波浪，然后乘着波浪登岸。非必要的情况下，不要试图在夜间登岸。如果发现岸边有人，那么求生者最好待在救生筏中等待救援。

4）如果登岸处有海冰，那么求生者必须选择从那些大的、平稳的浮冰处上岸。冰山、小块浮冰和碎裂的浮冰会给登岸带来危险，比如冰层边缘可能会划破救生筏，造成救生筏漏气。求生者应该用船桨或手使救生筏和浮冰的

图 23-56　立即行动（多人救生筏）

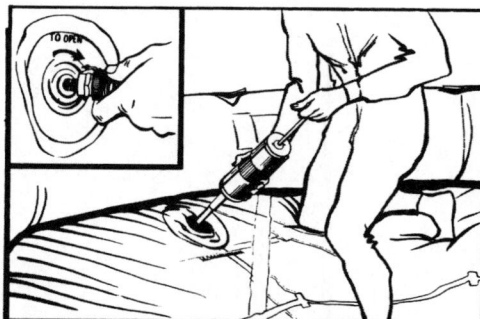

图 23-57　给多人救生筏充气

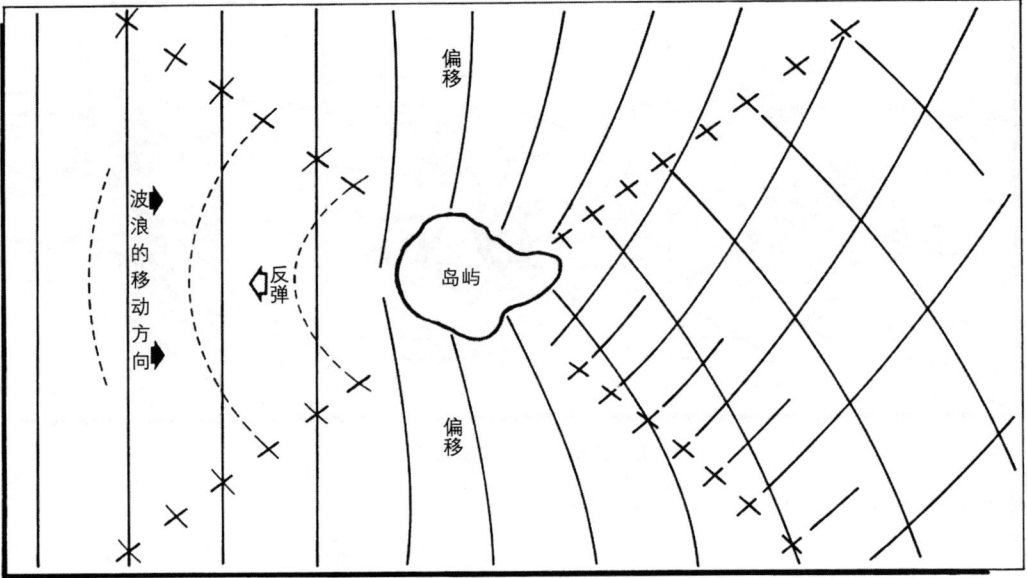

图 23-58 岛屿周围的波浪图形

边缘保持一定距离。求生者将救生筏拖到冰上后，应该将其放置在远离冰层边缘的地方。此外，要让救生筏保持充气状态，这样万一浮冰裂开就能立刻使用。

第八部分

信号和搜救

第 24 章 信号

24.1 引言

1. 大部分救援活动的成功主要是因为求生者能够协助救援人员的工作（图 24-1），而救援活动的失败则与求生者缺少协助救援的知识和能力脱不了干系。有时，求生者是否能够协助救援工作决定了他们的生死。

2. 那么，求生者可以为救援活动提供哪些方面的帮助呢？首先，求生者必须了解救援人员为了找到他们已经付出了何种努力。其次，求生者必须知道怎样用救生包中的工具与救援人员取得联系，以及何时可以使用这些工具。求生者还应该能够自制信号工具以补充急救包中工具的不足，增加他们被救援人员发现的机会。

3. 救援人员在空中很难发现单独的求生者、一组求生者，甚至是一架失事飞机，特别是当能见度不高时。所以，求生者需要通过发信号来帮助救援人员找到自己（图 24-2）。通过求生者发出的信号，救援人员能够了解求生者的位置、状况、计划，以及救援车辆是否可以到达求生者所在的位置。

4. 求生者制订行动计划时，必须考虑到紧急事件的发展趋势，并且让友方或救援人员知道自己的处境。求生者获救之前等待时间的长短，通常取决于他们发送信号的效果和求救信号被发现的速度。求生者应仔细选择信号发送地点，在该地点附近还应能找到随时可以使用

图 24-1 发信号和获救

图 24-2 发信号

的天然或人工材料。求生者要避免因滥用而浪费烟火信号，因为这种信号能大大提高求生者获救的概率。正确发送信号可以加快获救速度，缩短艰苦的求生过程。求生者应该：

1) 知道如何使用信号工具；

2) 知道应该在何时发送信号；

3) 能够在短时间内发送信号；

4) 发送信号时不会受伤。

5. 地面情况决定了求生者能够告诉救援人员何种信息、发送何种信号。在非战斗环境中，求生者发送信号的方式不受限制。

6. 在敌方控制区中，求生者发送信号的方式会受到一定的限制。在有些时候，发送给友方的信号很可能会将求生者的藏身地点暴露给敌方。

24.2 信号的种类

1. 电子信号。

1) 电子信号设备分为两种，一种是使用无线电收发器的，另一种是个人指位信标式的。无线电电子信号设备可以发送或接收信号的频率或声音，而个人指位信标只能发送信号的频率。信号的传输距离取决于地形、植物密度、天气、电池状况、无线电种类、接收信号的飞机所处的纬度以及一些干扰因素。无线电受到干扰的情况将极大地影响无线电电子信号的发送效果。个人指位信标发送信号时，会干扰无线电设备接收或发送电子信号。

2) 使用信号工具之前，要注意以下几点：

(1) 由于无线电是视距通讯装置，所以在无障碍的开阔地带发送信号效果最好。

(2) 从无线电天线的顶部和底部各延伸出一个无法被扫描到的区域，称为"静锥区"。为了避免静锥区的问题，应尽量使无线电天线与救援飞机的飞行路径之间成直角。

(3) 因为无线电设备不用手持也可以发送信号，所以求生者可以将无线电设备放在一个高出地面的平台上，然后进行其他求生活动。

(4) 不要让天线接触衣服、身体、树叶或地面，否则会大大缩小信号能够覆盖的范围。

(5) 不使用无线电设备时，应将其关上，以保存电池电量。不要连续发射或接收信号。可以用个人指位信标辅助无线电设备工作。在敌方控制区，传输信号的时间要短，以免信号被敌方侦测到。

(6) 无线电设备可以在极高或极低的气温条件下使用，但是低温会导致电池中的电量迅速流失，而高温或阳光直射会使电池爆炸。所以，在寒冷的环境中，不需要使用无线电设备时，求生者应该将电池放在衣服中间保温，或是将其包裹在防寒材料中。

(7) 虽然无线电设备的设计是防水的，但仍要尽量保持其干燥。

3) 现在，国际救援机构已经开发出一套世界范围内的卫星监测系统，以帮助救援人员确定求生者的位置。启用这个救援系统时，至少要传送30秒的信号。在非战斗环境中，求生者应该将电子信号设备打开，直到救援人员听到或看到求救信号。

2. 烟火信号。在易燃材料周围使用烟火信号时要特别小心。

1) 包含烟雾或亮光的信号叫作烟火信号，手持烟火信号工具也属于这一类。求生者可能需要使用各种烟火信号工具来发送信号。求生者必须了解救生包或飞机中的烟火信号工具的类型和使用方法。烟火信号工具在白天和夜晚都可以使用。白天，烟火信号可以形成颜色鲜艳的烟雾，与周围环境相比非常显眼。夜晚，烟火信号会显得异常明亮，空中、地面及海上的救援人员从几英里以外就能看到。

2) 手持发射式烟火信号工具可以在恶劣的环境和天气下使用。例如，一个面对层层植被或逆温现象的求生者可以用这种信号工具让烟雾升起来。

3) 一定要选择最佳时机使用烟火信号工具。例如，烟幕弹在发射1~2分钟后产生的烟雾量最大。所以，求生者必须在救援人员能发现自己时使用烟火信号工具。除非接到命令，否则求生者不能在战斗环境中使用烟火信号工具。

4）曳光弹是另一种烟火信号工具。曳光弹点燃后会发出高尔夫球大小的橘红色火焰，可以发射到1300英尺（396.2米）以外的地方。救援人员在6英里（9.7千米）以外的地方就能够看到曳光弹，但是即使看到了，也还是很难确定求生者的位置。所以，求生者只有在看到或听到救援人员经过的时候才能使用曳光弹。不要对准飞机发射曳光弹。

5）由于烟火信号工具的制造技术在不断进步，所以机组人员应该经常补充关于烟火信号工具的知识，了解最新的型号，加强安全性。

3. 海水染色剂。

1）经多次实验证明，最有效的海水染色剂（图24-3）是一种可溶的、橘色的荧光染料。染色剂被投入水中后，会立刻在水面上形成大片分辨度极高的、浅绿色的、发出荧光的区域。海水染色剂非常容易扩散，能够形成一块直径为150英尺（45.7米）左右的色膜。在平静的海面上，海水染色剂的效果可以持续几小时。在风浪较大的海上，海水染色剂会形成一块条状的色膜，效果只能持续20分钟左右。

2）天气晴好时，海水染色剂的效果从位于1000英尺（304.8米）高空中的飞机上在5英里（8千米）以外就能看见。还有人曾从位于2000英尺（609.6米）高空中的飞机上在7英里（11.3千米）以外看到过海水染色剂制造出的效果。

3）海水染色剂只能于白天在友方控制区使用，并且求生者能确定其效果有机会被救援人员看到。海水染色剂在大雾、多云的天气中或者风浪较大的海上效果不佳。包装好的染色剂在需要使用时只要拉开标签即可。在平静的海面上，用船桨或手搅动海水可以让海水染色剂扩散得更快。

4）海水染色剂开封后，如果将没有用完的部分放在救生筏上，暴露的粉末可能会将求生者的衣服、手、脸和头发染色，甚至污染食物和水。为了避免这种情况，求生者应将用剩的

图24-3 海水染色剂

海水染色剂重新包好保存。

4. 帆布信号。帆布信号（图 24-4）是一种传统的向飞机上的人发送具体信息的信号。帆布信号工具是用涂胶的尼龙布制作的，一面是蓝色的，另一面是黄色的，区别度很高。帆布信号工具的大小为 7 英尺 ×11 英尺（2.1 米 ×3.4 米）。帆布信号工具的用途多种多样，可以作为伪装服、遮阳布、帐篷、船帆，或者用来取水。求生者也可以用太空毯（一面为银色，另一面有各种颜色可选）等反射度较高的装备来代替帆布信号工具。

5. 声音信号。声音在理想条件下可以在水上传播得很远，但是很容易在风中或雨雪中被盖住或失真。在陆地上，茂密的树叶会阻挡声音的传播。喊叫或吹哨都是在短距离内向救援人员发送声音信号的有效方法。虽然也有人表示曾经在 1 英里（1.6 千米）远的距离成功传递过声音信号，但大多数这样的声音信号的传播距离不会超过 200 码（182.9 米）。在短时间内连开三枪也可以吸引救援人员的注意。求生者可以使用的子弹数量决定了这种方法是否值得一试。求生者还可以用其他方法发出声音信号，例如用两根木棍互相敲击，用一根木棍敲击中空的树干，用木头、金属或草叶临时制作哨子，等等。

6. 光信号。在没有其他人工发光物体的影响下，飞机上的救援人员可以从 85 英里（136.8 千米）外发现光信号。在夜间，求生者应该使用各种光信号来吸引救援人员的注意。手电筒和庇身所中的光线都可以从远处看到，大多数救生包中都备有手电筒。

7. 信号镜。

1) 信号镜（图 24-5）可能是救生包中最容易被求生者忽略的工具。在晴朗的白天，信号镜是最好的发送信号的工具。在理想情况下，信号镜反射出的光线在 100 英里（160.9 千米）以外都能被救援人员看到。不过如果使用不当，效果会大大降低。信号镜在多云的天气中也能使用。求生者可以通过不断练习来增强使用信

号镜的效果。不论是批量生产的信号镜还是临时制作的信号镜，都可以反射阳光——将光线集中于一处，反射到空中飞过的飞机上。

2) 如果求生者处于敌方控制区，那么信号

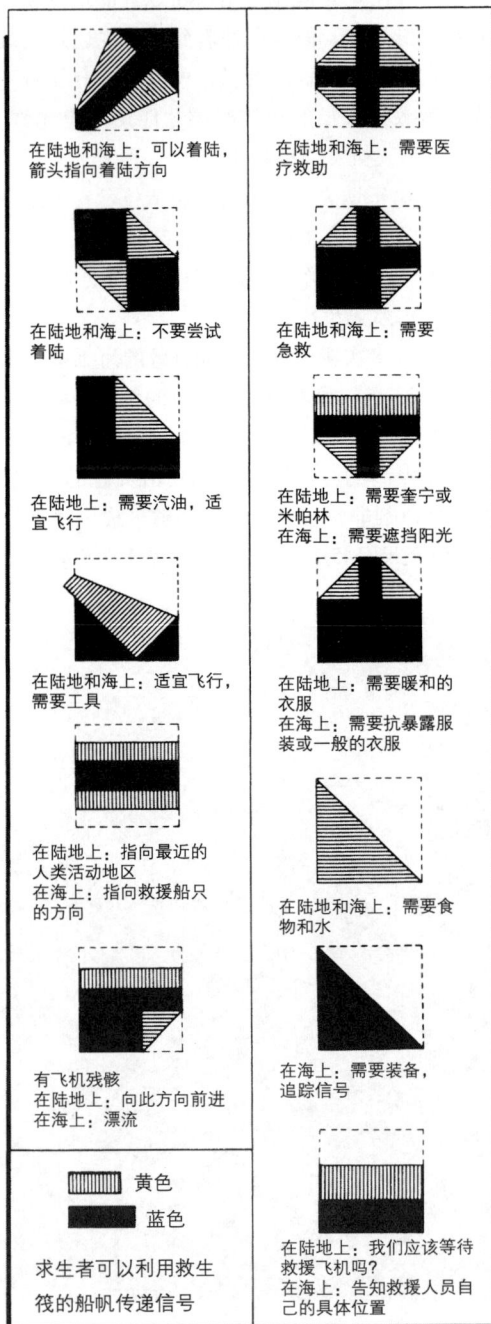

在陆地和海上：可以着陆，箭头指向着陆方向

在陆地和海上：需要医疗救助

在陆地和海上：不要尝试着陆

在陆地和海上：需要急救

在陆地上：需要汽油，适宜飞行

在陆地上：需要奎宁或米帕林
在海上：需要遮挡阳光

在陆地和海上：适宜飞行，需要工具

在陆地上：需要暖和的衣服
在海上：需要抗暴露服装或一般的衣服

在陆地上：指向最近的人类活动地区
在海上：指向救援船只的方向

在陆地和海上：需要食物和水

有飞机残骸
在陆地上：向此方向前进
在海上：漂流

在海上：需要装备，追踪信号

黄色 ▦
蓝色 ■

求生者可以利用救生筏的船帆传递信号

在陆地上：我们应该等待救援飞机吗？
在海上：告知救援人员自己的具体位置

图 24-4 帆布信号

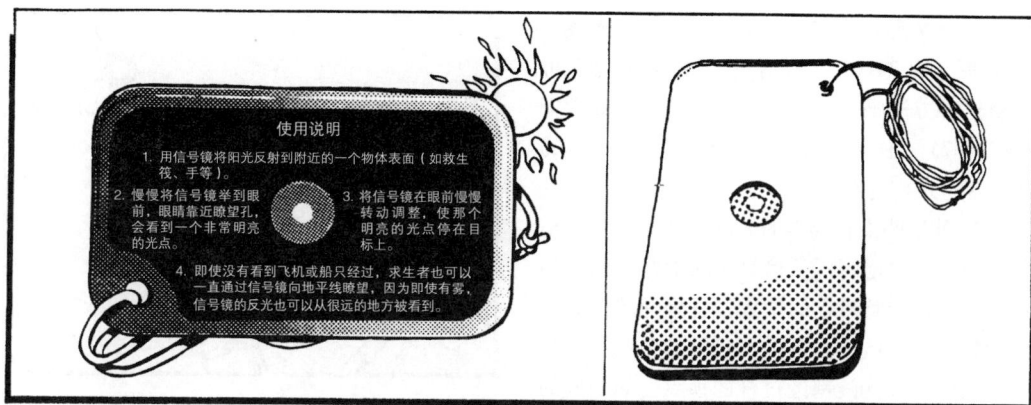

图 24-5　信号镜

镜的功能会被大大削弱,因为救援人员和敌方都有可能发现信号镜的反光,所以一定要小心使用它。求生者必须意识到,就算反光是直接射向飞机的,处于其他位置的人从某个角度也可能看到反光。

3)在敌方控制区,信号镜携带的位置非常重要,不用时应该将其遮住。最简单的方法是用绳子或链子将信号镜挂在脖子上,塞入衣服中。将信号镜从衣服中取出时,应该用手盖住信号镜反光的一面。然后,将信号镜举到空中,拿开盖住信号镜的手,让信号镜的反光投射在这只手的手掌及目标物上(图 24-6)。这样可以减少周围环境的反光对发送信号造成的影响。收起信号镜时,求生者仍要记得遮盖信号镜。

8.用信号镜瞄准目标。批量生产的信号镜背面印有使用说明:

1)用信号镜将阳光反射到附近的一个物体表面(如救生筏、手等)。

2)慢慢将信号镜举到眼前,眼睛靠近瞭望孔,会看到一个非常明亮的光点。

3)将信号镜在眼前慢慢转动调整,使那个明亮的光点停在目标上。

4)如果是在友方控制区,确定只有友军的救援队会出现,那么可以自由使用信号镜。即使没有看到飞机或船只经过,也可以一直通过信号镜向地平线上瞭望。

24.3 自制信号工具

1.信号镜。求生者可以利用罐头、飞机残骸碎片、经过抛光的铝罐、玻璃杯或香烟盒来临时制作信号镜。当有飞机或船只经过时,求生者必须能够利用信号镜准确地将光线反射到目标上。

2.瞄准。

1)用自制信号镜瞄准的最简单的方法是:将一只手伸到信号镜前一臂远处,用两根手指

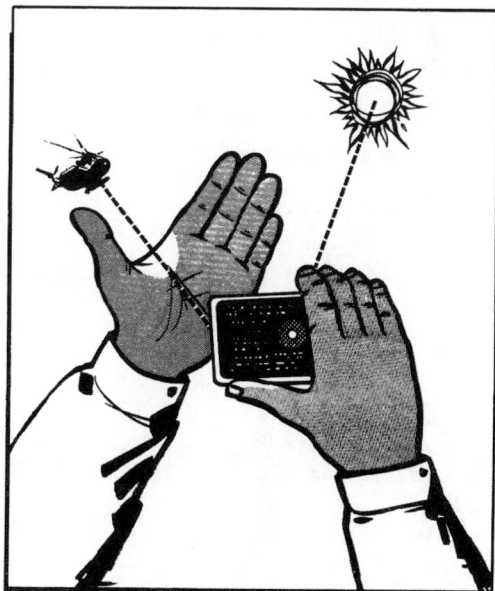

图 24-6　用信号镜瞄准目标

比成一个 V 形，让信号镜反射的大部分光线穿过 V 形（图 24-6）。所有的自制信号镜都可以用这种方法瞄准。另一种方法是使用瞄准杆（图 24-7），任何 4~5 英尺（1.2~1.5 米）高的物体都可以作为参照物。

2）使用瞄准杆瞄准时，求生者应该先调整信号镜，让自己可以从信号镜的上缘看到目标物。接着，调整自己的位置，直到杆的顶点和目标物在一条线上。调整信号镜的角度，使其反射的大部分光线都经过杆的顶点。如果杆的顶点和目标物保持在一条直线上，那么救援人员就可以看到反射光线。

3）求生者还可以制作一种双面的信号镜（两面皆可反光），在镜子中间开一个小孔。

（1）按照图 24-8 所示的方法，用双面信号镜吸引救援人员的注意。

（2）首先，求生者将信号镜举到距离脸 3~6 英寸（7.6~15.2 厘米）的地方，透过镜子中间的小孔看目标物。阳光会穿过小孔，在求生者的脸上形成一个亮点，然后反射在信号镜上。接着，透过小孔瞄准目标物，调整信号镜的角度，让脸上反射的光点与镜子上的小孔重叠并且消失在小孔处。

（3）此时，如果求生者还可以从小孔中看到目标物，就可以确定瞄准成功了。求生者也可以快速晃动信号镜，让其不断地闪光，这种方法对于瞄准移动的目标物特别有效。

图 24-8　用双面信号镜瞄准

（4）当目标物与太阳之间的夹角超过 90°时（即求生者位于目标物与太阳之间时），求生者可以用另一种方法瞄准——调整信号镜的角度，让穿过镜中小孔的阳光照在自己的手上而不是脸上（图 24-9）。然后用同样的方法继续操作。

（5）当目标物与太阳之间的夹角超过 90°时，求生者还可以躺在开阔的空地上瞄准目标物（图 24-10）。

3. 烟火信号。

1）求生者可以自制烟火信号来吸引救援人员。三堆相隔 100 英尺（30.5 米）的火堆排成三角形或是一条直线，这是国际通用的求救信号。单独的一个火堆也可以作为信号。在夜间，火堆会显得非常明亮，并会产生大量烟雾。

2）烟雾在晴朗的天空中比较显眼，可以从 50 英里（80.5 千米）以外的地方看到。大风、

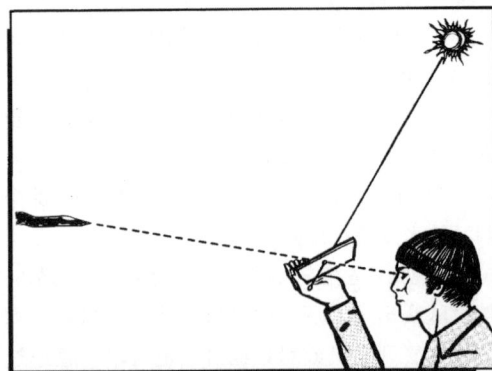

图 24-7　利用瞄准杆瞄准

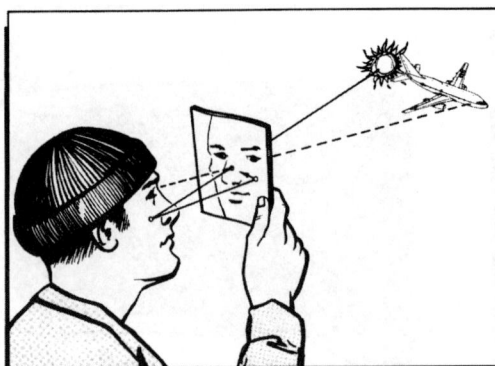

图 24-9　夹角大于 90° 时的瞄准方法

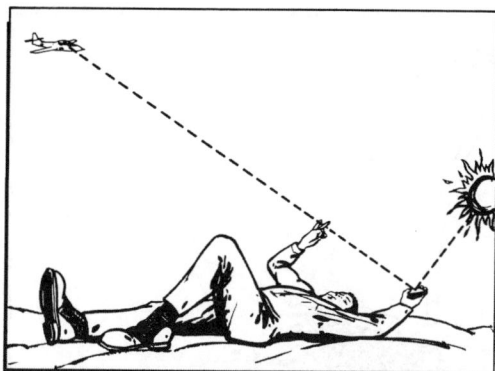

图 24-10　夹角大于 90° 时的另一种瞄准方法

降雨或降雪都会驱散烟雾。如果在密林中使用烟雾信号，效果会不太好。

3) 烟雾应该在背景环境中显得突出，所以在雪地上使用深色的烟雾效果最好。同理，在深色的环境中应使用白色的烟雾。向火中加入浸过油的碎布、橡胶、席子或绝缘材料可以让烟雾加大。向火中加入新鲜的树叶、苔藓、蕨类植物或者浇一点儿水可以产生白色的烟雾。

4) 为增强信号的效果，求生者必须在救援飞机到来之前就生起火。求生者用来取暖或烹饪的火堆也可当作烟火信号。求生者应将火烧得旺一些，让自己更容易被发现。(图 24-11)

5) 烟雾发生器。

(1) 平台式烟雾发生器（图 24-12）。

①在潮湿的地面或积雪表面架起一个平台；

②将易燃材料高高地堆在平台上；

③放上容易产生烟雾的材料，在飞机飞过前将其点燃。

(2) 地面式烟雾发生器（图 24-13）。

①在地上搭建一个较大的小木屋式火堆框

图 24-11　用庇身所作为信号

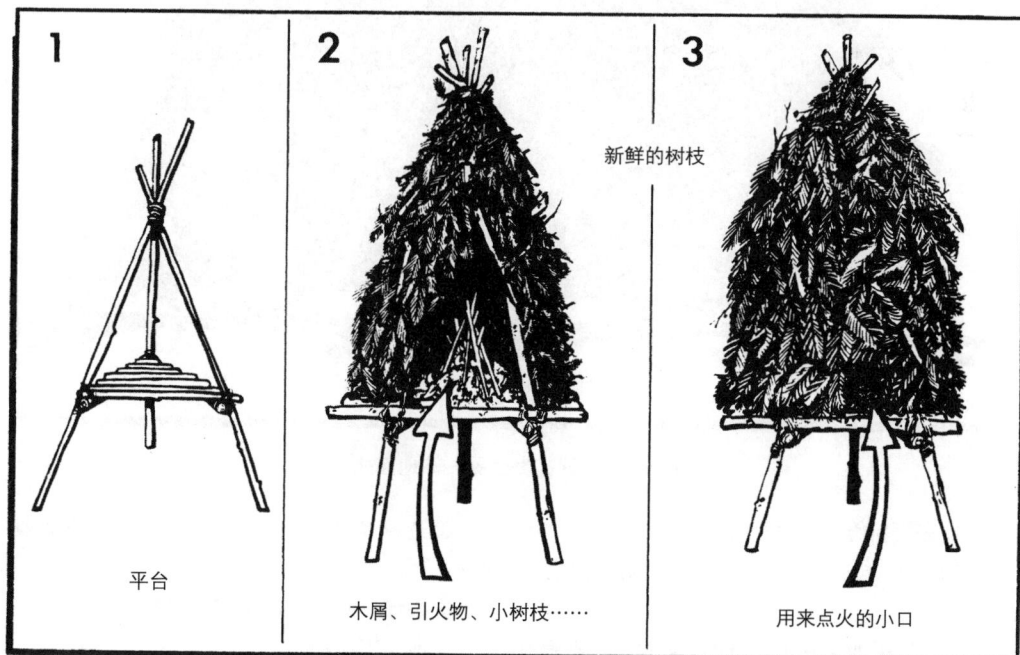

1　平台

2　木屑、引火物、小树枝……

3　用来点火的小口

新鲜的树枝

图 24-12　烟雾发生器——平台式

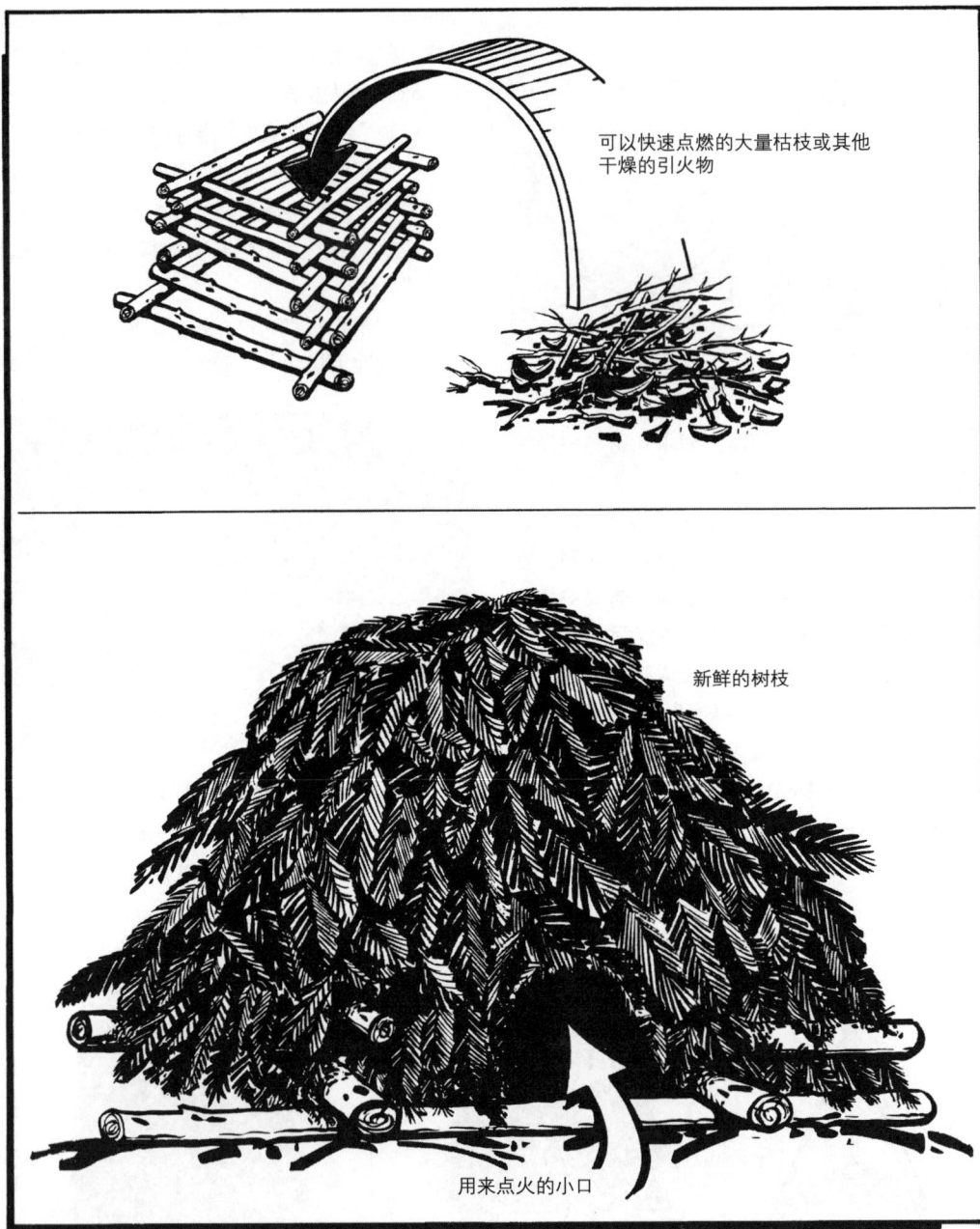

可以快速点燃的大量枯枝或其他干燥的引火物

新鲜的树枝

用来点火的小口

图 24-13　烟雾发生器——地面式

架，以便在用新鲜树枝生火时能充分通风；

②将生火材料放在框架上，在飞机飞过之前点燃。

（3）火炬树烟雾发生器（图 24-14）。要使用这样的烟雾发生器，求生者应该：

①选择空旷地区的树木，以免引发森林火灾；

②添加一些容易产生烟的材料；

③加入引火物；

④在飞机飞过之前点燃。

图 24-14　烟雾发生器——火炬树

（4）燃料烟雾发生器。如果求生者与失事飞机待在一起，可以利用飞机的燃油、润滑油或二者的混合物来制造烟雾。在一个容器底部铺上 1~2 英寸（2.5~5.1 厘米）厚的沙子或细小的沙砾，接着倒入燃油。点火时要小心，以防发生爆炸。如果找不到容器，可以在地上挖一个坑，在坑的底部放入沙子或沙砾，再加入燃油点燃。求生者在点火时应注意保护手和脸。

4. 图案信号。求生者使用图案信号时要考虑多种因素，如大小、比例、棱角、对比度、位置和信号想要表达的内容。求生者选择的图案类型往往取决于他们可以获取的材料。并不是每个求生者都有降落伞，所以就地取材是很重要的。构建图案时，求生者要从飞机上的救援人员的角度考虑。

1）大小。图案信号越大越好，其中的横条最好宽度不小于 3 英尺（0.9 米），长度不小于 18 英尺（5.5 米），比例为 1:6（图 24-15）。

2）比例。构建图案时还要注意比例。例如，如果 L 形的底边长 18 英尺（5.5 米），那么竖条必须做得更长［27 英尺（8.2 米）左右］，形成 2:3 的比例。

3）棱角。自然界中很少有天然的直线和直角，所以求生者应该让图案中包含直线和直角。

4）对比度。图案信号应该和周围环境有明显的区别，因此要将其尽量做大。在雪地上，可以用海水染色剂将图案周围的区域染上颜色。求生者还应该尽量改变地面本来的样子。在草地上，可以将草踩倒，让空中的救援

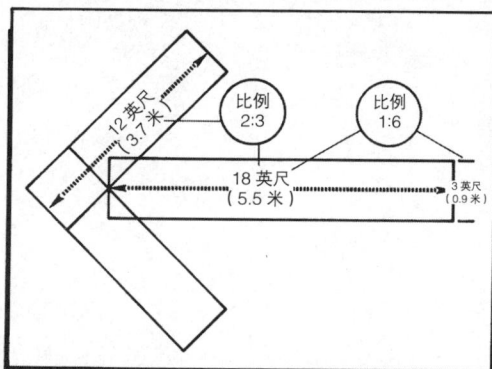

图 24-15　图案信号的大小

者更容易看到草地上的图案。在草地上烧出和在雪地上踩出特定的图案（图24-16）也很有效。求生者应该从同一条路径接近或离开图案信号，以免破坏图案。不要在绿色或棕色的背景上使用橘色的降落伞布，因为这几种颜色容易混在一起。为了增加对比度，求生者还可以用绿色的树枝、木桩或石块标出图案的边缘，或者用木棍撑起降落伞布使其产生投影（图24-17）。

5）位置。图案信号最好被布置在从任何方向都可以看到的地方。求生者应该让图案信号远离阴影处和突出的岩壁。最好选择开阔地带，

图24-16　雪地上的图案信号

图24-17　利用投影增加对比度

这样既有利于救援人员发现信号，也方便飞机降落（图 24-18）。

6）内容。如果可能的话，图案信号最好能够向救援人员描述地面的情况，例如"需要医疗救助"。也可以使用求生代码。图 24-19 列出了一些国际通用代码。

图 24-18　位置

5. 用降落伞发信号。

1）求生者可以用降落伞来制作图案信号，如图 24-20 所示，选择一块矩形的降落伞布。构建图案时，要用木桩固定降落伞布的边缘，

编号	信息	代码
1	需要帮助	**V**
2	需要医疗救助	**X**
3	否定	**N**
4	肯定	**Y**
5	向这个方向前进	**↑**

图 24-19　国际通用代码

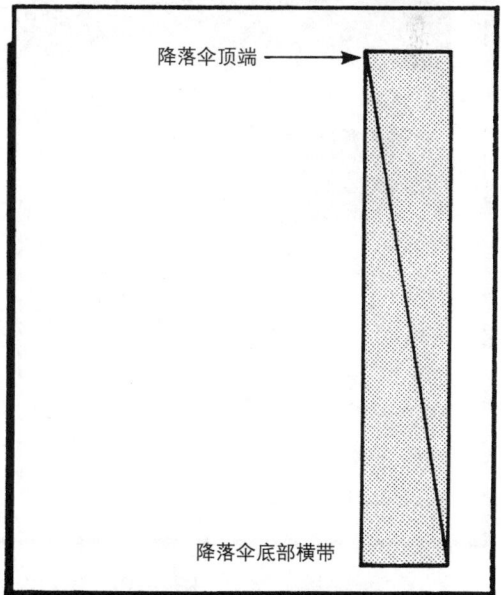

降落伞顶端

降落伞底部横带

图 24-20　矩形的降落伞布

防止大风将其吹走。

2）挂在树上的降落伞（图24-21）也可以作为求救信号。求生者可以将降落伞在树上展开，让信号面积尽量扩大。

3）如果能找到开阔地带，求生者可以将降落伞在矮树和灌木丛上或较窄的溪流上方展开（图24-22），也可以制作信号旗（图24-23）。

6. 影子信号。如果求生者实在没办法发信号，那么可以利用土堆在阳光下的投影来发送信号。应该用国际通用的求救方式来排列土堆。灌木、树木、岩石或雪障也可以用来投影。为了增强效果，应该让这些物体面对太阳，使其形成尽可能长的影子。在赤道附近，除了正午时分，物体朝南或朝北都可以产生投影。在纬度较高的地区，求生者可以利用东西向的物体来制造投影，利用指北针确定最佳的位置。

7. 救援人员的回应。

1）飞机上的救援人员一般会用以下方式表明他们看到了求生者发出的信号：

（1）低飞并且打开着陆灯，或者晃动机翼（图24-24）；

（2）利用紧急无线电台联络。

2）图24-25列出了求生者用身体摆出的表示求救信息的姿势。

图24-21　挂在树上的降落伞

图24-22　在灌木丛上或溪流上展开降落伞

图 24-23　用降落伞制作的信号旗

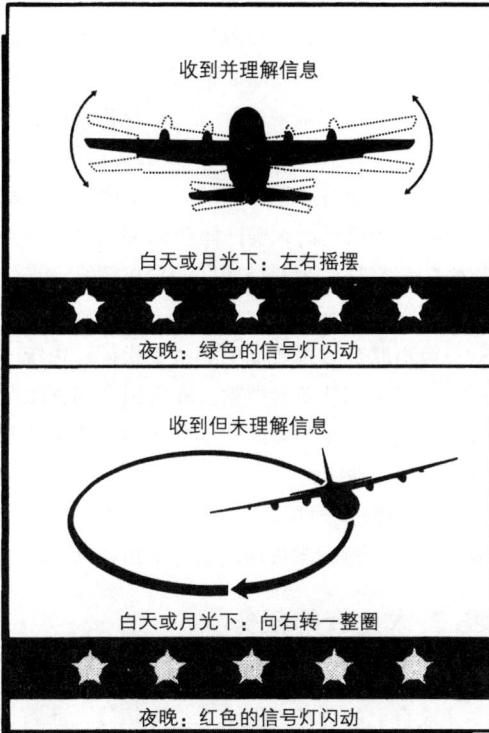

有无线电设备	可以降落	一切顺利
肯定	否定	需要机械援助或机械零件——长时间滞留
带上我们，我们已经遗弃了飞机	不要在这里着陆	可以立刻行动，必要时可以等待
需要紧急医疗救助	在这里着陆（指向着陆地点）	

图 24-25　身体信号

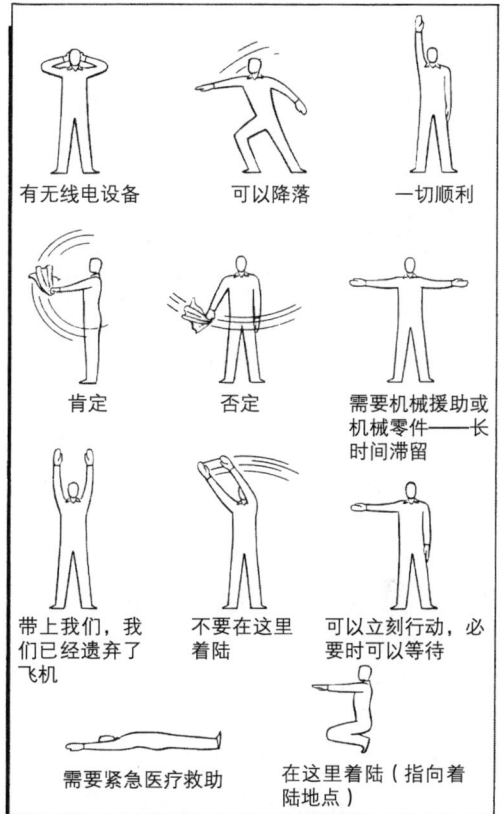

收到并理解信息

白天或月光下：左右摇摆

夜晚：绿色的信号灯闪动

收到但未理解信息

白天或月光下：向右转一整圈

夜晚：红色的信号灯闪动

图 24-24　标准的救援飞机回应方式

第 25 章　搜救原则

25.1 引言

1. 救援人员接到求救信号后就会整装出发，但是救援速度和求生者是否能够安全返回是无法保证的。救援行动的成功取决于许多因素，例如救援力量、临近地区的敌方力量和天气条件等。最重要的是，求生者是否了解自己在救援行动中需要做的事，这决定了救援行动的成败（图 25-1）。

2. 由于飞机和救援装备变得越来越精良，求生者在救援过程中扮演的角色也在不断改变。失事飞机上的机组人员在非战斗环境中长期开展求生活动的概率不断减小，而在战斗环境中长期开展求生活动的概率不断增加。

3. 目前，世界上有一些负责开展搜救行动或是能够影响搜救系统的独立组织。这些组织

图 25-1　救援

包括国际的、国家的、地方的，此外还分商业的、私人的。求生者需要熟悉国际救援组织开展救援工作的步骤，以便在需要时协助工作。国际救援组织包括：

1）国际民用航空组织；

2）政府间海事协商组织；

3）船舶自动互救系统。

25.2 美国全国搜索与救援计划

1. 美国全国搜索与救援计划主要覆盖三大区域：内陆地区、沿海地区和海外地区。

2. 在美国内陆地区开展搜索与救援活动时需要借助空军的力量；在沿海地区开展该项活动时需要借助海岸警卫队的力量；而在海外地区开展该项活动时，美国国防部部长会指派某位国防部官员作为某个地区的总指挥官，这位总指挥官即是分区搜救协调官。海外地区的行动一般由联合救援协调中心负责指挥，由统一行动的武装部队负责搜救。在美国全国搜索与救援计划中，作为美国一部分的阿拉斯加州是被划入海外地区的。

3. 美国全国搜索与救援计划手册和空军64-2 手册为远程救援活动提供了指导信息。

25.3 求生者的任务

1. 求生者从遇到紧急事故的那一刻开始就要完成自己的任务：发出无线电信号，向救援人员说明自己的位置、航线、高度、飞机的对地速率以及计划采取的措施。这些信息对救援人员开展搜救工作极为有利。

2. 搜救工作开始后，求生者应该继续为救援人员提供信息，发出无线电信号和地面信号。

3. 如果求生小组中的人员必须分开行动，那么每个小组成员都应该与救援人员保持联

系，告知救援人员周围的环境条件。

　　4. 求生者最重要的任务是按照救援人员的指示行动。美军情报官员会向失事飞机上的求生者简单描述应对战斗环境的步骤。求生者必须完全遵照指示行动，否则可能有生命危险。如果救援人员让求生者离开失事飞机，那么求生者必须立刻行动。否则，求生者的错误行动可能会造成自己和救援人员死亡。

25.4　救援地点

　　1. 求生者应该慎重选择被救援地点。他们需要考虑救援人员乘坐的交通工具的类型以及天气和地形因素对救援飞机的影响，如上升气流、下降气流、高温和大风等。求生者应该尽量前往地势较高的地区，以方便救援人员到达。选择被救援地点时，还要考虑树木、悬崖等可能影响飞机降落的障碍物，特别要注意避开突出的岩壁、悬崖或陡坡，这样的地形会限制救援交通工具的到达，延长救援时间。

　　2. 虽然求生者可以选择被救援地点，但是最终要由救援人员来决定该地点是否合适。

25.5　救援步骤

　　1. 了解现行步骤。由于救援步骤会根据具体的救援工具和救援力量发生改变，所以求生者必须了解现行的救援步骤和救援技巧。空军64-3 手册列出了目前战争环境下的救援步骤。

　　1）确定是否应该向地面空投给养时，救援人员需要考虑以下几个因素：救援地点与救援基地之间的相对距离、救援工作开始之前流失的时间、向敌方暴露的危险性。如果救援工作可能需要延后，那么救援人员一般会向求生者空投给养，帮助他们在等待救援期间维持生命。求生者在陆地上可以自由活动，所以基本上可以找到投在附近的装备和给养，但是救援人员在海上空投时必须对准目标投放。

　　2）HC-130 这种内部设有空投系统的飞机最适合向求生者空投给养。其次，有炸弹舱或是能够装载可空投容器的外挂架的飞机也比较适合向求生者空投给养。但是，并不是所有的救援任务都能够调动这些专门负责空投的飞机，有时可能要用一般的飞机完成空投任务。

　　2. 直升机搜救。

　　1）直升机可以通过着陆或者从空中吊起求生者的方式来执行救援任务。在海拔较高的地区，直升机一般会着陆，不着陆营救一般用于水上救援。如果能够找到适合直升机降落的地点，那么应该让直升机着陆，以免暴露给敌方。直升机盘旋并吊起求生者比着陆需要更大的发动机功率，并且对飞机和求生者的安全都有一定的威胁。直升机太靠近降落伞可能会发生危险，因为直升机水平旋翼造成的向下运动的气流会让降落伞鼓起来卡在水平旋翼的叶片之间。

　　2）直升机着陆后，救援人员一般会离开飞机。如果在战斗环境中救援人员不便离开飞机，求生者应该从直升机机首的 3 点钟到 9 点钟方向接近直升机（图 25-2）。

　　3. 固定翼飞机救援。

　　1）固定翼飞机在救援活动中承担的主要任务是立刻为求生者提供援助，并且成为救援部队的"眼睛"，即准确描述求生者的位置、在求生者上方盘旋、为求生者空投装备等等，这样可以提升求生者的士气、确定求生者的位置以减少搜索时间、节省救援队伍赶到现场的宝贵时间。

　　2）如果求生者附近有合适的飞机跑道，或者救援飞机可以在简易跑道上降落，那么固定翼飞机在实际救援活动中的作用会有所减弱。固定翼飞机常常被用于在极为寒冷的条件下展开救援，它可以将结冰的湖泊或河流当作跑道降落，或是在冰川地区及被积雪覆盖的地区执行任务。但是，固定翼飞机在条件看似理想的未知地区降落有时可能会发生危险。

　　4. 船只救援。

　　1）如果失事的船只或求生者离岸边很远，救援人员一般要调用能够长距离航行的船只（如搜救船、军舰或商船）进行救援。这些船只

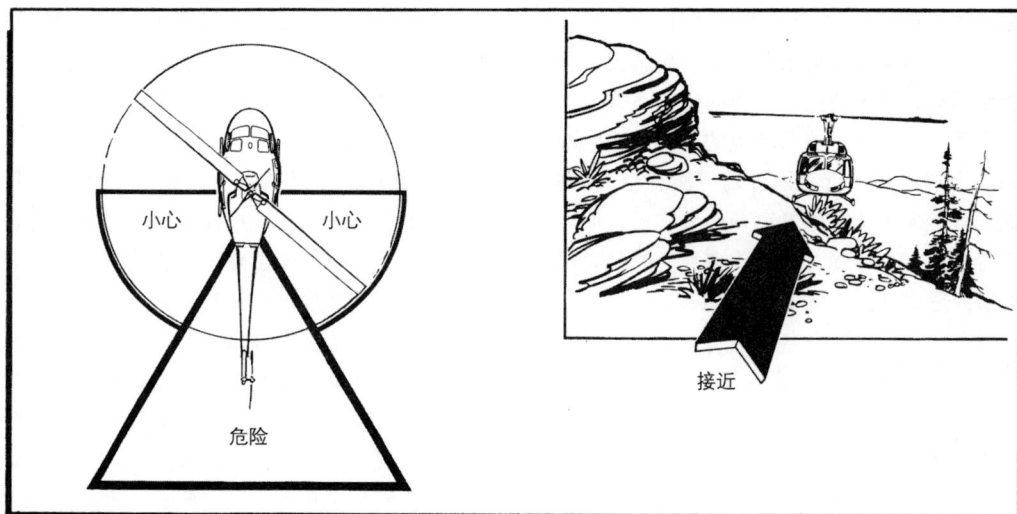

图 25-2 接近直升机

采用的救援方式根据其排水量而有所不同，并且会受到救援地点（远海、靠近陆地……）的影响。天气、潮汐、洋流、水深、珊瑚礁、光照强度等也是影响救援方式的重要因素。

2）虽然远洋轮船等看起来十分适合海上救援，但是救援人员最好还是先考虑其他更好的救援方式。例如，直升机可以将远洋轮船救起来的求生者迅速运往紧急救助站。

3）在海上搜救中，最困难的环节就是将求生者从水中、救生筏中或者其他救生艇中安全地转移到救援船只上。大多数情况下，求生者必须在他人的协助下才能登上甲板。所以，所有搜救活动中使用的救援船只都备有专门的设备，可以在不需要协助的情况下将求生者从水中救出。救援船只从水中救起求生者的方法很多，下面介绍其中最常见的几种方法。

（1）将求生者从水中救起时，应该采用以下方法：

①派救援人员游泳靠近求生者；

②使用抛绳器抛绳；

③派出小船；

④放下拖绳（救援船只绕圈）。

（2）将求生者从失事船只上救起时，应该采用以下方法：

①船对船直接救援；

②拖拽救生筏；

③派出救生筏；

④派出小船；

⑤使用拖绳将船拖走。

5. 小型船只救援。

1）当求生者身处湖泊、有遮蔽物的浅水区、河流和海岸等区域时，救援活动基本上是由附近地区的快艇或私人船只完成的。

2）小型救援船一般做不到让所有求生者一次都上船，所以每次应尽量由多艘救援船执行救援任务。可能的话，每艘救援船还应该放下船上的救生筏，拖着不能上船的求生者漂浮行进。救援人员必须确保暂时留在失事地点的求生者的安全。

3）救援坠毁或迫降在水面上的失事飞机中的人员时，一般需要将其从飞机上转移到船上，或是从水中及救生筏上救起来，有时可能还需要拖拽迫降在水面上的飞机的残骸。

6. 直升机与船只协同救援。

1）有时，救援中心会同时派出直升机和救援船。一般来说，由最先到达救援现场的救援队先开始救援。

2）如果直升机最先到达，那么救援船作为

支援，应该停在直升机逆风面的 2 点钟方向，与直升机保持安全距离。

3）如果直升机不得不放弃救援工作，那么飞行员应该驾驶直升机离开救援现场，并且向救援船发出信号，让其替补。此外，飞行员还可以打开直升机的旋转式防撞信号灯，表示自己需要救援船的帮助。如果飞机上的救援人员预见自己可能需要救援船的帮助，应该事先约定具体的联络信号。

4）如果直升机最先到达救援现场并开展救援，最好立即将求生者转移到直升机上，并将他们迅速送往医疗机构。

25.6　吊升装置

1. 援助。如果求生者所在地区的附近有救援队伍，救援人员应该在条件允许的情况下派出伞兵向求生者提供援助。不幸的是，并不是所有环境都适合伞兵降落，所以求生者必须学会使用各种吊升装置。

2. 注意事项。吊升装置的一般注意事项包括：

1）穿上吊升装置前，应该让吊升装置接地，释放静电。

2）为了保持稳定，求生者穿上吊升装置后可以采取坐姿或蹲姿。不要跨坐在吊升装置上。

3）如果无法发送声音信号，求生者应该在

准备好被吊升后向飞行员发出可视的信号，比如竖起拇指或用力将绳索向两侧摇动。

4）大部分吊升装置都可以像吊索一样使用。

5）求生者必须按照救援人员的指示行动。在被吊升至直升机的舱门之前，求生者不要试图抓住舱门或是用任何方式帮助起吊者，也不要自行脱离吊升装置。救援人员应该在求生者全身都进入机舱后再移除他们身上的吊升装置。

3. 救援吊索。穿上救援吊索之前，求生者应该面对降下的吊索，让其接触水面或地面，放出静电。

1）最常见的穿救援吊索的方法与穿衣服的方法一样。扣上吊索的扣环后，求生者应该让吊索贴在背上，将双臂依次穿过吊索。起吊绳索承担求生者的重量之前，求生者可以先抓住吊索下方的金属环。之后，求生者要用双臂抱胸，这样可以使自己在被向上拉的时候稳稳地被套在吊索上。（图 25-3）

2）另一种穿上吊索的方法是用两只手抓住吊索，将吊索举过头顶，然后放到手臂下方环住身体。不管使用哪一种方法穿吊索，求生者都应该记住，吊索上的绑带和金属扣环必须位于身体前方。

4. 吊篮。如果救援人员使用的是吊篮（图 25-4），一般会有一位飞行员在水面或者地面上帮助求生者进入吊篮。吊篮有两种：可供求生

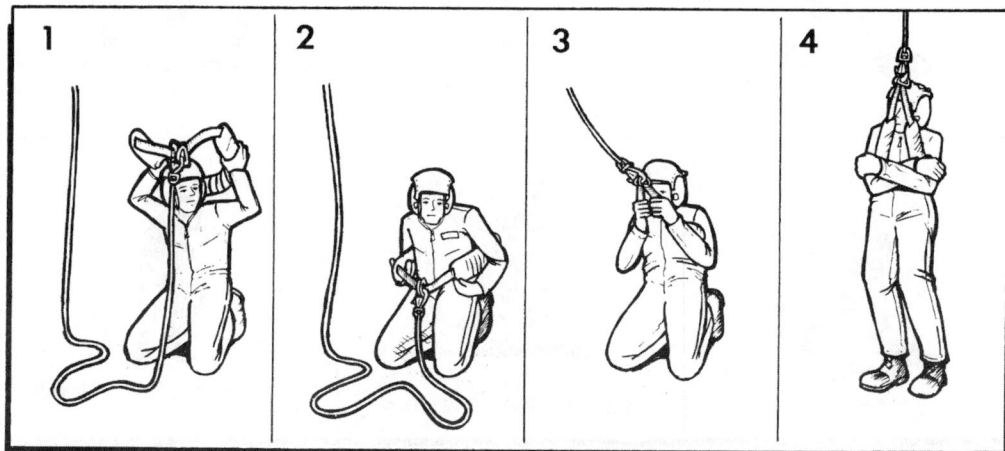

图 25-3　马项圈式吊索

图 25-4　吊篮

者平躺的担架型和可供求生者坐着的座椅型。

5. "森林穿入者"救援椅（图 25-5）。

1）这种救援椅可以带着求生者穿过森林中交错的树枝以及茂密的灌木丛，当然也可以用于开阔地带或水面救援。这种吊升装置上有 3 个附带弹簧的、靠着主轴的座椅，必须拉开至固定位置才能使用。座椅上方的主轴上有一个带拉链的布袋，里面是安全绑带。这种吊升装置上有时还带有安全环状浮袋。如果想用这种救援椅在水面上开展救援，就必须在装置上加上安全环状浮袋，让其可以浮在水面上，并且使其上部的 1/3 都露出水面。

2）求生者在使用这种装置时，应将安全绑带从布袋中取出，绑在身上，将自己固定在座椅上。除非求生者无法将绑带系在身上，否则不应该将绑带从锁扣上取下。求生者必须确保安全绑带不会缠绕在吊升绳索上。绑好绑带后，求生者应将座椅迅速向下拉，用钩子固定住。接着，求生者应将座椅置于两腿之间坐好，将安全绑带尽量拉紧，让吊升装置紧紧地贴在身上。求生者必须一直放下手臂，用肘部夹紧身体，不要抓住吊升绳索或重压吊升装置上的弹簧锁扣。确定自己的身体不会缠在吊升绳索上之后，求生者就可以向飞机上的救援人员发出信号了。

3）如果求生者正处在枪林弹雨的战斗环境中，救援人员必须立刻带其离开该地区，用吊升绳索暂时将求生者吊在直升机下方。此时，吊升装置正确、安全地使用是至关重要的。座椅要一直稳稳地贴在求生者的胯下，以防吊升绳索松弛的部分突然拉紧时导致求生者受伤。求生者要一直将双手放下，远离吊升绳索上的

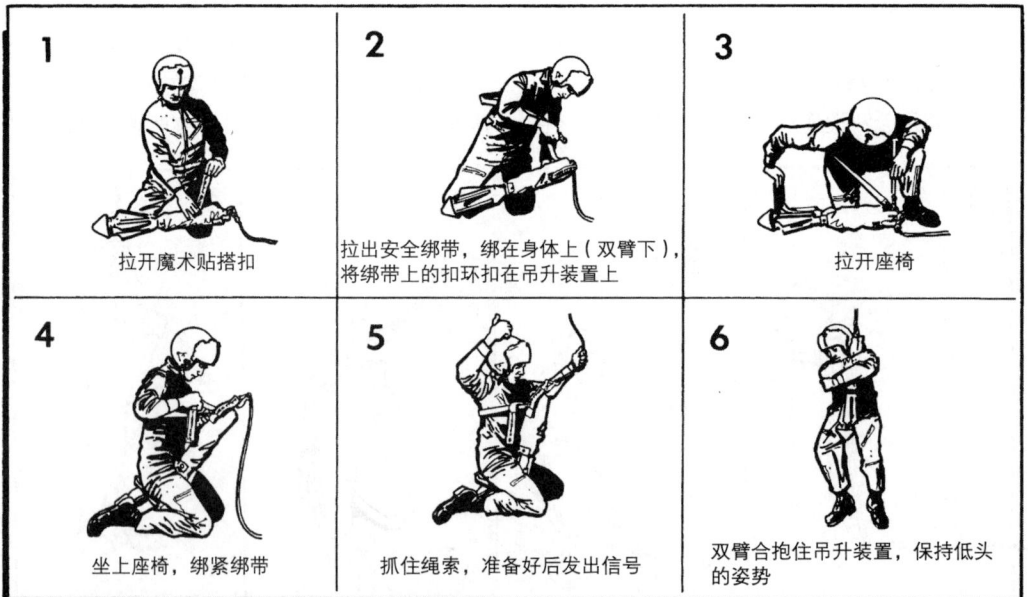

1 拉开魔术贴搭扣	2 拉出安全绑带，绑在身体上（双臂下），将绑带上的扣环扣在吊升装置上	3 拉开座椅
4 坐上座椅，绑紧绑带	5 抓住绳索，准备好后发出信号	6 双臂合抱住吊升装置，保持低头的姿势

图 25-5　"森林穿入者"救援椅

转轴，用手臂环住吊升装置。求生者还应该让头部尽量贴在吊升装置上，以免树枝或林中的其他障碍物刺入求生者的身体和吊升绳索之间。

4）求生者到达直升机舱门处时，救援人员会将他们的身体向后转，背对直升机，然后再将他们拉入直升机，在机舱内安全地解开求生者身上的吊升绳索。

5）"森林穿入者"救援椅一次可以吊升三个人。两个人或三个人同时被吊升时，他们应该埋着头，确保每个人的安全绑带都绑紧了。这种吊升装置还可以将军医或救援人员送到地面上，向伤者提供医疗救助，然后再将求生者与医疗人员同时吊回直升机。如果吊升装置被放到森林中后因为各种原因无法被拉上去，则应该将其座椅恢复到折叠的位置后再尝试，以免座椅被树枝或其他物体钩住。

6）不管使用哪一种吊升装置，将其放下时都要时刻注意观察。因为吊升装置重达 23 磅（10.4 千克），如果不慎击中求生者，可能会导致其受重伤甚至死亡。

6. 其他吊升装置。莫特利吊升装置（图 25-6）、麦圭尔吊升装置（图 25-7）、瑞士式座椅（图 25-8）、萨博吊升装置（图 25-9）以及绳梯（图 25-10）都可以用来吊升求生者。

1）莫特利和麦圭尔吊升装置。这两种吊升装置可以由军用直升机携带，在受到敌方攻击以及增援或撤走地面部队时使用。这两种装置一般存放在加重帆布袋中，使用时用绳索送到地面。装置被送到地面上的求生者面前之后，救援人员要给求生者足够的时间来穿好吊索。然后，直升机会拖着吊升绳索飞走。一般来说，使用这两种装置吊起求生者时，救援人员不会将求生者拉入直升机内，所以求生者一定要将安全绑带绑紧。

2）瑞士式座椅和萨博吊升装置。这两种吊升装置一般由地面特种部队携带，在直升机的帮助下迅速撤离时使用。特种部队的士兵会穿好吊索，等待直升机到来后向他们投下绳索，然后将身上的吊索与吊升绳索连接好。同样，

图 25-6　莫特利吊升装置

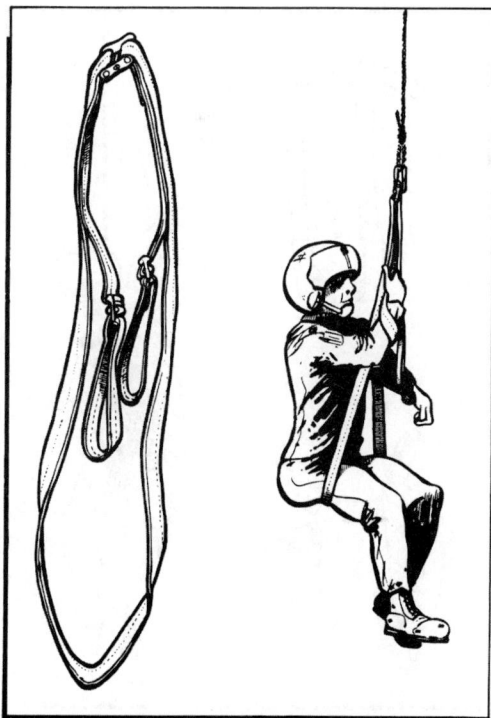

图 25-7　麦圭尔吊升装置

使用这两种装置吊起求生者时,救援人员不会将求生者拉入直升机内。

3)绳梯。绳梯主要是由军队及地面特种部队携带和使用。使用时,应该从侧面而不是正面靠近绳梯。求生者应该踏上几级横档,坐在横档上,并将身体穿过横档(图 25-10)。求生者不应尝试攀爬绳梯进入直升机。

25.7 远海搜救

1. 看到救援船、救援飞机或者直升机接近时,求生者必须立刻解开所有可能缠住救援装置的绳索(钓鱼线、海水脱盐装置上的绳索等),并将所有不牢固的物品系在救生筏上,将救生筏的顶篷和船帆放下。将所有东西固定好之后,求生者应该戴上头盔(如果有的话),为救生气囊充满气,拧紧吹气嘴。在听到救援人员的指令之前,求生者应该留在救生筏中,除了救生气囊,不要使用任何救生工具。在可能的情况下,救援人员应该下降到水面来帮助

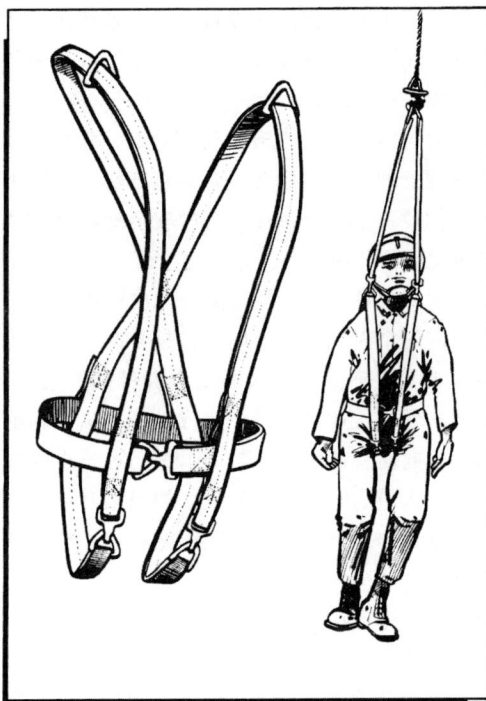

图 25-9 萨博吊升装置

求生者。求生者应该遵照救援人员的指示行动。

2. 直升机救援中,如果没有救援人员协助求生者,求生者应该:

1)将所有散放的物品系在救生筏上或是收进袋子内;

2)放下海锚和稳定袋;

3)放出救生筏中的一部分气,让海水灌入救生筏;

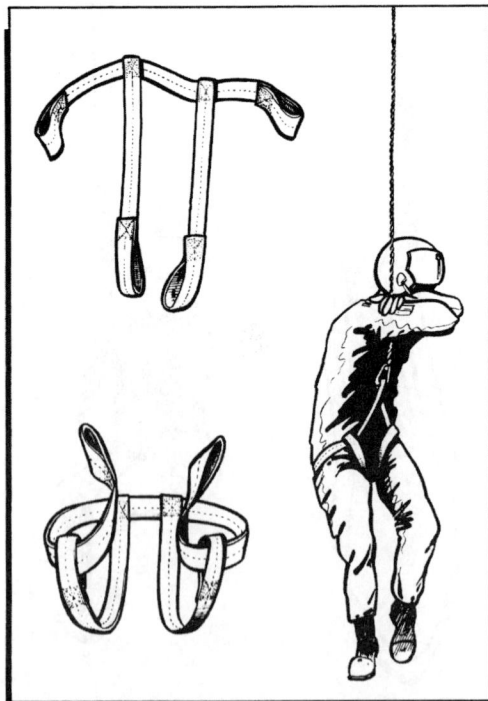

图 25-8 瑞士式座椅

图 25-10 绳梯

4) 将求生工具包从降落伞背带上解下来；

5) 抓住救生筏的把手，翻出救生筏；

6) 让吊升装置和绳索触到水面；

7) 一只手抓住救生筏的把手，另一只手抓住吊升装置；

8) 将吊升装置在身上固定好（不要缠上救生筏上的绳索）；

9) 向救援人员发出可以吊升的信号。

第九部分

逃生

第 26 章　法律责任和道德义务

26.1 引言

1. 不管是在过去还是将来，机组人员在空战过程中都可能遇到在敌方控制区弹出机舱、跳伞或飞机迫降的情况。遇到此类情况时，机组人员必须为生存和从敌方控制区逃回友方控制区做好准备（图 26-1）。求生者摆脱困境的决心和信念至关重要，他们必须在心理和生理上做好全力以赴的准备，以免被俘。一位求生者在回忆自己从敌占区逃生的情景时这样说道："我心想，好吧，我已经处在人间地狱中了，我该怎么办呢？但真实的情况是，有好一会儿我什么事也没做，只是坐在降落的地方，淋着雨，看着地面。天越来越冷，好像过了好几个小时，我才抬起眼睛，看向前方的树林，但实际上什么也没看进去。我开始回想导致自己跳伞的一系列事件，就是它们使我落到了眼前这片被上帝遗弃的森林。周围的雾越来越大，我的思绪也越来越混乱。很快，天开始下雪，我终于意识到自己正身处险境，很可能会被敌军发现或是冻死。于是，靠着极大的决心，我强迫自己条理清楚地思考问题，然后站起来，走上求生之路。"

2. 这位求生者从未受过任何求生训练，但他还是成功地走了几英里路，最终逃回了友方控制区。他所拥有的只是强烈的求生欲望和基本常识。需要从敌占区逃生的求生者必须知道自己面临被俘的危险，需要面对并克服一系列人为和自然的障碍。从他人经验、自身接受的训练、前期准备和计划中获得的知识，能够帮

助求生者克服各种困难。

3. 这一部分将介绍与逃生有关的内容，包括以下几个方面：

1）求生者的道德义务和法律责任；

2）求生的技巧与原则，伪装和行进；

3）获取食物和水；

4）战斗信号和救援。

26.2 定义

1. 求生者。这部分中的"求生者"是指通过训练、准备和个人智慧来避免与敌方接触及被敌方俘获的军人或平民，也可以称为"逃生者"。

2. 逃生过程。逃生过程包括在求生环境中生存下来、避免被俘，并且回到友方控制区。这部分中介绍的逃生技巧主要适用于在敌方控制区徒步行进的求生者。

26.3 军事行动

1. 机组人员在敌方控制区被孤立，不能继续执行自己的任务，无法与友方力量汇合时，就成了逃生者。求生者若想成功逃生，就必须了解可以为逃生提供指导和帮助的因素。

2. 如果有逃生的机会，求生者一定要善加利用。促使求生者一天 24 小时遵循逃生原则的动力可能来自个人，也可能来自军方。强大的动力能够使求生者为了脱离险境而全力以赴。

3. 就算逃生失败或是被俘，用在躲避敌方上所做的努力也已经成功牵制住了敌方力量。

4. 除了上述原因，求生者还必须基于自己的道德义务和法律责任而努力逃生。

图 26-1　逃脱

1)《美国军人行为守则》中全篇都体现了求生者需要承担的道德义务，尤其是第 2 条。该条可以作为求生者行动的指导纲领。

2)《统一军事司法法典》还对求生者在逃生过程中以及被俘后的行为做了详细规定，特别是第 99 条"面对敌军时的错误行为"、第 104 条"帮助敌军"以及第 92 条"无法服从法律规定"。所以，不管求生者是否参加战斗，在逃生和被俘过程中的不当行为都有可能受到军事法庭的审判。美国警察联合会 110-31 号文件将参与战斗的人员定义为"在发生军事冲突的地区代表一方战斗的人员"。战斗人员必须遵守国际法，并且要接受本国法律的监督，其身份可以通过制服、徽章和其他标志来辨认。非战斗人员包括平民、战俘、伤员、牧师、医护人员以及其他性质类似的人。世界各国都已经为战争制定了成文法或者不成文法。美国和世界上其他 60 个国家在 1949 年还签署了《日内瓦公约》。

3) 国际法中将"逃生者"定义为"在敌方控制区被孤立并躲避抓捕的人员"。根据国际法的规定，逃生者在正式被俘之前都属于备战状态下的战斗人员。逃生者是为本国服务的，有躲避抓捕的义务，永远不能牺牲自己的自由。逃生者依然具有战斗能力，其所采取的每一步行动都应符合战争法的规定，同时还要完成攻击敌方目标并成功返回的任务。在战斗状态下，逃生者可能需要在确保自己不被敌方俘获、自己的行为不违反当地刑法的前提下，继续攻击合法军事目标，这是逃生者作为战斗人员的责任。

4) 被俘后，逃生者就成了战俘，是非战斗人员。如果战俘为了逃跑而杀死或伤害看守自己的敌方人员，就会受到军事法庭的审判和处罚。国际法确保了战俘的权益，要求为战斗人员发放印有名字、军衔、编号和出生日期的身份牌。受到盘问时，战俘只能提供这些信息。逃生的战俘在与己方部队会合之前都维持非战斗人员的身份。成功逃生并成为战斗人员后，士兵如果再次被俘，敌方不能对其进行惩罚。

根据《日内瓦公约》，试图逃跑却再次被俘的战俘只能受到纪律处罚，不管他逃跑几次都是如此，但对其加强监管是合法的。

5）伪装是躲避敌军的合法手段，只要逃生者还保留着军人的证件。但是，经过伪装的逃生者不能对敌方的人员或财产造成损害，否则会被视为"非法战斗人员"，被俘后也不能被视为战俘，会受到敌方的审判和监禁。逃生者也不应在伪装的情况下搜集敌方情报或作战，否则被俘后将不能被视为战俘。

6）逃生可以分成受到协助的和不受协助的两种。美军机组人员在逃生过程中如果受到任何人的帮助，包括食物、衣物、药品、庇身所、资金甚至鞋带之类的小物品，都可以被归为受到协助的逃生。事实上，在逃生者经过敌方控制区时，如果当地人没有特别注意他们的存在，这点也可以被视为对逃生者的帮助。不受协助的逃生指的是逃生者必须完全依靠自己的知识和能力成功从敌方控制区回到友方控制区。逃生者在成功逃生后可能会接受空中或水面上的救援以及其他人员的帮助，但这种情况还是被归为不受协助的逃生。逃生者在所有逃生过程中都必须遵循并采用一定的原则、步骤和技巧。逃生的开始阶段是最重要的，对机组人员来说更是如此，因为他们有时需要在白天从机舱中弹出，降落在敌方控制区，并且暴露在敌方视线范围内。如果机组人员落地后被敌方发现，那么肯定会被俘。躲避敌军需要运气和技巧，其中运气主要是指落地位置与敌军的距离，如果机组人员降落在人口密集的地区（城市、军事基地或战斗地区），可能会立即被俘。

7）逃生不能简单地根据距离长短来分类，历史一再证明，逃生者无法在实际环境中预测自己的逃生距离，所有的机组人员在获救之前都要做好远距离逃生的准备。强调逃生只是短期的而不是长期的，只能让逃生者对行动计划过于乐观，甚至草率行事。另一种情况是，如果逃生者认为自己在短时间内无法获救，可能就会放弃逃生，变得十分消极。

第 27 章　成功逃生的要素

27.1　基本要素

　　所有可能面临逃生情况的人都要记住三个可以提高成功概率的要素：准备、机会和决心。

27.2　准备

　　1. 准备工作（图 27-1）是影响逃生的最重要的因素。机组人员在开始逃生活动之前所采取的行动会决定他们是成功逃生还是不幸被俘。在敌方控制区中，逃生者必须记住，逃生只是他们整体任务的一部分，并要依此来制订计划。另一方面，逃生者必须时刻注意不要犯错。被敌方发现是逃生者可能犯下的最严重的错误，逃生者必须针对这种情况做好准备。

　　2. 逃生过程中的三个基本问题是：

　　1) 躲避敌人；

　　2) 求生；

　　3) 回到友方控制区。

　　3. 以下行为会提高成功逃生的概率：

　　1) 遵守行进、伪装和隐藏的基本原则。

　　2) 制订具体的行动计划。

　　3) 保持耐心，特别是在行进过程中。匆忙行动会增加疲劳程度、降低警觉性。

　　4) 保存食物。

　　5) 尽量节省体力，为关键时刻做准备。

　　6) 尽量保证充足的休息和睡眠。

　　7) 保持高昂的求生意志和"一定能成功"的求生态度。在逃生过程中，逃生者可能需要长时间生活在自然环境中，在地势险峻的地区徒步跋涉，还可能经常遇到严酷的天气状况。

　　8) 研究自己所处地区的地形特征（山脉、沼泽、平原、沙漠、森林等）和植被类型，以及获取饮用水的可能性。

　　9) 考虑气候条件。机组人员应该了解飞机会经过的地区的气候特征以及典型的天气状况。

　　10) 执行任务之前，要了解当地居民的信仰和应急指南中的内容（图 27-2），掌握一些当地人的风俗和习惯。这些知识可以帮助逃生者制订行动计划，如避开或认出不友好的当地人。这些知识还可以帮助逃生者伪装混入当地居民之中。

　　11) 充分了解自己的装备，知道救生包中每一样东西的位置、使用方法及作用。有时逃生者还必须决定应该留下哪些东西、扔掉哪些东西。

　　4. 在逃生过程中，制订行动计划（图 27-3）是逃生者需要考虑的主要问题。逃生者必须有明确的目标，并且对自己达成目标的方法和能力信心十足。逃生者一般有多种选择，需要从中确定行动方案和目的地。敌军的部署、搜索步骤、地形、周围地区的人口分布、气候、距离和环境（如核武器、生物战剂和化学武器环境）等因素都会影响逃生者对目的地的选择。逃生者可以做出如下选择：

　　1) 等待国际救援。

　　2) 逃至安全的地区。

　　3) 逃至中立国境内。

　　4) 如果逃生者处于战区的前线并且确定友方部队正朝着自己的方向推进，那么逃生者应

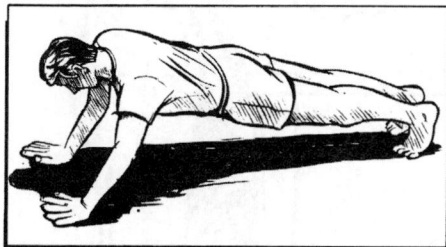

图 27-1　准备工作

该躲到隐蔽处，让自己处在前线后方。逃生者要避免穿越战区前线，否则会受到两面夹击。

5. 目的地距离逃生者的远近取决于许多因素，包括逃生者弹出机舱的时间和位置、前线阵地的位置和移动方向、是否能遇到愿意提供帮助的人，以及逃生者是否了解救援人员的位置。如果上述因素不利于救援人员对逃生者进行空中救援，那么逃生者必须向目的地前进。

6. 弹出机舱并着陆后，求生者在选择目的地和行进路线时还需要考虑附近是否有适宜空中救援的地点以及与友方接触的机会。执行任务之前就要做好这方面的准备，可以通过地区简介、区域研究、应急指南及情报组织来获取相关信息。

7. 选择目的地和行进路线时还需要考虑自己的身体状况。逃生者的身体状况会影响其求生能力，而着陆后再进行健身显然已经太迟了。此外，逃生者应该明白，一些个人习惯在求生过程中是无用甚至有害的，而且使用剃须膏、洗发水或香水可能会给逃生者带来麻烦，因为它们的气味可以传到很远的地方，从而暴

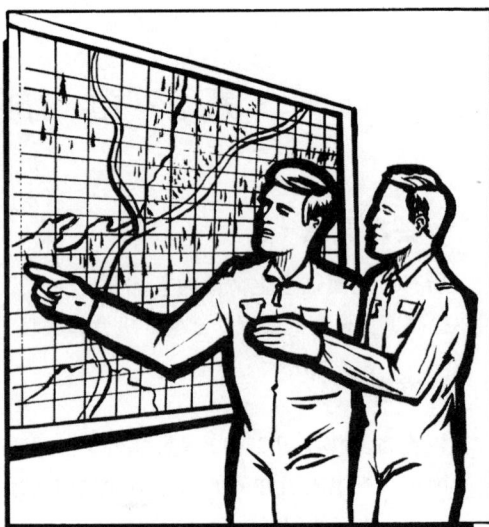

图 27-3　制订行动计划

露逃生者的位置。

27.3 机会

逃生者要善于利用一切机会。首先，当飞机遇到紧急事故时，机上的指挥官应该试着用无线电与救援人员联系，用国际通用的求救频率发出信号。与救援人员取得联系后，应该告知对方自己的战术呼号、飞机类型、位置、航速、航线、高度、遇到的困难以及下一步的行动计划。同时，启动敌我识别系统。可能的话，机组人员应尽量在安全地区、救生站或潜水艇搜救站附近弹出机舱，这样可以将逃生者和救援人员可能遇到的危险都降到最低。在弹出机舱向地面降落的过程中，机组人员必须保持警惕，不断调整降落伞以避开可能的危险地区（如人口稠密地区、炮位、部队驻扎区）或者远海地区。着陆后，逃生者必须能够熟练地使用求生工具（如通过指北针定位、利用无线电呼叫己方对威胁自己生命的敌军进行空袭等），以便成功脱险。

27.4 决心

坚定的决心能够向求生者提供必要的动力。逃生的决心可能是基于个人的态度，如从

图 27-2　了解当地居民的情况

训练中获得的本能以及回到家人和爱人身边的渴望，也可能完全出于军事目的。对军人来说，逃生的决心涉及以下一个或几个原因：

1. 回到部队继续战斗。

2. 不向敌方透露作战信息。

3. 不让敌方获得宣传素材。

4. 不让敌方获得强迫性劳工。

5. 占用敌方本来可以用于战斗的兵力及运输和联络资源。

6. 带着情报返回。

7.《美国军人行为守则》要求军人绝不出于自愿而投降。

8. 其他个人原因：对死亡、疼痛、苦难、受辱、降级、疾病、折磨、不确定性和未知的恐惧。在逃生者看来，逃生远远好于被俘和死亡。

27.5 逃生原则

1. 除了准备、机会和决心三个要素，逃生者还要遵循一些重要原则。逃生者应该尽量回想之前接受的作战指示、受到的训练和标准操作程序，然后选择一条最有可能成功返回友方控制区的行进路线。

2. 逃生者的行动要灵活，不能死板地沿着一条固定的路线行进。逃生者一定要拓宽思路，接受别人的观点、建议并关注事态的发展变化。备用计划可以让逃生者的行动更加灵活。如果敌军破坏了一套行动计划，逃生者可以迅速启用备用计划而不会惊慌失措。

3. 逃生者最关心的就是怎样才能不被敌方发现。每个逃生者都应该记住，只有人才能抓住人。逃生者只要躲过了敌方的搜索，基本上就可以获得成功（图 27-4）。

1）在跳伞及着陆后躲避敌方的过程中，逃生者应该观察敌方的炮火、留意车辆的声音。在白天跳伞降落的逃生者应该假定自己已经被敌方发现，而敌方有可能以自己的降落点为中心展开搜索。

图 27-4　躲避搜索

2）在行进过程中要保持耐心和决心。

3）利用恶劣的天气条件做掩护。

4）可能的话，选择利于避开敌军的时间、路线和方法行进。

5）避开交通线，如水路、公路等。

4. 逃生者的主要目标是立即获得救援。在敌方控制区中，逃生者必须清除自己所有的活动痕迹（图27-5）。不过，求生者不应对救援的到来抱有太大希望。

5. 多数情况下，逃生者必须迅速离开降落地点，尽量向前行进，然后再选择躲藏地点。不要留下可能暴露自己行进方向的痕迹。一定要谨慎选择躲藏地点。逃生者在第一个躲藏地点停留的时间取决于敌方的活动、自己的身体状况、可以获取的水和食物、救援力量以及自己的耐心。在这个躲藏地点，逃生者可以恢复体力、分析当前形势，并且制订下一步的行动计划。

6. 在躲藏地点，逃生者要利用一切导航设备确定自己的位置。之后，逃生者要选择自己的目的地和备用的目的地，然后确定最佳的行进路线。再次出发时，逃生者要有一套主要方案和几套备用方案。

1）战区前线比后方有利的一点是，逃生者可以立刻得到帮助。帮助可能来自不同渠道，如进行空中救援的战斗机、直升机以及地面救援力量，它们在不同的情况下发挥的作用也不同。与友方在战区前线接触时一定要非常谨慎，不要突然行动或惊扰友方部队，否则可能会被友方部队误认作敌军。

2）如果遇到紧急情况，逃生者需要改变行动方针。高地一般是等待救援的最佳位置。逃生者可以通过发信号、观察周围的地形及友方的空中力量来选择等待地点。不管选择在什么地点等待救援，逃生者都必须清除周围可能妨碍救援的障碍物。

3）如果逃生者无法立刻获得救援，就必须继续行进。逃生者必须在动身前确定行进路线，并确认友方力量知道自己的所在地。逃生者必须记住自己随时可能被敌方搜索部队找到，并要做好准备逃往下一个地点（图27-6）。

4）逃生者在行进时被俘的可能性很大。躲

图 27-5　清除痕迹

图 27-6　准备逃往下一个地点

过敌方最初的搜索后，逃生者必须避开当地的居民区行进。不管是否会增加路程，都要选择绕行，而不要穿过居民区（图 27-7）。许多逃生者被俘都是因为选择了最方便快捷的路线，或是未能成功运用搜索、侦察、伪装和隐藏的技巧。一般来说，避开主要道路和人口稠密地区是最安全的，哪怕这样做会消耗较多的时间和精力。逃生者如果是孤身一人，则必须自力更生，独立求生。

图 27-7　避开人口稠密的地区

第 28 章　伪装

28.1 引言

　　逃生者在敌占区活动时必须进行伪装（图
28-1），以免被敌方认出。伪装是逃生者用来
隐藏行踪从而不被敌方发现的一种手段。英文
中的伪装"camouflage"一词来自法语，本意
是改变外貌，后来引申成逃生者为了误导敌人
而掩饰己方的设施、活动和装备的行为。作为
一种逃生手段，伪装可以让逃生者在不被敌方
发现的前提下行进，最终安全地回到友方控制
区，还可以让逃生者在不被其他人发现的情况
下观察周围的环境。伪装者应该尽量融入周围
的环境。要想有效地隐蔽自己，选择背景环境
和对环境进行适当利用是很重要的。背景环境
是敌方在地面和空中搜索逃生者时逃生者所处
的环境，可能是农场、城市的街道或贫瘠的沙
漠，它是影响伪装的主要因素，决定了逃生者
选择的伪装方法。当逃生者是孤身一人时，伪

装只是一个人的任务；而当小组逃生时，组长
和所有的小组成员都要对伪装活动负责。逃生
者必须明白，要想不被敌方发现或俘虏，就要
把伪装当作一项长期的任务。

28.2 侦察的种类

　　1. 在五种感觉中，敌方最常用于侦察的是
视觉，其次是听觉，较少使用嗅觉，但是每种
感觉对侦察者和逃生者来说都同样重要。

　　2. 五种感觉的作用大小主要取决于侦察范
围的大小，所以，伪装主要强调的是在相对较
大的范围内躲开敌方的视线。

　　3. 逃生者如果想要躲开来自空中的侦察，
就必须了解自己的行动从空中看起来是什么样
的，无论在航拍照片中，还是在肉眼观察下。
逃生者必须了解敌方的侦察方法——直接侦察
和间接侦察。

　　1）直接侦察（图 28-2）。

　　（1）直接侦察指侦察者不利用伸缩式望远
镜、双筒望远镜、红外线瞄准镜等工具，直接
进行侦察活动。敌方可以在地面上进行直接侦

图 28-1　伪装

图 28-2 直接侦察

察,也可以从空中侦察。随着武器制造的迅速发展以及战斗环境因为部队的机动性增强而产生的变化,空中直接侦察的作用日益凸显。深入敌后的侦察机能够让空对地调度站的监控者确定敌方部队、车辆、装备和庇身所的位置,从而迅速对敌方部队实施空中打击,或者派遣部队搜索有庇身所的地区及可疑地区。

(2)敌方还可能派出军犬、步行巡逻队及机械化小分队搜索指定地区。这样的搜索小队会搜索整个地区中陌生人出没的痕迹,如脚印、熄灭的营火、丢弃的装备以及其他暴露逃生者行踪的痕迹。

(3)当地的平民也可能参与侦察。他们看到逃生者或者逃生者出没的痕迹后,就会向能够发起侦察活动的当地政府报告。

2)间接侦察(图 28-3)。

(1)间接侦察是指利用照片、雷达、电视上的影像等进行侦察。这种形式的侦察目前正变得越来越多样化,被广泛运用,可以人工操作或由机器自动运作。

(2)相比于航拍图像,人们更加熟悉地面图像。不过在现代战争中,敌方可能会更多地利用航拍照片中的信息。所以,逃生者要像熟悉地面图像一样熟悉地形的鸟瞰图,以便能同时躲避两种形式的侦察。

28.3 直接侦察与间接侦察的比较

1.直接侦察的主要优势在于侦察人员可以看到未加伪装的逃生者的活动。有时侦察活动可能要持续很长一段时间。直接侦察的劣势在于侦察者容易犯错,如侦察者的注意力会分散在其他地区、侦察者可能会由于疲劳而不能集中精力等。

2.间接侦察有许多优势:侦察范围广、精确度高,并且可以保存已经侦察过的地区的图像,以供侦察者继续研究其中的细节,进行对比和评估。间接侦察的主要缺点是照片只能记录某个地区短时间内的情况,很难从中发现逃生者的活动。所以,为了克服这一缺点,需

要定时拍下同一地区的照片,以便对比其中的不同。

28.4 防止被认出

1.逃生者最主要的目标就是防止自己通过外表、行为以及在敌方控制区和友方控制区内的活动被敌方认出。逃生者伪装的目的之一是防止被敌方认出,另一个目的则是诱导敌方将自己误认为其他物体。在某些情况下,伪装就意味着欺骗。经过伪装的物体和逃生者应该从外表上成为周围环境的一部分。

2.通过外表认出逃生者一般是指敌方通过逃生者的位置、形体、影子、颜色等确定了其身份。通过行为认出逃生者是指敌方通过逃生者的具体行动、人员和交通工具留下的痕迹或其他违反伪装原则的行为确定了其身份。逃生者按照伪装原则行动可以提高成功躲避敌方侦察的概率。遵守伪装原则,逃生者就不会改变周围环境,也不会向敌方暴露自己。常见的违反伪装原则的行为包括:用物体(手表、玻璃、戒指等)反射光线(图 28-4)、过度伪装、使

图 28-3 间接侦察

用周围环境中没有的材料进行伪装。逃生者还必须留心敌方的伪装，以免因为疏忽大意而靠近伪装的敌方导致自己被俘。

28.5 被认出的原因

不论敌方采用哪种侦察方法，都可以通过一些特定的因素辨认目标。这些因素叫作辨认因素，它们决定着敌方辨认目标所需要的时间或者逃生者不被敌方发现的时间。辨认因素一共有8个，包括位置、形状、影子、质地、颜色、色调、移动以及反光。逃生者在伪装时必须全面考虑这些因素，以免因为其中一个或几个因素而暴露行踪。

1. 位置（图28-5）。位置是指物体或人与背景环境之间的位置关系。选择藏身地点时，逃生者应该选择自己能够融入的背景环境。

2. 形状（图28-6）。形状是指物体或逃生者与地表特征相区别的外在形状，仅指轮廓，不包括颜色和质地。从远处看时，侦察者会先认出物体的轮廓，然后发现其中的细节。所以，伪装时应该改变物体或人原本的外形。

3. 影子（图28-7）。影子有时比目标本身更显眼，尤其是从空中观察时，工厂的烟囱、电线杆、交通工具、帐篷或人的影子非常容易辨认。但是，影子有时也可以帮助逃生者藏身，藏在阴影中的人或物体很容易被侦察者忽视。与形状因素相同，逃生者改变影子原来的形状

图 28-5　位置

比完全隐藏在阴影中还要重要，可以用植物枝条来伪装身体或物体，改变原本容易辨认的影子（图28-8）。穿戴可改变形状的衣物也可以改变影子的轮廓，例如，柔软的野战帽比飞行头盔更利于伪装。

4. 质地。质地是指物体和地表的结构特征，它会影响物体的色调和颜色，因为它会吸收光线或使光线发生散射。纹理丰富的表面看上去较暗、色调稳定，不会因为视角或光照情况的变化而发生改变。相对比较光滑的表面，其色调会随着视角或光照情况的变化而变化。丰富目标表面的纹理能够让侦察者难以将其与周围的环境区分开。因为质地而呈现较深颜色的一个典型例子是高秆草，每一片草叶都可以投下影子，从而让表面反射的光线降到最少，看上去就像深灰色的一样。从空中看时，侦察者可以看到所有的影子，而在地面上却不能。表面纹理较丰富的物体在地面看上去颜色较浅，从

图 28-4　反射光线

图 28-6　形状

图 28-7　影子

图 28-8　改变影子的轮廓

空中看颜色却相对较深。用来伪装逃生者和物体的东西必须接近周围地表的质地，这样才能与周围环境融为一体。人和交通工具在地面上移动时会压倒地上的植物，使空中的侦察者能够轻易发现他们的踪迹。

5. 颜色。

1）在较近的距离内，通过颜色的明显不同就可以区分不同的物体。物体与背景环境的颜色差异有利于敌方的侦察。颜色的对比度越大，目标就越明显（图 28-9）。

2）随着距离的增加，一些颜色的区别会变得越来越不明显，如红色和黄绿色。除了某些植物和热带动物，自然界中生物的颜色一般都不是特别鲜艳。人们之所以觉得大自然色彩缤纷，是因为生物颜色的相似性和对比度。自然界中主要的颜色区别是深色和浅色的区别，这种对比非常明显，而且不会因为距离的增加而变得难以辨认。所以，逃生者在伪装时应该利用背景环境中深色和浅色的搭配。距离越近或者目标越大，就越要注意颜色的对比。此外，要避开色度对比明显的区域，特别是在植被茂密的地区。浅色的物体容易吸引人们的注意，如叶片的背面，所以要远离这类物体。

6. 色调。色调指同一类颜色中的色度变化，受光线、阴影和颜色的共同影响。在黑白照片上，灰色区域的色调与别的区域不同（图28-10）。在光滑或发光的物体表面加上纹理丰富的伪装材料后，可以使其在照片中呈现更深的色调，因为纹理丰富的材料可以吸收更多的光线。目标会被辨认出来是因为其与背景之间的差别明显，而伪装的目的就是让目标融入环境，减小二者之间的色调差异，特别是缩小目标和背景环境之间颜色深浅程度的差异，可以通过颜色的搭配和中和、改变质地等做到。选择错误的、过于花哨的伪装材料不仅不能达到隐藏的目的，还会让目标变得更加明显。

7. 移动（图28-11）。移动的目标是最容

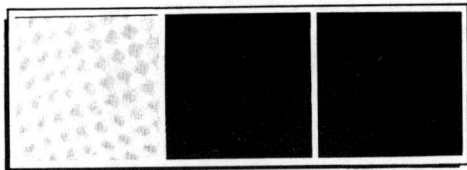

图28-10　三个中间色调的方块（在黑白照片上）

易被敌方发现的。人的眼睛很容易发现移动的物体，特别是在周围其他物体保持静止时。通过比较不同时段对同一地区拍摄的两张航拍照片，侦察者就可以看出该地区是否有物体发生了移动。如果有物体移动，侦察者还可以清楚地看出其移动的位置。

8. 反光（图28-12）。

1）反光也是令侦察者发现逃生者的一大因素。在不受外力干扰的情况下，自然环境中很少有物体会反光。皮革、干净的衣服、金属徽章、戒指、玻璃、手表、扣子、手链和类似的物品都会反光。当阳光照在这些物体光滑的表面时，光线会被直接反射到侦察者的眼中或者照相机的镜头中。

2）为了防止上述会反光的物体暴露自己的位置，逃生者可以将其染色、盖住或移开。在夜晚尤其要注意这一点。

28.6 伪装的注意事项和方法

1. 不管如何伪装，逃生者都要注意三点：选择位置、使用伪装方法和设计伪装。

2. 逃生者可以采用以下方法伪装自己：

1）隐藏。利用屏障将自己或物体完全隐藏起来。

2）化装。改变自己或物体的外观特征，以迷惑敌方。

3）融合。将伪装材料放在目标上和目标周围，让目标融入周围环境。

3. 要想正确使用以上三种方法，逃生者需要按照下面介绍的基本原则行动。

1）首先，尽量不要改变背景环境（图28-13）。选择藏身地点时，应该选择可以让自己融入的环境。可能的话，逃生者最好利用自然掩

图28-9　颜色对比

图 28-11 移动

体和现成的藏身地点，如洞穴或丛林。不要选择单独的树木、干草堆或房屋等作为藏身地，因为这样的地方太引人注目，会成为敌方最先搜查的目标。有时，在没有掩体的情况下，逃生者也可以利用背景环境将自己完全隐藏起来，不被敌方的直接侦察发现。在天然屏障较多的地区，逃生者比较容易找到藏身地。但是

就算环境中缺少天然屏障，逃生者还是可以利用起伏的地形来藏身。逃生者在采取任何行动时，都必须时刻注意自己的位置。

2) 其次，逃生者应该利用一切可以隐藏自己的要素。

（1）白天。伪装时，逃生者要避免改变周围的环境或将军事目标暴露在敌方视线中。只有不断进行维护，充分伪装过的藏身地才够安全。如果逃生者留下了可以指明方向的明显足

图 28-12 反光

图 28-13 背景环境

迹或是让藏身地完全暴露在外，那么伪装也无济于事。足迹、废弃物、对环境的破坏都是常见的暴露行踪的标志，所以，逃生者要利用天然道路行进。在可能的情况下，要用灌木遮住痕迹或清除足迹（28-14）。如果逃生者无法清除自己行进时留下的痕迹，就应该选择最不容易被人发现的地方（如倒树边、灌木下、草丛中、阴影里）躲藏起来。在鞋底系上碎布条或灌木枝条可以将鞋印伪装成难民的足迹。

（2）夜间。在夜间，视觉伪装的重要性不如白天，但是声音会显得特别明显。小小的打鼾声都可能招来杀身之祸，相互喊话、交谈甚至耳语的声音都应该降至最低（图 28-15）。但是，在夜间，最容易暴露逃生者行踪的还是光线。光线还会减弱逃生者发现敌方的能力。哪怕是在漆黑的夜晚，人的眼睛还是可以用 30 分钟左右的时间适应黑暗（但每次点燃火柴或使用手电筒后，眼睛都必须重新适应黑暗）。距离敌方较近时，逃生者不可以吸烟或点火，因为亮光一定会引来敌人。此外，点燃的香烟在黑暗中还会照亮逃生者的脸部，而且逃生者吸

的香烟的味道也和敌方香烟的味道不一样。

（3）逃生者可以采取一些措施降低自己的音量，但最好是避免进行可能发出声音的活动。不要在地表较硬的地方行进，可以在软土地上奔跑。小组行进时，成员间可以打手势或用手语沟通。个人装备要用柔软的东西裹好、系紧，防止因撞击而出声。

4. 进行伪装的时候，逃生者应该仔细考虑以下问题：

1）利用所有的天然屏障；

2）不要过度伪装，否则会与不伪装一样显眼；

3）天然伪装材料会枯萎，要经常更换；

4）利用阴影处藏身时，要记住影子会随着太阳的运动而变化；

5）最重要的是，减少不必要的活动；

6）移动时应远离景物的轮廓线，而选择走"军事山脊"（距山顶 1/4 处）；

7）不要露出会反光的物品；

8）改变人造物体的轮廓；

9）侦察时用东西遮住自己的身体，采取俯

图 28-14　掩盖足迹

图 28-15　声音

卧的姿势；

10) 使用与当前的藏身地相称的伪装材料，移动到新的藏身地后要根据周围的植物种类对伪装材料进行调整。

28.7　个人伪装

1. 从上文中，我们已经知道了有关伪装的基本知识，现在可以进一步了解关于伪装的细节了。

2. 总的来说，伪装是逃生者用来骗过敌方、隐藏自己的方法。逃生者必须知道该如何有效地利用地形进行伪装，必须根据藏身地选择着装，谨慎选择隐蔽性强的路线。本章中介绍的所有伪装方法和技巧都是以前的逃生者曾经成功使用过的。现在，如果机组人员（将来可能成为逃生者）学习并熟练掌握了这些方法和技巧，就可以增加他们逃生并返回友方控制区的成功率。

3. 逃生者应该记住，在某些地区，他们的伪装必须能够同时骗过敌方的地面侦察和空中侦察。有些能够躲过地面侦察的伪装方法并不适用于应对空中侦察。

4. 外形包括基本形态（身体轮廓）和体重。三个可能暴露逃生者的外形因素是头部和肩部轮廓、身体边缘的直线轮廓、双腿形成的倒 V 形轮廓。如果待在阴影中，逃生者要尽量融入背景环境，并采用非直立的姿势。逃生者可以在身上添加枝叶来改变自己的身体轮廓，这些枝叶也可以帮助逃生者融入周围的环境。

5. 逃生者能否有效地隐藏自己，在很大程度上取决于他们对背景环境的选择和利用。不同背景环境的外观差异很大，如丛林、荒地、沙漠、农田或城市的街道。逃生者需要区别对待不同的环境，因为背景环境决定了他的藏身方式。逃生者的着装最好能与背景环境的主体颜色相融合，有时逃生者还需要改变衣服的颜色以适应环境。皮肤的颜色会吸引人们的注意，需要将其改为背景环境的颜色。

6. 有些伪装技巧适用于各种环境，逃生者应该在仔细研究之后伪装以下部位：

1）暴露在外的皮肤。脸部和手部皮肤与周围环境之间的色差必须缩小。根据具体情况，逃生者应该将皮肤的颜色变浅或变深，以融入背景环境。前额、颧骨、鼻子和下巴会反光，所以这些部位的颜色需要加深；而眼睛周围、鼻子下方、下巴以下的部位会产生阴影，所以这些部位的颜色需要变浅。双手、手臂以及其他暴露在外的皮肤，颜色必须与背景环境相融合，逃生者可以用木炭、灰尘、泥巴、浆果汁、复写纸、绿色植物等来改变皮肤的颜色。

（1）防蚊头罩的颜色经过适当改变后，可以有效地伪装脸部和耳朵。

（2）脸部伪装的两种基本图案包括适用于落叶林的斑点图案和适用于针叶林的斜纹图案（图28-16）。

（3）逃生者可以将上述两种图案进行适当改变后用于多种环境。较宽的斜纹适用于丛林，较细的斜纹适用于沙漠，较大的斑点适用于荒芜的雪地，较小的斑点适用于草地。如果想要进一步改变脸部轮廓，逃生者可以戴上宽松的帽子。未加修剪的胡子也有利于脸部伪装。

（4）改变皮肤颜色时，逃生者不要忽视任何一处皮肤，如后颈、耳朵、眼睑等处。在没有可以改变肤色的伪装材料的情况下，将皮肤遮住也是有助于伪装的。逃生者还可以在帽檐、袖口处挂上树枝，再围上围巾甚至戴上耳罩。如果逃生者无法改变手腕、手背及指缝间的颜色，那么可以戴上手套，或是用碎布将双手遮住。逃生者还要特别注意不要露出白色的内衣、T恤衫等衣物。

（5）头发较少或者发色较浅的逃生者需要对头发进行伪装。在使用伪装皮肤的方法的同时，可以戴上合适的帽子、头巾或防蚊头罩。

（6）在自然环境中，气味很可能会暴露逃生者的行踪。美国人经常处在充斥着"人造气味"的环境中，自己通常很难意识到周围的气味，而长期在野外搜索的地面部队则很容易发现人体的气味。逃生者需要注意以下气味：

①肥皂和洗发水的气味。在战斗地区，要使用没有香味的洗浴用品，不要使用剃须膏、须后水、香水或化妆品。逃生者还要记住，驱蚊剂也是有香味的，应该尽量使用防蚊头罩来应对蚊虫叮咬。如果必须使用驱蚊剂，最好使用气味最轻的。不能抽烟。要清除身体上和衣

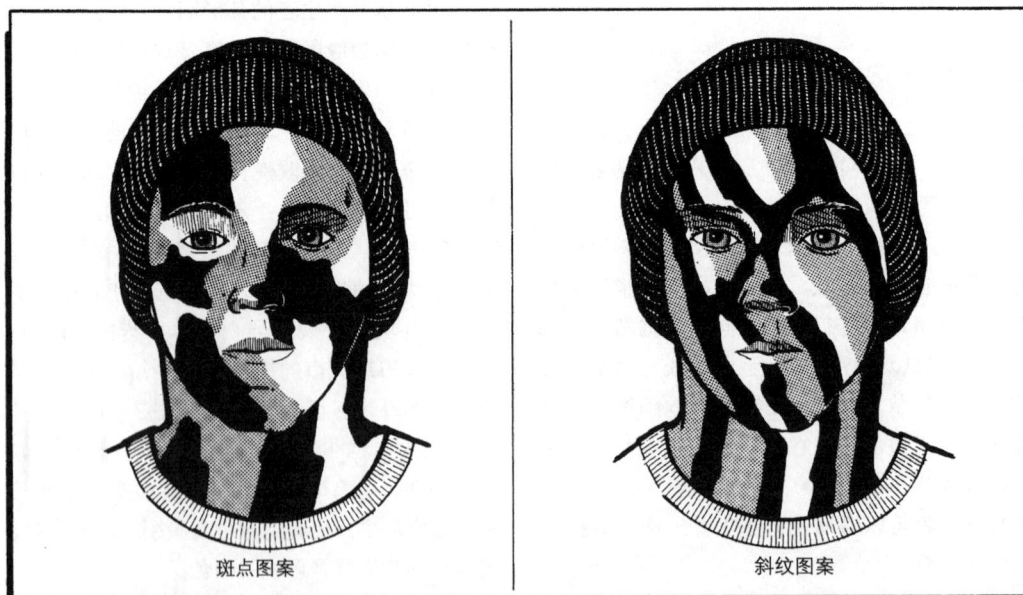

斑点图案   斜纹图案

图28-16　脸部伪装

服上的污渍和气味。口香糖和其他糖果的甜味很重，所以吃糖之后一定要漱口。上述气味，尤其是香烟的气味，从很远的地方就可以闻到。

②营火散发的烟味会附着在衣服上。但是如果侦察者也用营火烹饪或取暖，他们就很难闻到逃生者身上的烟味。

2）衣服和个人用品。在战斗地区执行任务之前及开始求生活动之后，机组人员都必须注意清点自己的衣服和个人用品。求生者需要事先做的准备工作包括：

（1）确保飞行服没有异味、完好无损，而且没有会反光或已退色的部位。

（2）检查拉链，并看其是否会反光。

（3）检查自己的徽章和臂章的颜色，看其是否会反光。摘掉制服上的胸牌、编号牌和军衔牌（不论是条形的还是徽章式的），将它们放在背包或口袋中。外层衣服磨损后，露出的内衣也要加以伪装。鞋子要选择黑色的，以免反光。对有光泽的金属环要重新上色。走路时会发出声音的鞋子需要修理或换掉。清理口袋和背包里的东西，取出被俘后可能为敌方提供帮助的物品，如信用卡、照片、钱和地址。逃生者应该只携带能够证明自己美军身份的证件。

3）多余的衣物。逃生者可以携带多余的衣物，如帽子、袜子、围巾和手套等，将它们放在飞行服中。在逃生环境中，逃生者需要迅速伪装衣服和装备，将丢弃的所有物品都藏在最初降落的地点。

4）处理衣服。衣服和皮肤一样都要进行伪装，伪装有可能减弱衣服的保暖性，但是与监狱和子弹相比，这算不了什么。

5）伪装衣物。

（1）改变或隐藏衣物的颜色、直线和直角轮廓，因为这些都是很少在自然界中出现的元素。如果敌方发送了地对空信号，显示其准备开始搜寻这些视觉特征，那么逃生者一定要丢弃有这些特征的物品。

（2）用伪装漆、泥土或颜色斑驳的伪装材料来改变装备的颜色。有时需要将装备的颜色加深，有时需要将其变浅。

（3）衣服和装备只有在保持整洁的情况下才能充分发挥其功能，但是在某些地区（如沙漠中），这些衣服和装备是逃生者唯一可用的伪装材料。不过，在有植物生长且可以从植物中提取染料的地区，逃生者应该利用植物进行伪装。与那些弄脏物体表面或真的改变物体轮廓的伪装方法相比，从草和其他植物（如香蕉树和白蜡树）中提取的汁液可以改变军服的颜色，同时又不会磨损衣物纤维。用来给衣服染色的汁液还可以用来改变金属制品的颜色。将香蕉树的汁液涂抹在刀刃上之后，会使刀刃上产生永久的蓝黑色斑点。如今，一些猎人仍然会将他们制作的捕兽器和白蜡树木屑一起放入水中煮，将捕兽器的表面染成蓝黑色。

7. 伪装衣服和装备时，逃生者要牢记上述所有的原则和技巧。但是在特定情况下，可以进行适当调整，灵活应变。

1）保持所有砍伐工具锋利。在砍伐过程中，最重要的是将工具发出的声音与自然界中的声音（如下雨的声音）融合在一起，或是在有助于消音的环境中砍伐。

2）在环境恶劣的地区，逃生者应该保持衣服整洁。沾满灰尘、被雨水浸湿的衣服的保暖性不如干净的衣服。逃生者可以在雨中洗衣服，或者借着夜晚的黑暗到小溪边洗衣服。隐蔽的小水塘也可以满足求生者清洗衣服和装备的需要。

3）烹饪工具和餐具的内侧一定要洗干净，否则会引发痢疾和腹泻，而外部则可以涂上泥巴进行伪装。

4）金属工具有可能互相碰撞发出声音，因此一定要将金属工具的外侧包上。逃生者应该将所有用于自我保护的工具放在背包的最上层，保证自己随时可以拿到这些工具。暂时不用的衣物可以用来包裹金属工具。这样，背包中的所有物品都不会损坏或丢失，可以随时使用，又不容易引起敌方的注意。逃生者最好取下手表、珠宝、暴露在外的钢笔、眼镜等物品。如果逃生者必须戴眼镜，可以利用头罩来减弱眼镜片的反光。

5) 逃生者的口袋需要用布条、植物、衬垫或胶带等材料加以填充，让其中的身份牌等物品不会叮当作响。

6) 逃生者需要减弱行进时衣服布料与身体摩擦发出的声音，小心翼翼地行走可以达到这一目的。逃生者一定要记住，仅仅依靠伪装服装是不能让自己完全隐藏起来的，一定要配合使用其他的伪装方法。例如，在北极地区，逃生者即使进行了充分的伪装，仍会有暴露的危险，而且逃生者穿上雪地服并不能隐藏自己的影子。如果雪地上有较多深色物体，那么逃生者就不需要担心影子的问题；但是如果雪地上的阴影区域较少，则应该充分利用雪堆和洼地藏身（图 28-17）。

7) 逃生者一定要与周围环境融为一体，特别要注意避免暴露身体的轮廓。

8) 逃生者要时刻注意隐藏自己的身体轮廓，可以利用地面上的阴影来藏身。从藏身的角度考虑，背景环境包括地形、植被、人造地物、阳光、阴影和颜色等。地形可能是平坦的，也可能是起伏的，有水沟、山丘、岩石等。植被可能是茂密的森林，也可能只是一小片沙漠灌丛。人造地物小到一个路标，大到可以是整个城市的街区。一个背景环境中可能包含多种颜色，茂密的树林可能几乎是黑色的，而一些沙漠中的谷地看上去可能是粉色的。与环境融合指的是逃生者应尽量向背景环境的颜色靠拢，减弱自己和环境的颜色对比度。如果逃生者不得不藏身于颜色对比度较大的或特定的背景环境中，那么必须注意自己的位置，要在最短的时间内躲起来。在转移之前，逃生者应先选好下一处藏身地点，转移时动作要迅速。

9) 与白天的情况相同，在夜间，身体轮廓和背景环境也是藏身时需要考虑的要素（图 28-18）。身体轮廓在夜空的衬托下是黑色的，所以逃生者在夜间应注意不要接近地平线。在月光下需要采取和白天一样的防护措施。逃生者需要记住，敌方的侦察者在夜间会密切注意

图 28-17　在北极地区躲藏

地平线，而不是地面景物的轮廓线。声音在夜间特别明显，逃生者在移动时必须谨慎、安静，尽量贴近地面。如果逃生者在看到爆炸的火光之前就听到点火的声音，必须立刻趴下不动。如果逃生者因为亮光而受到惊吓，必须脸朝下保持不动。

28.8 在不同的自然环境中藏身

1. 在没有特别说明的情况下，本节中介绍的是温带地区的藏身技巧。沙漠、雪地和冰原基本上是大片的荒原，藏身难度很大。如果逃生者熟悉一定的隐藏技巧，在热带和亚热带地区是比较容易藏身的。

2. 首先要介绍一些用植物伪装衣服和装备的方法。随着季节的变换，某地区的地形特征和植物的种类、颜色也会随之改变，所以伪装方法也需要进行相应的调整。夏季适宜藏身的树林到了秋天会因为落叶而失去遮蔽能力，逃生者需要采用另外的伪装方法。另外，逃生者所在地区的植被状况各有不同。在植物枯萎或者逃生者移动到新的藏身地后，需要马上更换伪装植物，并要将换下来的伪装植物藏起来，以免被敌方发现。不要砍伐植物，否则会留下人类出没的痕迹。

3. 所有取材于当地的材料都可以被归为天然材料，包括树木、草、碎石和泥土（图 28-19）。这些材料与背景环境的颜色和质地能够很好地融合，使用得当的话可以躲开直接侦察和间接侦察。天然材料的伪装效果最好，但天然树叶最大的缺点是不能事先准备，也不能保证在任何时候都能找到合适和足够的叶子，而且树叶会枯萎，必须经常更换。针叶植物（常绿植物）的叶子的伪装效果可以维持较长时间，而阔叶植物的叶子过了一天就会枯萎，枯萎的时间主要取决于气候和植物种类。

1）使用新鲜植物伪装的主要优势在于其可以反射红外线，并且能与周围的地形融为一体。逃生者用植物作为伪装材料或屏障时，必须在树叶枯萎变色和质地改变之前就更换新鲜的，否则几乎起不到伪装效果。荆棘、仙人掌及其他沙漠植物的伪装效果可以维持较长时间。

2）树叶的排列方式非常重要。应该将深

图 28-18　影子

图 28-19　天然材料

色、蜡质的树叶放在上层，将浅色的树叶放在下层。也就是说，伪装时一定要让树叶排列成自然生长的样子，树叶的正面朝上（图 28-20），树枝的末梢朝外。

　　3）求生者收集的树叶必须和周围环境中自然生长的树叶颜色一致。例如，当周围只剩下常绿植物的叶子时，逃生者就不能用落叶树掉落的叶片伪装。用生长不规则的树枝伪装时，要将它们按照统一的方向放置。树枝只有在数量足够多的情况下才能改变物体原本的轮廓。逃生者还必须意识到，敌方也可能利用上述方法伪装。

　　4）逃生者将植物固定在身体或装备上时，要记住以下几点：

　　（1）在不经意中移动伪装材料不会引起敌方注意。

　　（2）用于伪装的植物看上去要像是自然生长的植被的一部分（图 28-21）。当逃生者停下来躲藏时，植物浅色的背面应该只能从下方看到。完成伪装后，逃生者应该从敌方的角度检查自己的伪装。如果看上去不够自然，应该重新排列或更换伪装植物。

　　（3）不要在错误的时间离开藏身地，否则会暴露自己的行踪。

　　5）使用过多的伪装植物可能会起到反作用。

　　6）如果求生者用布条改变自己的外观及轮廓，应该记住：将布条缠绕在装备外面或是构成松散、不规则的造型时，伪装效果最好。

　　（1）逃生者可以使用的伪装布料包括：

　　①降落伞布（绿色、褐色、白色）和降落伞绳；

　　②事先准备的多余的衣物（围巾、头巾等）；

　　③粗麻布——战场上的沙袋就是用粗麻布

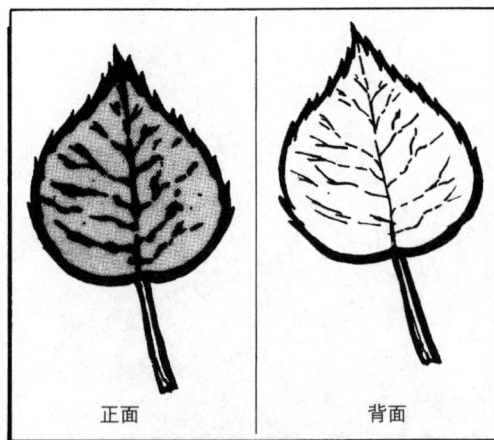

| 正面 | 背面 |

图 28-20　树叶

制成的。

（2）人造材料的用途广泛，但是具有以下缺点：

①降落伞布会反光，拆开时会在地上留下尼龙布的细丝，从而暴露逃生者的行踪。降落伞布的质量很轻，微风吹过就会飘动，不利于逃生者的隐藏。

②在雪地或冰原上，逃生者在进行伪装时，用白色的降落伞布制作衣服是很好的选择，但是逃生者也要考虑用降落伞布制作衣服需要花费的时间。（注意：雪地上的影子无法伪装，逃生者必须利用地形或其他阴影区域隐藏自己的影子。）

28.9 非温带地区的藏身要素

1. 沙漠。沙漠地区缺少天然的掩体，能见度高，色调明亮（地表质地光滑），这些都对逃生者在沙漠地区选择藏身地造成了困难。不过，逃生者可以利用沙漠中的阴影区域以及藏身和伪装的技巧在该地区躲避敌方。

1）在沙漠中，并不是所有地区都是平坦的，色调也不是一成不变的。实际上，沙漠中存在着地势起伏很大的区域，会形成大面积的阴影，有时还会形成斑驳的影子。不同类型的沙漠会给逃生者带来不同的麻烦。当逃生者身处较为平坦的沙漠并在沙漠中建造庇身所时，他们的影子在地面上是黑色的，与周围的环境形成了极大的反差，非常显眼。为了防止影子暴露自己的行踪，逃生者应该利用深深的沟壑以及植物和岩石造成的阴影来藏身（图 28-22）。

2）在沙漠中，一些从空中无法侦察到的目标在地面上反而很容易被发现。另一方面，就算空中的侦察人员发现了某个目标，也会因为缺少参照物而无法在地图上确定逃生者的具体位置。

2. 雪地和冰原。从空中看，被冰雪覆盖的大地一片白色，上面点缀着深色的物体和它们的影子，其间还散布着山谷、小丘、沟壑、小径。所以，逃生者必须遵守将深色的物体隐藏

图 28-21 用植物伪装

在深色背景中的原则，减少自己在雪地上留下的足迹，在需要伪装的物体上覆盖一层积雪。

1）极地地区和林木线以上的山区（图 28-23）。这里几乎完全被积雪覆盖，很难找到藏身地。除了高低起伏的山峰，雪地中只有少数深色的物体。

2）亚北极地区和林木线以下的山区（图 28-24）。这里有森林、河流、湖泊，还有小径和房屋等人造地物，地形不规则，地表的色调和质地变化较多。

3）亚北极地区和温带地区南部之间的区域。这里与亚北极地区和林木线以下的山区的地形特征相同。

3. 融入雪地和冰原。现在还没有可以完全模仿雪地质地而不被空中侦察人员发现的人造材料。在雪地和冰原上，直接的地面侦察可以更有效地辨认出雪地鞋、白色的裤子和白色涂料，而用上述装备和材料（还可以使用白色的

图 28-22　藏身于阴影中

图 28-23　林木线以上的山区

降落伞布）进行伪装比较容易躲过空中侦察。

　　1）在积雪覆盖的冻土地区（图 28-25），逃生者应该穿着全套的白色伪装服。用降落伞布很容易做出斗篷状的白色伪装服。

　　2）在茂密的森林中穿白色的裤子足以达到伪装效果。但是，在下大雪时或雪后，树木上的积雪很厚，逃生者需要穿全套的白色伪装服才能更好地融入周围的背景。背包等装备上也

图 28-24　林木线以下的山区

要盖上白色布料。

4. 注意事项。以下几点是逃生者需要注意的地方：

1）成功的伪装应该能够同时躲过空中侦察和地面侦察。

2）天然的地形轮廓可以帮助逃生者藏身。

图 28-25　积雪覆盖的冻土地区

3）要充分利用地形中每一个有助于藏身的细节。

4）避免让身体轮廓被地平线衬托出来。

5）尽量减弱颜色的对比度和反光。

6）逃生者在夜间要特别谨慎，因为敌方可能会使用红外线和低亮度搜查设备。逃生者应尽量让身体贴近地表，利用天然的地形屏障作为藏身地。

28.10 藏身地

1. 本节中提到的藏身地指的是逃生者在逃亡、避难、撤退时躲藏的地方，读者不要在脑海中想象一个求生者在非战斗环境中会建造的那种真正意义上的庇身所，如帐篷和小屋等。虽然庇身所确实可以为逃生者提供安全、放松的环境，但是他们必须记住，在逃生过程中最重要的是躲藏，而不是个人的舒适和方便。（图28-26）

2. 除了休息和睡觉之外，求生者还会出于许多其他目的而必须躲藏一段时间，包括解决个人卫生问题、调整衣着、维持或改变伪装、进行三角定位、获取食物和水等。藏身地的选择至关重要，逃生者应该选择能够躲避敌方搜

图 28-26 藏身地

索的藏身地，尤其是他准备在藏身地休息或睡觉时。人在休息或睡觉时不可能始终保持警惕，因此必须采取更多的保护措施。此外，逃生者同时也是求生者，所以要在躲避敌方的同时保证自己的生命安全。

3. 逃生者在任何时候都不能假设自己已经躲过了敌方的地面侦察和空中侦察。所以，逃生者不仅要根据当下的具体需求谨慎地选择自己的藏身地，还必须考虑附近的地形和当地的气候条件。此外，逃生者要时刻注意自己可能在该地区停留的时间，并要了解敌方使用的搜索方式。

4. 逃生者可以直接利用天然屏障作为藏身地（图 28-27），也可以对其进行加工和伪装。不论逃生者选择何种类型的藏身地，都要充分利用手头的伪装材料。逃生者最好利用黑暗的角落、树林、灌木丛和地势起伏的地区藏身。如果逃生者希望确保藏身地安全，在选择其位置时就要考虑多种因素。

5. 逃生者要谨慎选择自己的藏身地，应该选择最不起眼、最不可能被搜查的地方，比如那些会被侦察者一带而过、看上去不起眼的地方，而不要接近地标类的地物。逃生者还可以选择最难搜索的地方，如崎岖不平或树木茂密的地方。遇到逼近的敌方搜索人员时，逃生者应该能够迅速地从隐蔽的小路逃离藏身地，以免被搜索人员包围。

6. 逃生者应该尽量选择天然的藏身地，如小而隐蔽的洞穴、中空的树木、洼地、树丛或其他植物茂密的地方（较高的草丛和竹林等），其间应该有尽可能多的天然伪装材料，能够从各个角度挡住逃生者，并且保护逃生者不被空中侦察者发现。对天然藏身地进行的人工改造应该越少越好，这样可以减少逃生者的活动，这一点在逃生者距离人口稠密地区或者敌方营地很近时尤为重要。

7. 逃生者应该尽量待在高地，在有屏障的情况下尽量靠近山上的军事山脊。声音从一处

图 28-27　天然藏身地

山脊传到另一处山脊时会不断消散。在山谷中耳语时，听者所处的位置越高，听到的声音就越大。山坡上白天的风比晚上的风大，能够减少逃生者因为气味而暴露行踪的可能性。

8. 逃生者最好在一天之中让自己的影子朝向同一个方向，这在茂密的灌木丛和森林中更容易实现。

9. 在山脊、山丘、沟渠和岩石附近躲藏时，逃生者应该选择不同的路径进出，以免在藏身地周围踩出小路，破坏地表原本的模样。逃生者还要避免在某地停留过长的时间，否则会让别人看出这里有人居住。逃生者应该尽量远离开阔地带，如道路、草地等，尽量与这些地方保持几英里远的距离。

10. 湖泊、河流、小溪等水域，特别是它们的交汇处，是非常危险的。电线和栅栏都是附近有人居住的标志，逃生者应该远离这些地方，不要靠近人口聚居地。此外，敌军会经常在桥上巡逻。可能的情况下，逃生者应该在位置较高的藏身地观察敌军的搜索方式及周围的地形。如果藏身地需要伪装，一定要使其尽量融入周围的背景环境，用天然材料盖住藏身地，但过度伪装与完全不伪装一样危险。在树木茂密的地方收集树叶后要将其带到藏身地，同时要将获取材料的地点伪装成没人经过的样子。选择藏身地时，可以利用一个简单好记的词"BLISS"：

B（blend）——融入周围的环境；

L（low）——轮廓影像低；

I（irregular）——轮廓不规则；

S（small）——尺寸小；

S（secluded）——地点隐蔽。

11. 公厕、地窖、垃圾站等人造设施也可以用来作为藏身地，逃生者应该按照上述原则选择地点并进行伪装。不要沿直线行进，要走折线。干燥平坦的地方最适合睡觉，但是兼具隐蔽性和舒适性的睡觉地点很少。逃生者躲在藏身地时必须具有足够的耐心和毅力，直到自己获得充分的休息并准备好继续行进时才能离开。在不需要进一步改造或伪装的理想藏身地，逃生者也要时刻保持警惕。

28.11 生火

1. 在逃生过程中是否需要生火一直是逃生者面临的艰难抉择。基本上，只有在性命攸关的情况下才可以生火。逃生者必须认识到，生火会大大增加自己被敌方发现并最终被俘的可能性。

2. 必须生火时，逃生者需要考虑生火的位置和时间，火绒、引火物和燃料的选择，以及火堆的结构。（图 28-28）

1）逃生者应该尽量不让火焰引人注意。要做到这一点，生火地点的选择是至关重要的。所有适宜在逃生过程中使用的小型火堆都应该在敌方最不容易发现的地方搭建。在有屏障的山地上，应该在山脊的一侧（军事山脊上）生火。不管在哪里生火，火势都应该尽可能小，并尽可能不产生烟。

2）在黄昏、黎明及糟糕的天气中生火更容易掩饰火焰，因为此时山间、低洼处和地平线上会产生雾霾，可以与生火产生的烟相融合。此外，黄昏和黎明也是当地人生火做饭和取暖的时间。另一种掩饰火焰和烟的方法是在树下生火，这样烟雾在上升时会消散在树枝之间，特别是浓密或向下低垂的树枝。如果无法找到这样的树木，逃生者还可以利用土墙、石墙、树皮、灌木或雪堆来阻挡火光、驱散烟雾。

3）生火时最好选用干燥、枯死的硬质木头，去掉树皮，将其削成和铅笔差不多长。这种木柴在燃烧时产生的热量较多，而烟较少。潮湿的、树脂含量较多的或新鲜的木头在燃烧时会产生大量的烟。搜集燃料时，逃生者应该选择小块的木头，或是将原木分成小块，因为小块的木头烧得更快，所以不容易阴燃，产生的烟也较少。逃生者需要将木柴堆在火堆上，并保证充分的空气流通，让火烧得更快，产生的烟更少。

3. 逃生者可以选用达科他火坑（图 28-29）比较隐蔽地生火。选好生火地点后，逃生者要在地面上挖出两个坑，一个用来通风，另一个

图 28-28 生火

用来生火。每个坑大约深8~12英寸（20.3~30.5厘米），相距12英寸（30.5厘米），中间挖一条宽坑道来连接两个坑的底部。坑的深度可以根据生火的具体目的而调整。此外，要准备一块覆盖着泥土的布来迅速熄灭火焰、掩盖火堆。在逃生过程中生的火一定要小，尽量让坑中的火苗不高出地表。如果地面潮湿，点火后一开始可能会产生烟。夜间生火可能会产生火光，逃生者要确保敌方看不到明火。用这种方法生火时，木柴燃烧得很快，因为所有的热量都集中在较小的区域内。这种生火方法更适合逃生者单独行动，而不适合许多逃生者轮流到坑边烹饪食物。如果必须生火，那么在决定生什么样的火最有用之前，逃生者必须谨慎考虑当前的形势。

4. 另一种适合逃生者使用的生火方法是挖沟生火。在地面上挖一条8~12英寸（20.3~30.5厘米）深的细长的沟，其长度取决于需要用火的人数。这种方法更适合一组人使用。不要让火焰集中在沟的一端，木柴平均分布才能充分利用空气完全燃烧，并减少烟雾（图28-30）。

5. 逃生者还可以在地面上生火（图28-31），这主要是出于迅速掩盖火焰的需要。但是逃生者要记住，用这种方法生火时，必须用屏障遮挡住火焰。生火的方法是：将地面上的草皮切开并卷起来，在露出的光秃秃的地面上生一小堆火。火焰熄灭后，逃生者只需将烧剩下的东西分散放在裸露的地面上，再将之前卷起的草皮放回原处即可。

6. 如果逃生者无法在地面上挖浅坑或卷起草皮，就必须在火堆周围设置各种屏蔽物，并且只生小火，让其迅速烧完。

7. 所有生火的痕迹都要清除，包括掩埋未烧完的柴火、填上生过火的浅坑等。逃生者尽最大努力清除生火的痕迹后，应该尽快离开生火地点，因为逃生者应该假定自己在生火时已经被敌方发现了。

28.12 食物

1. 正如前文所说，逃生者一方面面临着被

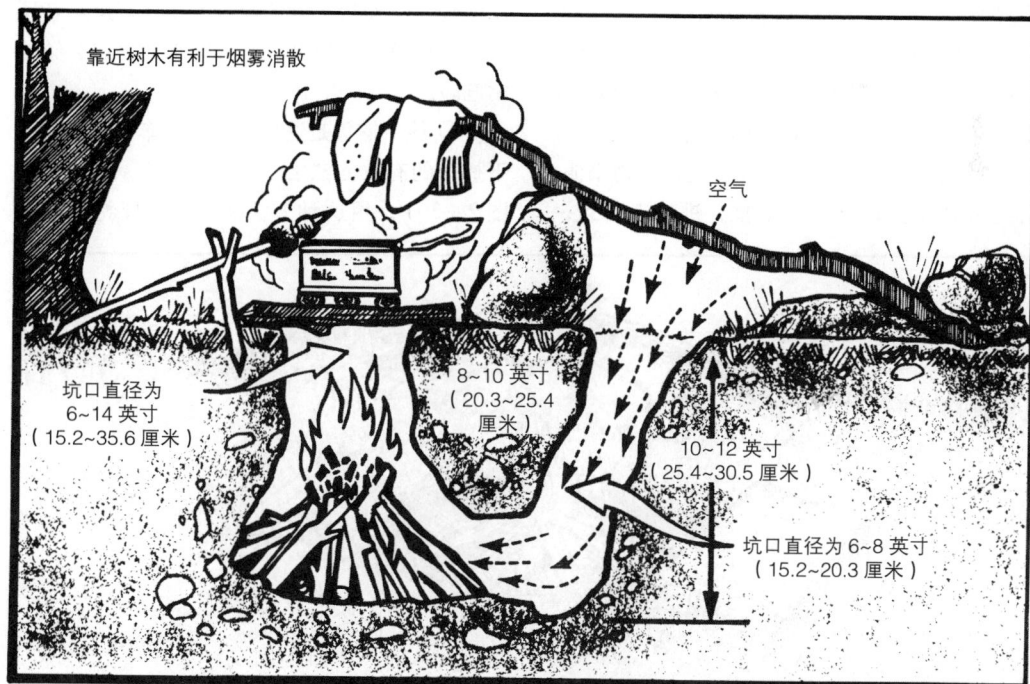

靠近树木有利于烟雾消散

空气

坑口直径为6~14英寸（15.2~35.6厘米）

8~10英寸（20.3~25.4厘米）

10~12英寸（25.4~30.5厘米）

坑口直径为6~8英寸（15.2~20.3厘米）

图28-29 达科他火坑

图 28-30 挖沟生火

敌方发现的危险，另一方面一定要利用求生知识生存下来。逃生者要学会获取各种食物（图 28-32），从不同的水源获取饮用水，并且能采用多种方法加工和保存食物和水。

2. 不论逃生者面临怎样艰难的形势，都不能忽略任何一个可以获取食物的机会。一般情况下，逃生者可以从野生植物和动物身上获取食物。逃生者要尽量远离人工种植的作物和人工饲养的动物，以减少被俘的风险。

3. 动物类食物是逃生者的主要食物来源，它比植物类食物营养更丰富。逃生者可以一次获取可供食用几天的动物类食物。

4. 逃生者可以利用多种方法获取动物类食物，如设置陷阱、下毒等。在战斗环境中设置陷阱的方法与在非战斗环境中基本相同，但是要做一定的调整。

1）大部分地区的小型动物都比大型动物多，逃生者应该针对小型动物设置陷阱。小陷阱的好处是比较隐蔽，不易被敌方发现，而且小型动物进入陷阱后发出的叫声和挣扎的动静也比较小。

2）另一方面，在逃生过程中使用陷阱有两个缺点：逃生者必须在陷阱边等待，将猎物从陷阱中取出时一定会发出声音。

5. 捕鱼是逃生者获取动物类食物的一个好方法。鱼类容易捕捉，并且容易烹饪。

1）逃生者可以采用多种方式捕鱼，可以使用简单的鱼钩和鱼线，也可以使用多钩钓鱼线。逃生者可以将多个鱼钩固定在一根杆子上，在隐蔽的地方将其放入水中钓鱼（图 28-33）。

2）逃生者可以使用渔网捕鱼，但是只能在水位线以下使用，以免被敌方发现。逃生者还可以使用鱼叉，但是在开阔的水面上这么做非常危险。

3）徒手捕鱼是逃生者在不暴露行踪的前提下捕鱼的有效方法之一（图 28-34、图 28-35、图 28-36）。用这种方法捕鱼不需要特别的装

图 28-31 在地面上生火

图 28-32 在逃生过程中获取食物

图 28-33 用多个鱼钩钓鱼

备，但是最大的缺点是逃生者需要进入水中，甚至涉水前进，这就大大增加了被敌方发现的可能性。（注意：在肉食性鱼类和两栖动物出没的水域徒手捕鱼时要特别小心。）

6. 逃生者还可以用武器捕猎，但最好使用无声的武器，如吹箭筒、弹弓、弓箭、石块、棍棒或矛，这样的武器可以用来对付小型动物。用武器捕猎的最大好处在于逃生者可以一边行进一边猎取野味。由于开火时会发出声响，所以在逃生时绝对不能使用火器。

7. 世界上许多地区都拥有种类繁多的植物类食物，有些不需要烹饪就可以食用。在逃生过程中选择植物类食物的好处在于，逃生者采摘天然的果实时，可以在人烟稀少的地方进行。在某些地区，逃生者还可以在废弃的菜地里找到蔬菜——尽量搜集可以生吃的食物（参考第 18 章"食物"）。

1）选择植物类食物的缺点在于逃生者可能不是唯一寻找食物的人，当地居民也有可能外出寻找食物。如果当地人发现了一处食物丰富的地方，就会经常去那里采集。如果逃生者碰巧也在那里采集食物，很可能就会暴露行踪。

2）逃生者获取植物类食物时还要注意：

（1）不要在同一地点采光所有的食物。

（2）在每株植物上只采摘少量的果实。

（3）挖掘植物时，每次只能挖一棵，然后隔一段距离继续挖掘。

（4）在废弃的菜地里挖掘植物时，要确定这块菜地真的已经荒废了。在有些国家，人们种下作物后，要到收获的季节才会回到菜地。

（5）伪装自己留下的所有痕迹。

3）偷取食物（图 28-37）非常危险，但是如果遇到绝佳的机会，还是可以尝试的。偷取食物被抓的主要原因一般是逃生者在几次成功后变得疏忽大意了。逃生者在偷取食物时需要注意：

（1）尽量在夜间行动。

（2）应该先在安全的高处全面观察目标地点。

图 28-34 徒手捕鱼 -1

图 28-35 徒手捕鱼 -2

图 28-36 徒手捕鱼 -3

（3）应该在黄昏降临之前从高处再次观察，确认周围的情况与之前完全一样。

（4）要确认该处没有看门狗，否则狗的叫声会引起周围人的注意，有些凶猛的狗还会攻击逃生者。除了狗之外，有些家畜也会让逃生

图 28-37 偷取食物

者暴露行踪。

(5) 绝对不要在同一地点偷两次。

(6) 行动之前要制订全面的计划，成功后要清除自己留下的所有痕迹。

(7) 每次只能偷少量食物（图 28-38）。

4) 不得不偷取当地居民耕种的作物为食时，逃生者不能带走整棵作物。另外，应该选择田地中间而不是田地边缘的作物，并要留下作物的顶端部分来掩饰。

8. 偷取作物的注意事项同样适用于偷取家畜。逃生者应该瞄准那些不会发出太大声音的动物。如果逃生者决定不了该偷哪种动物，可以选择个头最小的。

9. 饮用水非常重要，但是很难获取（图 28-39）。

1) 逃生者应该试着寻找远离人口稠密区的泉水或溪流。敌方知道逃生者需要饮水，所以会检查所有的水源。不管在何处取水，逃生者都要完全隐蔽自己。行动前要先观察水源周围，确保没有敌军巡逻或监视。离开水源之前，要清除自己留下的痕迹。坑洞和洼地蓄积的雨水以及植物上积存的水都是极佳的水源。

2) 逃生者在通过烹饪手段处理、净化食物和饮用水之前，要先考虑因此而暴露被俘的可能性，有的时候逃生者不得不生吃植物和动物。逃生者在食用某些植物类食物之前需要去除其表面的刺、削去外皮，或者是刮掉表层的绒毛。生的动物类食物中含有寄生虫和微生物，不过可能在数日、数周甚至数月以后才会影响人的身体健康，而那个时候逃生者也许已经成功地回到了友方控制区，能够接受完善的医疗救护了。加热、冷冻或者风干都有杀死寄生虫的可能，将生肉切成片后比较容易风干和冷冻，在肉中加盐会使其味道更好。烹饪肉类的时候，应该将其切成小块，在人烟稀少的地方放在小火上做熟。在逃生过程中，储存食物的最好方法是冷冻和风干。

3) 除非迫不得已，否则逃生者不能用煮沸的方法来净化水，最好的方法是使用净水片。如果逃生者没有净水片，而生火又容易引起敌方的注意，那么就只能放弃净化水。饮用未经净化的水会引起呕吐或者腹泻，这些症状不仅会减慢逃生者行进的速度，而且很容易让人脱水。曝气和过滤多多少少能够有助于水的净化。

图 28-38　偷少量食物

如果逃生者没有净化水的条件，那么应该尽量从干净、低温、清澈的水源取水，如收集雨、雪或冰。

28.13 营地的安全

1. 长时间在敌占区逃生的时候，逃生者最需要的就是休息（图 28-40）。为了保证安全，逃生者需要建立一套预警系统来应对敌方的侦察和突然渗透，特别是以小组为单位行动的时候。

2. 找到合适的藏身地后，逃生者需要勘察营地周围，观察是否有人出没的痕迹，特别要注意被压倒的草、折断的树枝、脚印、烟头和丢弃的垃圾等，利用这些能够判断出对方的身份、人数、行进方向和离开时间。如果看到大量敌方活动的痕迹，那么逃生者应该考虑离开此地，寻找更加安全的藏身地。

3. 确定藏身地的安全后，逃生者需要设计一套预警系统。逃生者孤身一人时，可以在附近拉上金属丝或绳索，然后系上会发出声音的东西。不过，这样的预警装置也会使敌方发现逃生者的存在。逃生者还可以密切观察环境中的种种迹象，如周围动物的骚动。以小组为单位活动更加安全，这样可以安排 2 名或 2 名以上的人在营地周围放哨。

4. 迅速反应的能力对于保证安全很重要。逃生者必须意识到，营地随时有可能遭到敌方的突袭，而自己不得不离开营地寻找另外的藏身地。如果是以小组为单位行进，并且小组成员还将继续共同逃生，那么小组内的每个人都要牢记以下信息：行进方向、行进路线、目的地和集合点。逃生小组还应该确定备用的目的地和集合点，以防小组成员因为各种原因而无法到达首选的地点。

1) 小组中的所有成员都到达集合点后，必须重新确定接下来的紧急逃生方案和集合点。

2) 逃生者一定要牢记下一个集合点的位置和方向。可供藏身的集合点要选在行进路线沿线，以免组员在敌军突然来袭时走散。在逃生过程的每个阶段都要确定合适的集合点，就算

图 28-39　获取饮用水

图 28-40　安全地休息

已经非常接近最终的目的地了，也必须制订逃生计划。

5. 保持沉默也很重要。小组成员必须和负责放哨的成员保持联络，让每个人都了解当前的形势。手势是最好的联络方式，因为不用发出声音且容易理解。以下是逃生过程中经常用到的手语暗号，图 28-41 给出了部分图例：

1）站住不动；

2）听；

3）隐蔽；

4）发现敌军；

5）集合；

6）解除警报；

7）右；

8）左。

28.14 行进

1. 逃生者在行进时最容易被俘，许多逃生者都是因为不知道正确的行进技巧而不幸被俘的。在逃生过程中安全地行进意味着逃生者需要受过训练、做好准备，并运用自己的智慧，以避开敌方人员——不论是敌军还是敌方的平民。逃生者不仅需要避开敌方，还不能让敌方

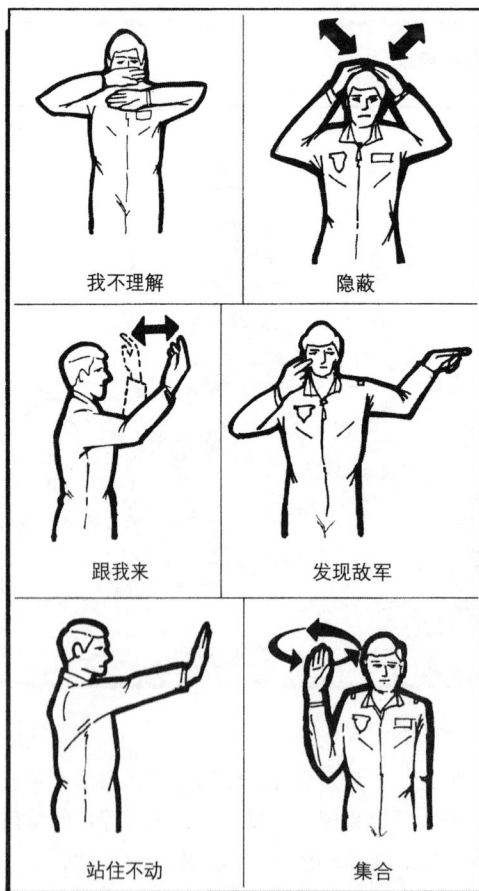

图 28-41　手语

怀疑控制区内有逃生者活动。一闪而过的影子、不小心发出的声音和冒失的动作、错误的行进路线都有可能给逃生者带来危险——暴露行踪，甚至被俘。

2. 逃生环境各不相同，但是一般来说，有些基本原则适用于所有的逃生活动。逃生者如果能够遵循这些原则行动，就能大大提高自己成功返回友方控制区的可能性。

1）当机组人员降落到敌方控制区时，即使他们还没离开飞机，逃生活动就已经开始了。影响逃生成败的两个要素是机会和行动方法。做好准备工作和了解周围环境可以帮助机组人员成功逃生，因此逃生者需要提前了解最新的相关信息，包括当地的简介、情报简报等。

2）逃生者需要了解的信息涉及以下几个方面：

（1）地形和地貌。逃生者需要了解当地的地形特征、可能遇到的障碍、最适合行进的区域、可能获得的救援、敌方可能采取的侦察方式。逃生者还需要掌握长期求生的技能。

（2）气候。了解当地典型的天气情况和天气变化规律。

（3）当地居民。出发之前，逃生者需要了解当地的民族及其宗教信仰，熟悉他们的行为、性格和风俗习惯（图 28-42）。在逃生过程中，逃生者有时还需要模仿当地人的行为。

（4）装备。逃生者必须熟悉自己所有的装备，知道它们放置的位置，还要决定携带哪些

图 28-42　了解当地人

工具、丢弃哪些工具。

3）在讲解逃生时的行进技巧之前，我们先要了解一些影响逃生者做决定的因素。

（1）刚进入敌方控制区的那几分钟是逃生过程中最关键的时刻。逃生者不能惊慌，不要贸然行事，应该试着回想曾经听过的简报、标准的行动步骤以及训练内容，选择最有可能成功返回友方控制区的行进路线。

（2）在最初的几分钟，刚刚着陆的机组人员需要考虑的事情非常多，必须立刻推断方位、与友方和敌方部队的距离、救援直升机可以降落或吊升的地点，以及行进方向。如果逃生者能够预估形势，知道接下来可能遇到怎样的困难，就能在将来更好、更快地克服这些困难。逃生者要学会将自己的知识和技能应用在具体环境中。灵活应变是最重要的，因为逃生过程中没有绝对适用的原则。

（3）在大多数逃生过程中，逃生者如果不能立刻得到直升机的吊升救援，就必须离开着陆点。在行进过程中，逃生者可能暴露行踪，并且很容易受到攻击，所以必须遵循一些特定的原则和方法。许多逃生者都是因为选择了最好走、路程最短的路线而不幸被俘的，有些人则是由于没有经常观察四周、倾听动静和寻找隐蔽的藏身地而被俘。

28.15 观察地形

1. 逃生者应该观察藏身地周围的地形，以确定自己选择的行进路线是否安全。首先，从藏身地的中央向自己的前方看去，然后迅速看向自己所能观察到的最远的地方（图 28-43），这样可以将周围显眼的事物尽收眼底，如不自然的颜色、轮廓及移动的物体。如果需要观察的地区范围很大，逃生者应该将其分成几个区域，分别进行观察，如图 28-44。逃生者应从面前 6 英尺（1.8 米）左右的地方开始，从右向左观察；然后将视线移到下一个区域，从左向右观察，直到观察完整个地区。看到可疑物体时，逃生者应该停下来仔细观察。

图 28-43　观察地形 -1

图 28-44　观察地形 -2

2. 逃生者必须问自己以下问题：

1）敌方是否在进行搜索？

2）自己现在处于什么位置？

3）移动到其他地方是否能增加获救的可能性？

4）当前地区有哪些藏身地？

5）敌方与自己的相对位置关系如何？

3. 考虑到行进的必要性和危险性，逃生者必须：

1）确定自己的方位；

2）选择目的地、集合点和最佳路线；

3）准备备用方案，以备不时之需。

4. 执行计划时一定要小心谨慎，因为大多数逃生者都是由于以下原因被俘的：

1）不熟悉紧急救援工具；

2）在公路或小路上行进；

3）伪装不充分或效果不好；

4）由于敌方的阻碍而无法行进时耐心不够；

5）身上的装备发出声音或反光；

6）因为敌方的活动而受惊，无法成功实施计划；

7）未能发现敌方活动的痕迹；

8）未能一再检查行进路线；

9）未能经常停下来侦察、倾听；

10）穿越公路、围栏和小溪时忽略了安全防御措施；

11）行进时留下了痕迹；

12）低估了行进所需的时间。

5. 在地面上行进时，逃生者应该将各个休息点之间的路程累加测算距离。行进速度和行进距离是次要的，逃生者不能在实施计划的过程中因受到一点拖延就放弃整个计划。

28.16 降低逃生者被发现的可能性的行进技巧（单人）

1. 逃生者要时刻注意敌方的活动，寻找有人走过的痕迹（图 28-45），如被压倒的草、折断的树枝、脚印、烟头和其他被丢弃的垃圾等。这些信息可以帮助逃生者确认敌方的身份、人数、行进方向和离开的时间。

1）在田里劳动或进行正常活动的村民有时会被误认作敌方人员。

2）村庄里如果没有孩子活动，则说明他们已经被藏到了安全的地方，以免他们在接下来可能发生的战事中受到伤害。

3）村庄里如果没有年轻人活动，则说明该村很可能已经被敌方控制。

2. 熟悉敌方的信号系统有利于逃生者开展活动，以下是某地游击队经常使用的信号：

1）晚上，农用拖车如果只开一盏车灯，则说明后面没有政府军。

2）如果在田里劳动的人放下手里的活，穿上或脱掉衬衣，则说明政府军正在接近。其他人

图 28-45　寻找痕迹

也会做出类似的动作，将这条消息传递下去。

3）在稻田中钓鱼的村民如果将鱼竿平着伸出，则说明警报解除；如果将鱼竿向斜上方伸出，则说明政府军正在接近。

3. 逃生者选择行进时间与选择行进路线同样重要，应该尽量在黑暗的掩护下行进。黑夜能够掩护逃生者，有时还可以阻碍敌方的前进。如果敌方出于军事需要在夜间活动得相当频繁，那么逃生者只能改在清晨或黄昏行进。逃生者在夜间行进时速度较慢、困难较大，但这些都是可以克服的。如果不愿在夜间行进，逃生者最后很可能会被俘、入狱或死亡。逃生者应该首先考虑在夜色的掩护下行进的可能性，不过，如果敌方知道逃生者的位置，或者有其他因素（地形、植被或方位）干扰，那么逃生者只能另想办法。在夜间行进之前，逃生者应该在白天先观察地形，观察时要特别注意可以藏身的地点以及途中可能遇到的障碍物。如果逃生者有地图，应该仔细研究地图。但是逃生者也要记住，自然界中的地形会随着一年中季节的变化而发生改变，而且最新的地形特征（如水沟、公路、烧过的地区等）不会标注在他的地图上。事先观察（图 28-46）整个地区可以让逃生者在逃生的开始阶段就知道该如何应用行进技巧和伪装技巧。

4. 逃生者应该试着记住自己行进的路线以

图 28-46　事先观察

及指北针指示的方向，但是不能把这些信息写在地图上。

5. 在有遮蔽物的山区行进时，逃生者可以将军事山脊作为最安全的路线（图 28-47）。逃生者应该避开山脊上大型动物和人类踩出的小路，因为在山脊上遇到敌方的概率最大。无论在白天还是夜晚，暴露自己的身影轮廓都是比较危险的。

1）如果逃生者不得不穿过该地区的最高点，那么应该趴在地上匍匐前进，在天然屏障的掩护下慢慢接近军事山脊。穿越最高点的方法取决于敌方是否监视着这里，逃生者不能盲目肯定该地区没有受到敌军的监视。如果能够选择穿越最高点的地方，那么逃生者应该选择地形不规则处，如有岩石、碎石、灌木和围栏的地方。

2）在军事山脊上行进的另一个好处是，这样更容易避开在山脊另一侧活动的敌方人员。逃生者在山的一侧行进时，到达适合开展空中救援的地点的机会更大。

6. 逃生者在行进时应该放慢速度，每走几步就应停下来听听周围的动静。此外，逃生者不能发出声响，要利用四周的屏障，万一被敌方发现后要走之字形路线迅速逃向目的地。这样一来，当敌方寻找逃生者的行踪时，之字形的路线可以迷惑敌方，让其不能确定逃生者离开的方向。对尽量保持安静的逃生者或敌方来说，周围的杂音可能是有利的，也可能是不利的。突然出现的鸟鸣或其他动物的叫声，或者完全听不到动物的叫声，都在提醒逃生者附近可能有敌方人员出没，但是同样的现象也可以提示敌方附近有逃生者。逃生者在鸟类或其他动物突然活动时需要保持警惕。

7. 以下是一些减少逃生者活动痕迹的技巧：

1）避免弄乱高于膝盖的植物。逃生者不应该抓住或折断树枝、树叶或较高的草。

2）轻缓地穿行于高草或灌木间，不能来回走动。可以用手杖拨开前方的植物，然后再将

图 28-47　沿着军事山脊行进

身后的植物拨回原处。风吹拂着草的时候最适合行进。

3）抓住小树或灌木可能会磨损其与视线齐平处的表皮，而且从远处很容易就能发现树木的晃动。在雪地上的树丛里行进时还会留下一片没有积雪的树木，很容易被敌方发现。

4）选择稳固的落脚点，双脚轻轻地踏在地面上，避免出现以下情况：

（1）移动岩石、下层落叶和树枝；

（2）磨损倒树上的树皮；

（3）折断树枝时发出声音；

（4）滑倒时发出声音；

（5）压坏低矮的草和灌木，使它们的枝叶无法弹回原处。

8. 逃生者可以用以下方法掩饰自己在雪地上留下的痕迹：

1）走之字形路线从一个藏身地转移到另一个藏身地。在无法避免留下痕迹时最好在树木、灌木的阴影中行进或沿着倒树、雪堆行进。

2）下雪前或下雪中可以行进，这样降雪会遮盖行进时在地面上留下的痕迹。这也许是唯一一种安全穿过公路和结冰的河流的方式。

3）刮风时，大风会将树上的积雪吹落，将地面变得坑洼不平，可以遮盖逃生者的脚印。

4）雪地鞋虽然会留下更大的脚印，但是这些脚印较浅，降雪量大的时候很容易被填平，而树枝制成的雪地鞋留下的脚印更不容易辨认。

9. 逃生者还要避免在沙地、尘土覆盖的地面或土质松软的地面上留下脚印，如果无法避免的话需要用以下方法掩盖：

1）走之字形路线，利用阴影、岩石或植物遮挡；

2）包住双脚，让脚印变浅。

10. 在多雨、多风的季节里行进时，逃生者的脚印会被雨水冲掉或者被风沙磨平。在道路旁边行进时，逃生者要特别注意观察自己是否在路边松软的土地上留下了脚印，而且行进时应该尽量踩在树枝、岩石或植物上。如果路上有当地人经过的痕迹，逃生者可以将自己的脚印与已有的脚印（较小的赤脚脚印、凉鞋脚印或敌军军靴的脚印等）混在一起，否则就不能在路上留下行进的痕迹。用滚的方式穿过道路是一个避免留下脚印的好方法。走在车辙上，脚趾与道路的方向平行，也可以掩饰脚印。如果路面是干燥的，覆盖着沙子、尘土或泥土，那么逃生者可以一边走一边清扫身后的脚印，让它们看上去像是旧有的痕迹，这样也可以让风更快地将脚印拂平。不过清扫脚印时动作一定要轻柔，看上去不能太刻意。因为脚印会一直留在淤泥上，所以除非淤泥不多并下着大雨，否则逃生者不能在淤泥地上行进。

11. 单独行动的逃生者使用的许多技巧也适用于小组逃生（图 28-48）。虽然单独逃生并非绝对安全，但是小组逃生确实要面临更大的风险。

1）一般不建议 3 名以上的逃生者以小组为单位活动。可能的话，组长应该将整个小组的成员分成若干对。每一对逃生者要能够和谐共处，因为两人意见不一致的话会造成严重的后果。但小组逃生也有其优势，如果小组中有人受伤、遇到敌军，或是在崎岖不平的地区行进，小组成员可以互相帮助。

2）以小组为单位行进时更容易引起敌方的注意。

3）小组成员需要根据地形和天色决定彼此间的距离。白天，成员间可以保持相对较大的距离。行进时，小组成员们一定要克服人类天生的扎堆倾向。

4）在开阔的林地，敌军可以看到 100 码（91.4 米）远的物体。如果下层植被比较稀疏，逃生者必须选择更深入树林的路线，小组成员之间的距离也要拉大。此外，组长还必须决定在白天还是夜间行进，并带领小组成员到达目的地。小组成员之间只能用手语沟通。小组逃生时，安全是最重要的。所有的小组成员都要时刻保持警惕，休息时要派人负责警戒。

5）小组行进时要灵活地变换队形，充分利用不同的地形特征，适应周围环境的变化。选择队形时，要考虑以下因素：

图 28-48　小组逃生

（1）小组成员的控制能力和沟通能力；

（2）安全性；

（3）地形；

（4）行进速度；

（5）能见度；

（6）天气；

（7）敌方军队的部署；

（8）人员散开行动的需要；

（9）灵活性（改变行进速度和方向）。

6）队形是队伍按一定要求排成的行列形式。逃生小组所选的队形应该保证小组成员分布合理，能互相保持联络，能放慢或加快行进速度，能灵活改变行进方向。任何能够达到上述效果的队形都符合要求。常用的队形包括纵队、多列编队和横队。

（1）编成纵队行进时，小组中的成员沿纵线排列，一个跟着一个，彼此保持一定的距离（图28-49）。组员间的距离取决于安全性、地形、能见度、个人的控制能力等因素。如果受到地形限制无法采用其他队形，或者由于能见度较低而很难控制小组成员，小组一般会编成纵队。编成纵队有利于控制组员的行动和观察队列两边的情况，也是一种最快的行进方式，特别是在雪地里。

① 但是，纵队行进也有一些缺点。最主要的问题是这种队形很引人注意，队伍中发出的声音都集中在一处，队形的轮廓分明，容易受到敌方的突袭。而且队伍会将经过的地面踩实，很容易被敌方发现。

②如果队伍中的人数较少，一些人可能需要身兼数职，不过负责侦察的人应该只承担这一项任务。

（2）多列编队中的小组成员站成2列或2列以上的纵队，组员间的联系较密切，可以照顾到各个方向。这种队形适用于地形和能见度不太受限制的地方，便于携带武器的人监视四周，也非常容易改变成纵队或横队。

①多列编队队形的优点很多，其中最主要的是成员比较分散。从视觉的角度上说，编队

不像纵队那样引人注意，队伍发出的声音也不那么集中。这种队形的队伍行进速度适中，敌方不太容易跟踪突袭。

②多列编队也有缺点。在能见度较低、植物茂密的地区，组长很难有效控制小组成员，组员很容易掉队。按多列编队行进时，虽然小组在地上留下的痕迹很浅，但是数量很多，行进速度总体来说比较慢。多列编队中的成员位置如图28-50所示。

（3）在横队中，所有的组员排成一行行进。这种队形最适合短距离快速行进，所以多用于军事进攻。

①利用这种队形可以迅速通过岩石、围栏和小块的开阔地带，并且在短距离内能够保证安全。

②横队队形最大的缺点是队伍内的沟通和

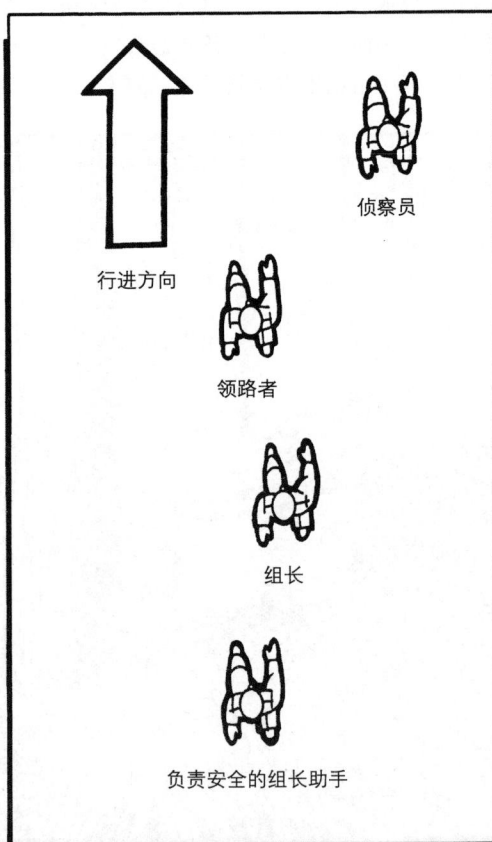

图28-49　纵队

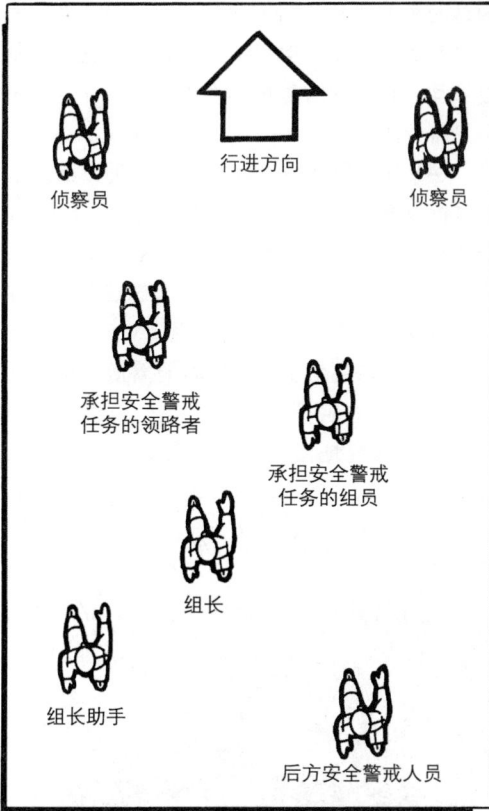

图 28-50　多列编队

控制难度很大。在行进中，横队中的一些组员还必须穿越崎岖不平的区域。图 28-51 显示了横队中组员的分布情况。横队前进的速度在很大程度上会受到地形条件、光线、敌方部署和小组成员身体健康情况的影响。

12. 不论采用哪种队形，逃生者都必须特别注意行进时的技巧，其中最关键是行走和匍匐的技巧。

1）逃生时正确的行走技巧是走稳每一步：迈步时将全身的重量置于一只脚，再高高地抬起另一只脚，不要碰到灌木、草或其他障碍物，然后慢慢放下这只脚，脚尖先着地，用脚尖选择合适的落脚点——稳固而不会发出声音的地方，确定落脚点后再放下脚跟；接着，将身体的重量移到前面的这只脚上，移动后面的那只脚，重复以上动作。行走时步距要小，以免失去平衡。夜晚无法看清时，可以用手杖或棍棒探测前方的情况——以画 8 字的方式移动手杖，从靠近地面的地方将其移动到头的高度，以确定前方是否有障碍物。

2）另一种行进技巧是匍匐，这种方法能够尽量减少身体轮廓的暴露。为了穿过某些地方或避免被敌方发现，逃生者必须将身体紧贴着地面移动。匍匐分为三种：低位匍匐、高位匍匐、双手和膝盖着地匍匐。逃生者应该根据能见度、地被物、藏身地以及需要的行进速度来

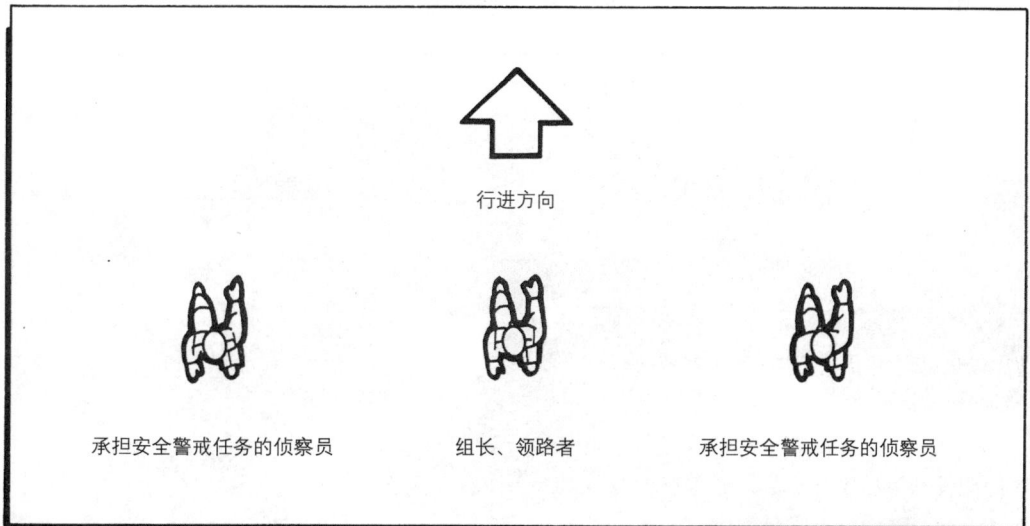

图 28-51　横队

选择最合适的匍匐方式。

（1）低位匍匐。腹部或背部朝下均可，身体平卧或平躺在地上，通过移动手臂和双腿来移动身体（图28-52）。

（2）高位匍匐。高位匍匐比低位匍匐暴露的身体轮廓多，但是比双手和膝盖着地匍匐暴露的身体轮廓小。匍匐时身体要离开地面，用前臂和小腿支撑身体的重量，轮流移动右肘和左膝、左肘和右膝，用肘部和膝盖的内侧接触地面（图28-53）。

（3）控制性移动。当逃生者距离敌方人员很近时，高位匍匐和低位匍匐都不太适用，因

为这两种方式都会因拖动脚部而发出声音，很容易被敌方听见。但是，逃生者可以进行控制性移动，在移动时尽量不发出声音，并且尽量不暴露身体轮廓。

（4）双手和膝盖着地匍匐。这种方法适合在靠近敌方人员时使用，因为可以不发出声音，身体轮廓虽然较大，但也在可以接受的范围内。不过，只能在有足够的地被物来遮挡身体轮廓时才可以使用这种匍匐方法（图28-54）。

13. 如果逃生小组必须暂时解散，那么必须确保所有的组员能够再次集合。逃生小组可以通过研究地图和勘察地形来选择合适的

图 28-52 低位匍匐

图 28-53 高位匍匐

图 28-54　双手和膝盖着地匍匐

集合点。

1) 选择集合点。组长必须：

(1) 选择第一个集合点。如果研究地图和勘察地形后没能找到合适的集合点，可以利用格网坐标系统或地形估测集合点的位置。

(2) 沿途选择可能的集合点。

(3) 当负责巡逻的组员到达合适的位置后，安排选择备用的集合点。

(4) 安排选择小路、溪流等无法绕开的危险区域的近侧和远侧作为集合点。如果没有合适的地点，可以根据与危险区域的距离来确定一个集合点，如"路边 50 码（45.7 米）处""溪边 50 码（45.7 米）处"。

2) 利用集合点。如果逃生小组的成员因为敌方的活动或意外而散开，每个组员都要做好在到达集合点之前独自逃生的准备。如果某个组员无法在规定时间内到达集合点，就只能孤身一人继续逃生。其他组员不应该尝试寻找未能到达集合点的组员。集合之后，所有组员要确定一个新的集合点，然后动身离开。

(1) 在行进过程中，要不断改变或校正集合点的位置。有时候，集合点可以选在偏离行进路线的地方，这样能够增加敌方搜索的难度，减少敌方跟踪的可能性。

(2) 如果小组成员在途中分散了，那么可以在上一个集合点或下一个集合点会合。组长应该在到达每个集合点后确定并宣布小组将要到达的下一个集合点。

3) 到达集合点后的行动。到达集合点后，一定要对下一步行动进行详细的规划。不论是在第一个集合点还是在途中的集合点，行动计划都要确保小组能够继续共同前进。小组成员可以等待一段时间，让组长根据人员和装备的情况确定下一步的行动计划。在行进过程中，组长也要不断检查组员的人数和状态，可以在队伍后方低声数人数，也可以用手势和组员沟通。保持沟通也有利于小组在行进过程中不断调整原有的计划。

28.17　逃生行动的障碍

1. 天然障碍。逃生者会遇到各种阻碍行进、影响行进路线选择的障碍，包括河流、山等天然障碍和围栏、公路等人工障碍。有些障碍有利于逃生者藏身，而有些障碍会妨碍逃生者的行动。

1) 河流和小溪。穿过河流、小溪时，基本上不能利用桥梁和摆渡船，因为这些都是敌方重点监视的对象，所以逃生者只能涉水、游泳、划小船或利用其他临时工具渡河（图 28-55）。

2) 山区。逃生者在山区中最关注的问题是如何求生。逃生者可能需要在同一个地点停留很长一段时间，有时甚至要等到春天到来才能继续行进。不过，许多地方的山区都可以为逃生者提供极佳的藏身地、饮用水和食物，并且人迹罕至。由于山区与世隔绝，所以逃生者很难获得当地人的帮助。在山区行进时，逃生者不要忘记在军事山脊上活动，这样更加隐蔽。在平原地区，逃生者可以利用洼地、排水渠等低洼地区隐藏自己。选择行进路线时要避开悬崖、大片水域和平原等会影响行进速度的地区。

3) 植被。有些沼泽和河流流域中的植物太过茂密，逃生者无法穿越它们，不得不绕行。如果逃生者能够拨开植物行进，要注意避免破坏植物的状态，不要留下痕迹。

图 28-55　渡河

4）天气。有些天气可以掩护逃生者不被敌方发现，有些天气还能掩盖住逃生者行进时发出的声音（图 28-56）。暴雨可以冲掉逃生者的脚印，但是在雨后行进留下的脚印会保留很长一段时间。雷声可以掩盖逃生者行进时发出的声音，但是闪电会照亮逃生者。暴风雪可以

图 28-56　天气

掩盖逃生者的脚印和声音，但是雪停之后，逃生者要小心不要在积雪上留下痕迹。

2. 人工障碍。逃生者穿越敌方控制区时还会遇到各种人工障碍。一般来说，如果逃生者有办法绕行，就不要穿越这些人工障碍。如果逃生者分析形势后发现自己实在无法绕行，那么必须确定自己有足够的技巧才能穿越人工障碍。穿越时应尽量寻找守卫薄弱或有破损的地方。

1）逃生者有可能碰到绊网。绊网一般是一根纤细的、橄榄绿色（或其他能够融入周围环境的颜色）的强韧金属丝，很难被发现，通常会和信号弹、陷阱机关、传感器、地雷等相连。逃生者可以用质地较软的木料制成小木棍，探测前方的绊网（图 28-57）。

（1）绊网距地面的高度从 1 英寸（2.5 厘米）到几英尺不等，与其相连的机关可能会位于几英尺以外。

（2）连接在绊网上的传感器、地雷、信号弹或其他陷阱机关，有的只需要几盎司的重量就能触发，有的则需要几磅的重量才能触发，所以逃生者在探测前方的绊网时要小心。

（3）发现绊网以后，逃生者应该绕开绊网行进。如果实在无法绕行，应该从绊网的下方或者上方通过，千万不要拉扯或者切断绊网。发现一处绊网以后，逃生者要注意附近是否还有其他的绊网。

（4）有些绊网会因为压力释放而被触动，也就是说，切断绊网或松开绊网都会触发与其相连的机关。所以，逃生者必须非常小心地避开绊网，如果不小心碰到绊网，要避免在绊网上施加过大的压力。

2）逃生者触碰绊网启动的、敌方通过电子信号启动的或者飞机投下的照明弹会给逃生者带来危险。迫击炮、步枪、大炮和手枪也可以发射照明弹。

（1）照明弹发光的亮度相当于 2 万根蜡烛的烛光，在地面上的照明半径达 300 英尺（91.4米），而在空中的照明半径更大。

（2）听到照明弹发射的声音时，逃生者应该趴在地上静止不动。如果照明弹照亮了逃生者周围的区域，而逃生者能够充分融入背景环境，那么更应该保持不动，直到光亮完全消失。树木的影子可以在一定程度上保护逃生者。

图 28-57　探测绊网

如果在开阔地带遇到照明弹，逃生者应蜷伏在地上或者趴下，并且在光亮完全消失之前静止不动。

（3）但是，如果逃生者在照明弹照亮的范围内，而且停留在原地会有较大的危险，则应该迅速离开现场。如果周围有很多障碍物，那么跑步前进是最危险的，因为有障碍物的区域本身和逃生者奔跑时的动作都会吸引敌方侦察者的注意。如果逃生者由于受伤、周围有障碍物或其他原因觉得自己无法迅速离开，那么应该趴在地上，并尽量找地方藏身。

（4）照明弹发出的光亮可能会令人短暂失去夜视能力，逃生者应该将眼睛闭上，以维持在黑暗中视物的能力。

（5）如果逃生者在穿越铁丝网等障碍时遇到照明弹，那么应该尽量趴低，捂住眼睛。有时照明弹对逃生者也是有利的，因为其发出的光亮会令敌方人员暂时失去夜视能力，提高逃生者成功穿过曾经被照明弹照亮区域的机会。照明弹发出的光亮还会在地面上形成深色的阴影，给逃生者提供掩护。

3）铁丝网会阻碍逃生者行进。

（1）逃生者如果在铁丝网上发现死去的动物、绝缘物体、冒出的火花，则可以肯定该铁丝网是通电的（图28-58）。逃生者还可以通过一个小小的实验来检测铁丝网是否带电：用手拿着一根草或潮湿的小木棍去触碰铁丝网，如果铁丝网带电，逃生者会感受到不会对身体造成伤害的微弱的电击。

（2）逃生者应该用木棍检测带刺的多股铁丝网中间是否有诡雷。一般来说，逃生者应该从铁丝网的下面穿过，身体要紧贴地面，平行或垂直于铁丝网的走向（图28-59）。逃生者平躺在地面上时暴露的身体轮廓最小，同时还可看见上方的铁丝网。如果铁丝网的底端紧贴着地面，那么逃生者只能改变策略。

（3）穿过多股铁丝网的方法也可以用于穿越挡板围栏。逃生者要记得先检查围栏中间是否有机关。

图28-58 通电的铁丝网

（4）穿过蛇腹形铁丝网时，逃生者的身体要与铁丝网的走向相垂直。如果铁丝网没有固定在地面上，那么逃生者可以用木棍将铁丝网的下端支起（图28-60）。如果铁丝网固定在地面上，那么逃生者只能匍匐着穿过。如果两个网环之间的空隙不够大，逃生者可以用鞋带、降落伞绳或布条等材料将其拉大。通过铁丝网后要取下这些材料，一方面是为了日后使用，另一方面也是为了清除痕迹。

（5）可能的话，逃生者最好绕过勾花铁丝网行进，因为这种铁丝网通常设在高度敏感的地区，周围很可能有敌军严密守卫和巡逻，也许还设有其他机关。有的勾花铁丝网还是带电的。如果逃生者必须穿过勾花铁丝网，应该尽量从铁丝网的下方通过（图28-61）。如果需要挖洞，逃生者应该将挖出的泥土堆在铁丝网的另一侧，这样才能在通过铁丝网之后将泥土填回洞里。除非迫不得已，否则逃生者不应从上面翻过勾花铁丝网。

（6）逃生者在行进过程中还可能遇到栅栏，最好从栅栏下面或中间穿过。如果不行的话，逃生者应从栅栏上的最低点翻过，让自己暴露的身体轮廓尽可能小（图28-62）。逃生者还应该检查栅栏中间和另一侧是否有绊网或机关，以及栅栏两侧的地面是否结实。穿过栅栏时，身体要与栅栏的走向保持平行。

4）无论在人口稠密还是人口稀疏的地区，逃生者都能发现被耙子或犁耕作过的区域。确

图 28-59　穿过多股铁丝网

定该处不是雷区之后，逃生者应该滚过去，避免留下脚印，或者采用靠边走、倒着走、清除脚印的方法通过该处。

5）公路是逃生者经常遇到的障碍。遇到公路时，逃生者应该从藏身地仔细观察路上是否有敌方人员经过（图 28-63），然后从有灌木、阴影等隐蔽物的地方穿过路面（图 28-64）。在开阔地带，逃生者应该笔直地横穿公路；在山区或多树地带，应该从公路拐弯处的内侧穿过公路，这样可以让逃生者看到各个方向，降低被发现或遭到突袭的可能性。注意：不要在路面上和路肩处留下痕迹。

6）走涵洞和排水渠都是穿过公路而不易被发现的极佳方法（图 28-65）。

7）铁轨经常会拦住逃生者的去路。这时，逃生者应该像遇到公路一样，从藏身地仔细观

图 28-60　穿过蛇腹形铁丝网

图 28-61　穿过勾花铁丝网

察铁轨周围的情况。如果有敌方人员巡逻，逃

生者还应检查铁轨间是否有陷阱或绊网。穿越铁轨时，逃生者可以正常地走过去或双手和膝盖着地爬过去（图 28-66）。逃生者应该将手和脚放在枕木上，以免碰到枕木间的泥土或碎石而留下痕迹。

8）深沟也会成为逃生者行进路上的障碍。逃生者在进入深沟时应该双脚先着地，以免头部和上身因为撞上大石块、带刺的铁丝网或沟底的其他危险物而受伤（图 28-67）。建议逃生者进入深沟前先用木棍探测沟内和沟的两侧是否有绊网和诡雷。在沟内一定要尽量压低身子。

9）开阔地带的守卫塔（图 28-68）或巡逻人员绝对会给逃生者带来危险，所以逃生者要尽可能避开这样的区域。如果必须穿越开阔地带或接近守卫塔，逃生者应该尽量压低身体，在夜间或狂风暴雨中行进。即便在晚上行进也要利用周围的地形掩护自己，因为敌方可能会使用夜视装备。

图 28-62　翻过木栅栏

图 28-63　遇到公路

图 28-64　穿过公路

10）逃生者有时会遇到被核武器、生物战剂或化学武器污染的地区。如果逃生者观察到以下现象，就说明该地区可能受到了化学污染（图 28-69）：

（1）弹坑底部有液体；

（2）植物上有液滴；

（3）水面上有薄膜；

（4）动物不明原因地死去；

（5）与季节不相符的植物变色现象。

注意：如果逃生者没有防护服、面具或类似的装备，那么应该尽量绕开受到化学污染的地区。

图 28-65　穿过涵洞

11) 注意：除非必要，否则逃生者应远离边境（图 28-70）。

（1）边境的地形多种多样，如果仅凭地形不能判断该地区是否是边境，逃生者可以根据布设的带刺铁丝网、电网、绊网、地雷或照明装置来判断。边境的开阔地带一般都有士兵或军犬巡逻，特别是在夜晚。敌方还可能会利用照明灯等工具来搜寻逃生者。

（2）制订穿越边境的计划一定要详尽、慎重，要充分利用糟糕的天气（可以分散敌方注意力）和敌方忽视的地区。

（3）尽量在夜间穿越边境，选择因战争而受到损毁的地区。如果逃生者必须在白天行动，应该选择一处最隐蔽的地方，并连续观察几天以确定以下情况：

①敌方守卫的数量；

图 28-66　穿过铁轨

④敌方巡逻不到的地方；

⑤ 地雷、照明装置和绊网的位置。

12) 逃生中最困难的一环就是穿过战区前线。如果逃生者无法确定友方部队所在的方位，就应该待在原地，观察敌军的移动方向、战场上的声音和亮光，以及敌军炮兵的方位。到达战区后，逃生者应该选择能够全面观察各方情况的藏身地，然后确定能够在黑暗中掩护自己回到友方控制区的路线和重要地形特征，并谨慎地选择几条备用路线，避开那些虽然容易回到友方控制区，但是炮火最猛烈、敌军守卫最森严的道路。如果逃生者穿着军服，应该在白天向友军展示自己的身份，让友军认出自己。

13) 逃生者还应该注意友军的巡逻队。看到友军巡逻人员后，逃生者应该待在原处，让巡逻人员慢慢接近。当巡逻人员近到足以看清自己后，逃生者应该展开一块白色的布示意。巡逻人员随时都有可能开枪，逃生者大喊大叫对巡逻人员和自己都很不利。逃生者应该保持安静，双手放在脑后，两腿张开，让自己看上去不具有威胁性。如果逃生者决定主动与巡逻人

图 28-67 进入深沟

②敌方站岗放哨的方式；

③空中巡逻的情况和频率；

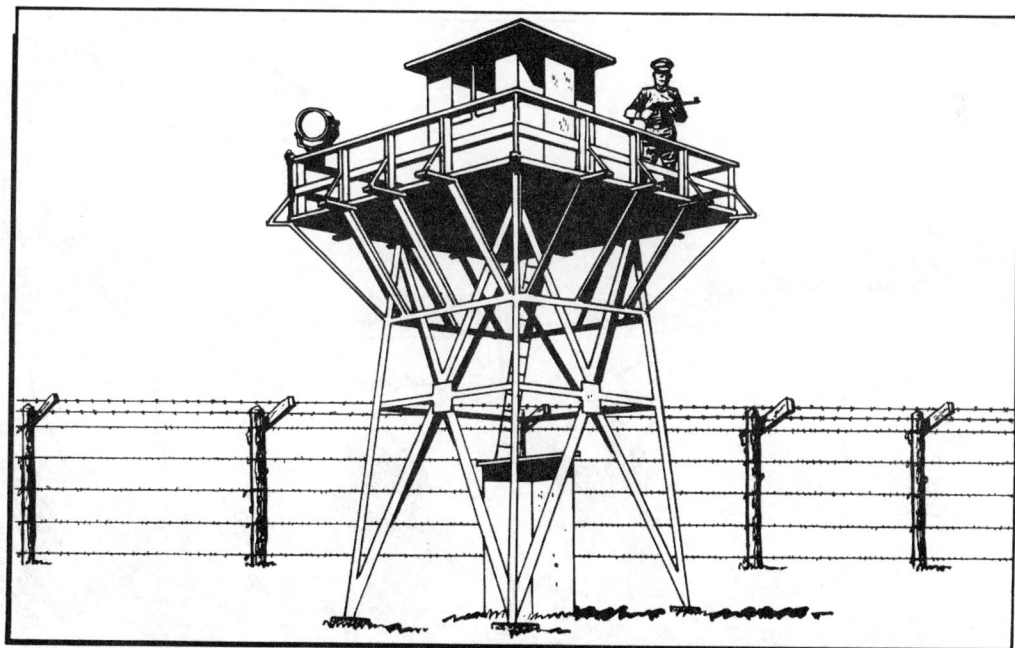

图 28-68 守卫塔

图 28-69　受到化学污染的地区

员接触，应该先观察他们的行动路线，然后按照同样的路线慢慢接近他们，这样可以避开巡逻人员布设的雷区。（注意：跟踪巡逻人员非常危险，因为巡逻队中的最后一个人是负责安全警戒的，任何跟踪的人都会被当成敌方人员。）

14）如果逃生者无法与巡逻人员接触，唯一的备用方案是直接靠近前线。这就需要逃生者穿过敌军的前沿阵地，再靠近友军的前沿阵地。在这种情况下，逃生者必须在夜间行动。但是，逃生者靠近友军前线后不能立刻现身与友军接触，除非有足够的光线能够让友军识别自己的身份。

图 28-70　边境

15) 军犬的嗅觉比人灵敏。

(1) 这里的军犬指的是经过特别训练，在战场上负责巡逻、守卫和搜索工作的狗。由于狗是一种嗅觉非常灵敏的动物，所以任何可以减弱军犬嗅觉的方法都值得逃生者尝试。

(2) 逃生者必须意识到，自己需要应对的不仅仅是军犬，还有控制军犬的训练员。没有简单易行的躲避军犬的方法，不过逃生者可以尝试以下几种方法：

①军犬能够嗅到人体每天脱落的上皮细胞中的脂肪酸，但是其嗅觉很容易受到其他刺激性气味的干扰，如逃生者携带的辣椒以及天热时道路沥青散发的气味。

②空气潮湿时军犬的嗅觉更灵敏，因为此时气味消散得更慢。

③不论是在着陆点还是在逃生过程中，如果逃生者发现自己被军犬追踪，可以试着用水掩盖自己的行踪、去除身上的气味。

④如果逃生者能在较硬的地面上行进，就最好不要在松软的地面上行进。

⑤逃生者应该向军犬的下风处移动，特别是在穿越开阔地带或是有军犬守卫巡逻的地区时。如果逃生者在仔细观察守卫和军犬的位置及职能之后制订了行动计划，应该选在有噪音分散军犬注意力的时候开始实行。

⑥如果逃生者的身体状况较好，那么应该尽量转移到远离军犬的地方。在地势起伏的地区快速行进可以减慢军犬训练员的追踪速度，甚至将其完全甩掉。虽然快速行进不符合逃生中的行进原则，但是不这样做有被军犬追上的可能。

28.18 有助于逃生的物品和援助

1. 救生包。携带小巧的救生包对逃生者非常有帮助，逃生者必须熟悉其中各种工具的用法和局限性。

2. 地图。逃生者不能在地图上标出自己的位置，否则地图一旦落入敌方手中，就可能给逃生者带来威胁。逃生者还要避免无意中在地图上留下痕迹，例如用沾着泥土的手指在地图上留下铅笔印一样的痕迹。

3. 外语日常词汇书。外语日常词汇书会在书页的一侧印上本国语言的词汇和短语，在另一侧印上相应的外语。使用时，逃生者要先找到可以表达自己意思的词语，然后找到与其对应的外文翻译。当地人回应时也可以先找到能够表达自己意思的当地语言，然后让逃生者对照着本国语言来理解。

1) 词汇书的缺点在于逃生者无法通过这种方式与不识字的当地人沟通。有些国家的文盲率相当高，逃生者只能打手势与当地人沟通，效率较低。

2) 外语日常词汇书中的词汇和短语一般分为以下 8 个部分：

(1) 寻找翻译；

(2) 礼貌用语；

(3) 食物和水；

(4) 住宿；

(5) 沟通；

(6) 受伤；

(7) 敌方控制区；

(8) 其他军人。

4. 以物易物。有些地区的居民接受以物易物的交换方式。机组人员有时会携带适合以物易物的东西，有时却只能自己临时制作。逃生者必须根据自己对当地风俗的了解来选择用于交换的东西，一般比较合适的物品包括戒指、手表、小刀、硬币和打火机等。用于交换的物品上不能带有个人信息或有军事价值的信息。一些军用装备如果对逃生活动没有太大帮助，也可以用来交换。在长期受到战争摧残的地区一次性拿出大量的钱是比较危险的，逃生者应该一次只拿出少量的钱，并且要还价。

5. 信息。部队的情报人员会向机组人员提供有利于逃生的信息。

6. 在逃生中获得帮助。逃生者在被敌方占领的地区可能会遇到一些对局势不满的当地人。

1) 世界各地的历次战争中都有一些当地人会帮助与占领者敌对的人员。这些人这么做可能是出于金钱方面的考虑，也可能是对当前统治者心怀不满。大多数情况下，这些人真正的目的都是希望政府能够满足自己所在群体的政治要求。"二战"期间，被轴心国占领的地区出现了很多地下抵抗运动组织，旨在帮助坠机的同盟国机组人员。这些组织成员的动力来源于他们的爱国热情及对国家命运的关切。

2) 在这样的帮助下，逃生者可能能够顺利回到友方控制区。

3) 美军特种部队也会组织脱敌及回避行动（图28-71）。

(1) 同情逃生者的当地人或当地组织都可能参与帮助逃生者顺利回到友方控制区的行动。他们的行动有时会受到客观条件的限制，比如只能帮助逃生者到达边境。但有时他们也会借助于规模更大的组织的力量帮助逃生者返回友方控制区。

(2) 有些当地人可能会完全出于怜悯而帮助逃生者，给他们提供食物、庇身所或暂时的医疗救护（图28-72）。当发现一个筋疲力尽且受了伤的逃生者时，当地人可能会给其提供少量食物。在提供这样的帮助时，当地人心中会为难和害怕，因为帮助敌方意味着他们有可能受到本国政府的惩罚。除非逃生者危在旦夕，否则出于怜悯而提供帮助的当地人可能会只给他们送去少量食物，并催促他们尽快离开，而不会给他们治疗伤病。如果此时逃生者有足够的力气离开且不会被俘，就应该这么做，而不能要求这些当地人提供更多的帮助。

4) 逃生者在敌方控制区与当地人接触时，他们的行为决定着当地人对待他们的方式。逃生者落入友好的非正规军手中时，他们的行为也会影响他们的待遇。逃生者应该记住：

(1) 不与当地人合作或反抗当地人有可能导致自己死亡。

(2) 不要许下超出自己能力范围的承诺。

(3) 只有在符合地面战争的4个条件时，非正规军的成员被俘后才会被视作战俘。如果逃生者身在非正规军中，那么也适用于这个标准。

(4) 根据《日内瓦公约》，符合以下4个条件的敌方的军人、志愿军成员、抵抗组织成员被俘后会被视作战俘：

①听从上级指示；

②戴着从远处能够识别的徽章；

③公开携带武器；

④遵照战争法和战争习惯行动。

5) 逃生者加入这些组织后，最能够显示其军人身份的就是军装。

6) 逃生者应该鼓励组织中的成员继续维持符合以上4个条件的状态。

7) 逃生者必须避免在参与以上组织的军事活动时对平民、战俘和敌方士兵实施暴行。

8) 逃生者不要参与政治和宗教讨论，不要在别人的争论中支持某一方，不要与异性有太多接触。

9) 逃生者应该表现出自己愿意与组织中的人分享食物的态度。逃生者如果能够根据自己的了解表现出对当地习惯和风俗的尊敬，就会对自己有所帮助。

10) 自律、展现军事礼仪、礼貌待人和真诚是全世界的人都欣赏的优秀品质。逃生者给某个组织的成员留下的印象可能会影响他们日后对待其他逃生者的方式。

7. 脱敌及回避行动组织。脱敌及回避行动组织是与逃生者联系、确保其安全，并能帮助他们回到友方控制区的地下组织。良好的运作和有保障的补给线能够为逃生者提供：

1) 临时的庇身所、食物以及在下一阶段的逃生中所需的装备；

2) 衣服和能被所在国家接受的凭证；

3) 有关敌方在沿途采取的安全措施的信息；

4) 当地的货币和交通工具；

5) 医疗救护；

6) 当地向导。

8. 脱敌及回避行动组织的运作。脱敌及回避行动组织的成功运作主要得益于保密工作。这种组织需要在非常危险的环境中制订并实施计划，其保密工作需要逃生者的配合及逃生者

图 28-71　脱敌及回避行动

对组织运作、联络方式、原则的了解。下面将简单介绍脱敌及回避行动组织的运作方式。

1) 联系组织。飞行任务开始之前，机组人员会听取简报，了解如果不幸陷入逃生环境后要去什么地方、怎样与脱敌及回避行动组织取得联系。逃生者被组织成功救起后，就必须在组织的安排下活动，由组织安排是采取空中还是海上救援，以便穿过敌方控制区回到友方控制区。如果该地区已经被敌方占领，组织一般会安排侦察人员、建立情报网，观察该地区是否有逃生者需要帮助。但是敌方同样也会安排警察和反间谍人员到处监视。所以，逃生者在与组织成员联系之前一定要谨慎。

2) 接近组织。仅仅看到某人救助了其他人就向这个人求助很可能会遭到拒绝。如果当地的组织成员和逃生者一起被俘，不仅组织成员会受到敌方的监禁，其家人可能也会受到牵连。

3) 联系步骤。逃生者必须确定的确有当地人对政府感到不满，或者从情报人员处得知有友好的当地人，然后才能与他们取得联系，否则很有可能遭到拒绝。逃生者应该转移到最近的安全地区，并且留在那里，以便与友好人士取得联系。如果脱敌及回避行动组织运作顺利，

侦察人员会知道自己负责的区域内有逃生者，然后就会迅速开始寻找逃生者的踪迹，并且频繁检查联络地点。逃生者在飞行任务开始之前就会被告知与组织联系所需的身份证明和口令暗号。不建议逃生者一开始就在村庄或城镇中寻找组织成员。由于陌生人在白天更加惹人注意，而有些地区在晚上会实行宵禁，所以逃生者应该在白天结束的时候或者结束后不久与组织成员取得联系，这样万一发现组织成员有敌

图 28-72　出于怜悯提供的帮助

意，逃生者也可以借着黑暗逃脱。

4）取得联系之后的行动。与组织取得联系之后，组织成员可能会让逃生者留在原地，或是带他前往组织所拥有的房屋。逃生者这时一定要迅速确定组织成员是否可信，如果有值得怀疑的地方，应该立刻离开。组织成员也可能不会立刻带逃生者前往组织所拥有的房屋，而是先让其在其他房屋中接受照顾，直到组织能够完全确认逃生者的身份。

5）确认身份。组织在接收任何逃生者之前都要先确定其身份的真实性。组织领导者面临的最大威胁就是敌方情报人员对组织的渗透。逃生者要准备好能够证明自己身份和国籍的材料或证据。不要使用假名，但只给出自己的真实姓名、军衔、出生日期，尽量少说话。

6）等待组织行动。组织可能需要让逃生者等待一段时间才能真正采取行动。如果等待时间过长，逃生者可能会感到十分沮丧和不耐烦，甚至想离开组织的保护。这是万万不可以的。如果逃生者离开组织后不小心暴露了自己，可能会让整个组织的成员陷入危机。

（1）逃生者必须听从组织安排。如果在室内待的时间过长，可以适量运动，锻炼身体。

（2）如果敌方随时可能发动突袭，组织成员会尽快安排逃生者回到友方控制区。如果暂时无法行动，逃生者应该尽量清除自己在这个地区的活动痕迹。如果组织不幸被敌方发现或破坏，逃生者可能很快就会被俘，这时逃生者必须保护自己——逃生者是唯一知道组织内部多个环节的外人，组织成员有可能因此将其作为组织内的不安定因素除去。

7）与组织成员共同行动。组织提供的帮助是分阶段的，逃生者不应该向人讲述自己在前一阶段的经历，这严重违反了组织内部的原则，而且十分危险。组织成员有可能以此试探逃生者是否可信，所以逃生者什么都不能透露。逃生者同样不能询问组织的领导者在哪里、怎样才能返回友方控制区，不能试图了解或记住组织成员的姓名和住址，更重要的是，不能

将任何了解到的信息写下来。逃生者应该给人留下没有接受过当地人帮助的印象。

8）同伴。要对其他逃生者保持警惕，除非之前就认识。就算已经确定了同伴的身份，也不能向其透露任何信息。

9）与向导同行。如果逃生者有向导护送，不能让别人看出来。例如，在公共交通工具上，逃生者不要和向导说话或者表现出认识向导的样子，这样如果其中一个人引起了怀疑，可以减小两个人一起被抓的风险。向导自己遇到危险时，可能会抛下逃生者。逃生者应该与向导保持一段安全距离，而不是与其并肩而行，除非这样做是必要的（图28-73）。

10）避免与陌生人说话。逃生者应尽量避免与陌生人交谈。万不得已的情况下，逃生者可以装成聋哑人或有智力障碍的人。为了避免别人在公共场合与自己交谈，逃生者可以装作在读书或睡觉。

11）个人物品和习惯。逃生者不要在公共场合拿出可能暴露自己国籍的私人物品，包括烟斗、香烟、雪茄、火柴、钢笔、铅笔和怀表等。逃生者也不能让自己的行为出卖自己，比如不要哼唱本国的流行歌曲或者不自觉地说出本国谚语。在餐厅吃饭时要模仿当地人的饮食习惯。在开展任务之前了解当地的风土人情可以避免出错。

12）酬金。逃生者不需要支付旅费、住宿费或其他费用，组织的指挥者和资助者过后会支付。如果逃生者拥有逃脱和求生工具，要留待遇到突发事件时使用。逃生者应尽量储存一些食物，以备自己被迫脱离组织时作为补给。

13）逃生者的行为准则。

（1）尊重当地习俗；

（2）耐心、老练；

（3）不要引起旁人的嫉妒，不要在意提供帮助的当地人的性别；

（4）不要讨论宗教和政治问题；

（5）有人提供食物、酒和饮用水时可以接受，但是不要饮食过量或者喝醉；

（6）当地人发生争执时，不要偏袒一方；

（7）不要好奇地打听或质疑组织的命令；

（8）如果被要求的话，粗活也要做；

（9）不要透露组织中其他环节的信息；

（10）不要成为别人的负担，尽量自己照顾自己；

（11）接到命令时尽快准确地执行。

28.19 战区救援

1. 空中救援是帮助在战区坠机的机组人员回到所属部队的主要方式之一。空中救援的效果取决于多个因素，包括：

1）地形；

2）救援交通工具的性能；

3）求生者（逃生者）的情况；

4）敌军在该地区的活动；

5）天气；

6）首要任务。

2. 虽然救援人员会尽最大的努力解救在战区坠机的机组人员，但是如果求生者不做任何努力，不承担自己的责任，那么整个救援任务就会陷入困境。逃生者需要完成的任务很多，要视具体情况而定。虽然逃生者可能没有参与救援的经验，但是他们对自己的任务应该是非常清楚的。逃生者要时刻保持警惕，因为敌方部队在不断地搜寻他们。

3. 空中救援的交通工具有两种——直升机和固定翼飞机。直升机可以飞到偏远地区解救逃生者。随着空中加油技术的进步，飞机的航程大大增加，不过还是会由于飞行员的耐力有限而受到一定限制。

4. 求生者必须熟悉所有求生工具的用法。例如，求生者必须知道如何使用无线电装置，以便接收救援人员下达的指令。

5. 在战斗地区，逃生者最初与救援飞机取得联系时要依照规定的程序发出信号。机组人员在执行任务之前会听取有关联络信号的简报。

6. 救援过程中的重要一环是确定逃生者的身份。逃生者必须能够向救援人员证明自己的身份，要用执行任务之前学习的回应方法回答救援人员提出的问题。确认身份的方法在战斗过程中会不时发生变化，求生者（逃生者）要及时掌握最新的方法。

7. 逃生者可以填写个人身份卡，上面的照片、说明、指纹等信息为救援人员提供了多种确认逃生者身份的方式。情报人员要充分认识到身份卡上信息的用途和重要性，确定所有信息完整无误。逃生者要将填好的身份卡作为密件保存，至少每半年就由情报人员更新、审核一遍。

8. 逃生者选择可能获得救援的地点时，需要考虑很多因素。救援地点是否合适在很大程度上决定了救援工作的成败。

1）可能的话，逃生者应在备选的救援地点观察 24 小时，注意观察以下方面：

（1）敌军或平民的活动；

（2）公路和小径；

（3）耕地；

（4）果园；

（5）林场；

图 28-73 与向导保持安全距离

(6) 家畜及其排泄物；

(7) 建筑物和营地。

2) 最好选择很难在地面上看到但很容易从空中发现的地方作为救援地点，四周最好还有可以藏身的隐蔽处。救援地点附近应该留有逃生路线，以免逃生者被敌方发现后遭到围捕。救援地点应该是一处小型开阔地带，方便逃生者发信号和救援人员实施救援。如果救援地点周围的地形能够掩护救援人员就更好了。

9. 逃生者制作的地对空信号一定要尽可能大，但是必须隐蔽，不能让附近路过的人看见。逃生者要记住 6:1 的比例。信号与周围植被之间的反差只能从空中看见。敌方飞机经过时，逃生者要能够迅速地掩藏信号。

1) 逃生者制作信号（图 28-74）时要遵循制作常规信号的所有原则。至于特殊的信号，空中救援人员可能会事先了解。

2) 逃生者必须保证其制作的信号的有效性。逃生者经常需要根据事先定好的时间表制作信号。

10. 逃生者必须熟悉信号发射工具（如信号镜、照明弹等）的使用方法。与在非战斗环境中一样，逃生者可以通过发信号吸引救援人员的注意，并且引导救援人员开展工作。特别注意不要让信号引来敌方人员，例如，在使用照明弹和信号镜时要小心控制，不能滥用。

1) 如果逃生者处于水中或水面上，应该用灯光、照明弹、海水染色剂、哨子等吸引救援人员的注意。使用工具时要谨慎，因为敌方人员从很远的地方就能看见水中的逃生者。

2) 逃生者要能够熟练使用无线电设备，并确定其能够在晚上不间断地用电子定位器发送信号。

3) 逃生者还要注意观察敌军的活动，包括：

(1) 确定敌军防空武器的位置；

(2) 确定敌军开火的时间；

(3) 注意敌军的炮火情况（高炮、低炮以及它们的目标）；

(4) 确定敌军炮火的命中率；

(5) 确定敌军换岗的情况。

4) 救援人员一般会用直升机吊升逃生者，吊升工具包括吊篮（担架型和座椅型）、"森林穿人者"救援椅、莫特利吊升装置、麦圭尔吊升装置、瑞士式座椅、萨博吊升装置、绳梯、吊升绳索等。另一种救援方法是地对空救援（图28-75）。不论救援人员使用哪种方法，逃生者

图 28-74　制作信号

都应该让救援装置先接触地面，再去抓握。

5）固定翼飞机也能够救起逃生者。逃生者应该事先了解救援人员可能派来营救自己的飞机的型号。不论救援人员使用哪种方法开展救援，逃生者都必须在最短的时间内爬上或坐上救援装置，以便救援人员能带着自己迅速离开。

6）无论坠机是因为敌方攻击还是机械故障，机组人员都必须了解，每过一天，危险性就会增加一分。首先，逃生者必须在获救之前做好面对求生环境的准备，彻底清点、检查工具和装备。其次，逃生者必须意识到，空军可能使用多种类型的救援工具，所以最好多了解当地情况，获知在当地施救的可能性和局限性。此外，逃生者应该完成自己在救援活动中的任务，了解自己应该何时、何地、如何与救援人员联络，并且配合他们的工作。

7）作战指挥小组、侦察部队、海豹突击队和海军河流特种部队等也可能参与救援。虽然这些部队的首要任务不是救援，但是他们会在安全区附近巡视，观察周围是否有需要帮助的逃生者。

图 28-75 地对空救援

第十部分
人为危害——核武器、生物战剂、化学武器

第 29 章　核武器环境

29.1 引言

　　核武器、生物战剂、化学武器等人为危害（图 29-1）会给求生者带来极大的威胁。面对人为危害时，虽然本书中其他章节介绍的求生方法依然有效，但是求生者还需要采取一些特殊的防护措施。

29.2 核武器的危害

　　核武器造成的冲击波、热辐射和核辐射会导致重大的人员伤亡和财产损失。使用核武器的后果的严重程度取决于核武器的种类、爆炸的高度、人与爆炸地点的距离、目标物的坚固

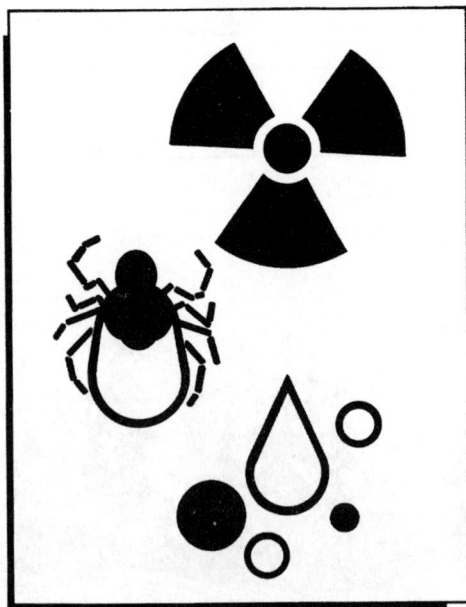

图 29-1　人为危害

程度以及核武器的爆炸当量。

　　1. 核爆炸之后，造成破坏的首要因素是冲击波（图 29-2）。核爆炸发生时，爆炸地点周围的空气猛烈震荡，形成了高压冲击波，从中心迅速向四周冲击。下面的例子可以说明冲击波的速度：核爆炸 1 分钟后，爆炸形成的火球渐渐消散，而冲击波已经运动到了 40 英里（64.4 千米）以外的地方，并且还在以稍稍高于音速的速度继续运动。伴随着冲击波的还有强风，这样的强风在爆心投影点附近的速度最高可达每小时几百英里。爆心投影点是正好位于爆炸点上方或下方的点。核爆炸造成的超压（超过正常大气压的压力）和强风构成了核武器强大的杀伤力。超压可以在瞬间造成人员死伤、建筑物损毁。强风会将树干或碎石抛起，带着它们高速运动，力量堪比致命的导弹。强风也可以卷起没有防备的人，造成人员伤亡。建筑物内外的人都会受到冲击波的伤害，建筑物内的人主要是被倒塌的房屋和大火所伤，而建筑物外的人会被强风裹挟的物体砸伤。

　　2. 热辐射。

　　1）热。在爆炸发生的百万分之一秒内，核武器就会发出能量巨大的热辐射和光辐射，形成火球。热辐射（图 29-3）会点燃可燃物，使建筑物和森林起火，火势在核爆炸造成的废墟中蔓延的速度很快。对距离爆心投影点很远的暴露在外的人来说，他们虽然不会受到核爆炸本身和初期核辐射的影响，但是却会被热辐射传递的巨大热量烧伤。热辐射的程度取决于核武器的种类，也受到天气和地形的影响。能

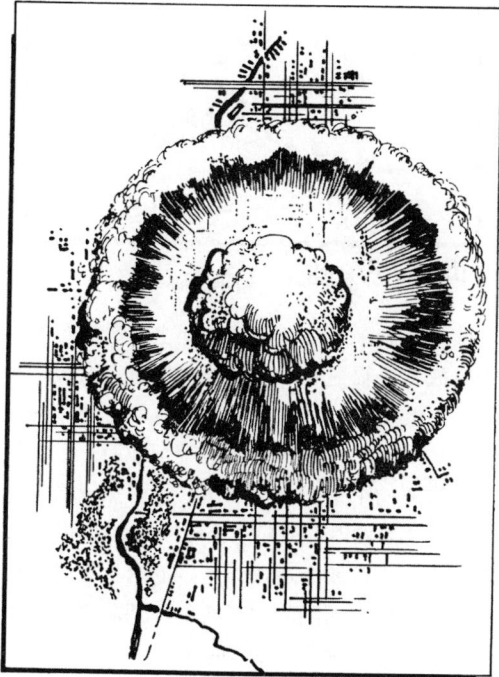

图 29-2　冲击波

见度较低时，热辐射的危害会大大减弱。此外，求生者可以利用地形的屏蔽来削弱热辐射

图 29-3　热辐射

的危害。

2）光。核爆炸的火球会瞬间发出强光（图 29-4）。即使在距离爆炸地点 135 英里（217.2 千米）以外的地方，人眼看到的由 100 万吨级的核武器爆炸形成的火球也比正午的太阳亮很多倍。火球的表面温度决定了光的亮度，而表面温度与核武器的种类没有太大关系，所以火球的亮度基本是相同的，不会受到核武器爆炸当量的影响。强光会造成暂时或永久性的核闪光盲。白天的核爆炸造成的核闪光盲不会持续很长时间，而夜间的核爆炸造成的核闪光盲持续时间较长，因为人的眼睛在夜间已经适应了黑暗。但是，人眼一般会在 15 分钟之内从核闪光盲中恢复。强光如果灼伤眼睛内部，就会造成永久性的失明，但是这只会发生在那些爆炸时直视火球的人身上。

3. 核辐射。

1）核辐射（图 29-5）分为早期核辐射和剩余核辐射。早期核辐射是在核武器爆炸一分钟内发生的核辐射，主要由 γ 射线和中子流组成。二者虽然不同，但是都会穿过大气，辐射到很远的地方，对人体造成极大的伤害。γ 射线与 X 射线一样，都是不可见的，会破坏人体组织和造血细胞。中子流对人体的危害与 γ 射线类似，具有很强的穿透力，可以进入人体组织内几英寸深的地方，在体内造成极大的伤害。预防核辐射伤害的难度在于，受害者在采

图 29-4　强光

取防护措施之前，身体就已经吸收了达到致命剂量的辐射。

2) 剩余核辐射（图 29-6）包括核武器爆炸一分钟之后产生的所有辐射。

（1）剩余核辐射的危害主要是由沉降物造成的。沉降物是由被核爆炸火球吸引的地面物质与放射性物质结合形成的。较大的微粒会立刻落回到爆心投影点附近的地面上，而较小的微粒会随风运动，再逐渐降落在地面上。受到沉降物威胁的区域可能很小，也可能达到几千平方英里。辐射剂量率有时微乎其微，有时会对没有采取防护措施的人造成很大伤害。

（2）那些立刻落在爆心投影点附近地面上的沉降物还会造成二次伤害，伤害的程度取决于爆心投影点附近地面的土壤类型、核爆炸高度、核武器的种类和爆炸当量。在空中爆炸的核武器造成的剩余核辐射主要来自爆炸点正下方的土壤在有限循环中出现的感生放射性。

29.3 核爆炸的类型

根据爆炸高度，核爆炸可分为三类：空中核爆炸、地面核爆炸和地下核爆炸（图 29-7）。

1. 空中核爆炸。爆炸时火球不会触及地面

图 29-5 核辐射

图 29-6 剩余核辐射

的核爆炸属于空中核爆炸。低空核爆炸产生的冲击波、热辐射和早期核辐射的危害很大。而其产生的剩余核辐射一般不会致命，除非雨或雪将放射云中的放射性物质带至地面。空中核爆炸释放的中子会令地面爆心投影点周围的土壤产生感生放射性。除非核爆炸的高度相当高，否则需要进入或穿过爆炸地区的求生者必须小心爆心投影点周围的中子辐射。部队穿越核爆炸区时要监控附近的核辐射水平。

2. 地面核爆炸。爆炸时火球触及地面（或水面）的核爆炸属于地面核爆炸。地面核爆炸造成的冲击波、热辐射和早期核辐射不如空中核爆炸的传得远。地面核爆炸会造成土壤具有感生放射性，但是容易和剩余核辐射混淆。地面核爆炸产生的沉降物非常危险，因为爆炸时火球会吸附大量碎石，使它们携带放射性物质。根据盛行风的情况，带有极强核辐射的沉降物有时会覆盖几千平方英里的区域。

3. 地下核爆炸。爆炸的时候火球中心处于地面（或者水面）以下的核爆炸属于地下核爆

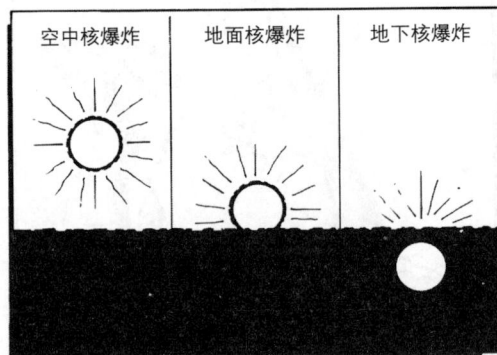

图 29-7 核爆炸的类型

炸。由于土壤吸收了大部分的热量，所以这种核爆炸产生的热辐射的危害不大。地下核爆炸产生的冲击波较弱，传播的距离也有限。地下核爆炸产生的早期核辐射的强度远远小于前两种核爆炸。但是，弹坑附近会出现非常危险的剩余核辐射。如果爆炸后火球未能冲破地表，那么冲击波就会完全在地下传播，可能会出现更多的弹坑。

29.4 核武器损伤

核武器爆炸会对人造成三种损伤：冲击波损伤、热辐射损伤和核辐射损伤（图 29-8）。许多求生者会受到两种甚至三种损伤。例如，距离爆炸中心几千码以内的没有采取防护措施的人可能会被烧死、被碎石块击中而死，或因为早期核辐射而死亡。

1. 冲击波损伤。冲击波会使人的腹部、肺部、肠子和鼓膜爆裂，甚至会造成内出血。但是，冲击波并不会直接造成这些伤害，那些处于爆炸点附近的受伤最严重的人大多是因为早期核辐射或者被抛到空中坠落而死亡的。冲击波导致的死亡大多数是由于人从高处跌落、被快速移动的物体或者碎玻璃击中等间接原因造成的。

2. 热辐射损伤。热辐射损伤可以根据其造成的烧伤程度分级。一度烧伤时，皮肤会像晒伤一样发红。二度烧伤时，皮肤会像被开水或滚烫的金属烫伤一样出现小水疱。三度烧伤时，皮肤会被破坏或烧焦，热力伤害会深达皮下组织。热辐射损伤的强度会受到天气条件、人与爆炸地点的距离和防护措施的影响。许多热辐射损伤会伴有核辐射和冲击波损伤，这种情况比单独的热辐射损伤更严重。

3. 核辐射损伤。核爆炸带来的核辐射损伤是传统武器无法造成的，但这并不代表核辐射损伤是核爆炸造成的最严重的伤害。核辐射剂带来的危害不像人们想象的那么严重。沉降物的辐射剂量取决于核爆炸的地点、爆炸类型和核爆炸地区的人员采取的防护措施。长时间暴露在沉降物中或是有沉降物附着在身体和衣服上时，人受到的核辐射损伤最大。由于沉降物和 X 射线一样会损伤人的身体组织，特别

图 29-8　核武器损伤

是造血系统，所以在辐射环境中工作的人一定要控制工作时间，确保接触的辐射剂量不超过安全限度。虽然吸入沉降物也会使人患重病或死亡，但是其危害程度不如全身暴露在沉降物中大。记住，所有辐射都对人体有害（核辐射、热辐射、X射线辐射，甚至是来自红外线灯的辐射）。

29.5 剩余核辐射的种类

地面上沉降的放射性物质（图29-9）会放出三种射线：α射线、β射线和γ射线。

1. α射线的穿透能力弱，比较容易防御。虽然放射性物质放出的α射线并不会穿透皮肤，但是被吸入、摄入或通过其他途径进入人体时，会对人造成很大的伤害。从求生的角度看，α射线是三种核辐射中危害最轻的。

2. β射线是高速运动的电子流，穿透能力比α射线强，但求生者穿普通厚度的衣服和鞋

子就可以抵御粒子。β射线与皮肤直接接触时可能会造成严重的烧伤，求生者要注意随时将防护服无法遮盖、暴露在外的皮肤上的放射性物质刷去或洗掉。β射线很容易被空气吸收，所以远离辐射源有助于求生者免受β射线的伤害。实际上，6~7英尺（1.8~2.1米）厚的空气层就可以消减沉降物放出的大部分β射线。β射线不仅会伤害人的皮肤，还会对身体内部造成严重伤害，所以求生者要注意保护食物和饮用水，并保持个人的日常卫生。

3. γ射线。与前两种射线不同，γ射线非常具有穿透力。γ射线与光线和X射线相似，但是波长较短、能量更大。由于γ射线的穿透性强，所以它是最危险的射线。

1）幸运的是，求生者在核爆炸后期不需要像在初期时采取那么多的防护措施来应对γ射线。除了防护措施，时间和距离也有助于削弱γ射线，后文将对此逐一介绍。由于γ射线的

图29-9　放射性沉降物

吸收系数很低，所以不会对人体内部造成太大伤害，在这一方面远不如 α 射线和 β 射线危险。但是，求生者要时刻注意自己的体内和体表是否吸收了 γ 射线。

2）由于沉降物中含有会放出 γ 射线的粒子，所以求生者要仔细检查自己的身体和庇身所。虽然沉降物有时呈白色的粉末状或灰尘状，但是人眼一般难以发现。求生者必须假定所有水面和植物上那层薄薄的灰尘都是放射性尘埃，并采取净化措施。

29.6 放射性沉降物对人体的危害

放射性沉降物对人造成的最大危害是它可以改变人体内的血细胞，从而使身体器官受损。血细胞改变后无法再生，并且会像毒药一样破坏其他健康的细胞。放射性沉降物的辐射剂量会影响人体受损的程度，所以如果有人受到大量沉降物的辐射（包括 γ 射线，可能还有一些 β 粒子），细胞就会严重受损，人会因为体内白细胞数量急剧下降而很难生存下去。（图29-10）

1. 核爆炸时，如果求生者站在开阔地带而不寻找庇身所，就很容易受到大量沉降物的辐射。衣服并不能阻隔 γ 射线进入人体并严重损伤人体器官。求生者在辐射较强的地区停留时间过长也会受到过量的辐射。因此，若非必要，

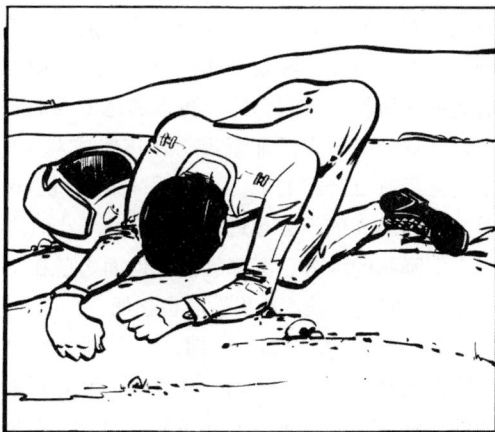

图 29-10　放射性沉降物对人体的危害

求生者不应该离开庇身所。

2. 人体受到过量的辐射后，可能需要几小时甚至几天的时间才能表现出症状，最可能出现的症状是身体不舒服和呕吐（图 29-11）。人体从受到辐射到表现出症状的时间的长短与受到的辐射剂量的大小有关。求生者如果出现呕吐的症状，并不表示他接下来会死亡。求生者可能在几天之内感到身体不适，但是如果接受适当的治疗，有可能完全恢复健康。

29.7 检测

由于辐射是看不见、摸不着的，所以人们必须借助专门的仪器来检测辐射（图 29-12）。检测仪器可以检测某个受到核污染的地区的辐射剂量和辐射强度，也可以确定某个求生者受到的辐射剂量。使用单个检测仪器可能无法达到理想的效果，应该利用多种检测仪器来掌握某个地区受到辐射的整体情况。在一段时间内，同一地点的检测仪器的数字变化能够显示出放射性沉降物的衰变率。在地形多变的地区，人们需要在多个地点测定辐射剂量。

1. 辐射剂量的测量方法。用于检测核辐射的仪器叫作核辐射剂量探测仪器，能够测出辐射剂量和辐射剂量率。

1）辐射剂量是累积的电离辐射（β 射线或 γ 射线）的总量，与时间无关。辐射剂量的单位是伦琴（r）或毫伦琴（mr）。1 毫伦琴等于 0.001伦琴。辐射剂量有时也被称为吸收剂量。

2）如果想测量吸收放射性物质的速度，那么可以测定辐射剂量率。辐射剂量率是在单位时间内累积的辐射剂量，通常以伦琴 / 小时或毫伦琴 / 小时为单位。辐射剂量率还可以用来表示某个核污染区的辐射水平。

2. 放射性衰变。对求生者来说，了解放射性衰变对于应对放射性沉降物并存活下来非常重要。核爆炸产生的残片由多种放射性物质混合组成：未发生核裂变的粒子、核裂变物质及在爆炸过程中由惰性物质的中子活化产生的大量放射性同位素。幸好，在新增的将近 200 种

受到的辐射剂量（伦琴）	一般症状	症状开始的时间	能否工作	是否需要治疗	死亡率	备注
50~200	恶心，虚弱，疲惫，可能呕吐，可能出现辐射烧伤	24 小时内	能	否	5%	
200~450	恶心，虚弱，疲惫，呕吐，腹泻，脱发，辐射烧伤，容易出血	3~6 小时	否	是	小于50%	连续几日感到不适，1~2 个星期内可暂时恢复，之后会出现严重症状
450~600	除与上一条相同的症状外，还会出现大出血和感染	3 小时内	否	是	大于50%	1 个星期内可暂时恢复，但若没有接受治疗会死亡
超过 600	除与上一条相同的症状外，还会出现严重的出血性腹泻	1 小时内	否	是	100%	14 天内死亡
超过 2000	人体机能完全丧失	几分钟内	否	是	100%	几小时内死亡
内照射放射病	随辐射剂量的不同而不同	视具体情况而有所区别	视具体情况而有所区别	视具体情况而有所区别	视具体情况而有所区别	
轻微皮肤损伤	瘙痒，皮肤发红，可能脱发	1~2 天	能	否	0	
严重损伤	症状与轻微皮肤损伤相同，此外还会出现辐射烧伤和脱发	1~2 天	能	是	不确定	是否死亡取决于烧伤面积

图 29-11　放射性疾病的症状

同位素中，70% 是短寿命核素，半衰期不到 1 天。但是，有些元素的半衰期较长，称为长半衰期元素。

1）放射性同位素的原子数目衰变至初始值的一半所需要的时间叫作半衰期。与单一同位素不同，同位素混合物的半衰期很难确定。核爆炸后，同位素混合物的活动迅速减弱，但是随着时间的流逝，剩余核辐射主要因为长半衰期同位素在发挥作用，所以活动减弱的速度也渐渐放慢了。

2）通常，从放射性最强的时候开始，时间每增加至 7 倍，放射性强度就会降低到原先的 1/10。图 29-13 标出了沉降物在核爆炸 2 天内辐射强度减弱的速度。注意，辐射剂量率从 1000 伦琴 / 小时下降到 10 伦琴 / 小时的时间（48 小时）大约是辐射剂量率从 1000 伦琴 / 小时下降到 100 伦琴 / 小时的时间（7 小时）的 7 倍。

只有在沉降物特别多的地方，核爆炸 1 小时后的辐射剂量率才能达到 1000 伦琴 / 小时这么高。

3）如果爆炸 1 小时后的辐射剂量率为 1000 伦琴 / 小时，单纯在半衰期的作用下，辐射剂量率下降到 1 伦琴 / 小时需要 2 个星期的时间。有时候，天气变化也会让辐射剂量率进一步下降。例如，降雨会冲掉植物和建筑物上的放射性微粒，将它们冲到更低的地方或地面上。从图 29-13 中还能看出，在核爆炸发生 1 小时之后有沉降物的地方，辐射剂量率和总辐射剂量的最高值不会超过核爆炸发生 1 小时之内有沉降物的地方。沉降物接触地面之前在空中停留的时间越长，放射性危害越低。

4）核爆炸发生 2 个星期后，大部分庇身所内的人员可以外出活动，并且每天都有新增加的能够达到安全水平的庇身所。但是，在热辐射严重的地区（如核武器的目标地点、导弹

图 29-12　检测辐射

发射地和大型城市）和爆炸地点下风处等沉降物较多的地方，人们还要再等一段时间才能外出活动。要想确定自己何时才能安全外出，求生者可以用可靠的仪器检测辐射剂量的变化情况，或者参考附近的人用可靠的检测仪器测量出的辐射剂量（图 29-14）。

29.8 辐射对身体的影响

辐射对身体的影响可以分为慢性和急性两种。

1. 慢性影响。对暴露在辐射下的人来说，慢性影响可出现在几年甚至几代人之后，如癌症或基因缺陷。虽然慢性影响可能威胁到后代的健康，但是不会立即危害到求生者在辐射环境中的生存。

2. 急性影响。有些急性影响在求生者暴露于辐射下的几小时之内就会出现，如辐射对身体组织的直接破坏。β 射线烧伤就属于急性影响。

3. 身体损伤。身体损伤的严重程度取决于人的身体暴露在外的部位、暴露时间的长短以及身体从辐射伤害中恢复的能力。人体的某些部位，例如脑部和肾脏，几乎不具备从辐射伤害中恢复的能力，而皮肤、骨髓等组织的恢复

能力较强。人体暴露于辐射下的面积很大程度上决定了之后恢复的可能性。如果身体只有手部和脸部等面积较小的部位受到了 350 伦琴左右的辐射，那么身体健康几乎不会受到太大的损害，虽然这些暴露在外的部位本身还是会受到严重的损伤。

4. 剩余核辐射造成的伤害。剩余核辐射造成的伤害分为两类：穿透能力强的 γ 射线和穿透能力相对较弱的 β 射线造成的外部烧伤，以及 α 粒子和 β 粒子等放射性物质进入人体内造成的内部损伤。

1）受到外部伤害时，人会出现全身性的辐射损伤和 β 射线烧伤。受到内部伤害时，人的重要器官会受到辐射，如胃肠道、甲状腺和骨骼等。

2）放射性沉降物既可以通过水或食物进入人体，也可以通过皮肤上的割伤或擦伤进入人体。通过吸气进入人体的沉降物带来的危害很小，因为大部分沉降物会被上呼吸道过滤。1954年，马绍尔群岛上的一些人不幸接触了核试验中的沉降物，他们作为病例已经充分证明了这一点。注意个人卫生、仔细净化受到污染的食物和水，这样能大大降低辐射对人造成的内部伤害。

5. 受到辐射伤害的程度。由于胃肠道对放射性物质很敏感，暴露在辐射环境中之后，人出现呕吐和腹泻症状的速度和严重程度是确定辐射伤害程度的很好的参考指标。每个在核爆炸之后被困在危险区庇身所中的人都会处在压力之下，他们无法打扫周围的环境，甚至缺少食物和水。在这种情况下，可能有一半的求生者全身受到剂量为 200~450 伦琴的辐射，在几天内死亡。如果每天受到的辐射剂量不大，那么人体还是可以从大部分辐射伤害中恢复的。

29.9 应对穿透性外部辐射的方法

1. 若想保护自己免受穿透性外部辐射，求生者需要掌握的关键词是时间、距离和屏障。通过控制自己暴露于辐射下的时间、与辐射

源的距离，求生者可以减少自身吸收的辐射剂量，增加生存机会。最重要的一点是，尽量在自己的身体和辐射物之间放置一些能够吸收辐射或阻挡辐射物质的东西。

1) 时间。暴露在辐射中的时间对受到的辐射损伤的影响不言自明。举一个简单的例子：假设一个人处于一个穿透性外部辐射剂量达 100 伦琴、辐射剂量率不变的地方，这个人在 1 小时后会受到剂量为 100 伦琴（甚至更高）的辐射，2 小时后受到 200 伦琴、8 小时后受到 800 伦琴的辐射。也就是说，暴露在辐射地区的时间越长，所受的辐射剂量就越大。显然，不管外出是为了建造庇身所还是取水，求生者在外暴露的时间都越短越好。此外，时间还具有另一层重要意义——半衰期。辐射会随着时间的推移逐渐降低强度或消失。例如，如果一个人进入了辐射剂量率刚刚达到最大值——约为 1000 伦琴 / 小时——的高危地区，在那里待 1 小时受到的辐射大约是 650 伦琴，那么这个人十有八九会因为这样大的辐射剂量而死亡。但是，如果这个人在 48 小时后进入该地区，也在那里待 1 小时，受到的辐射剂量大约是 10 伦琴。哪怕他要在该地区停留 24 小时，受到的辐射剂量也只有 170 伦琴左右。核爆炸 2 个星期后，人们在相同的地区每小时只会受到 1 伦琴左右的辐射，就算在该地区停留数月，累积的辐射剂量也不会超过 180 伦琴，不会对人体健康有特别大的损害。

2) 距离。保持距离（图 29-15）是求生者应对穿透力强的 γ 射线的有效方法，因为辐射强度和到辐射源的距离成反比。也就是说，如果求生者站在离辐射源 1 英尺（0.3 米）远的地方受到的穿透性外部辐射剂量为 1000 伦琴，那么他站在离辐射源 2 英尺（0.6 米）远的地方，只会受到 250 伦琴的辐射。也就是说，距离增加 1 倍，受到的辐射剂量会减少为原来的 1/4；距离增加 2 倍，受到的辐射剂量会减少为原来的 1/9。如果求生者站在离辐射源 10 英尺（3 米）远的地方，受到的辐射会进一步减少为原来的 1/100。这种比例关系在面积较小的区域且辐射源集中在一点的情况下比较准确，而当辐射源不是集中于一点，由沉降物造成的表面污染分布的面积较大时，情况就比较复杂了。

3) 屏障。利用屏障（图 29-16）是应对具

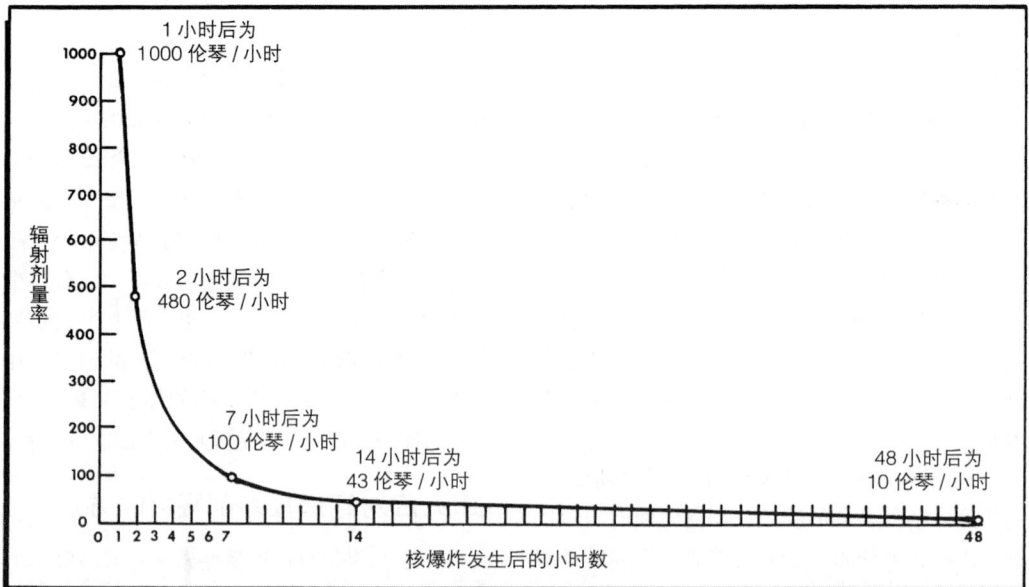

图 29-13　核辐射强度减弱的速度

辐射剂量率（伦琴／小时）

0.1　0.2　0.3　0.4　0.5　0.6　0.8　1　2　3　4　5　6　8　10　20　30　40　50　60　80　100　200　300　400　500　600　800　1,000

确定核爆炸后 1 小时的辐射剂量率：用直尺连起当前的辐射剂量率和

核爆炸后暴露在外的小时数，直尺与位于中间的标尺相交处的读数就

是核爆炸后 1 小时的辐射剂量率。

0.01　0.02　0.03　0.04　0.06　0.1　0.2　0.3　0.4　0.6　1　2　3　4　6　10　20　30　40　60　100　200　300　400　600　1,000　2,000　3,000　4,000　6,000　10,000　20,000　30,000　40,000　60,000　100,000

核爆炸后 1 小
时的辐射剂量
率（伦琴／小时）

确定未来的**辐射剂量率**：用直尺将所选时间与核爆炸 1

小时后的辐射剂量率相连，直尺与最上方标尺相交处的

读数就是那个时间的辐射剂量率。

0.1　0.2　0.3　0.4　0.5　0.6　0.8　1　2　3　4　5　6　8　10　20　30　40　50　60　80　100　200　300　400　500　600　800　1,000

时间（小时）

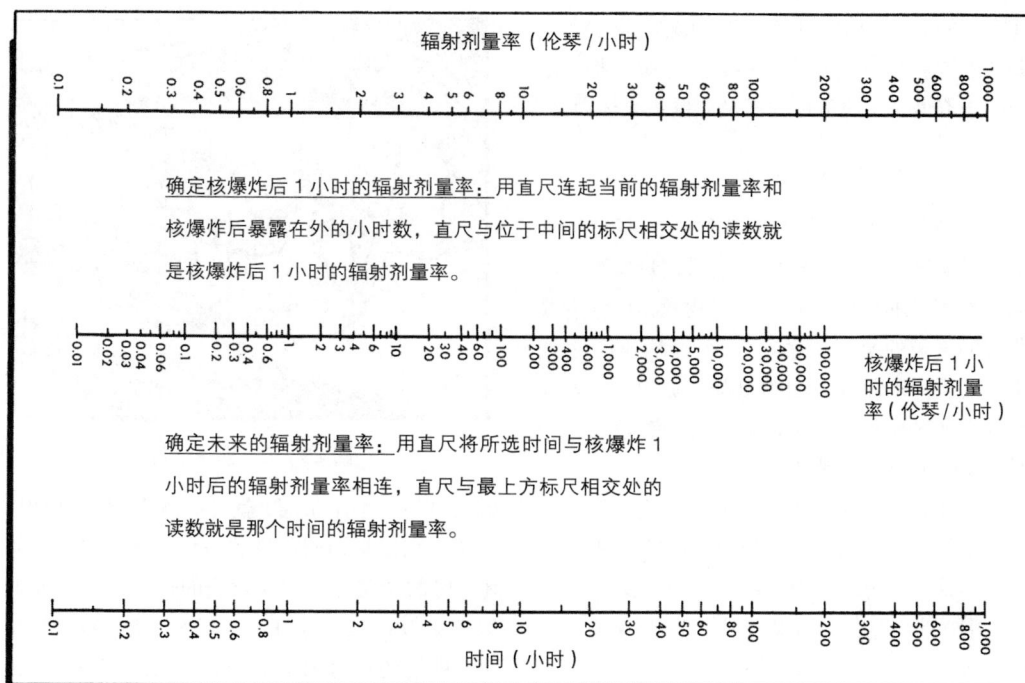

图 29-14　辐射剂量率

有穿透力的辐射最重要的方法。由于穿透性射线对人的伤害主要是在其与人体接触时造成的，所以求生者可以利用屏障将自己与辐射源隔开。屏障通过吸收穿透性外部辐射能减少求生者身体所受的辐射剂量。屏障越厚，效果越好。铅、铁、混凝土和水都是很好的屏障材料。在上述三种应对穿透性外部辐射的方法中，屏障能提供最大程度的保护，并且在生存环境中最容易使用，所以是理想的方法。如果没有屏障，求生者只能尽可能地使用前两种方法。

2. 人们常有一个错误观点，认为接触了放射性沉降物的水果和蔬菜会受到核污染。实际上，沉降物放出的射线不可能仅凭接触就让其他物体也带有放射性。所以，罐头食品和表皮光滑的水果、蔬菜经过净化处理后都可以食用。

1) 进入核污染区的人都要穿上防护服，这主要是为了保护皮肤不与 β 粒子接触。β 粒子不会进入人体内很深的地方，但是会损伤皮肤，导致皮肤发红或起水疱。如果皮肤暴露在辐射下，一段时间之后才会出现上述症状，因

为 β 粒子的作用会延迟出现。等到求生者发现自己的皮肤被 β 粒子烧伤时，已经来不及补救了。所以，一定要穿上防护服，放下袖子，扣上扣子，用绑带将手腕、脚踝处的衣服扎紧，最好还戴上手套、穿上靴子。

2) α 粒子的穿透能力最弱，但是一旦通过食物和水进入人体，造成的伤害最大，所以应对 α 粒子的最佳方法就是在食用之前净化食物。

3) 可能的话，求生者应该避开高危地区。如果求生者不得不进入高危地区，那么必须让沉降物远离身体（包括表面和内部）。如果求生者吸入了沉降物，体内可能会受到严重的伤害。如果高危地区的沉降物较多，求生者可以用防毒面具遮住口鼻。

3. 由于存在沉降物，处理伤口的急救程序也要做出相应的调整。求生者必须把所有的伤口都遮盖好，以防污染物和放射性粒子进入伤口。处理伤口时，必须首先清洗被 β 射线烧伤的部位，然后像处理普通烧伤一样处理伤口。要特别注意防止伤口感染，因为血液的变化会

使身体对感染变得极其敏感。此外，求生者还要注意预防感冒和呼吸道感染，并戴上临时制作的护目镜防止放射性粒子从眼睛进入体内。

29.10 庇身所

屏蔽物的效果取决于其材料的厚度和密度。足够厚的屏蔽物可以将辐射剂量减少到可以忽略不计的程度。防御沉降物放出的γ射线所需的屏障的厚度要远远小于防御早期γ射线所需的屏障的厚度，因为沉降物放出的γ射线比早期γ射线弱。所以，对于沉降物辐射，相对较少的屏障就能提供适当的保护。

1. 下面列出了能够将沉降物放出的穿透性γ射线减少一半所需的不同材质的屏障的厚度：

钢铁	0.7 英寸（1.8 厘米）
混凝土	2.2 英寸（5.6 厘米）
砖	2.0 英寸（5.1 厘米）
泥土	3.3 英寸（8.4 厘米）
冰	6.8 英寸（17.3 厘米）
木头（软）	8.8 英寸（22.4 厘米）
雪	20.3 英寸（51.6 厘米）

2. 了解半价层的原理有助于理解不同材料对γ射线辐射剂量的吸收效果。根据这个原理，如果 2 英寸（5.1 厘米）厚的砖层减少了 1/2 的辐射剂量，那么再加上 2 英寸（5.1 厘米）厚的

图 29-15　保持距离

图 29-16　利用屏障

砖层（另一个半价层）就又能减少 1/2 的辐射，即辐射剂量是初始剂量的 1/4。6 英寸（15.2 厘米）厚的砖层能够将γ射线的辐射剂量降低到原来的 1/8，8 英寸（20.3 厘米）厚的砖层能够将γ射线的辐射剂量降低到原来的 1/16，以此类推。同理，一个 3 英尺（0.9 米）厚的泥土庇身所可以将外面 1000 伦琴 / 小时的辐射剂量率降低到庇身所内的 1/2 伦琴 / 小时。

3. 在野外，天然屏障或容易改建为庇身所的地方是求生者的理想选择，比如沟渠、深谷、耸立的岩石、小山、河堤等。在没有天然屏障的平地上，求生者可以挖掘壕沟或散兵坑等紧急庇身所（图 29-17）。

1）在挖壕沟的过程中，当壕沟已经大到可以容下身体的一部分时，求生者应进入沟内继续挖掘，这样可以避免让整个身体暴露在辐射中。在开阔地带，求生者应尽量采用俯卧的姿势挖掘，将挖出的土壤小心、均匀地堆在壕沟四周。在平地上，求生者要把挖出的土堆在身体周围，作为额外的屏障。根据土壤的坚硬程度，挖掘庇身所需要的时间从几分钟到几小时不等。挖得越快，求生者受到的辐射剂量越小。不建议在树下搭建庇身所，因为切断或挖出树根是非常困难的，而且树叶和树枝上的沉降物会放出γ射线，穿透庇身所。地面上的沉降物放出的γ射线大多会向四周扩散，或是在到达庇身所之前被岩石、土块、树干或房屋吸

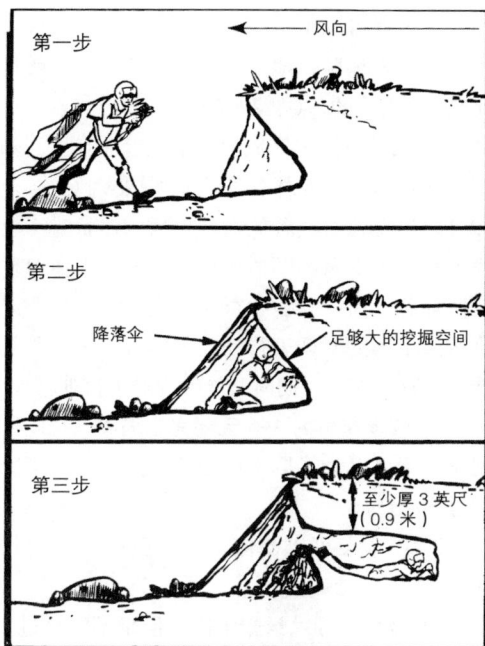

图 29-17 挖掘紧急庇身所

收（图 29-18）。

2）一处由 3 英尺（0.9 米）或更厚的泥土覆盖的地下庇身所是最理想的阻挡沉降物辐射的屏障，其次是以下这些无人居住的建筑（按优先顺序排列）：

（1）由超过 3 英尺（0.9 米）厚的泥土覆盖的洞穴或坑道；

（2）防风地窖或储存食物的地窖；

（3）涵洞；

（4）废弃建筑物的地下室或地窖；

（5）用石头或泥土建造的废弃的建筑物。

4. 不一定要给庇身所搭建顶棚，只有在材料充足且自身暴露在辐射中的时间很短的情况下，求生者才能考虑搭建顶棚。如果搭建顶棚需要在有穿透性辐射的环境中待较长时间，那么求生者还是舍弃顶棚比较明智。顶棚唯一的作用是屏蔽或减弱来自沉降物的辐射，不过除非顶棚很厚，否则起不了太大的屏蔽作用。求生者可以用降落伞布搭建简易的顶棚，用泥土、石块或搭建庇身所剩下的材料将其固定。在庇身所内不断地敲打降落伞布制作的顶棚，

可以移除落在顶棚上的大块泥土和瓦砾。这种顶棚对放射性粒子几乎起不到屏蔽作用，但是可以增加求生者与沉降物之间的距离。

5. 求生者应该在遭受高强度的早期 γ 射线伤害之前就尽快为庇身所选址并着手搭建。最好只花 5 分钟时间来确定庇身所的位置。如果没有庇身所，爆炸后最初的几小时内产生的核辐射剂量会超过之后一个星期内产生的核辐射剂量，而求生者在爆炸后一个星期内受到的核辐射剂量会超过其在余下的生命里在此地受到的核辐射剂量。

1）为庇身所选址时要记住以下几点：

（1）可能的话，求生者不要离开飞机，最好在距离核爆炸地点 20 英里（32.2 千米）远的上风处或侧风处再弹出机舱或跳伞着陆。这样可以保证着陆地点的沉降物最少（图 29-19）。

（2）如果能控制的话，求生者应该推迟打开降落伞的时间，这样可以减少降落时暴露在沉降物中的时间。

① 准备着陆时，尽量靠近看起来可以作为庇身所的地方；

②着陆后，立刻带着降落伞和救生包寻找屏障和庇身所；

③ 行动时，尽量避免被敌方发现，但是不要以暴露在辐射中为代价。

2）选择和搭建庇身所时，还要注意以下几点：

（1）尽量找一个稍加改造就可以使用的简易的、现成的庇身所，如果没有，就挖一条壕沟庇身；

（2）先把壕沟挖到足以提供保护的深度，再加宽壕沟以增加舒适度；

（3）尽量用手边可以利用的材料和厚厚的泥土将壕沟顶部盖起来，但是不要离开壕沟；

（4）在跳伞降落和搭建庇身所的过程中，用衣服遮住全身，戴上帽子、围巾和手套，防止被 β 射线烧伤。

3）用树枝或其他可以丢弃的物品清扫庇身所周围的地面，这样可以清除污染物，清扫范

围至少要包括距离庇身所 5 英尺（1.5 米）以内的地方。所有带入庇身所内的物品都要经过净化处理，包括保暖或铺床用的草和树叶、外衣（尤其是鞋袜）、降落伞。如果外衣和降落伞受到了很严重的污染，在天气条件允许的情况下，求生者要将其移走，掩埋在庇身所一侧地下 1 英尺（0.3 米）深的地方，等以后（辐射衰减后）离开庇身所的时候再将其取出。如果衣服是干的，可以在庇身所入口外敲打或抖落上面的沉降物。求生者可以用任何地方的水——即使是受到核污染的水——去掉衣服上残留的沉降物，只需将衣服浸入水中，然后抖掉水即可。不要将衣服拧干，否则沉降物会附着在衣服上。如果条件允许，而且求生者不需要离开庇身所就可以做到，那么应该用肥皂和水彻底清洗身体。这样做可以去除身上大部分沉降物，它们很可能造成 β 射线烧伤或其他伤害。如果庇身所中没有水，求生者应该擦拭脸部和其他暴露在外的部位，去除受到污染的微粒和污

垢。求生者可以用一块干净的布或者一把未被污染的土来擦脸，地下几英寸深处的土一般是比较"干净"的。（图 29-20）

6. 庇身所搭建完成后，求生者应在里面躺下，注意保暖，并尽量在庇身所内多睡觉、多休息。出现恶心或者放射性疾病的症状时不要惊慌，因为少量的辐射也可能会导致人体出现这些症状，而这些症状很快就会消失。只要严格按照下面的时间表行动，求生者就可以免受严重的辐射伤害，同时又能够应对生存难题。

1）核爆炸后的 4~6 天要完全隔离，在此期间第 3 天可以为了取水而短暂暴露，但是不能超过 30 分钟；

2）第 7 天可以暴露 1 次，但是不能超过 30 分钟；

3）第 8 天可以暴露 1 次，但是不能超过 1 小时；

4）第 9~12 天，每天可以暴露 2~4 小时；

5）从第 13 天开始，可以正常活动，活动

图 29-18　庇身所周围的天然屏障

在核爆炸地点的上风处，距核爆
炸地点 20 英里（32.2 千米）远

图 29-19 跳伞地点

后要在庇身所内休息。

29.11 水

在受到沉降物污染的地区，取水的地方可能也受到了污染。可能的话，求生者在饮用任何水之前都至少要等待 48 小时，并且要在自己能够找到的最安全的水源处取水，这样可以大大减少摄入放射性物质的危险。

1. 影响求生者选择水源的因素有很多，如风、降雨和水中的沉降物，不过求生者应优先考虑以下取水原则（为了预防疾病，求生者还可以用救生包中的净水片净化水或将水煮沸至少 10 分钟）：

1）泉水、井水和其他经过天然过滤的地下水是最安全的水源；

2）废弃房屋或储藏室中的水管或容器中的水也不含有沉降物，是安全的，但求生者还是需要采取措施将水消毒；

3）在被沉降物覆盖的地区，地表以下 6 英寸（15.2 厘米）或者更深处的雪也是很安全的水源；

4）在最近一次核爆炸的几天后，小溪和河流中的沉降物因为水的稀释作用而相对较少，但可能的话，求生者应该将这些水源中的水过滤后再饮用；

5）尽管大部分质量重、半衰期长的放射性同位素会沉入水底，但湖泊、池塘和其他静止水源可能会受到较严重的污染。

2. 不同同位素的可溶性不同，有的水溶性很高，但大多数是不溶于水的，事实上，90% 的同位素都不溶于水。也就是说，用普通的泥土过滤就可以去除水中 99% 的放射性微粒（图 29-21）。最好的过滤方法是在水源边挖一个沉淀坑（或者叫渗透坑），水从水源处渗入坑内，经过土壤时会被过滤（图 29-22）。要记得将沉淀坑盖上，防止其中的水被污染。

3. 沉淀静置也是过滤水中放射性微粒的有效方法。而且，如果水是混浊的，更应该在过滤之前静置，以延长过滤装置的使用寿命。具体步骤如下：

1）用桶或者较深的容器盛装受污染的水（装满容器的 3/4）；

2）从地下 4 英寸（10.2 厘米）或更深的地方取土，放到水中搅拌 [4 英寸（10.2 厘米）深

图 29-20　去除沉降物

的水中需要加入 1 英寸（2.5 厘米）厚的土]；

3）搅拌水，直到大多数土壤颗粒悬浮在水中；

4）让水和土壤的混合液沉淀至少 6 小时，沉淀下来的土壤颗粒会将大多数悬浮在水中的放射性微粒带到水底并埋住，接下来将清水舀出或用虹吸管吸出，再进行进一步净化。（图 29-23）

29.12 食物

在受到核污染的地区找到可以食用的食物并非不可能。求生者需要按照特定的步骤去选择、加工给养及在当地找到的食物。由于求生者的给养一般都存放在背包内，所以即使背包受到了核污染，其中的食物也可以食用，但是求生者在庇身所外活动时应该尽可能地寻找更多的食物来补充给养。废弃的建筑物中可能有加工过的食品，净化后可以安全食用。罐头食品等包装食品去掉外包装或者洗去包装上的沉

降物后可以食用，储存在封闭容器中和在相对安全的地方（如地下室）存放的食物也可以食用。食品包装在打开前需要洗净。为了便于说

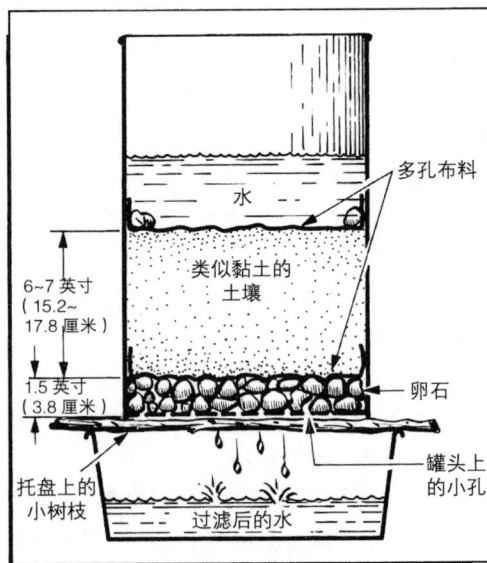

图 29-21　过滤水

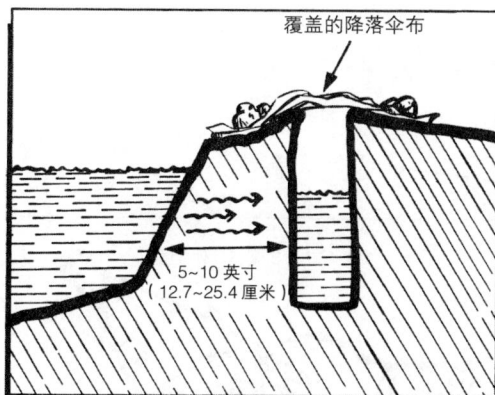

图 29-22　沉淀坑

图 29-23　从沉淀坑中取水

明，我们将当地的食物来源分为两类——动物类食物和植物类食物。

1. 动物类食物。求生者应该假设当地所有的动物，不管其栖息地和生存条件如何，都已经受到了辐射。辐射对动物的影响与对人类的影响相似，所以大多数生活在沉降物覆盖地区的野生动物很可能在核爆炸后的一个月内生病或死亡。尽管如此，在求生环境中，求生者不得不将这些动物作为食物。求生者只要遵循以下原则，就可以保证动物类食物的安全：

1）不要吃看上去生病的动物，这样的动物很可能由于辐射而出现了由细菌引起的感染。受到核污染的肉即使经过了彻底烹饪，求生者食用后也会患上严重的疾病甚至死亡。

2）所有动物都应该剥皮处理，以防皮毛上的放射性微粒附着在肉上。

3）不要吃骨头和关节附近的肉，因为一些放射性核素会沉积在骨骼里。剩余部位的肉可以安全食用。烹饪之前，要把肉从骨头上剔下来，骨头上至少要留下 1/8 英寸（3 毫米）厚的肉（图 29-24）。要扔掉所有的内脏，包括心脏、肝脏和肾脏等。虽然这些内脏在一般的求生环境中是很好的食物来源，但是 β 射线和 γ 射线会损害这些器官。所有的肉都要煮熟后才能食用，为了确保这一点，煮之前要将肉切成不超过 1/2 英寸（1.3 厘米）厚的小块，这样做还可以缩短烹饪时间并节省燃料。

4）根据对太平洋地区水生动物的检测，鱼类和其他水生动物受到核污染的程度比陆生动物严重得多，尤其是在海岸附近生活的水生动物。只有情况特别紧急，求生者才能以水生动物作为食物。

5）所有的蛋类都可以安全食用，即使是在沉降物沉降期间产下的蛋。绝对不要喝沉降物覆盖地区内任何动物的奶。

2. 植物类食物。植物类食物的表面和根部会有沉降物沉积。

1）求生者首选的植物类食物是土豆、芜菁、胡萝卜等可食用部分埋在地下的蔬菜，食用时应洗净去皮。其次适合食用的植物是那些可食用部分可以通过清洗或去皮来除去污染物的种类，比如苹果、香蕉和其他类似的水果和蔬菜。而不容易去皮或者不能通过清洗来有效去除污染物的表皮光滑的蔬菜、水果或其他可食用部分在地表以上生长的植物，是求生者在紧急情况下的第三选择。（图 29-25）

2）通过清洗来去除污染物的效果与水果表皮的粗糙程度有关。人们发现，清洗表皮光滑的水果可以去掉 90% 的污染物，但清洗表皮粗糙的水果只能去掉 50% 的污染物。莴苣等表皮粗糙的植物类食物不能通过去皮或清洗来有效去除污染物，所以只能在万不得已的时候食用。其他难以通过水洗来清除污染物的植物类食物还有干果（如无花果、西梅、桃、杏、梨的干果）和大豆。

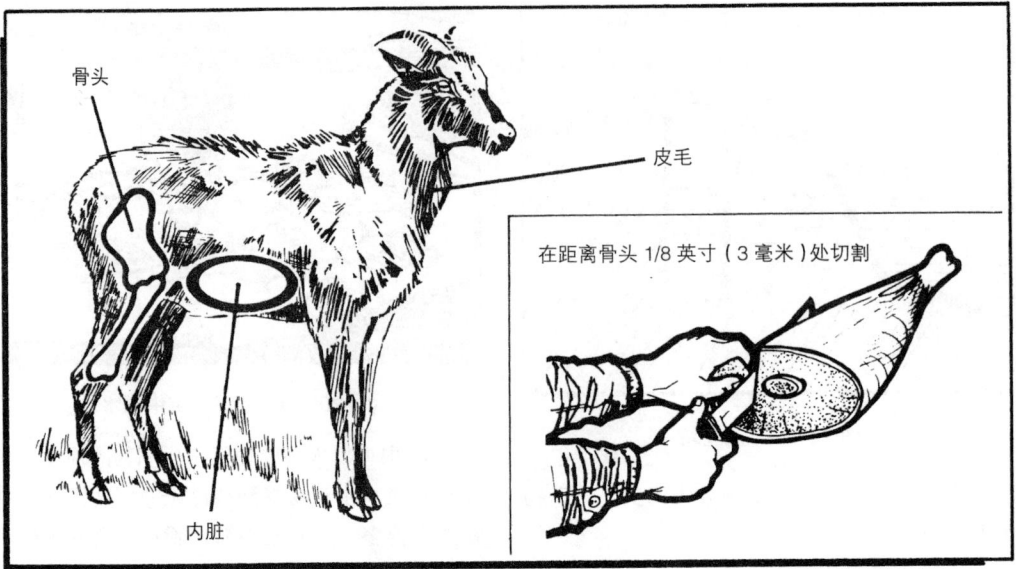

图 29-24　处理动物类食物

3）总的来说，如果求生者能够有效除去食物上的污染物，那么任何成熟的植物类食物都可以食用。然而，生长中的植物会通过叶片或根部吸收一些放射性物质，尤其是在沉降物沉降期间或沉降后出现降雨的情况下。所以除非情况紧急，否则不要吃这些植物。有些放射性同位素极易溶于水，比如锶，根据数据显示，植物通过叶片吸收这些放射性同位素的量大于从根部吸收的。在马绍尔群岛的核试验中，人们发现核爆炸之后水中和植物表面的核辐射水平极高，但是果实等可食用部位所受的污染较少。值得注意的是，椰子树的树汁吸收的核辐

图 29-25　采集植物类食物

射剂量很高，和其周围水中的核辐射吸收剂量相当。由此可见，在沉降物沉降之后，植物有可能立刻就从土壤中吸收放射性物质。

4）如果求生者能够在核爆炸之后迅速采取本章中所介绍的防护措施，应对具有穿透性的 γ 射线和 β 射线，并且按照正确的步骤搭建庇身所、选择食物和水，那么求生者在核爆炸后生还的概率会大大增加。图 29-26 和图 29-27 总结了本章中介绍的关于核辐射的信息和应对方法。

剩余当量剂量：人体可以自行修复 90% 的辐射损伤，某天中未能从损伤中恢复的部分等于人体吸收的辐射剂量乘以核爆炸后人体暴露在外天数的剩余当量剂量因数。注意：再次受到辐射后，剩余当量剂量因数需要根据最近一次受到辐射后的天数计算。

天数	因数	天数	因数	天数	因数	天数	因数	天数	因数
1~4	1.000	10	0.873	16	0.764	22	0.670	28	0.590
5	0.978	11	0.854	17	0.748	23	0.656	29	0.578
6	0.956	12	0.835	18	0.731	24	0.642	30	0.566
7	0.934	13	0.817	19	0.716	25	0.629	31	0.554
8	0.913	14	0.799	20	0.700	26	0.616	32	0.543
9	0.893	15	0.781	21	0.685	27	0.602	33	0.532

第一次辐射剂量 × 第一次剩余当量剂量因数 + 第二次辐射剂量 × 第二次剩余当量剂量因数 + ……
+ 第 n 次辐射剂量 × 第 n 次剩余当量剂量因数 + 庇身所内的辐射剂量

水源：经过太阳能蒸馏器蒸馏的水和污染层以下 6 英寸（15.2 厘米）深处的雪也属于未受核污染的水。求生者应尽量推迟从受污染水源处饮水的时间。选择水源的优先次序是：地下水、流动的水、静止的水。饮用前要用 12 英寸（30.5 厘米）厚的土壤过滤两三次，再用净水片净化。将水煮沸并不能去除放射性物质。

动物类食物：不要宰杀生病的动物；丢掉内脏和靠近骨头的肉；兽皮和羽毛可能受到了严重的核污染；蛋类是可以安全食用的。

水产品：食用从海洋中获取的食物比较安全，食用其他地方的水产品需要承担一定的风险。在静水中生活的鱼可能会受到核污染。

植物类食物：如果植物的可食用部分在地下，这类植物就是首选的食物来源。表面光滑的植物类食物容易洗净，而表面粗糙的植物类食物不容易洗净。食用植物类食物时需要洗净、削皮、再洗净。

急救：没有急救措施可以应对辐射导致的疾病。感染是最危险的。求生者要保持个人卫生，多休息，避免劳累，并要及时饮水。

烧伤：采用一般的急救措施治疗。冷却并覆盖烧伤部位，不要使用油膏等药物。小心处理烧伤可能导致的休克。保持伤者身体温暖，躺下时要让双脚的位置高于头部。

骨折：采用一般的急救措施治疗。用夹板固定伤处。注意，骨折有可能引发休克。

流血：采用一般的急救措施治疗。按压伤口。止血带绑得过紧最后可能会导致截肢，所以只能在迫不得已的时候使用。

图 29-26　剩余当量剂量和求生者的应对措施

发生核爆炸时，求生者应俯卧并遮盖身体暴露在外的部位，尽量避免朝向核爆炸的方向，也不要看核爆炸产生的火球。求生者在爆炸结束之前应保持俯卧的姿势。

庇身所： 在 5 分钟之内为庇身所选址。选择庇身所的优先次序是：由 3 英尺（0.9 米）或更厚的土壤覆盖的洞穴或坑道，防风地窖或储存食物的地窖，涵洞，地下室，用石头或泥土建造的废弃的建筑物，4 英尺（1.2 米）深的散兵坑——移除散兵坑边缘 2 英尺（0.6 米）范围内的表层土壤。

阻挡辐射的屏障的作用： 表格中不同材质屏障的厚度能将辐射剂量减少一半，增加相同的厚度能将辐射剂量在之前的基础上再减少一半。

钢铁	0.7 英寸（1.8 厘米）	泥土	3.3 英寸（8.4 厘米）	木头（软）	8.8 英寸（22.4 厘米）
砖	2.0 英寸（5.1 厘米）	煤渣	5.3 英寸（13.5 厘米）	雪	20.3 英寸（51.6 厘米）
混凝土	2.2 英寸（5.6 厘米）	冰	6.8 英寸（17.3 厘米）		

在庇身所中生活： 不能让受到污染的东西进入庇身所。天气好时，求生者可将受到污染的衣服埋在地下，以后再取出；天气不好时，要用力抖动或用树枝拍打受到污染的衣服。冲洗衣服，然后将水抖掉——不要拧干。

个人卫生： 用肥皂和水（来自任何水源都可以）洗净全身，特别是指甲和毛发较多的部位。没有水时，可用干净的布或未受污染的土擦拭暴露在外的皮肤。在有沉降物的地区，求生者要遮住整个身体，用手帕或其他织物遮住口鼻。临时制作护目镜戴上。不要抽烟。

离开庇身所： 在已知暴露时间和辐射剂量率的情况下，求生者可以利用辐射剂量率衰减表安排离开庇身所的时间。在暴露时间未知的情况下：①每小时测量辐射剂量率；②辐射剂量率达到原来的 1/2 时，用两次测量的时间差乘以 7/4；③用第一次测量的时间减去上一步中得到的值；④得到的时间就是大致的暴露时间。利用估算出的暴露时间和辐射剂量率衰减表，就能够确定可以安全离开庇身所的时间。

无法测量辐射剂量率时，求生者应该：

在核爆炸之后的 4~6 天内完全隔离；

第 3 天和第 7 天可各短暂暴露 1 次，但不能超过 30 分钟；

第 8 天可以短暂暴露 1 次，但不能超过 1 小时；

第 9~12 天每天可以暴露 2~4 小时；

第 13 天起可以正常活动。

求生者可以接受的最大剩余当量剂量为 200 伦琴。

图 29-27 个人卫生和庇身所

第 30 章 生物战剂环境

30.1 引言

生物战剂是军事意义上的生物制剂，包括能够使人、动物、植物死伤或患病的病毒和细菌。在战场上使用生物战剂的目的是在敌方阵营中引发大规模的疾病。

1. 大部分微生物对人、动物和植物都没有危害，有些甚至是有益的，如酵母可以用来制作面包、啤酒和乳酪。但是，有些微生物会带来疾病。生物战剂包括：

1）真菌，可引发脚癣、网状内皮细胞真菌病及其他疾病；

2）细菌，可引发鼠疫、土拉菌病、炭疽热等疾病；

3）立克次氏体，可引发斑疹伤寒等疾病；

4）病毒，可引发黄热病、天花等疾病；

5）毒素，包括菌类、藻类的毒素和细菌毒素，微量的毒素就能对人的生理机能造成破坏。

2. 许多生物战剂所用的微生物需要潮湿的环境、食物和一定的温度才能生存。用开水烫、在水中加入净水片、烹饪、在阳光下暴晒和使用杀菌剂都可以杀死这些微生物。生物战剂可以从鼻子、嘴和皮肤进入人体，但是大部分不会穿透完好无损的皮肤。求生者如果能够阻止生物战剂进入体内，就能确保自身安全。

30.2 检测

没有简单易行的检测生物战剂的方法。人无法通过视觉、触觉和味觉来感受生物战剂的攻击，不论它们是以何种方式出现的。此外，人也无法尝出食物中的毒素。施放生物战剂的基本方式有喷雾、使用带菌体、利用食物和水。

1. 生物战剂喷雾罐中含有一种或多种微生物，可以喷洒在空中使微生物随着气流传播。如果想让通过喷雾的方式施放的生物战剂生效，就必须使足量具有活性的、能够引发疾病的微生物到达目标地区。以下迹象可以提醒求生者要小心生物战剂的攻击：

1）飞机空投物品或喷雾——敌方和友方都可能使用这种手段来攻击对方；

2）出现易碎的容器以及不寻常的新式弹壳或炮弹，特别是那些爆炸的破坏力很弱甚至没有爆炸的炮弹；

3）来源不明的可疑烟雾；

4）地面和蔬菜上有不寻常的物质，有很多生病、死亡或快要死亡的动物。

2. 带菌体（图 30-1）。蚊子、跳蚤等昆虫可以携带病原体，能够被装在容器中，随着飞机或导弹被投放到目标区域。容器受到冲击后会破裂，释放出其中的带菌体。一些带菌体有生命，另一些带菌体则是没有生命的，如受到污染的水和食物。带菌体会使人感染疾病，而防毒面具可能无法抵挡微生物的入侵。不论被带到多远的地方，有生命的带菌体终其一生都可以传播疾病，而且它们的后代也会继续传播

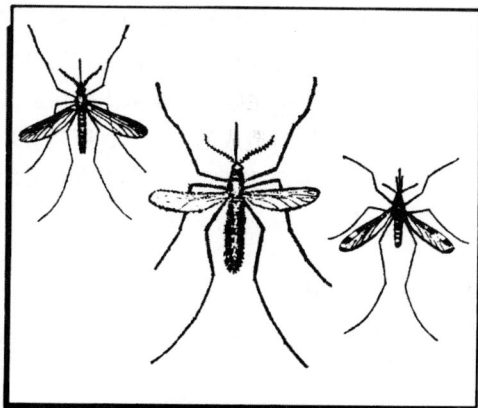

图 30-1 带菌体

疾病。所以，求生者在给野生动物剥皮时一定要特别小心，应该戴上手套、穿上防护衣，因为野生动物身上可能有跳蚤等带菌昆虫（如果不是为了获取食物，就不要接触野生动物）。

30.3 天气因素

在不同的天气条件下，不同生物战剂的效果也不同。虽然求生者可能会遇到各种各样的生物战剂，但以下因素可以帮助求生者评估生物战剂的风险。

1. 喷雾剂比带菌体更容易控制。大部分喷雾剂直接暴露在阳光下时，作用会减弱，所以更适合用于面积较小的地区。

2. 强风可以将生物战剂分散在更大面积的区域中，但是会降低其密度。

3. 带菌体施放后较难控制，更适合在面积大的地区使用。虽然带菌体在潮湿的天气条件下起作用的时间更长，不过许多带菌体（如苍蝇、跳蚤、蚊子、虱子等）几乎在任何天气条件下都能生存。

4. 一般来说，带菌体在夜间（日落后一小时到日出前一小时）扩散的速度最快，在夜间凉爽的环境中活动得更频繁。

30.4 环境因素

生物战剂会像雾一样分布在丘陵地带和山谷里。植物可以减缓生物战剂随风传播的速度。由于温暖潮湿的丛林等植被茂密的地区缺少阳光，一些生物战剂可以在很长时间内在这些地区保持活性。大多数生物战剂进入人体后造成的伤害比接触皮肤时造成的伤害大，所以对求生者来说，接触地面的危险性要小于直接暴露在空气中。

30.5 防护措施

没有简单易行的应对生物战剂的防护措施，最好的防护措施就是人体的天然防护能力。保持个人卫生、注意清洁、全面摄入营养、注射最新的疫苗、合理使用药物、随时处理皮肤上的伤口。如果能做到上述几点，有害微生物就会很难对人体造成伤害。

1. 正确戴好防毒面具可以有效减少人吸入有害微生物的危险。如果没有防毒面具，用手帕或降落伞布捂住口鼻也可以提供足够的保护。由于求生者无法检测到生物战剂的存在，所以必须在获救之前一直戴着防毒面具或使用其他防护装备。

2. 除了口鼻，有害微生物还可以从伤口进入人体。所以，伤口必须保持清洁，用绷带盖住（任何布料都可以保护伤口）。求生者要将衬衣和夹克的领口扣紧，放下卷起的袖子，扣好扣子，将裤脚塞进靴子里并扎紧，防止空中或地面的有害微生物进入体内。军装比普通服装的防护效果要好。

3. 确认遭到生物战剂攻击后，求生者应该格外注意饮食，因为微生物最容易通过食物和饮用水进入人体。

30.6 给求生者的建议

1. 保持身体和居住区的清洁。

2. 不要忘记使用能预防疾病的药物，要经常检查药物以免过期。

3. 随时警惕生物战剂攻击。

4. 遮盖口鼻和皮肤。

5. 妥善保管食物和水。未开封的瓶装或罐装的食物和水是安全的。如果怀疑食物或水的安全性，可以将食物或水煮沸 10 分钟。

6. 可能的话，建一个庇身所。庇身所应该建在喷雾和带菌体最少的地方，将入口（可封闭的）开在与盛行风的风向成 90° 的位置上。

7. 行进时，应侧对着风或逆风移动。

第 31 章　化学武器环境

31.1 引言

　　化学武器是指装有固体颗粒、液体或气体状态的有毒化学物质的武器。这些化学物质的施放形式包括有毒气体、烟雾、烟火等多种类型，会造成人员伤亡或对人体产生刺激，也会使某些物资或地区失去利用价值。不同类型和浓度的化学武器对人体的攻击程度不同，求生者必须充分了解各种化学武器是怎样对人体造成伤害的。（图 31-1）

31.2 化学武器毒剂的类型

　　化学武器使用的毒剂可以分为 7 种——神经性、血液性、糜烂性、窒息性、呕吐性、失能性及镇暴性。化学毒剂可以通过发射炮弹、飞机喷雾等多种方式扩散。

　　1. 神经性毒剂。神经性毒剂是所有化学武器毒剂中最致命的一种，可以直接影响人的神经系统，不管是以液体还是气体的形式扩散都有很强的毒性。神经性毒剂包括塔崩、沙林和梭曼等。神经性毒剂可以通过人体表面的任何部位进入人体，以蒸气形式扩散时会进入呼吸道和眼睛，而以液体形式扩散时会渗入皮肤。神经性毒剂通常能迅速对人产生作用，小剂量的神经性毒剂会造成头疼、眩晕、两眼发黑、恶心等症状，而大剂量的神经性毒剂则会影响呼吸，还可能导致胸闷、惊厥、麻痹甚至死亡。大剂量的神经性毒剂造成的后果难以预计，有时会使人的循环系统在毫无征兆的情况下突然崩溃。人的眼睛接触到神经性毒剂后，最初可能会由于瞳孔收缩而导致眼前发黑，而瞳孔收缩后，视线在黑暗的环境中更受限制。如果只有皮肤受到神经性毒剂的影响，那么瞳孔有可能保持正常状态或者仅稍稍变小，其他症状

可能会先于瞳孔变化出现。神经性毒剂造成的伤害从轻微伤残到死亡不等，主要取决于毒剂的剂量和伤者自救的程度和速度。与大多数化学武器毒剂不同，神经性毒剂没有气味，求生者必须凭借观察周围的生物和检测仪器来判断自己是否受到了神经性毒剂的攻击。

　　2. 血液性毒剂（氰化物）。血液性毒剂通过影响人体的主要生理系统而对人体造成伤害。血液性毒剂一般是通过吸入起效，进入人体后会妨碍人体细胞利用氧气。这类毒剂主要包括氢氰酸和氯化氰，其中氯化氰也是一种窒息性化学武器毒剂。

　　1）血液性毒剂造成的症状较多：有的血液性毒剂会使人的呼吸频率显著加快；有的血液性毒剂会使人的呼吸频率减慢，甚至造成窒息和强烈的刺激性反应（图 31-2）；还有一种血液性毒剂，人在稍微接触之后就会感到头痛和焦虑。

　　2）血液性毒剂会让人的皮肤呈现樱桃红色，类似一氧化碳中毒后的症状，这一特征可以帮助求生者判断自己是否受到了血液性毒剂的攻击。血液性毒剂造成的后果会受到毒剂的

图 31-1　化学武器环境

浓度和接触时间的影响。如果求生者还没有出现刺激性反应，避免再与血液性毒剂接触可以提高痊愈的概率。血液性毒剂通常能迅速产生作用。求生者受到血液性毒剂攻击时，应该迅速戴上防毒面具。

3. 糜烂性毒剂（起疱剂）。糜烂性毒剂最早用于第一次世界大战期间，旨在使当时用于阻隔氯气的防毒面具失效。糜烂性毒剂主要通过皮肤和眼睛侵入人体，同时也可以通过呼吸系统或消化道攻击人体，造成炎症、水疱并破坏人体组织细胞。糜烂性毒剂包括芥子气、氮芥、路易斯毒气以及其他砷毒剂、芥子气与砷毒剂的混合物、光气肟等。即使是极少量的糜烂性毒剂也有很强的杀伤力，并且影响的时间较长。

1）针尖大小的芥子气毒剂就能在人体上造成一个 25 美分硬币大小的水疱。天气炎热时，糜烂性毒剂的杀伤力比在天气寒冷时更大。糜烂性毒剂的蒸气会先影响人体表面相对潮湿的部位（肘关节和膝关节、腋下、胯部等），出汗的人更易受到伤害。这种毒剂会迅速被皮肤吸收，接触它的部位会在 12 小时内发红，反应时间根据接触程度和天气情况有所不同。皮肤出现发红的症状后，会在 1 天内形成水疱，水疱痊愈的时间从 6 天到 8 个星期不等。由于皮肤在刚刚接触糜烂性毒剂时就已经受到了损伤，所以求生者自救的速度显得特别重要。

2）糜烂性毒剂对眼睛的伤害可能比对皮肤的伤害更加严重。一些以液体形式存在的糜烂性毒剂，在最初接触到人的眼睛时只会带来轻

图 31-2 出现窒息反应

微的刺激感，完全不会产生生疼痛感。然而在几小时之后，眼睛会开始疼痛、发炎并且变得对光线敏感，接着会流泪，并伴有剧痛，最终留下永久性的伤害。也有一些糜烂性毒剂会立即损伤眼睛。

3）人体吸入糜烂性毒剂以后，咽喉和气管会出现炎症，表现出严重的咳嗽症状。暴露在糜烂性毒剂环境中可能会使人患上肺病甚至死亡。迅速发现糜烂性毒剂并立即采取措施以防止其进入眼睛、肺部及接触皮肤是非常关键的（图 31-3）。

4）有些材料（如木头、混凝土、织物、塑料、橡胶等）有可能吸收糜烂性毒剂，皮肤与这些材料接触后也会出现水疱。液态糜烂性毒剂能够穿透手套及其他衣物，所以求生者与糜烂性毒剂接触后一定要立刻清除污染物。

4. 窒息性毒剂（肺部刺激剂）。窒息性毒剂会刺激人的支气管和肺部，造成炎症，但是不会伤害皮肤和消化系统。这种化学毒剂通常以气体的形式扩散并进入人体，最出名的是碳酰氯。人体在接触窒息性毒剂的期间及之后，会出现咳嗽、胸闷、恶心、窒息等症状，有时还会出现呕吐、头疼、尖叫等反应。如果大量窒息性毒剂进入肺部，与液体结合后可能会使人因缺氧而死。正确使用合适的防毒面具可以阻挡所有的窒息性化学毒剂。

5. 呕吐性毒剂。呕吐性毒剂会对人的上呼吸道产生强烈的刺激，类似辣椒带来的刺激感，除此之外还会刺激眼部，造成无法控制的流泪。呕吐性毒剂造成的症状包括鼻塞、严重头疼、咽喉灼烧感、胸闷、胸部疼痛，接着人还会出现难以控制的打喷嚏、咳嗽、恶心、呕吐以及全身不适等反应。呕吐性毒剂以喷雾的形式扩散，被人体吸入或直接进入眼睛后会立刻引起反应。如果求生者已经吸入了呕吐性毒剂，即便他接下来戴上防毒面具，还是有可能生病。但是，求生者一旦发现呕吐性毒剂的存在，还是要立刻戴上防毒面具。呕吐时应将防毒面具从下巴处推开，而不能将防毒面具整个

摘除，这时一定要小心谨慎，避免吸入更多的毒剂或咽下呕吐物。由于对呕吐性毒剂的防护相对来说比较容易，并且其毒性不强，所以除非是与其他类型的化学毒剂同时使用，否则这种毒剂的危险性相对较低。呕吐性毒剂单独使用时一般不会造成人员死亡。

6. 失能性毒剂。失能性毒剂指能够使人在短时间内失能的化学毒剂。停止暴露在失能性毒剂中以后，接触者的失能反应还会持续数小时至数天（这一点与镇暴性毒剂不同）。接触失能性毒剂后不一定要接受治疗，但是治疗可以加快接触者的康复速度。在实际使用过程中，失能性毒剂主要指具有以下特征的毒剂：

1）主要通过改变或扰乱人的中枢神经系统的正常运作而达到效果（图 31-4）；

2）与镇暴性毒剂不同，失能性毒剂的效果可持续数小时甚至数天；

3）除非大量使用，否则不会严重危及生命，不会造成永久性伤害。

7. 镇暴性毒剂（刺激性毒剂）。镇暴性毒剂是 7 种化学毒剂中毒性最弱的一种，一般以烟雾或悬浮颗粒的形式扩散，主要作用于眼睛，会引起强烈的眼睛疼痛和流泪等症状。浓度较高的镇暴性毒剂会刺激上呼吸道和皮肤，有时还会引起恶心和呕吐。虽然这种毒剂主要用于训练和防暴活动，但有时也会用于实战。接触镇暴性毒剂后，根据毒剂的浓度，未戴防毒面具的人会在 20~60 秒内产生反应。转移到新鲜

图 31-3　躲避糜烂性毒剂

图 31-4　失能性毒剂造成的人体反应

空气中后，反应时间会再持续 5~10 分钟。镇暴性毒剂一般不会对眼睛造成永久性伤害，但是接触者可能会经历短时间（几分钟）的失明。如果防毒面具在镇暴性毒剂进入求生者的眼睛之前就被戴上了，其保护作用会增强。

31.3 检测

1. 综合迹象。检测化学武器要依靠直接和间接手段收集信息，所以每个求生者都必须提高警惕，注意所有使用化学武器的迹象。化学武器造成的一般症状包括流泪、呼吸困难、窒息、发痒、咳嗽和头晕。对于一些在没有探测仪器的条件下很难发觉的化学武器，求生者必须通过时刻观察同伴的表现来进行判断。此外，求生者通过观察周围的环境也可以获得宝贵的线索，如是否有动物死亡、人员患病或行为反常等。

2. 嗅觉。求生者不能简单地通过嗅觉来判断化学武器的存在，因为虽然一些化学毒剂具有独特的气味，但是大多数化学毒剂的气味很小，甚至没有气味。而且，不同的人对化学毒剂气味的感知程度不同，化学毒剂混合物的气味可能与其各个组成部分的气味都不同。

3. 视觉。化学武器毒剂必定会以物质的三种形态（固态、液态、气态）之一出现，所以视觉可以帮助求生者发现化学武器毒剂。大部分固态或液态的化学毒剂都具有颜色。在炮弹刚刚爆炸后产生的烟雾中，求生者也许能观察到一些气态的化学毒剂。神经性毒剂呈无色的液态或气态，虽然求生者无法看到，但是可以密切观察此类武器投放和扩散的渠道。未经

提纯的液态的芥子气一般呈深棕色，并且会在树叶和建筑物表面形成油状的深色斑点（图31-5），易于辨认。但是，液态的芥子气会慢慢变成无色的气体，气态的芥子气毒性很强，而且无法用肉眼有效识别。

4. 听觉。如果求生者了解敌方投放化学武器的方法，就可以通过声音来判断敌方是否投放了化学武器。例如，一颗装满化学毒剂的炸弹爆炸时可能只会发出一声闷响。但是，没有受过相关训练的人很难通过声音来辨认。

5. 触觉和味觉。出现在鼻子、眼睛和皮肤部位的刺激性反应是身体受到化学毒剂攻击的紧急提示。此外，遇到味道奇怪的食物、水或香烟时，求生者也要警惕其是否受到了化学毒剂的污染。

31.4 防护

1. 防护措施。遭到化学武器攻击时，求生者应该按照以下步骤（根据重要性从高到低排列）采取防护措施：

1）使用防护装备；

2）受到化学毒剂的污染后，迅速采取正确的自救措施；

3）避免进入受到化学毒剂污染的地区；

4）尽快净化装备和身体。

2. 装备。防毒面具之于求生者的重要性就如同救生衣之于海员、降落伞之于飞行员。如果求生者能够正确使用防毒面具，便可以保护自己的脸部、眼睛和肺部不受化学毒剂的侵害。求生者要妥善保管防毒面具，经常检查，以确保其状态良好。如果航线经过可能受化学武器污染的地区，机组人员需要携带防护服。

3. 自救。接触化学武器后，求生者必须采取自救措施。求生者不仅需要了解该做什么，还需要了解不该做什么。前文介绍过，不同种类的化学武器所使用的毒剂造成的病症都有其特定的治疗方式，但是如果能充分并及时地采取一些自救措施，求生者便可以从整体上缓解症状，防止受到严重的伤害。

1）自救措施在一定时间之后会失去效力。求生者在接触液态神经性毒剂或液态糜烂性毒剂后应立即采取自救措施或去除污染物。即使求生者无法判断自己是否受到了液态神经性毒剂或液态糜烂性毒剂的污染，也最好采取以下措施：

(1) 戴上防毒面具并注意清洁防毒面具。

(2) 使用净化装备。如果求生者没有净化装备，应该撕掉衣服上受污染的部分，迅速用水冲洗。

(3) 用水冲洗受污染的部位（清除神经性毒剂）。

(4) 如果求生者有受到神经性毒剂攻击的明显症状，那么可以使用解毒剂。要注意的是，只有在出现神经性毒剂中毒症状的情况下才能使用解毒剂，因为解毒剂也会使人失能，并且对其他类型的化学毒剂没有解毒作用。

2）如果求生者能够判断化学毒剂的种类，可以遵循以下步骤采取相应的自救措施：

(1) 神经性毒剂。求生者发现空气中有神经性毒剂后，首先应立即戴上防护帽及防毒面具——在戴上并调整好防毒面具之前应屏住呼吸，直到发现空气中神经性毒剂有消散的迹象或进入干净的区域（周围有存活的动物）后才能摘下面具。如果求生者戴上防毒面具之后还出现流鼻涕、胸闷、两眼发黑、呼吸困难等症状，则应该考虑使用解毒剂（解毒剂多少会造成服用者失能，求生者在使用它之前应该考虑

图31-5 液态芥子气形成的深色斑点

中毒程度、同伴陪护、救援力量等因素）。接触高浓度的神经性毒剂可能会迅速导致求生者动作失调、意识混乱甚至崩溃，使求生者无法自救。在这样的情况下，同伴必须对其施行急救。如果剂量很大，神经性毒剂会立刻使求生者失去意识、肌肉麻痹、呼吸停止。其他未受影响的求生者应该戴着防毒面具尽快离开受污染地区。受到神经性毒剂攻击时，求生者在自救时需要注意以下几点：

①若非出现瞳孔缩小、视线模糊、胸闷、呼吸困难等症状，求生者不要轻易使用解毒剂。如果求生者确实吸入了某种神经性毒剂，那么使用解毒剂确实可以中和毒性，缓解中毒反应。

②如果求生者吸入了大量神经性毒剂的蒸气，可能需要注射超过一剂的解毒剂才能减轻中毒反应。如果求生者的中毒反应不断加重且第一剂解毒剂未起到缓解作用，或是求生者嘴巴没有变干，那么求生者有必要使用更大剂量的解毒剂。第二剂解毒剂应换一个位置注射进肌肉中。不要用自己的工具帮其他人注射解毒剂，每个人都应使用自己的工具。此外，如果求生者发现了已经死亡的机组成员，可以取走他们的注射工具供自己使用。

③如果注射第二剂解毒剂后，求生者呼吸困难的情况仍未得到缓解，可能需要再注射一剂解毒剂。嘴巴变干是症状减轻的征兆，表示求生者注射的解毒剂已足够中和化学毒剂的毒性了。

④如果液态的神经性毒剂滴入或溅入眼睛，求生者需要立即自救以避免严重的眼部损伤。求生者应迅速用清水冲洗眼睛，方法是仰起头、向上看，慢慢将水倒进受伤的眼睛内，必要时还可以用手撑开眼皮。倒水时速度要慢，冲洗至少 30 秒。虽然冲洗时求生者有可能吸入神经性毒剂的蒸气，但还是要坚持冲洗，冲洗后尽快戴好防毒面具。在接下来的一分钟内，求生者可利用身边的镜子或让其他同伴帮忙观察受伤眼睛的瞳孔。如果瞳孔迅速变小，应立即注射解毒剂；如果瞳孔没有变小，则不需注射解毒剂。

⑤如果皮肤或衣服上沾上了液态神经性毒剂，求生者应立即将其清除。可以用手帕、从外层衣服上撕下的布或净化工具吸干皮肤上的液态神经性毒剂，防止其扩散。求生者必须立即脱掉被污染的衣服，用肥皂和清水清洗被污染的皮肤。紧急情况下，可以剪掉被污染的衣服并用大量的水清洗被污染的皮肤。求生者应观察被污染部位的肌肉是否有抽搐的现象。如果半小时之内求生者没有胸闷和肌肉抽搐现象，就说明被污染的部位已被成功净化。如果被污染部位的肌肉开始抽搐，则应立刻注射解毒剂。

⑥避免食用、饮用受到神经性毒剂污染的食物和水。如果求生者进食或饮水后出现了恶心、胃疼、唾液增多、胸闷等症状，那么必须注射解毒剂。

（2）血液性毒剂。如果求生者在受到化学武器攻击时发现自己的呼吸道有刺激感或是闻到苦杏仁的气味，那么必须尽快戴上防毒面具。戴上防毒面具的速度至关重要，因为血液性毒剂在几秒钟之内就会发挥作用，使求生者失去自己戴上防毒面具的能力。可能的话，戴上防毒面具之前应该屏住呼吸，但是这一点很难实现，因为血液性毒剂对呼吸系统的刺激性很强。

（3）糜烂性毒剂。求生者发现液态或气态的糜烂性毒剂时，必须戴上防毒面具和防护帽、穿上防护服。糜烂性毒剂中包括芥子气和砷毒剂，针对它们的自救措施相同。液态芥子气进入眼睛后不会立刻造成疼痛，而液态砷化合物进入眼睛后会造成剧烈的刺痛。

①清洗进入眼睛的液态糜烂性毒剂的步骤与上文介绍的清洗眼中神经性毒剂的方法相同。清洗的速度非常重要，在芥子气进入眼睛后几秒内采取自救措施是非常有效的，而等到芥子气进入眼睛两分钟后再采取自救措施几乎是无效的。

②总的来说，处理皮肤上的液态糜烂性毒剂的方法是：

a. 利用衣服或手边的其他吸湿材料吸干皮肤上的液态糜烂性毒剂，防止其进一步扩散，然后丢掉用过的衣服或吸湿材料。

b. 用肥皂用力擦洗皮肤，并用大量的水彻底冲洗皮肤。要特别注意清洗没有衣服遮盖的部位，如颈部和耳朵。

③对于被液态糜烂性毒剂污染的衣服必须进行消毒或者彻底丢弃。对于小面积受到污染的衣服可以用肥皂和水清洗，求生者也可以剪掉衣服上被污染的部分。

④发现芥子气蒸气后，求生者必须戴好防毒面具并离开该地区，直到该地区没有污染物后再返回。没有应对芥子气蒸气效果特别好的净化措施，因为眼睛接触到芥子气蒸气时会立刻受损，虽然损伤的严重性可能在几小时后才会显现出来。

（4）窒息性毒剂。求生者可以通过气味（类似割下嫩玉米和青草时散发的气味）、眼部刺激性反应以及香烟气味的变化（香烟的烟雾可能会变得没味或刺鼻）等迹象发现窒息性毒剂。发现后，求生者应该立刻屏住呼吸，戴上防毒面具。求生者不慎吸入窒息性毒剂后，如果感到呼吸困难、恶心或反常的呼吸急促，应该停下休息。

（5）失能性毒剂。发现失能性毒剂后，求生者应立刻戴上防毒面具，尽早用肥皂和水彻底清洗皮肤，冲洗眼睛时只能用清水。求生者应该抖动或掸衣服，条件允许的情况下可以换衣服，然后彻底清洗被污染的衣服。

（6）呕吐性毒剂。求生者就算出现了咳嗽、流鼻涕、流涎、恶心等症状，也必须戴好防毒面具。如果要呕吐或清理面具，可以将防毒面具暂时从下巴处移开。尽量保持充沛的精力来继续完成求生任务有助于减轻中毒症状。

（7）镇暴性毒剂。戴好防毒面具后，求生者应该尽量睁开眼睛，保持视线清晰，以便继续开展求生活动。不要揉眼睛，如果液态或颗粒状的镇暴性毒剂进入眼睛，求生者可以用清水冲洗。胸部的不适一般靠说话就可以缓解。

31.5 避免接触化学武器

受到化学武器的攻击时，求生者可能不得不留在被污染的地区。这时，求生者应尽量避开敌军的下一次攻击，并转移到污染程度相对较轻的地区。如果化学武器攻击的规模不大，求生者可以转移至上风处。根据地形和天气情况，沿侧风方向移动最为安全。如果化学武器攻击的覆盖面太大而使人无处可避，那么求生者最好待在地势较高的地方。因为气态化学毒剂一般比空气重，会沉降在地势较低的地方，所以应尽量避免留在地窖、战壕、水沟、山谷等处。树木、较高的草本植物和灌木上较易有化学毒剂残留。（注意：求生者如果对受到攻击的地区和自己所处的地方十分熟悉，那么避开化学毒剂攻击的可能性就会比较大。）

31.6 净化

净化指去除、中和（使失去毒性）或摧毁化学毒剂。对求生者个人来说，净化的目的是在化学毒剂造成严重伤害之前将其从身体和装备上去除，如用布料吸干皮肤上的化学毒剂、掩埋受到污染的衣服。净化过程中，常识和敏捷的思维非常重要。求生者应该利用手边一切可用的东西去除身体和装备上的毒剂。若液态神经性毒剂或液态糜烂性毒剂接触了身体，求生者必须尽快将其清除。如果求生者身边没有肥皂和水，就必须利用一切可以稀释或清除化学毒剂的东西，如泥土、灰尘或尿液，它们可能只能清除2/3的化学毒剂，但还是远远好过任由原来剂量的化学毒剂继续侵入人体。求生者必须记住，神经性毒剂和糜烂性毒剂渗透得极快。（注意：要用刮擦的方式来去除化学毒剂，应避免将其按压进皮肤内。）

1. 肥皂水可以有效地清除化学毒剂。冷水的效果不如热水，但仍然可以稀释化学毒剂，降低毒性。而热的肥皂水可以迅速去除化学毒剂。条件允许的情况下，求生者最好用肥皂洗个澡。在洗完头发并彻底擦洗完身体后才能摘下防毒面具，要注意避免打湿防毒面具的滤毒罐和面颊垫。清洗时要特别注意暴露在外的部位和被毛发覆盖的部位。

2. 如果衣服仅接触到了气态的化学毒剂，那么通风晾晒通常就能够达到净化的效果（芥子气除外，因为芥子气会被衣服吸收，一定要用水清洗才能去除）。如果衣服滴上或溅上了化学毒剂，那么需要用清洁剂或肥皂和清水清洗。最好用温的肥皂水清洗羊毛质地的衣服，用水煮的方法为棉质衣服消毒。

3. 用肥皂和水擦洗靴子或鞋，然后至少要用水冲洗 2 次。如果求生者除了被污染的衣服和鞋没有其他的换洗衣物了，那么必须用最有效、最彻底的方法来净化衣物。求生者为净化所做的所有努力都是为了使自己活下去。

31.7 求生者须知

1. 保持身体和居住区的清洁。

2. 遮盖口鼻和皮肤。

3. 如果求生者没有防毒面具，可以临时制作一个。保暖内衣中的竹炭布就很适合用来制作防毒面具。如果求生者暴露在化学毒剂中的时间比较短，这种面具可以有效阻挡化学毒剂。飞行头盔、护目镜、以炭为吸附剂的防毒面具可以为眼睛和呼吸系统提供更强的保护。

4. 在远离植物的空地搭建庇身所或休息营地，移除营地里的表层土壤，使庇身所的入口与盛行风方向成 90°，不用时关闭入口。

5. 不要用受污染地区的木头或植物生火。

6. 检查水源周围是否有异味（大蒜味、芥末味、天竺葵味、苦杏仁味等）、油点或死去的鱼类等动物。如果发现有上述异常现象，不要饮用该处的水。

7. 妥善保管食物和水。未开封的瓶装或罐装的食物和水是安全的。罐头在开封之前要经过消毒。

8. 最好从不暴露在外的水源中取水或使用降水（如果空气中没有化学毒剂的话），也可以从缓慢流动的溪流中取水，过滤后使用。

9. 不要吃受污染地区的食物，也不要喝那里的水。

10. 不要食用生病的动物。为受污染地区的动物剥皮时，应穿防护服、戴手套。

11. 行进时，应侧对着风或逆风移动。